MANUAL
DE DIREITO
TRIBUTÁRIO

O GEN | Grupo Editorial Nacional – maior plataforma editorial brasileira no segmento científico, técnico e profissional – publica conteúdos nas áreas de concursos, ciências jurídicas, humanas, exatas, da saúde e sociais aplicadas, além de prover serviços direcionados à educação continuada.

As editoras que integram o GEN, das mais respeitadas no mercado editorial, construíram catálogos inigualáveis, com obras decisivas para a formação acadêmica e o aperfeiçoamento de várias gerações de profissionais e estudantes, tendo se tornado sinônimo de qualidade e seriedade.

A missão do GEN e dos núcleos de conteúdo que o compõem é prover a melhor informação científica e distribuí-la de maneira flexível e conveniente, a preços justos, gerando benefícios e servindo a autores, docentes, livreiros, funcionários, colaboradores e acionistas.

Nosso comportamento ético incondicional e nossa responsabilidade social e ambiental são reforçados pela natureza educacional de nossa atividade e dão sustentabilidade ao crescimento contínuo e à rentabilidade do grupo.

LUIZ EMYGDIO FRANCO DA ROSA JUNIOR
AMANDA ALBANO

MANUAL DE DIREITO TRIBUTÁRIO

3ª edição | revista, atualizada e reformulada

- Os autores deste livro e a editora empenharam seus melhores esforços para assegurar que as informações e os procedimentos apresentados no texto estejam em acordo com os padrões aceitos à época da publicação, e todos os dados foram atualizados pelos autores até a data de fechamento do livro. Entretanto, tendo em conta a evolução das ciências, as atualizações legislativas, as mudanças regulamentares governamentais e o constante fluxo de novas informações sobre os temas que constam do livro, recomendamos enfaticamente que os leitores consultem sempre outras fontes fidedignas, de modo a se certificarem de que as informações contidas no texto estão corretas e de que não houve alterações nas recomendações ou na legislação regulamentadora.

- Fechamento desta edição: *26.01.2024*

- Os Autores e a editora se empenharam para citar adequadamente e dar o devido crédito a todos os detentores de direitos autorais de qualquer material utilizado neste livro, dispondo-se a possíveis acertos posteriores caso, inadvertida e involuntariamente, a identificação de algum deles tenha sido omitida.

- **Atendimento ao cliente: (11) 5080-0751 | faleconosco@grupogen.com.br**

- Direitos exclusivos para a língua portuguesa
  Copyright © 2024 by
  Editora Forense Ltda.
  Uma editora integrante do GEN | Grupo Editorial Nacional
  Travessa do Ouvidor, 11 – Térreo e 6º andar
  Rio de Janeiro – RJ – 20040-040
  www.grupogen.com.br

- Reservados todos os direitos. É proibida a duplicação ou reprodução deste volume, no todo ou em parte, em quaisquer formas ou por quaisquer meios (eletrônico, mecânico, gravação, fotocópia, distribuição pela Internet ou outros), sem permissão, por escrito, da Editora Forense Ltda.

- A partir da 3ª edição a obra passou a ser publicada pela Editora Forense.

- Capa: Fabricio Vale

- **CIP-BRASIL. CATALOGAÇÃO NA PUBLICAÇÃO**
  SINDICATO NACIONAL DOS EDITORES DE LIVROS, RJ

R694m
3. ed.

    Rosa Junior, Luiz Emygdio Franco da
       Manual de direito tributário / Luiz Emygdio Franco da Rosa Junior,
Amanda Albano. - 3. ed. - Rio de Janeiro : Forense, 2024.
       592 p. ; 24 cm.

    ISBN 978-65-5964-979-2

    1. Direito tributário - Brasil. I. Albano, Amanda. II. Título.

24-88034

                 CDU: 34:351.713(81)

Gabriela Faray Ferreira Lopes - Bibliotecária - CRB-7/6643

NOTA DA 3ª EDIÇÃO

Procurei manter o objetivo inicial da obra, que foi destiná-la, principalmente, aos estudantes e advogados, sem prejuízo da preocupação com todos que desejam prestar concurso público.

Aos meus pais, *in memoriam*.

À Vivien Cabral Sarmento Leite, amiga de todas as horas e colaboradora no livro, apaixonada pelo estudo.

À Tatiana Melamed Sarmento Leite, minha enteada e filha por eleição, meu amor e meus agradecimentos. Atualmente, é Procuradora do Estado de São Paulo.

Aos meus filhos Luiz Cesar e Luiz Fernando.

Aos meus netos, Luciana, Lucas, Luiza e Leonardo, e bisnetos, Malu e João Pedro, que sejam abençoados por Deus.

À minha nora Cristiane.

À Amanda Albano, coautora nesta edição, iluminando-a com seus conhecimentos, principalmente no que toca à Reforma Tributária.

Rio de Janeiro, dezembro de 2023.

Luiz Emygdio Franco da Rosa Junior

NOTA DA COAUTORA

Esta 3ª edição, a primeira publicada pela Editora Forense, dá prosseguimento ao consagrado Manual de Direito Tributário, incialmente publicado como *Manual de Direito Financeiro e Direito Tributário* – que teve seu desmembramento após a 20ª edição. Retoma-se a publicação no contexto da aprovação da Reforma Tributária, há muito suscitada e há pouco concretizada. Nesta edição buscou-se conservar a magnitude da obra, em sua essência clássica, proporcionando contornos e reflexões atualizadas aos discentes e aos juristas. Dessa forma, o leitor encontrará observações de natureza comparada, históricos legislativos e constitucionais, bem como, o posicionamento dos Tribunais Superiores em matéria tributária.

Há oito anos, conheci o Prof. Luiz Emygdio Franco da Rosa Júnior, na graduação em Direito na Pontifícia Universidade Católica do Rio de Janeiro (PUC-Rio). Durante a graduação tive a oportunidade de aprender com o grande doutrinador sob diferentes perspectivas, tendo-o como meu professor, orientador no trabalho de conclusão de curso e orientador no programa de monitoria acadêmica de Direito Tributário e de Títulos de Crédito. Especificamente no marco temporal do dia 22 de setembro de 2016, recebia, lisonjeada, no meu exemplar do Manual de Direito Tributário, a dedicatória da minha referência em direito tributário e direito empresarial, do meu querido professor e, mais que isso: daquele que elegi como meu avô *ex corde*.

Ultrapassada a formação jurídica básica contei com a participação e o diálogo com o Prof. Luiz Emygdio em diferentes etapas. Enquanto cursava a especialização em Direito Público e Privado na Escola de Magistratura do Rio de Janeiro (EMERJ) e, posteriormente, o Mestrado em Teoria do Estado e Direito Constitucional na PUC-Rio contei com a influência do renomado jurista e amigo, responsável pelo prefácio do meu livro *Tributação, Concorrência e Crime* (2023). Por estas e outras tantas razões, o convite para atualizar a obra, contribuir com anotações atinentes à Reforma e ser coautora do *Manual de Direito Tributário* é uma imensurável honra. Aproveito para, mais uma vez, agradecê-lo por tamanho carinho, confiança e generosidade.

A 3ª edição que entregamos aos leitores busca equilibrar a vasta experiência profissional e acadêmica do Prof. Luiz Emygdio que, neste ano (2023), completou 55 anos de magistério na PUC-Rio, com a visão desta jovem autora.

Em sede de agradecimentos, faço-os aqueles que são meus interlocutores, incentivadores e com quem compartilho memórias, conquistas e ideias.

Ao meu pai, Albano, por sempre me proporcionar uma perspectiva única de mundo e, desde sempre, ensinar-me a buscar soluções criativas.

À minha mãe, Wilma, por tornar a vida mais leve e encorajar cada escolha que faço.

Ao meu amigo vascaíno, Pedro Marcos, por estar sempre ao meu lado.

Gratidão.

Boa leitura!

Rio de Janeiro, 11 de dezembro de 2023.

Amanda Albano

SUMÁRIO

Capítulo I
DIREITO FINANCEIRO E DIREITO TRIBUTÁRIO 1

I.   ATIVIDADE FINANCEIRA 1
    1. Noção geral 1
    2. Receita pública 2

II. DIREITO FINANCEIRO 3

III. DIREITO TRIBUTÁRIO 3
    1. Noção geral 3
    2. Direito público 4

IV. AUTONOMIA DO DIREITO FINANCEIRO E DO DIREITO TRIBUTÁRIO 4
    1. A unicidade do direito e a autonomia 4
    2. Autonomia do direito tributário 5
       2.1. A polêmica entre François Gens e Louis Trotabas 5
       2.2. A doutrina moderna reconhece a autonomia do direito tributário 6
       2.3. O direito positivo brasileiro reconhece a autonomia do direito tributário 8

V. RELAÇÕES DO DIREITO TRIBUTÁRIO COM OUTROS RAMOS DO DIREITO ... 9
    1. Direito constitucional 9
    2. Direito financeiro 9
    3. Direito administrativo 9
    4. Direito internacional público 10
    5. Direito internacional privado 10
    6. Direito penal 10
    7. Direito processual civil 11
    8. Direito privado 11

VI. A CODIFICAÇÃO DO DIREITO TRIBUTÁRIO 12
    1. No direito comparado 12
    2. No direito brasileiro 12

Capítulo II
FONTES DO DIREITO TRIBUTÁRIO... 15

I. FONTES REAIS E FORMAIS DO DIREITO TRIBUTÁRIO 15
   1. Fontes do direito 15
      1.1. Fontes reais do direito tributário............................... 15
   2. Fontes formais do direito tributário 15
      2.1. Fontes formais: principais e acessórias..................... 16

II. FONTES PRINCIPAIS DO DIREITO TRIBUTÁRIO 16
   1. Noção geral 16
   2. Lei 17
   3. Constituição Federal 17
   4. Emenda 17

III. LEI COMPLEMENTAR 18
   1. Noção geral 18
   2. Importância de lei complementar em matéria tributária...... 19
   3. Normas constitucionais tributárias que dependem de lei complementar.................. 20
      3.1. CTN tem *status* de lei complementar pela matéria........ 20
   4. Lei ordinária.. 21
   5. Lei delegada... 21

IV. MEDIDA PROVISÓRIA.. 21
   1. Noção geral 21
   2. No direito tributário 22
   3. Decreto legislativo 22

V. TRATADOS... 23
   1. Noção geral 23
   2. Tratados não são fontes formais de direito tributário 24
      2.1. Interpretação dos arts. 96 e 98 do CTN 24

VI. RESOLUÇÃO 24
   1. Noção geral 24
   2. Convênios interestaduais sobre ICMS 25
   3. Decreto... 25

VII. FONTES SECUNDÁRIAS DO DIREITO TRIBUTÁRIO 26
   1. Noção geral 26
   2. Atos normativos (CTN, art. 100, inciso I) 26
   3. Decisões administrativas com eficácia normativa (CTN, art. 100, inciso II)............ 27
      3.1. Costumes (CTN, art. 100, inciso III) 27
   4. Convênios (CTN, art. 100, inciso IV)............................. 28
      4.1. Interpretação do parágrafo único do art. 100 do CTN....... 28
   5. Doutrina e jurisprudência não são fontes formais do direito tributário 29

Capítulo III
TRIBUTO 31

I. CONCEITO DE TRIBUTO 31

   1. Tributo é receita derivada 31

     1.1. Sentidos primitivo e moderno do termo tributo............................. 31

     1.2. Interpretação do art. 3º do CTN... 32

        1.2.1. Prestação compulsória... 32

        1.2.2. Prestação pecuniária 32

        1.2.3. Em moeda ou cujo valor nela se possa exprimir 32

        1.2.4. Que não constitua sanção de ato ilícito........................... 33

        1.2.5. Prestação instituída em lei.. 35

        1.2.6. Prestação cobrada mediante atividade administrativa plenamente vinculada 35

II. TRIBUTO E SUAS ESPÉCIES.. 35

   1. Espécies de tributo no direito brasileiro... 35

     1.1. Contribuição cobrada pela OAB não tem natureza tributária.......... 37

III. DETERMINAÇÃO DA NATUREZA JURÍDICA ESPECÍFICA DO TRIBUTO 39

   1. Razão de ser do art. 4º do CTN... 39

     1.1. A importância do fato gerador 39

        1.1.1. Irrelevância do *nomen iuris*... 39

        1.1.2. Irrelevância do destino legal do produto da arrecadação do tributo..... 40

IV. CLASSIFICAÇÃO DOS TRIBUTOS 41

   1. Quanto à hipótese de incidência: tributos vinculados e não vinculados..... 41

   2. Quanto ao fundamento: tributos contributivos e retributivos 41

   3. Quanto à discriminação de rendas: tributos federais, estaduais e municipais 41

   4. Quanto à competência impositiva: tributos privativos, comuns, residuais e extraordinários........... 42

     4.1. Noção geral.. 42

        4.1.1. Tributos privativos: impostos, empréstimos compulsórios e contribuições parafiscais........................ 42

        4.1.2. Tributos comuns: taxas e contribuição de melhoria 43

     4.2. Tributos residuais.. 44

        4.2.1. Competência residual... 44

        4.2.2. Tributos residuais: impostos e contribuições sociais....... 44

        4.2.3. Tributo de competência compartilhada........................... 45

        4.2.4. Impostos extraordinários ou especiais 46

   5. Quanto ao fim: tributos fiscais e extrafiscais.................................... 47

   6. Tributos extrafiscais não se confundem com tributos parafiscais 51

V. TRIBUTOS E PREÇOS 52

   1. Distinção entre preços e tributos... 52

     1.1. Distinção entre preço público e taxa.. 53

        1.1.1. Natureza jurídica do pedágio.. 53

     1.2. Distinção entre preço e tarifa.. 54

VI. IMPOSTOS... 55
1. Noção geral.. 55
1.1. Período clássico.. 55
1.2. Período moderno... 56
2. Classificação... 58
2.1. Impostos ordinários e impostos extraordinários... 58
2.2. Impostos fiscais e impostos extrafiscais.. 58
2.3. Impostos diretos e impostos indiretos... 58
    2.3.1. Critério da repercussão.. 58
    2.3.2. Critério administrativo... 59
    2.3.3. Critério da natureza da situação gravada (Foville)............................. 59
    2.3.4. Critério da exteriorização da capacidade contributiva (Griziotti).... 60
2.4. Impostos pessoais (subjetivos) e impostos reais (objetivos)........................ 60
2.5. Impostos fixos, proporcionais e progressivos... 60
2.6. Impostos federais, estaduais e municipais.. 61
2.7. Categorias econômicas dos impostos... 61
3. Efeitos econômicos dos impostos... 62
3.1. Difusão... 62
3.2. Incidência... 63
3.3. Percussão.. 63
3.4. Repercussão.. 63
    3.4.1. Formas de repercussão... 64
    3.4.2. Repercussão simples... 64
    3.4.3. Repercussão em várias etapas ou múltipla.. 64
    3.4.4. Repercussão para a frente... 64
    3.4.5. Repercussão para trás... 64
    3.4.6. Dupla incidência... 65
    3.4.7. Não é regra absoluta a não repercussão do imposto direto e a repercussão do imposto indireto.. 65
    3.4.8. Fatores da repercussão... 65
3.5. Amortização... 67
3.6. Capitalização.. 67

VII. TAXAS... 67
1. Noção geral.. 67
2. Características.. 67
3. Hipótese de incidência.. 70
3.1. Poder de polícia... 70
3.2. Serviço público.. 71
    3.2.1. Noção e classificação... 71
    3.2.2. Utilização efetiva ou potencial.. 72
    3.2.3. Serviço público específico e divisível... 73
4. Base de cálculo... 76
5. Classificação... 79
6. Taxas por serviços públicos residuais.. 80
7. Serviços públicos concorrentes.. 81
8. Elementos.. 81

9. Taxa e imposto 82
10. Taxa e preço 83
   10.1. Preço social 83
   10.2. Distinção segundo Giannini 84
   10.3. Distinção segundo a doutrina brasileira 84
   10.4. Critérios adotados pelo STF 85
   10.5. Diferenças entre taxa e preço 86
   10.6. Natureza jurídica do pedágio 87
      10.6.1. Tarifa não é sinônimo de preço público 87

VIII. CONTRIBUIÇÃO DE MELHORIA 88

1. Noção geral 88
2. Hipótese de incidência 89
3. Características 90
4. Base de cálculo 91
5. Requisitos para cobrança 92
6. Contribuição de melhoria e taxa 93

IX. EMPRÉSTIMOS COMPULSÓRIOS 93

1. Natureza jurídica 93
   1.1. Sistema anterior à EC nº 1/1969 93
   1.2. Sistema da CF de 1988 94
2. Criação de empréstimo compulsório 95

X. CONTRIBUIÇÕES PARAFISCAIS 95

1. Origem do termo 95
2. Natureza jurídica (doutrina alienígena) 96
3. Natureza jurídica (doutrina brasileira) 96
4. Características 97
5. Conceito 99
6. Espécies 99
7. Competência 101
8. Sujeito ativo 101
9. Hipótese de incidência 101
10. Lei complementar e contribuições residuais 101
11. Ressalva ao princípio da anterioridade (contribuições sociais) .. 103
12. A EC nº 33, de 11.12.2001 103

XI. CONTRIBUIÇÃO SOBRE BENS E SERVIÇOS 104

XII. TRIBUTOS ECOLÓGICOS 105

Capítulo IV
SISTEMA TRIBUTÁRIO NACIONAL 111

I. A TEORIA DO IMPOSTO ÚNICO 111

1. Origem histórica 111
2. As vantagens do imposto único 111
3. As desvantagens do imposto único 112
4. As vantagens do sistema tributário 112

MANUAL DE DIREITO TRIBUTÁRIO – Luiz Emygdio Franco da Rosa Junior e Amanda Albano

II. SISTEMA TRIBUTÁRIO... 112

   1. Noção geral.. 112

   2. Classificação... 113

      2.1. Sistemas racionais e históricos... 113

      2.2. Sistemas objetivos e subjetivos.. 114

      2.3. Sistemas rígidos e flexíveis... 114

      2.4. Sistemas com predominância de determinadas categorias de impostos (Maurice Duverger)... 114

         2.4.1. Noção geral.. 114

         2.4.2. Sistemas tributários em que predominam os impostos diretos ou indiretos.. 115

         2.4.3. Sistemas tributários em que predominam os impostos gerais ou particulares.. 115

         2.4.4. Sistemas tributários em que predominam os impostos internos e os impostos aduaneiros.. 115

   3. Requisitos do sistema tributário.. 116

      3.1. Noção geral.. 116

      3.2. Segundo Gangemi.. 116

      3.3. Segundo Aliomar Baleeiro... 116

III. HISTÓRICO DO SISTEMA TRIBUTÁRIO NACIONAL........................ 117

   1. Brasil Colônia... 117

   2. Reino Unido.. 117

   3. A Carta de 1824.. 117

   4. A Constituição de 1891... 117

   5. A Constituição de 1934... 118

   6. A Carta de 1937.. 118

   7. A Constituição de 1946... 119

   8. Emenda nº 18, de 1965, à Constituição de 1946 e a Carta de 1967....... 119

   9. Emenda Constitucional nº 1, de 1969, à Carta de 1967...................... 119

   10. A Constituição de 1988.. 119

IV. DISCRIMINAÇÃO DE RENDAS.. 121

   1. Noção geral.. 121

   2. Critérios.. 121

   3. Discriminação de rendas rígida.. 122

   4. A discriminação de rendas na Constituição de 1988.......................... 122

V. COMPETÊNCIA TRIBUTÁRIA.. 122

   1. Noção.. 122

   2. Espécies.. 123

   3. Competência privativa, comum e residual... 124

      3.1. Competência privativa... 124

         3.1.1. Bitributação e *bis in idem*.. 125

      3.2. Competência comum... 125

      3.3. Competência residual.. 126

SUMÁRIO | **XV**

VI. DISCRIMINAÇÃO POR PRODUTO 126

1. Noção geral 126
2. Instituto de direito financeiro e não de tributário.................................... 126
3. Espécies: direta e indireta 127
   3.1. Repartição direta.. 127
      3.1.1. Discriminação direta em favor dos Estados e do Distrito Federal ... 127
      3.1.2. Discriminação direta em favor dos Municípios........................... 127
   3.2. Discriminação indireta... 128

Capítulo V
LIMITAÇÕES CONSTITUCIONAIS DO PODER DE TRIBUTAR........................... 131

I. O ESTADO DE DIREITO E O PODER DE TRIBUTAR..................................... 131

1. O estado de direito 131
   1.1. Poder de tributar 132
      1.1.1. Poder de tributar e poder de polícia... 132
      1.1.2. Limitações constitucionais do poder de tributar 133
      1.1.3. Princípios tributários expressos, ou implícitos, gerais ou específicos..... 134

II. PRINCÍPIOS TRIBUTÁRIOS EXPRESSOS... 135

1. Noção geral 135
   1.1. Princípio da legalidade tributária (CF, art. 150, I)............................. 136
      1.1.1. Origem histórica 136
      1.1.2. Razão de ser do princípio da legalidade tributária 137
      1.1.3. Interpretação do art. 150, I, da CF... 137
      1.1.4. Exceções ao princípio da legalidade tributária............................ 138
      1.1.5. Medida provisória no direito tributário.. 139
      1.1.6. Sistema anterior à EC nº 32/2001 140
      1.1.7. Emenda Constitucional nº 32/2001.. 141
   1.2. Princípio da tipicidade tributária 142
      1.2.1. O art. 97 do CTN consagra o princípio da tipicidade na tributação... 142
   1.3. Leis delegadas.. 143
   1.4. Princípio da anterioridade da lei fiscal (CF, art. 150, III, "b" e "c") 143
      1.4.1. Origem histórica 143
      1.4.2. A anterioridade fiscal na CF de 1988 145
      1.4.3. As exceções constitucionais ao princípio da anterioridade fiscal 146
      1.4.4. O art. 104 do CTN e a CF de 1988 147
      1.4.5. Princípio da uniformidade tributária geográfica (CF, art. 151, I) 148
      1.4.6. Princípio da uniformidade na tributação das rendas das obrigações da dívida pública (CF, art. 151, II, primeira parte)........................ 148
      1.4.7. Princípio da uniformidade na tributação da remuneração e proventos de agentes públicos (CF, art. 151, II, parte final).............................. 149
      1.4.8. Princípio que veda à União conceder isenções de tributos estaduais e municipais (CF, art. 151, III) 149
      1.4.9. Princípio da não discriminação tributária, em razão da procedência ou do destino de bens e serviços (CF, art. 152)............................... 149

1.4.10. Princípio da vedação de limitações, mediante tributos, ao tráfego de pessoas ou bens (CF, art. 150, V) 150

1.5. Princípio da imunidade tributária 151

    1.5.1. Imunidade é não incidência constitucional.. 151

    1.5.2. Espécies de imunidade tributária... 152

    1.5.3. Imunidade e isenção 153

    1.5.4. Classificação de imunidades tributárias 153

    1.5.5. Imunidade e o art. 150, VI, da CF 153

    1.5.6. Imunidade recíproca (CF, art. 150, VI, "a", e §§ 2º e 3º) 155

    1.5.7. Imunidade relativa a entidades religiosas, templos de qualquer culto e suas organizações assistenciais e beneficentes (CF, art. 150, VI, "b").............. 157

    1.5.8. Imunidades dos partidos políticos, empresas sindicais dos trabalhadores e instituições educacionais e assistenciais (CF, art. 150, VI, "c", e § 4º)......... 158

    1.5.9. Imunidade de livros, periódicos e papel destinado à sua impressão (CF, art. 150, VI, "d")... 160

1.6. Princípios da personalização do imposto e da capacidade contributiva (CF, art. 145, § 1º).. 161

    1.6.1. Princípio da personalização do imposto 162

    1.6.2. Princípio da capacidade contributiva... 163

1.7. Princípio da igualdade tributária (CF, art. 150, II).. 164

    1.7.1. Princípio genérico da igualdade 164

    1.7.2. Princípio da igualdade tributária 165

1.8. Constituição proíbe privilégios odiosos, não discriminações razoáveis........... 167

1.9. Princípio da irretroatividade da lei fiscal.. 169

1.10. Princípio que veda tributo com efeito confiscatório (CF, art. 150, V)............. 170

1.11. Princípios específicos... 171

III. PRINCÍPIOS TRIBUTÁRIOS IMPLÍCITOS.. 171

1. Noção geral 171

    1.1. Imposto proibitivo 172

    1.2. Destinação pública do tributo 172

    1.3. Segurança jurídica.. 173

Capítulo VI
LEGISLAÇÃO TRIBUTÁRIA 175

I. LEGISLAÇÃO TRIBUTÁRIA.. 175

1. Sentido da expressão.. 175

    1.1. Características.. 175

II. VIGÊNCIA DA LEGISLAÇÃO TRIBUTÁRIA NO ESPAÇO E NO TEMPO...... 176

1. Interpretação do art. 101 do CTN 176

    1.1. Vigência no espaço 176

    1.2. Vigência no tempo 177

        1.2.1. Das normas complementares 177

        1.2.2. Da lei.. 178

SUMÁRIO | XVII

III. APLICAÇÃO DA LEGISLAÇÃO TRIBUTÁRIA 179

1. Noção geral 179

1.1. A lei fiscal aplica-se somente a fatos geradores futuros (CTN, art. 105, e CF, art. 150, III, "a") 180

1.2. Aplicação retroativa da lei fiscal (CTN, art. 106) 181

IV. INTERPRETAÇÃO DA LEGISLAÇÃO TRIBUTÁRIA 184

1. Noção geral 184

1.1. Evolução histórica 184

1.1.1. Interpretação apriorística 184

1.1.2. Interpretação literal 185

1.1.3. Métodos de interpretação segundo a doutrina 186

1.1.4. Interpretação econômica 187

1.2. A interpretação no CTN 188

1.2.1. Noção geral 188

V. INTEGRAÇÃO DA LEGISLAÇÃO TRIBUTÁRIA 194

1. Noção geral 194

1.1. Analogia 195

1.1.1. Restrição ao emprego da analogia (CTN, art. 108, § 1º) ... 195

Capítulo VII
OBRIGAÇÃO TRIBUTÁRIA 199

I. NOÇÃO GERAL 199

1. Relação jurídico-tributária 199

1.1. Natureza obrigacional da relação tributária 199

1.2. Natureza pessoal da relação tributária 200

1.3. Relação jurídica de direito público 200

1.4. Relação jurídica subjetiva 201

1.5. Relação jurídica *ex lege* 201

II. OBRIGAÇÃO TRIBUTÁRIA 202

1. Conceito 202

1.1. Elementos 202

1.1.1. Espécies 202

III. FATO GERADOR 205

1. Denominação 205

1.1. Conceito 205

1.1.1. Fato gerador da obrigação tributária principal 205

1.1.2. A pretensa norma geral antielisiva do parágrafo único do art. 116 do CTN 206

1.1.3. Fato gerador da obrigação tributária acessória 209

2. Classificação do fato gerador 209

3. Importância do fato gerador 210

4. Elementos do fato gerador 210

5. Negócios jurídicos condicionais: momento da ocorrência do fato gerador ... 211

6. Tributação de atos nulos, anuláveis, imorais e ilícitos 211

IV. SUJEITO ATIVO DA OBRIGAÇÃO TRIBUTÁRIA 212

1. Interpretação do art. 119 do CTN 212
   1.1. Territórios e Distrito Federal 213
      1.1.1. Efeitos de desmembramento territorial de pessoa jurídica de direito público 213

V. SUJEITO PASSIVO DA OBRIGAÇÃO TRIBUTÁRIA 214

1. Noção geral 214
   1.1. Sujeito passivo da obrigação tributária principal 214
      1.1.1. Contribuinte 214
      1.1.2. Responsável 215
      1.1.3. Distinção entre contribuinte e responsável 216
   1.2. Sujeição passiva indireta 216
   1.3. Sujeito passivo de obrigação acessória 217
   1.4. Convenções particulares 217
2. Solidariedade tributária 218
   2.1. Capacidade tributária 220
   2.2. Domicílio tributário 221

VI. RESPONSABILIDADE TRIBUTÁRIA 222

1. Noção geral 222
   1.1. Substituto tributário 225
   1.2. Responsabilidade dos sucessores 226
      1.2.1. Noção geral 226
      1.2.2. Sucessão imobiliária (CTN, art. 130) 227
      1.2.3. Responsabilidade do adquirente ou remitente (CTN, art. 131, I) 228
      1.2.4. Sucessão *causa mortis* (CTN, art. 131, II e III) 229
      1.2.5. Sucessão de pessoas jurídicas de direito privado e de empresas individuais 230
      1.2.6. Sucessão comercial 231
      1.2.7. Sucessão falimentar (CTN, art. 184) 234
2. Responsabilidade de terceiros 234
   2.1. Responsabilidade subsidiária (CTN, art. 134) 235
      2.1.1. Responsabilidade por substituição (CTN, art. 135) 237

VII. RESPONSABILIDADE POR INFRAÇÕES DA LEGISLAÇÃO TRIBUTÁRIA.... 240

1. Responsabilidade de natureza objetiva (CTN, art. 136) 240
   1.1. Responsabilidade pessoal do agente (CTN, art. 137) 242
   1.2. Denúncia espontânea e seus efeitos (CTN, art. 138) 243

Capítulo VIII
CRÉDITO TRIBUTÁRIO 247

I. NOÇÃO GERAL 247

1. Teoria dualista da obrigação 247

SUMÁRIO | XIX

II. CONSTITUIÇÃO DO CRÉDITO TRIBUTÁRIO 249
1. Conceito e natureza jurídica do lançamento 249
2. Lançamento corresponde a um procedimento 250
3. Atividade do lançamento é vinculada e obrigatória................................ 251
4. Fases do lançamento 252
5. Constituição definitiva do crédito tributário 252
6. Lançamento é privativo da administração 253
7. Princípio da imutabilidade do lançamento... 253
8. Princípio da inalterabilidade dos critérios jurídicos.............................. 254
9. Modalidades de lançamento... 255
   9.1. Lançamento por declaração 255
   9.2. Lançamento de ofício 256
   9.3. Lançamento por homologação.. 258

III. SUSPENSÃO DA EXIGIBILIDADE DO CRÉDITO TRIBUTÁRIO................... 261
1. Noção geral 261
   1.1. Moratória (art. 151, I, CTN)... 262
   1.2. Depósito do montante integral do tributo 265
   1.3. Reclamações e recursos 267
   1.4. Medida liminar em mandado de segurança 268
   1.5. Concessão de medida liminar ou de tutela de urgência, em outras espécies de
        ação judicial, e parcelamento... 269

IV. EXTINÇÃO DO CRÉDITO TRIBUTÁRIO... 270
1. Noção geral 270
   1.1. Pagamento em sentido estrito 272
   1.2. Efeito da imposição de penalidades.. 272
   1.3. Prova de pagamento.. 273
   1.4. Lugar de pagamento 273
   1.5. Prazo de pagamento 273
   1.6. Formas de pagamento 275
   1.7. Imputação de pagamento 276
   1.8. Consignação em pagamento 276
2. Pagamento indevido... 278
   2.1. Noção geral... 278
   2.2. Independe de prévio protesto... 278
      2.2.1. Dever de restituição não tem natureza tributária.................... 278
      2.2.2. Causas de repetição do indébito 279
      2.2.3. Restituição de tributo indireto.. 280
   2.3. Objeto de restituição 283
   2.4. Prazos... 284
      2.4.1. Compensação 285
   2.5. Transação 287
   2.6. Remissão... 288
3. Decadência 289
   3.1. Noção geral... 289
   3.2. Decadência e prescrição 289

3.3. Termo inicial do prazo 290
3.4. Auto de infração 291
3.5. Início da constituição do crédito tributário 292
4. Prescrição 293
4.1. Noção geral 293
4.2. Termo inicial da prescrição: constituição definitiva do crédito tributário 293
4.3. Prazo é de cinco anos 294
4.4. Interrupção do prazo prescricional 295
4.5. Suspensão do prazo prescricional 296
4.6. Pagamento definitivo (antiga conversão de depósito em renda) 297
4.7. Pagamento antecipado e homologação do lançamento 298
4.8. Decisão administrativa definitiva e decisão judicial passada em julgado 299

V. EXCLUSÃO DO CRÉDITO TRIBUTÁRIO 300
1. Noção geral 300
2. Isenção 300
2.1. Conceito 300
2.2. Isenção e imunidade 301
2.3. Classificações 302
2.3.1. Isenção pura e onerosa 302
2.3.2. Isenção instantânea, a prazo certo e a prazo indeterminado 302
2.3.3. Isenção ampla ou restrita 302
2.3.4. Isenção geral e especial 303
2.3.5. Isenção objetiva, subjetiva e mista 303
2.3.6. Isenção total e limitada 304
2.3.7. Isenção autônoma e heterônoma 304
2.3.8. Isenção só pode ser concedida por lei específica 305
2.4. Interpretação literal (neutra) 307
2.5. Competência 307
2.6. Isenção e alíquota zero 308
2.7. Revogação de isenção 308
2.8. Isenção e ICMS 310
2.9. Tratados e isenção de tributos estaduais e municipais 310
2.9.1. Noção geral 312
2.9.2. Exigência de lei específica 313
2.9.3. Classificação 313

VI. GARANTIAS E PRIVILÉGIOS DO CRÉDITO TRIBUTÁRIO 314
1. Noção geral 314
1.1. Privilégios do crédito tributário 315
1.2. Fraude contra a Fazenda Pública 317
1.3. Preferências 320
1.3.1. Noção geral 320
1.3.2. No direito tributário 320
1.3.3. Concurso fiscal de preferências 322
1.3.4. Outras preferências 324
1.3.5. Prova de quitações fiscais 325

Capítulo IX
ADMINISTRAÇÃO TRIBUTÁRIA 327

I. NOÇÃO GERAL 327
   1. Administração tributária 327

II. FISCALIZAÇÃO 327
   1. Noção geral 327
      1.1. Direito de exame pelo Fisco 328
         1.1.1. Lavratura de termo 330
      1.2. Pessoas obrigadas a prestar informações 331
      1.3. Dever de sigilo 332
      1.4. Permuta de informações 334

III. DÍVIDA ATIVA TRIBUTÁRIA 336
   1. Definição 336
      1.1. Inscrição 336
      1.2. Certidão da dívida ativa tributária pode ser objeto de protesto (STF-ADI 5135/ DF, Rel. Min. Roberto Barroso, j. 09.11.2016, publicação 07.02.2018, Tribunal Pleno) 338
      1.3. Indisponibilidade de bens de devedor tributário 338

IV. CERTIDÕES NEGATIVAS 339
   1. Noção geral 339

Capítulo X
ILÍCITO TRIBUTÁRIO 343

I. NOÇÃO GERAL 343
   1. Conceito de ilícito tributário 343
   2. Espécies de ilícito tributário 344
   3. Natureza jurídica do ilícito tributário 344

II. INFRAÇÕES FISCAIS 347
   1. Classificações 347
   2. Sanções fiscais 348

III. CRIMES TRIBUTÁRIOS 349
   1. No Código Penal 349
      1.1. Crime de contrabando (CP, art. 334, primeira parte) 349
      1.2. Crime de descaminho (CP, art. 334, parte final) 349
      1.3. Falsificação de papéis públicos (CP, art. 293) 350
      1.4. Crime de violação de segredo funcional (CP, art. 325) 350
      1.5. Crime de excesso de exação (CP, art. 316, § 1º) 350
      1.6. Crime de prevaricação (CP, art. 319) 350
      1.7. Crimes de falsidade (CP, arts. 299, 301 e 305) 350
   2. Crimes contra a ordem tributária 351
      2.1. Sonegação fiscal, fraude e conluio 351
      2.2. Crimes praticados por particulares 351
      2.3. Crimes praticados por funcionários públicos 353

IV. JURISPRUDÊNCIA SOBRE CRIMES TRIBUTÁRIOS ... 354

V. EVASÃO E ELISÃO FISCAL ... 355

Capítulo XI
CONTENCIOSO TRIBUTÁRIO ... 357

I. NOÇÃO GERAL ... 357
1. Importância do fato gerador ... 357
2. Direito do sujeito passivo impugnar o lançamento ... 357
3. Contencioso tributário: conceito e características ... 358
4. Processo contencioso tributário ... 358

II. PROCESSO TRIBUTÁRIO ADMINISTRATIVO ... 359
1. Noção geral ... 359
2. Auto de infração ... 359
   2.1. Impugnação ao auto de infração ... 360
   2.2. Julgamento ... 360
      2.2.1. Primeira instância ... 360
      2.2.2. Segunda instância ... 361
   2.3. Decisão administrativa definitiva ... 361
3. Processo administrativo de iniciativa do sujeito passivo ... 361
   3.1. Consulta ... 362

III. PROCESSO TRIBUTÁRIO JUDICIAL ... 364
1. Noção geral ... 364
2. Execução fiscal ... 365
   2.1. Evolução histórica ... 365
   2.2. A LEF aplica-se na cobrança da dívida ativa tributária e não tributária ... 365
   2.3. Certidão da dívida ativa tributária ... 366
   2.4. Competência na execução fiscal ... 367
      2.4.1. Modificação de competência ... 367
3. Legitimidade ativa ... 368
4. Legitimidade passiva ... 370
   4.1. Noção geral ... 370
   4.2. Execução fiscal contra responsável cujo nome não consta da CDA ... 371
   4.3. Execução contra ente público ... 372
5. Petição inicial ... 373
   5.1. Efeitos do deferimento da petição inicial ... 374
6. Formas de citação ... 374
   6.1. Efeitos da citação ... 375
7. A garantia da execução ... 375
   7.1. Penhora ... 377
8. Exceção de pré-executividade ... 380
9. Embargos de executado ... 381
   9.1. Noção geral ... 381
   9.2. Prazo para embargos ... 381

9.3. Matéria a ser versada nos embargos 382

    9.3.1. Compensação e reconvenção 383

    9.3.2. Exceções 383

    9.3.3. Litisconsórcio 383

    9.3.4. Valor da causa nos embargos 384

    9.3.5. Efeitos da ação de embargos 384

9.4. Interpretação do art. 40 da LEF 385

10. Recursos 386

11. Procedimento do leilão 387

12. Procedimentos judiciais de iniciativa do sujeito passivo 388

    12.1. Noção geral 388

    12.2. Ação anulatória de débito fiscal 388

    12.3. Ação declaratória 390

    12.4. Mandado de segurança 391

    12.5. Ação de consignação em pagamento 392

    12.6. Ação civil pública 393

Capítulo XII
IMPOSTOS FEDERAIS, ESTADUAIS E MUNICIPAIS 395

I. IMPOSTOS FEDERAIS 395

1. Imposto de importação 395

    1.1. Competência e legislação 395

    1.2. Características 395

    1.3. Hipótese de incidência 396

    1.4. Alíquotas 399

    1.5. Base de cálculo 400

    1.6. Contribuinte 401

    1.7. Lançamento 402

    1.8. Penalidades 403

    1.9. Regimes aduaneiros especiais 405

2. Imposto de exportação 407

    2.1. Competência e legislação 407

    2.2. Características 408

    2.3. Hipótese de incidência 409

    2.4. Alíquotas 409

    2.5. Base de cálculo 410

    2.6. Contribuinte 411

    2.7. Falência de exportador 412

    2.8. Lançamento 412

3. Imposto sobre renda e proventos de qualquer natureza 413

    3.1. Competência e legislação 413

    3.2. Princípios constitucionais específicos 413

    3.3. Características 415

    3.4. Hipótese de incidência 415

    3.5. Os §§ 1º e 2º do art. 43 do CTN acrescentados pela LC nº 104, de 2001 420

    3.6. Contribuinte 421

    3.7. Alíquotas 422

3.8. Base de cálculo 422

3.9. Lançamento.. 424

4. Imposto sobre produtos industrializados 425

4.1. Competência e legislação 425

4.2. Características.. 425

4.3. Princípios constitucionais específicos 426

4.3.1. Seletividade 426

4.3.2. Não cumulatividade 427

4.3.3. Imunidade 429

4.3.4. Exceção relativa ao princípio da legalidade tributária 429

4.3.5. Exceção ao princípio da anterioridade da lei fiscal........... 429

4.4. Hipótese de incidência... 430

4.5. Alíquotas.. 433

4.6. Base de cálculo 433

4.7. Contribuinte 434

4.8. Lançamento.. 435

4.9. Transição pós-Emenda Constitucional nº 132/2023 436

5. Imposto sobre operações de crédito e câmbio ou relativas a títulos ou valores mobiliários 437

5.1. Competência e legislação 437

5.2. Características.. 437

5.3. Princípios constitucionais específicos 438

5.3.1. Exceção relativa ao princípio da legalidade tributária 438

5.3.2. Exceção ao princípio da anterioridade da lei fiscal...................... 438

5.3.3. Incidência exclusiva do IOF quando o ouro for definido em lei como ativo financeiro ou instrumento cambial................................. 438

5.4. Hipótese de incidência... 439

5.5. Contribuinte 443

5.6. Alíquotas e base de cálculo... 443

5.7. Lançamento.. 444

5.8. Legitimidade da parte para integrar o polo passivo...................... 444

6. Imposto sobre a propriedade territorial rural 445

6.1. Competência e legislação 445

6.2. Características.. 445

6.3. Princípios constitucionais específicos 445

6.3.1. Progressividade do ITR... 445

6.3.2. Imunidade de pequenas glebas rurais 446

6.4. Hipótese de incidência... 447

6.5. Alíquota 448

6.6. Base de cálculo 449

6.7. Contribuinte 449

6.8. Lançamento.. 450

7. Imposto sobre grandes fortunas 451

8. Impostos extraordinários... 451

9. Imposto sobre produção, extração, comercialização ou importação de bens e serviços prejudiciais à saúde ou ao meio ambiente, nos termos da lei complementar 452

SUMÁRIO XXV

II. IMPOSTOS ESTADUAIS 455

1. Imposto sobre transmissão *causa mortis* e doação 455

    1.1. Noção geral 455

    1.2. Estado-membro e DF competentes 456

    1.3. Características 456

    1.4. Hipóteses de incidência 457

    1.5. Isenção 460

    1.6. Sujeito passivo 461

    1.7. Alíquotas 461

    1.8. Base de cálculo 462

    1.9. Lançamento e pagamento 463

    1.10. Mora. Legitimidade de penalidades 464

2. Imposto sobre operações relativas à circulação de mercadorias e prestações de serviços (ICMS). *Vide* EC nº 197 sobre comércio eletrônico 464

    2.1. Origem do ICMS 464

    2.2. ICMS na CF de 1988 465

    2.3. Legislação 466

    2.4. Características do ICMS 467

    2.5. Semelhanças e dessemelhanças com o IPI 468

    2.6. Hipóteses de incidência 468

        2.6.1. Operações relativas à circulação de mercadoria 468

        2.6.2. Transferência de mercadorias entre estabelecimentos do mesmo titular 471

        2.6.3. Importação de bem ou mercadoria 472

        2.6.4. Inconstitucionalidade da EC nº 33/2001 474

        2.6.5. Fornecimento de mercadoria com prestação de serviços 475

        2.6.6. Incidência do ICMS sobre venda de programas de computador em prateleira e fitas de vídeo 476

    2.7. Não incidência constitucional 478

        2.7.1. Operações que destinem mercadorias para o exterior 478

        2.7.2. Operações que destinem a outros Estados petróleo, inclusive lubrificantes, combustíveis líquidos e gasosos dele derivados, e energia elétrica (CF, art. 155, § 2º, X, "b") 479

        2.7.3. Operações relativas a ouro, quando definido em lei como ativo financeiro ou instrumento cambial 479

        2.7.4. Operações de serviços de transporte interestadual, intermunicipais e de comunicação 480

        2.7.5. Serviços de comunicação 482

    2.8. Princípio da não cumulatividade 483

    2.9. Correção monetária do crédito 484

    2.10. STF admite atualização de créditos fiscais pelas unidades federadas 485

        2.10.1. Pressupostos para a utilização do direito de crédito (LC nº 87/1996, art. 23, parágrafo único) 486

        2.10.2. Vedações constitucionais ao exercício do direito de crédito 489

        2.10.3. Bens destinados ao uso, ou consumo, ou ativo permanente do estabelecimento 489

        2.10.4. Crédito quanto à energia elétrica entrada no estabelecimento 490

2.10.5. Crédito quanto aos serviços de comunicação 490

2.11. Interpretação do § 3º do art. 155 da CF (redação dada pela EC nº 33/2001)... 490

2.12. Sujeito passivo 491

2.12.1. Contribuinte 491

2.12.2. Responsável tributário 493

2.12.3. Substituição tributária 493

2.12.4. Substituição para a frente, ou subsequente ou progressiva 494

2.12.5. Substituição regressiva, ou para trás, ou antecedente 496

2.13. Alíquotas 497

2.13.1. Seletividade 497

2.13.2. Limitações constitucionais à fixação de alíquotas pelos Estados e Distrito Federal 498

2.13.3. Operações e prestações de exportação de mercadorias e de serviços...... 498

2.13.4. Operações e prestações interestaduais 498

2.13.5. Operações internas 499

2.14. Base de cálculo 500

2.14.1. Noção geral 500

2.14.2. Efeitos da não indicação do valor da operação relativa à circulação de mercadorias ou à prestação de serviços 502

2.14.3. Fornecimento de mercadorias com prestação de serviços 502

2.14.4. Quando o valor do IPI integra a base de cálculo do ICMS 502

2.14.5. Redução de base de cálculo e incentivos fiscais 503

2.14.6. Vendas a prazo ou mediante cartão de crédito 504

2.14.7. Base de cálculo na substituição tributária 505

2.14.8. Pauta fiscal 505

2.14.9. Operações relativas a petróleo, inclusive lubrificantes, combustíveis líquidos e gasosos e energia elétrica 506

2.15. Lançamento 506

2.16. Sanções e coisa julgada 507

3. Imposto sobre propriedade de veículos automotores 508

3.1. Competência e legislação 508

3.2. Características 509

3.3. Fato gerador 510

3.4. Contribuinte 512

3.5. Alíquota 512

3.5.1. Alíquotas diferenciadas segundo a procedência nacional ou estrangeira de veículo automotor 512

3.6. Base de cálculo 513

3.7. Lançamento 513

III. IMPOSTOS MUNICIPAIS 514

1. Imposto sobre propriedade predial e territorial urbana 515

1.1. Competência e legislação 515

1.2. Características 515

1.3. Hipótese de incidência 516

1.4. Contribuinte 518

1.5. Alíquotas 520
    1.5.1. Progressividade do art. 156, § 1º, da CF 520
    1.5.2. Progressividade no tempo (CF, art. 182, § 4º) 521
1.6. Base de cálculo 522
1.7. Imunidade 523
2. Imposto de transmissão *inter vivos* 524
  2.1. Competência e legislação 524
  2.2. Características 524
  2.3. Hipótese de incidência 525
    2.3.1. Promessa de compra e venda de bem imóvel 526
    2.3.2. Renúncia à herança ou legado 526
    2.3.3. Torna ou reposição 527
  2.4. Não incidência constitucional 527
  2.5. Alíquota 528
  2.6. Base de cálculo 529
  2.7. Sujeito passivo 530
  2.8. Lançamento 531
3. Imposto sobre serviços de qualquer natureza 531
  3.1. Origem e legislação 531
  3.2. Características 532
  3.3. Hipóteses de incidência 532
    3.3.1. Prestação de serviço traduz obrigação de fazer 534
  3.4. Sujeito ativo 540
  3.5. Sujeito passivo 542
  3.6. Imunidade 543
  3.7. Não incidência 544
  3.8. Alíquota 544
  3.9. Base de cálculo 547
  3.10. Lançamento 549

IV. IMPOSTO DE COMPETÊNCIA COMPARTILHADA 549

1. Imposto sobre bens e serviços 549
  1.1. Considerações gerais 549
  1.2. Imposto sobre bens e serviços 550
  1.3. O papel da lei complementar na estruturação do IBS 551
  1.4. Regimes diferenciados 551
  1.5. Regime único simplificado 553
  1.6. Comitê gestor 553
  1.7. Desenvolvimento regional 554
  1.8. Regime de transição 555
  1.9. Competência 557

BIBLIOGRAFIA 559

Capítulo I

DIREITO FINANCEIRO E DIREITO TRIBUTÁRIO

I.   ATIVIDADE FINANCEIRA

1.   Noção geral

O Estado desempenha atividade financeira para atender a necessidades públicas, que apresentam um interesse geral em determinado grupo social e é satisfeita pelo processo do serviço público. Entretanto, esse conceito é relativo porque depende das circunstâncias de tempo e de lugar, variando assim no tempo e no espaço. Dessa forma, a eleição das necessidades a serem satisfeitas pelo Estado deve atender a critérios eminentemente políticos. As necessidades públicas apresentam as seguintes características: a) natureza coletiva, porque correspondem à soma de necessidades individuais (saúde, segurança interna e externa, educação, habitação etc.); e b) compete ao Poder Público prover tais necessidades. Em resumo, toda necessidade pública é coletiva, mas nem toda necessidade coletiva é pública.

A atividade financeira desenvolve-se nos campos da receita (percepção), da gestão (administração e conservação do patrimônio público), da despesa (aplicação de recursos), do orçamento (previsão) e do crédito público (operações de crédito).

Ricardo Lobo Torres[1] averba que:

> a atividade financeira emana do poder ou da soberania do Estado. O poder financeiro, por seu turno, é uma parcela ou emanação do poder estatal (ou da soberania), ao lado do poder de polícia, do poder penal, do poder de domínio eminente. O poder financeiro se separa vertical e horizontalmente. Do ponto de vista vertical, identificam-se os poderes financeiros da União, dos Estados e dos Municípios, dos quais emanam as atividades financeiras federais, estaduais e municipais. Horizontalmente separam-se os poderes financeiros de administrar, legislar e julgar, pelo que a atividade financeira será uma específica atividade administrativa vinculada à lei e controlada pelo Judiciário.

A atividade financeira sofre influência de diversas disciplinas de caráter científico, isto é, regidas por leis extraídas da observação dos fenômenos econômicos, sociais etc. afirmando que, em determinadas condições, da prática de certos atos decorrerão determinadas consequências.

Ciência das Finanças, ou Economia Financeira é "a disciplina que, pela investigação dos fatos, procura explicar os fenômenos ligados à obtenção e dispêndio do dinheiro necessário ao funcionamento dos serviços a cargo do Estado, ou de outras pessoas de direito público, assim como os efeitos outros resultantes dessa atividade governamental"[2].

---

[1]   TORRES, Ricardo Lobo. *Curso de direito financeiro e tributário.* 11. ed. Rio de Janeiro: Renovar, 2004, p. 4.

[2]   Cf. BALEEIRO, Aliomar. *Uma introdução à ciência das finanças.* 14. ed. Rio Janeiro: Forense, 1984. p. 6.

A prefalada ciência objetiva a investigação da realidade, a explicação dos fenômenos de produção, circulação, distribuição e consumo de riquezas, da obtenção dos ingressos públicos e de seu emprego pelo Estado na satisfação das necessidades públicas. A Ciência das Finanças visa também o estabelecimento das relações de causa e efeito, ou de interdependência, formulando as leis correspondentes, sendo, portanto, ciência pura ou especulativa.

Por outro lado, a Política Financeira tem por finalidade a eleição das despesas que serão efetuadas e os recursos que deverão ser obtidos em função da sua orientação política, segundo os fins pretendidos pelo governo. Assim sendo, a Política Financeira, ciente de certas verdades reveladas pela Economia Financeira, emprega essas verdades para aconselhar as medidas que devem ser tomadas pelo Estado. A ciência sob enfoque tem por escopo a fixação das metas econômicas, sociais e fiscais, visando produzir determinados efeitos sobre a produção, o comércio exterior, a justiça da tributação e a redistribuição da riqueza. A Política Financeira elege os instrumentos mais adequados segundo as ideias dominantes para alcançar fins colimados, por exemplo, a exploração direta pelo Estado da atividade econômica, a tributação, a inflação, os empréstimos interno e externo etc.[3]

Finalmente, Técnica Financeira é a parte da ciência da administração que estuda a atividade do Estado do ponto de vista da atuação prática das conclusões da política financeira.

2. Receita pública

Faz-se necessária a abordagem sobre receita pública, para que se possa adentrar nos campos do direito financeiro e do direito tributário. A receita pública divide-se em originária e derivada.

Receita Originária provém das seguintes fontes: a) exploração do próprio patrimônio do Estado, que age despido do seu poder de império, vale dizer, relaciona-se em pé de igualdade com os particulares, tratando-se, portanto, de receita voluntária, contratual e de direito privado (v.g., cessão onerosa uso de imóvel); b) desempenho de atividade empresarial (*Estado Empresário),* como venda de combustível pela Petrobras.

A receita auferida pelo Estado decorrente da atividade em que age como particular denomina-se preço ou preço público (prestação de fornecimento de água pela CEDAE[4]). A doutrina e a jurisprudência dominantes entendem que o preço público e a tarifa são expressões sinônimas com base no art. 150, § 3º, da CF.[5] Entretanto, entendemos serem nomes jurídicos distintos, porque: a) não é de boa técnica a legislação empregar sinônimos, mormente no texto constitucional; b) o art. 175, parágrafo único, inciso III da CF reserva o termo tarifa para referir-se à receita proveniente de concessão ou permissão de serviço público. Assim, a norma do § 3º do art. 150 da CF deve ser interpretada em harmonia com o dispositivo referido na alínea "b" anterior. Resumindo: preço público ou preço é a prestação exigida pelo Estado em regime de direito privado decorrente de acordo de vontades e poder ser estabelecida mediante lei ou ato do Poder Executivo. Preço ou tarifa não se confundem com tributo, que é prestação

---

[3]   Cf. COSTA, Ramon Valdes. *Curso de derecho tributario.* Montevidéu: 1970, t. I, p. 30.
[4]   BRASIL. Supremo Tribunal Federal, AgRg 201. 630-DF, Rel. Min. Ellen Gracie, 11.6.2022, Informativo do STF 272, de junho de 2002. Precedentes citados: RREE 85.268-PR (RTJ 81/930) e 77.162-SP (82/763) e ADC 9-DF, julgada em 13.12.2001.
[5]   BRASIL. Supremo Tribunal Federal, ARE 1283445 AgR, Rel. Min. Alexandre de Moraes, Primeira Turma, julgado em: 08.02.2021, *DJe* 028: 17.02.2021. Disponível em: <https://jurisprudencia.stf.jus.br/pages/search/sjur440388/false>. Acesso em: 29 out. 2023.

pecuniária compulsória, instituída em lei, em moeda ou cujo valor nela se possa exprimir, que não constitua sanção de ato ilícito e cobrada mediante atividade vinculada (CTN, art. 3º).

Receita derivada emana de atividade que o Estado age com soberania, dotado do seu poder de império, sendo, portanto, receita legal, compulsória e de direito público (tributo, multas etc.).

A atividade financeira do Estado é objeto de ciências econômicas (Ciência das Finanças, Política Financeira e Técnica Financeira), que fixam normas para seu desempenho, mas não são dotadas de coercibilidade. Assim, o Estado necessita estabelecer normas jurídicas para legitimar sua atuação, tornando compulsórias as diretrizes emanadas da atividade financeira. Resumindo: as normas jurídico-financeiras visam, de um lado, legitimar a atuação do Estado, e, de outro lado, proteger os particulares, fixando limites que devem ser observados no exercício da mencionada atividade.

II. DIREITO FINANCEIRO

Direito financeiro é o ramo do direito público que disciplina o ordenamento jurídico das finanças públicas e as relações jurídicas nascidas no desempenho da atividade financeira. O direito financeiro é mais amplo que o direito tributário porque abrange toda a atividade financeira do Estado, salvo a receita tributária.

A Constituição Federal disciplina as finanças públicas no Título VI, Capítulo II, compreendendo os arts. 163 a 169. Não obstante os arts. 157 a 162, que compõem a Seção VI – Da Repartição das Receitas Tributárias, integrarem, por equívoco, o Capítulo I – Do Sistema Tributário Nacional, versam, na verdade, sobre tema afeto ao direito financeiro. Trata-se assim de uma impropriedade técnica. Tais normas regram as relações dos entes políticos entre si no que tange à Repartição das Receitas Tributárias[6] e, portanto, não se subsumem no direito tributário porque não são direcionadas aos contribuintes.

III. DIREITO TRIBUTÁRIO

1. Noção geral

Direito tributário é o ramo do direito público que rege as relações jurídicas entre o Estado e o sujeito passivo da obrigação tributária (contribuinte e responsável – CTN, art. 121, §único) decorrentes da atividade financeira do Estado, no que se refere à instituição, exigência, fiscalização e arrecadação de tributos.

A expressão direito tributário é pacífica no direito brasileiro, por ser a mais adequada ao objetivo da disciplina pelo realce que dá ao tributo, pois faz referência "ao fenômeno que empolga toda a disciplina e constitui o núcleo de suas considerações"[7].

Controvérsia pairava sobre a designação da disciplina como "direito tributário" porque eram também utilizadas outras denominações, por exemplo, direito financeiro, direito fiscal. O nome direito financeiro há muito designava a cadeira específica dos cursos jurídicos no Brasil. Todavia, não se revelava o mais apropriado, porque dizia respeito ao ordenamento genérico da matéria e não abrangia a receita tributária, tanto que o art. 24, I, da CF refere-se em separado ao direito financeiro e ao direito tributário.

---

[6] Cf. DERZI, Misabel de Abreu Machado. Repartição das receitas tributárias – finanças públicas – normas gerais e orçamentos. *Rev. Fac. Direito UFMG*, Belo Horizonte, v. 33, p. 351-402, 1991.

[7] Cf. FALCÃO, Amílcar. *Introdução ao direito tributário*. Rio de Janeiro: Ed. Rio, 1976, p. 24.

A designação direito fiscal deve também ser rejeitada porque pode levar ao entendimento equivocado de que a disciplina refere-se somente à atividade pertinente ao controle e fiscalização da matéria tributária, reduzindo seu campo de ação. O âmbito do direito tributário diz respeito a todos os aspectos do tributo e não somente de fiscalização da atividade financeira relativa à obtenção e gestão dos tributos. Além disso, historicamente, *fiscus* (origem latina de *fisco,* do qual decorreu o adjetivo *fiscal*) já foi entendido como sendo o conjunto de bens pertencentes ao Estado. Assim, a denominação direito fiscal pode ser entendida, em sentido amplo, como a disciplina jurídica de toda a atividade financeira do Estado, e isso é incompatível com o objetivo do direito tributário.

Na América Latina, predomina a expressão *fiscal law,* tanto que a mais importante entidade especializada tem denominação de Instituto Latinoamericano de Derecho Tributário.

Ademais, a Constituição Federal consagra a expressão direito tributário em seu art. 24, I, e a Lei nº 5.172, de 25.10.1966, por força do Ato Complementar nº 36, de 13.03.1967, recebeu a denominação de Código Tributário Nacional.

2. Direito público

Os critérios adotados pela doutrina para incluir um novo ramo do do direito no campo do direito público ou direito privado são diversos, preponderando os seguintes:[8] a) pessoa do titular do direito, isto é, a pessoa a quem o direito aproveita. Quando o titular da norma jurídica for o Estado, pertencerá ao direito público, e quando o titular for particular, a norma subsumir-se-á no direito privado; b) natureza do interesse protegido pela norma jurídica. Quando a norma jurídica visa proteger interesse público, a norma será posicionada no campo do direito público, e quando objetiva proteger interesse de natureza privada, será enquadrada no direito privado; c) natureza dos efeitos da norma jurídica, que será de direito público quando for obrigatória, e de direito privado quando for permissiva ou autorizativa.

O direito tributário será sempre enquadrado no campo do direito público porque: a) apenas o Estado pode ser titular da relação tributária por ter competência exclusiva para instituir tributos; b) a cobrança e a arrecadação de tributos visam proporcionar recursos ao Estado para que possa cumprir seu objetivo de satisfazer às necessidades públicas, quer utilizando o tributo com finalidade meramente fiscal, quer com fim extrafiscal, sendo, pois, de natureza pública o interesse protegido pelas suas normas; c) as normas tributárias são dotadas de caráter coercitivo (CTN, art. 3º), tanto que se o tributo não for pago no prazo legal, sofrerá acréscimo de juros de mora e penalidades, devendo o valor ser atualizado monetariamente (CTN, art. 161).

IV. AUTONOMIA DO DIREITO FINANCEIRO E DO DIREITO TRIBUTÁRIO

1. A unicidade do direito e a autonomia

Muito se discute sobre a validade da controvérsia a respeito da autonomia de qualquer ramo do direito. Na realidade, o direito é uno, ou seja, existe um só direito mas que possui vários ramos, e cada um tem um determinado objeto específico. Assim, estes vários ramos – constitucional, administrativo, penal, financeiro, tributário etc. – devem ser considerados autônomos mas não independentes, eis que têm necessidade de se socorrer, reciprocamente, das regras, institutos, princípios, conceitos e formas dos demais ramos. Não há uma separação

---

[8]   Cf. Rubens Gomes de Souza, *op.cit.,* p. 30-32.

absoluta entre os diversos ramos do direito porque nenhum é independente, ou seja, nenhum basta a si mesmo, nem o direito constitucional. Assim, por exemplo, o direito financeiro e o direito tributário não ficam isolados dos demais ramos, nem podem ignorá-los, apesar de cada um ter existência própria como ramo cientificamente autônomo dentro da unidade do direito. Dessa forma, quando no direito tributário se tributa a compra e venda de bem imóvel, recorre-se ao direito privado para se conhecer a conceituação de compra e venda e a definição legal de bem imóvel (CTN, art. 110).

Defender-se a autonomia de qualquer ramo do direito não significa, em absoluto, negar-se a unidade do direito e, portanto, suas vinculações com os demais ramos e este tronco comum, constituído por princípios e institutos aplicáveis a todos os ramos. Autonomia científica significa que o ramo jurídico possui princípios, institutos e conceitos jurídicos próprios, exclusivos e específicos, não encontrados nos demais ramos de direito. Não estamos empregando a palavra autonomia em seu sentido absoluto, equivalente à independência, em razão da unicidade do direito, mas em seu sentido *relativo*, menos rigoroso, conjugando-o "com o dogma *uno universo jure*, isto é, aceitando-se a unidade da parte (ramo) sem a separação do o todo (direito)"[9].

A admissão da autonomia de um ramo do direito implica no reconhecimento de que não fica isolado da ciência jurídica como um todo. Isso significa que esse ramo vive em permanente relacionamento com as demais partes (ramos) desse todo (ciência jurídica), existindo, portanto, uma interdependência entre eles, como ocorre com o direito tributário em relação aos demais ramos do direito[10].

2. Autonomia do direito tributário

2.1. *A polêmica entre François Gens e Louis Trotabas*

A autonomia do direito tributário ensejou grande polêmica, sendo a mais notável a que travaram, na França, **François Geny** e **Louis Trotabas.**

François Geny opunha-se à autonomia do direito tributário, entendendo que todo o direito constitui uma unidade sistemática, tanto que o direito tributário, para regular os tributos, utiliza-se de conceitos pertencentes a outros ramos do direito, por exemplo, da compra e venda pertencente ao direito civil, não podendo, a pretexto de uma autonomia, mudar-lhe o sentido. O mesmo autor entende, ainda, que não existindo norma fiscal que revogue norma

---

[9] Cf. Bernardo Ribeiro de Moraes, que averba mais o seguinte: "A autonomia (relativa) de um ramo jurídico, assim, não significa a autonomia de uma ciência para outra ciência, mas sim, de ramos de uma ciência para *a mesma ciência,* correspondendo, mais propriamente, a uma subdivisão dentro da própria ciência do direito. Podemos afirmar, pois, ser o direito autônomo (cientificamente) e serem todos os seus ramos autônomos (relativamente), uns dos outros, no sentido de que são adequados à sua função própria, embora todos, em conjunto, formem um sistema único, um direito só." (MORAES, Bernando Ribeiro de. *Compêndio de direito tributário.* Rio de Janeiro: Forense, 1994, p. 30).

[10] Norberto Bobbio, ao tratar dos três significados de sistema jurídico esclarece que: "Se passarmos das declarações programáticas para o exercício da atividade do jurista, encontrar-nos-emos diante de uma outra prova da tendência constante da jurisprudência em considerar o direito como sistema: a consideração comum, dentre as várias formas de interpretação, da chamada *interpretação sistemática.* Chama-se "interpretação sistemática" aquela forma de interpretação que extrai seus argumentos do pressuposto de que as normas de um ordenamento, ou, mais exatamente, de uma parte do ordenamento (como o direito privado, o direito penal) constituem uma totalidade ordenada (ainda que depois se deixe um pouco vago o que se deve entender com essa expressão), e, portanto, possa-se esclarecer uma norma obscura ou até mesmo integrar uma norma deficiente recorrendo ao chamado "espírito do sistema", ainda que indo de encontro ao que resultaria de uma interpretação meramente literal." (BOBBIO, Noberto. *Teoria do ordenamento jurídico.* Tradução de Ari Marcelo Solon. São Paulo: EDIPRO, 2011. p. 83).

do Código Civil, este deve ser aplicado, defendendo, assim, a tese de que, no silêncio da lei fiscal, deve vigorar o que dispuser o direito privado[11].

Louis Trotabas mostrava-se partidário da autonomia científica do direito tributário e se opunha às alegações de Geny: porque não há lei fiscal expressa, o direito tributário não tem por que recorrer ao direito comum, eis que é livre para regular por si mesmo o assunto. O mesmo autor afirmava, ainda, que o direito fiscal devia ser incluído entre as disciplinas do direito público e que isso equivalia no reconhecimento de sua autonomia em face do direito privado, visto que as regras destas duas disciplinas seriam diferentes pelas seguintes razões: a) as leis fiscais solucionam situações sem ter em conta como são conceituadas ou compreendidas por outras leis; b) os princípios admitidos no direito civil não influenciam necessariamente as modalidades de aplicação da lei fiscal; c) não são aplicáveis ao fisco as situações jurídicas estabelecidas contratualmente pelas partes;[12] d) o direito tributário não necessita utilizar sempre os conceitos e definições adotados pelo direito privado, podendo dar-lhes sentido e alcance diferentes[13].

Geny, após anos de debates com **Trotabas**, acabou por reconhecer não a autonomia do direito tributário mas o seu particularismo, de ordem exclusivamente legal, isto é, que a lei tem liberdade para organizar a atividade financeira e derrogar o direito comum, mas, se não o faz, este último continua a predominar.

2.2. *A doutrina moderna reconhece a autonomia do direito tributário*

Giuliani Fonrouge, pronunciando-se sobre a mencionada polêmica, entende que não se trata de uma mera questão de palavras, sendo indiferente falar-se de particularismo, caráter específico ou autonomia do direito tributário, pois o importante é reconhecer, como diz **Trotabas**, que "no conjunto do direito, cada ramo especializado tende a organizar-se em forma original a elaborar, sobre um fundo comum constituído por alguns princípios fundamentais, suas normas e seus princípios particulares"[14].

Entre os financistas modernos, não se pode deixar de revelar o pensamento de **Maurice Duverger,** que ensina ter a autonomia do direito fiscal (denominação adotada pelo direito francês) dois aspectos complementares: a) as situações jurídicas são definidas no direito fiscal de uma maneira particular e não pela referência às definições gerais do direito; b) essas definições particulares são orientadas no sentido dos interesses do fisco. Quanto ao primeiro aspecto, o autor acrescenta que a autonomia do direito fiscal significa que o fisco não está preso, na aplicação do tributo, às definições jurídicas gerais, tais como são estabelecidas no direito comum. Isso porque o direito fiscal pode utilizar suas próprias definições, que são baseadas em situações de fato, pelo que não se pode opor ao fisco, por exemplo, para escapar à tributação sobre os lucros comerciais, o argumento de que quem auferiu os lucros não tem

---

[11]   GENY, François. O particularismo do direito fiscal. *In: Rev. de Direito Administrativo – FGV,* Rio de Janeiro, v. 20, p. 6, s. D.

[12]   "Salvo disposições de lei em contrário, as convenções particulares, relativas à responsabilidade pelo pagamento de tributos, não podem ser opostas à Fazenda Pública, para modificar a definição legal do sujeito passivo das obrigações tributárias correspondentes" (CTN, art. 123).

[13]   TROTABAS, Louis. Ensaio sobre o direito fiscal. *In. Rev. de Direito Administrativo.,* Rio de Janeiro: FGV, v. 26, p. 34. Atualmente, o art. 110 do CTN permite que a lei tributária possa alterar a definição, o conteúdo e o alcance de institutos, conceitos e formas de direito privado, salvo se forem utilizados, expressa ou implicitamente, pela Constituição Federal, pelas Constituições dos estados, ou pelas Leis Orgânicas do Distrito Federal ou dos municípios, para definir ou limitar competências tributárias.

[14]   *Op.cit.,* p. 18.

a qualidade de comerciante no sentido dado pelo Código Comercial[15]. No que concerne ao segundo aspecto, a orientação desta definição particular no interesse do fisco, o princípio da autonomia do direito tributário tem por finalidade permitir que se evite a evasão fiscal através de artifícios jurídicos, ou seja, faz com que o espírito da lei possa triunfar sobre o documento, revelando a engenhosidade dos "fraudadores legais", isto é, das pessoas que procuram escapar de um imposto que deviam pagar, não transgredindo a lei, mas utilizando dispositivos da própria lei. A LC nº 104/2001 acrescentou parágrafo único ao art. 116 do CTN, objetivando o legislador estabelecer uma norma geral antielisiva, mas que está com sua eficácia suspensa à míngua da regulamentação do procedimento que deve ser adotado. Conforme leciona Amanda Albano:

> (...) o artigo 116, paragrafo único, do Código Tributário Nacional é regra de eficácia limitada, que exige para sua plenitude e aplicação a edição de lei ordinária que preveja os procedimentos para que os atos ou negócios jurídicos sejam desconsiderados pela autoridade administrativa. [16]

O referido dispositivo teve, inclusive, a sua constitucionalidade questionada por meio da Ação Direta de Inconstitucionalidade nº 2246, proposta pela Confederação Nacional do Comércio – CNC:

> A CNC defendia a inconstitucionalidade do parágrafo único do artigo 116 do Código Tributário Nacional, inserido pela Lei Complementar no 104/2001, ao argumento de ocorrência de violação à legalidade tributária, bem como sustentando que haveria a legitimação de um achismo fiscal.
>
> Mais de duas décadas após a propositura, em 11 de abril de 2022, em apreciação pelo Plenário, o Supremo Tribunal Federal julgou improcedente o pedido da CNC, decidindo pela constitucionalidade do dispositivo por reconhecer que, ao visar a desconsideração de atos/ negócios jurídicos distorcidos, a autoridade fiscal acabará, dentro dos permissivos legais, garantindo efetividade aos princípios da legalidade e lealdade tributária. Assim, reconheceu a Corte que o dispositivo questionado em nada macula a prática do planejamento tributário, afinal, seu objetivo precípuo é permitir que a autoridade fiscal possa investigar a dissimulação da ocorrência do fato gerador.
>
> Dessa feita, a inconstitucionalidade do dispositivo, por si só, acertadamente não deve ser reconhecida, tendo em vista que só deverão ser desconsiderados os atos que apresentem dissimulação na ocorrência do fato gerador do tributo ou quanto a natureza dos elementos da obrigação tributária. O que deverá ser muito bem controlado, leia-se: regulamentado minuciosamente, é como a autoridade fiscal poderá atuar, em quais casos, observando o contraditório efetivo e a ampla defesa ao contribuinte e ao responsável tributário, de tal forma que não haja permissivo para uma mera interpretação econômica dos fatos.[17]

---

[15] DUVERGER, Maurice. *Finances publiques*. Paris: PUF, 1971, p. 429-430. CTN, art. 126: "Art. 126. A capacidade tributária passiva independe: I – da capacidade civil das pessoas naturais; II – de achar-se a pessoa natural sujeita a medidas que importem privação ou limitação do exercício de atividades civis, comerciais ou profissionais, ou da administração direta de seus bens ou negócios; III – de estar a pessoa jurídica regularmente constituída, bastando que configure uma unidade econômica ou profissional."

[16] ALBANO, Amanda. *Tributação, concorrência e crime*: potencial distorção tributária à luz das perspectivas concorrenciais e penais. Rio de Janeiro: Lumen Juris, 2023, p. 40.

[17] *Ibid*. p. 43-44.

2.3. O direito positivo brasileiro reconhece a autonomia do direito tributário

Parece-nos indiscutível a autonomia do direito tributário, porque possui conceitos, princípios e institutos jurídicos que lhe são próprios e distintos dos demais ramos do direito, a saber: a) o princípio de considerar tributável a circulação econômica de mercadoria independentemente da natureza civil da operação; b) o princípio de que a definição legal do fato gerador é interpretada com a abstração da validade jurídica dos atos efetivamente praticados pelos contribuintes, responsáveis ou terceiros, bem como, da natureza do seu objeto ou dos seus efeitos (CTN, art. 118); c) a liberdade que a lei tributária tem de conferir efeitos tributários próprios aos institutos, conceitos e formas do direito privado (CTN, art. 109); d) a faculdade que a lei tributária tem de alterar a definição, o conteúdo e o alcance de institutos, conceito e formas de direito privado, desde que não empregados pela Constituição Federal, pelas Constituições dos Estados, ou pelas Leis Orgânicas do Distrito Federal ou dos Municípios, para definir ou delimitar competência tributária (CTN, art. 110); e) o princípio pelo qual a capacidade tributária passiva independe da capacidade civil das pessoas naturais, ou de achar-se a pessoa natural sujeita a medidas que importem privação ou limitação do exercício de quaisquer atividades, ou da administração direta de seus bens ou negócios, ou ainda de estar a pessoa jurídica regularmente constituída (CTN, art. 126); f) a possibilidade de tributação de rendimentos decorrentes de atividades criminosas, imorais e de atos ilícitos (CTN, art. 3º, quanto à cláusula "que não constitua sanção de ato ilícito", e art. 118, I, do CTN); g) o princípio da anterioridade da lei fiscal (CF, art. 150, III, alíneas "b" e "c"); g) o instituto da consulta fiscal (CTN, art. 161, § 2º); h) o princípio da não oponibilidade das convenções particulares ao fisco para alterar a definição legal do sujeito passivo da obrigação tributária (CTN, art. 123) etc.

A autonomia do direito tributário encontra-se consagrada no nosso direito pela própria Constituição Federal, quando dispõe, no Capítulo I do Título VI (arts. 145 a 162), sobre o sistema tributário nacional. Ademais, esta autonomia também se faz presente no art. 24, inciso I, ao prescrever que compete à União, aos estados e ao Distrito Federal legislar concorrentemente sobre direito tributário, que é referido em separado do direito financeiro, deixando claro que correspondem a dois ramos jurídicos autônomos.

Acresce, ainda, que o direito tributário possui normas gerais próprias, que estão estabelecidas pela Lei nº 5.172, de 25.10.1966, que pelo AC nº 36, de 13.03.1967, recebeu a denominação de Código Tributário Nacional.

Por outro lado, o próprio Supremo Tribunal Federal reconhece a autonomia do direito tributário, porque em suas "Súmulas de Jurisprudência Predominante" refere-se, em separado, às matérias pertinentes ao direito tributário.

A doutrina latino-americana já se manifestou unanimemente em favor da autonomia do direito tributário, sendo de se citarem as seguintes conclusões da "I Jornada Latino-Americana do direito tributário"[18]: a) o direito tributário tem autonomia dentro da unidade geral do direito porque se rege por princípios próprios e possui institutos, conceitos e objetos também próprios; b) por conseguinte, a norma tributária deve precisar seus conceitos próprios, assinalando os elementos de fato neles contidos, e quando utilizar os de outras disciplinas deverá precisar o alcance que lhes confere; c) na apreciação dos fatos determinantes da obrigação tributária substantiva, a realidade econômica constitui um elemento a ter-se em conta, e sendo *ex lege* dita obrigação, não deve ampliar-se por via de integração no campo da aplicação da lei; d) a

---

[18] O conclave teve lugar em Montevidéu, em 1956, tendo seus trabalhos sido publicados. *IN. Jornadas de Derecho Tributário,* Montevidéu, 1957, p. 25 e 163.

aplicação das normas tributárias não pode afetar os direitos essenciais da pessoa humana e as garantias de ordem constitucional; e) as normas jurídico-tributárias substanciais, formais e processuais devem ser agrupadas sistematicamente em corpos jurídicos orgânicos; f) o contencioso tributário deve competir a organismos independentes da administração ativa; g) nos centros de estudo jurídico devem existir cursos de direito tributário para o ensino exclusivo das normas concernentes a essa disciplina.

V. RELAÇÕES DO DIREITO TRIBUTÁRIO COM OUTROS RAMOS DO DIREITO

1. Direito constitucional

As relações do direito tributário com o direito constitucional são as mais íntimas e frequentes possíveis. Primeiro, em razão da subordinação que todos os ramos de direito interno têm em relação ao direito constitucional. Segundo, porque nele é que se encontram nos países de forma federativa de Estado, a definição e a limitação do poder de tributar do Estado, fixando as áreas de competência exclusiva de cada entidade pública sobre a matéria tributária através da discriminação de rendas, evitando-se, assim, a bitributação. Terceiro, porque na Constituição é que estão prescritos os princípios que visam proteger o contribuinte contra possíveis abusos do Estado no exercício do poder de tributar. Tais regras limitadoras do poder de tributar são de tal importância que vários autores chegam a falar em um direito tributário constitucional, como um conjunto de normas de caráter constitucional pertinentes à matéria tributária. Estes princípios encontram-se expressos na Constituição, principalmente na Seção II do Capítulo I do Título VI, compreendendo os arts. 150 a 152, além de estarem também referidos em outras partes do texto constitucional, por exemplo, no art. 145, § 1º, que consagra o princípio da capacidade contributiva. Além desses princípios expressos existem outros que são considerados implícitos, por exemplo, o princípio de que o tributo deve ter destinação pública.

2. Direito financeiro

O direito tributário relaciona-se também com o direito financeiro porque, enquanto este ramo do direito tem por objeto a disciplina jurídica da atividade financeira do Estado, cabe ao direito tributário o estudo de uma parte desta atividade, que se refere exclusivamente à matéria tributária. Não se esqueça ainda de que o direito tributário surgiu do direito financeiro, tendo dele se destacado a partir do momento em que as normas jurídicas daquele ramo do direito revelaram-se insuficientes para disciplinar a relação jurídico-tributária em razão da sua especificidade.

Por outro lado, o empréstimo público é objeto do estudo de uma das divisões do direito financeiro, correspondente ao crédito público, tendo, no entanto, o empréstimo compulsório a natureza de tributo, disciplinado pelo direito tributário.

3. Direito administrativo

O direito tributário relaciona-se igualmente com o direito administrativo porque este regula as atividades gerais da administração pública, enquanto o direito tributário disciplina um dos aspectos específicos dessa atividade, relacionada com a cobrança, fiscalização e arrecadação dos tributos. Por outro lado, o poder de tributar nada mais é que o poder geral do Estado aplicado ao setor impositivo, ou seja, de instituir tributos.

Relembre-se também de que o direito tributário nasceu do direito financeiro, que, por seus vez, estava originariamente integrado no direito administrativo, e somente passou a ser considerado um ramo jurídico cientificamente autônomo, quando dele se destacou e se libertou. Por outro lado, o direito administrativo continua a disciplinar o exercício das atividades dos funcionários, órgãos e repartições fiscais no que se refere à imposição, fiscalização e arrecadação dos tributos.

4. Direito internacional público

O direito tributário mantém também relações com o direito internacional público, que pode ser conceituado como o conjunto de normas que os Estados aplicam às suas mútuas relações. O relacionamento em tela revela-se através da celebração de convenções, tratados e acordos internacionais, objetivando principalmente evitar a bitributação internacional e disciplinar as tarifas aduaneiras, além de integrarem a legislação tributária (CTN, art. 96). O CTN, em seu art. 98, dispõe que os tratados e convenções internacionais "revogam ou modificam a legislação tributária interna e serão observados pela que lhes sobrevenha".

5. Direito internacional privado

O direito internacional privado tem por objeto resolver os conflitos de leis no espaço, disciplinando os fatos em conexão no espaço com leis divergentes. O direito tributário relaciona-se com o referido ramo porque nele vai buscar "as normas e noções sobre nacionalidade e regras de superdireito sobre a vigência da lei no espaço"[19]. **Jacob Dolinger** doutrina que o direito internacional privado abrange quatro matérias distintas: a nacionalidade, a condição jurídica do estrangeiro, o conflito das leis e o conflito de jurisdições, tendo essa concepção da escola francesa sido seguida no Brasil.[20]

6. Direito penal

O direito tributário relaciona-se, igualmente, com o *direito penal,* em razão principalmente de terem as suas normas o caráter de coercibilidade, e, assim, o seu descumprimento importa na aplicação de sanções de natureza repressiva. Princípios mais consagrados do direito penal, *nullum crimen nulla poena sine proevia lege,* têm aplicação no direito tributário, sendo encontrados no art. 97, inciso V, do Código Tributário Nacional. Este dispositivo prescreve que somente a lei pode estabelecer a cominação de penalidade para as ações ou omissões contrárias a seus dispositivos, ou para outras infrações nela definidas. Ademais, determinados ilícitos tributários não ficam restritos somente ao campo do direito tributário porque são também punidos pelo direito penal. Assim, a Lei nº 8.137, de 27.12.1990, define os crimes contra a ordem tributária, dividindo-os em crimes praticados por particulares e por funcionários públicos.

Ricardo Lobo Torres revela que há, no entanto, uma distinção fundamental entre o direito tributário e o direito penal:

a pena, inclusive a penalidade pecuniária ou multa fiscal, emana do *poder de punir,* atribuído ao Estado no pacto constitucional, e não do *poder tributário,* do qual procedem o

---

[19] Cf. Amílcar de Araújo Falcão, *op. cit.,* p. 34.

[20] DOLINGER, Jacob. *Direito internacional privado.* Rio de Janeiro: Freitas Bastos, 1986, p. 1-2.

tributo e a obrigação de contribuir para as despesas do Estado, com fundamento no dever de solidariedade.[21]

7. Direito processual civil

O direito tributário relaciona-se também com o direito processual civil. Primeiro, quando Poder Judiciário é chamado para dirimir as controvérsias entre o Estado e o sujeito passivo para compeli-lo ao cumprimento da obrigação tributária através da execução fiscal (Lei nº 6.830, de 22/09/80). Segundo, quando a intervenção do Poder Judiciário se faz necessária para proteger o sujeito passivo contra pretensão do Estado de ordem fiscal que não encontre amparo em lei, através dos institutos do mandado de segurança, da ação anulatória do débito tributário, da ação de repetição de indébito, ação declaratória, ação cautelar etc. O relacionamento em tela decorre principalmente do fato de ser a cobrança da dívida ativa regrada pela Lei nº 6.830, de 22.09.1980, mas sendo aplicáveis subsidiariamente as regras do Código de Processo Civil (LEF, art. 1º).

8. Direito privado

As relações do direito tributário com o direito privado são as mais estreitas possíveis, porque se valem, na maioria das vezes, de institutos e conceitos do direito civil e do direito empresarial para definir as situações que vão constituir as hipóteses de incidência dos tributos, mormente os impostos pessoais. Essas situações são eleitas pelo legislador como hipóteses de incidência tributária porque revelam uma determinada capacidade contributiva por parte da pessoa que realiza o fato gerador.

Entendemos que a lei tributária poderá alterar a definição, o conteúdo e o alcance de institutos, conceitos e formas do direito privado, desde que estes institutos, conceitos e formas não sejam utilizados, expressa ou implicitamente, pela Constituição Federal, pelas Constituições dos Estados, ou pelas Leis Orgânicas do Distrito Federal ou dos Municípios, para definir ou limitar competências tributárias (CTN, art. 110)[22]. A título de ilustração, podemos apontar o exemplo de bem imóvel, que é utilizado pela Constituição da República (art. 156, II) para determinar a competência tributária dos municípios para instituir imposto de transmissão *inter vivos* por ato oneroso. Assim, a Constituição refere-se a bem imóvel adotando o conceito fornecido pelo direto civil, e nessa hipótese a lei tributária não poderá alterar esse conceito, definindo, por exemplo, aeronave ou navio como bem imóvel para fazer incidir o imposto na transmissão da propriedade.

O direito privado preocupa-se em regular os efeitos jurídicos de um determinado ato ou fato, enquanto o direto tributário cuida deste mesmo ato ou fato sob outro ângulo, uma

---

[21] *Op.cit.,* p. 18.

[22] Cláudio Carneiro, ao enfrentar os arts. 109 e 110 do CTN pontua que: "O art. 110 do CTN complementa o art. 109 ao preconizar que lei tributária não pode alterar a definição, o conteúdo e o alcance de institutos, conceitos e formas de Direito Privado, utilizados, expressa ou implicitamente, pela Constituição Federal, pelas Constituições dos Estados, ou pelas Leis Orgânicas do Distrito Federal ou dos Municípios, para definir ou limitar competências tributárias. A corrente formalista sustenta a validade dos conceitos de Direito Civil utilizados pela Constituição. Para a corrente que adota a jurisprudência de interesses, a lei tributária poderia alterar o conceito que não estivesse na Constituição. Vale lembrar que o Direito Tributário brasileiro se submeteu ao fenômeno da constitucionalização, e, por isso, este ramo do direito está em grande parte inserido na Constituição Federal, como, por exemplo, a competência tributária, hoje toda definida na Carta Magna" (CARNEIRO, Cláudio. *Curso de Direito Tributário e Financeiro.* São Paulo: Saraiva Educação, 2020. p. 29).

vez que ele se interessa apenas pelos seus efeitos econômicos (CTN, art. 109). Isso porque o fato gerador é um fato econômico com relevância jurídica e, por isso, interessa ao direito tributário tão somente a essência econômica da situação definida em lei como fato gerador de tributo, não importando a forma jurídica que reveste o ato.

VI. A CODIFICAÇÃO DO DIREITO TRIBUTÁRIO

1. No direito comparado

A partir do momento em que foi ampliado o conceito de atividade financeira, o Estado viu-se impelido a achar novas fontes de recursos e a aumentar seu controle sobre as atividades particulares, a fim de evitar a evasão por parte dos contribuintes. O alargamento da atividade financeira deu-se em razão de o Estado ter passado a utilizar o tributo com fim extrafiscal, em face da evolução do seu próprio conceito, que, visando alcançar a Justiça Social, fez com que o Estado passasse a ser considerado um órgão de redistribuição de riquezas. Assim, as finanças públicas, principalmente o tributo e a despesa pública, passaram a constituir instrumentos de intervenção do Estado no mundo econômico e social. Em consequência, surgiu uma torrente de leis e regulamentos de ordem fiscal, perturbando seriamente as relações entre o Estado e o particular no âmbito tributário, originando, em vários países, movimentos objetivando a reunião, em corpos orgânicos, de disposições fiscais, a fim de que tais relações se revestissem de maior segurança.

Entretanto, levantaram-se algumas vozes contra esse movimento codificador do direito tributário, conforme revela **Sainz de Bujanda**, alegando, em resumo, o seguinte: a) a multiplicidade das situações fiscais impede a sua codificação; b) a ação fiscal deve inspirar-se em critérios de oportunidade e não está apta para plasmar o direito tributário em normas rígidas encerradas em um código; c) a variedade dos preceitos fiscais impede que sejam submetidos a um esquema lógico. O mesmo autor, depois de salientar que tais objeções são antigas, afirma que as doutrinas administrativa e a tributária reagiram unanimemente em quase todos os países contra essas críticas, sustentando, com acerto, que o objeto da codificação não deve ser a ação administrativa ou tributária do Estado, mas aqueles princípios jurídicos que presidem essa ação e aos quais o Estado deve ajustar-se[23].

Coube à Alemanha a primazia de ter dado partida ao movimento de codificação fiscal, fazendo surgir, em 1919, o *Estatuto Tributário do Reich,* obra do eminente jurisconsulto Enno Becker, que influiu decisivamente nas codificações posteriores.

2. No direito brasileiro

No Brasil, o movimento codificador[24] teve suas bases assentadas em 1953, quando, por indicação de **Aliomar Baleeiro**, o então Ministro da Fazenda, **Oswaldo Aranha**, designou o saudoso e eminente jurista **Rubens Gomes de Souza** para dirigir os trabalhos, objetivando a codificação do direito tributário, resultando no Projeto nº 4.834, de 1954, que não veio, no entanto, transformar-se em lei.

---

[23] *Op. cit.,* I, p. 56.

[24] Leia-se, a respeito desse movimento codificador: SOUZA, Rubens Gomes de. Proposições Tributárias. São Paulo: Revista dos Tribunais, 1975, em que se encontra "CTN, segundo a correspondência de Rubens G. de Souza", p. 7-33.

Posteriormente, em 1966, constituiu-se uma nova Comissão formada por **Rubens Gomes de Souza, Gilberto de Ulhôa Canto** e **Gérson Augusto da Silva**, que elaborou um novo projeto, reunindo: a) as novas disposições constitucionais relativas à matéria tributária decorrentes da EC nº 18, de 1965, à Constituição de 1946; b) as disposições constantes do primeiro projeto de **Rubens Gomes de Souza**. Daí resultou o anteprojeto que originou a Lei nº 5.172, de 25.10.1966, que, pelo Ato Complementar nº 36, em seu art. 7º, recebeu a denominação de Código Tributário Nacional, dispondo sobre o Sistema Tributário Nacional e instituindo normas gerais de direito tributário aplicáveis à União, aos estados, ao Distrito Federal e aos municípios.

A Lei nº 5.172/66 foi editada sob a égide da CF de 1946 como lei ordinária, porque a Constituição não previa a figura da lei complementar. Entretanto, o art. 18, § 1º, da Carta Constitucional de 1967, dispôs: "Lei complementar estabelecerá normas gerais de Direito Tributário, disporá sobre os conflitos de competência nessa matéria entre a União, os Estados, o Distrito Federal e os Municípios, e regulará as limitações constitucionais ao poder de tributar". Considerando que o CTN dispunha sobre tais matérias, houve por bem a doutrina e a jurisprudência elevarem-no à categoria de lei complementar, sob o aspecto material, como a lei das leis tributárias, e a Constituição atual fixar a competência da lei complementar em matéria tributária, principalmente em seu art. 146.

Gilberto Ulhôa Canto[25] considera a lei complementar como "lei nacional, para distingui--la das outras leis também federais pela sua gênese, pela sua fonte de produção, mas que são nacionais porque dispõem sobre matéria de interesse do sistema nacional, e não de interesse e da economia da União".

Esclareça-se que a Lei nº 6.830/1980 (Lei de Execução Fiscal) extrapolou do seu objetivo de estabelecer somente normas processuais sobre a cobrança da Dívida Ativa porque fixou regras de direito tributário sobre determinadas matérias que já estavam normatizadas pelo CTN, e, assim, no caso de conflito entre normas das mencionadas leis, deve prevalecer a norma do CTN por ter *status* de lei complementar, enquanto a LEF tem natureza de lei ordinária.

---

[25] CANTO, Gilberto Ulhôa. Legislação tributária, sua vigência, sua eficácia, sua aplicação, interpretação e integração, *Revista Forense,* Rio de Janeiro, 267/25.

Capítulo II

FONTES DO DIREITO TRIBUTÁRIO

I. FONTES REAIS E FORMAIS DO DIREITO TRIBUTÁRIO

1. Fontes do direito

A expressão **fontes do direito** é empregada com o significado "de ponto originário de onde provém ou nasce a norma jurídica", sendo sinônima de "causas de nascimento do direito"[1], e corresponde aos processos de criação das normas jurídicas. A doutrina divide as fontes do direito em **reais** ou **formais**.

1.1. *Fontes reais do direito tributário*

As **fontes reais do direito tributário** correspondem às situações de fato e de direito descritas em lei como hipóteses de incidência tributária e quando ocorrem efetivamente constituem fatos geradores de tributos. Tais fatos são de natureza econômica, mas ao submetê--los à fonte formal (legislação), esta lhes dá eficácia jurídica e eles transformam-se em fatos econômicos de relevância jurídica, ou seja, passam a produzir efeito jurídico. Tais fatos serão estudados no capítulo relativo à obrigação tributária.

2. Fontes formais do direito tributário

As **fontes formais do direito tributário** são "o conjunto das normas que compõem esse ramo do direito, ou seja, a dogmática do Direito Tributário",[2] e constituem para alguns autores o modo pelo qual a norma jurídica se manifesta e se exterioriza.

As fontes formais do direito tributário podem ser extraídas, basicamente, do **exame dos arts. 96 e 100 do CTN.** Entretanto, na interpretação dos mencionados dispositivos deve-se levar em conta também: a) **a norma do art. 2º do CTN**, que os aclara e complementa; b) **as normas da CRFB de 1988**, por exemplo, **arts. 62** (medida provisória), **155, § 1º, IV** (resolução do Senado Federal para fixar as alíquotas máximas do imposto de transmissão *causa mortis* e doação) e **art. 156–A, XII** (resolução do Senado Federal para fixar alíquotas de referência do Imposto sobre Bens e Serviços).

O **art. 96 do CTN** refere-se à expressão legislação tributária, que corresponde às **normas jurídicas em sentido lato**, compreendendo as leis, os tratados e as convenções internacionais, os decretos e as normas complementares que versem, no todo ou em parte, sobre tributos e relações jurídicas pertinentes. Quando o legislador, no entanto, emprega o termo **lei**, está se

---

[1]   Cf. MORAES,Bernardo Ribeiro de. *Compêndio de direito tributário.* Rio de Janeiro: Forense, 1994, p. 4-5.

[2]   Cf. NOGUEIRA, Ruy Barbosa. *Curso de direito tributário.* Rio de Janeiro: Forense, 1989, p. 59.

referindo à **norma jurídica em sentido estrito** (lei formal, lei propriamente dita), ou seja, a norma jurídica que emana do órgão legiferante por excelência (Poder Legislativo) e que, na sua elaboração, tenha atendido a toda a formalidade prescrita na Constituição quanto ao processo legislativo.

2.1. *Fontes formais: principais e acessórias*

O exame dos arts. 2º, 96 e 100 do CTN revela que as fontes formais do direito tributário devem ser divididas em principais e acessórias. **Fontes principais** são as leis, os tratados e as convenções internacionais e os decretos. **Fontes secundárias** são as normas complementares das principais, como se pode depreender da leitura do art. 100, que as relaciona. Esclareça-se que estamos nos referindo, por enquanto, apenas às fontes principais e secundárias constantes do art. 96. Todavia, existem outras normas principais que devem ser mencionadas, por exemplo, as Resoluções do Senado Federal, porque, disposto no art. 96 do CTN "não têm o sentido de restringir o conceito de legislação tributária, mas de mostrar a sua amplitude em comparação com o conceito de *lei* tributária"[3].

II.   FONTES PRINCIPAIS DO DIREITO TRIBUTÁRIO

1.   Noção geral

O art. 96 do CTN enuncia as **fontes principais do direito tributário**: leis, tratados e convenções internacionais e decretos, porque do exame do **art. 100 do CTN** resulta que as normas nele enunciadas são complementares das normas principais. Todavia, como dito antes, as fontes principais não são somente aquelas constantes do art. 96 do CTN, devendo ainda ser referidas as **medidas provisórias** (CF, art. 62), os **convênios interestaduais sobre ICMS** (CF, art. 155, § 2º, XII, *g*)[4] e as **Resoluções do Senado Federal** (CF, art. 155, § 1º, IV, art. 156-A, XII e CTN, art. 2º).

Esclareça-se que **nem todas as normas principais** podem instituir ou majorar tributos, definir a hipóteses de incidência da obrigação tributária principal e do seu sujeito passivo, fixar alíquotas e a sua base de cálculo, cominar penalidades, estabelecer as hipóteses de exclusão e extinção do crédito tributário, as circunstâncias da suspensão da sua exigibilidade, bem como cominar penalidades. Isso porque o princípio da legalidade tributária (**CF, art. 150, I, e CTN, art. 97**) preside toda a obrigação tributária principal (**CTN, art. 113, § 1º**), e as matérias antes referidas somente podem ser veiculadas mediante **lei de natureza formal**, sendo que algumas delas apenas via lei complementar (*v.g.,* **CF, arts. 146, 148 e 154, I**). Assim, os **decretos, os convênios interestaduais – ICMS, e as resoluções do Senado Federal**, embora sejam normas principais, não podem instituir ou majorar tributos. Entretanto, os impostos sobre importação de produtos estrangeiros, exportação, para o exterior, de produtos nacionais ou nacionalizados, produtos industrializados e operações de crédito, câmbio e seguro relativas a títulos ou valores mobiliários, podem ter suas alíquotas alteradas pelo Poder Executivo (**CF, art. 153, § 1º**).

---

[3]   Cf. MACHADO, Hugo de Brito. *Curso de direito tributário.* 8. ed. São Paulo: Malheiros, 1993, p. 54.

[4]   O art. 155, II e §§ 2º a 5º, será revogado em 2033, conforme art. 22 da Emenda Constitucional nº 132/2023.

2. Lei

A primeira das fontes principais que deve ser referida é a **lei**, que deve ser entendida em seu sentido estrito, como explicado antes.

3. Constituição Federal

A Constituição Federal é a **primeira e principal fonte do direito tributário** porque todas as outras normas jurídicas a ela devem se submeter. Na Constituição estão fixados os princípios básicos e as normas nucleares pertinentes aos tributos. Na CF se encontra ainda a definição da soberania do Estado e **dela decorre diretamente o seu poder de tributar.** Por outro lado, **o poder de tributar já nasce limitado pela própria Constituição (arts. 145, § 1º e 150 a 152** etc.), além de outras limitações constitucionais implícitas.

A Constituição dedica o **Capítulo I do Título VI (Seções I a V)** à **disciplina específica do Sistema Tributário Nacional**, compreendendo os **arts. 145 a 156. A Seção VI (arts. 157 a 162)**, embora integre o Capítulo do Sistema Tributário, **não versa sobre matéria tributária** porque disciplina a repartição das receitas tributárias entre os entes políticos. Assim, esses dispositivos referem-se às **relações jurídicas internas entre a União, Estados, Distrito Federal e Municípios** no tocante à repartição das receitas tributárias, que, portanto, já foram auferidas, sendo, por isso, **matéria de direito financeiro.** Isso porque o direito tributário disciplina somente as relações jurídicas entre o Estado e o sujeito passivo, e não as relações entre os Poderes Tributantes. Por outro lado, **a receita tributária, depois que entra para os cofres do Estado,** deixa de ser matéria de direito tributário e passa a ser objeto do direito financeiro, e, por isso, o **art. 3º do CTN** não inclui o produto da arrecadação do tributo entre seus elementos definidores. Por sua vez, o **art. 4º do CTN** reza que o destino legal do produto da arrecadação do tributo é irrelevante para determinar sua natureza jurídica específica, porque essa resulta tão somente do exame da hipótese de incidência da obrigação tributária principal definida na lei, e o destino dado pela lei à receita tributária é matéria de direito financeiro.

4. Emenda

A Constituição deve refletir sempre a realidade social do país e acompanhar sua evolução e, por isso, prevê, em seu próprio texto, a forma pela qual pode ser alterada, o que ocorre através de **emendas**, que visam à reforma ou modificação de uma ou diversas regras constitucionais. A Constituição poderá ser emendada mediante proposta: a) de um terço, no mínimo, dos membros da Câmara dos Deputados ou do Senado Federal; b) do Presidente da República; c) de mais da metade das Assembleias Legislativas das unidades da Federação, manifestando-se, cada uma delas, pela maioria relativa de seus membros (art. 60).

O § 1º do art. 60 da CF veda emenda na vigência de intervenção federal, de estado de defesa ou de estado de sítio. **O § 2º do mesmo artigo** dispõe ainda que "a proposta será discutida e votada em cada Casa do Congresso Nacional, em dois turnos, considerando-se aprovada se obtiver, em ambos, três quintos dos votos dos respectivos membros". Finalmente, o **§ 4º do art. 60** prescreve que **não será objeto de deliberação a proposta de emenda** tendente a abolir a forma federativa de Estado, o voto direto, secreto, universal e periódico, a separação dos Poderes e os direitos e garantias individuais. Entre essas matérias destacamos os direitos e garantias individuais em sede tributária, por exemplo, os **princípios da**

legalidade tributária(CF/1988, art. 150, I) e da **anterioridade da lei fiscal** (CF/1988, art. 150, III, "b" e "c").[5]

Não se esqueça de que foi através da **Emenda nº 18 de 1965 à Constituição de 1946** que ocorreu no Brasil a reestruturação total do sistema tributário nacional, constituindo-se um marco na história do direito tributário brasileiro.[6] Da mesma forma, que a alteração promovida na tributação sobre o consumo atribuindo-se competência compartilhada entre Estados, Distrito Federal e Municípios, deu-se por meio da Emenda nº 132/2023.

III. LEI COMPLEMENTAR

1. Noção geral

Lei complementar **completa uma norma constitucional que não é autoexecutável**, ou seja, não tem eficácia própria, e que está **sujeita à aprovação por maioria absoluta (CF, art. 69)**, sendo **lei nacional**. A lei complementar **caracteriza-se** por seu âmbito material predeterminado pelo constituinte e pelo *quorum* especial para sua aprovação[7]. Lei ordinária que eventualmente contrarie norma própria de lei complementar é inconstitucional[8].

A LC 70/1991 havia concedido às **sociedades civis prestadoras de serviços profissionais isenção da COFINS** relativa ao exercício de profissão legalmente regulamentada, mas, posteriormente, a **Lei Ordinária 9.430/1996 revogou a norma da lei complementar** para poder cobrar a contribuição. O **STJ** havia firmado entendimento de que seria necessária lei complementar para revogar a isenção, porque, caso contrário, resultaria em desconsiderar a potencialidade hierarquicamente superior da lei complementar frente à lei ordinária (Emb. de div. no RESp 354.012-SC, Primeira Seção, 10.12.2003, e Súmula 276).

Entretanto, o **STF** decidiu que a isenção não exige lei complementar para sua concessão, e, assim, esta pode ser revogada mediante lei ordinária, porque inexiste vínculo hierárquico normativo entre lei complementar e lei ordinária (AgRg 858.488/SP, rel. Min. Celso de Mello, 04.12.2007).

Transcrevemos trecho de outro acórdão do STF sobre a matéria em tela:

> Por ocasião do julgamento do RE 377.457 e do RE 381.964 (rel. min. Gilmar Mendes, j. 17.09.2008), esta Corte reconheceu incidentalmente a constitucionalidade do art. 56 da Lei 9.430/1996, que revogou a isenção do pagamento da Cofins concedida pelo art. 6º, II da Lei Complementar 70/1991 às Sociedades Civis de Profissão Regulamentada. Na oportunidade, o Plenário do Supremo Tribunal Federal, por maioria, considerou inexistir reserva de lei complementar para dispor sobre isenção pertinente à Cofins. Inexistente, também, relação

---

[5] *RTJ* 151/755.

[6] Vide item IV, 2, do capítulo 1.

[7] Cf. TEMER, Michel. *Elementos de direito constitucional.* 7. ed. São Paulo: Revista dos Tribunais, 1990 p. 150.

[8] *RTJ* 112/923. "As normas relativas à prescrição e à decadência tributárias têm natureza de normas gerais de direito tributário, cuja disciplina é reservada a lei complementar, tanto sob a Constituição pretérita (art. 18, § 1º, da CF/1967/1969) quanto sob a Constituição atual (art. 146, *b*, III, da CF/1988). Interpretação que preserva a força normativa da Constituição, que prevê disciplina homogênea, em âmbito nacional, da prescrição, decadência, obrigação e crédito tributários. (...) O CTN/1966 (Lei nº 5.172/1966), promulgado como lei ordinária e recebido como lei complementar pelas Constituições de 1967, 1969 e 1988, disciplina a prescrição e a decadência tributárias" (BRASIL. Supremo Tribunal Federal, RE 556.664, Rel. Min. Gilmar Mendes, j. 12.06.2008, *DJe* 216 de 14.11.2008).

Capítulo II · FONTES DO DIREITO TRIBUTÁRIO | **19**

hierárquica necessária entre lei complementar e lei ordinária (arts. 59 e 69 da Constituição) dado que, em matéria tributária, a reserva de lei complementar é definida em razão da matéria a ser tratada. Inaplicável à hipótese, por fim, a teoria da simetria entre as formas, ante a ausência de reserva constitucional de lei complementar para conceder ou revogar a isenção relativa à Cofins. Agravo regimental conhecido, mas ao qual se nega provimento.[9]

2. Importância de lei complementar em matéria tributária

A principal norma constitucional sobre a matéria em foco é a do **art. 146, que exige lei complementar para**: I) dispor sobre conflitos de competência, em matéria tributária, entre a União, os estados, o Distrito Federal e os municípios; II) regular as limitações constitucionais ao poder de tributar; III) estabelecer normas gerais em matéria de legislação tributária, especialmente sobre: a) definição de tributos e de suas espécies, bem como, em relação aos impostos discriminados na Constituição, a dos respectivos fatos geradores, bases de cálculo e contribuintes; b) obrigação, lançamento, crédito, prescrição e decadência tributários; c) adequado tratamento tributário ao ato cooperativo praticado pelas sociedades cooperativas; d) definição de tratamento diferenciado e favorecido para as microempresas e para as empresas de pequeno porte, inclusive regimes especiais ou simplificados no caso do ICMS, das contribuições previstas no art. 195, I, e §§ 12 e 13, e da contribuição a que se refere o art. 239 (alínea acrescentada pela EC 42/2003). A relação constante do inciso III do art. 146 da CF deve ser entendida **com natureza exemplificativa**, em razão do termo "especialmente" constante da sua parte final. Assim, outras normas gerais que reclamam lei complementar **estão contidas** no Livro II do CTN.

A EC nº 42/2003 acrescentou o **parágrafo único ao art. 146,** prescrevendo que a lei complementar de que trata o inciso III, *d*, também poderá instituir um regime único de arrecadação dos impostos e contribuições da União, dos estados, do Distrito Federal e dos municípios, observando os requisitos previstos no dispositivo. A EC nº 42/2003 **acrescentou ainda à CF o art. 146-A,** prescrevendo que: "Lei complementar poderá estabelecer critérios especiais de tributação, com o objetivo de prevenir desequilíbrios da concorrência, sem prejuízo da competência de a União, por lei, estabelecer normas de igual objetivo".[10]

A competência da União para legislar sobre normas gerais **não exclui a competência suplementar dos estados. Inexistindo lei federal sobre normas gerais**, os estados exercerão a competência legislativa plena, para atender a suas peculiaridades, e as normas gerais estabelecidas pelo estado valerão para os municípios nele localizados[11]. A superveniência de lei federal sobre normas gerais **suspende a eficácia da lei estadual,** no que lhe for contrário (**CF, art. 24, §§ 2º a 4º**). Todavia, tendo os **municípios** competência apenas para legislar sobre assuntos de interesse local (**CF, art. 30, I**), não poderão fazê-lo sobre normas gerais na ausência de lei federal.

---

9   BRASIL. Supremo Tribunal Federal, RE 459.492-AgR, Rel. Min. Joaquim Barbosa, Segunda Turma, *DJe* 06.02.2009.

10   Cf. ALBANO, Amanda. *Op.cit.*

11   Cf. CARRAZA, Roque Antonio. *Curso de direito constitucional tributário.* 8. ed. São Paulo: Malheiros, 1996, p. 442. Inexistindo lei federal estabelecendo a disciplina sobre a atualização dos créditos tributários, os estados podem dispor sobre a matéria, com base na competência concorrente prevista no inciso I do art. 24 da CF, podendo fazê-lo inclusive por decreto por não ser matéria reservada à lei (BRASIL. Supremo Tribunal Federal, RE 193.678-9/SP, Rel. Min. Moreira Alves, Primeira Turma, v. u., 07.05.1996, *DJU* 22.11.1996, p. 45.708 etc.).

3. Normas constitucionais tributárias que dependem de lei complementar

São várias as normas constitucionais em matéria tributária **cuja eficácia depende de lei complementar,** a saber: a) art. 148, para instituição de empréstimos compulsórios; **b)** art. 149, referente às contribuições sociais, com observância do disposto no art. 146, III; **c)** art. 150, VI, "c", para fixar os requisitos que devem ser observados pelos partidos políticos, inclusive suas fundações, entidades sindicais dos trabalhadores e instituições de educação e de assistência social para gozarem dos benefícios da imunidade tributária relativa a impostos sobre patrimônio, renda ou serviços; **d)** art. 154, I, para que a União possa instituir impostos não previstos na CF; **e)** art. 155, § 1º, III, para regular a competência no tocante à instituição do imposto sobre transmissão *causa mortis* e doação, de quaisquer bens ou direitos, se o doador tiver domicílio ou residência no exterior ou se o *de cujus* possuía bens, era residente ou domiciliado ou teve o seu inventário processado no exterior; **f)** art. 195, § 4º, para criação de contribuições sociais novas; g) art. 155, § 2º, XII, para, em relação ao ICMS: 1) definir seus contribuintes; 2) dispor sobre substituição tributária; 3) disciplinar o regime de compensação do imposto; 4) fixar, para efeito de sua cobrança e definição do estabelecimento responsável, o local das operações relativas à circulação de mercadoria e das prestações de serviços; 5) excluir da incidência do imposto, nas exportações para o exterior, serviços e outros produtos além dos mencionados no inciso X, "a"; 6) prever casos de manutenção de créditos, relativamente à remessa para outro estado e exportação para o exterior, de serviços e de mercadorias; 7) regular a forma como, mediante deliberação dos estados e do Distrito Federal, isenções, incentivos e benefícios fiscais serão concedidos e revogados; **8)** definir os combustíveis e lubrificantes sobre os quais incidirá uma única vez, qualquer que seja a sua finalidade, hipótese em que não se aplicará o disposto no inciso X, "b"; 9) fixar a base de cálculo, de modo que o montante do imposto também a integre, na importação do exterior de bem, mercadoria ou serviço; h) art. 156, III, para, em relação ao ISS, definir os serviços de qualquer natureza, não compreendidos no art. 155, II; **i)** art. 156, § 3º, para fixar as alíquotas máximas e mínimas do imposto sobre serviços de qualquer natureza, para excluir da sua incidência exportações de serviços para o exterior, bem como regular a forma e as condições como isenções, incentivos e benefícios fiscais serão concedidos e revogados (§ 3º do art. 156, com a redação dada pela EC 37/2002. Estes três últimos dispositivos referenciados nos itens "g", "h" e "i" serão revogados em 2033, conforme art. 22 da Emenda Constitucional nº 132/2023.

Com a Emenda Constitucional nº 132/2023, diversos outros temas foram remetidos à edição de lei complementar, por exemplo, para: 1. instituir o Imposto sobre Bens e Serviços de competência compartilhada dos Estados, Distrito Federal e Municípios (art. 156-A); 2. instituir a contribuição sobre bens e serviços (art. 195, V); 3. regulamentar a atuação do Comitê Gestor do Imposto Sobre Bens e Serviços (art. 156-B); 4. fixar os regimes específicos de tributação (art. 156-A §6º da Constituição Federal); 5. instituir o Fundo de Sustentabilidade e Diversificação Econômica do Estado do Amazonas (art. 92-B, § 2º, do Ato de Disposições Transitórias) e do Fundo de Desenvolvimento dos Estados da Amazônia Ocidental e do Amapá (art. 92-B, § 8º, do ADCT); e 6. estabelecer normas gerais aplicáveis às administrações tributárias da União, dos Estados, do Distrito Federal e dos Municípios, dispondo sobre deveres, direitos e garantias dos servidores das carreiras (art. 37, § 17, da CF).

3.1. *CTN tem* status *de lei complementar pela matéria*

A **principal lei complementar sobre matéria tributária é a Lei nº 5.172, de 1966 (Código Tributário Nacional),** que, embora aprovada, formalmente, como lei ordinária, foi elevada, ainda sob a égide da Carta de 1967, à categoria de lei complementar, em razão principalmente do seu objeto, que é fixar normas gerais sobre legislação tributária[12], e, assim, pela matéria sendo **lei nacional e não meramente lei federal.**

4. Lei ordinária

Lei ordinária é **lei em sentido estrito**, instrumento por excelência da imposição tributária em razão do **princípio da legalidade tributária** (art. 150, I, da CF e arts. 9º e 97 do CTN), cabendo-lhe dispor sobre matérias não reservadas pela Constituição à lei complementar, ao decreto legislativo e à resolução do Senado Federal. A Constituição Federal confere aos entes políticos competência tributária, **mas não cria tributos**, porque isso deve ser feito pelo ente político titular de competência tributária legislativa.

5. Lei delegada

Lei delegada é o ato normativo emanado do Poder Executivo, sem forma de lei, ditado em virtude de uma delegação expressa do órgão titular do Poder Legislativo, para casos concretos[13]. O **art. 68 da CF** dispõe que as leis delegadas **serão elaboradas pelo Presidente da República**, que deverá solicitar a delegação ao Congresso Nacional. **Não podem ser objeto de delegação** os atos de competência exclusiva do Congresso Nacional, os de competência privativa da Câmara de Deputados ou do Senado Federal, a matéria reservada à lei complementar, nem a legislação sobre organização do Poder Judiciário e do Ministério Público, a carreira e a garantia de seus membros; nacionalidade, cidadania, direitos individuais, políticos e eleitorais; planos plurianuais, diretrizes orçamentárias e orçamentos (**CF, art. 68, § 1º**). A delegação ao Presidente da República terá a forma de **resolução do Congresso Nacional**, que especificará o seu conteúdo e os termos de seu exercício (**CF, art. 68, § 2º**).

A lei delegada não é fonte formal do direito tributário, em razão das vedações constantes do art. 68, § 1º, da CF, e porque a competência tributária legislativa é indelegável (**CTN, art. 7º**).

IV. MEDIDA PROVISÓRIA

1. Noção geral

A medida provisória está prevista no **art. 62 da CF**, que a admite apenas nos casos de urgência e relevância da matéria, que são seus **pressupostos cumulativos**. Não há dúvida de que tais pressupostos submetem-se ao juízo político e à avaliação discricionária do Presidente da República. O dispositivo **inspirou-se** no art. 77 da Constituição italiana, que merece as seguintes observações: a) o regime italiano é de natureza parlamentarista; b) trata-se de procedimento constitucional de caráter extraordinário; c) os pressupostos para sua edição são a necessidade e a urgência; d) a edição de medida provisória ocorre sob a responsabilidade do Governo que, no regime parlamentarista, é de natureza política, tanto que o Governo pode cair no caso de sua rejeição pelo Parlamento; e) o prazo de sua validade é de 60 dias; f) o Parlamento tem a faculdade de regular em lei as relações jurídicas decorrentes da rejeição da medida. No **sistema constitucional brasileiro**, a medida provisória apresenta características

---

[12] *RTJ* 105/194.
[13] Cf. Bernardo Ribeiro de Moraes, *op. cit.*, p. 38.

diversas, em razão de adotar sistema de governo presidencialista, constando atualmente dos parágrafos do art. 62 da CF, que foram acrescentados pela EC n° 32/2001.

As "medidas provisórias constituem, no plano da organização do Estado e na esfera das relações institucionais entre os Poderes Executivo e Legislativo, um instrumento de uso excepcional. Afinal, a emanação desses atos pelo Presidente da República configura momentânea derrogação ao princípio constitucional da separação dos poderes"[14].

A jurisprudência do STF consolidada na Súmula 651 estabelece que: "A medida provisória não apreciada pelo Congresso Nacional podia, até a EC n° 32/2001, ser reeditada dentro do seu prazo de eficácia de trinta dias, mantidos os efeitos de lei desde a primeira edição." Ademais, entende também que falece competência ao STF entrar no exame dos critérios de urgência e relevância, que só se admite em casos excepcionais de notório abuso de poder.[15]

2. No direito tributário

O § 2° do art. 62 da CF versa sobre medida provisória no direito tributário, prescrevendo:

> Medida provisória que implique instituição ou majoração de impostos, exceto os previstos nos artigos 153, I, II, IV e V, e 154, II, só produzirá efeitos no exercício financeiro seguinte se houver sido convertido em lei até o último dia daquele em que foi editada.

O dispositivo pré-citado merece as seguintes observações. Uma, que a **primeira parte** do dispositivo refere-se aos impostos sobre importação, exportação, produtos industrializados, operações financeiras e por motivo de guerra. Duas, que a segunda parte prevê **anterioridade específica da eficácia da medida provisória**.

O **STF** considera constitucional a edição de medida provisória que **altere alíquotas de tributo, e não somente de imposto,** como consta do § 2° do art. 62 da CF/1988, citando-se, dentre outras, a seguinte decisão:

> 2. A majoração da alíquota da CSLL por medida provisória não ofende o texto constitucional. Precedentes. 3. Somente é dado ao Judiciário invalidar a iniciativa presidencial para editar medida provisória por ausência de seus requisitos em casos excepcionais de cabal demonstração de inexistência de relevância e de urgência da matéria veiculada. Precedentes.[16]

3. Decreto legislativo

Decreto legislativo (CF, art. 59, VI) é ato emanado do Congresso Nacional em decorrência do exercício da sua competência exclusiva, não estando sujeito à sanção do Presidente da República. O decreto legislativo é importante para o direito tributário, quando através dele o Congresso Nacional aprova definitivamente tratados, acordos ou atos internacionais que

---

[14] Cf. Saulo Ramos, *Parecer SR-92 da Consultoria Geral da República*, de 21.06.1989.

[15] BRASIL. RE 1102411 AgR / RS – Rio Grande do Sul AG. Reg. no Recurso Extraordinário, Rel. Min. Luiz Fux. Julgamento: 19.11.2018, Primeira Turma.

[16] BRASIL. Supremo Tribunal Federal, Ag. Reg. no Recurso Extraordinário com Agravo ARE 1147266 AgR / RJ – Rio de Janeiro. Rel. Min. Edson Fachin, j .14.12.2018, Segunda Turma.

Capítulo II · FONTES DO DIREITO TRIBUTÁRIO | 23

acarretem encargos ou compromissos gravosos ao patrimônio nacional (CF, art. 49, I) e se refiram à matéria tributária[17].

V. TRATADOS

1. Noção geral

Tratado "significa um acordo internacional concluído entre Estados em forma escrita e regulado pelo DI, consubstanciado em um único instrumento ou em dois ou mais instrumentos conexos, qualquer que seja a sua designação específica[18].

O **processo de conclusão dos tratados** no nosso direito compreende as seguintes fases: a) negociação e assinatura pelo **Poder Executivo (CF, art. 84, VIII)**; b) aprovação pelo **Poder Legislativo** mediante decreto legislativo **(CF, arts. 49, I e 84, VIII)**; c) promulgação mediante decreto do **Presidente da República**, que tem força de lei ordinária, salvo tratados e convenções internacionais sobre **direitos humanos**, que forem aprovados, em cada Casa do Congresso Nacional, em dois turnos, por três quintos dos votos dos respectivos membros, que equivalerão às emendas constitucionais **(CF, art. 5º, § 3º, acrescentado pela EC nº 45/2004)**; e) **publicação do decreto** contendo o inteiro teor do acordo internacional. A sua vigência dar-se-á na data fixada no decreto, e, sendo este silente, no prazo de 45 dias (quarenta e cinco) após a sua publicação oficial (LINDB, art. 1º).

Conforme posicionamento do STF, o Presidente da República firma tratados como Chefe de Estado e não como Chefe de Governo o que afastaria a existência de isenção heterônoma quanto a isenção de tributos de competência estadual por meio de Tratado Internacional.[19]

---

[17] Michel Temer doutrina que o decreto legislativo "tem como conteúdo, basicamente, as matérias de competência exclusiva do Congresso Nacional (art. 49). A leitura do art. 49 evidencia que, por decreto legislativo, referendam-se atos do Presidente da República, aprovam-se os que dependem de sua prévia autorização, que digam respeito aos seus interesses, que apreciam contas do Presidente da República." TEMER, Michel. *op. cit.*, p. 155.

[18] Conforme a Convenção sobre Direito dos Tratados, concluída em Viena, em 1969. Celso de Albuquerque Mello, doutrina que tal definição é "de tratado em sentido lato, significando isto que estão abrangidos os acordos em forma simplificada. A forma escrita é a mais comum dos tratados; todavia, os acordos orais também têm obrigatoriedade. É de se recordar que as constituições estatais não cuidam dos acordos tácitos e orais, porque eles são raros" (MELLO, Celso Albuquerque de. *Curso de direito internacional público*. 10. ed. Rio de Janeiro: Renovar, 1994, p. 176).

[19] Ementa: Direito Tributário. Recepção pela Constituição da República de 1988 do Acordo Geral de Tarifas e Comércio. Isenção de tributo estadual prevista em tratado internacional firmado pela República Federativa do Brasil. Artigo 151, inciso III, da Constituição da República. Art. 98 do Código Tributário Nacional. Não caracterização de isenção heterônoma. Recurso extraordinário conhecido e provido. 1. A isenção de tributos estaduais prevista no Acordo Geral de Tarifas e Comércio para as mercadorias importadas dos países signatários quando o similar nacional tiver o mesmo benefício foi recepcionada pela Constituição da República de 1988. 2. O artigo 98 do Código Tributário Nacional "possui caráter nacional, com eficácia para a União, os estados e os municípios" (voto do eminente Min. Ilmar Galvão). 3. No direito internacional, apenas a República Federativa do Brasil tem competência para firmar tratados (art. 52, § 2º, da Constituição da República), dela não dispondo a União, os estados-membros ou os municípios. O Presidente da República não subscreve tratados como chefe de governo, mas como chefe de Estado, o que descaracteriza a existência de uma isenção heterônoma, vedada pelo art.151, inc. III, da Constituição. 4. Recurso extraordinário conhecido e provido (BRASIL. Supremo Tribunal Federal, RE 229096/RS – Rio Grande do Sul, Rel. Min. Ilmar Galvão, Rel. p/acórdão Min. Cármen Lúcia, j. 16.08.2007, órgão julgador: Tribunal Pleno).

2. Tratados não são fontes formais de direito tributário

Os tratados e convenções internacionais não constituem fontes formais do direito tributário nem integram a legislação tributária, como **consta, equivocadamente, do art. 96 do CTN.** Assim entendemos porque, quando o governo brasileiro ratifica um acordo internacional, tal ato não tem o efeito de introduzir automaticamente a norma internacional no nosso direito interno, porque a ratificação corresponde apenas à **assunção de uma obrigação de fazer** perante a comunidade internacional. **Tal introdução somente ocorrerá** quando o Congresso Nacional aprovar o tratado através de decreto legislativo, o Chefe do Poder Executivo promulgá-lo por decreto e este for publicado, porque o direito constitucional brasileiro adota a teoria dualista e não contém cláusula geral de recepção automática do tratado internacional[20].

2.1. Interpretação dos arts. 96 e 98 do CTN

O **art. 96 do CTN deve ser interpretado** no sentido de que o decreto que promulga tratados e convenções internacionais, publicado e observando as normas da LINDB, integra a expressão legislação tributária, ao lado das leis, decretos e normas complementares.

Por outro lado, o **art. 98** prescreve que: a) a lei interna oriunda de tratado ou convenção internacional revoga ou modifica a legislação tributária interna anterior; b) a legislação decorrente de tratado ou convenção internacional não pode ser revogada ou modificada por legislação posterior, salvo prévia denúncia do tratado.

Todavia, na realidade, **não ocorre revogação da legislação interna pela superveniência de lei oriunda de tratado**, mas sim que a legislação interna anterior tem apenas sua **eficácia suspensa** durante a vigência de norma posterior. Assim sendo, denunciado o tratado, a legislação anterior readquire a sua eficácia plena porque não chegou a ser revogada.

VI. RESOLUÇÃO

1. Noção geral

Resolução é norma jurídica que integra o processo legislativo (**CF, art. 59, VII**), compreendendo todo ato de deliberação do Congresso Nacional ou de uma de suas Casas, o Senado Federal, tomado por procedimento diferente do previsto para a elaboração das leis, sem ser lei, embora tenha força de lei[21].

---

[20] Roque Antônio Carraza averba sobre o assunto: "De fato, as normas contidas em tratados internacionais não se tornam eficazes, na ordem jurídica interna, por força de uma cláusula geral de recepção automática. Pelo contrário, para que valham e atuem no âmbito interno, ou seja, para que irradiem efeitos *in foro domestico*, é mister venham ratificadas pelo Congresso Nacional, por meio de uma lei em sentido material (lei sem sanção e sem veto), que há nome *decreto legislativo*". O mesmo autor entende também que o decreto legislativo é "que incorpora o tratado internacional ao nosso Direito interno", e não o decreto que o promulga, que "apenas divulga oficialmente, vale dizer, dá publicidade ao tratado" (*Op. cit.*, 16. ed., p. 198, e nota 36). Vide CR (AgRg n. 8.279 – Argentina, rel. Min. Celso de Mello, Pleno, Ementa publicada no Informativo 196, de agosto de 2000).

[21] Cf. MIRANDA, Francisco Cavalcanti Pontes de. *Comentários à Constituição de 1967*: com a Emenda nº 1, de 1969. 2. ed. São Paulo: Revista dos Tribunais, t. 3, p. 91. J. Cretella Jr., leciona que a resolução, "ato administrativo material editado pelo Poder Legislativo, inconfundível com a *lei*, é recomendada, várias vezes, na Constituição, como a forma adequada para veicular autorizações, permissões, delegações (CF, arts. 23, § 5º, 42, VIII, 54)" (CRETELLA JR., J. *Comentários à Constituição de 1988*. Rio de Janeiro: Forense, 1991, p. 2.727).

A Constituição prevê a expedição de resolução pelo **Senado Federal**, em matéria tributária, nos seguintes casos: a) para estabelecer as alíquotas do ICMS aplicáveis às operações de circulação de mercadorias e prestações de serviços, interestaduais e de exportação, sendo de iniciativa do Presidente da República ou de um terço dos Senadores, aprovada pela maioria absoluta de seus membros (**art. 155, § 2º, IV**), o que foi feito pela Resolução nº 22/1989; b) para estabelecer, em matéria de ICMS, alíquotas mínimas nas operações internas, desde que resulte da iniciativa de um terço e aprovada pela maioria absoluta de seus membros (**art. 155, § 2º, V, "a"**); c) para fixar alíquotas máximas nas operações referidas na alínea anterior visando (a) resolver conflito específico que envolva interesse de estados, desde que resulte de iniciativa da maioria absoluta e aprovada por dois terços de seus membros (**art. 155, § 2º, V, b**); d) para fixar as alíquotas máximas do imposto sobre transmissão *causa mortis* e doação, de quaisquer bens ou direitos (**art. 155, § 1º, IV**), o que foi feito pela Resolução nº 9/1992. Em 2033 ter-se-á a revogação do artigo 155, § 2º da Constituição Federal[22]. Com a Reforma Tributária (Emenda nº 132/2023), deverá o Senado Federal, por meio de resolução, fixar: 1. a alíquota de referência do IBS para cada esfera federativa (**art. 156-A, XII**); 2. e as alíquotas de referência da Contribuição sobre Bens e Serviços (CBS) e do Imposto sobre Bens e Serviços (IBS) para garantir no período de transição o equilíbrio das receitas (**art. 130 do ADCT**).

2.   Convênios interestaduais sobre ICMS

A **Constituição da República** estabelece, no **art. 155, § 2º, XII, "g"**, que cabe à lei complementar regular a forma como, mediante deliberação dos estados e do Distrito Federal, isenções, incentivos e benefícios fiscais, em matéria de ICMS, serão concedidos e revogados. A **LC nº 24/1975**, recepcionada pelo art. 34, § 8º, do ADCT, estabelece que a concessão e revogação de incentivos fiscais em matéria de ICMS devem ser formalizadas em convênios celebrados entre os estados e o Distrito Federal, que devem ser ratificados pelos governadores mediante decreto, que tem força de lei ordinária. A **LC nº 160/2017 alterou a LC nº 24/1975**, como será demonstrado no capítulo final referente aos impostos.

3.   Decreto

O **art. 84, IV, da CF**, confere competência privativa ao Presidente da República para expedir decretos e regulamentos para fiel execução das leis. A expressão **fiel execução** significa descer a minúcias, detalhar a lei.

O **decreto**, ato emanado de Chefe do Poder Exeutivo, **integra a legislação tributária** (**CTN, art. 96**) "e o seu conteúdo e o seu alcance restringem-se aos das leis em função das quais sejam expedidos" (**CTN, art. 99**), pelo que o decreto não pode ir contra nem além do que dispuser a lei.

Os decretos têm **grande importância no direito tributário** porque: a) destinam-se a veicular regulamentos, principalmente de consolidação das leis, por exemplo, nos casos de II, IE, IR, IPI, ICMS, ISS etc.; b) estabelecem regras sobre obrigações tributárias acessórias, que podem decorrer da legislação tributária, não sendo necessária lei em sentido formal (**CTN, art. 113, § 2º**); c) podem determinar o prazo para pagamento do tributo porque não depende de lei formal (**CTN, art. 160**).

Por outro lado, **Decreto do Presidente da República** pode alterar as alíquotas dos seguintes impostos: importação, exportação, produtos industrializados e operações financeiras

---

[22]   Conforme art. 22 da Emenda Constitucional nº 132/2023.

(CF, art. 153, § 1º). Tal permissão constitui exceção relativa ao princípio da legalidade tributária e se justifica em razão da **finalidade extrafiscal** dos mencionados impostos (**CTN, arts. 21, 26, 48, 65 e CF, art. 153, § 3º, inciso I**), e não é privativa do Presidente da República porque o dispositivo constitucional refere-se a Poder Executivo e não a Chefe do Poder Executivo, podendo, portanto, emanar de Ministro, Presidente do Banco Central etc.

Anote ainda o leitor que **ato do Poder Executivo não pode alterar a base de cálculo dos impostos antes citados**, porque a CF de 1988 não recpcionou, nessa parte, as normas dos arts. 21, 26 e 65 do CTN, que permitiam a mencionada alteração.

Resulta do exame dos arts. 96 e 100 do CTN que os decretos foram considerados pelo legislador **fontes formais principais do direito tributário** porque: a) emanam de Chefe do Poder Executivo, enquanto as normas complementares provêm de autoridades administrativas subordinadas; b) seus efeitos são distintos dos das normas complementares (**CTN, art. 100, parágrafo único**)[23].

VII. FONTES SECUNDÁRIAS DO DIREITO TRIBUTÁRIO

1. Noção geral

As **fontes complementares, ou secundárias do direito tributário** estão discriminadas no **art. 100 do CTN** e juntamente com as fontes principais integram a expressão legislação tributária (CTN, art. 100)[24]. As normas complementares **distinguem-se das leis complementares**, porque estas são normas jurídicas em sentido estrito e visam dar eficácia a dispositivos constitucionais que não são autoexecutáveis, sendo, portanto, complementares da Constituição. Ademais, as leis complementares sobrepõem-se às normas complementares, porque essas são normas jurídicas em sentido lato e não têm força de lei. As normas complementares são as a seguir referidas.

2. Atos normativos (CTN, art. 100, inciso I)

Atos normativos expedidos pelas autoridades administrativas sobre matéria tributária (CTN, art. 100, inciso I), tais como circulares, ordens de serviço, portarias, instruções etc., tendo por objetivo dar orientação geral aos contribuintes e instruir os funcionários públicos que estão encarregados da parte administrativa referente aos tributos. As normas complementares, por questão da hierarquia que existe entre as leis, devem estar em conformidade com o diploma legal pertinente. Tais atos têm **força normativa quando atribuída por lei**[25] e seu descumprimento implica a imposição de sanções, sendo, portanto, leis em sentido amplo

---

[23] Fábio Fanucchi doutrina que: "O decreto do Executivo pode ser considerado fonte formal *intermediária*, em direito tributário. Vale dizer, nem tem força para constituir, por si só, direitos e obrigações, nem a sua revogação tem força de obrigar os sujeitos passivos a pagamentos de tributos com base em acontecimentos por ele não considerados fatos geradores, embora ao arrepio da lei" (FANUCCHI, Fábio. *Curso de direito tributário*. 2. ed. São Paulo: Resenha Tributária, 1974, I, p. 119).

[24] Hugo de Brito Machado entende que as normas complementares não se limitam a produzir efeitos relativamente aos funcionários, no âmbito interno das repartições. Assim, considera que as referidas "normas se aplicam à relação fisco-contribuinte, desde que respeitadas as limitações" de não *inovar* ou "de qualquer forma modificar o texto das normas que complementam" (*Op. cit.*, p. 60-61).

[25] Celso Bastos escreve a respeito dos atos normativos: "Veiculam, portanto, normas genéricas e abstratas, com o propósito de tornar o regulamento ainda mais minudente. São normas expedidas pelas autoridades administrativas, e muitas vezes interpretam determinado ponto sujeito à atuação administrativa. Nesse ponto o ato normativo aproveita ao contribuinte que o cumpre" (BASTOS, Celso. *Curso de direito financeiro e de direito tributário*. São Paulo: Saraiva, 1991, p. 173-174).

Capítulo II · FONTES DO DIREITO TRIBUTÁRIO | **27**

e não estrito. Observe-se que nem todo ato expedido pela autoridade administrativa pode ser considerado norma complementar em matéria tributária, porque o CTN somente considera como tal aquele que tiver natureza normativa.

3. Decisões administrativas com eficácia normativa (CTN, art. 100, inciso II)

Decisões administrativas são aquelas emanadas de órgãos singulares ou coletivos de natureza administrativa, a que a lei atribua eficácia normativa (CTN, art. 100, II). O art. 100 do CTN refere-se, equivocadamente, a decisões de **jurisdição** administrativa, quando o termo **jurisdição** significa atividade exclusiva do Poder Judiciário com a finalidade de dizer o direito. Relembre-se de que o sujeito passivo não está obrigado a recorrer primeiro à via administrativa, podendo, portanto, dirigir-se diretamente ao Poder Judiciário. Por outro lado, as decisões administrativas podem ser revistas pelo Poder Judiciário, salvo quando em favor do contribuinte, hipótese em que são imodificáveis[26]. Entretanto, existe entendimento de que o estado pode recorrer ao Poder Judiciário contra decisão administrativa que lhe seja desfavorável, considerando que a lei não pode excluir da apreciação do Poder Judiciário lesão ou ameaça a direito (CF, art. 5º, XXXV). São exemplos de normas complementares os pareceres normativos proferidos pelos órgãos da Receita Federal etc.

3.1. Costumes (CTN, art. 100, inciso III)

Os usos e costumes denominam-se: a) **introdutórios**, quando inserem uma norma de conduta na ausência de lei sobre a matéria; b) **ab-rogatórios**, quando consideram revogada uma lei que tenha deixado de ser aplicada; c) **interpretativos**, quando visam apenas explicitar o sentido de uma norma jurídica. Não há dúvida de que em matéria tributária (CTN, art. 100, III) podem ser adotados somente os **costumes interpretativos**, porque somente a lei, entendida em sentido estrito, pode instituir tributo. Ademais, o costume não pode revogar a lei, mesmo que esta caia em desuso (LINDB art. 2º).

Aplica-se o costume em **matéria tributária** quando, por exemplo, as autoridades fiscais interpretam reiteradamente uma norma jurídica num determinado sentido, fazendo com que o sujeito passivo creia que, seguindo aquele entendimento, estará agindo corretamente. Assim, qualquer modificação na interpretação daquela norma só poderá produzir efeitos para situações futuras, porque quanto às situações pretéritas o sujeito passivo encontra-se agasalhado pela prática anterior adotada reiteradamente pela autoridade fiscal[27].

---

[26] Cf. Celso Bastos, *op. cit.*, p. 174.

[27] Se o contribuinte recolheu o tributo à base de prática administrativa adotada pelo fisco, eventuais diferenças devidas só podem ser exigidas sem juros de mora e sem atualização do valor monetário da respectiva base de cálculo – CTN, art. 100, III, c/c parágrafo único (BRASIL. Superior Tribunal de Justiça, REsp 98.703/SP, Rel. Min. Ari Pargendler, Segunda Turma., v. u., 18.06.1998, *DJU* 03.08.1998, p. 179 etc.). Se, em várias situações idênticas, a autoridade fazendária afastou os acréscimos legais do tributo, cobrando apenas o imposto de renda devido, o procedimento se caracteriza como prática reiterada na aplicação da legislação tributária, tornando legítima a pretensão do contribuinte (BRASIL. Superior Tribunal de Justiça, REsp 142.280/SC, Rel. Min. Hélio Mosimann, Segunda Turma., v. u.). "Presume-se a boa-fé do contribuinte quando este reiteradamente recolhe o ISS sobre a sua atividade, baseado na interpretação dada ao DL 406/1968 pelo Município, passando a se caracterizar como costume, complementar à referida legislação" (BRASIL. Superior Tribunal de Justiça, REsp 215655/PR, Rel. Min. Francisco Falcão, v. u., Primeira Turma.). O STJ decidiu que a prática reiteradamente observada vem do fato de as autoridades fiscais, por repetidas vezes, expedirem documentos de importação em nome do contribuinte, registrando-lhe o direito à isenção dos impostos, mesmo tendo conhecimento da expiração do prazo de isenção.

4. Convênios (CTN, art. 100, inciso IV)

Os convênios celebrados entre si pela União, estados, Distrito Federal e municípios são, igualmente, normas complementares. **Convênios** são ajustes ou acordos entre duas ou mais pessoas de direito público para a prática ou omissão de determinados atos. Os convênios podem ser celebrados pela União, estados e municípios para execução de suas leis, serviços ou decisões por intermédio de funcionários públicos federais, estaduais ou municipais, bem como para fixar normas no que toca às obrigações tributárias acessórias. Os convênios podem ter por objeto também a transferência por uma pessoa de direito público interno à outra da atribuição da arrecadação ou fiscalização de tributos (**CTN, art. 7º**). Esses ajustes podem ser livremente denunciados pela parte que cometeu a atribuição da administração tributária porque não criam direito subjetivo em favor daquela que se beneficia pelo convênio, ainda que o tributo se destine à manutenção de serviços desta[28].

Por outro lado, o **art. 199 do CTN** prevê expressamente que as Fazendas Públicas da União, dos estados, dos municípios e do Distrito Federal prestar-se-ão mutuamente assistência para a fiscalização dos tributos respectivos e permuta de informações, na forma estabelecida, em caráter geral ou específico, por lei ou convênio. O parágrafo único do art. 199 dispõe: "A Fazenda Pública da União, na forma estabelecida em tratados, acordos ou convênios, poderá permutar informações com Estados estrangeiros no interesse da arrecadação e da fiscalização de tributos" (acrescentado pela LC nº 104/2001).

4.1. Interpretação do parágrafo único do art. 100 do CTN

As normas complementares referidas no art. 100 do CTN produzem o efeito de que se o **contribuinte agir com sua observância**, não poderá sofrer imposição de penalidades, cobrança de juros de mora e atualização do valor monetário da base de cálculo do tributo, embora este seja devido. Justifica-se tal dispositivo, uma vez que não seria justo apenar o contribuinte que agisse em obediência ao entendimento da administração e esta viesse a modificá-lo, porque, nesse caso, o contribuinte deve ser considerado como tendo agido com boa-fé[29].

Na hipótese do **parágrafo único do art. 100 do CTN**, a observância pelo sujeito passivo de qualquer das normas complementares **não dispensa a Fazenda de exigir-lhe o pagamento do tributo se a norma por ele seguida for ilegal**. A razão de ser desta regra decorre do fato de a prestação tributária ser cobrada mediante atividade administrativa vinculada (CTN, art. 3º), isto é, ocorrendo fato gerador, o tributo não pode deixar de ser cobrado. Ademais, uma norma complementar tem de se ater aos termos da lei, norma hierarquicamente superior, e, assim, o sujeito passivo não pode pretender deixar de pagar o tributo com respaldo numa norma que contraria a lei.

Todavia, **Aliomar Baleeiro** dá notícia de que o STF, interpretando o parágrafo único do art. 100 do CTN, decidiu que, agindo o contribuinte em consonância com a resposta que lhe fora dada em decorrência de consulta por ele feita, e vindo a se modificar tal orientação, o fisco não lhe poderá exigir o pagamento do tributo por ter ocorrido eficácia preclusiva da

---

Deduz-se, pois, que o contribuinte merece ser protegido contra a mudança de critério adotado pelo fisco na interpretação da legislação tributária. Ele não pode prejudicar, sobretudo punir o contribuinte, pelos fatos e atos anteriores à sua nova orientação (*RSTJ* 107/85).

[28] Cf. BALEEIRO, Aliomar. *Direito tributário brasileiro*. 5. ed. Rio de Janeiro: Forense, 1973, p. 75.

[29] *RSTJ* 113/124.

decisão[30]. Tal entendimento tem base no art. 146 do CTN. Por sua vez, o art. 48, § 12, da Lei nº 9.430, de 27.12.1996, dispondo sobre os efeitos de consulta, no âmbito da Secretaria da Receita Federal, reza: "Se, após a resposta à consulta, a administração alterar o entendimento nela expresso, a nova orientação atingirá, apenas, os fatos geradores que ocorram após dado ciência ao consulente ou após a sua publicação pela imprensa oficial".

5. Doutrina e jurisprudência não são fontes formais do direito tributário

A doutrina, embora não seja fonte formal, desempenha papel destacado no âmbito do direito tributário como elemento para sua compreensão e alcance. A doutrina consiste na produção dos doutores, juristas e estudiosos do direito tributário constituída pela elaboração e sistematização de conceitos e explicação de institutos jurídicos de tributação.[31]

A **jurisprudência** é o conjunto das soluções dadas de forma reiterada e no mesmo sentido a questões de direito pelo Poder Judiciário. A sua **importância para o direito tributário não pode ser questionada por duas razões básicas**: a primeira, porque tem a função de aclarar o sentido da lei e dirimir dúvidas quanto à sua aplicação; a segunda, porque a jurisprudência brasileira antecipou-se muitas vezes ao legislador na fixação de vários princípios e conceitos do direito tributário, por exemplo, fato gerador, base de cálculo, repetição do pagamento indevido independentemente da prova do erro etc.[32]

Ricardo Lobo Torres esclarece, no entanto, que existem dois casos em que a jurisprudência se transforma em fonte formal do direito tributário: a) nas decisões proferidas pelo STF em ações diretas (CF, art. 103), declarando a inconstitucionalidade de lei ou ato normativo federal ou estadual, bastando que a decisão seja publicada para que adquira eficácia *erga omnes* e se transforme em fonte formal; b) nas decisões definitivas de mérito, proferidas pelo STF, nas ações declaratórias de constitucionalidade de lei ou ato normativo federal, porque possuem atributo típico da lei formal por produzirem eficácia contra todos e efeito vinculante, relativamente aos demais órgãos do Poder Judiciário e ao Poder Executivo (CF, art. 103, § 2º, na redação da EC nº 3/1993).[33]

---

[30]   *Op. cit.*, p. 418. A decisão a que se refere Aliomar Baleeiro foi proferida no julgamento do RE 68.253, Primeira Turma., 1969, rel. Ministro Barros Monteiro. O STF decidiu que "havia coisa julgada fiscal na decisão do Conselho de Contribuintes que declarara, em resposta à consulta da Distribuidora de Loteria do Paraná, não estar sujeito a selo seu contrato com aquele estado. Exigindo a União, mais tarde, o selo, o STF acolheu aquela tese em ação declaratória da empresa". "Enquadramento para o SAT. Orientação da fiscalização. Revisão da orientação e lançamento suplementar. 1. A orientação da fiscalização sobre o enquadramento na tabela do seguro de acidentes do trabalho foi efetuada, presumindo-se o conhecimento da situação fática, que motiva a consulta. 2. As empresas têm direito a uma estabilidade nas relações com a administração. 3. Lançamento suplementar, que revê o critério que motivou a consulta, determinando a revisão do enquadramento, fere direito do contribuinte, que se presume ter existido. 4. Apelação e remessa oficial improvidos" (TRF-4ª R., AC 96.04.10060-2/PR, Rel. Juiz Sérgio Tejada).

[31]   Cf. Ruy Barbosa Nogueira, *op. cit.*, p. 72.

[32]   Cf. Aliomar Baleeiro, *op. cit.*, p. 379.

[33]   *Op. cit.*, p. 48-49.

Capítulo III

TRIBUTO

I. CONCEITO DE TRIBUTO

1. Tributo é receita derivada

A **receita pública derivada** é auferida pelo Estado diretamente do patrimônio do particular, sendo receita de direito público, porque o Estado age investido de sua soberania no desempenho da atividade necessária à sua percepção. Assim, a mencionada receita é também receita legal e obrigatória e **nela deve-se enquadrar o tributo**. Todavia, a receita derivada não é integrada somente por tributos, mas também por algumas **receitas não tributárias** porque têm as mesmas características, por exemplo, multa por infração da legislação sobre meio ambiente (penalidades tributárias ou não).

Receita pública voluntária é aquela auferida pelo Estado agindo como se fosse particular, sendo, portanto, receita contratual, voluntária e de direito privado (preços públicos), por exemplo, herança vacante, contrato, legado etc.

1.1. *Sentidos primitivo e moderno do termo tributo*

Em seu **sentido primitivo**, o tributo correspondia a uma imposição que o povo vencedor de guerra impunha ao povo vencido[1].

Hodiernamente, o tributo significa uma fonte normal de recursos para o Estado (**fim fiscal**) e um instrumento de que se serve para intervir nos domínios econômico e social (**fim extrafiscal**), por exemplo, o imposto de importação (CTN, art. 21, e CF, art. 153, I), o imposto de exportação (CTN, art. 26, e CF, art. 153, II), o imposto sobre operações de crédito, câmbio e seguro, ou relativas a títulos ou valores mobiliários (CTN, art. 65, e CF, art. 153, V), o imposto territorial rural que será progressivo e terá suas alíquotas fixadas de forma a desestimular a manutenção de propriedades improdutivas (CF, art. 153, § 4º, I), o imposto sobre propriedade predial e territorial progressivo no tempo (CF, art. 182, § 4º) etc.

Existem, no entanto, tributos que têm **natureza esporádica**, como os impostos por motivo de guerra (CF, art. 154, II) e os empréstimos compulsórios criados para atender a despesas extraordinárias, decorrentes de calamidade pública, de guerra externa ou sua iminência, e no caso de investimento público de caráter urgente e de relevante interesse nacional (CF, art. 148).

---

[1] Cf. ARDANT, Gabriel. *Histoire de l'impôt*. Paris: Fayard, 1971, I, p. 30.

1.2. Interpretação do art. 3º do CTN

O CTN, em seu art. 3º, define tributo como sendo "toda prestação pecuniária compulsória, em moeda ou cujo valor nela se possa exprimir, que não constitua sanção de ato ilícito, instituída em lei e cobrada mediante atividade administrativa plenamente vinculada".

Tal definição deve ser examinada em todos seus elementos para sua exata compreensão.

1.2.1. Prestação compulsória

O legislador, empregando, no art. 3º, a expressão "prestação compulsória", quis enfatizar que se trata de um comportamento obrigatório do sujeito passivo, importando seu descumprimento em uma sanção (CTN, art. 161). Todavia, há quem critique o legislador por ter sido redundante ao referir-se a **prestação compulsória** porque toda prestação é objeto de uma obrigação.

A **compulsoriedade** do tributo decorre de o Estado agir investido de sua soberania no desempenho da atividade financeira, sendo, portanto, *receita legal e de direito público*. O fato de o Estado, na percepção de tributo, agir no exercício do seu poder de império, não significa que a atividade tributária não tenha de ser desempenhada com submissão à lei. O Estado de Direito caracteriza-se principalmente pela submissão do particular e do próprio Estado à lei e à jurisdição no desempenho de suas atividades.

1.2.2. Prestação pecuniária

A expressão *"prestação pecuniária"* significa que o conteúdo da prestação deve ser expresso em moeda. O nosso direito desconhece os tributos *in natura* e *in labore*[2], mas, como se mostrará a seguir, o art. 3º do CTN **admite que a lei possa autorizar o pagamento de tributo mediante dação em bens (CTN, art. 156, XI).**

1.2.3. Em moeda ou cujo valor nela se possa exprimir

O legislador, ao prescrever no art. 3º do CTN que a prestação tributária possa ser liquidada **em moeda ou cujo valor nela se possa exprimir**, admite, nessa cláusula, o pagamento de tributo mediante **dação em bens**[3].

Trata-se de **regra dirigida ao legislador**, e, assim, torna-se necessária **lei específica** que autorize a dação em pagamento em bens e esclareça: a) o tributo objeto da dação em pagamento; b) o tipo de bem que pode ser transferido para o Estado com a extinção do cré-

---

[2] Cf. Hugo de Brito Machado, que averba: "Tributo *in natura* seria aquele estabelecido sem qualquer referência a moeda. Por exemplo, um imposto sobre a importação de trigo, cuja lei instituidora determinasse que, por cada tonelada de trigo importado o importador entregaria, a título de tributo, cem quilos de trigo à União. Ou um imposto sobre a comercialização do ouro, cuja lei instituidora determinasse que, por cada quilo de ouro negociado, cem gramas seriam entregues à entidade tributante. Tributo *in labore* seria aquele instituído também sem qualquer referência a moeda. Por exemplo, um imposto sobre a atividade profissional, cuja lei instituidora determinasse que todo profissional liberal seria obrigado a dar um dia de serviço por mês à entidade tributante" (MACHADO, Hugo de Brito. *Curso de direito tributário*. 8. ed. São Paulo: Malheiros, 1993, p. 40-41).

[3] Paulo de Barros Carvalho esclarece que a inclusão da cláusula "ou cujo valor nela se possa exprimir" vem ampliar sobremaneira o âmbito das prestações tributárias, vez que quase todos os bens são suscetíveis de avaliação pecuniária, principalmente o trabalho humano que ganharia a possibilidade jurídica de formar o conteúdo de relação de natureza fiscal" (CARVALHO, Paulo de Barros. *Teoria da norma tributária*. São Paulo: Lael, 1974, p. 93).

dito tributário; c) o critério de apuração do valor do bem a ser dado em pagamento. Apesar de o art. 156, IX, prever a extinção do crédito tributário mediante dação em pagamento em "bens imóveis", deve-se admitir também em "bens móveis", porque a relação do art. 156 tem natureza meramente exemplificativa[4].

Leis municipais costumam permitir que o contribuinte do IPTU em atraso no pagamento relativo a determinados exercícios possa extinguir seu débito mediante **dação em títulos públicos municipais** pelo seu valor nominal. Tal medida é vantajosa, de um lado, para o município, porque recebe o tributo em atraso e, ao mesmo tempo, retira de circulação, sem desembolso, títulos de sua emissão, que deviam ser resgatados nos seus vencimentos. De outro lado, a vantagem do contribuinte reside no fato de adquirir o título por valor inferior ao do mercado e dá-lo em pagamento pelo seu valor nominal, lucrando com a diferença.

Cite-se o **Decreto-lei nº 195, de 24.02.1967**, que dispõe sobre a cobrança da **contribuição de melhoria** e estabelece em seu art. 12, § 4º:

> É lícito ao contribuinte liquidar a Contribuição de Melhoria com títulos da dívida pública, emitidos especialmente para financiamento da obra pela qual foi lançado; nesse caso, o pagamento será feito pelo valor nominal do título, se o preço do mercado for inferior.

A CF de 1967/1969 (art. 161) admitia o pagamento do imposto sobre a propriedade territorial rural com títulos especiais da dívida pública havidos por desapropriação da propriedade territorial rural. Todavia, a Constituição de 1988 (art. 184) não consagrou diretamente em seu texto essa possibilidade, preferindo dispor que a lei deve definir a utilização dos títulos da dívida agrária pagos a título de indenização pela desapropriação de imóvel rural.

Por sua vez, o **art. 182, § 4º, III, da CF/1988** prescreve que, no caso de se tornar inócuo o IPTU progressivo no tempo, a indenização por desapropriação de imóvel urbano que não se adeque à função social da propriedade será paga mediante títulos da dívida pública de emissão previamente aprovada pelo Senado Federal.

1.2.4. *Que não constitua sanção de ato ilícito*

Esta cláusula constante do art. 3º do CTN comporta duas interpretações que se harmonizam, como se passa a demonstrar.

1.2.4.1. Tributo e penalidade não se confundem

A cláusula "*que não constitua sanção de ato ilícito*" significa que os tributos não se confundem com as penalidades, apesar de ambos terem natureza compulsória, caráter patrimonial, corresponderem a obrigação de dar e consistirem em receitas derivadas. "A ação típica que obriga a multa fiscal tem fundamento diverso da ação típica que origina o tributo. Quanto à multa fiscal, comete-se ação antijurídica, contrária à lei; para o tributo, comete-se ação jurídica"[5].

Assim, o tributo corresponde ao dever social do cidadão de contribuir para o Estado com as receitas necessárias à satisfação das necessidades públicas[6]. A penalidade, no

---

[4] Cf. TORRES, Ricardo Lobo. *Curso de direito financeiro e tributário*. 11. ed. Rio de Janeiro: Renovar, 2004, p. 288-289.

[5] Cf. MORAES, Bernardo Ribeiro. *Compêndio de direito tributário I*. Rio de Janeiro: Forense, 1994, p. 365.

[6] Sobre o assunto, leia: SIDOU, Othon. *A natureza social do tributo*. Rio de Janeiro: Forense, 1978.

entanto, visa apenas sancionar um ilícito, uma ação antijurídica, e, por isso, o tributo não pode ser empregado como meio para apenar o contribuinte. Exemplo: lei municipal que estabeleça um adicional do IPTU para os imóveis não regularizados na repartição administrativa, porque, no caso, ocorre ilícito administrativo que deve ser sancionado por multa administrativa.. Desse modo, o mencionado adicional não poderá fazer as vezes de sanção pecuniária de ato ilícito[7].

1.2.4.2. Tributação de renda decorrente de atividades ilícitas, criminosas e imorais

A expressão "não constitua sanção de ato ilícito" merece ser ainda interpretada sob outro ângulo. O legislador quis significar que a atividade ilícita não pode ser definida como hipótese de incidência de tributo.

Entretanto, isso não quer dizer, como doutrina **Hugo de Brito Machado**[8], que se a situação prevista abstratamente na lei como hipótese de incidência (*v. g.*, a percepção de rendimentos quanto ao imposto de renda) vier a se materializar por circunstância ilícita (*v. g.*, rendimento auferido da exploração de jogo de azar), que o tributo não seja devido. Nesse caso, o mencionado jurista esclarece que o tributo será devido não "porque incida sobre a atividade ilícita, mas porque a *hipótese de incidência* do tributo, no caso, que é a *aquisição da disponibilidade econômica ou jurídica dos rendimentos*, ocorreu".

A hipótese de incidência é um fato econômico ao qual o direito empresta relevo jurídico. Assim, quando a lei tributária define determinada situação como hipótese de incidência de tributo, leva em consideração que essa situação serve de medida da capacidade contributiva do sujeito passivo. Em outras palavras, o que interessa para a lei tributária é a relação econômica ínsita em um determinado negócio jurídico, como preceitua o art. 118 do CTN. Desse modo, não interessa na interpretação da definição legal da hipótese de incidência do tributo a **natureza do objeto do ato**, se lícito ou ilícito, tendo o nosso direito positivo agasalhado o princípio do *pecunia non olet* para não ferir o princípio da isonomia fiscal[9] e levar em conta o princípio da capacidade contributiva.

O STF não discrepa do entendimento pré-citado, como se observa, dentre outras, da seguinte decisão:

> Jogo do Bicho. Possibilidade jurídica de tributação sobre valores oriundos de prática ou atividade ilícita. Princípio do Direito Tributário do non olet. Precedente. Ordem parcialmente conhecida e denegada. 1. A pretendida desclassificação do tipo previsto no art. 1º, inciso I, para art. 2º, inciso I, da Lei nº 8.137/90 não foi analisada pelo Superior Tribunal de Justiça. Com efeito sua análise neste ensejo configuraria, na linha de precedentes, verdadeira supressão de instância, o que não se admite. 2. A jurisprudência da Corte, à luz do art. 118 do Código Tributário Nacional, assentou entendimento de ser possível a tributação de renda obtida em razão de atividade ilícita, visto que a definição legal do fato gerador é interpretada com abstração da validade jurídica do ato efetivamente praticado,

---

[7] *RSTJ* 9/352.

[8] *Op. cit.*, p. 42.

[9] Bernardo Ribeiro de Moraes, *op. cit.*, II, p. 352-353, revela que Albert Hensel e Otmar Buhller criaram o princípio do *non olet*, lembrando o imperador Vespasiano em sua passagem histórica com seu filho Tito: aquele havia criado um tributo sobre os mictórios públicos (cloacas), tendo seu filho sugerido sua extinção em razão da sua origem. Vespasiano pediu ao filho que cheirasse uma moeda, indagando: Tem cheiro? (*Olet?*). Tito respondeu: *non olet* (não tem cheiro). Daí Vespasiano mostrou-lhe "que o dinheiro arrecadado com a tributação, na sua materialização, não é acompanhado com o cheiro do fato tributado".

bem como da natureza do seu objeto ou dos seus efeitos. Princípio do non olet. Vide o HC nº 77.530/RS, Primeira Turma, Relator o Ministro Sepúlveda Pertence, DJ de 18/9/98. 3. Ordem parcialmente conhecida e denegada (HC 94240/SP, Rel. Min. Dias Toffolli, Primeira Turma, j. 23.08.2011).[10]

1.2.5. Prestação instituída em lei

O art. 3º do CTN reza que o tributo é uma **prestação instituída em lei**, em razão do princípio da legalidade tributária, consagrado no art. 150, I, da CF, e regulamentado pelo art. 97 do CTN, que consagra, ao mesmo tempo tempo, o **princípio da tipicidade na tributação,** exigindo também lei para definir todos os elementos da obrigação tributária.

Assim, a obrigação tributária principal (CTN, art. 113, § 1º) só pode resultar de lei e não da vontade das partes, pois, inclusive, dela independe. Toda a relação jurídico-tributária entre o Estado e o sujeito passivo da obrigação tributária principal é presidida pelo princípio da legalidade: o tributo só pode ser instituído ou majorado mediante lei *formal*, em regra, lei ordinária.

1.2.6. Prestação cobrada mediante atividade administrativa plenamente vinculada

Essa cláusula tem dois sentidos. **Primeiro**, significa que o Estado é obrigado a cobrar o tributo sempre que ocorra o fato gerador e sejam satisfeitas as demais condições estabelecidas em lei. **Segundo**, a autoridade só pode exercer a atividade administrativa tendente à percepção do tributo na forma, limites e condições estabelecidos em lei. Toda a relação jurídico-tributária é presidida pela lei. Assim, o Estado, como sujeito ativo da obrigação tributária, **tem o direito de exigir a prestação tributária** quando toma ciência da materialização da hipótese de incidência definida em lei, mas, em contrapartida, tem o dever de fazê-lo somente observando rigorosamente os limites e condições estabelecidos em lei.

Por outro lado, o **sujeito passivo (contribuinte ou responsável) tem o dever de cumprir a prestação tributária, mas tem, igualmente, o direito de somente satisfazê-la com observância dos mesmos limites e condições fixados em lei**. Desse modo, quando a lei, por exemplo, prescreve que a alíquota de um determinado tributo é de 1%, o Estado não pode exigir nem 0,9% nem 1,1%. Assim, tratando-se de atividade *vinculada*, o Estado não tem liberdade de decidir o momento e a forma da cobrança, pois só pode agir nos termos definidos em lei.

Correspondendo a prestação tributária a uma atividade vinculada, o **parágrafo único do art. 142** prescreve, igualmente, que "a atividade administrativa de lançamento é vinculada e obrigatória, sob pena de responsabilidade funcional". Isso quer dizer que o Estado, tomando ciência da ocorrência do fato gerador, não pode deixar de proceder ao lançamento para constituir o crédito tributário e cobrá-lo do sujeito passivo.

II. TRIBUTO E SUAS ESPÉCIES

1. Espécies de tributo no direito brasileiro

O art. 145 da CF e o art. 5º do CTN referem-se somente a três espécies de tributo: impostos, taxas e contribuição de melhoria. Entretanto, o art. 148 da CF e o art. 15 do CTN

---

[10] BRASIL. Supremo Tribunal Federal, HC 94240, Rel. Dias Toffoli, Primeira Turma, j. 23.08.2011, *DJe* 196 divulg. 11.10.2011, public. 13.10.2011, ement. vol. 02606-01, RT, v. 101, n. 917, 2012, p. 584-597, RTJ vol. 00227-01 p. 00532.

mencionam também os empréstimos compulsórios, e o art. 149 da CF e o art. 217 do CTN aludem, ainda, às contribuições parafiscais ou especiais. Disso resulta uma divergência na doutrina quanto à classificação das espécies tributárias[11]:

Sacha Calmon entende que, na realidade, existem apenas três espécies tributárias (impostos, taxas e contribuição de melhoria) pelas seguintes razões. Em primeiro lugar, o art. 145 da CF, ao se referir a impostos, taxas e contribuição de melhoria adotou a teoria científica dos tributos vinculados (taxas e contribuição de melhoria) e não vinculados (impostos). Em segundo lugar, essa teoria somente admite três espécies de tributos, que são as referidas anteriormente, como reza também o art. 5º do CTN. Em terceiro lugar, não pode pairar qualquer dúvida que os empréstimos compulsórios e as contribuições parafiscais, ou especiais, são tributos pelas características de que se revestem, preenchendo todos os elementos da definição de tributo dada pelo art. 3º do CTN. Em quarto lugar, os empréstimos compulsórios e as contribuições parafiscais são tributos, mas não existem autonomamente como espécies tributárias. O art. 4º do CTN prescreve que, para a determinação da natureza jurídica específica do tributo, interessa somente o exame da hipótese de incidência da obrigação tributária definida em lei. Disso decorre, segundo o mesmo autor, que os empréstimos compulsórios e as contribuições parafiscais posicionam-se como impostos ou taxas, dependendo do exame da situação definida como hipótese de incidência pela lei [12].

Por sua vez, **Ricardo Lobo Torres**[13], depois de se referir ao art. 145 da CF, adota a classificação **quadripartida** dos tributos sob as seguintes razões:

> Assim sendo, para a classificação dos tributos terá que se levar em conta o disposto nos arts. 148 e 149. Daí se conclui que a CF adotou a divisão *quadripartida*: o tributo compreende o imposto, a taxa, a contribuição e o empréstimo compulsório. Parece-nos que as contribuições sociais, de intervenção no domínio econômico e de interesse de categorias profissionais ou econômicas, referidas no art. 149, devem se amalgamar conceptualmente às contribuições de melhoria mencionadas no art. 145, III, subsumindo-se todas no conceito mais amplo de contribuições especiais.

---

[11] Bernardo Ribeiro de Moraes faz uma resenha sobre a classificação pelos autores das espécies tributárias: "a) classificação *bipartida* dos tributos, que admite exclusivamente impostos e taxas (Francisco Campos, Pontes de Miranda, Alberto Xavier e outros); b) classificação *tripartida dos tributos*, com a existência de três espécies tributárias: impostos, taxas e contribuições de melhoria; ou a variante impostos, taxas e contribuições (estas abrangem as contribuições de melhoria e as contribuições especiais), aceita por José Afonso da Silva, José Geraldo Rodrigues Alckmin, Edvaldo Brito, Rubens Gomes de Souza, Hamilton Dias de Souza e outros; c) classificação *quadripartida* dos tributos, aceitando a existência de impostos, taxas, contribuições de melhoria e contribuições (Miguel Lins e Célio Loureiro); ou a variante impostos, taxas, contribuições e empréstimos compulsórios (Fábio Fanucchi, Luiz Emygdio F. da Rosa Jr. e outros); d) classificação *quinquipartida* dos tributos, que admite impostos, taxas, contribuições de melhoria, contribuições especiais e empréstimos compulsórios (Ives Gandra da Silva Martins, Fábio Leopoldo de Oliveira e Hugo de Brito Machado)". O mesmo autor adota a classificação *quadripartida* de tributos, somente admitindo as espécies impostos, taxas, contribuições de melhoria e contribuições especiais. Isso porque subsume os empréstimos compulsórios na espécie dos impostos, tanto que os denomina de impostos restituíveis (MORAES, Bernardo Ribeiro de. *Compêndio de direito tributário*. 2. ed. Rio de Janeiro: Forense, 1994, v. 1, p. 379-383).

[12] CALMON, Sacha. *Comentários à Constituição de 1988*: sistema tributário. Rio de Janeiro: Forense, 1990, p. 4, 9-15, 35-43. O legislador equivocou-se ao se referir à contribuição de melhoria no plural porque inexistem subespécies desse tributo. Assim, o constituinte agiu com acerto ao empregar no art. 145 da CF a expressão contribuição de melhoria no singular.

[13] TORRES, Ricardo Lobo. *Curso de direito financeiro e tributário*. Rio de Janeiro: Renovar, 1993. p. 307.

Entretanto, dúvida não pode subsistir de que os empréstimos compulsórios e as contribuições parafiscais são também espécies autônomas de tributos. O art. 145 da CF refere-se somente a impostos, taxas e contribuição de melhoria, porque são as espécies tributárias que podem ser instituídas por qualquer dos entes políticos. Por outro lado, os empréstimos compulsórios e as contribuições parafiscais, nos termos dos arts. 148 e 149 da CF, são de competência privativa da União (CF, arts. 148 e 149) e, por isso, não são mencionados no art. 145 da CF, enquanto o parágrafo 1º do art. 149 (resultante da renumeração do originário parágrafo único pela EC nº 33/2001) permite que os Estados, o Distrito Federal e os Municípios possam instituir contribuição, cobrada de seus servidores, para o custeio, em benefício destes, de sistemas de previdência e assistência social.

Assim, o STF adota a teoria **pentapartite**, tendo-se como tributos: 1) impostos; 2) taxas; 3) contribuição de melhoria; 4) empréstimos compulsórios; 5) contribuições.[14]

O **STF** tem posição consolidada, no sentido de que as anuidades cobradas pelos conselhos profissionais, como autarquias de índole federal, cuja fiscalização envolve o exercício do poder de tributar e de punir, têm **natureza tributária** "como tributos da espécie "contribuições de interesse das categorias profissionais", nos termos do art. 149 da Constituição da República. Precedente: MS 21.797, Rel. Min. Carlos Velloso, Tribunal Pleno, DJ 18.05.2001".[15]

1.1. *Contribuição cobrada pela OAB não tem natureza tributária*

O posicionamento antes mencionado no que toca às contribuições especiais **não se aplica às contribuições cobradas pela OAB** porque, conforme entende o STF, através do voto do **Min. Ricardo Lewandovski, referindo-se à ADI 3026, relator Ministro Eros Grau:**

> O SENHOR MINISTRO RICARDO LEWANDOWSKI (RELATOR) – Eu estou dizendo, aqui, em meu voto, que no julgamento dessa ação direta de inconstitucionalidade, esta Corte posicionou-se no sentido de que a Ordem dos Advogados do Brasil não integra administração pública indireta, goza de autonomia, e a independência não está voltada a finalidades corporativas, mas institucionais, e se diferencia dos demais órgãos de fiscalização profissional. Destaco oportuno vários trechos em que nós mostramos que há uma distinção entre a OAB e esses outros órgãos de fiscalização e controle profissional.[16]

Consta da ementa da ADI 3026[17] pré-citada que:

> 3. A OAB não é uma entidade da Administração Indireta da União. A OAB é um serviço público *independente*, categoria ímpar no elenco das personalidades jurídicas existentes no direito brasileiro.

---

[14]   BRASIL. Supremo Tribunal Federal, RE 146733, Rel. Moreira Alves, Tribunal Pleno, j. 29.06.1992, DJ 06.11.1992, pp. 20110, ement. vol. 01683-03, pp. 00384 RTJ vol. 00143-02, pp. 00684.

[15]   BRASIL. Supremo Tribunal Federal, MS 21797, Rel. Carlos Velloso, Tribunal Pleno, j. 09.03.2000, DJ 18.05.2001, pp. 00436 ement. vol. 02031-04, pp. 00711, RTJ vol. 00177-02 pp. 00751.

[16]   Ementa: Direito administrativo e tributário. Natureza jurídica da anuidade cobrada por conselhos de fiscalização profissional. Discussão sobre a possibilidade de fixação de seu valor por meio de resolução interna de cada conselho.tema com repercussão geral já reconhecida pelo supremo tribunal federal (ARE nº 641.243 RG, Rel. Min. Dias Toffoli, j. 19.04.2012). Voto pelo sobrestamento do feito na origem até a fixação da tese jurídica com repercussão geral (BRASIL. Supremo Tribunal Federal, AI 836791 AgR, Rel. Ricardo Lewandowski, Rel. p/ acórdão Luiz Fux, Primeira Turma, j. 26.11.2013, acórdão eletrônico, *DJe* 249, divulg. 16.12.2013, public. 17.12.2013).

[17]   BRASIL. Supremo Tribunal Federal, ADI 3026, Rel. Eros Grau, Tribunal Pleno, j. 08.06.2006, DJ 29.09.2006, pp. 00031, ement. vol. 02249-03, pp. 00478, RTJ vol. 00201-01. PP-00093.

4. A OAB não está incluída na categoria na qual se inserem essas que se têm referido como "autarquias especiais" para pretender-se afirmar equivocada independência das hoje chamadas "agências".

6. A OAB ocupa-se de atividades atinentes aos advogados, que exercem função constitucionalmente privilegiada, na medida em que são são indispensáveis à administração da justiça (art. 133 da CF/1988). É entidade cuja finalidade é afeita a atribuições, interesses e seleção de advogados. Não há ordem de relação ou dependência entre a OAB e qualquer órgão público.

7. A Ordem dos Advogados do Brasil, cujas características são autonomia e independência, não pode ser tida como congênere dos demais órgãos de fiscalização profissional. A OAB não está voltada a finalidades corporativas. Possui finalidade institucional.[18]

Além disso, conforme entendimento do STF a OAB, por não ser entidade da Administração Indireta, não se está sujeita a "controle hierárquico ou ministerial da Administração Pública", não está obrigada a prestar contas ao TCU ou qualquer entidade externa.[19]

Feitas as considerações iniciais, imperioso trazer-se à colação acórdão do STJ, com a seguinte ementa:

1. Embora definida como autarquia profissional de regime especial ou sui generis, a OAB não se confunde com as demais corporações incumbidas do exercício profissional.

2. As contribuições pagas pelos filiados à OAB não têm natureza tributária.

3. O título executivo extrajudicial, referido no art. 46, parágrafo único, da Lei n.º 8.906/94, deve ser exigido em execução disciplinada pelo Código de Processo Civil, não sendo possível a execução fiscal regida pela Lei n.º 6.830/1980.

4. Não está a instituição submetida às normas da Lei n.º 4.320/64, com as alterações posteriores, que estatui normas de direito financeiro dos orçamentos e balanços das entidades estatais.

5. Não se encontra a entidade subordinada à fiscalização contábil, financeira, orçamentária, operacional e patrimonial, realizada pelo Tribunal de Contas da União.

6. Embargos de Divergência providos.[20]

---

[18] Encontrei, com alegria, na ADI 3026, referência a parecer proferido pelo douto advogado Dario de Almeida Magalhães, que me introduziu no mundo jurídico, primeiro como estagiário e depois como membro do seu renomado escritório. Colhi da referência ao parecer o seguinte trecho: "Na realização da sua tarefa, e no exercício de seus poderes, a Ordem não está subordinada senão à lei. Não se colocou na dependência hierárquica de qualquer outro órgão ou entidade. Não conhece ela qualquer outra forma de 'controle', senão o jurisdicional, que pertence à justiça ordinária, na sua missão de preservar inviolável o "rule of law", assegurado na maior amplitude pela Constituição".

[19] O Tribunal, no julgamento do RE 1182189 fixou a seguinte tese: "O Conselho Federal e os Conselhos Seccionais da Ordem dos Advogados do Brasil não estão obrigados a prestar contas ao Tribunal de Contas da União nem a qualquer outra entidade externa" (BRASIL. Supremo Tribunal Federal, RE 1182189, Rel. Marco Aurélio, Rel. p/ acórdão Edson Fachin, Tribunal Pleno, j. 25.04.2023, processo eletrônico, repercussão geral – mérito, *DJe* s/n, divulg. 15.06.2023, public. 16.06.2023)

[20] BRASIL. Superior Tribunal de Justiça, EREsp 503.252/SC, Rel. Min. Castro Meira, Primeira Seção, j. 25.8.2004, *DJ* 18.10.2004, p. 181.

III. DETERMINAÇÃO DA NATUREZA JURÍDICA ESPECÍFICA DO TRIBUTO

1. Razão de ser do art. 4º do CTN

A **natureza jurídica específica do tributo** é determinada pelo fato gerador da respectiva obrigação, sendo irrelevantes para qualificá-la a denominação e demais características *formais* adotadas pela lei, bem como a destinação legal do produto de sua arrecadação. A norma do art. 4º do CTN se justifica porque as espécies tributárias fazem parte de um mesmo gênero, qual seja, o tributo, apresentando em comum as seguintes características: receitas públicas pecuniárias, em moeda ou cujo valor nela se possa exprimir, compulsórias, exigidas com base no poder fiscal do Estado, instituídas em lei formal, sem constituir sanção de ato ilícito e arrecadadas mediante atividade administrativa vinculada.

Todavia, cada espécie de tributo tem características próprias, por exemplo, as taxas e as contribuições de melhoria, daí ser preciso o estabelecimento de um elemento comum para diferenciar essas espécies, daí a importância do art. 4º.

1.1. A importância do fato gerador

O saudoso jurista **Amílcar de Araújo Falcão**, chamando atenção para a importância do instituto, leciona que o fato gerador constitui o dado essencial "para a distinção dos tributos *in genere* (imposto, taxa e contribuição de melhoria) e *in specie* (cada espécie de imposto)", pois, sendo aquela circunstância de fato em decorrência da qual nasce um tributo, constitui o aspecto objetivo da relação jurídico-tributária[21].

1.1.1. Irrelevância do nomen iuris

Antes do advento do CTN, o **Supremo Tribunal Federal**, em reiteradas decisões, considerou inconstitucionais taxas que sob este rótulo não passavam de verdadeiros impostos. Isso porque, até a CF de 1988, os Estados e Municípios sempre tiveram receitas tributárias insuficientes para atender a suas despesas. De outro lado, não podiam instituir livremente impostos porque estavam reservados à competência privativa e excludente de cada ente político. Assim, era mais fácil a instituição de taxas porque eram objeto de competência comum de todos os entes políticos.

Todavia, as leis que instituíam essas falsas taxas não vinculavam seus fatos geradores a uma atividade estatal específica relativa ao contribuinte, porque, se o fizessem, aqueles entes políticos só poderiam cobrá-las se os serviços públicos existissem efetivamente. Daí a inconstitucionalidade das referidas leis, porque as taxas sempre foram consideradas tributos vinculados, ou seja, seu fato gerador depende sempre de uma atuação estatal. Tais decisões baseavam-se em que o fator determinante da natureza jurídica do tributo é o exame de seu respectivo fato gerador, considerando irrelevante e desprezível o nome dado pela lei ao tributo.

Por outro lado, os **Estados e os Municípios só podiam instituir os impostos previstos na Constituição**, porque apenas a União podia instituir impostos novos dentro de sua competência residual. E esse sistema foi mantido pela CF atual (art. 154, I).

---

[21] FALCÃO, Amílcar de Araújo. *Fato gerador da obrigação tributária*. São Paulo: Revista dos Tribunais, 1974, p. 135.

Disso resulta o acerto da norma do art. 4º do CTN, que, na realidade, constitui verdadeira garantia do próprio sistema tributário nacional instituído pela Constituição com evidentes e confessados propósitos políticos, por exemplo, a implantação forma federativa de Estado (art. 60, § 4º, I, da CF), que estaria abalada, "se fosse lícito o legislador ordinário iludi-lo, pela troca dos nomes de cada tributo para invasão do campo tributário reservado à competência diversa"[22].

Paulo de Barros Carvalho critica a norma contida no art. 4º do CTN, doutrinando:

> Por certo, tomada a sentença (CTN, art. 4º) como verdadeira, não encontraríamos método para diferençar impostos de impostos e desses as taxas, entregando-nos imbeles aos desarcetos assíduos do político. São bem comuns e muito conhecidas, entre nós, figuras de tributos cujos nomes sugerem realidades completamente distintas, mas que o legislador utiliza para burlar a rígida discriminação das competências impositivas. Estão aí, para dizê-lo, a taxa de melhoramento dos portos, o salário-educação, os depósitos, os empréstimos compulsórios e uma sorte imensa de outras denominações, seguidamente empregadas para introduzir espécies de impostos em nosso ordenamento jurídico, sem a devida atrização constitucional.[23]"

O **salário-educação** referido pelo douto doutrinador foi julgado constitucional pelo STF (Súmula 732), com base no art. 212, § 5º, da CF e Lei nº 9.424/1996, dada sua natureza de contribuição social, não se exigindo lei complementar para sua instituição.[24]

1.1.2. Irrelevância do destino legal do produto da arrecadação do tributo

Não importa, para a determinação da natureza jurídica específica do tributo, a **destinação legal do produto de sua arrecadação** porque todo tributo destina-se a proporcionar recursos ao Estado, para que possa cumprir suas finalidades, embora o tributo possa ter também fim extrafiscal.

O destino que a lei der ao produto da arrecadação do tributo é matéria de direito financeiro e não de direito tributário, porque este rege a relação jurídico-tributária entre o Estado e o sujeito passivo, que se extingue com o pagamento do tributo e a consequente entrada de receita nos cofres públicos. Daí o art. 3º do CTN não se referir a destinação legal do produto da arrecadação do tributo como um dos elementos da sua definição. Por essa mesma razão, os empréstimos compulsórios têm natureza tributária embora sejam restituíveis e, da mesma forma, as contribuições parafiscais, não obstante poderem ser arrecadadas também por determinadas entidades de direito privado, por exemplo, os sindicatos (CF, art. 149).

Assim sendo, as normas constantes da Seção VI do Capítulo I do Título VI da Constituição Federal ("Repartição das Receitas Tributárias") são, na verdade, normas de **direito financeiro**, porque não destinadas aos sujeitos passivos da obrigação tributária, mas referem-se aos entes tributastes entre si.

---

[22] Cf. BALEEIRO, Aliomar. *Direito tributário brasileiro*. 10. ed. Rio de Janeiro: Forense, 1986, p. 63.

[23] CARVALHO, Paulo de Barros. *Curso de direito tributário*. 17. ed. São Paulo: Saraiva, 2005, p. 28.

[24] **Súmula 732**: "É constitucional a cobrança da contribuição do **salário-educação,** seja sob a Carta de 1969, seja sob a Constituição Federal de 1988, e no regime da Lei 9.424/1996".

IV. CLASSIFICAÇÃO DOS TRIBUTOS

1. Quanto à hipótese de incidência: tributos vinculados e não vinculados

Geraldo Ataliba leciona que **hipótese de incidência** "é a formulação hipotética, prévia e genérica, contida na lei, de um fato. É, portanto, mero *conceito,* necessariamente abstrato. É formulado pelo legislador, fazendo abstração absoluta de qualquer fato concreto. Por isso, é mera "previsão legal"[25].

Quando esse fato ocorre efetivamente, dá-se o **fato gerador ou fato imponível**. Examinando-se a hipótese de incidência fixada nas diversas legislações, seu aspecto material ou consiste em uma ação estatal ou em uma atividade inteiramente estranha à atuação estatal. Assim, **tributo vinculado** é aquele cuja hipótese de incidência definida em lei depende de uma atividade estatal específica relativa ao contribuinte, como ocorre com as taxas e a contribuição de melhoria (CF, art. 145, II e III, e CTN, arts. 77 e 81). Na taxa, a atividade estatal específica corresponde a serviço público específico e divisível, e na contribuição de melhoria refere-se a execução de obra pública que valoriza bem imóvel.

Tributo não vinculado é aquele cuja hipótese de incidência legal independe de qualquer atividade estatal específica relativa ao contribuinte, que é o caso do imposto (CTN, art. 16).

2. Quanto ao fundamento: tributos contributivos e retributivos

Ricardo Lobo Torres, levando em conta o princípio que preside os tributos, divide-os em contributivos e retributivos nestes termos:

> Tributo *contributivo* é o que encontra a sua justificativa primordial na capacidade contributiva (imposto); quando se basear no princípio custo/benefício ou da equivalência, como acontece com as taxas e as contribuições, classificar-se-á como tributo *comutativo* ou *retributivo.*[26]

Duas observações devem ser feitas sobre o entendimento do referido jurista. **Primeira,** que adota a divisão quadripartida do tributo: imposto, taxa, contribuição (abrangendo as especiais e as de melhoria) e empréstimo compulsório. Assim, quando relaciona como tributos comutativos ou retributivos as contribuições, está se referindo à contribuição de melhoria e às contribuições especiais. **Segunda,** que o princípio do custo/benefício, "expressa a adequação entre o custo do bem ou serviço público e o benefício auferido pelo contribuinte"[27].

3. Quanto à discriminação de rendas: tributos federais, estaduais e municipais

A forma federativa do Estado uma superposição de hierarquias do poder impositivo, central (União) e periféricas (Estados e Municípios). Assim, o problema da discriminação de rendas é inerente a todo o país de regime federativo porque todos os entes políticos têm poder

---

[25] Cf. ATALIBA, Geraldo. *Hipótese de incidência tributária.* São Paulo: RT, 1963, n. 19.1, p. 56. Todavia, como ensina Hensel, citado pelo referido jurista, a incidência da norma tributária somente pode ocorrer quando, em momento ulterior à sua emanação, dê-se a *concreta realização do fato descrito (previsto) na lei.* Assim, a expressão *fato imponível* significa a concretização efetiva dos fatos descritos hipoteticamente na lei "aptos a determinarem o nascimento de obrigações tributárias" (*Op. cit.,* p. 66).

[26] *Op. cit.,* p. 307.

[27] *Op. cit.,* p. 83.

de tributar. Há necessidade, portanto, de a Constituição assegurar um convívio equilibrado entre a unidade central e as unidades periféricas.

Discriminação de rendas é a partilha entre as entidades-membros da federação da competência tributária ou impositiva, e dela resulta que os tributos devem ser divididos em **federais, estaduais e municipal.**

4. Quanto à competência impositiva: tributos privativos, comuns, residuais e extraordinários

4.1. Noção geral

Todo ente político tem **poder de tributar**, que consiste no exercício do poder geral do Estado aplicado no campo da imposição de tributos. Todavia, os entes políticos não podem instituir os mesmos tributos, para que não ocorra verdadeiro caos no mundo jurídico-tributário. Daí a Constituição da República estabelecer competências privativa, comum, residual e extraordinária para a instituição de tributos.

4.1.1. Tributos privativos: impostos, empréstimos compulsórios e contribuições parafiscais

Competência privativa é conferida pela Constituição de forma exclusiva a um ente político para a instituição de determinados tributos (impostos, empréstimos compulsórios e contribuições parafiscais).

Assim, é da competência privativa da **União** a instituição dos impostos sobre importação; exportação; renda e proventos de qualquer natureza; produtos industrializados[28]; imposto sobre produção, extração, comercialização ou importação de bens e serviços prejudiciais à saúde ou ao meio ambiente, nos termos da lei complementar; operações de crédito, câmbio, ou relativos a títulos ou valores mobiliários; propriedade territorial rural; grandes fortunas (CF, art. 153); impostos extraordinários no caso de guerra externa ou sua iminência (CF, art. 154, II); empréstimos compulsórios (CF, art. 148) e contribuições parafiscais (CF, art. 149). Entretanto, os Estados e Municípios podem também cobrar contribuições de seus servidores, para o custeio, em benefício deles, de sistemas de previdência e de assistência social (CF, art. 149, § 1º, resultante da renumeração do primitivo parágrafo único pela EC nº 33/2001).

Por outro lado, os **Estados** e o **Distrito Federal** têm competência privativa para instituir impostos sobre transmissão *causa mortis* e doação, de quaisquer bens ou direitos; operações relativas à circulação de mercadorias e sobre prestações de serviços de transporte interestadual e intermunicipal e de comunicação, ainda que as operações e as prestações se iniciem no exterior[29], e propriedade de veículo automotores (CF, art. 155).

Finalmente, os **Municípios** e o **Distrito Federal** têm competência privativa para instituir impostos sobre propriedade predial e territorial urbana; transmissão *inter vivos*, a qualquer título, por ato oneroso, de bens imóveis, por natureza ou acessão física, e de direitos reais

---

[28]   O IPI, a partir de 2027, "a) terá suas alíquotas reduzidas a zero, exceto em relação aos produtos que tenham industrialização incentivada na Zona Franca de Manaus, conforme critérios estabelecidos em lei complementar; e b) não incidirá de forma cumulativa com o imposto previsto no art. 153, VIII, da Constituição Federal", conforme art. 126 da Emenda Constitucional nº 132/2023.

[29]   O ICMS será extinto em 2033, com a revogação do art. 155, II, nos moldes do art. 22 da Emenda Constitucional nº 132/2023.

sobre imóveis, exceto os de garantia, bem como cessão de direitos a sua aquisição; e ainda sobre serviços de qualquer natureza, não compreendidos no art. 155, II, definidos em lei complementar[30] (CF, arts. 147 e 156).

Cabem ainda **três observações** a respeito da competência tributária privativa: a) a sua atribuição pela CF a um determinado ente político automaticamente **exclui** a das demais pessoas de direito público; b) no caso de instituição de tributo por ente político, cuja competência pertença a outra pessoa de direito público, a lei pertinente será inconstitucional por **invasão da competência** privativa do ente titular da competência tributária; c) a EC nº 39/2002 acrescentou à CF o art. 149-A, dispondo que os "Municípios e o Distrito Federal poderão instituir contribuição, na forma das respectivas leis, para o custeio do serviços de iluminação pública, observado o disposto no art. 150, I e III", posteriormente, com a EC nº 132/2023, acrescentou-se a permissão para que a contribuição também se destinasse à expansão e melhoria do serviço de iluminação pública, bem como dos sistemas de monitoramento para segurança e preservação de logradouros públicos.[31]

4.1.2. Tributos comuns: taxas e contribuição de melhoria

Competência comum é aquela concedida pela Constituição, indiscriminadamente, à União, Estados, Distrito Federal e Municípios para instituir determinados tributos (taxas e contribuição de melhoria).

Todavia, a competência comum não significa que um mesmo tributo possa ser instituído por mais de um ente político. Isso porque competente será apenas a pessoa de direito público que tiver a atribuição administrativa para prestar o serviço público (taxas) ou executar a obra pública (contribuição de melhoria). Daí o art. 77 do CTN rezar que as taxas podem ser cobradas pela União, Estados, Distrito Federal e Municípios no âmbito de suas respectivas atribuições, e essa cláusula é explicitada pelo art. 80 do CTN, nestes termos:

> Para efeito de instituição e cobrança de taxas, consideram-se compreendidas no âmbito das atribuições da União, dos Estados, do Distrito Federal ou dos Municípios aquelas que, segundo a Constituição Federal, as Constituições dos Estados, as Leis Orgânicas do Distrito Federal e dos Municípios e a legislação com elas compatível, competem a cada uma dessas pessoas de direito público.

Por outro lado, competente para instituir contribuição de melhoria é o ente político que tiver a atribuição constitucional de executar a obra pública (CTN, art. 81).

A CF de 1988, em seu art. 21, relaciona os serviços e obras públicos de atribuição privativa da União, e no art. 30 faz o mesmo no que tange aos Municípios. Por sua vez, o § 1º do art. 25 prescreve que são "reservados aos Estados as competências que não lhes sejam vedadas por esta Constituição", e, assim, os Estados têm uma competência residual no que toca aos serviços e obras públicos.

---

[30] O ISSQN será extinto em 2033, com a revogação do art. 155, II, nos moldes do art. 22 da Emenda Constitucional nº 132/2023.

[31] Assim, a atual redação do dispositivo determina que: "Os Municípios e o Distrito Federal poderão instituir contribuição, na forma das respectivas leis, para o custeio, a expansão e a melhoria do serviço de iluminação pública e de sistemas de monitoramento para segurança e preservação de logradouros públicos, observado o disposto no art. 150, I e III" (art. 149-A CF).

4.2. Tributos residuais

4.2.1. Competência residual

A Constituição Federal não prevê todas as situações de fato e de direito que possam constituir hipóteses de incidência de tributos. Outras situações existem que podem servir de índice da capacidade contributiva da pessoa natural ou jurídica e que possam, portanto, ser definidas em lei como hipóteses de incidência tributária. Por isso, a Constituição estabelece em favor da União uma **competência residual** no tocante àquelas situações por ela não previstas, que sobejaram quanto à incidência tributária. Por outro lado, deve ser igualmente chamado de **tributo residual** aquele que for instituído como objeto do exercício de competência residual.

4.2.2. Tributos residuais: impostos e contribuições sociais

A Constituição vigente refere-se **a tributos residuais** nos arts. 154, I, e 195, § 4º.

O art. 154, I permite à União, mediante lei complementar, instituir outros impostos não previstos no art. 153, desde que sejam observados os seguintes **pressupostos**: a) não sejam cumulativos, isto é, devem incidir apenas sobre o valor acrescido da circulação da riqueza e não sobre o valor total de cada operação; b) não tenham fato gerador ou base de cálculo próprios dos discriminados na Constituição, evitando-se, assim, a ocorrência de bitributação ou de *bis in idem*[32]; c) sua criação deve dar-se somente mediante lei complementar, porque o exercício da competência residual deve ser considerado exceção em matéria de competência impositiva.

Leandro Paulsen observa, com correção, ser inafastável o entendimento de a medida provisória vir a instituir imposto resitual, e o faz com as seguintes bem lançadas razões:

> **Medida provisória.** Não tem fundamento algum a invocação do art. 62, § 2º, da CF, na redação que lhe foi dada pela EC nº 33/2001, para dizer da possibilidade de instituição de novos impostos por Medida Provisória. Tal dispositivo, ao dizer que "medida provisória, que implique instituição ou majoração de impostos, exceto os previstos no art. 153, I,II,IV e V e 154, II, só produzirá efeitos no exercício financeiro seguinte" não implicou revogação tácita do art. 154, I. A única interpretação adequada para o novo dispositivo é no sentido de que a utilização de medida provisória, no que diz respeito à sua disposição sobre impostos, quando isso é possível, não terá efeitos para fins da análise da anterioridade (...). O art. 154, I, não foi tocado.[33]

Por outro lado, o **art. 195, § 4º, da CF** atribui igualmente à União competência residual em matéria de **contribuições sociais**, e o dispositivo constitucional comporta as seguintes observações. **Primeira**, que tal faculdade não se estende a todas as contribuições parafiscais referidas genericamente no art. 149 da CF, mas somente a uma de suas espécies – contribuições

---

[32] Ocorre a *bitributação* quando dois entes políticos, dotados de competência constitucional concorrente para o exercício do poder impositivo, decretam contemporaneamente imposto idêntico ao mesmo contribuinte, com fundamento no mesmo fato gerador. Como se vê, a bitributação exige identidade de impostos concorrentes, que, no entanto, desapareceram do nosso sistema tributário desde a EC nº 18/1965 à CF de 1946. Por outro lado, *bis in idem* é a exigência por uma única entidade tributante, em relação ao mesmo contribuinte, de dois ou mais tributos, com base no mesmo fato gerador.

[33] *Direito Tributário, op. cit.*, p. 358.

sociais. **Segunda**, que a lei poderá instituir **outras fontes** destinadas a garantir a manutenção ou expansão da seguridade social, além daquelas referidas no caput do art. 195, ou seja, significando que essas novas fontes de receita para a seguridade social **não podem incidir:** a) em relação ao empregador, sobre a folha de salários e demais rendimentos pagos ou creditados, a qualquer título, à pessoa física, com ou sem vínculo empregatício; b) a receita ou o faturamento. Quanto ao trabalhador e demais segurados da previdência social, não podem incidir sobre aposentadoria e pensão controladas pelo regime geral de previdência social. **Terceira**, que o art. 195, § 4º, manda observar, no exercício de tal competência residual, o disposto no art. 154, I, da CF. A remissão cinge-se a exigir que seja observado o requisito de lei complementar. O STF tem **jurisprudência firme** quanto às contribuições sociais residuais, no sentido de que não se lhes aplica a segunda parte do art. 154, I, ou seja, que elas não devam ter fato gerador ou base de cálculos próprios dos impostos discriminados na Constituição, e aduziu mais as seguintes razões:

> Contribuição social. Constitucionalidade do artigo 1º, I, da Lei Complementar nº 84/96. – O Plenário desta Corte, ao julgar o RE 228.321, deu, por maioria de votos, pela constitucionalidade da contribuição social, a cargo das empresas e pessoas jurídicas, inclusive cooperativas, incidente sobre a remuneração ou retribuição pagas ou creditadas aos segurados empresários, trabalhadores autônomos, avulsos e demais pessoas físicas, objeto do artigo 1º, I, da Lei Complementar nº 84/96, por entender que **não se aplica às contribuições sociais novas a segunda parte do inciso I do artigo 154 da Carta Magna, ou seja, que elas não devam ter fato gerador ou base de cálculos próprios dos impostos discriminados na Constituição.** – Nessa decisão está ínsita a inexistência de violação, pela contribuição social em causa, da exigência da não cumulatividade, porquanto essa exigência – e é este, aliás, o sentido constitucional da cumulatividade tributária – só pode dizer respeito à técnica de tributação que afasta a cumulatividade em impostos como o ICMS e o IPI – e cumulatividade que, evidentemente, não ocorre em contribuição dessa natureza cujo ciclo de incidência é monofásico–, uma vez que a não cumulatividade no sentido de sobreposição de incidências tributárias já está prevista, em caráter exaustivo, na parte final do mesmo dispositivo da Carta Magna, que proíbe nova incidência sobre fato gerador ou base de cálculo próprios dos impostos discriminados nesta Constituição. – Dessa orientação não divergiu o acórdão recorrido. Recurso extraordinário não conhecido" (BRASIL. Supremo Tribunal Federal, RE 258470/RS, Rel. Min. Moreira Alves, Primeira Turma, j. 21.03.2000).

Dessa forma, a remissão feita no art. 195, § 4º, ao artigo 154, I, traduz a exigência de lei complementar para veicular as contribuições residuais.

4.2.3. *Tributo de competência compartilhada*

Com as alterações promovidas por meio da Emenda Constitucional nº 132/2023, inseriu-se na sistemática da tributação sobre o consumo o imposto de competência compartilhada entre Estados, Distrito Federal e Municípios, no artigo 156-A da Constituição. O IBS será instituído via lei complementar, de modo uniforme em todo território nacional, e será arrecadado pelo Comitê Gestor do IBS, entidade responsável pela distribuição do produto arrecadado.

4.2.4. Impostos extraordinários ou especiais

O art. 154, II, da CF/1988 tem a seguinte redação:

> **Art. 154.** A União poderá instituir:
>
> (...)
>
> II – na iminência ou no caso de guerra externa, impostos extraordinários, compreendidos ou não em sua competência tributária, os quais serão suprimidos, gradativamente, cessadas as causas de sua criação.

O imposto extraordinário visa apenas a atender a uma **necessidade momentânea**, acidental e emergencial, como o imposto lançado pela União na iminência ou no caso de guerra externa, que deve ser suprimido cessadas as causas de sua criação (CF, art. 154,I, e CTN, art. 76). Lógico é que o imposto por motivo de guerra não **se subordina** nem à anterioridade normal nem à nonagesimal.

Eduardo Sabbag demonstra, com clareza, que o art. 154, II, da CF/1988 permite a bitributação e o *bis in idem* na instituição de imposto extraordinário por motivo de guerra, ao averbar:

> Um ponto de extremo relevo deve ser enfatizado: o fato gerador da inditada exação não será a guerra! Nem poderia ser! Também não pode conter ele a materialidade de tributo diverso de imposto, *v.g.* de taxa! A esse respeito o legislador constituinte sinalizou, conforme se nota na parte final do inciso II do art. 154, que o IEG poderá, *estando ou não compreendido no campo na competência da União,* conter fato gerador de qualquer imposto ou até um fato gerador novo, não havendo limitação quanto à sua estrutura de incidência. Trata-se de uma permissão expressa na Constituição Federal para a *bitributação* e para o *bis in idem*, uma vez ampla a liberdade de escolha do fato imponível para o IEG.[34]

O art. 76 do CTN reza que, nas mencionadas hipóteses, os impostos extraordinários serão suprimidos, gradativamente, no prazo máximo de cinco anos, contados da celebração da paz. O dispositivo tinha base no art. 17 da EC nº 18 à CF de 1946 (vide art. 1º do CTN) e atualmente no art. 154, II, da CF/1988.

Lavra dissenso na doutrina sobre a revogação ou não do art. 76 do CTN pela CF/1988, e **Hugo de Brito Machado** entende que tal não ocorreu porque:

> Como se vê, não há nenhuma incompatibilidade entre essa norma da Constituição, que determina sejam os impostos extraordinários *suprimidos gradativamente, cessadas as causas de sua cobrança, criação,* e a norma do artigo 76 do Código Tributário Nacional, que determina sejam tais impostos suprimidos, gradativamente, no prazo máximo de cinco anos, contados da celebração da paz. São normas diferentes, com certeza, mas não normas incompatíveis. E essa diferença deve ser vista como simles complementação que a norma do Código Tributário faz da norma da Constituição, o que afasta inteiramente a ideia de revogação da norma anterior pelo advento de norma diferente sobre a mesma matéria.[35]

---

[34] SABBAG, Eduardo. *Manual de direito tributário*. São Paulo: Saraiva, 2009, p. 349.

[35] MACHADO, Hugo de Brito. *Comentários ao código tributário nacional* – vol. I. 2. ed. São Paulo: Atlas, 2007, p. 733.

Entendemos que o **art. 76 do CTN pode ser aceito como recepcionado pela Constituição Federal de 1988,** tendo em vista que cabe à lei complementar fixar normas gerais de tributo e o mencionado dispositivo fixa limite temporal de cinco anos para cessação da cobrança da exação, já que o dispositivo constitucional é silente sobre a matéria.

Por sua vez, o **art. 148 da CF/1988** preceitua:

> **Art. 148.** A União, mediante lei complementar, poderá instituir empréstimos compulsórios:
>
> **I** – para atender a despesas extraordinárias, decorrentes de calamidade pública, de guerra externa ou sua iminência;
>
> **II** – no caso de investimento público de caráter urgente e de relevante interesse nacional, observado o disposto no art. 150, III, b.
>
> **Parágrafo único**. A aplicação dos recursos provenientes de empréstimo compulsório será vinculada à despesa que fundamentou sua instituição.

Como se observa da leitura do art. 148 da CF/1988, **empréstimos compulsórios** podem ser instituídos, para atender a despesas extraordinárias, decorrentes, dentre outras causas, de guerra externa ou sua iminência

Examinaremos adiante mais detidamente o art. 148 da CF/1988, mas cabe adiantar o seguinte sobre empréstimos compulsórios: a) são os **únicos tributos restituíveis** no direito brasileiro; b) sua instituição depende de **lei complementar** que deve definir os elementos da obrigação tributária; c) deve observar a **anterioridade clássica ou anual**, mas não está sujeito à anterioridade nonagesimal, por interpretação *a contrario sensu* da parte final do seu inciso II; d) **o produto da sua arrecadação está vinculado à causa da sua instituição,** não podendo, portanto, ter outro destino.

5. Quanto ao fim: tributos fiscais e extrafiscais

Quanto à **finalidade** de sua instituição, os tributos podem ter fim fiscal e fim extrafiscal.

Tributo fiscal é aquele instituído com objetivo de proporcionar recursos ao Estado para o cumprimento de suas finalidades, ou seja, satisfação das necessidades públicas. **Tributo extrafiscal** é aquele cuja instituição visa a sua utilização pelo Estado como instrumento para intervenção no domínio econômico ou social, citando-se, como exemplos desse: a) **intervenção no domínio econômico**, os impostos de importação (CTN, art. 21), de exportação (CTN, art. 26), sobre operações de crédito, câmbio, seguro e valores mobiliários (CTN, art. 65), sobre produtos industrializados (CTN, art. 48 e 153, § 1º, da CF/1988); b) **intervenção no domínio social**, os imposto territorial rural (CF, art. 153, § 4º, I), o IPTU progressivo no tempo (CF, art. 182, § 4º) e as contribuições parafiscais interventivas (CF, arts. 149 e 177, § 4º).

Todavia, mesmo com finalidade extrafiscal, a intenção de arrecadação pelo Estado não desaparece, ficando apenas relegada a um segundo plano, pois nada impede, **v.g.,** que o proprietário de imóvel rural prefira pagar a alíquota mais elevada e não atender ao fim social da propriedade.

Os **impostos de importação e de exportação** têm fim extrafiscal, porque os arts. 21 e 26 do CTN permitem ao Poder Executivo alterar suas alíquotas (exceção ao princípio da legalidade tributária), afim de ajustá-los aos objetivos da política cambial e do comércio exterior. Observe-se que os dispositivos referem-se também à alteração da **base de cálculo**, mas essa permissão ao Poder Executivo não consta do art. 153, § 1º, da CF/1988.

O **art. 65 do CTN** contém norma idêntica a dos arts. 21 e 26, e ao art. 153, § 1º, da CF, facultando ao Poder Executivo **alterar as alíquotas** do imposto sobre operações de crédito, câmbio, seguro, títulos e valores mobiliários, afim de ajustá-lo aos objetivos da política monetária.

Quanto ao **IPI**, a extrafiscalidade consta do art. 153, § 3º, I, da CF/1988, ao prescrever que o imposto será seletivo, em função da essencialidade do produto, regra que já constava do art. 48 do CTN.

Entretanto, como adverte **Mizabel Derzi**, em nota de atualização ao comentário de Aliomar Baleeiro, feito "à luz de Cartas anteriores a Constituição de 1988, esta obriga a seletividade do IPI, sendo muito restrita a discricionariedade do legislador. É que nunca tínhamos antes, ao mesmo tempo, o princípio da capacidade econômica a inspirar genericamente a modelagem de todos os impostos (art. 145, § 1º), e, ainda, o princípio da seletividade. Veremos que a conjugação desses dois princípios torna o IPI inadequado à política incentivatória regional ou estadual".[36]

O termo "essencialidade" constante do art. 153, § 1º, III, da CF/1988, significa que o legislador, imperiosamente, deve tributar mais pesadamente os produtos menos essenciais para a coletividade (p. e., armas de fogo, cigarros) e mais suavemente os produtos mais necessários para a coletividade (*v. g.* leite integral).

O **ICMS** poderá ter fim extrafiscal quando lei estadual prescrever sua seletividade (CF, art. 155, § 2º, III). Relembre-se que o IPI e o ICMS são **impostos indiretos e sujeitos a lançamento por homologação,** vale dizer, o contribuinte de direito (p. e., fabricante) calcula, por sua conta e risco, paga o tributo na venda e acrescenta ao preço o valor do tributo pago.

A **CF, em seu art. 149**, prescreve que compete exclusivamente à União instituir, dentre outras, contribuições de intervenção no domínio econômico.

O § 2º do art. 149 estatui:

> § 2º As contribuições sociais e de intervenção no domínio econômico de que trata o *caput* deste artigo:
>
> I. não incidirão sobre as receitas decorrentes de exportação;
>
> II. incidirão também sobre a importação de produtos estrangeiros ou serviços;
>
> III. poderão ter alíquotas:
>
> a) *ad valorem,* tendo por base o faturamento. A receita bruta ou o valor da operação e, no caso de importação, o valor aduaneiro;
>
> a) específica, tendo por base a unidade de medida adotada;
>
> § 3º A pessoa natural destinatária das operações de importação poderá ser equiparada a pessoa jurídica, na forma da lei.
>
> § 4º A lei definirá as hipóteses em que as contribuições incidirão uma única vez.

O disposto no inciso I do § 2º do art. 149 consagra **imunidade tributária** ao empregar a fórmula "não incidirão", visando evitar que ao preço da exportação some-se o valor do tributo, dificultando a colocação do produto no mercado internacional.

As **contribuições de intervenção no domínio econômico (CIDE)**, instituídas pela Lei nº 10.336/2001, antes da EC nº 49/2006, têm, igualmente, fim extrafiscal, como demonstra **Robinson Sakyama Barreirinhas**, ao averbar:

---

[36] Direito tributário brasileiro, *op. cit.*, p. 495. Leia-se sobre o mesmo tema: LOPES, Mauro Rocha. *Direito tributário brasileiro.* 2. ed. São Paulo: Impetus, 2010, p. 435, que discorre com profundidade sobre a relação entre os princípios da seletividade e da capacidade econômica.

Sua função não é arrecadatória (fiscal ou parafiscal), mas sim de interferência da União no mercado, influindo na oferta de bens e na sua demanda, nos preços de mercadorias e serviços, defesa de livre concorrência, enfim, intervindo de maneira a regular o mercado, conforme os ditames do direito econômico e concorrencial.[37]

O art. 177 da CF/1988 prescreve:

> Art. 177. Constituem monopólio da União:
>
> I – a pesquisa e a lavra das jazidas de petróleo e gás natural e outros hidrocarbonetos fluidos; (Vide Emenda Constitucional nº 9, de 1995)
>
> II – a refinação do petróleo nacional ou estrangeiro;
>
> III – a importação e exportação dos produtos e derivados básicos resultantes das atividades previstas nos incisos anteriores;
>
> IV – o transporte marítimo do petróleo bruto de origem nacional ou de derivados básicos de petróleo produzidos no País, bem assim o transporte, por meio de conduto, de petróleo bruto, seus derivados e gás natural de qualquer origem;
>
> V – a pesquisa, a lavra, o enriquecimento, o reprocessamento, a industrialização e o comércio de minérios e minerais nucleares e seus derivados.
>
> V – a pesquisa, a lavra, o enriquecimento, o reprocessamento, a industrialização e o comércio de minérios e minerais nucleares e seus derivados, com exceção dos radioisótopos cuja produção, comercialização e utilização poderão ser autorizadas sob regime de permissão, conforme as alíneas b e c do inciso XXIII do caput do art. 21 desta Constituição Federal (Redação dada pela Emenda Constitucional nº 49, de 2006)
>
> (...)
>
> § 4º A lei que instituir contribuição de intervenção no domínio econômico relativa às atividades de importação ou comercialização de petróleo e seus derivados, gás natural e seus derivados e álcool combustível deverá atender aos seguintes requisitos: (Incluído pela Emenda Constitucional nº 33, de 2001)
>
> I – a alíquota da contribuição poderá ser: (Incluído pela Emenda Constitucional nº 33, de 2001)
>
> a) diferenciada por produto ou uso; (Incluído pela Emenda Constitucional nº 33, de 2001)
>
> b) reduzida e restabelecida por ato do Poder Executivo, não se lhe aplicando o disposto no art. 150, III, b; (Incluído pela Emenda Constitucional nº 33, de 2001)
>
> II – os recursos arrecadados serão destinados: (Incluído pela Emenda Constitucional nº 33, de 2001)
>
> a) ao pagamento de subsídios a preços ou transporte de álcool combustível, gás natural e seus derivados e derivados de petróleo; (Incluído pela Emenda Constitucional nº 33, de 2001)
>
> b) ao financiamento de projetos ambientais relacionados com a indústria do petróleo e do gás; (Incluído pela Emenda Constitucional nº 33, de 2001)
>
> c) ao financiamento de programas de infra-estrutura de transportes (Incluído pela Emenda Constitucional nº 33, de 2001)".

---

[37] BARREIRINHAS, Robinson Sakyama. *Manual de direito tributário*. 2. ed. São Paulo: Método, 2009, p. 68.

O **§ 4º do art. 177 da CF/1988** comporta as seguintes observações:

a) a alínea "b" do inciso I consagra exceções aos principios da legalidade e da anterioridade anual ou clássica, mas deve observar a anterioridade nonagesimal;

b) "trata-se de tributo que foi concebido para destinar os recursos arrecadados ao financiamento de projetos ambientais, programa de infraestrutura de transportes e pagamento de subsídios a preços ou transporte de combustíveis";[38]

c) o dispositivo adota uma espécie de seletividade das alíquotas, que poderão ser diferenciadas por produto e, assim a Lei nº 10.336/2001, em seu art. 5º, estabelece alíquota maior para a gasolina e menor para o alcool etílico combustível;

d) a alíquota do tributo poderá ser aumentada por ato do Poder Executivo, reduzida a alíquota e restabelecida sem necessidade de lei (alínea "b");

e) o inciso II predetermina o destino que deve ser dado ao produto da arrecadação do tributo, não configurando violação ao art. 167, IV, da CF/1988, porque a CIDE não é imposto, que é a única espécie de tributo cuja receita não pode ser vinculada a órgão, fundo ou despesa.

O STF tem jurisprudência consolidada, no sentido de que a instituição da CIDE não depende de lei complementar, bem como é prescindível "a existência da vinculação direta entre o contribuinte e o benefício proporcionado pela receita tributária arrecadada" (RE 632.832 AgRg. Rel. Min. Rosa Weber, Primeira Turma, *DJe* 29.08.2014).

O **ITR** tem também **fim extrafiscal** porque o art. 153, § 4º, da CF/1988, determina que "será progressivo e terá as suas alíquotas fixadas de forma a desemtimular a manutenção de propriedades improdutivas", sendo, portanto, instrumento de intervenção no campo social.

Mauro Luís Rocha Lopes averba mais uma vez com precisão:

> O ITR tem nítida função extrafiscal, pois se trata de instrumento utilizado pela União na execução de sua política agrária, assumindo especial relevo no combate aos latifúndios improdutivos, que descumprem a função social de que trata o art. 186 da CF.[39]

O **IPTU progressivo no tempo** tem, igualmente, fim extrafiscal, conforme o art. 182, § 4º, da CF/1988, quando a lei municipal exige "do proprietário do solo urbano não edificado, subutilizado ou não utilizado, que promova seu adequado aproveitamento, sob pena, sucessivamente, de: "I-parcelamento ou edificação compulsórios; II-imposto sobre a propriedade predial e territorial urbana progressivo no tempo".

A Lei nº 10.257/2001 regulamenta os arts. 182 e 183 da Constituição Federal e estabelece diretrizes gerais da política urbana, denominada "Estatuto da Cidade".

A função social da propriedade está prevista no **plano diretor da cidade** e a "propriedade urbana cumpre sua função social quando atende às exigências fundamentais de ordenação da cidade expressa no plano diretor" (§ 2º do art. 182 da CF/1988).

> § 1º O plano diretor, aprovado pela Câmara Municipal, obrigatório para cidades com mais de vinte mil habitantes, é o instrumento básico da política de desenvolvimento e de expansão urbana (§ 1º do art. 182 da CF/1988).
>
> (...)
>
> § 3º As desapropriações de imóveis urbanos serão feitas com prévia e justa indenização em dinheiro.

---

[38] Cf. SABBAG, Eduardo. *Manual de direito tributário*. São Paulo: Saraiva, 2009, p. 468.

[39] Direito tributário brasileiro, *op. cit.*, p. 540.

§ 4º É facultado ao Poder Público municipal, mediante lei específica para área incluída no plano diretor, exigir, nos termos da lei federal, do proprietário do solo urbano não edificado, subutilizado ou não utilizado, que promova seu adequado aproveitamento, sob pena, sucessivamente, de:

I – parcelamento ou edificação compulsórios;

II – imposto sobre a propriedade predial e territorial urbana progressivo no tempo;

III – desapropriação com pagamento mediante títulos da dívida pública de emissão previamente aprovada pelo Senado Federal, com prazo de resgate de até dez anos, em parcelas anuais, iguais e sucessivas, assegurados o valor real da indenização e os juros legais.

O **art. 7º da Lei nº 10.257/2001** estabelece em 15% (quinze por cento) o **limite quantitativo** da alíquota do IPTU progressivo no tempo e em 5 anos o **limite temporal** para cobrança do mencionado imposto.

No capítulo final do livro sobre as espécies de impostos, aprofundaremos o exame do art. 182, § 4º, mas adiantamos desde já que tem **fim fiscal** a progressividade do IPTU prevista no art. 156, § 1º, da CF/1988, que tem a seguinte redação:

> **Art. 156.** Compete aos Municípios instituir impostos sobre:
>
> I. propriedade predial e territorial urbana;
>
> (...)
>
> § 1º Sem prejuízo da progressividade no tempo a que se refere o art. 182, § 4º, inciso II, o imposto previsto no inciso I poderá: (Redação dada pela Emenda Constitucional nº 29, de 2000)
>
> **I** – ser progressivo em razão do valor do imóvel; e (Incluído pela Emenda Constitucional nº 29, de 2000)
>
> **II** – ter alíquotas diferentes de acordo com a localização e o uso do imóvel (Incluído pela Emenda Constitucional nº 29, de 2000).

O STF considerava inconstitucional leis municipais que estabeleciam a progressividade do IPTU levando em conta a área ou a localização do imóvel por se tratar de imposto real e, por isso, foi aprovada a EC nº 29/2000.

6. Tributos extrafiscais não se confundem com tributos parafiscais

Os tributos extrafiscais, como mostrado antes, caracterizam-se por serem empregados pelo Estado como instrumento de intervenção nos domínios econômico e social. Por outro lado, os **tributos parafiscais**, embora possam ter uma finalidade extrafiscal, caracterizam-se pelo fato de não serem arrecadados pela União, mas por outras entidades, públicas ou privadas, designadas pela lei em proveito de suas próprias finalidades, por exemplo, sindicatos, INSS etc.

O termo **parafiscal** significa, portanto, **finanças paralelas**, isto é, ao lado do fisco, porque não se destinam aos cofres da União, não se misturam com outras receitas tributárias, mas são arrecadadas por pessoas jurídicas de direito público ou de direito privado e órgãos paraestatais em razão dos serviços que prestam, paralelos aos do Estado.

Assim, permitindo a Constituição que as contribuições parafiscais sejam arrecadadas também por **pessoas jurídicas de direito privado**, isso não significa que tais entidades possam integrar o polo ativo da relação obrigacional tributária. Isso porque só pode ser sujeito ativo da obrigação tributária quem tenha competência tributária para instituir tributos, e as menciona-das entidades não têm tal competência porque apenas podem arrecadar os referidos tributos.

Em resumo, a regra é que a entidade tributante tem competência para instituir tributos e administrá-los, mas existem exceções, como os tributos parafiscais, porque quem arrecada não tem competência para instituir tributos mas tem **capacidade tributária ativa**, ou seja, exigir, fiscalizar e administrar. O mesmo ocorre com o **imposto territorial rural**, quando o Município celebra convênio com a União para administrar o tributo cabendo-lhe "a totalidade na hipótese da opção a que se refere o art. 153, § 4º, III (Redação dada pela Emenda Constitucional nº 42, de 10 de dezembro de 2003)", que tem a seguinte redação:

> Art. 153. Compete à União instituir impostos sobre:
>
> (...)
>
> VI-propriedade territorial rural;
>
> (...)
>
> 4º O imposto previsto no inciso VI do caput: (Redação dada pela Emenda Constitucional nº 42, de 19.12.2003)
>
> (...)
>
> III – será fiscalizado e cobrado pelos Municípios que assim optarem, na forma da lei, desde que não implique redução do imposto ou qualquer outra forma de renúncia fiscal (Incluído pela Emenda Constitucional nº 42, de 19.12.2003) (Regulamento).

V.   TRIBUTOS E PREÇOS

1.   Distinção entre preços e tributos

Os tributos, sendo receitas derivadas, não se confundem com os preços, receitas origi-nárias. **Tributos** são receitas obtidas pelo Estado diretamente do patrimônio do particular e mediante a utilização do elemento coação. **Preços** constituem receitas que o Estado, com base no art. 173 da CF, que autoriza a intervenção no domínio econômico, aufere em decorrência da exploração de seu próprio patrimônio ou do desempenho de atividades comerciais, finan-ceiras, industriais etc., agindo como particular e não investido de sua soberania, remunerando serviços públicos não essenciais. Assim, o cidadão tem liberdade de utilizar ou não o serviço a ser remunerado pelo preço público. Daí serem os tributos considerados receitas obrigatórias, legais e de direito público, em razão da presença do elemento político-jurídico, a coação.

Por sua vez, os **preços** são receitas voluntárias, contratuais e de direito privado, ainda que decorram de atividades em que o Estado aja de forma monopolística, reservando para si a exclusividade de tais atividades. Assim, por não se confundirem com os tributos, não se aplicam aos preços os princípios constitucionais e legais que limitam o Estado no exercício de seu poder de tributar

Edwin Seligman estabeleu uma distinção entre as receitas públicas utilizando um **critério eminentemente econômico** e partiu do entendimento de que toda atividade financeira desempenhada pelo Estado reflete um conflito entre o interesse público e o interesse privado. Assim, cada tipo de receita pública revela um maior ou menor interesse público em relação ao interesse privado, o que levou o referido autor, em sua classificação, a colocar em primeiro lugar as receitas públicas em que predomina exclusivamente o interesse privado (**preços quase privados**), em que o Estado relaciona-se com o particular no plano estritamente contratual. Em seguida, refere-se às receitas públicas, em que o interesse privado na atividade financeira desenvolvida pelo Estado se apresenta em grau menor, mas que ainda **prepondera** sobre o interesse púbico (**preços públicos**). O mencionado autor prossegue em sua classificação referindo-se às receitas públicas em que **prepondera o interesse público** no desempenho da atividade financeira (**taxas e contribuições de melhoria**), e, afinal, encerra a classificação mencionando as receitas públicas em que o **interesse público é exclusivo** (**impostos**).[40]

1.1. *Distinção entre preço público e taxa*

A **Súmula nº 545 do STF** enuncia que as taxas são compulsórias e os preços públicos facultativos.

Mauro Luís Rocha Lopes explicita melhor a distinção entre preço público e taxa, nos seguintes termos:

> Assim, se o cidadão puder dispensar o serviço oferecido pelo Estado, satisfazendo a necessidade correlata por outros meios outros, a remuneração do serviço público consistirá em preço público, pressupondo adesão voluntária do particular à atividade estatal (manifestação de vontade, facultatividade). Todavia, se o Estado não permite a satisfação da necessidade individual de outra forma, que não através do serviço que oferece, o caso é de compulsoriedade no pagamento da prestação correspondente, que assumirá feição tributária (taxa)"[41].

A natureza do preço público **não é afetada** em razão de quem exige o seu pagamento, podendo ser órgãos da Administração Direta, autarquias ou empresas públicas, bastando que prestem serviços públicos não-essenciais, não se destinando, portanto, à remuneração de atividades gerais do Estado.

O prazo de prescrição da ação de repetição de inébito das tarifas de água e esgoto é o estabelecido no CCB (STJ, S. 412) e de tributo no art. 174 do CTN.

1.1.1. *Natureza jurídica do pedágio*

A Constituição atual, ao ressalvar, na parte final do art. 150, V, a cobrança de **pedágio pela utilização de vias conservadas pelo Poder Público**, quis deixar extreme de dúvidas a sua natureza tributária, na espécie de **taxa**, porque o dispositivo constitucional tem por escopo vedar limitações ao tráfego de pessoas e bens **mediante tributos**, sendo o pedágio, nesse caso, exceção a limitação constitucional do poder de tributar.[42] Se o constituinte entendesse que a receita relativa ao pedágio não tinha natureza tributária, não havia por que fazer a ressalva. Além do mais, o art. 150, V, integra o capítulo sobre o sistema tributário e mais especificamente a seção relativa às limitações ao poder de tributar, e, assim, não podem pairar dúvidas sobre a natureza tributária do pedágio como taxa pela utilização de vias conservadas pelo Poder Público. Em outras palavras, o dispositivo em tela proíbe

---

[40] SELIGMAN, Edwin. *Essays in taxatin.* New York: Macmillan, 1931, p. 531. Sugerimos ao leitor que consulte nosso livro: *Manual de direito financeiro & direito tributário.* 18. ed. Rio de Janeiro: Renovar, 2005, p. 55-58, onde examinamos mais detidamente a classificação de Edwin Seligman.

[41] *Op. cit.,* p. 21.

[42] Cf. Luciano Amaro, *op. cit.,* p. 48-50. Em sentido contrário, Ricardo Lobo Torres, op. cit., p. 57, entende ser o pedágio preço público em razão da ressalva no texto constitucional ser meramente didática ou cautelar da hipótese em que o poder público lhe atribua a natureza de taxa.

tributo interestadual ou intermunicipal que tenha como hipótese de incidêcia definida em lei o tráfego de pessoas ou bens.

Tendo-se presente a norma do art. 145, II, da CF, será inconstitucional lei que determine a cobrança de pedágio para **construção de vias públicas, por se tratar de obra e não de serviço**[43]. Por outro lado, sendo taxa, não pode levar em conta na base de cálculo a capacidade econômica do contribuinte (CF, art. 145, § 2º).

Quando, no entanto, os serviços de conservação ou reparação de vias públicas forem objeto de **concessão** a empresas privadas, a receita tem natureza de tarifa (CF, art. 175, parágrafo único, III), e, portanto, receita originária, contratual, voluntária e de direito privado.

Não se pode deixar de trazer à lume a sempre boa doutrina de **Sacha Calmon**, embora dele dissentimos no ponto sobre a natureza jurídica do pedágio. O mencionado jurista averba:

> Ofertamos adesão à leitura derradeira, pois o *pedágio* ou *rodágio* como queria o pranteado Aliomar Baleeiro, é o preço que se paga para passar. Preço público se cobrado pelo Estado. Preço privado se cobrado por concessionárias (empresas privadas), ainda que sujeitadas a regras derivadas de contratos administrativos.

1.2. *Distinção entre preço e tarifa*

A **doutrina majoritária** emprega como sinônimas as expressões preço público e tarifa[44], com supedâneo no parágrafo 3º do art. 150 da CF, do seguinte teor:

> **Art. 150.** Sem prejuízo de outras garantias asseguradas ao contribuinte, é vedado à União, aos Estados, ao Distrito Federal e aos Municípios:
> (...)
> § 3º – As vedações do inciso VI, a, e do parágrafo anterior não se aplicam ao patrimônio, à renda e aos serviços, relacionados com exploração de atividades econômicas regidas pelas normas aplicáveis a empreendimentos privados, ou em que haja contraprestação ou pagamento de preços ou tarifas pelo usuário, nem exonera o promitente comprador da obrigação de pagar imposto relativamente ao bem imóvel.

A **alínea "a" do inciso VI do art. 150**, mencionado no dispositivo legal pré-citado, tem a seguinte redação:

> **Art. 150.** Sem prejuízo de outras garantias asseguradas ao contribuinte, é vedado à União, aos Estados, ao Distrito Federal e aos Municípios:
> (...)
> VI – instituir impostos sobre:
> *a)* patrimônio, renda ou serviços, uns dos outros;

---

[43] BRASIL. Supremo Tribunal Federal, RE 181.475-6/RS, Rel. Min. Carlos Velloso, Segunda Turma, *DJU* 25.06.1999, p. 28.

[44] Nesse sentido: HARADA, Kyoshi. *Direito financeiro e tributário*. 24. ed. São Paulo: Atlas, 2014, p. 4; MACHADO SEGUNDO, Hugo de Brito. *Manual de direito* tributário. 9. ed. São Paulo: Atlas, 2017, p. 30; CASSONI, Vittorio. *Direito tributário*. 16. ed. São Paulo: Atlas, 2004, p. 117; COELHO, Sacha Calmon Navarro. *Curso de direito tributário brasileiro*. 10. ed. São Paulo: Forense, 2009, p. 419.

E o § 2º do art. 150 reza:

> **§ 2º** A vedação do inciso VI, a, é extensiva às autarquias e às fundações instituídas e mantidas pelo poder público, no que se refere ao patrimônio, à renda e aos serviços vinculados a suas finalidades essenciais ou às delas decorrentes.

Assim, o § 3º do art. 150 da CF/1988 refere-se a **preços ou tarifas**, como se fossem sinônimos, como entendem a doutrina e a jurisprudência majoritárias.

Entretanto, **dissentimos do mencionado entendimento**, porque o art. 175 da CF/1988 prescreve que a lei disporá sobre a **política tarifária** da prestação de serviços públicos sob regime de concessão ou permissão (art. 175, parágrafo único, III). Desse modo, entendemos que a Constituição reserva o termo **tarifa** para significar a receita decorrente da prestação de serviços públicos sob regime de **concessão** ou **permissão**. Disso resulta que as demais receitas contratuais não devem ser denominadas tarifas, mas preços públicos ou simplesmente preços. O legislador, e muito menos o legislador constituinte, não emprega termos jurídicos sem significado próprio,

Examinaremos a natureza jurídica do pedágio (ou rodágio) no item pertinente.

VI. IMPOSTOS[45]

1. Noção geral

Imposto é o tributo cuja obrigação tem por fato gerador uma situação independente de qualquer atividade estatal específica, relativa ao contribuinte (CTN, art. 16). Assim, o imposto corresponde a **tributo não vinculado**, porque é devido pelo contribuinte independentemente de qualquer contraprestação por parte do Estado, destinando-se a atender as despesas gerais da administração. Isso porque o contribuinte, ao pagar o imposto, "não espera qualquer contraprestação efetiva ou potencial de natureza pessoal"[46]. **Em resumo**, a hipótese de incidência do imposto definida em lei corresponde a uma situação totalmente estranha à ação estatal. Por isso, deve-se afirmar que de todas as espécies tributárias o imposto é que melhor encarna, de forma precisa, o caráter compulsório do tributo, por resultar do exercício do poder de império do Estado como obrigação unilateral imposta coercitivamente ao contribuinte. Todavia, não se esqueça de que o Estado, no exercício do poder impositivo, está submisso ao império da lei, em decorrência do princípio da legalidade tributária e do Estado de Direito.

1.1. Período clássico

Os **liberais** consideravam o imposto como um desfalque efetuado pelo Estado nos bens dos contribuintes para fazer face às despesas públicas, cuja efetivação permitia o atendimento do desempenho das atividades básicas do Estado, tais como justiça, diplomacia, política, segurança etc. Assim, o Estado, através do imposto, visava a obter recursos para poder atender àquelas necessidades de caráter coletivo, vale dizer, as necessidades públicas, que deviam ser satisfeitas.

---

[45] O vocábulo imposto "é derivado do latim, verbo *imponere*, que significa impor, fazer recair. Por outro lado, em lugar de imposto, muitas vezes encontramos a palavra *direito*, *tributo*, *taxa* (o termo inglês *tax* significa imposto), *arbítrio* (na Espanha, para dar ideia de procedimento unilateral) e *contribuições*." (Cf. Bernardo Ribeiro de Moraes, *op. cit.*, p. 395).

[46] Cf. MARTINS, Ives Gandra. *Impostos*: comentários ao CTN. São Paulo: Revista dos Tribunais, 1979, v. 5, p. 175.

A escola liberal **procurou harmonizar dois cânones, em princípio contraditórios, quais sejam, *rendimento* e *justiça*.** De um lado, o imposto devia carrear para os cofres públicos o maior numerário possível, mas, de outro lado, a arrecadação devia ser feita sem produzir um dano desigual entre os contribuintes. Desse modo, os princípios de rendimento e de justiça colocavam-se quase sempre em conflito, e, por isso, afirmava-se que "os impostos justos não eram produtivos" e "os impostos produtivos não eram justos"[47].

Entretanto, **as noções de igualdade e de rendimento se modificaram.** Assim, no que toca à igualdade houve uma evolução do sentido de que o imposto não deve basear-se somente na riqueza tributada, mas deve atender também às características próprias do contribuinte, ocorrendo a **personalização do tributo**. Quanto ao **rendimento**, passou-se a entender que, além de produtivo, o imposto não deve variar na conjuntura e deve ter a possibilidade de, aumentando-o, fazer crescer em igual proporção o total arrecadado.

1.2. Período moderno

No **período moderno** das finanças públicas os seus requisitos acham-se ligados também ao **fim da extrafiscalidade**, pelo qual o imposto deve servir de instrumento para que o Estado intervenha nos domínios econômico e social. Assim, o imposto pode objetivar apenas o fornecimento de recursos para os cofres do Estado (**fim fiscal**), como pode ser utilizado também como instrumento de intervenção estatal (**fim extrafiscal**).

Aliomar Baleeiro, versando sobre as diversas teorias que procuram explicar os fundamentos do imposto, afirma que o **processo do imposto é de natureza econômica e política**, uma vez que, vivendo em sociedade, os homens têm necessidades que só podem ser satisfeitas pelo grupo social, como a ordem jurídica, a segurança, a defesa, a profilaxia, a saúde pública e o bem-estar de todos, porque somente podem ser obtidos através de coação. Por isso, os cidadãos devem contribuir para o Estado mediante pagamento de impostos, para que este possa cumprir suas finalidades e satisfazer as necessidades públicas[48].

Por outro lado, permanece ainda atualmente a regra enunciada pelos clássicos de que o imposto nunca deve atingir a parte da renda necessária à vida do contribuinte, ou, como enunciada por **Adam Smith**, o cidadão deve contribuir para o Estado na proporção das

---

[47] Daí Adam Smith ter criado os seguintes princípios gerais para obter a conciliação entre rendimento e justiça do imposto: 1º– *regra de igualdade* – os súditos de cada Estado devem contribuir para as despesas do Governo, tanto quanto lhes seja possível na razão das respectivas faculdades, isto é, na proporção das rendas de que desfrutam sob a proteção do mesmo Estado; 2º– *regra de certeza* – a taxa imposta a cada cidadão deve ser certa e não arbitrária. O tempo, o modo, a cota de pagamento, tudo há de ser claro e líquido para o contribuinte, assim como para qualquer outra pessoa; 3ª – *regra de comodidade* – toda contribuição deve ser arrecadada na época e pelo modo que for mais cômodo para o contribuinte; 4º– *regra de economia* – toda contribuição deve ser estabelecida de forma que faça sair do bolso do contribuinte a menor soma possível, além da que entrar no Tesouro do Estado (cf. BOUCHER, Hércules. *Estudo da mais-valia no direito tributário brasileiro*. Rio de Janeiro: Freitas Bastos, 1964, t. 1, p. 42). Sismondi, visando complementar estes princípios, estabeleceu mais as seguintes regras: 1 – todo o imposto deve recair sobre a renda e não sobre o capital; 2 – o imposto não deve nunca atingir a parte da renda necessária à vida do contribuinte; 3 – no lançamento do imposto não se deve confundir renda bruta anual com renda tributável porque a primeira compreende a renda e o capital circulante, e este deve subsistir para a renovação e manutenção dos capitais fixos; 4 – o imposto deve ser tanto moderado quanto a riqueza é fugidia. Ele não deve jamais atingir a parte da renda necessária à renovação da riqueza" (*Nouveaux principes d'économie politique*, Paris, 1819, *apud* H. Boucher, *op. cit.*, p. 42).

[48] BALEEIRO, Aliomar. *Uma introdução à ciência das finanças*. 14. ed. Rio de Janeiro: Forense, 1969, p. 257.

rendas de que desfrute. Modernamente essa regra corresponde ao **princípio da capacidade contributiva**, enunciado no art. 145, § 1º, da CF de 1988: "Sempre que possível, os impostos terão caráter pessoal e serão graduados conforme a capacidade econômica do contribuinte".

O imposto deve atender também ao princípio da **generalidade ou universalidade**, pelo qual todos aqueles que façam parte de uma comunidade dotada de governo devem pagar imposto, abrangendo, portanto, a todos, embora com observância do princípio da capacidade contributiva. **O imposto deve ser igual para todos na medida em que se igualam**, pois não existe uma igualdade absoluta; deve ser igual para todos aqueles que pertençam, por exemplo, à mesma categoria econômica, exerçam a mesma profissão etc. O art. 150, II, da Constituição Federal consagra o princípio da igualdade tributária.

Por outro lado, na concepção atual do **Estado Moderno ligada à ideia da Justiça Social**, o Estado funciona como um órgão de redistribuição da riqueza para elevar o nível cultural, político, econômico e social das classes menos favorecidas, mesmo que sacrifique um pouco mais as classes abastadas. Assim, o imposto é empregado também como um meio de que dispõe o Estado para corrigir as desigualdades existentes entre as classes sociais, por serem perfeitamente conciliáveis o princípio da igualdade tributária e o poder de discriminação fiscal do Estado.

Cabe, neste passo, trazer-se à luz a doutrina de **Elizabete Rosa de Melo** sobre a diferença entre justiça tributária e tributação justa, nos seguintes termos:

> A Tributação Justa refere-se à forma pela qual se vem tributando, como os entes Federativos, a União, os Estados-membros, o Distrito Federal e os Municípios, aplicam as técnicas de tributação, seja progressividade, diferimento, pagamento na fonte ou qualquer outra ténica com o fim de implementar, viabilizar e conjugar a quantidade com a qualidade dos tributos.
>
> Pode-se concluir que a diferença entre a Justiça Tributária e a Tributação Justa está na eleição de um elemento em comum para poder distinguí-las, qual seja, o agente responsável para tratar do Direito Tributário. Na Justiça tributária o agente eleito de forma predominante, atuando na sua função típica é o Poder Judiciário, enquanto na Tributação Justa é o Poder Executivo, por meio dos entes Federativos"[49].

A **igualdade tributária** é alcançada pelo Estado das seguintes maneiras: a) concedendo isenção sobre a riqueza que significa o mínimo necessário à subsistência das pessoas; b) tributando mais pesadamente os rendimentos típicos do capital e mais suavemente os rendimentos derivados do trabalho; c) estabelecendo uma carga tributária mais onerosa para os bens supérfluos e mais leve para os bens de maior necessidade.

Além do mais, **o imposto, sempre que possível, deve ter caráter personalista, isto é, deve levar em conta a pessoa do contribuinte(CF, art. 145, § 1º)**, em razão de suas características e peculiaridades próprias, considerando, por exemplo, o seu estado civil, os seus encargos de família, a sua atividade profissional etc. O imposto de renda é aquele que mais atende à personalização do imposto, pois, além de sua carga tributária ser progressiva em função da renda do contribuinte, confere, por exemplo, um tratamento tributário mais benigno ao contribuinte casado que ao solteiro, e permite que o contribuinte deduza de sua renda bruta uma determinada quantia por dependente que possuir, bem como que possa deduzir determinadas despesas elencadas em lei. O art. 153, § 2º, I, da CF de 1988 determina

---

[49]   MELO, Elisabete Rosa de. *Direito fundamental a uma tributação justa*. São Paulo: Atlas, 2013, p. 40.

que o imposto de renda seja informado pelos princípios da generalidade, da universalidade e da progressividade, na forma da lei.

2. Classificação

Os impostos estão sujeitos a diversas classificações, que levam em conta aspectos distintos.

2.1. Impostos ordinários e impostos extraordinários

Quanto à **previsibilidade da entrada de recursos para os cofres do Estado**, o imposto pode ser ordinário ou extraordinário. **Imposto ordinário** integra de forma permanente o sistema tributário, sendo previsto normalmente na lei orçamentária, constituindo-se numa fonte ordinária, periódica e constante de recursos para o Estado. **Imposto extraordinário** não constitui uma fonte permanente de recursos para o Estado, não é previsto na lei orçamentária, constituindo-se em uma fonte eventual, esporádica e transitória de recursos, pelo que o Estado não conta com ele na sua programação financeira. O imposto extraordinário visa apenas a atender a uma necessidade momentânea, acidental e emergencial, como o imposto lançado pela União na iminência ou no caso de guerra externa, que deve ser suprimido cessadas as causas de sua criação (CF, art. 154, II, e CTN, art. 76). O empréstimo compulsório também pode ser instituído para atender a despesas extraordinárias, decorrentes de calamidade pública, de guerra externa ou sua iminência (CF, art. 148).

2.2. Impostos fiscais e impostos extrafiscais

Quanto a sua **finalidade**, o imposto pode ser fiscal ou extrafiscal. Diz-se que o imposto tem **fim fiscal** quando visa apenas a carrear recursos para os cofres do Estado para atender as suas necessidades de ordem geral. Imposto com **fim extrafiscal** é aquele utilizado pelo Estado como instrumento de intervenção nos domínios econômico ou social para resolver determinado problema, por exemplo, o imposto de importação, o imposto sobre operações financeiras, o imposto de exportação e o imposto territorial rural.

2.3. Impostos diretos e impostos indiretos

A mais antiga das classificações é a que distingue os impostos em diretos e indiretos[50], não havendo, no entanto, unanimidade entre os autores para a fixação de um critério único que sirva de base para a distinção, pelo que vamos enunciar alguns dos critérios mais comumente adotados.

2.3.1. Critério da repercussão

Tendo-se presente o fenômeno econômico da **translação ou repercussão** dos tributos, **impostos diretos** são aqueles que, por sua natureza, não comportam a transferência da carga

---

[50] Leia-se de SIDOU, Othon. *A natureza social do tributo*. Rio de Janeiro: Forense, 1978, p. 25, sobre os impostos diretos e indiretos no direito romano na era de Augusto. TORRES, Ricardo Lobo. *Tratado de direito tributário*: sistemas constitucionais tributários. Rio de Janeiro: Forense, 1986, p. 235-236, chama a atenção para a importância da distinção, quanto à repetição de indébito, imunidade tributária e valorização do próprio sistema tributário, que deve manter equilíbrio entre impostos diretos e indiretos.

tributária do contribuinte obrigado por lei ao seu pagamento (contribuinte de direito) para o contribuinte de fato (pessoa não obrigada por lei ao pagamento), mas que suporta o ônus tributário[51]. **Impostos indiretos** são aqueles que, por sua natureza, se prestam à repercussão, podendo o ônus tributário ser transferido pelo contribuinte designado pela lei (contribuinte de direito) para outra pessoa que suportará, em definitivo, e ao final do processo econômico de circulação de riquezas, a carga tributária (contribuinte de fato). Por esse critério são impostos diretos o IR, o IPTU, o ITR, o ITCMD, o IPTU etc., enquanto são impostos indiretos o IPI, o ICMS, o IBS, etc.

O CTN adotou, em seu art. 166, o critério da repercussão do imposto para distinguir imposto direto e imposto indireto[52]. Todavia, não existe lei que determine a repercussão ou não do tributo, sendo exceção a contribuição de melhoria porque o DL nº 195/1967, em seu art. 8º, § 3º, considera "nula a cláusula do contrato de locação que atribua ao locatário o pagamento, no todo ou em parte, da Contribuição de Melhoria lançada sobre o imóvel". O mencionado diploma legal permite, no entanto, em seu art. 8º, § 2º, que "no imóvel locado é lícito ao locador exigir aumento de aluguel correspondente a 10% (dez por cento) ao ano da Contribuição de Melhoria efetivamente paga".

2.3.2. Critério administrativo

Adotando-se um critério meramente **administrativo**, imposto *direto* é aquele cujo lançamento é feito mediante inscrição individual do contribuinte, que é, portanto, identificado. O imposto indireto prescinde dessa técnica administrativa e pode manter no anonimato o contribuinte que suporta a carga tributária[53]. Esse critério baseia-se nos métodos fiscais empregados ordinariamente pela administração para proceder à arrecadação de tributos, já que o imposto indireto é auferido em face da prática de certos atos pelo contribuinte, pouco importando a sua identificação ou não, ou seja, o fisco dele só toma conhecimento quando houver a prática do ato previsto na lei tributária.

2.3.3. Critério da natureza da situação gravada (Foville)

Foville entende que imposto *direto* é aquele que grava periodicamente situações com certa permanência, como a existência, a propriedade ou a profissão, enquanto o imposto *indireto* grava atos ou situações acidentais, por exemplo, o consumo[54]. Assim, o imposto direto visa atingir no contribuinte aqueles elementos impositivos que oferecem um caráter durável, constante, ou pelo menos contínuo, enquanto o imposto indireto incide não sobre as qualidades (individuais) ou a posse, mas sobre fatos particulares, sobre atos intermitentes. O referido autor resume seu pensamento dizendo que o **verbo fazer** chama pelo imposto indireto e o **verbo ser ou haver** invoca o imposto direto.

---

[51]   "A contribuição previdenciária é tributo direto, não podendo ser transferido a terceiro mediante o repasse do encargo aos preços dos bens e serviços oferecidos à sociedade" (BRASIL. Superior Tribunal de Justiça, Areg. No AI 262.958/SP, Rel. Min. Garcia Vieira, Primeira Turma, v.u., 07.12.1999, *DJU* 28.02.2000, p. 73).

[52]   Entretanto, Hugo de Brito Machado entende que *"tributos que comportem, por sua natureza, transferência do respectivo encargo financeiro* são somente aqueles tributos em relação aos quais a própria lei estabeleça dita transferência". Isso porque a natureza mencionada no dispositivo só pode ser natureza *jurídica* (*Op. cit.*, p. 136).

[53]   Cf. Aliomar Baleeiro, *op. cit.*, p. 263.

[54]   Artigo no *Economiste français*, de 01.09.1883, cf. Allix & Lecerclé. *In: L'impôt sur le revenu*, Paris, 1926, t. 1, p. 468, *apud* Aliomar Baleeiro, *op. cit.*, p. 263.

2.3.4. Critério da exteriorização da capacidade contributiva (Griziotti)

Levando em conta o critério da exteriorização da capacidade contributiva, **Griziotti** considera **direto** o imposto que grava exteriorizações imediatas da riqueza, como o patrimônio e a renda, e **imposto indireto** grava exteriorização mediata da riqueza, como o consumo e a despesa[55].

2.4. Impostos pessoais (subjetivos) e impostos reais (objetivos)

Diz-se **pessoal, ou subjetivo**, o imposto instituído em função da pessoa do contribuinte, ou seja, que leva em conta condições pessoais do contribuinte, máxime sua capacidade contributiva, por exemplo, o imposto de renda. Imposto **real, ou objetivo**, é aquele que, em sua instituição, visa única e exclusivamente a matéria tributável, abstraindo, portanto, a pessoa do contribuinte, por exemplo, o IPI, o ICMS, o IBS, etc. Do ponto de vista de justiça fiscal, o imposto pessoal é mais justo que o imposto real, tanto que a Constituição Federal estabelece que, sempre que possível, os impostos terão caráter pessoal (CF, art. 145, § 1º).

2.5. Impostos fixos, proporcionais e progressivos

Tomando como base o índice de medida da carga tributária, os impostos dividem-se em fixos, proporcionais e progressivos. O imposto é **fixo** quando expresso em determinada quantidade de dinheiro, não exigindo qualquer cálculo para sua determinação, por exemplo, o imposto sobre serviços devido por profissional liberal. *Imposto proporcional* é aquele cuja alíquota corresponde a um percentual fixo, que não se altera em função da base de cálculo, variando apenas o valor a ser pago porque resulta da aplicação do percentual sobre a matéria tributável, por exemplo, o imposto de transmissão. Imposto progressivo é aquele cuja alíquota é variável em função do valor da matéria tributável, por exemplo, o imposto de renda (CF, art. 153, § 2º, I) e o imposto sobre a propriedade territorial rural (CF, art. 153, § 6º).

A CF de 1988, em seu art. 156, § 1º, permite ainda que o IPTU possa ser progressivo, nos termos da lei municipal, em razão do valor do imóvel, e ter alíquotas diferentes de acordo com a localização e o uso do imóvel (redação dada pela EC nº 29/2000). O art. 182, § 4º, II, faculta também que a lei municipal possa estabelecer o IPTU progressivo no tempo, visando a compelir ao proprietário do solo urbano não edificado, subutilizado ou não utilizado, que promova seu adequado aproveitamento à função social da propriedade. Com a Emenda Constitucional nº 132/2023, o ITCMD passou a dispor de comando expresso sobre a progressividade, antes facultada (art. 155 § 1º, VI, da CF).

A alíquota do imposto pode ser também específica e *ad valorem*, como ocorre no imposto de importação (CTN, art. 20) e no imposto de exportação (CNT, art. 24). **Alíquota específica** é aquela expressa em determinada quantia de dinheiro, em função da unidade de quantificação dos bens importados, normalmente peso, volume, número, superfície, extensão etc. Assim, o imposto de importação pode ser cobrado, por exemplo, aplicando-se a alíquota específica de R$ 100,00 por tonelada do produto. **Alíquota *ad valorem*** consiste em um percentual a ser aplicado à base de cálculo do imposto, que é o preço normal do produto, ou seja, o valor aduaneiro da mercadoria importada.

---

[55] GRIZIOTTI, Benvenuto. *Principios de ciencia de las finanzas*. Buenos Aires: Depalma, 1959, p. 161.

2.6. Impostos federais, estaduais e municipais

Levando-se em conta a discriminação de rendas estabelecida na Constituição Federal, os impostos dividem-se em federais, estaduais e municipais.

A Constituição de 1988 elenca, em seu art. 153, os impostos de competência privativa da **União**: imposto de importação, imposto de exportação, imposto de renda e proventos de qualquer natureza, imposto sobre produtos industrializados[56], imposto sobre operações de crédito e câmbio, ou relativas a títulos ou valores mobiliários imposto sobre a propriedade territorial rural, imposto sobre grandes fortunas e imposto sobre produção, extração, comercialização ou importação de bens e serviços prejudiciais à saúde ou ao meio ambiente. Por outro lado, o art. 154, II, da CF confere competência também à União para instituir, na iminência ou no caso de guerra externa, impostos extraordinários, compreendidos ou não em sua competência tributária, os quais serão suprimidos gradativamente, cessadas as causas de sua criação. Finalmente, a União pode, no exercício de competência residual, instituir, mediante lei complementar, impostos não previstos no art. 153, desde que sejam não cumulativos e não tenham fato gerador ou base de cálculo próprios dos discriminados na Constituição.

A Constituição Federal relaciona, no art. 155, os impostos de competência dos **Estados e do Distrito Federal**: impostos de transmissão *causa mortis* e causa doação, imposto sobre operações relativas à circulação de mercadorias e serviços e imposto sobre a propriedade de veículos automotores.

A Constituição, em seu art. 156, enumera os impostos de competência dos **Municípios**: imposto sobre propriedade predial e territorial urbana, imposto de transmissão *inter vivos* e imposto sobre serviços de qualquer natureza.[57]

Por fim, acrescentada a Seção V-A ao Título VI – Da Tributação e do Orçamento, por meio da Emenda Constitucional nº 132/2023, a Constituição atribui competência compartilhada entre os Estados, o Distrito Federal e os Municípios para instituição do imposto sobre bens e serviços, conforme art. 156-A.

2.7. Categorias econômicas dos impostos

O CTN, inspirado na EC nº 18/1965, classifica os impostos de acordo com sua **categoria econômica**, ou seja, levando em conta a natureza da situação sobre a qual incidem. Nessa divisão, o CTN não contempla os impostos que foram introduzidos no sistema tributário nacional posteriormente à sua edição, como o imposto sobre grandes fortunas, ICMS, IPVA, etc. Anote-se também que: a) o imposto sobre operações relativas a combustíveis, lubrificantes, energia elétrica e minerais do país, que era da competência da União (CTN, arts. 74 e 75), foi absorvido pelo ICMS de competência dos Estados e do Distrito Federal (CF, art. 155, II); b) o imposto sobre serviços de transportes e comunicações (CTN, arts. 68 a 70) foi, igualmente, absorvido pelo ICMS na Constituição de 1988; c) o imposto sobre circulação de mercadorias (ICM) passou a corresponder no novo texto constitucional ao ICMS; d) o imposto sobre a transmissão de bens imóveis e de direitos a ele relativos foi cindido na CF de 1988 em imposto sobre transmissão *causa mortis* de quaisquer bens ou direito, a ele unido o imposto sobre doações, de competência dos Estados e do Distrito Federal (CF, art. 155, II), e em imposto de transmissão *inter vivos*, a título oneroso, de bens imóveis, cuja competência foi atribuída aos Municípios (CF, art. 156, II). Após a Reforma Tributária, consolidada na Emenda Constitu-

---

[56] Sobre a futura extinção do IPI, vide capítulo 12.
[57] Sobre a futura extinção do ICMS e do ISS, vide capítulo 12.

cional nº 132/2023: o ICMS e o ISS cederão espaço ao IBS, observado o período de transição; o IPI "terá suas alíquotas reduzidas a zero, exceto em relação aos produtos que tenham industrialização incentivada na Zona Franca de Manaus, conforme critérios estabelecidos em lei complementar; e não incidirá de forma cumulativa com o imposto previsto no art. 153, VIII, da Constituição Federal" (art. 126, III, "a" e "b" da EC nº 132/2023), e o imposto do art. 153, VIII, incidirá sobre a produção, extração, comercialização ou importação de bens e serviços prejudiciais à saúde ou ao meio ambiente.

Assim, tendo-se presente as observações anteriores, os impostos dividem-se nas seguintes categorias econômicas: a) sobre o **comércio exterior** – imposto de importação e imposto de exportação; b) sobre o **patrimônio** – imposto territorial rural, imposto sobre grandes fortunas, imposto *causa mortis* e de doação, imposto de transmissão *inter vivos*, imposto sobre propriedade predial e territorial urbana e imposto sobre a propriedade de veículos automotores; c) sobre a **renda**: imposto de renda; d) sobre a **produção e a circulação** – imposto sobre produtos industrializados, imposto sobre operações de crédito, câmbio e seguro, ou relativas a títulos ou valores mobiliários, imposto sobre a circulação de mercadorias e serviços não compreendidos na competência dos Municípios e imposto sobre serviços de qualquer natureza, imposto sobre bens e serviços de competência compartilhada entre os Estados, o Distrito Federal e os Municípios, imposto sobre produção, extração, comercialização ou importação de bens e serviços prejudiciais à saúde ou ao meio ambiente; e) impostos **especiais** – impostos extraordinários de guerra.

3. Efeitos econômicos dos impostos

Antes de se estudar os **efeitos econômicos** produzidos pelo imposto no seio da coletividade, deve-se distinguir contribuinte de direito de contribuinte de fato, uma vez que nem sempre o contribuinte que paga é a pessoa que suporta em definitivo a carga tributária. **Contribuinte de direito** é a pessoa natural ou jurídica designada pela lei tributária para pagar o imposto. **Contribuinte de fato** é a pessoa que, sem estar obrigada por lei, é quem suporta em definitivo o ônus fiscal. Assim, contribuinte de direito do IPTU é o proprietário de bem imóvel, mas no caso ter sido dado em locação, contribuinte de fato será o locatário, se o locador lhe transferir o fardo do imposto. Se, no entanto, o proprietário do bem imóvel locado não transferir ao locatário o ônus do imposto, ele será ao mesmo tempo contribuinte de direito e contribuinte de fato.

Vamos agora examinar os fenômenos econômicos da difusão, percussão, incidência, dupla incidência e repercussão.

3.1. Difusão

A **difusão** é o processo pelo qual a carga tributária prevista na lei para ser suportada por determinado contribuinte (contribuinte de direito) produz reflexos no seio da coletividade até que venha a recair em definitivo sobre determinada pessoa. Lord Mansfield[58] comparou tais reflexos a um calhau tombando num lago e formando círculos concêntricos a partir do centro onde ocorreu o impacto. Assim, os efeitos econômicos do imposto, através do processo da difusão, irradiam-se por todo o mercado, produzindo variações na procura e na oferta

---

[58] Cf. SELIGMAN, E. *Théorie de la répercussion te de l'incidence de l'impôt.* Tradução de Suret. Paris: Giard & Brière, 1910, p. 210.

das mercadorias e, em conseqüência, nos preços, afetando, dessa maneira, a produção e o consumo[59].

3.2. Incidência

A **incidência** é o fenômeno econômico relativo ao ponto final de queda da carga tributária sobre o contribuinte que deve suportá-la em definitivo, sem possibilidade de transferência para outrem. Denomina-se **incidência direta** quando ocorre em relação ao contribuinte de direito, e **incidência indireta** quando, através do fenômeno da repercussão, a carga tributária é suportada por quem não seja o contribuinte de direito. A incidência econômica não se confunde com a incidência jurídica, porque esta consiste na concretização da situação definida em lei de forma abstrata e genérica como hipótese de incidência.

3.3. Percussão

A **percussão** é o fenômeno econômico pelo qual o contribuinte de direito suporta a incidência da carga tributária sem transferi-la a outra pessoa, sendo, portanto, ao mesmo tempo contribuinte de direito e contribuinte de fato. Normalmente, a percussão ocorre em relação a impostos diretos, que, por sua natureza, não comportam transferência da carga tributária. Assim, o empregado que paga imposto de renda sobre seu salário não tem como transferir o fardo do imposto para outra pessoa, nele se confundindo as qualidades de contribuinte de direito e de fato.

3.4. Repercussão

A **repercussão** é o fenômeno pelo qual o contribuinte de direito transfere a carga tributária para outra pessoa, denominada contribuinte de fato, que a suporta em definitivo, sofrendo a incidência econômica do imposto. Pode-se ilustrar a repercussão com o comerciante que paga imposto sobre determinado produto, e, quando o vende, incorpora o montante do imposto no preço, recuperando, assim, o valor despendido.

Todavia, nem todos os impostos se prestam à repercussão porque esse fenômeno depende de sua natureza, de suas características e de sua forma de incidência. Assim, a repercussão ocorre, em regra, com os *impostos indiretos* porque estão relacionados com o processo econômico de circulação de riquezas desde a produção até o consumo. Por outro lado, os **impostos diretos**, que gravam situações com certa permanência, são normalmente impostos de incidência direta, ou seja, a mesma a pessoa que paga suporta suporta o ônus do imposto. Como se vê, é mais fácil ocorrer a repercussão nos impostos indiretos (imposto sobre produtos industrializados, imposto sobre circulação de mercadorias e de serviços, imposto sobre bens e serviços, etc.) porque permitem que o pagador do imposto recupere o seu montante, ao transferi-lo para outra pessoa. Tal possibilidade de transferência da carga tributária fica mais difícil de ocorrer nos impostos diretos, porque, por sua natureza, o contribuinte que paga é a mesma pessoa que suporta em definitivo o ônus fiscal, como no caso do imposto de renda.

---

[59] Segundo Alberto Deodato, a difusão "representa a luta para distribuição da carga dos impostos entre compradores e vendedores, de sorte que o ônus da repercussão se dilua o mais possível" (DEODATO, Alberto. *Manual de ciências das finanças*. São Paulo: Saraiva, 1974, p. 97).

3.4.1. Formas de repercussão

As **formas** de repercussão são as mais diversas: a) repercussão simples e repercussão em várias etapas; b) repercussão para a frente e repercussão para trás; c) repercussão por dupla incidência.

3.4.2. Repercussão simples

A **repercussão simples** ocorre quando o contribuinte de direito transfere a carga tributária para uma pessoa, que a suporta em definitivo sem transferi-la para terceira pessoa, acontecendo, portanto, em uma etapa única. Pode-se citar, como exemplo, o proprietário de bem imóvel que transfere o ônus do imposto predial para seu locatário, que o suporta em definitivo sem transferi-lo a outra pessoa, e assim a incidência econômica dar-se-á em relação a esse locatário.

3.4.3. Repercussão em várias etapas ou múltipla

A **repercussão em várias etapas, ou múltipla**, ocorre quando a transferência da carga tributária efetiva-se de forma sucessiva de uma pessoa para outra até chegar a uma última pessoa que a suportará em definitivo.

Para melhor compreensão, tomemos o exemplo dado por **M. Duverger**[60]: o proprietário de uma usina transfere o imposto predial do qual é o contribuinte de direito para o industrial, locatário, mediante a incorporação do valor do imposto ao valor do aluguel, que fica, em consequência, majorado; o industrial, por sua vez, incorpora este aluguel majorado em suas despesas gerais, aumentando, em consequência, o preço de venda dos produtos que fabrica aos comerciantes; esses, igualmente, transferem a carga tributária correspondente aos seus clientes; esses podem não suportar em definitivo o ônus do imposto, como ocorre quando um deles, por exemplo, é advogado, e majora seus honorários em função dos produtos comprados e transfere o imposto a seus clientes, e esses, sendo comerciantes, transferem novamente a carga tributária a outras pessoas, e assim ocorrerá sucessivamente até se chegar a uma pessoa que vai suportar em definitivo a carga tributária.

3.4.4. Repercussão para a frente

A **repercussão para a frente** ocorre quando a transferência da carga tributária é feita na sequência normal do circuito econômico, por exemplo, a efetivada pelo produtor ao consumidor através do aumento do preço do produto vendido, sendo a forma mais comum de acontecer.

3.4.5. Repercussão para trás

A **repercussão para trás** segue o processo inverso da corrente dos bens no circuito econômico, ocorrendo quando o comerciante, comprando uma mercadoria gravada por um imposto que deveria pagar, obtém do seu fornecedor uma redução do preço como compensação do imposto. Tal forma de repercussão é menos frequente de acontecer porque se torna mais visível, enquanto a repercussão para a frente é menos perceptível.

---

[60] DUVERGER, Maurice. *Finances publiques*. Paris: P.U.F., 1971, p. 407.

3.4.6. Dupla incidência

A **dupla incidência** é o fenômeno pelo qual o contribuinte de direito, ao transferir a carga tributária, aufere maior lucro que o inicialmente pretendido. Assim, um comerciante, por hipótese, tem uma margem de lucro de 15% na revenda de um produto que ele faz pelo preço de R$ 1.000,00, ganhando, pois, R$ 150,00; mas se o produto é tributado em 10% e o comerciante inclui o seu valor no preço, sua margem de lucro não mais será de R$ 150,00 mas sim de R$ 165,00, pois os 15% serão calculados sobre R$ 1.100,00 (R$ 1.000,00 mais R$ 100,00 de imposto).

3.4.7. Não é regra absoluta a não repercussão do imposto direto e a repercussão do imposto indireto

Não se pode afirmar como regra absoluta que todo imposto direto não repercute e todo imposto indireto repercute. **Maurice Duverger** esclarece que é muito difícil precisar-se a incidência exata do imposto e as variações da incidência segundo a conjuntura, pois um imposto, teoricamente direto, pode algumas vezes tornar-se indireto quando, por exemplo, o locador transfere para o locatário o ônus do IPTU. Da mesma forma, um imposto indireto pode não ser objeto de repercussão quando, em caso de crise econômica, o vendedor seja compelido a não transferir para o comprador o ônus do imposto, suportando, portanto, em definitivo a carga tributária. Nesse caso, o imposto indireto sobre a despesa se torna direto[61].

3.4.8. Fatores da repercussão

Maurice Duverger ensina que a repercussão, não sendo regra absoluta, depende dos seguintes **fatores**: a) a ligação do fenômeno da repercussão com a oferta e a procura; b) a elasticidade da oferta e da procura; c) o grau de organização corporativa e de proteção pelo Estado; d) as variações da conjuntura.

Daí o mesmo autor doutrina que toda a repercussão está ligada aos fenômenos de venda e de compra, da oferta e da procura. É na ocasião de uma venda que o vendedor repercute ou tenta transferir para o comprador (repercussão para a frente) ou que o comprador repercute sobre o vendedor (repercussão para trás). Disso resulta que o imposto é tão mais facilmente repercutível quando está mais próximo da oferta e da procura. Os impostos indiretos sobre a produção, a circulação e o consumo são os mais repercutíveis de todos porque são os mais ligados à oferta e à procura, enquanto os impostos diretos sobre os comerciantes, industriais, agricultores, prestadores de serviços (médicos, advogados, profissionais liberais) oferecem menos possibilidade de repercussão, pois a incorporação do valor do imposto no preço é menos imediata, pressupõe um cálculo mais complexo, embora possa ocorrer o fenômeno da repercussão. De outro lado, os impostos diretos sobre os assalariados, sobre os que vivem de rendimentos e em geral todos aqueles cujas rendas não provêm de um bem ou de um serviço, são os menos repercutíveis de todos porque não há, com efeito, um cliente, um comprador a quem possa se transferir a carga tributária.

Segundo o mesmo jurista francês, existe ainda um outro fator ligado ao fenômeno da repercussão, que é o da **elasticidade da oferta e da procura**, pois quanto mais elástica for, mais fácil será a repercussão do imposto, enquanto se for menos elástica, mais dificilmente ocorrerá o fenômeno da repercussão.

---

[61] *Op. cit.*, p. 407.

Assim, **Maurice Duverger** formula os seguintes **princípios** gerais sobre o assunto, que resumimos: a) a repercussão varia em razão inversa da elasticidade da procura, pelo que se a procura de um produto é pouco elástica porque corresponde à satisfação de necessidades incompressíveis (pão, carne, legumes etc.), o consumidor não tem possibilidade de renunciar à compra do produto, se a incorporação do imposto no preço tornar o produto mais elevado; se, no entanto, a procura é elástica, podendo o consumidor mais facilmente renunciar à compra do produto, a repercussão vai de encontro a uma resistência maior, como acontece, por exemplo, com os livreiros, os floristas e os fotógrafos etc., que encontram mais dificuldades em transferir a carga tributária para seus clientes; b) a repercussão varia em razão direta da elasticidade da oferta, e, assim, quando o vendedor é obrigado a vender toda a sua mercadoria, sem poder estocá-la, lhe é mais difícil impor seu preço ao comprador e fazer repercutir o imposto, sendo exemplo mais interessante o da agricultura, pois na maioria das vezes o agricultor não tem a possibilidade de estocar, ao menos por longo tempo, os gêneros que ele vende e que são mais ou menos perecíveis; c) a repercussão é o resultado de uma rivalidade entre aquele que paga o imposto e seu comprador (ou o vendedor no caso da repercussão para trás); havendo um encontro de duas forças, a mais poderosa se livrará da carga tributária, e, na caracterização desta força mais poderosa, a organização corporativa e a proteção do Estado desempenham um papel importante, já que a organização corporativa permite o estabelecimento de uma resistência de posição, mantendo-se firmemente um preço de venda com a recusa em diminuí-lo; assim, aquele que se beneficia de uma organização corporativista mais forte tenderá a impor a repercussão, e se as duas forças, compradores e vendedores, são organizadas, influirá decisivamente a desigualdade da organização, pelo que se pode sentir a dificuldade que encontram os agricultores em fazer repercutir o imposto em relação aos compradores de produtos agrícolas, pois estes são melhor organizados. A proteção do Estado poderá restabelecer o equilíbrio, mas, na prática, o Estado protege mais frequentemente os produtores porque sua influência política é maior, principalmente em razão de sua melhor organização.

Prosseguindo, **Maurice Duverger** indica outro fator ligado ao fenômeno da repercussão, que é o **fator conjuntural**. O estado da economia em um determinado momento e suas variações têm uma influência profunda sobre o fenômeno da repercussão. Assim, devem-se ter em conta as seguintes variações da conjuntura: a) em período de prosperidade, em que a economia é crescente, em que as procuras são abundantes e sustentadas por um poder de compra crescente, a repercussão dos impostos dos vendedores sobre os compradores é facilitada ao máximo; b) nos períodos de crise econômica, em que a economia é estagnada, sendo as procuras mais fracas que as ofertas e o dinheiro escasso, a repercussão dos impostos dos vendedores sobre os compradores se torna mais difícil; é possível, então, se a crise é grave, que certos vendedores, tendo necessidade de dinheiro, aceitem suportar em parte o peso dos impostos dos compradores: o fator conjuntural anula aqui os efeitos dos fatores estruturais (correspondentes aos fatores anteriormente enunciados); c) no período de penúria e de inflação, como ocorre em caso de guerra ou de reconstrução após uma guerra, a situação não é muito diferente daquela que ocorre em período de prosperidade; mas a posição dos vendedores é ainda mais favorável, pois as procuras são superiores às ofertas, o poder de compra é grande, o medo da inflação acelera o desejo de compra; disso resulta que os vendedores podem ditar sua lei e repercutir integralmente seus impostos sobre os compradores, e até mesmo os agricultores poderão repercutir da mesma forma que comerciantes e os industriais, pois o caráter vital dos produtos que eles vendem e a pressão sobre eles da procura anulam todos os efeitos do fator estrutural[62].

---

[62]   *Op. cit.*, p. 410.

3.5. *Amortização*

A **amortização** é fenômeno distinto da repercussão, que ocorre quando o imposto provoca uma diminuição do valor do bem tributado. Tal se dá, por exemplo, quando um imóvel produz uma renda de R$ 50.000,00 por ano e, sendo de 2,5% a taxa do mercado, o imóvel valerá R$ 2.000.000,00. Mas se for criado um imposto de 20% sobre a renda produzida pelo imóvel, o seu valor líquido será reduzido para R$ 40.000,00 ao ano (R$ 50.000,00 menos 20%), pelo que, raciocinando-se com a mesma taxa de 2,5% e não havendo a repercussão do imposto, o valor do imóvel cairá para R$ 1.600.000,00.

Aliomar Baleeiro revela que, segundo **Selligman**, a **absorção** não se confunde com a amortização. "A primeira é total: liberta inteiramente do ônus fiscal o comprador, sacrificando o vendedor. A amortização é parcial: a diminuição de valor do capital não basta para transferir do comprador para o vendedor toda a carga do imposto[63]".

3.6. *Capitalização*

A **capitalização** ocorre quando, desde o início, um determinado bem sofre a incidência de um imposto, mas uma lei posterior estabelece uma isenção, acarretando, em consequência, um aumento do valor do bem tributado. Tal se dá, por exemplo, quando, desde a sua emissão, as apólices da dívida pública sofrem a incidência do imposto sobre a renda que produzirem (juro), mas se lei superveniente isentar o percebimento de suas rendas, os mesmos títulos terão a sua cotação aumentada no mercado pela isenção incidente sobre o juro resultante, cujo valor será acrescido ao valor do capital[64].

VII. TAXAS

1. Noção geral

O art. 77 do CTN objetiva definir a taxa em função de sua hipótese de incidência, em decorrência de o art. 4º rezar que a determinação da natureza jurídica específica do tributo depende do exame da hipótese de incidência da obrigação tributária definida em lei. A Constituição atual manteve, em seu art. 145, II, a redação do art. 18, I, da CF, de 1969 e do art. 77 do CTN.

2. Características

A taxa é **tributo vinculado** e, portanto, a sua hipótese de incidência definida em lei deve depender de uma atividade estatal específica relativa ao contribuinte, ou seja, de uma ação estatal que acarrete ao contribuinte o gozo individualizado do serviço público[65]. A taxa é

---

[63] *Op. cit.*, p. 160.

[64] Cf. Aliomar Baleeiro, *op. cit.*, p. 160.

[65] Considerando que a taxa, como espécie de tributo, só pode ser instituída por lei, o STF deferiu medida liminar em ação direta de inconstitucionalidade ajuizada pela Confederação Nacional da Indústria – CNI para suspender a eficácia de dispositivo da Portaria 62/2000, do Ministério do Meio Ambiente, que instituía taxa de inspeções, por afronta ao princípio da legalidade estrita, consubstanciado no art. 150, I, da CF (*Informativo nº 202 do STF*, set/2000). Da mesma forma, o STF deferiu, igualmente, medida liminar para suspender a eficácia de dispositivos da Portaria nº 113/1997, do IBAMA, instituidores de taxa para registro de pessoas físicas e jurídicas no Cadastro Técnico Federal de Atividades Potencialmente

também **tributo comutativo, ou retributivo**, porque se baseia no princípio do custo/benefício, ou seja, custo para a Administração e benefício público para quem receber o serviço[66]. A taxa tem caráter **contraprestacional**, porque não pode ser cobrada sem que o Estado preste ao contribuinte, ou coloque à sua disposição, serviço público específico e divisível. Se o serviço público inexistir, não pode o poder público cobrar taxa porque se trata de tributo vinculado. A vinculação da hipótese de incidência legal a uma atuação estatal específica relativa ao contribuinte constitui pressuposto para a cobrança de taxa porque, caso contrário, inexistindo caráter contraprestacional, ou diluindo-se o seu benefício por toda a coletividade, não há que se falar em taxa mas em imposto[67].

Poluidoras ou Utilizadoras de Recursos Ambientais (BRASIL. Supremo Tribunal Federal, ADINMC 1.823/DF, Rel. Min. Ilmar Galvão, 30.04.1998, Plenário, *DJU* 16.10.1998).

[66] Cf. Ricardo Lobo Torres, *op. cit.*, p. 83.

[67] O STJ havia firmado entendimento no sentido de serem legítimas as taxas de limpeza urbana e de conservação de vias e logradouros públicos, porque nos serviços públicos correspondentes encontram-se presentes os requisitos de especificidade e de divisibilidade, nos termos dos arts. 77 e 79 do CTN (ED REsp 35.158, Rel. Min. Demócrito Reinaldo, 1ª Seção, v.u., 26.02.1997, *DJU* 24.03.1997, p. 8.966). O STF, no entanto, decidiu pela inconstitucionalidade das mencionadas taxas instituídas pela Lei nº 10.921/1990, do Município de São Paulo, por violarem a norma do art. 145, § 2º, da CF, ao tomarem para base de cálculo das taxas de limpeza e conservação de ruas elemento que o STF tem por fator componente da base de cálculo do IPTU, qual seja, a área de imóvel e a extensão deste no seu limite com o logradouro público. Na ementa do acórdão, o relator deixou expresso seu entendimento pessoal que, de qualquer modo, as referidas taxas têm por fato gerador prestação de serviço inespecífico, não mensurável, indivisível e insusceptível de ser referido a determinado contribuinte, não tendo de ser custeado senão por meio do produto da arrecadação dos impostos gerais (RE 204827/SP, Rel. Min. Ilmar Galvão, Pleno, p.m., 12.12.1996, *DJU* 25.04.1997, p. 15.213). Este entendimento foi ratificado pelo STF no tocante às mesmas taxas instituídas pela Lei nº 11.152/1991, também do Município de São Paulo (RE 199969/SP, Rel. Min. Ilmar Galvão, Pleno, p.m., 27.11.1997, *DJU* 6.2.1998, p. 38). Por sua vez, o STJ, pronunciando-se a respeito das taxas de limpeza urbana e de conservação de vias e logradouros públicos, instituídas pela Lei nº 6.989/1966, na redação dada pela Lei nº 11.152/1991, do Município de São Paulo, considerou-as ilegítimas, por remunerarem, além dos serviços de "remoção de lixo domiciliar", outros que não beneficiam especificamente ao contribuinte (p.e., "varrição, lavagem e capinação", conservação do calçamento etc.), afrontando os arts. 77 e 79 do CTN (REsp 104959/SP, Rel. Min. Ari Pargendler, Segunda Turma, p.m., 17.02.1998, *DJU* 14.12.1998, p. 217). Entretanto, existem decisões do STJ considerando legítima a cobrança da Taxa de Coleta de Lixo e Limpeza Urbana "porquanto em tal exação encontram-se presentes os requisitos de divisibilidade e especificidade"– arts. 77 e 78 do CTN (REsp 137.013/RJ, Rel. Min. Demócrito Reinaldo, Primeira Turma, v.u., 25.05.1999, *DJU* 02.08.1999, p. 140). Em outras decisões, o STJ, tendo em vista ter o STF declarado a inconstitucionalidade das taxas de conservação e limpeza na forma estabelecida pela Lei Municipal nº 10.921/1990, considerou impossível o exame da matéria pelo Tribunal, em sede de recurso especial, consoante o entendimento mais moderno da Corte (REsp 103442/SP, Rel. Min. Aldir Passarinho Junior, Segunda Turma, v.u., 20.08.1998, *DJU* 03.11.1998, p. 107 etc.). Entretanto, a mesma Primeira Turma do STJ enfrentou a questão, decidindo ser ilegal a cobrança das taxas de limpeza e segurança por ausência de divisibilidade e especificidade dos serviços públicos inerentes a essa espécie de tributos, ficando desfigurado o efetivo exercício do poder de polícia (BRASIL. Superior Tribunal de Justiça, REsp 147298/SP, Rel. Min. Milton Luiz Pereira, Primeira Turma, v.u., 18.06.1998, *DJU* 24.08.1998, p. 15). A Primeira Turma do STF decidiu ser inconstitucional a taxa de limpeza urbana que diz respeito à remuneração dos serviços de limpeza das ruas, instituída pela Lei nº 6.580/1989, do Município de Santo André/SP, não só por afrontar o art. 145, § 2º, da CF, como também porque a limpeza urbana é serviço público genérico prestado a toda a coletividade e não somente a imóveis lindeiros das vias e logradouros públicos porquanto todos os habitantes se beneficiam do serviço prestado, não podendo, portanto, ser arcado somente pelos contribuintes do IPTU. Quanto à taxa de coleta de lixo domiciliar, a inconstitucionalidade decorreu somente do fato de a lei municipal ofender o art. 145, § 2º, da CF. Todavia, considerou constitucional a taxa de segurança que se destina à manutenção dos serviços de prevenção e extinção de incêndios, instituída pela Lei nº 6.185/1985, do mesmo município (RE nº 253.460-9-SP, Rel. Min. Moreira Alves, Primeira Turma, 13.11.2001, v.u., *DJU*

Hugo de Brito Machado discorda do caráter contraprestacional da taxa, por entender, entre outros fundamentos, que "a instituição e cobrança de uma taxa não têm como pressuposto essencial um *proveito*, ou *vantagem*, para o contribuinte, individualmente. O essencial, na taxa, é a referibilidade da atividade estatal ao obrigado"[68].

Não obstante a autoridade do mencionado jurista, entendemos que a taxa deve ter necessariamente caráter contraprestacional no que toca à hipótese de incidência, que, repita-se, deve estar ligada a uma ação estatal. No que concerne ao valor da taxa, concordamos em que não há condição na prática para se apurar com exatidão se o valor cobrado pelo poder público corresponde exatamente ao custo do serviço público. Entretanto, a taxa, para ser legítima, deve guardar uma razoável proporção entre o valor cobrado do contribuinte e o custo global do serviço pelo Estado dividido entre os seus contribuintes.

Entendemos também que na instituição e cobrança de taxa deve ser observado o **princípio da capacidade contributiva**, porque tal princípio deve estar presente em todo tributo, pois, caso contrário, não se poderia aplicar o princípio constitucional de que o tributo não pode ter efeito confiscatório (CF, art. 150, IV). Assim, consideramos que a oração inicial do parágrafo 1º do art. 145 da CF de 1988 (*sempre que possível*) não se prende somente à personalização do imposto, e, por isso, todos os tributos devem ser graduados segundo a capacidade econômica do contribuinte. Não foi por outra razão que o STF julgou inconstitucional taxa judiciária do Estado do Rio de Janeiro, por prever a lei um limite mínimo muito elevado e não fixar um teto para sua cobrança[69].

A instituição de taxas é de **competência comum** da União, Estados, Distrito Federal e Municípios (CF, art. 145, II, e CTN, art. 77). Cada ente político tem poder de tributar no que concerne à taxa, mas isso não tem o condão de significar que todos os entes políticos possam instituir a mesma taxa. Todas as pessoas jurídicas de direito público têm, em tese, competência tributária para instituir taxas, mas nem todas podem exercer essa competência. O art. 77 do CTN reza que a União, os Estados, o Distrito Federal e os Municípios podem instituir taxas *no âmbito de suas respectivas atribuições*. Tal cláusula é explicitada pelo art. 80 do CTN, quando esclarece que os mencionados entes políticos, para instituir taxas, devem levar em conta suas atribuições administrativas para prestação de serviços públicos (CF, arts. 21, 30 e 25, § 1º). Assim, competente para instituir taxa é o ente político que tiver a atribuição administrativa para prestar o serviço público correspondente[70]. Daí afirmar-se que a atribuição administrativa precede à competência tributária, ou seja, quando um ente político institui por lei uma determinada taxa, a atribuição para a prestação do serviço público pertinente já se encontra previamente definida na Constituição Federal.

22.02.2002, p.15). Registre-se que a mencionada taxa não se destina a cobrir as despesas com a segurança pública, serviço público indivisível, mas com a manutenção dos serviços de prevenção e extinção de incêndios, serviço público específico e divisível. Vide também RE 206.777-6/SP, Rel. Min. Ilmar Galvão, Pleno, v.u., 25.02.1999, *DJU* 30.04.1999, p. 24.

[68] Cf. MACHADO, Hugo de Brito. *Curso de direito tributário*. 8. ed. São Paulo: Malheiros Editores, 1993, p. 321-322.

[69] *DJU* de 28.09.1989, p. 78.

[70] O Estado só pode tributar, mediante taxas, serviços incluídos na respectiva competência legislativa, rol em que não se incluem os de combate a incêndio (REsp 110.025/SP, Rel. Min. Ari Pargendler, Segunda Turma, v.u., 03.11.1998, *DJU* 14.12.1998, p. 201). O fato de o Município de São Paulo assumir, contratualmente, a responsabilidade pelo custeio, em parte, dos serviços prestados pelo estado de São Paulo no combate e extinção de incêndio ou de outros sinistros, não o autoriza a instituir taxa para obter os recursos correspondentes (BRASIL. REsp, 61.604/SP, Rel. Min. Ari Pargendler, Segunda Turma, p.m., 05.06.1997, *DJU* 30.03.1998, p. 28).

3. Hipótese de incidência

A **hipótese de incidência** da taxa está prevista no art. 145, II, da CF de 1988 e no art. 77 do CTN, consistindo numa atividade estatal específica relativa ao contribuinte, e essa ação estatal deve corresponder ao exercício regular do poder de polícia ou a utilização, efetiva ou potencial, de serviços públicos específicos e divisíveis, prestados ao contribuinte ou postos à sua disposição. Assim, os mencionados dispositivos fixam o âmbito a ser observado pelo legislador no que toca à hipótese de incidência da taxa a ser instituída, que pode compreender: a) exercício regular de poder de polícia; b) utilização efetiva de serviço público específico e divisível; ou c) utilização potencial de serviço público.

3.1. *Poder de polícia*

Poder de polícia é o poder do Estado de disciplinar o direito individual em benefício do interesse público, do bem-estar geral (CTN, art. 78)[71], mas a enumeração feita no art. 78 do CTN de interesses públicos fundamentais deve ser considerada meramente exemplificativa, e não taxativa, porque concerne à prevalência do interesse geral da coletividade sobre o direito de cada um dos cidadãos.

A taxa para ser cobrada com base no **exercício do poder de polícia** deve atender aos seguintes requisitos: a) ter caráter contraprestacional para distingui-la do imposto, eis que o mero poder de polícia, em si e por si, não constitui fato gerador da taxa, e somente a prestação de um serviço relacionado ao citado poder é que configura o fato gerador do tributo; b) o poder de polícia deve ser exercido de forma regular, considerando-se como tal, nos termos do parágrafo único do art. 78 do CTN, aquele que for desempenhado pelo órgão competente nos limites da lei aplicável, com observância do processo legal e, tratando-se de atividade que a lei tenha como discricionária, sem abuso ou desvio de poder. Assim, a lei que instituir taxa, cuja hipótese de incidência baseie-se no exercício do poder de polícia, deve precisar a atividade estatal específica a ser desempenhada relativa ao contribuinte, ou seja, o serviço público específico e divisível.

Por isso, o **STJ** firmou jurisprudência fulminando como ilegítimas leis municipais estabelecendo a cobrança de taxa pelo Município na renovação de licença para localização de estabelecimento comercial ou industrial, porque baseada no mero poder de polícia em si e por si, sem que a lei definisse a atividade estatal que prestaria o serviço público, bem como por inexistir custo a ser ressarcido[72]. Tal entendimento chegou a ser objeto da **Súmula 157**

---

[71] Hugo de Brito Machado, *op. cit.*, p. 323, critica a expressão poder de polícia referida no art. 77 do CTN porque na verdade se trata de *atividade* de polícia, e assim fundamenta seu entendimento: "A rigor, segundo autorizados doutrinadores, Poder de Polícia não é atividade da administração. É o poder do Estado. Deve ser exercido mediante produção legislativa. A Administração Pública, com fundamento nesse poder, e dentro dos limites impostos pelo ordenamento jurídico, exerce *atividade de polícia*". O TRF da 1ª R. decidiu, no que toca à utilização do poder de política administrativa, que a "administração pode – e deve, em certas hipóteses – conter os abusos do direito individual em benefício do interesse da coletividade e executar a sua decisão sem intervenção do Poder Judiciário (AMS 89.01.21744-9/DF, rel. Juiz Tourinho Neto, Terceira Turma, 28.06.1989, *DJ* 16.10.1989, p. 12.180). "1. A empresa em estado falimentar não está desobrigada do pagamento de Taxas de Fiscalização, Socialização e Funcionamento, de Fiscalização de Anúncios e de Fiscalização Sanitária. 2. O exercício do poder de polícia continua a ser exercido sobre as atividades das empresas falidas" (BRASIL. Superior Tribunal de Justiça, EDResp 471539/MG, Rel. Min. José Delgado, Primeira Turma, v.u., 18.03.2003, *DJU* 12.05.2003, p. 223).

[72] Primeira Turma, REsp. 76.196/ES, Rel. Min. Cesar Asfor Rocha, v.u., 08.11.1995, *DJU* 01.02.1996, p. 1.368; REsp. 68.445-5/MS, v.u., Rel. Min. Milton Luiz Pereira, 22.06.1996, *DJU* 01.04.1996, p. 9.878 etc.

do STJ, que, no entanto, foi revogada por ter sido redigida de forma muito genérica, porque as decisões que a embasaram levaram em conta o fato de as leis municipais terem sido consideradas ilegítimas em razão de não preverem a atividade estatal a ser desempenhada para a renovação da licença, nem precisarem o órgão administrativo que desempenharia a mencionada atividade. Assim, quando a lei municipal atende os mencionados requisitos, a taxa deve ser considerada legítima. Em outras leis a ilegitimidade decorre da base de cálculo expressar capacidade contributiva, violando, portanto, o parágrafo 2° do art. 145 da CF.

3.2. Serviço público

3.2.1. Noção e classificação

O art. 145, II, da CF e o art. 77 do CTN autorizam que a lei estabeleça como hipótese de incidência de taxa a utilização, efetiva ou potencial, de serviços públicos específicos e divisíveis, prestados ao contribuinte ou postos à sua disposição. Considerando que a instituição da taxa deve estar sempre relacionada com o desempenho de uma atividade estatal específica por se tratar de tributo vinculado, torna-se necessário para a sua melhor compreensão o conhecimento do conceito de serviço público e da sua classificação. Serviço público é o conjunto de ações do Estado, por ele diretamente empreendidas ou desempenhadas por particular, mediante autorização, permissão, concessão ou delegação (CF, arts. 37 e 175).

Os serviços públicos podem ser classificados[73] em ínsitos à soberania do Estado, essenciais ao interesse público e não essenciais. **Serviços públicos ínsitos à soberania do Estado** são aqueles que somente podem ser prestados pelo Estado, tendo, portanto, natureza indelegável, e o particular tem a opção de utilizá-los ou não, por exemplo, o serviço judiciário e o da emissão de passaportes. Esse tipo de serviço público somente pode ser remunerado por taxa se houver prestação efetiva, ou seja, se o particular deles se utilizar. **Serviços públicos essenciais ao interesse público** são aqueles cuja prestação é de interesse geral, sendo sua utilização obrigatória para o particular porque a sua não utilização prejudicará a coletividade. Assim, o legislador pode instituir taxa pela sua utilização efetiva (taxa judiciária) ou potencial (taxa de incêndio). **Serviços públicos não essenciais** são aqueles prestados no interesse público, mas sua não utilização pelo particular em nada prejudica a coletividade, por exemplo, o serviço de correios e telégrafos. Tais serviços podem ser remunerados por taxa, embora seja mais adequada sua cobrança através de preço público[74].

Acerca das taxas de incêndio há que se tecer comentários específicos. A constitucionalidade da taxa de incêndio vem sendo questionada nos últimos anos a fim de estabelecer se efetivamente remunera um serviço público divisível ou que beneficia a toda a coletividade, indistintamente. Entendeu o STF no julgamento do RE 643.247/SP por declarar a inconstitucionalidade tendo

---

No mesmo sentido, STF (RE 195.788-3/SP, Rel. Min. Octavio Galloti, Primeira Turma, v.u., 04.06.1996, *DJU* 04.04.1997, p. 10.545 etc.). Entretanto, é constitucional a taxa de licença para localização, instalação e funcionamento de estabelecimentos comerciais e similares, desde que haja órgão administrativo que exercite o poder de polícia do Município e que a base de cálculo não seja vedada (BRASIL. Supremo Tribunal Federal, RE 222.251-0, Rel. Min. Ilmar Galvão, Primeira Turma, v.u., 12.05.1998, *DJU* 18.09.1998, p. 20 etc. (BRASIL. Superior Tribunal de Justiça, Resp 152.476/SP, Rel. Min. Adhemar Maciel, Segunda Turma, p.m., 01.09.1998, *DJU* 05.10.1998, p. 62 etc.).

[73] Baseamo-nos na palestra feita pelo Ministro Moreira Alves, em 19 de outubro de 1985, no *X Simpósio Nacional de Direito Tributário*, no Centro de Estudos de Extensão Universitária em São Paulo, sobre as diferenças entre taxa e preço público, IOB, 12.85, p. 1.540-1.543.

[74] Cf. Ricardo Lobo Torres, *op. cit.*, p. 332.

em vista que tal atividade estatal deve ser viabilizada via receita auferida por impostos, fixando--se a tese segundo a qual: "A segurança pública, presentes a prevenção e o combate a incêndios, faz-se, no campo da atividade precípua, pela unidade da Federação, e, porque serviço essencial, tem como a viabilizá-la a arrecadação de impostos, não cabendo ao Município a criação de taxa para tal fim"." O entendimento foi seguido pelo Egrégio Tribunal do Estado do Rio de Janeiro, no julgamento do Agravo de Instrumento nº 0089440-36.2022.8.19.0000 cuja relatora foi a Des. Leila Albuquerque. [75] Em julgamento no dia 07.11.2023, o Tribunal Pleno do STF reconheceu a repercussão geral no Recurso Extraordinário nº 1.417.155/RG/RN para discutir a constitucionalidade da taxa de prevenção e combate a incêndios, busca, salvamento e resgate instituída por estados. Aguarda-se a tese a ser fixada no tema 1.282. A controvérsia levou a Procuradoria Geral do Estado do Rio de Janeiro a editar nota de esclarecimento, manifestando-se pela natureza tributária da cobrança, na espécie taxa.[76]

3.2.2. Utilização efetiva ou potencial

A lei poderá definir como hipótese de incidência da taxa a utilização efetiva ou potencial do serviço público. A **utilização efetiva do serviço público** se dá quando for usufruído pelo contribuinte a qualquer título (CTN, art. 79, I, *a*), ou seja, a hipótese de incidência somente se verificará se o contribuinte utilizar o serviço público. Tal ocorre, por exemplo, com a taxa judiciária, que somente será devida pelo contribuinte que se utilizar efetivamente do serviço público relativo ao Poder Judiciário. De outro lado, dá-se a **utilização potencial do serviço**

---

[75] TJRJ, Agravo de Instrumento nº 0089440-36.2022.8.19.0000. Vigésima Quinta Câmara Cível. Rel. Des. Leila Albuquerque, julgado em 16.02.2023. Agravo de instrumento. Ação declaratória com pedido de tutela antecipada. Cobrança de taxa de incêndio pelo estado. Impugnação à decisão que concedeu tutela de urgência para determinar "a suspensão da exigibilidade dos créditos de Taxa de Incêndio discutidos nesta ação, inclusive aquelas que eventualmente vencerão no curso do processo, até o desfecho da demanda." Insurgência do Estado com fundamento em decisão do Órgão Especial deste Tribunal. Supremo Tribunal Federal que, ao examinar a questão através da ADI 4411 de Relatoria do Ministro Marco Aurélio firmou a tese da "impossibilidade de introduzir-se, como obrigação do contribuinte, taxa visando a prevenção e o combate a incêndios, seja por Estado, seja por Município, superando precedentes anteriores sobre a matéria". Em março de 2021, ou seja, antes da decisão proferida pelo Órgão Especial, o Supremo Tribunal Federal, em sede de Embargos de Divergência (RE 1179245 AGR-EDV / MT), enfrentou a questão inclusive à luz do Recurso Extraordinário nº 643.247, que é citado na decisão do Órgão Especial, e concluiu que cobrança de taxa de incêndio é inconstitucional porque o serviço de segurança em questão deve ser remunerado por impostos, independentemente do ente que a instituiu. Manutenção da decisão que concedeu da tutela de urgência. Desprovimento do recurso.

[76] "Nota de esclarecimento sobre a cobrança da taxa de incêndio no Estado do Rio de Janeiro: a Secretaria de Estado de Defesa Civil e a Procuradoria Geral do Estado (PGE-RJ) vêm a público para esclarecer o seguinte:1 – A Taxa de Incêndio cobrada no Estado do Rio de Janeiro é legal e está em pleno vigor. Cabe esclarecer que a taxa cobrada no estado é um tributo e, como tal, o pagamento é obrigatório; 2 – A cobrança da Taxa de Incêndio no estado do Rio de Janeiro foi considerada constitucional, por mais de uma vez, em 2021 e 2022, pelo Órgão Especial do Tribunal de Justiça do Estado do Rio de Janeiro (TJRJ), instância maior do Judiciário fluminense que reúne os Desembargadores; 3 – Não é verdade que o Supremo Tribunal Federal (STF) tenha reconhecido como inconstitucional a taxa cobrada no estado. A análise do STF foi feita sobre taxas instituídas por outros estados, com características distintas da taxa do Rio de Janeiro, e não afeta a legislação fluminense; 4 – Os recursos oriundos da cobrança da Taxa de Incêndio são destinados ao reequipamento do Corpo de Bombeiros, nas áreas de salvamento e combate e prevenção de incêndio, proporcionando maior proteção à população do Estado do Rio de Janeiro; 5 – A excelência dos serviços prestados pelo Corpo de Bombeiros do Estado do Rio de Janeiro pode ser atestada pelo reconhecimento de outros estados na eficiência de sua Defesa Civil nas ações de mitigação e antecipação de impactos em catástrofes." Disponível em: https://pge.rj.gov.br/imprensa/noticias/2023/02/nota-de-esclarecimento-sobre-a-taxa-de-incendio.

público quando, sendo de utilização compulsória, seja posto à disposição do contribuinte mediante atividade administrativa em efetivo funcionamento (CTN, art. 79, I, *b*), por exemplo, a taxa de prevenção de incêndio, que é devida pelo contribuinte pela mera colocação do serviço público à sua disposição[77]. Entretanto, o tributo somente poderá ser cobrado se o serviço público existir e estiver em funcionamento, seja a sua utilização efetiva, seja potencial.

Em conseqüência, deve, desde logo, ficar afastada a afirmação feita por alguns autores de que a taxa é facultativa, pois, tratando-se de tributo, sua prestação é compulsória, desde que ocorra o respectivo fato gerador. A atividade do Estado que constitui a hipótese de incidência da taxa é que pode ser obrigatória ou não. No caso do serviço público de prevenção de incêndio, a atividade é compulsória e independe de provocação pelo particular porque a sua não utilização prejudicará a coletividade. Todavia, no caso do serviço judiciário a atividade é facultativa porque somente vai ocorrer se houver provocação pelo particular, considerando que sua não utilização não prejudicará a coletividade.

O STF decidiu que as **custas judiciais e os emolumentos extrajudiciais**, concernentes aos serviços notariais e registrais, possuem natureza tributária, qualificando-se como taxas remuneratórias de serviços públicos, sujeitando-se, em consequência, quer no que concerne à sua instituição e majoração, quer no que se refere à sua exigibilidade, ao regime jurídico-constitucional pertinente a essa especial modalidade de tributo vinculado. O STF entendeu ainda que a possibilidade constitucional de a execução dos serviços notariais e de registro ser efetivada "*em caráter privado, por delegação do poder público*" (CF, art. 236), não descaracteriza a natureza essencialmente estatal dessas atividades de índole administrativa. Isso porque "*as serventias extrajudiciais, instituídas pelo Poder Público para o desempenho de funções técnico-administrativas destinadas "a garantir a publicidade, a autenticidade, a segurança e a eficácia dos atos jurídicos*" (Lei nº 8.935/94, art. 10), constituem órgãos públicos titularizados por agentes que se qualificam, na perspectiva das relações que mantêm com o Estado, como típicos servidores públicos". Assim, tendo natureza tributária de taxa, o produto de sua arrecadação não pode estar afetado ao custeio de serviços públicos diversos daqueles a cuja remuneração tais valores se destinam especificamente, pois, em tal situação, "subverter-se-ia a própria finalidade institucional do tributo". Finalmente, o STF considerou que "esse privilegiado (e inaceitável) tratamento dispensado a simples instituições particulares (Associação de Magistrados e Caixa de Assistência dos Advogados) importaria em evidente transgressão estatal ao postulado constitucional da igualdade"[78]. Acrescentamos: o tributo só pode ser instituído e cobrado com finalidade pública, isto é, satisfazer as necessidades públicas, por se tratar de princípio tributário implícito na Constituição.

3.2.3. *Serviço público específico e divisível*

O serviço público divide-se em genérico ou específico. **Serviço público genérico, ou universal, ou geral,** é aquele cujo benefício se dilui por toda a coletividade, proporcionando, portanto, uma utilidade genérica (*uti universi*) por atender a coletividade como um todo. Nesse tipo de serviço público, o particular não sente o gozo individual da atividade estatal, pelo que não se pode falar em usuário do serviço, por exemplo, os serviços públicos de segurança pública, de saúde pública, de defesa nacional etc. **Serviço público específico, ou individual, ou particular**, é aquele que acarreta vantagem ao indivíduo ou grupo de indivíduos,

---

[77] *RT* 714/145.

[78] BRASIL. Supremo Tribunal Federal, ADIN 1.444-7, Rel. Min. Sydnei Sanches, 26.02.1997, *DJU* 29.08.1997, p. 40.215; *RTJ* 141/430.

considerados isoladamente, de modo que o beneficiário sente o gozo individual da atividade estatal (*uti singuli*).

O art. 145, II, da CF e o art. 77 do CTN admitem somente a cobrança de taxas em função de serviço público específico e divisível. **Serviço público específico** é o que pode ser destacado em unidades autônomas de intervenção, de utilidade ou de necessidade pública (CTN, art. 79, II). A especificidade do serviço público permite que se estabeleça uma relação entre o prestador do serviço (Estado) e seu beneficiário (indivíduo ou grupo de indivíduos). Serviço público é **divisível** quando susceptível de utilização, separadamente, por parte de cada um dos usuários (CTN art. 79, III). Assim, a divisibilidade permite que os serviços públicos possam ser individualizados e destacados do complexo dos serviços e atividades gerais do Estado, possibilitando sua atribuição a uma determinada pessoa. Desse modo, o serviço público sendo divisível também será mensurável, isto é, poder-se-á medir a quantidade do serviço utilizada individualmente pelo contribuinte[79]. Atente-se ainda que a taxa somente pode ser instituída em função de serviço público específico e divisível, não bastando ser somente específico ou divisível[80].

Ao apagar das luzes de 2002, foi aprovada a EC nº 39, de 19.12.2002, **acrescentando o art. 149-A à CF,** permitindo que os Municípios e o Distrito Federal possam instituir contribuição, na forma das respectivas leis, para o custeio do serviço de iluminação pública, observado o disposto no art. 150, I e III, bem como facultando a cobrança da contribuição na fatura de consumo de energia elétrica, contornando, assim, o entendimento do STF sobre a ilegitimidade da taxa de iluminação pública.

A EC nº 39/2002 é flagrantemente inconstitucional pelas seguintes razões. Primeira, porque viola o art. 149 da CF, que permite à União instituir contribuições parafiscais, cujo traço marcante consiste em corresponderem a finança paralela, vale dizer, o produto de sua

---

[79] *RTJ* 105/857.

[80] Assim, é ilegítima a denominada *taxa de iluminação* (BRASIL. Superior Tribunal de Justiça, Segunda Turma, Resp. 19.430/RS, 21.08.1995, Rel. Min. Hélio Mosimann, v.u., *DJU* 25.09.1995, p. 31.095 etc.); Súmula 24 do 1º TACivSP. Deve-se destacar a brilhante sentença proferida pelo Dr. Cláudio Luís Braga Dell'Orto, juiz da 4ª Vara Cível da Comarca de Petrópolis, na ação movida em face da CERJ – Companhia de Eletricidade do Rio de Janeiro e do Município de Petrópolis, julgando inconstitucional a taxa de iluminação pública, por corresponder a serviço público *uti universi*, e, assim, "deve ser remunerado pelos impostos gerais, vez que a iluminação pública não pode ser objeto de divisão e especificação entre os vários contribuintes". O STF julgou, igualmente, por decisão plenária, inconstitucional taxa de iluminação pública, "porquanto essa atividade estatal tem caráter *uti universi*, destinando-se a beneficiar a população em geral, não podendo ser destacada em unidades autônomas, não sendo permitida a individualização de sua área de atuação, nem se apresentando susceptível de utilização separada por cada um dos usuários do serviço" (BRASIL. Supremo Tribunal Federal, RE 226.550-I-RJ, Rel. Min. Moreira Alves, Primeira Turma, *DJU* 18.6.1999, p. 26). "Taxa – Limpeza, iluminação e conservação de vias públicas – Serviços inespecíficos e indivisíveis que tornam impossível a determinação da quantia que cada indivíduo da comunidade absorve da prestação dos serviços – Inexigibilidade da cobrança – Inteligência do art. 145, II, da CF" (1º TACivSP, *RT* 787/263, TJMS, *RT* 797/356, TJRJ, AC n. 5.281/2001, Rel. Des. Cláudio de Mello Tavares, 11ª CC, 31 de outubro de 2001, *RDTJRJ* 51/306). O STF julgou também inconstitucional taxa de coleta de lixo e limpeza pública, por ser tributo vinculado não apenas à coleta de lixo domiciliar, mas também à limpeza de logradouros públicos, caracterizando serviço público *uti universi* (BRASIL. Supremo Tribunal Federal, RE 249.070-9, Rel. Min. Ilmar Galvão, Primeira Turma, *DJU* 17.12.1999, p. 33). "Taxa. Fixação. Postes de Iluminação. Trata-se de taxa cobrada pelo município para fixação no solo urbano de postes de iluminação em vias públicas. A Turma entendeu que é ilegítima a instituição de mais um tributo sobre o fornecimento de energia elétrica, além dos constantes do art. 155, § 3º, da CF/1988 (BRASIL. Superior Tribunal de Justiça, RMS 12.258-SE, rel. Min. José Delgado, 6.6.2002, Informativo 137 do STJ, de junho de 2002 etc.). Em sentido contrário, Zelmo Denari (*Op. cit.*, p. 33).

arrecadação destina-se às entidades que podem exigi-las, por exemplo, as contribuições para o INSS, sindicatos etc., e não às pessoas políticas que as instituam. A contribuição de iluminação **não pode ser considerada contribuição parafiscal** porque os entes políticos instituídores do tributo serão beneficiados com a sua arrecadação, inexistindo, portanto, parafiscalidade. Por outro lado, o art. 149 só admite três espécies de contribuição parafiscal, ou seja, sociais, interventivas e corporativas, e a contribuição de iluminação pública não se enquadra em nenhuma delas, por se tratar de remuneração de serviço público *uti universi* e ter natureza fiscal. A contribuição de intervenção no domínio econômico (CIDE), referida no parágrafo 4º do art. 177 da CF, acrescentado pela EC nº 33/2001, reforça tal entendimento porque, como a própria denominação demonstra, corresponde a contribuição interventiva. A inserção do novo dispositivo constitucional como art. 149-A revela que a contribuição de iluminação é considerada nova espécie de contribuição parafiscal, sem apresentar, no entanto, os traços constitucionais dessa espécie tributária, pois a **parafiscalidade**, na sempre precisa lição de **Ricardo Lobo Torres**, "consiste na sua destinação ao PARAFISCO, isto é, aos órgãos que, não pertencendo ao núcleo da administração do Estado, são *paraestatais*, incumbidos de prestar *serviços paralelos* e inessenciais através de receitas *para orçamentárias*"[81], e tal não ocorre com a contribuição de iluminação. Segundo, porque fere o regime de discriminação de rendas estabelecido pelo Poder Constituinte originário, que só admite o exercício de competência residual pela União, em matéria exclusivamente de impostos (CF, art. 154, I) e contribuições sociais (art. 195, § 4º). Ora, na matéria sob exame, permite-se aos Municípios e ao Distrito Federal exercitarem competência residual quanto a uma contribuição que não é social nem é denominada de imposto, e se se tratasse de contribuição social ou de imposto, só poderia, como se disse, a competência residual ser exercitada pela União. Assim, a EC nº 39/2002 agride os arts. 154, I, e 195, § 4º, da CF. Terceira, que a mesma Emenda contraria o princípio da segurança jurídica, principal esteio do contribuinte no Estado do Direito, doutrinando **Roque Antônio Carraza** que o mencionado princípio significa que "o Direito, com sua positividade, confere segurança às pessoas, isto é, 'cria condições de certeza e igualdade que habilitam o cidadão a sentir-se senhor de seus próprios atos e dos atos dos outros'. Portanto, a certeza e a igualdade são indispensáveis à obtenção da segurança jurídica."[82] Essa segurança jurídica foi afetada no caso porque se criou um tributo que não se enquadra na estrutura do sistema tributário nacional. Quarta, porque a malsinada contribuição malbarata, igualmente, a norma do art. 145 da CF, quando confere poder de tributar à União, Estados, Distrito Federal e Municípios, e classifica os tributos que podem ser instituídos por esses entes políticos.

O **Poder Constituinte originário**, nessa classificação , para precisar as espécies tributárias que menciona, levou em conta, na lição de **Alberto Xavier**, verdadeira "tipologia de tributos, definindo uns por características atinentes à estrutura (impostos, taxas), outros, por características ligadas à função (contribuições), outros, por traços referentes simultaneamente a um ou outros dos citados aspectos (contribuição de melhoria) e outros, ainda, por aspectos de regime jurídico alheios quer à estrutura, quer à função, como é o caso dos empréstimos compulsórios."[83] Em outras palavras, **imposto** é a espécie tributária que visa a remunerar serviço público geral (*uti universi*), e, por isso, é tributo não vinculado; **taxa** é espécie de tributo que tem por escopo remunerar serviço público específico e divisível; e **contribuição de melhoria** corresponde ao tributo cujo fato gerador é a execução de obra pública que gere

---

[81]   *Op. cit.*, 9. ed., p. 166.
[82]   CARRAZA, Roque Antônio. *Curso de direito constitucional tributário*. 16. ed. São Paulo: Malheiros, 2001, p. 370.
[83]   XAVIER, Alberto. *Temas de direito tributário*. Rio de Janeiro: Lumen Juris, 1991, p. 26.

valorização imobiliária, sendo os dois últimos tributos vinculados. Por outro lado, **empréstimo compulsório** visa obter receita nas hipóteses referidas no art. 148, sendo tributo restituível, e **contribuição parafiscal** caracteriza-se pela sua parafiscalidade, como explicado antes (CF, art. 149). Esta é a estrutura do sistema tributário nacional no que toca às suas espécies tributárias estabelecida pelo Poder Constituinte originário, e, assim, não pode uma Emenda Constitucional permitir aos Municípios e Distrito Federal instituírem contribuição de iluminação, por não ser contribuição, em razão de lhe faltar a parafiscalidade e ter por fim a remuneração de serviços gerais, que, dentro da estrutura antes mencionada, só pode ser coberta por imposto, e, no caso, imposto residual cuja competência pertence exclusivamente à União. Por último, no plano infraconstitucional, o art. 4º do CTN prescreve que a natureza jurídica específica do tributo é determinada pelo exame do fato gerador da obrigação tributária, sendo irrelevante, entre outros elementos, a denominação dada pela lei, e a mencionada norma foi levada em conta pelo Poder Constituinte originário ao estruturar o sistema tributário nacional.

Resulta do exposto a **inconstitucionalidade da EC nº 39/2002**, porque só o Poder Constituinte originário poderia prever a contribuição de iluminação, o que, aliás, já seria esdrúxulo, vez que corresponderia a imposto e não a contribuição parafiscal.

O poder tributante só poderá cobrar taxa de quem se beneficia do serviço ou da atividade estatal. Daí **Pontes de Miranda**[84] lecionar que não seria taxa a tributação que alcançasse particulares que não pudessem tirar vantagem da atividade estatal, citando, como exemplo, a taxa de navegabilidade do rio *A*, que também alcançasse os habitantes de zona separada do referido rio por montanha, pelo que, não podendo os citados habitantes usufruírem do rio, não tirando, pois, vantagem da atividade estatal, não poderiam ser compelidos ao pagamento da taxa.

4. Base de cálculo

A taxa é normalmente cobrada visando reembolsar o Estado do custo despendido no desempenho da atividade específica definida em lei como sua hipótese de incidência. Entretanto, na prática, não há como se apurar com exatidão se o valor cobrado pelo Estado corresponde exatamente ao custo do serviço público. A lei deve guardar uma razoável, discreta ou prudente proporcionalidade entre o custo do serviço e o valor da taxa cobrada[85], porque na hipótese desse valor superar em demasia o custo do serviço não se estará diante de taxa mas de imposto[86].

Por outro lado, **Sacha Calmon** leciona que é cabente em matéria de taxa a aplicação do princípio do não confisco quando se trate de uma taxa "exorbitante, desmedida em relação ao serviço ou ao ato prestado". Não obstante ser difícil, como já se disse, a exata mensuração do custo dos serviços, o mesmo jurista entende que cabe a incidência do princípio da razoabilidade entre o custo do serviço e o valor da taxa porque: "A desrazão pode descambar para o confisco".

Não foi por outra razão que **Geraldo Ataliba**[87] fixou, com precisão, os elementos que o Estado deve ter em mente ao determinar o valor da taxa a ser cobrada do contribuinte, ao

---

[84] MIRANDA, Francisco Cavalcanti Pontes de. *Comentários à Constituição de 1967 com a emenda nº 1 de 1969*. São Paulo: RT, 1970, t. II, p. 372.

[85] Cf. VILLEGAR, Hector B. *Curso de finanzas, derecho financiero y tributario*. Buenos Aires: Depalma, 1979, p. 82.

[86] *Op. cit.*, p. 47.

[87] ATALIBA, Geraldo. Considerações em torno da teoria jurídica da taxa, *Revista de Direito Público* – FGV, Rio de Janeiro, n. 9, p. 48.

afirmar que o montante referido deve resultar da intensidade e extensão da atividade estatal, porém nunca de uma qualidade inerente ao interessado ou ao objeto sobre o qual o tributo recai.

Daí o art. 145, § 2º, da CF de 1988 rezar que "as taxas não poderão ter base de cálculo própria de impostos". Essa redação difere da que constava do art. 18, § 2º, do texto constitucional anterior: "Para cobrança de taxas, não se poderá tomar como base de cálculo a que tenha servido para incidência dos impostos". O art. 77, parágrafo único, do CTN dispõe da mesma forma que esse último dispositivo porque está de acordo com a EC nº 18/1965. Entendemos mais feliz a redação do dispositivo constitucional vigente por ser mais técnica e expressar melhor o objetivo do constituinte, além de ser mais abrangente. Isso porque veda não somente que o legislador adote uma base de cálculo que tenha servido para a incidência de impostos, mas também que se utilizem situações que denotem capacidade contributiva, porque essas situações, estranhas a qualquer atividade estatal, correspondem a hipóteses de incidência de impostos.

Daí a lição de **Bernardo Ribeiro de Moraes**[88]:

> A taxa não pode, assim, ter como base de cálculo bases econômicas de imposto, tais como: o valor do patrimônio, a renda, o preço etc., elementos ligados à pessoa do obrigado, próprios para constituírem base de cálculo de impostos.

A taxa, segundo o mesmo jurista, deve ter base de cálculo típica, ou seja, ser pertinente a "unidades de medidas ligadas a atuação estatal dirigida ao legislador", e não corresponder a situações próprias de impostos.

O STF tem fulminado diversas taxas como inconstitucionais por terem base de cálculo própria de impostos, ferindo assim o art. 145, § 2º, da CF de 1988, podendo se citar as seguintes: a) taxa de conservação de estradas, cobrada pela utilização de serviços públicos de conservação e manutenção de estradas, sendo base de cálculo o número de hectares do imóvel rural, benfeitorias e outros fatores também usados para o cálculo do imposto territorial rural[89]; b) taxa de conservação de estradas, cuja base de cálculo era o valor do imóvel rural por já ser base de cálculo do ITR[90]; c) taxa de serviços de estradas municipais, cuja base de cálculo consistia na

---

[88] *Op. cit.*, p. 549.

[89] *RTJ* 73/196, *RTJ* 73/580, *RTJ* 51/445, *RTJ* 73/155, *RTJ* 101/436, *RTJ* 107/485, *RTJ* 102/1.120, *RTJ* 155/889, STF, RE 116.577-4, Rel. Min. Maurício Correa, Segunda Turma, v.u., 07.05.1996, *DJU* 01.07.1996, p. 23.864, *RT* 716/340 etc. Entretanto, o STJ considerou constitucional a taxa de conservação de estradas em que a base de cálculo correspondia ao custo do serviço menos o valor recebido pelo INCRA, dividido pelo número de propriedades existentes na municipalidade, distinta, portanto, da base de cálculo do ITR, que é o valor da terra nua (BRASIL. Superior Tribunal de Justiça, Resp. 160.030/SP, rel. Min. José Delgado, Primeira Turma, v.u., 20.02.1997, *DJU* 31.03.1997, p. 9.596). Se a taxa de conservação de estradas é calculada à base do serviço prestado, ela não contraria o art. 77, parágrafo único, do CTN (BRASIL. Superior Tribunal de Justiça, REsp. 50.459/SP, Rel. Min. Ari Pargendler, Segunda Turma, v.u., 13.03.1997, *DJU* 07.04.1997, p. 11.090).

[90] Súmula nº 595 do STF, V. *RTJ* 78/804. "Extrai-se dos termos da legislação municipal que a taxa em comento deve ser calculada em função da localização do imóvel, da área construída e utilização, tomando-se por base o metro linear ou fração em toda a extensão do imóvel, no seu limite com a via ou logradouro público (cf. Lei nº 11.152/1991 com a redação dada aos arts. 7º, 87, 94, da Lei nº 6.989/1966), circunstância a evidenciar que a base de cálculo não está adequada a serviço específico e divisível, como determinam os arts. 77 e 79 do CTN. Entendimento em sintonia com o REsp. 102.404/SP, Rel. Min. Ari Pargendler, in DJ de 02.02.1998. Merece ser lembrado, também, que o Pleno do Excelso Supremo Tribunal Federal entendeu por inconstitucionais os dispositivos municipais acima enfocados, consoante se observa do RE 199.969-1/SP, Rel. Min. Ilmar Galvão, em DJ de 06.02.1998. – Recurso especial conhecido e provido" (BRASIL. Superior Tribunal de Justiça, REsp 185.585-SP, Segunda Turma, Rel. Min. Franciulli Netto, *DJU* de 14.10.2002).

quantidade de alqueires, sendo portanto a mesma do ITR[91]; d) taxa de licença, cuja base de cálculo consistia no valor do estabelecimento, idêntica à do IPTU[92]; e) taxa de licença, cuja base de cálculo era o piso do estabelecimento por ser idêntica à do IPTU[93]; f) taxa de licença, cuja base de cálculo era a média das aplicações dos depósitos[94]; g) taxa de licença, cuja base de cálculo era o valor locativo do imóvel[95]; h) taxa de licença, cuja base de cálculo era o capital da empresa[96]; i) taxa de renovação de licença, cuja base de cálculo consistia no número de empregados da empresa[97]; j) taxa de licença para localização cobrada por metro quadrado de área de construção, por apresentar base de cálculo que apresenta identidade proibida com a do IPTU[98].

Todavia, nessa hipótese, o STF passou a entender, por decisão plenária, ressalvada a posição pessoal do Ministro Marco Aurélio, que "o fato de, na fixação da taxa de fiscalização e funcionamento, levar-se em conta elemento próprio ao cálculo de imposto – a metragem do imóvel –, não se revela conflitante com a Constituição Federal. Precedente: RE nº 220.316-7, Pleno, Rel. Min. Ilmar Galvão"[99]. Discordamos, com vênia, desse entendimento por afrontar o art. 145, § 2º, da CF, cuja norma consubstancia limitação ao poder de tributar, vale dizer, princípio específico pertinente a taxas, ao levar em conta, na base de cálculo, elemento inerente ao imóvel, sua metragem, quando a base de cálculo só pode se referir a mensuração da atividade estatal (serviço ou exercício do poder de polícia), ou seja, o que preside a taxa é o princípio custo/benefício. A base de cálculo de taxa nunca poderá expressar elemento revelador da capacidade contributiva do sujeito passivo, que, no caso, é a metragem do imóvel.

---

[91] *RTJ* 99/320, *RTJ* 95/1.275.

[92] *RTJ* 60/180.

[93] *RDA* 109/66. É também inconstitucional a taxa de fiscalização, localização e funcionamento, cuja base de cálculo seja a área do estabelecimento (BRASIL. Supremo Tribunal Federal, RE 218.610-9/SP, rel. Min. Octavio Galloti, Primeira Turma, v.u., 3.2.1998, *DJU* 06.11.1998, p. 20).

[94] *RTJ* 57/120.

[95] *RTJ* 89/671, *RTJ* 60/180, *RTJ* 92/1.295.

[96] *RTJ* 71/515, *RTJ* 72/447, *RTJ* 90/1.049, *RTJ* 109/655.

[97] *RTJ* 96/349 e RE 196.922-9/SP, Rel. Min. Marco Aurélio, v.u., Segunda Turma, v.u., 22.04.1997, *DJU* 20.06.1997, p. 28.4491. No mesmo sentido, STJ, *RDA* 186/139; REsp. 10.558-0/SP, Segunda Turma, v.u., Rel. Min. Ari Pargendler, 11.10.1995, *DJU* 04.12.1995, p. 42.097; Resp. 97.102/BA, Rel. Min. Ari Pargendler, Segunda Turma, v.u., 02.06.1998, *DJU* 29.06.1998, p. 140. O STJ vem considerando também ilegítima a *taxa de importação* instituída pela Lei nº 7.960/1989 por ser a base de cálculo, relativa ao valor da guia de importação, idêntica à do imposto de importação (BRASIL. Superior Tribunal de Justiça, REsp., 61.333-7, Primeira Turma, Rel. Min. Milton Luiz Pereira, 27.09.1995, v.u., *DJU* 23.10.1995, p. 35.623; REsp. 73.459/ ES, Primeira Turma, v.u., Rel. Min. Humberto Gomes de Barros, 11.10.1995, *DJU* 20.11.1995, p. 39.567; REsp. 61.086-9/ES, Rel. Min. Milton Luiz Pereira, Primeira Turma, v.u., 04.12.1995, *DJU* 26.02.1996, p. 3.942; REsp. 78.451/RJ, Rel. Min. Humberto Gomes de Barros, Primeira Turma, v.u., 29.11.1995, *DJU* 04.03.1996, p. 5.386). No mesmo sentido, STF (BRASIL. Supremo Tribunal Federal, RE 181.322-9/PE, Rel. Min. Moreira Alves, Primeira Turma, v.u., 06.02.1996, *DJU* 12.04.1996, p. 8.223; RE 189.363-0/RS, Rel. Min. Moreira Alves, Primeira Turma, v.u., 06.02.1996, *DJU* 12.04.1996, p. 8.226 etc.). A alteração do art. 10 da Lei nº 2.145 pela Lei nº 8387/1991 não mudou a natureza do crédito remunerador da atividade estatal específica de taxa para preço público. Inconstitucionalidade do dispositivo (BRASIL. Supremo Tribunal Federal, RE 188.107-1, Rel. Min. Carlos Velloso, Pleno, v.u., 20.03.1997, *DJU* 30.05.1997, p. 23.193).

[98] RE 208.197-3, Rel. Min. Octavio Galloti, Primeira Turma, v.u., 16.12.1997, *DJU* 17.4.1998, p. 19; RE 207.610-4/MG, Rel. Min. Octavio Galloti, Primeira Turma, v.u., 16.12.1997, *DJU* 21.8.1998, p. 17; *RT* 753/170). Em sentido contrário, decidiu o STJ sob a tese de que não se confunde com a base de cálculo do IPTU, que corresponde ao valor venal do imóvel (BRASIL. Superior Tribunal de Justiça, REsp 70.170/ SP, Rel. Min. Milton Luiz Pereira, Primeira Turma, v.u., 16.09.1996, *DJU* 21.10.1996, p. 40.202).

[99] RE 218.348-2/MG, Rel. Min. Marco Aurélio, Segunda Turma, v.u., 13.02.2001, *DJU* de 27.04.2001, p. 99.

Tal interpretação dada pelo STF ao mencionado dispositivo constitucional fere também o princípio da segurança jurídica (capítulo X, item III, n. 4), que se funda principalmente nos direitos fundamentais do sujeito passivo, entre os quais se inclui a norma do art. 145, § 2º, da CF, limitadora do poder de tributar. Posteriormente, o STF fixou entendimento vinculante na Súmula 29 dispondo que: "É constitucional a adoção, no cálculo do valor de taxa, de um ou mais elementos da base de cálculo própria de determinado imposto, desde que não haja integral identidade entre uma base e outra." (Súmula Vinculante 29).

Da mesma forma, entendemos, igualmente, equivocada a decisão do STF sobre a Taxa de Fiscalização da CVM, cuja base de cálculo corresponde ao patrimônio líquido da empresa, que, com o devido respeito, nada tem a ver com a medida da atividade estatal, e consideramos pífio o argumento de que o patrimônio líquido não seja a base de cálculo do tributo. Ora, é de cediço saber que o patrimônio líquido corresponde à diferença entre ativo e passivo da empresa, integrando o seu patrimônio, e sua oscilação depende dos bons ou maus resultados da empresa, mormente seu faturamento. Em resumo, entendemos que chegou a hora de o STF rever tais entendimentos para não fazer tábula rasa de uma limitação constitucional ao poder de tributar, específica no tocante às taxas, esquecido de que a alteração da redação do mencionado dispositivo constitucional, em relação à CF de 1969, teve por escopo dar maior garantia ao contribuinte. No entanto, o entendimento do Tribunal restou sumulado da seguinte forma: "É constitucional a taxa de fiscalização dos mercados de títulos e valores mobiliários instituída pela Lei nº 7.940/1989." (Súmula nº 665 do STF).

Finalmente, a taxa é a espécie tributária que mais se presta a ser confundida com o preço público. Isso porque as duas receitas são obtidas pelo Estado em razão da prestação de serviços públicos e têm, portanto, natureza contraprestacional e, por isso, a doutrina e a jurisprudência se debatem para estabelecer as diferenças entre as duas receitas, que, assim, podem ser resumidas: a) a taxa é tributo e, portanto, receita derivada, e o preço é receita originária; b) a taxa é receita legal e o preço é receita contratual; c) a taxa é receita obrigatória e o preço receita facultativa (STF, Súmula nº 545); d) a taxa é exigida pelo Estado com base no poder de império e o preço funda-se em atividade que o Estado desempenha como se fosse particular; e) a taxa é contraprestação de serviço público ínsito à soberania do Estado e serviço público essencial ao interesse público, enquanto o preço remunera serviço público não essencial: f) a taxa comporta fim extrafiscal, mas o preço não; g) a taxa pode se fundar no exercício do poder de polícia, mas o preço público não, por ter caráter contratual.

5. Classificação

As taxas dividem-se em taxas de serviço e taxas de polícia, tendo em vista as **hipóteses de incidência** referidas na CF (art. 145, II) e no CTN (arts. 77 e 78). **Taxas de serviço** são as decorrentes de serviço público específico e divisível prestado ou posto à disposição do contribuinte, por exemplo, as taxas de incêndio e judiciária[100]. **Taxas de polícia** são as que emanam da atividade do Estado relativa ao *exercício* regular do poder de polícia administrativa,

---

[100] Assim, correta é a seguinte decisão do 1º TACivSP: "TAXA – Conservação de estradas – Serviço que não é específico nem divisível – Exação que englobou em seu valor a realização de obras que devem ser custeadas por impostos ou contribuição de melhoria – Base de cálculo, ademais, que estabeleceu fatores que não dizem respeito à atividade do Poder Público – Cobrança indevida" (BRASIL. Ap. 829.191-4, 09.10.2001, Rel. Juiz Campos Mello, 12ª CC, *RT* 800/271). No mesmo sentido, 1º TACivSP, *RT* 787/263. Abril de 2002.

atestando a satisfação de exigências legais, por exemplo, as taxas de concessão de licença para funcionamento de estabelecimento, de emissão de passaporte, de contrução etc.

Luciano Amaro averba: "Por isso, fala-se em taxas cobradas pela *remoção de limites jurídicos ao exercício de direitos*. A atuação fiscalizadora do Estado, em rigor, visa ao *interesse da coletividade* e não ao do contribuinte da taxa, isoladamente."[101]

A hipótese de incidência da taxa de polícia deve estar vinculada ao desempenho de uma atividade estatal específica relativa ao contribuinte, porque o mero poder de polícia em si e por si não legitima sua cobrança.

Todavia, no que toca ao desempenho da atividade estatal, **Theodoro Nascimento**[102] distingue, de um lado, as taxas de poder de polícia e de serviços e, de outro lado, as taxas por despesa provocada. As taxas de poder de polícia e de serviço público seriam exigíveis pela utilização efetiva ou potencial, enquanto as taxas por despesa somente poderiam ser cobradas se houvesse provocação pelo interessado de despesa especial em seu benefício, por exemplo: taxa para aprovação de plano de loteamento, taxa de numeração, taxa pela expedição de passaporte, taxa pela expedição de carteira de identidade, taxa pela expedição de carteira profissional, taxa pela expedição de folha corrida e taxa pela expedição de certificado de qualidade de produtos industriais. Não nos parece válida tal distinção porque existem taxas fundadas no exercício do poder de polícia, por exemplo, a taxa de licença, e na prestação de serviço público, por exemplo, a taxa judiciária, hipótese em que o Poder Judiciário somente prestará a ação estatal e realizará a despesa pertinente se provocado pelo indivíduo.

Assim, parece-nos mais correto estabelecer-se uma classificação das taxas fundada na natureza do serviço público, dividindo-as, portanto, em taxas por serviços públicos ínsitos à soberania, taxas por serviços públicos essenciais e taxas por serviços públicos não essenciais, como passamos a explicar.

6. Taxas por serviços públicos residuais

A taxa pode ser instituída apenas pela pessoa jurídica de direito público que tiver a atribuição administrativa precedente de prestar o serviço público (CTN, arts. 77 e 80). A Constituição Federal confere à União e aos Municípios atribuição privativa para prestar determinados serviços públicos (arts. 21 e 30), remanescendo para os Estados e o Distrito Federal os demais serviços (atribuição residual). Daí **Hugo de Brito Machado**[103] lecionar que:

> É importante observar que enquanto a competência residual, em matéria de impostos, pertence à União Federal (CF, art. 154, item I), em se tratando de taxas, essa competência residual é dos Estados, pois a estes, de acordo com o art. 25, § 1º, da CF, são conferidas as competências que não lhes sejam vedadas pela própria Constituição. Aos Estados são conferidas, assim, atribuições residuais. A elas corresponde a competência residual para o desempenho de atividades e, em decorrência, para a instituição de taxas a estas vinculadas.

---

[101] AMARO, Luciano. *Direito tributário brasileiro.* 14. ed. São Paulo: Saraiva, 2008, p. 33.
[102] NASCIMENTO, Theodoro. *Preços, taxas e parafiscalidade.* Rio de Janeiro: Forense, 1977, p. 127-128.
[103] *Op. cit.*, p. 328.

7. Serviços públicos concorrentes

Os serviços públicos podem ser privativos de um determinado ente político ou serem comuns a todos eles. **Hely Lopes Meireles**[104] leciona que, no caso de o serviço público ser privativo de um dado ente, somente este poderá promover a sua execução. Na hipótese, no entanto, de o serviço público ser de atribuição comum, "a questão oferece algumas dificuldades, em face de interesses equivalentes disputando a sua prestação", e para solucionar tais dificuldades entende que se deve aplicar a seguinte regra: "Quando o serviço da entidade superior coincidir em todos os pontos com o da inferior, afastará o desta (*ação concorrente excludente*); quando não coincidir em todos os pontos, subsistirão ambos, como competências convergentes, que se completam (*ação complementar supletiva*)".

Assim, existindo serviços públicos *concorrentes*, surge o problema de se saber o ente político que poderá instituir a taxa em função desses mesmos serviços, considerando que, em matéria de taxas, a competência tributária é, em tese, comum a todos os entes políticos. A doutrina[105] e a jurisprudência concordam que, no caso de serviços públicos concorrentes, a taxa da entidade superior prevalece sobre a da entidade inferior porque o direito federal prevalece sobre o direito local. Desse modo, diante de duas taxas de fiscalização de estabelecimentos destinados à matança de animais, uma federal e outra municipal, o STF decidiu que a taxa federal prevalece sobre a municipal, se ambas as exigências forem concomitantes, tratando-se, portanto, de taxação concorrente-excludente[106].

Ademais, sobre o mesmo tema, **Zelmo Denari**[107] doutrina que:

> Por outro lado, são juridicamente inadmissíveis as taxações convergentes, mesmo quando dois entes políticos concorrerem – de forma descoincidente – para o desempenho de serviço público unitariamente considerado.

Bernardo Ribeiro de Moraes[108] esclarece que pode ocorrer caso em que um mesmo contribuinte fique sujeito a duas ou mais taxas:

> Duas ou mais entidades tributantes podem exigir taxas de uma mesma pessoa, por uma única atividade, pois o uso da competência tributária por uma pessoa jurídica tributante não excluirá o da outra. Quem explora a fabricação de explosivos pode estar submetido a três fiscalizações (da União, dos Estados e dos Municípios), diversas entre elas, originando cada uma a respectiva taxa. O fato é de fácil explicação: o fato gerador da obrigação relativa à taxa é a atividade estatal (cada atividade estatal pode acarretar a cobrança de uma taxa), e não a atividade do cidadão (esta não faz nascer obrigação tributária relativa à taxa).

8. Elementos

A taxa, sendo uma espécie do gênero tributo, a lei que a institui deve conter todos os *elementos* da obrigação tributária, referidos no art. 97 do CTN, a saber: sujeito ativo, sujeito passivo, hipótese de incidência, alíquota e base de cálculo.

---

[104] MEIRELES, Hely Lopes. *Direito municipal brasileiro*. São Paulo: Revista dos Tribunais, v. 1, p. 168-169.

[105] Cf. Bernardo Ribeiro de Moraes, *op. cit.*, p. 538; DENARI, Zelmo. *Curso de direito tributário*. Rio de Janeiro: Forense, 1990, p. 105.

[106] *RTJ* 39/173, *RTJ* 43/688 e *RTJ* 50/43.

[107] *Op. cit.*, p. 105.

[108] *Op. cit.*, p. 539. No mesmo sentido, *RTJ* 63/43.

O **sujeito ativo** da obrigação tributária pertinente à taxa é a pessoa de direito público titular da competência para sua instituição, (CTN, art. 119), sendo, portanto, o ente político que tiver a atribuição administrativa para prestar o serviço público específico e divisível relativo ao contribuinte.

O **sujeito passivo** da obrigação tributária na taxa é a pessoa que, segundo a lei, tem o dever de cumprir a prestação tributária porque é aquela que sente o gozo individual da parcela do serviço público prestado ou posto à sua disposição. Assim, o legislador não tem liberdade para eleger qualquer pessoa como sujeito passivo da obrigação tributária, pois só poderá ser quem se relacione pessoal e diretamente com a atividade estatal definida em lei e dela obtenha vantagem de forma específica e divisível.

A **hipótese de incidência** da obrigação tributária deve estar, necessariamente, vinculada ao exercício do poder de polícia ou à utilização, efetiva ou potencial, de serviço público específico e divisível relativo ao contribuinte. A hipótese de incidência deve corresponder, portanto, a uma atividade estatal de natureza específica e não genérica. Assim, é ilegítima a taxa de iluminação pública por tratar-se de serviço público genérico e indivisível (*uti universi*)[109]. Por outro lado, o mero poder de polícia em si e por si não legitima a cobrança de taxa, se não vier acompanhado de uma atuação estatal específica definida em lei, relativa ao contribuinte. Por isso, os tribunais têm decidido que é ilegítima a taxa de renovação anual de licença de estabelecimento, quando a lei não faça previsão do órgão público que desempenhará a atividade estatal que caracterize o exercício do poder de polícia, conforme dispunha a Súmula 157 do STJ, que foi revogada apenas por ser demasiadamente genérica. Assim, deve ser considerada ilegítima apenas a lei que institua a mencionada taxa, mas não precise a atividade estatal específica que deva ser desempenhada.

A **base de cálculo** da taxa deve estar relacionada com sua hipótese de incidência porque corresponde à sua expressão econômica. Assim, deve existir uma razoável equivalência entre o custo global da atividade estatal definida pela lei como hipótese de incidência e a base de cálculo. Além do mais, as taxas não podem ter base de cálculo própria de impostos (CF, art. 145, § 2º), isto é, não podem ser relacionadas a uma atividade não estatal, vale dizer, não podem tomar como base elementos subjetivos do contribuinte, que denotem sua capacidade contributiva.

Em resumo, o sujeito ativo e o sujeito passivo são os **elementos subjetivos** da obrigação tributária relativa à taxa, a hipótese de incidência é o seu *elemento objetivo* e a base de cálculo, o seu elemento **valorativo**.

9. Taxa e imposto

A distinção entre taxa e imposto não é matéria pacífica entre os autores porque fundada em critérios distintos. O critério mais antigo baseava-se em ser a taxa **facultativa** e o imposto, **obrigatório**[110], sob o fundamento de que o particular, dependendo de sua vontade, pode requerer ou não o benefício do serviço público que originará a cobrança de taxa. A objeção que se faz a esta teoria é que a taxa, por ser espécie do gênero tributo, reveste-se sempre do caráter de compulsoriedade, porque sua cobrança decorre do exercício pelo Estado do poder de soberania. Além do mais, existem, de um lado, certos serviços públicos que são impostos coercitivamente

---

[109] BRASIL. Superior Tribunal de Justiça, REsp. 19.430/RS, Segunda Turma, Rel. Min. Hélio Mosimann, 21.08.1995, v.u., *DJU* 25.09.1995, p. 31.095; RMS 6447-AM, rel. Min. Humberto Gomes de Barros, Primeira Turma, 14.03.1996, *DJU* 22.04.1996, p. 12.533 etc.; TARJ, *RT* 714/227; Súmula 24 do 1º TACivSP. Em sentido contrário, considerando legítima a taxa de iluminação pública, Zelmo Denari (*RTDT* 15/1983).

[110] Cf. BERLIRI, Antônio. *Principi di diritto tributario*. Milão: Giuffré, 1952, p. 1-208.

ao particular, independentemente de provocação, por corresponderem a serviços públicos essenciais. De outro lado, existem serviços que são colocados à disposição do contribuinte e devem ser por ele pagos, mesmo que deles não se utilizem, sendo sua hipótese de incidência, no caso, a utilização potencial do serviço público.Outro critério prende-se ao **produto da arrecadação do tributo**. Assim, a distinção estaria no fato de a taxa ter o produto de sua arrecadação vinculado a determinada despesa ou atividade estatal, enquanto o imposto se caracterizaria pela desvinculação de sua arrecadação em relação ao seu fim. A falha deste entendimento reside no fato de o art. 4º do CTN considerar irrelevante para a determinação da natureza jurídica específica do tributo a destinação legal do produto de sua arrecadação, vez que a mesma resulta tão somente do exame da respectiva hipótese de incidência definida em lei. Terceiro critério tem alicerce na **repartição dos custos**, pelo qual o custo na taxa é distribuído somente entre as pessoas que se beneficiam do serviço público, enquanto no imposto esta repartição se faz pela coletividade considerada um todo, pouco importando se as pessoas se beneficiam ou não da execução do serviço público. Tal distinção não tem base também no art. 4º do CTN. Um quarto critério repousa na *vantagem* decorrente do pagamento do tributo. Assim, a distinção estaria em que a taxa corresponde necessariamente a contraprestação de um benefício concedido especificamente ao contribuinte, enquanto no imposto inexistiria tal vantagem porque o gozo do serviço público se dilui por toda a coletividade. Rubens Gomes de Souza entende que tal critério não pode prosperar, porque tem fundamento no caráter de contraprestação da taxa, caráter este que é "típico das receitas de natureza contratual, mas, por isso mesmo, incompatível com a das receitas tributárias".[111]

O melhor critério é o que leva em consideração a **hipótese de incidência** do tributo porque repousa no direito positivo brasileiro, máxime no art. 4º do CTN, que adota como único critério para se determinar a natureza jurídica específica do tributo o exame da hipótese de incidência definida em lei. Resulta desse dispositivo legal a distinção entre tributo vinculado e não vinculado. A taxa é tributo vinculado porque sua hipótese de incidência definida em lei depende de uma atividade estatal específica relativa ao contribuinte, enquanto o imposto é tributo não vinculado porque sua hipótese de incidência definida em lei corresponde a uma situação estranha à atuação estatal. Em consequência, o imposto é presidido pelo princípio da capacidade contributiva (tributo contributivo), enquanto a taxa é presidida pelo princípio custo-benefício (tributo comutativo ou retributivo).

10. Taxa e preço

Entre todas as espécies do gênero tributo, a taxa é a receita que mais se presta a se confundir com o preço público, porque tanto na taxa quanto no preço está presente uma atividade estatal específica. Todavia, a doutrina não tem um critério único para diferenciar taxa de preço público.

10.1. Preço social

A. Theodoro Nascimento[112] dá ciência que diversos autores (**Gangemi** e **Aliomar Baleeiro**) referem-se a uma espécie de preço denominada **preço social**. Trata-se de receita auferida pelo Estado no desempenho de atividades em que prevalece o interesse particular, mas existe interesse público consistente na necessidade de o Estado preservar a pureza de

---

[111] SOUZA, Rubens Gomes de. Ainda a distinção entre taxa e imposto. *Revista de Direito Público*, Rio de Janeiro, 21/304.

[112] *Op. cit.*, p. 23-24.

determinados produtos, por exemplo, tapetes (gobelinos), cristais, porcelanas de Sèvres, que ficaria prejudicada se sua fabricação fosse cometida à iniciativa privada, ou ainda, a preservação de famosas artes nacionais. Assim, são objetos de adorno ou de uso da classe média ou rica, que possuem maior capacidade contributiva, permitindo que o Estado cobre preços sociais, isto é, que leve em conta essa capacidade contributiva, fixando-os acima do custo. Todavia, esse preço não é fixado sem limites, mas moderadamente acima do custo porque visa também a evitar o lucro excessivo do negociante particular, sendo, portanto, inferior ao preço típico de monopólio se sua produção fosse liberada ao particular[113].

Depois de examinarmos as diversas expressões adotadas pela doutrina para caracterização dos preços, vamos agora nos deter nas diferenças entre preço e taxa.

10.2. Distinção segundo Giannini

A. D. Giannini[114] considera que a distinção entre a taxa e o preço reside no seguinte: a) os preços são regulados pelo direito privado, enquanto as taxas são disciplinadas pelo direito público; b) os preços cobrem, com lucro, a despesa de produção do bem ou serviço, enquanto a taxa não pode superar, senão de pouco, o custo de produção; c) a cobrança da taxa tem escopo fiscal, não podendo o serviço, que é dela objeto, ser usufruído pelo contribuinte de outro modo, ou seja, com menor dispêndio, ao passo que o preço possui simples caráter financeiro de arrecadação, passível, assim, o serviço de ser objeto de execução privada menos dispendiosa para o particular que o utiliza.

10.3. Distinção segundo a doutrina brasileira

Entre nós, **Aliomar Baleeiro**[115] inclui o preço entre as receitas originárias e a taxa, por ser espécie do gênero tributo, entre as receitas derivadas. O mesmo autor aponta dois elementos característicos e identificadores dessas duas receitas: a) a coação, direta ou indireta (elemento político-jurídico), que existe nas receitas derivadas, mas não nas receitas originárias; b) a procedência dos recursos (elemento econômico), já que nas receitas originárias é o próprio setor público a sua fonte, enquanto nas receitas derivadas o setor privado, constituído pelo patrimônio e rendas dos particulares, suporta o ônus.

Sacha Calmon[116], ao tratar do assunto, começa por deixar claro que os atos praticados com base no **poder de polícia** somente podem ser remunerados por taxas, porque só "o Poder Público é titular do poder de polícia, indelegável e incompossível com a concessão do serviço público". Todavia, os **serviços públicos específicos e divisíveis** podem ser cobrados sob taxas (regime de direito público) ou preços (regime contratual), porque as taxas de serviços, **sob ponto de vista econômico,** são **remuneratórias dos serviços prestados**. O mesmo jurista entende ainda que o dilema resolve-se pela **opção do legislador.** Assim, se cobrar taxa, a receita tem natureza compulsória, "mas fica manietado pelas regras de contenção do poder de tributar". Se cobrar preço, perde a compulsoriedade da exigência da receita, mas ganha maior liberdade na fixação das tarifas.

---

[113] Cf. Aliomar Baleeiro, *op. cit.*, p. 140; GANGEMI, Lello. *Elementi di scienza delle finanze*. Napoli: 1948, I, p. 199.

[114] GIANNINI, A. D. *I concetti fondamentali del diritto tributario*. Itália: Turim, 1956, p. 108-113.

[115] *Op. cit.*, p. 136.

[116] CALMON, Sacha. *Comentários à Constituição de 1988:* sistema tributário. Rio de Janeiro: Forense, 1990, p. 52.

Por sua vez, **Ricardo Lobo Torres**[117], inicialmente demonstra que "entre os dois ingressos há uma identidade básica material, qual seja, a de que ambos são devidos pela prestação de serviços públicos divisíveis". Em seguida, aponta as seguintes distinções entre taxa e preço público: a) levando-se em conta o relacionamento mantido com os direitos fundamentais, a taxa remunera o serviço público de tutela da liberdade, enquanto o preço público é devido pela prestação de serviço público de apoio aos direitos sociais e econômicos; isso porque "a tutela dos direitos fundamentais é essencial e tipicamente estatal; a proteção aos direitos sociais e econômicos nem é essencial ao Estado de Direito, nem constitui monopólio estatal"; b) no que concerne aos princípios constitucionais a que obedecem, o preço público é cobrado de acordo com o princípio do benefício, servindo-lhe de parâmetro não só o custo como também o lucro e a necessidade de reinvestimento, enquanto a taxa se filia ao princípio do custo/benefício, não respondendo o cidadão pelo que exceder o custo do serviço; c) com base na essencialidade do serviço frente aos objetivos do Estado, a taxa remunera os serviços que se vinculem à soberania, mas o preço público remunera os serviços que não tenham tal vinculação; d) com base nos aspectos orgânicos do serviço público, a taxa só pode ser cobrada pela Administração, tendo em vista que se refere a serviço essencial relacionado com o próprio exercício do poder público, enquanto o preço público pode ser cobrado tanto pela Administração Direta quanto pelas autarquias e empresas públicas pela prestação de serviço inessencial; e) no que tange ao princípio da legalidade, a cobrança da taxa está inteiramente vinculada ao princípio da legalidade estrita, com os seus desdobramentos nos princípios da anualidade e irretroatividade; já o preço público subordina-se à legalidade genérica do Estado de Direito, podendo ser instituído por decreto do Executivo e independe de prévia autorização orçamentária.

10.4. Critérios adotados pelo STF

O Supremo Tribunal Federal enunciou a **Súmula nº 545**, pela qual "preços de serviços públicos e taxas não se confundem, porque estas, diferentemente daqueles, são compulsórias e têm sua cobrança condicionada à prévia autorização orçamentária, em relação à lei que as instituiu". A Súmula foi editada à luz da Constituição de 1967 e, por isso, faz referência à prévia autorização orçamentária para a cobrança de tributos, mas desde a EC nº 1, de 1969 (art. 153, § 29), que o princípio da anualidade tributária foi substituído pelo princípio da anterioridade da lei fiscal.

Ricardo Lobo Torres[118], comentando o critério da compulsoriedade adotado por parte da doutrina e pela jurisprudência para diferenciar taxa de preço público, escreve o seguinte:

> Sucede que a compulsoriedade, como vimos, oportunamente, não é elemento indispensável à definição do tributo. Quanto ao preço público, também não se pode caracterizar como prestação não-compulsória, eis que no Estado de Bem-Estar Social, o cidadão não pode prescindir das prestações estatais relacionadas com a higiene, a saúde e o conforto doméstico; o Supremo Tribunal Federal vem até proibindo sanções como o corte de fornecimento de água, ainda que o ingresso seja apropriado como preço público.

A distinção entre taxa e preço público deve se basear na natureza do serviço público prestado[119]: a) **serviços públicos ínsitos à soberania do Estado**: são de natureza indelegá-

---

[117]   TORRES, Ricardo Lobo. *Tratado de direito tributário brasileiro.* Rio de Janeiro: Forense, 1986, p. 610-617.

[118]   *Op. cit.*, p. 615.

[119]   Cf. MOREIRA, Alves. Conferência inaugural. *In:* SIMPÓSIO NACIONAL DE DIREITO TRIBUTÁRIO, 10, 1985. São Paulo: Centro de Estudos de Extensão Inaugural, *IOB*, 12/1985, p. 1.540-1.543.

vel e relativamente facultativos, na medida em que o particular tem a opção de utilizá-los ou não, como o serviço judiciário e o da emissão de passaportes: tais serviços, em razão da sua própria natureza, são remunerados por taxa, mas apenas nos casos em que houver prestação efetiva; b) **serviços públicos essenciais ao interesse público**: sendo de interesse geral a sua prestação, surge para o particular a obrigação de remunerar tais serviços, pelo que abre ao Estado a possibilidade de instituir taxa sobre a utilização efetiva ou potencial dos serviços; c) **serviços públicos não essenciais**: são aqueles prestados ainda no interesse público, mas se o particular não quiser utilizá-los, não estará prejudicando a coletividade, como o serviço de correios e telégrafos; tais serviços ensejam a remuneração através de preço público.

10.5. *Diferenças entre taxa e preço*

Preço e taxa não se confundem pelas seguintes razões: a) o preço decorre de uma atividade desempenhada pelo Estado como se fosse particular, sem estar investido de sua soberania, enquanto a taxa, por ser tributo, decorre do exercício do poder de polícia ou da prestação de serviço público ou desempenho de atividade em que o Estado age investido de sua soberania; b) a taxa é receita derivada, obrigatória, legal, de direito público, enquanto o preço é receita originária, voluntária, contratual, de direito privado[120]; c) a taxa decorre do desempenho de uma atividade que não pode, por sua natureza, ser transferida ao particular, enquanto o preço se origina do desempenho de uma atividade que pode ser cometida ao particular[121]; d) a taxa provém do desempenho de uma atividade na qual prevalece o interesse público, enquanto o preço emana de uma atividade na qual prepondera o interesse particular; e) a taxa decorre de lei, e o preço de um acordo de vontades, pelo que o particular não pode ser constrangido a pagá-lo, salvo se utilizar-se da atividade; f) no preço, por ter natureza contratual, há possibilidade de desfazimento do acordo, o que não ocorre com a taxa, que decorre de lei; g) o poder de polícia pode ensejar a cobrança de taxa, mas não de preço[122]; h) a taxa objetiva cobrir o custo do serviço, enquanto no preço existe o fim de lucro; i) a taxa remunera serviço público ínsito à soberania do Estado e serviço público essencial ao interesse público, enquanto o preço público remunera serviço público não essencial; j) o preço não comporta extrafiscalidade, o

---

[120] Hugo de Brito Machado (*op. cit.*, p. 328-331) adota o critério da obrigatoriedade para distinguir taxa de preço público. Assim, exemplifica com a necessidade que se tem de energia elétrica: se o ordenamento jurídico permite que se possa captar energia elétrica por outro modo, sem violação da ordem jurídica, como de grupo gerador ou energia solar, a receita é preço; se, no entanto, o ordenamento jurídico veda outro meio para satisfação da necessidade de energia elétrica, sob pena de violar-se a ordem jurídica, tratar-se-á de taxa. O mesmo raciocínio pode se aplicar ao serviço de água.

[121] "...I – A taxa corresponde a uma quantia que o Estado cobra por um serviço que presta de natureza administrativa, no exercício do poder de polícia, em benefício da coletividade, serviço que não pode ser delegado ao particular, é atividade específica do Estado. II – Preço público é tipo de receita originária, sem qualquer coação, e que tem por fonte de recurso o próprio setor público..." (TRF-1ª R., AMS 92.01.04127-6/MG, Rel. Juiz Tourinho Neto, Terceira Turma, 24.09.1993, *DJU* 21.10.1993, p. 44.613).

[122] *RSTJ* 26/232. "I – Não pode a lei estabelecer preço público como forma de remuneração de serviço de fiscalização, aferição e verificação de balanças, prestado pelo Inmetro, vez que sua natureza compulsória indica qualidade do exercício do poder de polícia e de serviços remuneráveis por meio de *taxa*. II – O *nomen iuris* dado pela lei à exação é irrelevante para qualificá-la...." (TRF-1ª R., AC 91.01.03091-4/MG, Rel. Juiz Nelson Gomes da Silva, Quarta Turma, 10.05.1993, *DJU* 14.06.1993, p. 22.785).

que pode ocorrer com a taxa[123]; j) a ação de repetição de indébito de tarifas de água e esgoto sujeita-se ao prazo prescricional estabelecido no Código Civil (STJ, S. 412), e de tributo no art. 174 do CTN.

A importância de se saber a mencionada distinção reside na maior ou menor liberdade de sua instituição e percepção pelo poder público. Assim, se a receita tem natureza tributária, o Estado estará sujeito a todas as limitações constitucionais ao poder de tributar, enquanto se a receita tiver natureza contratual, o poder estatal terá maior liberdade no seu manejo[124].

10.6. *Natureza jurídica do pedágio*

10.6.1. *Tarifa não é sinônimo de preço público*

Finalmente, cabe uma última palavra no que toca às expressões "preço público" e "tarifa", que são empregadas pela doutrina e pela jurisprudência como sinônimas. Todavia, entendemos que a Constituição, em seu art. 175, parágrafo único, inciso III, reserva o termo **tarifa** somente para designar receita cobrada do usuário por concessionário ou permissionário de serviço público como contraprestação de uma vantagem que lhe proporciona. De outro lado, a expressão *preço público* designa as demais receitas contratuais que não se refiram a concessionário ou permissionário de serviço público. O art. 150, § 3º, da CF de 1988 refere-se a "preços ou tarifas" não como termos sinônimos, mas tendo presente a diferença que existe em razão do disposto no art. 175, parágrafo único, III.

---

[123] O STF acolheu essas nossas distinções entre taxa e preço, para reconhecer a natureza jurídica de taxa para o pedágio instituído pela Lei nº 7.712/1988, porque a sua cobrança está vinculada ao desempenho de uma atividade estatal (BRASIL. Supremo Tribunal Federal, RE 181.475-6/RS, Rel. Min. Carlos Velloso, Segunda Turma, v.u., 04.05.1999, *DJU* 25.06.1999).

[124] A denominada *taxa de armazenagem* é, na realidade, *preço* (CTN, art. 4º, I) e, "como tal deve ser tratada, podendo ter os seus valores e índices regulados por decreto ou mesmo portaria..." (TRF-2ª R., AMS 93.02.09730-7/RJ, Rel. Juiz Castro Aguiar, Terceira Turma, 03.05.1995, *DJU* 13.07.1995, p. 44.313). O STJ também decidiu que a taxa de armazenagem é preço público, mas o adicional de tarifa portuária não (BRASIL. Superior Tribunal de Justiça, REsp. 188.349/AM, Rel. Min. Garcia Vieira, Primeira Turma, v.u., 19.11.1998, *DJU* 15.3.1999, p. 123). O STF assim decidiu sobre o adicional de tarifa portuária: "O Plenário desta Corte, ao terminar o julgamento dos RREE 209.365 e 218.061, declarou a constitucionalidade do Adicional de Tarifa Portuária, por entender que ele tem a natureza de contribuição de intervenção no domínio econômico por gerar receita vinculado da União ao investimento nas instalações portuárias devida por categoria especial de usuário de serviços que a elas dizem respeito de forma direta" (BRASIL. Supremo Tribunal Federal, RE 224.212-1, Rel. Min. Moreira Alves, Primeira Turma, v.u., 30.03.1999, *DJU* de 18.06.1999, p. 31). Confira-se a seguinte decisão do STF sobre preço: "A Turma manteve decisão da Ministra Ellen Gracie, relatora, que negara seguimento a recurso extraordinário interposto contra acórdão do Tribunal de Justiça do Distrito Federal e Territórios que considerara dispensável lei para a instituição de preço progressivo, aplicável ao fornecimento de água pela Companhia de Água e Esgotos de Brasília – CAESB, a ser pago por usuários que excederem os limites de consumo previamente estabelecidos (na espécie o Decreto nº 10.157/1987). Considerou-se que o serviço de fornecimento de água é submetido ao regime de preço público, e não de taxa, sendo possível a majoração por meio de decreto. Salientou-se, ainda, que o referido acréscimo teve por fim a redução de consumo de produto essencial em período de desabastecimento, não possuindo caráter tributário. Precedentes citados: RREE 85.268-PR (RTJ 81/930) e 77.162-SP (82/763) e ADC 9-DF, julgada em 13.12.2001 (BRASIL. Supremo Tribunal Federal, AgRg 201.630-DF, Rel. Ministra Ellen Gracie, 11.06.2002, Informativo do STF nº 272 de junho de 2002).

VIII. CONTRIBUIÇÃO DE MELHORIA

1. Noção geral

A contribuição de melhoria está disciplinada pela Constituição de 1988 no art. 145, inciso III, pelo Código Tributário Nacional em seus arts. 81 e 82, e regulamentada pelo Decreto-lei nº 195, de 24.02.1967, que fixa suas normas gerais, tendo, assim, *status* de lei complementar. No Estado do Rio de Janeiro, a contribuição de melhoria foi instituída pela Lei nº 1.801, de 31.03.1991, e no Município do Rio de Janeiro é regulada nos arts. 34 a 52 do Código Tributário do Município (Lei nº 691, de 24.12.1984, alterada pela Lei nº 1.364, de 19.12.1988). O STJ firmou entendimento de que o DL nº 195/1967 não alterou os arts. 81 e 82 do CTN, por se harmonizarem[125].

O DL nº 195/1967 foi recepcionado pela CF de 1988 com base no art. 34, § 5º do ADCT. Todavia, **Sacha Calmon**[126] considera que o referido diploma legal "caducou antes da Constituição de 1988" porque disciplinava uma contribuição de melhoria baseada no critério "valorização" (EC nº 1/69), enquanto pela Constituição atual (e desde a EC nº 23/1983) adota-se o critério "custo". Consideramos, no entanto, que a contribuição de melhoria é prevista no texto constitucional levando em conta não só a valorização do imóvel como também o custo da obra. Isso porque não se admite a cobrança desse tributo sem que haja valorização ou melhoria de imóvel, e a referência ao custo é feita implicitamente pelo art. 145, III, da CF, através da expressão "decorrente de obras públicas", pois, caso contrário, desaparecerão as características que tipificam o mencionado tributo[127].

O art. 145, III, da CF permite que os entes políticos possam instituir "contribuição de melhoria, decorrente de obras públicas", não tendo a mesma redação do art. 18, II, da EC nº 1/1969, que se referia a "contribuição de melhoria, arrecadada dos proprietários de imóveis beneficiados por obras públicas, que terá como limite total a despesa realizada". Como se pode observar, o art. 145, III, da CF de 1988 suprimiu a referência a "proprietários de imóveis beneficiados por obras públicas" e silenciou sobre os limites para a cobrança do tributo. Entretanto, entendemos que, apesar de tais omissões: a) a contribuição de melhoria só pode ser cobrada em razão de obras públicas que acarretem a valorização de bem imóvel, tal como consta do art. 81 do CTN, vez que tal valorização imobiliária é requisito ínsito do tributo[128]; b) o sujeito passivo do tributo é o proprietário do bem imóvel valorizado pela obra pública[129] ou

---

[125] BRASIL. Superior Tribunal de Justiça, REsp. 362.788/RS, Rel. Min. Eliana Calmon, v.u., *DJU* 05.08.2002, p. 284.

[126] *Op. cit.*, p. 77.

[127] Cf. Ricardo Lobo Torres, *op. cit.*, p. 337.

[128] Nesse sentido, Ricardo Lobo Torres, *op. cit.*, p. 349. O STF, sob a égide da EC nº 1/69, decidiu que: "Não obstante alterada a redação do inciso II do art. 18 pela Emenda Constitucional nº 23/1983, a valorização imobiliária decorrente de obra pública – requisito ínsito à contribuição de melhoria – persiste como fato gerador dessa espécie tributária" (*RTJ* 138/600 e 614). Na primeira decisão, o STF decidiu ainda que o *recapeamento* de via pública já asfaltada não acarreta valorização do imóvel, não ensejando a cobrança de contribuição de melhoria porque não figura entre as hipóteses de incidência previstas no art. 2º do Decreto-lei nº 195/1967, não se confundindo com *pavimentação*, que é obra prevista como capaz para gerar o tributo. Ademais, o STF tem decidido também que: "Tributário. Pavimentação de logradouros. Tratando-se de obra pública a que, segundo o Decreto-lei nº 195, de 24.02.1967, pode corresponder contribuição de melhoria, não tem o poder público a opção de instituir, alternativamente, taxa remuneratória" (*RTJ* 94/340).

[129] O extinto TFR decidiu que a contribuição de melhoria só "é exigível no caso de valorização de imóveis de propriedade privada" (BRASIL. AC 66.237/MG, Rel. Min. Américo Luz, Sexta Turma, 17.06.1981, *Em. de jurispr.*, v.3, p. 208, *DJU* 13.08.1981).

o enfiteuta (DL nº 196/1967, art. 8º e seu § 1º); c) na cobrança do tributo, a entidade federada competente deverá obedecer aos limites geral e individual, porque se encontram implícitos na Constituição[130]. Assim, o valor cobrado não poderá exceder o total da despesa realizada (**limite geral**) e não se poderá cobrar do proprietário valor excedente ao da valorização do imóvel (**limite individual**), sob pena de se perpetrar verdadeiro confisco e ferir o princípio da capacidade contributiva.

O adquirente de bem imóvel, em débito com o pagamento de contribuição de melhoria, sub-roga-se no crédito tributário, e, assim, o fisco pode exigir-lhe o tributo na qualidade de sucessor (CTN, art. 130), mas o adquirente poderá ressarcir-se do mencionado ônus, conforme previsto no contrato de compra e venda[131].

2. Hipótese de incidência

A **hipótese de incidência** da contribuição de melhoria é a **valorização de imóvel do contribuinte decorrente de obra pública realizada**, e, assim, a mera realização de obra pública, sem acarretar valorização de imóvel, não enseja a cobrança do tributo por faltar a melhoria, requisito ínsito do tributo[132]. Por outro lado, o tributo não pode ser cobrado para custear obra pública a ser realizada, só sendo admitido após o término do empreendimento e da verificação de que tal benfeitoria valorizou os imóveis lindeiros[133].

O art. 2º do Decreto-lei nº 195 indica, de **forma taxativa**, as obras públicas que, provocando valorização imobiliária, podem gerar a contribuição de melhoria: a) abertura, alargamento, pavimentação, iluminação, arborização, esgotos pluviais e outros melhoramentos de praças e vias públicas; b) construção e ampliação de parques, campos de desportos, pontes, túneis e viadutos; c) construção ou ampliação de sistemas de trânsito rápido, inclusive todas as obras e edificações necessárias ao funcionamento do sistema; d) serviços e obras de abastecimento de água potável, esgotos, instalações de redes elétricas, telefônicas, transportes e comunicações em geral ou de suprimento de gás, funiculares, ascensores e instalações de utilidade pública; e) proteção contra secas, inundações, erosão, ressacas e saneamento e drenagem em geral, diques, cais, desobstrução de barras, portos e canais, retificação e regularização de cursos d'água e irrigação; f) construção de estradas de ferro e construção, pavimentação e melhoramento de estradas de rodagem; g) construção de aeródromos e aeroportos e seus acessos; h) aterros e realizações de embelezamentos em geral, inclusive desapropriação em desenvolvimento de plano de aspecto paisagístico.

---

[130] Nesse sentido, dentre outros: BASTOS, Celso. *Curso de direito financeiro e de direito tributário*. São Paulo: Saraiva, 1991, p. 155; Ives Gandra Martins, *op. cit.*, v.6, t.1, p. 55-56; PAES, Tavares. *Comentários ao código tributário nacional*. 5. ed. São Paulo: RT, 1996, p. 243.

[131] BRASIL. Superior Tribunal de Justiça, REsp. 192501/PR, Rel. Min. Francisco Peçanha Martins, Segunda Turma, v.u., *DJU* 18.02.2002, p. 285 (*RSTJ* 152/220).

[132] *RTJ* 120/151, TACivSP, *RT* 725/45. O STJ tem decisão no sentido de que a entidade tributante, ao exigir o pagamento de contribuição de melhoria, tem de demonstrar o amparo das seguintes circunstâncias: a) exigência fiscal relativa a despesas decorrentes de obra pública realizada; b) a obra pública tenha provocado a valorização do imóvel; c) a base de cálculo seja a diferença entre dois momentos: o primeiro, o valor do imóvel antes da obra ser iniciada; o segundo, o valor do imóvel após a conclusão da obra. Entendeu, também, corretamente, que é da natureza da contribuição de melhoria a valorização imobiliária, bem como acolheu o entendimento doutrinário que, para definir a sua hipótese de incidência, deve-se adotar o critério da mais-valia (BRASIL. Superior Tribunal de Justiça, REsp 169.131/SP, Rel. Min. José Delgado, Primeira Turma, v.u., 02.06.1998, *DJU* 03.08.1998, p. 143). *RSTJ* 111/85.

[133] 1º TACivSP, *RT* 793/264.

3. Características

A contribuição de melhoria é tributo de **competência comum** da União, dos Estados, do Distrito Federal e dos Municípios, mas essa competência só pode ser exercitada no âmbito de suas respectivas atribuições (CTN, art. 81), que estão previstas na Constituição Federal, nas Constituições dos Estados e nas Leis Orgânicas do Distrito Federal e dos Municípios. Assim, a competência administrativa em matéria de obra pública precede à competência tributária para instituição da contribuição de melhoria, sendo competente para instituir o tributo o ente político que tiver a atribuição administrativa para executar a obra pública. O ente político que instituir a contribuição de melhoria só poderá exigi-la em decorrência de obras públicas por ele executadas e que valorizarem imóveis situados no seu território. Em hipótese alguma, o sujeito ativo desse tributo poderá cobrá-lo de proprietários de imóveis situados em território de outro ente político, mesmo que tenham se valorizado com a obra pública.

A contribuição de melhoria é **tributo vinculado**, porque sua hipótese de incidência é a valorização de imóvel em decorrência de obra pública, dependendo, portanto, de uma atuação estatal. A contribuição de melhoria depende de lei para a sua instituição pelo ente político competente, não podendo, portanto, ser exigida com suporte apenas no Decreto-lei nº 195/1967, que apenas fixa as suas normas gerais[134].

Ricardo Lobo Torres entende que a contribuição de melhoria é norteada pelo princípio *custo/benefício*, embora não lhe seja estranho o princípio da capacidade contributiva porque: "Cuida-se de custo (para a Administração) e de benefício (para o contribuinte) integrados na mesma equação, em contato permanente e interação dialética. O princípio do *custo/benefício* aparece em simetria com a problemática *mais-valia/despesa pública* ligado ao fundamento do tributo"[135], sendo, portanto, tributo retributivo ou comutativo.

Trata-se ainda de tributo com **finalidade fiscal** porque visa obter recursos para cobrir os custos da obra. Entretanto, **Aliomar Baleeiro** entende que a contribuição de melhoria visa à recuperação do enriquecimento ganho por proprietário de bem imóvel em virtude de obra pública concretizada no local de sua situação, sendo seu fundamento, pois, o enriquecimento injusto auferido pelo proprietário do imóvel em razão da realização da obra pública, para a qual pode até não ter contribuído, sendo a mesma obra custeada por toda a coletividade[136].

A contribuição de melhoria **não pode ser objeto de repercussão**, porque o art. 8º, § 3º, do DL nº 195/1967, considera nula a cláusula do contrato de locação que atribua ao locatário o pagamento, no todo ou em parte, da contribuição de melhoria lançada sobre o imóvel. Todavia, o parágrafo 2º do seu art. 8º prescreve que "é lícito ao locador exigir aumento de aluguel correspondente a 10% (dez por cento) ao ano da Contribuição de Melhoria efetivamente paga" (vide Lei nº 8.245/1991).

O art. 18 do DL nº 195/1967 reza que a dívida fiscal oriunda de contribuição de melhoria terá **preferência** sobre outras dívidas fiscais quanto ao imóvel beneficiado, regra que deve ser

---

[134] "Contribuição de melhoria. Regulamento. A lei, em princípio, é autoaplicável. A regulamentação só se faz necessária quando aquela ou norma superior assim o determinar ou decorrer da natureza do instituto. O Código Tributário do Município de Campo Grande reúne os elementos suficientes, no tocante à contribuição de melhoria, para sua exigência. Fato gerador, base de cálculo e alíquota especificados. Edital de conteúdo bastante para identificar a pretensão do Fisco" (BRASIL. Superior Tribunal de Justiça, Resp. 6.164/MS, Rel. Min. Luiz Vicente Cernicchiaro, Segunda Turma, 19.11.1990, *DJU* 18.02.1991, p. 1.026).

[135] *Op. cit.*, p. 337-338.

[136] BALEEIRO, Aliomar. *Direito tributário brasileiro*, 10. ed. Rio de Janeiro: Forense, 1986, p. 359.

observada quando se for interpretar o art. 187, parágrafo único, do CTN, e o art. 29 da Lei nº 6.830/1980, relativo ao concurso fiscal de preferência.

O art. 12, § 4º, do DL nº 195/1967, permite "ao contribuinte liquidar a Contribuição de Melhoria com títulos da dívida pública, emitidos especialmente para financiamento da obra pela qual foi lançado; neste caso, o pagamento será feito pelo valor nominal do título, se o preço do mercado foi inferior". A LC nº 104/2001, ao acrescentar o inciso XI ao art. 156 do CTN, permitindo a extinção do crédito tributário mediante dação em pagamento em bens imóveis, na forma e condições estabelecidas em lei, não revogou o mencionado dispositivo do DL nº 195/1967, porque a relação constante do art. 156 do CTN sempre foi considerada com natureza exemplificativa e a inserção feita pela LC nº 104/2001 não tem o condão de alterar tal natureza. Assim, a lei pode autorizar a extinção do crédito tributário mediante dação em pagamento em bens móveis, como na hipótese do art. 12, § 4º, do DL nº 195/1967 (títulos da dívida pública. Por outro lado, o art. 17 do DL nº 195/1967 autoriza o contribuinte da contribuição de melhoria deduzir do imposto sobre a renda, devido sobre a valorização imobiliária resultante de obra pública, a importância que houver pago, a título de contribuição de melhoria, como também dispõe o art. 137, IV, do Decreto 9.580/2018.

4. Base de cálculo

Silenciando a CF de 1988 sobre a **base de cálculo** da contribuição de melhoria, deve-se observar a norma do art. 82, § 1º, do CTN. Assim, a contribuição de melhoria relativa a cada imóvel é determinada levando-se em conta a parcela do custo da obra a ser suportada pelos proprietários dos imóveis valorizados, sendo rateada pelos imóveis situados na zona beneficiada em função dos respectivos fatores individuais de valorização[137]. Daí ser ilegítima a contribuição de melhoria em que a base de cálculo adote apenas o custo da obra, rateada proporcionalmente segundo a testada de cada imóvel, porque o CTN exige que se leve em conta a valorização individual dos imóveis, em decorrência da realização da obra pública[138].

Na fixação da base de cálculo, devem ser observados os limites total e individual referidos no CTN (art. 81), porque suas normas, desde que não conflitantes com a Constituição de 1988, foram por ela recepcionadas, nos termos do art. 34, § 5º, do ADCT. Assim, o poder público não pode adotar como base de cálculo valor superior ao custo da obra (**limite total**), para não enriquecer sem causa, nem exceder o valor do benefício acrescido a cada imóvel (**limite individual**), para que o tributo não tenha efeito confiscatório. O art. 4º do DL nº 195/1967 considera não só o custo direto (obra em si), como também o indireto, compreendendo "as despesas de estudos, projetos, fiscalização, desapropriações, administração, execução e financiamento, inclusive prêmios de reembolso e outras de praxe em financiamento ou empréstimos e terá a sua expressão monetária atualizada na época do lançamento mediante aplicação de coeficientes de correção monetária".

---

[137] "...1 – Recapeamento de via pública, com o custo coberto por um 'plano de rateio entre todos os beneficiados', afronta exigências legais (arts. 81 e 82, CTN, Decreto-lei nº 195/1967, arts. 1º e 2º). 2 – Ilegalidade do lançamento de contribuição de melhoria baseado no custo, sem os pressupostos de valorização ou específico benefício consequente da obra pública realizada no local de situação do imóvel. ..." (BRASIL. Superior Tribunal de Justiça, Resp. 634-0/SP, Rel. Min. Milton Luiz Pereira, Primeira Turma, *DJU* 18.04.1994, p. 8.440).

[138] BRASIL. Superior Tribunal de Justiça, Resp. 362788/RS, Rel. Min. Eliana Calmon, v.u., *DJU* 05.08.2002, p. 284.

Por sua vez, o art. 12 do DL nº 195/1967 estatui que a contribuição de melhoria "será paga pelo contribuinte de forma que a sua parcela anual não exceda a 3% (três por cento) do maior valor fiscal do seu imóvel, atualizado à época da cobrança".

5. Requisitos para cobrança

O art. 82 do CTN prescreve que a lei relativa à contribuição de melhoria deverá observar os seguintes **requisitos mínimos**: "I – publicação prévia dos seguintes elementos: a) memorial descritivo do projeto; b) orçamento do custo da obra; c) determinação da parcela do custo da obra a ser financiada pela contribuição; d) delimitação da zona beneficiada; e) determinação do fator de absorção do benefício da valorização para toda a zona ou para cada uma das áreas diferenciadas, nela contidas; II – fixação de prazo não inferior a 30 (trinta) dias, para impugnação, pelos interessados, de qualquer dos elementos referidos no inciso anterior; III – regulamentação do processo administrativo de instrução e julgamento da impugnação a que se refere o inciso anterior, sem prejuízo da sua apreciação judicial"[139].

Por sua vez, o parágrafo 2º do art. 82 do CTN determina que, feito o lançamento, cada contribuinte deverá ser notificado do montante da contribuição, da forma e dos prazos de seu pagamento e dos elementos que integram o respectivo cálculo. O lançamento da contribuição de melhoria é feito de ofício e somente pode ocorrer após o término da execução da obra pública, embora o poder público possa proceder ao lançamento na conclusão parcial da obra, objetivando cobrar o tributo somente dos proprietários dos imóveis por ela beneficiados (DL nº 195/1967, art. 9º).

O art. 5º do DL nº 195/1967, regulamentando o art. 182 do CTN, exige que, para a cobrança da contribuição de melhoria, deverá ser publicado edital, contendo, entre outros, os seguintes elementos: "a) delimitação das áreas direta e indiretamente beneficiadas e a relação dos imóveis nela compreendidas; b) memorial descritivo do projeto; c) orçamento total ou parcial dos custos da obra; d) determinação da parcela do custo das obras a ser ressarcida pela contribuição com o correspondente plano de rateio entre os imóveis beneficiados". Tendo em vista o disposto na alínea "c" acima referida, fica clara a finalidade fiscal da contribuição de melhoria, qual seja, carrear recursos para o poder público, permitindo-lhe realizar as obras públicas que acarretarão a valorização de bens imóveis. A lei que instituir a contribuição de melhoria e o edital referido no mencionado dispositivo legal devem ser publicados antes da cobrança da contribuição de melhoria para que o sujeito passivo, querendo, possa impugnar a exigência da exação, podendo, portanto, ser publicado após a ultimação das obras. Entretanto, a publicação prévia do edital não é necessária para a realização das obras públicas, mas para a cobrança do tributo[140].

---

[139] A publicação prévia do edital é necessária para a cobrança da contribuição e não para a realização da obra. A publicação deve anteceder ao lançamento (*RSTJ* 82/100). No mesmo sentido decidiu também o STJ, sob o fundamento de que o art. 82 do CTN foi revogado pelo art. 5º do DL nº 195/1967, bem como que importa ao contribuinte saber a valorização que as obras públicas trarão ao seu imóvel e o montante que terá de pagar por isso – elementos só mensuráveis depois de pronta a obra (*RSTJ* 109/95).

[140] REsp 431068/SP, Rel. Min. Humberto Gomes de Barros, v.u., *DJU* 12.08.2002, p. 180. Em sentido contrário, o 1º TACivSP entende ser necessário que "a Municipalidade publique, antes do início da obra, o edital do memorial descritivo do projeto a ser realizado, de modo a tornar legítima a cobrança do tributo – Circunstância que proporciona aos contribuintes a faculdade de questionar o custo do empreendimento e a valorização que acarretará aos imóveis lindeiros" (*RT* 793/264).

6. Contribuição de melhoria e taxa

Existem **semelhanças** entre a contribuição de melhoria e a taxa porque, quanto ao fato gerador, são tributos vinculados, retributivos, ou comutativos e de competência comum dos entes políticos. Assim: a) tributos *vinculados* porque a sua hipótese de incidência definida em lei depende de uma atuação estatal específica: exercício do poder de polícia e prestação de serviço público específico e divisível (taxa) e execução de obra pública (contribuição de melhoria); b) tributos *retributivos*, ou *comutativos*, por serem informados pelo princípio custo/benefício; c) instituição de competência *comum* de todos os entes políticos.

Todavia, existem **dessemelhanças** entre a taxa e a contribuição de melhoria: a) a contribuição de melhoria não pode ser cobrada com base no exercício de poder de polícia, como ocorre com a taxa; b) "(a) na obra pública há o desempenho de atividade estatal que termina quando fica pronto o *bem público* correspondente; (b) no serviço público, pelo contrário, a atividade é permanente, não termina, pois se deixa de ser exercitada o serviço deixará de existir. A construção de uma avenida, por exemplo, é uma obra pública; já a limpeza e conservação desta constituem serviço público" (**Hugo de Brito Machado**).

Assim, concordamos com o mencionado jurista no sentido de que o legislador não tem liberdade para escolher a forma de remuneração da atividade estatal, taxa ou contribuição de melhoria. No caso, por exemplo, de asfaltamento de uma via pública acarretando a valorização de bens imóveis situados na sua área de influência, cabente é a contribuição de melhoria porque a atividade estatal exaure-se com o término da obra que beneficiou os proprietários dos imóveis lindeiros. Quando, no entanto, a obra pública não beneficia determinadas pessoas, por não valorizar os seus imóveis situados em sua área de influência, não cabe a cobrança de contribuição de melhoria pela ausência de valorização de imóvel, nem de taxa porque obra não se confunde com serviço público. Nesse caso, o poder público deve suportar o ônus do custo da obra com os recursos auferidos de impostos.

Finalmente, é de se observar que a contribuição de melhoria é de pouca utilização entre nós, o que se explica pela dificuldade em se fixar o *quantum* da valorização do imóvel em decorrência de obra pública, bem como pela complexidade que envolve a sua cobrança. Todavia, pode consistir em excelente instrumento fiscal para execução de obras públicas, por exemplo, pavimentação de estradas, desde que bem empregada e com respeito aos cânones constitucionais e legais que a disciplinam.

IX. EMPRÉSTIMOS COMPULSÓRIOS

1. Natureza jurídica

1.1. *Sistema anterior à EC nº 1/1969*

Antes da EC nº 1/1969, discutia-se na doutrina e na jurisprudência a *natureza jurídica* do empréstimo compulsório.[141] O Supremo Tribunal Federal, através da Súmula nº 418, entendeu,

---

[141] GRIZIOTTI, Benvenuto. *Principios de politica, derecho y ciencia de la hacienda*. Tradução espanhola. Madrid: Reus S.A, 1935, p. 400; FLEINER, Fritz. *Les principes généraux du droit admnistratif allemand*. Tradução francesa. Paris: Lid. Delgrave, 1933, p. 256, nota 1. San Tiago Dantas, partindo do entendimento de que, em consequência da evolução que tinham sofrido os princípios clássicos aplicáveis aos contratos, com a substituição do individualismo puro por um sentimento solidarista, nascido do desejo da proteção aos mais fracos, como forma de combater as consequências desumanas do liberalismo jurídico, surgiram muitas normas restritivas da liberdade de contratar, caracterizando o denominado dirigismo contratual. Essas normas imperativas, segundo o mesmo jurista, podiam ser divididas em duas categorias: a) umas

ainda sob a égide da Constituição de 1946, que "o empréstimo compulsório não é tributo e sua arrecadação não está sujeita à exigência constitucional de prévia autorização orçamentária" porque: a) o elemento coação por si só não caracteriza a receita como tributo, tanto que existem outras receitas coativas que não são tributos; b) o empréstimo compulsório corresponde a um contrato "forçado", em que uma pessoa é colocada em uma relação contratual por força da lei, sem que tenha de formular qualquer manifestação de vontade; c) sendo restituível, o empréstimo compulsório não corresponde a uma receita pública, mas a simples ingresso; d) ainda que seja considerado receita pública, a lei não incluiu o empréstimo compulsório na categoria dos tributos porque somente considerava como tal as contribuições obrigatórias não restituíveis (desde que presentes os demais elementos definidores do tributo); e) é no campo do direito público, e segundo os princípios do direito financeiro e administrativo, que se deve compreender a figura do empréstimo compulsório, não se devendo interpretar a operação segundo os princípios do direito privado, amoldando-a aos dispositivos da legislação civil referentes ao contrato de mútuo, residindo a distinção entre o empréstimo compulsório e o empréstimo civil na sua natureza de operação compulsória, ou forçada, independendo da anuência de uma das partes.

1.2. Sistema da CF de 1988

A Constituição de 1967 deixou expressa a natureza tributária do empréstimo compulsório e da mesma forma a Constituição de 1988. O empréstimo compulsório está disciplinado no art. 148 da CF, que integra a Seção I (Dos Princípios Gerais), do Capítulo I (Do Sistema Tributário Nacional) do Título VI (Da Tributação e do Orçamento), e estava ainda normatizado no art. 15 do CTN, e "o que não é tributo constitui excrescência num Código Tributário"[142].

O empréstimo compulsório não perde sua natureza tributária por ser restituível ao contribuinte, porque a determinação da natureza jurídica específica do tributo independe do destino que a lei der ao produto da sua arrecadação (CTN, art. 4º), e, ademais, tal destino também não é elemento componente da definição de tributo (CTN, art. 3º). Trata-se, no entanto, de **tributo especial** por ser restituível e porque as causas de sua criação estão preestabelecidas na Constituição: a) atender a despesas extraordinárias, decorrentes de calamidade pública, de guerra externa ou sua iminência; b) investimento público de caráter urgente e de relevante interesse nacional (art. 148). Poder-se-ia ainda indagar a razão pela qual o empréstimo compulsório, sendo tributo, não está arrolado nas espécies tributárias constantes do art. 145 da

---

restrigem apenas a liberdade de estipular, por exemplo, as que fixam juros máximos etc.; b) outras não se limitavam apenas a fixar o conteúdo dos contratos mas chegavam a criar obrigação de contratar, atingindo o princípio da autonomia da vontade em sua existência, como as leis que obrigam a vender, aplicáveis a fornecedores de certas matérias, as que obrigam a produzir, por imposição do poder público, e as que obrigam a comprar, aplicáveis sobretudo nas subscrições compulsórias de empréstimos públicos. Tais leis, segundo o saudoso mestre, dão lugar a *contratos coativos*, que se caracterizam pelo fato de a autonomia da vontade se reduzir a um simples ato de obediência, para evitar a imposição de sanções legais. Assim, para San Tiago Dantas, o empréstimo compulsório seria um *contrato de empréstimo de natureza coativa*, posicionado no direito financeiro (DANTAS, San Tiago. *Problemas de direito positivo.* Rio de Janeiro: Forense, 1953, p. 13 e segs). Consultem-se, entre outros: JÈZE, Gaston. *Cours de science des finances et de législation financière française.* Paris: Giard, 1922, p. 468-469; DUVERGER, Maurice. *Institutions financières*, 3. ed. Paris: P.U.F., 1960, p. 174 e segs; LAUFENBUGER, H. *Précis d'économie et de législation financière.* Paris, 1945, t. 2, p. 8; FALCÃO, Amílcar de Araújo. *Sistema tributário brasileiro.* Rio de Janeiro: Forense, 1965, p. 55-58; e COSTA, Alcides Jorge da. Natureza jurídica dos empréstimos compulsórios. *Revista de Direito Administrativo* – FGV, Rio de Janeiro, v. 70, p.1, 1962.

[142] Cf. Aliomar Baleeiro, *op. cit.*, p. 114.

CF. A razão é simples. O art. 145 da CF refere-se aos tributos que podem ser instituídos por todos os entes políticos (impostos, taxas e contribuição de melhoria), enquanto o empréstimo compulsório é de competência privativa da União. O STF inclui os empréstimos compulsórios na classificação quadripartidade de tributos[143], junto com os impostos, taxas e contribuições.

2. Criação de empréstimo compulsório

O art. 148 da CF estabelece, desde logo, as causas permissivas para sua criação, enquanto no texto constitucional anterior cabia à lei complementar definir os casos para instituição do tributo, que eram fixados pelo art. 15 do CTN, que não foi recepcionado pela Constituição atual. Atente-se que a Constituição apenas fixa as causas para a criação do empréstimo compulsório, devendo a hipótese de incidência ser definida na lei complementar que o instituir, o que obstaculiza a sua veiculação por medida provisória (CF, art. 62, § 1º, III, da CF, com a redação dada pela EC nº 32/2001). A hipótese de incidência do empréstimo compulsório pode estar ou não vinculada a uma ação estatal relativa ao contribuinte porque o art. 148 não estabelece qualquer restrição.

O princípio da anterioridade da lei fiscal, ou seja, anterioridade clássica, não se aplica ao empréstimo compulsório nos casos de calamidade pública, guerra externa, ou sua iminência (CF, art. 150, § 1º, primeira parte), mas deve ser observado na hipótese de investimento público de caráter urgente e de relevante interesse nacional, em razão da cláusula final do inciso II do art. 148 da CF, embora pareça contraditório. Entretanto, Hugo de Brito Machado entende que não existe incoerência, porque o "investimento público de relevante interesse nacional pode exigir recursos a que somente em vários anos seria possível atender com os tributos existentes. Por isto, é possível a instituição de um empréstimo compulsório que funcionará como simples antecipação de arrecadação" [144]. O empréstimo compulsório não está também sujeito à anterioridade nonagesimal nos casos de calamidade pública, guerra externa, ou sua iminência (CF, art. 150, § 1º, segunda parte).

O parágrafo único do art. 148 da CF reza que a aplicação dos recursos provenientes de empréstimo compulsório será vinculada à despesa que fundamentou sua instituição. Justifica-se tal disposição, em razão de a Constituição, estabelecer os pressupostos para criação do empréstimo compulsório, devendo, portanto, exigir, também, a estreita vinculação entre o produto da arrecadação do tributo e a sua causa motivadora. Trata-se de matéria atrelada ao Direito Financeiro porque diz respeito ao produto da arrecadação do tributo, cujo pagamento extingue o crédito tributário.

X. CONTRIBUIÇÕES PARAFISCAIS

1. Origem do termo

O termo *parafiscal* parece ter sido empregado pela primeira vez em um documento financeiro na França, em 1946, denominado "Inventário Schuman", para designar certas contribuições, cuja atribuição de arrecadação era cometida pelo Estado a determinadas entidades autônomas, revertendo a seu favor o produto arrecadado, e referiam-se principalmente

---

[143] BRASIL. Supremo Tribunal Federal, RE 146.773-9/SP, Rel. Min. Marco Aurélio, 31.10.1994, Segunda Turma, v.u., *DJU* 30.06.1995, p. 20.417.

[144] *Op. cit.*, p. 45.

às receitas destinadas à previdência social[145]. Assim, a parafiscalidade significa, desde a sua origem, uma finança paralela, no sentido de que a receita decorrente das contribuições não se mistura com a receita geral do poder público.

2. Natureza jurídica (doutrina alienígena)

A **natureza jurídica** das contribuições parafiscais não é pacífica na doutrina, tendo sido **E. Morselli** o primeiro a lhe dar uma feição jurídica própria, entendendo que a mencionada receita não tem natureza tributária comum porque os tributos têm caráter fundamentalmente político, enquanto a contribuição parafiscal atende a exigências econômico-sociais. Assim, a parafiscalidade constituiria categoria tributária nova, regida por princípios especiais diferentes dos princípios peculiares aos tributos comuns. O mesmo autor averba: "A teoria da parafiscalidade baseia-se na distinção das necessidades públicas em fundamentais e complementares. As primeiras correspondem às finalidades do Estado, de natureza essencialmente política (defesa externa e interna, justiça etc.). As segundas correspondem às finalidades sociais e econômicas, as quais, sobretudo recentemente, assumiram grandes proporções e novas determinações financeiras. Trata-se principalmente de necessidades de grupos profissionais econômicos e de grupos sociais. Assim, às necessidades fundamentais corresponde uma *finança fundamental* (de entes públicos territoriais). A teoria da parafiscalidade explica a *finança complementar*".[146]

Todavia, a teoria da parafiscalidade não foi aceita pacificamente na doutrina, sendo combatida por alguns autores, como **Mérigot**[147] e **Laferrière**[148], que a consideraram um imposto comum. Por sua vez, **Maurice Duverger** entende que as contribuições são "impostos corporativos", e distingue as contribuições parafiscais das taxas por não haver uma proporcionalidade entre o valor pago e a contraprestação de serviços obtida[149].

3. Natureza jurídica (doutrina brasileira)

A doutrina brasileira orientou-se por considerar a contribuição parafiscal como tributo, lecionando **Becker** que "as contribuições parafiscais não constituem uma natureza jurídica de tributo *sui generis*, mas tributo de natureza mista, porque, em determinados casos, são simples impostos com destinação determinada e, noutros, verdadeiras taxas". Justifica o seu entendimento afirmando que a destinação do tributo, a sua maior ou menor proporção (em relação à base de cálculo) e a posição do sujeito passivo em relação à hipótese de incidência não exercem qualquer influência sobre a natureza jurídica do tributo.[150]

Thedoro Nascimento, por sua vez, examinando a contribuição parafiscal sob a égide da EC nº 1/1969, considerou-a **imposto especial, consociativo ou corporativo** porque é exigida

---

[145] Cf. BALEEIRO, Aliomar. *Uma introdução à ciência das finanças*. 14. ed. Rio de Janeiro: Forense, 1969, p. 267. Consideramos fundamental para a compreensão da parafiscalidade a leitura da obra: NASCIMENTO, A. Theodoro. *Preços, taxas e parafiscalidade*. Rio de Janeiro: Forense, 1977, p. 395-474.

[146] MORSELLI, E. *Le finanze degli enti publici non territoriali*. Padova: Cedam, 1943.

[147] MÉRIGOT, J.-G. Elementos de uma teoria da parafiscalidade, *Revista de Direito Administrativo*, Rio de Janeiro, v. 33, p. 54, 1953.

[148] LAFERRIÈRE, Julien. *Traité élémentaire de science des finances et de législation financière*. Paris: Lib. Genérale de Droit et Jurisprudence, 1952, p. 244 e segs.

[149] DUVERGER, Maurice. *Institutions financières*. Paris: P.U.F., 1960, p. 87.

[150] BECKER, Alfredo Augusto. *Teoria geral do direito tributário*. São Paulo: Saraiva, 1963, p. 350. No mesmo sentido: FALCÃO, Amílcar de Araújo. *Sistema tributário brasileiro*. Rio de Janeiro: Financeiras, 1965, p. 54-55; BALEEIRO, Aliomar. *Uma introdução à ciência das finanças*. 14. ed. Rio de Janeiro: Forense, 1969, p. 274 etc.

"dos que compõem categorias econômicas e profissionais para custear serviços que atendem necessidades especiais experimentadas pelos grupos aos quais os contribuintes pertencem. Essa categoria tributária que, sobreposta aos impostos gerais, ordinários, atinge grupos profissionais e econômicos que tiram maior proveito de determinados serviços, criados para atender necessidades especiais deles, o legislador brasileiro denominou de **contribuição parafiscal**".[151]

A Emenda nº 18/1965 silenciou sobre as contribuições parafiscais, e igualmente o CTN não as contemplou originariamente. Mas a omissão foi sanada pelo Decreto-lei nº 27, de 14.11.1966, que, visando a "deixar estreme de dúvidas a continuação da incidência e a exigibilidade das contribuições para fins sociais, paralelamente ao Sistema Tributário Nacional a que se refere a Lei nº 5.172, de 25.10.1966", acresceu ao CTN o art. 217, que enumerou as seguintes contribuições especiais: a) a "contribuição sindical"; b) as "cotas de previdência"; c) a contribuição ao "Fundo de Assistência e Previdência do Trabalhador Rural"; d) a contribuição destinada ao "Fundo de Garantia do Tempo de Serviço"; e) as contribuições para o salário-educação, SESI, SENAI ou SENAC. Essa enumeração das contribuições parafiscais deve ser entendida em caráter exemplificativo, tendo em vista que alude ainda a "outras de fins sociais criadas por lei".

4. Características

As **características** da contribuição parafiscal são as seguintes: a) a atribuição da arrecadação é cometida pelo Estado a uma entidade dotada de autonomia administrativa e financeira, que deve arrecadar diretamente a receita e administrá-la na consecução de suas finalidades; b) constitui uma receita extraorçamentária, fora ou ao lado do orçamento estatal (CF, art.165, § 5º); c) está sujeita à fiscalização do órgão de controle de execução orçamentária, porque é arrecadada por pessoas de direito público, por exemplo, o INSS, ou por pessoas de direito privado, mas responsáveis por dinheiro ou outros bens públicos.

As **contribuições sociais** têm uma finalidade correspondente à atividade estatal que, embora dirigida à coletividade, alcança diversos grupos (sociais, profissionais ou econômicos) levando-lhes algum interesse. Essa finalidade deve constar da lei que autoriza a sua cobrança (CF, art. 195), e na prática, "se a lei instituidora do tributo não prever a destinação, não podemos considerá-lo uma contribuição social. Constituirá, então, na maioria das vezes, um imposto, cuja validade deverá ser analisada à luz do regime jurídico aplicável a tal espécie tributária"[152]. Todavia, o desvio da finalidade não tem reflexos tributários porque o produto da arrecadação é matéria atinente ao Direito Financeiro[153].

Discutiu-se a constitucionalidade da contribuição social sobre o lucro, em razão do seu fato gerador e da sua base de cálculo serem idênticos ao do imposto de renda e do PIS, tendo o STF decidido que a Constituição não veda essa incidência dupla, porque o art. 154, I, da CF (competência residual), só veda a instituição de imposto que tenha fato gerador e base de cálculo próprios dos impostos nela discriminados, não se referindo, portanto, às contribuições parafiscais[154]. As contribuições sociais não se sujeitam ao princípio da anterioridade clássica (CF, art. 150, III, *b*), porque podem ser exigidas após decorridos 90 (noventa) dias da data

---

[151] *Op. cit.*, p. 422-423.

[152] Cf. Bernardo Ribeiro de Moraes, *op. cit.*, p. 645.

[153] Cf. PAULSEN, Leandro. *Direito tributário*: constituição, código tributário e lei de execução fiscal à luz da doutrina e da jurisprudência. 4. ed. Porto Alegre: Livraria do Advogado, 2002. ESMAFE, nota ao art. 149, p. 106 e 107.

[154] *RTJ* 143/701.

da publicação da lei que as houver instituído ou modificado (CF, art. 195, § 6º). Por outro lado, as contribuições sociais podem ser instituídas por lei ordinária, porque o parágrafo 4º do art. 195 **só exige lei complementar** para a instituição de contribuições sociais residuais, ou seja, quando a lei instituir outras fontes destinadas a garantir a manutenção ou expansão da seguridade social, que não as previstas nos incisos do art. 195. Além da exigência de lei complementar, o parágrafo 4º do art. 195 exige também que as novas contribuições sociais devam observar os requisitos do art. 154, I, vale dizer, não podem ter fato gerador e base de cálculo idênticos aos das contribuições previstas no art. 195, bem como não podem ser cumulativas. As contribuições sociais são objeto de lançamento por homologação (CTN, art. 150).

O exame da natureza jurídica das **contribuições para o FGTS** deve ser feito separando-se a contribuição referente aos recolhimentos em contas vinculadas dos empregados e as contribuições sociais instituídas pela LC nº 110/2001. As primeiras não têm natureza tributária por ser ônus do empregador e direito social do empregado decorrente de relação trabalhista e social e não de relação tributária, ainda mais porque o produto da arrecadação do FGTS pertence ao empregado, não constituindo, portanto, receita pública destinada à satisfação de necessidades públicas[155]. Por isso, deve ser trintenário o prazo prescricional para a cobrança da contribuição para o FGTS e não de cinco anos, como previsto no art. 174 do CTN (STJ, Súmula 210, e TRF-4ª R., Súmula 43). Entretanto, a contribuição social devida pelos empregadores para os empregados, a título de FGTS, em caso de despedida de empregado sem justa causa tem ineludível natureza tributária. Isso porque, diferente da tradicional contribuição para o FGTS, essa nova contribuição não corresponde a encargo decorrente do contrato do trabalho, mas visa a carrear recursos para o pagamento de dívida do Governo (LC nº 110/2001, art. 4º), que não se enquadra nas finalidades previstas no art. 149, sendo, portanto, tributo com fim fiscal[156]. O art. 2º da LC nº 110/2001 instituiu também contribuição social devida pelos empregadores, à alíquota de cinco décimos por cento sobre a remuneração devida, no mês anterior, a cada trabalhador, incluídas as parcelas de que trata o art. 15 da Lei nº 8.036, de 11.05.1990, também de natureza tributária. Leandro Paulsen relaciona diversas decisões monocráticas e de Tribunais Regionais Federais, bem como entendimentos doutrinários no sentido da inconstitucionalidade das referidas contribuições sociais, cujas razões resumimos e subscrevemos: a) a finalidade das contribuições sociais constante do art. 4º não permite que as mesmas se amoldem nas espécies referidas nos incisos do art. 195 da CF, nem no seu § 4º, como contribuições sociais novas, e muito menos no art. 149; b) as contribuições sociais sob comento correspondem a contribuições para o Fundo que não se não se destinam a depósito em conta vinculada dos empregados (art. 3º, § 1º) e não se compatibilizam com a definição constitucional de contribuições sociais voltadas ao financiamento da seguridade social, afrontando, portanto, o parágrafo 5º do art. 195 da CF, pelo qual as novas contribuições devem ter finalidade justificada; c) não sendo contribuições sociais poderiam ser entendidas como impostos criados com base no art. 154, I, da CF, mas como tal agrediria o art. 167, IV, da CF, que veda a vinculação da receita de impostos a órgão, fundo ou despesa; d) a base de cálculo da contribuição social referida no art. 2º da LC 110/2001, correspondente à remuneração

---

[155] *RTJ* 136/681, sendo a decisão plenária do STF baseada no art. 165, XIII, da CF de 1969. Todavia, o STF, após a CF de 1988, reiterou o entendimento de que a contribuição para o FGTS não tem natureza tributária, baseando-se na decisão do Pleno no julgamento do RE 100.249, p.m., relator designado o Ministro Néri da Silveira, *DJU* 01.07.1988, p. 16.903 (BRASIL. Supremo Tribunal Federal, RE 120.189/SC, Rel. Min. Marco Aurélio, Segunda Turma, v.u., *DJU* 19.02.1999, e RE 134.328/DF, Rel. Min. Ilmar Galvão, Primeira Turma, v.u., 02.02.1993, *DJU* 19.02.1993, p. 2.038.

[156] Cf. Leandro Paulsen, *op. cit.*, p. 127.

devida, no mês anterior, a cada trabalhador, malbarata o art. 195, § 4º, da CF, que não permite criação de contribuição social nova cujas fontes já estão previstas nos incisos do art. 195.

Entretanto, existe também entendimento admitindo a constitucionalidade das contribuições sociais criadas pela LC nº 110/2001, com base nos seguintes argumentos, que resumimos, mas com os quais não concordamos: a) na contribuição social instituída pelo art. 2º da LC nº 110/2001 existe pertinência entre a finalidade principal do Fundo, proteção/indenização do trabalhador no caso de perda do emprego com as finalidades pertinentes à Seguridade Social, por exemplo, a norma do art. 201, III, da CF; b) descabida é a invocação do art. 167, III, da CF, pois veda a vinculação de impostos e não de contribuições; c) as contribuições instituídas com base no art. 149 da CF não estão sujeitas à duplicidade de base de cálculo, em relação aos tributos já existentes; d) as contribuições sociais, pelas finalidades a que se destinam, voltadas ao atendimento do direito social posto no art. 7º, III, da CF, vêm autorizadas pelo art. 149 da CF, enquadram-se entre as contribuições sociais gerais, não destinadas à Seguridade Social, conceito que acolhe as contribuições sociais que não se amoldam às demais subespécies.

5. Conceito

Não há consenso sobre o conceito doutrinário da contribuição parafiscal, como revela **Bernardo Ribeiro de Moraes**[157]. Todavia, não há dúvida de que, segundo o mesmo jurista, trata-se de "tributo cuja obrigação tem por fato gerador uma atividade social do Estado ou de entidade que tenha a seu cargo o exercício de funções públicas, efetivas ou potenciais, dirigidas a grupos sociais"[158].

6. Espécies

A Constituição de 1988 disciplina as contribuições parafiscais de forma genérica em seu art. 149, deixando estreme de dúvidas a sua natureza tributária, referindo-se de forma expressa às suas três *espécies*: contribuições sociais, de intervenção no domínio econômico (interventivas) e de interesse das categorias profissionais ou econômicas (corporativas ou econômicas).

As contribuições sociais são a contribuição previdenciária propriamente dita, as contribuições de seguridade social, as contribuições para o SESI, o SESC, o SENAC, a Legião Brasileira de Assistência – LBA (Decreto-Lei nº 4.830/1942), o FGTS, o PIS, o FUNRURAL, a CONFINS etc., e são referidas de forma específica no art. 195 da CF. A EC nº 42/2003 acrescentou a alínea "d" ao inciso III do art. 146 da CF, prescrevendo que cabe à lei complementar a definição de tratamento diferenciado e favorecido para as microempresas e para as empresas de pequeno porte, inclusive regimes especiais ou simplificados no caso do ICMS, do IBS e das contribuições previstas no art. 195, I e V, e § 12, e da contribuição a que se refere o art. 239. As contribuições *interventivas* são instrumentos de atuação da União, destinando-se ao custeio de serviços e encargos decorrentes da intervenção da União no domínio socioeconômico, por exemplo, a contribuição para o IBAA, ao IBC, adicional ao frete para renovação de marinha mercante etc.[159] As contribuições *corporativas* relacionam-se com as categorias profissionais

---

[157] *Op. cit.*, p. 643-645.

[158] *Op. cit.*, p. 644-645.

[159] O Adicional de Tarifa Portuária foi declarado constitucional pela maioria qualificada do plenário do STF, por caracterizar contribuição de intervenção no domínio econômico legitimada pelo art. 149 da CF (BRASIL. Supremo Tribunal Federal, RE 229.667-7/SP, Rel. Min. Sepúlveda Pertence, Primeira Turma, v.u., 18.05.1999, *DJU* 25.06.1999, p. 33). Idem: BRASIL. Supremo Tribunal Federal, AReg em RE 209.066-2/SP, Rel. Min. Maurício Corrêa, Segunda Turma, v.u., 29.06.1999, *DJU* 03.09.1999, p. 49 etc.

como instrumentos de atuação da União, destinando-se ao custeio das atividades dos órgãos sindicais e profissionais, de categorias profissionais ou econômicas, inclusive para a execução e programas de interesse das aludidas categorias, como a contribuição para o CRECI, o CREA etc. As contribuições corporativas são, portanto, tributos e não se confundem com a contribuição confederativa prevista no art. 8º, IV, da CF, que é fixada por assembleia geral dos sindicalizados e é compulsória apenas para os filiados[160].

A OAB não se enquadraria no conceito jurídico de Fazenda Pública constante da Lei nº 4.320/1964, pois sua receita tem destinação à própria entidade. Por tal motivo, seria afastada a aplicação da Lei de Execução Fiscal (Lei nº 6.830/1980) e utilizado o Código de Processo Civil para executar tal valor.

A OAB, mesmo sendo incumbida de realizar serviço público, nos termos da lei instituidora, e gozar de imunidade tributária quanto aos seus bens, suas rendas e seus serviços (art. 45, § 5º, Lei nº 8.906/1994), não poderia ser considerada como autarquia federal típica, vez que não busca realizar os fins da Administração Pública. Portanto, pela jurisprudência, a contribuição da OAB não é tributo, conforme a definição legal do art. 3º do Código Tributário Nacional. O Ministro Castro Meira, no **REsp 572.080-PR**, afirma tratar-se de contribuição de caráter associativo, a qual não sofre as limitações das exações tributárias, como alíquota e base de cálculo, sendo o valor definido pelo próprio Conselho Seccional (art. 58, IX, Lei nº 8.906/1994). Este dispositivo do Estatuto da OAB apenas faculta e autoriza a cobrança de contribuição dos inscritos, sendo sua instituição, valoração e cobrança ato privativo de Cada Conselho Seccional da OAB, ou seja, prescindindo inclusive de lei, o que contraria o próprio regime jurídico-tributário, em especial, o princípio da legalidade.

A Ministra Eliana Calmon, no REsp 497.871-RS, cita passagem do livro do Prof. Marco Aurélio Greco, o qual entende que a OAB tem uma posição diferenciada na Constituição Federal, em seu art. 133, tendo autonomia e função diferenciada de instrumento de atuação da União.

Diante disso, conclui que as contribuições dos conselhos profissionais são de natureza tributária, enquadrando-se como espécies do gênero contribuições parafiscais ou especias (art. 149, CRFB/1988), estando submetidas às limitações constitucionais. No entanto, apesar de contribuição de conselho profissional, a contribuição arrecadada pela OAB, segundo entendimento no Superior Tribunal de Justiça, excepciona a regra, configurando-se como crédito civil, não tributário.

O art. 3º da EC nº 33/01, acrescentando o § 4º ao art. 177 da CF, estabelece os requisitos que devem ser observados pela lei que instituir contribuição de intervenção no domínio econômico relativa às atividades de importação ou comercialização de petróleo e seus derivados, gás natural e seus derivados e álcool combustível[161]. A Emenda Constitucional nº 132/2023

---

[160] BRASIL. Supremo Tribunal Federal, RE 196.558-6/RS, Rel. Min. Carlos Velloso, Segunda Turma, v.u., 27.08.1996, *DJU* 14.10.1996, p. 38.509; RE 192.290-7/SP, Rel. Min. Carlos Velloso, Segunda Turma, v.u., 13.12.1996, *DJU* 04.04.1997, p. 10.543 etc. No mesmo sentido, Hugo de Brito Machado, *op. cit.*, 3. ed., p. 315. O STJ decidiu que a OAB tem natureza jurídica de autarquia profissional de regime especial ou *sui generis*, mas não se confunde com as demais corporações incumbidas do exercício profissional, e, portanto, as contribuições pagas pelos seus filiados não têm natureza tributária, e devem ser cobradas sob as normas do procedimento executório do CPC e não da LEF. Acrescentou ainda o acórdão, para justificar seu entendimento, que a OAB não está subordinada à fiscalização financeira, orçamentária, contábil, operacional e patrimonial realizada pelo TCU (BRASIL. Superior Tribunal de Justiça, EREsp 503252/SC, Rel. Min. Castro Meira, 1ª Seção, 11.02.2004, *Informativo 217*).

[161] Hugo de Brito Machado assim leciona a respeito da contribuição de intervenção no domínio econômico referida na EC nº 33/2001, art. 3º: "Para a instituição válida dessa espécie tributária é preciso, em primeiro

acrescentou ao II do § 4º a alínea "d" passando a prever que os recursos arrecadados com a CIDE-combustível também serão destinados "ao pagamento de subsídios a tarifas de transporte público coletivo de passageiros" (art. 177, § 4º, II, "d").

7. Competência

As contribuições parafiscais são de competência privativa da **União**. Todavia, o parágrafo 1º do art. 149 da CF de 1988 permite que os Estados, o Distrito Federal e os Municípios possam instituir "contribuição, cobrada de seus servidores, para o custeio, em benefício destes, de sistemas de previdência e de assistência social". Assim, essas contribuições referidas no mencionado dispositivo constitucional são de competência *comum* de todos os entes políticos.

8. Sujeito ativo

Como dito antes, as contribuições parafiscais podem ser exigidas por pessoas jurídicas de direito público ou por pessoas de direito privado, não obstante a sua instituição ser privativa de lei federal. Todavia, as pessoas jurídicas de direito privado que cobram as contribuições corporativas não podem instituí-las, nem estabelecer ou modificar as suas alíquotas porque essas matérias são privativas de lei[162]. Por isso, essas pessoas não são sujeitos ativos da obrigação tributária, que são somente as pessoas jurídicas de direito público titulares da competência para instituir tributos, tendo, portanto, as mencionadas entidades apenas *capacidade tributária ativa* porque podem exigir as contribuições, ou seja, "aptidão para ser titular do polo ativo da obrigação, vale dizer, para figurar como credor na relação jurídico-tributária"[163]. O art. 119 do CTN deve ser interpretado no sentido de que sujeito ativo da obrigação tributária é a pessoa jurídica de direito público titular da competência para instituir tributos, e não para exigir o seu cumprimento porque o mencionado dispositivo não foi revogado pelo art. 149 da CF. Todavia, as entidades de direito privado que se beneficiam da arrecadação das contribuições parafiscais devem prestar contas ao Tribunal de Contas, por administrar dinheiro público (CF, art. 70, parágrafo único).

9. Hipótese de incidência

A Constituição de 1988, em seu art. 149, enumera as causas para a criação da contribuição parafiscal, que é, portanto, tributo *especial* por ser afetado a finalidades predeterminadas na Constituição, mas essas causas não consubstanciam hipóteses de incidência, que devem ser definidas por lei.

10. Lei complementar e contribuições residuais

As contribuições parafiscais, tendo ineludível natureza tributária, subsumem-se a todos os princípios constitucionais tributários, salvo o da anterioridade da lei fiscal (anterioridade clássica). Disso resulta que se lhe aplicam o princípio da legalidade tributária e todos os demais

---

lugar, que se manifeste a necessidade e seja cabível a intervenção estatal, nos termos da Constituição. Depois, é necessário que os recursos arrecadados sejam efetivamente destinados ao financiamento da atividade interventiva" (*Op. cit.*, 20. ed., p. 360-361).

[162] Nesse sentido, decisão do STJ, entendendo, corretamente, que ao IAA não foi outorgado o poder de estabelecer ou modificar alíquota de contribuição parafiscal (BRASIL. Superior Tribunal de Justiça, Ag. 84.915/BA, Rel. Min. Milton Luiz Pereira, 18.10.1995, *DJU* 03.11.1995, p. 37.284).

[163] Cf. Luciano Amaro, *op. cit.*, p. 286.

referidos no art. 150 da CF, bem como à exigência de lei complementar para sua definição, determinação de sua hipótese de incidência, base de cálculo, contribuintes etc. (CF, art. 146 pela remissão feita pelo art. 149)[164]. Todavia, a teor do disposto no art. 34, § 5º do ADCT, a legislação tributária anterior foi recepcionada pelo novo texto constitucional, no que não seja incompatível com o novo sistema tributário e com a legislação editada para a aplicação do sistema tributário instituído pela CF de 1988, principalmente as normas constantes do CTN.

O parágrafo 4º do art. 195 da CF permite que a lei possa instituir *outras fontes* destinadas a garantir a manutenção ou expansão da seguridade social, obedecido o disposto no art. 154, I, e merece os seguintes comentários: a) comete à União *competência residual* para instituir novas contribuições sociais, que não digam respeito às referidas no *caput* do art. 195: dos empregadores, incidente sobre a folha de salários, o faturamento e o lucro; dos trabalhadores; sobre a receita de concursos de prognósticos; b) a contribuição social residual somente pode ser veiculada por *lei complementar*. O STF tem decidido que a remissão contida na parte final do parágrafo 4º do art. 195 da CF ao art. 154, I, refere-se somente à necessidade de lei complementar para a criação de novas contribuições sociais, não proibindo, ademais, a coincidência da base de cálculo de imposto já existente.[165]

---

[164]   O STF tem jurisprudência no sentido de que as contribuições para a seguridade social podem ser instituídas por lei ordinária, só se exigindo lei complementar quando visem a criar novas fontes de financiamento do sistema (BRASIL. Supremo Tribunal Federal, RE 150.755-1/PE, *DJU* 20.08.1993 e *LexJSTF* 179/1992). Luciano Amaro entende que: "A lei a que se refere o § 4º do art. 195 é a *lei ordinária* e não a *lei complementar*. A *lei (ordinária)*, ali prevista, precisa respeitar as mesmas condicionantes a que a *lei complementar*, exigida pelo art. 154, I, deve obediência (a primeira, na criação de *contribuições* com base em "outras fontes"; e a segunda, na instituição de *impostos residuais).* O veículo normativo (*lei*) já está referido no art. 195, § 4º, valendo a remissão ao art. 154, I, para o efeito de vedar a cumulatividade e a usurpação de fato gerador ou base de cálculo de impostos discriminados na Constituição. Vários autores, porém, afirmam que as contribuições sociais instituíveis com base no § 4º do art. 195 só podem ser criadas por lei complementar" (*Op. cit.*, 14. ed., p. 54).

[165]   RE 228.321-RS, Rel. Min. Carlos Velloso, Plenário, 01.10.1998, *Informativo STF* n. 125, p. 1. A vedação constitucional prevista no art. 154, I, da Carta Federal somente diz respeito aos impostos e não às contribuições para a seguridade social. Assim, inexiste bitributação por ter o Finsocial a mesma base de cálculo da contribuição para o PIS (BRASIL. Supremo Tribunal Federal, RE 200788-MG, Rel. Min. Maurício Correa, Segunda Turma, v.u., 27.04.1998, *DJU* 19.06.1998, p. 10). O STF decidiu pela constitucionalidade da Confins (*RDA* 202/270). As contribuições sociais são objeto de lançamento por homologação nos termos do art. 150 do CTN (BRASIL. Superior Tribunal de Justiça, Segunda Turma, *RDDT* 12/184; 12/186; TRF-3ª R., 2ª Seção, *DJU* 03.07.1996, p. 45.775). A empresa agroindustrial sujeita-se à incidência das contribuições previdenciárias urbanas e rurais (Funrural) por serem distintas as hipóteses de incidência e as respectivas bases de cálculo, não se podendo falar em bitributação (BRASIL. Superior Tribunal de Justiça, REsp 74.956/MG, Rel. Min. Cesar Asfor Rocha, Primeira Turma, v.u., 05.02.1996, *DJU* 01.04.1996, p. 9.882; REsp 79193/AL, rel. Min. Milton Luiz Pereira, Primeira Turma, v.u., 02.05.1996, *DJU* 27.05.1996, p. 19.211). O Adicional ao Frete para renovação da marinha mercante – AFRMM é uma contribuição parafiscal ou especial, contribuição de intervenção no domínio econômico, terceiro gênero tributário, distinta do imposto e da taxa (CF, art. 149). O AFRMM não é incompatível com a norma do art. 155, § 2º, IX, da Constituição. Irrelevância, sob o aspecto tributário, da alegação no sentido de que o Fundo da Marinha Mercante teria sido extinto, na forma do disposto no art. 36 do ADCT (BRASIL. Supremo Tribunal Federal, Pleno, RE 177137-RS, v.u., 24.05.1995, *DJU* 18.04.1997, p. 13.788). A jurisprudência do STJ firmou-se no sentido de que a dispensa do pagamento do AFRMM depende de isenção prevista em tratado ou convenção de que decorra mediante a importação (BRASIL. Superior Tribunal de Justiça, Resp. 145.943/SP, Rel. Min. Ari Pargendler, Segunda Turma, v.u., 15.12.1997, *DJU* 02.02.1998, p. 94). A ação de cobrança das contribuições para o FGTS prescreve em trinta (30) anos (BRASIL. Superior Tribunal de Justiça, Súmula 210). A COFINS e a contribuição para o PIS, na presente ordem constitucional, são modalidades de tributo que não se enquadram na de imposto. Como contribuições para a seguridade social não estão abrangidas pela imunidade prevista no art. 150, VI, da CF, nem são alcançadas pelo princípio da exclusividade consagrado no § 3º do art. 150 da mesma Carta (BRASIL. Supremo Tribunal

11. Ressalva ao princípio da anterioridade (contribuições sociais)

A Constituição (art. 149 c/c art. 195, § 6°) ressalva apenas do princípio da anterioridade da lei fiscal (art.150, III, "b") as contribuições *sociais*, permitindo que possam ser exigidas após decorridos noventa dias da data da publicação da lei que as houver instituído ou modificado. Tal regra não se aplica às demais espécies de contribuição parafiscal. Não se aplica às contribuições sociais a regra do art. 150, III, "b", da CF, que determina que o tributo somente pode ser exigido em exercício posterior ao que tenha sido publicada a lei que o instituiu ou aumentou.

12. A EC n° 33, de 11.12.2001

A EC n° 33/2001 renumerou o primitivo parágrafo único do art. 149 como § 1° e introduziu os parágrafos 2° a 4° com a seguinte redação: "§ 2° As contribuições sociais e de intervenção no domínio econômico de que trata o *caput* deste artigo: I – não incidirão sobre as receitas decorrentes de exportação; II – incidirão também sobre a importação de produtos estrangeiros ou serviços; III – poderão ter alíquotas: a) *ad valorem*, tendo por base o faturamento, a receita bruta ou o valor da operação e, no caso de importação, o valor aduaneiro; b) específica, tendo por base a unidade de medida adotada". Por sua vez, o § 3° do art. 149 dispõe que a "pessoa natural destinatária das operações de importação poderá ser equiparada a pessoa jurídica, na forma da lei". Finalmente, o § 4° do mesmo dispositivo reza que a "lei definirá as hipóteses em que as contribuições incidirão uma única vez".

A EC n° 33/2001, em seu art. 3°, acrescentou também o parágrafo 4° ao art. 177 da CF, estabelecendo os requisitos que deverão ser atendidos pela lei que instituir contribuição de intervenção ao domínio econômico relativa às atividades de importação ou comercialização de petróleo e seus derivados, gás natural e seus derivados e álcool combustível (CIDE). Trata-se de contribuição parafiscal baseada no art. 149 da CF, posicionando-se como contribuição interventiva, como já revela sua denominação, tendo, portanto, fim extrafiscal. A alíquota da CIDE pode ser diferenciada por produto ou uso, bem como reduzida e restabelecida por ato do Poder Executivo, não se lhe aplicando o disposto no art. 150, III, "b" (art. 177, § 4°, incisos I e II). Verifica-se, desde logo, que fica consagrada mais uma exceção ao princípio da legalidade porque o Poder Executivo poderá alterar a alíquota da CIDE, que também não se subordina ao princípio da anterioridade da lei fiscal, no que toca ao restabelecimento da alíquota reduzida. Entendemos inconstitucional nessas partes a EC n° 33/2001 porque os princípios da legalidade e da anterioridade, como limitações ao poder de tributar, constituem cláusulas pétreas, e, portanto, não se admite a sua revogação nem a sua excepcionalização pelo Poder Constituinte derivado, como, aliás, decidiu o STF na ADIN n° 939[166]. A Lei n° 10.336, de 19.12.2001, instituiu a mencionada contribuição de intervenção ao domínio econômico.

A EC n° 39/2002 incluiu na CF/1988 o art. 149-A, permitindo aos Municípios e ao Distrito Federal instituir Contribuição para o Custeio do Serviço de Iluminação Pública-COSIP, considerado constitucional pelo STF, como: "Tributo de caráter *sui generis*, que não

---

Federal, RE 226.434-1, Rel. Min. Maurício Corrêa, v.u., Segunda Turma, 30.06.1998, *DJU* 18.09.1998, p. 21). A contribuição confederativa, instituída pela Assembleia Geral (CF, art. 8°, IV), distingue-se da contribuição sindical, instituída por lei com caráter tributário – CF, art. 149 – assim compulsória. A primeira é compulsória apenas para os filiados do sindicato (BRASIL. Supremo Tribunal Federal, RE 196.588-6/RS, Rel. Min. Carlos Velloso, Segunda Turma, v.u., 27.08.1996, *DJU* 14.10.1996, p. 38.509; RE 219.813-1, Rel. Min. Ilmar Galvão, Primeira Turma, v.u., 03.03.1998, *DJU* 05.06.1998, p. 18 etc.).

[166] BRASIL. Supremo Tribunal Federal, ADIN n° 939, Rel. Min. Sidney Sanches, Pleno, 15.12.1993, p.m., *DJU* 18.03.1994, p. 5165.

se confunde com um imposto, porque sua receita se destina a finalidade específica, nem com uma taxa, por não exigir a contraprestação individualizada de um serviço ao contribuinte".

A Emenda Constitucional nº 132/2023, alterou a redação do art. 149-A para incluir que o destino da COSIP não se limita ao custeio do serviço de iluminação pública, mas também abrange a sua expansão e melhoria, bem como, os sistemas de monitoramento para segurança e preservação de logradouros públicos.[167]

XI. CONTRIBUIÇÃO SOBRE BENS E SERVIÇOS

Com a Emenda Constitucional nº 132/2023, iniciou-se a reestruturação da tributação sobre o consumo que, dentre outras medidas, prevê a instituição da Contribuição sobre Bens e Serviços de Competência da União (CBS), conforme art. 195, V, da Constituição Federal. Tendo natureza jurídica de contribuição social, a CBS substituirá as contribuições previstas no art. 195, I, "b", e IV, e a contribuição para o Programa de Integração Social prevista no art. 239 (PIS). Essas serão extintas sob condição, a partir de 2027. Diz-se de forma condicional porque a sua extinção dependerá da efetiva instituição da CBS, nos termos do art. 126 do ADCT.

A CBS será cobrada a partir de 2027 (art. 126 do ADCT) e, em 2026, terá início o período de teste, com a sua cobrança à alíquota de 0,9% (nove décimos por cento). Nesse período (2026), o montante recolhido "será compensado com o valor devido das contribuições previstas no art. 195, I, 'b', e IV, e da contribuição para o Programa de Integração Social a que se refere o art. 239" (art. 125 do ADCT).

A EC nº 132/2023 tem dentre seus objetivos conferir uniformidade à tributação sobre o consumo. De tal modo, prevê que a instituição da CBS e do IBS será feita por meio de lei complementar (art. 124, parágrafo único, do ADCT), e serão observadas as mesmas regras quanto a: "I – fatos geradores, bases de cálculo, hipóteses de não incidência e sujeitos passivos; II – imunidades; III – regimes específicos, diferenciados ou favorecidos de tributação; IV – regras de não cumulatividade e de creditamento" (art. 149-B, CF). Não obstante,= a Constituição preveja a uniformidade no regramento dos tributos, a prática poderá conduzir à bifurcação interpretativa. Isso porque, sendo o IBS de competência compartilhada entre Estados, Municípios e Distrito Federal, e a CBS de competência da União, estarão sujeitos a níveis distintos tanto no contencioso administrativo como no judicial. Por tal razão, o constituinte derivado inseriu ao art. 156-B da Constituição não só o compartilhamento de informações entre o Comitê Gestor do IBS, a administração tributária da União e a Procuradoria Geral da Fazenda Nacional como também determinou que estas "atuarão com vistas a harmonizar normas, interpretações, obrigações acessórias e procedimentos a eles relativos" (art. 156-B, § 6º). Da mesma forma que caberá à lei complementar prever a integração do contencioso administrativo relativo ao IBS e à CBS (art. 156-B, § 8º). Do ponto de vista administrativo e arrecadatório, estabelece o art. 156-B em seu § 7º que: "o Comitê Gestor do Imposto sobre Bens e Serviços e a administração tributária da União poderão implementar soluções integradas para a administração e cobrança dos tributos previstos nos arts. 156-A e 195, V."

Tendo em vista a simetria de tratamento que se pretende conferir à CBS e ao IBS, a análise dos pontos de contato entre os tributos, tais como: o papel da lei complementar, a

---

[167] Assim, a redação atual do art. 149-A da CF dispõe: "Art. 149-A. Os Municípios e o Distrito Federal poderão instituir contribuição, na forma das respectivas leis, para o custeio, a expansão e a melhoria do serviço de iluminação pública e de sistemas de monitoramento para segurança e preservação de logradouros públicos, observado o disposto no art. 150, I e III."

base de cálculo, o regime de transição e o regime simplificado será realizada, em conjunto, no capítulo XII no item V – Imposto sobre bens e serviços.

XII. TRIBUTOS ECOLÓGICOS

Entendemos ser relevante iniciarmos o exame do elemento econômico da despesa pública pela relação entre **direito financeiro e meio ambiente**, porque questão "fundamental para a sobrevivência do planeta e, consequentemente, do Homem, é o surgimento de novos mecanismos dos quais devemos lançar mão na proteção ambiental" e o direito deve ser instrumento de ação nesse sentido[168].

A definição de **meio ambiente** encontra-se no art. 3º, inciso I, da Lei nº 6.938/1981, nestes termos: "Entende-se por meio ambiente o conjunto de condições, leis, influências e interações de ordem química, física e biológica, que permite, abriga e rege a vida em todas as suas formas".

Existe dificuldade em se obter um conceito jurídico sobre meio ambiente, não obstante a definição legal, mas **Daniel Gaio** conclui pela adoção de uma concepção unitária, *in verbis*:

> Nesse sentido, tem sido predominante a visão global e unitária do meio ambiente, notadamente porque os efeitos de uma determinada intervenção, seja de natureza modificativa ou protetiva, produzirão impactos em bens de diferentes ordens. Essa interdependência se exemplifica pelas consequências que uma política de combate à poluição igualmente produz na paisagem e na biodiversidade. É justamente em virtude desse efeito irradiante que se constitui a concepção unitária do meio ambiente, pois, embora existam bens singulares e suas respectivas estruturas de proteção, o ponto de interseção e de justificação de todas as políticas ambientais é a busca permanente pelo equilíbrio ecológico e pela sadia qualidade de vida, embora esta seja mais ampla, além de ser subjetivamente valorada[169].

No campo do **direito financeiro**, mister destacar a cobrança de **preços públicos**, consubstanciados, entre outros: a) na compensação financeira pela exploração de recursos naturais, especialmente petróleo e gás natural, de recursos hídricos para fins de geração de energia elétrica e de outros recursos minerais no respectivo território, plataforma continental, mar territorial ou zona econômica exclusiva (CF, art. 20, § 1º); b) nas tarifas pelo uso de recursos hídricos pagos não só pelo consumidor final, como também pelas empresas autorizadas a captar e extrair água dos mananciais mediante outorga dos poderes públicos (Lei nº 9.433, de 08.01.1997 e legislação posterior).

O Estado realiza **dispêndios** (gastos) para realização de obras, aquisição, utilização e conservação de máquinas, pagamento de pessoal, subsídios, depósitos em garantia do início da atividade poluidora, prêmios ou sanções na proteção da natureza etc. O Estado deve utilizar, assim, aqueles meios que retira do seu próprio patrimônio ou no desempenho de sua atividade como Estado Empresarial (receita originária).

A Constituição Republicana, ao disciplinar, no art. 6º, os direitos sociais, elege a **saúde** como um dos valores considerados essenciais pelo ordenamento jurídico, manifestamente vinculado também à proteção do meio ambiente. Dentre os dispêndios que o Estado deve

---

[168] Cf. PACHECO FILHO. Eduardo Galvão de França. O direito tributário na proteção ao meio ambiente, Migalhas, publicado em 30/01/2007. Disponível em: https://www.migalhas.com.br/depeso/34633/o--direito-tributario-na-protecao-ao-meio-ambiente. Acesso em: 10 dez. 2023.

[169] GAIO, Daniel. *A interpretação do direito de propriedade em face da proteção constituciional do meio ambiente urbano.* Rio de Janeiro: Renovar, 2015, p. 34.

realizar, o constituinte não descuidou, portanto, da proteção ao **meio ambiente**, tanto que lhe dedica o Capítulo VI do Título VIII, onde se subsume o art. 225 da CF, que reza;

> Art. 225. Todos têm direito ao meio ambiente ecologicamente equilibrado, bem de uso comum do povo e essencial à sadia qualidade de vida, impondo-se ao poder público e à coletividade o dever de defendê-lo e preservá-lo para as presentes e futuras gerações.

José Afonso da Silva chama a atenção para o capítulo do meio ambiente e afirma que a Constituição de 1988:

> (...) toma consciência de que "a qualidade do meio ambiente se transforma num bem, num patrimônio, num valor mesmo, cuja preservação, recuperação e revitalização se tornara imperativo do poder público, para assegurar a saúde, o bem-estar do homem e as condições do seu desenvolvimento. Em verdade, para assegurar o direito fundamental à vida." As normas constitucionais assumiram a consciência de que o direito à vida, como matriz de todos os demais direitos fundamentais do homem, é que há de orientar todas as formas de atuação no campo da tutela do meio ambiente.[170]

O princípio constitucional contido no art. 225 da Constituição Republicana serve de "bússola" para o exercício da política ambiental no País e qualquer ato ou ação contrária ao princípio será inconstitucional. Presente está também o princípio da **sustentabilidade,** pelo qual o poder público e a sociedade têm o dever de defender e preservar o meio ambiente para as gerações presente e futura. O dispositivo constitucional hospeda também o princípio da **responsabilidade ambiental**, que comete ao agente causador dos impactos ou danos ambientais o dever de sua recuperação, conforme preceitua o parágrafo 2º do art. 225, nestes termos:

> Aquele que explorar recursos minerais fica obrigado a recuperar o meio ambiente degradado, de acordo com a solução técnica exigida pelo órgão público competente, na forma da lei.

Por outro lado, o art. 24, inciso VIII, da CF confere à União, aos Estados e ao Distrito Federal **legislar concorrentemente** sobre "responsabilidade por dano ao meio ambiente, ao consumidor, a bens e direitos de valor artístico, estético, histórico, turístico e paisagístico".

Ricardo Lobo Torres denomina o princípio contido no dispositivo constitucional acima transcrito de princípio do **poluidor-pagador** e assim explica:

> O princípio do poluidor-pagador no sentido de que os potenciais poluidores devem arcar com a responsabilidade pelo pagamento das despesas relacionadas com a precaução e a prevenção dos riscos ambientais. É princípio de justiça porque busca evitar que repercuta sobre a sociedade a obrigação de suportar os custos da sustentação do meio ambiente sadio.
>
> O princípio do poluidor-pagador está ligado à ideia de internalização de eventuais prejuízos ambientais, sem a qual seria repassada para terceiros a responsabilidade pela carga tributária necessária a garantir os riscos ambientais. O poluidor, que se apropria do lucro obtido em suas atividades poluentes, não pode externalizar negativamente a poluição que produz.[171]

---

[170] SILVA, José Afonso da. *Curso de Direito Constitucional Positivo*. 25. ed. rev. atual., São Paulo: Malheiros, p. 846-847.

[171] TORRES, Ricardo Lobo. *Tratado de direito constitucional financeiro e tributário*: volume II – valores e princípios constitucionais tributários. 2. ed. Rio de Janeiro: Renovar, 2014, p. 386.

Por outro lado, o art. 170, incisos III e VI, da Constituição Federal consagra a busca pelo **desenvolvimento sustentável**, *in verbis*:

> Art. 170. A ordem econômica fundada na valorização do trabalho humano e na livre iniciativa tem por fim assegurar a todos existência digna, conforme os ditames da justiça social, observados os seguintes princípios:
>
> (...)
>
> III – função social da propriedade;
>
> (...)
>
> VI – defesa do meio ambiente, inclusive mediante tratamento diferenciado conforme o aspecto ambiental dos produtos e serviços e de seus processos de elaboração e prestação.

Tendo em vista a relevância da salvaguarda do meio ambiente, a Constituição Republicana de 1988 confere **competência comum** aos entes federados para sua proteção e prevenção da poluição em qualquer de suas formas e para preservar as florestas, a fauna e a flora (art. 23, incisos VI e VII). Por sua vez, o art. 24, inciso VI, da CF compete à União, aos Estados e ao Distrito Federal **legislar concorrentemente** sobre florestas, pesca, caça, fauna, conservação da natureza, defesa do solo e dos recursos naturais, proteção ao meio ambiente e controle de poluição. No âmbito da legislação concorrente, a competência da União limitar-se-á a estabelecer normas gerais, sem excluir a competência suplementar dos Estados, e inexistindo lei federal sobre normas gerais, os Estados exercerão a função legislativa plena, para atender à suas peculiaridades. Entretanto, a superveniência de lei federal sobre normas gerais suspende a eficácia da lei estadual, no que lhe for contrário (CF, art. 24, §§1º ao 4º). Na verdade, não se trata de "competência concorrente" como faz crer o *caput* do art. 24 da CF, mas os Estados possuem "competência subsidiária", porque só poderão editar normas gerais inexistindo lei federal.

Cabe, neste passo, revelar o entendimento do Supremo Tribunal Federal quanto à **natureza** das competências a que se referem os artigos 23, mormente incisos VI e VII, e 24, especialmente inciso VI, da Constituição Federal. O Pretório Excelso entende que é "competência específica", vale dizer, legislativa sobre normas gerais, a mencionada no art. 24 da Constituição Federal, relativa à União, aos Estados e ao Distrito Federal, excluídos os Municípios. Por outro lado, a competência referida no art. 23, que abrange também os Municípios, presente sua autonomia nos termos do art. 30 da CF, é "competência de atuação" para proteger o meio ambiente e combater a poluição em qualquer de suas formas.

O STF julgou **constitucional** exigência baseada em lei estadual de demolição de prédio, cuja construção foi autorizada pelo Município, versando o tema sobre direito urbanístico, conservação da natureza, proteção do meio ambiente e do patrimônio turístico e paisagístico. A decisão enfatiza que é "correto que o Município detém competência legislativa supletiva em matérias pertinentes a interesses locais, mas não se pode, através de interpretação extensiva da regra do art. 30, I, da Carta Federal, tornar inócuo o art. 24, pois, desse modo, qualquer lei federal ou estadual cederia perante a supremacia da legislação municipal em questões onde haja não apenas interesse local, mas também regional e/ou nacional".[172]

O Estado, para viabilizar a proteção ao meio ambiente e prevenção para que não ocorram danos, recorre aos **tributos ecológicos** ou **ambientais** (receita derivada), vale dizer,

---

[172]   BRASIL. Supremo Tribunal Federal, RE 485583 PR, Rel. Min. Carmen Lucia, j. 01.02.2010, *DJe* 032 divulg. 22.02.2010.

à incidência tributária nas políticas voltadas á gestão do meio ambiente. Os tributos, em sede de meio ambiente, podem ter **fim fiscal**, visando a obter recursos para implementar as ações governamentais que visam à proteção do meio ambiente. O Estado pode se utilizar também de instrumentos tributários de intervenção no meio social para resguardo do meio ambiente (tributos com **fim extrafiscal**), tais como isenções, redução de alíquotas e de bases de cálculo, incentivos fiscais, taxas pelo exercício do poder de polícia, multas, destacando-se a tributação que leva o agente a realizar sua atividade buscando maior eficiência na proteção ao meio ambiente.

Renato Bernardi assim leciona sobre o instrumental da extrafiscalidade tributária visando a alterar os comportamentos humanos na seara do meio ambiente, principalmente quanto aos incentivos fiscais:

> Porquanto, valendo-se dos incentivos fiscais, pode-se desestimular comportamentos nocivos ao meio ambiente, os quais podem ser mudados não através da utilização de novos tributos a serem aplicados aos comportamentos causadores da degradação, mas sim utilizando-se da "sanção premial", para aqueles setores que mudarem suas atitudes, implementando novas tecnologias com o objetivo de ir ao encontro do desenvolvimento sustentável, que somente poderá ser alcançado com uma política pública que fomente e incentive os setores produtivos, premiando aqueles que contribuem na trilha deste caminho e punindo os que teimam praticar atividades que venham a degradar o meio ambiente em níveis insuportáveis.[173]

Trilhando ainda o caminho da extrafiscalidade tributária, não se pode esquecer que o IPI e o ICMS podem ser empregados em razão do princípio da **seletividade** de que se revestem (CF, arts. 153, § 3º, inciso I e 155, § 2º, inciso III), em função da essencialidade das mercadorias, dos serviços e dos produtos. Cite-se, por exemplo, a Lei Complementar nº 59/1991 do Estado do Paraná, conhecida como "Lei do ICMS Ecológico", que destina 5% (cinco por cento), mediante repasse, aos Municípios com unidades de conservação e com mananciais de abastecimento.

O **IPI** pode ser igualmente utilizado como "tributo ecológico", concedendo-se vantagens fiscais às indústrias que se valerem de instrumentos redutores da poluição e fabricarem produtos que causem menos ruído no meio ambiente, por exemplo, aparelhos de ar-condicionado, e utilizarem maquinários não poluidores. Mister se torna necessária a inclusão no texto constitucional da **seletividade ambiental do IPI,** mediante nova redação do inciso I do parágrafo 3º do art. 153, para que passe a vigorar nestes termos: "I – será seletivo, em função da essencialidade do produto e da essencialidade ambiental". Hodiernamente, poucos produtos industrializados gozam de incentivos fiscais visando à preservação do meio ambiente, podendo se citar, por exemplo, os veículos movidos a álcool, ou mistos (biocombustíveis).

O **ITR** é também utilizado com a finalidade extrafiscal de preservação do meio ambiente através da Lei nº 9.393, de 19 de dezembro de 1996, que concede, em seu art. 10, inciso II, alínea "a" isenção às áreas de preservação permanente e de reserva legal previstas na Lei nº 12.651, de 25 de maio de 2012.

Área de Reserva Legal é aquela localizada no interior de uma propriedade delimitada com a função de assegurar o uso econômico de modo sustentável dos recursos naturais do

---

[173] BERNARDI, Renato. *Tributação ecológica:* o uso ambiental da extrafiscalidade e da seletividade tributárias. Disponível em: https://www.prolegis.com.br/tributação-ecológica-o-uso-ambiental-da-extrafiscalidade- -e-da-seletividade-tributárias/. Acesso em 15 nov. 2023.

imóvel, auxiliar a conservação e a reabilitação dos processos ecológicos e promover a conservação da biodiversidade, bem como o abrigo e a proteção de fauna silvestre e da flora nativa. Por outro lado, **Áreas de Preservação Permanente** são áreas protegidas, cobertas ou não por vegetação nativa, com a função ambiental de preservar os recursos hídricos, a paisagem, a estabilidade geológica e a biodiversidade, facilitar o fluxo gênico de fauna e flora, proteger o solo e assegurar o bem-estar das populações humanas (Lei nº 12.651, de 25.05.2012, art. 3º, incisos II e III).

Considera-se inexigível, para as áreas de **preservação permanente**, a apresentação do Ato Declaratório Ambiental com vistas à isenção do ITR, mas, quando se trata de **área de reserva legal**, é imprescindível a sua averbação no respectivo registro imobiliário (STJ, EDcl no AgRg no REsp 131.5220/MG, AgRg no REsp 1.366.179-SC etc.).

Os **impostos de importação e de exportação** têm fim extrafiscal, tanto que o Poder Executivo pode alterar suas alíquotas, nas condições e nos limites estabelecidos em lei, a fim de ajustá-los aos objetivos da política cambial e do comércio exterior (CF, art. 153, § 1º, art. 21 e art. 26 do CTN). Desse modo, os mencionados impostos podem ser empregados como **tributos ecológicos**, com a adoção de alíquotas menores, ou alíquota zero, no que toca a produtos ambientalmente recomendados nas transações comerciais.

A **Contribuição de Intervenção no Domínio Econômico (CIDE)**, prevista no art. 177, § 4º da CF, como denota o *nomen iuris*, é tributo com fim extrafiscal – ou deveria sê-lo-, que incide sobre o setor de combustíveis, desestimula o consumo de combustíveis mais nocivos ao meio ambiente através do estabelecimento de alíquotas variadas, de acordo com os danos ambientais produzidos por cada combustível.

O **IPVA – Imposto sobre a Propriedade de Veículos Automotores** é de competência dos Estados e do Distrito Federal e o parágrafo 6º do art. 155 da CF permite o estabelecimento de alíquotas diferenciadas em função do tipo, do valor, da utilização e do impacto ambiental. Assim, o IPVA, no caso com traço de extrafiscalidade, é excelente ferramenta para proteção do meio ambiente, cujas alíquotas podem variar de acordo com o grau de poluição que os automóveis produzam.

A Emenda Constitucional nº 132/2023 atribui competência à União para instituir **imposto sobre a produção, extração, comercialização ou importação de bens e serviços prejudiciais à saúde ou ao meio ambiente,** visando influenciar o comportamento do sujeito passivo tendo como diretriz a proteção ao meio ambiente e à saúde (art. 153, VIII).

O **Supremo Tribunal Federal** firmou entendimento de que a Administração Pública não pode alegar insuficiência de recursos para justificar a não observância de princípios constitucionais para a proteção ao meio ambiente. A decisão reconheceu ainda ao Poder Judiciário poder para determinar, em situações excepcionais, que a Administração Pública adote medidas assecuratórias do direito à proteção ao meio ambiente, *in verbis*:

> (...) Defesa do meio ambiente. Implementação de políticas públicas. Possibilidade. Violação do princípio da separação dos poderes. Não ocorrência. Insuficiência orçamentária. Invocação. Impossibilidade. Precedentes. 1. A Corte Suprema já firmou a orientação de que é dever do Poder Público e da sociedade a defesa de um meio ambiente ecologicamente equilibrado para as presentes e futuras gerações. 2. Assim, pode o Poder Judiciário, em situações excepcionais, determinar que a Administração Pública adote medidas assecuratórias desse direito, reputado essencial pela Constituição Federal, sem que isso configure violação do princípio da separação de poderes. 3. A Administração

não pode justificar a frustração de direitos previstos na Constituição da República sob o fundamento de insuficiência orçamentária. Agravo regimental não provido.[174]

O Supremo Tribunal Federal julgou, igualmente, constitucional a **Taxa de Controle e Fiscalização Ambiental-TCFA**, instituída pela Lei nº 6.938/1981, com a redação da Lei 10.165/2000, porque: a) seu fato gerador é o exercício prestado do poder de polícia pelo IBAMA, consistente no controle e fiscalização das atividades potencialmente poluidoras e utilizadoras de recursos naturais; b) são sujeitos passivos as pessoas físicas ou jurídicas obrigadas ao registro no Cadastro Técnico Federal de Atividades Potencialmente Poluidoras ou Utilizadoras de Recursos Ambientais; c) as alíquotas variarão, com maior ou menor taxa, em função da potencialidade poluidora da atividade.

---

[174] BRASIL. Supremo Tribunal Federal, RE 658171 AgR/DF, Rel. Min. Dias Toffoli, j. 01.04.2014, Primeira Turma, *DJe* 079, divulg. 25.04.2014.

Capítulo IV

SISTEMA TRIBUTÁRIO NACIONAL

I. A TEORIA DO IMPOSTO ÚNICO

1. Origem histórica

A teoria do imposto único surgiu com os fisiocratas no século XVIII graças, principalmente a François Quesnay, mas, anteriormente, foram importantes os estudos feitos por J. L. Bodin no século XVI e por Vauban e Colbert no século XVII. Os fisiocratas representaram uma reação contra o "imoralismo mercantilista" e professavam uma filantropia humanitária, entendendo que o fim da vida social era a felicidade dos homens e não o poder ou o ganho monetário. Louvavam a agricultura e a vida nos campos, e o seu ideal era descobrir a lei natural para respeitá-la e se submeterem. Entendiam que o industrialismo mercantilista havia causado o declínio da agricultura francesa, pelo que preferiam a agricultura baseados na teoria do produto líquido. Esta teoria entendia que apenas a agricultura era produtiva, por ser a única que criava riquezas sem consumi-las, uma vez que a indústria e o comércio não produziam renda bruta que permitisse cobrir suas despesas, não fornecendo, como acontecia com a agricultura, um produto líquido. A mesma teoria defendia ainda a tese de que ao trabalho do agricultor se juntava a fecundidade da terra, isto é, da natureza, ou melhor, de Deus, que é considerado o único produtor. Segundo os fisiocratas, existiam três classes distintas: a dos agricultores (classe produtiva), a urbana (classe estéril) e a dos proprietários rurais. Todavia, estas duas últimas viviam da atividade da única classe produtiva, a dos agricultores. Assim, os fisiocratas pugnavam por um imposto único, que incidira sobre o produto líquido da terra, como tal considerada a diferença entre o resultado bruto da exploração agrícola e as despesas feitas com a produção. Ademais, consideravam que um terço desse produto líquido bastaria para atender às necessidades do Estado. No século XIX, a teoria do imposto único foi revivida mas não frutificou, principalmente em razão da divergência entre seus defensores sobre qual seria este imposto exclusivo; uns preferiam o imposto sobre a renda, enquanto outros entendiam que melhor restaria o imposto sobre o consumo.

2. As vantagens do imposto único

As vantagens do imposto único seriam as seguintes: a) simplicidade, beneficiando, de um lado, o contribuinte, que entenderia melhor a tributação e, de outro lado, o Estado, que não ficaria sujeito a manter um aparelho complexo de serviços públicos para a imposição, a cobrança e a fiscalização de tributos; b) economia, que seria uma consequência da simplicidade, tornando o imposto mais lucrativo para o Estado; c) comodidade para o contribuinte, que não se veria perdido no emaranhado de formalidades e burocracias que caracterizam o sistema tradicional com pluralidade de tributos; d) maior consciência fiscal do contribuinte, que poderia saber exatamente o valor do tributo que estaria pagando, inclusive podendo medir a justiça ou não da tributação em relação a sua pessoa.

3. As desvantagens do imposto único

Os críticos da teoria apontavam as seguintes desvantagens do imposto único[1]: a) excessiva onerosidade, porque todo imposto único para ser produtivo e poder substituir o sistema de pluralidade de tributos devia conter uma alíquota bastante pesada, que, sem dúvida alguma, espantaria e afugentaria o contribuinte, levando-o a trilhar o caminho da fraude, da evasão ilegítima e da dissimulação; b) a tendência que o contribuinte teria de transferir suas riquezas mobiliárias para o estrangeiro, em razão de predominarem hoje nas sociedades modernas os elementos de riqueza mobiliária; c) dificuldade em obter-se um imposto que atingisse eficazmente todos os contribuintes em sua imensa atividade profissional, sobrecarregando uns em detrimento de outros.

4. As vantagens do sistema tributário

Assim, chegou-se à conclusão que melhor seria a existência de um sistema tributário, constituído por uma multiplicidade de tributos, por melhor atender às necessidades do Estado e à pessoa do contribuinte. Isso porque permite o estabelecimento de alíquotas mais suaves para cada imposto, fazendo com que o contribuinte ofereça menor resistência ao seu pagamento, por estar devidamente conscientizado e convencido da sua necessidade, não precisando, assim, recorrer à fraude ou à sonegação. Além do mais, a existência de uma pluralidade de tributos permite atingir-se um maior número de contribuintes, fazendo com que a carga tributária possa diluir-se entre eles, alcançando-se uma maior justiça na tributação, atendendo-se, desta forma, o princípio da capacidade contributiva.

Esclareça-se que a complexidade do aparelho estatal, para cobrança e fiscalização de uma multiplicidade de tributos, e o excesso de formalismo de atos de ordem burocrática, que devem ser atendidos pelo contribuinte, não resultam de defeito natural do sistema. Estes vícios decorrem, na realidade, da incapacidade dos administradores, principalmente dos tecnocratas, para o exercício da atividade que lhes é cometida, pela tendência irresistível que têm de tornar complicado o que é fácil. Alie-se a tudo isso o excesso de normas fiscais e a redação confusa e pouco objetiva que têm as leis tributárias, sobretudo no Brasil, para mais se robustecer a ideia de que a solução é aperfeiçoar-se o sistema tributário e não reduzi-lo a um imposto único, ainda mais pela dificuldade de se saber qual deve ser este imposto miraculoso.

Entretanto, não se pode negar que o nosso sistema tributário apresenta um defeito grave consistente no excesso de tributos que são exigidos do contribuinte. Os legisladores esquecem que o contribuinte tem uma única capacidade contributiva, e esta corre o risco de ser sufocada pela incidência de uma carga tributária excessiva. De outro lado, a legislação tributária devia ser mais simplificada para permitir sua melhor compreensão pelo contribuinte.[2]

II. SISTEMA TRIBUTÁRIO

1. Noção geral

Sistema[3] significa ordenamento conveniente, regime adequado, classificação, lógica, método, ou seja, conjunto coerente de partes de um todo, disciplinado por normas ou regras

---

[1]   Cf. BALEEIRO, Aliomar. *Uma introdução à ciência das finanças*. 14. ed. Rio de Janeiro: Forense, 1969, p. 219.

[2]   Neste sentido, a Lei Complementar nº 123, de 14 de dezembro de 2006, que instituiu o Estatuto Nacional da Microempresa e da Empresa de Pequeno Porte.

[3]   Cf. MARTINS, Cláudio. *Introdução ao estudo das finanças públicas*. Fortaleza: IUC, 1970, p. 161.

Capítulo IV · SISTEMA TRIBUTÁRIO NACIONAL | **113**

apropriadas e visando à obtenção de um resultado satisfatório. **Sistema jurídico** é o conjunto de normas jurídicas que se relacionam entre si de várias maneiras, segundo um princípio unificador[4]. Sistema tributário nacional é o conjunto de tributos vigentes em um país em determinada época e das regras jurídicas que os disciplinam. O conceito de sistema tributário implica certa coordenação dos diferentes tributos entre si com o sistema econômico dominante e com os fins fiscais e extrafiscais da tributação, bem como com os princípios constitucionais. Para que possa existir um sistema tributário, é mister que as normas jurídicas que o integrem sejam conexas e consequentes no regrar o poder impositivo do Estado. Assim, se não existir esta harmonia e se cada tributo não for parte de um todo com uma finalidade determinada, não se poderá falar em sistema tributário, porque este não resulta do simples dato de o Estado cobrar tributos. Quando as normas tributárias são impostas sem ordem e sem investigação de causas, visando apenas à obtenção de recursos pelo Estado, estaremos diante de um mero regime tributário, mas não de um sistema tributário.

Assim, o estudo do sistema tributário deve ser feito em relação a cada país, porque cada um tem características próprias decorrentes de suas peculiaridades nacionais, embora possam existir sistemas tributários semelhantes. Por isso, o sistema tributário decorre das instituições jurídicas e políticas do país, de sua estrutura social, de seu sistema econômico e da forma da distribuição da receita tributária, dificultando a elaboração de um modelo padrão. Além da limitação espacial que deve apresentar, o estudo do sistema tributário deve ser feito também em relação a uma época determinada, uma vez que o sistema tributário de um país não é imutável, estável, permanente, mas está sempre variando para atender a sua evolução política, social e econômica. Em sueco, podemos dizer que o estudo do sistema tributário varia sempre no tempo e no espaço.

2. Classificação

Os sistemas tributários podem ser classificados sob vários critérios.[5]

2.1. *Sistemas racionais e históricos*

No que concerne à sua origem, os sistemas dividem-se em racionais e históricos. **Sistemas tributários racionais** são aqueles elaborados com observância dos princípios ditados pela Ciência das Finanças, tendo o legislador a preocupação de estabelecer uma harmonia entre os objetivos pretendidos e os meios empregados, resultando, portanto, de um estudo pré-elaborado, de uma política financeira previamente determinada.

Sistemas tributários históricos são aqueles que não apresentam uma harmonia entre os tributos, não resultando de um estudo pré-elaborado, porque os tributos são instituídos na medida em que o Estado sente necessidade de auferir mais receitas e não em decorrência de um planejamento. Na verdade, não consubstanciam um sistema, porque este pressupõe um conjunto coerente de partes de um todo e, assim, correspondem a meros regimes tributários.

---

[4]   Cf. CARVALHO, Paulo de Barros. *Curso de direito tributário.* São Paulo: Saraiva, 1991, p. 84.

[5]   Ricardo Lobo Torres considera: a) sistema tributário federado (ou sistema de federalismo fiscal) o "conjunto de tributos organizado segundo a distribuição do poder tributário à União, aos Estados-membros e aos Municípios, levada a efeito pelos arts. 148, 149, 153 a 156 da CF"; b) sistema internacional tributário o "conjunto de tributos incidentes sobre a riqueza internacional e partilhados entre os Estados Soberanos segundo princípios e regras estabelecidos na Constituição (arts. 153, I e II, 155 § 1º, III, 'b', 155, § 2º, X, 'a', 156 § 3º, II) e nos tratados e convenções" (*Op.cit.*, 8. ed., p. 320).

2.2. Sistemas objetivos e subjetivos

Outro critério baseia-se na observância ou não do princípio da capacidade contributiva, dividido os sistemas tributários em objetivos e subjetivos.

Sistemas tributários objetivos são aqueles em que o Estado exerce seu poder impositivo sem levar em conta a capacidade contributiva do sujeito passivo. Tal ocorria no período clássico das finanças públicas, em que a carga tributária era igual para todos os contribuintes.

Sistemas tributários subjetivos são aqueles em que o Estado, ao exercer o poder impositivo, observa o princípio da capacidade contributiva, e, assim, o contribuinte é tributado na medida em que tem aptidão econômica para pagar tributos. Ademais, nestes sistemas o Estado utiliza o tributo também com um fim extrafiscal como uma forma de redistribuição de riquezas. Estas características estão presentes nos sistemas tributários do período moderno das finanças. Registra-se que a Constituição Federal recomenda que, sempre que possível, os impostos devem ter caráter pessoal e ser graduados segundo a capacidade econômica do contribuinte (art. 145, § 1º, CF).

2.3. Sistemas rígidos e flexíveis

Outro critério leva em consideração a existência ou não da liberdade do legislador em estabelecer normas tributárias, dividindo, em consequência, os sistemas tributários em rígidos e flexíveis[6].

Sistemas tributários rígidos são aqueles que têm seus princípios básicos fixados na Constituição, que disciplina de forma completa as faculdades do poder tributante e as garantias e os direitos dos contribuintes, existindo, assim, um sistema tributário constitucional. O sistema tributário sendo rígido, o legislador não dispõe de muita liberdade para modificá-lo e tal só ocorrerá mediante emenda constitucional. Os sistemas tributários, em sua quase totalidade, têm suas normas básicas no texto constitucional, sendo rígidos. Considerando que a existência de um sistema tributário não pressupõe necessariamente a de um sistema tributário constitucional, sistemas tributários flexíveis são aqueles em que o legislador ordinário tem ampla liberdade para dispor sobre suas normas, não estando preso a formalidades e solenidades exigidas para a alteração do texto constitucional.

2.4. Sistemas com predominância de determinadas categorias de impostos (Maurice Duverger)

2.4.1. Noção geral

Os sistemas tributários não apresentam, em regra, um perfeito equilíbrio entre os diversos impostos que os integram, esclarecendo **Maurice Duverger**[7] que se trata de uma tarefa difícil de se estabelecer e manter, pelo que , em geral, uma ou diversas categorias de imposto predominam sobre as outras. O citado autor apresenta classificações do sistema tributário de acordo com a natureza dos impostos predominantes. Assim, existem sistemas tributários em que há predominância de impostos diretos ou de impostos indiretos, e de outro lado, existem

---

[6] Tal distinção decorre das qualificações *rígido* e *elástico* propostas por James Bryce para distinguir as Constituições, segundo o processo adotado para sua alteração (BRYCE, James. *Constituicones flexibles y constituciones rígidas*. Madri: Uns. de Estudios Políticos, 1952, p. 19 e ss.).

[7] DUVERGER, Maurice. *Finances publiques*. Paris: P.U.F., 1971, p. 468-485.

sistemas em que predominam os impostos gerais ou os impostos particulares. Finalmente, em outro grupo de sistemas prevalecem os impostos internos ou externos.

2.4.2. Sistemas tributários em que predominam os impostos diretos ou indiretos

Os sistemas tributários em que predominam impostos diretos caracterizam os países capitalistas bastante desenvolvidos, por exemplo, Estados Unidos, Suíça, Suécia, Nova Zelândia etc. Imposto direto é aquele que, por sua natureza, não comporta a transferência da carga tributária do contribuinte de direito para o contribuinte de fato, por exemplo, o imposto de renda. Os sistemas tributários em que prevalecem os impostos indiretos identificam os países socialistas e os países subdesenvolvidos ou semidesenvolvidos. Imposto indireto é aquele que, por sua natureza, pode ser objeto de repercussão, isto é, comporta a transferência do ônus tributário do contribuinte de direito para o contribuinte fato (ICMS, IPI, IBS, etc.).

2.4.3. Sistemas tributários em que predominam os impostos gerais ou particulares

Considerando que os impostos sobre a renda e os impostos sobre a despesa podem revestir a forma de impostos gerais ou impostos particulares, **Duverger** esclarece que determinados sistemas tributários apresentam uma predominância de impostos gerais, enquanto em outros prevalecem os impostos particulares. Nos sistemas tributários em que há uma predominância de impostos gerais, os impostos são essencialmente constituídos por um imposto (geral) que incide sobre o conjunto de rendas dos contribuintes, por exemplo, nos países capitalistas modernos, onde predomina a fiscalidade direta. Por outro lado, os impostos indiretos particulares, notadamente aqueles que incidem sobre consumo ou circulação, são geralmente predominantes nos sistemas tributários dos países em desenvolvimento ou subdesenvolvidos.

A razão desta distinção reside no fato de que os impostos particulares sobre a despesa, incidindo sobre certos produtos raros, produção ou circulação localizada (metais preciosos, produtos importados etc.), são mais fáceis de se estabelecer, mesmo para um Estado bastante primitivo. Entretanto, o imposto sobre a despesa pressupõe um sistema econômico bastante moderno e um Estado bem organizado. Além disso, os impostos particulares sobre determinadas categorias de rendas, conhecidas de maneira indiciária ou bem visíveis (rendas agrícolas, mobiliárias, patentes), são mais fáceis de se estabelecer que o imposto geral sobre a renda, que pressupõe uma declaração precisa do contribuinte e um sistema de controle aperfeiçoado.

2.4.4. Sistemas tributários em que predominam os impostos internos e os impostos aduaneiros

A maior parte dos sistemas tributários revela uma prevalência de impostos internos (impostos sobre a renda e impostos sobre o consumo ou a circulação interna dos produtos nacionais). Todavia, existem outros sistemas tributários que se caracterizam pela grande presença de impostos aduaneiros, isto é, impostos que recaem sobre a entrega de mercadorias estrangeiras ou sobre a saída de produtos nacionais, sendo traço próprio dos países exportadores aqueles onde as receitas fiscais emanam essencialmente do comércio externo. Entretanto, a superioridade dos impostos aduaneiros não se apresenta somente nos sistemas tributários de países exportadores, mas também nos países subdesenvolvidos, onde a indústria nacional é fraca, o aparelho do Estado é ainda pouco importante, os serviços públicos são poucos e as despesas públicas não atingem um nível elevado. Tais países tendem a estabelecer uma forte tributação sobre a exportação, para ganhar o máximo sobre suas matérias-primas e sobre a importação para proteger suas indústrias nacionais.

3. Requisitos do sistema tributário

3.1. *Noção geral*

O requisito básico a ser atendido por um sistema tributário é corresponder às condições sociais e econômicas do país onde vigora, bem como ser adaptado às suas instituições políticas e ao seu regime jurídico geral.[8] Além disso o sistema tributário deve observar os famosos cânones de Adam Smith sobre os impostos: justiça, certeza, comodidade e economia. Por outro lado, tendo em vista que o Estado cada vez mais se utiliza das finanças públicas, principalmente do tributo com fim extrafiscal para intervir nos domínios econômico e social, o sistema tributário nacional deve possuir um conjunto de normas dispostas de forma harmônica, de modo a permitir ao Estado a consecução dos objetivos próprios de sua política financeira.

3.2. *Segundo Gangemi*

Gangemi[9] considera que o sistema tributário deve apresentar as seguintes características: a) existência de uma administração financeira eficiente que conhece as consequências de sua atuação; b) ausência de evasões e bitributações, bem como admissão limitada de isenções, dentro de um sistema claro, simples, coerente e elástico; c) manutenção do imposto progressivo dentro de determinados limites; d) afirmação no setor dos impostos diretos dos princípios da personalização e da equidade na divisão da carga tributária, aliada a uma perfeita coordenação entre os referidos impostos para conferir ao sistema o máximo de simplicidade e clareza; e) existência de um conjunto de impostos indiretos simplificados e coordenados com os impostos diretos; f) certeza do direito tributário e, consequentemente, clara determinação dos direitos e deveres do Estado e dos contribuintes, coordenada com um Código Tributário que contenha seus princípios gerais; g) consideração, no processo de imposição estatal, local, social, e paraestatal, de que o contribuinte é único, e única, portanto, sua capacidade contributiva; h) estabelecimento de sanções penais, necessárias para fazer eficaz a lei sobre a declaração de rendas, observando-se sempre o cumprimento dos requisitos antes citados, porque na sua falta (de tais requisitos) qualquer sanção é inoperante e obriga a manter altíssimo o custo da coação por parte do Estado.

3.3. *Segundo Aliomar Baleeiro*

Na doutrina brasileira, **Aliomar Baleeiro**[10], depois de observar que não há como se estabelecer um sistema tributário padrão, assim leciona:

> O sistema tributário deve ser produto, elástico, compatível com a renda nacional e com as ideias de justiça da época. Há de reservar à competência nacional os impostos de base mais larga (renda, consumo, alfândega), bem como deverá evitar a bitributação, de modo a que o mesmo imposto não venha a ser reclamado da mesma pessoa e pelo mesmo fato simultaneamente pela União, Estados e Municípios, e, deverá, ainda, resguardar o comércio interestadual contra discriminações.

---

[8] Cf. SOUZA, Rubens Gomes de. *Cômpendio de legislação tributária*. 3. ed. Rio de Janeiro: Financeiras, 1964, p. 151.

[9] *Apud* BUJANDA, Sainz de. *Hacienda y derecho*. Madri: IEP, 1961, p. 257, t. 2.

[10] *Op.cit.*, p. 221.

III. HISTÓRICO DO SISTEMA TRIBUTÁRIO NACIONAL

1. Brasil Colônia

Não existiu um sistema tributário na época do Brasil Colônia, uma vez que, em decorrência do regime administrativo e econômico ao qual estava submetido por Portugal, a indústria e o comércio eram praticamente inexistentes. Assim, existiam apenas alguns tributos, por exemplo, os direitos régios (direitos de importação), os quintos e os dízimos, que incidiam, na base de 20% e 10%, respectivamente, sobre os produtos de indústrias extrativas. Entretanto, tais tributos não configuravam um sistema tributário.

2. Reino Unido

Em 1808, com a chegada da família de Bragança, o Brasil foi elevado à categoria de Reino Unido, passando, em consequência, a comerciar diretamente com outros países, surgindo, assim, os direitos aduaneiros, cuja alíquota, no entanto, era fixada de acordo com critérios mais políticos que econômicos. Isso porque os produtos vindos de Portugal eram tributados à base de 16%, os oriundos da Inglaterra sofriam uma incidência de 15%, enquanto para os produtos de outras origens as alíquotas era de 24%[11]. Todavia não se pode dizer ainda que existia um sistema tributário.

3. A Carta de 1824

Proclamada a Independência em 1822, a nossa primeira Constituição foi outorgada em 1824. Esta Constituição caracterizava-se por uma acentuada centralização dos poderes, inclusive de natureza impositiva, porque as Províncias não gozavam de competência legislativa sobre matéria tributária, carecendo, assim, de fontes próprias de receitas tributárias, sendo beneficiadas apenas como meros departamentos do poder central por dotações orçamentárias. Posteriormente, com o Ato Adicional (Lei nº 16, de 12.08.1834), as Províncias passaram a gozar de autonomia política e pela Lei nº 99, de 31.10.1835, lhes foi concedida a necessária autonomia financeira, que lhes possibilitou fontes próprias de receitas tributárias, distintas das fontes do poder central, cabendo-lhes, ainda, definir os tributos dos seus respectivos Municípios. Entretanto, os impostos que podiam ser objeto de disciplina legislativa pelas Províncias não poderiam prejudicar as imposições gerais do Estado. O sistema tributário constante da Carta de 1824 era de natureza flexível, porque se limitava a enunciar alguns princípios gerais a serem observados pelo legislador ordinário, que, no entanto, gozava, quanto à matéria remanescente, de ampla liberdade para a instituição de tributos[12].

4. A Constituição de 1891

Em 1889 foi proclamada a República e, em 1891, surgiu nossa segunda Constituição, instituindo a forma federativa de Estado. As Províncias foram transformadas em Estados e foi reconhecida a autonomia dos Municípios, embora os impostos municipais estivessem a cargo dos Estados. A Constituição de 1891 estabeleceu ainda as seguintes disposições a serem

---

[11] Cf. Rubens Gomes de Souza, *op. cit.,* p. 142.

[12] Pereira Rego assim explicava o sistema tributário flexível da CF de 1824: "Pelo que respeita às contribuições indiretas, a Constituição nada diz, e consequentemente depende do modo por que o Poder Legislativo se expressar na lei que institui cada uma delas, ou na lei anual do orçamento"(REGO, Pereira. *Compêndio de direito administrativo.* 3. ed. Recife: Casa do Editor, 1877. p. 331).

destacadas: a) os tributos instituídos pela União deviam ser uniformes para todos os Estados (art. 7º § 2º); b) os Estados não podiam tributar bens e rendas federais ou serviços a cargo da União, e esta, por sua vez, não podia tributar aqueles de competência estadual (art. 10); c) o imposto só podia ser cobrado se instituído mediante lei (art. 72, § 30).

Os autores apontam alguns defeitos na Constituição de 1891 sobre a matéria tributária, a saber: a) permitia o exercício de competência concorrente, gerador de malsinadas bitributações, vez que vários sujeitos ativos dotados de poder impositivo podiam exigir, concomitantemente, impostos idênticos do mesmo contribuinte, com fundamento no mesmo fato gerador, ou seja, a União e os Estados podiam criar, simultaneamente, tributos idênticos (art. 12); b) atribuía aos Estados a competência para instituir imposto de exportação, que, por estar ligado à política monetária e ao comércio exterior, devia ter sido incluído entre os tributos de competência da União (art. 9º, I). A Constituição de 1891 apresentava um sistema tributário de natureza *elástica*, eis que continuava o legislador ordinário com ampla liberdade para a instituição de outros tributos, além daqueles que eram expressamente previstos no texto constitucional.

5. A Constituição de 1934

Os principais defeitos do sistema tributário na Carta de 1891 foram corrigidos na Constituição de 1934, porque: a) definiu os tributos próprios dos Municípios (art. 13, § 2º), que passaram a gozar de autonomia financeira com fontes próprias de receitas tributárias; b) estabeleceu melhor as áreas de competência privativa da União, dos Estados e dos Municípios; c) limitou a competência concorrente pela definição do instituto da bitributação (art. 10, VII, parágrafo único, e art. 11), impedindo que os impostos idênticos fossem cobrados, simultaneamente, pela União e pelos Estados, estabelecendo que, nos aso do exercício de competência concorrente, prevalecia o imposto criado pela União; d) ampliou a competência privativa da União, atribuindo-lhe os impostos sobre o consumo de mercadorias, sobre a renda e sobre a transferência de fundos para o exterior; e) incluiu o imposto sobre vendas e consignações na competência privativa dos Estados; f) proibiu os impostos de trânsito, interestaduais e intermunicipais; g) manteve os princípios da uniformidade tributária em todo o território nacional; e da legalidade tributária. Assim, passou a existir, pela primeira vez no nosso direito, um sistema tributário de natureza *rígida*. Dessa forma, o legislador não tinha mais liberdade plena para dispor sobre a matéria tributária, especialmente no que diz respeito à criação de tributos.

6. A Carta de 1937

A Carta de 1937 prosseguiu na obra de aperfeiçoamento do sistema tributário, mantendo, em linhas gerais, o sistema preconizado pela Constituição anterior. Assim, criou o imposto único sobre a produção e o comércio, a distribuição e o consumo, inclusive a importação e a exportação do carvão mineral nacional e dos combustíveis e lubrificantes líquidos de qualquer origem, de que tratava a LC nº 4, de 20.09.1940[13]. Registre-se, ainda que a Carta de 1937 manteve também a natureza *rígida* do nosso sistema tributário.

---

[13] Carvalho Pinto ressalta que o sistema de discriminação de rendas foi aperfeiçoado em relação ao constante da Constituição de 1934, lecionando que: "A discriminação de 1937 consubstancia um dos sistemas mais perfeitos de discriminação de rendas, representando um estágio avançado na longa e laboriosa evolução da matéria do direito constitucional brasileiro. A discriminação, que já em 1891, no dizer de muitos publicistas, se revelava uma das mais perfeitas e metódicas do mundo, teria, assim, atingido mais um grau de aperfeiçoamento, atendendo aos imperativos de ordem histórica, social, política e econômica de nossa Pátria" (PINTO, Carvalho. *Discriminação de renda*. São Paulo: Prefeitura do Município, 1941, p. 146).

7. A Constituição de 1946

A Constituição de 1946 manteve os princípios básicos dos textos constitucionais anteriores e aperfeiçoou o sistema tributário nacional; e "nenhuma Constituição excede à brasileira de 1946 pelo zelo com que reduziu as disposições jurídicas àqueles princípios tributários. Nenhuma outra contém tantas limitações expressas em matéria financeira"[14]. A única crítica que talvez se possa fazer à Constituição 1946 prende-se à maneira com que disciplinou as matérias financeira e tributária, fazendo-o ao longo de todo o seu texto, sem reunir em um capítulo único todas as disposições constitucionais sobre o assunto.

8. Emenda nº 18, de 1965, à Constituição de 1946 e a Carta de 1967

O Congresso Nacional, em 01.12.1965, veio a aprovar a Emenda nº 18 à Constituição de 1946, que reformulou todo o nosso sistema tributário e passou a ser considerada um marco do direito tributário brasileiro. Mais tarde, a Emenda nº 18, de 1965, foi incorporada à Carta de 1967, como capítulo único sobre o sistema tributário nacional, compreendendo os arts. 18 a 28.

9. Emenda Constitucional nº 1, de 1969, à Carta de 1967

A Emenda nº 1, de 1969, igualmente em um capítulo específico (arts. 18 a 26), manteve com poucas alterações o sistema tributário oriundo da Emenda nº 18, de 1965, bem como adotou os mesmos princípios gerais estabelecidos no texto constitucional anterior quanto à discriminação *rígida* das rendas tributárias nas três esferas administrativas do país. De notar que a EC nº 1/1969 substituiu o princípio da anualidade tributária, enunciado pela Carta de 1967, pelo princípio da anterioridade da lei fiscal, deixando de se exigir a prévia autorização da lei orçamentária para cobrança de tributos, bastando que a lei tenha sido publicada em exercício anterior ao de sua cobrança.

10. A Constituição de 1988

A Constituição de 1988 não inovou muito em relação ao sistema tributário estruturado pela Emenda nº 18, de 1965, mas apresenta os seguintes principais aspectos: 1) aperfeiçoou a distribuição da matéria no Capítulo I do Título VI, dividindo-o de forma mais sistemática em seis Seções: a) a primeira (arts. 145 a 149) dedicada aos princípios gerais; b) a segunda (arts. 150 a 152) sobre as limitações do poder de tributar; c) a terceira (arts. 153 a 154) sobre os impostos de competência da União; d) a quarta (art. 155) sobre os impostos de competência dos Estados e do Distrito Federal; e) a quinta (art. 156) sobre os impostos de competência dos Municípios; f) a sexta (art. 156-A e 156-B) sobre o imposto de competência compartilhada entre os Estados, o Distrito Federal e os Municípios; g) a sétima (arts. 157 a 162) sobre a repartição das receitas tributárias, embora seja matéria de direito financeiro; 2) erigiu como expressos os seguintes princípios que eram considerados implícitos na Constituição anterior: capacidade econômica do contribuinte (art. 145 § 1º, 2ª parte), personalização do imposto (art. 145, § 1º, 1ª parte), igualdade tributária (art. 150, II), irretroatividade da lei fiscal (art. 150, III, "a") e vedação de tributo com efeito confiscatório (art. 150, IV); 3) silenciou sobre os limites para a cobrança da contribuição de melhoria (art. 145, III); 4) consagrou de forma nítida a função tríplice da lei complementar (art. 146) e definiu, ainda que de forma exem-

---

[14] Cf. BALEEIRO, Aliomar. *Limitações constitucionais ao poder de tributar.* 4. ed. Rio de Janeiro: Forense, 1974, p. 2.

plificativa, as matérias que devem ser consideradas normas gerais em matéria de legislação tributária (art. 146, III); 5) estabeleceu, desde logo, de forma taxativa, os casos que permitem a instituição de empréstimo compulsório pela União e determinou a sua instituição apenas mediante lei complementar, bem como vinculou a aplicação dos recursos do mencionado tributo à despesa que fundamentou sua instituição (art. 148, parágrafo único); 6) manteve as contribuições especiais (sociais, intervertidas e corporativas) na competência privativa da União, sujeitando-as a todas a limitações constitucionais do poder de tributar, salvo quanto à contribuição social (art. 195 § 6º), que poderá ser cobrada no mesmo exercício de sua instituição, ou majoração, desde que observado o intervalo de noventa dias após a publicação da lei que as houver instituído ou majorado; condicionou também a sua instituição à definição dos seus elementos caracterizadores mediante lei complementar (art. 149); 7) excetuou do princípio da anterioridade da lei fiscal os impostos de importação, exportação, IPI, IOF, por motivo de guerra (art. 150, § 1º), contribuição social (art. 195, § 6º) e empréstimo compulsório de guerra e de calamidade pública (art. 148, I), que foram também, salvo o IPI, excepcionados da anterioridade nonagésima (art. 150, § 1º, com redação dada pela EC nº 42/2003); 8) estendeu à fundação dos partidos políticos e às entidades sindicais dos trabalhadores a imunidade tributária quanto aos impostos sobre patrimônio, renda e serviços (art. 150, VI, "c"); 9) prescreveu, através de disposição programática (art. 150, § 5º), que a lei determinará medidas para que os consumidores sejam esclarecidos acerca dos impostos que incidam sobre mercadorias e serviços; 10) estabeleceu a necessidade de lei específica federal, estadual e municipal, em sentido estrito, para a concessão de qualquer forma de renúncia à receita, tais como isenção, benefícios fiscais, remissão, anistia etc. (art. 150, § 6º); 11) vedou à União a instituição de isenções de tributos que não sejam da sua competência (art. 151, III); 12) enfraqueceu a receita tributária da União, retirando-lhes os três impostos únicos (sobre operações relativas a combustíveis e lubrificantes, energia elétrica e minerais), bem como os impostos sobre transporte e comunicações, que passaram a integrar a base impositiva do ICMS, atribuindo-lhe, em contrapartida, o imposto sobre grandes fortunas, nos termos da lei complementar (art. 153, VII); 13) erigiu como constitucionais, quanto imposto sobre a renda e proventos de qualquer natureza, os princípios da generalidade, da universalidade e da progressividade (art. 153, § 2º, I); 14) determinou a não incidência do IPI sobre produtos industrializados destinados ao exterior (art. 153, § 3º, III); 15) consagrou a incidência exclusiva do IOF sobre o outro, quando definido em lei como ativo financeiro ou instrumento cambial (art. 153, § 5º); 16) restringiu ao campo da lei complementar a instituição pela União de impostos e contribuições sociais residuais (arts. 154, I, e 195, § 4º); 17) quanto à competência tributária legislativa dos Estados e do Distrito Federal: a) retirou de sua competência o imposto de transmissão *inter vivos* de bens imóveis; b) o ICM passou a denominar-se Imposto sobre Operações Relativas à Circulação de mercadorias e sobre Prestação de Serviços de Transporte Interestadual e Intermunicipal e de Comunicação (ICMS), alargando sua base impositiva (art. 155, II, com redação da EC nº 3/1993, e art. 155, § 3º); c) estendeu a quaisquer bens ou direitos a incidência do imposto de transmissão *causa mortis* e causa doação (art. 155, I); 18) atribuiu aos Municípios competência para: a) instituir impostos sobre transmissão *inter vivos*, a qualquer título, de bens imóveis, exceto os de garantia, bem como cessão de direitos a sua aquisição (art. 156, II); b) instituir imposto sobre vendas a varejo de combustíveis líquidos e gasosos, exceto óleo diesel (art. 156, III), que foi suprimido pela EC nº 3/1993); c) manteve a competência dos Municípios quanto ao IPTU e ISS (art. 156, I e III, com redação dada pela EC nº 3/1993); 19) aumentou consideravelmente a participação dos Estados e Municípios no produto da arrecadação de impostos de competência da União (arts. 157 a 162).

Capítulo IV · SISTEMA TRIBUTÁRIO NACIONAL | **121**

No final de 2023, a esperada Reforma do Sistema Tributário Nacional, no que tange a tributação sobre o consumo, foi concretizada com a promulgação da Emenda Constitucional nº 132/2023, em sessão solene no dia 20.12.2023. A Emenda em questão reestrutura a tributação sobre o consumo a partir da atribuição de competência para instituição: (i) do imposto sobre bens e serviços, de competência compartilhada entre os Estados, o Distrito Federal e os Municípios (IBS), que tem por diretriz a neutralidade e a uniformidade em todo território nacional (art. 156-A CF) e substituirá o ICMS e o ISS; (ii) da CBS – contribuição social sobre bens e serviços, de competência da União (art. 195, V, CF) que substituirá o PIS e a COFINS e (iii) do imposto sobre produção, extração, comercialização ou importação de bens e serviços prejudiciais à saúde ou ao meio ambiente, nos termos de lei complementar, de competência da União (art. 153, VIII, da CF). A EC nº 132/2023 ainda promove sensíveis alterações na tributação sobre o patrimônio, como por exemplo, determinando a progressividade do ITCMD (art. 155, § 1º, VI, CF) e ampliando a abrangência do IPVA para incidir sobre veículos automotores terrestres, aquáticos e aéreos (art. 155, § 6º, III, CF). As modificações serão apontadas oportunamente dentro de cada tópico. A EC nº 132/2023 promete ser a primeira etapa de uma Reforma Tributária mais ampla, razão pela qual em seu art. 18 prevê que o Poder Executivo deverá encaminhar ao Congresso Nacional projeto de lei que reforme a tributação sobre a renda e da folha de salários.

IV. DISCRIMINAÇÃO DE RENDAS

1. Noção geral

O problema da discriminação de rendas é inerente a todo país de regime federativo, onde há uma superposição de hierarquias de poder impositivo, central e periférica, sendo, em regra, disciplinada no próprio texto constitucional.[15] Discriminação de rendas é a distribuição da competência tributária ou impositiva entre as entidades-membros da federação, consistindo, pois, em verdadeira partilha tributária. Relembre-se que todo ente político tem poder de tributar, mas nem todos têm competência tributária em relação a determinados tributos. Assim, a competência tributária é a medida do exercício do poder de tributar.

2. Critérios

Não existe um critério universal para que se proceda à discriminação de rendas porque inexistem regras absolutas dispondo sobre a forma que deve ser feita, tratando-se de questão de política legislativa. Todavia, em "verdade, cada tipo de Estado aconselha o seu regime discriminatório de rendas, com a respectiva peculiaridade, levando-se em conta aspectos econômicos, políticos e financeiros da tributação".[16] Outro critério é de se atribuir ao governo central os impostos aduaneiros (importação e exportação) e aos governos locais os impostos internos. No Brasil, o imposto de exportação somente passou para a competência da União com EC nº 18/1965, à constituição de 1946. Um terceiro critério é o de efetuar a discriminação

---

[15] A importância da discriminação de rendas é demonstrada por Almícar de Araújo Falcão, ao ressaltar que a discriminação de rendas "se consubstancia na circunstância mesma de constituir uma exaltação, um grau superlativo, das autonomias, sobretudo as periféricas, cujo convívio equilibrado com a unidade central se quer assegurar" (FALCÃO, Amílcar de Araújo. *Sistema tributário brasileiro*. Rio de Janeiro: Financeiras,1965, p.12).

[16] Cf. MORAES, Bernardo Ribeiro de. *Compêndio de direito tributário*. 2. ed. Rio de Janeiro: Forense, v. 1, p. 275.

por produto, ou seja, caber à União toda arrecadação tributária, para, em seguida, partilhá-la entre as entidades-membros.

No direito comparado, não se pode tomar o sistema americano como ponto de partida para o estudo da discriminação de rendas, porque a Constituição de 1787 concede apenas competência privativa à União em relação aos impostos aduaneiros, conforme seu artigo 1º, Seção 10. Assim todo remanescente ficou para a competência concorrente de todos os órgãos do regime federativo, em razão desse regime ter resultado de um movimento da periferia para o centro, porque, primeiro, os estados se tornaram independentes para depois se converterem em Federação. Deve-se no entanto, acentuar o papel relevante desempenhado pela Suprema Corte dos Estados Unidos ao produzir necessário e relevante trabalho jurisprudencial na solução dos problemas decorrentes da bitributação, em razão da admissão pelo texto constitucional de competência concorrente e do seu laconismo em matéria tributária.

3. Discriminação de rendas rígida

A discriminação de rendas detém natureza rígida quando a distribuição de competência tributária é feita separadamente e de forma expressa a cada um dos órgãos integrantes do regime federativo. Tal distribuição é feita de modo que cada um dos entes políticos tem uma área ampla e definida de competência privativa, se não da totalidade mas pelo menos da porção prevalente das respectivas receitas tributárias. A discriminação de rendas sendo rígida, a consequência será que todo tributo que for exigido contrariamente ou em discordância com as regras limitadoras da competência concorrente será inconstitucional por invasão de competência privativa conferido pela Constituição a outra entidade integrante do regime federativo. O legislador, para obter a referida rigidez poderá usar de duas técnicas: a primeira, denominada nome na lista, designando pelo *nome iuris* os tributos, e a segunda pela indicação explícita dos respectivos fatos geradores.

4. A discriminação de rendas na Constituição de 1988

A Constituição de 1988 manteve a rigidez da discriminação de rendas, ao fixar a competência privativa da União (arts. 153 e 154), dos Estados e do Distrito Federal (art. 155) e dos Municípios (art. 156), no que concerne à instituição de impostos. Por outro lado, conferiu também à União competência exclusiva para instituir empréstimos compulsórios (art. 148) e contribuições sociais, de intervenção no domínio econômico e de interesse das categorias profissionais ou econômicas (art. 149). Por sua vez, o parágrafo 1º do art. 149 da CF faculta aos Estados, ao Distrito Federal e aos Municípios instituir contribuições, cobradas de seus servidores, para o custeio em benefícios destes, de sistema de previdência e assistência social. A EC nº 39/2002 acrescentou o art. 149-A para permitir aos Municípios e ao Distrito Federal instituir contribuições para o custeio do serviço de iluminação pública, observado o disposto no art. 150, I e III. A Emenda Constitucional nº 132/2023 ampliou a finalidade para permitir que a contribuição destine-se também à expansão à melhoria do serviço de iluminação pública e de sistemas de monitoramento para segurança e preservação de logradouros públicos.

V. COMPETÊNCIA TRIBUTÁRIA

1. Noção

O poder de tributar decorre diretamente da Constituição e é inerente à toda pessoa jurídica de direito público. Na forma federativa de Estado, adotada pela CF de 1988, gozam de autonomia política e capacidade para legislar não só o poder central, mas também as entidades periféricas. Assim o próprio texto constitucional reparte parcela do exercício do poder de tributar entre os entes políticos, atribuindo a cada um deles competência tributária para criar determinados tributos (competência tributária legislativa). De notar que os territórios não são titulares da competência tributária, porque não são pessoas jurídicas de direito público e, portanto não gozam de autonomia política nem de autonomia financeira. Daí o artigo 18 da CF estabelecer que os territórios federais integram a União e o art. 33 rezar que a lei disporá sobre a sua organização administrativa e judiciária. Assim, cabe à União, em Território Federal não dividido em Municípios, instituir, cumulativamente, os impostos estaduais e municipais, e se for dividido em municípios, os impostos estaduais (CF, art. 147, e CTN, art. 18, I)

2. Espécies

A competência tributária pode ser de três espécies: legislativa, administrativa e de julgar tributos. Nesse sentido, deve ser entendido o artigo 6º do CTN quando, na parte inicial, reza que "a competência legislativa plena" abrange a competência para editar normas gerais de direito tributário, de criar tributos e de administrá-los e julgá-los. O art. 24 da CF confere competência à União, aos Estados e ao Distrito Federal para legislar concorrentemente sobre normas gerais de direito tributário, mas os Estados somente podem exercer tal competência legislativa, para atender a peculiaridades, inexistindo lei federal sobre a matéria, tendo, portanto, competência apenas suplementar, que não é conferida aos municípios, que também não têm competência para julgar tributos.

O art. 7º do CTN estabelece ser indelegável a competência tributária, mas tal indelegabilidade refere-se apenas à competência legislativa quanto à criação de tributos. Entretanto a segunda parte do mencionado dispositivo admite a delegação de competência administrativa, ou seja, de administrar tributos. Esta delegação ocorre através de lei ou convênio (CTN, art. 199), que, nos termos do art. 100, IV, do CTN, são considerados fontes acessórias ou normas complementares do direito tributário. O parágrafo 1º do art. 7º do CTN estabelece que a delegação da atribuição de administração dos tributos "compreende as garantias e privilégios processuais que competem à pessoa jurídica de direito público que a conferir."

A regra do parágrafo 2º do art. 7º do CTN deve ser interpretada com muito cuidado quando estabelece a revogabilidade da delegação de atribuição de administração tributária. Isso porque, tratando-se de negócios entre duas pessoas públicas, pode ser repugnante e até atentatória de ato jurídico perfeito ou de direito adquirido, de maneira que a circunstância da lei ser anterior a aquisição do direito ou a perfeição do ato jurídico não afasta nem exclui o seu caráter de inconstitucional.[17]

O § 3º do art. 7º do CTN prescreve que "não constitui delegação de competência acometimento, a pessoas de direito privado, do encargo ou da função de arrecadar tributos". Esse dispositivo quer significar tão somente a delegação prevista no seu *caput* e não se refere à competência legislativa de instituir tributos, mas de exigi-los e arrecadá-los.

Quanto à competência tributária legislativa, seu não exercício, ou seu exercício apenas parcial, não a defere a ente político diverso (CTN, art. 8º). A razão de ser dessa regra do CTN repousa na Constituição de 1946, cujo art. 15, III, e seu § 2º, conferiam à União competência exclusiva quanto ao imposto único sobre minerais do País. Entretanto, como "o Congresso retardou a legislação sobre essa matéria, alguns estados-membros entenderam que o art. 63 do Código de Minas de 1941 não impedia de cobrar tributos sobre mineradores e seus produtos.

---

[17] Cf. ATALIBA, Geraldo. *Comentários ao Código Tributário Nacional.* São Paulo: Revista dos Tribunais, 1975, p. 90-91.

O STF reiteradamente lhes deu ganho de causa, sustentando que o podiam fazer enquanto uma uma lei federal não regulasse o imposto único e a sua partilha com os Estados e Municípios (p.e. RE nº 49.351, de 28.06.1963, RF 202/147)"[18]. Atualmente, por força do art. 8º do CTN, o fato de a União não ter instituído imposto sobre grandes fortunas, por exemplo, não permite que outro ente político possa criá-lo.

3. Competência privativa, comum e residual

3.1. Competência privativa

Competência tributária privativa consiste na atribuição pela Constituição do poder impositivo a cada ente político para instituir os tributos nela mencionados. Esta atribuição privativa significa que apenas a entidade beneficiada poderá exercer o poder impositivo, ainda que não edite a lei necessária a criação do tributo. Daí ser também excludente a competência tributária legislativa, uma vez que constitui uma obrigação negativa para as outras entidades, que não podem invadir aquela área própria e privativa do ente político beneficiado. O desrespeito a este princípio acarreta a inconstitucionalidade do ato praticado pela entidade infratora por invasão da esfera de competência exclusiva do ente beneficiado pela Constituição. Assim, a invasão de competência em matéria tributária ocorre quando um ente político institui determinado tributo, sem que tenha a titularidade constitucional do poder impositivo em relação ao tributo, que foi atribuída pela Constituição de forma privativa a outra pessoa jurídica de direito público.

Os impostos de competência privativa da União, nos termos dos arts. 153 e 154 da CF, são os seguintes: a) imposto sobre importação de produtos estrangeiros; b) imposto sobre exportação, para o exterior, de produtos nacionais ou nacionalizados; c) imposto sobre a renda e proventos de qualquer natureza; d) imposto sobre produtos industrializados; e) imposto sobre operações de crédito e câmbio ou relativas a títulos ou valores mobiliários; f) imposto sobre propriedade territorial rural; g) impostos sobre grandes grandes fortunas; h) impostos extraordinários na iminência ou no caso de guerra externa; i) imposto sobre a produção, extração, comercialização ou importação de bens e serviços prejudiciais à saúde ou ao meio ambiente. Entretanto, a Constituição permite à União instituir, mediante lei complementar, outros impostos, além dos previstos no art. 153, desde que sejam não cumulativos e não tenham um fato gerador ou base de cálculo próprios dos discriminados na Constituição (art. 154, I). Vide item 3.3 infra sobre competência residual.

Os impostos de competência exclusiva dos Estados e do Distrito Federal são os seguintes (art. 155 da CF): a) sobre transmissão *causa mortis* e doação, de quaisquer bens ou direitos; b) sobre operações relativas à circulação de mercadorias e sobre prestações de serviços de transporte interestadual e intermunicipal e de comunicação, ainda que as operações relativas a energia elétrica, serviços de telecomunicações, derivados de petróleo, combustíveis e minerais do país; c) sobre propriedade de veículos automotores.

Os impostos de competência privativa dos municípios são sobre: (art. 156 da CF): a) propriedade predial e territorial urbana; b) transmissão *inter vivos*, a qualquer título, por ato oneroso, de bens imóveis, por natureza ou acessão física, e de direitos reais sobre imóveis, exceto os de garantia, bem como cessão de direitos a sua aquisição; c) serviços de qualquer natureza, não compreendidos no art. 155, II, definidos em lei complementar.

---

[18] Cf. BALEEIRO, Aliomar, *op. cit.*, p. 72.

Com a Emenda Constitucional nº 132/2023, inaugurou-se a Seção V-A que no art. 156-A atribui competência para instituição do imposto sobre bens e serviços de competência compartilhada entre Estados, Distrito Federal e Municípios.

3.1.1. *Bitributação e* bis in idem

A invasão de competência não se confunde com a bitributação nem com *bis in idem*. A bitributação ocorre quando duas entidades federadas, ambas com competência constitucional para o exercício do poder impositivo, decretam, contemporâneamente, imposto idêntico ao mesmo contribuinte, com fundamento no mesmo fato gerador.[19] Assim bitributação exige identidade de impostos concorrentes, que não mais existem no nosso sistema tributário desde a EC nº 18/1965.

Entretanto, o art. 145, § 2º, da CF, ao prescrever que as "taxas não poderão ter base de cálculo própria de impostos", está vedando a bitributação. Por outro lado *bis in idem* é a exigência por uma única entidade debutante, em relação ao mesmo contribuinte, de dois ou mais tributos, com base no mesmo fato gerador, através de normas jurídicas distintas. Exemplificando: o município X, baseado em lei, cobra IPTU e uma taxa sobre o valor do mesmo imóvel, e essa lei seria inconstitucional por que seria a norma do art. 145, § 2º, da CF, considerando que a base de cálculo do IPTU é o valor venal do imóvel (CTN, art. 33).

Por outro lado, o artigo 154, I, da CF permite que a União possa instituir, mediante lei complementar, (veículo) impostos não previstos no art. 153. Entretanto o mesmo dispositivo veda que sejam cumulativos (técnica de incidência) e tenham um fato gerador ou base de cálculo próprios dos discriminados na Constituição. Assim o dispositivo visa evitar não só a bitributação, como também o *bis in idem*.

3.2. *Competência comum*

Competência comum é atribuição pela Constituição, de forma indistinta, à União, aos Estados, ao Distrito Federal e aos Municípios, para impor os mesmos tributos, dependendo, no entanto, seu exercício do atendimento de determinados pressupostos legais. A competência ocorre em relação aos tributos de natureza vinculada, em que a hipótese de incidência definida em lei depende de uma atuação estatal – taxas, contribuições de melhoria e contribuições previdenciárias dos serviços públicos (CF, artigos 145, II e III, e 149, § 1º).

A partir do momento em que os tributos, que são objeto de competência comum, têm suas hipóteses de incidência vinculadas a uma ação estatal, os agentes políticos não têm liberdade absoluta para instituir luz. Assim o ente político competente para exercitar a competência tributária será aquele que tiver atribuição administrativa para desempenhar atividade estatal, que já se encontra definida na Constituição Federal, nas constituições dos Estados e nas leis orgânicas do Distrito Federal e dos Municípios, antes, portanto, da edição de lei criando os tributos.

Daí Sacha Calmon[20] afirmar que a atribuição administrativa precede e determina a competência tributária no que toca aos tributos comuns. Tal afirmação tem base no CTN, em seus arts. 77 e 80, no que tange às taxas, e no art. 81, quanto à contribuição de melhoria. Isso porque os referidos dispositivos prescrevem que as taxas e a contribuição de melhoria

---

[19] Cf. VILLEGAS, Héctor B., *op. cit.*, p.101.

[20] COELHO, Sacha Calmon Navarro. *Sistema tributário na Constituição de 1988*. São Paulo: Forense, 1989, p. 6.

só podem ser instituídas pelos entes políticos no âmbito de suas respectivas atribuições. Em resumo, será competente para instituir taxa ou contribuição de melhoria a entidade federada que tiver a atribuição administrativa de prestar o serviço público ou executar a obra pública nos termos definidos nos arts. 21, 25, § 1º, e 30 da CF de 1988.

3.3. Competência residual

Competência residual consiste na atribuição conferida pela Constituição à União da faculdade de instituir outros tributos, além daqueles que eles são expressamente previstos a seu favor (CF, art. 154, I, e 195, § 4º). Entretanto, o exercício de tal faculdade não é absoluto por que: a) é conferido exclusivamente à União; b) restringe-se a impostos e contribuições sociais, e estas não podem incidir sobre as fontes de receita referidas no *caput* do artigo e devem observar o disposto no artigo 154, I (art. 195, § 4º); c) só podem ser instituídos mediante lei complementar; d) não pode o imposto resultante do exercício de competência residual já estar previsto no artigo 153; e) esse imposto novo deve ter fato gerador ou base de cálculo próprios dos impostos previstos na Constituição, ou seja, ser presidido pelo princípio da capacidade contributiva, e deve ser não cumulativo, isto é, somente poderá incidir sobre o valor acrescido; f) não pode o imposto criado pela União pertencer a competência tributária privativa dos outros entes políticos.

VI. DISCRIMINAÇÃO POR PRODUTO

1. Noção geral

A discriminação por produto consiste no sistema de repartição das receitas tributárias estabelecido pela Constituição Federal. Esse instituto significa que determinados entes políticos participam do produto da arrecadação de alguns impostos, que são de competência tributária de outras pessoas jurídicas de direito público. Tal sistema foi concebido como reconhecimento da insuficiência de receitas tributárias por parte dos Estados e dos Municípios. Assim, visam corrigir o desnível econômico entre a União e as entidades periféricas e evitar que esse desnível possa provocar desequilíbrio político entre os entes federados. Trata-se da consagração de subsídios intergovernamentais, denominados pelos norte-americanos de *grants-in-aind*[21].

2. Instituto de direito financeiro e não de tributário

As normas constitucionais sobre exame referem-se exclusivamente às relações jurídicas entre pessoas de direito público, que ocorrem somente depois que houver arrecadação dos impostos, ou seja, após as receitas tributárias ingressarem nos cofres públicos. Assim não se trata de matéria de direito tributário, que regula apenas as relações jurídicas tributárias entre o estado e o sujeito passivo. Essas relações de natureza tributária exaurem-se a partir do momento

---

[21] Roque Antônio Carraza averba sobre a repartição das receitas tributárias: "Só há falar sobre participação no produto da arrecadação do tributo após ele ter sido instituído pela pessoa política competente e nascido com a ocorrência do fato imponível. Decorre daí que a pessoa política 'participante' não adquire o direito de tributar, em nome e pode conta da pessoa política competente, se esta permanece inerte, isto é, não criou o tributo. Melhor dizendo, a expectativa de direito à participação só se transforma em efetivo direito depois da criação do tributo 'partilhável'(pela pessoa política competente, é claro) e da ocorrência do fato imponível" (*Curso de direito constitucional tributária*. 16. ed. São Paulo: Malheiros Editores, p. 564-565).

Capítulo IV · SISTEMA TRIBUTÁRIO NACIONAL | **127**

em que a receita tributária entra para os cofres públicos por implicar na extinção do crédito tributário. Tanto é verdade que não se trata de matéria tributária que o art. 3º do CTN não se refere ao destino dado pela lei ao produto da arrecadação da receita tributária como elemento definidor de tributo. Disso resulta que o constituinte não foi feliz ao disciplinar a repartição das receitas tributárias em seção pertencente ao capítulo do sistema tributário (Seção VI, do Capítulo I, do Título VI), compreendendo os arts. 157 a 162. As referidas normas deviam ter sido posicionadas no Capítulo II pertinente às finanças públicas.

3. Espécies: direta e indireta

3.1. Repartição direta

A repartição das receitas tributárias ocorre de duas formas: direta e indireta.

Dá-se a repartição direta quando é feita sem intermediação, ou seja, o ente político beneficiado, como agente arrecadador, apropria-se, total ou parcialmente, da receita tributária mediante transferência orçamentária, ou recebe diretamente do ente dotado de competência tributária legislativa parte do produto da arrecadação tributária por ele feita (CF, arts. 157 e 158).

3.1.1. Discriminação direta em favor dos Estados e do Distrito Federal

A repartição direta das receitas tributárias pela União a favor dos estados e do Distrito Federal ocorre nos seguintes casos: a) quanto ao imposto de renda incidente na fonte sobre os rendimentos pagos, a qualquer título, pelos mencionados esperados, suas autarquias e fundações que instituírem e mantiverem, pertence-lhes produto da arrecadação, que não é, portanto, repassado a união (CF, art. 157, I); b) quanto ao imposto que a União instituir um exercício de competência residual (art. 154, I), pertencendo-lhes vinte por cento do produto da respectiva arrecadação (CF, art. 157, II), devendo-se observar o art. 72, § 3º, do ADCT.

3.1.2. Discriminação direta em favor dos Municípios

Ocorre a repartição direta nas receitas tributárias mediante apropriação da receita em favor dos Municípios nos seguintes casos: a) quanto ao imposto de renda incidente na fonte nos mesmos termos estabelecidos para os estados (CF, art. 158, I); b) em relação ao imposto sobre propriedade territorial rural, quanto aos imóveis nele situados, pertence aos municípios 50% (cinquenta por cento) do produto da respectiva arrecadação, cabendo a totalidade na hipótese da opção a que se refere o art. 153, § 4º, III (CF art. 158, II); c) no tocante ao imposto sobre propriedade de veículos automotores licenciados em seus territórios, ou em relação a veículos aquáticos e aéreos, cujos proprietários sejam domiciliados nos seus territórios pertence-lhes 50% (cinquenta por cento) da respectiva arrecadação (CF, art. 158, III); d) quanto ao ICMS, cabe-lhes 25% (vinte cinco por cento) da arrecadação (art. 158, IV[22], e art. 60, § 2º ADCT), observados quanto ao crédito das parcelas de receitas os créditos constantes do parágrafo único do art. 158. Conforme alínea "b", acrescentada ao inciso IV no artigo 158 da Constituição, por meio da EC nº 132/2023 pertence 25% do produto da arrecadação do IBS distribuída aos Estados e observarão os seguintes critérios: "I – 80% (oitenta por cento) na proporção da população; II – 10% (dez por cento) com base em indicadores de melhoria nos resultados de aprendizagem e de aumento da equidade, considerado o nível socioeconômico dos educandos, de acordo com o que dispuser lei estadual; III – 5% (cinco por cento) com

---

[22]   O art. 158, IV, "a" e § 1º estará revogado em 2033, conforme art. 22 da Emenda Constitucional nº 132/2023.

base em indicadores de preservação ambiental, de acordo com o que dispuser lei estadual; IV – 5% (cinco por cento) em montantes iguais para todos os Municípios do Estado."

A LC nº 63, de 11.01.1990 dispõe sobre os critérios e prazos de crédito das receitas do produto da arrecadação dos impostos de competência dos Estados e de transferências por estes recebidos, pertencentes aos Municípios.

3.2. Discriminação indireta

A repartição indireta das receitas tributárias ocorre através de três Fundos de Participação, que recebem parcelas de determinados impostos para, observados os critérios estabelecidos mediante lei complementar (CF, art. 161, II), distribuí-los para os Fundos de Estados, do Distrito Federal e dos Municípios, bem como para programas de financiamento ao setor produtivo das regiões Norte, Nordeste e Centro-Oeste (CF, art. 159).

O art. 159, I da CF, com redação dada pela EC nº 132/2023, reza que a União entregará: 1) 50% do produto da arrecadação dos impostos sobre proventos de qualquer natureza e sobre produtos industrializados e do imposto previsto no art. 153, VIII, da seguinte forma: "a) vinte e um inteiros e cinco décimos por cento ao Fundo de Participação dos Estados e do Distrito Federal; b) vinte e dois inteiros e cinco décimos por cento ao Fundo de Participação dos Municípios; c) três por cento, para aplicação em programas de financiamento ao setor produtivo das Regiões Norte, Nordeste e Centro-Oeste, através de suas instituições financeiras de caráter regional, de acordo com os planos regionais de desenvolvimento, ficando assegurada ao semiárido do Nordeste a metade dos recursos destinados à Região, na forma que a lei estabelecer; d) um por cento ao Fundo de Participação dos Municípios, que será entregue no primeiro decêndio do mês de dezembro de cada ano; (e) 1% (um por cento) ao Fundo de Participação dos Municípios, que será entregue no primeiro decêndio do mês de julho de cada ano; f) 1% (um por cento) ao Fundo de Participação dos Municípios, que será entregue no primeiro decêndio do mês de setembro de cada ano;" 2) 10% do produto da arrecadação do IPI e do imposto do art. 153, VIII, aos Estados e ao Distrito Federal, proporcionalmente ao valor das respectivas exportações de produtos industrializados (art. 159, II); 3) 29% "do produto da arrecadação da contribuição de intervenção no domínio econômico prevista no art. 177, § 4º, 29% (vinte e nove por cento) para os Estados e o Distrito Federal (...)" (art. 159, III).

Objetivando a viabilização das transferências das receitas tributárias, veda-se a retenção ou qualquer restrição à entrega e ao emprego dos recursos atribuídos aos Estados, ao Distrito Federal e aos Municípios, neles compreendidos adicionais e acréscimos relativos a impostos. A norma, na verdade, veda à União "a negociação política" na entrega das parcelas, comportamento que o Governo Federal sempre adotou para obter vantagens políticas e econômicas.[23] Entretanto, o § 1º do art. 160, estatui que tal vedação não impede a União de condicionar a entrega de recursos: "I – ao pagamento de seus créditos, inclusive de suas autarquias; II – ao cumprimento do disposto no art. 198, § 2º, incisos II e III".

O art. 161 da CF prescreve que lei complementar deverá: "I – definir valor adicionado para fins do disposto no art. 158, parágrafo único, I; II – estabelecer normas sobre a entrega dos recursos de que trata o art. 159, especialmente sobre os critérios de rateio dos fundos previstos em seu inciso I, objetivando promover o equilíbrio socioeconômico entre Estados e entre Municípios" (vide LC nº 59/1988 e LC nº 91/1997) ; "III – dispor sobre o acompanhamento, pelos beneficiários, do cálculo das quotas e da liberação das participações previstas nos arts.

---

[23] Cf. CALMON, Sacha. *Curso de direito tributário brasileiro*. 7. ed. Rio de Janeiro: Forense, 2004, p. 437.

157, 158 e 159." Por sua vez, o parágrafo único do art. 161 estabelece que o Tribunal de Contas da União efetuará o cálculo das quotas referentes aos fundos de participação anteriormente mencionados (vide LC nº 91/1997).

O art. 162 da CF estatui que a "União, os Estados, o Distrito Federal e os Municípios divulgarão, até o último dia do mês subseqüente ao da arrecadação, os montantes de cada um dos tributos arrecadados, os recursos recebidos, os valores de origem tributária entregues e a entregar e a expressão numérica dos critérios de rateio." Os dados divulgados pela União serão discriminados por Estado e por Município; os dos Estados, por Município.

A LC nº 87/1996, que fixa normas gerais sobre o ICMS, visando compensar os Estados e os Municípios pela perda de recursos com a não incidência do imposto sobre operações e prestações que destinem ao exterior mercadorias (CF, art. 155, § 2º, X, "a"), estabeleceu, no art. 31, novo sistema de participação dos Estados e dos Municípios nos termos do Anexo que integra a mencionada lei.

A Emenda Constitucional nº 108/2020 alterou a redação do art. 60 do ADCT, para "a complementação da União referida no inciso IV do *caput* do art. 212-A da Constituição Federal será implementada progressivamente até alcançar a proporção estabelecida no inciso V do *caput* do mesmo artigo, a partir de 1º de janeiro de 2021", estabelecendo um escalonamento percentual até o sexto ano, detalhado na forma dos parágrafos 1º e 2º. A EC nº 108/2020 incluiu o art. 60-A para estabelecer que: "os critérios de distribuição da complementação da União e dos fundos a que se refere o inciso I do *caput* do art. 212-A da Constituição Federal serão revistos em seu sexto ano de vigência e, a partir dessa primeira revisão, periodicamente, a cada 10 (dez) anos."

Sobre as alterações promovidas pela EC nº 132/2023 atinentes ao período pós-reforma, vide Capítulo XII.

Capítulo V

LIMITAÇÕES CONSTITUCIONAIS DO PODER DE TRIBUTAR

I. O ESTADO DE DIREITO E O PODER DE TRIBUTAR

1. O estado de direito

O conceito de **estado de direito** não pode estar simplesmente ligado à primazia da lei, pois esta **concepção meramente formal**, revestida das características de separação dos Poderes, legalidade da administração pública, reserva de lei formal e justiça independente em questão administrativa, **é insuficiente** para a fixação do mencionado conceito. **Daí ser preferível** uma concepção que parta do conteúdo material e não dos fenômenos formais, em que prevaleça a disposição do governo em realizar a ideia de justiça, criando efetivas garantias institucionais para os direitos das pessoas subordinadas ao seu poder. Assim, segundo **Maunz**, Estado de Direito é aquele "cuja finalidade consiste na consecução e manutenção da justiça material, na própria esfera estatal e na esfera que possa ser influenciada pelo Estado"[1]. Dessa forma, para que se possa falar em Estado de Direito, é necessário que seu governo esteja imbuído daquela ideia de justiça que se formaliza através da instituição de princípios e normas jurídicas objetivando a garantia do cidadão contra o abuso de poder pelo Estado.

A **Constituição de 1988 consagra os mencionados princípios e normas nos seguintes dispositivos:** a) **art. 2º**, acolhendo o princípio da separação dos Poderes em Legislativo, Executivo e Judiciário, como Poderes independentes e harmônicos entre si; b) **art. 5º**, agasalhando a garantia dos direitos individuais pertinentes à vida, à liberdade, à segurança e à propriedade; c) **art. 5º, II**, adotando o princípio da reserva de lei; d) **art. 5º, XXXV**, não permitindo à lei excluir da apreciação do Poder Judiciário qualquer lesão de direito individual; e) **art. 59**, estabelecendo o conceito de lei formal, elaborada com a participação do órgão de representação formal. A **relação constante do art. 5º da CF é meramente exemplificativa (art. 5º, § 2º)**, não tendo, portanto, esgotados todos os elementos de estado de direito, uma vez que os direitos e garantias nela expressos não excluem outros decorrentes do regime e dos princípios por ela adotados ou dos tratados internacionais em que a República Federativa do Brasil seja parte. Assim, os principais direitos individuais em matéria tributária, por exemplo,

---

[1] Cf. ROTHMANN, Gerd. O princípio da legalidade tributária. *Revista da Faculdade de Direito,* Universidade de São Paulo, 67, p. 236,1972, em que se encontra o conceito de Maunz. Dentro do conceito clássico do Estado de Direito deve-se observar: a) respeito incondicional ao direito objetivo vigente e aos direitos subjetivos existentes; b) não interferência na liberdade individual, salvo baseada em lei; c) submissão do Estado, no desempenho de suas atividades, como uma pessoa qualquer, à lei e à jurisdição. "O Estado de Direito foi, ao menos inicialmente, concebido como aquele que tem por fim o Direito e atua segundo o Direito; isto é, aquele que tem justiça por fim e a lei como meio de sua realização" (Cf. XAVIER, Alberto. *Os princípios da legalidade e da tipicidade da tributação.* São Paulo: Revista dos Tribunais, 1978, p. 8).

os da legalidade tributária e da anterioridade da lei fiscal, encontram-se fixados no art. 150 da CF, demonstrando que o art. 5º não esgota todos os elementos do Estado de Direito.

1.1. Poder de tributar

A atividade financeiro-tributária desempenhada pelo Estado também deve se subordinar aos elementos caracterizadores do Estado de Direito, inclusive para justificar a própria existência do direito tributário. O Estado acha-se investido do poder de soberania para obter das pessoas que lhe são juridicamente subordinadas as contribuições pecuniárias necessárias à consecução de seus fins, pelo que tais contribuições devem ser prestadas pelos cidadãos de forma compulsória. Assim, **poder de tributar** consiste no exercício do poder geral do Estado aplicado no campo da imposição de tributos. O seu **fundamento** reside na soberania que o Estado exerce em seu território, podendo exigir de todos os que estão a ele submetidos que contribuam, de forma obrigatória, com recursos para que possa, através do serviço público, satisfazer as necessidades públicas. O poder de tributar decorre diretamente da Constituição Federal e somente pode ser exercido pelo Estado através de lei, por delegação do povo, logo este tributa a si mesmo e a norma jurídica deve preexistir ao exercício do poder de tributar.[2]

Sacha Calmon averba que o Brasil, ao contrário dos países europeus de tradição jurídica romano-germânica, a que pertencemos,

> inundou a Constituição com princípios e regras atinentes ao Direito Tributário. Somos, indubitavelmente, o país cuja Constituição é a mais extensa e minuciosa em tema de tributação. Este cariz, tão nosso, nos conduz a três importantes conclusões.
>
> Primus – os fundamentos do Direito Tributário brasileiro estão enraizados na Constituição, de onde se projetam sobre as ordens jurídicas parciais da União, dos estados e dos municípios.
>
> Secundus – o Direito Tributário posto na Constituição deve, antes de tudo, merecer as primícias dos juristas e dos operadores do Direito, porque é o texto fundante da ordem jurídico-tributária.
>
> Tertius – as doutrinas forâneas devem sevem ser recebidas com cautela, tendo em vista as diversidades constitucionais.[3]

1.1.1. Poder de tributar e poder de polícia

Assim, ao lado do poder de tributar, considera **poder de polícia** o poder que o Estado tem de restringir o direito de cada um a favor do interesse da coletividade. Por outro lado, vinculam-se os tributos com finalidade meramente fiscal ao poder de tributar, enquanto o poder de polícia corresponde aos tributos com fins extrafiscais[4]. A importância da distinção

---

[2] Sacha Calmon leciona com razão que "a consciência jurídica contemporânea repele a ideologia de que o poder de tributar é corolário da soberania do Estado. A doutrina jurídica dos povos cultos e democráticos acredita na preeminência do princípio da legalidade em matéria tributária" (CALMON, Sacha. *Comentários à Constituição de 1988*: sistema tributário. Rio de Janeiro: Forense, 1990, p. 278).

[3] CALMON, Sacha. *Curso de direito tributário brasileiro*. 10. ed. Rio de Janeiro: Forense, 2009, pp. 45-46.

[4] Cooley, em decorrência da distinção entre poder de tributar e poder de polícia, estabeleceu uma classificação dos tributos em função de sua finalidade, dividindo-os em duas categorias: a) tributos que têm fim *fiscal*, visando obter recursos para o Estado, fundados no poder de tributar; b) tributos que revelam fim *extrafiscal*, em que a finalidade precípua do Estado é utilizar o tributo com objetivo social ou político,

faz com que os tribunais norte-americanos revelem-se mais tolerantes com os tributos utilizados pelo Estado como instrumentos de intervenção no domínio econômico, social, político etc. por decorrerem do exercício do poder de polícia, já que se justifica a restrição ao direito de cada um a favor do interesse geral da coletividade. Entretanto, tanto o poder de tributar quanto o poder de polícia encontram suas limitações nas disposições constitucionais relativas à matéria tributária, pelo que o **Poder Judiciário deve, em seus julgamentos, considerar com a mesma severidade os tributos com fins fiscais e os tributos com fins extrafiscais. O imposto é a espécie do gênero tributo em que mais se revela o poder de tributar** por ser tributo não vinculado e, portanto, a situação definida em lei como hipótese de incidência independe de qualquer atividade estatal específica relativa ao contribuinte.

O **Código Tributário Nacional** define poder de polícia como sendo a "atividade da administração pública que, limitando ou disciplinando direito, interesse ou liberdade, regula a prática de ato ou a abstenção de fato, em razão de interesse público concernente à segurança, à higiene, à ordem, aos costumes, à disciplina da produção e do mercado, ao exercício de atividades econômicas dependentes de concessão ou autorização e aos direitos individuais ou coletivos" (art. 78).

O exercício regular do poder de polícia é considerado **hipótese de incidência da taxa** (CF, art. 145, II, e CTN, art. 77), mas deve estar sempre relacionado com uma atividade estatal específica relativa ao contribuinte, uma vez que a taxa é **tributo vinculado**. Assim, o mero poder de polícia, em si e por si, não constitui fato gerador da taxa.

O exercício do poder de tributar não pode, no entanto, implicar no poder de destruir. Assim, repugna ao direito, por exemplo, o imposto de natureza confiscatória ou o imposto que tenha uma carga tributária de tal modo elevada que o seu pagamento pelo contribuinte implique o sacrifício daquele mínimo de riqueza que lhe assegure sua sobrevivência digna.

1.1.2. *Limitações constitucionais do poder de tributar*

O poder de tributar decorre diretamente da Constituição e, por isso, seu art. 145 reza que a União, os Estados, o Distrito Federal e os Municípios podem instituir impostos, taxas e contribuição de melhoria, os arts. 148 e 149 permitem à União instituir empréstimos compulsórios e contribuições sociais/parafiscais e o art. 149-A atribui competência aos Municípios e ao Distrito Federal para instituir contribuição para o "custeio, a expansão e a melhoria do serviço de iluminação pública e de sistemas de monitoramento para segurança e preservação de logradouros públicos".

Entretanto, **a própria Constituição encarrega-se de limitar o exercício do poder de tributar pelo Estado,** visando estabelecer um equilíbrio entre o poder impositivo e a cidadania. A existência do direito tributário depende de estar o Estado, no desempenho de sua atividade tributária, submetido à lei, pelo que o poder de tributar não pode ser exercido através da força. Se o for, não há por que se falar em direito tributário nem em estado de direito[5].

---

sendo meramente acessória ou secundária a intenção de arrecadar (COOLEY, Thomas M. *A treatise on the law of taxation.* 2. ed. Chicago: Callaghan and Company, Law Book Publishers, 1896, p. 586-605). Tal distinção foi considerada inadmissível por Seligman, tendo em vista a harmonia que deve haver dentro do sistema da Constituição entre o poder de tributar e o poder de polícia (SELIGMAN, E. *Essais sur l'impôt.* Tradução francesa de Giard & Brière. Paris: Giard & Brière, 1914, t. 2, p. 128-129). Todavia, o Estado cada vez mais se utiliza do tributo como instrumento de intervenção nos domínios econômico e social, tendo, pois, modernamente, o tributo com fim extrafiscal papel relevante nos sistemas tributários.

[5] Ricardo Lobo Torres assim doutrina: "O poder financeiro ou soberania financeira do Estado, pois, radica no próprio art. 5º da CF, ou seja, no direito de propriedade. A soberania financeira, que é do povo,

A CF de 1988 dedica a Seção II do Capítulo I (Sistema Tributário Nacional), compreendendo os arts. 150 a 152, à **normatização das limitações do poder de tributar**. Todavia, o art. 150, em sua oração inicial, deixa expresso que tais limitações são estabelecidas sem prejuízo de outras garantias asseguradas no texto constitucional ao contribuinte, denotando sua **natureza exemplificativa**. Por isso, o parágrafo 1º do art. 145 da CF, consagra duas limitações do poder de tributar, referentes à personalização do imposto e à capacidade contributiva. Assim, repita-se, a relação das limitações que constam dos arts. 150 a 152 da CF deve ser entendida *numerus apertus* e não *numerus clausus*.

As limitações constitucionais do poder de tributar devem ser reguladas por **lei complementar (CF, art. 146, II)**. Deve-se precisar bem o sentido do verbo "regular" referido no mencionado dispositivo (art. 146, II), para que se possa saber os limites que devem ser observados pelo legislador ao aprovar a lei complementar. **As limitações do poder de tributar representam uma proteção constitucional ao contribuinte contra um excessivo poder impositivo pelo Estado.** Daí serem consideradas **garantias mínimas a serem observadas pelo legislador** ao instituir ou majorar tributos, definir hipóteses de incidência, fixar alíquotas e bases de cálculos, determinar os sujeitos passivos da obrigação tributária etc. Disso resulta que esse mínimo de proteção ao contribuinte não pode ser retirado ou diminuído por lei complementar, sob pena de sua inconstitucionalidade. **A lei complementar pode, no entanto, aumentar este manto protetor que a Constituição estende sobre o contribuinte**, de forma que fique mais agasalhado contra o exercício do poder impositivo pelo Estado. **Nunca, porém, encurtá-lo**. O CTN, tendo natureza de lei complementar pela matéria, regula algumas limitações do poder de tributar mas não todas, porque surgiu antes das Constituições Federais de 1967, EC nº 1/1969, e de 1988.

O conjunto dos princípios e regras constitucionais pertinentes à matéria tributária constitui o **direito constitucional tributário**, que tem por objeto o estudo das normas fundamentais que disciplinam e delimitam o exercício do poder impositivo do Estado.

1.1.3. Princípios tributários expressos, ou implícitos, gerais ou específicos

As limitações constitucionais do poder de tributar resultam dos princípios gerais de direito tributário[6], que decorrem de todo o sistema jurídico tributário brasileiro e encontram-se localizados na Constituição Federal e regulados no Código Tributário Nacional. Esses princípios tributários podem estar **expressos ou implícitos** na Constituição, quando resultarem da forma federativa de Estado e do sistema tributário nacional. De outro lado, os referidos princípios podem ser **gerais**, aplicando-se a todos os tributos, ou **específicos** porque pertinentes a determinados tributos.

---

transfere-se *limitadamente* ao Estado pelo contrato constitucional, permitindo-lhe tributar e gastar. Não é o Estado que se autolimita na Constituição, como querem os positivistas, senão que já se constitui limitadamente no espaço aberto pelo consentimento. O tributo, por conseguinte, sendo embora o preço e a garantia da liberdade, já nasce limitado pela própria autolimitação da liberdade (TORRES, Ricardo Lobo. *Curso de direito financeiro e tributário*. Rio de Janeiro: Renovar, 1993, p. 53-54).

[6] "Princípios são o "conjunto das proposições diretoras, características, às quais todo o desenvolvimento seguinte deve estar subordinado" (NOGUEIRA, Ruy Barbosa. *Curso de direito tributário*. 9. ed. São Paulo: Saraiva, 1989, p. 39). "No sentido técnico a palavra *princípio* acha-se ligada à ideia de ponto de partida, de base, de fundamento, isto é, de proposição básica ou verdade primeira. Assim, princípios de uma ciência são as proposições básicas, fundamentais, que constituem os alicerces ou fundamentos da mesma. O princípio se apresenta como a verdade fundante de um sistema de conhecimento, tida como primórdio ou primeira verdade" (MORAES, Bernardo Ribeiro de. *Compêndio de direito tributário*. 2. ed. Rio de Janeiro: Forense, 1994, II, p. 82).

Capítulo V · LIMITAÇÕES CONSTITUCIONAIS DO PODER DE TRIBUTAR | 135

II. PRINCÍPIOS TRIBUTÁRIOS EXPRESSOS

1. Noção geral

A Constituição da República de 1988 enuncia os seguintes **princípios tributários expressos:**

a) princípio da personalização do imposto (art. 145, § 1º, primeira parte);

b) princípio da capacidade contributiva (art. 145, § 1º, segunda parte);

c) princípio que proíbe terem as taxas base de cálculo própria dos impostos (art. 145, § 2º);

d) princípio da legalidade tributária (art. 150, I);

e) princípio da igualdade tributária (art. 150, II);

f) princípio da irretroatividade da lei fiscal (art. 150, III, "a");

g) princípio da anterioridade da lei fiscal (art. 150, III, "b" e "c");

h) princípio que veda a utilização de tributo com efeito confiscatório (art. 150, IV);

i) princípio que veda o estabelecimento de limitações ao tráfego de pessoas ou bens, por meio de tributos interestaduais e intermunicipais (art. 150, V);

j) princípio da imunidade tributária de impostos (arts. 150, VI, 153, § 3º, III, e § 4º, II), de taxas (art. 5º, XXXIV, LXXIII e LXXIV), de contribuições sociais e de intervenção no domínio econômico (art. 149, § 2º I e 156, § 2º, I);

l) princípio que exige lei específica para concessão de qualquer subsídio ou isenção, redução de base de cálculo, concessão de crédito presumido, anistia ou remissão, relativos a impostos, taxas ou contribuições (art. 150, § 6º);

m) princípio da uniformidade tributária (art. 151, I);

n) princípio que veda à União tributar a renda das obrigações da dívida pública dos Estados, do Distrito Federal e dos Municípios, bem como a remuneração e os proventos dos respectivos agentes públicos, em níveis superiores aos que fixar para suas obrigações e para seus agentes (art. 151, II);

o) princípio que veda à União instituir isenções de tributos da competência dos Estados, do Distrito Federal ou dos Municípios (art. 151, III);

p) princípio que veda aos Estados, ao Distrito Federal e aos Municípios estabelecer diferença tributária entre bens e serviços, de qualquer natureza, em razão de sua procedência ou destino (art. 152);

q) princípios relativos ao imposto sobre a renda e proventos de qualquer natureza: generalidade, universalidade e progressividade, na forma da lei (art. 153, § 2º, I);

r) princípios pertinentes ao IPI: seletividade, em função da essencialidade do produto (art. 153, § 3º, I), não cumulatividade (art. 153, § 3º, II), não incidência sobre produtos destinados ao exterior (art. 153, § 3º, III) e de redução de seu impacto sobre a aquisição de bens de capitais pelo contribuinte do imposto, na forma da lei; PEC 45

s) princípio da progressividade de alíquotas do imposto sobre a propriedade territorial rural (art. 153, § 4º, I);

t) princípios relativos ao ICMS: não cumulatividade (art. 155, § 2º, I); não incidência sobre operações que destinem mercadorias para o exterior, nem sobre serviços prestados a destinatários no exterior (art. 155, § 2º, X, "a", com redação dada pela EC nº 42/2003), nem sobre operações que destinem a outros Estados petróleo, inclusive lubrificantes, combustíveis líquidos e gasosos dele derivados, e energia elétrica (art. 155, § 2º, X, *b*) e sobre ouro, quando definido em lei como ativo financeiro ou instrumento cambial (art. 155, § 2º, X, "c"); não integração na sua base de cálculo do montante do IPI, quando a operação, realizada entre contribuintes e relativa a produto destinado à industrialização ou comercialização, configure fato gerador dos dois impostos (art. 155, § 2º, XI); PEC 45;

u) princípio da não incidência sobre as operações relativas à energia elétrica, serviços de telecomunicações, derivados de petróleo, combustíveis e minerais do País, com exceção do ICMS e dos impostos sobre importação e exportação (art. 155, § 3º);

v) princípio relativo ao imposto sobre transmissão *inter vivos* da não incidência sobre a transmissão de bens ou direitos incorporados ao patrimônio da pessoa jurídica em realização de capital, nem sobre a transmissão de bens ou direitos decorrentes de fusão, incorporação, cisão ou extinção de pessoa jurídica, salvo se, nesses casos, a atividade preponderante do adquirente for a compra e venda desses bens ou direitos, locação de bens imóveis ou arrendamento mercantil (art. 156, § 2º, I);

x) princípio que veda a concessão de privilégios fiscais às empresas públicas e sociedades de economia mista não extensivos às do setor privado (art. 173, § 2º).

A Emenda Constitucional nº 132/2023 incluiu o §3º ao art. 145 da Constituição, tornando explícitos os princípios da simplicidade, transparência, justiça tributária, cooperação e defesa do meio ambiente.

1.1. Princípio da legalidade tributária (CF, art. 150, I)[7]

1.1.1. Origem histórica

No mundo jurídico um princípio normalmente surge de forma genérica para depois irradiar-se para os diversos ramos do direito, adaptando-se a suas especificidades. Tal, no entanto, não ocorreu com o princípio da legalidade porque nasceu em relação à matéria tributária, para somente depois generalizar-se como sendo o princípio segundo o qual ninguém é obrigado a fazer ou deixar de fazer alguma coisa senão em virtude de lei. O mencionado princípio teve seu berço de origem na *Magna Carta Libertatum*, documento imposto, em 1215, pelos barões ingleses ao rei João Sem Terra, com a finalidade de limitar os seus poderes reais, em razão principalmente da maneira exorbitante e abusiva com que impunha tributos aos cidadãos. Assim, o art. XII dessa primeira constituição inglesa prescrevia que o Reino não faria exigências de auxílios pecuniários ou a imposição de tributos de qualquer espécie sem a prévia autorização do Conselho de Comuns[8]. Mais tarde, esse Conselho passou a ter também o direito de conhecer a aplicação dos recursos cujo percebimento autorizara, tendo, em seguida, sido transformado em autêntico órgão de representação popular, como Câmara dos Comuns. Posteriormente, a Constituição Federal dos Estados Unidos, de 1787, em seu art. I, seção 8ª, conferiu ao Congresso, órgão de representação popular, a competência exclusiva para

---

[7] Recomendamos a leitura da preciosa monografia: NOGUEIRA, Alberto. *Os limites da legalidade tributária no estado democrático de direito:* fisco x contribuinte na arena jurídica – ataque e defesa. Rio de Janeiro: Renovar, 1996.

[8] "No scutage or aid shall be imposed on our kingdom unless by the common consel of our kingdom." Como se vê, o princípio surgiu ligado à ideia de autotributação, ou de sacrifício coletivamente consentido (Cf. Alberto Xavier, *op. cit.*, p. 7).

Capítulo V · LIMITAÇÕES CONSTITUCIONAIS DO PODER DE TRIBUTAR | 137

fixar e cobrar exações, direitos, impostos e tributos. Finalmente, a "Declaração de Direitos", de 1789, em seu art. 13, exigiu a aprovação dos impostos por órgão de representação popular. Hodiernamente, o princípio da legalidade tributária encontra-se expresso em quase todas as Constituições vigentes, e as nossas Constituições sempre acolheram o referido princípio que está presente também na Constituição de 1988.[9]

1.1.2. *Razão de ser do princípio específico da legalidade tributária*

O art. 5º, II, da CF consagra o **princípio genérico da legalidade,** segundo o qual ninguém é obrigado a fazer ou deixar de fazer alguma coisa senão em virtude de lei. Entretanto, esse princípio genérico é considerado por si só insuficiente para conferir ao contribuinte a mesma garantia que decorre do princípio específico, exigindo, para cada instituição ou majoração de tributo, norma jurídica emanada do Poder Legislativo. Assim, entende-se que não supriria as necessidades visadas pelo princípio da legalidade tributária uma lei genérica que autorizasse o Poder Executivo a cobrar os tributos necessários à satisfação de suas necessidades, porque o contribuinte está mais garantido com a exigência de uma **lei específica**, por lhe atribuir uma série de vantagens. Publicado o projeto de lei, o contribuinte pode não só defender seus interesses junto ao Poder Legislativo, como também ir organizando sua vida para o caso de o projeto ser convertido em lei, para não ser apanhado de surpresa quando a lei entrar em vigor. Por outro lado, o contribuinte pode apresentar também sugestões que tornem mais clara e explícita a lei, sendo elemento útil a publicidade do debate sobre o projeto que é travado no Poder Legislativo.

1.1.3. *Interpretação do art. 150, I, da CF*

Algumas observações devem ser feitas a respeito do que dispõe o art. 150, I, da CF/1988 quando exige lei prévia para a instituição ou majoração de tributo (CTN, arts. 9º, I, e 97, I). Em primeiro lugar, referindo-se ao dispositivo a **tributo**, nenhuma dúvida existe que o princípio da legalidade deve ser aplicado a todas as espécies do gênero. Em segundo lugar, o dispositivo menciona o termo **lei** e não legislação, e, assim, somente **lei formal**, significando norma jurídica emanada do Poder Legislativo, como órgão de representação popular, pode criar ou majorar tributo[10]. Examinaremos mais adiante a questão relativa a medida provisória. Em terceiro lugar, o princípio da legalidade tributária **deve ser observado** por todas as pessoas jurídicas de direito público interno que possuam competência tributária legislativa, porque o art. 150, I, da CF e o art. 9º, I, do CTN referem-se expressamente à União, aos Estados, ao Distrito Federal e aos Municípios. Em quarto lugar, "o princípio da legalidade tributária significa também o princípio da *não retroatividade* das leis tributárias", por ser esse princípio corolário do primeiro[11], e está consagrado na Constituição de 1988 em seu art. 150, III, "a". Em quinto lugar, o tributo pode ser instituído ou majorado, em regra, mediante **lei ordinária**. A

---

[9]   O princípio da legalidade tributária é conhecido também por outras expressões: princípio da reserva legal; princípio da estrita legalidade, princípio da estrita legalidade tributária etc.

[10]   Entretanto, lei em sentido restrito deve ser lei também em *sentido material*, que assim é explicada por Hugo de Brito Machado: "*Em sentido material*, lei é o ato jurídico *normativo*, vale dizer, que contém uma regra de direito objetivo, dotada de hipotecidade. Em outras palavras, a lei, *em sentido material*, é uma prescrição jurídica hipotética, que não se reporta a um fato individualizado no tempo e no espaço, mas a um modelo, a um tipo. É uma *norma*" (MACHADO, Hugo de Brito. *Curso de direito tributário.* 8. ed. São Paulo: Malheiros, 1993, p. 53).

[11]   Cf. Bernardo Ribeiro de Moraes, *op. cit.*, p. 97.

Constituição apenas exige que tais atos sejam veiculados por **lei complementar**, em relação aos impostos e contribuições sociais residuais (arts. 154, I, e 195, § 4º), e aos empréstimos compulsórios (art. 148). Em sexto lugar, as **obrigações tributárias acessórias** não estão sujeitas ao princípio da legalidade restrita, podendo, assim, ser estabelecidas mediante qualquer norma integrante da legislação tributária (CTN, art. 113, § 2º). Em sétimo lugar, a **redução de tributos** também está submetida ao princípio da reserva legal (CTN, art. 97, II), salvo as exceções previstas na Constituição Federal para alteração de alíquotas dos impostos referidos no art. 153, § 1º, e da CIDE (art. 177, § 4º, I, "b"). Por outro lado, a **extinção de tributos** está, igualmente, sujeita à exigência de lei, porque se o Poder Legislativo é necessário para criar tributo, deve também ser para extingui-lo.

1.1.4. *Exceções ao princípio da legalidade tributária*

A Constituição estabelece **exceções relativas** ao princípio da legalidade tributária porque não autoriza a instituição de tributos por ato do Poder Executivo. O art. 153, § 1º, da CF permite apenas que o Poder Executivo, atendidas as condições e os limites estabelecidos em lei, altere as alíquotas dos impostos sobre importação, exportação, produtos industrializados e imposto sobre operações de crédito, câmbio e seguro, ou relativas a títulos ou valores mobiliários. O referido dispositivo merece as seguintes observações. Primeira, que a mencionada faculdade **não é privativa do Chefe do Poder Executivo** porque tal não consta do dispositivo, podendo, portanto, o ato emanar de autoridade hierarquicamente inferior, por exemplo, Ministro da Fazenda, Presidente do Banco Central[12] etc. Segunda, que **alterar** significa aumentar ou reduzir as alíquotas dos mencionados impostos, mas o dispositivo não mais permite a alteração da base de cálculo dos impostos antes mencionados, o que era admitido nos arts. 21, 26 e 65 do CTN, que **nessa parte não foram recepcionados pela Constituição de 1988.** Terceira, que as exceções se justificam quanto aos impostos sobre importação, exportação e IOF porque têm **finalidade extrafiscal**. O IPI é ressalvado do princípio da legalidade tributária porque, além de fim extrafiscal, incide no desembaraço aduaneiro de produtos industrializados, quando de procedência estrangeira (CTN, art. 46, I), sendo cobrado junto com o imposto de importação, que tem também fim extrafiscal. Assim, seria inócuo ato do Poder Executivo alterando as alíquotas do imposto de importação, se não pudesse também fazê-lo quanto ao IPI, que deve ser **seletivo em função da essencialidade dos produtos** (CF, art. 153, § 3º, I), tendo, portanto, em segundo plano, fim extrafiscal. Quarta, que o CTN (arts. 9º, I, e 97, II) não menciona o IPI como exceção ao princípio da legalidade tributária porque foi editado sob a égide da EC nº 18/1965, que não conferia ao Poder Executivo a faculdade de alterar as suas alíquotas. Deve-se observar que com a Reforma Tributária, consolidada na Emenda Constitucional nº 132/2023, o IPI "terá suas alíquotas reduzidas a zero, exceto em relação aos produtos que tenham industrialização incentivada na Zona Franca de Manaus, conforme critérios estabelecidos em lei complementar; e não incidirá de forma cumulativa com o imposto previsto no art. 153, VIII, da Constituição Federal", conforme artigo 126, III, "a" e "b" do ADCT. Quinta, que o **STF** já decidiu que as condições e os limites permitidos ao Poder Executivo para alterar alíquotas dos impostos referidos no art. 153, § 1º, da CF, **não necessitam ser estabelecidos mediante lei complementar**, bastando lei ordinária, uma vez

---

[12] Em sentido contrário, Ives Granda Martins, por entender que a competência é indelegável (MARTINS, Ives Gandra. *Sistema tributário na Constituição de 1988*. São Paulo: Saraiva, 1989, p. 170).

Capítulo V · LIMITAÇÕES CONSTITUCIONAIS DO PODER DE TRIBUTAR | 139

que a lei complementar só será exigida quando a CF expressamente assim determinar[13]. A contribuição de intervenção no domínio econômico relativa às atividades de importação ou comercialização de petróleo e seus derivados, gás natural e seus derivados e álcool combustível (CIDE), poderá ter sua alíquota "reduzida e estabelecida por ato do Poder Executivo, não se lhe aplicando o disposto no art. 150, III, "b" (CF, art. 177, § 4º, I, "b", acrescentado pela EC nº 33/2001), em razão de sua finalidade extrafiscal. Trata-se de mais uma ressalva aos princípios da legalidade e da anterioridade da lei fiscal.[14]

1.1.5. Medida provisória no direito tributário

A medida provisória está prevista no **art. 62 da CF**, que a admite apenas nos casos de **urgência e relevância da matéria**. O dispositivo inspirou-se no art. 77 da Constituição italiana, que merece as seguintes observações: a) o regime italiano é de natureza parlamentarista; b) trata-se de procedimento constitucional de caráter extraordinário; c) os pressupostos para sua edição são a necessidade e a urgência; d) a edição de medida provisória ocorre sob a responsabilidade do Governo que, no regime parlamentarista, é de natureza política, tanto que o Governo pode cair no caso de sua rejeição pelo Parlamento; e) o prazo de sua validade é de 60 dias; f) o Parlamento tem a faculdade de regular em lei as relações jurídicas decorrentes da rejeição da medida. No sistema constitucional brasileiro, a medida provisória apresenta características diversas, em razão de adotar sistema de governo presidencialista, constando atualmente dos parágrafos do art. 62 da CF, que foram acrescentados pela EC nº 32/2001. As "medidas provisórias constituem, no plano da organização do Estado e na esfera das relações institucionais entre os Poderes Executivo e Legislativo, um instrumento de uso excepcional. Afinal, a emanação desses atos pelo Presidente da República configura momentânea derrogação ao princípio constitucional da separação dos poderes"[15].

O art. 62 da CF somente admite a edição de medidas provisórias "em caso de relevância e urgência", que são, portanto, seus **pressupostos cumulativos**. Não há dúvida de que tais pressupostos submetem-se ao juízo político e à avaliação discricionária do Presidente da República. O STF entendia que **falecia competência ao Poder Judiciário para fazer o controle desses pressupostos,** tanto que, ao decidir sobre o assunto no que toca aos decretos-leis, entendeu que a apreciação dos casos de urgência ou de interesse público relevante "assume caráter político e está entregue ao discricionarismo do Presidente da República, ressalvada apreciação contrária e também discricionária do Congresso".[16] Todavia, quando do julgamento da **ADIN 1.753-2/DF** sobre a MP 1577-6/1997, que ampliava o prazo decadencial da ação rescisória proposta pela União de dois para cinco anos, o Pleno do STF, relator Ministro Sepúlveda Pertence, decidiu competir-lhe o controle dos atos discricionários quanto ao

---

13 RE 225.602-CE, Rel. Min. Carlos Velloso, Pleno, 25.11.1998, *Informativo STF* n. 133, p. 1. Por outro lado, a mudança do indexador não está submetida ao princípio da legalidade estrita (lei no sentido formal e material) de que cogitam as alíneas "a" e "b" do inciso III do art. 150 e o § 6º do art. 195, ambos da CF (BRASIL. Supremo Tribunal Federal, AgRg em AI 226.663-1, Rel. Min. Marco Aurélio, Segunda Turma, v.u.).

14 Sacha Calmon, *op. cit.*, p. 289, lembra, com a correção de sempre, que as únicas *exceções absolutas* ao princípio da legalidade tributária consistem na "instituição através de medida provisória, pelo Presidente da República, de impostos extraordinários em caso de guerra ou de sua iminência e no caso dos impostos restituíveis de emergência, por motivo de guerra e para acudir os flagelados pelas calamidades públicas (empréstimos compulsórios de emergência)". Mas adverte que isso só pode ocorrer no caso de o Congresso Nacional estar em recesso, justificando-se a edição de medida provisória em razão da *emergencialidade* das causas da instituição dos referidos tributos.

15 Cf. Saulo Ramos, *Parecer SR-92 da Consultoria Geral da República*, de 21.06.1989.

16 *RTJ* 44/54, *RTJ* 62/819 e *RDA* 125/89.

motivo, à finalidade e à razão da prática, se, na espécie, concorreram, ou não, os predicados da relevância e da urgência, previstos no art. 62 da CF para a edição de medida provisória, considerando ainda ser a Corte Suprema guardiã da Constituição Federal como um grande todo. O acórdão, no entanto, **ressalvou que tal controle deve ser reservado para hipóteses excepcionalíssimas, tendo em vista que os requisitos constitucionais constituem questões políticas, e, assim, o seu exame corre, em princípio, por conta dos Poderes Executivo e Legislativo,** acrescentando:

> 3. Somente é dado ao Judiciário invalidar a iniciativa presidencial para editar medida provisória por ausência de seus requisitos em casos excepcionais de cabal demonstração de inexistência de relevância e de urgência da matéria veiculada.[17]

1.1.6. *Sistema anterior à EC nº 32/2001*

Antes da EC nº 32/2001, a doutrina divergia sobre a possibilidade ou não de medida provisória criar e majorar tributos. Alguns autores **não admitiam tal possibilidade** porque o art. 62 da CF não delimitava o âmbito do campo material para sua adoção pelo Presidente da República[18]. Entendíamos em sentido contrário pelas seguintes razões. Os pressupostos para a adoção de medidas provisórias eram casos excepcionais de relevância e urgência. Entretanto, a Constituição da República apresenta soluções para todas as matérias tributárias que tenham caráter de urgência e relevância, por exemplo, nos arts. 148, I, 195, § 6º, 150, § 1º, e 153, § 1º, e, assim, não restava qualquer outra matéria tributária que justificasse medida provisória. Por outro lado, o art. 59 da CF posiciona as medidas provisórias abaixo das leis ordinárias e das leis delegadas, e o art. 68, § 1º, II, não admite lei delegada sobre matéria de direitos individuais, entre os quais se incluem os princípios da legalidade e da anterioridade da lei fiscal. Daí, se a lei delegada não podia versar sobre direitos individuais, muito menos medida provisória poderia fazê-lo. Em resumo, somente admitíamos medida provisória para instituição de impostos extraordinários de guerra e empréstimos compulsórios para atender a despesas extraordinárias, decorrentes de calamidade pública, de guerra externa, ou sua iminência, estando o Congresso Nacional em recesso. Esta era a posição da doutrina largamente dominante[19]. Finalmente, ainda que se admitisse, a título de raciocínio, que medida provisória pudesse, sem restrições, versar sobre matéria tributária, isto não seria possível para aquelas matérias que estão reservadas pela Constituição Federal à lei complementar. Entretanto, **o STF, mesmo antes da EC nº 32/2001, entendia que,** tendo a medida provisória força de lei, constituía meio idôneo para instituir tributo, inclusive contribuição social – PIS[20]. No caso de tributo criado ou majorado por medida provisória, "o termo *a quo* do prazo de anteriori-

---

[17] BRASIL. Supremo Tribunal Federal, Agr. Reg. No RE com Agravo/RJ 147266, Rel. Min. Edson Fachin, Segunda Turma, j. 14.12.2018.

[18] Nesse sentido, dentre outros, Ricardo Lobo Torres, *op. cit.*, p. 41; DESLANDES, Rosenice; CARVALHO, Alexandre Barros. *Tributos x medidas provisórias no direito brasileiro*. São Paulo: Cartago & Forte Editoras, 1992, p. 54.

[19] Citem-se, dentre outros, Misabel Abreu Machado Derzi, *op. cit.*, p. 84, 90 e 649 a 651, e *Medidas provisórias – sua absoluta inadequação à instituição e majoração de tributos* (*RDT* 45/130-141); Roque Antônio Carraza, *op. cit.*, p. 176-178; Ives Gandra Martins, *op. cit.*, p. 299-301 etc.

[20] "Contribuição social. Modificação através de medida provisória. Admissibilidade. Instrumento legislativo apto para dispor sobre a matéria tributária, pois tem conteúdo material e força de lei" (STF, *RT* 771/177), ADIN 1.417-0/DF, liminar, Rel. Min. Octavio Gallotti, Pleno, 07.03.1996, *DJU* 24.05.1996, Ementário 1829-01 etc.

dade é a data da sua primitiva edição, e não daquela que – após sucessivas reedições – tenha sido convertida em lei"[21]. Não há dúvida de que medida provisória pode criar obrigações tributárias acessórias como deveres instrumentais do sujeito passivo porque o art. 113, § 2º, do CTN não exige lei formal.

1.1.7. Emenda Constitucional nº 32/2001

A EC nº 32/2001 **alterou a redação** do *caput* do art. 62 da CF e lhe acrescentou doze parágrafos, modificando substancialmente seu regramento constitucional. Passsamos a examinar apenas as modificações que dizem respeito à matéria tributária. **Em primeiro lugar,** referindo-se o parágrafo 2º do art. 62 da CF a **impostos**, entendemos que continua a vedação para a criação e majoração de outras espécies de tributo. Entretanto, o STF entende que medida *provisória aplica-se a **tributo e não somente a imposto**.*[22]

Em segundo lugar, a mencionada Emenda **veda** a edição de medidas provisórias sobre matéria reservada a lei complementar (art. 62, § 1º, III), e, assim, descabem sobre normas gerais em matéria de legislação tributária (CF, art. 146, III), criação de empréstimos compulsórios (CF, art. 148), de impostos e contribuições sociais residuais (CF, art. 154, I, e 195, § 4º).

Em terceiro lugar, são igualmente vedadas medidas provisórias sobre matéria relativa a processo civil (art. 62, § 1º, I, "b"), e, por isso, não poderão versar sobre normas processuais pertinentes à cobrança de dívida ativa tributária.

Em quarto lugar, o parágrafo 2º do art. 62 estabelece que medida provisória "que implique instituição ou majoração de impostos, exceto os previstos nos arts. 153, I, II, IV e V, e 154, II, só produzirá efeitos no exercício financeiro seguinte se houver sido convertida em lei até o último dia daquele em que foi editada". Assim, os impostos sobre importação, exportação, IPI, IOF e extraordinários de guerra, por não se sujeitarem ao princípio da anterioridade da lei fiscal (CF, art. 150, § 1º), poderão ser cobrados no mesmo exercício da publicação de medida provisória. Os demais impostos que tenham sido instituídos ou majorados por medida provisória só poderão ser cobrados no exercício financeiro seguinte, se a medida provisória tiver sido convertida em lei até o último dia do exercício em que foi editada, em obediência ao princípio da anterioridade da lei fiscal (CF, art. 150, III, "b").

Em quinto lugar, não sendo a medida provisória lei formal, **a norma do § 2º do art. 62 não pode ter interpretação extensiva**, tanto mais que sua parte final refere-se também somente a impostos.

Hugo de Brito Machado entende que o parágrafo 2º do art. 62 "tem natureza meramente interpretativa. Assim, aplica-se também às taxas e contribuições sujeitas ao princípio da anterioridade geral nos termos do art. 150, inciso III, alínea "b", da Constituição Federal. Pela mesma razão, a anterioridade de noventa dias a que se sujeitam as contribuições sociais por força do art. 195, § 6º, da Constituição Federal há de ser contada a partir da publicação da lei em que se tenha convertido a medida provisória"[23].

---

[21] BRASIL. Supremo Tribunal Federal, RE 234.339-4/MG, Rel. Min. Sepúlveda Pertence, Primeira Turma, v.u., 16.11.1999, *DOU* 11.02.2000, p. 31/32.

[22] BRASIL. Supremo Tribunal Federal, Ag.Reg. no RE com Agravo/RJ1147266, Rel. Min. Edson Fachin, Segunda Turma, j. 14.12.2018).

[23] *Op. cit.*, 20. ed., p. 77. Leandro Paulsen entende que a restrição constante da norma do § 2º do art. 62 da CF só se aplica a impostos, e, assim, "para as demais espécies tributárias, continua aplicável a orientação do STF", no que toca ao termo *a quo* de medida provisória para o respeito à anterioridade, que há de ser a data da medida provisória e não a da lei de conversão (PAULSEN, Leandro. *Direito tributário*: constituição, código tributário e lei de execução fiscal à luz da doutrina e da jurisprudência. 4. ed. Porto Alegre: Livraria do Advogado, 2002, p. 181).

1.2. Princípio da tipicidade tributária

O princípio da tipicidade tributária surgiu na **doutrina alemã**, não havendo, no entanto, consenso quanto ao seu conceito nem quanto a corresponder a um princípio autônomo ou ser um dos aspectos do princípio da legalidade tributária ou, ainda, confundir-se-ia pura e simplesmente com o mesmo princípio[24]. O princípio da tipicidade na tributação significa que **não basta simplesmente exigir-se lei formal e material para a criação de tributo**, porque tais exigências não contentam ao moderno Estado de Direito no que concerne à proteção do contribuinte em face do poder impositivo do Estado. **Há necessidade, ademais, que a lei instituidora de tributo defina tipo fechado, cerrado, todos os elementos da obrigação tributária, de modo a não deixar espaço algum que possa ser preenchido pela Administração**, em razão da prestação tributária corresponder a uma atividade administrativa vinculada (CTN, art. 3º). Desse modo, a **lei formal** deve conter a hipótese de incidência sob todos os seus aspectos: objetivo, subjetivo, espacial, temporal e valorativo[25].

1.2.1. O art. 97 do CTN consagra o princípio da tipicidade na tributação

O mencionado princípio **é considerado subprincípio do princípio da legalidade tributária** ao prescrever que somente a lei (formal e material) pode estabelecer todos os elementos da obrigação tributária principal (CTN, art. 113, § 1º), ou seja, definição da hipótese de incidência, determinação do sujeito passivo, fixação da alíquota do tributo e de sua base de cálculo e cominação de penalidades[26]. O art. 97 **não exige lei** para fixar o prazo para pagamento de tributos, que pode ser objeto de qualquer das normas que integram a legislação tributária (CTN, art. 160).

Equipara-se à majoração de tributo a modificação de sua base de cálculo que importe em torná-lo mais oneroso[27] (CTN, art. 97, § 1º), porque a majoração de tributos pode ocorrer de forma direta ou indireta. A **majoração direta** ocorre quando a lei altera a alíquota do tributo, passando-a, por exemplo, de 10% para 15%. A **majoração indireta** se dá quando se mantém inalterada a alíquota mas modifica-se sua base de cálculo do tributo para torná-lo mais gravoso. **Exemplificando**: a lei X determina que a alíquota do tributo é de 10% e sua base de cálculo corresponde somente ao valor do principal do mútuo concedido a uma pessoa (hipótese: R$ 100,00, sendo, portanto, devido o tributo no valor de R$ 10,00). Pretendendo-se que a base de cálculo passe a abranger também os encargos financeiros (juros, *v.g.*, à taxa de 10%), ocorrerá **majoração indireta do tributo**, porque aplicando-se a alíquota de 10% sobre o valor da base de cálculo (R$ 100,00 mais R$ 10,00 = R$ 110,00), resultará o valor de R$ 11,00, tendo havido, assim, majoração indireta, que só poderá ser feita por lei.

---

[24] Cf. Alberto Xavier, *op. cit.*, p. 69-70.

[25] No mesmo sentido, Ricardo Lobo Torres, *op. cit.*, p. 93-94. Daí Sacha Calmon dizer que "enquanto o princípio da *legalidade* diz respeito ao *veículo* (lei), a *tipicidade* entronca com o conteúdo da lei (*norma*)", *op. cit.*, p. 285.

[26] "Administrativo – Supressão de instância administrativa – Decreto 1.514/1995 – Ofensa ao princípio da reserva legal. É defesa a veiculação, por decreto, de qualquer alteração das hipóteses de suspensão do crédito tributário, dentre elas a interposição de recurso administrativo, sob pena de afronta ao princípio da estrita legalidade" (BRASIL. Superior Tribunal de Justiça, REsp 330.415/PR, Rel. Min. Garcia Vieira, Primeira Turma, v.u.).

[27] "IPTU. A apuração da base de cálculo em cada exercício, mediante a reavaliação econômica do imóvel, pelo Executivo Municipal, segundo a previsão dos padrões da Planta de Valores Genéricos, importa majoração do tributo, vedada na lei complementar (art. 97, § 1º do CTN)" (RTJ 118/261, STJ: REsp 66.587-6, Rel. Min. Milton Luiz Pereira, Primeira Turma, v.u., etc.).

Capítulo V · LIMITAÇÕES CONSTITUCIONAIS DO PODER DE TRIBUTAR | 143

Entretanto, **não constitui majoração indireta de tributo a mera atualização do valor monetário de sua base de cálculo** porque não corresponde a um *plus*, mas visa somente manter a equivalência do seu valor em razão da depreciação da moeda (CTN, art. 97, § 2º). Se, no entanto, o ato do Poder Executivo, a título de atualização da base de cálculo, **exceder os índices oficiais de correção monetária**, ocorrerá majoração indireta, exigindo-se lei (S. nº 160 do STJ).

1.3. Leis delegadas

As leis delegadas **não constituem meio idôneo para criação ou majoração de tributos**, porque não pode ser objeto de delegação matéria relativa a direitos individuais, que se subsume ao princípio da legalidade tributária. Além do mais, a sua admissão violaria o princípio constitucional da separação de Poderes, disciplinando, mediante regime de direito estrito, a possibilidade, sempre excepcional, de o parlamento proceder à delegação legislativa externa em favor do Poder Executivo. Assim, **lei delegada não pode criar ou majorar tributo**[28].

1.4. Princípio da anterioridade da lei fiscal (CF, art. 150, III, "b" e "c")

1.4.1. Origem histórica

O princípio da anterioridade da lei fiscal **visa a evitar** que se cobre tributo, cuja lei de instituição, ou majoração, tenha sido publicada no mesmo exercício financeiro da cobrança. O princípio em tela evita que o contribuinte seja apanhado de surpresa no transcorrer do exercício financeiro, daí ser denominado também de **princípio da não surpresa**, permitindo que o contribuinte possa fazer planejamento fiscal de suas atividades.

O princípio da anterioridade da lei fiscal somente **foi introduzido no nosso ordenamento constitucional com a EC nº 18/1965 à CF de 1946**, não tendo constado da Carta de 1967, que o substituiu pelo princípio da anualidade tributária, retornou com a EC nº 1/1969 e foi mantido na CF de 1988. O **princípio da anualidade tributária** exigia prévia autorização orçamentária para que pudesse ser cobrado tributo em um exercício, e, assim, à luz da CF de 1946, o orçamento era considerado **ato-condição**[29]. Assim, enquanto o princípio da anualidade constou do nosso ordenamento constitucional, **duas leis deviam existir** para que se pudesse cobrar tributos. A primeira, por exigência do **princípio da legalidade**, para instituir ou majorar tributos (**ato-regra**). A segunda, lei orçamentária (**ato-condição**), observando o princípio da anualidade tributária, para autorizar a cobrança de tributo em exercício seguinte. Entretanto, o **STF**, através da **Súmula 66**, considerou legítima a cobrança de tributo, cuja lei de majoração tivesse sido publicada após a aprovação da lei orçamentária, mas antes do início do respectivo exercício financeiro. Assim, acolheu o entendimento de parte da doutrina no sentido de que o **objetivo do preceito da CF de 1946**, quando se referia à exigência de prévia autorização orçamentária, era de que houvesse uma coexistência da lei tributária com a lei orçamentária antes do início do exercício financeiro. Desse modo, pouco importava o

---

[28]   BRASIL. Supremo Tribunal Federal, ADIMC 1296/PE, Rel. Min. Celso de Mello, Pleno.

[29]   Essa expressão era assim esclarecida por Aliomar Baleeiro: "O ato-condição foi a expressão criada por Duguit, numa classificação tripartite dos atos jurídicos, para designar aqueles atos que tornam aplicáveis a determinados indivíduos, ou casos, as situações gerais e impessoais estatuídas em ato-regra, como a lei. Esta, muitas vezes, não se executa em relação a certa pessoa antes que se interponha o ato-condição" (BALEEIRO, Aliomar. *Uma introdução à ciência das finanças*. 14. ed. Rio de Janeiro: Forense, 1969, p. 56).

fato de a lei tributária ser anterior ou posterior ao orçamento, pois o fundamental era que a lei instituindo ou majorando tributos tivesse entrado em vigor em exercício anterior ao de sua cobrança. Esse entendimento do STF levou em conta o espírito com que foi concebido o princípio da anualidade tributária, isto é, evitar que o tributo pudesse ser cobrado no mesmo exercício da sua instituição ou majoração (Súmula nº 67).

Posteriormente, quando da reforma fiscal da Constituição de 1946, o **Prof. Octávio Gouveia de Bulhões, na Exposição de Motivos do Projeto relativo à EC nº 18**, procurou justificar a supressão da vigência da prévia autorização orçamentária para a cobrança de tributos. Entendia que se a Constituição previa a possibilidade de aumento de despesas durante a execução orçamentária, seria, em consequência, indispensável que admitisse, também, o aumento da receita tributária, pois, caso contrário, a Constituição imprimiria à execução orçamentária uma tendência inflacionária, que não poderia deixar de ser corrigida. Assim, a **EC nº 18, de 1965 (art. 2º, II), suprimiu a referência à prévia autorização orçamentária**, dispondo apenas que entrariam em vigor no primeiro dia do exercício seguinte àquele em que ocorresse a sua publicação os dispositivos de lei que instituíssem ou majorassem impostos sobre o patrimônio ou a renda (CTN, art. 104). Como se observa, a referida Emenda e o art. 104 do CTN não só sepultaram a exigência de prévia autorização orçamentária, como também **restringiram a aplicação do princípio da anterioridade da lei fiscal somente aos impostos sobre o patrimônio e a renda,** e, assim os demais tributos podiam ser cobrados no mesmo exercício de sua instituição ou majoração. Entretanto, a **EC nº 1/1969 ampliou a proteção ao contribuinte por estender o princípio da anterioridade da lei fiscal a todos os tributos**, salvo os que foram objeto de ressalva constitucional, dispondo, portanto, diversamente do art. 104 do CTN, que não foi, nessa parte, recepcionado pela mencionada Constituição.

Existe **doutrina minoritária**, em que pese a autoridade dos juristas que a integram, considerando que a anualidade tributária subsiste na CF de 1988 como "princípio de eficácia institucional" por estar materializado em instituições positivamente reconhecidas (CRFB, art. 165, III, §§ 5º, 8º e 9º, I; art. 166, *caput*, e §§ 3º e 6º), igualmente sujeito à limitação temporal a que essencialmente corresponde a **regra fundamental da anualidade (orçamentária)**[30].

Entretanto, a norma pela qual o "orçamento anual compreenderá obrigatoriamente todas as despesas e receitas": a) não dá garantia individual a ninguém; mas apenas disciplina como o Poder Público vai fazer o seu orçamento; b) ao passo que o princípio da anterioridade da lei fiscal dá direito público subjetivo a todos os cidadãos e demais pessoas, que estejam no território nacional[31]. Não procede também o argumento de que o art. 165, § 2º, ao prescrever que a lei de diretrizes orçamentárias, dentre outros fins, "disporá sobre as alterações

---

[30] Cf. NOVELLI, Flávio Bauer. Anualidade e anterioridade na Constituição de 1988, *Revista de Direito Administrativo*, 179/80, p. 25. Consulte-se também do mesmo jurista, O princípio da anualidade tributária, *Revista Forense*, Rio de Janeiro, n. 267, p. 75. Mizabel Abreu Machado Derzi entende que o princípio da anualidade sobrevive na CF de 1988 com outro enfoque, "diferente do princípio da autorização orçamentária e passa a atingir importantes temas no Direito Tributário. É que anual é o exercício financeiro, em relação ao qual vigora o princípio da anterioridade; anual é a programação da arrecadação e da despesa do Estado, por meio da lei orçamentária; anual é a execução da lei orçamentária, anuais são a fiscalização financeira e a prestação de contas para a União, os Estados, o Distrito Federal e os Municípios. Não importa qual seja o exercício financeiro. No momento, ele coincide com o ano civil. O legislador complementar poderá escolher outro, diverso do atual, desde que o período seja anual, pois o ano vai limitar e condicionar a periodização dos impostos incidentes sobre a renda e o patrimônio. Além disso, a anualidade obriga a um planejamento das reformas e alterações na legislação tributária – arts. 165, I, II, III e § 2º" (nota de atualização à obra: BALEEIRO, Aliomar. *Limitações constitucionais ao poder de tributar*. 7. ed. Rio de Janeiro: Forense, 1997, p. 48).

[31] Cf. ATALIBA, Geraldo. *Interpretação no direito tributário*. São Paulo: Saraiva, 1975, p. 38.

na legislação tributária", estaria consagrando o princípio da anualidade tributária, porque a LDO corresponde a uma *lei meramente formal e não material*, não gerando, portanto, direito subjetivo para terceiros[32].

1.4.2. A anterioridade fiscal na CF de 1988

A Constituição atual consagra o **princípio da anterioridade da lei fiscal no art. 150, III, "b" e "c", no seu § 1º, no art. 148, II, e no art. 62, § 2º.** A alínea "b" do inciso III do art. 150 da CF veda aos entes políticos cobrarem tributo no mesmo exercício financeiro[33] em que haja sido publicada a lei que os instituiu ou aumentou (**anterioridade geral**). O legislador constituinte preferiu fazer referência não à vigência da lei, como ocorria no art. 153, § 29, da CF de 1969, mas à sua **publicação.**[34] Essa mudança na redação do dispositivo constitucional em questão foi das mais felizes, por ter aclarado as dúvidas que existiam na aplicação do art. 153, § 29, da CF de 1969. Assim, sob a égide da Constituição anterior, muitos contribuintes recorriam ao Poder Judiciário quando a lei tributária fosse publicada em determinado exercício e dispusesse que entraria em vigor a partir do primeiro dia do exercício seguinte. Entendiam que se a lei, apesar de publicada em 1986, contivesse, por exemplo, dispositivo determinando que entraria em vigor no primeiro dia de 1987, o tributo não poderia ser cobrado nesse exercício por ser o mesmo do início da vigência da lei, contrariando, portanto, o art. 153, § 29. Entretanto, **o STF decidiu pela constitucionalidade da referida cobrança**, "eis que em tal caso o contribuinte não é surpreendido com a exigência do tributo", e o legislador havia confundido vigência com eficácia.[35]

A EC nº 42/2003 acrescentou a **alínea "c" ao inciso III do art. 150 da CF** para consagrar a **anterioridade nonagesimal ou mitigada**, vedando a cobrança de tributos "antes de decorridos noventa dias da data em que haja sido publicada a lei que os instituiu ou aumentou, observado o disposto na alínea "b", com as ressalvas constantes da parte final da alínea "c".

---

[32]   Cf. Ricardo Lobo Torres, *op. cit.*, p. 139-140. No mesmo sentido, decidiu o STF (*RTJ* 151/755).

[33]   Art. 34 da Lei nº 4.320/1964, que fixa as normas gerais de direito financeiro: "O exercício financeiro coincidirá com o ano civil", e esta norma continua eficaz porque não contraria a LC nº 101/2000 (LRF).

[34]   Municípios pequenos e que não possuem Diário Oficial podem divulgar a lei por afixação na sede da prefeitura, comprovada por certidão da autoridade administrativa (TARS, *RT* 725/372). Por outro lado, a regra legislativa que se limita simplesmente a mudar o prazo de recolhimento da obrigação tributária, sem qualquer outra repercussão, não se submete ao princípio da anterioridade (BRASIL. Supremo Tribunal Federal, RE 181.832-8/AL, Rel. Min. Ilmar Galvão, Primeira Turma, v.u., etc.). O STF decidiu que observa o princípio da anterioridade a Lei 8.333/1991, publicada no último dia do ano, circulando o Diário Oficial na noite desse dia, porque "a circulação não depende do momento da entrega desse Diário aos Correios" (BRASIL. Supremo Tribunal Federal, AgRgAI 254.654-5, Rel. Min. Moreira Alves, primeira Turma, Ementário n. 1985-10). O Pretório Excelso também decidiu, em sede de liminar, que "a redução de benefício fiscal, que implique pagamento maior de tributo, também se sujeita ao princípio da anterioridade" (BRASIL. Supremo Tribunal Federal, ADInMC 2.325-DF, Rel. Min. Marco Aurélio, Informativo 212 do STF) e no mesmo sentido.

[35]   *RTJ 80/296, RTJ 90/617* etc. O princípio da anterioridade refere-se à eficácia das leis tributárias e não à sua vigência ou validade, e, assim, "ele aponta o átimo a partir do qual a lei, já vigente, isto é, já integrada na ordem jurídica, é suscetível de ser aplicada" (cf. Roque Antônio Carraza, *op. cit.*, p. 126). O princípio da anterioridade da lei tributária é imune, até mesmo, ao próprio poder de reforma constitucional titularizado pelo Congresso Nacional (*RTJ* 151/755). Vide no *Informativo STF*, nº 125, p. 3-4, bem fundamentada decisão do Ministro Celso de Mello sobre o assunto, averbando que o princípio da anterioridade da lei fiscal "representa uma das garantias fundamentais mais relevantes outorgadas ao universo dos contribuintes pela Carta da República, além de traduzir, na concreção do seu alcance, uma expressiva limitação ao poder impositivo do Estado".

146 | MANUAL DE DIREITO TRIBUTÁRIO – *Luiz Emygdio Franco da Rosa Junior e Amanda Albano*

O termo **lei**, empregado pelos dispositivos constitucionais, ao se referirem à anterioridade fiscal deve ser interpretado às normas em sentido amplo, conforme o art. 100 do CTN, pois, se a lei não pode ofender o mencionado princípio, é lógico que norma secundária não poderá também fazê-lo.

Deve-se registrar que há entendimento do STF no sentido de que à anterioridade submete-se não só a majoração direta como também a indireta, visualizada, por exemplo, com a revogação de benefícios fiscais.[36]

1.4.3. *As exceções constitucionais ao princípio da anterioridade fiscal*

A Constituição vigente, em seu **art. 150, § 1º, com a redação dada pela EC nº 42/2003**, consagra as seguintes *exceções* ao princípio clássico da anterioridade da lei fiscal: a) imposto sobre importação; b) imposto sobre exportação; c) imposto sobre produtos industrializados; d) imposto sobre operações de crédito e câmbio, ou relativas a títulos ou valores mobiliários: e) imposto extraordinário por motivo de guerra; f) empréstimo compulsório para atender às despesas extraordinárias, decorrentes de calamidade pública, de guerra externa ou sua iminência (CF, art. 148, I).

Além dessas ressalvas, **não se aplica também o princípio da anterioridade da lei fiscal**: a) às contribuições sociais da seguridade social, que poderão ser exigidas decorridos noventa dias da data da publicação da lei que as houver instituído ou modificado (arts. 195, § 6º); b) à contribuição de intervenção no domínio econômico relativa às atividades de importação ou comercialização de petróleo e seus derivados, gás natural e seus derivados e álcool combustível, que poderá ter a sua alíquota "reduzida e estabelecida por ato do Poder Executivo, não se lhe aplicando o disposto no art. 150, III, "b" (CF, art. 177, § 4º, I, "b", acrescentado pela EC nº 33/2001), em razão da sua finalidade extrafiscal.

Justifica-se a não aplicação do princípio da anterioridade da lei fiscal aos impostos sobre importação, exportação e IOF porque são tributos que têm **finalidade extrafiscal** (CTN, arts. 21, 26 e 65). Assim, são utilizados pelo Estado como instrumentos de intervenção no domínio econômico, não podendo as medidas fiscais esperar o próximo exercício para que possam vigorar, porque os problemas existentes na conjuntura econômica exigem atuação expedita do poder público. O IPI tem fim fiscal, mas é excepcionado do princípio da anterioridade da lei fiscal porque incide também na importação de produtos industrializados, quando de procedência estrangeira (CTN, art. 46, I), sendo cobrado juntamente com o imposto sobre importação. Assim, nada adiantaria o Poder Executivo poder alterar a alíquota do imposto sobre importação, se não pudesse também alterar a alíquota do IPI e poder exigir a nova alíquota no mesmo exercício da publicação da norma jurídica. A exceção ao mesmo princípio existe também no que toca às contribuições de seguridade social, isto é, em razão de sua natureza extrafiscal. Daí o art. 195, § 6º, da CF, permitir que possam ser cobradas no mesmo exercício

---

[36] Ementa: direito tributário. Agravo interno em recurso extraordinário. Incentivo fiscal. Revogação. Majoração indireta. Anterioridade. 1. A jurisprudência do Supremo Tribunal Federal concebe que não apenas a majoração direta de tributos atrai a eficácia da anterioridade nonagesimal, mas também a majoração indireta decorrente de revogação de benefícios fiscais. Precedentes. 2. Agravo interno a que se nega provimento, com aplicação da multa prevista no art. 1.021, § 4º, do CPC/2015 (BRASIL. Supremo Tribunal Federal, RE 1053254 AgR, Rel. Roberto Barroso, Primeira Turma, j. 26.10.2018, processo eletrônico *DJe*-240, divulg. 12.11.2018, public. 13.11.2018).

em que foi publicada a lei que as houver instituído ou modificado, exigindo-se apenas que tal cobrança somente ocorra noventa dias da mencionada publicação.[37]

As causas emergenciais para a criação de impostos por motivo de guerra externa e de empréstimos compulsórios, em razão de guerra externa e de calamidade pública, **por si só justificam serem excepcionados pela Constituição da anterioridade da lei fiscal**. Finalmente, a exceção relativa ao imposto sobre movimentação financeira, consagrada pela EC nº 3/1993 (art. 2º, § 2º), foi considerada inconstitucional pelo STF por não poder ser estabelecida pelo poder constituinte derivado, vez que o princípio da anterioridade, como direito individual, é cláusula pétrea[38].

A EC nº 42/2003 (art. 150, § 1º), **excepcionou da anterioridade nonagesimal** o empréstimo compulsório decorrente de calamidade pública e de guerra externa ou sua iminência, os impostos extraordinários na iminência ou no caso de guerra externa, bem como os impostos de importação, exportação, renda e proventos de qualquer natureza e sobre operações financeiras e a fixação da base de cálculo do IPVA e do IPTU, mas que deve respeitar o princípio da anterioridade geral.

1.4.4. O art. 104 do CTN e a CF de 1988

O CTN foi plasmado à imagem da **EC nº 18/1965 à Constituição de 1946**, e, por isso, o **art. 104 do CTN repete a redação do seu art. 2º**, restringindo a aplicação do princípio da anterioridade da lei fiscal somente a impostos, e, assim mesmo, no que toca às categorias econômicas de patrimônio e renda. Assim, todas as outras espécies do gênero tributo e a todas as demais categorias econômicas de imposto, sua cobrança podia ser feita no mesmo exercício da publicação da lei que os tivesse instituído ou majorado. Todavia, **desde a EC nº 1/1969 à Carta de 1967 que o art. 104 não se compadece com o texto constitucional**, porque seu art. 153, § 29 já determinava a aplicação da anterioridade tributária a todas as espécies de tributo e não somente aos impostos sobre patrimônio e renda, e, por essas razões, não tem mais eficácia a Súmula 615 do STF[39].

O art. 104 do CTN está em consonância com os arts. 150, III, "b" e "c", 150, § 1º, 148, I, 177, § 4º, I, "b", e 195, § 6º da CF, e disso resulta a preciosa lição de **Sacha Calmon**, nestes termos:

> Destarte, todos os tributos, com as exceções a seguir enunciadas, estão sujeitos ao princípio da anterioridade da lei fiscal e ao prazo nonagesimal, exceto: a) contribuições destinadas ao

---

[37] O Plenário do STF já firmou entendimento "no sentido de que a regra legislativa que se limita meramente a mudar o prazo de recolhimento da contribuição, sem qualquer outra repercussão, não se submete ao princípio da anterioridade mitigada previsto no § 6º do art. 195 da CF" (BRASIL. Supremo Tribunal Federal, RE 245.124-0/PR, Rel. Min. Moreira Alves, Primeira Turma, v.u.). Não ofende a anterioridade decreto que antecipa o prazo de recolhimento do ICMS, ainda que durante o período de competência, quando ainda não estava constituído o crédito tributário. Não aplicação da regra do art. 105 do CTN porque fato gerador e data de pagamento são situações diversas. Art. 97 do CTN não exige lei para fixar o prazo do pagamento (STJ, *RDTJRJ* 29/78). No mesmo sentido, STF, RE 154.124-5/SP, rel. Min. Octavio Gallotti, v.u., Primeira Turma. "Lei 7.779/1989. A alteração do indexador não importa em majoração do tributo, motivo porque não é ofensiva a direito do contribuinte, nem ao princípio da anterioridade" (BRASIL. Supremo Tribunal Federal, AgRg em RE 196.331-0, Rel. Min. Carlos Velloso, Segunda Turma, v.u.).

[38] *RTJ* 151/755.

[39] A doutrina não discrepa do nosso entendimento. Confiram-se, dentre outros, Ricardo Lobo Torres, *op. cit.*, 3. ed., p. 271-272; Roque Antônio Carraza, *op. cit.*, p. 143; Hugo de Brito Machado, *op. cit.*, 11. ed., p. 153; Celso Bastos, *op. cit.*, p. 223; Flávio Bauer Novelli, *op. cit.*, p. 69; e Luciano Amaro, *op. cit.*, p. 121.

custeio da Seguridade Social, Imposto sobre Produtos Industrializados, CIDE-combustíveis e ICMS-combustíveis, os dois últimos na restauração de alíquotas (somente aplica o prazo nonagesimal); b) Imposto de Renda, IPTU e IPVA, os dois últimos apenas no que tange a alterações de base de cálculo (aplica-se somente a anterioridade); e c) não possuem as amarras da anterioridade e do prazo nonagesimal: os impostos extraordinários de guerra (esforço bélico imediato); os empréstimos compulsórios por motivo de guerra ou em razão de calamidade pública – dada a *urgência* da situação a exigir imediatos recursos (art. 148, I) e o IOF, o imposto de importação e o imposto de exportação, os três útimos tributos regulatórios e que precisam de agilidade de mercado.[40]

1.4.5. *Princípio da uniformidade tributária geográfica (CF, art. 151, I)*

O princípio da uniformidade tributária geográfica decorre de um **princípio maior que é a base do federalismo**, pelo qual as unidades federadas devem ser tratadas de forma igual, a fim de assegurar a unidade política e econômica do país. A uniformidade tributária é corolário do princípio da igualdade tributária (CF, art. 150, II). Por isso, é vedado à União, poder central, instituir tributo que não seja uniforme em todo o território nacional, bem como criar tributo que implique distinção ou preferência em relação a Estado, ao Distrito Federal ou a Município, em prejuízo de outro, admitida a concessão de incentivos ficais destinados a promover o equilíbrio do desenvolvimento socioeconômico entre as diferentes regiões do País (CF, art. 151, I, e CTN, art. 10). Assim, a União, do ponto de vista tributário, não pode tratar de forma diversa as unidades federadas, beneficiando umas em detrimento de outras, devendo, portanto, haver igualdade de hipóteses de incidência, alíquotas, bases de cálculo etc. Justifica-se a ressalva feita pelo art. 151, I, da CF, à concessão de *incentivos fiscais* em benefício de determinadas regiões do território nacional porque não importa em discriminação odiosa e não fere o princípio da igualdade.Inclusive, por meio da EC nº 132/2023, incluiu-se no art. 43 o § 4º, que determina que: "sempre que possível, a concessão dos incentivos regionais a que se refere o § 2º, III, considerará critérios de sustentabilidade ambiental e redução das emissões de carbono".

1.4.6. *Princípio da uniformidade na tributação das rendas das obrigações da dívida pública (CF, art. 151, II, primeira parte)*

A União não pode também tributar a renda das obrigações da dívida pública estadual, do Distrito Federal e municipal, em níveis superiores aos que fixar para suas próprias obrigações e para seus próprios agentes. Trata-se da **consagração do princípio da isonomia** e visa evitar que a União, na obtenção de empréstimos, possa oferecer condições e vantagens que não possam ser também usufruídas pelas demais entidades federadas. Por isso, veda-se à União tributar mais suavemente a renda de seus títulos e mais gravosamente a renda dos títulos estaduais, do Distrito Federal e municipais, para que a aquisição desses títulos não fique prejudicada porque o investidor preferiria adquirir títulos federais, sendo a tributação mais suave.

---

[40] CALMON, Sacha. *Curso de direito tributário brasileiro.* 10. ed. Rio de Janeiro: Forense, 2009, p. 222.

Capítulo V · LIMITAÇÕES CONSTITUCIONAIS DO PODER DE TRIBUTAR | 149

1.4.7. Princípio da uniformidade na tributação da remuneração e proventos de agentes públicos (CF, art. 151, II, parte final)

A Constituição veda, igualmente, à União tributar a remuneração e os proventos dos agentes públicos dos Estados, do Distrito Federal e dos Municípios em níveis superiores aos que fixar para seus próprios agentes. **Evita-se, assim, a concessão de privilégios odiosos em benefício dos agentes públicos federais, mantendo-se intacta a isonomia.**

1.4.8. Princípio que veda à União conceder isenções de tributos estaduais e municipais (CF, art. 151, III)

A EC nº 1/1969 (art. 19, § 2º) permitia que a União, mediante lei complementar e atendendo a relevante interesse social ou econômico nacional, pudesse conceder isenções de impostos estaduais e municipais. Entretanto, **a Constituição de 1988 veda a concessão dessas isenções pela União,** evitando mais uma vez a possibilidade da existência de privilégios odiosos, assegurando-se a prevalência da isonomia entre os entes políticos. Apesar do dispositivo referir-se somente à União, é lógico que os Estados também não podem conceder isenções de impostos municipais. Assim, a Constituição atual veda a **isenção heterônoma,** ou seja, a concedida por ente político não titular de competência tributária, **só admitindo a isenção autônoma,** ou seja, concedida pelo ente político que tenha competência para instituir o tributo objeto de isenção. Entretanto, **Roque Antônio Carraza** entende que os arts. 155, § 2º, XII, "g", e 156, § 3º, II, consagram isenções heterônomas porque permitem que a União, por lei complementar, possa conceder isenções em matéria de ICMS e ISS[41].

Lavra dissenso na doutrina sobre a legitimidade ou não da União, mediante **tratados internacionais,** conceder isenção de impostos estaduais e municipais. Entendemos que o art. 151, III, da CF refere-se à União como pessoa jurídica de direito público interno, integrante do regime federativo brasileiro. Quem celebra tratados e convenções internacionais é a União na condição de pessoa jurídica de direito público externo, **representando a República Federativa do Brasil nas relações com Estados estrangeiros,** e, assim, representa também a totalidade dos entes federados brasileiros (CF, art. 21). Desse modo, não fere a norma do art. 151, III, da CF, tratado em que a União conceda isenção de impostos estaduais e municipais. Conforme entendimento do STF, o julgamento de causas fundadas em tratado ou contrato da União com Estado estrangeiro ou organismo internacional é de competência da Justiça Federal, ainda que se discuta isenção de imposto de competência estadual." [42]

1.4.9. Princípio da não discriminação tributária, em razão da procedência ou do destino de bens e serviços (CF, art. 152)

Veda-se também aos Estados, ao Distrito Federal e aos Municípios **estabelecer diferença tributária entre bens de qualquer natureza, em razão de sua procedência ou destino (CF,**

---

[41] *Op. cit.,* p. 388.

[42] "Agravo regimental no recurso extraordinário. Tributário. Importação de Bacalhau. País signatário do acordo geral de tarifas de comércio (GATT). Isenção de imposto sobre circulação de mercadorias e serviços (ICMS). Competência. Justiça Federal. 1. A jurisprudência da Corte é no sentido de que o julgamento de causas fundadas em tratado ou contrato da União com Estado estrangeiro ou organismo internacional é de competência da Justiça Federal, ainda que se discuta isenção de imposto de competência estadual. 2. Agravo regimental não provido" (BRASIL. Supremo Tribunal Federal, RE 781136 AgR, Rel. Dias Toffoli, Segunda Turma, j. 27.10.2015, processo eletrônico *DJe*-250, divulg. 11.12.2015, public. 14.12.2015).

art. 152, e CTN, art. 11). Essas normas estão em consonância com o art. 22, VIII, da CF, que confere à União competência para legislar sobre comércio exterior e interestadual. A vedação constitucional visa evitar que as referidas entidades tributantes dêem tratamentos fiscais distintos em razão da procedência ou destino de bens da mesma natureza, objetivando proteger, por exemplo, as mercadorias vindas de um Estado em detrimento das que se originam de outros. Trata-se da consagração do princípio da uniformidade tributária como corolário da igualdade tributária. O STJ, apoiando-se nos arts. 150, II, e 152, da CF, decidiu ser ilegítimo o estabelecimento de alíquotas diferenciadas do IPVA para carros importados[43]. Isso porque a norma contida no art. 152 da CF aplica-se, também, no caso de imposto que recai sobre a propriedade, quando o bem é oriundo do exterior. A EC nº 42/2003 acrescentou o parágrafo 6º ao art. 150 da CF, para permitir, quanto ao **IPVA**, o estabelecimento de alíquotas diferenciadas, em função do tipo e utilização mas não da procedência do veículo.

1.4.10. Princípio da vedação de limitações, mediante tributos, ao tráfego de pessoas ou bens (CF, art. 150, V)

O **art. 150, V, da Constituição** prescreve que é vedado à União, aos Estados, ao Distrito Federal e aos Municípios estabelecer limitações ao tráfego de pessoas ou bens, por meio de tributos interestaduais ou intermunicipais, ressalvada a cobrança de pedágio pela utilização de vias conservadas pelo Poder Público.

1.4.10.1. Vedação de limitações ao tráfego de pessoas

A primeira parte do art. 150, V, da CF encontra correspondência no art. 19, II, da CF de 1969, embora a ressalva feita pelo texto constitucional vigente, na sua parte final, à cobrança de pedágio não constasse da EC nº 1/1969. **Justifica-se** a não limitação de tráfego de **pessoas** por meio de tributos interestaduais ou intermunicipais para se assegurar a **liberdade de ir e vir**, sendo, portanto, norma imunizante por proteger liberdade fundamental[44].

1.4.10.2. Vedação de limitações ao tráfego de bens

A Constituição, ao vedar limitações ao **tráfego de bens** por meio de tributos interestaduais e intermunicipais, visa a proteger a **liberdade de comércio**, sendo portanto, imunidade tributária.

1.4.10.3. A ressalva constitucional ao pedágio. Taxa ou tarifa?

A CF de 1969, ao não ressalvar cobrança do pedágio, não implicava na sua inconstitucionalidade porque a ressalva em questão era desnecessária, vez que o pedágio não incide sobre o "tráfego em si mesmo", que é o objetivo da proibição. O pedágio visa somente atender ao custo dos serviços de conservação e melhoramento das vias de transporte, e o que se proíbe é a utilização de tributo que represente uma barreira ao tráfego interestadual ou intermunicipal. Em outras palavras, a proibição prende-se a **tributo interestadual ou intermunicipal** que

---

[43] BRASIL. Superior Tribunal de Justiça, RMS 9.866/RJ, Rel. Min. Franciulli Netto, Segunda Turma, j. 26.03.2002, *DJ* 12.08.2002, p. 182.

[44] Cf. Ricardo Lobo Torres, *op. cit.*, p. 56.

tenha como hipótese de incidência definida em lei o tráfego de pessoas ou de bens, e não a utilização potencial de serviço de conservação[45].

A Constituição atual, ao **ressalvar na parte final do art. 150, V**, a cobrança de pedágio pela **utilização de vias conservadas pelo Poder Público,** quis deixar extreme de dúvidas a natureza tributária do pedágio na espécie de **taxa**, porque tem por escopo vedar limitações ao tráfego de pessoas e bens mediante **tributos.** Se o constituinte entendesse que a receita relativa ao pedágio não tinha natureza tributária, não havia por que fazer a ressalva. Além do mais, o art. 150, V, integra o capítulo sobre o sistema tributário e mais especificamente a seção relativa às limitações ao poder de tributar, e, assim, não podem pairar dúvidas sobre a natureza tributária do pedágio como taxa pela utilização de vias conservadas pelo Poder Público[46]. Tendo-se presente a norma do art. 145, II, da CF, será inconstitucional lei que determine a cobrança de pedágio para construção de vias públicas, por se tratar de obra e não de serviço[47]. Por outro lado, sendo taxa, não pode levar em conta na base de cálculo a capacidade econômica do **contribuinte** (CF, art. 145, § 2º). Quando, no entanto, os serviços de conservação ou reparação de vias públicas forem objeto de **concessão a empresas privadas**, a receita tem natureza de **tarifa** (CF, art. 175, parágrafo único, III) ou preço público (STF, ADI 800/RS, Rel. Min. Teori Zavascki).

O STF entende que possui **repercussão geral** "a questão constitucional alusiva à possibilidade de cobrança de pedágio pela utilização de vias conservadas pelo poder público nos casos em que não são disponibilizadas estradas alternativas".[48]

O STF também entende que: "O pedágio cobrado pela efetiva utilização de rodovias conservadas pelo Poder Público, cuja cobrança está autorizada pelo inciso V, parte final, do art. 150 da Constituição de 1988, não tem natureza jurídica de taxa, mas sim de preço público, não estando a sua instituição, consequentemente, sujeita ao princípio da legalidade estrita" [49]

1.5. *Princípio da imunidade tributária*[50]

1.5.1. *Imunidade é não incidência constitucional*

A exata compreensão do instituto da imunidade tributária impõe que se mostre antes a diferença entre incidência e não incidência. Dá-se a **incidência** quando se materializa a situação de fato ou de direito definida em lei, de forma abstrata e genérica, como necessária e suficiente à ocorrência do fato gerador. Tomemos, por exemplo, o imposto sobre a renda, cuja hipótese de incidência é a aquisição da disponibilidade econômica ou jurídica de renda

---

[45]   Cf. Hugo de Brito Machado, *op. cit.*, p. 189-190.

[46]   BRASIL. Supremo Tribunal Federal, RE 181.475-6/RS, Rel. Min. Carlos Velloso, Segunda Turma. Em sentido contrário, Ricardo Lobo Torres, *op. cit.*, p. 57, que entende ser o pedágio preço público em razão da ressalva no texto constitucional ser meramente didática ou cautelar da hipótese em que o poder público lhe atribua a natureza de taxa.

[47]   Cf. Sacha Calmon, op. cit., p. 69. Roque Antônio Carraza (*op. cit.*, p. 300) denomina o pedágio de taxa de serviço exatamente porque visa a remunerar a conservação das rodovias.

[48]   BRASIL. Supremo Tribunal Federal, RE 645181 RG, Rel. Ayres Britto, Tribunal Pleno, j. 15.12.2011, acórdão eletrônico, *DJe*-084, divulg. 30.04.2012, public. 02.05.2012).

[49]   BRASIL. Supremo Tribunal Federal, ADI 800, Rel. Teori Zavascki, Tribunal Pleno, j. 11.06.2014, acórdão eletrônico, *DJe*-125, divulg. 27.06.2014, public. 01.07.2014).

[50]   Todavia, Misabel Derzi (*op. cit.*, p. 15) esclarece que nem todo princípio constitucional tributário leva a uma imunidade. Assim, o princípio impõe o exercício adequado da competência tributária, enquanto a imunidade é norma supressiva de poder de tributar.

e de proventos de qualquer natureza (CTN, art. 43). A **incidência legal** só ocorrerá quando se concretizar a situação prevista abstratamente em lei, ou seja, quando alguém auferir rendimentos. De outro lado, **incidência econômica,** é o fenômeno relativo ao ponto final de queda da carga tributária sobre o contribuinte. Podemos ilustrar com o caso do IPTU, cujo contribuinte é o proprietário do imóvel, o titular do seu domínio útil, ou o seu possuidor a qualquer título (CTN, art. 34). Quando o proprietário do imóvel paga o imposto e não transfere o seu ônus para o locatário, a incidência ocorre economicamente em relação a ele (proprietário). Se, no entanto, o proprietário do imóvel transferir a carga tributária para o locatário, a incidência econômica dá-se na pessoa do locatário porque foi quem suportou em definitivo o peso do tributo.

1.5.2. Espécies de imunidade tributária

A **não incidência** pode ser pura, didática, constitucional ou legal. A **não incidência pura, ou simples**, é a não previsão legal de uma determinada situação como hipótese de incidência de tributo. O legislador podia defini-la, mas não quis porque essa situação pode não servir de medida da capacidade contributiva da pessoa, e, assim, não nasce nem obrigação tributária nem crédito tributário[51]. A **não incidência didática** ocorre quando o legislador diz que o tributo não incide, mas mesmo que não dissesse não haveria incidência porque a situação não se enquadraria na definição da hipótese de incidência. Dá-se, por exemplo, quando a LC nº 116/2003 reza que o ISS não incide sobre a prestação de serviços em relação de emprego (art. 2º, II), porque mesmo que não dissesse não haveria incidência porque o empregado não é profissional autônomo. A **incidência juridicamente qualificada** ou por disposição constitucional corresponde à **imunidade tributária** e ocorre quando a Constituição suprime a competência impositiva dos entes políticos, estando presentes certos pressupostos, situações ou circunstâncias previstas pelo estatuto supremo. Assim, o legislador pode ter até a vontade de definir uma dada situação como hipótese de incidência de tributo, mas não poderá fazê-lo, em razão de a Constituição ter sufocado sua competência impositiva[52]. O art. 9º do CTN refere-se à imunidade tributária, e a alínea "c" do inciso IV teve sua redação alterada pela LC nº 104/2001, devendo ser interpretada em consonância com o art. 150, VI, e seus parágrafos da CF de 1988.

Sacha Calmon doutrina, com a maestria de sempre:

> Nem todo princípio, contudo, conduz a uma imunidade, como é o caso, *v.g.*, dos princípios da legalidade, anterioridade e irretroatividade. Princípios e imunidades, repita-se, são entes normativos diversos. O que, precisamente, os distngue? Os princípios constitucionais dizem como devem ser feitas as leis tributárias, condicionando o legislador sob o guante dos juízes, zeladores que são do texto dirigente da Constituição. As imunidades expressas dizem o que não pode ser tributado, proibindo *ao legislador o exercício da sua competência tributária* sobre certos fatos, pessoas ou situações por expressa determinação da Constituição (não incidência constitucionalmente qualificada). Sobre as imunidades exerce o Juduciário,

---

[51] Cf. Ives Gandra da Silva Martins, *op. cit.*, p. 149.
[52] Ricardo Lobo Torres reserva o termo imunidade somente para as hipóteses de não incidência constitucional que visam à proteção das liberdades fundamentais, como ocorre no art. 150, VI, salvo a que beneficia as entidades sindicais dos trabalhadores, onde, segundo o referido jurista, a imunidade repousa não nos direitos da liberdade, mas nos direitos sociais e econômicos (*op. cit.*, p. 63 e 70).

Capítulo V · LIMITAÇÕES CONSTITUCIONAIS DO PODER DE TRIBUTAR | 153

igualmente, a sua zeladoria. De notar, pois, que a expressão *limitações ao poder de tributar* alberga princípios e imunidades. [53]

Não se pode olvidar a doutrina de **Misabel Derzi** sobre os princípios e as imunidades, *in verbis*:

> Então, os princípios limitam o poder de tributar porque subordinam o exercício válido e eficiente da competência a critérios e requisitos; as imunidades (que só ganham sentido em razão dos princípios que as inspiram), limitam-no, porque reduzem a extensão das normas atributivas de poder, em relação a certos fatos determinados modelando a competência.[54]

1.5.3. *Imunidade e isenção*

A imunidade tributária, sendo uma forma de não incidência por força de mandamento constitucional, impede a ocorrência do fato gerador, inexistindo relação jurídico-tributária, a obrigação tributária não se instaura e o tributo não é devido. Assim, a imunidade não se confunde com a *isenção* porque esta corresponde a não incidência estabelecida por lei, por razões políticas, econômicas ou sociais, e, por isso, não existindo obrigação tributária, a isenção é causa de exclusão do crédito tributário (CTN, art. 175, I), impedindo, portanto, sua constituição definitiva mediante lançamento. A **imunidade** decorre da Constituição e a isenção se origina da lei. A imunidade, por estar hospedada no texto constitucional e corresponder a uma limitação ao poder de tributar, comporta **interpretação extensiva**[55], enquanto a norma jurídica sobre isenção não admite tal interpretação (CTN, arts. 111 e 177).

1.5.4. *Classificação de imunidades tributárias*

As imunidades tributárias dividem-se, de um lado, em subjetivas ou objetivas, e de outro lado, em incondicionais ou condicionais. **Imunidades subjetivas** são as concedidas em razão de uma dada pessoa (CF, art. 150, VI, "a" e "c"), e **objetivas** são as que se relacionam à matéria tributável (CF, art. 150, VI, *b* e *d*). **Imunidades incondicionais ou autoexecutáveis** são aquelas consubstanciadas em normas constitucionais de eficácia plena, que produzem efeito de imediato (CF, art. 150, VI, *a, b* e *d*), não dependendo sua eficácia de lei complementar que estabeleça requisitos para sua aplicação. As **imunidades condicionais** são consagradas em normas constitucionais que reclamam lei complementar para que possam produzir seus efeitos e fixe as condições que devem ser observadas pelas entidades para gozarem da proteção constitucional (CF, art. 150, VI, *c*).

1.5.5. *Imunidade e o art. 150, VI, da CF*

O art. 150, VI, da CF veda à União, aos Estados, ao Distrito Federal e aos Municípios instituir **impostos** sobre: a) patrimônio, renda ou serviços, uns dos outros; b) entidades religiosas e templos de qualquer culto, inclusive suas organizações assistenciais e beneficentes; c) patrimônio, renda ou serviços dos partidos políticos, inclusive suas fundações, das entidades sindicais dos trabalhadores, das instituições de educação e de assistência social, sem fins

---

[53]   *Op. cit*, p. 137.
[54]   DERZI, Misabel de Abreu Machado. *Direito Tributário Brasileiro*. 13. ed. Rio de Janeiro: Forense, 2015, p. 120.
[55]   *RTJ* 116/267.

lucrativos, atendidos os requisitos da lei; d) livros, jornais, periódicos e o papel destinado à sua impressão; e) fonogramas e videofonogramas musicais produzidos no Brasil contendo obras musicais ou literomusicais de autores brasileiros e/ou obras em geral interpretadas por artistas brasileiros bem como os suportes materiais ou arquivos digitais que os contenham, salvo na etapa de replicação industrial de mídias ópticas de leitura a laser.

Atente-se que o art. 150, VI, da CF só se refere a **impostos**, pelo que não contempla as demais espécies tributárias. Todavia, a Constituição Federal, em outros dispositivos, prevê a não incidência (imunidade) relativa a: a) tributos em geral quando: a.1) o **art. 150, IV**, veda aos entes políticos "utilizar tributo com efeito de confisco", sendo *"imunidade tributária de uma parcela mínima necessária à sobrevivência da propriedade privada"*[56]; a.2) o **art. 150, V**, veda limitações ao tráfego de pessoas ou bens por meio de tributos interestaduais ou inter-municipais, sendo o fundamento da imunidade relativa a pessoas a liberdade de ir e vir, e os fundamentos da vedação referente a bens consistem na proteção da liberdade de comércio e no princípio do federalismo, mas a mencionada norma não exclui a incidência do ICMS[57]; b) **taxas,** em razão das normas constantes do **art. 5º, XXXIV** (assegura, para a defesa de direitos independentemente de pagamento de taxas, o direito de petição aos Poderes Públicos e a ob-tenção de certidões)[58], **LXXIII** (não incidência de custas judiciais, ou seja, taxas, ou de ônus da sucumbência, para propositura de ação popular), **LXXIV** (o Estado tem o dever de prestar assistência jurídica integral e gratuita aos que comprovarem insuficiência de recursos), **LXXVI** (gratuidade de registro civil de nascimento e certidão de óbito para os reconhecidamente pobres, na forma da lei) e **LXXVII** (são gratuitas as ações de *habeas data* e *habeas corpus*), **art. 198** (garante a assistência médica preventiva e o atendimento nos hospitais do governo, independentemente do pagamento de taxa ou de contribuição para o sistema previdenciário; c) **art. 149, § 2º, I** (não incidência de contribuições sociais e de intervenção no domínio eco-nômico sobre as receitas decorrentes de exportação); d) contribuição à seguridade social, por força do **art. 203** (prestação de assistência social a quem dela necessitar, independentemente de contribuição à seguridade social).

O **STF**, interpretando a norma contida no art. 149, § 2º. I, firmou entendimento no sen-tido de que a imunidade prevista no dispositivo abrange as receitas decorrentes de exportação direta e indireta realizada por *trading companies* por se tratar de imunidade objetiva que visa o fomento à exportação.[59]

---

[56] Cf. Ricardo Lobo Torres, *op. cit.*, 8. ed., p. 58-59.

[57] Cf. Ricardo Lobo Torres, *op. cit.*, p. 58-59.

[58] Roque Antônio Carraza entende que o termo "taxa" referido no art. 5º, XXXIV, significa "quantia em dinheiro", não expressando imunidade (*op. cit.*, p. 601).

[59] "Recurso extraordinário. Repercussão geral. Direito tributário. Imunidade tributária das exportações. Contribuições previdenciárias. Receitas decorrentes de exportação. Exportação indireta. Trading companies. Art. 22-A, Lei nº 8.212/1991. 1. O melhor discernimento acerca do alcance da imunidade tributária nas exportações indiretas se realiza a partir da compreensão da natureza objetiva da imuni-dade, que está a indicar que imune não é o contribuinte, 'mas sim o bem quando exportado', portanto, irrelevante se promovida exportação direta ou indireta. 2. A imunidade tributária prevista no art.149, § 2º, I, da Constituição, alcança a operação de exportação indireta realizada por trading companies, portanto, imune ao previsto no art.22-A, da Lei nº 8.212/1991. 3. A jurisprudência deste STF (BRASIL. Supremo Tribunal Federal, RE 627.815, Pleno, Dje 01.10.2013 e RE 606.107, DjE 25.11.2013, ambos rel. Min.Rosa Weber) prestigia o fomento à exportação mediante uma série de desonerações tributárias que conduzem a conclusão da inconstitucionalidade dos §§ 1º e 2º, dos arts. 245 da IN 3/2005 e 170 da IN 971/2009, haja vista que a restrição imposta pela Administração Tributária não ostenta guarida perante à linha jurisprudencial desta Suprema Corte em relação à imunidade tributária prevista no art. 149, § 2º, I, da Constituição. 4. Fixação de tese de julgamento para os fins da sistemática da repercussão

Capítulo V · LIMITAÇÕES CONSTITUCIONAIS DO PODER DE TRIBUTAR | 155

1.5.6. Imunidade recíproca (CF, art. 150, VI, "a", e §§ 2º e 3º)

A primeira hipótese de imunidade tributária prevista no art. 150, VI, "a", corresponde a **imunidade recíproca**, pela qual é vedado à União, aos Estados, ao Distrito Federal e aos Municípios instituir impostos sobre patrimônio, renda ou serviços, uns dos outros. Trata-se de **imunidade subjetiva e autoexecutável,** ditada por razões de ordem política. Tal regra visa evitar que as unidades federais sejam contribuintes e tenham de pagar impostos umas às outras, impedindo-se também as pressões que as entidades federadas poderiam exercer de forma recíproca, prejudicando assim a própria unidade política, que é fundamental à forma federativa de Estado, não podendo tal princípio ser suprimido ou restringido pelo Poder Constituinte Derivado. Assim, tal imunidade tem por escopo exclusivamente a **proteção da liberdade**, porque se os mencionados impostos incidissem, inviabilizaria o próprio conceito de Federação[60].

A imunidade recíproca não se estende a todos os impostos, referindo-se somente aos **impostos sobre patrimônio, renda ou serviços**. **Patrimônio** é o conjunto de bens, e **renda**[61], do ponto de vista do Estado, é toda e qualquer receita, originária ou derivada, e **serviços** os que são públicos, e neste sentido devem ser entendidas as expressões utilizadas na alínea "a", do inciso VI, do art. 150 da CF. O CTN fornece as diversas **categorias econômicas de impostos** nas disposições que se encontram posicionadas nos Capítulos II a IV do Título III do Livro Primeiro, abrangendo os arts. 19 a 70, que devem ser interpretadas em consonância com a Constituição de 1988.

Assim, os **impostos sobre patrimônio** são atualmente os seguintes: a) imposto sobre propriedade territorial rural (CF, art. 153, VI); b) imposto sobre propriedade predial e territorial urbana (CF, art. 156, I); c) imposto sobre transmissão *causa mortis* e doação de quaisquer bens e direitos (CF, art. 155, I); d) imposto sobre transmissão *inter vivos*, a qualquer título, por ato oneroso de bens imóveis (CF, art. 156, II); e) imposto sobre grandes fortunas (CF, art. 153, VII), que ainda não foi instituído por lei; f) imposto sobre propriedade de veículos automotores (art. 155, III). Na categoria econômica de **renda**, o imposto sobre renda e proventos de qualquer natureza. Na categoria econômica de **serviços**, encontramos o imposto sobre produtos industrializados, imposto sobre operações de crédito, câmbio e seguro, ou relativas a títulos ou valores mobiliários, imposto sobre a circulação de mercadorias e serviços não compreendidos na competência dos Municípios e imposto sobre serviços de qualquer natureza, imposto sobre bens e serviços de competência compartilhada entre os Estados, o Distrito Federal e os Municípios, imposto sobre produção, extração, comercialização ou importação de bens e serviços prejudiciais à saúde ou ao meio ambiente.

A imunidade tributária recíproca **abrange, igualmente, as autarquias e as fundações instituídas e mantidas pelo Poder Público,**, e à empresa pública prestadora de serviço postal,

---

geral: "A norma imunizante contida no inciso I do § 2º do art.149 da Constituição da República alcança as receitas decorrentes de operações indiretas de exportação caracterizadas por haver participação de sociedade exportadora intermediária." 5. Recurso extraordinário a que se dá provimento (BRASIL. Supremo Tribunal Federal, RE 759244, Rel. EDSON FACHIN, Tribunal Pleno, j. 12.02.2020, processo eletrônico repercussão geral – mérito *DJe*-071, divulg. 24.03.2020, public. 25.03.2020).

[60]   *RTJ* 151/833.

[61]   As pessoas jurídicas de direito público gozam de imunidade tributária do imposto de renda sobre rendimentos auferidos de aplicações de fundos de investimento (BRASIL. Supremo Tribunal Federal, ADIN 1758-4, Rel. Min. Marco Aurélio, Plenário). Não cabe a cobrança do IOF sobre os investimentos e aplicações dos entes políticos (CF, art. 150, VI, "a"), por estarem eles protegidos pela imunidade tributária recíproca extensiva às autarquias na forma do art. 150, § 2º, da Carta Magna (BRASIL. Supremo Tribunal Federal, RE 245.378-1/SP, Rel. Min. Ilmar Galvão, Primeira Turma, v.u.).

no que se refere ao patrimônio, à renda e aos serviços vinculados a suas finalidades essenciais ou às delas decorrentes (CF, art. 150, § 2º, com a redação dada pela EC 132/2023). Justifica-se a extensão da imunidade tributária às **autarquias** porque são pessoas jurídicas de direito público que exercem função pública própria e típica outorgada pelo Estado. De outro lado, as **fundações instituídas e mantidas pelo poder público** também merecem o agasalho da imunidade tributária, em razão do interesse público de suas atividades. Todavia, as mencionadas entidades só se beneficiarão da imunidade tributária quando seus patrimônio, renda e serviços estiverem vinculados a suas finalidades essenciais ou às delas decorrentes[62]. Por tais motivos, justifica-se a extensão da imunidade à empresa púbica prestadora de serviço postal, nesse caso, em especial por se tratar de serviço cuja manutenção é de competência da União (art. 21, X, CF).

O **STF** firmou entendimento de que a imunidade tributária alcança as **empresas públicas e sociedades de economia mista** prestadoras de serviços públicos essenciais que não se enquadrem no regime concorrencial e preencham os requisitos legais (BRASIL. Supremo Tribunal Federal ARg 1173440-AgRg/SP, Rel. Ministra Carmen Lúcia, j. 06.08.2019, Segunda Turma).

Em outra decisão, a Segunda Turma do STF entendeu que: "2. A cobrança de tarifa, isoladamente considerada, não possui aptidão para descaracterizar a regra imunizante prevista no art. 150, VI, "a", da Constituição da República."[63]

O **parágrafo 3º do art. 150 da CF** prescreve que as vedações correspondentes à imunidade recíproca **não se aplicam** ao patrimônio, à renda e aos serviços relacionados com exploração de atividades econômicas regidas pelas normas aplicáveis a empreendimentos privados ou em que haja contraprestação, ou pagamento de preços ou tarifas pelo usuário, nem exonera o promitente comprador da obrigação de pagar imposto relativamente ao bem imóvel.

No tocante ao **parágrafo 3º do art. 150 da CF**, a imunidade de que goza o ente público quanto ao IPTU, como proprietário de bem imóvel, não subsiste na hipótese de tê-lo prometido vender a terceiro, pondo-se abaixo a Súmula nº 74 do STF: "O imóvel transcrito em nome da autarquia, embora objeto de promessa de venda a particulares, continua imune de impostos locais." Daí a **Súmula 583 do STF**: "Promitente comprador de imóvel residencial transcrito em nome de autarquia é contribuinte do Imposto Predial e Territorial Urbano."

Firme a jurisprudência do **STF** quanto à **Caixa de Assistência aos Advogados** gozar de imunidade tributária recíproca, por ser órgão vinculado à Ordem dos Advogados do Brasil (BRASIL. Supremo Tribunal Federal, RE 405.267, Rel. Min. Edson Fachin, Tribunal Pleno, ARE 1171694 AgRg, Rel. Min. Roberto Barroso, Primeira Turma, j. 24.05.2019, etc.).

No mesmo sentido, confira-se a seguinte decisão do **STF**:

> É pacífico o entendimento de que a imunidade tributária gozada pela Ordem dos Advogados do Brasil é da espécie recíproca (CF, 150, VI, "a"), na medida em que a OAB desempenha atividade própria de Estado. 3. A OAB não é uma entidade da Administração Indireta,

---

[62] É inadmissível a cobrança de IPTU e taxas lançadas sobre imóvel de propriedade de autarquia estadual, destinado a serviço odontológico prestado pela entidade aos seus filiados (STF, *RT* 780/164).

[63] "Agravo regimental no recurso extraordinário. Tributário. Imunidade recíproca. Abrangência. Autarquia. Prestação de serviço público essencial e exclusivo do estado. Fornecimento de água. Atividade remunerada por tarifa. Possibilidade. Agravo improvido. I – A imunidade do art. 150, VI, *a*, da CF alcança as autarquias e empresas públicas que prestem inequívoco serviço público. A cobrança de tarifas, isoladamente considerada, não descaracteriza a regra imunizante. Precedentes. II – Agravo regimental improvido" (BRASIL. Supremo Tribunal Federal, RE 482814 AgR, Rel. Ricardo Lewandowski, Segunda Turma, j. 29.11.2011, acórdão eletrônico, *DJe*-236, divulg. 13.12.2011, public 14.12.2011).

tal como as autarquias, porquanto não se sujeita a controle hierárquico ou ministerial da Administração Pública, nem a qualquer das suas partes está vinculada. ADI 3.026, de relatoria do Ministro Eros Grau, DJ 29.09.2006. 4. Na esteira da jurisprudência do STF, considera-se que a Ordem dos Advogados possui finalidades institucionais e corporativas, além disso ambas devem receber o mesmo tratamento de direito público. 5. As Caixas de Assistências dos Advogados prestam serviço público delegado, possuem status jurídico de ente público e não exploram atividades econômicas em sentido estrito com intuito lucrativo. 6. A Caixa de Assistência dos Advogados de Minas Gerais encontra-se tutelada pela imunidade recíproca prevista no art. 150, VI, "a", do Texto Constitucional, tendo em vista a impossibilidade de se conceder tratamento tributário diferenciado a órgãos da OAB, de acordo com as finalidades que lhe são atribuídas por lei[64].

A quebra dos **sigilos fiscal e bancário** não viola o princípio da capacidade contributiva, conforme entendimento do **STF**, *verbis:*

> 2. O Plenário do Supremo Tribunal Federal, no julgamento do RE nº 601.314/SP, Relator o Ministro Edson Fachin, submetido à sistemática da repercussão geral, considerou que o art. 6º da LC nº 105/01 – o qual permite ao Fisco, conforme sejam preenchidos certos requisitos, requisitar diretamente às instituições financeiras informações sobre movimentações bancárias – não viola a isonomia, a capacidade contributiva nem o direito aos sigilos bancário e fiscal[65].

1.5.7. *Imunidade relativa a entidades religiosas, templos de qualquer culto e suas organizações assistenciais e beneficentes (CF, art. 150, VI, "b")*

A imunidade relativa a entidades religiosas e templos de qualquer culto, inclusive suas organizações assistenciais e beneficentes é **objetiva e autoexecutável**, entendendo-se como "templo" o lugar que se destina à prática de atos religiosos, de um culto, seja este qual for, uma vez que a Constituição assegura plena liberdade para o exercício de culto, de qualquer religião, e, assim, essa imunidade visa à proteção da liberdade religiosa.

Na delimitação da abrangência do termo "templos de qualquer culto" o STF reconheceu que: "A imunidade tributária conferida pelo art. 150, VI, b, é restrita aos templos de qualquer culto religioso, não se aplicando à maçonaria, em cujas lojas não se professa qualquer religião."[66] Por outro lado, tem-se que a expressão "templo" não se restringe ao local de celebração do culto, abrangendo também a residência do ministro religioso.[67]

A imunidade em tela "compreende somente o patrimônio, a renda e os serviços, relacionados com as finalidades essenciais das entidades em questão" (art. 150, § 4º), cabendo tal prova ao contribuinte[68]. Daí serem tributáveis, por exemplo, os imóveis alugados e as rendas

---

64   BRASIL. Supremo Tribunal Federal, RE 405267, Rel. Min. Edson Fachin, j. 06.09.2018, Pleno.

65   BRASIL. Supremo Tribunal Federal, ARE 841344, Rel. Min. Dias Toffoli, Segunda Turma, j. 02.12.2016.

66   BRASIL. Supremo Tribunal Federal, RE 562351, Rel. Ricardo Lewandowski, Primeira Turma, j. 04.09.2012, acórdão eletrônico, *DJe*-245, divulg., 13.12.2012, public. 14.12.2012, RTJ vol-00228-01, p. 00528.

67   BRASIL. Supremo Tribunal Federal, ARE 694453 AgR, Rel. Ricardo Lewandowski, Segunda Turma, j. 25.06.2013, processo eletrônico, *DJe*-156, divulg. 09.08.2013, public. 12.08.2013.

68   BRASIL. Supremo Tribunal Federal, RE 206.169-SP, Rel. Min. Marco Aurélio, Segunda Turma, Informativo do STF n. 108.

pertinentes, salvo se comprovado que as rendas auferidas são aplicadas no desempenho das finalidades essenciais da instituição.

Outrossim, por meio da Emenda Constitucional nº 116/2022, incluiu-se o § 1º ao artigo 156 da Constituição para conferir imunidade aos templos e, ainda que as entidades religiosas figurem como locatárias do bem, fruirão de imunidade específica quanto ao IPTU. [69]

Veja-se que há duas situações distintas: 1) a primeira, quando a entidade religiosa e as referidas na alínea "c" do inciso VI do art. 150 são proprietárias do bem e alugam a terceiros, na qual deve restar comprovado que a renda auferida é revertida à sua finalidade, para fruição da imunidade nos moldes do §4º do art. 150; e 2) a segunda, quando a entidade religiosa é locatária de bem imóvel para localização do templo, situação em que haverá o reconhecimento de imunidade por força do § 1º do art. 156 no tocante ao IPTU.

A imunidade se estende também aos **veículos** de entidade religiosa desde que relacionados com suas finalidades essenciais e até que o Estado comprove a tredestinação dos bens (BRASIL. Supremo Tribunal Federal, RE 1096439/AgR/P, Rel. Min. Ricardo Lewandowski, Segunda Turma, j. 21.08.2019).

1.5.8. *Imunidades dos partidos políticos, empresas sindicais dos trabalhadores e instituições educacionais e assistenciais (CF, art. 150, VI, "c", e § 4º)*

Outra espécie de imunidade tributária prende-se ao patrimônio, renda ou serviços dos partidos políticos, inclusive suas fundações, das entidades sindicais dos trabalhadores, das instituições de educação e de assistência social, sem fins lucrativos, atendidos os requisitos da lei. Tais vedações compreendem somente o patrimônio, a renda e os serviços **relacionados com as finalidades essenciais das referidas entidades (art. 150, § 4º da CF)**, e isso deve ser provado como fato constitutivo por aquele que se diga titular do direito à imunidade[70]. A LC nº 104, de 10.01.2001, alterou a redação da alínea "c" do inciso IV do art. 9º do CTN. Essas imunidades, na lição de **Ricardo Lobo Torres,** visam à **proteção de liberdades, políticas,** no caso dos partidos políticos, e do **mínimo existencial** no que toca às instituições de educação e de assistência social. Todavia, o mesmo autor afirma que as imunidades das **entidades sindicais dos trabalhadores** baseiam-se nos **direitos sociais e econômicos**, que não se confundem com os direitos de liberdade[71]. As imunidades em tela são **subjetivas e não autoexecutáveis**, em razão da parte final do art. 150, VI, "c", condicionar o seu benefício ao atendimento dos requisitos da lei, que somente podem ser fixados mediante **lei complementar** (CF, art. 146, II), porque vai regular imunidade, que é limitação constitucional ao poder de tributar, veiculando, portanto, norma geral de direito tributário[72].

O CTN, que tem natureza de lei complementar pela matéria, estabelece, em seu **art. 14, os requisitos exigidos pelo dispositivo constitucional pré-citado,** a saber: a) não distribuírem qualquer parcela de seu patrimônio ou de suas rendas, a qualquer título (redação de acordo com a LC nº 104, de 10.01.2001), uma vez que não têm finalidade lucrativa, nem exercem qualquer tipo de atividade comercial; b) aplicarem integralmente, no país, os seus recursos na manutenção dos seus objetivos institucionais, pelo que, se enviarem recursos

---

[69] "Art.156, § 1º-A O imposto previsto no inciso I do caput deste artigo não incide sobre templos de qualquer culto, ainda que as entidades abrangidas pela imunidade de que trata a alínea 'b' do inciso VI do *caput* do art. 150 desta Constituição sejam apenas locatárias do bem imóvel."

[70] BRASIL. Supremo Tribunal Federal, AgRg RE 206.169-7, Rel. Min. Marco Aurélio, Segunda Turma , v.u.

[71] *Op. cit.*, p. 63.

[72] *RTJ* 102/304.

Capítulo V · LIMITAÇÕES CONSTITUCIONAIS DO PODER DE TRIBUTAR | **159**

para o exterior, perderão o direito à imunidade tributária, por ter desaparecido o interesse nacional que justifica o benefício; c) manterem escrituração de suas receitas e despesas em livros revestidos de formalidades capazes de assegurar a sua exatidão, objetivando assegurar às autoridades condições para verificarem se estão sendo atendidos os demais requisitos para se evitar qualquer burla por parte das referidas entidades[73]. A nova redação dada pela LC nº 104 ao inciso I do art. 14 do CTN visou a tornar mais rígida a distribuição de qualquer parcela de patrimônio ou rendas por entidade beneficente. Isso porque na redação anterior a vedação restringia-se à distribuição de qualquer parcela de patrimônio ou rendas, a título de lucro ou participação no seu resultado. A **nova redação conferiu um sentido mais amplo à mencionada vedação,** por se referir à não distribuição de qualquer parcela de seu patrimônio ou de suas rendas, **a qualquer título.** Assim, resta vedada também a **distribuição feita de forma indireta aos dirigentes de entidades aparentemente beneficentes**, quando, por exemplo, percebem remuneração bastante superior ao valor que seria razoável, mas a norma sob exame não veda a remuneração de dirigentes de entidades beneficentes, quando a mesma se revela justa e razoável.

Eventual renda obtida por instituição de assistência social mediante cobrança de estacionamento de veículos em área interna da entidade, comprovadamente destinada ao custeio desta, está abrangida pela imunidade tributária, descabendo o ISS (**STF**)[74]. Assim, deve-se, na

---

[73] Ricardo Lobo Torres, *op. cit.*, p. 63, revela que o STF alargou o âmbito da imunidade no caso das instituições de assistência social, decidindo que o direito ao agasalho constitucional prescinde da gratuidade do serviço e do estado de pobreza dos beneficiados, com o que a imunidade deixou de ter assento no mínimo existencial para alcançar a defesa dos direitos sociais e econômicos (*RTJ* 57/254). Ademais, revela ainda o mesmo autor que o STF "ainda estendeu a imunidade às entidades e fundações mantidas por empresas (*RTJ* 87/684) e às entidades de previdência privada (*RTJ* 124/853) que atuam exclusivamente em favor de seus associados". Assim, segundo o referido jurista, a imunidade deixou de proteger somente os pobres, que é o seu objetivo, e passou a acobertar também os ricos. *O STF, no entanto, após a CF de 1988, firmou entendimento que as entidades de previdência privada não gozam mais de imunidade* porque: a) as entidades de assistência social não se confundem com as as entidades fechadas de previdência privada, uma vez que possuem o caráter de generalidade e universalidade, enquanto as entidades fechadas de previdência privada conferem benefícios apenas aos seus filiados mediante o recolhimento de contribuições, e por isso a relação jurídica entre a entidade e os seus participantes tem caráter meramente contratual, tanto que aqueles que não recolhem a contribuição à entidade são sumariamente eliminados de seus quadros de beneficiários; b) assim, não basta para o gozo da imunidade tributária o simples preenchimento dos requisitos do art. 14 do CTN, porque a entidade deve corresponder à instituição de assistência social, conforme o art. 150, VI, "c", da CF (BRASIL. Supremo Tribunal Federal, RE 202.700-DF, Plenário, Informativos do STF ns. 139, 221 e 249). "A imunidade tributária conferida a instituições de assistência social sem fins lucrativos pelo art. 150, VI, "c", da Constituição, somente alcança as entidades fechadas de previdência social privada se não houver contribuição dos beneficiários" (BRASIL. Supremo Tribunal Federal, Súmula 730). Por outro lado, em decisão posterior, a Primeira Turma, do STF, Rel. Min. Marco Aurélio, reconheceu imunidade tributária a entidade de previdência privada mantida com contribuição exclusivamente do empregador, sendo, portanto, hipótese distinta em relação à orientação firmada pelo Plenário no RE 202.700-DF (*Informativo 252*).

[74] BRASIL. Supremo Tribunal Federal, RE 144.900-4/SP, Rel. Min. Ilmar Galvão, Primeira Turma., v.u., CTN, art. 14. "O fato de os imóveis estarem sendo utilizados como escritório e residência de membros da entidade não afasta a imunidade prevista no art. 150, inciso VI, alínea "c", § 4º, da Constituição Federal (BRASIL. Supremo Tribunal Federal, RE 221.395-8/SP, Rel. Min. Marco Aurélio, Segunda Turma, v.u.). Da mesma forma, "não importa se os imóveis de propriedade da instituição de assistência social são de uso direto ou se são locados" (BRASIL. Supremo Tribunal Federal, RE 257.700-6/MG, Rel. Min. Ilmar Galvão, Primeira Turma, v.u.). O STF decidiu, por maioria, que a imunidade das entidades de assistência social prevista no art. 150, VI, "c", da CF, abrange o IPTU incidente sobre imóvel alugado a terceiro, para ser explorado como estacionamento de automóveis, cuja renda é destinada às suas finalidades essenciais. Vencido o Min. Carlos Velloso, por entender que o patrimônio de entidade beneficente alugado a

interpretação do § 4º do art. 150 da CF, levar-se em conta a destinação das rendas das entidades sociais e não a sua natureza, e muito menos que apenas estariam imunes as rendas produzidas pelo seu objeto social, pois isto implicaria em restringir-se a aplicação da norma imunizante.

Sobre a imunidade às instituições de assistência social sem fins lucrativos, o STF sumulou o seguinte entendimento: "A **imunidade tributária** conferida a instituições de assistência social sem fins lucrativos pelo art. 150, VI, 'c', da Constituição, somente alcança as entidades fechadas de previdência social privada se não houver contribuição dos beneficiários" (Súmula nº 730 do STF).

No julgamento do RE nº 630.790, o STF fixou a tese jurídica segundo a qual: "As entidades religiosas podem se caracterizar como instituições de assistência social a fim de se beneficiarem da imunidade tributária prevista no art. 150, VI, 'c', da Constituição, que abrangerá não só os impostos sobre o seu patrimônio, renda e serviços, mas também os impostos sobre a importação de bens a serem utilizados na consecução de seus objetivos estatutários." [75]

1.5.9. Imunidade de livros, periódicos e papel destinado à sua impressão (CF, art. 150, VI, "d")

A última modalidade de imunidade tributária prevista no art. 150, VI, da CF, é relativa a livros, jornais, periódicos e papel destinado a sua impressão, vedando, portanto, a incidência de impostos (*v.g.*, II, ICMS, ISS e IPI) sobre esses bens. Trata-se de **imunidade objetiva e incondicional**. Nesse caso, o legislador visa a assegurar a **liberdade de comunicação e de pensamento,** objetivando proteger a educação e a cultura, bem como impedindo que através do imposto se possam exercer pressões de cunho político. O STF tem interpretado com larguenza o dispositivo constitucional em tela porque: a) estendeu a imunidade no que toca ao ISS incidente sobre as **fases intermediárias do livro**, considerando seu objeto não apenas o produto acabado mas o conjunto de serviços que o realiza, desde a redação até a revisão da obra[76]; b) decidiu que a imunidade é abrangente de **qualquer papel suscetível de ser assimilado ao papel utilizado no processo de impressão**[77]; c) alcança **papel fotográfico, papel telefoto, filmes fotográficos, sensibilizados, não impressionados, para imagens monocromáticas e papel fotográfico para fotocomposição por** *laser*, mas não abrangendo as máquinas e aparelhos importados por empresa jornalística[78]; d) reconheceu imunidade tributária às **listas telefônicas** por serem periódicos e prestarem serviços de utilidade pública, não obstante veicularem publicidade[79]; e) a imunidade alcança as **apostilas**, por ser "veículo de transmissão de cultura simplificado"[80]; f) não se admite a tributação sobre a

---

terceiro não está relacionado com as suas finalidades essenciais, sendo imune apenas a renda auferida do contrato de locação, nos termos do § 4º do art. 150 da CF (BRASIL. Supremo Tribunal Federal, RE 237.718-SP, Rel. Min. Sepúlveda Pertence, Pleno). Vide também *RTJ* 111/695.

[75] BRASIL. Supremo Tribunal Federal, RE 630790, Rel. Roberto Barroso, Tribunal Pleno, j. 21.03.2022, processo eletrônico repercussão geral – mérito, *DJe*-059, divulg. 28.03.2022, public. 29.03.2022.

[76] *RTJ* 116/267.

[77] BRASIL. Supremo Tribunal Federal, RE 193.883-8, Rel. Min. Ilmar Galvão, Primeira Turma, v.u.

[78] BRASIL. Supremo Tribunal Federal, RE 165.096-6, rel. Min. Maurício Correa, Segunda Turma, v.u. etc. O STF firmou entendimento no sentido de que a imunidade prevista no art. 150, VI, "d", da CF, embora não se limite ao papel destinado à impressão de livros, jornais e periódicos, não alcança as tiras plásticas para amarração de jornais (BRASIL. Supremo Tribunal Federal, AgRg em RE 205.591-3/SP, Rel. Min. Sepúlveda Pertence, Primeira Turma, v.u.).

[79] BRASIL. Supremo Tribunal Federal, RTJ 126/216, 134/888, 131/1377, RE 114.790-3/MG, Rel. Min. Sepúlveda Pertence, Primeira Turma, v.u., ARE 778643 AgRg/ES, Rel. Ministra Rosa Weber, j. 10.06.2014.

[80] RE 183.403/SP, rel. Min. Marco Aurélio, 2ª T., v.u.

"**importação de encartes e capas para livros didáticos a serem distribuídos em fascículos semanais aos leitores do jornal**, os quais, por disposição constitucional, estão excluídos do alcance do poder de tributar da autoridade estatal, em todas as fases de sua elaboração"[81]; g) os **álbuns de figurinhas** gozam de imunidade tributária porque o "Constituinte não fez ressalvas quanto ao valor artístico ou didático, à relevância das informações divulgadas ou à qualidade cultural de uma publicação[82]; h) "a imunidade tributária constante do art. 150, VI, "d", da CF/1988 aplica-se aos **livros eletrônicos (e-books)**, inclusive aos suportes exclusivamente utilizados para fixá-lo" (RE 330.817 (Tema 593 da sistemática da repercussão geral)); i) Tendo natureza objetiva a imunidade constante da alínea "d" do inciso VI do art. 150, a mesma "não se estende às **editoras, autores, empresas jornalísticas, ou de publicidade**, que permanecem sujeitas à tributação pelas receitas e pelos lucros auferidos. Consequentemente, não há falar em imunidade ao tributo sob enfoque, que incide sobre atos subjetivados (movimentação ou transmissão de valores e de créditos e direitos de natureza financeira)" (STF, RE 211,700-5/PR, Rel. Min. Moreira Alves, Primeira Turma, v.u.); j) o STF firmou também entendimento de que sendo a **contribuição para o Finsocial** modalidade de tributo (contribuição para a seguridade social) que não se enquadra na categoria de imposto, não está abrangida pela imunidade prevista no art. 150, VI, "d", da CF (RE 92.360/PR, Rel. Min. Dias Toffoli, j. 15.03.2016) ; **k) O STF sumulou entendimento extensivo da imunidade aos e-book e e-readers, conforme a Súmula Vinculante 57: "A imunidade tributária constante do art. 150, VI, "d", da CF/1988 aplica-se à importação e comercialização, no mercado interno, do livro eletrônico (e-book) e dos suportes exclusivamente utilizados para fixá-los, como leitores de livros eletrônicos (e-readers), ainda que possuam funcionalidades acessórias."**

O **art. 146, III, c, da CF**, reza que cabe à lei complementar dar adequado tratamento tributário ao **ato cooperativo praticado pelas sociedades cooperativas,** inclusive em relação aos tributos previstos nos arts. 156-A e 195, V. Segundo o **STF**, essa norma **não concede imunidade tributária às cooperativas**, razão por que, enquanto não for promulgada lei complementar a que alude o dispositivo, não se pode pretender, com base na legislação local, não possa o Estado-membro, que tem competência concorrente, em se tratando de direito tributário (CF, art. 24, I, § 3º), dar às cooperativas tratamento que julgar adequado, até porque tratamento adequado não significa necessariamente tratamento privilegiado[83].

1.6. *Princípios da personalização do imposto e da capacidade contributiva (CF, art. 145, § 1º)*

O parágrafo 1º do art. 145 contém **dois princípios:** o da personalização do imposto, em sua parte inicial, e o da capacidade contributiva em sua segunda parte. Tais princípios constaram da Constituição de 1946 em seu art. 202, tendo sido omitidos na Carta de 1967 e na EC nº 1/1969.

Preliminarmente, é de se **criticar a redação** dada pelo legislador constituinte ao parágrafo 1º do art. 145, porque, ao iniciá-lo com a expressão "sempre que possível", pode levar ao entendimento equivocado de que a oração diga respeito aos dois princípios. Entretanto, tal não

---

[81] BRASIL. Supremo Tribunal Federal, AgRg RE 225.955-RS, Rel. Min. Maurício Corrêa, Segunda Turma, v.u., Ementário n. 1940-05.

[82] BRASIL. Supremo Tribunal Federal, RE 221.239-6, Segunda Turma, v.u., Rel. Min. Ellen Gracie.

[83] BRASIL. Supremo Tribunal Federal, RE 141.800-1, Rel. Min. Moreira Alves, Primeira Turma, v.u.

ocorre porque a mencionada oração relaciona-se somente com o **princípio da personalização de impostos**, em razão de existirem alguns com natureza real, por exemplo, IPI e ICMS. Daí entendermos que a oração "sempre que possível" **não se aplica ao princípio da capacidade contributiva**, pois este deve ser sempre observado na instituição de qualquer tributo, não importando sua espécie[84]. O não atendimento do mencionado princípio pode implicar na criação de tributo com efeito confiscatório, vedada pelo art. 150, IV, ou sacrificar o mínimo necessário à subsistência com dignidade do contribuinte. Parece-nos, assim, que mais feliz era a redação do art. 202 da Constituição de 1946, *verbis*: "Os tributos terão caráter pessoal sempre que possível e serão graduados conforme a capacidade econômica do contribuinte".

O **Ministro Dias Toffoli** sublinha: "5. Atrelado ao valor da isonomia, o princípio da capacidade contributiva busca, exatamente, justificar a adoção de critérios de diferenciação de incidência, conforme exija a multiplicidade de situações sociais, sempre visando a uma tributação mais justa e equânime" (BRASIL. Supremo Tribunal Federal, ADI 2898, Pleno, j. 10.10.2018). O STF fixou a súmula 667 segundo a qual: "Viola a garantia constitucional de acesso à jurisdição a **taxa** judiciária calculada sem limite sobre o valor da causa."

1.6.1. Princípio da personalização do imposto

O imposto é **tributo não vinculado** porque sua hipótese de incidência independe de qualquer atividade estatal específica relativa ao contribuinte (CTN, art. 16). Assim, o legislador, na instituição de impostos, pode ater-se exclusivamente à matéria tributável, não levando em consideração elementos pessoais próprios do contribuinte. Nesse caso, o imposto terá natureza **real ou objetiva,** como ocorre, por exemplo, com ICMS, IPTU, IPI, IBS, ITR, II, IE, ITCMD e ITBI. Todavia, existem outros impostos que são instituídos em função da pessoa do contribuinte, isto é, que levam em conta elementos e circunstâncias, pessoais, próprios, peculiares e subjetivos do contribuinte, e que são denominados **impostos pessoais ou subjetivos**, por exemplo, o imposto sobre a renda.

Não há dúvida de que os impostos pessoais **são mais justos que os reais** porque permitem que se observe em grau superlativo o princípio da capacidade contributiva. Desse modo, no caso, por exemplo, do imposto sobre a renda, vamos imaginar dois contribuintes – *A* e *B* – com uma mesma renda anual. *A* é solteiro e *B*, casado, pelo que, em razão desse elemento pessoal de *B*, este pagará menos imposto que o outro contribuinte. Assim, os impostos

---

[84]   BRASIL. 231573 AgR/MG, relator Min. Dias Toffoli, j. 02.09.2016, Segunda Turma. O próprio STF tem entendido que a taxa judiciária, por exemplo, como toda taxa com caráter de contraprestação, tem um limite que é o custo da atividade estatal dirigido a determinado contribuinte. Entretanto, tal limite é relativo, porque a taxa não pode ultrapassar uma equivalência razoável entre o custo real dos serviços e o montante a que pode ser o contribuinte compelido a pagar (RP-1077/RJ, *RTJ* 101/499). Se assim não se entender, desaparecerá o traço que separa o tributo confiscatório do não-confiscatório. O STF, em outra decisão, admitiu que o princípio da capacidade tributária pode ser aplicado à taxa, principalmente quando se tem como fato gerador o poder de polícia (BRASIL. Supremo Tribunal Federal, RREE 177.835-PE, 179.177-PE, 182.737-PE, 205.533-DF e 203.981-DF, Rel. Min. Carlos Velloso, Pleno, p.m.). Hugo de Brito Machado (*op. cit.*, 11. ed., p. 29) também entende que o princípio da capacidade contributiva deva ser sempre observado. Ricardo Lobo Torres (*op. cit.*, 3. ed., p. 87) admite que as taxas e contribuições de melhoria sofrem a influência do princípio da capacidade contributiva, "pelo menos no que concerne às isenções e à entrega de serviços e obras públicas às populações carentes". Roque Antônio Carraza (*op. cit.*, p. 65) doutrina que o tópico "sempre que possível" constante da parte inicial do art. 145, § 1º, da CF, corresponde à norma, que assim deve ser interpretada: "se for da índole constitucional do imposto, ele deverá obrigatoriamente ter caráter pessoal e ser graduado de acordo com a capacidade econômica do contribuinte", não se tratando, portanto, de mera recomendação ao legislador ordinário. "A expressão 'sempre que possível' refere-se ao caráter pessoal do imposto, do que depende a possibilidade de graduação, que não se admite nos impostos ditos reais" (Leandro Paulsen, *op. cit.*, p. 60).

Capítulo V · LIMITAÇÕES CONSTITUCIONAIS DO PODER DE TRIBUTAR | 163

reais são injustos na medida em que todos sofrem o mesmo peso do tributo, embora alguns contribuintes possam ter capacidade contributiva menor que outros. Podemos ilustrar com o ICMS incidente na venda de um aparelho de televisão, em que o imposto será igual para um contribuinte que tenha uma renda mensal de R$ 1.000,00 e outro que tenha R$ 5.000,00. Daí o parágrafo 1º do art. 145 da CF recomendar ao legislador que, sempre que possível, os impostos tenham caráter pessoal. O STF julgou inconstitucional lei que estabelecia a progressividade do ITBI, em razão de sua natureza real e pela ausência de autorização pela Constituição[85], e editou a súmula 656 segundo a qual: "É inconstitucional a lei que estabelece alíquotas progressivas para o imposto de transmissão inter vivos de bens imóveis – **ITBI** com base no valor venal do imóvel".

1.6.2. Princípio da capacidade contributiva

O **art. 145, § 1º, da CF**, reza que os impostos serão graduados segundo a capacidade "econômica" do contribuinte. Preferimos, no entanto, a expressão **capacidade contributiva**, porque significa a capacidade econômica do contribuinte relacionada com a imposição específica ou global, sendo, portanto, dimensão econômica particular de sua vinculação ao poder tributante, sendo corolário do princípio da isonomia. Trata-se de princípio dirigido ao legislador, mas isso não significa que não possa ser apreciado pelo Poder Judiciário, pois este não pode deixar de levar em conta que o direito tributário se interessa pelo resultado econômico do ato tributado. Assim, se o legislador não atender ao princípio da capacidade contributiva, cabe ao aplicador da lei observá-lo, sob pena de aceitar passivamente verdadeiro ato de abuso fiscal[86].

O princípio da capacidade contributiva contém um elemento objetivo e um elemento subjetivo. O **elemento objetivo** significa que o Estado deve tributar de acordo com a exteriorização de riquezas manifestada através da prática do ato, não se devendo, no entanto, esquecer de verificar se tal exteriorização revela uma manifestação real de capacidade contributiva que possa suportar a incidência do ônus fiscal. O **elemento subjetivo** do princípio está presente na relação da riqueza com a pessoa do contribuinte, para se saber a medida exata do tributo a ser fixada pela lei fiscal. Isso para que não seja demasiado o sacrifício do contribuinte, afetando até o mínimo necessário que todo ser humano deve possuir para a subsistência de sua família. Daí a progressividade da incidência do imposto sobre a renda (CF, art. 153, § 2º, I), além da sua personalização, que levam em conta as características pessoais e próprias do contribuinte. **Sacha Calmon** entende que o constituinte adotou no art. 145, § 1º, da CF a **capacidade subjetiva**, ou seja, a capacidade real do contribuinte[87].

---

[85] BRASIL. Supremo Tribunal Federal, RE 234.105/SP, Rel. Min. Carlos Velloso, 08.04.1999, v.u.

[86] No mesmo sentido, Roque Antônio Carraza (*op. cit.*, p. 64-65) e Hugo de Brito Machado (*op. cit.*, 11. ed., p. 30). Alberto Nogueira averba que "o controle das atividades legislativas compete ao juiz e é abrangente, sendo exercido com base na Constituição", que no "campo fiscal, esse controle faz-se com a aplicação direta das normas e princípios que asseguram os direitos fundamentais do contribuinte", e que o "devido processo legal tributário é o instrumento adequado para o desempenho desse controle" (NOGUEIRA, Alberto. *O devido processo legal tributário*. Rio de Janeiro: Renovar, 1995, p. 167-168). Ricardo Lobo Torres (*op. cit.*, 3. ed., p. 86) entende, no entanto, que a capacidade contributiva "não autoriza o juiz a buscar, no caso concreto, de forma positiva ou negativa, o justo fiscal, nem a controlar *in abstracto* a atividade discricionária do legislador, reputando-a injusta. Salvo naqueles casos em que a lei tenha ofendido os direitos individuais, desbordado as possibilidades técnicas dos impostos e exacerbado a extrafiscalidade".

[87] *Op. cit.*, p. 90 e 102. Recomendamos sobre o assunto a leitura da monografia: OLIVEIRA, José Marcos Domingues de. *Capacidade contributiva:* conceito e eficácia do princípio. Rio de Janeiro: Renovar, 1988.

Por outro lado, baseando-se no princípio da capacidade contributiva, pode-se admitir a **tributação de atividades ilícitas**, pois se a lei não as tributasse, seria inconstitucional por violar o mencionado princípio, ao exonerar o contribuinte que desempenhasse tais atividades.

Com a Emenda Constitucional nº 132/2023, percebe-se um direcionamento da estrutura tributária a atenuar a regressividade do sistema e incentivar previsões de progressividade, por exemplo a determinação de progressividade ao ITCMD (art. 155 § 1º, VI). O STF tem se posicionado que independentemente do caráter real ou pessoal do tributo, todos devem observar a capacidade contributiva.[88]

1.7. *Princípio da igualdade tributária (CF, art. 150, II)*

O princípio da igualdade tributária vem expresso pela primeira vez na nossa Constituição em seu **art. 150, II**, pois até então era considerado princípio implícito em matéria tributária, decorrente do princípio genérico da igualdade de todos perante a lei.

1.7.1. *Princípio genérico da igualdade*

O princípio da igualdade de todos perante a lei origina-se do art. 1º da "**Declaração dos Direitos do Homem e do Cidadão**", proclamada na França, em 1789, para pôr fim às desigualdades e aos privilégios de natureza odiosa de que desfrutavam determinadas classes em todos os setores da vida social, como o clero e a nobreza, a existência de tais privilégios resultava do fato do poder de tributar ser uma das manifestações do exercício do poder. Assim, a classe que detém tal poder normalmente faz incidir a carga tributária sobre outras classes que não a sua, como ocorreu com o clero, a nobreza e com a própria burguesia, que, alçada ao poder, preferiu recair o tributo sobre o proletariado. Tal constatação não desapareceu nem após a Revolução Francesa, uma vez que a carga tributária foi deslocada dos ombros dos operários para as classes mais abastadas. O princípio da igualdade consta também da "**Declaração Universal dos Direitos do Homem**", feita pela ONU, em 10.12.1948, e foi incluído em quase todas as Constituições posteriores, sendo tradicional e essencial no Estado de Direito nos dias de hoje. Registre-se ainda que a **Declaração de Independência Americana** proclamou o princípio da igualdade ao enunciar que *all men are created equal*. Entretanto, o mesmo princípio não foi inserido na Constituição dos Estados Unidos pela Declaração de Filadélfia simplesmente porque traduzia uma verdade tão evidente por si mesma, que dispensava a sua introdução no texto constitucional como uma das garantias individuais, por inerente ao regime instituído[89]. Posteriormente, a **Emenda XIV, Seção 1,** estabeleceu a garantia de que nenhum Estado negará a qualquer pessoa, dentro de sua jurisdição, a *equal protection of the laws*. A jurisprudência da Suprema Corte tem entendido, de forma reiterada, que, apesar da

---

[88] "Agravo regimental no recurso extraordinário. Tributário. ITR. Progressividade de alíquotas em período anterior à EC 42/2003. Lei 8.847/1994. Inexistência de contrariedade à redação original do 153, § 4º, da CF. Art. 145, § 1º, da CF. Necessidade de todos os impostos guardarem relação com a capacidade contributiva do sujeito passivo, independentemente de possuirem caráter real ou pessoal. Impostos diretos. Utilização de alíquotas progressivas. Constitucionalidade. Agravo regimental a que se nega provimento. I – Nos termos do art. 145, § 1º, da CF, todos os impostos, independentemente de seu caráter real ou pessoal, devem guardar relação com a capacidade contributiva do sujeito passivo e, tratando-se de impostos diretos, será legítima a adoção de alíquotas progressivas.. II – Constitucionalidade da previsão de sistema progressivo de alíquotas para o imposto sobre a propriedade territorial rural mesmo antes da EC nº 42/2003. III – Agravo regimental a que se nega provimento" (BRASIL. Supremo Tribunal Federal, RE 720945 AgR, Rel. Ricardo Lewandowski, Segunda Turma, j. 09.09.2014, acórdão eletrônico, *DJe*-181, divulg. 17.09.2014, public. 18.09.2014).

[89] Cf. FREUND, Ernst. *Police power*. Chicago: Callaghan & Company, 1904, p. 629.

Emenda XIV se referir somente aos Estados, a garantia se estende também à União por força da cláusula *due process of law* prevista na 5ª Emenda[90]. No Brasil, o princípio genérico da igualdade sempre constou de todas as Constituições, estando previsto no ***caput* do art. 5º da CF de 1988**.

A regra da igualdade de todos é **perante a lei** e não uma mera igualdade de leis, dirigindo-se não só aos legisladores, como princípio programático, como também aos juízes e às autoridades administrativas. Assim, o princípio da igualdade preside a ação legislativa, executiva, judiciária e do próprio particular no moderno Estado de Direito.

A regra da igualdade tem **caráter relativo e não absoluto**, consoante magistral lição de **Ruy Barbosa**[91], ao afirmar que a igualdade "não consiste senão em quinhoar desigualmente os desiguais, na medida em que se desigualam", porque "tratar com desigualdade a iguais, ou a desiguais com igualdade, seria desigualdade flagrante, e não igualdade real".

Os **doutrinadores discrepam** quanto ao **real alcance do preceito da igualdade**, uma vez que, enquanto uns lhe dão plena elasticidade para atingir todas e quaisquer situações jurídicas, outros distinguem entre a igualdade de pessoas (igualdade subjetiva) e a igualdade de coisas ou situações (igualdade objetiva), para só considerar mandatório o dispositivo no que diz respeito à igualdade subjetiva, e programático no que concerne à igualdade objetiva. Entretanto, seja como regra programática, seja como norma imperativa, **situações iguais sejam tratadas igualmente**, com igualdade.

1.7.2. *Princípio da igualdade tributária*

A **igualdade tributária** foi preconizada por **Adam Smith** sob a denominação de princípio da **justiça tributária**, pelo qual os súditos deviam contribuir para o Estado na proporção de suas capacidades, isto é, na medida em que auferissem rendas sob a proteção estatal. Tal princípio foi considerado por **Gaston Jèze**[92] como uma "ideia-força", que na vida dos povos tem exercido e continua a exercer uma influência considerável, tanto que se fazem revoluções políticas para o triunfo dessas ideias.

Inicialmente, no **século XVIII**, procurou-se estabelecer o princípio da igualdade tributária através de uma **mera igualdade matemática**, consistente em uma proporção rigorosamente estabelecida entre a contribuição de cada um e o valor de sua renda. Assim, se a renda fosse, por exemplo, de R$ 100.000,00, devia proporcionar R$ 10.000,00 de imposto, enquanto uma outra renda de R$ 1.000.000,00 devia proporcionar R$ 100.000,00 de imposto, pelo estabelecimento de uma alíquota proporcional, fixa, e que não devia variar pela mutação do valor tributável. Entretanto, tal proporcionalidade revelava-se falsa porque não levava em conta a situação pessoal, social e familiar de cada contribuinte mas o valor de sua renda. Daí o surgimento da **personalização do imposto**, que permitiu a evolução da irreal igualdade matemática para uma verdadeira **igualdade pessoal**. Existem **várias técnicas de personalização do imposto**, a saber: a) discriminação que leva em conta as condições sociais, pessoais e familiares do contribuinte; b) isenção de um mínimo de renda porque uma parcela de renda é destinada à satisfação de necessidades básicas, elementares, indispensáveis à própria existência, como vestuário, alimentação, habitação; c) a progressividade do imposto.

---

[90] Consulte-se sobre a matéria: NOGUEIRA, Alberto. O devido processo legal tributário. Rio de Janeiro: Renovar, 1995, especialmente na parte relativa ao papel desempenhado pela Suprema Corte norte-americana no enriquecimento e revitalização do princípio do devido processo legal no campo da tributação (p. 29-33).

[91] BARBOSA, Ruy. Oração aos moços. *Ruy Barbosa: escritos e discursos seletivos*. s.l.: José Aguillar, 1960, p. 685.

[92] JÈZE, Gaston. *Cours de finances publiques*. Paris: Lib. Gen. Droit & Jurisprudencia, 1937, p. 35.

Substituiu-se, então, o imposto proporcional pelo progressivo, em que a incidência aumenta na medida em que cresce a quantidade da matéria imponível detida pelo contribuinte, sendo tal sistema consequência da teoria econômica da utilidade marginal. Assim, se uma pessoa ganha R$ 24.000,00 de renda por ano, esta soma vai ser destinada à compra de bens de primeira necessidade; se ganha R$ 50.000,00, os R$ 26.000,00 excedentes serão destinados às despesas de necessidade secundária, como alimentação mais cuidadosa, roupas melhores etc.; se ganha R$ 100.000,00, o excedente vai se destinar às despesas úteis, mas não necessárias, como teatro, livros etc.; se ganha R$ 500.000,00, o excedente se destinará às despesas supérfluas, como presentes, viagens etc. Dessa forma, cada fração suplementar das rendas auferidas por um cidadão representa para ele uma utilidade menor que a fração precedente. Em conseqüência, a capacidade contributiva do indivíduo aumenta mais que proporcionalmente, tendo em vista que a utilidade dos bens que ele proporciona decresce na medida em que aumenta o seu quantitativo. Assim, através da progressividade do imposto alcança-se a meta tão desejada pelos financistas, correspondente à igualdade de todos os cidadãos diante da carga tributária, de modo que haja um sacrifício igual para todos na medida de sua capacidade econômica. Todavia, o imposto progressivo **não pode importar em uma excessiva onerosidade**, pena de se entender o imposto como confiscatório. Por isso, deve ter um **limite máximo e razoável** pelos efeitos sobre a poupança, os investimentos, o trabalho e sobre as iniciativas empresariais em geral.

O princípio da igualdade tributária comporta **duas vertentes**: a generalidade e a uniformidade dos tributos. Pela **generalidade** entende-se que todos devem pagar tributo sem haver desigualdades fiscais. A **uniformidade** significa que os tributos devem ser repartidos entre os cidadãos com critérios idênticos. A igualdade tributária decorre da natureza jurídica da relação entre o Fisco e o contribuinte, constituindo-se em um reforço ao princípio da legalidade tributária, porque ao enunciar que todos são iguais perante a lei fiscal, está se reiterando o princípio pelo qual o tributo só pode ser instituído por lei formal.

O **art. 150, II, da CF de 1988** consagra o princípio da igualdade tributária ao vedar à União, aos Estados, ao Distrito Federal e aos Municípios "instituir tratamento desigual entre contribuintes que se encontram em situação equivalente, proibida qualquer distinção em razão de ocupação profissional ou função por eles exercida, independentemente da denominação jurídica dos rendimentos, títulos ou direitos". Assim, de acordo com o referido princípio, as situações fiscais análogas devem ser tributadas igualmente, sem discriminação ou privilégios odiosos. Os contribuintes de uma mesma categoria, ou que apresentam as mesmas condições, devem ser tributados de modo igual.

Victor Uckmar demonstra que a igualdade tributária pode ser entendida em dois sentidos: a) **jurídico**, como paridade de posição, com exclusão de qualquer privilégio de classe, religião e raça, de modo que os contribuintes que se encontrem em idênticas situações sejam submetidos a idêntico regime fiscal; b) **econômico**, como dever de contribuir com encargos em igual medida, entendida em termos de sacrifício, em relação à capacidade contributiva dos indivíduos. Assim, em sentido jurídico a igualdade tem o significado de generalidade, e no aspecto econômico, de uniformidade de posição[93].

R. Valdes Costa esclarece que a doutrina tem tratado de forma distinta o princípio da igualdade tributária, distinguindo a igualdade **na** lei, **pela** lei e **perante** a lei. Assim, dentro do primeiro grupo, devem ser colocados os autores que entendem que todos os cidadãos devem

---

[93] UCKMAR, Victor. *Princípios comuns de direito constitucional tributário*. Rio de Janeiro: Revista dos Tribunais, 1976, p. 54.

Capítulo V · LIMITAÇÕES CONSTITUCIONAIS DO PODER DE TRIBUTAR | **167**

receber o mesmo tratamento **na** lei. Logo, não devem existir discriminações beneficiando ou prejudicando determinados indivíduos ou grupo de indivíduos, baseando-se este entendimento na distinção entre igualdade jurídica e econômica. Outros autores defendem a tese de que o tributo pode e deve ser usado como um instrumento para obter a igualdade entre os cidadãos, pelo que a finalidade do princípio está em obter a justiça social **pela** lei através da redistribuição da riqueza. Finalmente, existem os que preferem conceituar o princípio no sentido de que a lei deve ser aplicada igualmente a todos os cidadãos. Concluindo, o referido autor afirma que a regra da igualdade perante as cargas públicas deve coordenar-se com outros princípios vinculados à justiça social, ao bem-estar coletivo e ao desenvolvimento econômico[94].

A **generalidade da imposição tributária** expressa o princípio da **igualdade em sentido jurídico**, isto é, consiste no direito de o Estado exigir de todos os membros da comunidade, nacionais ou estrangeiros, desde que estejam econômica ou socialmente a ele subordinados, contribuições à sua manutenção e consecução de seus fins, pelo que ninguém pode recusar a condição de contribuinte *in abstracto*. Entretanto, isso não significa que todos devem pagar tributos de maneira ampla, uma vez que a obrigação de contribuir para os cofres do Estado diz respeito somente àqueles que têm capacidade econômica para fazê-lo. Essa é a razão pela qual a lei estabelece isenções tributárias, especialmente para que o tributo não alcance aquele mínimo de renda necessária à sobrevivência do ser humano. O princípio da generalidade do imposto visa a permitir que a carga tributária, diluindo-se pelo maior número possível dos que estão submetidos ao poder do Estado, seja mais suave, e, portanto, o imposto seja mais justo. Por outro lado, o tributo deve ser aplicado indistintamente a todas as categorias de pessoas e bens previstos em lei e não somente a uma parcela desta categoria, de modo que todos os que se encontrem dentro de uma mesma situação devem ser tributados da mesma maneira porque revelam a mesma manifestação de riqueza. Ademais, o fato de o imposto levar em conta a capacidade econômica do contribuinte não fere o princípio da igualdade tributária, porque o respeito à capacidade contributiva de cada um nada mais é que um tratamento genérico dado pela lei a todos os que se encontram dentro de uma mesma situação. Assim, a generalidade significa tratamento igual para indivíduos iguais e não para todos os indivíduos indistintamente.

1.8. *Constituição proíbe privilégios odiosos, não discriminações razoáveis*

O princípio da igualdade tributária **não impede** que o Estado discrimine para fins de tributação, desde que tal discriminação seja razoável, e como tal: "será a classificação que um homem bem informado, inteligente, de bom senso e civilizado possa racionalmente prestigiar" e "a classificação deve repousar sobre uma diferença *real*, e não aparente, ou arbitrária, de modo que todos situados identicamente sejam tratados com igualdade; que a classificação deve ter uma *finalidade*, ou a consecução de uma política dentro da competência do Estado; e que a diferença deve ter um *nexo* com o objetivo da legislação, que seja substancial, e não apenas especulativo, remoto ou negligenciável"[95]. A discriminação que se deve evitar é aquela

---

94 COSTA, Valdes. Los principios jurídicos fundamentales en la codificación tributária de América Latina. *Revista de Direito Tributário*, nº 3, p. 59-61.

95 Cf. Brandeis, *Quacker City Cab. Co. v. Pennsylvania*, 277, US-389, 17, L Ed. 927, 1928. Não é outro o entendimento de Powel quando leciona: "O mandamento constitucional do devido processo da lei e da igualdade jamais é claro. A disputa gira sempre em torno do que é razoável *versus* o que é arbitrário, tomados estes termos não só à luz da situação concreta, mas à luz da delicada função que o Judiciário exerce" (*Supreme court condonations and condemnations of discriminatory state taxation.* Virginia Law: Re., 1926, p. 561).

que importe uma discriminação odiosa, como seria a que se assentasse na diferença de raça, cor, sexo, fé religiosa, credo político etc. Assim, **Sampaio Dória**[96] ensina que seriam lícitas as discriminações tributárias baseadas nas seguintes distinções:

I – Discriminações baseadas em diferenças de fato entre as pessoas e os objetos taxados:

a) diferenças na natureza dos objetos taxados, como bens móveis e imóveis, rurais ou urbanos, bens *in specie* ou moeda, mercadorias de todos os tipos, rendimentos de capital ou trabalho;

b) diferenças de profissão ou atividade do contribuinte, tais como tributação distinta de acordo com a profissão (imposto sobre serviços, antigo imposto de indústrias e profissões e licença), atividades industriais, comerciais ou agrícolas, pessoas físicas e jurídicas, vendas a varejo ou atacado;

c) variações na capacidade contributiva, tais como impostos progressivos; graduações segundo o *valor* do fato, ato ou negócio tributário; graduação segundo a situação pessoal (imposto de renda e deduções);

d) diferenças conceituais jurídicas entre os atos tributados, tais como o antigo imposto do selo sobre apenas alguns atos ou documentos;

e) diferenças várias, tais como referentes a grau de parentesco (imposto *causa mortis*); imposto sobre heranças ou legados; imposto de transmissão *inter vivos* sobre doações, com ou sem reserva de usufruto; sobre transferências imobiliárias a título oneroso.

II – Discriminações baseadas no *interesse fiscal do Estado*:

a) discriminações ditadas no interesse da arrecadação tributária, como imposto de renda e regime de declaração ou retenção na fonte; forma e prazo para pagamento;

b) dispensa de tributos pelo custo ou dificuldade de arrecadação, como os impostos de pequena rentabilidade, cujo produto é superado pelo ônus de sua arrecadação;

c) distinções baseadas nas vantagens, serviços ou benefícios específicos propiciados pelo Estado (taxas e contribuições em geral).

III – Discriminações fundadas no *interesse social*:

a) isenção ou redução do ônus fiscal para pessoas ou atividades no interesse comum, como isenção para atividades beneficentes, culturais, recreativas, limite de isenção do imposto de renda;

b) agravamento de tributação sobre indústrias ou artigos nocivos ou supérfluos, como a tributação elevada sobre bebidas alcoólicas, fumo, artigos de luxo (perfumes, joias etc.).

O STF admite que a lei tributária possa discriminar por **motivo extrafiscal** ramos de atividade econômica, desde que a distinção seja razoável[97]. Com a Reforma Tributária, mate-

---

[96] Cf. DÓRIA, Sampaio. *Direito constitucional tributário* e "*due process of law*". Rio de Janeiro: Forense, 1986, p. 144-148. Ricardo Lobo Torres, *op. cit.*, p. 66, ensina que "a proibição de privilégios fiscais odiosos é uma das *garantias da liberdade*". O mesmo autor (p. 65-66) conceitua privilégio da seguinte forma: "é a permissão para fazer ou deixar de fazer alguma coisa contrária ao direito comum. Pode ser *negativo*, como o *privilégio fiscal* consistente nas isenções e reduções de tributos, que implicam sempre uma concessão contrária à lei geral. Pode ser *positivo*, como o *privilégio financeiro* representado pelos incentivos, subvenções, subsídios e restituições de tributo, que consubstanciam a concessão de tratamento preferencial a alguém".

[97] BRASIL. Supremo Tribunal Federal, ADInMC 1.643-UF, Rel. Min. Maurício Corrêa, Pleno, 30.10.1997, v.u., *DJU* 19.12,97, p. 41. O STF tem aplicado o princípio da isonomia tributária, citando-se, dentre outras, as seguintes decisões: "Isenção do IPVA concedida pelo Estado-Membro aos proprietários de

Capítulo V · LIMITAÇÕES CONSTITUCIONAIS DO PODER DE TRIBUTAR | 169

rializada na EC nº 132/2023, verifica-se a atribuição de competência para que a União institua imposto sobre a "produção, extração, comercialização ou importação de bens e serviços prejudiciais à saúde ou ao meio ambiente, nos termos de lei complementar" (art. 153, VIII, da CF).

1.9. *Princípio da irretroatividade da lei fiscal*

O princípio da **irretroatividade da lei fiscal** não se encontrava expresso nas nossas Constituições anteriores. Entendia-se, no entanto, que era considerado **implícito** em decorrência do princípio genérico de que a lei não pode prejudicar o direito adquirido, o ato jurídico perfeito e a coisa julgada, bem como que o mencionado princípio, em matéria tributária, era corolário do próprio princípio da legalidade tributária constante do parágrafo 29 do art. 153 da CF de 1969 (art. 150, I, da CF de 1988), ao prescrever que "nenhum tributo será exigido ou aumentado sem lei que o estabeleça". Em consequência, "essa lei há de ser necessariamente 'anterior' ao fato gerador de tal tributo"[98].

A Constituição de 1988 refere-se ao **princípio genérico da irretroatividade da lei no inciso XXXVI do art. 5º**, e agasalha o mesmo princípio, mas de forma específica no que concerne à **matéria tributária, no art. 150, III, "a"**. Assim, pela primeira vez o princípio específico da irretroatividade da lei em matéria fiscal tem assento constitucional, pelo que é vedado à União, aos Estados, ao Distrito Federal e aos Municípios cobrar tributos em relação a fatos geradores ocorridos antes do início da vigência da lei que os houver instituído ou aumentado. O princípio em tela **dirige-se tanto ao legislador como ao aplicador da lei**,

---

veículos destinados à exploração dos serviços de transporte escolar no Estado do Amapá, devidamente regularizados junto à Cooperativa de Transportes escolares do Município de Macapá – COOTEM. Tratamento desigual entre contribuintes que se encontram em situação equivalente. Violação ao princípio da igualdade e da isonomia tributária (BRASIL. Supremo Tribunal Federal, ADIN 1655-5, Rel. Min. Maurício Corrêa, Plenário, v.m., 10.9.1997, *DJU* 24.10.1997, p. 54.156. *RT* 748/147). "Sonegação fiscal de lucro advindo de atividade criminosa: 'non olet'. Drogas: Tráfico de drogas envolvendo sociedades comerciais organizadas, com lucros vultosos subtraídos à contabilização regular das empresas e subtraídos à declaração de rendimentos: caracterização, em tese, de crime de sonegação fiscal, a acarretar a competência da Justiça Federal e atrair, pela conexão, o tráfico de entorpecentes: irrelevância da origem ilícita, mesmo quando criminal, da renda subtraída à tributação. A exoneração tributária dos resultados econômicos de fato criminoso – antes de ser corolário do princípio da moralidade – constitui violação do princípio de isonomia fiscal, de manifesta inspiração ética" (BRASIL. Supremo Tribunal Federal, HC 77.530-4/RS, Rel. Min. Sepúlveda Pertence, Primeira Turma, v.u., 25.08.1998, *DJU* 18.09.1998, p. 7). O 1º TASP assim decidiu sobre o princípio da isonomia tributária: "ISS – Lei municipal que estabelece o lançamento do tributo para profissionais liberais de carreira universitária de medicina e odontologia diferenciado daquele previsto para as demais carreiras universitárias – Inconstitucionalidade por ferir frontalmente o princípio da isonomia – Municipalidade que não pode tratar com desigualdade contribuintes que se encontrem em situação equivalente – Inteligência do art. 150, II, da CF – Voto vencido (*RT* 767/249, 1º TASP).

[98] Cf. XAVIER, Alberto. Anterioridade e irretroatividade: dupla inconstitucionalidade. *Revista de Direito Tributário*, 40/54. O mesmo autor explicita mais ainda o seu pensamento ao doutrinar que: "Se o princípio da legalidade se compadecesse com a simples exigência de uma lei formal, ainda que esta se pudesse reportar a fatos passados, a garantia que pretende oferecer aos cidadãos ficaria esvaziada de qualquer conteúdo. Do próprio fundamento político-filosófico do princípio da legalidade resulta a necessidade de se interpretar o art. 153, § 29 da CF, no sentido de que contém implicitamente uma proibição constitucional de retroatividade em matéria tributária. E, por razões em tudo análogas às que elevaram o princípio da legalidade em matéria penal a configurar-se com uma regra *nullum crimen, nulla poena sine lege proevia*, deve entender-se que aquele princípio em matéria de tributos contém em si uma regra *tributum sine lege proevia*".

que devem cuidar para que seja assegurado ao contribuinte o seu direito adquirido, que não pode ser atingido por lei posterior.

Os **fundamentos** da irretroatividade da lei são os seguintes: a) assegurar o primado da segurança jurídica; b) reconhecer a existência de direitos individuais garantidos e outorgar aos direitos protegidos o caráter de imutáveis; c) traduzir o bom senso que deve estar sempre presente no direito, pois a irretroatividade da lei garante a estabilidade das relações sociais; d) se o tributo só pode ser exigido em havendo lei, é indisputável que esta tem de ser anterior aos fatos que vão ser considerados imponíveis; e) a lei só pode dispor para o futuro, por ser este o efeito normal de todas as leis. O momento em que ocorre o fato gerador fixa o regime jurídico da tributação e se deve aplicar a lei vigente nesse momento (CTN, art. 144). Assim, qualquer modificação da relação substancial, decorrente de lei ulterior, não pode ser retroativamente aplicada em detrimento do contribuinte, sob pena de violar-se a disposição constitucional. Isso ocorre porque com a concretização do fato gerador cria-se para o contribuinte uma situação definitivamente constituída, um direito adquirido que a legislação ulterior não pode alterar em prejuízo do contribuinte[99].

Sacha Calmon[100] critica a caracterização do fato gerador do imposto sobre a renda como complexivo e pendente sob o fundamento de que o imposto de renda é tão somente anual e periódico. Assim, em respeito aos princípios da anterioridade e da irretroatividade, a lei que o regula deve estar vigente, para ser prévia, no ano anterior, "antes de iniciar-se o fato jurígeno em 1º de janeiro". O art. 150, III, da CF, consagrando o princípio da irretroatividade da lei fiscal, revogou o art. 105 do CTN, na parte em que determina a aplicação da legislação tributária a fatos geradores pendentes, bem como fez com que perdesse sentido a Súmula nº 584 do STF – que foi cancelada.[101].

1.10. Princípio que veda tributo com efeito confiscatório (CF, art. 150, V)

Outro princípio expresso está consagrado no **art. 150, IV, da CF de 1988**, que veda às entidades federadas **"utilizar tributo com efeito de confisco"**. Tal princípio era entendido como implícito na Constituição anterior por força dos §§ 11 e 12 do art. 153: o primeiro proibia o confisco e o segundo assegurava o direito de propriedade.

Tributo com **efeito confiscatório** é aquele que pela sua taxação extorsiva corresponde a uma verdadeira absorção, total ou parcial, da propriedade particular pelo Estado, sem o pagamento da correspondente indenização ao o contribuinte. **A vedação do tributo confiscatório decorre de um outro princípio: o poder de tributar deve ser compatível com o de conservar, e não com o de destruir.** Assim, **tem efeito confiscatório o tributo que não apresenta as características de razoabilidade e justiça, sendo, assim, igualmente atentatório ao princípio da capacidade contributiva**. O art. 150, IV, da CF de 1988 limita-se a enunciar o princípio sem, no entanto, aclará-lo. examinando-se, em cada caso concreto, se a taxação estabelecida pelo tributo atenta ou não contra o direito de propriedade, fere ou não o prin-

---

[99] Cf. Amilcar de Araujo Falcão, *Fato gerador da obrigação tributária, op. cit.*, p. 105, 127 e 133.

[100] *Op. cit.*, p. 214.

[101] Ives Gandra Martins, *op. cit.*, p. 138-139. Súmula nº 584: "Ao imposto de renda calculado sobre os rendimentos do ano-base aplica-se a lei vigente no exercício financeiro em que deve ser apresentada a declaração". Leia-se Sacha Calmon, *op. cit.*, p. 321-325, sobre o equívoco do teor dessa Súmula. O STJ seguiu o entendimento doutrinário ao decidir ser ilegítima a lei do IR posterior ao fato gerador, sendo inaplicável a Súmula nº 584/STF (BRASIL. Supremo Tribunal Federal, REsp 46.430/RS, Primeira Turma, rel. Min. Milton Luiz Pereira, 21.08.1995, v.u., *DJU* 25.09.1995, p. 31.076).

Capítulo V · LIMITAÇÕES CONSTITUCIONAIS DO PODER DE TRIBUTAR | **171**

cípio da capacidade contributiva. Ademais, **nem cada tributo isoladamente, nem o sistema tributário como carga tributária genérica**, pode atingir aquela renda mínima do cidadão necessária para cobrir os gastos pessoais e familiares, como moradia, alimentação, educação, saúde etc., e um sistema confiscatório ou um tributo confiscatório é aquele que visa a ferir o mencionado direito do cidadão expresso no art. 7º da CF.[102]

1.11. Princípios específicos[103]

A CF de 1988 consagra **princípios específicos sobre**: a) **imposto de renda** (art. 153, § 2º), que deve ser informado pelos critérios da generalidade, da universalidade e da progressividade; b) **IPI** (art. 153, § 3º), que será seletivo em função da essencialidade do produto, será não cumulativo, compensando-se o que for devido em cada operação com o montante cobrado nas anteriores e não incidirá sobre produtos industrializados destinados ao exterior e terá reduzido seu impacto sobre a aquisição de bens de capital pelo contribuinte do imposto, na forma da lei (inciso IV acrescentado pela EC nº 42, de 19.12.2003); c) **ITR** (art. 153, § 4º, com a redação dada pela EC nº 42/2003) será progressivo e terá suas alíquotas fixadas de forma a desestimular a manutenção de propriedades improdutivas, não incidirá sobre pequenas glebas rurais, definidas em lei, quando as explore o proprietário que não possua outro imóvel e será fiscalizado e cobrado pelos Municípios que assim optarem, na forma da lei, desde que não implique redução do imposto ou qualquer outra forma de renúncia fiscal; d) **ICMS (art. 155, §§ 2º ao 5º)**; e) **IPVA** (art. 155, § 6º, acrescentado pela EC nº 42/2003); f) **IPTU** (art. 156, § 1º, cuja redação foi alterada pela EC nº 29/2000; g) **ITBI** (art. 156, § 2º, I); h) **ISS** (art. 156, § 3º, com a redação determinada pela EC nº 37/2002).

III. PRINCÍPIOS TRIBUTÁRIOS IMPLÍCITOS

1. Noção geral

Princípios tributários implícitos são aqueles que não estão expressamente previstos na Constituição, mas resultam do sistema federativo por ela adotado ou de princípios gerais de direito tributário. Os princípios tributários implícitos diminuíram porque a CF de 1988

---

[102] O STF já decidiu que o exame do princípio que veda o tributo com efeito de confisco deve ser feito em função da totalidade do sistema tributário, e não em função de cada tributo isoladamente (BRASIL. Supremo Tribunal Federal, ADInMC 2.010-DF, Rel. Min. Celso de Mello, Pleno, DJU 12.04.2002, p. 51). "Tributo. Apreensão de mercadorias, por autoridade fazendária, com o intuito de obrigar contribuinte a efetuar o pagamento de imposto – Inadmissibilidade – Inteligência do art. 150, IV, da CF, e da Súmula nº 323 do STF (STF, *RT* 773/379). Em outra decisão, o STF entendeu que viola o art. 150, IV, a lei que estabelece uma multa de 300% sobre o valor do bem objeto da operação ou do serviço prestado, na hipótese do contribuinte não haver emitido nota fiscal relativa a venda de mercadorias, prestação de serviços ou operações de alienação de bens móveis (BRASIL. Supremo Tribunal Federal, ADInMC 1.075-DF, Rel. Min. Celso de Mello, Pleno, Informativo 115 do STF). O STF tem também "admitido a redução de multa moratória imposta com base em lei, quando assume ela, pelo seu montante desproporcionado, feição confiscatória" (BRASIL. Supremo Tribunal Federal, RE 91.707/MG, Rel. Min. Moreira Alves, Segunda Turma). Ives Gandra Martins doutrina que a CF de 1988 proibiu a ocorrência de sistema confiscatório e de tributo confiscatório, como proteção ao cidadão. Assim, entende que: "Se a soma dos diversos tributos incidentes representam carga que impeça o pagador de tributos de viver e se desenvolver, estar-se-á perante carga geral confiscatória, razão pela qual todo o sistema terá que ser revisto, mas principalmente aquele tributo que, quando criado, ultrapasse o limite da capacidade contributiva do cidadão" (*op. cit.*, p. 141).

[103] No capítulo sobre impostos, comentaremos mais detalhadamente esses princípio específicos.

1.1. Imposto proibitivo

O **imposto proibitivo** é aquele que, por sua excessiva onerosidade, obsta o exercício de qualquer atividade, trabalho, ofício e profissão, bem como o imposto que produz embaraços de tal ordem, que retira do contribuinte o estímulo normal ou o impulso animador do respectivo empreendimento. Entretanto, nem todo tributo excessivo é proibitivo, e como tal deve ser considerado apenas aquele que por sua incidência violenta sobre o contribuinte torne impossível o exercício de uma determinada atividade. A inconstitucionalidade desse tributo repousa no fato de violar a regra do inciso XIII do art. 5º da CF de 1988, que assegura a liberdade do exercício de qualquer trabalho, ofício ou profissão, atendidas as qualificações profissionais que a lei estabelecer.

1.2. Destinação pública do tributo

O **princípio da destinação pública do tributo** decorre do texto constitucional, quando permite o exercício do poder de tributar somente às pessoas jurídicas de direito público. Disso resulta que o tributo somente pode ser instituído e cobrado visando à satisfação de necessidades públicas, que é o fim da atividade financeira do Estado.

Aliomar Baleeiro[104] demonstra a destinação pública do tributo, lecionando que o poder de tributar é "poder extremo e fundamental, corresponde aos encargos com o funcionamento dos serviços públicos, ou exercício das atribuições em que são investidas as três órbitas governamentais. Não havia, aliás, necessidade de deixar expressa essa destinação exclusiva, porque, historicamente, nunca foi de outro modo, desde que a Igreja perdeu a competência tributária dos tempos coloniais, quando associada outrora à Coroa Portuguesa. Os tributos são reservados exclusivamente para fins públicos. Não existem discrepâncias entre os financistas".

Entretanto, à falta de unanimidade para que se possam considerar quais os fins que devem ser reputados públicos, **Sampaio Dória**[105] fez uma súmula das diversas regras elaboradas isoladamente na **prática jurídica americana**, ao solucionar controvérsias a respeito do caráter público ou particular da tributação, chegando às seguintes conclusões: a) **cabe primordialmente ao legislativo**, intérprete mais fiel das inclinações e anseios populares, decidir sobre a natureza pública de dispêndios financiados por tributos; b) o *Judiciário* só deverá decretar a inconstitucionalidade dos atos legislativos quando deles transpareça, cristalinamente, a **inexistência de qualquer benefício coletivo ou a indevida proteção de interesses individuais**; c) **na dúvida**, sólida presunção milita em favor da constitucionalidade da destinação imprimida ao tributo; d) o conceito de fins públicos **não deve ser entendido restritivamente**; e) a natureza pública ou particular das entidades, a quem se confiam os recursos tributários, **não é fator idôneo** para apurar a licitude dos fins em que aplicam as respectivas verbas; f) a coletividade que deve se aproveitar da aplicação dos ingressos fiscais **é aquela diretamente submetida à soberania do poder tributante;** g) **empresas comerciais e industriais de propriedade do estado** podem ser legitimamente subsidiadas por tributos; h) um **interesse particular imediato** pode ser justificado pela consideração de um **interesse público futuro,** e uma **vantagem coletiva direta** pode validar tributo de cuja aplicação decorra um interesse particular colateral.

---

[104] *Op. cit.*, p. 262.
[105] *Op. cit.*, p. 80-81.

Capítulo V · LIMITAÇÕES CONSTITUCIONAIS DO PODER DE TRIBUTAR

O **STF**, ao decidir pela **natureza tributária de taxa** das custas judiciais e dos emolumentos extrajudiciais, não admitiu, em consequência, que o produto parcial da sua arrecadação seja afetado à satisfação de necessidades financeiras ou à realização dos objetivos sociais de entidades meramente privadas, como a Associação dos Magistrados e a Caixa de Assistência dos Advogados, por ferir não só o postulado constitucional da igualdade, como também o princípio da destinação pública do tributo[106].

1.3. *Segurança jurídica*

Roque Antônio Carraza doutrina que o "princípio da segurança jurídica impede que o aplicador e o intérprete acabem indo além do conteúdo das leis tributárias"[107]. Em outras palavras, o mesmo autor aclara que o mencionado princípio significa que "o Direito, com sua positividade, confere segurança às pessoas, isto é, 'cria condições de certeza e igualdade que habilitam o cidadão a sentir-se senhor de seus próprios atos e dos atos dos outros", como averba **Tércio Sampaio Ferraz Jr**. "Portanto, a certeza e a igualdade são indispensáveis à obtenção da segurança jurídica"[108].

Corolário do princípio da segurança jurídica é o da **tipicidade na tributação**, pelo qual, no Estado de Direito, não se deve exigir somente lei para criar ou majorar tributo, mas também para definir, tipo cerrado e de forma clara, todos os elementos da obrigação tributária, vale dizer, hipótese de incidência, alíquota, base de cálculo e sujeito passivo do tributo. Por isso, **Alberto Xavier** professa que o princípio da confiança na lei fiscal traduz-se, praticamente, na possibilidade dada ao contribuinte de conhecer e computar os seus encargos tributários com base exclusivamente na lei[109]. Daí o mesmo autor doutrinar que "as pessoas têm o direito subjetivo de só serem consideradas sujeitos passivos de tributos: a) previstos, expressos ou implicitamente, na Constituição; b) criados legislativamente, em total sintonia com os ditames que ela consagra; e c) após a ocorrência de seus fatos imponíveis[110]."

Finalmente, **Roque Antônio Carraza** leciona ainda que:

> A segurança jurídica impõe, outrossim, que a lei garanta a todos os contribuintes o livre acesso ao Poder Judiciário. Todos os contribuintes devem receber da lei meios efetivos para, a qualquer tempo, postular a tutela do Poder Judiciário, para que ele decida se um direito subjetivo foi ou está na iminência de ser lesado. Este é alcance que tem, no campo tributário, o princípio da universalidade da jurisdição (também conhecido como princípio da inafastabilidade da jurisdição).[111]

---

[106] BRASIL. Supremo Tribunal Federal, ADINs 1289-3, 1378-ES, em julgamento simultâneo, Rel. Min. Celso de Mello, Informativo STF de 04.06.1997, n. 73, p. 2-3.

[107] *Op. cit.*, p. 374.

[108] *Idem*, p. 370.

[109] *Op. cit.*, p. 46.

[110] *Idem*, p. 373.

[111] *Op. cit.*, p. 379.

Capítulo VI

LEGISLAÇÃO TRIBUTÁRIA

I. LEGISLAÇÃO TRIBUTÁRIA

O Código Tributário Nacional refere-se à legislação tributária no Título I do Livro Segundo (arts. 96 a 112), dispondo sobre sua vigência, aplicação, interpretação e integração.

1. Sentido da expressão

A expressão **legislação tributária** compreende as leis, os tratados e as convenções internacionais, as medidas provisórias, as resoluções do Senado Federal e, nos limites das respectivas competências, as leis federais, as Constituições e leis estaduais, os convênios ICMS, as leis municipais, os decretos e as normas complementares que versem, no todo ou em parte, sobre tributos e relações jurídicas pertinentes (CTN, art. 96 c/c art. 2º). O CTN emprega a expressão "legislação tributária" em **sentido amplo** e divide as fontes do direito tributário em **fontes principais**, abrangendo as leis, os decretos e os tratados e convenções internacionais, e **fontes secundárias** as normas complementares. Assim, quando a Constituição Federal refere-se à legislação tributária, está empregando a expressão segundo seu conceito fornecido pelo art. 96 do CTN.

Entretanto, não se deve esquecer de que de todos os atos mencionados pelo art. 96, apenas a lei, entendida em seu sentido estrito, **lei formal**, como ato emanado do Poder Legislativo e de acordo com as formalidades prescritas na Constituição, pode instituir ou majorar tributos, de acordo com o art. 150, I, da lei maior, que consagra o princípio da legalidade tributária. As medidas provisórias foram examinadas no capítulo V sobre as limitações ao poder de tributar, e podem apenas criar e majorar impostos (CF, art. 62, § 2º).

1.1. Características

A legislação tributária caracteriza-se por sua complexidade e por sua permanente mutabilidade. A **complexidade** aumenta à medida que se desenvolve e aperfeiçoa a economia do país, enquanto sua permanente **mutabilidade** decorre da própria concepção da tributação como instrumento que o Estado se utiliza para intervir especialmente nos domínios econômico e social. Essas características fazem crescer de vulto no campo do direito tributário os problemas relativos à vigência, aplicação, interpretação e integração da legislação tributária, que são enfrentados e resolvidos no Título I do Livro Segundo, nos Capítulos II a IV do CTN.

II. VIGÊNCIA DA LEGISLAÇÃO TRIBUTÁRIA NO ESPAÇO E NO TEMPO

1. Interpretação do art. 101 do CTN

O art. 101 do CTN estabelece o **primado das normas do CTN** a respeito da vigência da legislação tributária no espaço e no tempo e somente no silêncio dessas normas é que se deve recorrer às disposições legais aplicáveis às normas jurídicas em geral, que estão previstas na Lei de Introdução às normas do Direito Brasileiro Código Civil (Decreto-lei nº 4.657, de 04.09.1942), em seus arts. 1º, 2º e 6º.

Torna-se necessário, desde logo, estabelecer-se a distinção entre os termos vigência e eficácia. **Vigência** é o momento em que a norma jurídica é inserida no ordenamento jurídico do direito positivo, enquanto a **eficácia** se dá quando a norma jurídica está apta para propagar efeitos. A eficácia pode vir colada à vigência ou ser diferida para momento posterior, ou pode ocorrer a suspensão da eficácia da norma jurídica[1]. A vigência vem colada à eficácia quando, no mesmo momento em que a lei é introduzida na ordem jurídica, revela-se também apta para propagar efeitos. Exemplificando: decreto do Presidente da República majora a alíquota do imposto de importação de determinado bem, tendo sido publicado em 10.10.2018, hipótese em que a vigência e a eficácia vão ocorrer no mesmo momento, porque o art. 150, § 1º, da CF, ressalva o mencionado imposto do princípio da anterioridade.

A vigência vem **descolada da eficácia** quando a norma jurídica, embora introduzida no ordenamento jurídico, só terá eficácia em momento posterior. Exemplificando: a lei é publicada em 10.01.2008, majorando as alíquotas do imposto de renda, mas, presente o princípio da anterioridade da lei fiscal, só terá eficácia a partir de 01.01.2009, primeiro dia do exercício seguinte ao da publicação (CF, art. 150, III, "b", e CTN, art. 104). No caso de *isenção*, a norma tributante tem a sua eficácia suspensa pela norma isencional, e, revogada esta, restabelece-se a eficácia da norma impositiva. O mesmo ocorre com os tratados e convenções internacionais, porque o decreto que os promulga suspende a eficácia da legislação tributária anterior. *Vacatio legis* é o período em que a norma jurídica não tem vigência nem eficácia e ocorre quando a lei, não havendo disposição em contrário, entra em vigor e produz efeitos 45 (quarenta e cinco dias) após a sua publicação (LINDB, art. 1º, *caput*), e quando tal ocorre com a Constituição, temos a *vacatio constitucionis*. A eficácia do sistema tributário da CF de 1988 foi diferida para o primeiro dia do quinto mês seguinte ao da promulgação (ADCT, art. 34, *caput*), ou seja, 1º de março de 1989. Todavia, o § 3º do art. 34 do ADCT, promulgada a Constituição, autorizou a União, os Estados, o Distrito Federal e os Municípios a editarem as leis necessárias à aplicação do sistema tributário nacional.

1.1. *Vigência no espaço*

A **vigência da legislação tributária no espaço** está regulada pelo art. 102 do CTN e a regra é que a legislação de um ente político vigora apenas no seu respectivo território. Todavia,

---

[1]   Ricardo Lobo Torres averba que a *"vigência* envolve a existência ou a inserção da norma no mundo jurídico e está em permanente contato com a *eficácia*, que entende com a aplicabilidade ou com a aptidão para produzir efeitos na ordem jurídica". O autor prossegue, observando que "a nossa legislação não é muito clara na terminologia. O CTN fala em "vigência" e em "entrar em vigor" para se referir ora à validade formal (vigência), ora à eficácia. A distinção entre vigência e eficácia no Direito Financeiro é importante porque nem sempre aparecem e atuam concomitantemente. Há casos em que a vigência vem colada à eficácia que se segue ao período da *vacatio legis*. Em outras hipóteses a vigência se descola da eficácia, de modo que a norma poderá ter vigência sem eficácia (eficácia diferida e suspensa) (TORRES, Ricardo Lobo. *Curso de direito financeiro e tributário*. 3. ed. Rio de Janeiro: Renovar, 1996, p. 113).

Capítulo VI · LEGISLAÇÃO TRIBUTÁRIA | 177

considerando que as pessoas não vivem exclusivamente em seus territórios, local ou nacional, o art. 102 do CTN admite a **extraterritorialidade** da legislação tributária dos Estados, do Distrito Federal e dos Municípios, nos limites em que a reconheçam: a) os convênios de que participem as referidas entidades federadas; b) as normas do Código Tributário Nacional; c) as leis de normas gerais expedidas pela União, ou seja, leis complementares.

O **princípio geral** é que a legislação tributária vigora no território da entidade tributante que a veiculou, sendo exceção a vigência dessa legislação no território de outro ente político. Desse modo, sendo a extraterritorialidade exceção à regra geral, deve-se entender que são taxativos os casos que a admitem referidos no art. 102 do CTN.

A legislação tributária federal aplica-se, em regra, em todo o território nacional e, em **caráter excepcional**, em território de Estado estrangeiro, e para que tal ocorra é que se celebram tratados e convenções internacionais sobre matéria tributária. Pode-se citar, como exemplo de extraterritorialidade da lei tributária federal, a tributação pelo imposto de renda de rendimentos auferidos por contribuintes domiciliados no país, mas ausentes estando no estrangeiro no exercício de função pública do governo brasileiro.

Vamos exemplificar com as seguintes hipóteses. Primeira, Tício, não residente no País, é proprietário de bem imóvel situado no Brasil e o vende, auferindo lucro. A lei tributária brasileira poderá ser aplicada, pois o imóvel está localizado no território nacional. Assim, existe o **elemento objetivo** na relação jurídica (bem imóvel situado no País), estando o lucro auferido sujeito ao imposto de renda sobre o ganho de capital (art. 128, § 3º, RIR) Segunda, Caio, residente fiscal no Brasil, aliena bem imóvel situado no exterior e, nessa hipótese, o elemento de atração da lei brasileira deixa de ser o bem e passa a ser a condição subjetiva de Caio, por ser residente fiscal no País **(elemento subjetivo)**. Terceira, Paulus, não residente no País, possui bem imóvel fora do território nacional e o aliena. A lei brasileira não poderá ser aplicada, porque tanto o indivíduo (elementos subjetivo), quanto o bem (elemento objetivo), não constituem elementos de atração da lei brasileira.

1.2. *Vigência no tempo*

A vigência da legislação tributária no **tempo** está disciplinada nos arts. 103 e 104 do CTN.

1.2.1. *Das normas complementares*

O art. **103 do CTN** dispõe sobre a vigência das normas complementares no tempo (CTN, art. 100). Assim, salvo disposição em contrário, entram em vigor: a) **os atos administrativos normativos**, na data de sua publicação; b) as decisões dos órgãos singulares ou coletivos de âmbito administrativo, que, por lei, têm eficácia normativa, trinta dias após a data de sua publicação; c) **os convênios** que entre si celebrem a União, os Estados, o Distrito Federal e os Municípios, na data neles prevista. Se o convênio nada dispuser e se as autoridades não fixarem a data de sua vigência, **Aliomar Baleeiro** entende que sua eficácia ocorrerá na data de sua publicação, por aplicação do inciso I do art. 103[2]. Todavia, parece-nos, com base no art. 101 do CTN, que o melhor entendimento é que, no caso de silêncio do convênio, sobre sua eficácia, esta deve se dar 45 (quarenta e cinco) dias após sua publicação oficial[3]. Tratando--se, no entanto, de **Convênios – ICMS,** e salvo disposição em contrário, produzirão efeitos

---

[2]   BALEEIRO, Aliomar. *Direito tributário brasileiro*. 10. ed. Rio de Janeiro: Forense, 1986, p. 423.

[3]   Cf. MACHADO, Hugo de Brito. *Curso de direito tributário*. 20. ed. São Paulo: Malheiros, 2002, p. 85.

30 (trinta) dias depois de publicada no Diário Oficial a notícia de sua ratificação mediante decreto do Governador do Estado-membro, nos termos do art. 6º da LC nº 24/1975.

1.2.2. Da lei

O **art. 104 do CTN** prescreve: "Entram em vigor no primeiro dia do exercício seguinte àqueles em que ocorra a sua publicação os dispositivos de lei, referentes a impostos sobre o patrimônio ou a renda que instituem ou majoram tais impostos, que definem novas hipóteses de incidência e que extinguem ou reduzem isenções, salvo se a lei dispuser de maneira mais favorável ao contribuinte, e observado o disposto no art. 178". Esta regra era consentânea com o art. 2º da Emenda Constitucional nº 18/1965, que, afastando o princípio da anualidade tributária, introduziu no direito positivo brasileiro o princípio da anterioridade da lei fiscal, mas restrito aos impostos sobre patrimônio e renda. Considerando que o art. 104 do CTN regula, com apoio no art. 146, II, da CF, a limitação constitucional relativa ao princípio da anterioridade da lei fiscal, a sua interpretação deve ser feita em harmonia com o novo texto constitucional.

O **art. 150, III, "b"**, da CF determina que o princípio da anterioridade deve ser observado pelos entes políticos, como regra geral, em relação a todos os tributos, salvo as exceções constantes do § 1º do art. 150 da CF: imposto de importação, imposto de exportação, imposto sobre produtos industrializados, imposto sobre operações financeiras, imposto extraordinário por motivo de guerra, empréstimo compulsório para atender a despesas extraordinárias, decorrentes de calamidade pública, de guerra externa ou sua iminência e contribuições sociais (art. 195, § 6 º)[4]. Assim, não mais prevalece a regra do art. 104 do CTN, quando determina a observância do princípio em tela somente a uma das espécies de tributo, **imposto**, e restrita apenas aos impostos que se posicionem nas **categorias econômicas de patrimônio e renda.**

Assim sendo, o **STF equivocou-se** quando enunciou a Súmula nº 615: "O princípio constitucional da anualidade (§ 29 do art. 153 da Constituição Federal) não se aplica à revogação de isenção do ICM", por entender que o antigo ICM não se incluía nas categorias econômicas de impostos referidas no art. 104 do CTN – patrimônio e renda, e, por conseguinte, não cabia a sua aplicação ao ICM, por ser imposto posicionado na categoria econômica de circulação. A proteção constitucional relativa ao princípio da anterioridade da lei fiscal é ampla e não apenas para os impostos sobre patrimônio e renda. Assim sendo, não se pode pretender que o CTN possa ser interpretado no sentido de restringir a proteção relativa ao princípio da anterioridade, porque lhe cabe apenas regular a limitação constitucional, podendo até estender o manto constitucional protetor, mas nunca restringi-lo. A referida Súmula foi editada sob a égide da Constituição anterior, por isso refere-se ao então vigente princípio da anualidade, que vinculava a cobrança do tributo à autorização orçamentária. Conforme entendimento mais recente, à luz da Constituição Federal de 1988, o STF posicionou-se no sentido de que a redução ou supressão de benefícios fiscais sujeita-se à anterioridade.[5]

---

[4]   No mesmo sentido, entre outros: AMARO, Luciano. *Direito tributário brasileiro*. 14. ed. São Paulo: Saraiva, 2008, p. 199.

[5]   "Agravo interno. Embargos de divergência. Jurisprudência pacificada no Supremo Tribunal Federal. Hipótese de não cabimento. Ristf, art. 332. Ressalva da posição pessoal do relator. 1. O art. 332 do Regimento Interno do Supremo Tribunal Federal preconiza que 'não cabem embargos, se a jurisprudência do Plenário ou de ambas as Turmas estiver firmada no sentido da decisão embargada'. 2. Precedentes recentes de ambas as Turmas desta Corte estabelecem que se aplica o princípio da anterioridade tributária, geral e nonagesimal, nas hipóteses de redução ou de supressão de benefícios ou de incentivos fiscais, haja vista que tais situações configuram majoração indireta de tributos. 3. Ressalva do ponto de vista pessoal do

O **inciso II do art. 104** determina a observância do princípio da anterioridade da lei fiscal (**anterioridade clássica**) também nos casos em que a lei defina novas hipóteses de incidência. Assim, quando a lei definir situações de forma genérica e abstrata, que consubstanciem novas hipóteses de incidência de tributos, esses poderão ser exigidos somente no primeiro dia do exercício financeiro seguinte ao de sua publicação.

Entedemos que **continua a vigorar o inciso III do art. 104**, ao prescrever que os dispositivos de lei que extinguem ou reduzem isenções somente poderão entrar em vigor no primeiro dia do exercício seguinte àquele em que ocorra a sua publicação[6]. Tal regra aplica-se de forma genérica a todos os tributos e não somente aos impostos sobre o patrimônio ou a renda, como explicado anteriormente. **Justifica-se essa proteção** porque a isenção implica na não incidência legal do tributo, e o legislador visa a garantir o contribuinte, evitando que venha a ser surpreendido no transcurso do exercício com a obrigação de pagar tributo que era objeto de isenção. Entretanto, mesmo que se entenda não implicar a revogação de isenção em criação de tributo novo, a sua cobrança só poderá ocorrer em exercício seguinte ao da publicação da lei que revogou a isenção, pena de se fazer letra morta do disposto no art. 104, III, do CTN. Ademais, o art. **178 do CTN** prescrreve que a "isenção, salvo se concedida por prazo certo e em função de determinadas condições, pode ser revogada ou modificadda por lei, a qualquer tempo, observado o disposto no inciso III do art. 104". O problema pertinente à vigência da lei fiscal no tempo adquire maior importância quando ocorre um período de tempo entre a materialização da hipótese de incidência (fato gerador) e o procedimento do lançamento, constituindo o crédito tributário, e nesse intervalo a lei que vigorava ao tempo do fato gerador vem a ser modificada ou revogada. Um dos efeitos relevantes do fato gerador é fixar o regime jurídico da tributação, e, de outro lado, o lançamento tem natureza declaratória no que se refere à obrigação tributária porque visa a declarar uma situação preexistente, que é aquela que se consolidou no momento da ocorrência do fato gerador. Disso resulta que se aplicará a lei vigente no momento da ocorrência do fato gerador, ainda que no instante do lançamento ela esteja modificada ou revogada (CTN, art. 144). No caso, ocorre eficácia prorrogada, ou ultraatividade, ou sobrevida da norma jurídica[7].

III. APLICAÇÃO DA LEGISLAÇÃO TRIBUTÁRIA

1. Noção geral

O legislador agiu certo ao tratar em capítulos distintos do Código Tributário Nacional os institutos da vigência e da aplicação da legislação tributária, eis que não se confundem. **Vigência** significa o momento em que a lei é introduzida no direito positivo, propagando, ou não, desde logo seus efeitos (eficácia). Todavia, denomina-se **aplicação** da lei a atividade pela qual determinada situação é enquadrada em uma norma jurídica [adequada], porque essa

---

Relator, em sentido oposto, na linha do decidido na ADI 4016 MC, no sentido de que 'a redução ou a extinção de desconto para pagamento de tributo sob determinadas condições previstas em lei, como o pagamento antecipado em parcela única, não pode ser equiparada à majoração do tributo em questão, no caso, o IPVA. Não incidência do princípio da anterioridade tributária.' 4. Agravo Interno a que se nega provimento" (BRASIL. Supremo Tribunal Federal, RE 564225 AgR-EDv-AgR, Rel. Alexandre de Moraes, Tribunal Pleno, j. 20.11.2019, acórdão eletrônico, *DJe*-264, divulg. 03.12.2019, public. 04.12.2019.

[6] Cf., entre outros, Luciano Amaro (*op. cit.*., p. 286-287): "...a modificação de creditamento pela Lei Complementar impugnada, quer consubstancie a redução de um benefício fiscal, quer configure a majoração de tributo, cria uma carga para o contribuinte e, portanto, sujeita-se ao princípio da anterioridade" (*Informativo 212* do STF, dez/2000).

[7] Cf. Ricardo Lobo Torres, *op. cit.*, p. 118.

só se realiza quando aplicada concretamente a uma determinada situação de fato submetida aos seus efeitos. *Vacatio legis* é o período de tempo que se interpõe entre a publicação e o termo inicial de vigência da norma jurídica, ou seja, "aquele em que a norma jurídica não tem vigência nem eficácia".[8]

O Código Tributário Nacional dispõe sobre a aplicação da legislação tributária no Capítulo III, do Título I, do Livro Segundo, compreendendo os arts. 105 e 106.

1.1. A lei fiscal aplica-se somente a fatos geradores futuros (CTN, art. 105, e CF, art. 150, III, "a")

O princípio geral da legislação tributária está contido na primeira parte do art. 105 do CTN, ao prescrever: "A legislação tributária aplica-se imediatamente aos fatos geradores futuros e aos pendentes aplicação da legislação, assim entendidos aqueles cuja ocorrência tenha tido início, mas não esteja completa nos termos do art. 116". O fato gerador pode corresponder a uma **situação de fato** (v.g., a saída da mercadoria do estabelecimento do comerciante, no que toca ao ICMS) ou a uma **situação jurídica** (v.g., a transmissão da propriedade de bem imóvel, no que tange ao imposto de transmissão *inter vivos*).

O fato gerador **simples ou instantâneo** não oferece qualquer dificuldade quanto à lei aplicável, pois será aquela que estiver vigorando no momento de sua ocorrência. Todavia, a questão se complica no que concerne aos tributos com fatos geradores complexivos ou periódicos. Assim, entendemos que, no caso do imposto de renda, iniciando-se o fato gerador no primeiro dia do ano-base (p.e., 2007) deve ser aplicada a lei que tenha sido publicada em exercício anterior (p.e., 2006) e não no mesmo exercício ou em exercício posterior[9]. O STF, no entanto, havia adotado entendimento diverso ao enunciar a Súmula nº 584: "Ao imposto de renda calculado sobre os rendimentos do ano-base aplica-se a lei vigente no exercício financeiro em que deve ser apresentada a declaração." Tal Súmula não mais prospera porque a Constituição de 1988 estabeleceu, em seu art. 150, III, "a", ser vedada a cobrança de tributos "em relação a fatos geradores ocorridos antes do início da vigência da lei que os houver instituído ou aumentado", por tal razão foi cancelada. Daí o STF[10] ter decidido ser inconstitucional o parágrafo único, do art. 11, da Lei nº 8.134/1990, que instituiu aumento do coeficiente do imposto de renda, por não poder incidir sobre fatos ocorridos antes de sua vigência, nem no mesmo exercício de sua vigência. Assim, a inconstitucionalidade declarada decorreu do referido dispositivo legal violar o princípio da irretroatividade da lei fiscal (Cf. Art. 150, III, "a").

---

8   Cf. Ricardo Lobo Torres, *op. cit.*, p. 114.

9   Nesse sentido, entre outros: DÓRIA, Sampaio. *Da lei tributária no tempo*. São Paulo: Obelisco, 1968, p. 140, e **Luciano Amaro,** *op. cit.,* p. 199 . Em sentido contrário, entendendo que o fato gerador do imposto de renda somente tem o seu ciclo de formação encerrado em 31 de dezembro do ano-base, pelo que aplicável é a lei publicada até esta data, Amilcar de Araújo Falcão, *op. Cit.*, p. 128, e FANUCCHI, Fábio. *Curso de direito tributário brasileiro*. 2. Ed. São Paulo: Resenha Tributária, 1974, p. 166-167.

10   BRASIL. Supremo Tribunal Federal, ADIN 513-DF, Rel. Min. Célio Borja, 14.06.1991, v.u., *RTJ* 141/739. Hugo de Brito Machado é bem claro ao averbar: "A rigor, a norma do art. 105, que admite a aplicação da lei ao fato gerador pendente, não foi recepcionada pela Constituição Federal de 1988, porque configura evidente hipótese de retroatividade no que diz respeito aos elementos de fato já consumados. Tratando-se do imposto de renda, tendo-se em vista a segurança jurídica, a lei nova que agrava o ônus do contribuinte somente deve ser aplicada aos fatos ainda não iniciados. Em outras palavras, a lei que agrava os encargos do contribuinte somente deve ser aplicada no ano seguinte ao de sua publicação" (*op. cit.*, 20. Ed., p. 89). "Imposto de Renda ...A lei vigente após o fato gerador, para a imposição do tributo, não pode incidir sobre o mesmo, sob pena de malferir os princípios da anterioridade e irretroatividade" (BRASIL. Supremo Tribunal Federal, REsp. 179966/RS, Rel. Min. Milton Luiz Pereira, Primeira Turma).

Passando o princípio da irretroatividade da lei fiscal a ter assento na Constituição, **perdeu eficácia** a parte do art. 105 do CTN que autorizava a aplicação da legislação tributária a fatos geradores pendentes, por exemplo, no caso do imposto de renda[11]. Existe doutrina, no entanto, entendendo que, em razão da remissão feita pelo art. 105 ao art. 116, **fato gerador pendente** é aquele cujo negócio jurídico está subordinado a condição suspensiva. Todavia, nessa hipótese, a melhor interpretação é a de que se o fato gerador ainda não ocorreu, ele é fato gerador futuro.

Por outro lado, a norma tributária que reduzir o prazo de recolhimento do tributo só poderá ser aplicada aos fatos geradores futuros, porque aqueles que já ocorreram devem ser regidos pela norma anterior (prazo maior), por se tratar de direito adquirido do contribuinte.

1.2. *Aplicação retroativa da lei fiscal (CTN, art. 106)*

A legislação tributária aplicar-se-á de forma retroativa somente nos casos expressamente estabelecidos no **art. 106 do CTN,** visando sempre a beneficiar o contribuinte, como ocorre com a lei penal (CF, art. 5º, XL). A relação dos casos estabelecidos no **art. 106**, que legitimam a retroação da lei fiscal, deve ser entendida *numerus clausus* porque a **retroação da lei deve ser considerada em caráter excepcional**, vez que a regra é a aplicação da lei para o futuro[12].

Dá-se a aplicação retroativa, em primeiro lugar, quando, em qualquer caso, a **lei nova for expressamente interpretativa**[13], excluída a aplicação de penalidade à infração dos dispositivos interpretados (CTN, art. 106, I). Lei interpretativa é aquela que visa apenas a esclarecer dúvidas no tocante à lei anterior, cujos termos podem não ser claros, e, assim, não estabelece nova regra de conduta[14]. Trata-se, portanto, de mera interpretação autêntica porque decorre do próprio órgão do qual a lei emana. Por outro lado, no que tange à expressão "expressamente interpretativa" constante do art. 106, I, do CTN, não é necessário que a lei nova as empregue, bastando "que, reportando-se aos dispositivos interpretados, lhes defina o sentido e aclare as dúvidas. A pesquisa dos fins da nova lei a esclarece[15]". A exclusão da imposição de penalidades feita pelo art. 106, I, se justifica, porque não seria justo que o próprio legislador reconhecesse que a lei pretérita fosse obscura e determinasse que o contribuinte de boa-fé fosse apenado por ter cometido infração a essa mesma lei. Ademais, a aplicação da lei nova a ato ou fato passado não pode objetivar a criação de uma situação mais onerosa para o contribuinte, tendo em vista que a própria Constituição, em seu art. 150, III, "a", inclui entre as limitações ao poder de tributar o princípio da irretroatividade da lei fiscal. Daí deve-se aplicar a lei nova somente para esclarecer melhor o sentido da lei anterior e para beneficiar o contribuinte.

A jurisprudência é firme no sentido de que é inconstitucional a norma do art. 4º da LC nº 118, que determina a aplicação retroativa do art. 3º nas ações de repetição de indébito pertinentes aos tributos sujeitos a lançamento por homologação, ou seja, que o prazo prescricional do art. 169 do CTN flui da data do pagamento e não da sua homologação, que extingue o crédito tributário, conforme preceitua o art. 168, I do CTN. Em síntese, o **art. 3º tem caráter**

---

[11] Nesse sentido, Zelmo Denari, *op. cit.*, p. 178-179, e MARTINS, Ives Gandra. *Sistema tributário na Constituição de 1988*. São Paulo: Saraiva, 1989, p. 138.

[12] BRASIL. REsp 1759979/SP, Rel. Min. Herman Benjamin, Segunda Turma, j. 18.09.2018.

[13] Otto Gil, *ABDF*, Res. 6, p. 16, entende que não se trata de retroatividade da lei interpretativa, mas de sua incorporação à lei interpretada, pois o que se aplica é a lei interpretada com os esclarecimentos e explicações da lei posterior.

[14] Cf. Paulo de Barros Carvalho, *op. cit.*, p. 71.

[15] Cf. Aliomar Baleeiro, *op. cit.*, p. 428.

modificativo e não interpretativo, como pretendia o art. 4º da LC nº 118/2005 e, por isso, não se pode aplicar a retroação da norma com base no art. 106, I, do CTN:

> O advento da LC 118/05 e suas consequências sobre a prescrição, do ponto de vista prático, implica dever a mesma ser contada da seguinte forma: relativamente aos pagamentos efetuados a partir da sua vigência (que ocorreu em 09.06.05), o prazo para a repetição do indébito é de cinco anos a contar da data do pagamento; e relativamente aos pagamentos anteriores, a prescrição obedece ao regime previsto no sistema anterior, limitada, porém, ao prazo máximo de cinco anos a contar da vigência da lei nova (REsp 1002932/SP, Rel. Ministro Luiz Fux, julgado em 25.11.2009).

Cite-se também, dentre tantas outras decisões. a seguinte ementa de acórdão do STF:

> Direito tributário – Lei interpretativa – Aplicação retroativa da Lei Complementar nº 118/2005 – Descabimento – Violação à segurança jurídica – Necessidade de observância da vacacio legis – Aplicação do prazo reduzido para repetição ou compensação de indébitos aos processos ajuizados a partir de 9 de junho de 2005. Quando do advento da LC 118/05, estava consolidada a orientação da Primeira Seção do STJ no sentido de que, para os tributos sujeitos a lançamento por homologação, o prazo para repetição ou compensação de indébito era de 10 anos contados do seu fato gerador, tendo em conta a aplicação combinada dos arts. 150, § 4º, 156, VII, e 168, I, do CTN. A LC 118/05, embora tenha se autoproclamado interpretativa, implicou inovação normativa, tendo reduzido o prazo de 10 anos contados do fato gerador para 5 anos contados do pagamento indevido. Lei supostamente interpretativa que, em verdade, inova no mundo jurídico deve ser considerada como lei nova. Inocorrência de violação à autonomia e independência dos Poderes, porquanto a lei expressamente interpretativa também se submete, como qualquer outra, ao controle judicial quanto à sua natureza, validade e aplicação. A aplicação retroativa de novo e reduzido prazo para a repetição ou compensação de indébito tributário estipulado por lei nova, fulminando, de imediato, pretensões deduzidas tempestivamente à luz do prazo então aplicável, bem como a aplicação imediata às pretensões pendentes de ajuizamento quando da publicação da lei, sem resguardo de nenhuma regra de transição, implicam ofensa ao princípio da segurança jurídica em seus conteúdos de proteção da confiança e de garantia do acesso à Justiça. Afastando-se as aplicações inconstitucionais e resguardando-se, no mais, a eficácia da norma, permite-se a aplicação do prazo reduzido relativamente às ações ajuizadas após a vacatio legis, conforme entendimento consolidado por esta Corte no enunciado 445 da Súmula do Tribunal. O prazo de vacatio legis de 120 dias permitiu aos contribuintes não apenas que tomassem ciência do novo prazo, mas também que ajuizassem as ações necessárias à tutela dos seus direitos. Inaplicabilidade do art. 2.028 do Código Civil, pois, não havendo lacuna na LC 118/08, que pretendeu a aplicação do novo prazo na maior extensão possível, descabida sua aplicação por analogia. Além disso, não se trata de lei geral, tampouco impede iniciativa legislativa em contrário. Reconhecida a inconstitucionalidade art. 4º, segunda parte, da LC 118/05, considerando-se válida a aplicação do novo prazo de 5 anos tão somente às ações ajuizadas após o decurso da *vacatio legis* de 120 dias, ou seja, a partir de 9 de junho de 2005.[16]

---

[16] BRASIL. Supremo Tribunal Federal, RE 566621, Rel. Min. Ellen Gracie, Tribunal Pleno, j. 04.08.2011, repercussão geral – mérito, *DJe*-195, divulg 10.10.2011, public., 11.10.2011, ement. vol-02605-02, pp-00273 RTJ vol-00223-01 pp-00540.

Em segundo lugar, o art. 106, II, do CTN reza que ocorre a aplicação retroativa da lei em relação a **ato não definitivamente julgado, nas áreas administrativa ou judicial**[17], e, assim, deve-se aplicar retroativamente a lei, mesmo que já exista execução fiscal, ainda que embargada. Ao tratar do art. 106 do CTN, o STJ entendeu que o dispositivo "faculta ao contribuinte a incidência da lei posterior mais benéfica a fatos pretéritos, desde que a demanda não tenha sido definitivamente julgada, entendendo-se, no caso de execução, aquela na qual não foram ultimados os atos executivos destinados à satisfação do débito."[18]

Assim, nos termos do art. 106 ocorrerá a **aplicação retroativa**, afastando-se a imposição de penalidades, nos seguintes casos[19]: a) quando a lei nova deixar de considerar como infração determinado ato relativo à obrigação tributária principal; b) quando a lei nova deixar de tratar o ato como contrário a qualquer exigência de ação ou omissão (obrigação tributária acessória)[20], condicionada, no entanto, a aplicação retroativa da lei à não existência de fraude e não ter implicado falta de pagamento do tributo; c) quando a lei nova cominar penalidade menos severa que a prevista na lei vigente ao tempo da prática do ato, regra esta equivalente a do art. 2º, parágrafo único, do Código Penal, seja a penalidade moratória seja punitiva.

---

[17] Nesse sentido, decidiu o STF: "Se a decisão administrativa ainda pode ser submetida ao crivo do Judiciário, e para este houve recurso do contribuinte, não há de se ter o ato administrativo ainda como definitivamente julgado, sendo esta a interpretação que há de dar-se ao art. 106, II, 'c', do CTN" (*RTJ* 114/249). Aplicam-se aos fatos pretéritos não julgados definitivamente as leis tributárias mais favoráveis ao contribuinte (BRASIL. Superior Tribunal de Justiça, REsp 30.774/PR, Segunda Turma, v.u., Rel. Min. Peçanha Martins). A expressão "ato não definitivamente julgado", constante do art. 102, II, "c", alcança o âmbito administrativo e também o judicial; constitui, portanto, ato não definitivamente julgado o lançamento fiscal impugnado por meio de embargos do devedor em execução fiscal (BRASIL. Superior Tribunal de Justiça, REsp 187.051/SP, Rel. Min. Ari Pargendler). Deve ser interpretada de maneira mais favorável ao acusado a lei tributária que definir infrações ou cominar penalidades, podendo ser afastada a incidência de multa fiscal contra a empresa em concordata, se, pelo art. 23, parágrafo único, inciso II, da Lei de Falências, é ela afastada da falência (BRASIL. Superior Tribunal de Justiça, ED no REsp. 151324/PR, Rel. Min. Garcia Vieira, v.u.). 1. Só pode considerar-se encerrado, definitivamente, processo de Execução Fiscal após a arrematação, adjudicação e remição, de maneira que é possível a aplicação retroativa da lei mais benéfica ao contribuinte, para fim de redução de multa moratória decorrente de pagamento de ICMS efetuado com atraso. 2. A incidência de multa moratória no patamar de 30% do valor do débito corrigido tinha como fundamento a Lei Paulista nº 6.374/1989, em seus arts. 87 e 98, advinda da inadimplência e inscrição do débito tributário. 3. Com o advento da Lei nº 9.399, de 21.11.1996, alcançando fatos pretéritos por ser mais favorável ao contribuinte, que deu nova redação ao art. 87 da Lei nº 6.374/1989, há de se reduzir a multa moratória para 20% sobre o valor do imposto corrigido monetariamente, não perdendo, contudo, o título executivo os caracteres de liquidez e certeza (BRASIL. Superior Tribunal de Justiça, REsp. 201.810/SP, Rel. Min. José Delgado, Primeira Turma, v.u). Ricardo Lobo Torres, no entanto, entende que "a eficácia retro-operante da *lex mitior*, sendo princípio de Direito Penal, deve-se aplicar inclusive nos casos de existência de decisão definitiva administrativa ou de coisa julgada, salvo para o efeito de restituição de multa, eis que sempre se entendeu entre nós aquele princípio de justiça superior ao da *res judicata*" (*Op. cit.*, p. 118).

[18] BRASIL. Superior Tribunal de Justiça, AgInt no REsp 1.482.519/PB, Rel. Min. Napoleão Nunes Maia Filho, Primeira Turma, j. 01.04.2019, DJe de 09.04.2019.

[19] Hugo de Brito Machado, *op. cit.*, p. 71, observa que as hipóteses de retroeficácia da lei constantes do art. 106, II, do CTN, não se confundem com a anistia, porque essa não implica em alteração ou revogação da lei antiga.

[20] "2. Assim, a revogação de obrigação acessória imposta ao contribuinte constitui exceção à regra da irretroatividade da **lei** mais benéfica, nos estritos termos do art. 106, II, "b", do Código Tributário Nacional, observada, naturalmente, a inexistência de fraude associada ao não recolhimento do tributo. Precedentes. 3. Agravo interno não provido" (BRASIL. Superior Tribunal de Justiça, AgInt no AREsp 1415195/GO, Rel. Min. Mauro Campbell Marques, Segunda Turma, j. 23.04.2019).

Existem outras hipóteses de retroatividade não previstas no CTN, como relembra **Ricardo Lobo Torres**[21]: a) declaração de inconstitucionalidade pelo STF em ação direta; b) decisão do STF proferida na via de exceção, desde que o Senado Federal suspenda a execução da lei federal ou estadual.

O mesmo autor aduz mais o seguinte: "A declaração de inconstitucionalidade, no nosso sistema jurídico, a exemplo do que ocorre no Estados Unidos, opera *ex tunc*, atingindo os efeitos dos atos praticados sob o império da lei anulada. Mas o art. 27 da Lei nº 9.868, de 10.11.1999, passou a permitir que o Supremo Tribunal Federal, tendo em vista razões de segurança ou de excepcional interesse social, restrinja os efeitos da declaração de inconstitucionalidade ou decida que ela só tenha eficácia a partir de seu trânsito em julgado ou de outro momento que venha a ser fixado. A declaração de inconstitucionalidade encontra alguns outros limites em seu efeito *ex tunc*, eis que não pode atingir a coisa julgada, a situação jurídica consolidada e o ato jurídico perfeito".

IV. INTERPRETAÇÃO DA LEGISLAÇÃO TRIBUTÁRIA

1. Noção geral

Interpretação[22] é a parte da ciência jurídica que se ocupa dos métodos ou processos lógicos visando a aplicar a lei aos casos particulares, e para tal define o sentido das palavras e determina o exato alcance do texto legal. Em outras palavras, é através da interpretação que se apura se uma determinada situação está ou não abrangida pela lei, e, se o estiver, qual o modo dessa abrangência. Resumindo, a interpretação objetiva adequar a norma jurídica ao caso concreto em razão de sua abstratividade e tendo-se em mente que a norma não pode nem deve prever todos os casos que pretenda disciplinar. *Hermenêutica jurídica* é a ciência da interpretação que se propõe a descobrir e fixar os princípios que a regem, é a teoria científica da interpretação.

Segundo **Carlos Maximiliano**[23], a lei necessita de interpretação porque "é obra humana e aplicada por homens; portanto imperfeita na forma e no fundo, e dará duvidosos resultados práticos, se não se verificarem, com esmero, o sentido e o alcance das expressões do Direito." Disso resulta que toda lei necessita de interpretação, ainda que seja clara e precisa, bem como que a interpretação tem natureza meramente declaratória.

1.1. Evolução histórica

1.1.1. Interpretação apriorística

A interpretação da legislação tributária sofreu, desde a Antiguidade, uma evolução que deve ser conhecida para melhor compreensão do assunto. Assim, inicialmente, prevalecia a interpretação apriorística da norma jurídico-fiscal. Na **Antiguidade**, vigia o princípio *in dubio contra fiscum* baseado no célebre adágio de Modestino constante do Digesto "*non puto delinquere eum qui in dubiis quaestionibus contra fiscum facile responderit*". Tal adágio signi-

---

[21] *Op. cit.*, 9. ed., p. 122.

[22] É fundamental para o completo conhecimento do assunto que se leia a monografia clássica: MAXIMI-LIANO, Carlos. *Hermenêutica e aplicação do direito*. 9. ed. Rio de Janeiro: Forense, 1984. É imprescindível também a leitura da magnífica obra: TORRES, Ricardo Lobo. *Normas de interpretação e integração do direito tributário*. Rio de Janeiro: Forense, 1991.

[23] *Op. cit.*, p. 9.

ficava que, **na dúvida, a interpretação da norma jurídica tributária devia ser feita contra o fisco**. Esse princípio era alicerçado nas seguintes **razões**: a) a lei tributária era considerada odiosa ou restritiva da liberdade e da propriedade; **b)** o direito tributário era tido como direito excepcional; **c)** em consequência, a norma tributária devia ser interpretada da mesma forma que a norma penal, dando-se ao contribuinte um tratamento mais benigno. Posteriormente, passou a vigorar o princípio *in dubio pro fiscum* por se entender que o **tributo não era odioso**, já que constituía uma fonte normal de recursos para o fisco, visando a atender as necessidades públicas. O interesse público devia prevalecer sobre o interesse privado. Assim, na dúvida, a norma fiscal passou a ser interpretada a favor do Estado, para que pudesse auferir receitas e atender aos anseios da coletividade. Pode-se observar que nenhum dos dois princípios correspondia na realidade a uma verdadeira interpretação. Isso porque a **interpretação apriorística** caracteriza-se por corresponder a um método predeterminado de interpretação, sabendo-se antecipadamente a solução a ser dada a uma determinada questão tributária, abstraindo-se assim as características particulares que cada caso concreto apresenta. Esses são os defeitos dessa interpretação apriorística que justificaram o seu abandono.

1.1.2. Interpretação literal

Em uma segunda fase, iniciada com o surgimento do **Estado de Direito**, em consequência da Revolução Francesa Liberal de 1789, passou a predominar a orientação de que a interpretação da norma jurídico-fiscal devia ser sempre **literal** ou **estrita**[24].

O método da **interpretação literal** consistia no entendimento de que a norma tributária devia ser interpretada exclusivamente pelo sentido rigoroso das palavras constantes do texto legal, obrigando o Estado a exigir somente o que estivesse nele expressamente previsto. Não se devia adotar uma interpretação nem a favor do fisco nem contra o fisco[25]. O surgimento da interpretação literal decorreu do entendimento de considerar o direito tributário um direito comum, que contém normas jurídicas que se aplicam genericamente a uma série de relações jurídicas nelas previstas. Assim, a norma tributária devia ser interpretada como todas as demais leis. Repelia-se, desse modo, a tese anterior, que considerava o direito tributário um direito excepcional, isto é, direito constituído de normas jurídicas que visam a disciplinar especialmente determinadas situações de fato[26].

---

[24] José Manuel M. Cardoso da Costa revela que a reivindicação de uma nova estrutura do sistema tributário ocupava um lugar preponderante e decisivo nas exigências revolucionárias de 1789. Aduz ainda que nascido o Estado de Direito com a Revolução Liberal, ocorreram as seguintes repercussões no mundo tributário: "surgiram com ele definitivamente as garantias institucionais (intervenção do Legislativo na definição dos elementos essenciais do imposto, regulamentação legal dos processos de cobrança etc.), cuja necessidade se fazia sentir para a proteção dos contribuintes no que toca à exigência dos impostos, deixando por isso de justificar-se, na aplicação jurisprudencial das normas fiscais, qualquer atitude de preconceito em seu favor destinada a suprir a falta daquelas garantias" (COSTA, José Manuel M. Cardoso da. *Curso de direito fiscal*. Coimbra: Livraria Almedina, 1972, p. 201).

[25] Amilcar de Araújo Falcão esclarece sobre a orientação dessa interpretação estrita o seguinte: "surgiu no sentido de, repelindo as soluções apriorísticas, preconizar que fosse sempre literal a interpretação, a fim de que não houvesse distensão de um ônus, encargo, ou obrigação além daquele limite que, clara e expressamente, sobressaísse da dicção legal" (*Op. cit.*, p. 75).

[26] Rubens Gomes de Souza demonstra a fraqueza da interpretação literal nestes termos: "É claro que esta teoria, ligando a aplicação do direito tributário rigorosamente à letra da lei, na realidade eliminava todo o problema de interpretação, que ficava reduzido à simples análise gramatical dos textos, inclusive quando os resultados dessa análise fossem evidentemente diversos ou mesmo contrários aos objetivos visados pela lei, o que sempre podia ocorrer em razão de defeitos de redação, ou da modificação das condições econômicas, políticas, sociais, etc., em relação às existentes, ao tempo em que a lei fora feita.

Como será explicado mais adiante, o CTN, em seu art. 111, determina o emprego da interpretação literal em matéria de suspensão ou exclusão do crédito tributário, outorga de isenção e dispensa do cumprimento de obrigações tributárias acessórias.

1.1.3. *Métodos de interpretação segundo a doutrina*

A doutrina chegou ao consenso de que **são válidos todos os métodos de interpretação da norma jurídico-fiscal** porque não existe um só sistema que seja universalmente aceito. Tal entendimento decorre de um simples fato: todos os métodos de interpretação oferecem elementos de interesse parcial, para que se possa saber o alcance e o sentido da lei[27].

Além do processo gramatical, comentado anteriormente, devem ser referidos também para a interpretação da norma tributária os seguintes processos de interpretação: a) **histórico**: deve-se levar em conta todas as circunstâncias que envolveram a *occasio legis*, e isso implica no estudo do projeto de lei, dos debates que sobre ele ocorreram, dos considerandos, das críticas doutrinárias e do histórico do instituto: esse estudo tem o objetivo de se conhecer o que o legislador na realidade pretendia dizer ao tempo da elaboração da lei; b) **lógico**: visa a obter a interpretação correta das normas jurídicas do seu simples estudo em si, ou em conjunto, por meio do raciocínio dedutivo e sem o auxílio de nenhum elemento exterior, "com aplicação ao dispositivo em apreço de um conjunto de regras tradicionais e precisas, tomadas de empréstimo à Lógica geral";[28] c) **sistemático**: o exegeta deve comparar a norma, objeto da interpretação, "com outras normas jurídicas relativas ao mesmo assunto, considerando suas relações e a sua compatibilidade com o sistema jurídico no qual ela se acha inserida";[29] em suma, deve-se interpretar o dispositivo legal relacionando-o com todo o texto da lei no qual está inserido e com o sistema legal vigente; d) **teológico**: tem o objetivo de perquirir o fim da lei, "o resultado que a mesma precisa atingir em sua atuação prática"[30], por considerar o Direito uma ciência primeiramente normativa ou finalística; f) **evolutivo**: o intérprete deve

---

Além disso, esse método de interpretação tinha ainda o inconveniente de induzir o legislador a fazer leis casuísticas, isto é, leis que procurassem prever e regular minuciosamente todas as hipóteses possíveis. Isto não só é um defeito de técnica legislativa, como ainda torna excessivamente rígido o sistema jurídico, embaraçando a evolução e o progresso. Finalmente, se a lei pretende regular expressamente todas as hipóteses possíveis, evidentemente precisa estar sempre modificada e adaptada, o que torna confuso e difícil o seu entendimento e aplicação" (SOUZA, Rubens Gomes de. *Compendio de legislação tributária*. 3. ed. Rio de Janeiro: Financeiras, 1964, p. 55).

[27] Amilcar de Araújo Falcão esclarece melhor essa nova orientação, ao lecionar: "Na exegese da lei fiscal, o intérprete levará em conta não só o elemento léxico, como o lógico. Investigará, então, o motivo por que a lei foi elaborada (*occasio legis, mens legislatoris*), os princípios que presidiram a sua elaboração (trabalhos preparatórios e parlamentares), os antecedentes históricos da disciplina legal (estudo histórico), enfim, o seu estudo sistemático, aí compreendida a apreciação do fim visado pela lei e do enquadramento desta no sistema jurídico a que pertence. É preciso ficar bem claro que nenhum desses elementos é único e conclusivo, devendo-se, pelo contrário, em cada caso, tomá-los isolada ou conjuntamente, conforme requeiram as necessidades" (*Op. cit.*, p. 75-76).

[28] Cf. MORAES, Bernardo Ribeiro de. *Compêndio de direito tributário*. 2. ed. Rio de Janeiro: Forense, 1994, p. 197.

[29] Cf. Bernardo Ribeiro de Moraes, *op. cit.*, p. 463.

[30] Cf. Carlos Maximiliano, *op. cit.*, p. 151-152. Bernardo Ribeiro de Moraes, *op. cit.*, p. 463, ensina que "a interpretação teleológica busca a finalidade da norma jurídica, considerando sempre o fundamento e a finalidade, o *porquê* e o *para que* da lei". Anatole France diz, no *Jardim de Epicuro*: "Compreender uma obra-prima é, em suma, criá-la em si mesmo, de novo." Significa, nas palavras de Carlos Maximiliano (*op. cit.*, p. 153), que "deve o intérprete sentir-se como o próprio autor do trabalho que estuda, imbuir-se das ideias inspiradoras da obra concebida e realizada por outrem."

adaptar a lei às condições sociais, políticas e econômicas vigentes ao tempo de sua aplicação, porque tais condições não são as mesmas existentes no momento do surgimento da norma jurídica, considerando que a lei se destaca da vontade do legislador depois de promulgada; g) sociológico[31]; "a lei deve ser interpretada sociologicamente, como produção do grupo social de que o legislador se fez órgão", visando a "conferir a aplicabilidade da norma às relações sociais que lhe deram origem", estender o sentido da norma às relações sociais novas, inéditas ao tempo da sua criação e "temperar o alcance da norma jurídica, a fim de que a mesma corresponda às necessidades de caráter social atuais".

Deve-se, ainda, comentar a teoria da **Livre Indagação**[32], surgida na Alemanha e na França no final do século XIX, e consagrada no art. 1º do Código Civil suíço de 1907, *verbis*: "Aplica-se a lei a todas as questões de Direito para as quais ela, segundo a sua letra ou interpretação, contém um dispositivo específico. Deve o juiz, quando não se lhe depare preceito legal apropriado, decidir de acordo com o Direito Consuetudinário, e, na falta deste, segundo a regra que ele próprio estabeleceria se fosse legislador", inspirando-se na doutrina e na jurisprudência consagradas. Essa teoria foi considerada perigosa pela doutrina[33], por investir o intérprete de um poder ilimitado e a sua aplicação acarretar a insegurança das relações, em razão de criar a incerteza das consequências futuras e dos atos e fatos incidentes na esfera do direito[34]. A teoria em questão baseava-se em que a interpretação deve ser mais ou menos livre e não se fixar apenas na norma jurídica, porque esta não é a única fonte de direito, em razão de "ao lado do direito positivo existir um modo de produção jurídica que se adapta às transformações da vida social e que deve ser estudado por uma **livre investigação científica**"[35].

1.1.4. Interpretação econômica

Tendo em vista a insuficiência, na interpretação da legislação tributária, da adoção isolada de qualquer dos processos tradicionais, surgiu no direito tributário o **processo econômico de interpretação**[36], originário da escola alemã. Segundo **Amilcar de Araújo Falcão**[37], esse processo recomenda que seja "a lei tributária *interpretada funcionalmente, levando em conta* a consistência econômica do fato gerador (...), a normalidade dos meios adotados para atingir

---

[31] Cf. Bernardo Ribeiro de Moraes, *op. cit.*, p. 199. R. Saleilles esclarece: "As mudanças econômicas e sociais constituem o fundo e a razão de ser de toda a evolução jurídica; e o Direito é feito para traduzir em disposições positivas e imperativas toda a evolução social. Como, pois, recusar interpretá-lo no sentido das concepções sociais que tendem a generalizar-se e a impor-se?" (*Les méthodes juridiques, apud* Carlos Maximiliano, *op. cit.*, p. 159-160).

[32] Carlos Maximiliano, *op. cit.*, p. 66, esclarece que esta teoria traduziu um movimento inovador iniciado por Geny, segundo uns, ou pelo alemão Ehrlich, segundo outros, e "tomou em França, por divisa, ou lema, a *Livre Indagação (Libre Recherche)*; na Suíça, Áustria e Alemanha, *Direito Justo (Richtiges Recht)* ou *Livre Pesquisa do Direito (Freie Rechtsfindung)*".

[33] Cf. Bernardo R. de Moraes, *op. cit.*, p. 201.

[34] Carlos Maximiliano, *op. cit.*, p. 70, adverte que "como todas as palavras têm significação, não deixa de ser perigoso autorizar *expressamente* o juiz a transpor as raias da sua competência de simples aplicador do Direito. Se o fazem também *criador*, embora com restrições severas, ele pouco a pouco as irá solapando e suprimindo".

[35] Cf. Vicente Ráo, *apud*, Bernardo R. de Moraes, *op. cit.*, p. 201.

[36] Quem melhor explicou este processo de interpretação foi Amilcar de Araújo Falcão em suas obras: *Introdução ao direito tributário* e *Fato gerador da obrigação tributária*, de onde extraímos a maior parte das considerações sobre o assunto. Tal processo de interpretação é chamado pelos alemães de *wirtschaftliche betrachtungsweise*.

[37] *Introdução ao direito tributário, op. cit.*, p. 81-82.

certos fins (...) e a finalidade ou função que o tributo instituído vai desempenhar". Em outras palavras, a tarefa da interpretação econômica é "identificar, na alusão feita pelo legislador fiscal a determinado ato, negócio ou instituto jurídico para a definição do fato gerador, o intuito jurídico para a definição do fato gerador, o intuito de caracterizar, através de uma forma elíptica, a relação econômica subjacente"[38]. Entretanto, o legislador refere-se não a essa relação econômica mas ao nome jurídico pelo qual ela é conhecida no mundo do direito, visando a maior simplicidade e melhor clareza do texto legal. **Exemplificando**: quando a lei elege a compra e venda de bem imóvel como fato gerador do ITBI, quer, em verdade, referir-se à situação econômica pela qual uma pessoa transfere riqueza imobiliária para outra em contrapartida do recebimento de outra riqueza, que é o preço.

Considerando que o legislador, ao eleger determinada situação como fato gerador do tributo, parte do entendimento de que a mesma revela certa capacidade contributiva, é correta a afirmação de que o *fato gerador*, em sua essência, é um **fato econômico**, *ao qual o Direito empresta relevo jurídico* e não um mero fato econômico. Isso porque, ocorrendo o fato gerador, dar-se-á a incidência do tributo.

A concepção de que a lei tributária deve ser interpretada funcionalmente, levando em conta a consistência econômica do fato gerador, "levou alguma vez a excessos que atingiram as raias da livre indagação, tal como sucedeu com a incipiente jurisprudência da Corte Financeira do Reich (*Reichsfinanzhof*) nos primeiros anos que se seguiram à *Reichsabgabenordung*. Chegou-se a falar em uma *interpretatio abrogans* com o fim de autorizar-se o intérprete a superar a norma legislativa para dar-lhe sentido que corrigisse eventuais desrespeitos aos ditames da justiça"[39].

Entretanto, cristalizou-se na **doutrina** o entendimento de que a autoridade fiscal só pode adotar o processo da interpretação econômica quando ocorrerem **cumulativamente** dois pressupostos: a) forma jurídica atípica revestindo o ato; b) visar o contribuinte com esta atipicidade no manejo de forma jurídica não pagar ou pagar a menor o tributo[40]. Assim, o processo de interpretação econômica não pode ser utilizado quando o contribuinte, agindo licitamente, visando a economia fiscal, não pague ou pague a menor o tributo, pois se trata de mera elisão fiscal, inexistindo, portanto, a intenção de fraude. Ademais, a adoção da interpretação econômica, quando cabente, não significa que se afastem da interpretação da norma jurídico-fiscal seus demais métodos.

1.2. A interpretação no CTN

1.2.1. Noção geral

As normas sobre interpretação e integração da legislação tributária constam do Capítulo IV do Livro Segundo do CTN, compreendendo os arts. 107 a 112. Entendemos que o legislador agiu com correção ao reunir em um único capítulo as normas sobre interpretação (arts. 109 a 112) e integração (art. 108). Não obstante sejam distintos, os dois institutos visam a obter solução para um determinado caso concreto. A interpretação em sentido amplo é a atividade feita pelo exegeta para apurar se existe ou não norma jurídica sobre determinado

---

[38] Cf. Amílcar de Araújo Falcão, *Fato gerador da obrigação tributária, op. cit.*, p. 50.

[39] Cf. Amílcar de Araújo Falcão, *Introdução ao direito tributário, op. cit.*, p. 82.

[40] O art. 5º do ordenamento tributário alemão de 1919 já autorizava a interpretação econômica neste caso, ao dispor: "O débito tributário não pode ser objeto de evasão ou redução, mediante o abuso de formas jurídicas de Direito Privado". Da mesma forma, o art. 42 do Código Tributário alemão de 1977.

Capítulo VI · LEGISLAÇÃO TRIBUTÁRIA | 189

caso concreto. Se existir, ele procede à interpretação em sentido restrito no tocante à norma jurídica encontrada. Se não existir, o exegeta deve proceder à integração para suprir a lacuna da lei. Disso resulta que a interpretação em sentido amplo abrange também a integração, enquanto em sentido restrito a interpretação opõe-se à integração[41].

O art. 107 reza que a legislação tributária será interpretada conforme o disposto no Capítulo IV, e o dispositivo merece as seguintes observações. Primeira, que corresponde à regra geral em matéria de interpretação e de integração da legislação tributária porque o dispositivo refere-se à interpretação em **sentido amplo**, isto é, a busca, dentro do ordenamento, da regra aplicável a uma situação concreta. Segundo, que o legislador utiliza a expressão **legislação tributária**, referindo-se, portanto, à lei, aos tratados e convenções internacionais, aos decretos, normas complementares etc. (CTN, art. 96). Terceira, que as normas de interpretação não estão contidas somente no Capítulo IV porque o **art. 118** corresponde também a uma norma de interpretação, embora não integre o referido capítulo. Quarta, que o art. 107 estabelece somente o primado das regras do CTN em matéria de interpretação em relação às normas do direito comum mas não afasta os métodos clássicos de interpretação.

1.2.1.1. Os arts. 109 e 110 do CTN

Os arts. 109 e 110 do CTN devem ser entendidos **em conjunto** porque "o conjunto genérico do art. 109 está desdobrado no art. 110"[42].

O art. 109 do CTN reza que os princípios gerais de direito privado utilizam-se para pesquisa da definição, do conteúdo e do alcance de seus institutos, conceitos e formas, **mas não para definição dos respectivos efeitos tributários**. Esta regra decorre de **duas constatações**. A primeira, que o direito tributário é autônomo. A segunda, que, embora autônomo, o direito tributário não é independente, pelo que tem relações múltiplas e harmônicas com o Direito Privado. Assim, a lei tributária, ao aludir a um determinado instituto de Direito Privado, remete para o conceito do instituto como ele vigora e é conhecido no Direito Privado, mas os efeitos tributários desse instituto não são baseados no Direito Privado. Disso decorre que o **art. 109 consagra o processo de interpretação econômica das normas tributárias**, porque a lei tributária, quando escolhe uma determinada situação como necessária e suficiente à ocorrência do fato gerador, visa, na realidade, à relação econômica subjacente que esta situação traduz em seu âmago por indicadora de uma certa capacidade econômico-contributiva. Resulta do que foi exposto que institutos, como prescrição e quitação, e conceitos, como domicílio, preço, garantia, sucessão, doação, compra e venda etc., devem ter sua natureza entendida tais como estruturados no Direito Privado, onde têm de ser pesquisados[43]. Entretanto, existem conceitos, por exemplo, da responsabilidade tributária, que alcançam independência quanto ao instituto de direito privado, porque os arts. 133, II, e 134 do CTN referem-se à responsabilidade de natureza subsidiária, não prevista no Código Civil.

Cresce de vulto o problema quando o contribuinte escolhe um instituto e sobretudo uma **forma jurídica para revestir o ato**, visando não pagar ou pagar a menor o tributo. **Exemplificando**: substituir uma escritura de compra e venda por uma procuração em causa própria. Entendemos, nesse caso, que, a teor do disposto no art. 109 do CTN, não há dúvida alguma que a autoridade fiscal pode constatar que a relação econômica ínsita é distinta da revelada pela forma utilizada pelo contribuinte, sendo, portanto, diverso seu efeito econômico.

---

[41] Cf. ASCENSÃO, Oliveira. *O direito*: introdução e teoria geral. Rio de Janeiro: Renovar, 1994, p. 304.

[42] Cf. Aliomar Baleeiro, *op. cit.*, p. 443.

[43] Cf. Ruy Barbosa Nogueira, *op. cit.*, p. 69-71.

Daí, se estiverem presentes a utilização de forma jurídica atípica, inadequada, à luz do direito privado, e a intenção de fraude, deve-se tributar o fato em função de sua essência econômica. Isso porque o fato gerador é, no fundo, um fato econômico a que o direito empresta relevo jurídico, e, ademais, concretizou-se a situação abstrata prevista na lei fiscal, revelando, pelo exame da relação econômica subjacente, a capacidade econômico-contributiva visada pelo legislador ao elegê-la como hipótese de incidência do tributo.

Entretanto, se o contribuinte **não abusa da forma jurídica,** não há de se permitir à autoridade fiscal o recurso ao processo da interpretação econômica, pois inexiste, no caso, o elemento dolo, a intenção fraudulenta. Por outro lado, os autores nacionais e alienígenas são concordes em que o contribuinte tem o direito de planejar livremente a sua vida fiscal, para poder ordená-la com base na lei, e, em consequência, **sem fraude,** para impedir ou retardar, total ou parcialmente, a ocorrência do fato gerador da obrigação tributária principal. Vale dizer, não pagar, diferir o pagamento ou pagar o tributo a menor em decorrência de um procedimento lícito. Trata-se, no caso, de mera **elisão fiscal,** economia fiscal, evasão lícita do tributo, evasão legal, evasão fiscal, enfim, do que os norte-americanos chamam de *tax planning*[44]. Se o exegeta adotar, no caso, o processo de interpretação econômica para, com base na relação econômica subjacente, concluir pela tributação, estará fazendo verdadeira *interpretatio abrogans*, pois tributar sem fato gerador definido em lei é violentar o princípio da legalidade tributária. Estará fazendo **interpretação extensiva,** a partir do momento em que dá à norma interpretada uma elasticidade de abrangência para compreender casos nela não previstos. Tal interpretação não encontra apoio no CTN, vez que o parágrafo 1º do art. 108 é expresso em enunciar que o "emprego da analogia não poderá resultar na exigência de tributo não previsto em lei"[45].

Como dissemos antes, a norma do **art. 109 do CTN harmoniza-se com a do art. 110,** que assim dispõe: "A lei tributária não pode alterar a definição, o conteúdo e o alcance de institutos, conceitos e formas de direito privado, utilizados, expressa ou implicitamente, pela Constituição Federal, pelas Constituições dos Estados, ou pelas Leis Orgânicas do Distrito Federal ou dos Municípios, para definir ou limitar competências tributárias."

Trata-se mais de uma **regra de restrição dirigida ao legislador** que uma norma de interpretação, mas que se justifica porque a matéria de competência tributária é constitucional e não pode ser alterada por lei complementar ou ordinária, sob pena de se subverter o sistema constitucional da discriminação de rendas, que estabelece a partilha de competência tributária entre as entidades de direito público federal, estadual e municipal. A regra é que, **sendo o direito tributário autônomo,** a lei tributária pode alterar conceitos, institutos e formas de direito privado, como ocorre, por exemplo, nos arts. 133, II, e 134 do CTN, quando se referem à responsabilidade subsidiária, não prevista no Código Civil brasileiro. Entretanto, **quando esses institutos, conceitos e formas do direito privado são empregados para delimitar ou definir competência tributária, não poderão ser alterados pela lei tributária porque a Constituição Federal recepcionou esses conceitos do direito privado.** Assim, a Constituição Federal, em seu

---

[44]   Cf. Bernardo Ribeiro de Moraes, *op. cit*, p. 720.

[45]   Amílcar de Araújo Falcão, ao discorrer sobre o assunto, leciona o seguinte: "Pode ocorrer que o contribuinte disponha seus negócios, de modo a pagar menos tributos. Nada o impede, desde que não ocorra aquela manipulação do fato gerador, no que toca ao seu revestimento jurídico. A doutrina reconhece como válido e perfeitamente legítimo aquilo que se denomina de economia fiscal. E transcreve a seguir a lição de Lerouge: 'cada um pode administrar seu patrimônio ou seus negócios de tal maneira, de modo que o imposto tenha o menos de peso possível. O dever moral, não mais que o dever cívico, não pode ter o efeito de obrigá-lo a escolher o caminho mais proveitoso ao Tesouro'" (*Fato gerador da obrigação tributária, op. cit.*, p. 73-74).

art. 156, II, ao determinar a competência dos Municípios para instituir o imposto sobre transmissão *inter vivos*, a qualquer título, por ato oneroso de **bens imóveis**, refere-se a esse instituto tal qual é conceituado no direito privado. Da mesma forma, quando a CF refere-se a **mercadoria** para determinar a competência tributária dos Estados e Distrito Federal no que toca ao ICMS (CF, art. 155, II), está recepcionando o conceito de mercadoria segundo o direito empresarial. Em outras palavras, quando a Constituição Federal emprega determinado conceito, instituto ou forma de direito privado, para definir ou limitar competência tributária, ela **recepciona, ou melhor, constitucionaliza tal conceito, instituto ou forma de direito privado**, e, assim, a lei tributária que alterá-lo, para fazer incidir tributo, deverá ser considerada inconstitucional.

1.2.1.2. Interpretação literal (CTN, art. 111)

A interpretação literal foi acolhida expressamente pelo **art. 111 do CTN** quanto à legislação tributária que disponha sobre suspensão ou exclusão de crédito tributário, outorga de isenção e dispensa do cumprimento de obrigações tributárias acessórias. **Justifica-se** a citada regra, pois as hipóteses de suspensão da exigibilidade do crédito tributário (CTN, art. 151) são exceções à regra de que a prestação tributária corresponde a uma atividade administrativa vinculada (CTN, art. 3º, parte final), ou seja, ocorrendo o fato gerador, o Estado não pode deixar de exigir o tributo. Na **isenção**, causa de exclusão do crédito tributário (CTN, art. 175), a lei afasta a incidência do tributo, e, por isso, a norma isencional não pode ser interpretada extensivamente (CTN, art. 177). Da mesma forma, a interpretação de lei que concede anistia não pode ser ampliativa, porque implica em perdão de penalidades relativas a infrações da legislação tributária, ou seja, renúncia de receita. Finalmente, deve também ser interpretada literalmente a legislação que dispensa o cumprimento de **obrigações acessórias**, ou seja, exigências ou omissões determinadas pela legislação que não se referem ao pagamento de tributos ou penalidades (CTN, art. 113, § 2º). Isso porque a exclusão e a suspensão da exigibilidade do crédito tributário não dispensam o cumprimento das mencionadas obrigações dependentes da obrigação principal, cujo crédito seja excluído ou tem a sua exigibilidade suspensa (CTN, parágrafo único dos arts. 151 e 175). Da mesma forma, a **imunidade** também não dispensa o cumprimento de obrigações tributárias acessórias (CTN, arts. 14, III, e 194, parágrafo único), que permitem à fiscalização verificar se o contribuinte beneficiado por imunidade condicionada preenche ou não os requisitos legais.

Em suma, o art. 111, presente o **princípio da legalidade tributária**, visa a impedir o recurso à analogia e à equidade, como formas de integração[46]. A **Súmula nº 100 do STJ** é

---

[46] Cf. Ricardo Lobo Torres, *op. cit.*, p. 102-103. No mesmo sentido decidiu o STJ, não admitindo interpretação extensiva da norma isencional "por ser vedado ao juiz reconhecer isenção onde não está literalmente prevista" (BRASIL. Superior Tribunal de Justiça, REsp 17.0316/SP, Segunda Turma, v.u., Rel. Min. Ari Pargendler etc.). Sendo "obrigatória a interpretação literal da legislação tributária que disponha sobre exclusão do crédito tributário (CTN, art. 111, I), não há como incluir-se no elenco do art. 29 e incisos do DL nº 2.303/1986 crédito pertencente às autarquias federais, vez que o favor legal referido limitou-se a determinar o cancelamento de débitos para com a União, assim entendida a administração centralizada. ...." (TRF-1ª R., AC 89.01.14713-0/MG, Rel. Juiz Murat Valadares, Quarta Turma.). No mesmo sentido, não admitindo, com base no art. 111 do CTN, interpretação das regras nele referidas que estenda benefícios fiscais (BRASIL. Superior Tribunal de Justiça, REsp 117.650, Rel. Min. Adhemar Maciel, Segunda Turma, v.u.). Interpretação. Incabível analogia ou interpretação extensiva referente à isenção prevista em lei (BRASIL. Superior Tribunal de Justiça, REsp 53.192, Primeira Turma, v.m.,). Não incidindo o AFRMM sobre tarifas nacionais de importação, mas sobre o frete, não goza de isenção prevista no acordo, mesmo porque as normas isencionais interpretam-se restritivamente (BRASIL. Superior Tribunal de Justiça, Resp., 196.695, Rel. Min. Hélio Mosimann, Segunda Turma, v.u.). Inexiste tratado internacional isentando o bacalhau do AFRMM (BRASIL. Superior Tribunal de Justiça, Rel. Min. Garcia Vieira, Primeira Turma, v.u.).

exemplo marcante de aplicação do art. 111 do CTN: "É devido o Adicional ao Frete para Renovação da Marinha Mercante na importação sob o regime de benefícios fiscais à exportação". Isso porque a isenção só pode ser reconhecida em favor do contribuinte quando estiver expressa em lei, não se admitindo recurso à analogia ou interpretação extensiva para enquadrar situações não prevista em lei.

STJ, Interpretação do art. 111, II do CTN. Tema Repetitivo 250

> 3. Consectariamente, revela-se interditada a interpretação das normas concessivas de isenção de forma analógica ou extensiva, restando consolidado entendimento no sentido de ser incabível interpretação extensiva do aludido benefício à situação que não se enquadre no texto expresso da lei, em conformidade com o estatuído pelo **art. 111,** II, do **CTN** (Precedente do STF: RE 233652/DF – Relator(a): Min. Maurício Corrêa, Segunda Turma, DJ 18-10-2002. Precedentes do STJ: EDcl no AgRg no REsp 957.455/RS, Rel. Ministro Luiz Fux, Primeira Turma, julgado em 18.05.2010, DJe 09.06.2010; REsp 1187832/RJ, Rel. Ministro Castro Meira, Segunda Turma, julgado em 06.05.2010, DJe 17.05.2010; REsp 1035266/PR, Rel. Min. Eliana Calmon, Segunda Turma, julgado em 21.05.2009, DJe 04.06.2009; AR 4.071/CE, Rel. Ministro Teori Albino Zavascki, Primeira Seção, julgado em 22.04.2009, DJe 18.05.2009; REsp 1007031/RS, Rel. Ministro Herman Benjamin, Segunda Turma, julgado em 12.02.2008, DJe 04.03.2009; REsp 819.747/CE, Rel. Ministro João Otávio De Noronha, Segunda Turma, julgado em 27.06.2006, DJ 04.08.2006; REsp 1116620/BA, Rel. Min. Luiz Fux, Primeira Seção).

1.2.1.3. Interpretação benigna (CTN, art. 112)

O CTN, versando ainda sobre a interpretação da legislação tributária[47], reza, em seu **art. 112**, que:

> Art. 112 – A lei tributária que define infrações, ou lhes comina penalidades, interpreta-se da maneira mais favorável ao acusado, em caso de dúvida quanto: I – à capitulação legal do fato; II – à natureza ou às circunstâncias materiais do fato, ou à natureza ou extensão dos seus efeitos; III – à autoria, imputabilidade ou punibilidade; IV – à natureza da penalidade aplicável ou à sua graduação.

O dispositivo transcrito acima merece as seguintes observações. **Primeira**, refere-se à **lei e não à legislação tributária**, porque a matéria pertinente à definição de infrações e cominação de penalidades é privativa de lei (CTN, art. 97, V). **Segunda**, que a aplicação do dispositivo em tela não é cabente para qualquer lei tributária, **mas somente para aquela que defina infrações ou comine penalidades. Terceira**, que o mesmo dispositivo só deverá ser aplicado no caso de **existir dúvida no tocante a infrações ou cominação de penalidades. Quarta**, que o dispositivo consagra princípio geral de direito público, originário do direito romano: *in dubio pro reo*. Tal princípio significa que, no caso de dúvida, a interpretação deve

---

[47] Luciano Amaro doutrina: 'Na verdade, embora o art. 112 do Código Tributário Nacional pretenda dispor sobre 'interpretação da lei tributária', ele prevê, nos seus incisos I a III, diversas situações nas quais não se cuida da identificação do sentido e do alcance da lei, mas sim da *valorização dos fatos*. Nessas situações, a *dúvida* (que se deve resolver a favor do acusado, segundo determina o dispositivo) não é de interpretação *da lei*, mas de 'interpretação' *do fato* (ou melhor, de qualificação do fato). Discutir se o fato 'x' se enquadra ou não na lei, ou se ele se enquadra na lei 'A' ou na lei 'B', ou sem a autoria do fato é ou não do indíviduo 'Z', diz respeito ao exame do fato e das circunstâncias em que ele teria ocorrido, e não ao exame da lei" (*Op. cit.*, p. 223).

ser favorável ao acusado, ou seja, *pro contribuinte*, traduzindo respeito ao ser humano e consagrando a equidade. **Isso porque visa a temperar o rigor da aplicação da lei,** suavizando de certa forma o rigor do art. 136 do CTN, que estabelece, como regra, que a responsabilidade é objetiva por infrações da legislação tributária. **Quinta**, que a regra é **dirigida a todos aqueles que aplicam a lei tributária,** juízes e funcionários. **Sexta**, que as **questões ensejadoras de dúvidas** são quanto: a) à capitulação legal do fato, ou seja, o fato é indubitável, mas incerto é o seu enquadramento na lei; b) à natureza ou às circunstâncias materiais do fato, ou seja, o fato é igualmente indubitável no que toca a sua existência, mas não quanto à sua natureza, ou em relação às circunstâncias materiais em que ocorreu, ou ainda quanto à natureza ou extensão dos seus efeitos; c) à autoria, imputabilidade ou punibilidade, ou seja, o fato é certo, mas não se sabe quem cometeu a infração, ou há dúvida quanto à qualidade do autor da infração, se imputável ou inimputável, ou ainda, se existe "incerteza quanto à condição de ser punível ou não o autor que seja certo e imputável"[48]; d) à natureza da penalidade aplicável, se há dúvida, por exemplo, se deve ser aplicada a pena de perdimento de bem ou multa, e ainda quanto à graduação da penalidade, como, por exemplo, multa de 10% ou de 20%.[49]

STJ. Aplicação de interpretação benigna" (AgRg no AgRg no Ag 1048347/RS, Rel. Min. Eliana Calmon, Primeira Turma): "3. A **interpretação benigna** incide quando há dúvida na aplicação da norma jurídica, o que não se verifica na hipótese dos autos, em que todos os fatos jurídicos subsumem-se à regra jurídica sem maiores perquirições. 4. Esta Corte há muito pacificou seu entendimento sobre a validade da aplicação da Taxa SELIC aos créditos **tributários**. 5. Nos tributos declarados e constituídos pelo próprio contribuinte, não há denúncia espontânea quando ausente o pagamento do valor integral do crédito. 6. Não demonstrada divergência jurisprudencial, pois a parte agravante não se desincumbiu do ônus do cotejo analítico entre o acórdão recorrido e os acórdãos paradigmas. 7. Agravo regimental não provido".

1.2.1.4. Interpretação da definição legal da hipótese de incidência (CTN, art. 118)

As regras de interpretação da legislação tributária não se esgotam nos arts. 107 e 109 a 112 do CTN, como parece demonstrar o art. 107, porque outra regra é encontrada no **capítulo pertinente ao fato gerador,** a saber:

> Art. 118 – A definição legal do fato gerador é interpretada abstraindo-se:
> I – da validade jurídica dos atos efetivamente praticados pelos contribuintes, responsáveis ou terceiros, bem como da natureza do seu objeto ou dos seus efeitos;
> II – dos efeitos dos fatos efetivamente ocorridos.

Esse dispositivo deixa estreme de dúvidas que ao direito tributário interessa somente a **essência econômica** da situação definida em lei como hipótese de incidência do tributo, sendo irrelevantes a validade jurídica dos atos efetivamente praticados, a natureza do seu

---

[48] Cf. Hugo de Brito Machado, *op. cit.*, p. 83-84.

[49] Ricardo Lobo Torres revela que: "Apesar de o art. 112, IV, estabelecer que se interpreta a lei tributária de maneira mais favorável ao acusado, no caso de dúvidas quanto à natureza da penalidade aplicável ou à sua graduação, o Supremo Tribunal Federal vem reduzindo as multas fiscais se não ocorre dolo nem má-fé, ainda que se cuide de penalidade fixa, sem variação dentro de limites mínimo e máximo previstos na lei, ou que se trate das chamadas penalidades moratórias, seja para adaptá-las às circunstâncias objetivas e subjetivas do caso, seja para lhes retirar o caráter confiscatório, seja para equilibrá-las com os acréscimos de juros e correção monetária" (TORRES, Ricardo Lobo. *Normas de interpretação e integração do direito tributário*. Rio de Janeiro: Forense, 1991, p. 112-113).

objeto ou dos seus efeitos, bem como os efeitos dos atos efetivamente ocorridos. Tal regra se explica porque o fato gerador consiste em um **fato econômico**, embora com relevo para o mundo jurídico. Daí interessar ao direito tributário somente a relação econômica subjacente no ato, pouco importando se o ato é lícito ou não, como deixa claro o inciso I do art. 118, ao determinar que se abstraia a natureza do objeto do ato[50]. Por outro lado, pouco importa também para o aplicador da lei tributária se o ato é nulo ou anulável para o direito privado (inciso I), ou se ocorreram os não os seus efeitos jurídicos (inciso II).

V. INTEGRAÇÃO DA LEGISLAÇÃO TRIBUTÁRIA

1. Noção geral

O **processo de integração** pressupõe a lacuna da lei em relação a determinada situação concreta, inexistindo, assim, uma disposição legal expressa e específica sobre uma dada situação. A lei pode ser lacunosa, mas o **ordenamento jurídico não contém lacunas**, e o intérprete, ao proceder à atividade da integração, vai em busca de uma norma geral que, preenchendo a lacuna da lei específica, resolva aquela situação concreta.

O CTN refere-se à integração da legislação tributária ao dispor que:

> Art. 108 – Na ausência de disposição expressa, a autoridade competente para aplicar a legislação tributária utilizará sucessivamente, na ordem indicada:
> I – a analogia;
> II – os princípios gerais de Direito Tributário;
> III – os princípios gerais de Direito Público;
> IV – a equidade.
> § 1º O emprego da analogia não poderá resultar na exigência de tributo não previsto em lei.
> § 2º O emprego da equidade não poderá resultar na dispensa do pagamento do tributo devido.

O legislador, ao prescrever que a autoridade deve utilizar "sucessivamente, na ordem indicada", os métodos a que se refere, parece ter pretendido estabelecer entre eles uma ordem hierárquica de utilização. Todavia, a grande maioria da doutrina não concorda que o intérprete deva se submeter a essa hierarquia de métodos, por exemplo, **Ricardo Lobo Torres**, que entende inexistir fundamento jurídico, lógico ou filosófico para a hierarquização dos métodos[51].

---

[50] Zelmo Denari, *op. cit.*, p. 217, aclara a regra do art. 118, I, quanto à referência à natureza do objeto da tributação: "De fato, é irrelevante para o Fisco a circunstância de ser ilegal, imoral ou contrária aos bons costumes a matéria sobre a qual recai a tributação, como, por exemplo, a prostituição, os jogos de azar, a usura, o curandeirismo, ou o descaminho." O STF, baseando-se no inciso I do art. 118 do CTN, indeferiu *habeas corpus* em favor de acusados pela prática de crime de sonegação de imposto de renda sobre os rendimentos auferidos com a venda ilícita de cápsulas para emagrecimento compostas de substâncias psicotrópicas (HC 77.530-RS, Rel. Min. Sepúlveda Pertence, *Informativo* nº 120 do STF).

[51] Ricardo Lobo Torres assim aclara seu pensamento: "De fato, são ralas as diferenças entre os diversos métodos. Apesar do esforço infrutífero dos positivistas para extremar a analogia *juris* da analogia *legis*, o certo é que o raciocínio analógico postula, inclusive na analogia *legis*, as valorações e as apreciações ligadas aos princípios gerais do Direito ou à *ratio* que serve de elo para a comparação. A *equidade*, por seu turno, abrange os princípios gerais do Direito, eis que consiste na aplicação da justiça ou de seus princípios específicos (capacidade contributiva ou custo/benefício) aos casos emergentes. Infundada, igualmente, a distinção entre *princípios gerais do Direito Tributário e princípios gerais do Direito Público*, ao fito de hierarquizá-los, porquanto qualquer princípio, ainda que se aplique a determinado ramo do

Por sua vez, **Luciano Amaro** averba com precisão:

> Porém, a hierarquização, à qual o Código Tributário Nacional quer subordinar os instrumentos de integração, é inaceitável, porquanto pode equívocos de quem, desatentamente, se ponha a aplicar de modo mecânico o preceito codificado. Parece indiscutível que, se o emprego da *analogia* não se adequar à inteligência que resulta da aplicação de um *princípio*, a prevalência há de ser deste, e não da analogia (embora esta encabece o rol do art. 108).[52]

Anote-se também que a relação constante do art. 108 do CTN deve ser entendida em **caráter meramente exemplificativo**, porque não se pode pretender que não se apliquem princípios gerais de direito, sob a tese de que o dispositivo refere-se a princípios de direito tributário ou de direito público[53].

1.1. *Analogia*

O primeiro método referido no art. 108 do CTN é o da **analogia**, que consiste em se aplicar a lei a um determinado fato por ela não previsto, mas que é análogo a outro disciplinado por norma legal. Portanto, para a aplicação da analogia dois requisitos básicos devem ser considerados: a) existência de lacuna da lei em relação ao caso concreto; b) a lei deve prever um caso análogo ao caso concreto. **Oliveira Ascensão**[54] explica que "se uma regra estatui de certa maneira para um caso, é natural que um caso análogo seja resolvido da mesma forma, apesar de lacunoso". A Lei de Introdução às normas do Direito Brasileiro, em seu art. 4º, prescreve que "quando a lei for omissa, o juiz decidirá o caso de acordo com a *analogia*, os costumes e os princípios gerais de direito". Não se deve esquecer que a analogia é *forma de integração* e não de interpretação da lei[55].

1.1.1. *Restrição ao emprego da analogia (CTN, art. 108, § 1º)*

No campo do Direito Tributário **o emprego da analogia sofre restrição estabelecida pelo parágrafo 1º do art. 108 do CTN**: "O emprego da analogia não poderá resultar na exigência de tributo não previsto em lei." Tal restrição é um corolário da limitação constitucional do poder de tributar relativa ao princípio da legalidade tributária[56]. Daí a doutrina brasileira

---

fenômeno jurídico, constitui emanação ou modificação dos princípios gerais do Direito; poder-se-ia até admitir a preeminência dos princípios constitucionais, mas para priorizá-los frente aos demais, e não para colocá-los em posição subalterna, como faz o art. 108 do CTN" (*Normas de interpretação e integração do direito tributário, op. cit.*, p. 48-49).

[52] *Op. cit.*, p. 210-211.

[53] Cf. Luciano Amaro, *op. cit.*, p. 211.

[54] *Op. cit.*, p. 357.

[55] Francesco Carnelutti averba: "Ponto assente é que, quando se fala de analogia, não há norma nem preceito. Se houvesse norma ou preceito, seria excluído o pressuposto da deficiência. Não se tem, pois, que interpretar o que disse o legislador para se conhecer o seu verdadeiro pensamento, mas sim que adivinhar o que é que ele teria dito se tivesse previsto o caso. Assim se delineia desde já claramente a diferença entre analogia e interpretação: esta serve para conhecer o que o legislador pensou, aquela para conhecer o que ele teria pensado" (CARNELUTTI, Francesco. *Teoria geral do direito*. Coimbra, 1942, p. 174-175).

[56] Daí o STJ ter decidido, com base no art. 108, § 1º do CTN, que: "Representação comercial não se assemelha às atividades de corretagem, não sendo de feliz inspiração a interpretação da autoridade fiscal, sob a réstia do art. 51, Lei nº 7.713/1988, com elastério, sob o argumento da similitude, equiparar atividades de características profissionais diferentes. Ilegalidade na restrição das microempresas beneficiárias da

ter admitido no direito tributário apenas a **analogia por compreensão**, que não cria direito novo, mas apenas constata regra jurídica já existente aplicável a determinada situação de fato não prevista, mas análoga à contemplada pela lei. Todavia, o STF decidiu, no tocante ao ISS, que a lista constante do DL nº 406/1968 (revogada pela LC nº 116/2003) é taxativa na sua globalidade, admitindo, no entanto, interpretação extensiva quanto a cada item da mesma relação[57]. A analogia não se confunde com a interpretação extensiva, porque esta ocorre quando o intérprete conclui "que o legislador queria dizer uma coisa e as palavras traíram-no, levando-o a exprimir realidade diversa". Assim, cabe a interpretação extensiva "quando o sentido ultrapassa o que resultaria estritamente da lei"[58].

O STJ, no julgamento do RESP 1.739.044/RJ reafirmou entendimento que o "protesto judicial feito pelo contribuinte interrompe o prazo prescricional, pois aplica-se, por analogia permitida pelo art. 108, I, do CTN, o disposto no art. 174, parágrafo único, II, do mesmo Diploma legal, que admite o protesto judicial como forma de interromper a prescrição para a cobrança do crédito tributário."[59]

1.1.1.1. Princípios gerais de direito tributário

Seguindo-se a ordem do art. 108 do CTN, a autoridade deve buscar solução, para aplicação da legislação tributária, nos **princípios gerais de direito tributário**. Estes são os que resultem de todo o sistema jurídico tributário, referidos em sua grande maioria na Constituição, tais como os princípios da anterioridade da lei fiscal, da igualdade de todos perante a lei, da uniformidade da tributação, da imunidade tributária, da vedação do tributo com efeito confiscatório etc. O §3º do art. 145, incluído pela EC nº 132/2023 passou a prever expressamente os princípios: "da simplicidade, da transparência, da justiça tributária, da cooperação e da defesa do meio ambiente."

1.1.1.2. Princípios de direito público

Em terceiro lugar, o art. 108 do CTN refere-se aos **princípios gerais de direito público** porque o direito tributário nele se subsume. Tais princípios são os que emanam de todo o sistema de direito público do País, tais como: quem pode o mais, geralmente pode o menos, o todo explica as partes, dos poderes implícitos (quando a Constituição quer os fins concede os meios adequados), da pessoalidade da pena, da certeza do direito, da segurança jurídica, da ampla defesa, do devido processo legal, do direito de propriedade etc.

1.1.1.3. Equidade[60]

A **equidade** foi colocada pelo legislador em último lugar na ordem cronológica do mencionado art. 108. Tem a função de complementar a justiça, adaptando a lei, em razão de

---

Isenção do Imposto de Renda" – Lei nº 7.256/1984, art. 11, I (BRASIL. Superior Tribunal de Justiça, REsp 118.973/RS, Rel. Min. Milton Luiz Pereira, Primeira Turma).

[57] *RTJ* 68/98, 89/ 281.

[58] Cf. Oliveira Ascensão, *op. cit.*, p. 336.

[59] BRASIL. Superior Tribunal de Justiça, AgInt no AREsp n. 1.465.785/SP, Rel. Min. Og Fernandes, Segunda Turma, j. 03.10.2019, *DJe* 09.10.2019.

[60] Existente norma legal expressa, descabe a invocação de equidade para a solução de litígio fiscal, aplicando norma afeiçoada aos serviços internos judiciários (circular), sob pena de ser malferida a legalidade tributária, por força do art. 108, *caput*, do CTN, ou seja, não pode o magistrado, ou mesmo o órgão colegiado, antepor-se à lei e criar norma que contraria a já existente. A Lei nº 9.464/1991 disciplina,

sua generalidade, aos aspectos imprevistos e concretos que as situações apresentam. Segundo **Aristóteles,** a equidade objetiva corrigir a lei na medida em que essa se torna insuficiente em face do seu caráter genérico. Podemos dizer que a equidade é a justiça para cada situação concreta, levando em conta as peculiaridades de que a mesma possa se revestir, e inspira-se na benignidade visando a temperar a justiça.

O CTN refere-se expressamente à equidade em seu **art. 172, item IV,** como fundamento para a remissão total ou parcial de crédito tributário; no **art. 112,** quando prescreve, no que toca às penalidades, que a lei tributária deve ser interpretada de maneira mais favorável ao contribuinte, em caso de dúvida quanto à capitulação legal do fato, à natureza ou às circunstâncias materiais do fato ou à natureza ou extensão dos seus efeitos, à autoria, imputabilidade, ou punibilidade, e à natureza da penalidade aplicável ou a sua graduação. Trata-se, assim, da consagração do princípio *in dubio contra fiscum*, de verdadeira **interpretação benigna**.

1.1.1.3.1. Restrição ao emprego da equidade (CTN, art. 108, § 2º)

O princípio da legalidade funciona como um limite à integração da legislação tributária por equidade, pois se lei prévia é necessária para a instituição e majoração de tributos, da mesma forma apenas por lei pode o contribuinte ser dispensado do seu pagamento. Daí o parágrafo 2º do art. 108 rezar que "o emprego da equidade não poderá resultar na dispensa do pagamento do tributo devido".

Finalmente, não poderia encerrar o exame do art. 108 do CTN sem revelar as **consistentes críticas** feitas pelo saudoso jurista **Ricardo Lobo Torres** ao referido dispositivo legal, como: a) "lacunosa a definição da *lacuna* como `ausência de disposição expressa', com o esquecimento da referência aos valores e ao plano do legislador que justificam o seu preenchimento"; b) "infundada a redução do destinatário das normas de interpretação à `autoridade competente para aplicar a legislação tributária', com a exclusão das outras classes de intérpretes (os advogados, os contadores, os planejamentos fiscais, o contribuinte, etc.)"; c) "desamparado de fundamento jurídico, lógico ou filosófico o sistema fechado e hierarquizado dos métodos de integração"[61].

---

quanto ao cálculo do ITCM, o critério de atualização. Inaplicabilidade do critério *pro rata tempore* (*RSTJ* 83/55).

[61] *Op. cit.*, p. 160, parte referente às conclusões.

Capítulo VII

OBRIGAÇÃO TRIBUTÁRIA

I.   NOÇÃO GERAL

1.   Relação jurídico-tributária

No passado, alguns autores negavam que a relação tributária correspondesse a uma relação de direito, considerando-a uma **relação de poder** ou **de força**[1]. Isso porque a relação tributária era integrada, de um lado, pelo Estado, impondo coercitivamente o tributo no exercício de seu poder de soberania, e, de outro lado, pelo contribuinte, submetido a este poder fiscal.

Entretanto, a **doutrina moderna** entende que o Estado utiliza a sua soberania apenas para aprovar a lei, que, promulgada, cessa os efeitos de sua soberania, ficando apenas a norma legal reguladora da atividade do próprio Estado[2]. Desse modo, não se pode deixar de considerar a relação tributária como sendo uma *relação de direito*, uma vez que o Estado não exerce livremente o poder fiscal, porque está limitado na sua atuação às condições fixadas em lei, por aplicação do princípio da legalidade tributária (*nullum tributum sine lege*).

De um lado, o Estado tem o direito de cobrar o tributo, mas, em contrapartida, tem a obrigação de só poder fazê-lo nos termos definidos em lei. De outro lado, o contribuinte tem o dever de pagar o tributo, mas tem, igualmente, o direito de só fazê-lo nas condições estabelecidas em lei. Essas são as razões pelas quais o CTN reza, em seu art. 3º, que a prestação tributária corresponde a uma atividade administrativa **plenamente vinculada**. Existe uma relação jurídica principal que se refere ao pagamento do tributo e penalidades (obrigação de dar) e uma relação jurídica acessória, que se prende a exigências e omissões que a legislação tributária impõe ao contribuinte, visando a assegurar o cumprimento da obrigação principal e a facilitar sua fiscalização e arrecadação (obrigação de fazer e de não fazer). O CTN refere-se à obrigação tributária principal e acessória em seu art. 113.

1.1. *Natureza obrigacional da relação tributária*

O direito tributário é o ramo do direito público que disciplina a relação jurídica entre o Estado e o sujeito passivo no que se refere à imposição, cobrança, fiscalização e arrecadação

---

[1]   Ripert argumentava que a relação tributária não podia ter conteúdo jurídico porque correspondia a uma obrigação imposta unilateralmente pelo Estado, na peculiaríssima posição de ser *"à la fois b auteur et le beneficiaire de la régle"*. Sustentava-se ainda que o Estado, legislando em causa própria, privava a regra tributária do caráter bilateral ínsito a toda norma jurídica (Cf. DÓRIA, A. R. Sampaio. *Direito constitucional tributário e due process of law*. Rio de Janeiro: Forense, 1986, p. 2).

[2]   Cf. MORAES, Bernardo Ribeiro de. *Compêndio de direito tributário*. 2. ed. Rio de Janeiro: Forense, 1994, v. 2, p. 245-246.

de tributos. A relação jurídico-tributária que se instaura entre o Estado e o sujeito passivo tem natureza obrigacional pelas razões a seguir enunciadas.

Obrigação[3] é o vínculo jurídico pelo qual uma pessoa (sujeito ativo), com base na lei ou em contrato (causa), pode exigir de outra, ou de um grupo de pessoas (sujeito passivo), o cumprimento de uma prestação possível, determinável e possuindo expressão econômica (objeto). A obrigação é *positiva* quando o sujeito passivo tem o dever de dar ou fazer alguma coisa, e *negativa* quando importa uma abstenção da prática de um ato.

O **Direito Tributário** consiste em disciplinar as relações jurídicas entre o Estado e o sujeito passivo no que se refere aos tributos, ou seja, as relações decorrentes de sua atividade financeira que objetiva obter recursos para satisfazer, através do processo do serviço público, as necessidades coletivas. Desta forma, o objetivo do Direito Tributário só pode ser alcançado através da imposição feita pelo Estado aos contribuintes para que paguem os tributos instituídos por lei, do que resulta ser a relação tributária de natureza **obrigacional**, que, no entanto, diversamente da obrigação de direito privado, a obrigação tributária principal só pode resultar de lei em decorrência do **princípio da legalidade**. Em resumo, a relação tributária tem natureza obrigacional, porque o Estado tem o poder jurídico de exigir do contribuinte o pagamento do tributo criado mediante lei.

1.2. *Natureza pessoal da relação tributária*

A relação tributária tem **natureza pessoal,** porque os sujeitos ativo e passivo da obrigação tributária somente podem ser pessoas. **Becker** assim averba: "A pessoa que se encontra no polo negativo assume a posição jurídica de *sujeito passivo* na relação jurídica. A pessoa que tomar lugar no polo positivo assume a posição jurídica de **sujeito ativo**"[4]. Assim, mesmo nos **impostos reais**, que não levam em conta as condições pessoais do contribuinte e a totalidade de seu patrimônio ou renda (*v.g.*, IPI e ICMS), o sujeito passivo da obrigação tributária só poderá ser uma pessoa física ou jurídica porque não existe relação jurídica entre uma pessoa e uma coisa. A relação jurídica será sempre de natureza pessoal e obrigacional e não real. No imposto imobiliário, ainda que a legislação italiana, para sua percepção, disponha que o Estado pode atuar sobre o imóvel objeto do gravame, ainda que a propriedade ou posse passem a terceiros[5], a relação é de natureza pessoal e não real, porque o contribuinte não se libera do imposto abandonando ou dando em pagamento o imóvel, pois se o valor não der para a satisfação do tributo, o Estado continuará com o direito de cobrar do contribuinte o saldo de seu crédito[6].

1.3. *Relação jurídica de direito público*

O direito tributário é um **ramo do direito público**, uma vez que o poder de tributar pode ser exercitado apenas por pessoa jurídica de direito público, por ser privativo do Estado

---

[3] Paulo de Barros Carvalho adverte que "o termo obrigação costuma ser empregado com outras significações, representando o dever jurídico cometido ao sujeito passivo, no seio das relações de cunho econômico (obrigacionais) e até o próprio dever jurídico, nos liames não-obrigacionais". Ao definirmos obrigação, empregamos o vocábulo como sinônimo de "relação jurídica de índole economicamente apreciável", conforme o sentido dado pelo referido autor (CARVALHO, Paulo de Barros. *Curso de direito tributário*. 4. ed. São Paulo: Saraiva, 1991, p. 193).

[4] Cf. BECKER, Alfredo Augusto. *Teoria geral do direito tributário*. 2. ed. São Paulo: Saraiva, 1963, p. 307.

[5] Cf. FONROUGE, Giuliani. Obrigação tributária. *Revista de Direito Público*. Rio de Janeiro, n. 15, p. 348, 1971.

[6] Cf. JARACH, Dino. Relação jurídica tributária. *Revista de Direito Público*, Rio de Janeiro, n. 15, p. 342, 1971.

o poder de instituir tributos. Ademais, as normas jurídicas que compõem o direito tributário visam a **proteger interesse de natureza pública**, que é o atendimento de necessidades públicas. Por outro lado, as normas tributárias são dotadas do caráter de **coercibilidade**, porque a percepção de tributos pelo Estado decorre de atividade por ele exercida investido do seu poder de soberania. Finalmente, o tributo só pode ser instituído por lei em razão do princípio da legalidade, que preside toda a obrigação tributária. Por essas razões, deve-se concluir que a relação jurídica tributária é uma **relação de direito público**, e, em consequência, a obrigação tributária tem natureza pública.

Não existe diferença entre o conceito de obrigação no direito tributário e no direito privado, como pretendem alguns autores[7]. Isso porque existe um **único instituto**, e, por isso, não existe no direito tributário uma noção específica de obrigação. Por outro lado, a posição paritária entre o credor e o devedor também se faz presente na obrigação tributária, embora tenha como sujeito ativo somente o Estado. Assim, o conceito de obrigação "é um conceito geral, comum a todos os ramos do direito que tenham a natureza obrigacional, quer pertençam ao direito privado, quer ao direito público"[8]. Além do mais, perde importância a discussão sobre existir ou não diferença entre a obrigação do direito privado e a obrigação tributária, a partir do momento em que o **Código Tributário Nacional** prescreve, em seu **art. 110,** que a legislação tributária pode alterar a definição, o conteúdo e o alcance de institutos, conceitos e formas de direito privado, desde que não sejam utilizados, expressa ou implicitamente, pela Constituição Federal, pelas Constituições dos Estados, ou pelas Leis Orgânicas do Distrito Federal ou dos Municípios, para definir ou limitar competências tributárias.

1.4. Relação jurídica subjetiva

A relação tributária é também de **natureza subjetiva**, porque, materializando-se a situação abstratamente prevista na lei como hipótese de incidência tributária, ou seja, ocorrendo o fato gerador do tributo, o contribuinte poderá invocar a relação jurídica tributária da qual é parte como direito adquirido. Isso porque só poderá ser tributado nas condições fixadas na lei fiscal vigente à época da ocorrência do fato gerador. O momento dessa ocorrência fixa o regime jurídico da tributação, e a lei aplicável será a que estiver vigorando naquele momento, ainda que no instante do lançamento tenha sido modificada ou revogada (**CTN, art. 144**). Desse modo, o sujeito passivo pode opor a relação jurídica tributária instaurada em relação à sua pessoa como **direito adquirido** a qualquer pretensão do Fisco em tributá-lo em desacordo com as condições e limites fixados na lei fiscal vigente no momento da ocorrência do fato gerador do tributo.

1.5. Relação jurídica ex lege

A relação jurídica tributária é *ex lege*, porque só se instaura quando se concretiza a situação prevista abstratamente na lei como hipótese de incidência do tributo, originando o

---

[7]   Bernardo Ribeiro de Moraes revela que a doutrina diverge no que toca a existir diferença entre a obrigação tributária e a obrigação de direito privado. Assim, alguns autores distinguem as duas obrigações porque, enquanto a obrigação tributária só pode resultar, ser alterada ou derrogada por lei, a obrigação de direito privado pode se originar também da vontade das partes, que, igualmente, pode alterá-la ou derrogá-la. Além do mais, a obrigação de direito civil tem natureza privada e seu sujeito ativo pode ser o Estado ou o particular, mas a obrigação tributária tem natureza de direito público e somente o Estado pode integrar a relação jurídica como sujeito ativo – CTN, art. 119 (*Op. cit.*, p. 265-266).

[8]   Cf. SOUZA, Rubens Gomes de. *Compendio de legislação tributária*. 3. ed. Rio de Janeiro: Financeiras, 1964, p. 47.

direito subjetivo de o Estado exigir a prestação tributária e o dever jurídico do contribuinte em satisfazê-la, ambos, no entanto, limitados às condições e aos limites estabelecidos em lei. Assim, se a lei não define determinada situação como hipótese de incidência do tributo, a relação jurídica tributária jamais existirá (**não incidência pura**).

II.   OBRIGAÇÃO TRIBUTÁRIA

1.   Conceito

Vimos, anteriormente, que **obrigação** é o poder jurídico pelo qual uma pessoa (sujeito ativo), com base na lei ou no contrato (causa), pode exigir de outra, ou de um grupo de pessoas (sujeito passivo), o cumprimento de uma prestação possível, lícita, determinável a e possuindo expressão econômica (objeto). Partindo desse conceito genérico de obrigação, abrangendo, portanto, tanto a obrigação tributária principal quanto a acessória, podemos dizer que **obrigação tributária** é o vínculo jurídico pelo qual o Estado, com base na legislação tributária, pode exigir do sujeito passivo uma prestação tributária positiva ou negativa.

1.1. Elementos

Os **elementos** da obrigação tributária são os seguintes: a) **sujeito ativo**: é a pessoa jurídica de direito público competente para instituir tributos (CTN, art. 119); b) **sujeito passivo**: é a pessoa física ou jurídica obrigada por lei ao cumprimento da prestação tributária, denominada contribuinte ou responsável (CTN, art. 121, parágrafo único); c) **causa**: na obrigação tributária principal, a lei, e sentido estrito, em razão do princípio da legalidade tributária enquanto a obrigação tributária acessória decorre da legislação tributária; d) **objeto**: o cumprimento de uma prestação positiva ou negativa determinada pela legislação tributária.

1.1.1. Espécies

O Código Tributário Nacional, em seu art. 113, classifica a obrigação tributária em principal e acessória.

1.1.1.1.   Obrigação tributária principal

Obrigação tributária principal "surge com a ocorrência do fato gerador, tem por objeto o pagamento de tributo ou penalidade pecuniária e extingue-se juntamente com o crédito dela decorrente" (CTN, art. 113, § 1º). Este dispositivo merece algumas considerações. **Primeira**, que, ao dizer que a obrigação tributária surge com a ocorrência do fato gerador, não está negando a natureza legal da obrigação tributária, porque só a lei, em sentido estrito, pode definir uma dada situação como hipótese de incidência do tributo (CTN, art. 97, III). Assim, deve-se interpretar a afirmação constante da parte inicial do mencionado dispositivo legal no sentido de que a obrigação tributária, prevista de forma abstrata e genérica na lei, *concretiza-se* com a ocorrência do fato gerador, gerando a incidência do tributo. **Segunda**, que a obrigação tributária principal consiste em uma obrigação de *dar coisa incerta*, porque antes da ocorrência do fato gerador o objeto da prestação tributária não está especificamente individualizado, sendo apenas indicado pelo seu gênero, prestação pecuniária, e esta não é determinada, mas determinável[9]. Disso resulta que a obrigação tributária prevista abstratamente na lei e concretizada com a

---

[9]   Cf. LEÃES, L. G. Paes de Barros. *Obrigação tributária*. São Paulo: José Bushatsky Editor, 1971, p. 17.

Capítulo VII · OBRIGAÇÃO TRIBUTÁRIA | **203**

ocorrência do fato gerador tem natureza de obrigação ilíquida, porque apenas o lançamento fará com que evolva para obrigação líquida. **Terceira**, que o parágrafo 1º do art. 113 do CTN consagra a natureza declaratória do lançamento, com uma de suas faces, porque visa a declarar uma situação preexistente, qual seja, a obrigação que se concretiza no momento da ocorrência do fato gerador. **Quarta**, que o legislador incluiu o pagamento de penalidade pecuniária como objeto da obrigação tributária principal pela simples razão de consistir, assim como o pagamento de tributo, em uma obrigação de dar, tendo igualmente natureza patrimonial[10]. **Quinta**, prescreve que a obrigação principal extingue-se com o crédito dela decorrente. Para que se possa melhor entender a cláusula final do referido dispositivo legal, torna-se necessário que se expliquem as **diversas fases da obrigação tributária**: a lei, o fato gerador e o lançamento. A **lei** contempla a obrigação tributária de forma abstrata, definindo uma hipótese de incidência, ao prescrever, por exemplo, que o imposto de transmissão incide na alienação de bem imóvel. Tal obrigação só se concretizará quando efetivamente ocorrer o **fato gerador**, ou seja, materializar-se a situação prevista na lei, alienação de bem imóvel, concretizando a obrigação tributária. Nessas duas fases, a obrigação tributária ainda tem **natureza ilíquida** porque o fisco não sabe que ocorreu o fato gerador, quem é o sujeito passivo etc. Há necessidade, portanto, do **lançamento**, que é o conjunto de medidas adotadas pela autoridade administrativa para verificar a ocorrência do fato gerador, determinar a matéria tributável, calcular o montante do tributo devido e identificar o sujeito passivo (CTN, art. 142). O lançamento formaliza e individualiza a obrigação tributária, **transformando-a em obrigação líquida**, constituindo o crédito tributário. Todavia, este **só se tornará exigível** depois que o sujeito passivo for regularmente notificado para ciência do lançamento e deixar transcorrer o prazo legal sem impugná-lo ou pagá-lo. **Em resumo**, a obrigação tributária surge de forma abstrata com a lei, concretiza-se com o fato gerador e individualiza-se com o lançamento[11]. Essas fases da obrigação tributária **não se aplicam** no lançamento por homologação (CTN, art. 150), porque o contribuinte, por determinação legal, calcula e efetua o recolhimento do tributo sem que haja prévio lançamento.

Como se pode observar, a obrigação tributária e o crédito tributário **nascem em momentos distintos**, fato gerador e lançamento. Se o contribuinte paga o tributo ou ocorre uma das causas referidas no art. 156 do CTN, o crédito tributário ficará extinto, provocando, igualmente, o fenecimento da obrigação tributária. Assim, não existe crédito tributário sem obrigação tributária precedente. Entretanto, pode existir obrigação tributária sem crédito tributário, quando o fisco, por exemplo, decaia do direito de constituir o crédito pelo lançamento (CTN, art. 173).

---

[10] Paulo de Barros Carvalho critica o legislador por colocar o pagamento de penalidade pecuniária como objeto da obrigação tributária principal porque estaria negando a cláusula do art. 3º do CTN, quando afirma que o tributo não constitui sanção de ato ilícito. Por outro lado, a obrigação tributária resulta de um fato lícito e a penalidade pecuniária de um fato ilícito, embora o tributo e a penalidade correspondam a uma prestação de natureza patrimonial (*Op. cit.*, p. 197-198). Por sua vez, Ricardo Lobo Torres entende que é apenas aparente o conflito entre o art. 3º e o § 1º do art. 113: "Sucede que a penalidade pecuniária é cobrada junto com o crédito tributário. Daí por que o CTN, impropriamente, assimilou-a ao próprio tributo. Mas é irretorquível que tem ela uma relação de acessoriedade com referência ao tributo e nesse sentido deve ser interpretado o art. 113, § 1º" (*Op. cit.*, p. 190).

[11] "O fato gerador faz nascer a obrigação tributária, que se aperfeiçoa com o lançamento, ato pelo qual se constitui o crédito correspondente à obrigação (arts. 113 e 142, ambos do CTN). Dispõe a Fazenda do prazo de cinco anos para exercer o direito de lançar, ou seja, constituir o seu crédito. O prazo para lançar não se sujeita a suspensão ou interrupção, sequer por ordem judicial. A liminar em mandado de segurança pode paralisar a cobrança, mas não o lançamento" (BRASIL. Superior Tribunal de Justiça, REsp 119.986/SP, Rel. Min. Eliana Calmon, Segunda Turma, v.u.).

1.1.1.2. Obrigação tributária acessória

A **obrigação tributária acessória** decorre da legislação tributária e tem por objeto o cumprimento de prestações, positivas ou negativas, previstas no interesse da arrecadação ou da fiscalização do tributo (CTN, art. 113, § 2º). Enquanto a obrigação tributária principal só pode decorrer de lei, a obrigação tributária acessória pode ser estabelecida por qualquer das normas que integram a legislação tributária (**CTN, art. 96**). A obrigação acessória pode consubstanciar uma **obrigação de fazer** (declaração de bens, exibição de livros, prestação de informações etc.) ou **obrigação de não fazer** (não destruir documentos e livros obrigatórios pelo prazo exigido por lei, tolerar exame em livros e documentos, não impedir a fiscalização etc.)[12].

O **parágrafo 3º do art. 113 do CTN** reza que a não observância da obrigação acessória faz com que se converta em obrigação principal relativamente à penalidade pecuniária. A obrigação tributária acessória, que originariamente não tem essência econômica e corresponde à obrigação de fazer, ou não fazer, ao ser descumprida pelo contribuinte, passa a ter valor econômico e equivale a obrigação de dar, e nesse sentido deve-se entender a mencionada norma. Em outras palavras, a obrigação tributária acessória não se converte em obrigação principal, no caso de sua inobservância[13], porque o parágrafo 1º do art. 113 já considera o pagamento de penalidade como obrigação principal. O descumprimento dessa obrigação enseja a imposição de penalidades, gerando para o fisco o direito de constituir o crédito tributário para exigir seu pagamento, sem que o contribuinte esteja liberado de cumprir a obrigação acessória. Entretanto, isso não significa que o legislador tenha pretendido equiparar a penalidade a tributo, mas sim que "há de merecer o mesmo regime jurídico previsto para a sua cobrança"[14].

No que tange às obrigações tributárias acessórias, em 1º de agosto de 2023 houve a publicação da Lei Complementar nº 199/23, que institui o Estatuto Nacional de Simplificação de Obrigações Tributárias Acessórias, com o objetivo de reduzir custos e estimular o cumprimento das obrigações acessórias pelos sujeitos passivos tributários. A fim de instrumentalizar as ações de simplificação, a LC dispõe sobre o Comitê Nacional de Simplificação de Obrigações Tributárias Acessórias (CNSOA), vinculado ao Ministério responsável pela Fazenda Pública Nacional (art. 3º) e cuja composição inclui 18 membros, sendo eles: I – 6 (seis) representantes da Secretaria Especial da Receita Federal do Brasil, como representantes da União, a serem indicados pelo Secretário Especial da Receita Federal; II – 6 (seis) representantes dos Estados e do Distrito Federal, a serem indicados pelos Secretários de Fazenda, Finanças e Tributação dos Estados e do Distrito Federal, por meio de reunião no âmbito do CONFAZ; III – 6 (seis) representantes dos Municípios, sendo 3 indicados por meio das Secretarias de Finanças ou Fazenda das Capitais e 3 indicados por meio de entidade da Confederação Nacional de Municípios; (art. 3º, *caput*, e § 4º). O mandato para participação no CNSOA é de 2 anos, admitidas reconduções, sendo o serviço considerado público relevante e não remunerado (art. 3º, §§ 7º e

---

[12] Paulo de Barros Carvalho designa as obrigações tributárias acessórias como deveres *instrumentais* ou *formais*: "*Deveres*, com o intuito de mostrar, de pronto, que não têm essência obrigacional, isto é, seu objeto carece de patrimonialidade. E *instrumentais ou formais* porque, tomados em conjunto, é um instrumento de que dispõe o Estado-Administração para o acompanhamento e consecução dos desígnios tributários" (*Op. cit*, p. 196).

[13] Hugo de Brito Machado entende que o § 3º do art. 113 deve ser interpretado no sentido de rezar que "ao fazer um lançamento tributário, a autoridade administrativa deve considerar o inadimplemento de uma obrigação acessória como *fato gerador* de uma obrigação principal, a fornecer elemento para a integração do crédito tributário" (*Op. cit.*, 11. ed. p. 86).

[14] Cf. BASTOS, Celso Ribeiro; MARTINS, Ives Granda da Silva (org.). *Comentários ao código tributário nacional*. v. 2. São Paulo: Saraiva, 1998, p. 148.

8º). A presidência e coordenação caberá ao: "representante da União indicado pelo Ministério responsável pela Fazenda Pública Nacional" (art. 3º, § 3º).

Atribui-se ao CNSOA a competência para: "I – instituir e aperfeiçoar os processos de que tratam os incisos I, II, III, IV, V, VI e VII do *caput* do art. 1º desta Lei Complementar, bem como quaisquer obrigações acessórias, com a definição de padrões nacionais; II – disciplinar as obrigações tributárias acessórias de que trata o art. 1º desta Lei Complementar, ressalvadas as competências do Comitê Gestor do Simples Nacional (CGSN) de que trata o § 6º do art. 2º da Lei Complementar nº 123, de 14 de dezembro de 2006" (art. 3º, § 1º). A LC 199/23 estabelece o quórum de deliberação de 3/5 quando a votação tratar de disciplinar assuntos de sua competência delimitados em seu art. 1º (art. 3º, § 10).

A LC nº 199/23 ainda prevê a integração entre os entes federativos, em especial, com o compartilhamento da base de dados fiscais e cadastrais para otimizar a fiscalização e reduzir custos (art. 2º), bem como, "dos documentos fiscais eletrônicos, das declarações fiscais, do RCU, dos documentos de arrecadação e dos demais documentos fiscais que vierem a ser instituídos, na forma disciplinada pelo CNSOA" (art. 4º, LC 199/23).

III. FATO GERADOR

1. Denominação

O Código Tributário Nacional adota a denominação **fato gerador** para caracterizar a situação de fato ou de direito que, ocorrendo, determina a incidência do tributo. Todavia, **Geraldo Ataliba** emprega a expressão **hipótese de incidência**, para significar a descrição genérica e abstrata da situação feita pela lei, reservando a expressão **fato imponível** para o fato efetivamente ocorrido[15]. O CTN emprega uma única vez, no art. 104, II, a expressão "hipótese de incidência", e, assim, refere-se à expressão fato gerador tanto para abranger a situação hipotética descrita em em lei, quanto para a situação que se concretizou.

1.1. Conceito

O **CTN define, em separado,** o fato gerador da obrigação principal no art. 114 e o fato gerador da obrigação acessória no art. 115.

1.1.1. Fato gerador da obrigação tributária principal

Fato gerador da obrigação principal "é a situação definida em lei como necessária e suficiente à sua ocorrência". A lei refere-se de forma genérica e abstrata a uma situação como hipótese de incidência do tributo, correspondendo obrigação tributária abstrata. Quando a situação descrita na lei efetivar-se, ocorrerá a incidência do tributo, materializando-se, assim, o fato gerador e concretizando-se a obrigação tributária. A hipótese de incidência só pode ser definida em lei formal, em sentido restrito (CTN, art. 97, III), porque o legislador exige lei para esgotar todos os elementos da obrigação tributária. Tal ocorre para não deixar espaço algum que possa ser preenchido pela administração, visando, assim, a uma melhor proteção do contribuinte (princípio da tipicidade tributária).

---

[15] ATALIBA, Geraldo. *Hipótese de incidência tributária*. São Paulo: RT, 1973, p. 51. No mesmo sentido, Hugo de Brito Machado (*op. cit.*, 11. ed. p. 90-91). A doutrina emprega outras expressões para aquilo que o CTN denomina de fato gerador, por exemplo, suporte fático, fato tributável, situação de fato, fato imponível, fato jurígeno etc.

A situação prevista na lei tributária como hipótese de incidência pode corresponder a um fato, a um conjunto de fatos ou a uma situação jurídica (CTN, art. 116). Assim, um único fato, a saída de mercadoria de estabelecimento comercial, industrial ou produtor, configura hipótese de incidência do ICMS, desde que decorra de uma operação (negócio jurídico). Por outro lado, a hipótese de incidência do imposto de renda corresponde a um conjunto de fatos, qual seja, a série de rendas auferidas pelo contribuinte durante o ano-base. A hipótese de incidência pode referir-se também a uma situação jurídica, por exemplo, a transmissão da propriedade de bem imóvel, no que toca ao ITBI.

1.1.2. *A pretensa norma geral antielisiva do parágrafo único do art. 116 do CTN*[16]

A LC nº 104/2001 acrescentou parágrafo único ao art. 116 do CTN, permitindo que a autoridade administrativa possa desconsiderar atos ou negócios jurídicos praticados com a finalidade de dissimular a ocorrência do fato gerador do tributo ou a natureza dos elementos constitutivos da obrigação tributária, observados os procedimentos a serem estabelecidos em lei ordinária. Tal norma teve por escopo estabelecer uma norma geral antielisão, para servir de "instrumento eficaz para o combate aos procedimentos de planejamento tributário praticados com abuso de forma ou direito", como consta expressamente da Exposição de Motivos que acompanhou o Projeto de Lei Complementar nº 77, de 1999, que se transformou na Lei Complementar nº 104, de 2001. A mencionada norma dirige-se ao aplicador da lei, e, assim, autoriza as autoridades administrativas a adotar a interpretação econômica de atos ou negócios jurídicos. Entretanto, essa interpretação só cabe quando o contribuinte agir com fraude, adotando forma jurídica inadequada para o ato, visando a não pagar ou pagar a menor o tributo.

A norma do parágrafo único do art. 116 merece as seguintes observações. **Primeira**, que se trata de norma geral antielisiva inserida no CTN[17], e, em consequência, será aplicada a qualquer tributo e não somente ao imposto sobre a renda, cuja área é mais suscetível de ocorrer abuso de forma jurídica, para não pagar ou pagar a menor o tributo. Tal ocorre, por exemplo, quando duas pessoas celebram contrato de comodato de imóvel, quando a relação econômica ínsita no ato é de locação. **Segunda**, porque a norma sob exame fere violentamente os princípios da legalidade e da tipicidade da tributação, porque autoriza a autoridade administrativa a recorrer à analogia para fim de tributação, o que é vedado pelo próprio CTN no parágrafo 1º do art. 108, que não foi revogado pela LC nº 104. Por outro lado, o legislador esqueceu que a analogia é processo de integração da legislação tributária, vale dizer, visa a preencher lacuna da lei, e, por isso, não pode

---

[16] A exata compreensão da norma do parágrafo único do art. 116 do CTN somente será possível com a leitura da preciosa obra: XAVIER, Alberto. *Tipicidade da tributação, simulação e norma antielisiva.* São Paulo: Dialética, 2001.

[17] Alberto Xavier doutrina que as "cláusulas gerais antielisivas são normas que têm por objetivo comum a tributação, por analogia, de atos ou negócios jurídicos extratípicos, isto é, não subsumíveis ao tipo legal tributário, mas que produzem efeitos econômicos equivalentes aos dos atos ou negócios jurídicos típicos sem, no entanto, produzirem as respectivas consequências tributárias". Por sua vez, as "chamadas cláusulas especiais antielisivas não passam de tipificação *a posteriori*, por lei, de certos atos ou negócios jurídicos que a experiência revelou serem utilizados como forma anteriormente não prevista em lei de obter resultados equivalentes aos dos atos tributados, socorrendo-se frequentemente de presunções ou ficções legais. (...) Além das cláusulas gerais e das cláusulas especiais, existem ainda as cláusulas setoriais antielisivas. Estas cláusulas distinguem-se das especiais, pois as condutas por elas abrangidas não são objeto de tipificação, antes são objeto de referência genérica e indeterminada autorizativa de aplicação analógica. A diferença em relação às cláusulas gerais propriamente ditas está em que enquanto estas alcançam o universo do Direito Tributário, as cláusulas setoriais respeitam exclusivamente a um tributo determinado" (*Op. cit.*, p. 70, 85 e 86).

Capítulo VII · OBRIGAÇÃO TRIBUTÁRIA | **207**

ser empregada para tributar fatos não descritos na hipótese de incidência do tributo. A vedação do emprego da analogia para a exigência de tributo é corolário natural do princípio da legalidade tributária, que consiste na mais importante limitação constitucional ao poder de tributar, e a tributação pelo Poder Executivo, fundada em analogia, é incompatível com o Estado de Direito. Assim sendo, o parágrafo único do art. 116, ao autorizar a autoridade administrativa a tributar fatos não previstos em lei, viola também o princípio da tipicidade da tributação. Esse princípio exige "que os elementos integrantes do tipo sejam de tal modo precisos e determinados na sua formulação legal que o órgão de aplicação do direito não possa introduzir critérios subjetivos de apreciação na sua aplicação concreta"[18]. A norma sob exame nada mais faz que autorizar a autoridade administrativa a valer-se de critérios subjetivos para desconsiderar atos ou negócios jurídicos. A alínea "a" do inciso III do art. 146 da CF de 1988 alberga o princípio da tipicidade da tributação, ao exigir que lei complementar defina os elementos essenciais dos tributos, referindo--se a fato gerador, base de cálculo e contribuinte. Por sua vez, o art. 97 do CTN também consagra o princípio da tipicidade, exigindo lei formal para a determinação, tipo cerrado, dos elementos da obrigação tributária. **Terceira**, que, abstraindo-se os vícios anteriormente apontados, a norma do parágrafo único do art. 116 somente poderá ser aplicada pela autoridade administrativa, realizando verdadeira interpretação econômica, para desconsiderar atos ou negócios jurídicos quando praticados com a finalidade de dissimular a ocorrência do fato gerador de tributo ou a natureza dos elementos constitutivos da obrigação tributária. "Desconsiderar atos ou negócios jurídicos" consiste, em verdade, "na declaração unilateral de inoponibilidade do ato ou negócio simulado em relação ao Fisco", ou seja, a mencionada inoponibilidade "consiste na ineficácia do ato simulado, a qual automaticamente conduz, nos casos de simulação relativa, à eficácia do ato dissimulado, que lhe subjaz encoberto ou oculto"[19], mas tal simulação deve ser fundamentada e provada. Ora, *dissimular* significa ocultar ou encobrir com astúcia, disfarçar, fingir, simular, usar de dissimulação etc.[20] **Quarta**, que o contribuinte tem direito de planejar sua vida fiscal

---

[18]   Cf. Alberto Xavier, *op. cit.*, p. 19.

[19]   Cf. Alberto Xavier, *op. cit.*, p. 69 e 70. No mesmo sentido, a lição de Ricardo Mariz de Oliveira: "Com efeito, o termo 'dissimular', empregado na sua acepção certa segundo a linguagem comum, e no seu sentido técnico segundo o direito privado, revela que o dispositivo trata de levantar o véu do disfarce para descobrir a verdade, ou, mais especificamente, de desconsiderar o ato dissimulatório para encontrar o verdadeiro fato gerador, tal como previsto na respectiva descrição legal" (OLIVEIRA, Ricardo Mariz de. Reintepretando a norma de antievasão do parágrafo único do art. 116 do Código Tributário Nacional. *Revista Dialética de Direito Tributário,* São Paulo, n. 76, p. 100, jan./2002).

[20]   Cf. HOLANDA, Aurélio Buarque de. *Novo Dicionário Aurélio da Língua Portuguesa.* 2. ed. 36ª imp. Rio de Janeiro: Nova Fronteira, 1986, p. 599. De Plácido e Silva assim conceitua dissimulação: "Do latim dissimulatio, de dissimulare, embora tendo sentido equivalente a simulação (disfarce, fingimento), é mais propriamente indicado como ocultação. É mais próprio à terminologia do Direito Fiscal, para indicar a ocultação de mercadorias, escondidas para sonegação do imposto. A dissimulação de rendimentos vem a significar a falsidade da declaração, onde se mencionam as rendas, que estão sujeitas ao pagamento do imposto próprio" (SILVA. De Plácido e. *Vocabulário Jurídico*. Rio de Janeiro: Forense, 1990, p. 550). Daí a lição de Gabriel Lacerda Troianelli: "Qualquer dos sentidos que se adote do vocábulo dissimular implicará sempre a referência a ato ou fato passado, algo que, já tendo ocorrido, se pretende ocultar, esconder, disfarçar, atenuar, não revelar. Ou seja, ninguém pode dissimular algo que vá ocorrer, mas apenas algo que já ocorreu. Dissimular ato futuro é tão absurdo quanto prever fato passado" (...). "Desse modo, tratando o parágrafo único do art. 116 do Código Tributário Nacional de norma para desconsiderar, como se viu, ato do contribuinte praticado para ocultar ou encobrir a ocorrência do fato gerador, e, portanto, ato praticado após a ocorrência do fato gerador, tal norma só poderá se aplicar, evidentemente, à evasão fiscal, jamais à elisão fiscal" (TROIANELLI, Gabriel Lacerda. *Comentários aos novos dispositivos do CTN:* a LC 104. São Paulo, Dialética, 2001, p. 41). Em sentido contrário, Marciano Seabra de Godoi entende que simular "é fingir o que não é; dissimular é encobrir o que é (...) Por isso mesmo andou muito bem o legislador ao utilizar o termo dissimular (e não simular) no artigo ora em

para pagar o mínimo possível de tributo, adotando, portanto, conduta lícita, antes da ocorrência do fato gerador, sem fraude ou simulação. Ninguém pode ser obrigado a pagar mais tributo quando a própria lei lhe confere a alternativa de pagar menos ou simplesmente não pagar[21]. Não se esqueça de que a aplicação sem freio da norma do parágrafo único do art. 116 implicará em restrição ao desempenho da atividade empresarial, porque o lucro é a sua finalidade e a tributação é um fator de diminuição desse lucro. Tal ocorre mormente quando a autoridade administrativa, com base no mencionado dispositivo, tributar "fatos inexistentes, arvorando um fantasma, um espectro, uma sombra (o ato fictício que não se realizou) à dignidade do fato gerador; é incompatível com o Estado de Direito a restrição à propriedade privada com fundamento no estado de espírito dos cidadãos"[22]. Assim, repita-se, permitir-se que o Poder Executivo possa tributar fatos inexistentes fere os princípios da legalidade e da tipicidade da tributação. **Quinta**, que, antes da introdução no CTN do parágrafo único do art. 116, o fisco já dispunha de instrumentos legais para combater ato simulado, podendo-se citar os arts. 102 a 105 do CCB de 1916, mormente o art. 105, que permitia à Fazenda demandar a nulidade de atos simulados (CCB de 2002, art. 167, que não reproduziu a norma do art. 105). O CTN, em seu art. 109, também veda o abuso de forma pelo contribuinte, e o art. 149, VII, igualmente confere à Fazenda o direito de proceder ao lançamento de ofício ou rever o lançamento, "quando se comprove que o sujeito passivo, ou terceiro em benefício daquele, agiu com dolo, fraude ou simulação". **Sexta**, que o dispositivo sob comento também permite desconsiderar atos ou negócios jurídicos praticados com a finalidade de dissimular a natureza dos elementos constitutivos da obrigação tributária, por exemplo, quanto à base de cálculo. Tal pode ocorrer quando, por exemplo, o preço constante da escritura de compra e venda corresponde a valor inferior ao efetivamente pago, ou em relação ao contribuinte, quando o negócio jurídico é celebrado por interposta pessoa. **Sétima**, que a parte final do dispositivo exige lei ordinária que estabeleça os procedimentos para que a autoridade administrativa proceda à mencionada desconsideração e que ainda não foi editada. Assim, o parágrafo único do art. 116 do CTN está com sua eficácia suspensa porque não foi editada a lei ordinária nele reclamada.

Conforme Amanda Albano leciona:

> Em primeiro lugar, o artigo 116 parágrafo único do Código Tributário Nacional é regra de eficácia limitada, que exige para sua plenitude e aplicação a edição de lei ordinária que preveja os procedimentos para que os atos ou negócios jurídicos sejam desconsiderados pela autoridade administrativa. Porém, há aqueles que defendam que a norma antidissimulação encontra-se regulamentada pelo Decreto 70.235/72 que disciplina o processo administrativo fiscal. No entanto, este diploma legal não atende ao requisito regulamentar do artigo 116 parágrafo único do

---

análise. Na verdade, na dissimulação prevista no art. 116 há uma realidade (ocorrência do fato gerador) e uma cobertura, um disfarce promovido por atos ou negócios jurídicos, e o legislador ordena que tais disfarces sejam desconsiderados" (GODOI, Marciano Seabra de. A figura da "fraude à lei tributária" prevista no art. 116, parágrafo único, do CTN. *Revista Dialética de Direito Tributário*, São Paulo, n. 68, p. 101/123, maio 2001).

[21] Luciano Amaro averba: "Não vemos ilicitude na escolha de um caminho fiscalmente menos oneroso, *ainda que a menor onerosidade seja a única razão da escolha desse caminho.* Se assim não fosse, logicamente se teria de concluir pelo absurdo de que o contribuinte *seria sempre obrigado a escolher o caminho de maior onerosidade fiscal.* Há situações em que o próprio legislador estimula a utilização de certas condutas, desonerando-as. Não se diga que é ilícito adotá-las. Nem se sustente que elas só podem ser adotadas porque o legislador as ungiu de modo expresso. Quer a lei as tenha expressamente desonerado, quer sua desoneração decorra de omissão da lei, a situação é a mesma" (AMARO, Luciano. *Direito Tributário Brasileiro.* 2. ed. São Paulo: Saraiva, 1998, p. 222).

[22] Cf. Alberto Xavier, *op. cit.*, p. 152.

Capítulo VII · OBRIGAÇÃO TRIBUTÁRIA | **209**

Código Tribunal Nacional. Isso porque deverá ser estabelecido procedimento administrativo específico e via lei ordinária que esmiuce a desconsideração dos atos e negócios jurídicos, o que não é feito pelo referido Decreto. Mais uma vez o posicionamento do CARF é oscilante, ora entendendo pela ausência de regulamentação, ora pela plena eficácia da regra antielisiva.[23]

1.1.3. Fato gerador da obrigação tributária acessória

Fato gerador da obrigação acessória, consoante o **art. 115 do CTN**, é qualquer situação que, na forma da legislação aplicável, impõe a prática ou a abstenção de ato que não configure obrigação principal (pagamento de tributo e de penalidade), por exemplo, apresentação de declaração de bens, exibição de livros obrigatórios, não destruição de documentos e livros obrigatórios pelo prazo prescrito na lei etc. Atente-se que, enquanto a hipótese de incidência da obrigação tributária principal só pode ser definida em lei (CTN, art. 97, III), a hipótese de incidência da obrigação tributária acessória pode decorrer de lei, decreto ou norma complementar porque o art. 115 do CTN emprega a expressão "legislação tributária", que deve ser entendida consoante o art. 96 do CTN.

2. Classificação do fato gerador

O fato gerador pode ser *instantâneo* ou *complexivo*: "*Instantâneos* são os fatos geradores que ocorrem num momento dado de tempo e que, cada vez que surgem, dão lugar a uma relação obrigacional tributária autônoma. *Complexivos* ou periódicos são os fatos geradores cujo ciclo de formação se completa dentro de um determinado período de tempo e que consistem num conjunto de fatos, circunstâncias ou acontecimentos globalmente considerados[24]". Exemplificando, **fato gerador instantâneo** é a saída da mercadoria do estabelecimento do contribuinte, como ocorre no ICMS; é a entrada de mercadoria estrangeira no território nacional, quanto ao imposto de importação; é a transmissão da propriedade de bem imóvel, no que concerne ao imposto de transmissão etc. **Fato gerador complexivo**, ou de **formação sucessiva**, é no imposto de renda um "fluxo de riqueza que vem ter às mãos do seu destinatário e que importa um aumento do seu patrimônio, durante um período de tempo determinado", ou seja, tem um ciclo de formação, não ocorrendo em um momento único de tempo[25].

Existe doutrina aludindo também a **fato gerador continuado**, ou seja, de caráter contínuo, que se renova a cada exercício financeiro, ou melhor, "quando é representado por situação que se mantém no tempo e que é mensurada em cortes temporais. Esse fato tem em comum com o instantâneo a circunstância de ser aferido e qualificado para fim de determinação da obrigação tributária, **num determinado momento de tempo** (p.e., todo dia "x" de cada ano); e

---

[23] ALBANO, Amanda. *Tributação, concorrência e crime*: potencial distorção tributária à luz das perspectivas concorrenciais e penais. Rio de Janeiro: Lumen Juris, 2023, p. 40-41.

[24] Cf. FALCÃO, Amílcar de Araújo. *Fato gerador da obrigação tributária*. São Paulo: Revista dos Tribunais, 1974, p. 126.

[25] Cf. Amílcar de Araújo Falcão, *op. cit.*, p. 127. Ricardo Lobo Torres considera como fatos geradores *genéricos* aqueles "definidos em cláusulas gerais e tipos, que se abrem para a interpretação e que não se esgotam na enumeração da lei, que é meramente exemplificativa", como o ITBI, que "incide sobre qualquer transmissão onerosa de bens imóveis por natureza ou acessão física, inclusive sobre os negócios assim considerados que não tenham sido mencionados na definição do fato gerador". O mesmo autor entende que fato gerador *específico* "é o que vem previsto de modo determinado na lei, preferentemente através da enumeração taxativa", como o ISS, que "incide sobre prestação de serviços de qualquer natureza, assim considerados exclusivamente aqueles indicados na lista aprovada por lei complementar federal" (*Op. cit.*, 4. ed. p. 210).

tem em comum com o fato gerador periódico a circunstância de incidir *por períodos de tempo*", sendo o caso dos tributos sobre a propriedade ou sobre o patrimônio (ITR, IPTU e IPVA)[26].

3. Importância do fato gerador

A **importância** do fato gerador pode ser facilmente constatada através do conhecimento dos **efeitos** por ele produzidos[27], e que são os seguintes: **a)** fixa o momento em que se materializa a obrigação tributária principal prevista abstratamente na lei como hipótese de incidência (CTN, art. 113, § 1º); **b)** identifica o sujeito passivo da obrigação tributária porque, enquanto a situação prevista em lei não ocorre, o sujeito passivo é indeterminado, em razão da generalidade da norma jurídica que consubstancia a hipótese de incidência; **c)** fixa os conceitos de incidência, não incidência e isenção; **d)** determina o regime jurídico da obrigação tributária, e, assim, a lei a ser aplicada será aquela que estiver vigorando no momento da ocorrência do fato gerador, ainda que, no momento do lançamento, esteja revogada ou modificada (CTN, art. 144); salvo disposição de lei em contrário, quando o valor tributário esteja expresso em moeda estrangeira, como ocorre, por exemplo, com os impostos aduaneiros, no lançamento far-se-á sua conversão em moeda nacional ao câmbio do dia da ocorrência do fato gerador da obrigação (CTN, art. 143); **e)** distingue os tributos *in genere*, porque é o exame do fato gerador descrito em lei que determina a sua natureza jurídica específica (CTN, art. 4º); **f)** diferencia os impostos *in specie*, em razão também do exame do fato gerador, permitindo que a Constituição discrimine os impostos de competência privativa em relação a cada ente político; **g)** classifica os impostos em diretos e indiretos, porque o fato gerador de imposto *direto* é uma situação com certa permanência, como a existência, a propriedade e a profissão, enquanto o fato gerador de imposto *indireto* corresponde a atos ou situações acidentais, como o consumo; **h)** estabelece os princípios de atuação da *discriminação constitucional de rendas*, ou seja, a Constituição Federal fixa a competência tributária entre os entes políticos; **i)** permite a distinção entre tributo vinculado e não vinculado, porque o fato gerador de tributo vinculado corresponde a uma ação estatal específica relativa ao contribuinte (taxas e contribuição de melhoria), enquanto o tributo não vinculado refere-se a uma situação inteiramente estranha a atividade estatal (impostos); **j)** serve de índice, de medida, da capacidade contributiva do indivíduo, porque lei tributária, quando define uma dada situação como hipótese de incidência do tributo, parte da premissa de que essa situação revela uma determinada capacidade contributiva; **l)** permite a definição da base de cálculo do tributo, porque, sendo a expressão econômica do fato gerador, deve guardar com o mesmo uma certa identidade.

4. Elementos do fato gerador

Os **elementos** do fato gerador são os seguintes: a) **objetivo**, corresponde a situação descrita em lei para, ocorrendo, fazer com que se concretize a obrigação tributária, prevista abstratamente em lei. Tal situação pode corresponder apenas a um fato (fato gerador instantâneo ou simples) ou a um conjunto de vários fatos (fato gerador complexo, complexivo ou periódico); b) **subjetivo**, referente aos sujeitos ativo e passivo da obrigação tributária; c) **espacial**, pelo qual a lei aplicável será aquela vigente no lugar onde ocorrer o fato gerador (CTN, art. 102); d) **temporal**, que determina o momento em que a obrigação tributária se concretiza, e, em consequência, a lei que a disciplinará será a vigente naquele momento determinado (CTN, art. 144); e) *valorativo*, que constitui a expressão econômica do fato gerador referente à base de cálculo, valor numérico do fato gerador, que permite saber a alíquota aplicável e a quantia a ser paga.

---

[26]   Cf. AMARO, Luciano. *Direito tributário brasileiro*. 2. ed. São Paulo: Saraiva, 1998, p. 252.

[27]   Cf. Amílcar de Araújo Falcão, *op. cit.*, p. 32.

Capítulo VII · OBRIGAÇÃO TRIBUTÁRIA | 211

5. Negócios jurídicos condicionais: momento da ocorrência do fato gerador

Os atos ou negócios jurídicos praticados ou efetuados pelo contribuinte podem ser **condicionais,** isto é, subordinados a uma condição, suspensiva ou resolutória. Como se sabe, **condição,** nos termos do art. 121 do Código Civil, é "a cláusula que, derivando exclusivamente da vontade das partes, subordina o efeito do negócio jurídico a evento futuro e incerto".

A condição é **suspensiva** quando a eficácia do negócio jurídico fica pendente de seu implemento (CCB de 2002, art. 125), e **resolutória** quando, ocorrendo o evento futuro e incerto, o negócio jurídico cessa de ter eficácia (CCB de 2002, art. 127). Assim, o fato subordinado a uma condição suspensiva só produzirá efeitos jurídicos no momento em que ocorrer a condição. Isso porque nesse momento é que se terá adquirido o direito pretendido, enquanto o ato subordinado a uma condição resolutória produz efeitos desde o momento de sua prática, cessando sua eficácia, no entanto, com o implemento da condição. **Exemplificando,** podemos dizer que a condição é suspensiva quando *A* promete vender seu apartamento a *B*, se este casar com *C*, ficando a eficácia do negócio jurídico (compra e venda) suspensa até que se efetive o casamento de *B* com *C* (evento futuro e incerto). A condição é resolutória quando *A* dá em comodato seu imóvel a favor de *B*, enquanto este estiver residindo no Rio de Janeiro, caso em que o negócio jurídico (comodato) produz efeitos desde o momento de sua celebração, mas cessará sua eficácia quando *B* deixar de residir no Rio de Janeiro (implemento da condição).

O CTN trata dos atos ou negócios jurídicos condicionais em seu **art. 117**, que está vinculado, por expressa referência, ao inciso II do art. 116, pois somente a situação jurídica pode estar sujeita a condição. Desta forma, e salvo disposição de lei em contrário, sendo a **condição suspensiva**, os atos ou negócios jurídicos reputam-se perfeitos e acabados com o implemento da condição, e sendo a **condição resolutória**, produzirá efeitos desde o momento da prática do ato ou da celebração do negócio. Em consequência, no caso de negócio jurídico subordinado a **condição suspensiva**, o fato gerador considera-se ocorrido no instante em que houver o implemento do evento futuro e incerto, e na hipótese do ato subordinado a **condição resolutória**, o fato gerador considera-se existente no momento da prática do ato.

6. Tributação de atos nulos, anuláveis, imorais e ilícitos

Não podemos encerrar a parte referente ao fato gerador sem tratar da tributação ou não de atos nulos, anuláveis, ilícitos, criminosos e imorais. O **Código Civil atual**, em seu art. 104, reza que a validade do negócio jurídico requer agente capaz, objeto lícito, possível, determinado ou determinável, e forma prescrita ou não defesa em lei. Por outro lado, o **art. 166 do CCB de 2002** estabelece as hipóteses em que se considera **nulo** o negócio jurídico. **Anulável** é o ato que se reveste dos elementos essenciais exigidos para a sua forma, mas apresenta um vício que diz respeito à proteção de interesses individuais, correspondente à prática por agente relativamente incapaz ou vício resultante de erro, dolo, coação, estado de perigo, lesão ou fraude contra credores **(CCB de 2002, art. 171)**. A decisão que anula o ato produzirá efeitos somente a partir de sua prolatação, não afetando os efeitos jurídicos por ele ocasionados anteriormente.

Tendo em vista que interessa ao direito tributário apenas os **efeitos econômicos produzidos pelos atos** (inciso I, parte inicial, do art. 118 do CTN), a definição legal do fato gerador é interpretada com abstração da validade dos atos efetivamente praticados pelos contribuintes, responsáveis ou terceiros. Assim, pouco importa para o direito tributário, na interpretação da definição legal do fato gerador, se o ato é nulo ou anulável para o direito privado, pois se produziu efeitos econômicos, a obrigação tributária se concretizou e o tributo será devido. Ademais, ocorrendo a incidência tributária e pago o tributo, seu valor não será devolvido ao contribuinte se o ato vier a ser considerado nulo ou for anulado, em razão da produção de efeitos econômicos. Todavia, como muito bem observa **Ricardo Lobo Torres**, "declarada a invalidade do negócio jurídico pelo Judiciário, e desde que não tenha tido eficácia econômica, a Fazenda estará obrigada a restituir o tributo"[28].

A segunda parte do inciso I do art. 118 do CTN reza que, na interpretação da definição legal do fato gerador, é, igualmente, irrelevante a **natureza do objeto do ato.** Assim, não interessa para a autoridade tributária se o ato é lícito ou ilícito, criminoso ou imoral, pois importante é a ocorrência do fato gerador do tributo. Por isso, o fato de o Estado cobrar imposto de renda de pessoa que aufira rendimentos da exploração do jogo do bicho, ou de uma casa de prostituição, não tem o condão de legitimar tais atividades. Isso porque o CTN, em seu art. 3º, prescreve que a prestação tributária não constitui sanção (legalização, validação) de ato ilícito. De outro lado, a não tributação de tais rendimentos feriria a regra da igualdade tributária se o Estado tributasse apenas os rendimentos auferidos de atividades lícitas, quando a percepção de rendimentos nas duas atividades caracteriza a ocorrência do fato gerador do imposto de renda. A tributação de atividades ilícitas, imorais, criminosas etc., tem respaldo ainda no princípio *pecunia non olet* criado por Vespasiano. Não se deve, no entanto, esquecer que a lei não pode definir como hipótese de incidência de tributo uma atividade ilícita, porque não é isso que o legislador quer expressar no art. 118, I. O dispositivo autoriza é que se a situação prevista abstratamente em lei (*v.g.*, a percepção de rendimentos) materializar-se em decorrência de uma atividade ilícita, ou seja, na ocorrência do fato gerador, o tributo deve ser cobrado[29].

O art. 118 do Código Tributário Nacional reconhece a autonomia do direito tributário em relação ao direito privado, bem como consagra, embora não de forma expressa, a adoção da interpretação econômica. Isso porque faz prevalecer os efeitos econômicos dos atos sobre sua validade jurídica e a natureza de seu objeto etc.

IV. SUJEITO ATIVO DA OBRIGAÇÃO TRIBUTÁRIA

1. Interpretação do art. 119 do CTN

O **art. 119 do CTN** assim prescreve: "O *sujeito ativo* da obrigação tributária é a pessoa jurídica de direito público titular da competência para exigir o seu cumprimento". Este dispositivo merece alguns comentários. **Primeiro,** que a definição legal funda-se na competência tributária para **instituir tributos** e não apenas para exigi-los. **Segundo,** que somente a União, os Estados, o Distrito Federal e os Municípios, **entes políticos,** podem instituir tributos e serem sujeitos ativos da obrigação tributária porque têm **competência tributária legislativa** (CTN, art. 6º). **A Constituição da República, em seu art. 149,** ao disciplinar as **contribuições parafiscais,** confere à União competência privativa para a instituição, entre outras, de contribuições corporativas, ou seja, de interesse de categorias profissionais ou econômicas, como instrumentos de sua atuação nas respectivas áreas. As entidades que podem cobrar as contribuições corporativas são pessoas jurídicas de direito privado, por exemplo, CREA, CRECI, sindicatos etc. Entretanto, não podem ser consideradas sujeitos ativos de obrigações tributárias, porque lhes compete apenas exigir seu cumprimento, não podendo instituí-las[30].

---

[28] *Curso de direito financeiro e tributário, op. cit.,* p. 201. Regulando o imposto de transmissão *inter vivos* no Município do Rio de Janeiro, a Lei nº 1.364, de 19/12/89, em seu art. 22, I, reza que declarada, por decisão judicial passada em julgado, a nulidade do ato ou contrato respectivo, o imposto recolhido será restituído.

[29] TORRES, Ricardo Lobo. *Curso de direito tributário.* 8. ed. São Paulo: Malheiros, 2001, p. 94-95.

[30] No mesmo sentido, entre outros, Hugo de Brito Machado, *op. cit.,* p. 97, sob o fundamento de que as pessoas jurídicas de direito privado apenas podem arrecadar as contribuições, o que não constitui

Por outro lado, **capacidade tributária ativa** prende-se à legitimidade para exigir o cumprimento da obrigação tributária principal, ou seja, cobrar tributos e penalidades.

A **União tem competência legislativa** quanto às contribuições corporativas, e as entidades referidas no art. 149 da CF têm apenas **capacidade tributária ativa**[31]. Assim, não existe relação de identidade entre o ente político que tem competência tributária e as entidades de direito privado que têm apenas capacidade tributária ativa. A regra, no entanto, é existir relação de identidade entre a pessoa jurídica de direito público titular da competência tributária legislativa para criar tributo e o ente que pode exigir o seu pagamento, ou seja, que tem capacidade tributária ativa.

Por outro lado, em matéria de obrigação tributária não há lugar para a solidariedade ativa entre entes políticos, podendo cada um cobrar a dívida toda do sujeito passivo, em razão da competência privativa para instituir e exigir tributos[32].

1.1. *Territórios e Distrito Federal*

Os **Territórios** não gozam de poder de tributar e, em consequência, de competência para instituir tributos, pois não são pessoas de direito público interno, mas meras possessões administrativas, dotadas de maior ou menor autonomia administrativa. Os Territórios, portanto, não gozam de autonomia política nem financeira. Daí o **art. 147 da CF de 1988 e o inciso I do art. 18 do CTN** prescreverem que cabe à União instituir nos Territórios Federais, não divididos em Municípios, os impostos que são atribuídos pela Constituição aos Estados e aos Municípios, e, assim, a administração do Território arrecadará não só os impostos estaduais como também os municipais. Se, porém, o Território for dividido em Municípios, caberá à União instituir somente os impostos de competência federal e estadual, eis que os Municípios dos Territórios, por serem pessoas jurídicas de direito público, poderão instituir seus próprios tributos.

1.1.1. *Efeitos de desmembramento territorial de pessoa jurídica de direito público*

A **Constituição**, em seu **art. 18, §§ 3º e 4º**, permite a criação de novos Estados, Municípios e Territórios. Por sua vez, o **art. 120 do CTN** prescreve que, salvo disposição de lei em contrário, a pessoa jurídica de direito público que resultar do desmembramento territorial de outra ficará sub-rogada nos direitos desta, adotando a sua legislação tributária, até que entre em vigor a sua própria legislação. Essa regra comporta as seguintes observações. **Primeira**, que a lei que dispuser em sentido contrário deve ter natureza de lei complementar, porque somente lei com tal *status* pode dispor de forma diversa do CTN. **Segunda**, que o dispositivo visa a dar à pessoa jurídica de direito público que se constituir pelo desmembramento territorial recursos tributários durante o período transitório de sua organização administrativa. **Terceira**, que o art. 120 do CTN objetiva resolver o problema que existiria em decorrência do

---

delegação de competência tributária, e Ricardo Lobo Torres, *op. cit.*, 4. ed. p. 216. *Em sentido contrário*, Paulo de Barros Carvalho, *op. cit.*, p. 202-203, entende "que o art. 119 do Código Tributário Nacional é letra morta no sistema do direito positivo brasileiro" porque teria sido derrogado pelo art. 149 da CF de 1988. Luciano Amaro, interpretando, a parte final do art 119 do CTN, entende que, "quem exige o *cumprimento da obrigação* é o credor, que nem sempre é o ente político que instituiu o tributo", concluindo que as pessoas jurídicas de direito privado que podem exigir o pagamento de contribuições parafiscais "são habilitadas a figurar no *polo ativo* de obrigações tributárias" (*Op. cit.*, p. 293-294).

[31] Cf. Bernardo Ribeiro de Moraes, *op cit.*, 3. ed. p. 263.

[32] *Idem*, p. 276.

princípio da anterioridade da lei fiscal, pois a pessoa jurídica de direito público que resultasse do desmembramento territorial de outra só poderia cobrar os tributos que instituísse a partir do exercício seguinte, o que seria, sem dúvida, altamente prejudicial às suas finanças. Assim, a pessoa jurídica, de direito público, que se constituir pelo desmembramento territorial de outra, sub-roga-se nos direitos desta, podendo, portanto, aplicar a legislação tributária já existente, enquanto não tiver a sua própria legislação, sem ferir o princípio da anterioridade da lei fiscal porque não estará criando ou majorando tributo. **Quarta**, que se o novo ente político resultar do desmembramento territorial de mais de uma pessoa jurídica de direito público, deve-se aplicar a legislação tributária mais favorável ao sujeito passivo, salvo se a lei de criação do novo ente dispuser de maneira diferente. **Quinta**, que se aplica também a norma contida no art. 120 do CTN no caso de remembramento ou fusão de Município e de elevação de Território a Estado[33].

V. SUJEITO PASSIVO DA OBRIGAÇÃO TRIBUTÁRIA

1. Noção geral

Sujeito passivo da obrigação tributária é a pessoa física ou jurídica obrigada, por lei, ao cumprimento da prestação tributária principal, esteja ou não em relação direta e pessoal com a situação que constitua o respectivo fato gerador. O CTN, adotando a mesma sistemática empregada na definição de obrigação tributária (art. 113, §§ 1º e 2º) e de fato gerador (arts. 114 e 115), define, em separado, sujeito passivo da obrigação tributária principal (**art. 121**) e sujeito passivo da obrigação tributária acessória (**art. 122**).

1.1. Sujeito passivo da obrigação tributária principal

Sujeito passivo da **obrigação principal** é a pessoa, física ou jurídica, obrigada ao pagamento de tributo ou penalidade pecuniária (**CTN, art. 121**). Sujeito passivo é a **expressão genérica** que comporta duas espécies: contribuinte e responsável (**CTN, art. 121, parágrafo único**). O sujeito passivo deve ser necessariamente **definido em lei** (**CTN, art. 97, III**), porque o princípio da tipicidade tributária, visando à maior proteção de quem deve pagar o tributo, impõe que a lei defina, tipo cerrado, todos os elementos da obrigação tributária, para que não sobre espaço algum que possa ser preenchido pela administração.[34]

1.1.1. Contribuinte

Contribuinte é a pessoa, física ou jurídica, que tenha relação, de natureza econômica, pessoal e direta, com a situação que constitua o fato gerador de tributo definido em lei (CTN, art. 121, parágrafo único, I). Assim, contribuinte é **sujeito passivo direto**, sua responsabilidade é originária, e existe uma relação de identidade entre a pessoa que, nos termos da lei, deve pagar o tributo e a que participa diretamente do fato gerador, dele se beneficiando economicamente. A relação entre o contribuinte e a situação que caracteriza o fato gerador tem

---

[33] Cf. Aliomar Baleeiro, *op. cit.*, p. 465.

[34] "I – Como no ordenamento jurídico brasileiro não existe "decreto autônomo", mas tão somente o decreto para a "fiel execução da lei", padece de ilegalidade o Decreto nº 1.035/1993, que atuou *ultra vires* em relação à Lei regulamentada (Lei nº 8.030/1993). O art. 3º do regulamento, na verdade, criou novos sujeitos passivos para a obrigação tributária, uma vez que equiparou, sem poder, os operadores portuários aos "importadores exportadores ou consignatários de mercadorias". II – Afronta ao princípio da legalidade (CTN, art. 97, III)" (BRASIL. Superior Tribunal de Justiça, Resp. 156.858/PR, Rel. Min. Adhemar Maciel, Segunda Turma, v.u.).

Capítulo VII · OBRIGAÇÃO TRIBUTÁRIA | 215

natureza econômica, porque o CTN adotou um critério econômico: cobrar de quem auferiu vantagem econômica da ocorrência do fato gerador, desprezando os critérios territorial e de cidadania. Não se esqueça de que o fato gerador é um fato econômico com relevo no mundo jurídico e serve de índice, de medida, da capacidade contributiva do cidadão.

Por outro lado, o **contribuinte de direito não se confunde com o contribuinte de fato,** também denominado meramente "pagador de tributo". O contribuinte de fato não integra a relação jurídica tributária e, em consequência, não tem obrigação legal de pagar o tributo. Fá-lo, no entanto, em decorrência do fenômeno econômico da **repercussão,** pela qual o contribuinte de direito lhe transfere a carga tributária. Assim, o proprietário de imóvel locado é o contribuinte de direito do IPTU, enquanto o locatário, a quem o ônus do imposto é transferido, é o contribuinte de fato.

1.1.2. Responsável

O **art. 121, parágrafo único, inciso II, do CTN** define **responsável** como sendo a pessoa que, "sem revestir a condição de contribuinte, sua obrigação decorra de disposição expressa de lei". Assim, não tendo relação de natureza econômica, pessoal e direta com a situação que constitua o fato gerador, o responsável é **sujeito passivo indireto,** sendo sua responsabilidade derivada por decorrer de lei e não de relação de natureza econômica com o fato gerador. A obrigação do pagamento do tributo lhe é cometida pelo legislador visando a facilitar a fiscalização e arrecadação dos tributos.

A **lei não pode** atribuir a responsabilidade tributária pelo pagamento de tributo a qualquer terceiro, em razão do que dispõe o art. 128 do CTN, que aclara e complementa o art. 121, parágrafo único, inciso II, ao prescrever: "a lei pode atribuir a responsabilidade pelo crédito tributário a terceira pessoa". Entretanto, o dispositivo deixa claro que o terceiro deve estar "vinculado ao fato gerador da respectiva obrigação". **Em outras palavras,** o responsável tributário deve ter relação de qualquer natureza com o fato gerador, menos de natureza pessoal, direta e econômica porque quem a tem é o contribuinte[35].

O art. 128 merece os seguintes comentários. **Primeiro,** que a atribuição da responsabilidade tributária à terceira pessoa só pode ser feita por *lei formal* porque o responsável é espécie de sujeito passivo, e esse só pode ser determinado por lei em sentido estrito (CTN, art. 97, III). Segundo, que a lei, ao designar o terceiro como responsável tributário, pode excluir a responsabilidade tributária do contribuinte, através da figura da substituição tributária[36],

---

[35] Arnaldo Borges, no entanto, entende que os arts. 121, parágrafo único, II, e 128 do CTN regulam situações diversas: o sujeito passivo referido no primeiro dispositivo responde por *débito próprio* por ser *substituto legal tributário*; já o sujeito passivo referido no art. 128 responderia por *débito alheio* (BORGES, Arnaldo. *O sujeito passivo na obrigação tributária.* São Paulo: RT, 1981, p. 63-64). Parece-nos não assistir razão ao referido autor porque o art. 128 refere-se tanto à sujeição passiva indireta por transferência, quando o responsável responde por débito alheio, quanto à sujeição passiva por substituição, quando o responsável responde por débito próprio. Assim, o art. 128 efetivamente aclara e complementa a norma do art. 121, parágrafo único, II.

[36] "O fenômeno da responsabilidade ('substituição') tributária encontra-se inserto no parágrafo único, do art. 45, do CTN, que prevê a possibilidade de a 'lei atribuir à fonte pagadora da renda ou dos proventos tributáveis a condição de responder pelo imposto cuja retenção e recolhimento lhe caibam', em combinação com o disposto no inciso II do parágrafo único do art. 121, segundo o qual 'responsável' é aquele que, sem revestir a condição de contribuinte, tenha obrigação decorrente de disposição expressa de lei. No caso em apreço, o art. 62 da Lei no 8.981/1995 (com redação dada pela Lei no 9.065 de 20.06.1995) conferiu expressamente à pessoa jurídica que proceder a distribuição de prêmios a retenção do imposto de renda, fato em que a transforma em responsável pelo seu pagamento'. (BRASIL. Superior Tribunal de Justiça, REsp. 208.094/SC, Rel. Min. José Delgado, Primeira Turma, v.u.). "A obrigação tributária nasce

ou atribuí-la ao contribuinte "em caráter supletivo do cumprimento total ou parcial" da obrigação tributária.[37]

1.1.3. Distinção entre contribuinte e responsável

Antes de se diferenciar contribuinte e responsável, torna-se necessária uma breve exposição a respeito da **teoria dualista da obrigação**. A obrigação é composta de dois elementos: crédito-débito e garantia-responsabilidade. O elemento **crédito-débito**, ou simplesmente *debitum*, corresponde ao dever de prestação, isto é, consiste no direito subjetivo do credor de receber do devedor uma prestação determinada. Se o devedor não cumpre voluntariamente a prestação, surge o elemento **garantia-responsabilidade**, ou meramente **responsabilidade** *(obligatio)*, correspondente à sujeição do patrimônio do devedor ao credor. Em outras palavras, *a obligatio* consiste no poder que o Direito confere ao credor de obter coativamente a satisfação de seu crédito mediante a apreensão no patrimônio do devedor de tantos bens quantos bastem para obter a satisfação de seu crédito[38]. O débito pode existir sem responsabilidade, por exemplo, no caso de obrigação natural, e a responsabilidade pode existir também sem débito, por exemplo, no caso de fiança.

Daí **Ricardo Lobo Torres** estabelecer as seguintes **diferenças fundamentais entre contribuinte e responsável**: "a) o contribuinte tem o débito (*debitum*, *Schuld*), que é o dever de prestação e a responsabilidade (*Haftung*), isto é, a sujeição do seu patrimônio ao credor (*obligatio*), enquanto o responsável tem a responsabilidade (*Haftung*) sem ter o débito (*Schuld*), pois ele paga o tributo por conta do contribuinte; b) a posição do contribuinte surge com a realização do fato gerador da obrigação tributária; a do responsável, com a realização do pressuposto previsto na lei que regula a responsabilidade, que os alemães chamam de fato gerador da responsabilidade (*Haftungstatbestand*).[39]"

1.2. Sujeição passiva indireta

Não se pode tratar da sujeição passiva indireta sem se fazer referência à lição clássica de **Rubens Gomes de Souza**[40], distinguindo as suas diversas modalidades. A sujeição passiva indireta por *transferência* ocorre quando a obrigação tributária, depois de ter surgido contra uma pessoa determinada (contribuinte, sujeito passivo direto), transfere-se, em virtude de um fato previsto em lei e posterior à ocorrência do fato gerador, para outra pessoa diferente

---

por efeito da incidência da norma jurídica originária e diretamente contra o contribuinte ou contra o substituto legal tributário; a sujeição passiva é de um ou de outro, e, quando escolhido o substituto legal tributário, só ele, ninguém mais, está obrigado a pagar o tributo" (BRASIL. Superior Tribunal de Justiça, REsp 86.465/RJ, Rel. Min. Ari Pargendler, *DJU* 07.10.1996).

[37] Paulo de Barros Carvalho, *op. cit.*, p. 221, entende que "as relações jurídicas integradas por sujeitos passivos alheios ao fato tributado apresentam a natureza de sanções administrativas". Se examinarmos os arts. 130 a 135 do CTN, chegaremos à conclusão de que assiste razão ao referido autor, porque em todos os dispositivos a responsabilidade do terceiro decorre de negligência sua, como será mostrado mais adiante.

[38] Sobre a teoria dualista na obrigação tributária sugerimos a leitura da excelente monografia: LEÃES, L. G. Paes de Barros. *Obrigação tributária*. São Paulo: José Bushatsky Editor, 1971.

[39] TORRES, Ricardo Lobo. *Curso de direito financeiro e tributário*. Rio de Janeiro: Renovar, 1993, p. 207.

[40] SOUZA, Rubens Gomes de. *Compêndio de legislação tributária*. 3. ed. Rio de Janeiro: Financeiras, 1964, p. 68-69.

(sujeito passivo indireto). Segundo o mesmo autor, são três as modalidades de transferência: a) **solidariedade** (de direito); b) **sucessão;** c) **responsabilidade.** Na sujeição passiva por **substituição** a obrigação tributária já nasce em relação a uma pessoa distinta da do contribuinte[41]. Mais adiante, examinaremos a responsabilidade tributária segundo o CTN.

1.3. Sujeito passivo de obrigação acessória

O sujeito passivo da obrigação acessória, nos termos do **art. 122 do CTN,** "é a pessoa obrigada às prestações que constituam o seu objeto". Cabem as seguintes observações sobre o mencionado dispositivo: a) a **pessoa** referida no dispositivo compreende tanto o contribuinte quanto o responsável; b) a obrigação tributária acessória corresponde a qualquer exigência legal que **não diga respeito ao pagamento de tributo ou penalidade pecuniária**, compreendendo prestações positivas (obrigação de fazer) ou negativas (obrigação de não fazer); c) essa obrigação pode ser estabelecida por qualquer das normas integrantes da **legislação tributária,** não se exigindo, portanto, lei formal; d) a obrigação tributária acessória é estabelecida no **interesse da fiscalização ou arrecadação de tributos**, correspondendo, na realidade, a verdadeiros deveres ou instrumentos formais do sujeito passivo.

Podemos apontar como sujeitos passivos da obrigação tributária acessória, além do contribuinte, os responsáveis tributários (CTN, art. 197, I a VI). Todavia, **Hugo de Brito Machado** chama a atenção, corretamente, que o dever de prestar informações ao Fisco por quaisquer entidades ou pessoas que a lei designe, em razão de seu cargo, ofício, função, ministério, atividade ou profissão (CTN, art. 197, VII), não consubstancia obrigação tributária acessória. Assim, segundo o mesmo autor, as pessoas referidas no mencionado dispositivo legal não são sujeitos passivos de obrigação tributária. Daí conclui: "Neste caso, portanto, esse dever de informar há de ser previsto em *lei*. Não em normas inferiores integrantes da *legislação* tributária.[42]"

1.4. Convenções particulares

O CTN, em seu **art. 123**, determina que, salvo "disposições de lei em contrário, as convenções particulares, relativas à responsabilidade pelo pagamento do tributos, não podem ser opostas à Fazenda Pública, para modificar a definição legal do sujeito passivo das obrigações tributárias correspondentes"[43].

---

[41] "As pessoas jurídicas têm existência distinta da dos seus membros, conforme o art. 20 do CC e não pode a autoridade fiscal, afrontando essa regra de hierarquia superior à Lei Estadual, recusar a expedição de certidão negativa a contribuinte nas condições supra. Sendo as demais empresas com débitos pendentes à Fazenda Estadual os sujeitos passivos das obrigações tributárias que assumiram, nos termos do art. 121 do Código Tributário Nacional, não há como responsabilizar o impetrante por tais débitos, se não é ela substituto tributário das mesmas, na forma do parágrafo único do mesmo dispositivo do CTN" (TJ-SC – Ac. unân. da 4ª. Câm. Cív., de 25.03.1999 – AMS 98.013148-0 – Rel. Des. João Schaefer, *COAD/Boletim* nº 40/1999, p. 626). "Legitimidade. O art. 35 da Lei 7713/1988 atribui à empresa a retenção do tributo em análise, fato que a transforma em responsável pelo pagamento do imposto, conforme dicção do § ún. do art. 45, c/c art. 121, II, CTN. Dessa forma, a recorrente possui legitimidade para impetrar mandado de segurança" (BRASIL. Superior Tribunal de Justiça, REsp. 68216/MG, Rel. Min. Adhemar Maciel, Segunda Turma, v.u.).

[42] *Op. cit.*, p. 169.

[43] Arnold Wald (WALD, Arnold. Cisão parcial e responsabilidade tributária. *Revista de Direito Tributário*, v. 2. p. 241, 1977) entende que o art. 123 do CTN afasta a aplicação da faculdade prevista no parágrafo único do art. 233 da Lei nº 6.404/1976 por se tratar de norma de ordem pública, contida em lei complementar e constituir norma de direito especial em relação à norma societária. O parágrafo único do art. 233 da LSA permite que, no pacto de cisão parcial, a sociedade cindida não responda solidariamente com a sociedade beneficiária pelas suas obrigações, anteriores à cisão nem haja solidariedade entre as

Exemplifique-se com o imposto de renda, cuja obrigação de pagar é da pessoa física que aufere o rendimento, como contribuinte do imposto (CTN, art. 45). Se esta pessoa ajusta com o seu empregador que ele deverá pagar o imposto, não poderá, no entanto, este empregado, caso o empregador não cumpra a obrigação contratual, alegar e opor tal acordo à Fazenda Pública para escapar de sua responsabilidade tributária e modificar a definição legal do sujeito passivo da obrigação tributária. Se o mesmo empregado for acionado pelo Fisco, não terá outro caminho, senão pagar o imposto, embora possa, em seguida, pela via ordinária comum, haver do empregador o valor pago, baseando-se no contrato entre eles celebrado. Isso porque, no caso, **existem duas relações jurídicas distintas**. Uma, a relação jurídica tributária entre o empregado, na qualidade de contribuinte e, portanto, sujeito passivo da obrigação tributária, e o Fisco, como sujeito ativo da obrigação tributária, e o empregador não integra tal relação. Outra, uma relação de direito comum entre o empregador e o empregado, na qual o Fisco não é parte, sendo válida essa relação entre as duas partes, mas ineficaz no que toca ao Fisco[44].

2. Solidariedade tributária

A solidariedade, em matéria de obrigação tributária, é disciplinada pelo CTN, de forma genérica, em seus **arts. 124 e 125**, tratando o primeiro da solidariedade passiva e o segundo dos efeitos da solidariedade[45]. **O CTN não define o instituto da solidariedade,** tendo, portanto, adotado segundo o direito comum, embora o próprio CTN, em seus arts. 133, II, e 134, altere o conceito de solidariedade do Código Civil, com base no seu art. 110.

O art. 124 do CTN prevê **duas modalidades de solidariedade: de fato e de direito**. Ocorre **solidariedade de fato** (inciso I) quando há pluralidade de pessoas com "interesse comum na situação que constitua o fato gerador da obrigação principal", ou seja, quando duas ou mais pessoas realizam em conjunto a situação prevista em lei como fato gerador[46]. A solidariedade de fato ocorre, por exemplo, quando duas pessoas, em conjunto, importam uma determinada mercadoria estrangeira, caso em que ambas serão obrigadas, como contribuintes, perante a Fazenda Pública pelo pagamento do imposto de importação.

A **solidariedade de direito** (inciso II) resulta de determinação expressa da lei, pelo que uma pessoa, mesmo que não tenha interesse comum na situação que constitua o fato gerador da obrigação tributária, pode vir a responder solidariamente com o sujeito passivo direto pelo pagamento do tributo, como ocorre nos casos referidos no art. 134 do CTN. Assim, a solidariedade de direito se verifica entre contribuinte e responsável, enquanto a solidariedade de fato ocorre entre contribuintes. A solidariedade caracteriza-se pela faculdade que tem o

---

sociedades beneficiárias da cisão. Assim, a sociedade beneficiária da cisão só responderá pelas obrigações que lhe foram transferidas. Tal exclusão de solidariedade não produz efeitos perante o fisco, por força do art. 123 do CTN, nem em relação aos credores trabalhistas, sem necessidade de procederem à notificação de que trata o parágrafo único do art. 233 da LSA.

[44] Daí não ser cabível a denunciação à lide no processo de execução fiscal e nos embargos de executado (TFR, Ag 45620/SP, Rel. Min. Geraldo Sobral, Quinta Turma). Hugo de Brito Machado, *op. cit.*, 13. ed. p. 99, admite que o terceiro, obrigado por contrato a pagar o tributo, possa impugnar o respectivo lançamento, recomendando, no entanto, que haja cláusula contratual conferindo-lhe tal direito.

[45] O CCB de 2002, em seu art. 264, prescreve que "há solidariedade, quando na mesma obrigação concorrem mais de um credor, ou mais de um devedor, cada um com direito ou obrigado à dívida toda" (CCB de 1916, art. 896, parágrafo único).

[46] "A solidariedade da mulher casada pelo pagamento do crédito tributário (CTN, art. 124, I) não implica o comprometimento de bens adquiridos depois da dissolução da sociedade conjugal sem a prova de que foram pagos com recursos havidos na constância do casamento..." (TRF-4ª R., AC 93.04.02736/PR, Rel. Juiz Ari Pargendler, Primeira Turma).

Capítulo VII · OBRIGAÇÃO TRIBUTÁRIA | 219

credor de escolher o devedor contra o qual agirá, e, assim, não se pode falar em substituição do devedor neste caso, eis que sua obrigação permanece intacta.

O **parágrafo único do art. 124** afastou expressamente a possibilidade de o devedor solidário invocar a seu favor **benefício de ordem**, ou seja, pretender que o fisco primeiro cobre o tributo do sujeito passivo direto, do contribuinte, e somente no caso deste não possuir bens, ou serem seus bens insuficientes, poder se voltar contra ele, devedor solidário. O fisco pode agir indistintamente contra qualquer dos devedores solidários para exigir o pagamento do tributo. Todavia, **a regra geral do parágrafo único do art. 124 é excepcionada pelo próprio CTN nos arts. 133, II, e 134.** O STJ tem entendimento de que a responsabilidade tributária do art. 135 do CTN tem natureza subsidiária, como se mostrará mais adiante.

Apesar de o CTN adotar o conceito de solidariedade dado pelo Código Civil, o art. 125 estabelece os **efeitos** da solidariedade em matéria tributária, porque a lei tributária pode dar ao mesmo instituto efeitos distintos dos atribuídos pelo direito privado, por força do que dispõe o art. 109 do CTN: "os princípios gerais de direito privado utilizam-se para pesquisa da definição, do conteúdo e do alcance de seus institutos, conceitos e formas, *mas não para a definição dos respectivos efeitos tributários*".

Salvo disposição de lei em contrário, os **efeitos da solidariedade são os seguintes:** o pagamento efetuado por um dos obrigados aproveita aos demais, ou seja, extingue-se a relação jurídica tributária entre o fisco e todos os devedores. Sendo três, por exemplo, os proprietários de um bem imóvel, o pagamento do IPTU por qualquer um deles exonera os demais da obrigação tributária perante o fisco. É lógico que o devedor solidário que efetuar o pagamento poderá, com base na relação jurídica interna entre ele e os demais devedores, recuperar dos codevedores a sua quota (CCB de 2002, art. 283).

A **isenção ou remissão do crédito** tributário exonera os obrigados, salvo se outorgada pessoalmente a um deles, subsistindo, neste caso, a solidariedade quanto aos demais, pelo saldo. A isenção é **objetiva** quando concedida em função da matéria tributável, e **subjetiva** quando conferida em função da pessoa do contribuinte. Tratando-se de **isenção objetiva**, alcançando, portanto, a própria situação definida pela lei como fato gerador do tributo, a sua outorga **exonera** de responsabilidade tributária **todos os codevedores**.

No caso da isenção ter sido concedida de **natureza subjetiva**, vale dizer, somente a um dos devedores solidários, os demais codevedores continuarão responsáveis pelo **saldo** do valor do tributo devido. **Exemplificando:** *A, B* e *C* adquirem, a título oneroso, um bem imóvel, ocorrendo, portanto, o fato gerador do imposto de transmissão *inter vivos*, sendo de R$ 900,00 o valor devido. Todavia, lei municipal concede isenção do imposto a B, caso em que os demais codevedores (A e C) responderão perante o fisco pelo saldo do valor do tributo, que é de R$ 600,00, porque do seu valor total (R$ 900,00) deve-se abater o valor referente a B (R$ 300,00) em razão da isenção subjetiva. O mesmo efeito ocorre com a **remissão**, que é forma de extinção de crédito tributário (CTN, arts. 156, IV, e 172), significando perdão da dívida tributária. Quando concedida a todos os devedores, o crédito tributário ficará extinto, mas se concedida somente a um ou alguns deles, os demais continuarão a responder pelo valor da obrigação que sobejar.

A **interrupção da prescrição**, em favor ou contra um dos obrigados, favorece ou prejudica os demais[47]. Sendo três os proprietários de bem imóvel, contribuintes do IPTU, e o fisco

---

[47] Ricardo Lobo Torres ensina que a "decisão administrativa definitiva e a coisa julgada no processo tributário judicial aproveitam a todos os devedores solidários, embora proferida em favor de um só" (*Op. cit.*, 3. ed. p. 218).

promove execução fiscal contra um dos devedores solidários, o despacho que ordenar sua citação prejudica os demais devedores, ou seja, a interrupção da prescrição ocorrerá também em relação aos outros coproprietários. O STJ decidiu, com base no inciso III do art. 125 do CTN, que a ordem da citação da pessoa jurídica interrompe a prescrição em relação ao sócio, quando se lhe imputa a responsabilidade solidária pelo débito[48]. Como se sabe, a prescrição consiste na perda do direito de ação pelo decurso do prazo pela inércia do credor da obriga-ção. Daí o CTN, em seu art. 156, item V, prescrever que, ocorrendo a prescrição, extingue-se o crédito tributário, sendo o instituto regrado pelos arts. 176 a 179 do CTN.

Todavia, a interrupção da prescrição pode ocorrer também **em favor do contribuinte** quando, no mesmo exemplo anteriormente dado, um dos proprietários do bem imóvel ajuíza ação de repetição de indébito do IPTU em face da Fazenda Municipal, obtendo despacho determinando sua citação, hipótese em que a interrupção da prescrição beneficiará também os demais contribuintes, proprietários do bem imóvel. Desse modo, as causas de interrupção do prazo prescricional constantes do parágrafo único do art. 174 do CTN, **aplicam-se tam-bém a favor do contribuinte**, na ação de repetição de indébito, pelo princípio da igualdade das partes no processo[49].

Os casos de interrupção do prazo prescricional **a favor do fisco encontram-se enume-rados no art. 174 do CTN,** pelo que, ocorrendo qualquer um deles em relação a qualquer dos obrigados, tal interrupção prejudica os demais devedores solidários. De outro lado, o parágrafo único do **art. 169 do CTN** refere-se à interrupção do prazo prescricional contra o fisco no caso de pagamento indevido.

2.1. Capacidade tributária

O CTN, seguindo a orientação moderna, reconhece a **autonomia do direito tributário**, ao prescrever, no **art. 126:** "A capacidade tributária passiva independe: I – da capacidade civil das pessoas naturais; II – achar-se a pessoa natural sujeita a medidas que importem privação ou limitação do exercício de atividades civis, comerciais ou profissionais, ou da administração direta de seus bens ou negócios; III – de estar a pessoa jurídica regularmente constituída, bastando que configure uma unidade econômica ou profissional"[50].

Mais uma vez o Código Tributário Nacional deixa claro que consagrou a orientação pela qual o que interessa ao direito tributário é o **aspecto econômico**, a relação econômica subjacente existente na situação tributária definida em lei como hipótese de incidência. Daí, se um menor, por seu representante legal, ou um advogado impedido de exercer a profissão, ou ainda uma sociedade não regularmente constituída nos termos da lei (sociedade em comum), praticarem atos

---

[48]   BRASIL. Superior Tribunal de Justiça, Resp. 3096-0/RS, Segunda Turma, Rel. Min. Ari Pargendler, v. u. Na sociedade que opera irregularmente e já dissolvida, a citação feita a um dos sócios (devedores) interrompe a prescrição a favor do Fisco e alcança não só o citando, mas, também, todos os demais solidários (*RSTJ* 123/87). O redirecionamento da execução fiscal contra o responsável solidário deve se dar no prazo de cinco anos, inaplicável o art. 40 da LEF, que se aplica ao devedor e não ao responsável (BRASIL. Superior Tribunal de Justiça, REsp 45.636/SP, Rel. Min. Ari Pargendler, Segunda Turma, v.u.). A interrupção da prescrição contra o contribuinte opera também contra o responsável solidário ou por substituição (BRASIL. Superior Tribunal de Justiça, REsp. 76.667/SP, Rel. Min. Milton Luiz Pereira, v.u.).

[49]   BRASIL. Superior Tribunal de Justiça, REsp 82.553-DF, Rel. Min. Demócrito Reinaldo, Primeira Turma, v.u.

[50]   Giussani ensina que: "Toda vez que um sujeito, provido ou não de capacidade de direito privado, realiza concretamente e de certa forma autônoma uma das circunstâncias de fato abstratamente presumidas pela lei tributária, cumpre os pressupostos necessários e suficientes para assumir a capacidade de ser sujeito de relações jurídicas tributárias" (*Apud* Giuliani Fonrouge, *op. cit.*, p. 101).

Capítulo VII · OBRIGAÇÃO TRIBUTÁRIA | 221

sujeitos à incidência de tributos, não poderão invocar a menoridade, a proibição do exercício da profissão ou a existência ilegal da pessoa jurídica para escaparem ao cumprimento da obrigação tributária. Resulta do exposto que o **art. 126 do CTN deve ser interpretado em harmonia com o seu art. 118**, que estabelece normas sobre a interpretação da definição legal do fato gerador[51].

2.2. Domicílio tributário

No direito comparado não existe consenso sobre a definição de domicílio fiscal, embora **predomine o entendimento** de que deva sempre prevalecer o interesse da Fazenda. Isso porque objetiva-se uma cobrança mais rápida e simples do tributo, bem como facilitar a fiscalização por parte das autoridades fazendárias. O **CTN** disciplina a matéria em seu **art. 127**, partindo do entendimento de que o sujeito passivo da obrigação tributária tem liberdade de escolher seu domicílio fiscal, embora de natureza relativa. A autoridade administrativa pode recusá-lo, de forma fundamentada, quando o domicílio fiscal escolhido pelo sujeito passivo impossibilite ou dificulte a atividade de arrecadação ou fiscalização do tributo.

Entretanto, caso o sujeito passivo **não eleja** seu domicílio fiscal, na forma da legislação aplicável, o CTN determina a aplicação das seguintes regras.

Tratando-se de **pessoa natural**, o domicílio fiscal será, em primeiro lugar, sua **residência habitual,** ou seja, o lugar onde ela habite de forma permanente, sendo, em resumo, nos termos do art. 70 do CCB de 2002, o local onde a pessoa se estabeleça com ânimo definitivo. Em segundo lugar, se a sua residência for **incerta ou desconhecida**, considerar-se-á sendo seu domicílio o lugar onde mantenha o centro principal de suas atividades, que é o denominado **domicílio de negócio**. Em terceiro lugar, se várias forem as suas residências ou diversos seus centros de ocupação, deve-se aplicar a regra do art. 71 do CCB de 2002, ou seja, qualquer uma de suas residências ou qualquer um de seus centros habituais de atividade será considerado seu domicílio fiscal.

Quanto às pessoas jurídicas de direito privado ou às firmas individuais, seu domicílio fiscal será o lugar onde tenham sua **sede**, presumindo, assim, a lei, que na mesma esteja o centro principal de suas atividades. Se, no entanto, a pessoa jurídica tiver pluralidade de estabelecimentos, considerar-se-á o local onde tenham sido praticados os atos ou os fatos que deram origem à tributação, seguindo, assim, o princípio do art. 75 do CCB de 2002[52].

No que concerne às **pessoas jurídicas de direito público**, seu domicílio fiscal será o lugar de **qualquer de suas repartições** no território da entidade tributante. Não se esqueça de que as pessoas jurídicas de direito público gozam de imunidade tributária apenas em relação a impostos, e mesmo assim somente sobre patrimônio, renda e serviços (**CF, art. 150, VI,**

---

51   Cf. Hugo de Brito Machado, *op. Cit.*, 11. ed. p. 102. Ricardo Lobo Torres esclarece, com a precisão de sempre, que embora "o CTN não os nomeie, os entes desprovidos de personalidade jurídica, como as heranças jacentes ou os espólios, têm capacidade tributária e lhes pode ser imputada a obrigação tributária" (*Op. cit.*, 4. ed., p. 219).

52   O STJ decidiu que a notificação fiscal enviada para local diverso do domicílio tributário do contribuinte, de conhecimento do fisco, ofende o art. 127, II, do CTN (BRASIL. Superior Tribunal de Justiça, REsp. 33.837-6/MG, Rel. Min. Antônio de Pádua Ribeiro, Segunda Turma, v.u.). "Domicílio fiscal. Considera--se como domicílio tributário da pessoa jurídica o lugar de sua sede, ou em relação aos fatos e os atos que derem origem à sua obrigação, o de cada estabelecimento. Não sendo a comarca do domicílio do devedor sede de Vara da Justiça Federal, o executivo fiscal deve ser proposto perante o respectivo Juiz de Direito estadual" (S. 40 do TFR) (BRASIL. Superior Tribunal de Justiça, REsp. 74.082/PE, Rel. Min. Demócrito Reinaldo, Primeira Turma, v.u.).

"a", e **CTN, art. 9º, IV, "a"**), bem como que a imunidade não dispensa o cumprimento das obrigações tributárias acessórias (**CTN, art. 9º, § 1º**).

Finalmente, caso o **sujeito passivo não tenha eleito o seu domicílio fiscal**, na forma da legislação aplicável, ou, embora tendo escolhido, foi o mesmo recusado, motivadamente, pela autoridade administrativa, ou ainda quando não couber a aplicação de qualquer das regras acima mencionadas, seu domicílio fiscal será o lugar onde estejam situados os bens ou onde tenham ocorrido os atos ou fatos que deram origem à obrigação tributária (**CTN, art. 127, § 1º**). Tal regra deve ser aplicada, por exemplo, no caso de o sujeito passivo residir fora do território nacional, e visa a facilitar a arrecadação do tributo e dar mais segurança ao fisco na sua atividade fiscalizadora (**CTN, art. 127, § 2º**)[53].

Acerca do domicílio fiscal, extrai-se da jurisprudência do STJ as seguintes súmulas: 1) "Presume-se dissolvida irregularmente a empresa que deixar de funcionar no seu domicílio fiscal, sem comunicação aos órgãos competentes, legitimando o redirecionamento da execução fiscal para o sócio-gerente." (Súmula 435 STJ); 2) "Proposta a execução fiscal, a posterior mudança de domicílio do executado não desloca a competência fixada." (Súmula 58 STJ).

VI. RESPONSABILIDADE TRIBUTÁRIA

1. Noção geral

A responsabilidade tributária é disciplinada pelo Código Tributário Nacional no seu Capítulo V do Título II (Obrigação Tributária) do Livro Segundo (Normas Gerais do Direito Tributário). O CTN regra a responsabilidade por sucessão nos arts. 129 a 133, a responsabilidade de terceiros nos art. 134 e 135 e a responsabilidade por infrações nos arts. 136 a 138, estando todas essas regras sob o **comando geral do art. 128**. Este dispositivo dispõe, de forma genérica, o seguinte: "Sem prejuízo do disposto neste Capítulo V, a lei pode atribuir de modo expresso a responsabilidade pelo crédito tributário a terceira pessoa vinculada ao fato gerador da respectiva obrigação, excluindo a responsabilidade do contribuinte ou atribuindo-a a este em caráter supletivo do cumprimento total ou parcial da referida obrigação".

O **art. 128 do CTN** merece as seguintes observações. **Primeira**, trata-se de regra que complementa e aclara o inciso II do parágrafo único do art. 121, que se refere ao responsável como sendo uma das espécies do sujeito passivo da obrigação tributária, e, ao mesmo tempo, preside e ajuda a entender as normas seguintes do Capítulo V. **Segunda**, há necessidade de lei para que se possa atribuir responsabilidade tributária a terceiro, não bastando, portanto, a regra genérica do art. 128. A lei deve atribuir de modo expresso, claro, tal responsabilidade a terceiro, não podendo deixar qualquer dúvida a respeito da matéria. Isso porque a regra é que o contribuinte, sujeito passivo direto, é quem tem o dever legal de satisfazer a obrigação tributária principal. **Terceira**, a lei não pode eleger qualquer terceiro como responsável tributário, pois tem de ser pessoa vinculada de alguma forma ao fato gerador[54], menos a econômica, porque o contribuinte é que tem relação pessoal e direta de tal natureza com o fato gerador. **Quarta**, não se confundindo, assim, o responsável com a pessoa do contribuinte, este terceiro tem responsabilidade

---

[53] Na execução fiscal, o executado ausente do país deve ser citado por edital (LEF, art. 8º, § 1º).

[54] *RTJ* 73/507, 530, 75/177, 98/440 etc. Segundo decisão do STJ, não é possível atribuir ao industrial ou comerciante atacadista a responsabilidade pelo tributo devido pelo comerciante varejista, por ausência de vínculo com o fato gerador (BRASIL. Superior Tribunal de Justiça, REsp. 5116/SP, Rel. Min. Pedro Acioli, Primeira Turma, *RSTJ* 42/253).

(*haftung*), sem ter o débito (*schuld*)[55]. **Quinta**, a lei pode atribuir a responsabilidade tributária a terceiro de forma exclusiva, liberando o contribuinte, ou de modo solidário ou subsidiário com o contribuinte, que, nestes casos, não fica liberado. **Sexta**, que a oração inicial do dispositivo sob exame não permite que a lei, ao atribuir responsabilidade a terceiro, viole qualquer das normas do Capítulo V do Título II do Livro Segundo sobre responsabilidade tributária. **Sétima**, que a eleição pela lei da figura do responsável tributário pode ocorrer por razão de conveniência e até mesmo por necessidade do fisco. Assim, tal eleição é ditada por razão de conveniência quando visa apenas a simplificar ou facilitar a arrecadação do tributo, como ocorre, por exemplo, quando a lei atribui à montadora de automóveis a responsabilidade pelo pagamento do ICMS, quanto a fato gerador futuro, que se presuma vá ocorrer, e a ser realizado pela concessionária. Todavia, há "situações em que a única via possível para tornar eficaz a incidência do tributo é a eleição do terceiro responsável. Imagine-se, por exemplo, o imposto de renda sobre rendimentos de não residentes no País: a lei tem de escolher um terceiro (a fonte pagadora) como sujeito passivo (na condição de responsável) para viabilizar a incidência do tributo"[56].

Ricardo Lobo Torres entende que o art. 128 refere-se a todas as figuras possíveis de responsável tributário:

> a) o *substituto*, que é aquele que fica no *lugar* do contribuinte, afastando a responsabilidade deste; b) os responsáveis *solidários* ou *subsidiários* (sucessores e terceiros), que ficam junto ao contribuinte, o qual conserva a responsabilidade em caráter supletivo.[57]

Por sua vez, **Bernardo Ribeiro de Moraes** classifica a responsabilidade tributária em dois grupos: "a) *responsabilidade tributária originária*, também denominada de 'responsabilidade de primeiro grau', quando a posição do sujeito passivo é ocupada pela mesma pessoa antes e depois do inadimplemento da respectiva obrigação. É o caso do contribuinte e do substituto tributário, definidos pelo art. 121 do Código Tributário Nacional. No caso, a sujeição passiva, direta ou indireta, aparece desde o nascimento da obrigação tributária originária; b) *responsabilidade tributária derivada*, também conhecida como 'responsabilidade de segundo grau', quando a posição do sujeito passivo não é ocupada pela mesma pessoa antes e depois do inadimplemento da respectiva obrigação. A lei tributária, no caso, dissocia plenamente a sujeição passiva da obrigação tributária, atribuindo o *debitum* a uma pessoa e a responsabilidade a outra. O responsável, aqui classificado, será sempre uma **terceira pessoa (não devedor originário)**, que aparece em razão do inadimplemento da obrigação tributária. É o caso de responsabilidade de sucessores, de terceiros propriamente ditos, etc.[58]"

A responsabilidade tributária pode ser atribuída por lei a terceiro de **modos diversos**. Assim, a lei pode estabelecer que o responsável tem responsabilidade **solidária pura**, vale dizer, de direito comum, com o contribuinte, e, neste caso, o fisco pode exigir o pagamento do tributo de um ou de outro, e o devedor demandado não pode se valer do benefício de ordem (**CTN, art. 124 e seu parágrafo único**). Entretanto, a lei pode também determinar que o responsável tem responsabilidade **subsidiária** com o contribuinte, como ocorre, *v.g.*,

---

[55] Cf. Ricardo Lobo Torres, *op. cit.*, p. 211.

[56] Cf. Luciano Amaro, *op. cit.*, p. 286.

[57] *Op. cit.*, p. 212.

[58] *Op. cit.*, II, p. 509-510. Hugo de Brito Machado, *op. cit.*, p. 100-101, não obstante considerar a utilidade da doutrina, especialmente no que concerne ao conceito de substituto legal tributário, considera que, em face do CTN, "o sujeito passivo da obrigação tributária principal pode ser classificado em apenas duas categorias: (a) contribuinte; e (b) responsável, nos exatos termos de seu art. 121."

nas hipóteses dos arts. 133, II, 134 e 135 do CTN. Nesses casos, o responsável, se demandado diretamente pelo fisco, tem direito de arguir benefício de ordem, para que primeiro sejam excutidos os bens do contribuinte. Finalmente, a lei pode também atribuir a responsabilidade tributária a terceiro na condição de **substituto legal tributário**, e o responsável eleito passa a ocupar o lugar do contribuinte na relação jurídico-tributária, excluindo-o, portanto, da relação. Assim, o substituto legal tributário é considerado atualmente sujeito passivo direto e não indireto, como entendia a doutrina no passado. A legitimidade do responsável tributário para fins de repetição de tributo pago indevidamente foi objeto de análise do STJ em sede de embargos de divergência. A Primeira Seção da Corte definiu que a legitimidade *ad causam* é do contribuinte que efetuou o pagamento, ou seja, que arcou financeiramente com o tributo. No caso apreciado no ERESP 1.318.163/PR, a empresa responsável pela retenção e recolhimento do IRPF pleiteava o ressarcimento do montante recolhido a maior, tendo entendido a corte pela sua ilegitimidade.[59] Na ocasião, fez-se ainda a ressalva de que o caso não se confunde com o artigo 166 do CTN por não ser o IRPF tributo indireto.

Conforme entendimento do STJ, "A simples falta de pagamento do tributo não configura, por si só, nem em tese, circunstância que acarreta a responsabilidade subsidiária do sócio, prevista no art. 135 do CTN. É indispensável, para tanto, que tenha agido com excesso de poderes ou infração à lei, ao contrato social ou ao estatuto da empresa" (Tema 97 STJ).[60]

---

[59] "Tributário e processual civil. Violação do art. 557 do CPC. Não ocorrência. Princípio da colegialidade. Preservação por ocasião do julgamento do agravo regimental. Inexistência de violação dos arts. 165, 458 e 535 do CPC. Ausência de prequestionamento dos dispositivos de lei invocados. Súmula 211/STJ. Imposto de renda retido na fonte. Repetição de indébito. Ilegitimidade ativa do responsável tributário. 1. A discussão trazida a cotejo diz respeito à pretensão de incidência do IRRF sobre a remessa de lucros, quando o beneficiário for domiciliado no exterior, independentemente do imposto recolhido sobre o lucro líquido (ILL), à alíquota de 8%, nos termos dos arts. 35 e 36, parágrafo único, alínea 'b', da Lei nº 7.713/1988. 2. O Tribunal de origem manteve a sentença que extinguiu o processo sem julgamento de mérito, nos termos do art. 267, VI, do CPC, considerando a ilegitimidade ativa da autora. 3. A configuração de jurisprudência dominante constante do art. 557 do CPC prescinde de que todos os órgãos competentes em um mesmo Tribunal tenham proferido decisão a respeito do tema. Isso porque essa norma é inspirada nos princípios da economia processual e da razoável duração do processo e tem por finalidade a celeridade na solução dos litígios. Assim, se o Relator conhece orientação de seu órgão colegiado, desnecessário submeter-lhe, sempre e reiteradamente, a mesma controvérsia. 4. A eventual nulidade da decisão monocrática calcada no artigo 557 do CPC fica superada com a reapreciação do recurso pelo órgão colegiado, na via de agravo regimental. 5. Não há violação dos artigos 165, 458 e 535 do CPC quando o magistrado decide a matéria de direito valendo-se dos elementos que julga aplicáveis e suficientes para a solução da lide. 6. Descumprido o indispensável exame dos dispositivos de lei invocados pelo acórdão recorrido, apto a viabilizar a pretensão recursal da recorrente, a despeito da oposição dos embargos de declaração. Incidência da Súmula 211/STJ. 7. Não configura contradição afirmar a falta de prequestionamento e afastar indicação de afronta ao artigo 535 do Código de Processo Civil, uma vez que é perfeitamente possível o julgado se encontrar devidamente fundamentado sem, no entanto, ter decidido a causa à luz dos preceitos jurídicos desejados pela postulante, pois a tal não está obrigado. 8. Em se tratando dos denominados 'tributos indiretos' (aqueles que comportam, por sua constituição jurídica, transferência do respectivo encargo financeiro), a norma tributária (art. 166 do CTN) impõe que a restituição do indébito somente se faça ao contribuinte que comprovar haver arcado com o referido encargo ou, caso contrário, que tenha sido autorizado expressamente pelo terceiro a quem o ônus foi transferido. 9. Na espécie, IRRF é tributo que, por sua constituição jurídica, comporta a repercussão do encargo financeiro (tributo indireto), razão pela qual sua restituição ao 'contribuinte de direito' reclama a comprovação da ausência de repasse do ônus tributário ao 'contribuinte de fato'. Precedentes. Agravo regimental improvido" (BRASIL. Superior Tribunal de Justiça, AgRg no REsp n. 1.462.226/ SP, Rel. Ministro Humberto Martins, Segunda Turma, j. 04.09.2014, *DJe* 15.09.2014).

[60] O entendimento foi parcialmente sumulado por ocasião da Súmula 430 STJ que dispõe que: "O inadimplemento da obrigação tributária pela sociedade não gera, por si só, a responsabilidade solidária do sócio-gerente".

1.1. Substituto tributário

Referimo-nos anteriormente à sujeição passiva por substituição, quando dissemos que tal figura ocorre quando a responsabilidade tributária nasce desde logo em relação a uma pessoa diversa da pessoa do contribuinte nos casos expressos definidos em lei. Cabe agora aprofundarmos um pouco mais o exame dessa figura de responsável tributário.

O substituto legal tributário só pode ser determinado por **lei formal**, porque se trata de uma situação excepcional por corresponder a uma terceira pessoa, estranha à relação econômica de natureza pessoal e direta com o fato gerador. A sua obrigação tributária nasce desde logo em relação a sua pessoa, e não quanto à pessoa do contribuinte, que é a situação normal. Assim, o substituto responde por **débito próprio**, enquanto o responsável tributário responde por débito alheio. Disso decorre que na execução fiscal o substituto tributário deve oferecer embargos de devedor, quando citado para integrar o polo passivo da relação processual, enquanto o responsável tributário deve apresentar embargos de terceiro, quando tem bem penhorado sem citação anterior. O substituto passa a ocupar o lugar do contribuinte na relação jurídica tributária, que dela fica excluído[61]. O substituto legal ocupa o lugar do substituído (contribuinte) desde o nascimento até a extinção da relação jurídica tributária[62]. Entre o substituto e o substituído instaura-se uma relação jurídica de direito comum, e, portanto, **não tributária**, da qual decorre, por exemplo, o direito de regresso de que é titular o substituto em relação ao substituído, quando for o caso. A figura da substituição só se explica para atender a interesse único do fisco, que tem mais segurança e rapidez na cobrança do tributo em relação à pessoa do substituto, geralmente por ser dotada de maior capacidade econômica. Entretanto, a lei pode também determinar a condição de terceiro como substituto legal por razão de necessidade do fisco. Existe entendimento de que o substituto legal é quem pode atacar a relação jurídica tributária, alegar a inconstitucionalidade ou ilegalidade do ato tributário, impugnar o lançamento etc., em razão de ser a pessoa que passa a integrar a relação tributária, e, assim, o substituído não poderia praticar tais atos[63]. Todavia, tal entendimento cria uma situação profundamente injusta para o contribuinte (substituído), quando recai sobre ele o peso da carga tributária, por exemplo, a concessionária de automóveis (substituída) suporta o ICMS, embora o substituto legal seja o fabricante (substituto)[64]. Há entendimento específico do STJ quanto à repetição do ICMS cobrado indevidamente por transferência de mercadorias para

---

[61] Todavia, Zelmo Denari, *op. cit.*, p. 277, revela que Giannini "se inclina a admitir a responsabilidade subsidiária do contribuinte, mas somente sob prévia e expressa determinação legal".

[62] Cf. XAVIER, Alberto. *Manual de direito fiscal*. Lisboa: Tipografia Guerra, 1974, I, p. 408. Todavia, Bernardo Ribeiro de Moraes, *op. cit.*, II, p. 293, entende que "o substituto na verdade não substitui ninguém, nem mesmo o contribuinte, pois, desde o nascimento da obrigação tributária, o substituto passa a ser o devedor do tributo, embora não tenha participado da ocorrência do fato gerador da obrigação tributária".

[63] Cf. Ricardo Lobo Torres, *op. cit.*, p. 213, e Bernardo Ribeiro de Moraes, *op. cit.*, II, p. 295. Neste mesmo sentido decidiu o STJ que o substituído ou contribuinte de fato não participa da relação jurídico-tributária, carecendo, portanto, de legitimação para discuti-la (BRASIL. Superior Tribunal de Justiça, REsp. 50.760/SP, Rel. Min. Ari Pargendler, Segunda Turma, v.u.).

[64] TJRJ, EI 02/94, Rel. Des. Clarindo de Brito Nicolau, 25.05.1994, p.m. "Segundo a legislação vigente, o terceiro interessado na extinção do débito que efetua o respectivo pagamento, sub-roga-se em todos os direitos e ações que competiam ao credor. O substituto tributário que realiza o pagamento do imposto recolhido indevidamente tem legitimação para postular a repetição de indébito" (BRASIL. Superior Tribunal de Justiça, REsp. 99.463/SP, Rel. Min. Demócrito Reinaldo, Primeira Turma, v.m.). "O substituído tributário tem legitimidade para a propositura da repetição de indébito, mas devendo comprovar que não transferiu o ônus respectivo ao comprador dos bens, o consumidor final" (*RDTJRJ* 33/203). "O substituto tributário, em sofrendo o ônus da imposição fiscal, tem interesse de agir e legitimidade *ad*

filial sediada em outra Unidade da Federação, "Isso porque, nesses casos, a operação indevidamente tributada não envolve venda de mercadoria que possa ensejar o repasse do encargo financeiro do ICMS para terceiro, visto que, nesse estágio da cadeia comercial, a Contribuinte continua ostentando a titularidade física e jurídica da mercadoria, não havendo, ainda, a figura de terceira pessoa a quem possa ser transferido o encargo financeiro."[65]

O "contribuinte realiza o fato gerador da obrigação tributária, enquanto o substituto realiza o fato gerador da substituição prevista em lei"[66]. O substituto legal tributário, na sistemática atual, não pode mais ser considerado sujeito passivo indireto, como entendia a doutrina clássica, porque, passando a ocupar o lugar do contribuinte, corresponde a sujeito passivo direto, com responsabilidade não só pela obrigação tributária principal, como também pela obrigação acessória.

Ricardo Lobo Torres[67] doutrina que "o substituído não é totalmente estranho à relação tributária. Para que haja a substituição, é necessário que o contribuinte e o substituto participem do mesmo processo econômico, de modo que entre as suas atividades haja algum nexo. As imunidades e as isenções pertencem ao substituído, e não ao substituto".

1.2. *Responsabilidade dos sucessores*

1.2.1. *Noção geral*

O CTN, no Capítulo V, sob o título de "Responsabilidade Tributária", disciplina a responsabilidade dos sucessores na Seção II (arts. 129 a 133) e a responsabilidade de terceiros na Seção III (arts. 134 e 135), ambos posicionados no Capítulo V do Livro Segundo. A responsabilidade dos sucessores é forma de sujeição passiva indireta **por transferência** porque a obrigação tributária nasce em relação à pessoa do contribuinte, mas em razão dos eventos previstos nos arts. 130 a 133 do CTN, ocorridos após o fato gerador, transfere-se para as pessoas dos terceiros referidos nos mesmos dispositivos. O comando legal genérico que preside

---

causam para discutir judicialmente a exigência tributária que sobre ele recai" (BRASIL. Superior Tribunal de Justiça, REsp. 173.907/RS, Rel. Min. Humberto Gomes de Barros, Primeira Turma, v.u.).

[65] BRASIL. Superior Tribunal de Justiça, AgInt no AREsp nº 1.134.366/RS, Rel. Min. Napoleão Nunes Maia Filho, Primeira Turma, j. 15.12.2020, *DJe* 18.12.2020.

[66] Daí existir "diferença ontológica entre o *substituto legal tributário* e o *responsável tributário*, o primeiro sem vinculação com o fato gerador e o segundo vinculado. Porém, a eleição legal do substituto tributário obriga a pagar o tributo, obrigação alheia ao fato gerador" (BRASIL. Superior Tribunal de Justiça, REsp. 132.130/MG, Rel. Min. Milton Luiz Pereira, Primeira Turma, v.u.). "Substituto legal tributário e legal tributário. O substituto legal tributário é a pessoa, não vinculada ao fato gerador, obrigada originariamente a pagar o tributo; o responsável tributário é a pessoa, vinculada ao fato gerador, obrigada a pagar o tributo se este não for adimplido pelo contribuinte ou pelo substituto legal tributário, conforme o caso. 1) Substituído ou contribuinte de fato. O substituído ou contribuinte de fato não participa da relação jurídico-tributária, carecendo, portanto, de legitimação para discuti-la" (BRASIL. Superior Tribunal de Justiça, REsp. 59.513, Rel. Min. Ari Pargendler, 1ª Seção, v.u. etc.).

[67] *Op. cit.*, 4. ed. p. 223. Até a EC nº 3/1993, o substituído não tinha qualquer relação jurídica com o sujeito ativo da obrigação tributária; depois dela, sem embargo de que não participe da relação tributária, o substituído está legitimado a requerer repetição de indébito do ICMS pago a maior na chamada substituição para frente (art. 150, § 7º c/c art. 10, § 1º da LC nº 87/1996) – desautorizada a presunção *juris et de jure* que militava a favor da base de cálculo por estimativa, na forma da LC nº 44, de 1983 (BRASIL. Superior Tribunal de Justiça, Rec. em MS 9380/MS, Rel. Min. Ari Pargendler, Segunda Turma, v.u.). A E. Segunda Turma deste STJ assentou o entendimento no sentido de que o substituído, ou contribuinte de fato (concessionária), é o responsável pelo pagamento do tributo, por isso que é a pessoa vinculada ao fato gerador; não participa, portanto, da relação jurídica tributária, faltando-lhe legitimidade para discuti-la (BRASIL. Superior Tribunal de Justiça, REsp. 81.671/SP, Rel. Min. Francisco Peçanha Martins, Segunda Turma, v.u.).

as normas seguintes sobre sucessão tributária está contido no art. 129 do CTN, que reafirma a natureza declaratória do lançamento no que toca à obrigação tributária, porque o que interessa é o momento em que ocorreu o fato gerador e não a data do lançamento (CTN, art.144). O sucessor responde pelos tributos devidos pelo antecessor, estando o crédito tributário definitivamente constituído, ou em curso de constituição, quando as dívidas fiscais estavam sendo apuradas ou lançadas no momento da sucessão, ou ainda no caso de ser constituído posteriormente à sucessão. Assim, interessa somente para se caracterizar a sucessão tributária que o fato gerador tenha ocorrido antes do evento previsto em lei. Não importa, portanto, que o crédito tributário esteja ou não constituído definitivamente ou em curso de constituição. Quanto aos fatos geradores realizados posteriormente à sucessão, quem os realiza responderá na condição de contribuinte, em razão de sua relação pessoal e direta com o fato gerador.

O sucessor tributário responde pelo pagamento de **multas moratórias**, que decorrem do não pagamento do tributo no prazo legal pelo contribuinte, mas não responde, em princípio, pelas multas punitivas, em razão do princípio da personalização da pena, salvo quando o transmitente aliena o seu negócio para eximir-se do pagamento de multa[68].

As **modalidades** de responsabilidade por sucessão são as seguintes: a) sucessão imobiliária (CTN, art. 130); b) sucessão *inter vivos* de bens adquiridos ou remidos (CTN, art. 131, I); c) sucessão *causa mortis* (CTN, art. 131, II e III); d) sucessão de empresa e de pessoa jurídica de direito privado (CTN, art. 132); e) sucessão empresarial (CTN, art. 133).

1.2.2. Sucessão imobiliária (CTN, art. 130)

O art. 130 do CTN comporta as seguintes observações. **Primeira**, a regra só se aplica: a) aos impostos cujo fato gerador seja a propriedade, o domínio útil ou a posse de bens imóveis, ou seja, impostos patrimoniais: IPTU (CTN, art. 32) e ITR (CTN, art. 29); b) às taxas devidas pela prestação de serviços públicos específicos e divisíveis referentes a bem imóvel[69]; c) à contribuição de melhoria relativa ao imóvel que se beneficiou de obra pública. **Segunda**, o adquirente *sub-roga-se* nos respectivos créditos tributários, passando a ser o responsável tributário como sucessor pelo pagamento dos referidos tributos em razão de sua negligência, no momento da aquisição, ao não observar que existiam débitos tributários relativos ao imóvel. **Terceira**, a responsabilidade do adquirente é **subsidiária**, porque somente exsurge se não houver possibilidade do cumprimento da obrigação tributária pelo contribuinte[70]. **Quarta**, o adquirente do imóvel só se livra da responsabilidade se constar do título de transferência do direito a **prova de quitação** relativa aos mencionados tributos. Observe-se que mesmo constando da certidão negativa a ressalva do direito da Fazenda Pública cobrar créditos tributários que venham a ser apurados, o adquirente não terá responsabilidade no que toca a esses créditos, que só poderão ser exigidos do contribuinte-transmitente.

No caso de **arrematação em hasta pública**, a sub-rogação ocorre sobre o respectivo preço (CTN, art. 130, parágrafo único). Disso resulta que o arrematante não se torna responsável tributário porque recebe o imóvel livre de ônus tributário, operando-se a sub-rogação sobre o preço e não sobre o imóvel, devendo a Fazenda Pública habilitar seu crédito no preço da

---

[68]   *RTJ* 93/862 e STF, *RDA* 129/98. No mesmo sentido, Ricardo Lobo Torres, *op. cit.*, 4. ed. p. 226 e 288.

[69]   "...1 – Taxa de pavimentação. Reveste esta natureza real, sub-rogando-se na pessoa dos adquirentes dos imóveis que lhe dizem respeito (CTN, art. 130)...." (BRASIL. Supremo Tribunal Federal, RE 89.175/GO, Rel. Min. Leitão de Abreu, Segunda Turma, 17.06.1980, *RTJ* 94/754). "ITR. Competente é o juízo do domicílio do adquirente do imóvel rural para apreciar a execução fiscal por aplicação do art. 130 do CTN – Súmula 40 TFR" (TRF, 1ª R., 2ª Seção, Rel. Juiz Eustáquio Silveira, v.u., *RTDT* 15/291).

[70]   Cf. Ricardo Lobo Torres, *op. cit.*, p. 215.

arremata
ção. Se o preço da arrematação for insuficiente para atender ao valor do crédito da Fazenda Pública, nem assim o arrematante será responsável pelo saldo, que continua sendo de responsabilidade do contribuinte. O arrematante não responde, porque entre ele "e o antigo proprietário do bem não se estabelece relação jurídica nenhuma. A propriedade é adquirida pelo arrematante em virtude de ato judicial e não de ato negocial privado"[71].

Em interpretação do art. 130 parágrafo único do CTN, o STJ distinguiu a arrematação em hasta pública da adjudicação. Na arrematação, o arrematante adquire o bem de forma "livre e desembaraçado de tributo ou responsabilidade". No entanto, se a arrematação ocorreu com a utilização de créditos que o arrematante possuía com o devedor, tem-se, na verdade, adjudicação e, consequentemente o adquirente arca com a "quitação dos créditos tributários existentes sobre a coisa."[72]

1.2.3. Responsabilidade do adquirente ou remitente (CTN, art. 131, I)

O art. 131, I, do CTN reza que são **pessoalmente responsáveis** o adquirente ou o remitente pelos tributos relativos aos bens adquiridos ou remidos. Na sua redação orginária, constava da parte final do dispositivo a expressão "com observância do disposto no art. 191", que foi excluída pelo DL nº 28/1966. **Hugo de Brito Machado** entende que, havendo quitação de tributos, poder-se-ia aplicar a regra do art. 130, "por interpretação analógica, segundo o art. 108, I, do CTN"[73].

O art. 131, I do CTN, refere-se à **remição-resgate**, que consiste no ato de o devedor ou interessado redimir, remir ou resgatar a dívida. Não se confunde, pois, com **remissão**, no sentido de renúncia, perdão, por parte do credor (CCB, arts. 385 a 388 e CTN, arts. 125, II, 156, IV, e 172).

O art. 131, I do CTN aplica-se à **remição de bens móveis e imóveis**, e o remitente ou adquirente tem responsabilidade objetiva[74]. O remitente, por ter responsabilidade pessoal, responde pela dívida, inclusive com seus bens, não ficando, portanto, sua responsabilidade limitada aos bens remidos ou adquiridos. A regra é que o contribuinte responde pelo pagamento do tributo, e, por isso, entendemos que é de natureza subsidiária a responsabilidade do adquirente ou remitente, no caso do inciso I do art. 131, do CTN. Havendo remição de bens imóveis, com débitos relativos a IPTU, ITR, taxas e contribuição de melhoria, deve se aplicar a norma do art. 130 do CTN.

---

[71] Cf. Hugo de Brito Machado, *op. cit.*, 11. ed. p. 105. O arrematante não responde pela dívida fiscal do executado (BRASIL. Superior Tribunal de Justiça, REsp. 85.665/PR, Rel. Min. Humberto Gomes de Barros, Primeira Turma, v.u. etc.). "Na hipótese de arrematação em hasta pública, dispõe o par. ún. do art. 130 do CTN que a sub-rogação do crédito tributário, decorrente de impostos cujo fato gerador seja a propriedade do imóvel, ocorre sobre o respectivo preço, que por eles responde. Esses créditos, até então assegurados pelo bem, passam a ser garantidos pelo referido preço da arrematação, recebendo o adquirente o imóvel desonerado dos ônus tributários devidos até a data da realização da hasta. Se o preço alcançado na arrematação em hasta pública não for suficiente para cobrir o débito tributário, não fica o arrematante responsável pelo eventual saldo devedor. A arrematação tem o efeito de extinguir os ônus que incidem sobre o bem imóvel arrematado, passando este ao arrematante livre e desembaraçado dos encargos tributários" (STJ, *RT* 777/196).

[72] BRASIL. Superior Tribunal de Justiça, AgRg no AREsp nº 95.614/SP, Rel. Min. Napoleão Nunes Maia Filho, Primeira Turma, j. 15.04.2019, *DJe* 22.04.2019.

[73] *Op. cit.*, p. 108.

[74] Cf. Bernardo Ribeiro de Moraes, *op. cit.*, II, p. 516. TRF-1ª R., REO 90.01.16.057-3/RO, Rel. Juiz Vicente Leal, Terceira Turma. Hugo de Brito Machado entende que "o alienante, devedor do tributo, continua responsável pelo respectivo pagamento, sem prejuízo da responsabilidade assumida pelo adquirente" (*Op. cit.*, p. 109).

1.2.4. *Sucessão* causa mortis *(CTN, art. 131, II e III)*

O art. 131, incisos II e III, do CTN, dispõe que são **pessoalmente responsáveis**: a) o sucessor a qualquer título e o cônjuge meeiro, pelos tributos devidos pelo *de cujus* até a data da partilha ou adjudicação, limitada esta responsabilidade ao montante do quinhão do legado ou da meação; b) o espólio, pelos tributos devidos pelo *de cujus* até a data da abertura da sucessão.

O legislador não foi feliz na redação dos incisos II e III do art. 131, ao se referir primeiro à responsabilidade do sucessor e do cônjuge meeiro, e, em seguida, à responsabilidade do espólio. Seria mais feliz se primeiro aludisse ao espólio e, feita a partilha, cada herdeiro responde pelo débito na proporção da parte que na herança lhe coube.[75] **Em resumo**, o espólio responde pelos tributos devidos pelo *de cujus* até o momento do falecimento do autor da herança. O sucessor a qualquer título e o cônjuge meeiro respondem pelos tributos devidos pelo *de cujus* até a data da partilha ou adjudicação, limitada essa responsabilidade ao montante do quinhão do legado ou da meação. Tais responsabilidades se justificam porque, não obstante a morte gerar a abertura da sucessão, transmitindo-se, de plano, aos herdeiros os bens e direitos do falecido (CCB de 2002, art. 1.784), estes só adquirem a qualidade de sucessores com a aceitação da herança. Desse modo, até a partilha ou adjudicação existe um estado provisório de comunhão, e, por isso, existe a responsabilidade do espólio.

Três observações devem ainda ser feitas sobre a sucessão *causa mortis*. A **primeira**, que o espólio tem capacidade tributária passiva e lhe pode ser imputada a obrigação tributária como "unidade econômica" (CTN, art. 126, III), não obstante ser ente desprovido de personalidade jurídica. A **segunda**, que a responsabilidade dos sucessores e cônjuge meeiro é limitada ao montante do quinhão, do legado ou da meação, porque no nosso direito prevalece o princípio da irresponsabilidade *ultra vires hereditatis*, e, feita a partilha, só respondem os herdeiros, cada qual em proporção da parte que, na herança, lhes coube (CCB de 2002, art. 1.997)[76]. A **terceira**, que o "espólio, quando chamado como sucessor tributário, é responsável pelo tributo declarado pelo *de cujus* e não pago no vencimento, incluindo-se o valor da multa moratória"[77].

Conforme entendimento do STJ sobre o artigo 131 e a responsabilidade pessoal dos herdeiros: "Encerrado o inventário de bens com que faleceu o *de cujus*, remanesce a responsabilidade tributária pessoal dos herdeiros, segundo o quinhão herdado (**CTN, art. 131**, II). 4. Não se podendo demandar o de cujus e nem o espólio, porque já efetuada a partilha de bens, a demanda fiscal deve ser aforada contra os herdeiros."[78]

---

[75]   Tal qual o faz o CPC no art. 796: "Art. 796. O espólio responde pelas dívidas do falecido, mas, feita a partilha, cada herdeiro responde por elas dentro das forças da herança e na proporção da parte que lhe coube".

[76]   Cf. MONTEIRO, Washington de Barros. *Curso de direito civil*: direito das sucessões. 14. ed. São Paulo: Saraiva, 1977, p. 317.

[77]   BRASIL. Superior Tribunal de Justiça, REsp. 3097-90/RS, Rel. Min. Garcia Vieira. Na responsabilidade tributária do espólio pelos tributos devidos pelo *de cujus* não se inclui a multa de caráter punitivo (TRF, 4ª R., EAC 89.04.03670/RS, Rel. Juiz Osvaldo Alvarez, p.m., Turmas Reunidas). No mesmo sentido, decidiu o STF (BRASIL. Supremo Tribunal Federal, RE 89438, Rel. Min. Djaci Falcão, Segunda Turma, que se refere também ao ERE 85.511, *CTN Interpretado – TRF 1ª R.*, p. 103). Em sentido contrário, STF, entendendo que cabe a cobrança da multa ao espólio, "mormente quando regularmente inscrita a dívida antes do falecimento do devedor" (BRASIL. Supremo Tribunal Federal, RE 74851/SP, Rel. Min. Barros Monteiro, Segunda Turma, 27.03.1973, *CTN Interpretado – TRF 1ª R.*, p. 103).

[78]   BRASIL. Superior Tribunal de Justiça, REsp nº 1.673.140/SC, Rel. Min. Herman Benjamin, Segunda Turma, j. 17.08.2017, *DJe* 13.09.2017.

1.2.5. Sucessão de pessoas jurídicas de direito privado e de empresas individuais

O **art. 132 do CTN** tem a seguinte redação: "A pessoa jurídica de direito privado que resultar de fusão, transformação ou incorporação de outra ou em outra é responsável pelos tributos devidos até a data do ato pelas pessoas jurídicas de direito privado fusionadas, transformadas ou incorporadas".

O art. 132 alude, impropriamente, a operação societária de **transformação**, porque não é caso de extinção e nem de sucessão de pessoa jurídica. A sociedade muda apenas sua veste legal, passando, por exemplo, de sociedade limitada para sociedade anônima.

O dispositivo não se refere à operação social de **cisão** porque foi disciplinada posteriormente ao advento do CTN, através da Lei nº 6.404, de 15.12.1976, em seus arts. 229 a 233. Estas regras aplicam-se às operações de fusão, incorporação e cisão de sociedades anônimas e sociedades em comandita por ações, vez que aos demais tipos societários aplicar-se-ão as normas dos arts. 1.113 a 1.122 do CCB de 2002. Entretanto, o art. 132 do CTN aplica-se também à cisão[79], que pode ser total ou parcial, dependendo de ser transferida para a sociedade beneficiada a totalidade ou parcela ou parcelas do patrimônio da sociedade cindida. Na cisão parcial, a sociedade cindida subsiste, e, por isso, o art. 233, em sua segunda parte, da Lei nº 6.404/1976, estabelece uma responsabilidade solidária entre a sociedade cindida e as sociedades recipientes pelas obrigações da primeira, anteriores à cisão.[80]

Esta responsabilidade solidária **pode, no entanto, ser excluída, no pacto de cisão**, nos termos do parágrafo único do art. 233. Esta exclusão da solidariedade não se aplica aos créditos trabalhistas, por força dos arts. 10 e 448 da CLT, nem **aos créditos tributários, tendo em vista o disposto no art. 123 do CTN**, *verbis*: "Salvo disposições de lei em contrário, as convenções particulares, relativas à responsabilidade pelo pagamento de tributos, não podem ser opostas à Fazenda Pública, para modificar a definição legal do sujeito passivo das obrigações tributárias correspondentes". Cabe apenas à lei complementar dispor diversamente da mencionada norma, e, por isso, as normas dos arts. 123 e 132 do CTN se sobrepõem à norma do parágrafo único do art. 233 da LSA, que é lei ordinária.

O **parágrafo único do art. 132 do CTN** prescreve que no caso de **extinção** de pessoa jurídica de direito privado, mas continuando sua atividade a ser explorada por seu sócio remanescente, ou seu espólio, sob a mesma ou outra razão social, ou sob firma individual, esse **sócio remanescente, ou seu espólio**, é considerado também sucessor, respondendo pessoalmente pelos tributos devidos pela pessoa jurídica de direito privado extinta. A norma se justifica, porque a **unidade econômica criada subsiste**, não obstante extinta a pessoa jurídica. Trata-se de verdadeira sucessão empresarial, considerando-se empresa a atividade econômica organizada decorrente dos fatores de produção (natureza, capital e trabalho) para a produção de bens e prestação de serviços.

Empresa e sociedade **não se confundem.** A empresa não pode ser sujeito de direitos porque não tem personalidade jurídica, mas pode ser objeto de direitos. A sociedade pode existir sem que exista empresa, como no caso em que uma sociedade seja constituída por escrito e tenha seu ato constitutivo regularmente inscrito no Registro Público de Empresas

---

[79] *Em sentido contrário*, Luciano Amaro averba: "Falta uma disciplina geral sobre a responsabilidade tributária na cisão, e não se pode eleger responsável sem lei expressa (CTN, parágrafo único, II)" (*Op. cit.*, p. 323).

[80] BRASIL. Superior Tribunal de Justiça, AgInt no REsp 1.834.255/PE, Rel. Min, Gurgel de Faria, Primeira Turma, j. 19.04.2021, DJe 05.05.2021 BRASIL. Superior Tribunal de Justiça, REsp 852.972/PR, Rel. Min. Teori Albino Zavascki, Primeira Turma, j. 25.05.2010, *DJe* 08.06.2010.

Mercantis (Lei nº 8.934/1994), mas não opera, não exercita a atividade constante do seu objeto, queda-se inerte, ou quando se tratar de sociedade simples. Por outro lado, pode existir empresa sem que exista sociedade, por exemplo, no caso de empresário individual, que, embora não corresponda a uma pessoa jurídica, pode ter uma atividade econômica organizada. Assim, a empresa, unidade econômica de pessoa jurídica extinta, não desaparece e subsiste com o sócio remanescente, ou seu espólio, pouco importando que a respectiva atividade seja exercitada sob a mesma ou outra razão social, ou sob firma individual. No caso o que interessa é o prosseguimento da atividade que era exercida pela pessoa jurídica, porque isso é que caracteriza a sucessão empresarial.

Quando ocorre qualquer das operações mencionadas no **art. 132 do CTN,** a empresa sucessora só responde pelas **multas moratórias**, porque a multa punitiva tem caráter sancionatório pessoal e subjetivo[81].

Acerca da sucessão empresarial e da responsabilidade tributária, entende o STJ que: "Na hipótese de sucessão empresarial, a responsabilidade da sucessora abrange não apenas os tributos devidos pela sucedida, mas também as multas moratórias ou punitivas referentes a fatos geradores ocorridos até a data da sucessão." (Súmula 554 STJ).

Ainda acerca da sucessão, o STJ fixou a seguinte tese no Tema Repetitivo nº 1.049: "A execução fiscal pode ser redirecionada em desfavor da empresa sucessora para cobrança de crédito tributário relativo a fato gerador ocorrido posteriormente à incorporação empresarial e ainda lançado em nome da sucedida, sem a necessidade de modificação da Certidão de Dívida Ativa, quando verificado que esse negócio jurídico não foi informado oportunamente ao fisco".[82]

1.2.6. Sucessão comercial

O **art. 133 do CTN** teve a sua **redação alterada pela LC nº 118/2005**, que lhe acrescentou três parágrafos, para se afinar com a **nova Lei de Falências e Recuperação de Empresas**, dispondo sobre a sucessão comercial por **aquisição de fundo de comércio ou estabelecimento**, da seguinte forma: "A pessoa natural ou jurídica de direito privado que adquirir de outra, por qualquer título, fundo de comércio ou estabelecimento comercial, industrial ou profissional, e continuar a respectiva exploração, sob a mesma ou outra razão social ou sob firma em nome individual, responde pelos tributos, relativos ao fundo ou estabelecimento adquirido, devidos até a data do ato".

O legislador emprega a expressão "fundo de comércio" para se referir a aquisição formal de estabelecimento. Assim, "para que haja sucessão tributária é necessária a aquisição da totalidade do estabelecimento comercial ou do fundo de comércio, não sendo suficiente a compra de um ou outro bem móvel"[83]. O **art. 1.142 do CCB** considera estabelecimento "todo

---

[81]   Na sucessão, por incorporação, as "multas punitivas impostas a empresa sucedida não se incluem na responsabilidade da empresa sucessora, dado o seu caráter sancionatório pessoal e subjetivo. Não pode o sucessor suportar um castigo (ou punição) aplicado ao sucedido, autor da infração fiscal tributária, de natureza regulamentar, traduzido em multa não moratória" (TRF-1ª R., AC 90.01.00101/BA, Rel. Juiz Nelson Gomes da Silva, quarta Turma, 21.10.1991, *DJU* 12.12.1991, p. 31.977). No mesmo sentido, STJ, REsp. 32.967/RS, Rel. Min. Eliana Calmon, Segunda Turma, *DJU* 20.03.2000, p. 59-60. Entretanto, o STF já decidiu que o adquirente de empresa responde pelas penalidades pecuniárias, quando o transmitente aliena o seu negócio para eximir-se do pagamento da multa (*RTJ* 93/862 e *RDA* 129/98).

[82]   BRASIL. Superior Tribunal de Justiça, REsp n. 1.848.993/SP, Rel. Min. Gurgel de Faria, Primeira Seção, j. 26.08.2020, *DJe* 09.09.2020.

[83]   Cf. Ricardo Lobo Torres, *op. cit.*, p. 216. Bernardo Ribeiro de Moraes assim se posiciona: "Conforme se observa, a regra consagra a responsabilidade do adquirente (sucessor) não somente do estabelecimento

complexo de bens organizado, para exercício da empresa, por empresário, ou por sociedade empresária", tendo o legislador empregado o termo "bens", para abranger tanto os corpóreos, quanto os incorpóreos. Não há necessidade de ato formal para caracterizar a alienação de "estabelecimento" e a sucessão tributária. Dessa forma, basta que existam indícios e provas convincentes, como leciona **Sacha Calmon:**

> alguém ou mesmo uma empresa adquire de outra os bens do ativo fixo e o estoque de mercadorias e continua a explorar o negócio, presume-se que houve aquisição de fundo de comércio, configurando-se a sucessão e a transferência da responsabilidade tributária[84].

Ocorre também **sucessão tributária na aquisição de bem imóvel**, utilizado anteriormente por outro estabelecimento, com suas instalações e benfeitorias, para o exercício do mesmo ramo de atividade, caracterizando transferência de fundo de comércio, e não somente a simples compra do imóvel onde funcionava a outra empresa[85]. Entretanto, a mera aquisição de imóvel onde funcionava um estabelecimento não caracteriza a sucessão tributária, quando não é acompanhada pela transferência do fundo de comércio.

O *caput* do dispositivo estabelece a **responsabilidade do adquirente** pelos tributos, relativos ao fundo ou estabelecimento adquirido, devidos até a data do ato, por exemplo, ICMS, se contribuinte do imposto. Assim, tal responsabilidade não se refere a tributos que não sejam pertinentes ao estabelecimento, por exemplo, imposto de renda[86]. Entretanto, a responsabilidade do adquirente somente existirá se continuar a exploração da mesma atividade que era desempenhada no estabelecimento pelo alienante.

A **natureza da responsabilidade do adquirente** de fundo de comércio ou estabelecimento **vai depender do comportamento do alienante**. Se este cessar a exploração do comércio, indústria ou atividade, o adquirente terá uma responsabilidade solidária de direito comum com o alienante (CTN, art. 133, I), isto é, sem benefício da ordem. Se, no entanto, o alienante prosseguir na exploração ou iniciar dentro de 6 (seis) meses, a contar da data da alienação, nova atividade no mesmo ou em outro ramo de comércio, indústria ou profissão, o adquirente terá apenas responsabilidade subsidiária (CTN, art. 133, II).

O termo **integralmente** referido no **inciso I do artigo 133** deve ser intepretado como **solidariamente**, porque não faria sentido entender-se que, tendo o alienante realizado o fato gerador como contribuinte, fosse excluído da responsabilidade tributária[87]. A regra é que o tributo deve ser cobrado do contribuinte, sujeito passivo direto, em razão de sua relação pes-

---

(o certo seria 'empresa', que abrange o estabelecimento atuante, sob a ação do empresário) mas também de fundo de comércio, que abrange a soma dos elementos corpóreos (móveis, máquinas, mercadorias etc.) e incorpóreos (nome comercial, clientela, marca, ativo e passivo da empresa etc.)..." (*Op. cit.*, II, p. 518). No mesmo sentido, Zelmo Denari, *op. cit.*, p. 283-284, e Fábio Fanucchi, *op. cit.*, I, p. 256.

[84] Cf. Sacha Calmon, *op. cit.*, 7. ed. p. 740. No mesmo sentido, TRF-4ª R., Primeira Turma, AC 95.04.41508-3/PR, Rel. Juiz José Germano.

[85] TRF4, Primeira Turma, AC 2000.04.01. 076533-5/RS, Rel. Desa. Fed. Maria Lúcia Luz Leiria. Não é sucessor tributário o arrematante, em leilão público, em falência, de bens corpóreos (lotes de terra, cercas, guaritas, casas etc) porque não caracteriza transferência de fundo de comércio (TRF-4ª R., Segunda Turma, AC 97.04.45394-9/PR, Rel. Juiz Márcio Antônio Rocha).

[86] Cf. Luciano Amaro, *op. cit.*, 9. ed. p. 316.

[87] Neste sentido, dentre outros, Aliomar Baleeiro, *op. cit.*, p. 487, Fábio Fanucchi, *op. cit.*, I, p. 256, Bernardo Ribeiro de Moraes, *op. cit.*, II, p. 518, Paulo de Barros Carvalho, *op. cit.*, p. 221, Ricardo Lobo Torres, *op. cit.*, 11. ed. p. 264, STJ, REsp. 670.224-RJ, Primeira Turma, Rel. Min. José Delgado. Em sentido contrário, Luciano Amaro, que interpreta o termo *integralmente* como *exclusivamente* (*op. cit.*, p. 316), e da mesma forma Sacha Calmon, *op. cit.*, p. 739.

soal e direta com a situação que a lei defina como fato gerador do tributo. Isso porque ele é a pessoa que se beneficia economicamente do ato, e a ocorrência do fato gerador exterioriza sua capacidade contributiva. A atribuição de responsabilidade tributária a terceiro, **sujeito passivo indireto**, deve ser entendida como exceção àquela regra, devendo, portanto, a lei que defina tal responsabilidade ser interpretada de forma restritiva.

Ademais, a interpretação em sentido contrário daria margem à prática fraudulenta, como muito bem observa **Hugo de Brito Machado**[88]. Esta fraude ocorreria, por exemplo, no caso de o alienante retirar-se da atividade comercial por seis meses e um dia, e no dia seguinte iniciar nova atividade, fazendo com que o adquirente respondesse exclusivamente pelos tributos devidos até a data do ato de aquisição, ficando ele, alienante, inteiramente liberado. Se essa tivesse sido a sua intenção, o legislador teria estabelecido a responsabilidade pessoal do adquirente, excluindo expressamente a responsabilidade do alienante.

Entretanto, se o alienante prosseguir na exploração ou iniciar dentro de 6 (seis) meses, a contar da data da alienação, nova atividade no mesmo ou em outro ramo de comércio, indústria ou profissão, o **adquirente terá responsabilidade de natureza subsidiária**[89]. Nessa hipótese, se acionado diretamente pela Fazenda Pública, ele poderá valer-se do *beneficio excussionis*, para que primeiro sejam excutidos os bens do alienante.

Existem decisões do **STF** no sentido de que o adquirente do estabelecimento **não responde pelas multas punitivas,** porque o art. 133 reza que ele somente *responde pelos tributos*, e assim só lhe podem ser imputadas as multas meramente moratórias, por terem natureza compensatória[90]. O art. 3º do CTN reza que o tributo não constitui sanção de ato ilícito, e, ademais, o art. 112 do CTN determina que se aplique o princípio *in dubio pro reo*, se houver dúvida quanto à incidência ou não de multa punitiva.

Finalmente, **não pode ser oposta perante o fisco qualquer disposição contratual ajustada entre o alienante e o adquirente** quanto à mudança das regras estabelecidas no art. 133 do CTN. Assim, não há eficácia perante o fisco, por exemplo, pactuar-se que o adquirente de fundo de comércio ou estabelecimento não tenha responsabilidade pelos tributos devidos até a data do negócio jurídico que operou a transferência, porque incide a vedação estabelecida no art. 123 do CTN.

---

[88] *Op. cit.*, p. 111. O mesmo autor traz em abono do seu entendimento o item I, do art. 109, do Projeto de Lei do Senado, nº 173, reproduzindo a regra do art. 133 do CTN, com a seguinte redação: "diretamente, como se fosse o próprio contribuinte, mas sem prejuízo da responsabilidade do alienante, se este cessar a exploração do comércio, indústria ou atividade."

[89] TRF-4ª R., AC 93.04.15116/RS, Rel. Juiz Ronaldo Ponzi, Terceira Turma. Se, no entanto, a empresa, embora estabelecida no mesmo local, utilizando-se das mesmas instalações e com o mesmo ramo da devedora, comprova a não aquisição do fundo de comércio e a sua constituição, com outros sócios, quando já extinta esta, há alguns anos, através de certidão da Junta Comercial, não há de se cogitar de sucessão para fins de responsabilidade tributária (TRF-1ª R., AC 89.01.11247-7/BA, Rel. Juiz Fernando Gonçalves, Terceira Turma). Idem, quando o ocupante do imóvel, onde funcionou o antigo contribuinte, é mero locador (TRF-2ª R., AC 92.02.07300/RJ, Rel. Juiz Frederico Gueiros, Primeira Turma). Tais decisões são corretas. Em sentido contrário, decidiu o TRF da 4ª R., no caso em que a pessoa jurídica passou a funcionar no estabelecimento comercial de outra e com o mesmo ramo de negócio (posto de abastecimento de combustíveis), considerando-a sucessora para fins de responsabilidade tributária (AC 92.04.0201/RS, Rel. Juiz Ari Pargendler, Primeira Turma). "A empresa que a outra sucede na exploração do serviço, sem aquisição do estabelecimento ou do fundo de comércio da sucedida, responde apenas pelos tributos devidos pela antecessora concernentes ao serviço sucedido, nos termos do art. 133, *caput*, do CTN (TRF-1ª R., RT 764/385).

[90] *RTJ* 73/118, 74/445, 87/230, 88/696, 98/773 etc. No mesmo sentido, Ricardo Lobo Torres, *op. cit.*, p. 264. Luciano Amaro, *op. cit.*, p. 316-317, não admite a incidência, no caso, nem de multa moratória porque o art. 133 refere-se apenas a tributos.

O disposto no *caput* do art. 133 do CTN **não se aplica** na hipótese de alienação judicial em processo de falência, de filial ou unidade produtiva isolada, em processo de recuperação judicial, salvo quando: a) o adquirente for sócio da sociedade falida ou em recuperação judicial, ou sociedade controlada pelo devedor falido ou em recuperação judicial; b) parente, em linha reta ou colateral até o 4º (quarto) grau, consanguíneo ou afim, do devedor falido ou em recuperação judicial ou de qualquer de seus sócios; c) ou identificado como agente do falido ou do devedor em recuperação judicial com o objetivo de fraudar a sucessão tributária (parágrafos 1º e 2º do art. 133).

> Em processo da falência, o produto da alienação judicial de empresa, filial ou unidade produtiva isolada permanecerá em conta de depósito à disposição do juízo da falência pelo prazo de 1 (um) ano, contado da data de alienação, somente podendo ser utilizado para o pagamento de créditos extraconcursais ou de créditos que preferem ao tributário (parágrafo 3º do art. 133).

A norma constante do parágrafo 1º, acrescentado ao art. 133 pela LC nº 118/2005, visou a tornar legítima a norma do inciso II do art. 141 da nova Lei de Falências, que, dispondo sobre a alienação conjunta ou separada de ativos, prescreve que: "o objeto da alienação estará livre de qualquer ônus e não haverá sucessão do arrematante nas obrigações do devedor, **inclusive as de natureza tributária**, as derivadas da legislação do trabalho e as decorrentes de acidentes de trabalho". Estas normas visam a facilitar a alienação na falência dos bens do empresário ou da sociedade empresária, de bens do ativo, porque o adquirente não terá a condição de responsável tributário. O parágrafo 1º do art. 133 não se aplica quando o plano de recuperação extrajudicial envolver alienação judicial de filiais ou unidades produtivas isoladas do devedor (**LFRJ, art. 166**).

A norma do **parágrafo 2º do art. 133 do CTN** se justifica para evitar a ocorrência de fraude, desvirtuando-se a finalidade da recuperação econômica do devedor com o aumento do patrimônio de sócios de sociedade falida, ou parentes de empresário falido, para que não ocorra desvio indevido de bens do devedor em favor de interposta pessoa. Em outras palavras, o mencionado dispositivo visa a evitar que as mencionadas pessoas sirvam de instrumento para fraudar a sucessão tributária. Assim, ocorrendo qualquer das hipóteses antes referidas, o adquirente terá a condição de responsável tributário como sucessor do devedor no que toca às obrigações tributárias.

A norma contida no **parágrafo 3º do art. 133 do CTN** objetiva assegurar o pagamento dos créditos extraconcursais e dos créditos que preferem ao tributário em processo de falência. Esta norma se coaduna com a do parágrafo único do art. 186 do CTN, que teve sua redação também alterada pela LC nº 118/2005, para assegurar a prevalência dos créditos com garantia real sobre os créditos tributários.

1.2.7. Sucessão falimentar (CTN, art. 184)

A sucessão falimentar foi disciplinada pelo CTN em dispositivo apartado da Seção II do Capítulo V, tendo sido objeto do **art. 184**, que integra a Seção I (Disposições Gerais) do Capítulo VI (Garantias e Privilégios do Crédito Tributário).

2. Responsabilidade de terceiros

O CTN dedica a Seção III do Capítulo V à responsabilidade de terceiros, disciplinando-a nos **arts. 134 e 135**, que fixam responsabilidades de natureza diversa, como será visto mediante o exame dos dois dispositivos.

2.1. *Responsabilidade subsidiária (CTN, art. 134)*

O art. 134 do CTN tem a seguinte redação:

Art. 134 – Nos casos de impossibilidade de exigência do cumprimento da obrigação principal pelo contribuinte, respondem solidariamente com este nos atos em que intervierem ou pelas omissões de que forem responsáveis:

I – os pais, pelos tributos devidos pelos filhos menores;

II – os tutores e curadores, pelos tributos devidos por seus tutelados ou curatelados;

III – os administradores de bens de terceiros, pelos tributos devidos por estes;

IV – o inventariante, pelos tributos devidos pelo espólio;

V – o síndico e o comissário, pelos tributos devidos pela massa falida ou pelo concordatário;

VI – os tabeliães, escrivães e demais serventuários de ofício, pelos tributos devidos sobre os atos praticados por eles, ou perante eles, em razão do seu ofício;

VII – os sócios, no caso de liquidação de sociedade de pessoas.

Parágrafo único – O disposto neste artigo só se aplica, em matéria de penalidades, às de caráter moratório.

O mencionado dispositivo só pode ser aplicado aos terceiros nele enunciados **se ocorrerem cumulativamente dois pressupostos:** a) impossibilidade de exigência do cumprimento da obrigação principal pelo contribuinte, como consta da oração inicial do dispositivo[91]; b) que o terceiro a quem se impute a responsabilidade tenha interferido no ato tributável ou tenha se omitido indevidamente[92]. Assim, não basta a simples existência de débito tributário em relação a filhos menores, tutelados, curatelados etc., para que os pais, tutores, curadores etc. tenham responsabilidade tributária. A lei só pode atribuir responsabilidade ao terceiro que tenha vinculação de qualquer natureza, menos econômica, com a situação relativa ao fato gerador (**CTN, art. 128**). Trata-se, no caso, de **sujeição passiva indireta por transferência**, em que o responsável responde por débito alheio, devendo, portanto, na execução fiscal contra ele promovida, valer-se de embargos de terceiro, se houver penhora de bens seus sem que tenha sido citado, e embargos de devedor quando houver sido citado para integrar o polo passivo da relação processual executória.

---

[91] "A responsabilidade solidária dos sócios proprietários prevista no art. 134 do CTN somente incidirá se o cumprimento da obrigação principal não puder ser exigido do contribuinte" (TJMS, *RT* 780/343). Trata-se de responsabilidade subsidiária e não solidária, como consta do referido acórdão.

[92] Cf. Hugo de Brito Machado, *op. cit.*, 20. ed. p. 135. A responsabilidade do art. 134 só atinge quem for administrador da sociedade à época da prática do ato irregular. "Sociedade comercial – Corresponsabilidade do sócio-gerente pelo pagamento do tributo – Inadmissibilidade se não mais pertence aos quadros societários da empresa, não houve sua dissolução irregular, tampouco tenha incorrido em excesso de poderes ou na prática de atos de gestão com infração à lei" (TRF – 3ª R., *RT* 778/434). Interpretação da cláusula "administradores de bens de terceiros". "1 – Não existe preceito legal em amparar a pretensão de se exigir do Iate Clube de Santos, que integra a categoria dos denominados "Clubes Náuticos", informações relativas aos seus sócios ou às embarcações a estes pertencentes para fins de cobrança do IPVA. 2 – O Art. 134 do Código Tributário Nacional não comporta a interpretação elástica que pretende lhe emprestar a recorrente, pois, à toda evidência, que a recorrida não se enquadra na figura dos "administradores e bens de terceiros", e não pode, por inexistência de determinação legal, ser considerada solidariamente responsável, conforme artigo 124, II, do já multirreferido Codex Tributário, pelo pagamento do IPVA" (BRASIL. Superior Tribunal de Justiça, REsp. 192.063/SP, Rel. Min. José Delgado, Primeira Turma, v.u.).

A responsabilidade referida no art. 134, embora denominada solidária, é de **natureza subsidiária**, em razão do que consta na sua oração inicial, que deixa claro só poder a Fazenda Pública acionar o terceiro se comprovada a impossibilidade da exigência da obrigação principal do contribuinte[93]. Em outras palavras, o sujeito ativo da obrigação tributária deve inicialmente promover a execução fiscal contra os contribuintes mencionados no dispositivo, e se comprovada a ausência ou insuficiência de bens penhoráveis, poderá, neste caso, dirigir-se contra os terceiros[94]. Assim, se a Fazenda executar diretamente qualquer dos terceiros, este poderá invocar o benefício de ordem para que sejam primeiramente excutidos os bens do contribuinte. Qualquer outra interpretação tornará inócua toda a oração inicial que preside o art. 134 do CTN.

O **inciso VII do art. 134** só atribui responsabilidade aos sócios no caso de ocorrerem cumulativamente dois pressupostos: a) tratar-se de sociedade de pessoas; b) ter sido a sociedade objeto de liquidação de fato. A regra, decorrente da personificação jurídica da sociedade, consiste na não responsabilidade dos sócios pelas obrigações sociais. Assim, os bens particulares dos sócios somente podem ser executados depois de excutidos todos os bens sociais (CCB, art. 1.024).

Sociedades de pessoas são aquelas em que as pessoas dos sócios são as verdadeiras protagonistas da sociedade, que foi constituída e existe em função dessas determinadas pessoas.

Não se aplica o dispositivo legal em tela às **sociedades limitadas** porque não são sociedades puras de pessoas, tendo natureza jurídica mista[95]. Assim, dependendo do que dispuser seu contrato social, terão sabor de pessoas ou de capital[96]. Devem ser consideradas sociedades de pessoas quando o contrato social: a) não permitir a livre cessão pelos sócios das quotas a terceiros estranhos ao quadro social; ou b) não admitir que os herdeiros do sócio pré-morto ingressem na sociedade, ou; c) vedar a penhora das quotas sociais por dívidas particulares dos sócios. Dispondo de forma diversa, devem ser consideradas sociedades de capital. Entretanto, admite-se a responsabilidade de sócio de sociedade limitada, desde que, exercendo a gerência, deixe de pagar regulamente os tributos e não providencie a extinção da sociedade na forma da lei. Assim, está se aplicando o art. 135, III, do CTN[97].

Outra hipótese de responsabilidade tributária de terceiros é estabelecida pelo **art. 4º, § 1º, da Lei nº 6.830, de 22.9.1980 (Lei de Execução Fiscal)**, cuja **norma pode ser discutida,** em razão do art. 146, III, "c", da CF de 1988, exigir lei complementar para determinar responsabilidade tributária, e a LEF tem natureza de lei ordinária.

---

[93] Neste sentido citem-se, entre outros, Ricardo Lobo Torres, *op. cit.*, p. 264. e Luciano Amaro, *op. cit.*, p. 326.

[94] BRASIL. Supremo Tribunal Federal, RE 107.332, *RTJ* 116/418 etc.

[95] *RTJ* 41/566, 68/80, 70/377, 93/314. *Idem, RDTJRJ* 28/199. Posteriormente, o STF decidiu pela responsabilidade do sócio-gerente da sociedade por quotas de responsabilidade limitada no caso de não pagamento de tributos e sem a liquidação de direito da sociedade, mediante aplicação do art. 135, III, do CTN, equiparando o não recolhimento de tributos, neste caso, à prática de atos com infração de lei, contrato social ou estatutos. No mesmo sentido vem decidindo o STJ (BRASIL. Supremo Tribunal Federal, REsp. 86.439-ES, Rel. Min. Humberto Gomes de Barros, Primeira Turma, v.u.; REsp. 33.526-SP, Rel. Min. Ari Pargendler, Segunda Turma, v.u. etc.). Sérgio Campinho, discorrendo sobre a natureza jurídica da sociedade limitada à luz do novo Código Civil, entende que se trata de sociedade *intuitu personae*, embora os sócios possam "conferir a ela tonalidade tipicamente de capital, como ocorre na permissão para a livre cessão de quotas, o que, contudo, não lhe retira a essência personalista" (CAMPINHO, Sérgio. *O direito de empresa à luz do novo Código Civil*. Rio de Janeiro: Renovar, 2002, p. 169).

[96] Cf. BORBA, Tavares. *Direito societário*. 11. ed. Rio de Janeiro: Renovar, 2008, p. 74.

[97] BRASIL. Supremo Tribunal Federal, RE 113.854, *RTJ* 124/365.

Finalmente, tendo em vista o princípio vigente no Direito Penal, pelo qual a pena não pode ir além da pessoa do infrator, o **parágrafo único do art. 134** dispõe que os terceiros só responderão pelas penalidades que tiverem caráter meramente moratório, impedindo, portanto, que deles se possa cobrar penalidade de natureza punitiva[98].

Em interpretação do art. 134, VII do CTN, o STJ entendeu "ser possível o redirecionamento da execução fiscal contra o sócio-gerente, ao qual compete demonstrar a eventual insuficiência do patrimônio recebido por ocasião da liquidação para, em tese, poder-se exonerar da responsabilidade pelos débitos exequendos".[99]

2.1.1. *Responsabilidade por substituição (CTN, art. 135)*

O art. 135 do CTN dispondo, também, sobre responsabilidade de terceiros, prescreve o seguinte:

> Art. 135 – São pessoalmente responsáveis pelos créditos correspondentes a obrigações tributárias resultantes de atos praticados com excesso de poderes ou infração de lei, contrato social ou estatutos:
> I – as pessoas referidas no artigo anterior;
> II – os mandatários, prepostos e empregados;
> III – os diretores, gerentes ou representantes de pessoas jurídicas de direito privado.

O dispositivo regra a **responsabilidade pessoal** das pessoas nele referidas, consagrando hipótese de **responsabilidade por substituição**, ou seja, a obrigação tributária surge desde logo em relação à pessoa distinta da pessoa do contribuinte, não sendo "compartilhada com o devedor `original' ou `natural'".[100] Entretanto, alguns autores entendem que o art. 135 do CTN não exclui a responsabilidade do contribuinte porque existiria uma solidariedade *ab initio* entre o terceiro e o contribuinte[101]. Existem decisões do STJ no sentido de que o art. 135 fixa uma responsabilidade de natureza *subsidiária* para o administrador da sociedade, porque seus bens pessoais somente poderão ser penhorados se ficar demonstrada

---

[98] TRF-1ª R., AMS 90.01.01528-7/DF, Rel. Juiz Vicente Leal, Terceira Turma.

[99] BRASIL. Superior Tribunal de Justiça, AgInt no AREsp nº 706.949/MT, Rel. Min. Gurgel de Faria, Primeira Turma, j. 28.03.2019, *DJe* 09.04.2019.

[100] Cf. Luciano Amaro, *op. cit.*, p. 327.

[101] Hugo de Brito Machado, *op. cit.*, p. 116, e Ricardo Lobo Torres, *op. cit.*, p. 217. O mencionado autor revela que no 5º Simpósio Nacional de Direito Tributário, realizado em São Paulo, em outubro de 1980, prevaleceu, contra seu voto, "a tese de que o art. 135 cuida da hipótese de substituição, e por isto a responsabilidade de qualquer das pessoas no mesmo referidas implica a exoneração da pessoa jurídica. Parece-nos inteiramente inaceitável tal entendimento. A lei diz que são *pessoalmente responsáveis*, mas não diz que sejam os únicos. A exclusão da responsabilidade, a nosso ver, teria de ser expressa" (*Op. cit.*, 20. ed. p. 138). Luciano Amaro averba sobre a matéria: "Em confronto com o artigo anterior, verifica-se que esse dispositivo exclui do polo passivo da obrigação a figura do contribuinte (que, em princípio, seria a pessoa em cujo nome e por cuja conta estaria agindo o teceiro), ao dispor no sentido de que o executor do ato responda pessoalmente. A responsabilidade pessoal deve ter aí o sentido (que já se adivinhava no art. 131) de que ela não é compartilhada com o devedor "original ou natural". Não se trata, portanto, de responsabilidade subsidiária do terceiro, nem de responsabilidade solidária. Somente o terceiro responde "pessoalmete" (*Op. cit.*, p. 308). Existe decisão do TRF-1ª R. entendendo que o art. 135 do CTN consagra hipótese de responsabilidade por substituição e, assim, os diretores, gerentes ou representanes de pessoa jurídica de direito privado "podem ser inscritos na dívida ativa independentemente de processo judicial prévio, ficado a discussão acerca da prática de excesso de poderes ou de infração à lei, ao contrato social ou ao estatuto reservada para os embargo do executado" (RT 787/402).

a insuficiência do valor dos bens sociais penhorados para quitar a dívida fiscal da sociedade, ou não localizados bens sociais para sofrerem a constrição judicial[102].

Para ocorrer a responsabilidade dos terceiros enumerados no art. 135, é imprescindível que o ato cometido seja com excesso de poderes ou com infração de lei, contrato social ou estatutos, tratando-se, portanto, de responsabilidade subjetiva[103]. Em outras palavras, só se pode aplicar a referida regra se o ato for ao mesmo tempo tributável, sem ter havido pagamento de tributo, e constituir infração de lei, contrato social ou estatutos. Tal ocorre, por exemplo, quando a sociedade desconta o imposto de renda na fonte de seus empregados e não recolhe o valor correspondente ao erário público. Neste caso, pode-se aplicar art. 135, III, do CTN, e cobrar o tributo diretamente do administrador por ter havido infração de lei, caracterizando apropriação indébita[104]. Assim, recusamo-nos a aceitar a tese de alguns poucos julgados, entendendo que o mero não pagamento de tributo pela sociedade implica na responsabilidade pessoal do seu administrador. Este é órgão da sociedade, e, como tal, gera a vontade social, porque os resultados, positivos ou negativos, dos atos por ele praticados recaem sobre a sociedade. Assim, o administrador só responde pessoalmente, em caráter excepcional, se o ato por ele praticado for com infringência de lei, contrato social ou estatutos[105]. O art. 1.016 do CCB

---

[102] *RSTJ* 83/31, 81/59, REsp. 79.500/ES, Rel. Min. Milton Luiz Pereira, Primeira Turma, v.u. etc.

[103] "Sócio-gerente e/ou diretor de pessoa jurídica de direito privado. Responsabilidade pessoal pelo não pagamento de tributo. Art.135, III, do CTN. Dolo. Comprovação imprescindível. 1. A responsabilidade do gerente ou diretor de pessoa jurídica de direito privado, pelo não pagamento de tributo no prazo estipulado, decorre da atuação dolosa que deve ser cabalmente provada" (BRASIL. Superior Tribunal de Justiça, REsp. 174.532-0 – PR, Rel. Min. Francisco Peçanha Martins, Segunda Turma, v.u., *EJSTJ* 28/114). *Idem*, *RSTJ* 117/287, AReg. no REsp. 276.779/SP, Rel. Min. José Delgado, Primeira Turma, v.u. etc. "Débito tributário – Certidão negativa de débito para transferência de imóvel – Fornecimento recusado pela Fazenda Pública a sócio de empresa inadimplente com o Fisco – Inadmissibilidade se, além de não ter assumido a condição de administrador da sociedade, a dívida não resulta de conduta dolosa praticada com excessos de poderes ou infração de lei, contrato ou estatutos – Inaplicabilidade da substituição tributária prevista no art. 135, III, do CTN" (TJRN, *RT* 766/378).

[104] Nesse sentido, *RSTJ* 117/287. O art. 8º do DL nº 1.736, de 20.12.1979, lei estabelece, como regra, que o administrador não responde pelas obrigações sociais reza que "são solidariamente responsáveis com o sujeito passivo os acionistas controladores, os diretores, gerentes ou representantes de pessoas jurídicas de direito privado, pelos créditos decorrentes do não recolhimento do imposto sobre produtos industrializados e do imposto sobre a renda descontado na fonte", tendo o parágrafo único do dispositivo restringido tal responsabilidade ao período da respectiva administração, gestão ou representação. Concordamos com Hugo de Brito Machado (*op. cit.*, 20. ed. p. 138), quando entende que se pode questionar a validade do referido dispositivo por não ter sido estabelecido via lei complementar, uma vez que o art. 146, III, "c", da CF de 1988, exige lei com tal natureza para dispor sobre responsabilidade tributária.

[105] Sobre o entendimento do STF a respeito do art. 135 do CTN, consulte-se *RTJ* 82/809, 83/893, 85/979, 89/942, 102/823, 103/782, 103/1.274, 110/205, 110/1.079, 116/ 418, 117/1.155, 121/718, 122/438, 124/365 etc. "Os bens do sócio de uma pessoa jurídica comercial não respondem, em caráter solidário, por dívidas fiscais assumidas pela sociedade. A responsabilidade tributária imposta por sócio-gerente, administrador, diretor ou equivalente só se caracteriza quando há dissolução irregular da sociedade ou se comprova infração à lei praticada pelo dirigente. Em qualquer espécie de sociedade comercial, é o patrimônio social que responde sempre e integralmente pelas dívidas sociais. Os diretores não respondem pessoalmente pelas obrigações contraídas em nome da sociedade, mas respondem para com esta e para com terceiros solidária e ilimitadamente pelo excesso de mandato e pelos atos praticados com violação do estatuto ou lei (art. 158, I e II, da Lei nº 6.404/1976). De acordo com o nosso ordenamento jurídico-tributário, os sócios (diretores, gerentes ou representantes da pessoa jurídica) são responsáveis, por substituição, pelos créditos correspondentes a obrigações tributárias resultantes da prática de ato ou fato eivado de excesso de poderes ou com infração de lei, contrato social ou estatutos, nos termos do art. 135, III, do CTN. O simples inadimplemento não caracteriza infração legal. Inexistindo prova de que se tenha agido com excesso de poderes, ou infração do contrato social ou estatutos, não há falar-se em responsabilidade

de 2002 prescreve que os "administradores respondem solidariamente perante a sociedade e os terceiros prejudicados, por culpa no desempenho de suas funções". Em outras palavras, o administrador ficará obrigado a reparar o dano causado à sociedade ou a terceiros quando verificado ato irregular de gestão ou proceder com violação de lei ou de contrato social.

O art. 135 do CTN **não consagra a teoria da desconsideração da pessoa jurídica da sociedade**, tendo em vista que prevê, expressamente, a responsabilidade do administrador de pessoa jurídica de direito privado quando procede com violação à lei, contrato social ou estatuto. A mencionada teoria surgiu para suprir a lacuna da lei, visando a proteger os credores quando o administrador abusa da forma jurídica da sociedade. Assim, quando a lei prevê a responsabilidade do administrador, não há que se aplicar a mencionada teoria.

O **administrador da sociedade deve responder com seu patrimônio pessoal, nos termos do art. 135, III, do CTN,** se praticou, por exemplo, os seguintes atos ensejadores de créditos tributários não pagos pela sociedade, e que consubstanciem, também, excesso de poderes, infração de lei, contrato ou estatuto sociais: a) não recolhimento de contribuição previdenciária descontada de empregados da sociedade[106]; b) dissolução irregular de sociedade[107]; c) não recolhimento de ICMS recebido de consumidor final e tendo ocorrido extinção da empresa[108]. Por outro lado, não basta ser sócio para que se aplique o inciso III do art. 135 do CTN, sendo necessário que exerça a administração da sociedade ao tempo da prática de ato previsto no dispositivo[109]. Assim, não responde por débito fiscal da sociedade o sócio que dela já havia se retirado regularmente quando da prática da infração[110]. É irrelevante para a execução fiscal o fato de não constar o nome do responsável tributário na Certidão da Dívida Ativa[111]. Mas ajuizada a execução fiscal contra a sociedade, deve ser redirecionada contra o responsável tributário no prazo prescricional do art. 174 do CTN, com sua citação em nome próprio para se defender da responsabilidade imputada, cuja causa o credor fiscal deve traduzir em petição clara e precisa[112]. Os membros do Conselho de Administração de sociedade anônima não respondem pelos débitos tributários da sociedade porque não praticam atos de representação ou execução.

O STF decidiu que a **contribuição para o FGTS** não tem natureza tributária, mas de direito de natureza trabalhista e social, destinado à proteção dos trabalhadores (art. 7º, III, da Constituição). "Não exige o Estado, quando aciona o empregador, valores a serem recolhidos

---

tributária do ex-sócio a esse título ou a título de infração legal" (BRASIL. Superior Tribunal de Justiça, EDiv. em REsp. 174.532PR – 1ª Seção, Rel. Min. José Delgado – *RT* 797/215).

[106] *RSTJ* 30/306, TRF-1ª R., AC 92.01.08979-1/DF, Rel. Juiz Tourinho Neto, Terceira Turma, TRF-4ª R., *RT* 748/431 etc.

[107] BRASIL. Superior Tribunal de Justiça, REsp 69.308/SP, Rel. Min. Humberto Gomes de Barros, Primeira Turma, v.u. TRF-4ª R., *RT* 776/394 etc.

[108] BRASIL. Superior Tribunal de Justiça, REsp. 68.408/RS, Rel. Min. Demócrito Reinaldo, Primeira Turma, v.u.,.

[109] BRASIL. Superior Tribunal de Justiça, AgRg 131.957/SP, Rel. Min. José Delgado, Primeira Turma, v.u.; REsp. 40.435, Rel. Min. Ari Pargendler, Segunda Turma, v.u. etc.

[110] *RSTJ* 85/109, 85/112. Não se pode atribuir responsabilidade tributária ao administrador da sociedade, que continuou em atividade após a retirada do sócio, embora a dívida fiscal tenha sido contraída no período em que ele participava da administração (*RSTJ* 128/113). Idem STJ, RT 778/271, TRF-2ª R., RT 778/434 etc.

[111] STJ, *RT* 727/115, 721/117, *RSTJ* 6/247, 36/306, *RSTJ* 81/159 etc.

[112] *RSTJ* 81/159. "Consoante jurisprudência iterativa desta Corte, o sócio cotista de sociedade de responsabilidade limitada, sem poder de gerência ou representação, pode interpor embargos de terceiro para desconstituir penhora sobre bem de sua propriedade" (Emb. Infr. Resp. 164.837/SP, Rel. Min. Francisco Peçanha Martins, Segunda Turma, v.u.).

ao Erário, como receita pública. Não há, daí, contribuição de natureza fiscal ou parafiscal." (RE 100.249/SP).

Afastada a natureza tributária das contribuições ao FGTS, consolidou-se a jurisprudência do STJ no sentido da inaplicabilidade das disposições do Código Tributário Nacional aos créditos do FGTS, incluindo a hipótese de responsabilidade do sócio-gerente prevista no art. 135, III, do CTN[113].

O art. 8º do DL nº 1.736/1979 atribui responsabilidade solidária aos acionistas controladores junto à sociedade, pelos créditos decorrentes de não recolhimento do IPI e do IRF. Entendemos que tal dispositivo não tem eficácia porque tal responsabilidade só pode ser estabelecida mediante lei complementar, por estender a norma do art. 135, III, do CTN, bem como por afrontar a norma do art. 146, III, da CF, que exige lei complementar para fixar normas gerais sobre obrigação tributária, sendo a responsabilidade tributária um de seus elementos.

O STJ tem entendido que a ausência de repasse das contribuições previdenciárias descontadas dos empregados permite o redirecionamento da execução fiscal, visto tratar-se de ilícito.[114]

Dentre as hipóteses de redirecionamento da execução fiscal, o STJ firmou tese segundo a qual: "O redirecionamento da execução fiscal, quando fundado na dissolução irregular da pessoa jurídica executada ou na presunção de sua ocorrência, pode ser autorizado contra o sócio ou o terceiro não sócio, com poderes de administração na data em que configurada ou presumida a dissolução irregular, ainda que não tenha exercido poderes de gerência quando ocorrido o fato gerador do tributo não adimplido, conforme art. 135, III, do CTN." (Tema Repetitivo 981).

VII. RESPONSABILIDADE POR INFRAÇÕES DA LEGISLAÇÃO TRIBUTÁRIA

1. Responsabilidade de natureza objetiva (CTN, art. 136)

O CTN dispõe em seus **arts. 136 a 138** sobre a responsabilidade por infrações da legislação tributária. A expressão "legislação tributária" compreende as leis, os decretos que promulgam os tratados e as convenções internacionais, os decretos e as normas complementares que versem, no todo ou em parte, sobre tributos e relações jurídicas a eles pertinentes (CTN, art. 96), bem como resoluções do Senado Federal, medidas provisórias e decretos que ratificam convênios sobre ICMS, e normas complementares.

O **art. 136 do CTN** dispõe que, salvo disposição de lei em contrário, a responsabilidade por infrações da legislação tributária independe da intenção do agente ou do responsável e da efetividade, natureza e extensão dos efeitos do ato. Assim, esta responsabilidade é de **natureza objetiva** porque independe de dolo ou culpa por parte do agente ou responsável, ou da intenção de prejudicar a Fazenda Pública, ou de ter esta sofrido prejuízos pela infringência da legislação tributária[115]. Disso resulta que basta a prática do ato violador da legislação tributária,

---

[113] BRASIL. Superior Tribunal de Justiça, REsp 792.406-RS, Primeira Turma, Rel. Min. Teori Albino Zavascki.

[114] BRASIL. Superior Tribunal de Justiça, AgInt no AREsp 938.101/SP, Rel. Ministro Herman Benjamin, Segunda Turma, j. 10.11.2016, *DJe* 29.11.2016. Idem,EDcl no REsp 1732057/SP, Rel. Ministro Herman Benjamin, Segunda Turma, j. 26.03.2019.

[115] Nesse sentido *RSTJ* 69/475; STJ, REsp. 51.267/SP, Rel. Min. Garcia Vieira, Primeira Turma,; TRF-5ª R., AC 89.05.0016/PE, Rel. Juiz Castro Meira, Primeira Turma, *CTN Interpretado – TRF 1ª R.*, p. 110 etc. Em sentido contrário, entendendo que o "CTN não alberga a responsabilidade objetiva, impondo-se

Capítulo VII · OBRIGAÇÃO TRIBUTÁRIA | **241**

para que ocorra a responsabilidade por parte do agente ou responsável, tendo, portanto, a infração fiscal **natureza formal**[116].

Todavia, como consta da oração inicial do dispositivo, **a lei pode dispor de maneira diferente da norma do art. 136**, tornando, em determinados casos, subjetiva a responsabilidade por infrações da legislação tributária. O próprio CTN dá um **tratamento mais severo** nos casos de fraude no que toca a determinadas matérias, como, *v.g.*, art. 106, II, "b"; art. 150, § 4º; art. 155; art. 172, parágrafo único; art. 179, § 2º; art. 182, parágrafo único[117]. Embora o art. 136 esteja inserido no capítulo sobre responsabilidade tributária, a sua norma aplica-se tanto ao contribuinte (sujeito passivo direto), quanto ao responsável (sujeito passivo indireto)[118].

Hugo de Brito Machado chama a atenção para o fato de que, quando o art. 136, além do agente, refere-se a responsável, não se pode interpretar o dispositivo de forma a colidir com a CF de 1988, cujo art. 5º, XLV, reza que "nenhuma pena passará da pessoa do delinquente"[119]. Todavia, parece-nos que o responsável responderá apenas pelas infrações meramente administrativas, e assim não se estará violando dispositivo constitucional.

A responsabilidade objetiva consubstanciada no art. 136 do CTN **admite temperamentos**[120], e, assim, deve-se dar ao sujeito passivo oportunidade para que, em determinadas situações, demonstre a sua boa-fé, sob pena de se cercear seu direito de defesa[121].

Ao fixar tese jurídica no Tema Repetitivo 272, o STJ, no julgamento do REsp 1.148.444/ MG reforçou que: "A responsabilidade do adquirente de boa-fé reside na exigência, no momento da celebração do negócio jurídico, da documentação pertinente à assunção da regularidade do alienante, cuja verificação de idoneidade incumbe ao Fisco, razão pela qual não incide, à espécie, o artigo 136, do CTN, segundo o qual 'salvo disposição de lei em contrário, a responsabilidade por infrações da legislação tributária independe da intenção do agente ou do responsável e da efetividade, natureza e extensão dos efeitos do ato' (norma aplicável, *in casu*, ao alienante)."

---

seja interpretado o art. 136 em harmonia com o art. 112, inciso III..." (TRF-1ª R., AMS 90.01.15287-2/ DF, Rel. Juiz Vicente Leal, Terceira Turma).

[116] Cf. Aliomar Baleeiro, *op. cit.*, p. 493.

[117] Cf. Luciano Amaro, *op. cit.*, p. 418.

[118] Cf. Luciano Amaro, *op. cit.*, p. 413.

[119] *Op. cit.*, p. 116.

[120] Ricardo Lobo Torres, *op. cit.*, p. 218, revela que "a tese objetiva admite temperamentos, como hoje aceita a maior parte da doutrina brasileira e estrangeira e o próprio Supremo Tribunal Federal. Se o contribuinte age de boa-fé não pode ser penalmente responsável pelo ato". Por outro lado, o mesmo autor entende que o CTN, em seu art. 136, é conflitante com o que dispõe em seu art. 112, quando diz que a lei que define infrações, ou lhes comina penalidades, interpreta-se da maneira mais favorável ao acusado, em caso de dúvida quanto à capitulação legal do fato ou à natureza ou às circunstâncias materiais do fato ou extensão dos seus efeitos. Todavia, o TRF-4ª R. decidiu: "No transporte de mercadorias, o desvio da rota legal permite que a Fazenda Pública aplique a pena de perdimento do veículo e da carga transportadora, não impedindo a apreensão a eventual boa-fé do transportador, ou a inexistência de dano pecuniário ao Erário, conforme interpretação do art. 136 do CTN" (*RT* 762/439).

[121] "Processo Civil e Tributário. Responsabilidade objetiva por infração à legislação tributária: art. 136 do CTN. É dever do contribuinte ou responsável portar a documentação da mercadoria que transporta. Justificada, no processo administrativo, a ausência dos documentos, por razão relevante, não houve oportunidade de o contribuinte provar a alegação. Cerceamento de defesa que afasta a responsabilidade objetiva do art. 136 do CTN" (BRASIL. Superior Tribunal de Justiça, REsp. 117.301-0/RS, Rel. Min. Eliana Calmon, Segunda Turma, v.u., EJSTJ 29/115).

1.1. *Responsabilidade pessoal do agente (CTN, art. 137)*

O **art. 137 do CTN** atribui, como **exceção à regra do art. 136, responsabilidade pessoal ao agente**, ou seja, a responsabilidade refere-se exclusivamente à pessoa que, nos casos nele elencados, praticou, em nome e por conta de terceiros, mas no seu próprio interesse, o ato violador da legislação tributária, ficando o contribuinte isento de qualquer responsabilidade, como se passa a demonstrar.

Em primeiro lugar, o inciso I do art. 137 reza que a responsabilidade é pessoal ao agente quando a infração praticada for conceituada por lei como crime (*v.g.*, sonegação fiscal) ou contravenção (*v.g.*, recusa em receber o agente fiscal) porque a pena não pode passar da pessoa do infrator, mas o dispositivo ressalva o caso de a infração ter sido cometida no exercício regular de administração, mandato, função, cargo ou emprego, ou no cumprimento de ordem expressa emitida por quem de direito. Assim, se o agente agiu no exercício regular de suas atribuições, traduzindo o ato a vontade do próprio contribuinte, este também ficará responsável pela infração. Mas se o agente praticou o ato violador com abuso de poder, não traduzindo o ato praticado a vontade do contribuinte, será o agente o único responsável pelas infrações que cometeu e que sejam também consideradas crime ou contravenção, não respondendo o contribuinte por essas infrações.

Luciano Amaro chama a atenção que, à primeira vista, a ressalva constante do art. 137 "parece exdrúxula, pois quem comete crimes 'no exercício regular de suas atribuições' é o membro de sociedade de criminosos; e quem dá ordem expressa para a prática de crime é chefe de quadrilha". Mas mostra a seguir que a "questão tem que ver com o *elemento subjetivo* e com a *consciência da antijuricidade do ato*", como ocorre quando "alguém tenha por atribuição emitir notas fiscais de mercadorias e que seja solicitado a fazê-lo, em relação a determinada mercadoria, quando, na verdade, outra é mercadoria que está sendo vendida, não pode ser criminalmente responsabilizado (com base em lei que preveja como delito a emissão de nota com indicação de mercadoria diversa da que realmente esteja sendo fornecida), *se não tiver conhecimento da divergência.*" Isso porque "não se caracteriza o elemento subjetivo necessário à sanção penal; embora ele *queira* o resultado material (emissão da nota), ele não tem consciência de que aquele ato é contrário ao direito; a ilicitude do ato não está, porém, conectada com o seu executor material, mas com a pessoa que, ciente do fato real, solicitou a emissão da nota com dados falsos"[122].

Em segundo lugar, o **inciso II do art. 137** prescreve que a responsabilidade é também pessoal ao agente "quanto às infrações em cuja definição o dolo específico do agente seja elementar", como exceção à regra geral do art. 136. Essa regra significa que, quando o dolo for elemento integrante da definição legal da infração, somente o agente será responsável, pois a infração só foi cometida em razão de sua intenção deliberada, por exemplo, de fraudar o Fisco (**dolo específico**). Assim, se uma pessoa pratica um ato visando não pagar um tributo (*v.g.*, omite declarar suas rendas), agindo com a intenção deliberada e intencional de fraudar o Fisco, vindo a falecer em seguida, não poderá o Fisco cobrar do espólio, ou de seus herdeiros, a multa relativa à atuação fraudulenta do *de cujus* mas apenas cobrar-lhe o tributo que era devido, mais as penalidades moratórias. O dispositivo sob exame refere-se a **infrações administrativas**, não exigindo que o ato ou a omissão de ato sejam considerados crimes.

Em terceiro lugar, o **inciso III do art. 137** estabelece que o agente responde também pessoalmente "quanto às infrações que decorram direta e exclusivamente de dolo específico: a) das pessoas referidas no art. 134, contra aquelas por quem respondem; b) dos mandatá-

---

[122] *Op. cit.*, p. 420.

Capítulo VII · OBRIGAÇÃO TRIBUTÁRIA | **243**

rios, prepostos ou empregados contra seus mandantes, preponentes ou empregadores; c) dos diretores, gerentes ou representantes de pessoas jurídicas de direito privado, contra estas". Em todos estes casos, o agente pratica atos contra a pessoa cujos interesses devia preservar, desempenhando a atividade dolosa em seu proveito e em detrimento da pessoa do contribuinte, que é, portanto, vítima do agente. Assim, a responsabilidade é pessoal ao agente, porque se trata de casos em que a legislação tributária procura resguardar pessoas dependentes de terceiros[123], que, sendo vítimas desses terceiros, seria demais puni-los[124].

1.2. *Denúncia espontânea e seus efeitos (CTN, art. 138)*

O contribuinte ou responsável, por sucessão ou ainda que seja terceiro, espontaneamente e antes do início de qualquer procedimento administrativo ou medida de fiscalização relacionados com a infração, reconhece e confessa a infração cometida, efetuando, se for o caso, concomitantemente, o pagamento do tributo, **porventura,** devido e dos juros de mora ou procedendo ao depósito da importância arbitrada pela autoridade administrativa, quando o valor do tributo dependa de apuração, ficará excluído da responsabilidade pela infração à legislação tributária.

Cabem os seguintes **esclarecimentos sobre o art. 138**: a) **os pressupostos cumulativos da exclusão da responsabilidade** são a confissão espontânea, e, ao mesmo tempo, a desistência do proveito da infração; b) a denúncia espontânea deve ser feita **antes do início de qualquer procedimento administrativo (auto de infração) ou medida de fiscalização específica relacionada com a infração**, pelo que o início de uma fiscalização geral não impede a espontaneidade da denúncia; c) **ficam excluídas apenas as multas fiscais punitivas,** continuando o sujeito passivo obrigado ao pagamento do tributo, juros de mora, correção monetária e multas moratórias[125]; d) o **mero pedido de parcelamento de tributo não configura denúncia espontânea** porque não há comunicação da existência de qualquer infração[126]. Existe divergência quanto à denúncia espontânea excluir apenas as multas punitivas, pois alguns autores entendem que, silenciando o art. 138 sobre a cobrança de multas moratórias, estas também estariam excluídas[127]. Neste sentido, vem decidindo o STJ, como se pode verificar da seguinte ementa:

> ...3. Sem antecedente procedimento administrativo descabe a imposição da multa, mesmo pago o imposto após a denúncia espontânea (art. 138, CTN). Exigi-la seria desconsiderar o voluntário saneamento da falta, malferindo o fim inspirador da denúncia espontânea e ani-

---

[123] Cf. Bernardo Ribeiro de Moraes, *op. cit.*, II, p. 625. Nas hipóteses do art. 137 do CTN, "a interpretação deve ser da maneira mais favorável ao acusado (CTN, art. 111), o que significa vedação à interpretação extensiva ou analógica..." (TRF-1ª R., AMS 90.01.15287-2/DF, Rel. Juiz Vicente Leal, Terceira Turma).

[124] Luciano Amaro chama, com propriedade, as hipóteses do inciso III do art. 137 de *ilícitos civis contra terceiros*, praticados por pessoas que agem em nome e por conta daqueles. O dispositivo sob comento refere-se a infrações administrativas, porque os crimes, "com dolo específico", ou não, já estão compreendidos no item I (*op. cit.*, p. 422 e 423).

[125] Neste sentido, Ricardo Lobo Torres, *op. cit.*, p. 219.

[126] Cf. Bernardo Ribeiro de Moraes, *op. cit.*, II, p. 627-628. No mesmo sentido, TRF, 5ª R., AMS 94.05.42027/CE, Rel. Juiz Hugo Machado. "É entendimento assente desta Corte de que a multa moratória não é exigível nas hipóteses em que o contribuinte obtém o parcelamento do débito, sendo a inexistência de antecedente procedimento administrativo o único requisito à configuração da denúncia espontânea" (BRASIL. Superior Tribunal de Jusiça, AgRg. no AI nº 331.070/PR, Rel. Min. Francisco Falcão, Primeira Turma, v.u.,. *Idem*, AgRg. no Resp. 250.163-0-RJ, relator Ministro Francisco Falcão, Primeira Turma, v.u. etc.)

[127] Bernardo Ribeiro de Moraes, *op. cit.*, II, p. 627-628, e Hugo de Brito Machado, *op. cit.*, p. 117.

mando o contribuinte a permanecer na indesejada via da impontualidade, comportamento prejudicial à arrecadação da receita tributária, principal objetivo da atividade fiscal...[128].

O STJ, **interpretando o art. 138 do CTN,** tem as seguintes decisões sobre a denúncia espontânea e os seus efeitos: **a)** descabe a imposição de multa, **sem antecedente processo administrativo,** mesmo pago o imposto após a denúncia espontânea[129]; **b) não havendo procedimento administrativo** pelo não recolhimento do tributo, configura-se a denúncia espontânea, que exclui a responsabilidade do contribuinte pela infração[130]; **c)** a cobrança domiciliar se assimila ao procedimento administrativo para os efeitos de descaracterizar a denúncia espontânea[131]; **d)** a **declaração do débito tributário, desacompanhada do seu pagamento e dos juros moratórios ou do depósito da quantia arbitrada pela autoridade,** quando isso for necessário, não constitui denúncia espontânea[132]; **e)** "O benefício da denúncia espontânea não se aplica aos tributos sujeitos a lançamento por homologação regularmente declarados, mas pagos a destempo." (Súmula 360 STJ); **f)** na hipótese de denúncia espontânea, **realizada formalmente,** com o devido recolhimento do tributo, é inexigível a multa de mora incidente sobre o montante da dívida parcelada[133]; **g) em havendo parcelamento de débito fiscal,** o STJ entendia que se excluía a responsabilidade, se o contribuinte tivesse efetuado oportuna denúncia espontânea da infração cometida[134]. Todavia, a **1ª Seção, no julgamento do REsp. 378.795/GO,** assentou o entendimento de que o benefício concedido pelo art. 138 do CTN não incide nos casos em que o contribuinte paga o débito parceladamente, ressalvado o entendimento pessoal do Ministro Luiz Fux, cujos lúcidos fundamentos constam da ementa[135].

---

[128] BRASIL. Superior Tribunal de Justiça, REsp. 9.421-0-PR, Rel. Min. Milton Pereira, Primeira Turma, v.u., *RSTJ* 37/394 e STJ, REsp. 180.169/CE, Rel. Min. Milton Luiz Pereira, Primeira Turma, v.u. etc. No mesmo sentido, o STJ decidiu que o CTN não distingue entre multa punitiva e multa de mora (BRASIL. Superior Tribunal de Justiça ,REsp. 16.672/SP, Rel. Min. Ari Pargendler, Segunda Turma, v.u.). *Idem*, STF, *RTJ* 115/452, e STJ, *RT* 771/199. A responsabilidade acessória autônoma, portanto devinculada do fato gerador do tributo, não está albergada pelas disposições do art. 138 do CTN. A tardia entrega da declaração de imposto de renda justifica a aplicação da multa (BRASIL. REsp. 261.508/RS, Rel. Min. Milton Luiz Pereira, Primeira Turma, v.u.). Na hipótese de denúncia espontânea, realizada formalmente, com o devido recolhimento do tributo, é inexigível a multa de mora incidente sobre o montante da dívida parcelada, por força do disposto no art. 138 do CTN (BRASIL. Superior Tribunal de Justiça, REsp. 207.337/BA, Rel. Min. Demócrito Reinaldo, Primeira Turma, v.u.). O parcelamento do débito não se assimila à denúncia espontânea, porque nele há confissão da dívida e compromisso de pagamento – e não o pagamento exigido por lei (BRASIL. Superior Tribunal de Justiça, REsp. 189330/MG, Rel. Min. Ari Pargendler, Segunda Turma, v.u.,). Mas no caso de importação sem a necessária guia, o STJ decidiu que a "denúncia espontânea pressupõe a boa-fé, não servindo para escapar, direta ou indiretamente, de sanções aplicáveis ao ilícito tipificado pela ação anterior, praticada deliberadamente contra disposições fiscais" (BRASIL. Superior Tribunal de Justiça, REsp. 82.173/DF, Rel. Min. Milton Luiz Pereira, Primeira Turma, v.u. etc.).

[129] *RSTJ* 37/394.

[130] BRASIL. Superior Tribunal de Justiça, REsp. 98.811/SP, Rel. Min. Garcia Vieira, Primeira Turma, v.u.

[131] BRASIL. Superior Tribunal de Justiça, REsp. 181.194/RS, Rel. Min. Ari Pargendler, Segunda Turma, v.u.

[132] BRASIL. Superior Tribunal de Justiça, REsp. 181.147/RS, Rel. Min. Garcia Vieira, Primeira Turma, v.u.

[133] BRASIL. Superior Tribunal de Justiça, REsp. 117.031, Rel. Min. Ari Delgado, Primeira Turma, v.u.; REsp. 117.029/SC, Rel. Min. Demócrito Reinaldo, Primeira Turma, v.u.; REsp. 141.873/PR, Rel. Min. Demócrito Reinaldo, Primeira Turma, v.u. etc.

[134] BRASIL. Superior Tribunal de Justiça, REsp. 178.917/SO, Rel. Min. Humberto Gomes de Barros, Primeira Turma, v.u., REsp. 283.699-0/PE, Rel. Min. José Delgado, Primeira Turma, v.u.; Embargos de Divergência em REsp. 178.917-SP (Rel. Min. Paulo Galloti) e 20.1287-SP (Rel. Min. Humberto Gomes de Barros).

[135] Tributário. Denúncia espontânea. Parcelamento da dívida – impossibilidade de excluir a multa moratória. 1. A 1ª Seção, no julgamento do REsp. 378.795/GO, assentou o entendimento de que o benefício concedido

Este entendimento parece-nos que melhor se amolda à interpretação do art. 138 do CTN, porque não deixa de existir contradição no fato da norma incentivar o contribuinte a denunciar espontaneamente a infração, e, ao mesmo tempo, apená-lo por se valer do parcelamento do débito tributário previsto em lei. Além do mais, a decisão da 1ª Seção do STJ malbarata a norma do art. 112 do CTN, pelo qual a lei tributária que define infrações, ou lhe comina penalidades, interpreta-se da maneira mais favorável ao acusado nas situações nele elencadas; **h)** "Não se configura denúncia espontânea, para os efeitos do art. 138 do CTN, se o pedido de parcelamento foi precedido de procedimento administrativo ou de medida fiscalizadora. A ocorrência de qualquer dos dois procedimentos retira a espontaneidade da denúncia. É o que o legislador quis privilegiar com a edição da norma acima"[136] **i)** ""A denúncia espontânea resta configurada na hipótese em que o contribuinte, após efetuar a declaração parcial do débito tributário (sujeito lançamento por homologação) acompanhado do respectivo pagamento integral, retifica-a (antes de qualquer procedimento da Administração Tributária), noticiando a existência de diferença a maior, cuja quitação se dá concomitantemente" (Tema Repetitivo 385); **j)** não cabe a "aplicação do benefício da denúncia espontânea previsto no art. 138 do CTN aos casos de compensação tributária, justamente porque, nessa hipótese, a extinção do débito estará submetida à ulterior condição resolutória da sua homologação pelo Fisco, a qual, caso não ocorra, implicará o não pagamento do crédito tributário, havendo, por consequência, a incidência dos encargos moratórios" (AgInt EDcl EREsp 1.657.437/RS, Rel. Min. Gurgel de Faria, Primeira Seção, DJe 17.10.2018); **k) "instituto da denúncia espontânea (art. 138 do CTN) não se aplica nos casos de parcelamento de débito tributário" (REsp 1.102.577/DF, Rel. Min. Herman Benjamin, Primeira Seção, j. 22.04.2009, DJe 18.05.2009).**[137]

---

pelo art. 138 do CTN não incide nos casos em que o contribuinte paga o seu débito parceladamente. 2. Não obstante, ressalvo o entendimento de que exigir-se qualquer penalidade após a espontânea denúncia é conspirar contra a *ratio essendi* da norma inserida no art 138 do CTN, malferindo o fim inspirador do instituto, voltado a animar e premiar o contribuinte que não se mantém obstinado ao inadimplemento. 3. A denúncia espontânea exoneradora que extingue a responsabilidade fiscal é aquela procedida antes da instauração de qualquer procedimento administrativo. Assim, engendrada a denúncia espontânea nesses moldes, os consectários da responsabilidade fiscal desaparecem, por isso que reveste-se de *contraditio in terminis* impor ao denunciante espontâneo a obrigação de pagar "multa", cuja natureza sancionatória é inquestionável. Diverso é o tratamento quanto aos juros de mora, incidentes pelo fato objetivo do pagamento a destempo, bem como a correção monetária, mera atualização do principal. 4. Trata-se de técnica moderna indutora ao cumprimento das leis, que vem sendo utilizada, inclusive nas questões processuais, admitindo o legislador que a parte que se curva ao *decisum* fique imune às despesas processuais, como só ocorre na ação monitória, na ação de despejo e no novel segmento dos juizados especiais. 5. Agravo regimental provido, por força da necessidade de submissão à jurisprudência uniformizadora" (BRASIL. Superior Tribunal de Justiça, AgRg no Resp. 396.248-SC, Rel. Min. Luiz Fux, Primeira Turma,). Por isso, mais acertado o entendimento do TRF-4ª R., *verbis*: "Se o contribuinte, antecipando-se a qualquer procedimento fiscal, confessou seu débito tributário e obteve parcelamento (regularmente cumprido), então ele tem direito ao benefício previsto no caput do art. 138 do CTN, eximindo-se de responsabilidade pela infração e, por decorrência lógica, da multa punitiva. O montante do débito consolidado (e parcelado) é composto pelo valor do tributo, monetariamente corrigido, acrescido de juros de mora. Estes últimos visam indenizar a Fazenda Pública pela espera. Além disso, evitam injusta discriminação com o contribuinte pontual" (Ap. em MS 2000.04.01.075026-5-SC, Rel. Juíza Maria Isabel Pezzi Klein, Primeira Turma, *RT* 800/426).

[136] REsp. 290.190-RS, Rel. Min. Humberto Gomes de Barros, Primeira Turma. *RT* 800/23; Vide também REsp 1102577/DF, Recurso Repetitivo Tema 101, Rel. Ministro Herman Benjamin, 1ª Seção.

[137] BRASIL. Superior Tribunal de Justiça, AgInt no REsp n. 1.443.111/RS, Rel. Min. Gurgel de Faria, Primeira Turma, julgado em 01.03.2021, DJe de 12.03.2021.

Capítulo VIII

CRÉDITO TRIBUTÁRIO

I.   NOÇÃO GERAL

1.   Teoria dualista da obrigação

A matéria relativa ao crédito tributário é disciplinada pelo CTN no **Título III do Livro Segundo**, em separado, portanto, das normas relativas à obrigação tributária. Daí alguns autores afirmarem que o Código adotou a **teoria dualista da obrigação**[1]. Quando o **art. 141 do CTN** reza que o crédito tributário se constitui pelo lançamento, não quer significar que a obrigação tributária seja também constituída pelo mesmo ato[2].

Paes de Barros Leães explica que o CTN acolheu o conceito dualista da obrigação tributária, como se pode inferir dos **seguintes dispositivos**: a) § 1º do art. 113, quando reza que a obrigação tributária principal surge com a ocorrência do fato gerador, tem por objeto o pagamento de tributo ou penalidade pecuniária e extingue-se juntamente com o crédito tributário dela decorrente; b) **art. 139**, ao prescrever que o crédito tributário decorre da obrigação principal; c) do **art. 142**, ao enunciar que o crédito tributário se constitui pelo lançamento; d) **art. 140**, ao consagrar a autonomia da obrigação tributária em relação ao crédito tributário.

O **dualismo da obrigação tributária** consiste na distinção entre relação de débito (*debitum*), surgida com o fato gerador, e relação de responsabilidade (*obligatio*), originária do lançamento. O dever de pagar o tributo nasce concretamente com o fato gerador, enquanto a responsabilidade de exigir o cumprimento da prestação aparece com o lançamento, ou melhor, com a constituição definitiva do crédito tributário. Logo, a teoria dualista significa que na obrigação podem ser destacados dois elementos: o dever e a responsabilidade[3].

O **Título III é dividido em seis Capítulos**, compreendendo: Capítulo I – Disposições Gerais (arts. 139 a 141); Capítulo II – Constituição do Crédito Tributário (arts. 142 a 150); Capítulo III – Suspensão do Crédito Tributário (arts. 151 a 155); Capítulo IV – Extinção do Crédito Tributário (arts. 156 a 174); Capítulo V – Exclusão do Crédito Tributário (arts. 175 a 182); Capítulo VI – Garantias e Privilégios do Crédito Tributário (arts. 183 a 193).

---

[1]   LEÃES, L. G. Paes de Barros. *Obrigação tributária*. São Paulo: José Bushatsky Editor, 1971, p. 31-36.

[2]   Daí o STF entender que a obrigação tributária nasce da ocorrência do fato gerador e não do lançamento (*RTJ* 103/886).

[3]   Fábio Fanucchi, *op. cit.*, p. 215, assim explica o *conceito monista da obrigação*: "O conceito monista defende que a obrigação gera unicamente a execução de uma prestação por parte de uma pessoa, o *devedor*, em proveito de outra, o *credor*. O direito de *crédito*, que é inerente a ela, tem o único efeito de criar o poder de o credor exigir do devedor a execução de um ato, o ato ao qual este último se obrigou. Por esta concepção tradicional, *a obrigação tem por conteúdo a submissão da vontade do devedor, e por objeto, um ato do devedor*, no dizer de Alcides Jorge Costa."

O **art. 139** prescreve: "O crédito tributário decorre da obrigação principal e tem a mesma natureza desta". Assim, o crédito tributário consiste na **formalização da relação jurídica tributária**, possibilitando ao fisco, como sujeito ativo, exigir do sujeito passivo, contribuinte ou responsável, o cumprimento da obrigação tributária principal da qual decorre. A obrigação tributária existe *in abstracto* na lei, quando define a hipótese de incidência do tributo, **concretiza-se** com a ocorrência do fato gerador e **formaliza-se** mediante o lançamento, que constitui o crédito tributário. Antes do lançamento a obrigação tributária tem **natureza ilíquida**, porque o fisco ainda não tem ciência da ocorrência e das características do fato gerador, o sujeito passivo não é identificado, não se sabe a lei que deve ser aplicada, qual o tributo devido, sua alíquota e base de cálculo, e, portanto, o valor devido. Por isso, **Aliomar Baleeiro** esclarece que "o crédito tributário converte essa obrigação ilíquida em certa, exigível na data ou no prazo da lei, inclusive por execução expedita"[4].

Paulo de Barros Carvalho define crédito tributário "como o direito subjetivo de que é portador o sujeito ativo de uma obrigação tributária e que lhe permite exigir o objeto prestacional, representado por uma importância em dinheiro"[5]. O CTN utiliza a expressão "crédito tributário" porque enfoca a relação jurídica tributária, da qual decorre, do ponto de vista do sujeito ativo da obrigação tributária. Assim, a mesma relação, considerada sob o prisma do sujeito passivo, corresponde ao débito tributário, que consiste no dever jurídico que o sujeito passivo tem de cumprir a prestação tributária principal ou acessória. O CTN emprega a expressão **crédito tributário e não crédito fiscal**, porque esta é a **expressão genérica** que comporta duas espécies: crédito tributário e crédito não tributário[6]. Quando o crédito tributário é objeto de inscrição, transforma-se em **dívida ativa tributária**, e o crédito não tributário evolve para **dívida ativa não tributária** (CTN, art. 201).

Não existe crédito tributário **sem que haja obrigação tributária** que tenha se concretizado anteriormente, e, por isso, o **art. 139 do CTN** reza que o crédito tributário decorre da obrigação principal. Todavia, **pode existir obrigação tributária sem que surja o crédito tributário**, como nos casos em que a lei impede a sua constituição (**CTN, art. 175**) ou quando o Fisco decai do direito de constituir o crédito tributário (**CTN, art. 173**). O crédito tributário tem a mesma **natureza da obrigação principal**, porque representa duas faces de uma única relação jurídica[7], de natureza patrimonial, embora a obrigação concretize-se com a ocorrência do fato gerador e o crédito tributário surja em momento posterior através do lançamento.

O **art. 140 do CTN** prescreve que as "circunstâncias que modificam o crédito tributário, sua extensão ou seus efeitos, ou as garantias ou os privilégios a ele atribuídos, ou que excluem sua exigibilidade não afetam a obrigação tributária que lhe deu origem". Esta regra decorre do fato de a **obrigação tributária ser autônoma do crédito tributário**, e mesmo que esse venha a se modificar no decurso de tempo que ocorrer entre o momento do fato gerador e do lançamento, por exemplo, no caso de sua anulação, a obrigação tributária não será afetada por esta modificação. Assim, a obrigação tributária é autônoma e preexiste ao crédito tributário,

---

[4] BALEEIRO, Aliomar. *Direito tributário brasileiro*, 8. ed. Rio de Janeiro: Forense, 1976, p. 543.

[5] CARVALHO, Paulo de Barros. *Curso de direito tributário*, 4. ed. São Paulo: Saraiva, 1991, p. 249.

[6] O vocábulo *fiscal* advém do termo latino *fiscum*, que era o local onde era guardado o dinheiro público de origem tributária e não tributária.

[7] Cf. MORAES, Bernardo Ribeiro de. *Compêndio de direito tributário*. 2. ed. Rio de Janeiro: Forense, 1994, II, p. 385. Entretanto, Ricardo Lobo Torres entende que "*obrigação e crédito não se distinguem em sua essência*, como declara o próprio CTN no art. 139" (TORRES, Ricardo Lobo. *Curso de direito financeiro e tributário*. 3. ed. Rio de Janeiro: Renovar, 1996, p. 201).

não podendo, portanto, ser afetada ao longo da atividade administrativa (lançamento) que a formaliza e a individualiza.

Por outro lado, o **art. 141** estatui que o crédito tributário, "regularmente constituído somente se modifica ou extingue, ou tem sua exigibilidade suspensa ou excluída nos casos previstos nesta Lei, fora dos quais não podem ser dispensadas, sob pena de responsabilidade funcional na forma da lei, a sua efetivação ou as respectivas garantias." **Justifica-se** esta regra porque a cobrança do tributo corresponde a uma atividade administrativa vinculada (**CTN, art. 3°, parte final**). Daí, ocorrendo o fato gerador da obrigação tributária, a autoridade administrativa tem o **dever** de praticar os atos relativos ao lançamento, eis que, sendo uma atividade vinculada e obrigatória, não lhe compete deixar de desempenhá-la pela sua simples vontade (**CTN, art. 142, parágrafo único**). Assim, somente nos casos previstos no CTN o crédito tributário regularmente constituído se modifica ou se extingue (**art. 156**), ou tem sua exigibilidade suspensa (**art. 151**) ou excluída (**art. 175**). O **art. 141** reza que a autoridade que descumprir sua norma responde funcionalmente na forma da lei, que não é a lei tributária, mas administrativa que rege a relação entre a Administração e o funcionário público, e nela é que está fixada a sanção a ser imposta a quem descumprir a norma do art. 141.

II. CONSTITUIÇÃO DO CRÉDITO TRIBUTÁRIO

1. Conceito e natureza jurídica do lançamento

O lançamento é o **procedimento administrativo** que formaliza a obrigação tributária nascida abstratamente na lei e concretizada com a ocorrência do fato gerador, constituindo o crédito tributário. O CTN, em seu art. 142, segunda parte, **define lançamento** desta forma; "o procedimento administrativo tendente a verificar a ocorrência do fato gerador da obrigação correspondente, determinar a matéria tributável, calcular o montante do tributo devido, identificar o sujeito passivo e, sendo o caso, propor a aplicação da penalidade cabível". O referido dispositivo contém **duas partes distintas**. Na primeira, reza que o lançamento constitui o crédito tributário, mas o lançamento tem também natureza declaratória da obrigação tributária que se concretizou com a ocorrência do fato gerador, tendo, portanto, natureza jurídica híbrida[8]. A **natureza declaratória do lançamento** quanto à obrigação tributária está expressa nos arts. **140, 143 e 144 do CTN**. O **art. 140** reza que se o crédito tributário vier a se modificar no decurso de tempo entre a ocorrência do fato gerador e a do lançamento, tal modificação não afetará a obrigação tributária. O **art. 143** estatui: quando a base de cálculo for expressa em moeda estrangeira, far-se-á a conversão em moeda nacional à taxa de câmbio vigente no momento do fato gerador e não no momento do lançamento. Por sua vez, o **art. 144** prescreve que o lançamento reporta-se à data da ocorrência do fato gerador e rege-se pela lei então vigente, ainda que posteriormente modificada ou revogada. **Exemplificando**: quando da ocorrência do fato gerador estava vigente lei fixando a alíquota de 10% para determinado tributo, mas no momento do lançamento a alíquota tinha sido reduzida para 5% ou majorada para 15%. Não importa, aplicar-se-á a alíquota vigente no momento da ocorrência do fato gerador, ainda que a nova alíquota seja menor, porque nessa hipótese não haverá a retroatividade da lei, pois {essa hipótese} não está prevista no art. 106 do CTN. Por outro lado, ainda

---

[8]   O ato jurídico é *constitutivo* quando cria, modifica ou extingue direitos, produzindo efeitos a partir de sua ocorrência (*ex nunc*). De outro lado, o ato *declaratório* não cria, não extingue nem altera direitos, mas apenas declara um direito preexistente, produzindo efeitos desde o momento da situação por ele declarada (*ex tunc*).

que a lei vigente no momento da concretização do fato gerador tenha sido revogada, ela será aplicada, ocorrendo, no caso, o fenômeno da ultratividade.

O **art. 142, na sua segunda parte**, deixa claro que o lançamento corresponde a um procedimento administrativo, ou seja, o conjunto de atos conexos e consequentes praticados pela administração que visam a um determinado fim, que é constituir o crédito tributário, como será demonstrado a seguir. Os atos são conexos porque se interligam e consequentes porque um decorre necessariamente da prática do outro.

2. Lançamento corresponde a um procedimento

O lançamento **implica** no exame da ocorrência do fato gerador, do regime jurídico da tributação, da identificação do sujeito passivo, da apuração da sua expressão econômica, ou seja, de sua valorização qualitativa e quantitativa etc., e na notificação ao sujeito passivo para ciência do lançamento. O lançamento **objetiva** constatar oficialmente a ocorrência do fato gerador, que, na maioria das vezes, corresponde a uma situação pessoal do contribuinte, por exemplo, a propriedade de bem imóvel, o recebimento de rendimento etc. O **prazo decadencial** para a Fazenda Pública constituir o crédito tributário flui, em regra, do primeiro dia do exercício seguinte àquele em que tomou ciência da ocorrência do fato gerador (CTN, art. 173)[9]. Entretanto, existe doutrina majoritária entendendo que o lançamento tem natureza de ato administrativo simples, mas que não cria direitos, pois tem natureza meramente declaratória da existência da obrigação tributária, que se concretizou com a ocorrência do fato gerador (CTN, art. 139). O **STJ** também atribui ao lançamento a natureza de ato administrativo (BRASIL. Superior Tribunal de Justiça, REsp 858.234/SP, Rel. Min. Luiz Fux, Primeira Turma).

Paulo de Barros Carvalho entende que o lançamento tem natureza de ato administrativo, ao lecionar:

> Lançamento tributário é o ato jurídico administrativo, da categoria dos simples, constitutivos e vinculados, mediante o qual se insere na ordem jurídica brasileira u'a norma individual e concreta, que tem como antecedente o fato jurídico tributário e, como consequente, a formalização do vínculo obrigacional, pela individualização dos sujeitos ativo e passivo, a determinação do objeto da prestação, formado pela base de cálculo e correspondente alíquota, bem como pelo estabelecimento dos termos espaço-temporais em que o crédito há de ser exigido.[10]

---

[9] Mauro Luís Rocha Lopes averba: "Como se vê, o lançamento é o procedimento – ou o ato que dele resulta como querem alguns – através do qual se liquida a obrigação tributária principal. Daí a incorreção legal existente na expressão *propor a aplicação de penalidade cabível*, porquanto, para que a prestação tributária tome efetiva forma pecuniária, há de ser efetivamente aplicada a multa" (LOPES, Mauro Luís Rocha. *Direito tributário brasileiro*. 2. ed. Niterói: Impetus, 2010, p. 212). Eduardo Sabag não discrepa desse entendimento: "O lançamento é procedimento documental de cobrança, por meio do qual se declara a obrigação tributária nascida do fato gerador" (SABBAG, Eduardo. *Manual de direito tributário*. São Paulo: Saraiva, 2009, p. 696). Kyoshi Harada perfilha o mesmo entendimento, ao doutrinar: "O lançamento é um procedimento administrativo no sentido de que um agente capaz procede a averiguação da subsunção do fato concreto à hipotese legal (ocorrência do fato gerador), a valoração dos elementos que integram o fato concreto (base de cálculo), a aplicação da alíquota prevista na lei para a apuração do montante do tributo devido, a identificação do sujeito passivo, e sendo o caso a propositura da penalidade cabível. Esta série de atos podem ser praticados, inclusive, em diferentes dias, mas no final da verificação dos requisitos previstos no art. 142 do CTN haverá sempre um documento exteriorizador daqueles a que é o lançamento eficiente para a constituição definitiva do crédito tributário" (HARADA, Kyoshi. *Direito financeiro e tributário*. 2. ed. São Paulo: Atlas, 2015, p. 56).

[10] CARVALHO, Paulo de Barros. *Curso de direito tributário*. 30. ed. São Paulo: Saraiva, 2019. p. 474.

Mais adiante, o mesmo autor aclara porque entende que o lançamento é ato e não procedimento, nestes termos:

> Lançamento é ato jurídico e não procedimento, como expressamente consigna o art. 142 do Código Tributário Nacional. Consiste muitas vezes no resultado de um procedimento, mas com ele não se confunde. É preciso dizer que o procedimento não é imprescindível para o lançamento, que pode consubstanciar um ato isolado, independente de qualquer outro. Quando muito, o procedimento antecede e prepara a formação do ato, não integrando com seus pressupostos estruturais, que somente nele estarão contidos[11].

No lançamento faz-se também a **valorização da situação definida em lei como fato gerador do tributo**, que consiste em proceder à análise dessa situação. Esta valorização diz-se **qualitativa** quando o exame refere-se à natureza do fato gerador, à sua qualidade, para se saber, por exemplo, no caso de importação de mercadoria, a espécie do bem importado, bem como esta análise inclui também a identificação do contribuinte, da pessoa que por lei é obrigada ao pagamento do tributo. De outro lado, a valorização quantitativa significa a avaliação do fato gerador, consiste em se **apurar sua expressão econômica**, para se calcular o montante do tributo devido em função desse valor. Essa apuração pode ser feita por uma **simples operação matemática** quando o valor resulte de simples exame, por exemplo, o valor de venda, ou pode ser uma **operação técnica mais complexa**, por exemplo, a avaliação de bem imóvel. O lançamento deve ser **notificado ao sujeito passivo da obrigação tributária**, para que dele fique ciente e possa impugná-lo ou pagar o tributo, e, por isso, a notificação é pressuposto da eficácia do lançamento. Logo, para não ocorrer decadência na constituição do crédito tributário, o **fisco deve não só proceder ao lançamento, mas também notificar o sujeito passivo, para ciência, no prazo do art. 173, I, do CTN.**

3. Atividade do lançamento é vinculada e obrigatória

A atividade administrativa de lançamento é vinculada e obrigatória (**CTN, art. 142, parágrafo único**), porque, ocorrendo o fato gerador, a **autoridade administrativa não pode deixar de constituir o crédito tributário pelo lançamento**, para ficar em condição de exigir a prestação tributária. Essa atividade só pode ser desempenhada atrelada à lei, pelo que se a lei estabelece uma alíquota de 0,4%, o fisco não pode cobrar nem 0,5% nem 0,3%. A regra do parágrafo único do art. 142 é **corolário natural da cláusula final do art. 3º do CTN**, quando expressa que a prestação tributária é cobrada mediante atividade administrativa plenamente vinculada. O mesmo dispositivo estabelece que a não realização do lançamento pela autoridade administrativa, tendo ciência da ocorrência do fato gerador, implica em sua **responsabilidade funcional**, que não está definida na lei tributária, mas na lei que rege a relação entre o Estado e o funcionalismo público.

Entretanto, existem tributos (*v.g.*, ICMS e IPI) em que o sujeito passivo, por dever legal, deve antecipar seu pagamento independentemente de lançamento (**CTN, art. 150**), que é denominado **lançamento por homologação**.

---

[11] CARVALHO, Paulo de Barros. *Curso de Direito Tributário*. 10. ed. São Paulo: Saraiva, 2007, pp. 423-424. Entendendo também que o lançamento é ato administrativo e não procedimento, citem-se, dentre outros: BALEEIRO, Aliomar. *Direito tributário brasileiro*. 13. ed. Rio de Janeiro: Forense, 2015, p. 1188; AMARO, Luciano Amaro. *Direito tributário brasileiro*. 14. ed. São Paulo: Saraiva, 2008, p. 346-347; e COÊLHO, Sacha Calmon Navarro. *Curso de direito tributário brasileiro*. 10. ed. Rio de Janeiro: Forense, 2009, p. 704.

4. Fases do lançamento

O lançamento comporta **duas fases**: a oficiosa e a contenciosa. A **fase oficiosa** do procedimento do lançamento é aquela que se desenvolve pela autoridade administrativa sem a participação do sujeito passivo da obrigação tributária. Nesta fase é que a autoridade administrativa, tendo tomado conhecimento do fato gerador, pratica, unilateralmente, os atos necessários visando à determinação do valor do crédito tributário, porque antes do lançamento a obrigação tributária tem natureza ilíquida. Nesta fase, o **crédito tributário está constituído provisoriamente**, porque ainda pode ser modificado na fase seguinte, caso o sujeito passivo impugne o lançamento.

Feita a referida apuração, a **autoridade administrativa deve notificar o sujeito passivo** para que tome ciência da efetivação do lançamento, e, assim, possa impugná-lo. A **fase contenciosa do lançamento**[12] inicia-se com a impugnação do lançamento, porque só poderá ser modificado por impugnação do contribuinte, recurso de ofício ou iniciativa da própria autoridade administrativa nos casos enumerados no art. 149 (**CTN, art. 145**). Caso haja **decurso do prazo legal**, a contar da notificação, sem que o contribuinte tenha pago ou impugnado o lançamento, o **crédito tributário estará constituído de forma definitiva na área administrativa**, podendo ser exigido. Se, no entanto, **houver impugnação do lançamento** por parte do sujeito passivo, a constituição definitiva só ocorrerá depois de esgotado o prazo legal para ciência pelo sujeito passivo da decisão definitiva, a contar da notificação (**CTN, art. 201**). Entretanto, existe entendimento no sentido de que, na última hipótese, o **crédito tributário constitui-se definitivamente com a notificação ao sujeito passivo para ciência da decisão administrativa definitiva**.

O **STF** decidiu, em sessão plenária, que com a **lavratura do auto de infração consuma-se o lançamento de ofício**, porque a autoridade administrativa, tendo tomado ciência da ocorrência do fato gerador, apura o regime jurídico da tributação, nos termos do art. 142 do CTN, e intima o sujeito passivo para pagar ou apresentar defesa. O STF entendeu ainda que **só há de se falar em decadência** (CTN, art. 173, I) no período anterior ao lançamento direto, ou seja, lavratura do auto de infração. Por outro lado, conforme a mesma decisão, **no período entre a lavratura do auto de infração e o decurso do prazo legal para interposição de recurso, ou, interposto este, até a decisão definitiva na esfera administrativa**, não corre mais o prazo de decadência e ainda não se iniciou o prazo prescricional. Este prazo só se inicia, no caso, quando houver a constituição definitiva do crédito tributário (**CTN, art. 173**), que se dá com o escoamento do prazo legal para recurso, ou, se interposto, com o decurso do prazo legal, a contar da notificação, para ciência da decisão definitiva proferida no processo administrativo (**Súmula 153 do antigo TFR**).

5. Constituição definitiva do crédito tributário

O crédito tributário considera-se **constituído definitivamente** com a notificação regular do lançamento ao sujeito passivo e o decurso do prazo legal sem pagamento ou impugnação. No caso de o **sujeito passivo impugnar o lançamento e havendo decisão administrativa definitiva a favor do fisco**, o prazo flui após o decurso do prazo legal a contar da notificação, dando-lhe ciência da decisão (**CTN, art. 201**). O crédito tributário só se torna **exigível** com sua constituição definitiva, mas sua **exequibilidade** depende do ato da **inscrição**, transformando o crédito tributário em dívida ativa tributária e fazendo nascer a certidão da dívida ativa. O

---

[12] Fase contenciosa e não litigiosa, como consta, equivocadamente, do art. 14 do Decreto nº 70.235/1972, que regula o processo administrativo fiscal na área federal.

pressuposto para a inscrição do crédito tributário é, portanto, sua constituição definitiva (**CTN, art. 201**).

6. Lançamento é privativo da administração

O **art. 142 do CTN** é claro ao prescrever que o lançamento é ato privativo da administração[13] por autoridade competente. Entretanto, no **lançamento por homologação (CTN, art. 150)**, o sujeito passivo não procede ao lançamento, ao efetuar o pagamento antecipado obrigado por lei, como ocorre, por exemplo, com o ICMS[14].

Segundo o **art. 150 do CTN**, o lançamento será realizado pela autoridade administrativa quando atestar a correção do pagamento antecipado pelo sujeito passivo. A autoridade administrativa pode não homologar a atividade do sujeito passivo, e neste caso o crédito tributário não ficará extinto. Assim, enquanto **tal homologação não ocorrer**, o crédito tributário ficará extinto sob condição resultória, ou seja, os efeitos desta extinção ficarão na dependência de posterior homologação pela autoridade administrativa, expressa ou tacitamente (**art. 150, § 4º**).

7. Princípio da imutabilidade do lançamento

O princípio da **imutabilidade do lançamento** está consagrado no **art. 145 do CTN,** ao prescrever que o lançamento regularmente notificado ao sujeito passivo só pode ser alterado nos seguintes casos: a) **impugnação do sujeito passivo**, administrativa ou judicialmente, visando a beneficiá-lo; b) **recurso de ofício**, porque, quando a autoridade reconhece, total ou parcialmente, o direito do contribuinte, é obrigada a recorrer de sua decisão à autoridade superior, por ser contrária à Fazenda; c) **iniciativa de ofício da autoridade administrativa**, nos casos previstos no **art. 149**. O princípio da imutabilidade do lançamento **decorre de um princípio maior, enunciado no art. 5º, XXXVI, da Constituição Federal**, pelo qual a lei não poderá prejudicar o ato jurídico perfeito.

Por outro lado, observe-se que o **art. 145** não admite a modificação do lançamento tão somente em relação ao contribuinte que tenha sido regularmente notificado. Assim, o lançamento poderá ser alterado **enquanto não ocorrer a notificação regular ao contribuinte**, porque se a notificação não foi feita, o lançamento ainda não produziu efeitos. Se a notificação for feita sem observância das formalidades legais e tiver de ser repetida, enquanto não ocorrer a nova notificação, o **fisco poderá modificar o lançamento**, porque o dispositivo refere-se à notificação regular, que, no caso, ainda não ocorreu[15].

---

[13] No entanto, Ricardo Lobo Torres (*op. cit.*, p. 223) chama a atenção para o fato de que, excepcionalmente, "no caso do imposto *causa mortis* ou de qualquer outro tributo apurado em autos judiciais, o lançamento efetiva-o o juiz no exercício de uma atividade administrativa do ponto de vista material, e não de uma função tipicamente jurisdicional."

[14] Bernardo Ribeiro de Moraes averba sobre o assunto o seguinte: "Devemos observar que quando outra pessoa, diferente da autoridade administrativa, *v.g.*, o sujeito passivo tributário, aplica a lei para si, determinando a existência da obrigação tributária e o seu montante, com todas as características do crédito tributário, tal ato *não pode* ser comparado com o das atividades do órgão do estado ou da autoridade administrativa, em cumprimento de uma função pública, pelo menos com os efeitos jurídicos que lhe são próprios" (*Op. cit.*, II, p. 389-390).

[15] Ricardo Lobo Torres, comentando a possibilidade da revisão do lançamento, assim doutrina: "Recorde-se que os atos administrativos, genericamente considerados, desfazem-se por revogação ou anulação. Revoga-se o ato por questões de sua inconveniência ou de mérito; a revogação opera *ex nunc* e encontra respeito no direito adquirido. A anulação atinge o ato ilegal; opera *ex tunc* e desconhece as situações jurídicas constituídas, que não se aperfeiçoam ao arrepio da lei. A faculdade anulatória e revocatória, em decorrência do princípio da unidade administrativa, radica na própria ordem hierárquica.

8. Princípio da inalterabilidade dos critérios jurídicos

O **art. 146 do CTN** consagra a inalterabilidade dos critérios jurídicos quanto a fato gerador pretérito, ao prescrever: "A modificação introduzida, de ofício ou em consequência de decisão administrativa ou judicial, nos critérios jurídicos adotados pela autoridade administrativa no exercício do lançamento somente pode ser efetivada, em relação a um mesmo sujeito passivo, quanto a fato gerador ocorrido posteriormente à sua introdução"[16]. A regra do art. 146 impede que a Administração possa, após a ocorrência do fato gerador, dar novas interpretações a dispositivos legais tributários visando a alterar lançamentos já efetuados e transformando-os de atividade vinculada em atividade discricionária[17].

O **objetivo do legislador**, ao estabelecer a norma contida no **art. 146 do CTN**, foi vedar a alteração do lançamento, quando a Administração, em lançamento anterior praticou erro de direito, **adotando critério jurídico equivocado**, ainda que a nova interpretação decorra de decisão administrativa ou judicial. Se o contribuinte faz **consulta**, e esta lhe é respondida favoravelmente, a mudança de critério jurídico da Fazenda, ainda que por decisões administrativas ou judiciais, não poderá atingir o beneficiado por critério jurídico anteriormente adotado[18] (**Lei nº 9.430/1996, art. 48, § 12**). Tal mudança de critérios jurídicos não pode alcançar fatos

---

Em direito tributário, todavia, a questão comporta outras consequências. Sendo o lançamento atividade regrada, inadmite-se a revogação por motivos de conveniência. E a anulação – ou revisão – refoge à competência genérica da Administração, fundada no poder hierárquico, porque se institucionalizou o processo especial. Assim sendo, a revisão do lançamento só se torna possível nos casos expressamente previstos em lei, observadas as condições de prazo e de forma nela estabelecidos" (TORRES, Ricardo Lobo. *Curso de direito financeiro e tributário.* 3. ed. Rio de Janeiro: Renovar, 1996, p. 238). A Súmula 473 do STF assim enuncia: "A Administração revoga ou anula o seu próprio ato; o Judiciário somente anula o ato administrativo. Isso porque a revogação é o desfazimento do ato por motivo de conveniência ou oportunidade da Administração, ao passo que a anulação é a invalidação por motivo de ilegalidade do ato administrativo. Um ato inoportuno ou inconveniente só pode ser revogado pela própria Administração, mas um ato ilegal pode ser anulado, tanto pela Administração como pelo Judiciário."

[16] Rubens Gomes de Souza, *op. cit.*, p. 70-71, escrevendo antes do CTN, já ensinava que se à Fazenda Pública fosse lícito variar de critério jurídico na valorização do fato gerador, por simples oportunidade, estar-se-ia convertendo a atividade do lançamento em discricionária, quando deve ser vinculada.

[17] Paulo de Barros Carvalho leciona que a Fazenda não poderá alegar desconhecer o direito, que se presume conhecido por todos, "formulando uma exigência segundo determinado critério e, posteriormente, rever a orientação, para efeito de modificá-la". Tal ocorre, segundo o mesmo autor, no seguinte caso: "... funcionário competente promove o cálculo do tributo devido, mediante a aplicação de certa alíquota, digamos 17%, em virtude da classificação que entende correta, para certo produto industrializado, na tabela do IPI. Posteriormente, sem apontar qualquer aspecto material novo do bem que analisara, muda de opinião, passando a classificá-lo numa posição mais gravosa da tabela, onde a alíquota é de 23%, alegando que esse é o percentual juridicamente mais adequado àquele produto industrializado" (*Op. cit.*, p. 278 e 279).

[18] Cf. Ricardo Lobo Torres, *op. cit.*, p. 239. Por outro lado, o mesmo autor ensina que a norma do art. 146 não se confunde com a do parágrafo único do art. 100, porque aquela visa a proteger contribuinte "contra a mudança, com efeito retroativo, do critério individualmente utilizado no lançamento relativo a um mesmo sujeito passivo", enquanto no caso do "art. 100, parágrafo único, a mudança do critério normativo incompatível com a lei tributária pode ser aplicada genericamente aos contribuintes, em homenagem ao princípio da legalidade, excluídas as suas consequências penais". Hugo de Brito Machado discorda da tese de que a mudança de critério jurídico seja erro de direito porque este só ocorre quando o lançamento é feito *ilegalmente,* em virtude de ignorância ou errada compreensão da lei. Assim, admite a revisão do lançamento em face de erro, quer *de fato,* quer *de direito* (*Op. cit.*, p. 121). O STF decidiu que, ocorrendo resposta à consulta feita pelo contribuinte e vindo a administração pública, via fisco, a evoluir, impõe-se-lhe a responsabilidade por danos provocados pela observância do primeiro enfoque (BRASIL. Supremo Tribunal Federal, RE 131.741-8/SP, Rel. Min. Marco Aurélio, Segunda Turma).

geradores já ocorridos para maior segurança do contribuinte, porque um dos efeitos mais importantes do fato gerador é fixar o regime jurídico da tributação. A **Súmula 227 do extinto TFR** já dispunha: "A mudança de critério jurídico adotado pelo fisco não autoriza a revisão do lançamento". Dessa forma, só **erro de fato** cometido pelo agente da Administração enseja a modificação do lançamento, enquanto, é lógico, ainda não decorreu o prazo decadencial para a constituição do crédito tributário (**CTN, art. 173**). O art. 146, esclarece **Luciano Amaro**, refere-se à mudança de critérios jurídicos, porque havendo fatos novos não conhecidos por ocasião do lançamento, este pode ser revisto, consoante o art. 149 do CTN[19].

Outros princípios devem ser observados no lançamento. Assim, o **princípio da vinculação à lei**, constante do parágrafo único do art. 142, pelo qual a autoridade administrativa deve, no lançamento, observar rigorosamente os termos da lei, não podendo, portanto, agir com discricionariedade. Importante também é o **princípio da irretroatividade**, pelo qual no lançamento deve--se aplicar a lei vigente no momento da ocorrência do fato gerador, não se admitindo a retroação da lei nova vigente no momento do lançamento para alcançar fato gerador pretérito, ainda que tenha sido modificada ou revogada a lei que vigorava no instante do fato gerador (**CTN, art. 144**).

9. Modalidades de lançamento

O CTN refere-se às modalidades do lançamento na **Seção II do Capítulo II do Título III, compreendendo os arts. 147 a 150**, que são as seguintes: a) lançamento por declaração; b) lançamento direto; e c) lançamento por homologação. Ninguém melhor que **Souto Maior Borges** estabeleceu o critério diferenciador das modalidades de lançamento, nestes termos:

> Ao estudar as modalidades de **lançamento** (...), a doutrina antecedente ou a superveniente ao Código Tributário Nacional as classificam adotando como critério de classificação o maior ou menor concurso dos obrigados na atividade do **lançamento,** ou seja, o grau de colaboração entre Fisco e sujeito passivo. O critério tricotômico consagrado no Código Tributário Nacional decorreria do grau de colaboração do sujeito passivo na preparação do **lançamento**. No **lançamento** direto ou de ofício (CTN, art. 149) não haveria participação do sujeito passivo. No **lançamento por declaração** ou misto (CTN, art. 147) ocorreria uma colaboração entre Fisco e sujeito passivo. No **lançamento por** homologação (CTN, art. 150) maior seria a intensidade da colaboração, vale dizer, da participação do sujeito passivo, porquanto o Fisco se limitaria a homologar os atos **por** ele praticados.[20]

9.1. *Lançamento por declaração*

O lançamento por declaração ocorre quando depende de **prestação de informações ao fisco**, quanto à matéria de fato, pelo contribuinte, ou por terceiro, quando são indispensáveis à efetivação do lançamento (**CTN, art. 147 e §§ 1º e 2º**). A doutrina também denomina essa modalidade de **lançamento misto**, porque é feito pela Administração com base na declaração do sujeito passivo, ou terceiro. A declaração feita pelo sujeito passivo ou por terceiro corresponde à **obrigação tributária acessória positiva** (CTN, art. 113, § 2º).

O lançamento por declaração ocorre em relação aos tributos em que o fisco só toma ciência da ocorrência do fato gerador, ou de circunstâncias específicas de sua efetivação, **se informado pelo contribuinte ou por terceiro**. Tal ocorre, por exemplo, com os impostos de

---

[19] AMARO, Luciano. *Direito tributário brasileiro*. 14. ed. São Paulo: Saraiva, 2008, p. 150-151.

[20] BORGES, Souto Maior. *Lançamento tributário*. 2. ed. São Paulo: Malheiros, 1999, p. 325-326.

importação, exportação, transmissão *causa mortis* e causa doação, transmissão *inter vivos* de bens imóveis etc.

O declarante pode **retificar a declaração**, quando vise a reduzir ou a excluir tributo, desde que comprove o erro em que se funde e antes de notificado para ciência do lançamento. Entretanto, a administração tem a obrigação de retificar de ofício erros gritantes cometidos pelo contribuinte e apurados pelo exame de sua declaração, por exemplo, erros de soma dos rendimentos.

Luciano Amaro averba que o **art. 147, § 1º, do CTN**, "não significa que, após a notificação do lançamento, o declarante tenha de sofrer as consequências do seu erro na indicação dos fatos, e conformar-se em pagar tributo indevido". Isso porque, "após a notificação, a 'retificação' a ser requerida não será mais da declaração, mas sim do lançamento (mediante a impugnação a que se refere o CTN, art. 145, I). Mesmo após o eventual pagamento do tributo indevido, ou maior que o devido, o sujeito passivo não é obrigado a conformar-se com a consequência do seu erro; compete-lhe, porém, nessas circunstâncias, pleitear a restituição do valor recolhido indevidamente (CTN, art. 165). Em qualquer caso, é necessário que o contribuinte demonstre o erro que embasa seu pedido"[21].

O fisco, em regra, confia nos dados fornecidos pelo sujeito passivo ou terceiro legalmente responsável. Entretanto, quando "o cálculo do tributo tenha por base, ou tome em consideração, o valor ou preço de bens, direitos, serviços ou atos jurídicos, a autoridade lançadora, mediante processo regular, arbitrará aquele valor ou preço, sempre que sejam omissos ou não mereçam fé as declarações ou os esclarecimentos prestados, ou os documentos expedidos pelo sujeito passivo ou pelo terceiro legalmente obrigado, ressalvada, em caso de contestação, avaliação contraditória, administrativa ou judicial (**CTN, art. 148**)"[22].

Conforme entendimento do STJ: "em se tratando de débito declarado pelo próprio contribuinte, não se faz necessária sua homologação formal, motivo por que o crédito **tributário** se torna imediatamente exigível, independentemente de qualquer **procedimento administrativo** ou de notificação do sujeito."[23]

9.2. Lançamento de ofício

O lançamento de ofício, ou direto, é aquele feito pela Administração **sem a participação do sujeito passivo da obrigação tributária**, como ocorre, por exemplo, no IPTU, nas taxas e na contribuição de melhoria. Assim, o **art. 149 do CTN** reza que o lançamento é feito e revisto de ofício pela autoridade administrativa nas seguintes hipóteses: a) quando a lei expressamente determine a utilização deste processo de lançamento, por exemplo, as leis pertinentes ao imposto predial ou territorial urbano; b) quando a declaração não seja prestada, por quem de direito, no prazo e na forma da legislação tributária; c) quando a pessoa legalmente obrigada, embora tenha prestado declaração nos termos da alínea anterior, deixe

---

[21]   AMARO, Luciano. *Direito tributário brasileiro*. 2. ed. São Paulo: Saraiva, 1998, p. 338-339.

[22]   Ricardo Lobo Torres, *op. cit.*, p. 228, entende que no caso do art. 148 do CTN ocorre lançamento por arbitramento, que seria uma quarta modalidade de lançamento, aplicável ao imposto de renda, ITBI, no imposto de transmissão *causa mortis* e nos demais tributos imobiliários. O STJ (*RST* 48/254) decidiu, em matéria de ICMS, que a sua base de cálculo é o valor da operação de que decorrer a saída da mercadoria (DL nº 406, art. 2º, I), e, por isso, mesmo que tomada "como presunção relativa, a pauta de valores só se admite nos casos do art. 148 do CTN, em que, mediante processo regular, arbitre-se a base de cálculo, se inidôneos os documentos e declarações prestados pelo contribuinte" nos termos do art. 2º, II e III do DL nº 406/1968.

[23]   BRASIL. Superior Tribunal de Justiça, REsp 247562/SP, Rel. Min. Garcia Vieira, *DJU* de 29.05.2000.

Capítulo VIII · CRÉDITO TRIBUTÁRIO | 257

de atender, no prazo e na forma da legislação tributária, pedido de esclarecimento formulado pela autoridade administrativa, recuse-se a prestá-lo ou não o preste satisfatoriamente, a juízo daquela autoridade[24]; d) quando se comprove falsidade, erro ou omissão quanto a qualquer elemento definido na legislação tributária, como sendo de declaração obrigatória; e) quando se comprove omissão ou inexatidão, por parte da pessoa legalmente obrigada ao exercício da atividade a que se refere o art. 150; f) quando se comprove ação ou omissão do sujeito passivo, ou de terceiro legalmente obrigado, que dê lugar à aplicação de penalidade pecuniária; g) quando se comprove que o sujeito passivo, ou terceiro em benefício daquele, agiu com dolo, fraude ou simulação; h) quando deva ser conhecido fato não conhecido ou não provado por ocasião do lançamento anterior; i) quando se comprove que, no lançamento anterior, ocorreu fraude ou falta funcional da autoridade que o efetuou[25], ou omissão pela mesma autoridade, de ato ou formalidade essencial[26]. As hipóteses do art. 149 são **enumeradas taxativamente**, não se admitindo que sejam acrescidas por lei ordinária, tendo em vista que o CTN tem *status* de lei complementar.

O **IPVA** é objeto de lançamento de ofício, como se extrai da seguinte decisão do STJ:

> 1. O Imposto sobre a Propriedade de Veículos Automotores (IPVA) é lançado de ofício no início de cada exercício (art. 142 do CTN) e constituído definitivamente com a cientificação do contribuinte para o recolhimento da exação, a qual pode ser realizada por qualquer meio idôneo, como o envio de carnê ou a publicação de calendário de pagamento, com instruções para a sua efetivação (BRASIL. Superior Tribunal de Justiça, REsp 1320825/RJ, Rel. Min. Gurgel de Faria, 1ª Seção).

O **parágrafo único do art. 149** estatui que a revisão do lançamento só pode ser iniciada enquanto não extinto o direito de a Fazenda Pública constituir o crédito tributário. **Qualquer espécie de lançamento pode ser objeto de revisão**, seja de ofício, seja por provocação do sujeito passivo, inclusive por denúncia espontânea de infração à legislação tributária, e nesta hipótese não cabe a imposição de qualquer penalidade, desde que a denúncia seja feita concomitantemente com o pagamento do tributo (**CTN, art. 138**). Todavia, **Hugo de Brito Machado** adverte que **não é possível a revisão de lançamento por homologação** quando tenha havido homologação tácita pelo fisco, ou seja, tenha decorrido o prazo de cinco anos a contar da ocorrência do fato gerador "porque consumada a decadência do direito de lançar,

---

[24] Nesse sentido: BRASIL. Superior Tribunal de Justiça, REsp. 161.919/RJ, Rel. Min. Garcia Vieira, Primeira Turma, v.u.

[25] O STJ decidiu que a "expressão 'falta funcional' (art. 149, IX, CTN) abrange as fraudes e também os equívocos da autoridade administrativa" (BRASIL. Superior Tribunal de Justiça, AgRg 85.459/RJ, Rel. Min. Ari Pargendler, Segunda Turma, v.u.).

[26] Hugo de Brito Machado (*op. cit.*, p. 121) admite a revisão do lançamento por erro *de fato* e *de direito* por aplicação do princípio da legalidade, "pelo qual a obrigação tributária nasce da situação descrita na lei como necessária e suficiente à sua ocorrência. A vontade da administração não tem qualquer relevância em seu delineamento", sendo também irrelevante a vontade do sujeito passivo. "O lançamento, como norma concreta, há de ser feito de acordo com a norma abstrata contida na lei. Ocorrendo erro em sua feitura, quer no conhecimento dos fatos, quer no conhecimento das normas aplicáveis, o lançamento pode e, mais que isto, o lançamento deve ser revisto". Neste sentido aponta decisão do TFR (*Em. Jur. TFR* 59/60). "Imposto de transmissão sobre bens imóveis. Revisão realizada em face de erro verificado na avaliação do bem, decorrente da omissão, na escritura, de grande quantidade de madeira de lei e pinheiros, nele existentes. Legitimidade da ação fiscal diante da norma do art. 145, III, c/c art. 149, VIII, do CTN" (*RSTJ* 2/599).

e a revisão só pode ser iniciada enquanto não extinto esse direito da Fazenda Pública (CTN, art. 149, parágrafo único)"[27].

A **revisão do lançamento por declaração** ocorre quando o sujeito passivo deixa de prestar, corretamente, as informações quanto à matéria de fato indispensável à sua efetivação (**CTN, art. 147**), ficando sujeito às penalidades previstas em lei. No caso de revisão de lançamento de ofício, por constatar a autoridade administrativa **erro no lançamento**, não cabe, é lógico, a imposição de penalidade ao contribuinte. Havendo revisão de lançamento, a **autoridade administrativa deve notificar o sujeito passivo para exercitar seu direito de defesa**, sob pena de nulidade do processo administrativo.[28]

Legítima a lavratura de novo auto de infração respeitado o prazo decadencial do art. 173 do CTN, se o anterior foi anulado por vício formal e se presentes os requisitos para o lançamento de ofício (BRASIL. Supremo Tribunal Federal, AgRg no RE 578248 AgRg/SE).

9.3. Lançamento por homologação

O lançamento por homologação ocorre quando o contribuinte tem a **obrigação legal de antecipar o pagamento do tributo sem prévio exame da autoridade administrativa,** e opera-se pelo ato em que a referida autoridade, tomando conhecimento da atividade assim exercida pelo contribuinte, o homologa expressamente (**CTN, art. 150**). O pagamento antecipado pelo contribuinte ocorre, por exemplo, no tocante ao ICMS, IPI, IOF, IR e contribuições sociais[29].

Por outro lado, **deve-se recusar o termo autolançamento para rotular o pagamento antecipado pelo contribuinte** pelas seguintes razões. Primeira, porque o lançamento corresponde a uma atividade privativa da autoridade administrativa (CTN, art. 142, oração inicial). Segunda, porque o pagamento antecipado pelo contribuinte não implica em lançamento e, da mesma forma, não é lançamento a atividade do agente público que a homologar.

O pagamento antecipado por si só **não tem o condão de desobrigar o contribuinte**, porque extingue o crédito tributário sob condição resolutória (**CTN, art. 150, § 1º**). Assim, a **eficácia jurídica da extinção do crédito tributário** só vai acontecer com a homologação por parte da autoridade administrativa, que para tal poderá se valer do exame dos livros e registros que o contribuinte deve manter rigorosamente em dia[30].

Como se pode observar, ocorre uma **situação curiosa** no denominado lançamento por homologação, porque, no caso, a homologação extingue o crédito tributário, enquanto

---

[27] *Op. cit.*, p. 154.

[28] "Execução Fiscal – Revisão do lançamento tributário, com modificação do valor, antes da inscrição na dívida ativa – Ausência de intimação da devedora – Nulidade do procedimento administrativo a partir do despacho que determinou o encaminhamento para inscrição do débito, por evidente afronta ao direito de defesa" (TRF, 4ª R., RT 765/398). "Revisão do lançamento. Erro no lançamento fiscal que aumenta ou diminui o montante do tributo devido. A expressão "falta funcional" (art. 149, IX, CTN) abrange as fraudes e também os equívocos da autoridade administrativa (BRASIL. Superior Tribunal de Justiça, AR em AG 85459/RJ, Rel. Min. Ari Pargendler, Segunda Turma, v.u.).

[29] A contribuição para o Finsocial e o empréstimo compulsório (combustíveis) estão também sujeitos ao lançamento por homologação (TRF-4ª R., Ag. 95.04.01891/PR, Rel. Juiz Ari Pargendler, Primeira Turma; BRASIL. Superior Tribunal de Justiça, REsp. 59357/RJ, Rel. Min. Antônio de Pádua Ribeiro, Segunda Turma,).

[30] O fisco só pode recusar o fornecimento de Certidão Negativa de Débito relativa a tributo sujeito a lançamento por homologação depois de constituído definitivamente o crédito por lançamento quando se apure que o contribuinte não cumpriu a obrigação de pagar antecipadamente (TRF-4ª R., AgMS 94.04.48551/RS, Rel. Juíza Tania Terezinha Cardoso Escobar, Terceira Turma etc. e BRASIL. Superior Tribunal de Justiça, AgR. 94.04.58138/RS, Rel. Juiz Ari Pargendler, Primeira Turma etc.).

Capítulo VIII · CRÉDITO TRIBUTÁRIO | 259

o lançamento visa a constituí-lo (CTN, art. 142). Daí entendermos que, na realidade, o denominado lançamento por homologação **nada tem de lançamento**, porque corresponde a uma atividade da autoridade administrativa que apenas homologa o pagamento antecipado feito pelo contribuinte. Neste caso, portanto, **não há lançamento**, porque inexiste procedimento administrativo visando à constatação da ocorrência do fato gerador e a sua valoração qualitativa e quantitativa, como dita o **art. 142**. O lançamento, no caso, só vai ocorrer se a autoridade não homologar a atividade desempenhada pelo contribuinte, quando o pagamento antecipado não for feito com correção, existindo crédito tributário, total ou parcial, a favor da Fazenda Pública[31].

O **parágrafo 2º do art. 150** prescreve: "Não influem sobre a obrigação tributária quaisquer atos anteriores à homologação, praticados pelo sujeito passivo ou por terceiro, visando à extinção total ou parcial do crédito". Por isso, o fisco continua com o direito de, através do processo de **lançamento de ofício**, cobrar o eventual saldo do *quantum* que o contribuinte estava obrigado a pagar, mas que fez apenas de forma parcial (CTN, art. 150, § 2º). Entretanto, os mencionados atos deverão ser levados em conta pela autoridade administrativa na apuração do saldo porventura devido, e, sendo o caso, na imposição de penalidade, ou sua graduação, os atos praticados pelo contribuinte anteriormente à homologação, *v.g.*, seu pagamento parcial. Na realidade, os parágrafos 2º e 3º do art. 150 do CTN não tratam de lançamento por homologação, mas de lançamento de ofício, porque têm como pressuposto a recusa de homologação do pagamento antecipado pelo fisco.

O **prazo** para que seja homologado o pagamento antecipado feito pelo próprio contribuinte será de cinco anos, a contar da ocorrência do fato gerador, salvo se a lei fixar outro prazo (**CTN, art. 150, § 4º**, primeira parte). Cabem os seguintes esclarecimentos a respeito desta regra. **Primeiro**, que se trata de **prazo decadencial**[32], inclusive porque se o agente público não atestar a correção do pagamento antecipado pelo contribuinte, deve proceder ao lançamento de ofício para constituir o crédito tributário e poder cobrar o saldo porventura devido[33]. **Segundo**, que a **lei ordinária não poderá fixar prazo superior a cinco anos** para que ocorra a homologação, em razão do *status* de lei complementar do CTN. **Terceiro**, que o **termo inicial do mencionado prazo** deve ser contado do momento da ocorrência do fato gerador, como consta expressamente do dispositivo sob exame. **Quarto**, que a **homologação** do pagamento antecipado pelo contribuinte pode ocorrer de **forma expressa ou ficta**, ou seja, com o decurso do prazo referido no dispositivo em tela. **Quinto**, que, **se não houver pagamento antecipado**, não há que se falar em lançamento por homologação, e, assim, o prazo decadencial para o fisco constituir o crédito tributário fluirá do primeiro dia do exercício seguinte àquele em que poderia ter feito o lançamento (CTN, art. 173, I). Mas a matéria é controvertida na doutrina e na jurisprudência.[34]

---

[31] Alberto Xavier (*apud* Ricardo Lobo Torres, *op. cit.*, p. 242) doutrina que a Administração a rigor não pode homologar ato praticado por contribuinte, pois a homologação entende sempre com o próprio ato administrativo.

[32] BRASIL. Superior Tribunal de Justiça, REsp. 11.314/RJ, Rel. Min. Garcia Vieira, Primeira Turma, v.u.

[33] Existem decisões no sentido de que no caso de lançamento por homologação não há necessidade do procedimento formal do lançamento para a cobrança de multa pelo não pagamento do tributo (ICMS) no prazo legal, atualizada monetariamente, bem como dos juros de mora que fluem desde o vencimento da obrigação (*RSTJ* 59/243; TJSP, *RT* 723/344).

[34] O STJ tem acórdão no sentido de que não há de se falar em lançamento por homologação se não ocorreu pagamento antecipado (BRASIL. Superior Tribunal de Justiça, AgRg 70.263-4/MG, Segunda Turma, Rel. Min. Antônio de Pádua Ribeiro, v.u.). O STJ também decidiu que o art. 173, I, do CTN deve ser interpretado em conjunto com seu art. 150, § 4º, e, portanto, o prazo decadencial para o fisco constituir

O **parágrafo 4º do art. 150, em sua segunda parte,** prescreve que expirado o prazo legal "sem que a Fazenda Pública tenha se pronunciado, considera-se homologado o lançamento e definitivamente extinto o crédito, salvo se comprovada a ocorrência de dolo, fraude ou simulação". Trata-se, no caso, de **homologação ficta,** pelo mero decurso do prazo legal acompanhado da inércia da Administração, e esta homologação refere-se ao pagamento antecipado pelo contribuinte, e não ao lançamento, como explicamos anteriormente. Por outro lado, a ressalva constante da parte final do dispositivo, ao se referir às **hipóteses de dolo, fraude, ou simulação,** deve ser bem entendida. Não pode ser interpretada no sentido de que nas referidas hipóteses a Fazenda Pública tem prazo indefinido para homologar o pagamento antecipado porque tal interpretação atentaria contra a segurança das relações jurídicas, que deve ter um momento de estabilidade. Não concordamos, também, com outra interpretação, pela qual, nas mesmas hipóteses, o prazo seria de 10 anos por aplicação do art. 205 do CCB de 2002, porque só se deve buscar a solução no referido diploma legal, inexistindo regra estabelecida no CTN, o que não ocorre. Isto porque o **art. 173 do CTN corresponde à regra geral sobre o instituto da decadência,** e no silêncio de disposição legal específica o referido artigo deve ser aplicado. Assim, ocorrendo dolo, simulação ou fraude por parte do contribuinte, a Administração terá o prazo de cinco anos para desempenhar a atividade homologatória do pagamento antecipado pelo contribuinte, **contando-se, no entanto, tal prazo nos termos do inciso I do art. 173**, ou seja, do primeiro dia do exercício seguinte àquele em que o lançamento poderia ter sido efetuado, que só poderá ocorrer quando o fisco tomar ciência do fato gerador[35]. Como se pode

---

o crédito tributário deve ser contado do exercício seguinte àquele em que se extinguiu o direito potestativo do Estado rever e homologar o lançamento (*RSTJ* 83/63, REsp. 101.407/SP, Primeira Turma, Rel. Min. Humberto Gomes de Barros, v.u.). No caso de não haver pagamento antecipado, Ricardo Lobo Torres entende que não se inicia o prazo decadencial (*Op. cit.*, p. 242 e *RDPGRJ* 37/ 378). O lançamento expresso é manifestamente incompatível com a homologação, que é a declaração de extinção do débito, em face do pagamento antecipado. *In casu*, apurando-se a exigência do débito tributário mediante o lançamento de ofício, a decadência se rege pelo disposto no art. 173, I, do CTN (*RSTJ*, 114/80). Arts. 173, I, e 150, § 4º, do CTN. Estabelece o art. 173, I, do CTN, que o direito de a Fazenda constituir o crédito tributário extingue-se após 5 (cinco) anos, contados do primeiro dia do exercício seguinte àquele em que o lançamento por homologação poderia ter sido efetuado. Se não houve pagamento, inexiste homologação tácita. Com o encerramento do prazo para homologação (cinco anos), inicia-se o prazo para a constituição do crédito tributário. Conclui-se que, quando se tratar de tributos a serem constituídos por lançamento por homologação, inexistindo pagamento, tem o fisco o prazo de 10 anos, após a ocorrência do fato gerador, para constituir o crédito tributário (BRASIL. Superior Tribunal de Justiça, EDiv. no REsp. 132.329/SP, Rel. Min. Garcia Vieira, 1ª Seção, v.u.). Didática sobre a matéria é a seguinte decisão do STJ: "O Superior Tribunal de Justiça tem entendimento firmado que o prazo decadencial para a constituição do crédito tributário não tem início com a ocorrência do fato gerador, mas, sim, depois de cinco anos contados do exercício seguinte àquele em que foi extinto o direito potestativo da Administração de rever e homologar o lançamento. Não configurada a decadência no caso em exame – cobrança de diferença de ICMS em lançamento por homologação, porquanto o fato gerador ocorreu em junho de 1990, e a inscrição da dívida foi realizada em 15 de agosto de 1995, portanto, antes do prazo decadencial, que só se verificará em 1º de janeiro de 2001 (6/90 – fato gerador + 5 anos = 6/95 – extinção do direito potestativo da Administração/ 1º.01.96 – primeiro dia do exercício seguinte à extinção do direito potestativo da Administração/ + 5 anos = prazo de decadência da dívida/ 15.08.95 – data em que ocorreu a inscrição da dívida/ 1º.01.2001 – limite do prazo decadencial)" (BRASIL. Superior Tribunal de Justiça, REsp. 198.631/SP, Rel. Min. Franciulli Netto, Segunda Turma, v.u.; *Idem*, Embargos de Divergência em REsp. 199560-SP; Rel. Min. Milton Luiz Pereira, STJ). Sobre o assunto, recomendamos a leitura da magnífica obra: AMARO, Luciano. *Direito tributário brasileiro*. São Paulo: Saraiva, 1997, p. 382-386, n. 6.4.1.

[35] Luciano Amaro adota o mesmo entendimento, ao averbar: "A segunda questão diz respeito à ressalva dos casos de dolo, fraude ou simulação, presentes os quais não há a homologação tácita de que trata o dispositivo, surgindo a questão de saber qual seria o prazo dentro do qual o Fisco poderia (demonstrando que houve dolo, fraude ou simulação) recusar a homologação e efetuar o lançamento de ofício. Em

Capítulo VIII · CRÉDITO TRIBUTÁRIO | **261**

observar, se inexistir dolo, simulação ou fraude, o termo inicial do prazo decadencial para a homologação do pagamento antecipado é o estabelecido no próprio parágrafo 4º do art. 150, ou seja, a data da ocorrência do fato gerador[36].

O STJ sumulou entendimento segundo o qual também se considera constituído o crédito com a entrega de declaração pelo contribuinte reconhecendo o débito fiscal, não sendo necessária nenhuma outra conduta do Fisco.[37]

A entrega pelo contribuinte da Declaração de Débitos e Créditos Tributários Federais (DCTF), ou de Guia de Recolhimento do FGTS e Informações à Previdência Social (GFIP) implica em **confissão de dívida** pelo contribuinte, devendo o fisco promover a inscrição do crédito tributário para transformá-lo em dívida ativa tributária e promover a execução fiscal, independentemente da necessidade de qualquer procedimento administrativo.

III. SUSPENSÃO DA EXIGIBILIDADE DO CRÉDITO TRIBUTÁRIO

1. Noção geral

O Código Tributário Nacional disciplina a suspensão da exigibilidade do crédito tributário nos **arts. 151 a 155-A.** Como exposto anteriormente, ocorrendo o fato gerador, a obrigação tributária concretiza-se e a autoridade administrativa, sob pena de responsabilidade funcional, deve desempenhar a atividade correspondente ao lançamento para constituir o crédito tributário.

Entretanto, a exigibilidade do crédito tributário fica suspensa, em caráter excepcional, nos casos previstos no art. 151 do CTN: a) moratória; b) depósito do montante integral do tributo; c) reclamações e recursos, nos termos das leis reguladoras do processo tributário administrativo; d) concessão de medida liminar em mandado de segurança; e) concessão de medida liminar ou de tutela antecipada, em outras espécies de ação judicial; f) o parcelamento[38]. Esta regra decorre do art. 141, quando prescreve que, entre outras, as hipóteses de suspensão da exigibilidade do crédito tributário são as estabelecidas pelo CTN ou por lei complementar. Na realidade, a suspensão da exigibilidade do art. 151 refere-se ao crédito tributário constituído provisoriamente, tanto que poderá ser impugnado pelo contribuinte e ser revisto pela autoridade administrativa[39]. Por isso, as causas arroladas no art. 151 não impedem o lançamento, mas apenas a constituição definitiva do crédito tributário. Ricardo

---

estudo anterior concluímos que a solução é aplicar a regra do art. 173, I. Essa solução não é boa, mas continuamos não vendo outra, de *lege lata*. A possibilidade de o lançamento poder ser feito a qualquer tempo é repelida pela interpretação sistemática do Código Tributário Nacional (arts. 156, V, 173, 174 e 195, parágrafo único). Tomar de empréstimo prazo do direito privado também não é solução feliz, pois a aplicação supletiva de outra regra deve, em primeiro lugar, ser buscada dentro do próprio subsistema normativo, vale dizer, dentro do Código. Aplicar o prazo geral (5 anos, do art. 173) contado após a descoberta da prática dolosa, fraudulenta ou simulada igualmente não satisfaz, por protrair indefinidamente o início do lapso temporal. Assim, resta aplicar o prazo de cinco anos, contados do primeiro dia do exercício seguinte àquele em que o lançamento poderia ter sido feito. Melhor seria não se ter criado a ressalva" (*Op. cit.*, p. 385).

36   Cf. Paulo de Barros Carvalho, *op. cit.*, p. 287.

37   **STJ Súmula 436** "A entrega de declaração pelo contribuinte reconhecendo débito fiscal constitui o **crédito tributário,** dispensada qualquer outra providência por parte do fisco."

38   As alíneas "e" e "f" foram acrescidas como incisos V e VI ao art. 151 do CTN pela LC nº 104, de 10.01.2002.

39   Cf. Hugo de Brito Machado, *op. cit.*, p. 123.

Lobo Torres professa que o lançamento poderá ser efetuado "tendo em vista que a suspensão apenas vai operar após a data em que o crédito se tornar exigível[40].

A suspensão da exigibilidade do crédito tributário **só afeta a obrigação tributária principal**, pelo que o contribuinte não fica dispensado do cumprimento das obrigações acessórias dela dependentes, ou dela consequentes (CTN, art. 151, parágrafo único), porque a obrigação acessória é autônoma em relação à obrigação principal. Além do mais, as obrigações tributárias acessórias consistem em deveres instrumentais do sujeito passivo e são estabelecidas pela legislação tributária no interesse da administração pública, tanto que, mesmo nos casos de imunidade e de isenção, o contribuinte não fica dispensado do seu cumprimento (CTN, art. 9º, § 1º, parte final, e art. 175, parágrafo único).

Enquanto perdurar a causa de suspensão da exigibilidade do crédito tributário, fica, igualmente, **suspenso o prazo prescricional do direito de ação da Fazenda Pública** para cobrar seu crédito[41], salvo na hipótese constante da segunda parte do parágrafo único do art. 155, em que o prazo prescricional continuará a fluir, salvo se houver má-fé do beneficiado.

1.1. *Moratória (art. 151, I, CTN)*

A moratória consiste na concessão de novo prazo para o cumprimento da obrigação tributária principal por **razão de ordem pública** (*v.g.*, calamidade pública, seca, enchente etc.)[42]. A moratória é medida que só deve ser tomada em casos excepcionais, porque consiste em exceção à regra de que, ocorrendo o fato gerador, o contribuinte é obrigado a satisfazer a prestação tributária, sob pena de incidir nas sanções legais. Assim, a moratória só deve ser concedida em casos extremos e quando ditada por razões bastante poderosas que justifiquem a dilação do prazo de pagamento do tributo[43].

A mera **concessão de parcelamento** do pagamento de tributo ao contribuinte por si só não implica em moratória porque nesta o tributo não se considera vencido, tanto que não implica em encargos, enquanto o parcelamento pressupõe a mora e comporta encargos[44]. Este entendimento foi confirmado pela LC nº 104/2003, que acrescentou o inciso VI ao art. 151 do CTN referindo-se ao parcelamento de débito e regulando-o no art. 155-A em separado da moratória.

---

[40] *Op. cit.*, p. 243. Luciano Amaro averba sobre a matéria: "O que se suspende, portanto, é o *dever de cumprir a obrigação tributária*, ou porque o prazo para pagamento foi prorrogado ou porque um litígio se esteja instaurando sobre a legitimidade da obrigação, e esse litígio seja acompanhado de alguma medida que impede a prática de atos do sujeito ativo no sentido de exigir o cumprimento da obrigação" (*Op. cit.*, 9. ed. p. 366).

[41] *RTJ* 90/272.

[42] Aliomar Baleeiro assim explica a moratória: "a moratória é medida de ordem pública em caso de calamidade física, como seca, enchente, terremoto, etc., numa cidade ou região, ou de comoção política, que perturba violentamente a economia, causando pânico financeiro ou impossibilidade material de satisfação das dívidas. A moratória representa mal, menor, evitando que se alastre catastroficamente a crise ainda limitada a certas categorias profissionais ou a certas regiões" (*Op. cit.*, p. 483-484).

[43] Bernardo Ribeiro de Moraes, *op. cit.*, II, p. 410, revela que a moratória não se confunde com a mora, pois é, na realidade, o seu oposto. Assim, a "pessoa que deixa esgotar o prazo de adimplemento da obrigação, incorre em *mora*: a *moratória* implica justamente em contrário, isto é, na dilatação do referido prazo, na morte da mora (não admite que o devedor incorra em mora)."

[44] No mesmo sentido, Hugo de Brito Machado, *op. cit.*, p. 124. Em sentido contrário, Ricardo Lobo Torres (*op. cit.*, p. 244), entendendo que forma "de moratória muito utilizada hoje em dia é a do *parcelamento do crédito tributário*". O TRF da 4ª R. decidiu no mesmo sentido, acrescendo que a moratória não sendo causa de pagamento, não é causa extintiva da punibilidade (*CTN Interpretado – TRF 1ª R.*, p. 127).

A moratória pode ser concedida em caráter geral ou em caráter individual, mas em ambos os casos **só pode resultar de lei**, conforme dispõem o parágrafo único do art. 152 e o art. 153 do CTN, que decorrem do inciso VI do art. 97.

A moratória concedida em **caráter geral** diz respeito a uma determinada região do país ou determinada categoria de sujeitos passivos. Assim, tem um alcance amplo, que abrange todos aqueles que exercem atividades em determinada região ou que pertencem a determinada categoria, beneficiando, indiscriminadamente, todos os que se encontrarem nas mesmas situações, e produz efeitos de imediato, independendo de provocação pelo interessado[45] (CTN, art. 152, parágrafo único).

A **competência** para a concessão da moratória em caráter geral é da pessoa jurídica de direito público interno competente para instituir o tributo. Assim, a União tem competência para conceder moratória quanto aos tributos federais, os Estados e o Distrito Federal no que toca aos tributos estaduais e os Municípios em relação aos tributos municipais (moratória autônoma). Entretanto, a União poderá conceder moratória de tributos de competência dos Estados, do Distrito Federal e dos Municípios quando disser respeito simultaneamente aos tributos de competência federal e às obrigações de direito privado (CTN, art. 152, I, b), tratando-se de *moratória heterônoma*, porque concedida por ente político (União) que não tem competência tributária quanto aos tributos objeto do favor legal. Não vislumbramos inconstitucionalidade na norma que se refere à moratória heterônoma, por não se tratar de intervenção federal indevida, eis que, além de ser bastante ampla, abrangendo inclusive as obrigações de direito privado, só pode ter como causa razões excepcionais de ordem pública, tais como calamidade pública, seca, enchente etc. Por outro lado, não se pode afirmar que a moratória heterônoma não foi recepcionada pela Constituição de 1988, pelo simples fato de ter vedado a isenção heterônoma (art.151, III), uma vez que as causas excepcionalíssimas que justificam a moratória são bem distintas das que motivam a isenção, que pode decorrer inclusive de razões políticas[46].

A moratória é concedida em **caráter individual** quando a lei leva em conta as condições pessoais e peculiares do sujeito passivo. Neste caso, a moratória não produz efeitos de forma automática, porque depende da provocação do interessado e deve ser efetivada por despacho da autoridade administrativa em cada caso concreto, com base na lei (CTN, art. 152, II)[47].

---

[45]   Cf. Hugo de Brito Machado, *op. cit.*, p. 124.

[46]   Entretanto, Leandro Paulsen, em nota ao art. 152, I, "b", do CTN, entende que a constitucionalidade desse dispositivo é, no mínimo, duvidosa, tendo em vista a autonomia dos entes políticos. Por outro lado, entende também que não se pode interpretar o art. 151, III, da CF, ao não vedar expressamente a moratória heterônoma, que se tenha uma autorização (PAULSEN, Leandro. *Direito tributário*: constituição, código tributário e lei de execução fiscal à luz da doutrina e da jurisprudência. 4. ed. Porto Alegre: Livraria do Advogado, 2002, p. 738).

[47]   "Definindo-se o parcelamento tributário como dilação de prazo para pagamento de tributo em prestações, insere-se no âmbito da moratória individual, determinando a suspensão da exigibilidade do crédito e do curso da execução fiscal, não sua extinção (TRF-1ª R., *RT* 774/410). "Considera-se como moratória individual a opção pelo Programa de Recuperação Fiscal – Refis, razão pela qual se reconhece nesta uma hipótese de suspensão de exigibilidade do crédito tributário a ensejar, quando se está em dia com o pagamento das prestações, direito à certidão positiva com efeito de certidão negativa. Uma vez parcelado o débito sem qualquer exigência, não pode a impetrada *a posteriori* limitar o direito à expedição de certidões com tal fundamento, tendo em vista que o simples parcelamento já é suficiente para suspender a exigibilidade do crédito tributário. Existindo débitos tributários, ainda que suspensos, impossibilita-se a expedição de certidão negativa de débito, aplicando-se o art. 206, c/c o art. 151 do CTN, que permite a certidão positiva de débito fiscal, com efeitos idênticos aos da negativa" (TRF-4ª R., *RT* 797/429). "A suspensão da exigibilidade do crédito tributário pela moratória não extingue a dívida do contribuinte

O art. 155 do CTN prescreve que a concessão da moratória em caráter individual não gera direito adquirido e será "revogada" de ofício, sempre que se apure que o beneficiado não satisfazia ou deixou de satisfazer as condições para a concessão do favor. O legislador referiu-se equivocadamente a "revogação" da concessão da moratória, porque o referido termo, em direito administrativo, prende-se à invalidação do ato administrativo por critérios de conveniência e oportunidade, enquanto o desfazimento da moratória é ato vinculado, e, assim, trata-se de **anulação do ato concessivo da moratória.**[48]

Anulado o ato concessivo da moratória, o crédito tributário deve ser cobrado, acrescido de juros de mora, com ou sem penalidades, dependendo do comportamento do contribuinte.

No primeiro caso (**art.155, 1ª parte**), a anulação do ato que concedeu a moratória decorre de **erro de fato** porque o beneficiado não preenchia as condições para gozar do favor. No segundo caso (**art. 155, 2ª parte**), o beneficiado satisfazia as condições, mas, após a concessão da moratória, deixou de satisfazê-las, ou deixou de cumprir os requisitos para a concessão do favor, por exemplo, descumprindo o parcelamento do débito fiscal, quando concedido sem incidência de juros e penalidades, porque a cobrança de tais encargos descaracteriza o instituto da moratória. Nos casos em que ocorre a anulação do ato concessivo da moratória, o **crédito tributário deve ser cobrado** porque a atividade tributária tem natureza vinculada (**CTN, art. 3º**, *in fine*), acrescido de juros de mora, com ou sem penalidades. A incidência de **penalidades** depende do comportamento do beneficiado porque só será cabível nos casos de dolo ou simulação do beneficiado ou de terceiro, em favor daquele. Não obstante a omissão do dispositivo quanto à fraude cometida pelo sujeito passivo ou terceiro, é induvidoso que determinará também a cobrança do tributo, acrescido de juros de mora e de penalidades. Não ocorrendo os pressupostos legais (dolo, simulação ou fraude) porque o contribuinte agiu com boa-fé, não cabe a aplicação de penalidades (**CTN, art. 155, I e II**).

O **art. 174 do CTN** estabelece que a ação para a cobrança do crédito tributário prescreve em cinco anos, contados da sua constituição definitiva. Daí o **parágrafo único do art. 155** dispor que: a) no caso de ter o beneficiado, ou o terceiro, agido com **dolo ou simulação**, não se deve computar, para efeito de prescrição, o tempo decorrido entre a concessão da moratória e o de sua anulação, suspendendo-se, portanto, o prazo prescricional em razão da existência de má-fé; b) no caso de **não ter havido má-fé** do beneficiado ou de terceiro, contar-se-á o prazo prescricional entre os momentos da concessão e da anulação, e, assim, a anulação da moratória só poderá ocorrer se não prescrito o direito de ação da Fazenda Pública.

O **art. 153** determina os **requisitos** que devem ser especificados pela lei que conceda moratória em caráter geral ou autorize sua concessão em caráter individual, a saber: **a)** o prazo de duração do favor; **b)** as condições da concessão do favor em caráter individual; **c)** sendo caso, os tributos a que se aplica, o número de prestações e seus vencimentos, não devendo ser ultrapassado o prazo de sua duração, podendo as respectivas fixações ficarem a cargo da autoridade administrativa para cada caso de concessão em caráter individual; **d)** as garantias que devem ser fornecidas em caso de concessão em caráter individual.

---

que, por isso, não pode obter a CND mas, sim, a certidão prevista no art. 206 do CTN" (BRASIL. Superior Tribunal de Justiça, REsp. 88.786/SP, Rel. Min. Peçanha Martins, Segunda Turma, v.u.).

[48] Cf. Paulo de Barros Carvalho, *op. cit.*, p. 293, e Hugo de Brito Machado, *op. cit.*, p. 125. Esclarecedora e didática sobre a matéria é a Súmula 473 do STF: "A Administração pode anular seus próprios atos, quando eivados de vícios que os tornam ilegais, porque deles não se originam direitos; ou revogá-los, por motivo de conveniência ou oportunidade, respeitados os direitos adquiridos, e ressalvada, em todos os casos, a apreciação judicial".

A moratória, salvo disposição de lei em contrário, só abrange os **créditos definitivamente constituídos** à data da lei ou do despacho que a conceder, ou cujo lançamento já tenha sido iniciado àquela data por ato regularmente notificado ao sujeito passivo (CTN, art. 154). O crédito tributário considera-se definitivamente constituído quando o lançamento foi regularmente notificado ao sujeito passivo, tendo decorrido o prazo legal sem pagamento ou impugnação. Todavia, o referido dispositivo legal permite que a moratória possa também ser concedida, **mesmo que o crédito tributário não esteja definitivamente constituído**, desde que tenha sido iniciado por ato regularmente notificado ao sujeito passivo. Assim, o favor pode ser concedido depois da notificação ao sujeito passivo e enquanto transcorrer o prazo legal para pagamento do tributo ou impugnação do lançamento. O art. 154, permitindo a concessão de moratória sem que o crédito tributário esteja definitivamente constituído, traduz uma **impropriedade**, porque o art. 151 arrola a moratória como causa de suspensão da exigibilidade do crédito tributário, e o **crédito só pode ser exigível depois de definitivamente constituído**.

A lei que concede a moratória deve ser **interpretada de forma restritiva (CTN, art. 111, I)**, uma vez que constitui exceção à regra geral de que ocorrido o fato gerador, a autoridade administrativa não pode deixar de cobrá-lo.

1.2. Depósito do montante integral do tributo

O segundo caso de suspensão da exigibilidade do crédito tributário (CTN, art. 151, II) **corresponde ao depósito do montante integral do tributo** efetuado pelo sujeito passivo da obrigação tributária principal. Deve-se esclarecer que **este depósito não é obrigatório**, mas consiste em direito subjetivo do contribuinte para evitar a cobrança do tributo, mediante execução fiscal, fazer estancar a correção monetária e a incidência de juros de mora (LEF, art. 9º, § 4º), e não pode ser negado pelo juiz. O depósito, repita-se, traduz **faculdade do contribuinte**, não obstante o **art. 38 da Lei nº 6.830/1980** dar a entender que seria obrigatório como pressuposto da ação anulatória de débito fiscal. A mencionada **norma é inconstitucional** por ferir o art. 5º, XXXV, da CF de 1988, por ser óbice indireto de acesso ao Poder Judiciário[49]. Efetivado o depósito, suspendendo a exigibilidade do crédito tributário, fica, igualmente, suspenso o prazo prescricional da ação de execução fiscal. Correspondendo o depósito a mera faculdade, não prevalece no caso o princípio do *solve et repete*.

O depósito deve ser feito **em dinheiro** e compreender o **montante cobrado pelo fisco** e não o valor que o sujeito passivo entenda dever, porque depósito não é pagamento. O sujeito passivo pode proceder ao depósito nas vias administrativa e judicial. **Luciano Amaro** esclarece que o "depósito não se confunde com a consignação em pagamento... Quem consigna quer pagar. Já o depositante não quer pagar, quer discutir o débito. Não obstante, na pendência da ação de consignação, parece-nos que a exigibilidade da obrigação fica suspensa; o tributo, na ação de consignação, torna-se cobrável se a ação for julgada improcedente (art. 164, § 2º), e não antes[50]".

Na **instância judicial**, o depósito pode ser feito em ação cautelar inominada, seguida da ação anulatória de débito fiscal, ou, incidentalmente, no curso da ação, ou até mesmo nos seus autos[51]. A efetivação do depósito impede o ajuizamento da execução fiscal porque fica suspensa a exigibilidade do crédito tributário. Em caso contrário, a mera propositura da ação anulatória de débito fiscal **não inibe a Fazenda Pública de promover-lhe a cobrança**, "nem

---

[49] "Não constitui pressuposto da ação anulatória do débito fiscal o depósito de que cuida o art. 38 da Lei nº 6.830, de 1980" (Súmula 247 do extinto TFR). No mesmo sentido, *RSTJ* 121/211.

[50] *Op. cit.*, 9. ed. p. 370.

[51] BRASIL. Superior Tribunal de Justiça, ED no REsp. 40.868, Rel. Min. Hélio Mosimann, 1ª Seção.

constituiu causa suspensiva ou interruptiva da prescrição, porquanto não se encontra entre as hipóteses previstas nos arts. 151 ou 174 do CTN"[52]. Admite-se também o depósito em **mandado de segurança**[53]. Cabe também o depósito judicial, ainda que a **ação principal seja meramente declaratória** da inexistência de relação jurídica tributária entre o sujeito passivo e a Fazenda Pública, inclusive nos tributos sujeitos a lançamento por homologação, a fim de que o contribuinte possa resguardar-se dos riscos de sua inadimplência.[54]

Descabe a suspensão da exigibilidade do crédito tributário via **fiança bancária ou em títulos da dívida agrária,** porque o inciso II do art. 151 do CTN refere-se a depósito integral em dinheiro (**Súmula 112 do STJ**). O art. 9º, § 4º, da LEF reza que somente o depósito em dinheiro, na forma do art. 32, faz cessar a responsabilidade pela atualização monetária e juros de mora[55]. Controvérsia reside na jurisprudência se a fiança bancária teria o efeito se suspender a exigibilidade do crédito tributário, encontrando-se pendente de análise os Recursos Especiais nº 2.007.865, nº 2.037.317, nº 2.037.787 e nº 2.050.751 afetados para o julgamento repetitivo que terá sua tese fixada no Tema Repetitivo nº 1.203.

O **Ministro Luiz Fux,** ao relatar processo no **STJ**, depois de aclarar que é **taxativo** o rol do art. 151 do CTN, aduz corretamente que: "sendo certo que a prestação de caução, mediante o oferecimento de fiança bancária, ainda que no montante integral do valor devido, não ostenta o efeito de suspender a exigibilidade do crédito tributário, mas apenas de garantir o débito exequendo, em equiparação ou antecipação à penhora, com o escopo precípuo de viabilizar a expedição de Certidão Positiva com Efeitos de Negativa e a oposição de embargos" (BRASIL. Superior Tribunal de Justiça, REsp 1156668/DF, 1ª Seção, j. 24.11.2010).

O depósito judicial só se converte em renda do ente político tributante com o trânsito em julgado da decisão desfavorável ao sujeito passivo autor da ação[56]. A Lei nº 9.703, de 17.11.1998, resultante da conversão da MP nº 1.721/1998, veio a permitir que os depósitos

---

[52] BRASIL. Superior Tribunal de Justiça, REsp. 72.689/SP, Rel. Min. Demócrito Reinaldo, Primeira Turma, v.u.

[53] Ricardo Lobo Torres (*op. cit.*, p. 245) esclarece que o depósito pode ser efetuado ainda que haja liminar em mandado de segurança, para evitar que a caducidade da mesma implique na fluência de juros de mora e correção monetária. Entretanto, a concessão de medida liminar em mandado de segurança independe do depósito do tributo controvertido, e se o juiz faz tal exigência, está, na verdade, indeferindo a medida liminar (BRASIL. Superior Tribunal de Justiça, Segunda Turma, ED em REsp. 107.450/MG, Rel. Min. Ari Pargendler, v.u.).

[54] BRASIL. Superior Tribunal de Justiça, REsp. 44666-0/SP, Rel. Min. Antônio de Pádua Ribeiro, Segunda Turma, v.u. "Suspensão da exigibilidade. CTN, art. 151, II. Lançamento por homologação – enquanto não impugnado pelo Fisco o valor atribuído pelo contribuinte, não pode ser exigido o depósito de juros e multa moratória" (BRASIL. Superior Tribunal de Justiça, REsp. 64.974-9/SP, Rel. Min. Demócrito Reinaldo, Primeira Turma, v.u. "Art. 151, II, CTN. O depósito do tributo controvertido pode ser realizado a qualquer tempo, antes da decisão final, porque é do interesse de ambas as partes" (BRASIL. Superior Tribunal de Justiça, REsp. 39.507/RS, Rel. Min. Peçanha Martins, Segunda Turma, p.m., "Nos depósitos judiciais, não incide o Imposto sobre Operações Financeiras" (BRASIL. Superior Tribunal de Justiça, Súmula 185).

[55] Descabe depósito em *título da dívida agrária* (BRASIL. Superior Tribunal de Justiça, REsp. 82.014/SP, Primeira Turma, Rel. Min. Humberto Gomes de Barros, v.u.) *Fiança bancária* não é meio idôneo para suspender a exigibilidade do crédito tributário (BRASIL. Superior Tribunal de Justiça, REsp. 58224/SP, Rel. Min. Américo Luz, Segunda Turma). A medida liminar, em cautelar, não é via adequada visando suspender a exigibilidade do crédito tributário, já que é indispensável o depósito judicial integral e em dinheiro (BRASIL. Superior Tribunal de Justiça, REsp. 117.152/RS, Rel. Min. Francisco Peçanha Martins, Segunda Turma, v.u.).

[56] BRASIL. Superior Tribunal de Justiça, Resp. 87.553/SP, Rel. Min. José de Jesus Filho, Primeira Turma, v. u.

judiciais e extrajudiciais, em dinheiro, de valores referentes a tributos e contribuições federais, inclusive seus acessórios, administrados pela Secretaria da Receita Federal do Ministério da Fazenda sejam efetuados na Caixa Econômica Federal e devem ser repassados para a Conta Única do Tesouro Nacional, independentemente de qualquer formalidade. Por outro lado, mediante ordem de autoridade judicial ou, no caso de depósito extrajudicial, da autoridade administrativa competente, o valor do depósito, após o encerramento da lide, será devolvido ao depositante, no prazo máximo de vinte e quatro horas, nos termos dos parágrafos constantes do art. 1º da mencionada lei.[57]

O **STJ** decidiu, corretamente, que o "depósito inibitório de ação fiscal (CTN, art. 151) deve ser devolvido ao contribuinte em caso deste ser vitorioso na ação a ele relativa. Não é lícito ao fisco apropriar-se de tal depósito a pretexto de que existem outras dívidas do contribuinte oriundas de outros tributos"[58].

1.3. Reclamações e recursos

A exigibilidade do crédito tributário fica também suspensa mediante a interposição de **reclamações e de recursos,** nos termos das leis reguladoras do processo tributário administrativo **(CTN, art. 151, III)**. O processo administrativo fiscal na área federal é regrado pelo Decreto nº 70.235, de 06.03.1972, modificado pelos seguintes diplomas legais: Lei nº 11.119/2005, Decreto nº 6.103/2007, Decreto nº 7.574/2011, Lei nº 12.715/2012 e Lei nº 13.140/2015[59]. O inconformismo do sujeito passivo, manifestado em via administrativa, contra exigência de cumprimento de obrigação tributária principal, tem fulcro no art. 5º, XXXIV, "a", da CF.

Como explicado anteriormente, constituído o crédito tributário pelo lançamento, deve a autoridade administrativa notificar o sujeito passivo da obrigação tributária principal, permitindo-lhe que, no prazo legal, pague o valor do tributo ou impugne o lançamento, dando início, neste caso, ao contencioso administrativo. Esta impugnação é também denominada de **reclamação** e de **defesa**, no caso de lavratura de auto de infração. No caso de decisão

---

[57] Hugo de Brito Machado considera que a Lei nº 9.703/1998, ao determinar que a Caixa Econômica repasse os valores respectivos para a Conta Única do Tesouro Nacional, independentemente de qualquer formalidade, "consumou verdadeira expropriação, num atentado claro e ostensivo ao direito de propriedade, que a Constituição expressamente assegura (CF/1988, art. 5º, inc. XXII)" (*Op. cit.*, 20. ed. p. 161). Todavia, o STF indeferiu medida liminar em ação direta ajuizada pelo Conselho Federal da OAB contra a Lei nº 9.703/1998, por entender ausência de plausibilidade jurídica da argUição de inconstitucionalidade com base no princípio da separação dos poderes (CF, art. 2º), alegando-se invasão do Poder Judiciário pelo Poder Executivo, transformando os depósitos judiciais em verdadeiros empréstimos (*Informativo do STF nº 230*, jun/2001).

[58] BRASIL. Superior Tribunal de Justiça, AReg. na Medida Cautelar nº 3.088/SP, Rel. Min. Humberto Gomes de Barros, Primeira Turma, v.u.

[59] Os arts. 48 e 49 do Decreto 70.235/1972 rezam que a consulta fiscal feita no prazo legal impede a instauração de qualquer procedimento fiscal contra o contribuinte em relação à espécie consultada, mas não suspende o prazo para recolhimento de tributo retido na fonte ou autolançado antes ou depois de sua apresentação, nem o prazo para apresentação da declaração de rendimentos. "Tributo. Lançamento tributário e lavração de auto de infração quando a ocorrência do fato gerador está sendo discutida em processo administrativo. Inadmissibilidade. Suspensão da exigibilidade do crédito, nos termos do art. 151, III, do CTN" (TRF-3ª R., *RT* 770/411). "...Perempção. O tempo que decorre entre a notificação do lançamento fiscal e a decisão final da impugnação ou do recurso administrativo corre contra o contribuinte, que, mantida a exigência fazendária, responderá pelo débito originário acrescido dos juros e da correção monetária; a demora na tramitação do processo administrativo fiscal não implica a perempção do direito de constituir definitivamente o CT, instituto não previsto no CTN" (BRASIL. Superior Tribunal de Justiça, REsp. 53.467, Rel. Min. Ari Pargendler, Segunda Turma, v.u., *RSTJ* 90/135).

de primeira instância contrária ao sujeito passivo, este pode interpor recurso para o órgão colegiado de segunda instância. Assim, a exigibilidade do crédito tributário ficará suspensa enquanto não for proferida decisão definitiva na esfera administrativa. Relembramos mais uma vez que, em havendo impugnação ao lançamento, o crédito tributário somente se constituirá definitivamente se for rejeitada a tese do contribuinte em decisão definitiva e após o decurso do prazo legal, a contar de sua notificação para ciência da decisão (CTN, art. 201), bem como, que conforme entendimento sumulado pelo STJ: "A notificação do auto de infração faz cessar a contagem da decadência para a constituição do **crédito tributário**; exaurida a instância administrativa com o decurso do prazo para a impugnação ou com a notificação de seu julgamento definitivo e esgotado o prazo concedido pela Administração para o pagamento voluntário, inicia-se o prazo prescricional para a cobrança judicial" (**Súmula 622 STJ**).

1.4. *Medida liminar em mandado de segurança*

A concessão de medida liminar em mandado de segurança[60] também suspende a exigibilidade do crédito tributário (**CTN, art. 151, IV**)[61]. O mandado de segurança é o remédio judicial de que dispõe o cidadão para proteção de direito líquido e certo (CF, art. 5º, LXIX), devendo ser impetrado no prazo de 120 dias, a contar da data em que o contribuinte teve ciência do ato de cobrança do tributo. Todavia, o contribuinte pode se antecipar ao fisco e impetrar mandado de segurança tão logo entre em vigor lei, criando ou majorando tributo que entenda como ilegal. Neste caso, o mandado de segurança se justifica pelo justo receio do contribuinte de que a autoridade administrativa venha a praticar ato exigindo-lhe o tributo.

A medida liminar consiste no **despacho da autoridade judiciária** determinando "II – que se suspenda o ato que deu motivo ao pedido, quando houver fundamento relevante e do ato impugnado puder resultar a ineficácia da medida, caso seja finalmente deferida, sendo facultado exigir do impetrante caução, fiança ou depósito, com o objetivo de assegurar o ressarcimento à pessoa jurídica (Lei nº 12.016, de 07.08.2009, art. 7º, III[62]). Para processos pendentes de julgamento, justificar a prorrogação".

Como dito anteriormente, **cabe depósito em mandado de segurança**, não obstante concedida medida liminar visando a estancar a correção monetária e juros de mora no caso de

---

[60] Sobre o assunto, sugerimos a leitura da magnífica monografia: DIREITO, Carlos Alberto Menezes. *Manual do mandado de segurança*. 2. ed. Rio de Janeiro: Renovar, 1994.

[61] Cabe também liminar em ação cautelar inominada e ação declaratória para suspender a exigibilidade do crédito tributário, se a questão discutida na ação principal for exclusivamente de direito (BRASIL. Superior Tribunal de Justiça, REsp. 99.467/DF, Rel. Min. Ari Pargendler, Segunda Turma, v.u.). Em sentido contrário, existem decisões judiciais no sentido de que a suspensão só ocorrerá se feito o depósito (TRF-1ª R., 3ª T., Ag. 92.01.23037-0/DF, Juiz Daniel Paes Ribeiro, *Bol. de Jurisp.* 106/175; BRASIL. Superior Tribunal de Justiça, REsp. 79.780/PR, Rel. Min. Peçanha Martins, Segunda Turma, v.u. etc.). Há decisão do STJ no sentido de que o meio judicial típico para suspender a exigibilidade do crédito tributário é a medida liminar em mandado de segurança e que a ação cautelar ajuizada, quando há necessidade de provas, não evidencia de plano as razões suscetíveis de abalar a presunção de legitimidade do crédito tributário (Rec. em MS 5026/DF, Segunda Turma, v.u.). O crédito tributário pode ter também a sua exigibilidade suspensa através de tutela antecipada (CPC/1973, art. 273). Essa jurisprudência foi normatizada pela LC nº 104/2001, que acrescentou o inciso V ao art. 151 do CTN. A simples edição de norma tributária não constitui ameaça a empresa que não prova sequer a condição de contribuinte da exação (BRASIL. Superior Tribunal de Justiça, REsp. 107. 858/CE, Rel. Min. José Delgado, Primeira Turma, v.u.).

[62] O dispositivo teve sua constitucionalidade confirmada pelo STF no julgamento da ADI nº 4296 (BRASIL. Supremo Tribunal Federal, ADI 4296, Rel. Marco Aurélio, Rel. p/acórdão: Alexandre de Moraes, Tribunal Pleno, j. 09.06.2021, processo eletrônico, DJe-202, divulg. 08.10.2021, public. 11.10.2021).

caducar a referida medida[63]. Entretanto, se presentes os pressupostos legais para a concessão de medida liminar, o juiz não pode exigir que o sujeito passivo proceda ao depósito do valor do tributo que lhe está sendo exigido, tanto que a medida liminar está prevista no art. 151 do CTN em inciso distinto (IV) do que se refere ao depósito do montante integral do tributo (II).

1.5. Concessão de medida liminar ou de tutela de urgência, em outras espécies de ação judicial, e parcelamento

A LC nº 104, de 10.01.2001, **acrescentou os incisos V e VI ao art. 151 do CTN**, para estabelecer que a concessão de medida liminar ou de tutela antecipada, em outras espécies de ação judicial, por exemplo, ação cautelar e ação declaratória, têm, além do mandado de segurança, o condão de suspender a exigibilidade do crédito tributário (inciso V), consagrando o entendimento da doutrina a respeito da matéria. Assim, o inciso V do art. 151 do CTN passou a admitir a suspensão da exigibilidade do crédito tributário também em ação, cujo processo envolva matéria de fato. A inserção do mencionado inciso teve por finalidade assegurar um maior equilíbrio entre os direitos individuais do contribuinte e os interesses da coletividade, como consta da mensagem do projeto da LC nº 104/2001. Por outro lado, veio corroborar o entendimento da doutrina no sentido de que, tendo o CTN sido editado em 1966, quando a única medida liminar existente era em mandado de segurança, devia-se interpretar o art. 151 de forma abrangente, admitindo, com o advento do CPC de 1973, que a concessão de liminar em outras espécies de ação também tinha o condão de suspender a exigibilidade do crédito tributário. O **CPC/2015** regula no Livro V o instituto da tutela provisória, fundada em urgência ou evidência (arts. 294 a 311) e o parágrafo único do art. 204 deixa claro que a tutela de urgência é gênero, comportando duas espécies: tutela cautelar e tutela antecipada.

Tal suspensão **independe da efetivação de depósito** pelo sujeito passivo da obrigação tributária, pois, caso contrário, não faria sentido o art. 151 referir-se, em separado, no inciso II, ao depósito do montante integral do tributo.

Por outro lado, o **parcelamento do crédito tributário (inciso VI do art. 151)** será concedido na forma e condição estabelecidas em lei específica (art. 155-A, acrescentado pela LC nº 104/2001). Salvo disposição de lei em contrário, o parcelamento do crédito tributário não exclui a incidência de juros e multa (§ 1º), devendo, no entanto, os juros de mora fluírem apenas até o deferimento do parcelamento. Aplicam-se, subsidiariamente, ao parcelamento as disposições do CTN, relativas à moratória (§ 2º). Todavia, o parcelamento não é forma de moratória porque neste instituto o tributo não se considera vencido, tanto que não há incidência de encargos, enquanto no parcelamento, salvo disposição de lei em contrário, incidem juros de mora e multa.

Trazemos à colação elucidativo trecho do acórdão relatado pelo Ministro Luiz Fux, no STJ, sobre a *ratio essendi* do parcelamento fiscal (BRASIL. Superior Tribunal de Justiça, REsp 1143216/RS, Rel. Min. Luiz Fux, 1ª Seção):

> A *ratio essendi* do parcelamento fiscal consiste em: (i) proporcionar aos contribuintes inadimplentes forma menos onerosa de quitação dos débitos **tributários,** para que passem a gozar de regularidade fiscal e dos benefícios daí advindos; e (ii) viabilizar ao Fisco a ar-

---

[63] Cf. Ricardo Lobo Torres, *op. cit.*, p. 233. Entretanto, sendo o depósito mera faculdade do contribuinte, a sua exigência pelo juiz em mandado de segurança se traduz em abuso e ilegalidade porque o impetrante tem sempre direito de ver apreciado seu pedido liminar, independentemente de caução (BRASIL. Superior Tribunal de Justiça, REsp. 87.928/CE, Rel. Min. Adhemar Maciel, Segunda Turma, v.u.).

recadação de créditos **tributários** de difícil ou incerto resgate, mediante renúncia parcial ao total do débito e a fixação de prestações mensais contínuas.

IV. EXTINÇÃO DO CRÉDITO TRIBUTÁRIO

1. Noção geral

As formas de extinção do crédito tributário, nos termos do **art. 156 do CTN,** são as seguintes: a) o pagamento; b) a compensação; c) a transação; d) a remissão; e) a prescrição e a decadência; f) a conversão do depósito em renda; g) o pagamento antecipado e a homologação do lançamento nos termos do disposto no art. 150 e seus §§ 1º e 4º; h) a consignação em pagamento, nos termos do disposto no § 2º do art. 164; i) a decisão administrativa irreformável, assim entendida a definitiva na órbita administrativa, que não mais possa ser objeto de ação anulatória; j) a decisão judicial passada em julgado; k) a dação em pagamento em bens imóveis, na forma e condições estabelecidas em lei, estando esta causa de extinção do crédito tributário prevista no inciso XI do art. 156, acrescentado pela LC nº 104/2001.

Como se observa, existem **outras formas de extinção de obrigações adotadas pelo Direito Privado** que não foram incluídas no art. 156 do CTN, por exemplo, a novação (CCB de 2002, arts. 360 a 367) e a confusão (CCB de 2002, arts. 381 a 384).

A **novação** consiste na extinção de uma obrigação mediante a constituição de uma obrigação nova que substitui a anterior, hipótese que se denomina novação objetiva. A novação pode implicar também na substituição do credor ou devedor (novação subjetiva). Todavia, a novação não se compadece com o direito tributário por ser presidido pelo princípio da estrita legalidade. Ademais o art. 123 do CTN prescreve que, salvo disposição de lei em contrário, as convenções particulares, relativas à responsabilidade pelo pagamento de tributos, não podem ser opostas à Fazenda Pública, para modificar a definição legal do sujeito passivo das obrigações tributárias correspondentes. De outro lado, o art. 7º do CTN veda a delegação de competência tributária de um ente político para outro, o que impede a novação subjetiva ativa.

O art. 156 do CTN também não se refere à **confusão,** que consiste na reunião, na mesma pessoa, das qualidades de credor e devedor (CCB de 2002, art. 381). Assim, a confusão ocorre quando uma mesma pessoa é ao mesmo tempo sujeito ativo e sujeito passivo da obrigação, pelo que o credor não pode agir contra si mesmo, como devedor, extinguindo-se, portanto, a obrigação. A confusão pode ocorrer eventualmente no Direito Tributário, quando, por exemplo, a União desapropria ações de uma sociedade anônima que é devedora do imposto de renda, tornando-se, assim, credora e devedora da obrigação tributária, que ficará extinta. A confusão ocorre também quando o Município desapropria bem imóvel, com débito de IPTU, ou quando o ente tributante recebe herança jacente. O STJ decidiu que, sendo contribuinte do IPTU na única condição de possuidor e tendo sido esbulhado da posse pelo próprio município tributante, não está obrigado a recolher o tributo até nela ser reintegrado por sentença judicial, à mingua do fato gerador previsto no art. 32 do CTN, confundindo-se, nesse caso, os sujeitos ativo e passivo do imposto, gerando confusão[64].

A **dação em pagamento** tem lugar quando o devedor entrega ao credor coisa que não seja dinheiro, em substituição à prestação devida, visando à extinção da obrigação, e haja concordância do credor. A dação em pagamento ocorre no direito tributário porque, o tributo,

---

[64] BRASIL. Superior Tribunal de Justiça, AgRg. 117.895/MG, Rel. Min. Ari Pargendler, Segunda Turma v.u.

em regra, deve ser pago em moeda corrente. Todavia, considerando que o **art. 3º do CTN** reza que o tributo corresponde a uma prestação pecuniária, em moeda ou cujo valor nela se possa exprimir, admite-se que o sujeito passivo da obrigação tributária possa dar bem em pagamento de tributos. Há necessidade, no entanto, de lei específica concedendo autorização, indicando o tributo que será objeto de dação, precisando o bem e fixando critério para aferição do seu valor. Cite-se, como exemplo, o **art. 12, § 4º, do Decreto-lei nº 195/1967**, que permite ao contribuinte liquidar a contribuição de melhoria mediante dação em pagamento em títulos da dívida pública, emitidos especialmente para financiamento da obra pela qual foi lançado, e, neste caso, o pagamento será feito pelo valor nominal do título, se o preço do mercado for inferior. A **LC nº 104/2001**, acrescentando ao art. 156 o inciso XI, deixou expressa que a dação em pagamento em bens imóveis, na forma e condições estabelecidas em lei, é causa de extinção do crédito tributário. Todavia, **deve-se admitir também a dação em pagamento em bens móveis,** desde que haja lei específica que a autorize, porque, como dito antes, o rol constante do art. 156 do CTN tem natureza meramente exemplificativa.[65]

Feitas estas observações, **duas constatações** resultam da leitura do art. 156 do CTN. A **primeira**, que o rol das causas de extinção do crédito tributário deve ser entendido *numerus apertus* porque, além dos casos referidos no dispositivo legal, a confusão também extingue o crédito tributário. A **segunda**, que o termo "pagamento" referido no inciso I do art. 156 corresponde a pagamento em sentido estrito, ou seja, cumprimento da prestação objeto da obrigação. As demais hipóteses elencadas no mesmo dispositivo legal consubstanciam **modalidades indiretas de extinção da obrigação**, vale dizer, pagamento em sentido lato, que significa a extinção da obrigação por outro meio que não seja o cumprimento exato da prestação que consiste no objeto da obrigação.

O **parágrafo único do art. 156** prescreve que a lei deve dispor quanto aos efeitos da extinção total ou parcial do crédito sobre a ulterior verificação da irregularidade da sua constituição, com observância do disposto nos arts. 144 e 149. O **art. 144** determina que no lançamento deve-se aplicar a lei vigente no momento da ocorrência do fato gerador, ainda que posteriormente modificada ou revogada, porque a ocorrência do fato gerador fixa o regime jurídico da tributação. Por sua vez, o **art. 149** estabelece as hipóteses em que o lançamento pode ser efetuado e revisto de ofício pela autoridade administrativa, desde que ainda não tenha ocorrido decadência na constituição do crédito tributário.

Hugo de Brito Machado doutrina que a extinção do crédito tributário nem sempre implica a extinção da obrigação tributária respectiva. "Nas hipóteses de extinção do crédito tributário em decorrência de decisão administrativa irreformável, ou de decisão judicial passada em julgado (...), não ocorrerá a extinção da obrigação tributária se a decisão extinguir o crédito tributário por vício formal em sua constituição", quando a decisão afirmar, por exemplo, "que houve cerceamento do direito de defesa do contribuinte, não ocorrerá a extinção da obrigação tributária respectiva e a Fazenda Pública poderá fazer novo lançamento, no prazo de cinco anos, que começa da data em que se tornar definitiva a decisão (CTN, art. 173, II)". Entretanto, prossegue o mesmo autor, se "a decisão, seja administrativa ou judicial, extinguir o crédito tributário por entender indevido o tributo respectivo, restará extinto tanto o crédito como a obrigação"[66].

---

[65] No mesmo sentido, entre outros, Ricardo Lobo Torres, *op. cit.*, 9. ed. p. 259, e Luciano Amaro, *op. cit.*, p. 390-391.

[66] *Op. cit.*, p. 165.

1.1. Pagamento em sentido estrito

A forma comum de extinção da obrigação tributária é o cumprimento da prestação que corresponde ao seu objeto, e, consistindo a **obrigação tributária principal** em uma obrigação de dar, o seu meio normal de extinção é o pagamento, enquanto a forma normal de extinção de **obrigação tributária acessória**, que consiste em obrigação de fazer ou não fazer, é o cumprimento ou a abstenção de ato ou fato determinado pela legislação tributária. O pagamento mereceu cuidadoso tratamento por parte do Código Tributário Nacional, que o disciplina nos **arts. 157 a 163**, referindo-se, ainda, ao pagamento indevido nos **arts. 165 a 169** e às demais modalidades de extinção nos **arts. 170 a 174**. A palavra "pagamento" é empregada pelo Código Tributário Nacional, no inciso I do art. 156, em **seu sentido restrito**, isto é, cumprimento específico da prestação tributária que é objeto da obrigação tributária principal.

1.2. Efeito da imposição de penalidades

O art. 157 do CTN reza que a imposição de penalidade não elide o pagamento integral do crédito tributário, isto é, não implica na dispensa do cumprimento da obrigação tributária principal. A regra quer significar que o pagamento de multa pelo contribuinte não implica na extinção da obrigação de pagar o tributo. Isso porque a penalidade pertinente à multa não tem função compensatória do crédito, como pode ocorrer no direito privado, onde funciona como sucedâneo das perdas e danos[67], com a vantagem de pré-avaliá-los. Assim, segundo o art. 410 do CCB de 2002, quando se estipular **cláusula penal** para o caso de total inadimplemento da obrigação, ou seja, quando a mesma tiver natureza compensatória, o credor pode optar entre pedir o cumprimento da obrigação ou da cláusula penal, pois apenas uma é devida: ou o cumprimento da obrigação ou a indenização das perdas e danos, previamente fixadas na cláusula penal estipulada.

A **multa no Direito Tributário** pode ter caráter de **mora**, como indenização, pelo não pagamento do tributo no prazo, e **caráter de penalidade,** quando a omissão do contribuinte implica em uma infração à lei fiscal[68]. Mas **jamais terá função compensatória**, pelo que o contribuinte deve pagar o tributo acrescido do valor correspondente à multa, quando não pago no prazo legal (CTN, art. 161).

Por outro lado, diversamente do que ocorre no direito privado, em que o valor da penalidade não pode ultrapassar o valor da obrigação principal (CCB de 2002, art. 412), no Direito Tributário não existe regra estabelecendo um limite para a penalidade, embora entendamos que uma multa exorbitante e impeditiva do exercício de atividades pelo contribuinte não deva ser admitida, por implicar em verdadeiro **confisco**. Nesse sentido decidiu o STF que: "quanto ao valor máximo das multas punitivas, esta Corte tem entendido que são confiscatórias aquelas que ultrapassam o percentual de 100% (cem por cento) do valor do tributo devido."[69]

---

[67] Cf. SANTOS, Carvalho. *Código civil brasileiro interpretado*. Rio de Janeiro: Freitas Bastos, 1960, v. 11, p. 358.

[68] Entretanto, a jurisprudência é no sentido de que o CTN não distingue entre multa moratória e multa punitiva (STF, S. 565).

[69] BRASIL. Supremo Tribunal Federal, ARE 1058987 AgR, Rel. Roberto Barroso, Primeira Turma, j. 01.12.2017, processo eletrônico, DJe-289, divulg., 14.12.2017, public. 15.12.2017.

1.3. Prova de pagamento

O **art. 158 do CTN** dispõe que o pagamento de um crédito não importa na presunção de pagamento: a) quando parcial, das prestações em que se decomponha; b) quando total, de outros créditos referentes ao mesmo ou a outros tributos. Assim, o tributo que deva ser pago de forma parcelada, por exemplo o IPTU, tendo o pagamento de uma ou várias prestações não importa presunção de pagamento integral do crédito. Esta regra do CTN é **distinta** do que ocorre no Direito Privado, em que, por força do art. 322 do CCB de 2002, quando o pagamento for em cotas periódicas, a quitação da última estabelece, até prova em contrário, a presunção de estarem solvidas as anteriores.

A **segunda parte do art. 158 do CTN (inciso II)** pode ser mais facilmente entendida, com o seguinte exemplo: o fato de o contribuinte provar o pagamento do imposto de renda referente ao ano-base de 2007 não gera a presunção de que o imposto relativo ao ano de 2006 também foi pago. Por outro lado, a prova pelo contribuinte do pagamento do imposto sobre serviços não implica, necessariamente, que tenha pago, por exemplo, a taxa de licença para o desempenho de sua atividade.

1.4. Lugar de pagamento

O **art. 159 do CTN** normatiza o lugar onde deve ser efetuado o pagamento do tributo, que deve ser fixado pela legislação tributária. Não o fazendo, o sujeito passivo deve proceder ao pagamento na repartição competente do seu domicílio. Isso porque a prestação tributária é de natureza *portable*, devendo o **devedor dirigir-se ao credor** para providenciar o cumprimento da obrigação, diferente do que ocorre na obrigação civil (CCB de 2002, art. 327)[70], que estabelece como regra que o pagamento deve ser efetuado no domicílio do devedor. Hodiernamente, a legislação tributária, tendo em vista a oração inicial do art. 159, estabelece o pagamento do tributo na rede bancária.

1.5. Prazo de pagamento

O prazo de pagamento, segundo o **art. 160 do CTN,** deve ser fixado pela **legislação tributária (CTN, art. 96)**, não se exigindo lei formal, tanto que a matéria não está referida no art. 97 do CTN[71]. Entretanto, quando a legislação tributária silenciar sobre o prazo, o vencimento do crédito se dará trinta dias a contar da data em que se considera o sujeito passivo notificado do lançamento.

---

[70] Existe decisão correta do STJ no sentido de que se o crédito tributário estiver sendo cobrado judicialmente, o pagamento deve ser feito perante o Juiz da causa (BRASIL. Superior Tribunal de Justiça, REsp. 14.317/RGS, Rel. Min. Ari Pargendler, Segunda Turma, v.u.).

[71] Neste sentido, a jurisprudência do STJ, como, dentre outros, REsp. 71.174/SP, Primeira Turma, Rel. Min. Demócrito Reinaldo, v.u., e STF (BRASIL. Supremo Tribunal Federal, RE 140.669-PE, Pleno, p.m., Rel. Min. Ilmar Galvão, *Informativo STF nº 134*, p. 1). "Consolidou-se o entendimento, neste Supremo Tribunal, de que não fere os princípios da legalidade, da independência dos Poderes e da vedação de delegação legislativa a fixação, pelo Executivo, de prazos de vencimento do ICMS..." (RE 154124-5/SP, Rel. Min. Octavio Gallotti, Primeira Turma, v.u.). "Ante a existência de lei expressa (Lei nº 4.502/1964 e DL nº 326/1967), fixando prazo para recolhimento do tributo, não pode esta ser modificada por disposição de hierarquia inferior e meramente complementar (Portaria nº 266/1988). Somente outra lei poderá modificá-la" (BRASIL. Superior Tribunal de Justiça, REsp. 77.126/MG, Rel. Min. Hélio Mosimann, Segunda Turma). A decisão refere-se ao IPI.

A **legislação tributária** (CTN, art. 96) pode conceder **desconto** pela antecipação do pagamento, nas condições que estabeleça (**CTN, art. 160, parágrafo único**). Tal ocorre, por exemplo, com o IPTU, e quando a autoridade administrativa lavra auto de infração contra o contribuinte, impondo-lhe penalidade, mas concedendo desconto no valor da multa, se o pagamento ocorrer dentro do prazo.

O contribuinte tem a obrigação de pagar integralmente o tributo no prazo fixado na legislação fiscal. Por isso, o **art. 161 do CTN** prescreve que, **no caso de mora**, o crédito tributário deve ser, independente de interpelação, acrescido de juros de mora, pouco importando o motivo determinante da falta, sem prejuízo da imposição das penalidades cabíveis[72] e da aplicação de quaisquer medidas de garantia previstas no Código Tributário Nacional ou em lei tributária. Os **juros de mora** têm caráter exclusivamente indenizatório, sendo esta a razão pela qual o art. 161 a eles se refere em separado das penalidades. Se a lei não dispuser de modo diverso, os juros de mora são calculados à taxa de um por cento ao mês (**CTN, art. 161**), pelo que a lei não pode ultrapassar este limite. O **art. 406 do CCB de 2002** dispõe: "Quando os juros moratórios não forem convencionados, ou o forem sem taxa estipulada, ou quando provierem de determinação da lei, serão fixados segundo a taxa que estiver em vigor para a mora do pagamento de impostos devidos à Fazenda Nacional". O dispositivo devia ter feito referência a **tributos**, por ser o gênero, e não meramente a imposto, dando a entender, equivocadamente, que são diversas as taxas de juros para as diversas espécies tributárias.

Não são devidos juros de mora quando o sujeito passivo formula consulta em tempo hábil, ou seja, dentro do prazo legal para pagamento do tributo (**CTN, art. 161, § 2º**). A norma se justifica porque o contribuinte, ao formular a consulta, demonstra a sua boa-fé ao revelar a sua dúvida no que toca à interpretação de determinado dispositivo da legislação fiscal. O Decreto nº 70.235/1972, que regula o processo administrativo fiscal, disciplina a consulta em seus arts. 46 a 48, 51, 52, e 54 a 58.

As **penalidades** que podem ser aplicadas ao contribuinte em mora correspondem à multa, à perda de direito ao parcelamento do tributo, ao não fornecimento pelo Fisco da certidão negativa de débitos fiscais etc., mas só podem ser estabelecidas por lei (CTN, art. 97, V). Entretanto, a **correção monetária** do valor do tributo é de ser entendida não como penalidade, mas como mera atualização de seu valor. Embora o art. 161 do CTN silencie sobre a atualização monetária do valor do débito tributário, ela é cabente porque não corresponde a um *plus* ao valor devido, mas visa a evitar um *minus*, que seria o empobrecimento do credor da obrigação, com o consequente enriquecimento sem causa do devedor.

O **STF** já decidiu que a disciplina da atualização dos tributos está compreendida na previsão do inciso I do art. 24 da CF de 1988, cabendo, concorrentemente, à União, Estados e Distrito Federal[73]. O mesmo STF decidiu também que não se compreende no campo reservado à lei o modo pelo qual se procederá a atualização monetária das obrigações tributárias, considerando legítimo o Decreto estadual que, ante a extinção do IPC, criou indexador

---

[72] Instituição bancária sob intervenção. Não há de se cobrar multa pelo não pagamento do tributo, quando a instituição contribuinte encontra-se sob procedimento intervencional. Aplicação subsidiária da Lei nº 7.661/1945 (BRASIL. Superior Tribunal de Justiça, REsp. 126.199/RS, Rel. Min. José Delgado, Primeira Turma, v.u.). "O preceito acrescentado no art. 52 do Código de Defesa do Consumidor se estende, apenas, às relações de natureza contratual, vale dizer, às relações atinentes ao direito privado. Não alcança as multas tributárias" (BRASIL. REsp. nº 261.367/RS, Rel. Min. Humberto Gomes de Barros, Primeira Turma, v.u.).

[73] BRASIL. Supremo Tribunal Federal, AR em RE 191.091-7/SP, Rel. Min. Marco Aurélio, Segunda Turma, v.u. No mesmo sentido, STJ, REsp. 97.725/MG, Rel. Min. Garcia Vieira, Primeira Turma, v.u.

(UFESP) para a referida atualização, que não pode ser considerada majoração de tributo[74]. "Nas execuções fiscais da Fazenda Nacional, é legítima a cobrança cumulativa de juros e multa moratória" (Súmula 209 do extinto TFR)[75].

O **§ 2º do art. 52 do CDC** prescreve que "é assegurado ao consumidor a liquidação antecipada do débito, total ou parcialmente, mediante redução proporcional dos juros e demais acréscimos". O STJ decidiu, corretamente, que tal dispositivo "se estende, apenas, às relações de natureza contratual, vale dizer, às relações atinentes ao direito privado. Não alcança as multas tributárias"[76].

1.6. *Formas de pagamento*

As formas de pagamento estão expressas no **art. 162 do CTN:** a) em moeda corrente, cheque ou vale postal; b) nos casos previstos em lei, em estampilha, em papel selado ou por processo mecânico. Entretanto, entendemos que, em razão do que dispõe o art. 3º do CTN, o tributo possa ser pago também em bens, porque diz que o tributo corresponde a uma prestação pecuniária em moeda ou cujo valor nela se possa exprimir. Este entendimento foi reforçado pela **LC nº 104/2001**, ao acrescentar o inciso XI ao art. 156 do CTN. Assim, a lei pode autorizar o pagamento de tributo mediante dação em bem, desde que especifique o tributo, o bem e o critério para se aferir o seu valor. Tal ocorre com o DL nº 195/1967, cujo art. 12, § 4º, autoriza o contribuinte de contribuição de melhoria a efetuar o seu pagamento com títulos da dívida pública, emitidos especialmente para financiamento da obra pela qual foi lançado, e nesse caso o pagamento será feito pelo valor nominal do título, se o preço do mercado for inferior.

A legislação tributária pode determinar as garantias exigidas para o pagamento por cheque ou vale postal, desde que não o torne impossível ou mais oneroso que o pagamento em moeda corrente (CTN, art. 162, § 1º). Assim, o fisco não pode exigir pagamento mediante cheque visado no caso de o banco sacado estar autorizado pelo Banco Central a cobrar do emitente uma comissão para apor o visto no cheque, pois isso implicará em tornar o pagamento por cheque mais oneroso que o efetuado em moeda corrente. Além do mais, não há razão para a lei exigir que o cheque deva ser visado, uma vez que o **§ 2º do art. 162** prescreve que o crédito pago por cheque somente se considera extinto com o resgate deste pelo banco sacado. Tal regra decorre da natureza *pro solvendo* do cheque (Lei nº 7.357, de 02.09.1985, art. 62), pela qual, salvo prova de novação, a emissão ou a transferência do cheque não exclui a ação fundada na relação causal, feita a prova do não pagamento.[77]

Vale postal corresponde a outra forma de pagamento do tributo (CTN, art. 162, § 1º), consistindo no documento pelo qual se transferem fundos de uma localidade para outra. Outra forma de pagamento é **por estampilha**, que produz a extinção do crédito tributário

---

[74] BRASIL. Supremo Tribunal Federal, RE 193.678-9/SP, Rel. Min. Moreira Alves, Primeira Turma, v.u.; *idem*, *RSTJ* 90/123. Entretanto, os Estados-membros não têm competência "para a fixação de índices de atualização em percentuais superiores aos fixados pela União para o mesmo fim – Circunstância, no entanto, que não os impede de proceder à atualização apenas parcial de seus créditos, por não estarem impedidos de conceder incentivos fiscais", que a tanto vale a renúncia à correção monetária plena (STF, *RT* 787/104).

[75] Neste sentido tem decidido o STJ (BRASIL. Superior Tribunal de Justiça, REsp. 220.856/SC, Rel. Min. Garcia Vieira, Primeira Turma, v.u.).

[76] BRASIL. Superior Tribunal de Justiça, REsp. nº 261.367/RS, Rel. Min. Humberto Gomes de Barros, Primeira Turma, v.u.

[77] *Vide*, de nossa autoria: ROSA JR, Luiz Emgydio Franco da; ALBANO, Amanda. *Títulos de crédito*. 9. ed. Rio de Janeiro: Forense, 2019.

apenas no momento em que a mesma é regularmente inutilizada, ou seja, com a observância das regras estabelecidas em lei, pelo que a sua simples aposição no documento não tem o condão de extinguir o crédito tributário (**CTN, art. 162, § 3º**). A perda ou destruição da estampilha, ou erro no pagamento por esta modalidade não dão direito à restituição, salvo nos casos expressamente previstos na legislação tributária, ou naqueles em que o erro seja imputável à autoridade administrativa (**CTN, art. 162, § 4º**). O pagamento por papel selado, qual seja, o papel em que o selo já o acompanha, não necessitando da sua aposição pelo contribuinte, e o pagamento por processo mecânico, isto é, impressão declarada mecanicamente no papel, devem obedecer às mesmas regras estabelecidas para o pagamento em estampilha (CTN, art. 162, § 5º).

1.7. Imputação de pagamento

Quando o devedor tem diversos débitos para com o mesmo credor e paga quantia insuficiente para a liquidação de todos, surge o problema de se saber quais os débitos que devem ser considerados pagos ou a que débitos o pagamento deve ser imputado. No direito tributário também pode ocorrer que existam, simultaneamente, dois ou mais débitos vencidos, do mesmo sujeito passivo para a mesma pessoa jurídica de direito público, relativos ao mesmo, ou a diferentes tributos, ou provenientes de penalidades pecuniárias ou juros de mora. Daí o **art. 163 do CTN** estabelecer as regras a serem observadas pela autoridade administrativa competente para receber o pagamento, no que tange à imputação de pagamento, e que são as seguintes: a) **primeiramente**, o pagamento deve ser imputado aos débitos em que o sujeito passivo tem a condição de contribuinte, e em segundo lugar aos débitos em que o sujeito passivo tem apenas responsabilidade tributária; **b) entre os tributos**, devem ser inicialmente satisfeitos os débitos pertinentes às contribuições de melhoria, depois os relativos às taxas, e finalmente os pertinentes aos impostos, tendo, assim, os tributos vinculados preferência em relação ao tributo não vinculado (imposto) porque aqueles importam em desempenho de atividade estatal; c) **quanto ao prazo prescricional**, deve ser observada a ordem crescente, isto é, deverá ser imputado o pagamento em primeiro lugar ao crédito cujo prazo de prescrição já está correndo há mais tempo, por oferecer maior risco de ficar prescrito; d) **quanto ao montante dos tributos**, deve ser satisfeito preferencialmente o que for de valor maior, e depois os que se seguirem por quantias inferiores.

Observe-se que a imputação de pagamento no direito tributário é disciplinada de forma diversa da estabelecida pelo direito privado, uma vez que, nos termos do art. 352 do CCB de 2002, cabe ao devedor o direito de indicar a qual de seus débitos oferece pagamento, enquanto no direito tributário, como se viu, tal direito pertence ao credor da obrigação tributária. Inclusive, o STJ sumulou o entendimento nesse sentido: "A regra de imputação de pagamento estabelecida consequente no art. 354 do Código Civil não se aplica às hipóteses de compensação tributária" (Súmula nº 464 STJ).

1.8. Consignação em pagamento

A consignação judicial da importância do crédito tributário pode ser efetuada pelo sujeito passivo nos seguintes casos (**art. 164 do CTN**) a) de recusa de recebimento por parte da autoridade administrativa, alegando, por exemplo, não ser a competente para o recebimento; **b)** de subordinação do recebimento ao pagamento de outro tributo ou de penalidade, ou ao cumprimento de obrigação acessória, exigências estas consideradas ilegítimas pelo contribuinte; **c)** de subordinação do recebimento ao cumprimento de exigências administrativas sem fundamento legal por exemplo, exige o preenchimento e apresentação de guia não prevista em lei como obrigatória; **d)** de exigência, por mais de uma pessoa jurídica de direito público, de tributo idêntico sobre um mesmo fato gerador, por exemplo, a União exige o ITR e o Município o IPTU, porque ambos têm como fato gerador a propriedade, domínio útil ou posse de bem imóvel, incidindo o IPTU se o imóvel estiver situado em zona urbana e o ITR, se estiver localizado fora de zona urbana (CTN, arts. 29 e 32).

A consignação só pode versar sobre o crédito que o consignante se propõe pagar (**CTN, art. 164, § 1º**), isto é, se no exemplo anterior o contribuinte entende devido ao Município o IPTU, deve consignar o seu valor, mas citando também a União para que possa defender a legitimidade da incidência do ITR. Nessa hipótese, a ação deve ser ajuizada perante a **Justiça Federal** (CF, art. 109) e a citação dos que disputam o crédito tributário, objeto da consignação, é determinada pelo art. 547 do CPC.

A legislação tributária não veda que o contribuinte consigne valor inferior ao exigido pelo fisco, por ser possibilidade prevista no **parágrafo 1º do art. 164 do CTN**. Ao mencionar que a consignação só pode versar sobre o crédito que o consignante se propõe a pagar, o dispositivo deixa evidenciada a mencionada possibilidade, porque exigir valor maior equivale a recusar o recebimento do tributo por valor menor[78].

Entretanto, sendo "a intenção do devedor, no caso concreto, não a de pagar o tributo, no montante que entende devido, mas sim a de obter moratória por meio de parcelamento em 180 meses, é inviável a utilização da via consignatória, que não se presta à obtenção de provimento constitutivo, modificador de um dos elementos conformadores da obrigação (prazo)"[79].

Os **efeitos da consignação em pagamento** estão referidos no parágrafo 2º do art. 164 do CTN, a saber: a) se a consignação for julgada procedente por decisão transitada em julgado, o pagamento se reputa efetuado e a importância consignada é convertida em renda, extinguindo-se, em consequência, o crédito tributário; b) se a consignação for julgada improcedente, no todo ou em parte, pode o Fisco cobrar o crédito, acrescido de juros de mora, sem prejuízo das penalidades cabíveis.

Aliomar Baleeiro[80] entende que não serão cabíveis os juros de mora se o depósito for efetuado, por determinação do juiz, em estação arrecadadora do sujeito passivo ou no banco oficial deste encarregado de recolher as suas receitas, pois a "importância esteve sempre na disponibilidade efetiva do sujeito ativo, se depositado na data do vencimento, antes deste, ou no dia imediato a este (caso a recusa tenha ocorrido no último dia)".

Os Tribunais não têm admitido consignação em pagamento mediante oferta de **Títulos da Dívida Pública**, em razão de o art. 164 do CTN referir-se à importância do crédito tributário, ou seja, dívida em dinheiro, e porque tais títulos não têm efeito liberatório como meio de quitação de tributos[81]. A ação de consignação em pagamento segue o rito previsto no CPC (arts. 539/549).

---

[78] BRASIL. Superior Tribunal de Justiça, REsp 505.460-RS, Rel. Min. Teori Albino Zavascki, Primeira Turma.

[79] BRASIL. Superior Tribunal de Justiça, REsp 694856/RS, Rel. Min. Teori Albino Zavascki, Primeira Turma.

[80] *Op. cit.* ant., p. 507.

[81] TRF-1ª R., Ap. 1999.01.00.009239-3/PA, Rel. convocado Juiz Saulo Casali, Terceira Turma, *RT* 789/405 etc.

2. Pagamento indevido

2.1. Noção geral

O sujeito passivo da obrigação tributária (contribuinte ou responsável) tem o dever de pagar o tributo no prazo legal, mas tem também o direito de só fazê-lo nas condições e limites estabelecidos em lei porque a prestação tributária corresponde a uma **atividade administrativa vinculada** (CTN, art. 3º). Todavia, considerando que a prestação tributária tem natureza compulsória, pode ocorrer que o contribuinte pague tributo que não tenha respaldo em lei ou pague mais que devia. Nesses casos, prevalece o princípio consubstanciado no **art. 876 do CCB de 2002**, *verbis*: "Todo aquele que receber o que não lhe era devido, fica obrigado a restituir". Daí o CTN disciplinar o pagamento indevido e a sua restituição em seus arts. 165 a 168[82].

O **art. 165 do CTN** prescreve que o sujeito passivo tem direito, independentemente de prévio protesto, à restituição total ou parcial do tributo, seja qual for a modalidade de seu pagamento, nos casos a que se refere, ressalvado o disposto no § 4º do art. 162 (pagamento por estampilha).

2.2. Independe de prévio protesto

O art. 877 do CCB de 2002 reza: "Àquele que voluntariamente pagou o indevido incumbe a prova de tê-lo feito por erro". Entretanto, a doutrina e a jurisprudência são unânimes no sentido de que **não se aplica o mencionado dispositivo do Código Civil à relação tributária** entre o Fisco e o contribuinte porque o dispositivo em tela só se refere a pagamento voluntário, enquanto o tributo é pago pelo sujeito passivo sob coação legal. Isto porque se o contribuinte não pagar o tributo no prazo legal, ficará sujeito a juros de mora, multa, correção monetária e outras penalidades (**CTN, art. 161**). Assim, o sujeito passivo, para pleitear a restituição do que pagou indevidamente, **não necessita fazer prova de que pagou por erro**, sendo o fundamento de seu pedido apenas a falta de causa jurídica para sua cobrança, vale dizer, a demonstração de que o tributo é realmente indevido. Esta é a razão pela qual o art. 165 do CTN assegura ao sujeito passivo direito à restituição do tributo independentemente de prévio protesto, ou seja, o sujeito passivo, ao efetuar o pagamento do tributo que sabe indevido, não precisa consignar que o faz sob protesto.

2.2.1. Dever de restituição não tem natureza tributária

Alguns autores entendem que o tributo indevido não é, em realidade, tributo, mas mera prestação de fato porque a relação jurídica, no caso, é de direito privado, bem como porque se é tributo, só pode ser devido, e se for indevido, não é tributo. Não procede tal entendimento,

---

[82] Leia-se sobre o assunto a preciosa monografia: TORRES, Ricardo Lobo. *Restituição dos tributos*. Rio de Janeiro: Forense, 1983. A Ação de Repetição de Indébito, fundada na inconstitucionalidade da lei que instituiu o tributo exigido, independe de prévia declaração desse vício em outra ação, e, também, na própria ação, de pedido expresso no sentido de que ele seja reconhecido, bastando que a inconstitucionalidade da lei seja fundamento do pedido porque a sua declaração incidental constitui etapa do julgamento, imposta ao juiz como condição sempre que não se possa aplicar a lei em razão de sua invalidade (*RSTJ* 106/187). "Valores retidos na fonte pagadora. Ao repassar para o erário o imposto de renda devido por terceiros, a fonte pagadora nada desembolsa, e portanto não tem legitimidade para pedir a restituição do indébito; já o responsável que paga o imposto de renda no lugar do contribuinte, por ter descumprido a obrigação de retê-lo na fonte, tem, sim, legitimidade para pleitear-lhe a restituição, na medida em que arcou com a oneração" (*RSTJ* 120/219).

porque o art. 3º do CTN, ao definir tributo, não inclui entre os elementos componentes da definição o destino que a lei der ao produto da sua arrecadação. Assim, existem, no caso, duas relações jurídicas de natureza diversa: uma, a relação jurídica tributária entre o sujeito passivo e o fisco no tocante ao pagamento do tributo indevido, objeto de obrigação tributária; outra, a relação de direito público não tributária, que gera "uma obrigação de direito público idêntica a qualquer outra obrigação passiva do Estado[83]."

2.2.2. Causas de repetição do indébito

O **art. 165 do CTN** enumera os casos em que se dá a repetição de indébito, que se referem a todos os elementos do fato gerador.

O **primeiro caso (inciso I)** corresponde à "cobrança ou pagamento espontâneo de tributo indevido ou maior que o devido em face de legislação tributária aplicável, ou da natureza ou circunstâncias materiais do fato gerador efetivamente ocorrido." A primeira parte do dispositivo (**tributo total ou parcialmente indevido**) refere-se a erro de direito por falta de amparo legal na exigência do tributo e no seu pagamento. Na **segunda parte**, o legislador contempla a hipótese de ter ocorrido erro de fato no que tange à interpretação da situação material correspondente ao fato gerador efetivamente ocorrido, seja quanto à sua natureza, seja quanto às suas circunstâncias.

O **segundo caso (inciso II)** que justifica a repetição do indébito configura também erro de fato porque prende-se à identificação do sujeito passivo, à determinação da alíquota aplicável, ao cálculo do montante do débito ou à elaboração ou conferência de qualquer documento relativo ao pagamento, sem que tenha havido retificação por parte da autoridade administrativa.

O **terceiro caso (inciso III)** diz respeito à "reforma, anulação, revogação ou rescisão de decisão condenatória", pelo que o fundamento da repetição do pagamento reside na decisão proferida pelo Judiciário, considerando indevido o pagamento do tributo efetuado pelo sujeito passivo. **Hugo de Brito Machado**[84] assim explica as expressões constantes do inciso III do art. 165 do CTN:

> Há reforma quando o desfazimento se dá por decisão do órgão superior, com exame de mérito; anulação, quando apenas por vício formal; revogação, quando o próprio órgão prolator da decisão modifica, em face de recurso que admite retratação; e, finalmente, há rescisão quando a decisão já havia transitado em julgado e é desfeita mediante ação rescisória.

As hipóteses referidas nos **incisos I e II do art. 165** referem-se a pagamento efetuado sem determinação judicial ou administrativa, enquanto o **inciso III** do mesmo dispositivo alude a pagamento do tributo em decorrência de decisão administrativa ou judicial. Admite-se também a repetição de indébito tributário caduco ou prescrito, porque a decadência e a prescrição são causas de extinção do crédito tributário (CTN, art. 156, V).

O *caput* do art. 165 faz ressalva ao **pagamento por estampilha** em razão de o art. 162, § 4º, do CTN, dispor que a "perda ou destruição da estampilha, ou o erro no pagamento por esta modalidade não dão direito à restituição, salvo nos casos expressamente previstos na legislação tributária, ou naqueles em que o erro seja imputável à autoridade administrativa". Em razão da ressalva, a legislação pode determinar a restituição do tributo pago mediante estampilha.

---

[83] *Op. cit.*, p. 238.

[84] *Op. cit.*, p. 138.

2.2.3. Restituição de tributo indireto

O tributo direto não oferece qualquer dificuldade no tocante à sua restituição, porque a pessoa que está obrigada por lei a pagar o tributo (**contribuinte de direito**) é quem suporta, em definitivo, a carga tributária, ocorrendo, no caso, o fenômeno econômico de percussão e não de repercussão[85]. Todavia, a questão se complica quando se trata de restituição de tributo indireto, em razão de ocorrer o fenômeno econômico da repercussão, em que o contribuinte de direito transfere a carga tributária para o contribuinte de fato, que vai suportar, em definitivo, o fardo do tributo.

O **STF**, em 13.12.1963, antes, portanto, do CTN, aprovou a **Súmula nº 71** com a seguinte dicção: "Embora pago indevidamente, não cabe restituição de tributo indireto." A referida Súmula baseou-se nas seguintes razões: a) se o tributo é indireto, sempre vai ocorrer o fenômeno da repercussão; b) se o contribuinte de direito transfere a carga tributária para o contribuinte de fato, não tem direito à repetição do indébito para não enriquecer sem causa; c) inexiste, portanto, dever do fisco de restituir o valor do tributo pago indevidamente a quem não sofreu prejuízo patrimonial; d) entre haver enriquecimento sem causa pelo contribuinte e pelo Estado, este deve ser beneficiado em razão da prevalência do interesse público.

Todavia, **Aliomar Baleeiro**[86] discrepava deste entendimento pelas seguintes razões: a) a diretriz imprimida pela Súmula não podia ser generalizada porque há de ser apreciada em cada caso concreto, vez que os financistas nunca chegaram a um consenso quanto ao critério seguro para distinguir o imposto direto do indireto; b) esta distinção depende da técnica de incidência e até segundo as oscilantes e variáveis circunstâncias do mercado ou a natureza da mercadoria ou a do ato tributário; c) o STF partia de pressuposto equivocado de que o tributo indireto sempre comporta transferência da carga tributária do contribuinte de direito para o contribuinte de fato, que nem sempre ocorre; d) o problema da repetição de indébito devia ser examinado em cada caso concreto, para concedê-la quando ficasse provado que o contribuinte de direito não havia transferido o fardo do imposto.

Posteriormente à Súmula nº 71, **adveio, em 1966, o CTN**, cujo **art. 166** tem a seguinte redação: "A restituição de tributos que comportem, por sua natureza, transferência do respectivo encargo financeiro somente será feita a quem prove haver assumido referido encargo, ou, no caso de tê-lo transferido a terceiro, estar por este expressamente autorizado a recebê-la." O referido dispositivo merece três observações iniciais. A **primeira**, que se refere a tributos indiretos, embora não o diga expressamente, porque só estes é que comportam, em regra, a transferência da carga tributária pelo contribuinte de direito ao contribuinte de fato. A **segunda**, que o CTN acolheu o critério do fenômeno econômico da repercussão (tributos que comportem, por sua natureza, transferência do respectivo encargo financeiro)[87] para deixar

---

[85] Tratando-se de tributo direto (adicional do imposto de renda) e declarada a inconstitucionalidade da lei que o instituiu, não cabe na ação de repetição de indébito indagar-se sobre a ocorrência ou não de repercussão (BRASIL. Superior Tribunal de Justiça, REsp. 92.365/MG, Rel. Min. Milton Luiz Pereira, Primeira Turma, v.u.).

[86] *Op. cit.*, p. 566-567, em que transcreve trechos do seu magnífico voto proferido nos ERE nº 47. 624-GB, em 17.05.67, pleno (*RTJ* 44/530). O entendimento de Aliomar Baleeiro foi acolhido pelo STF, Segunda Turma, RE 45.977 (*RTJ* 40/37).

[87] Entretanto, Sacha Calmon Navarro Coêlho entende que: "Quando o CTN se refere a tributos que, pela sua própria natureza, comportem a transferência do respectivo encargo financeiro, está se referindo a tributos que, pela sua *constituição jurídica*, são feitos para, *obrigatoriamente*, repercutir, casos do IPI e do ICMS, entre nós idealizados para serem transferidos ao consumidor final. A natureza a que se refere o artigo é *jurídica*. A transferência é juridicamente possibilitada. A abrangência do art. 166, portanto, é

Capítulo VIII · CRÉDITO TRIBUTÁRIO | 281

claro que a sua norma só se aplica ao imposto indireto. A **terceira**, que acabou prevalecendo no CTN o entendimento de Aliomar Baleeiro[88].

Posteriormente ao CTN, o STF evoluiu do entendimento equivocado, consubstanciado na Súmula nº 71, enunciando a **Súmula nº 546**, do seguinte teor:

> Súmula nº 546. Cabe a restituição do tributo pago indevidamente, quando reconhecido, por decisão, que o contribuinte *de jure* não recuperou do contribuinte *de facto* o *quantum* respectivo.

Assim, o STF amoldou-se à regra do art. 166 do CTN, que reduziu o rigor formal da Súmula nº 71. Entretanto, o Pretório Excelso persistiu em admitir somente legitimidade ao **contribuinte de direito** para pleitear a restituição de indébito sob o argumento de que o contribuinte de fato não integra a relação jurídica tributária. Há notícia, porém, que o STF admitiu que o contribuinte de fato possa pleitear a restituição de tributo indevido agindo como mandatário do contribuinte de direito[89]. Não vemos por que negar ao contribuinte de fato legitimidade para pleitear a restituição de tributo indevidamente pago quando comprova que suportou o ônus da carga tributária. Trata-se de formalismo processual arcaico admitir-se que somente o contribuinte de direito possa ser parte legítima para a restituição, porque o importante é que quem requeira a restituição prove o empobrecimento patrimonial, seja contribuinte de direito, seja de fato. Entendemos que o art. 166 do CTN pode ser interpretado no sentido de admitir que o contribuinte de fato possa pleitear diretamente a repetição do indébito tributário porque se refere genericamente "a quem prove haver assumido referidos encargos". Ora, o contribuinte de fato, fazendo tal prova, tem legitimidade para pleitear a restituição, sem necessidade de ter de autorizar o contribuinte de direito a requerê-la, ou agir como seu mandatário. Por outro lado, o art. 165 do CTN, ao admitir a repetição de indébito tributário, visa a evitar o enriquecimento sem causa do Fisco e empobrecimento sem causa de quem efetuou o pagamento. Finalmente, não se pode esquecer, na interpretação de norma jurídica, o aspecto social da questão, e, assim, por exemplo, no caso de locatário que tenha assumido o encargo de pagar o IPTU, que se revelou indevido, ou pago a maior que o devido, o locador, que não sofreu desfalque de riquezas no seu patrimônio com o pagamento do imposto, não tem interesse econômico em ajuizar a ação de repetição de indébito em benefício do locatário. Em consequência, prevalecendo o entendimento de que só o contribuinte de direito seria parte legítima para a ação, o Fisco municipal continuará a se locupletar indevidamente.

---

limitada, e não ampla" (COÊLHO, Sacha Calmon Navarro. *Curso de direito tributário brasileiro*. 10. ed. Rio de Janeiro: Forense, 2009, p. 759).

[88] Aliomar Baleeiro, *op. cit.*, p. 567, revela ainda que o STF minorou o rigor formal da Súmula nº 71, dentre outras, nas seguintes decisões: a) concedendo a restituição porque o contribuinte provara que, beneficiado por um mandado de segurança, depois cassado, não incorporara o imposto ao preço (*RTJ* 39/325); b) considerando legítima a restituição se o imposto não foi acrescido ao preço (*RTJ* 48/389); c) se a mercadoria estava tabelada pela Comissão de Preços, não houve repercussão, cabendo a restituição (ERE 73.173-SP, de 06.12.72, pleno, sem indicação da fonte, e *RTJ* 53/839); no mesmo sentido, STJ, Segunda Turma, Resp. 68.401/RJ, Rel. Min. Ari Pargendler, v.u.; d) concedida a restituição pela impossibilidade manifesta de repercussão do I.V.C., já que não ocorrera venda, mas transferência de gado duma para outra fazenda (*RTJ* 49/785). Todavia, o mesmo jurista indica os seguintes casos em que a repetição do indébito foi negada: a) porque os contribuintes não provaram o prejuízo e não havia certeza de que não lhes seria possível incorporar o tributo ao preço da mercadoria (*RTJ* 48/389); b) em matéria de I.V.C. sobre fretes e carretos (*RTJ* 52/66, 39/552, 49/785 etc.).

[89] ERE 60.797-GB, Pleno, 13.05.70, *apud* Aliomar Baleeiro, *op. cit.*, p. 568, nota 1.

O **entendimento atual do STJ** é no sentido de negar legitimidade *ad causam* ao contribuinte de fato, tendo fixado a tese jurídica no Tema Repetitivo nº 173 segundo a qual: "O contribuinte de fato (*in casu*, distribuidora de bebida) não detém legitimidade ativa *ad causam* para pleitear a restituição do indébito relativo ao IPI incidente sobre os descontos incondicionais, recolhido pelo contribuinte de direito (fabricante de bebida), por não integrar a relação jurídica tributária pertinente". [90]

Hugo de Brito Machado Segundo assim comenta essa mudança de interpretação pelo STJ:

Assim, para o STJ, no âmbito dos tributos dito indiretos, somente o contribuinte "de direito" pode discutir os termos da relação jurídica, sendo certo que, no caso de restituição, mesmo ele não pode fazê-lo se não provar haver assumido o ônus econômico representado pelo tributo. Cria-se, com isso, entrave praticamente intransponível à restituição do indébito, o que se faz de forma fortemente incoerente. Para um efeito é "jurídica" a transferência do ônus do tributo ao consumidor final. Para outro é "meramente econômica.[91]

Ademais, a **parte final do art. 166 do CTN** também pode ser interpretada no sentido de se referir ao contribuinte de fato, na hipótese de ter assumido o ônus do imposto perante o contribuinte de direito e tê-lo transferido a outro contribuinte de fato[92].

---

[90] BRASIL. Superior Tribunal de Justiça, REsp n. 903.394/AL, Rel. Min. Luiz Fux, Primeira Seção, j. 24.03.2010, *DJe* de 26.04.2010.

[91] MACHADO SEGUNDO, Hugo de Brito. *Código tributário nacional*. 4. ed. São Paulo: Atlas, 2014, p. 367.

[92] Admitindo a legitimidade ativa do contribuinte de fato para repetir o indébito, citem-se, dentre outros, Ricardo Lobo Torres (*op. cit.*, 3. ed. p. 251), Tavares Paes (PAES, Tavares. *Comentários ao código tributário nacional*. 5. ed., São Paulo: RT, 1996, p. 375-376) e Luciano Amaro (*op. cit.*, p. 397). Em sentido contrário: Hugo de Brito Machado, *op. cit.*, 11. ed. p. 136, e Paulo de Barros Carvalho, *op. cit.*, p. 305. "Tendo o encargo financeiro do tributo sido transferido ao contribuinte de fato, só este ou quem por este for autorizado, terá legitimidade para pleitear a restituição. Sendo o ICMS tributo indireto, há a presunção de transferência do ônus tributário ao contribuinte de fato e a prova da não transferência envolve matéria fática, insuscetível de análise na via especial – Súmula nº 07 do STJ (BRASIL. Superior Tribunal de Justiça, REsp. 218.042/SP, Rel. Min. Garcia Vieira, Primeira Turma, v.u.). O STJ considera o substituto tributário legitimado ativo para a repetição do indébito tributário, desde que autorizado expressamente pelo contribuinte substituído porque o art. 166 do CTN não cuida apenas de repetição de tributos indiretos, mas trata de situações em que a natureza do tributo (ou do modo pelo qual ele é recolhido) permite a transferência do encargo financeiro (*RSTJ* 58/288). Em outra decisão, o STJ entendeu que, segundo a legislação tributária vigente, o terceiro interessado na extinção do débito que efetua o respectivo pagamento sub-roga-se em todos os direitos e ações que competiam ao credor, e, assim, o substituto tributário que realiza o pagamento do imposto recolhido indevidamente tem legitimação para postular a repetição do indébito (BRASIL. Superior Tribunal de Justiça, Resp. 99.463/SP, Rel. Min. Demócrito Reinaldo, Segunda Turma, v.u.). Consumidor de gasolina ou álcool para veículos automotores é contribuinte de fato e de direito do empréstimo compulsório, tendo legitimidade para pedir a restituição do indébito (Segunda Turma, 1ª REsp. 70.956/RS, Rel. Min. Cesar Asfor Rocha, v.u. etc.). O STJ já decidiu também que se tratando de ICMS incidente sobre energia elétrica, o consumidor que suporta o ônus do imposto tem legitimidade para pleitear a restituição por se tratar de legítimo contribuinte (*RSTJ* 68/221). Em outro acórdão, o STJ decidiu que, tratando-se de restituição de imposto indireto (ICMS), é indispensável que o contribuinte de direito comprove que não agregou o tributo ao preço da mercadoria (que não repassou o imposto ao comprador do bem), ou então que demonstre que o contribuinte de fato o autorizou expressamente a receber a devolução do tributo (BRASIL. Superior Tribunal de Justiça, REsp. 7.663/SP, Rel. Min. Adhemar Maciel, Segunda Turma, v.u.). "Tributário. Compensação. Repetição de tributo indireto. ICMS. Transferência de encargos financeiros ao consumidor final. Art. 166 do CTN. Ilegitimidade ativa. 1. ICMS é de natureza indireta, porquanto o contribuinte real é o consumidor da mercadoria objeto da operação (contribuinte de fato) e a empresa (contribuinte de

2.3. Objeto de restituição

A restituição ao sujeito passivo de tributo pago indevidamente deve ser a mais ampla possível. Por isso, o art. 167 do CTN prescreve que a restituição total, ou parcial, compreende a restituição, na mesma proporção, dos juros e de mora e das penalidades pecuniárias, salvo as infrações de caráter formal não prejudicadas pela causa da restituição, por exemplo, a não apresentação de declaração de imposto de renda em tempo ou forma hábil.

A restituição vence juros não capitalizáveis, a partir do trânsito em julgado da decisão definitiva que determinar (parágrafo único do art. 167). Entendemos inaplicável à espécie a norma do art. 240 do CPC, quando reza que a citação válida constitui em mora o devedor, e, assim, os juros de mora deviam fluir da citação. Entretanto, deve prevalecer a regra do CTN por ser lei especial sobre a matéria tributária e ter *status* de lei complementar[93]. A correção monetária flui da data do efetivo pagamento[94]. Estas normas se justificam porque o objetivo é repor o sujeito passivo na mesma condição em que se encontrava quando pagou o tributo indevido, devendo a restituição ser, portanto, a mais ampla possível. Assim, se o contribuinte pagou multa e juros de mora, o respectivo valor deve ser incluído no total a ser restituído, e este deve ser acrescido de juros de mora, com a atualização monetária do valor final. Por isso, o valor da causa nas ações de repetição de indébito tributário deve corresponder ao benefício patrimonial visado pelo autor, acompanhado de correção monetária, a partir do pagamento indevido, e de juros moratórios, a contar do trânsito em julgado da sentença.[95]

---

direito) repassa, no preço da mesma, o imposto devido, recolhendo, após, aos cofres públicos o tributo já pago pelo consumidor de seus produtos. Não assumindo, portanto, a carga tributária resultante dessa incidência. 2. Ilegitimidade ativa da empresa em ver restituída a majoração de tributo que não a onerou, por não haver comprovação de que a contribuinte assumiu o encargo sem repasse no preço da mercadoria, como exigido no artigo 166 do Código Tributário Nacional. Prova da repercussão. Precedentes" (BRASIL. Superior Tribunal de Justiça, Ag. REsp. 440300/SP, Rel. Min. Luiz Fux, Primeira Turma). O ICMS, sendo tributo que comporta transferência do respectivo encargo financeiro, gera para o contribuinte de fato legitimidade para ir a juízo defender sua imunidade (BRASIL. Superior Tribunal de Justiça, REsp. 197.345/SP, Rel. Min. Garcia Vieira, Primeira Turma, v.u.). O protesto judicial feito pelo contribuinte interrompe o prazo prescricional da ação de repetição de indébito pela aplicação do princípio da igualdade das partes no processo, CTN, art. 174, parágrafo único, II (BRASIL. Superior Tribunal de Justiça, REsp. 82.553-DF, Rel. Min. Demócrito Reinaldo, Primeira Turma, v.u.). Cabe a restituição dos valores recolhidos indevidamente a título de contribuição previdenciária de autônomos e empresários, por ser tributo que, por sua natureza, não comporta a transferência do encargo financeiro (BRASIL. Superior Tribunal de Justiça, REsp. 131.275/MA, Rel. Min. Adhemar Maciel, Segunda Turma, v.u.; *RSTJ* 98/181).

[93] Nesse sentido, a Súmula 188 do STJ: "Os juros moratórios, na repetição de indébito, são devidos a partir do trânsito em julgado da sentença." Se houve decisão administrativa definitiva determinando a restituição, mesmo assim os juros de mora fluem a partir do trânsito emulado da sentença (BRASIL. Superior Tribunal de Justiça, REsp 106.470/RS, Rel. Min. Antônio de Pádua Ribeiro, Segunda Turma, v.u. 17.04.1997, *DJU* 19.05.1997, p. 20.611).

[94] Súmula nº 162 do STJ. O STJ decidiu, no tocante à correção monetária, pela aplicação do índice do IPC até a vigência da Lei nº 8.177/1991, quando emergiu o INPC (BRASIL. Superior Tribunal de Justiça, Primeira Turma, Rel. Min Milton Pereira, para todos os acórdãos, REsp 67.321-6/PR, 04.12.1995, *DJU* 26.02.1996, p. 3.946, REsp 68.190-1/DF, 20.11.1995, *DJU* 04.03.1996, p. 5.362 etc.).

[95] BRASIL. Superior Tribunal de Justiça, REsp 198.632/MG, Rel. Min. José Delgado, Primeira Turma, v.u., 04.03.1999, *DJU* 26.04.1999, p. 66. É pacífico o entendimento desta Corte e do Pretório Excelso no sentido de que no cálculo dos juros de mora, em repetição de indébito tributário, aplica-se a taxa de 1% ao mês, fixada nos termos dos arts. 161 a 167 do CTN, não prevalecendo o disposto no art. 1º da Lei nº 4.414/1964, c/c o art. 1.064 do Código Civil (BRASIL. Superior Tribunal de Justiça, REsp 98.693, Rel. Min. José Delgado, Primeira Turma, v.u., 23.02.1999, *DJU* 07.06.1999, p. 61). A taxa SELIC, instituída pelo art. 39 §4º, da Lei nº 9.250/1995, se aplica nos casos de repetição de indébito, a contar de 01.01.1996, com o que restou equiparado o tratamento legislativo dado aos contribuintes e a Fazenda Pública, quando

2.4. Prazos

O Fisco tem prazo para cobrar o tributo do sujeito passivo (CTN, art. 174), e, assim, o sujeito passivo também tem prazo para pleitear a restituição do que pagou indevidamente. O art. 168 do CTN reza que o direito de pleitear a restituição extingue-se com o decurso do prazo de cinco anos, contados: a) nos casos dos incisos I e II do art. 165, da data da extinção do crédito tributário; b) na hipótese do inciso III do mesmo art. 1665, da data em que se tornar definitiva a decisão administrativa ou passar em julgado a decisão judicial que tenha reformado, anulado, revogado ou rescindido a decisão condenatória. Trata-se de prazo decadencial porque implica no desaparecimento do próprio direito se não exercido dentro do referido prazo, pelo que, no caso, não se interrompe nem se suspende.[96] O mencionado prazo decadencial aplica-se quer o pedido de restituição seja feito via administrativa, quer postulado judicialmente.

O prazo para o sujeito passivo propor ação anulatória da decisão administrativa que denegar a restituição prescreve em dois anos, a contar da data em que for publicada a decisão (CTN, art. 169). Os arts. 168 e 169 do CTN devem ser interpretados em conjunto e disso resulta o seguinte: a) o prazo prescricional de dois anos referido no art. 169 só tem cabimento quando o contribuinte pleitear administrativamente a restituição e esta lhe for contrária, contando-se, neste caso, o prazo da data em que se tornar definitiva a decisão administrativa. Assim, o pressuposto para a incidência do prazo prescricional do art. 169 é ter havido decisão administrativa definitiva denegando a restituição de tributo.

O parágrafo único do art. 169 estabelece que: "O prazo de prescrição é interrompido pelo início da ação judicial, recomeçando o seu curso, por metade, a partir da data da intimação validamente feita ao representante judicial da Fazenda Pública interessada." Resulta deste dispositivo legal que: a) o prazo prescricional de dois anos referido, ou seja, com a sua distribuição, desde que a citação seja efetivada no termos do art. 240 do CPC, pelo que a interrupção do prazo, ocorre, na realidade, com a citação válida da Fazenda Pública, que retroage, no entanto, à data da propositura da ação (art. 240, § 1º, CPC) b) o dispositivo refere-se, de forma equivocada, à "intimação" da Fazenda, que deve ser entendida como citação; c) o prazo é suspenso entre a data da propositura da ação e efetivação da citação nos prazos legais (parágrafos do art. 240, CPC); d) a partir do momento da citação da Fazenda Pública somente poder-se-á falar em prescrição interiormente, porque o prazo prescricional para a ação de repetição de indébito já se interrompeu com a distribuição; e) a prescrição interiormente ocorrerá, quando, no prazo de um ano (metade do prazo prescricional referido no caput do art. 169), o sujeito deixar paralisado por sua culpa o processo de restituição[97], fluindo o termo inicial do prazo do

---

devedores. Composta a taxa SELIC não apenas de juros, mas de percentual equivalente à desvalorização da moeda nacional no período de sua apuração, ela não é cumulável com a correção monetária, sob pena de ocorrer *bis in idem* (BRASIL. Superior Tribunal de Justiça, REsp 203.272/RS, Rel. Min. Aldir Passarinho Jr, Segunda Turma, v.m., 15.06.1999, *DJU* 27.09.1999, p. 84).

[96] Nesse sentido cite-se, dentre outros, Paulo de Barros Carvalho, *op. cit..*, 8. ed. p. 309. "A decadência do direito à repetição do indébito tributário inicia-se após cinco anos, contados a partir de quando se tornou definitiva a decisão administrativa que apreciou o pedido do contribuinte (CTN, art. 168, II). À falta de decisão, não se opera a decadência."(BRASIL. Superior Tribunal de Justiça, REsp 151.520/PE, Rel. Min. Humberto Gomes de Barros, Primeira Turma, v.u., 15.12.1997, *DJU* 20.04.1998, p. 38).

[97] Luciano Amaro também entende que a norma do parágrafo único do art. 169 refere-se a prescrição intercorrente (*Op. cit..*, p. 429). Entretanto, Hugo de Brito Machado (*op. cit..*, 11. ed. p. 138) interpreta o parágrafo único do art. 169 no sentido de que a ação deve ser julgada definitivamente no prazo de um

momento em que consumou a negligência do contribuinte autor da ação. O DL nº 4.597, de 19.08.1942, que dispõe sobre a prescrição das ações contra a Fazenda Pública, em seu art. 3º, já estabelecia que a prescrição intercorrente em favor da Fazenda ocorre quando o processo ficar paralisado por prazo correspondente a metade do prazo prescricional de 5 anos para a ação contra a Fazenda. Assim, o art. 169, parágrafo único, do CTN segue o mesmo sistema do referido diploma legal, salvo no tocante ao prazo prescricional para a ação de repetição de indébito, que é de 2 anos, a contar da decisão administrativa definitiva denegatória da restituição. Quanto à prescrição intercorrente, esta ocorrerá na metade do prazo prescricional, vale dizer, em um ano, a contar da data em que o processo ficou paralisado por culpa do contribuinte autor da ação.[98]

2.4.1. Compensação

A compensação é definida pelo **art. 368 do CCB de 2002** da seguinte forma: "se duas pessoas forem ao mesmo tempo credor e devedor uma da outra, as duas obrigações extinguem--se, até onde compensarem".

O **art. 369 do CCB de 2002**, complementando o artigo antecedente, prescreve que "a compensação efetua-se entre dívidas líquidas, vencidas e de coisas fungíveis". **Dívida líquida** é aquela que é certa, quanto à sua existência, e determinada, quanto ao seu objeto. O art. 1.017 do CCB de 1916 não admitia que as dívidas fiscais da União, dos Estados e dos Municípios pudessem ser objeto da compensação, exceto nos casos de acerto de contas entre a administração e o devedor, autorizados na lei e regulamento da Fazenda. Tal dispositivo não consta do novo Código Civil brasileiro porque a matéria é regrada pelo CTN. Todavia, contraditoriamente, o **art. 374 do CCB de 2002** determinava a aplicação das regras do Código Civil quanto à compensação de dívidas fiscais e parafiscais, mas o dispositivo foi revogado pela MP nº 104/2003, transformada na Lei nº 10.677/2003.

O **Código Tributário Nacional, em seu art. 170**, enuncia que a lei pode, nas condições e sob as garantias que estipular, ou cuja estipulação em cada caso atribuir à autoridade administrativa, autorizar a compensação de créditos tributários com créditos líquidos e certos, vencidos ou vincendos, do sujeito passivo contra a Fazenda Pública. Assim, a compensação deve ser expressamente **autorizada por lei**, que deve fixar as condições e as garantias para sua efetivação ou transferir esta estipulação para a autoridade administrativa. **Bernardo Ribeiro de Moraes** ensina que o nosso ordenamento tributário adotou o **sistema de compensação**

---

ano, embora acrescente que se trata de norma absurda, mas tal entendimento é minoritário. Não ocorre prescrição intercorrente quando o retardamento for por culpa exclusiva da própria pessoa que dela se beneficiaria (RSTJ 36/478).

[98] "A Súmula nº 343/STF é aplicável quando se trata de texto legal de interpretação controvertida nos Tribunais e não de texto constitucional. Admissível a ação rescisória contra decisão que julgou ação de repetição de indébito de contribuição social, que, posteriormente, veio a ser declarada inconstitucional pelo EG. STF. Entendimento consagrado no STJ com o qual o acórdão recorrido não se concilia" (BRASIL. Superior Tribunal de Justiça, REsp nº 186.565/RS, Rel. Min. Francisco Peçanha Martins, Segunda Turma, v.u., 19.10.2000, *DJU* de 09.04.2001, p. 340).

legal porque produz efeitos somente por lei, embora exija um ato declaratório da autoridade administrativa, que reconheça o crédito líquido e certo do contribuinte[99,100].

Os créditos do sujeito passivo contra a Fazenda, para serem objeto de compensação, devem ser **líquidos e certos, não havendo necessidade de serem vencidos**. Isto porque o **parágrafo único do art. 170** prescreve que "sendo vincendo o crédito do sujeito passivo, a lei determinará, para os efeitos deste artigo, a apuração do seu montante, não podendo, porém, cominar redução maior que a correspondente ao juro de 1% (um por cento) ao mês, pelo tempo a decorrer entre a data da compensação e a do vencimento". O art. 170 do CTN **prevalece sobre a norma do § 3º do art. 16 da LEF**, que veda a compensação na execução fiscal, porque o CTN tem status de lei complementar e a LEF tem natureza de lei ordinária.

A LC nº 104 de 2001 acrescentou ao CTN o **art. 170-A**, vedando "a compensação mediante o aproveitamento de tributo, objeto de contestação judicial pelo sujeito passivo, antes do trânsito em julgado da respectiva decisão judicial". O **objetivo do legislador** foi evitar que o sujeito passivo, beneficiado por decisão liminar ou de primeira instância, pudesse extinguir o crédito tributário mediante compensação antes da decisão judicial definitiva. Isso porque, vindo o sujeito passivo a perder a demanda, depois de longa tramitação da ação em razão da morosidade da Justiça, seu débito estaria tão elevado que somente um parcelamento a longo prazo solucionaria a questão. O STJ entendia, conforme **Súmula nº 212 do STJ** que não era admissível que medida liminar antecipatória ou concedida em ação cautelar pudesse deferir compensação de créditos tributários. A Súmula nº 212 foi cancelada.

O sujeito passivo, autorizado por lei, **tem o direito de compensar espontaneamente indébitos tributários**, isto é, sem necessidade de autorização administrativa ou judicial, cabendo ao Estado, no exercício de sua atividade fiscalizadora, lavrar auto de infração, caso a compensação não tenha base legal. Daí o entendimento de **Gabriel Lacerda Troianelli** no sentido da inconstitucionalidade do art. 170-A do CTN, ao restringir o direito do contribuinte compensar crédito tributário, por ser modalidade indireta de se ressarcir de tributo pago indevidamente, pelas seguintes razões: a) ofensa ao princípio da legalidade, porque se o tributo é indevido, não é, na verdade, tributo; b) agressão "ao direito à propriedade e sua não privação sem o devido processo legal, uma vez que a Constituição permite que o Estado só se aproprie de bens das pessoas nas hipóteses de desapropriação por interesse social e por

---

[99]   *Op. cit.*, II, p. 453. Bernardo Ribeiro de Moraes leciona ainda que as legislações modernas consagram três sistemas de compensação: "a) *compensação legal*, em que a compensação produz efeitos apenas por força da lei; b) *compensação judicial*, em que a compensação não se realiza de pleno direito, mas apenas via judicial; c) *compensação por declaração*, que diverge das outras duas". A liminar, em mandado de segurança, não se presta para afirmação da suficiência, certeza e liquidez dos créditos lançados como compensáveis (BRASIL. Superior Tribunal de Justiça, REsp. 121.699/CE, Rel. Min. Milton Luiz Pereira, Primeira Turma, v.u., 19.06.1997, *DJU* 25.08.1997, p. 39.302 etc.). Desse entendimento resultou a Súmula nº 212 do STJ. Admitindo a via do mandado de segurança para o exame do pedido de compensação de créditos referentes à contribuição para o Finsocial com parcelas vincendas do Cofins, por se tratar de questão apenas de direito: REsp. 90.041/BA, Rel. Min. Peçanha Martins, Segunda Turma, v.u., 16.12.1996, *DJU* 07.04.1997, p. 11.093 etc. "O mandado de segurança constitui via adequada para a declaração do direito à compensação tributária" (BRASIL. Superior Tribunal de Justiça, Súmula nº 213).

[100] BRASIL. Superior Tribunal de Justiça , REsp. 86.032/MG, Rel. Min. Ari Pargendler, Segunda Turma, 18.04.1996, v.u., *DJU* 20.05.1996. Entendemos que a matéria já foi pacificada pela 1ª Seção do STJ no julgamento do EREsp. 94.433/RS, quando admitiu que, nos tributos sujeitos a lançamento por homologação (Finsocial e Cofins), o contribuinte pode efetivar a compensação, a seu talante, no momento de recolher o tributo, independentemente da existência do crédito ou da comprovação da sua liquidez e certeza (BRASIL. Superior Tribunal de Justiça, EREsp. 94.433/RS, Rel. Min. Demócrito Reinaldo, v.u., 23.04.1997, *DJU* 02.06.1997, p. 23.747).

utilidade pública, do exercício do *jus puniendi* e do poder de tributar, hipótese essa em que não se enquadra a apropriação de bens do contribuinte decorrente de indébito tributário"[101].

Conforme entendimento do STJ: "A regra de imputação de pagamentos estabelecida no art. 354 do Código Civil não se aplica às hipóteses de compensação tributária (Súmula 464, Primeira Seção, j. 25.08.2010, *DJe* 08.09.2010)" **(Súmula nº 464, STJ).**

2.5. *Transação*

A transação é outra forma de **extinção do crédito tributário** sendo assim conceituada por **Clóvis Bevilaqua**: "ato jurídico, pelo qual as partes, fazendo-se concessões recíprocas, extinguem obrigações litigiosas ou duvidosas. Pressupõe dúvida ou litígio a respeito da relação jurídica"[102].

O **CTN, em seu art. 171,** acolheu o instituto da transação, ao dispor:

> A lei pode facultar, nas condições que estabeleça, aos sujeitos ativo e passivo da obrigação tributária, celebrar transação que, mediante concessões mútuas, importe em *determinação* de litígio e consequente extinção do crédito tributário[103].
>
> Parágrafo único. A lei indicará a autoridade competente para autorizar a transação em cada caso.

O parágrafo único acima se justifica por corresponder a transação a "ato que exige critério elevado e prudência acurada", como doutrina **Aliomar Baleeiro.**[104]

Onde está escrito no dispositivo pré-citado *determinação,* leia-se *terminação* de litígio, tendo havido erro na publicação oficial.

No campo do direito tributário, a transação só pode ocorrer para pôr fim a litígio, enquanto no direito privado pode também ser preventiva de "litígio". **Paulo de Barros Carvalho** entende que a transação pode ocorrer nas vias judicial e administrativa, porque o legislador não empregou o termo litígio no seu sentido técnico de conflito de interesses deduzido judicialmente[105]. Entendemos, no entanto, que a prestação tributária sendo **atividade vinculada** (CTN, art. 3º) e dispondo o art. 171 do CTN que a transação só pode pôr fim a litígio, a mesma só é cabente em processo judicial[106], pois se fosse admitida para prevenir litígio, o art. 171 di-lo-ia expressamente, como o faz o art. 840 do CCB de 2002.

A lei que autoriza a transação deve indicar a autoridade competente para autorizar a celebração em cada caso (**CTN, art. 170, parágrafo único**).

---

[101] *Op. cit.*, p. 70-71.

[102] BEVILAQUA, Clóvis. *Código Civil Anotado* – v. 2. Rio de Janeiro: Ed. Rio, anot. ao art. 1.025, p. 144.

[103] Ocorre transação quando na ação judicial o sujeito passivo reconhece a liquidez e certeza do direito da Fazenda e na renúncia à interposição de recurso, e a Fazenda concorda em receber o crédito parcelado ou mediante a entrega de bens (Cf. Ricardo Lobo Torres, *op. cit.*, 3. ed. p. 255). Todavia, para o STJ o parcelamento se afasta da transação, porque não extingue o crédito tributário, só ficando alforriado de atualização quando consolidada a dívida, realizando-se o recolhimento de uma só vez (*CTN interpretado – TRF 1ª R.*, p. 144).

[104] BALEEIRO, Aliomar. *Direito Tributário Brasileiro.* 13. ed. atual. por Misabel Abreu Machado Derzi. Rio de Janeiro: Forense, 2015, p. 1330.

[105] *Op. cit.*, p. 308. No mesmo sentido, MADEIRA, Anderson Soares. *Manual de direito tributário.* Rio de Janeiro: Lumen Juris, 2016, p. 427.

[106] Cf. Bernardo Ribeiro de Moraes, *op. cit.*, II, p. 457.

2.6. Remissão

A remissão consiste em ato de **perdão da dívida** (CCB de 2002, art. 385)[107]. **Não se deve confundir remissão, ato de remitir, com remição, ato de remir**, ou seja, ato de resgatar uma dívida. **A CF de 1988, em seu art. 150, § 6º**[108], exige **lei específica** para a concessão de remissão em matéria tributária, por se tratar de renúncia à receita, e o termo "lei" deve ser entendido como "lei formal". O texto constitucional veio reforçar a observância do princípio da legalidade estrita para a concessão de remissão, que já era previsto no art. 172 do CTN, embora não exigisse lei específica.

O mencionado dispositivo reza que a lei tributária pode autorizar a autoridade administrativa a conceder, por despacho fundamentado, remissão total ou parcial do crédito tributário, atendendo: a) à situação econômica do sujeito passivo, por exemplo, ausência de bens e rendimentos; b) ao erro ou ignorância escusáveis do sujeito passivo, quanto à matéria de fato, não se admitindo, portanto, remissão por erro de direito; c) à diminuta importância do crédito tributário, cujo valor, assim, não compensa a cobrança e arrecadação pela Fazenda Pública; d) a considerações de equidade, em relação com as características pessoais ou materiais do caso, objetivando-se alcançar a justiça entre todos os que se situam dentro de uma mesma categoria; e) a condições peculiares a determinada região do território da entidade tributante, por exemplo, em casos de calamidade pública, profunda crise econômica etc.

Na realidade, **a lei não concede remissão**, mas apenas autoriza a sua efetivação por ato fundamentado da autoridade administrativa, que deve verificar se o pressuposto legal do favor está presente. Entretanto, a autoridade administrativa não age discricionariamente, devendo reconhecer a remissão vinculada aos termos da lei que a autorizou[109].

A remissão e a anistia são **institutos diversos** porque: a) a remissão é causa de extinção do crédito tributário, enquanto a anistia é causa de exclusão; b) a remissão pressupõe a existência de lançamento, e a anistia é concedida antes da constituição do crédito tributário; c) a remissão compreende os tributos e as penalidades, mas a anistia só se refere à infração da legislação tributária (penalidades), subsistindo o débito quanto ao valor do tributo; d) a remissão ocorre quando a penalidade já foi aplicada, enquanto na anistia o fisco ainda não tem ciência da infração; e) o objeto da remissão é o tributo devido, mas a anistia é perdão da infração praticada.

---

[107] "Inconstitucionalidade do art. 1º da Lei nº 3241/1995 que autorizou o Poder Executivo a conceder remissão dos créditos de que é titular o Município. Representação ajuizada contra disposição de Lei Municipal, versando matéria tributária, independentemente de iniciativa do Chefe da Administração para origem do procedimento legiferante. Desobediência a princípios constitucionais colocados pela Lei Maior Fluminense como limites ao exercício da autonomia dos municípios. Sendo a matéria orçamentária essencialmente atinente ao Poder Executivo, apenas lei de iniciativa de seu Chefe pode dispor sobre exoneração tributária, já que os tributos consistem a receita pública por excelência, que juntamente com as despesas públicas compõem o orçamento" (TJRJ, Órgão Especial, *RDTJRJ* 37/137).

[108] O art. 150, § 6º, ressalva da sua norma o disposto no art. 155, § 2º, XII, "g", porque a remissão em matéria de *ICMS* depende de concessão entre os Estados e o DF (LC nº 24/1975, art. 1º, IV, e LC nº 160/2017) e omite, involuntariamente, o Distrito Federal, mas esta omissão não impede que a lei distrital possa conceder qualquer das renúncias de receita previstas no dispositivo constitucional.

[109] A remissão não pode ser reconhecida fora dos casos previstos em lei (CTN, art. 171.) Hipótese em que a lei estadual cancelou débitos de pessoas jurídicas que, antes da definição jurídica de microempresa, já tinham economicamente esse perfil, não aproveitando o benefício à empresa que, posteriormente e para esse exclusivo efeito, se transformou em microempresa; a transformação de pessoa jurídica não é modalidade de extinção do crédito tributário – CTN, art. 132 (BRASIL. Superior Tribunal de Justiça, REsp. 41.508-RJ, Rel. Min. Ari Pargendler, Segunda Turma, v.u.).

O **parágrafo único do art. 172** determina que o despacho proferido pela autoridade administrativa, concedendo remissão total ou parcial do crédito tributário, não gera direito adquirido a favor do beneficiado. Assim, a medida poderá ser reconsiderada a qualquer momento, quando o beneficiado não satisfazia ou deixou de satisfazer as condições determinantes para sua concessão, aplicando-se o disposto no art. 155 do CTN. Neste caso, o crédito tributário deve ser exigido com as penalidades cabíveis, se o contribuinte agiu com dolo ou simulação, e juros de mora, com os valores devidamente atualizados.

3. Decadência

3.1. Noção geral

O **art. 173 do CTN** reza que o direito de a Fazenda Pública constituir crédito tributário extingue-se após cinco anos, contados: a) do primeiro dia do exercício seguinte àquele em que o lançamento poderia ter sido efetuado; b) da data em que se tornar definitiva a decisão que houver anulado, por vício formal, o lançamento anteriormente efetuado. O parágrafo único do art. 173 dispõe que o direito à constituição do crédito tributário extingue-se definitivamente com o decurso do referido prazo, contado da data em que tenha sido iniciada a constituição do crédito tributário pela notificação, ao sujeito passivo, de qualquer medida preparatória indispensável ao lançamento.

O dispositivo em tela corresponde à **regra geral sobre o instituto da decadência no direito tributário**. Assim, a decadência ocorre quando o fisco não constitui, no prazo legal, o crédito tributário pelo lançamento, implicando, portanto, na extinção deste direito[110] e, em consequência, impedindo que o Estado exerça seu poder de tributar. Na realidade, o legislador contempla uma hipótese curiosa porque diz que a decadência extingue o crédito tributário (CTN, art. 156, V), que, na verdade, não nasceu, já que não ocorreu o lançamento.

3.2. Decadência e prescrição

A decadência não se confunde com a prescrição, embora se **assemelhem num único ponto:** os dois institutos têm o mesmo fundamento, que se traduz pela inércia do titular do direito em exercitá-lo por um espaço de tempo determinado em lei, pelo que o Direito não mais permite o seu exercício visando a maior estabilidade das relações jurídicas. As distinções são, no entanto, nítidas, pois enquanto a decadência atinge o direito em si, a prescrição alcança apenas o direito de ação. A decadência, em regra, não admite interrupção ou suspensão de seu prazo, mas a prescrição pode ter seu prazo interrompido ou suspenso pela prática de determinados atos. A doutrina entendia ainda que a decadência podia ser declarada de ofício pela autoridade judicial, o que não ocorria com a prescrição, que dependia de arguição por parte do devedor, salvo se não envolvesse direitos patrimoniais. Entretanto, o parágrafo 5º do art. 219 do CPC/1973 foi alterado para, não se tratando de direitos patrimoniais, permitir ao juiz conhecer, de ofício, da prescrição, e o **CPC/2015, em seu art. 487, II**, permite ao juiz decidir, de ofício, sobre a ocorrência de decadência ou prescrição. Entretanto, ressalvada a hipótese

---

[110] Paulo de Barros Carvalho, *op. cit.*, p. 310-311, entende que o legislador equivocou-se ao se referir no art. 173 ao *direito de lançar* como objeto da decadência porque o lançamento é ato jurídico administrativo vinculado e obrigatório, sob pena de responsabilidade funcional (CTN, art. 142, parágrafo único). Assim, conclui: "trata-se, na verdade, de um *dever-poder* do Estado, enquanto entidade tributante, que não se confunde com o direito subjetivo de exigir a prestação, não podendo ser considerado, também, como pretende importante segmento doutrinário, um direito potestativo".

do § 1º do art. 332, a prescrição e a decadência não serão reconhecidas sem que antes seja dada às partes oportunidade de manifestar-se (parágrafo único do art. 487).

Se em outros ramos do direito pode existir dúvida se determinado prazo tem natureza decadencial ou prescricional, tal não ocorre no direito tributário porque o **lançamento funciona como um marco material**, que estabelece a distinção entre os dois institutos[111]. Assim, antes do lançamento só pode haver prazo de decadência, e após o lançamento só pode ocorrer prescrição porque seu termo inicial é a constituição definitiva do crédito tributário.

O STJ esclarece que:

> 2. Reconhecida a regular constituição do crédito **tributário,** não há mais que falar em prazo decadencial, mas sim em prescricional, cuja contagem deve se iniciar no dia seguinte à data do vencimento para o pagamento da exação, porquanto antes desse momento o crédito não é exigível do contribuinte. 3. Para o fim preconizado no art. 1.039 do CPC/2015, firma-se a seguinte tese: "A notificação do contribuinte para o recolhimento do IPVA perfectibiliza a constituição definitiva do crédito **tributário,** iniciando-se o prazo prescricional para a execução fiscal no dia seguinte à data estipulada para o vencimento da exação."[112]

3.3. *Termo inicial do prazo*

A regra geral sobre o termo inicial do prazo de decadência é a constante do inciso I do art. 173 do CTN, ou seja, a partir do primeiro dia do exercício seguinte àquele em que o lançamento poderia ter sido efetuado. Como o fisco só pode proceder ao lançamento tendo ciência da ocorrência do fato gerador, na realidade, o termo inicial do prazo de decadência é o primeiro dia do exercício seguinte àquele em que o Fisco tomou ciência do fato gerador. Assim, não adianta o sujeito passivo omitir do Fisco a ocorrência do fato gerador visando a escapar da constituição do crédito tributário[113]. No **lançamento por homologação**, aplica-se a regra do parágrafo 4º do art. 150 do CTN, pela qual o termo inicial do prazo decadencial é o da ocorrência do fato gerador, salvo nas hipóteses de dolo, simulação ou fraude do contribuinte, em que o termo inicial será aquele referido no inciso I do art. 173.

No caso de o lançamento ter sido efetuado com **vício formal** e for proferida decisão, administrativa ou judicial, decretando sua nulidade, o prazo de cinco anos para a Fazenda Pública proceder ao novo lançamento contar-se-á da data em que se tornar definitiva a decisão (CTN, art. 173, II). Alguns autores entendem que a mencionada decisão é **causa de interrupção do prazo decadencial** porque a Fazenda volta a ter, por inteiro, o prazo de cinco anos para proceder ao lançamento, considerando ser o mesmo o direito de lançar e também de suspensão do mesmo prazo decadencial porque o prazo não flui na pendência do processo[114]. Não deve o leitor manifestar estranheza com o referido entendimento porque o **art. 110 do**

---

[111] Cf. Fábio Fanucchi, *op. cit.*, p. 345, e *RTJ* 105/1.249.

[112] BRASIL. Superior Tribunal de Justiça, REsp n. 1.320.825/RJ, Rel. Min. Gurgel de Faria, Primeira Seção, j. 10.08.2016, *DJe* 17.08.2016.

[113] *RTJ* 110/740.

[114] Neste sentido, entre outros, Paulo de Barros Carvalho, *op. cit.*, p. 311-312, e Hugo de Brito Machado, *op. cit.*, p. 146. Luciano Amaro revela que o dispositivo comete um dislate. "De um lado, ele, a um só tempo, introduz, para o arrepio da doutrina, causa de interrupção e suspensão do prazo decadencial – *suspensão* porque o prazo não flui na pendência do processo em que se discute a nulidade do lançamento, e *interrupção* porque o prazo recomeça a correr do início e não da marca já atingida no momento em que ocorreu o lançamento nulo (*Op. cit.*, p. 381, n. 6.4).

Capítulo VIII · CRÉDITO TRIBUTÁRIO | 291

CTN autoriza o legislador a alterar a definição, o conteúdo e o alcance de institutos, conceitos e formas de direito privado, salvo se forem utilizados, expressa ou implicitamente, pela Constituição Federal, pelas Constituições dos Estados, ou pelas Leis Orgânicas do Distrito Federal ou dos Municípios, para definir ou limitar competências tributárias, o que não ocorre com o instituto da decadência. Entendemos, no entanto, que se trata de um **novo direito de lançar**, com um novo prazo, e, portanto, não há de se falar em interrupção de prazo decadencial[115]. De qualquer modo, o inciso II do art. 173 consagra a **teoria do benefício do erro a favor do infrator (fisco)**.

Assim, o prazo decadencial para a Fazenda proceder ao lançamento **não se suspende e não se interrompe**, "sequer por ordem judicial. A **liminar em mandado de segurança** pode paralisar a cobrança, mas não o lançamento"[116]. Tal entendimento se justifica porque o lançamento corresponde a atividade vinculada e obrigatória, sob pena de responsabilidade funcional (**CTN, art. 142, parágrafo único**), e necessária para evitar a decadência do poder de lançar, e por isso a "suspensão da exigibilidade do crédito tributário paralisa temporariamente o exercício efetivo do poder de execução, mas não suspende a prática do próprio ato administrativo de lançamento", nem o depósito, nem a liminar em mandado de segurança, "pelo que a autoridade administrativa deve exercer o seu poder-dever de lançar, sem quaisquer limitações, apenas ficando paralisada a executoriedade do crédito"[117].

3.4. Auto de infração

Pondo fim à divergência doutrinária que lavrava sobre o assunto, o **STF**[118] firmou entendimento que **a lavratura do auto de infração tem natureza de lançamento de ofício do crédito tributário**. Assim, a decadência só é admissível no período anterior a essa lavratura, e entre a sua ocorrência e até que flua o prazo para interposição de recurso administrativo pelo contribuinte, ou enquanto não for decidido o recurso porventura interposto, não mais corre prazo de decadência, e ainda não se iniciou a fluência do prazo para a prescrição. Entretanto, para que não se cogite mais de decadência, por estar constituído o crédito tributário, é necessário que a notificação ao contribuinte seja feita dentro do prazo de cinco anos, nos termos do art. 173, I, do CTN[119], **porque a notificação é pressuposto de eficácia do lançamento**[120].

---

[115] Neste sentido, entre outros, Ricardo Lobo Torres (*op. cit.*, 4. ed. p. 258) e Bernardo Ribeiro de Moraes (*op. cit.*, II, p. 378-379).

[116] BRASIL. Superior Tribunal de Justiça, REsp. 119.986/SP, Rel. Min. Eliana Calmon, Segunda Turma, v.u. Existe decisão do TASP no sentido de que a "simples notificação do contribuinte interrompe o prazo de decadência para a constituição do crédito tributário" (*RT* 753/247).

[117] XAVIER, Alberto *Do lançamento*: teoria geral do ato, do procedimento e do processo tributário. 2. ed. Rio de Janeiro: Forense, 1997, p. 427-428.

[118] BRASIL. Supremo Tribunal Federal ,RE 94.462-SP, Rel. Min. Moreira Alves, Pleno, 06.10.1982, v.u.; *RTJ* 106/263. No mesmo sentido: *RTJ* 89/939, 90/272, 94/382, 97/912, 101/345; BRASIL. Superior Tribunal de Justiça, REsp. 58.774-3-0/SP, Rel. Min. Milton Luiz Pereira, Primeira Turma, v.u.; REsp. 84.853/RS, Rel. Min. Milton Luiz Pereira, Primeira Turma, v.u. Em sentido contrário, Hugo de Brito Machado, entendendo que a lavratura do auto de infração é o encerramento apenas da fase oficiosa do lançamento e, assim, só após a decisão definitiva na esfera administrativa estará constituído o crédito tributário. Entretanto, o referido autor considera que a matéria não mais comporta discussão após as decisões em contrário do STF (*Op. cit.*, 11. ed. p. 144-145).

[119] BRASIL. Superior Tribunal de Justiça, REsp. 73.594-PR, Rel. Min. Humberto Gomes de Barros, Primeira Turma etc.

[120] "Até que o sujeito passivo seja notificado, o auto da infração carece de eficácia, como título hábil para afastar a decadência do direito de constituir o crédito tributário" (BRASIL. Superior Tribunal de Justiça, REsp 73594/PR, REL. Min. Humberto Gomes de Barros, Primeira Turma).

O prazo prescricional fluirá, no caso, do decurso do prazo legal sem interposição de recurso administrativo, ou da decisão definitiva sobre o recurso interposto, após o decurso do prazo legal a contar da notificação ao sujeito passivo, porque estará constituído definitivamente o crédito tributário (CTN, arts. 174 e 201).

3.5. Início da constituição do crédito tributário

O **parágrafo único do art. 173 do CTN** prescreve que, no caso de a Fazenda Pública iniciar a constituição do crédito tributário, notificando o sujeito passivo de qualquer medida preparatória indispensável ao lançamento, o prazo decadencial iniciar-se-á da data da notificação. **Exemplificando**: o fisco promove a notificação do contribuinte em 10.01.2019, que corresponde ao exercício em que o lançamento podia ser efetuado. Nesta hipótese, o prazo para consumar o lançamento fluirá a partir de 11.01.2019, e não de 01º.01.2020. Por outro lado, a notificação feita **após o início do prazo decadencial** não tem o condão de interrompê-lo, porque a **norma do parágrafo único do art. 173 do CTN só opera para antecipar o início do prazo decadencial**[121]. Tal ocorre, por exemplo, com a lavratura de termo de início de fiscalização ou de notificação específica para exame de livros e documentos fiscais[122].

Acerca da decadência nos tributos sujeitos a lançamento por homologação, entende o STJ que:

> STJ. Decadência. Tributos sujeitos a lançamento por homologação. Aplicação do art. 150, § 4º, do CTN (AgInt no REsp 1817191/RS, Rel. Min. Francisco Falcão, Segunda Turma, j. 22.04.2020)
>
> (...) II – Conforme o entendimento da Primeira Seção do Superior Tribunal de Justiça, firmado em julgamento submetido ao rito próprio dos recursos especiais repetitivos (REsp n. 973.733/SC, Rel. Ministro Luiz Fux, Primeira Seção, julgado em 12.08.2009, *DJe* 18.09.2009), previsto no art. art. 543-C do CPC/1973 (Tema n. 163/STJ), a contagem do prazo decadencial quinquenal para a constituição de crédito **tributário,** sujeito a lançamento por homologação, rege-se pelo disposto no art. 150, § 4º, do CTN, quando o contribuinte declara o crédito, contudo efetua o pagamento meramente parcial do débito correspondente, sem a constatação de dolo, fraude ou simulação. Em contrapartida, o referido prazo decadencial é regido pela disposição contida no art. 173, I, do CTN, quando não há qualquer pagamento por parte do contribuinte. Acerca do assunto, destaco os seguintes precedentes: AgInt no AgInt no AREsp n. 1.229.609/RJ, Rel. Min. Mauro Campbell Marques, Segunda Turma, j. 09.10.2018, *DJe* 24.10.2018; AgInt no REsp n. 1.779.147/MS, Rel. Min. Herman Benjamin, Segunda Turma, j. 16.05.2019, *DJe* 30.05.2019.
>
> STJ. A suspensão da exigibilidade do crédito tributário não impede a Fazenda Pública de efetuar o lançamento (ARESP 1596915, Rel. Min. Herman Benjamin, Segunda Turma, j. 05.03.2020)

---

[121] Cf. Luciano Amaro, *op. cit.*, p. 384.

[122] Cf. Bernardo Ribeiro de Moraes, que explica: "O termo inicial se dá porque a hipótese mostra que a Fazenda Pública não apenas 'poderia ter efetuado o lançamento' (hipótese do inciso I do art. 173) mas, sim, *já iniciou* o lançamento. A antecipação do termo inicial da decadência acha-se, pois, justificada, pois o Fisco já tem conhecimento do fato gerador e já está tomando providências para exercer o seu direito de constituir o crédito tributário. Não existe, no caso, razão que justifique a preservação da proteção da regra do inciso I do art. 173 do CTN. Esta terceira regra aplica-se aos lançamentos por declaração e *ex officcio*" (*Op. cit.*, II, p. 379).

Acórdão a quo encontra-se em dissonância com a jurisprudência do STJ, a qual se orienta no sentido de que a suspensão da exigibilidade do crédito **tributário** na via judicial impede a prática de qualquer ato contra o contribuinte visando à cobrança de seu crédito, tais como inscrição em dívida, execução e penhora, mas não impossibilita o Fisco de proceder ao lançamento com o desiderato de evitar a **decadência,** cuja contagem não se sujeita às causas suspensivas ou interruptivas. 3. Agravo conhecido para dar provimento ao Recurso Especial.

STJ. A notificação do auto de infração faz cessar a decadência para constituição do crédito tributário (RESP 1856313, Rel. Min. Herman Benjamin, Segunda Turma, j. 03.03.2020). Súmula 622 do STJ.

Processual civil e **tributário.** Violação do art. 1.022 do CPC. Deficiência na fundamentação. Súmula 284/STF. Constituição do crédito **tributário** por meio de notificação de lançamento. Termo inicial do prazo prescricional. 1. Não se conhece do Recurso Especial em relação à ofensa ao art. 1.022 do CPC quando a parte não aponta, de forma clara, o vício em que teria incorrido o acórdão impugnado. Aplicação, por analogia, da Súmula 284/STF. 2. De acordo com o enunciado da Súmula 622/STJ, "A notificação do auto de infração faz cessar a contagem da **decadência** para a constituição do crédito **tributário**; exaurida a instância administrativa com o decurso do prazo para a impugnação ou com a notificação de seu julgamento definitivo e esgotado o prazo concedido pela Administração para o pagamento voluntário, inicia-se o prazo prescricional para a cobrança judicial."

4. Prescrição

O **art. 174 do CTN** reza que a ação para cobrança do crédito tributário prescreve em cinco anos, contados da data de sua constituição definitiva. A ação para cobrança da dívida ativa, tributária ou não tributária, denomina-se **execução fiscal** e é regrada pela Lei nº 6.830, de 22.09.1980, aplicando-se, subsidiariamente, o CPC, por força do disposto no seu art. 1º.

4.1. Noção geral

A prescrição, no direito tributário, atinge não só o direito de ação da Fazenda Pública, mas também o próprio crédito tributário porque é causa de sua extinção (**CTN, art. 156, V**)[123]. Ademais, a prescrição provoca também a extinção da obrigação tributária, em razão de o § 1º do art. 113 do CTN rezar que a obrigação tributária se extingue juntamente com o crédito dela decorrente.

4.2. Termo inicial da prescrição: constituição definitiva do crédito tributário

Na dicção do art. 174 o termo inicial do prazo prescricional corresponde à constituição definitiva do crédito tributário. Tal expressão significa crédito tributário em condição de ser exigido, ou seja, que não possa mais ser modificado na via administrativa. **O crédito tributário considera-se definitivamente constituído** quando o sujeito passivo é notificado do lançamento sem que o impugne no prazo legal. Não basta a efetivação do lançamento, mas há necessidade

---

[123] Hugo de Brito Machado, *op. cit.*, p. 147, demonstra que implicando a prescrição na extinção do próprio direito, a Fazenda não poderá recusar o fornecimento de certidões negativas aos sujeitos passivos, o que não ocorreria se a prescrição atingisse apenas a ação para a cobrança.

de notificação regular ao sujeito passivo e do decurso do prazo fixado em lei para pagamento ou impugnação ao lançamento, para que se considere o crédito tributário como definitivamente constituído. Se o sujeito passivo não se conformar com o lançamento, iniciando, portanto, o processo administrativo fiscal, o crédito tributário só estará definitivamente constituído após o decurso do prazo legal, a contar da notificação ao sujeito passivo dando ciência da decisão definitiva (CTN, art. 201). Relembre-se que a reclamação do sujeito passivo e a interposição de recurso suspendem a exigibilidade do crédito tributário (CTN, art. 151, III), e, em consequência, fica igualmente suspenso o prazo prescricional até a decisão definitiva proferida no processo administrativo[124].

STJ. Declaração de inconstitucionalidade de lei tributária não afeta contagem de prazo prescricional (REsp 1110578/SP, Rel. Min. LuizFux, 1ª Seção, j. 12.05.2010)
2. A declaração de inconstitucionalidade da lei instituidora do tributo em controle concentrado, pelo STF, ou a Resolução do Senado (declaração de inconstitucionalidade em controle difuso) é despicienda para fins de contagem do prazo prescricional tanto em relação aos tributos sujeitos ao lançamento por homologação, quanto em relação aos tributos sujeitos ao lançamento de ofício (Precedentes: EREsp 435835/SC, Rel. Min. Francisco Peçanha Martins, Rel. p/acórdão Min. José Delgado, Primeira Seção, j. 24.03.2004, *DJ* 04.06.2007; AgRg no Ag 803.662/SP, Rel. Min. Herman Benjamin, Segunda Turma, j. 27.02.2007, *DJ* 19.12.2007).

4.3. *Prazo é de cinco anos*

O prazo prescricional é de cinco anos, **contados da constituição definitiva do crédito tributário**, aplicando-se também às **contribuições sociais**, em razão da CF de 1988, em seu **art. 149**, ter atribuído natureza tributária às mencionadas receitas. "A ação de cobrança das contribuições para o FGTS prescreve em 30 (trinta) anos" (STJ, Súmula nº 210 e TRF-4ª R, Súmula nº 43). Tal entendimento baseia-se em que a contribuição para o FGTS destina-se a recolhimento em contas vinculadas dos empregados, com fim estritamente social de proteção aos trabalhadores, não tendo, portanto, natureza tributária porque o produto da arrecadação não é carreado para os cofres públicos, constituindo apenas ônus trabalhista, como decidiu o STF, em sessão plenária, mesmo antes da CF de 1988, entendimento este reiterado após o advento da Constituição vigente[125]. Entretanto, a LC nº 110/2001 criou duas contribuições sociais para o FGTS devida pelos empregadores aos empregados, que têm natureza tributária porque não correspondem a encargos decorrentes do contrato de trabalho: a) a primeira em caso de despedida de empregado sem justa causa, à alíquota de dez por cento sobre o montante de todos os depósitos devidos, referentes ao FGTS, mas visa a carrear recursos para o pagamento de dívida do Governo (LC nº 110/2001, art. 4º), que não se enquadra nas finalidades previstas no art. 149, sendo, portanto, tributo com fim fiscal[126]; b) a segunda, contribuição social devida pelos empregadores, à alíquota de cinco décimos por cento sobre a remuneração devida, no mês anterior, a cada trabalhador, incluídas as parcelas de que trata o art. 15 da Lei nº 8.036, de 11.05.1990, sendo ambas inconstitucionais pelas seguintes razões. Primeira, que a finalidade das contribuições sociais constantes do art. 4º não permite que as mesmas se amoldem nas espécies referidas nos incisos do art. 195 da CF, nem no seu § 4º, como contribuições sociais novas, e muito menos no art. 149. A segunda, porque as contribuições sociais sob comento

---

[124] *RTJ* 90/272.
[125] *RTJ* 136/681.
[126] BRASIL. RE 134.328/DF, Rel. Min. Ilmar Galvão, Primeira Turma, v.u., e RE 120.189/SC, Rel. Min. Marco Aurélio, Segunda Turma.

correspondem a contribuições para o FGTS que não se destinam a depósito em conta vinculada dos empregados (art. 3º, § 1º) e não se compatibilizam com a definição constitucional de contribuições sociais voltadas ao financiamento da seguridade social, afrontando, portanto, o parágrafo 5º do art. 195 da CF, pelo qual as novas contribuições devem ter finalidade justificada. Terceira, que, não sendo contribuições sociais, poderiam, a título de mero raciocínio, ser entendidas como impostos criados com base no art. 154, I, da CF, mas como tal agrediria o art. 167, IV, da CF, que veda a vinculação da receita de impostos a órgão, fundo ou despesa. Quarta, que a base de cálculo da contribuição social referida no art. 2º da LC nº 110/2001, correspondente à remuneração devida, no mês anterior, a cada trabalhador, malbarata o art. 195, parágrafo 4º, da CF, que não permite criação de contribuição social nova cujas fontes já estejam previstas nos incisos do art. 195.

Consumada a prescrição, **extingue-se também o direito ao crédito tributário**, e disso resulta que qualquer pagamento que seja feito é pagamento sem causa jurídica, ensejando direito à restituição, não se podendo considerar o pagamento como renúncia ao mencionado direito[127].

Acerca do termo inicial do prazo prescricional quinquenal no caso de lançamento de ofício do IPTU, o STJ firmou o seguinte entendimento: "(i) o termo inicial do prazo prescricional da cobrança judicial do Imposto Predial e Territorial Urbano – IPTU inicia-se no dia seguinte à data estipulada para o vencimento da exação; (ii) o parcelamento de ofício da dívida tributária não configura causa interruptiva da contagem da prescrição, uma vez que o contribuinte não anuiu".[128]

4.4. *Interrupção do prazo prescricional*

No direito existem causas impeditivas, interruptivas e suspensivas do prazo prescricional. As **causas impeditivas** obstam o início do prazo prescricional, *v.g.*, o não decurso do prazo legal para pagamento do tributo. As **causas interruptivas** fazem com que, cessados os seus efeitos, o prazo prescricional recomece por inteiro, não se contando o prazo anterior à causa interruptiva. As **causas suspensivas** têm o condão de paralisar o prazo prescricional, mas cessado o seu efeito o prazo volta a fluir, computando-se o prazo decorrido anteriormente.

O parágrafo único do art. 174 do CTN estabelece apenas as **causas interruptivas do prazo prescricional no direito tributário**: a) pelo despacho do juiz que ordenar a citação em execução fiscal; b) pelo protesto judicial; c) por qualquer ato judicial que constitua em mora o devedor; d) por qualquer ato inequívoco, ainda que extrajudicial, que importe em reconhecimento do débito pelo devedor, por exemplo, o pedido administrativo de compensação pelo contribuinte, como atesta o seguinte acórdão do **STJ:**

> 3. O Superior Tribunal de Justiça já decidiu que "o pedido administrativo de compensação pelo contribuinte constitui ato inequívoco de reconhecimento do débito e, nessa condição, interrompe o prazo prescricional para a propositura da ação de cobrança pelo fisco" (AgInt no REsp 1.711.885/SP, Rel. Min. Og Fernandes, Segunda Turma, j. 12.03.2019, *DJe* 05.04.2019). 4. Agravo interno desprovido.

Antes da LC nº 118/2002 a interrupção da prescrição somente ocorria com a citação pessoal do executado, mas com a nova redação dada ao inciso I do parágrafo único do art.

---

[127] Cf. Bernardo Ribeiro de Moraes, *op. cit.*, II, p. 472.

[128] BRASIL. Superior Tribunal de Justiça, REsp n. 1.641.011/PA, Rel. Min. Napoleão Nunes Maia Filho, Primeira Seção, j. 14.11.2018, *DJe* 21.11.2018.

174, o **despacho citatório positivo** já interrompe o prazo prescricional, desde que a citação se faça nos prazos estabelecidos no CPC[129]. A mencionada norma, que visou atender aos interesses da Fazenda Pública, está consentânea com a norma do parágrafo 2º do art. 8º da LEF, pondo fim, portanto, ao conflito que existia entre as duas normas. Como se vê, na realidade, a citação válida é que interrompe o prazo prescricional, retroagindo, no entanto, seus efeitos à data do despacho que a ordena.

A **segunda causa interruptiva do prazo prescricional** é o **protesto judicial** (CTN, art. 174, parágrafo único, II), que assim se conceitua: medida cautelar nominada que objetiva a intimação de terceiro para que se abstenha da prática de ato, fato ou direito, no intuito de prevenir possível lesão aos interesses do requerente. A Fazenda Pública deve valer-se do protesto judicial sempre que exista um óbice à propositura da execução fiscal e se aproxima a consumação do prazo prescricional, objetivando, assim, a sua interrupção. O STJ, aplicando o princípio da igualdade das partes no processo, decidiu que o protesto judicial feito pelo contribuinte interrompe o prazo prescricional da ação de repetição de indébito[130].

A **terceira causa de interrupção do prazo prescricional** é **qualquer ato judicial que constitua em mora o devedor (CTN, art. 174, parágrafo único, III)**. O dispositivo não especifica qual o ato judicial que tem o condão de constituir o devedor em mora, sendo, portanto, bastante genérico. Assim, deve-se entender que qualquer ato judicial praticado pela Fazenda Pública, com o intuito de revelar que não está inerte e tem a disposição de cobrar o crédito tributário, constitui em mora o devedor, por exemplo, notificação judicial, interpelação judicial etc.

A **quarta causa interruptiva do prazo prescricional** consiste na prática de ato pelo devedor, **reconhecendo seu débito fiscal (CTN, art. 174, parágrafo único, IV)**. Este ato pode ser judicial ou extrajudicial, desde que revele de modo expresso o reconhecimento do direito da Fazenda Pública em exigir a prestação tributária, e, em consequência, a sua obrigação de pagar. Esta é a única causa interruptiva do prazo prescricional que **emana do próprio sujeito passivo da obrigação tributária**. Assim, produz o efeito de interromper o prazo prescricional, por exemplo, **pedido de parcelamento de débito fiscal feito pelo devedor, confessando-o existente**. Nesse caso, se o devedor deixar de cumprir o parcelamento deferido, recomeçará a fluir neste dia o prazo prescricional que havia sido interrompido pelo pedido de parcelamento[131].

4.5. *Suspensão do prazo prescricional*

O parágrafo único do art. 174 do CTN só se refere às causas de interrupção do prazo prescricional, mas isto não significa que não existam no direito tributário **hipóteses de suspensão de prazo prescricional**. Assim, vamos relembrar que nos casos de suspensão da exigibilidade do crédito tributário (**CTN, art. 151**), fica igualmente suspenso o prazo prescricional enquanto perdurar a causa que a determinar. Por outro lado, o **parágrafo único do art. 155** estabelece que o prazo prescricional fica suspenso no período entre o ato que concedeu a moratória e a sua anulação, desde que o sujeito passivo tenha agido com boa-fé. Deste modo, no caso de anulação do ato, recomeça a correr o prazo prescricional decorrido

---

[129] Neste sentido, Hugo de Brito Machado *op. cit.*, p. 147; BRASIL. Superior Tribunal de Justiça, REsp. 74.201/RS, Rel. Min. Milton Luiz Pereira, Primeira Turma, v.u. etc.

[130] BRASIL. Superior Tribunal de Justiça, REsp. 82.553-DF, Rel. Min. Demócrito Reinaldo, Primeira Turma, v.u.

[131] Súmula nº 248 do TFR: "O prazo da prescrição interrompida pela confissão e parcelamento da dívida fiscal recomeça a fluir no dia em que o devedor deixar de cumprir o acordo celebrado."

anteriormente ao ato concessivo do favor. O mesmo ocorre no caso de anulação do ato concessivo de remissão (**CTN, art. 172, parágrafo único**), de isenção (**CTN, art. 179, § 2º**) e de anistia (**CTN, art. 182, parágrafo único**).

A **inscrição do crédito tributário** como dívida ativa tributária **não suspende o prazo prescricional, como reza o art. 2º, § 3º, da LEF**. O instituto da prescrição, em matéria tributária, só pode ser **regrado por lei complementar**, em razão do disposto no **art. 146, III, "b", da CF de 1988**, e a lei de execução fiscal não tem tal categoria. Assim, as causas de suspensão do prazo prescricional são somente aquelas previstas no CTN ou em outra lei complementar[132], e a norma do § 3º do art. 2º da LEF só se aplica à dívida ativa não tributária.

Outra causa de suspensão do prazo prescricional está prevista no **art. 40 da LEF**, consistente no despacho do juiz que suspender o curso da execução, se não for localizado o devedor ou encontrados bens sobre os quais a penhora possa incidir. O prazo prescricional ficará suspenso por um ano a partir do referido despacho, e após o decurso deste prazo o juiz determinará o arquivamento dos autos, quando recomeça a fluir o prazo de prescrição. Assim, se decorridos cinco anos, a Fazenda Pública não poderá mais requerer o desarquivamento dos autos para prosseguir na execução por ter ocorrido **prescrição intercorrente**[133]. Nesse sentido deve ser interpretada a cláusula "a qualquer tempo" referida no § 3º do art. 40 da LEF.

4.6. *Pagamento definitivo (antiga conversão de depósito em renda)*

O **art. 156, VI, do CTN** estabelece que é também causa da extinção do crédito tributário a conversão de depósito em renda. Como dito antes, o sujeito passivo da obrigação tributária pode suspender a exigibilidade do crédito tributário mediante depósito do montante integral do tributo cobrado pelo fisco (CTN, art. 151, II). Tal depósito pode ser feito no **processo administrativo** para evitar a incidência de juros de mora e correção monetária ou para liberar mercadoria apreendida (Decreto nº 70.235, de 06.03.1972, art. 43, § 1º). O depósito pode, também, ser efetivado na **via judicial** mediante ação cautelar inominada, preventiva ou no curso da ação principal. Por outro lado, o **art. 9º, I, da LEF**, prescreve que, em garantia da execução, o executado poderá efetuar depósito em dinheiro, à ordem do juízo em estabelecimento oficial de crédito, que assegure atualização monetária.

Assim, se o sujeito passivo obtiver decisão administrativa ou judicial a seu favor, procederá ao levantamento do depósito que efetuou. Se, no entanto, a decisão administrativa ou a sentença lhe for desfavorável, o depósito será convertido em renda, com a consequente extinção do crédito tributário (Decreto nº 70.235, de 06.03.1972, art. 43, §§ 1º e 2º, e LEF, art. 32, § 2º).

O **STJ** tem os seguintes entendimentos sobre depósito judicial: **a)** se lei superveniente ao ajuizamento da demanda prejudica em parte a lide, o depósito, nessa medida, deve ser liberado por falta de objeto[134]; **b)** o depósito somente poderá ser levantado, por qualquer das

---

[132]   Neste sentido, ABRÃO, Carlos Henrique. *et al.*, *Lei de execução fiscal*. São Paulo: RT, 1997, p. 37, n. 2.5; TRF-1ª R., AC 91.01.09082-8/DF, Rel. Juiz Fernando Gonçalves, Terceira Turma; BRASIL. Tribunal Regional Federal, 1ª Região. *Código tributário nacional interpretado*, p. 147. Entretanto, alguns autores entendem que a inscrição suspende a exigibilidade do crédito tributário, como, dentre outros, Ricardo Lobo Torres (*op. cit.*, p. 259).

[133]   Neste sentido, STJ (*RSTJ* 56/169, 60/1.296, REsp. 43354-PR, Rel. Min. Peçanha Martins, Segunda Turma, v.m); em sentido contrário, RSTJ 59/393 e STF (RTJ 119/328). Registre-se que não corre prescrição intercorrente no processo administrativo entre o lançamento e a decisão definitiva (cf. Ricardo Lobo Torres, *op. cit.*, p. 259).

[134]   BRASIL. Superior Tribunal de Justiça, RMS 5952/RJ, Rel. Min. Ari Pargendler, Segunda Turma, v.u.

partes, após o trânsito em julgado da sentença que julgar a causa respectiva[135] (**vide Lei nº 9703/1998, art. 1º, § 2º**); **c**) e, assim, a Fazenda Pública não pode pleitear a sua conversão em renda antes da mencionada decisão transitada em julgado, "sob pena de não só perder-se o objeto da ação, como também subverter-se a ordem processual, através da conclusão do processo de execução antes mesmo que o mesmo seja devidamente instaurado"[136].

A **Lei nº 9.703, de 07.11.1998**, veio a dispor sobre os depósitos judiciais e extrajudiciais dos tributos e contribuições administrados pela Secretaria da Receita Federal do Ministério da Fazenda, determinando o **§ 2º do art. 1º** que os mesmos "serão repassados pela Caixa Econômica Federal para a Conta Única do Tesouro Nacional, independentemente de qualquer formalidade, no mesmo prazo fixado para recolhimento dos tributos e das contribuições federais". **Após o encerramento da lide ou do processo litigioso**, mediante ordem da autoridade judicial ou, no caso de depósito extrajudicial, da autoridade administrativa competente, o valor do depósito será devolvido ao depositante pela Caixa Econômica Federal no prazo máximo de 24 (vinte e quatro) horas, acrescido de juros, quando a sentença lhe for favorável, ou na proporção em que o for, ou transformado em pagamento definitivo, proporcionalmente à exigência do correspondente tributo ou contribuição, quando se tratar de sentença ou decisão favorável à Fazenda Nacional.

Sobre a transformação do depósito em pagamento definitivo entende o STJ que: "De acordo com o art. 156, I, do CTN, o pagamento extingue o crédito tributário. Se o pagamento por parte do contribuinte ou a transformação do depósito em pagamento definitivo por ordem judicial (art. 1º, § 3º, II, da Lei nº 9.703/1998) somente ocorre depois de encerrada a lide, o crédito tributário tem vida após o trânsito em julgado que o confirma. Se tem vida, pode ser objeto de remissão e/ou anistia neste ínterim (entre o trânsito em julgado e a ordem para transformação em pagamento definitivo, antiga conversão em renda) quando a lei não exclui expressamente tal situação do seu âmbito de incidência. A remissão/anistia das rubricas concedida (multa, juros de mora, encargo legal) somente incide se efetivamente existirem tais rubricas (saldos devedores) dentro da composição do crédito tributário cuja exigibilidade se encontra suspensa pelo depósito. A remissão de juros de mora insertos dentro da composição do crédito tributário não enseja o resgate de juros remuneratórios incidentes sobre o depósito judicial feito para suspender a exigibilidade desse mesmo crédito tributário".[137]

4.7. *Pagamento antecipado e homologação do lançamento*

O **art. 156, VII, do CTN** prescreve que extinguem o crédito tributário o pagamento antecipado e a homologação do lançamento nos termos do disposto no art. 150 e seus §§ 1º e 4º. O dispositivo refere-se ao lançamento por homologação, que é disciplinado pelo art. 150 do CTN e seus parágrafos. Assim, o contribuinte, nos casos determinados em lei, tem o dever de pagar o tributo antes da efetivação do lançamento. Entretanto, tal pagamento antecipado **não extinguirá o crédito tributário**, o que só ocorrerá se a autoridade administrativa, expressa ou tacitamente, homologar o ato praticado pelo contribuinte (**CTN, art. 150, §§ 1º e 4º**).

> STJ. Recurso repetitivo. Tema 163. Decadência (lançamento de ofício). Previsão ou não de pagamento antecipado.

---

[135] BRASIL. Superior Tribunal de Justiça, REsp. 85.918-DF, Rel. Min. Demócrito Reinaldo, Primeira Turma, v.u.

[136] BRASIL. Superior Tribunal de Justiça, REsp. 103.275/SP, Rel. Min. José Delgado, Primeira Turma, v.u.

[137] BRASIL. Superior Tribunal de Justiça, REsp n. 1.251.513/PR, Rel. Min. Mauro Campbell Marques, Primeira Seção, j. 10.08.2011, *DJe* 17.08.2011.

Capítulo VIII · CRÉDITO TRIBUTÁRIO | **299**

1. O prazo decadencial quinquenal para o Fisco constituir o crédito tributário (lançamento de ofício) conta-se do primeiro dia do exercício seguinte àquele em que o lançamento poderia ter sido efetuado, nos casos em que a lei não prevê o pagamento antecipado da exação ou quando, a despeito da previsão legal, o mesmo inocorre, sem a constatação de dolo, fraude ou simulação do contribuinte, inexistindo declaração prévia do débito (Precedentes da Primeira Seção: REsp 766.050/PR, Rel. Min. Luiz Fux, j. 28.11.2007, *DJ* 25.02.2008; AgRg nos EREsp 216.758/SP, Rel. Min. Teori Albino Zavascki, j. 22.03.2006, *DJ* 10.04.2006; e EREsp 276.142/SP, Rel. Min. Luiz Fux, j. 13.12.2004, *DJ* 28.02.2005) (REsp 973733, Rel. Min. Luiz Fux, 1ª Seção).

4.8. *Decisão administrativa definitiva e decisão judicial passada em julgado*

O **art. 156 do CTN** considera também como causas de extinção do crédito tributário: a) a **decisão administrativa irreformável**, assim entendida a definitiva na órbita administrativa, que não mais possa ser objeto de ação anulatória (inciso IX); b) **a decisão judicial passada em julgado (inciso X)**.

Assim, se a decisão administrativa for **favorável ao sujeito passivo da obrigação tributária e não mais comportar qualquer espécie de recurso**, tornando-se, portanto, definitiva, ocorrerá a extinção do crédito tributário. Não se esqueça que, no caso, a **Fazenda Pública não poderá recorrer ao Poder Judiciário** para rever sua própria decisão por força do princípio *nemi potest venire contra factum proprium*. Desse modo, a referência feita pelo legislador, na **parte final do inciso IX do art. 156**, à ação anulatória não tem o condão de superar o princípio antes enunciado e deve ser entendida no sentido de que se trata de decisão que não comporta mais recurso na via administrativa.

Também extingue o crédito tributário a **decisão judicial passada em julgado**, ou seja, que não comporta mais recurso, e, portanto, não poderá ser prejudicada nem mesmo pela lei (**CF, art. 5º, XXXVI**).

Sacha Calmon Navarro Coêlho averba:

> A certeza do direito "é uma exigência essencial dos ordenamentos modernos, como observa Mario Vellani. "Exigência essencial porque é a certeza do direito que assegura a paz social". E a certeza deve existir "não somente sobre a norma do direito objetivo, mas também sobre as relações singulares", e como destaca Segni: "A certeza da relação se garante com a sua indiscutibilidade(...). Por conseguinte, é a certeza do direito que impõe a coisa julgada como característica da jurisdição contenciosa" (*apud* Vellani, ob. cit., nº 33, p. 169)[138].

Em verdade, a decisão administrativa e a decisão judicial **anulam o lançamento**, provocando, em consequência, a extinção do crédito tributário. A decisão que julga indevido o tributo cobrado em determinado exercício não faz coisa julgada em relação a lançamentos e cobranças relativos a exercícios posteriores[139].

---

[138] COÊLHO, Sacha Calmon Navarro. *Curso de direito tributário brasileiro*. 10. ed. Rio de Janeiro: Forense, 2009, p. 790.

[139] BRASIL. Supremo Tribunal Federal, Súmula STJ nº 239, *RSTJ* 8/341. "Coisa julgada. Matéria tributária. Sentença proferida em execução fiscal não faz coisa julgada quanto à ilegitimidade, em tese, da cobrança de certo tributo, visto que, por sua natureza, esse processo diz respeito estrito aos exercícios discutidos nos próprios autos"(*RTJ* 107/1235). "ICM. Coisa julgada. Declaração da intributabilidade. Súmula nº 239. – A declaração de intributabilidade, no pertinente a relações jurídicas originadas de fatos geradores que se sucedem no tempo, não pode ter o caráter de imutabilidade e de normatividade a abranger eventos futuros" (*RTJ* 106/1.189). *Idem RSTJ* 96/141. Sobre o tema, recomendamos a leitura de excelente estudo

V. EXCLUSÃO DO CRÉDITO TRIBUTÁRIO

1. Noção geral

As causas de exclusão do crédito tributário são a **isenção e a anistia** (CTN, art. 175). Deve-se interpretar a expressão "exclusão do crédito tributário" no sentido de **impedimento de sua constituição**, sendo, portanto, exceção à regra estabelecida no art. 142, parágrafo único, do CTN, pela qual o lançamento é uma atividade administrativa de natureza vinculada e obrigatória, sob pena de responsabilidade funcional.

Na isenção, o crédito tributário não se constitui porque fica suspensa a eficácia da norma impositiva, enquanto a **anistia implica o perdão de infrações cometidas à legislação tributária**. Concordamos com a doutrina quando entende que a decadência devia estar incluída como causa de exclusão do crédito tributário porque obsta a constituição do crédito tributário, não sendo, portanto, causa de sua extinção, como reza o art. 156, V, do CTN.

Entretanto, a **"exclusão do crédito tributário não dispensa o cumprimento das obrigações acessórias dependentes da obrigação principal** cujo crédito seja excluído, ou dela consequente" (CTN, art. 175, parágrafo único). Isto significa que o contribuinte beneficiado por isenção ou anistia continua com o dever de praticar ou abster-se de praticar os atos definidos na legislação tributária como obrigação tributária acessória (CTN, art. 113, § 2º).

2. Isenção[140]

2.1. Conceito

No **conceito clássico**, isenção significava a dispensa legal do pagamento de tributo devido, porque ocorria o fato gerador e a relação jurídico-tributária se instaurava, existindo, portanto, obrigação tributária[141]. Essa posição chegou a ser adotada pelo Supremo Tribunal

---

feito por Hugo de Brito Machado, (MACHADO Hugo de Brito. *Aspectos da coisa julgada em questões tributárias*, constante de *temas de direito tributário* – II. São Paulo: RT, 1994, p. 210-231), da qual extraímos as seguintes conclusões: "1º) Na execução fiscal não embargada não se pode falar de coisa julgada material. 2º) A sentença que concede, ou denega, mandado de segurança apreciando o mérito do pedido faz coisa julgada material. A que denega sem examinar o mérito do pedido não impede seja o mesmo novamente formulado pela via ordinária, ou até em outro mandado de segurança, conforme o caso. 3º) A coisa julgada, relativamente a sentença proferida em embargos à execução fiscal, ação anulatória de lançamento tributário e mandado de segurança, não alcança a relação jurídica tributária, cuja existência, inexistência ou modo de ser constitui questão prejudicial, cujo exame fornece apenas premissas lógicas para a decisão. 4º) Na sentença proferida em ação declaratória, a declaração da existência, inexistência ou modo de ser da relação jurídica tributária transita em julgado, porque constitui a própria decisão. 5º) Assim, a extensão dos efeitos da coisa julgada à relação jurídica tributária pode ser obtida por meio da ação declaratória principal ou incidental" (p. 231).

[140] Sobre o assunto é indispensável a leitura da excelente monografia de Aurélio Pitanga Seixas Filho (SEIXAS FILHO, Aurélio Pitanga. *Teoria e prática das isenções tributárias*. Rio de Janeiro: Forense, 2003. Da mesma forma, a obra clássica de José Souto Maior Borges (BORGES, José Souto Maior. *Isenções tributárias*. São Paulo: Atlas, 1969).

[141] Podem ser citados, entre outros, como integrantes desta corrente os seguintes autores: GIANNINI, Achille Donato. *Il rapporto giuridico d'imposta*, Milano: Giuffré, 1937, p. 205; Rubens Gomes de Souza, *op. cit.*, p. 75; FALCÃO, Amílcar de Araújo. *Fato gerador da obrigação tributária*. São Paulo: Revista dos Tribunais, 1974, p. 134; Fábio Fannuchi, *op. cit.*, I, p. 368-371; ATALIBA, Geraldo. *Natureza jurídica da contribuição de melhoria*. São Paulo: RT, 1964, p. 243-244; VILLEGAS, Hector. *Curso de derecho tributário*. Tradução de Roque Carraza. São Paulo: RT, 1980, p. 129-130; MADEIRA, Anderson Soares. *Manual de direito tributário*. Rio de Janeiro: Lumen Juris, 2016, p. 468; CASSONE, Vittorio. *Direto tributário*. 16. ed.

Federal. Hugo de Brito Machado Segundo esclarece: "Ao indicar a isenção como causa de "exclusão" do crédito, equiparando-a à anistia, o CTN foi claramente influenciado pela doutrina que considerava a isenção como sendo "a dispensa legal do tributo devido"[142]. A **corrente doutrinária, moderna e mais coerente**, entende que na isenção não há incidência e, em consequência, não se instaura a relação jurídico-tributária, inexiste obrigação tributária e o tributo não é devido[143]. Assim, para os autores que integram esta corrente, a lei tributária contém uma norma impositiva se a situação abstrata prevista vier a ocorrer, e a **lei isencional contém norma que suspende a eficácia da norma tributante**. Se a lei isencional vier a ser revogada, a lei de incidência readquire a sua eficácia[144].

O CTN não resolveu o dissenso doutrinário porque o art.175, ao prescrever que a isenção exclui o crédito tributário, tal posição tanto pode significar que na isenção não existe a própria obrigação tributária, e por isso o crédito não se constitui, como pode significar que na isenção existe a obrigação tributária, mas que se torna incobrável por ausência da constituição do crédito tributário[145].

2.2. *Isenção e imunidade*

A **imunidade** é hipótese de não incidência constitucional, enquanto a **isenção** corresponde a não incidência legal. A **imunidade** consubstancia **limitação ao exercício do poder de tributar**, e, por isso, as normas imunizantes comportam **interpretação extensiva**, mas a **norma isencional**, por ser ditada por razões de natureza política, econômica ou social, **não admite interpretação extensiva (CTN, arts. 111 e 177).**[146]

São Paulo: Atlas, 2004, p. 256 etc. Tal posição foi consagrada no art. 65 do *Modelo de Código Tributário para a América Latina*: "Exención es la dispensa legal de la obligación tributaria".

[142] MACHADO SEGUNDO, Hugo de Brito. *Código tributário nacional interpretado.* 4. ed. São Paulo: Atlas, 2014, p. 395.

[143] Podemos citar, entre outros, os seguintes autores: ABRAHAM, Marcus. *Lei de responsabilidade fiscal comentada.* Rio de Janeiro: Forense, 2016, p. 45; BERLIRI, Antônio. *Principi di diritto tributario.* Milão: Giuffré, 1957, II, t. I, p. 220; BECKER, Alfredo Augusto. *Teoria geral do direito tributário.* São Paulo: Saraiva, 1963, p. 277; BORGES, Souto Maior Borges. *Isenções tributárias,* 2. ed. São Paulo: Sugestões Literárias, 1980, p. 182; Bernardo Ribeiro de Moraes, *op. cit.*, p. 357-358; Ricardo Lobo Torres, *op. cit.*, p. 249; Luciano Amaro, *op. cit.*, p. 265; NOVELLI, Flávio Bauer. Anualidade e anterioridade na Constituição de 1988, *Revista de Direito Administrativo,* 51, p. 70 e 82-83, nota de rodapé n. 33, 1999. Roque Antônio Carraza consagra tese distinta das demais por entender que a norma isencional integra a norma tributária mas dando-lhe nova conformação, e, assim, não há uma norma jurídica tributária anterior e uma norma jurídica isentiva posterior (CARRAZA, Roque Antônio. *Curso de direito constitucional tributário,* 8. ed. Malheiros: São Paulo, 1996, p. 383-385). Hugo de Brito Machado entende que a isenção *exclui* o próprio fato gerador, "a lei isentiva retira uma parcela da hipótese de incidência da lei de tributação. Isenção, portanto, não é propriamente *dispensa* de tributo devido" (*Op. cit.*, p. 150-151). Aurélio Pitanga Seixas doutrina que "na isenção o fato gerador típico deixa de ocorrer em razão da existência de *mais uma norma jurídica* tributária, cujo efeito será o de impedir ou paralisar a consequência jurídica da norma principal" (*Op cit.*, p. 11).

[144] Cf. Ricardo Lobo Torres, *op. cit.*, p. 249. O mesmo autor doutrina ainda que a isenção é *privilégio não odioso* porque não ofende a igualdade e os direitos fundamentais, sendo, portanto, legítimo no nosso sistema jurídico, e constitui privilégio porque é "concessão de lei que estabelece a exceção à regra geral".

[145] Cf. Bernardo Ribeiro de Moraes, *op. cit.*, p. 358-359. Entretanto, Luciano Amaro entende que o CTN adotou a lição de que a isenção é dispensa legal do pagamento do tributo (*Op. cit.*, p. 265).

[146] Luciano Amaro averba: "Se o ordenamento jurídico declara a situação não tributável, em preceito constitucional, temos a hipótese de *imunidade* tributária. Se a lei exclui a situação, subtraindo-a da regra de incidência estabelecida sobre o universo de que ela faz parte, temos a isenção (*Op. cit.*, p. 263, n. 9).

2.3. Classificações

A isenção tributária comporta diversas classificações segundo o aspecto que se queira enfocar.

2.3.1. Isenção pura e onerosa

Quanto à sua **natureza**, a isenção pode ser pura ou onerosa. **A isenção pura, ou simples, ou gratuita, ou unilateral, ou não contratual,** ocorre quando é concedida sem que a lei exija contraprestação do contribuinte, ou seja, quando não lhe impõe qualquer condição para gozar do benefício fiscal, resultando, portanto, de mera liberalidade fiscal. A isenção onerosa, ou condicionada, ou bilateral, ou contratual, se dá quando a lei condiciona a sua concessão ao cumprimento pelo contribuinte de determinadas condições, ou seja, tem caráter contraprestacional. A **isenção condicionada** corresponde a expediente comum de política fiscal utilizado pelo Estado visando atrair a iniciativa privada para prestação de serviços que entende de natureza relevante, ou objetiva atrair indústrias para se localizarem em determinadas regiões, em contrapartida do oferecimento da vantagem da isenção. Assim, nas **isenções onerosas** a existência do favor fica dependendo do implemento pelo contribuinte do serviço previsto na lei, que constitui condição suspensiva para a eficácia da dispensa do pagamento do tributo devido. A **isenção onerosa e a prazo certo** não pode ser livremente suprimida pelo poder público (**CTN, art. 178**).

2.3.2. Isenção instantânea, a prazo certo e a prazo indeterminado

No que toca ao prazo, a isenção pode ser instantânea, a prazo certo e a prazo indeterminado. A **isenção instantânea** ocorre em um dado momento no tempo, que pode ser isolado, Assim, cada vez que a situação prevista na lei é realizada dá lugar à ocorrência de novo fato gerador, por exemplo, a entrada de mercadoria no território nacional. Desse modo, a isenção instantânea (*v.g.*, na importação de trator) perde seu efeito tão logo ocorra o fato singular que a ditou, sendo, portanto, desnecessária a sua revogação, pois as situações por ela amparadas já deixaram de existir, tornando sem substância a norma instituidora do favor. A **isenção a prazo certo** caracteriza-se por vigorar por um dado prazo estabelecido em lei, pelo que seus efeitos cessam tão logo se esgote o prazo. O **art. 178 do CTN** reza que a isenção a prazo certo e onerosa não pode ser revogada durante a sua vigência. A **isenção por prazo indeterminado** não tem no texto legal que a institui qualquer referência à limitação do tempo de sua eficácia, não significando, no entanto, que possa ser perpétua e que não possa ser revogada.

2.3.3. Isenção ampla ou restrita

Levando-se em conta o campo de sua abrangência, a isenção pode ser ampla ou restrita. **A isenção é ampla** quando pretende alcançar todos os contribuintes de forma indiscriminada, prevalecendo, portanto, em todo o território da entidade tributante. De outro lado, **a isenção denomina-se restrita, ou regional,** quando é limitada a determinada região da entidade tributante, em função de condições a ela peculiares (**CTN, art. 176, parágrafo único**), visando compensar desigualdades de condições geográficas entre diversas regiões. Esta finalidade de

Capítulo VIII · CRÉDITO TRIBUTÁRIO | 303

isenção restrita não contraria o princípio da uniformidade geográfica da tributação federal (**CF, art. 151, I**)[147].

2.3.4. Isenção geral e especial

No que tange à sua forma, a isenção pode ser de caráter geral ou especial (CTN, art. 179). **A isenção é de caráter geral** quando concedida de forma indiscriminada a determinada categoria de contribuintes, pelo que a sua eficácia decorre simplesmente da lei, independendo, portanto, de ato ou de controle da administração. Se, no entanto, houver ato da administração, deve ser entendido de natureza meramente declaratória. **A isenção de caráter especial, ou particular, ou específica**, refere-se ao contribuinte de forma individual, levando em conta determinadas condições previstas na lei que a concedeu. A **eficácia** de tal modalidade de isenção depende de requerimento do interessado perante a autoridade administrativa, provando preencher as condições fixadas na lei com o objetivo de obter despacho, efetivando a isenção (**CTN, art. 179**).

O **§ 1º do art. 179 do CTN** prescreve que se tratando de tributo lançado por **período certo de tempo**, por exemplo, o imposto sobre a renda, o contribuinte deve pedir a renovação do despacho concessivo da isenção antes da expiração de cada período, sob pena de cessarem automaticamente os efeitos da isenção.

O **§ 2º do art. 179 do CTN** estatui que o despacho que efetiva a isenção concedida em caráter individual não gera direito adquirido, podendo, portanto, ser reformado, de ofício, se o beneficiado não atendia ou deixou de atender aos requisitos da lei para a sua concessão. Neste caso, aplica-se, quando cabível, o disposto no art. 155, ou seja, cobrando-se o crédito acrescido de juros de mora: a) com imposição da penalidade cabível, se a reforma do despacho decorrer de dolo, simulação ou fraude do beneficiado, ou de terceiro em benefício daquele; b) sem imposição de penalidade, se a reforma do despacho não decorreu de má-fé do beneficiado pela isenção.

2.3.5. Isenção objetiva, subjetiva e mista

Quanto à razão de ser de sua concessão, a isenção pode ser objetiva, subjetiva ou mista. Dá-se a **isenção objetiva, ou real**, quando o benefício é estipulado por lei em função exclusivamente da situação que constitua o fato gerador do tributo, pouco importando a pessoa do contribuinte (*v.g.*, isenção de ICMS em relação a gêneros alimentícios de primeira

---

[147] Neste sentido, Paulo de Barros Carvalho, *op. cit.*, p. 335: "O exegeta deve buscar, como objetivo primacial, a conciliação harmônica das regras, e destas com os princípios do sistema. O postulado da uniformidade das exações federais existe e há de ser acatado. Mas não podemos nos esquecer que ele convive com outros cânones de igual e até de superior hierarquia. Ao apreciá-lo, não desprezemos o princípio da igualdade, em obséquio do qual uma série de medidas legislativas hão de ser tomadas. Ao empregar o instituto da isenção para fomentar um fragmento regional de seu território, carente de forças produtivas, menos desenvolvido que os demais, dotado de precários recursos econômicos, a União Federal procura meios apropriados de estimular a igualdade, utilizando-se, muitas vezes, do canal jurídico das isenções." Em sentido contrário, Hugo de Brito Machado, *op. cit.*, p. 153, entendendo que a isenção restrita a determinada região do território tributante contraria o princípio da uniformidade dos tributos federais. "IOF. O início da isenção não tem de coincidir com o fato gerador, com o lançamento ou com a vigência da lei que a concede, podendo ser limitada no tempo e restrita a determinada região. Os princípios de direito privado não constituem obstáculo ao legislador tributário para a livre especificação de condições e requisitos exigidos para concessão de isenções" (BRASIL. Superior Tribunal de Justiça, REsp. 179.082/SP, Rel. Min. Garcia Vieira, Primeira Turma, v.u.).

necessidade)[148]. A isenção é subjetiva, ou pessoal, quando concedida em função exclusivamente da pessoa do contribuinte, fazendo-se, portanto, abstração da situação correspondente ao fato gerador (*v.g.*, isenção de IPTU para os ex-combatentes)[149]. A **isenção se diz mista, ou subjetivo-objetiva,** quando concedida em função de condições pessoais do contribuinte e também do fato gerador, por exemplo, quando a lei concede isenção para cadeiras de roda para deficientes físicos.

2.3.6. Isenção total e limitada

Considerando-se o **alcance da isenção**, esta pode ser total ou limitada. Diz-se **total** quando abrange todas as espécies de tributo da entidade tributante. A isenção é limitada quando só diz respeito a uma determinada espécie tributária, por exemplo, o IPTU, não se estendendo, neste caso, às taxas e contribuição de melhoria relativas ao mesmo imóvel (CTN, art. 177).

2.3.7. Isenção autônoma e heterônoma

No que toca à **competência tributária** para conceder isenção tributária, esta pode ser autônoma ou heterônoma[150]. **Isenção autônoma** ocorre quando concedida pelo ente político competente para instituir o tributo objeto da norma isencional. **Isenção heterônoma** é concedida por norma mais hierarquizada que a do ente investido de competência tributária. A EC nº 1/1969, em seu art. 19, § 2º, permitia que a União, por lei complementar, pudesse conceder isenções de impostos estaduais e municipais, mas que foi **vedada na Constituição atual (art. 151, III)**[151].

Considerando que os incentivos fiscais implicam em renúncia a receitas tributárias, o **art. 41 do ADCT** determinou que os Poderes Executivos da União, dos Estados, do Distrito Federal e dos Municípios deviam reavaliar a sua concessão de natureza setorial em vigor quando da promulgação da Constituição, propondo aos Poderes Legislativos respectivos as medidas cabíveis. Por sua vez, o **§ 1º do mesmo art. 41** reza que considerar-se-ão revogados após dois anos, a partir da data da promulgação da Constituição, os incentivos que não forem confirmados por lei. Mas o **§ 2º do mencionado dispositivo constitucional** resguarda os direitos que já tiverem sido adquiridos à data da promulgação da Constituição, em relação a incentivos concedidos sob condição onerosa e com prazo certo porque já haviam sido incorporados ao patrimônio jurídico dos contribuintes (**CF, art. 5º, XXXVI**). Disso resulta que a revogação de tais isenções só poderá ocorrer após o transcurso do seu prazo de vigência.[152]

---

[148] IPI. Aparelhos médicos. Havendo lei autorizativa, pode o Poder Executivo baixar decreto relacionando bens sujeitos à isenção (*RSTJ* 109/57).

[149] Aurélio Pitanga Seixas entende que a isenção subjetiva pura, isto é, "aquela concedida *intuitu personae*, sem atender, conjuntamente, a alguma outra finalidade objetiva, atenta contra o princípio constitucional da isonomia", criando um *privilégio fiscal* ilegítimo, e para ser legítima, a isenção subjetiva "deverá ser motivada pelo legislador, com a sua vinculação a uma situação objetiva", como no caso da alíquota zero, "em que toda e qualquer pessoa pode ser beneficiada com esta ausência de alíquota" (*Op. cit.*, p. 47-51).

[150] Cf. Zelmo Denari, *op. cit.*, p. 197.

[151] BRASIL. Supremo Tribunal Federal, RE 196560-6, Rel. Min. Carlos Velloso, Segunda Turma, v.u. Entretanto, Roque Antônio Carraza entende que os arts. 155, § 2º, XII, "g", e § 3º, II, e 156, § 4º, II, da CF, consagram isenções heterônomas porque permitem que a União, por lei complementar, possa conceder isenções em matéria de ICMS e ISS (*Op. cit.*, p. 388).

[152] BRASIL. Supremo Tribunal Federal, AgR RE 148.121-8/SP, Rel. Min. Carlos Veloso, Segunda Turma, v.u.

Conforme entendimento do STF, isenção veiculada em lei complementar que estabelece normas gerais, não está sujeita à vedação às isenções heterônomas.[153]

2.3.8. *Isenção só pode ser concedida por lei específica*

O **art. 176 do CTN** prescreve que a isenção, ainda quando prevista em contrato, é sempre decorrente de lei que especifique as condições e requisitos exigidos para a sua concessão, os tributos a que se aplica e, sendo o caso, o prazo de sua duração. O **art. 150, § 6º, da CF**, revigorou o princípio da legalidade, ao exigir lei específica para a concessão de isenção, sem prejuízo do disposto no art. 155, § 2º, XII, "g", visando a combater as **renúncias às receitas**[154], nestes termos:

> Art. 150. (...)
> § 6º Qualquer subsídio ou isenção, redução de base de cálculo, concessão de crédito presumido, anistia ou remissão, relativos a impostos, taxas ou contribuições, só poderá ser concedido mediante lei específica, federal, estadual ou municipal, que regule exclusivamente as matérias acima enumeradas ou o correspondente tributo ou contribuição, sem prejuízo no disposto no artigo 155, § 2º, XII, g.

O referido parágrafo terá sua redação alterada em 2033, II, conforme artigo 23 da Emenda Constitucional nº 132/2023, a fim de adaptá-lo ao fim do período de transição da reestruturação da tributação sobre o consumo:

> Art. 150. (...)
> § 6º Qualquer subsídio ou isenção, redução de base de cálculo, concessão de crédito presumido, anistia ou remissão, relativo a impostos, taxas ou contribuições, só poderá ser concedido mediante lei específica, federal, estadual ou municipal, que regule exclusivamente as matérias acima enumeradas ou o correspondente tributo ou contribuição.

A exigência de "lei específica" reclamada pelo dispositivo constitucional pré-citado torna--se mais clara quando adverte que a lei deve regular exclusivamente as matérias nele referidas. **Ricardo Lobo Torres** doutrina sobre **renúncia de receitas**:

> A expressão renúncia de receitas abrange todos os mecanismos fiscais que podem significar despesas diretas ou indiretas e compreende: a) as subvenções, os subsídios ou quaisquer outros favores mascarados ou camuflados, que impliquem em redução de receita e que

---

[153] Ementa: segundo agravo regimental em recurso extraordinário. ISS. Serviços Bancários. Decreto-Lei Nº 406/1968. Recepcionado como lei complementar nacional. Jurisprudência consolidada. 1. Nos termos da jurisprudência da Corte, o Decreto-Lei nº 406/1968 foi recepcionado pela Constituição como norma tributária de caráter geral. Em se tratando de norma de status de Lei Complementar, tem vigência sobre todo território nacional, não havendo que se falar em isenção heterônoma na espécie. 2. Vale dizer, a isenção prevista na lei complementar que dispõe sobre normas gerais não encontra óbice na vedação às isenções heterônomas. 3. Agravo regimental a que se nega provimento (BRASIL. Supremo Tribunal Federal, RE 600192 AgR-segundo, Rel. Roberto Barroso, Primeira Turma, j. 15.03.2016, processo eletrônico, DJe-062, divulg. 05.04.2016, public. 06.04.2016).

[154] "CTN. Art. 176. A isenção, como forma de exclusão do crédito tributário, é matéria plenamente vinculada à lei, que especifica as condições e requisitos para a concessão. Ilegalidade da lei que delega ao Conselho de Política Fiscal a disciplina para concessão de isenção (BRASIL. Superior Tribunal de Justiça, REsp. 19.386/SP, Rel. Min. Eliana Calmon, Segunda Turma, v.u.).

não se escriturem como itens da despesa pública; b) as restituições que implicam em anulação da receita; c) as isenções, definidas como instrumento da supressão da eficácia da lei impositiva; c) as deduções, que consistem na diminuição da alíquota ou da base de cálculo e que têm a natureza de uma isenção parcial, pela dispensa do pagamento de uma parcela; d) os créditos fiscais dos impostos diretos, que são as importâncias dedutíveis do imposto apurado pela aplicação da alíquota sobre a base de cálculo definida em lei, operando, portanto, depois de determinado o *quantum debeatur*; e) os créditos-incentivo dos impostos não cumulativos, que são os que, concedidos por lei em virtude de razões de política tributária, alteram as estruturas essenciais do tributo sobre o valor acrescido, seja permitindo a fruição de crédito correspondente a imposto não pago na operação anterior ou a mercadoria não empregada no processo de comercialização ou industrialização, seja eliminando a condição resolutória da ulterior saída tributada que pende sobre a utilização do crédito correspondente à operação anterior[155].

Daí porque a Constituição estabelece, no **art. 70, a fiscalização de renúncia de receitas** exercida pelo Congresso Nacional, mediante controle externo, e pelo controle interno de cada Poder, nestes termos:

Art. 70. A fiscalização contábil, financeira, orçamentária, e operacional e patrimonial da União e das entidades de administração direta e indireta, quanto à legalidade, legitimidade, economicidade, aplicação das subvenções e renúncias de receitas, será exercida pelo Congresso Nacional, mediante controle externo, e pelo sistema de controle interno de cada Poder.

O sistema constitucional brasileiro contempla **três espécies de leis**: ordinária, complementar e especial (ou específica), e exemplos de exigência de lei específica são as referidas no art. 37, incisos IX e XIX da CF.

Pontes de Miranda já nos dava o sentido da expressão "lei específica", ou seja, *lex specialis*, ao doutrinar:

A exigência de lex specialis é expediente de técnica 'legislativa, pelo qual o legislador constituinte, ou o legislador ordinário, que a si mesmo traça ou traça a outro corpo legislativo linhas de competência, subordinada a validade das regras jurídicas sobre determinada matéria à exigência de unidade formal e substancial (= de fundo). Determinada matéria, em virtude de tal exigência técnica, tem de ser tratada em toda sua inteireza e à parte das outras matérias. A *lex specialis* concentra e isola, liga e afasta, consolida e distingue. Tal concentração e tal isolamento implicam: (a) que toda regra jurídica, que deveria, para validamente se editar, constar de *lex specialis*, dessa não sendo parte, não é regra jurídica que se possa considerar feita de acordo com as regras jurídicas de competência; (b) que a derrogação ou abrogação da *lex specialis* tem de ser em *lex specialis*, porque exigir-se a *lex specialis* para a edição, e não se exigir para a derrogação ou ab-rogação seria contradição[156].

---

[155] TORRES, Ricardo Lobo. *Tratado de direito financeiro e tributário* – volume V. 2. ed. Rio de Janeiro: Renovar, 2000, p. 334 e 335.

[156] MIRANDA, Francisco Cavalcanti Pontes de. *Comentários à constituição de 1967 com a emenda nº 1, de 1969*. Rio de Janeiro: Forense, 1987, t. I, p. 378) *apud* Leia mais em: FANCHIN, Reginaldo. O que é lei especial? *Gazeta do Povo*, Curitiba, ago./2015. Disponível em: https://www.gazetadopovo.com.br/vida-publica/justica-e-direito/o-que-e-lei-especial-0jyuqgu6wmh09gpnj8bkpx80k/. Acesso em: 28 dez. 2023.

2.4. Interpretação literal (neutra)

O **art. 177 do CTN** prescreve: "Salvo disposição de lei em contrário, a isenção não é extensiva: I – às taxas e à contribuição de melhoria; (nem) aos tributos instituídos posteriormente à sua concessão". O dispositivo, em sua primeira parte, **não admite**, em matéria de isenção, nem interpretação extensiva da legislação tributária, nem recurso à analogia. **Isso porque, o art. 111 do CTN**, determina que se "interprete literalmente a legislação tributária que disponha sobre suspensão ou exclusão do crédito tributário e outorga de isenção". Na realidade, o dispositivo em tela consagra em matéria de isenção a interpretação neutra, ou seja, a norma isencional deve ser interpretada como qualquer norma jurídica tributária, salvo, é lógico, o recurso à interpretação extensiva e à analogia. Assim, o processo de interpretação restritiva impõe que não se estenda o alcance da lei a casos por ela não previstos expressamente, e, desse modo, se uma lei concede isenção de IPTU em relação a determinado imóvel, não se pode ampliar o alcance da lei para alcançar, por exemplo, a taxa de incêndio relativa ao mesmo imóvel[157]. Todavia, a oração inicial constante do art. 177 permite que a lei possa estender o alcance da norma isencional, invalidando, em consequência, todo o restante do preceito legal.

A **segunda parte do art. 177** dispõe que a isenção não é extensiva aos tributos instituídos posteriormente à sua concessão, salvo, é lógico, disposição de lei complementar em contrário. O **objetivo do legislador** foi vedar a concessão de isenção em branco, ou seja, que antes da instituição do tributo seja aprovada lei concedendo isenção que o alcance. **A lei só pode, portanto, conceder isenção de tributos já instituídos,** não bastando que estejam previstos na Constituição, como o imposto sobre grandes fortunas. Isso porque a Constituição, quando confere competência a um ente político para instituir determinado tributo, não o está instituindo, porque a sua instituição depende de lei emanada do ente político competente.

2.5. Competência

A **competência para conceder isenção** é da pessoa jurídica de direito público titular da competência para instituir determinado tributo. Assim, a União só é competente para conceder isenção de tributos federais, da mesma forma que os Estados e o Distrito Federal quanto a tributos estaduais e os Municípios no que tange a tributos municipais. A EC nº 1/1969, em seu art. 19, § 2º, permitia que a União, por lei complementar, pudesse conceder isenção de impostos estaduais e municipais. A CF de 1988, em seu art. 151, III, **vedou expressamente tal faculdade à União**, não existindo mais a possibilidade, portanto, de isenção heterônoma. Existe doutrina no sentido, no que toca ao **ICMS**, que o art. 155, § 2º, XII, "g", da CF permite à União, por lei complementar, conceder isenção[158]. Não concordamos com este entendimento porque o mencionado dispositivo constitucional apenas exige lei complementar para regular a forma pela qual os incentivos fiscais, benefícios fiscais e isenções serão concedidos

---

[157] RTJ 38/92, 71/800; STJ, REsp. 117.650, Rel. Min. Adhemar Maciel, Segunda Turma, v.u. etc. Em bem lançado acórdão, o STJ decidiu que o real escopo do art. 111 do CTN não é o de impor a interpretação apenas literal – a rigor impossível – mas evitar que a interpretação e outro qualquer princípio de hermenêutica amplie o alcance da norma isentiva (BRASIL. Superior Tribunal de Justiça, REsp. 104.353/SP, Rel. Min. Demócrito Reinaldo, Primeira Turma, v.u.). É vedado ao juiz reconhecer a isenção onde ela não está literalmente prevista (BRASIL. REsp 15.873/SP, Rel. Min. Ari Pargendler, Segunda Turma, v.u.). "ICM. Aquisição de máquinas e equipamentos. Quem tem direito à isenção em causa não é o contribuinte de fato, ou seja, o comprador das máquinas e equipamentos nacionais destinados à implementação de projetos que consultem aos interesses do País, mas sim o contribuinte de direito, que é o fabricante deles" (BRASIL. Supremo Tribunal Federal, RE 145.482/SP, Rel. Min. Maurício Correa, Segunda Turma, v.u.).

[158] Roque Antônio Carraza, *op. cit.*, p. 388.

e revogados, e essa forma, nos termos da LC nº 24/1975, é convênio celebrado pelos Estados e Distrito Federal.

2.6. Isenção e alíquota zero

A legislação sobre imposto de importação e IPI[159] costuma adotar o sistema da alíquota zero, ou tarifa livre, para determinadas mercadorias porque são **tributos com fim extrafiscal**, e, assim, o Poder Executivo tem flexibilidade no manejo de suas alíquotas (**CF, art. 153, § 1º, e art. 150, § 1º**). Preliminarmente, deve-se relembrar que a obrigação tributária é estruturada com base em diversos elementos: hipótese de incidência, sujeito ativo, sujeito passivo, base de cálculo e alíquota. Assim, se a alíquota é zero, consubstancia hipótese de não incidência provisória do tributo, por lhe faltar o elemento quantitativo, podendo, a qualquer momento, essa neutralidade ser quebrada para dar lugar a uma alíquota superior a zero. E essa passagem de alíquota zero para alíquota superior a zero pode ser estabelecida por ato do Poder Executivo porque os impostos que a adotam (importação e IPI) são ressalvados pela Constituição, no que toca ao princípio da legalidade tributária, em seu art. 153, § 1º.

A alíquota zero não se confunde com a isenção porque nesta ocorre a exclusão do crédito tributário pela suspensão da eficácia da norma impositiva. Todavia, o **ponto essencial** é que a isenção afeta todos os elementos estruturais da obrigação, não permitindo a constituição do crédito tributário, enquanto no **sistema de alíquota zero** somente ocorre supressão de um dos elementos quantitativos, a alíquota[160].

2.7. Revogação de isenção

O **art. 178 do CTN** prescreve que a isenção, salvo se concedida por prazo certo e em função de determinadas condições, pode ser revogada ou modificada por lei, a qualquer tempo, observado o disposto no inciso III do art. 104. Na redação originária do art. 178, a ressalva referia-se a isenção a prazo certo ou em função de determinadas condições. A **Lei Complementar nº 24, de 07.01.1975** substituiu o vocábulo "ou" por "e", com o objetivo de deixar claro que só é irrevogável a isenção que atender cumulativamente aos dois requisitos:

---

[159] Com a EC nº 132/2023 ter-se-á a extinção condicionada do IPI à instituição da contribuição prevista no art. 92-B, § 1º, do ADCT.

[160] Cf. Ricardo Lobo Torres, p. 256. Ives Gandra Martins leciona que existem quatro formas desonerativas: a) a *imunidade*, onde não nasce nem obrigação, nem crédito tributário; b) *não incidência*, onde não nascem ambos, por omissão legislativa; c) *isenção*, onde nasce a obrigação, mas não nasce o crédito; d) alíquota zero, "nascem ambos reduzidos à sua expressão nenhuma" (MARTINS, Ives Gandra. *Sistema tributário na constituição de 1988*. São Paulo: Saraiva, 1988, p. 149). O STJ decidiu pela exigibilidade do IPI, não obstante as mercadorias tenham sido introduzidas no território nacional com a eliminação do imposto de importação por efeito da alíquota zero, porque são inconfundíveis a isenção e a alíquota zero (BRASIL. Superior Tribunal de Justiça, REsp. 55.895/ RJ, Rel. Min. Ari Pargendler, Segunda Turma, v.u.). Entretanto, Aurélio Pitanga Seixas Filho (*op. cit.*, p. 42-47) entende que a alíquota zero é forma de isenção porque: "O que é fundamental para caracterizar a isenção é a existência de uma norma tributária principal modificada ou restringida por uma norma acessória ou complementar, no sentido de impedir, integral ou parcialmente, a consequência jurídica da norma principal". Daí entende que: "Desejando o legislador isentar um determinado produto, do IPI ou do imposto de importação, a maneira mais simples é a de conceder alíquota zero desde que ele possua posição tarifária distinta e específica" (*Op. cit.*, p. 43). Não é lícito ao Poder Executivo tributar, mediante Portaria, importação, cuja alíquota, por efeito de acordo internacional, fixou-se em zero (BRASIL. Superior Tribunal de Justiça, REsp. 105.048/ SP, Rel. Min. Humberto Gomes de Barros, Primeira Turma, v.u.).

Capítulo VIII · CRÉDITO TRIBUTÁRIO | 309

ser onerosa e a prazo certo. **Daí a Súmula nº 544 do STF:** "Isenções tributárias concedidas, sob condição onerosa, não podem ser livremente suprimidas"[161].

A norma do art. 178 **decorre de um princípio maior estabelecido na Constituição (art. 5º, XXXVI)**, pelo qual a lei não prejudicará o direito adquirido, o ato jurídico perfeito e a coisa julgada. Assim, concedida a isenção sob condição de o contribuinte desempenhar uma determinada atividade, sendo, portanto, onerosa, o benefício passa a integrar o seu patrimônio jurídico como direito adquirido, e, por isso, a isenção só pode ser suprimida antes do decurso do prazo se o contribuinte descumprir a condição. Isso porque "há isenção que, pelas condições de sua outorga, conduziu o contribuinte a uma atividade que ele não empreenderia se estivesse sujeito aos tributos da época. Então, ela foi onerosa para o beneficiário. Nesses casos a revogabilidade, total ou parcial, seria um ludíbrio à boa-fé dos que confiaram nos incentivos acenados pelo Estado"[162]. Entretanto, deve-se atentar que diploma legal algum pode impedir que o Poder Legislativo revogue uma lei, o que seria inconstitucional. Assim, no caso de ocorrer **revogação de isenção onerosa**, seja total (ab-rogação), seja parcial (derrogação), o contribuinte tem direito à indenização pelos prejuízos que a revogação lhe causar, ou obter perante o Poder Judiciário a suspensão da eficácia da norma revogadora. **Nesse sentido deve ser entendida a irrevogabilidade referida no art. 178 do CTN.**

A parte final do art. 178 do CTN determina que, no caso de ocorrer revogação de isenção, deve-se observar o disposto no inciso III do art. 104, ou seja, o tributo somente poderá ser cobrado em exercício seguinte. Entretanto, o STF enunciou a **Súmula nº 615**, do seguinte teor: "O princípio constitucional da anualidade (§ 29 do art. 153 da Constituição Federal) não se aplica à revogação de isenção do ICM." O STF entende que a **revogação de isenção não corresponde à instituição de tributo novo**, e, por isso, não cabe a observância do princípio da anterioridade da lei fiscal. Assim, **segundo o Pretório Excelso**, a revogação de isenção tem eficácia imediata, podendo o tributo ser cobrado no mesmo exercício em que ocorreu a revogação porque a lei que concede isenção suspende a eficácia da norma impositiva. Desse modo, revogada a norma isencional, a norma impositiva readquiriria imediatamente a sua eficácia[163].

A Súmula 615 comete dois equívocos. O primeiro é a referência ao **princípio da anualidade**, que desde a EC nº 1/1969 está substituído no nosso ordenamento constitucional pelo princípio da anterioridade da lei fiscal. O **segundo** consiste em não aplicar o inciso III do art. 104 do CTN, sob o fundamento de que só se refere aos impostos sobre patrimônio e renda, entre os quais não se inclui o ICMS. Ora, como demonstrado, o **art. 104 do CTN aplica-se a qualquer tributo**, com exceção apenas daqueles ressalvados pela Constituição. Assim, **no caso de revogação ou redução de isenção, inclusive de ICMS, o tributo só pode ser cobrado no**

---

[161] A isenção concedida, por prazo certo ou sob determinadas condições, não pode ser revogada enquanto se mantiver em execução o projeto empresarial de interesse público (BRASIL. Superior Tribunal de Justiça, REsp. 61.886/DF, Rel. Min. Peçanha Martins, Segunda Turma, v.u.). Vigente a isenção, as empresas que dela se beneficiam fazem jus à respectiva prorrogação, se preencherem os requisitos legais; lei posterior não pode suprimir esse favor fiscal, constituído na origem de modo oneroso (BRASIL. Superior Tribunal de Justiça, REsp. 152.522/PE, Rel. Min. Ari Pargendler, Segunda Turma, v.u.). A revogação prevista no § 2º do art. 41 do ADCT não prejudica direitos já adquiridos de incentivo tributário, assim, por exemplo, a isenção fiscal, máxime se concedida sob condição e a prazo certo, em face da observância do princípio da segurança jurídica (STF, *RT* 759/154). As isenções previstas em lei federal e referentes a tributos locais ficaram submetidas, quanto à vigência, na hipótese de ausência de confirmação pelo Estado federado ou município, a termo final, ou seja, aos dois anos previstos no § 1º do art. 41 do ADCT da CF de 1988. Desnecessidade e, mais do que isso, impropriedade de legislação local revogadora (BRASIL. Supremo Tribunal Federal, AgRg em RE 214.210/RN, Rel. Min. Marco Aurélio, Segunda Turma, v.u.).

[162] Cf. Aliomar Baleeiro, *op. cit.*, p. 52.

[163] *RTJ* 107/430.

primeiro dia do exercício seguinte àquele em que ocorra a sua publicação. Em resumo, o intérprete deve ler o art. 104 do CTN com os olhos na CF, arts. 150, III, "b" e "c", seu § 1º, 148, I, e 195, § 6º. Todavia, posteriormente, no julgamento da **ADINnMC 2.325/DF,** o STF decidiu que a redução de benefícios fiscais, implicando maior pagamento de tributos, submete-se à observância do princípio da anterioridade.

2.8. Isenção e ICMS

O ICMS obedece a uma **sistemática própria quanto à concessão e revogação de isenção**. Isto porque o **art. 155, § 2º, XII, da CF** exige lei complementar para dispor sobre diversas matérias relacionadas ao ICMS, inclusive "regular a forma como, mediante deliberação dos Estados e do Distrito Federal, isenções, incentivos e benefícios fiscais serão concedidos e revogados" (alínea "g"). A **LC nº 24/1975**, anterior à CF de 1988, já determinava a forma jurídica de convênio para a concessão e revogação de isenção e outros incentivos fiscais em matéria de ICMS, para evitar guerra fiscal entre os Estados, exigindo consenso dos representantes dos Estados e do Distrito Federal para a concessão da isenção. A LC nº 24/1975 foi modificada pela LC nº 160/2017.

2.9. Tratados e isenção de tributos estaduais e municipais

O **art. 151, III, da CF**, veda à União "instituir isenções de tributos de competência dos Estados, do Distrito Federal ou dos Municípios", ou seja, proíbe a isenção heterônoma. Em razão da mencionada norma, a doutrina e a jurisprudência divergem sobre a legitimidade ou não da União, ao firmar tratados e convenções internacionais, conceder isenção de impostos estaduais e municipais.

Segundo **Oswaldo Othon Saraiva Filho**[164], existem sobre a matéria **três correntes doutrinárias,** a saber: a) que defende a possibilidade da isenção; b) que pugna pela impossibilidade da isenção; c) corrente intermediária que admite a concessão de isenção de impostos estaduais e municipais mediante tratados firmados pela União, desde que a legislação estadual ou municipal a incorpore no seu direito interno.

A **primeira corrente** entende que a vedação constante do art. 151, III, da CF dirige-se apenas à União, pessoa jurídica de direito público interno, quando atua na ordem jurídica interna, porque, ao firmar tratados, a União atua com soberania (Estado Federal) como representante da República Federativa do Brasil nas relações com Estados estrangeiros (CF, art. 21, I)[165]. Assim, a União representa também a totalidade dos entes federados brasileiros, totalizando o conjunto dos interesses nacionais no plano externo. Nessa qualidade, portanto, a República Federativa do Brasil pode livremente dispor de seus próprios interesses, e, em consequência, a isenção em tela não fere a norma do art. 151, III da CF, mormente quanto aos impostos sobre consumo. Isto porque, caso contrário, inviabilizaria os tratados sobre tributação num mundo cada vez mais internacionalizado. O art. 21 da CF contém uma impropriedade técnica, quando prescreve que compete à União manter relações com Estados estrangeiros, porque, não tendo personalidade jurídica de Direito Internacional Público, falece-lhe com-

---

[164] SARAIVA FILHO, Oswaldo Othon. Afinal tratado internacional pode ou não isentar tributos estaduais e municipais? *Repertório IOB de Jurisprudência*, verbete 1/12673, 1998.

[165] Neste sentido, dentre outros: COÊLHO, Sacha Calmon Navarro. As contribuições para a seguridade e os tratados internacionais. *Revista Dialética de Direito Tributário*, São Paulo, nº 26, p. 73, 1997.

petência para celebração de acordos internacionais, e, assim, deve-se entender que o referido dispositivo constitucional está aludindo à República Federativa do Brasil[166].

A **segunda corrente** não admite que a União possa, mediante pacto internacional, conceder isenção de tributos estaduais e municipais, porque o nosso Direito Constitucional positivo não consagra a teoria monista, "com cláusula geral de recepção plena, segundo a qual os tratados internacionais valeriam, na ordem interna, como tal, ou falisse-lhe até mesmo como norma constitucional, com base no art. 5º, § 2º, da Superlei de 1988, ou seja, no Brasil, as normas de tratados internacionais não vinculam de forma direta e automática"[167]. Por outro lado, existem autores que também não admitem a mencionada isenção mediante tratados internacionais firmados pela União, por violar a norma do art. 151, III, da CF, salvo os casos excepcionais previstos nos arts. 155, § 2º, XII, e 156, § 4º, II[168].

A **terceira corrente** admite a concessão de isenção pela União mediante tratados internacionais, desde que os Estados-membros, o Distrito Federal e os Municípios queiram aderir às isenções por meio dos instrumentos jurídicos adequados (leis ordinárias locais ou, no caso do ICMS, mediante convênios devidamente ratificados)[169], e neste sentido decidiu o STJ[170]. **Posicionamo-nos** em sintonia com a primeira corrente, admitindo que a União, representando a República Federativa do Brasil, possa conceder, por meio de pactos internacionais, isenção de tributos estaduais e municipais, em razão do art. 151, III, da CF, não constituir óbice para tal, vez que se refere à União como pessoa jurídica de direito público interno, e subscrevemos as razões antes expostas pela doutrina que integra a referida corrente. Nesse sentido, posiciona-se o STF, conforme sintetizado na ementa do ARE 831170 AgR: "O Plenário desta Corte, no julgamento do RE 229.096, Relatora para o acórdão a Ministra Cármen Lúcia, fixou entendimento de que a isenção de ICMS relativa à mercadoria importada de país signatário do GATT, quando isento o similar nacional, foi recepcionada pela Constituição Federal de 1988, não se aplicando a limitação prevista no artigo 151, III, da Constituição Federal (isenção heterônoma) às hipóteses em que a União atua como sujeito de direito na ordem internacional."[171]

---

[166] Cf. BARRAT, Welber; PRAZERES, Tatiana Lacerda. Isenção de tributos estaduais por tratados internacionais. *Revista Dialética de Direito Tributário*, São Paulo, n. 70, p. 140-149, julho 2001. No mesmo sentido, entre outros, Leandro Paulsen, *op. cit.*, p. 305; MACHADO, Hugo de Brito. Tratados e convenções internacionais em matéria tributária. *RDDT* 93, jun/200;, Luciano Amaro, *op. cit.*, p. 181-188; BRASIL. Supremo Tribunal Federal, ADIN 1600/UF, Rel. p/acórdão Min. Nelson Jobim, Plenário.

[167] Cf. Owaldo Othon de Pontes Saraiva Filho, *op. cit.* Misabel Abreu Machado Derzi também entende que tratados e convenções internacionais firmados pela União não obrigam os Estados-membros e os Municípios quanto a isenção de tributos estaduais e municipais (nota de atualização à magnífica obra: BALEEIRO, Aliomar. *Limitações constitucionais ao poder de tributar*. 7. ed. Rio de Janeiro/São Paulo: Forense, 1997, p. 112).

[168] Cf. CONTE, Francesco. O tratado internacional e a isenção de tributos estduais e municipais. Breves reflexões. *Revista Dialética de Direito Tributário*, São Paulo, n. 35, p. 38/39, ago./1998.

[169] Cf. Roque Antônio Carraza, *op. cit.*,p. 723-729.

[170] "Tributário. Isenção. ICMS. Tratado internacional. 1. O sistema tributário instituído pela CF/1988 vedou a União Federal de conceder isenção a tributos de competência dos Estados, Distrito Federal e Municípios (art. 151, III). 2. Em consequência, não pode a União firmar tratados internacionais isentando o ICMS de determinados fatos geradores, se inexiste lei estadual em tal sentido. 3. A amplitude de competência outorgada à União para celebrar tratados sofre os limites impostos pela própria Carta Magna. 4. O art. 98, do CTN há de ser interpretado com base no panorama jurídico imposto pelo novo Sistema Tributário Nacional. 5. Recurso especial improvido" (BRASIL. Superior Tribunal de Justiça, REsp. 90.871-PE, Rel. Min. José Delgado, Primeira Turma).

[171] BRASIL. Supremo Tribunal Federal, ARE 831170 AgR, Rel. Luiz Fux, Primeira Turma, j. 07.04.2015, processo eletrônico, DJe-075, divulg., 22.04.2015, public. 23.04.2015.

2.9.1. Noção geral

O **art. 175, II, do CTN** também considera a anistia causa de exclusão do crédito tributário, regulando-a nos **arts. 180 a 182.**

O termo **anistia** é empregado no direito tributário com o mesmo significado da terminologia jurídico-penal, ou seja, **perdão, esquecimento da infração punível**, deixando, portanto, o anistiado de receber a penalidade[172]. Assim, podemos conceituar anistia como sendo a causa de exclusão do crédito tributário estabelecida em **lei específica** que tem o condão de perdoar infrações cometidas pelo sujeito passivo à legislação tributária, que ainda não foram conhecidas pelo fisco, deixando, assim, a autoridade administrativa de aplicar-lhe a penalidade cabível.

Luciano Amaro assim averba:

> Não é a sanção que é anistiada; o que se perdoa é o ilícito; perdoado este, deixa de ter lugar a sanção; o perdão, portanto, toma o lugar da sanção, obstando a que esta seja aplicada. A anistia não elimina a antijuridicidade do ato; ele continua correspondendo a uma conduta contrária à lei; o que se dá é que anistia altera a consequência jurídica do ato ilegal praticado, ao afastar, com o perdão, o castigo cominado pela lei[173].

A **anistia só atinge as penalidades** porque o art. 180 do CTN reza que a "anistia abrange exclusivamente as infrações cometidas anteriormente à vigência da lei que a concede". Assim, o termo "exclusivamente" tem o sentido de precisar que a anistia só diz respeito às infrações cometidas à legislação tributária, não alcançando a obrigação do contribuinte de pagar tributo.

Acerca do momento de aplicabilidade da remissão ou anistia, o STJ fixou a tese jurídica segundo a qual: "De acordo com o art. 156, I, do CTN, o pagamento extingue o crédito tributário. Se o pagamento por parte do contribuinte ou a transformação do depósito em pagamento definitivo por ordem judicial (art. 1º, § 3º, II, da Lei nº 9.703/1998) somente ocorre depois de encerrada a lide, o crédito tributário tem vida após o trânsito em julgado que o confirma. Se tem vida, pode ser objeto de remissão e/ou anistia neste ínterim (entre o trânsito em julgado e a ordem para transformação em pagamento definitivo, antiga conversão em renda) quando a lei não exclui expressamente tal situação do seu âmbito de incidência. A remissão/anistia das rubricas concedida (multa, juros de mora, encargo legal) somente incide se efetivamente existirem tais rubricas (saldos devedores) dentro da composição do crédito tributário cuja exigibilidade se encontra suspensa pelo depósito. A remissão de juros de mora insertos dentro da composição do crédito tributário não enseja o resgate de juros remuneratórios incidentes sobre o depósito judicial feito para suspender a exigibilidade desse mesmo crédito tributário".[174]

---

[172] Cf. Bernardo Ribeiro de Moraes, *op. cit.*, p. 405, que esclarece ainda o seguinte: "A palavra anistia, de origem grega, tem o significado, na língua latina, de 'esquecimento' (*amnestia, amnistia*). Assim, falar em anistia sobre determinado fato é o mesmo que dizer que não se deseja mais lembrar sobre o mesmo (fato anistiado). Anistia tem o significado de apagar a lembrança, de esquecer, de perdoar. Todavia, na linguagem jurídica, o vocábulo é empregado para caso de extinção de *punibilidade*, significando *perdão da pena* (crimes ou infrações). A palavra anistia é entendida como sinônimo de perdão, graça, indulto, todas as formas de extinção da punibilidade".

[173] *Op. cit.*, p. 455.

[174] BRASIL. Superior Tribunal de Justiça, REsp n. 1.251.513/PR, Rel. Min. Mauro Campbell Marques, Primeira Seção, j. 10.08/2011, *DJe* 17.08.2011.

Capítulo VIII · CRÉDITO TRIBUTÁRIO | 313

O **art. 180 do CTN** estabelece também que **a anistia não se aplica:** a) aos atos qualificados em lei como crimes ou contravenções[175] e aos que, mesmo sem essa qualificação, sejam praticados com dolo, fraude ou simulação pelo sujeito passivo ou por terceiro em benefício daquele; b) salvo disposição em contrário, às infrações resultantes de conluio entre duas ou mais pessoas naturais ou jurídicas.

2.9.2. Exigência de lei específica

O **art. 97, VI, do CTN**, reza que somente a lei pode estabelecer as hipóteses de exclusão de créditos tributários. Daí, somente **lei formal** pode conceder anistia (**CTN, art. 180**)[176] e deve emanar do ente político que tiver competência para instituir o tributo pertinente. Entretanto, **essa lei deve ser também específica**[177], ou seja, deve fazer referência expressa aos casos que vai abranger, por exigência do **art. 150, § 6º, da CF**, que veda, portanto, lei autorizativa de forma genérica, ou em branco, visando, assim, combater a renúncia de receita.

2.9.3. Classificação

A anistia pode ser geral ou limitada, pura ou condicional. A **anistia geral** abrange as infrações da legislação tributária cometidas em todo o território da entidade tributante (**CTN, art. 181, I**). A **anistia limitada** ocorre quando for concedida: a) às infrações da legislação relativa a determinado tributo; b) às infrações punidas com penalidades pecuniárias até determinado montante, conjugadas ou não com penalidades de outra natureza; c) a determinada região do território da entidade tributante, em função de condições a ela peculiares (**CTN, art. 181, II**).

A **anistia pura** ocorre quando sua concessão independe de contraprestação pelo beneficiado. Tal se dá, por exemplo, quando a lei impõe ao beneficiado o cumprimento de determinada condição para gozar do favor, por exemplo, o pagamento do tributo no prazo fixado na lei que a conceder, ou cuja fixação seja atribuída pela lei à autoridade administrativa (CTN, art. 181, II, "d").

O **art. 182 do CTN** demonstra a importância de se saber o **tipo de anistia**, ao estabelecer as seguintes regras: a) tratando-se de anistia geral, a sua efetivação ocorre de forma automática, independendo, portanto, de requerimento do interessado; b) no caso de anistia limitada ou condicional, a sua efetivação depende, em cada caso, de despacho da autoridade administrativa proferido em requerimento apresentado pelo interessado, e que comprove

---

[175] Assim, o TFR decidiu que sendo o débito objeto de procedimento que a lei equiparou à apropriação indébita, não se aplica a anistia (AC 48.655/PR, Rel. Min. Armando Rollemberg, 4ª T., 20.08.1980, *Código Tributário Nacional Interpretado – TRF da 1ª Região*, p. 154). O STJ, por sua vez, decidiu que "a anistia fiscal concedida por lei editada após o julgamento dos embargos à execução fiscal não abrange os honorários advocatícios a serem suportados pelo embargante" (BRASIL. Superior Tribunal de Justiça, Resp. 7.710-O/SP, Rel. Min. Cesar Asfor Rocha, Primeira Turma).

[176] Por isso o STJ decidiu que a anistia não pode ser concedida por mera Portaria, exigindo lei formal (BRASIL. Superior Tribunal de Justiça, REsp. 124.1175/DF, Rel. Min. Demócrito Reinaldo, Primeira Turma, v.u.).

[177] Ementa: Tributário. Agravo regimental em recurso extraordinário. ICMS. Benefícios fiscais. Remissão, mediante decreto do governador de estado. Inconstitucionalidade. Necessidade de lei específica. Precedentes. 1. A jurisprudência do Supremo Tribunal Federal consolidou-se no sentido de que a concessão de benefícios fiscais relativos ao Imposto sobre Circulação de Mercadorias e Serviços pressupõe não somente a autorização por meio de convênio celebrado entre os Estados e o Distrito Federal, nos termos da Lei Complementar nº 24/1975, mas também da edição de lei em sentido formal de cada um daqueles entes. 2. Agravo regimental a que se nega provimento (BRASIL. Supremo Tribunal Federal, RE 579630 AgR, Rel. Roberto Barroso, Primeira Turma, j. 02.08.2016, DJe-207, divulg., 27.09.2016, public. 28.09.2016).

o cumprimento dos requisitos e a satisfação das condições exigidas pela lei; c) se a anistia for limitada ou condicional, o despacho que a concede não gera direito adquirido para o beneficiado, podendo ser anulada, de ofício, a qualquer tempo, sempre que se apurar que o beneficiário não preenchia ou deixou de preencher os requisitos fixados pela lei para a sua concessão, cobrando-se o tributo nos termos do art. 155 (**CTN, art. 182, parágrafo único**).

Hugo de Brito Machado põe um foco de luz ao doutrinar sobre o art. 182 do CTN, *in verbis*:

> Assim, temos duas espécies de anistia. Uma, concedida diretamente pela lei, que se diz em caráter geral. A outra, concedida pela lei mediante determinadas condições a serem comprovadas pelo interessado, com o requerimento dirigido à autoridade competente, que o examinará e decidirá pelo deferimento ou pelo indeferimento do pedido, conforme entenda que o requerente preenche, ou não, as condições legalmente estabelecidas para ter direito à anistia[178].

A anistia não se confunde com a remissão pelas razões expostas no item 2.6. anterior.

VI. GARANTIAS E PRIVILÉGIOS DO CRÉDITO TRIBUTÁRIO[179]

1. Noção geral

O CTN disciplina as garantias e privilégios do crédito tributário no **Capítulo VI do Título III do Livro Segundo**, dispondo a Seção I sobre as "Disposições Gerais" (arts. 183 a 185) e a Seção II sobre "Preferências" (arts. 186 a 193).

O CTN refere-se às garantias do crédito tributário como **gênero**, que se divide em **duas espécies**: privilégios e preferência. **Garantia**, no sentido do direito comum, é o meio jurídico que visa a acautelar o direito subjetivo do sujeito ativo da obrigação, evitando que ocorra lesão a esse direito caso o sujeito passivo não cumpra a obrigação. **Privilégio fiscal** é a regalia que a lei confere ao crédito tributário de ser assegurado pela totalidade do patrimônio do sujeito passivo. **Preferência fiscal** significa a prerrogativa concedida ao crédito tributário para, em concurso de preferências, ser liquidado antes de qualquer outro crédito, salvo o trabalhista, o decorrente de acidente de trabalho e os créditos com garantia real (**CTN, art. 186, com a redação dada pela LC nº 118/2005**)[180].

---

[178] MACHADO, Hugo de Brito. *Comentários ao Código Tributário Nacional* – volume III. 2. ed. São Paulo: Atlas, 2009, p. 617.

[179] Sobre o assunto, recomendamos a leitura da monografia: MACHADO, Celso Cordeiro. Garantias, preferências e privilégios do crédito tributário. *In: Tratado de direito tributário brasileiro*. Rio de Janeiro: Forense, 1984, v. 6.

[180] Sacha Calmon Navarro Coêlho aclara a distinção entre garantia, privilégio e preferência, nestes termos: "*Garantia*, em acepção ampla, é tudo o que garante o crédito tributário, como, por exemplo, o dever de informar o Fisco e o dever de documentar as operações tributárias (todas as chamadas obrigações acessórias são garantias em prol do cumprimento da obrigação principal). O mesmo se pode dizer dos casos de transferência da responsabilidade pelo pagamento de tributos e da substituição tributária para frente e para trás. Em acepção estrita, a garantia envolve a segurança do crédito e a responsabilidade das pessoas ao seu pagamento. *Privilégio* é étimo que deriva da locução latina *privata lex*. É lei só para um ou uns, com exclusão dos demais significando vantagem que a lei concede a determinada pessoa ou classe de pessoas, com exclusão da generalidade. É exceção ao princípio da generalidade e da igualdade de todos perante a lei. Em matéria tributária é privilégio, *v.g.*, a exclusão dos créditos fiscais dos juízos universais e concentracionários (desnecessidade de habilitação em falência, concordata, concurso de

O art. 183 do CTN é o preceptivo que comanda as disposições seguintes sobre as garantias do crédito tributário, dispondo o seguinte

A enumeração das garantias previstas neste Capítulo não excluem outras que sejam expressamente previstas em lei, em função da natureza ou das características do tributo a que se refiram.

Assim, além das garantias referidas no CTN (**garantias básicas**), outras podem ser estabelecidas por lei federal, estadual e municipal do poder tributante (**garantias acessórias**), desde que não contrariem suas normas. Disso resulta que tem **natureza exemplificativa** o elenco de garantias mencionadas no Capítulo VI do CTN[181].

Considerando que as garantias são formas de proteção do direito, o **parágrafo único do art. 183 do CTN** reza: "A natureza das garantias atribuídas ao crédito tributário não altera a natureza deste nem a da obrigação tributária a que corresponda". Em outras palavras, o dispositivo estabelece que o crédito não perde sua natureza tributária em razão das garantias que o protegem, ou seja, não deixa de ser tributário para ser, por exemplo, hipotecário.

1.1. Privilégios do crédito tributário

O art. 184 do CTN prescreve que, sem prejuízo dos privilégios especiais sobre determinados bens, que sejam previstos em lei, responde pelo pagamento do crédito tributário a totalidade dos bens e das rendas, de qualquer origem ou natureza, do sujeito passivo, seu espólio ou sua massa falida, inclusive os gravados por ônus real ou cláusula de inalienabilidade ou impenhorabilidade, seja qual for a data da constituição do ônus ou da cláusula, excetuados unicamente os bens e rendas que a lei declare absolutamente impenhoráveis.

O art. 30 da Lei nº 6.830, de 22.10.1980 (Lei de Execução Fiscal) reproduz quase que integralmente o disposto no art. 184 do CTN, com uma **única diferença**. O art. 184 do CTN refere-se a **crédito tributário**, enquanto o art. 30 da LEF menciona Dívida Ativa da Fazenda Pública, visando abranger tanto o crédito tributário quanto o crédito não tributário. A expressão genérica é **crédito fiscal**, que compreende duas espécies: crédito tributário e crédito não tributário. A inscrição tem o condão de transformar o crédito tributário em dívida ativa tributária e o crédito não tributário em dívida ativa não tributária.

O art. 184 do CTN consagra **dois tipos de privilégio**: geral e especial. **Privilégio geral** significa que a universalidade de bens e rendas do devedor responde por suas obrigações, sendo princípio geral de direito. Assim, mesmo que o art. 184 não fizesse qualquer referência, o Estado gozaria deste privilégio geral em relação a seus créditos tributários[182]. A referência a **privilégios especiais** consta da oração inicial do art. 184, e o legislador visou resguardá-los. **Privilégio especial** é o conferido pela lei a favor do Estado sobre determinados bens e rendas em relação a dados tributos[183].

---

credores, inventário e arrolamento). *Preferência* é, de certo modo, modalidade de privilégio. Processualmente, a preferência dá à Fazenda Pública o direito de recber seus créditos antes de outros credores em concurso" (COÊLHO, Sacha Calmon Navarro. *Curso de direito tributário brasileiro*. 10. ed. Rio de Janeiro: Forense, 2009, p. 801).

[181] As garantias do crédito tributário não decorrem da sua constituição, mas apenas do exercício da pretensão tributária (cf. Bernardo Ribeiro de Moraes, *op. cit.*, II, p. 421).

[182] Cf. Aliomar Baleeiro, *op. cit.*, p. 551.

[183] Por exemplo, os privilégios especiais conferidos à União pelo DL nº 496, de 11.03.1969 (arts. 1º e 2º), no caso de insolvência de empresas de transporte aéreo, em relação às areronaves, peças e equipamentos

Passemos a **examinar** a norma consubstanciada no art. 184 do CTN.

Em primeiro lugar, o dispositivo **consagra o privilégio geral fiscal a favor do Estado** no que toca à totalidade dos bens e das rendas do sujeito passivo, seu espólio ou sua massa falida, não se referindo, assim, somente ao contribuinte, mas também ao responsável (**CTN, art. 121, parágrafo único**). **Em segundo lugar,** o privilégio de que goza o Estado **independe** da origem ou natureza dos bens e rendas sobre os quais incide. Em terceiro lugar, o mesmo dispositivo **estende o seu alcance** aos bens e rendas gravados por ônus real[184] ou cláusula de inalienabilidade ou impenhorabilidade, seja qual for a data da constituição do ônus ou da cláusula. Desse modo, as **cláusulas contratuais de inalienabilidade e impenhorabilidade não são oponíveis ao fisco,** em razão do referido dispositivo alcançar todos os bens e rendas do sujeito passivo, com a única exceção dos considerados absolutamente impenhoráveis por lei, como consta da ressalva constante da parte final do art. 184[185]. O fisco também **não pode penhorar** imóvel residencial próprio do casal, ou entidade familiar, nos termos da **Lei nº 8.009, de 29.03.1990 (art. 1º)**[186], salvo quanto aos impostos, taxas e contribuições devidos em função do imóvel familiar (art. 3º, I e IV), e ainda bens da Fundação Casa Ruy Barbosa (Lei nº 7.615/1987), depósitos do FGTS (Lei nº 5.107/1966, art. 27) etc. **Não importa** a data da constituição do ônus ou da cláusula em relação ao privilégio de que goza o crédito tributário do Estado, seja anterior ou posterior à ocorrência do fato gerador, da constituição do crédito tributário ou da sua inscrição. Vide CPC/2015, art. 833.

Acerca da preferência do crédito tributário, esclareceu o STJ que: a)"os bens gravados com hipoteca oriunda de cédula de crédito podem ser penhorados para satisfazer o débito fiscal, pois a impenhorabilidade de que trata o **art.** 57 do Decreto-Lei nº 413/1969 não é absoluta, cedendo à preferência concedida ao crédito tributário pelo **art. 184** do CTN"[187]; **b)** "**este Superior Tribunal tem posicionamento consolidado segundo o qual o crédito tributário prefere a qualquer outro, à exceção dos de natureza trabalhista, a teor do disposto no art.**

---

    adquiridos com recursos ou garantias do governo federal, que passam, imediata e automaticamente, ao domínio e posse da União.

[184] Bernardo Ribeiro de Moraes, *op. cit.*, II, p. 422, e Hugo de Brito Machado, *op. cit.*, p. 158, entendem que o art. 184 abrange também os demais direitos reais sobre coisa alheia, como, *v.g.*, o usufruto. Em sentido contrário, FLAKS, Milton. *Comentários à lei de execução fiscal.* Rio de Janeiro:Forense, 1981., p. 290, afirmando que só os direitos reais de garantia são alcançados pela regra do art. 184 porque os demais direitos reais sobre coisas alheias são objeto do art. 185. Por outro lado, o STF já decidiu que: a) o crédito fiscal prefere o hipotecário, ainda que a beneficiária seja empresa pública federal em disputa com a Fazenda estadual (*RTJ* 81/467 e 81/805). Entretanto, no caso de falência de empresário, os créditos com garantia real preferem aos créditos tributários (Lei nº 11.101/2005, art. 83, incisos II e III); b) os privilégios do fisco não foram derrogados pelo DL nº 413/1969, art. 57, que estabelece a impenhorabilidade dos bens objeto de cédula de crédito industrial (*RTJ* 66/263, STJ, REsp. 90.155/SP, Primeira Turma, Rel. Min. Demócrito Reinaldo, v.u. etc.).

[185] Cf. THEODORO JR., Humberto. *Lei de execução fiscal.* 3. ed. São Paulo: Saraiva, 1993, p. 100; Bernardo Ribeiro de Moraes, *op. cit.*, II, p. 422; Zelmo Denari, *op. cit.*, p. 328-329; Hugo de Brito Machado, *op. cit.*, p. 158, e Celso Cordeiro, *op. cit.*, p. 120.

[186] Neste sentido: BRASIL. Superior Tribunal de Justiça, REsp. 6.708-PR, Rel. Min. Garcia Vieira, Primeira Turma. São também impenhoráveis pelo fisco os bens móveis que guarnecem a modesta residência do executado e sua família, tais como o *freezer*, o televisor e o aparelho de som (BRASIL. Superior Tribunal de Justiça, REsp. 127.633/RS, Rel. Min. Hélio Mosimann, Segunda Turma, v.u.). "A impenhorabilidade da Lei nº 8.009/1990 alcança o bem que, anteriormente ao seu advento, tenha sido objeto de constrição judicial" (TRF-4ª R., Súmula 10).

[187] BRASIL. Superior Tribunal de Justiça, AgInt no REsp n. 1.318.181/PR, Rel. Min. Luis Felipe Salomão, Quarta Turma, j. 21.08.2018, *DJe* 24.08.2018.

186 do CTN." [188]; c) "os bens gravados com hipoteca oriunda de cédula de crédito podem ser penhorados para satisfazer o débito fiscal, porque a impenhorabilidade de que trata o art. 57 do Decreto-Lei nº 413/1969 não é absoluta, cedendo à preferência concedida ao crédito tributário pelo art. 184 do CTN."[189]

1.2. *Fraude contra a Fazenda Pública*

O **art. 185 do CTN** dispunha, **originariamente**, que "presume-se fraudulenta a alienação ou oneração de bens ou rendas, ou seu começo, por sujeito passivo em débito para com a Fazenda Pública por crédito tributário regularmente inscrito como dívida ativa em fase de execução". O art. 185 do CTN estabelecia **dois pressupostos para a caracterização da fraude contra a Fazenda**: a) dívida ativa "em fase de execução"; b) o devedor tenha sido reduzido à insolvência com o ato de alienação e oneração de seus bens ou rendas.

A LC nº 118/2005 alterou a redação do art. 185 do CTN, para suprimir a cláusula final ("em fase de execução"), bastando, portanto, que o crédito tributário tenha sido objeto de inscrição como dívida ativa, para que a alienação ou oneração de bens ou rendas, ou seu começo, por sujeito passivo, se presuma fraudulenta. Assim, **consagrou o entendimento de Hugo de Brito Machado,** pelo qual, a partir da inscrição da dívida ativa tributária qualquer ato de alienação ou oneração de bens por parte do devedor que o reduza à insolvência, deve ser considerado fraude contra a Fazenda porque o art. 185 refere-se a "crédito tributário em fase de execução", e esta, segundo o mencionado autor, começa com a inscrição do crédito como dívida ativa[190].

A nova redação do art. 185 pôs fim à controvérsia sobre o **momento em que a fraude à Fazenda Pública se caracterizava,** e entendíamos que tal só ocorria se o ato de alienação ou oneração de bens ou rendas do devedor fosse posterior à sua citação válida. Isso porque a citação instaura a relação jurídico-processual, e somente com a citação é que ocorre litispendência. Este era o entendimento que predominava no STF e no STJ[191].

O STJ também entendia, sob a égide da redação originária do art. 185 do CTN, que no caso de terceiro que não adquiriu o bem diretamente do devedor, agindo, portanto, de boa-fé, merecia ser amparado, e neste caso a falta de registro da penhora não permitia que se configurasse a fraude à execução, não se admitindo a penhora do bem adquirido pelo terceiro[192].

A ineficácia do ato de alienação ou oneração de bens pelo sujeito passivo, posteriormente à inscrição do crédito tributário como dívida ativa, pode ser declarada na própria execução fiscal, independendo, portanto, de ação para permitir a penhora pela Fazenda Pública[193].

Após o advento da LC nº 118/2005, **a Fazenda Pública não tem de comprovar a existência de *concilium fraudis* na alienação do bem pelo devedor tributário,** se tal ocorreu após a inscrição do crédito tributário como dívida ativa, operando-se a fraude *juris et de iure*, não sendo cabente a invocação da Súmula nº 375 do STJ: "O reconhecimento da fraude à execução

---

[188] BRASIL. Superior Tribunal de Justiça, AgInt no REsp n. 1.875.086/RS, Rel. Min. Regina Helena Costa, Primeira Turma, j. 9.11.2022, *DJe* de 11.11.2022.

[189] BRASIL. Superior Tribunal de Justiça, EDcl no AgRg no REsp n. 1.327.595/BA, Rel. Min. Herman Benjamin, Segunda Turma, j. 01.12.2015, *DJe* 04.02/2016.

[190] *Op. cit.*, p. 160. No mesmo sentido, Carlos Henrique Abrão *et al.*, *op. cit.*, p. 201, n. 29.3.

[191] *RTJ* 89/899, *RSTJ* 133/155 etc.

[192] *RT* 669/186, 691/190, STJ – Terceira Turma, Ag. 9.500 – SP – AgRg., Rel. Min. Nilson Naves; ED REsp. 114.415/MG, Rel. Min. Eduardo Ribeiro, 2ª Seção.

[193] *RTJ* 94/198, STJ, REsp. 7712/RS, Rel. Min. Dias Trindade, Terceira Turma, *RSTJ* 57/207 etc.

depende do registro da penhora do bem alienado ou da má-fé do terceiro adquirente"[194]. Como bem ressaltado pelo **STJ**, em trecho do acórdão prolatado no julgamento dos Embargos de Declaração no REsp 1141990/PR, Rel. Min. Napoleão Nunes Maia Filho, 1ª Seção, *in verbis*:

> 6. Logo, não há como afastar a presunção de fraude, com amparo na Súmula 375 do STJ, quando se tratar de Execução Fiscal, em que há legislação específica, qual seja, o art. 185 do CTN, na redação dada pela LC nº 118/2005, cujo escopo não é resguardar o direito do terceiro adquirente por ato a título oneroso, mas sim de proteger o interesse público contra atos de dilapidação patrimonial por parte do devedor, porquanto o recolhimento dos tributos serve à satisfação das necessidades coletivas.

O **parágrafo único do art. 185** reza que não se considera ato de fraude contra a Fazenda se o devedor reservou bens ou rendas suficientes, no ato de alienação ou oneração, ao total pagamento da dívida inscrita, tendo a LC nº 118/2005 suprimido também a cláusula final (em fase de execução). Tal regra se justifica porque na hipótese de o devedor ter feito tal reserva de bens ou rendas, não há que se falar em fraude porque não houve a intenção de lesar o fisco. No caso de a reserva de bens ter se revelado insuficiente para garantir o crédito tributário, mesmo que se apure o fato posteriormente, "devolve-se à Fazenda Pública o direito de penhorar os bens alienados ou onerados, em razão da presunção de fraude"[195].

A LC nº 118/2005, em seu art. 2º, **acrescentou também o art. 185-A ao CTN,** dispondo:

> Na hipótese de o devedor tributário, devidamente citado, não pagar nem apresentar bens à penhora no prazo legal e não forem encontrados bens penhoráveis, o juiz determinará a indisponibilidade de seus bens e direitos, comunicando a decisão, preferencialmente por meio eletrônico, aos órgãos e entidades que promovem o registro de transferência de bens, especialmente ao registro público de imóveis e às autoridades supervisoras do mercado brasileiro e do mercado de capitais, a fim de que, no âmbito de suas atribuições, façam cumprir a ordem judicial.

A **indisponibilidade universal** a que se refere o dispositivo visa a resguardar os interesses da Fazenda Pública e pode ser decretada de ofício, mas para a decretação devem ser observados os seguintes **pressupostos:** a) citação regular do executado; b) não pagamento e nem nomeação de bens à penhora; c) não localização de bens penhoráveis; d) decisão judicial.

Entendemos que a norma do art. 185-A é **inconstitucional porque fere o devido processo legal, malbaratando a norma contida no. art. 5º, LIV, da CF/1988, e o direito à ampla defesa, assegurado no art. 5º, LV, da mesma Constituição, além de criar óbice ao desempenho da atividade econômica. Por essas razões subscrevemos o entendimento de Hugo de Brito Machado,** quando averba:

> A Constituição Federal de 1988 garante que seja assegurado a todos o livre exercício da atividade econômica, independentemente da autorização de órgãos públicos, e não exige

---

[194] BRASIL. Superior Tribunal de Justiça. Súmula nº 375. Disponível em: <https://www.stj.jus.br/docs_internet/revista/eletronica/stj-revista-sumulas-2013_33_capSumula375.pdf>. Acesso em: 11 dez. 2023.

[195] Cf Bernardo Ribeiro de Moraes, *op. cit.*, II, p. 423-424. Celso Cordeiro, *op. cit.*, p. 87, entende que, não obstante a lei não exigir fórmula sacramental para a reserva de bens, a mesma "deverá ser formalizada, por escrito, e endereçada à Procuradoria Fiscal da entidade interessada, ou à repartição fazendária competente, para efeito de averbação no registro de imóveis, quando for o caso". Parece-nos, no entanto, que a lei não exige esse formalismo, ainda mais porque se a reserva revelou-se insuficiente, a Fazenda Pública pode penhorar os bens alienados ou onerados.

Capítulo VIII · CRÉDITO TRIBUTÁRIO | 319

como condição para tanto a quitação das obrigações tributárias. E estabelece também que ninguém será privado da liberdade ou de seus bens sem o devido processo legal. É evidente, portanto, a inconstitucionalidade de norma que estabelece a indisponibilidade de todo o patrimônio da empresa pelo fato de estar a mesma em débito com a Fazenda Pública[196].

Ao tratar do art. 185-A, o STJ estabeleceu requisitos a serem observados. Especificamente, dispôs o Tribunal que: "A indisponibilidade de bens e direitos autorizada pelo art. 185-A do CTN depende da observância dos seguintes requisitos: (i) citação do devedor tributário; (ii) inexistência de pagamento ou apresentação de bens à penhora no prazo legal; e (iii) a não localização de bens penhoráveis após esgotamento das diligências realizadas pela Fazenda, caracterizado quando houver nos autos (a) pedido de acionamento do Bacen Jud e consequente determinação pelo magistrado e (b) a expedição de ofícios aos registros públicos do domicílio do executado e ao Departamento Nacional ou Estadual de Trânsito – DENATRAN ou DETRAN".[197] (Tema Repetitivo nº 714).

Entretanto, **o § 1º do art. 185-A, visando a evitar abusos que possam prejudicar o devedor tributário**, estabelece que a indisponibilidade limitar-se-á ao valor total exigível, devendo ainda o juiz determinar o imediato levantamento da indisponibilidade dos bens ou valores que excederem esses limites. Considerando a morosidade que caracteriza a máquina do Poder Judiciário, duvidamos quando à efetivação do "imediato levantamento" da referida indisponibilidade.

Por outro lado, o **§ 2º do art. 185** prescreve que os órgãos e entidades aos quais se refere o *caput* do artigo enviarão imediatamente ao juízo a relação da discriminação dos bens e direitos cuja indisponibilidade houverem promovido, para que a indisponibilidade se convole em penhora, intimando-se o executado para, querendo, oferecer embargos.

Sem prejuízo do nosso entendimento de que o art. 185-A do CTN é inconstitucional, a indisponibilidade total do patrimônio do contribuinte é risco bastante elevado de que poderá impedir o desempenho da sua atividade econômica, daí a pertinente advertência feita por **Luciano Amaro**, nestes termos:

> É severo o preceito. A indisponibilidade bloqueia este ou aquele bem, mas todos os que houver, cabendo aos órgãos e entidades destinatários da comunicação judicial enviar ao juiz a relação dos bens e direitos, cuja indisponibilidade houver promovido (§ 2º).
>
> É verdade que a lei limita a indisponibilidade "ao valor total exigível", devendo o juiz determinar o imediato levantamento da indisponibilidade dos bens e valores que excederem esse limite (§2º). Porém, num primeiro momento o melhor que o juiz poderá fazer é informar no instrumento em que dá ciência da indisponibilidade o "valor total exigível". Isso, contudo, não impedirá que cada destinatário, na melhor das hipóteses, bloqueie bens até esse valor (o que multiplica o efeito do gravame). Como para piorar, os destinatários da comunicação judicial não necessariamente saberão o valor dos bens, isso os levará a bloquear tudo que houver, até que o juiz, quando o juiz estiver de posse das relações recebidas dos vários ór-

---

[196]   *Op. cit*, vol. III, p. 663-664. No mesmo sentido cite-se, dentre outros, Kiyoshi Harada, nestes termos: "Esse art. 185-A viola os princípios da razoabilidade e da proporcionalidade preconizando a execução pela forma mais gravosa e truculenta contrariando abertamente o princípio geral inscrito no art. 620 do CPC, que determina a execução pelo modo menos gravoso para o devedor" (HARADA, Kiyoshi. *Direito financeiro e tributário*. 24. ed. São Paulo: Atlas, 2015, p. 613).

[197]   BRASIL. Superior Tribunal de Justiça, REsp n. 1.377.507/SP, Rel. Min. Og Fernandes, Primeira Seção, j. 26.11.2014, *DJe* de 02.12.2014.

gãos e entidades, e puder ter uma avaliação desses bens, tenha condições de, efetivamente, determinar o levantamento (que, nessa ocasião, já não se poderá qualificar de imediato) da indisponibilidade do que for excedente[198].

O **art. 854 do CPC de 2015**, seguindo a trilha da Lei nº 11.382/2006, que inseriu o art. 655-A no CPC de 1973, já prevê a penhora *online* de dinheiro, levando **Mauro Luís Rocha Lopes** a considerar obsoleta a exigência constante do art. 185-A do CTN de se atestar a ine-xistência de outros bens penhoráveis, porque:

> De fato, essa exigência última se tornou obsoleta a partir da alteração da sistemática geral das execuções estabelecida no CPC, certo de que sua adoção fragilizaria a posição do cré-dito tributário, tornando-o menos garantido que o crédito comum. Além disso, a norma do art. 185-A do CTN possui viés processual, podendo, perfeitamente, ser posta de lado, em homenagem a salutar inovação introduzida pela aludida Lei[199].

1.3. *Preferências*

1.3.1. *Noção geral*

As preferências são **espécies** do gênero "garantias tributárias" e significam a prerrogativa concedida ao crédito tributário de ser pago com prioridade diante de concorrência de dívidas. Assim, o **pressuposto** para que a preferência possa ser exercitada é a ocorrência de concurso de credores, universal ou particular. O **concurso universal de credores** visa à distribuição de todo o patrimônio penhorável do devedor insolvente entre os seus diversos credores. Se o devedor for empresário, o procedimento falimentar regular-se-á pela Lei nº 11.101, de 09.02.2005, e se for devedor não empresário, o concurso de credores observará as normas dos arts. 711 a 713 do CPC/1973 (art. 1.052 do CPC/2015)[200]. A insolvência deve ser declarada por sentença porque corresponde ao estado de fato em que se encontra o patrimônio do devedor em um determinado momento (CPC/1973, art. 761[201]).

O **concurso particular de preferências** é baseado no princípio do credor mais diligente consagrado nos art. 797 do CPC/2015. Seus pressupostos são os seguintes: a) devedor sol-vente; b) pluralidade de penhoras sobre o mesmo ou mesmos bens; c) credores diversos. O concurso particular de preferências ocorre quando o credor adquire pela penhora o direito de preferência sobre os bens penhorados (CPC/2015, art.797).

1.3.2. *No direito tributário*

As garantias asseguradas ao crédito tributário pelo CTN só fazem sentido se forem acompanhadas de certas preferências em cotejo com outros créditos, porque se a Fazenda

---

[198] AMARO, Luciano. *Direito tributário brasileiro*. 14. ed. São Paulo: Saraiva, 2008, p. 475.

[199] *Op cit*, p. 324. Em abono da sua tese, o eminente jurista e magistrado cita o entendimento do STJ, con-sagrado no REsp 107.4228, Min. Mauro Campbell Marques.

[200] Art. 1.052. Até a edição de lei específica, as execuções contra devedor insolvente em curso ou que venham a ser propostas, permanecem reguladas pelo Livro II, Título IV, da Lei nº 5.869, de 11 de janeiro de 1973.

[201] Conforme disposto no CPC 2015: Art. 1.052. Até a edição de lei específica, as execuções contra devedor insolvente, em curso ou que venham a ser propostas, permanecem reguladas pelo Livro II, Título IV, da Lei nº 5.869, de 11.01.1973.

Pública concorresse em igualdade com outros credores correria o risco de nada receber se os bens do devedor se revelassem insuficientes[202].

O **art. 186 do CTN** prescreve, com a redação dada pela LC nº 118/2005:

> O crédito tributário prefere a qualquer outro, seja qual for sua natureza ou o tempo de sua constituição, ressalvados os créditos decorrentes da legislação do trabalho ou do acidente do trabalho. Parágrafo único. Na falência: I – o crédito tributário não prefere aos créditos extraconcursais ou as importâncias passíveis de restituição, nos termos da lei falimentar, nem aos créditos com garantia real, no limite do bem gravado; II – a lei poderá estabelecer limites e condições para a preferência dos créditos decorrentes da legislação do trabalho; III – a multa tributária prefere apenas aos créditos subordinados.

O dispositivo em tela comporta as seguintes **observações. Primeira**, que a norma visou dar legitimidade ao art. 83 da Lei nº 11.101, de 09.02.2005 (Lei de Falências e Recuperação de Empresas), que, regulando os créditos concursais na falência, estabeleceu o primado dos créditos com garantia real sobre os créditos tributários até o limite do valor do bem gravado. Isso, para que as instituições financeiras, melhor protegidas no caso de falência do devedor, ampliem a concessão de créditos para maior desenvolvimento da economia. **Segunda**, que o parágrafo único acrescentado ao art. 186 do CTN, decorre da nova classificação dos créditos concursais na falência, estabelecida pelo art. 83 da NLFRE, bem como para determinar que os créditos tributários não preferem aos créditos extraconcursais elencados no art. 84 ou às quantias passíveis de restituição. Outro objetivo foi permitir a cobrança da multa fiscal na falência, embora subordinando a preferência apenas sobre os créditos mencionados no inciso VIII do art. 83 da nova LFRE.

Acerca do concurso de credores, "1. Há jurisprudência firmada no Superior Tribunal de Justiça de que 'a instauração do concurso de credores pressupõe pluralidade de penhoras sobre o mesmo bem. Assim, discute-se a preferência quando há execução fiscal e recaia a penhora sobre o mesmo bem, excutido em outra demanda executiva'" (BRASIL. Superior Tribunal de Justiça, REsp 654.779/RS, Rel. Min. Luiz Fux, Primeira Turma, *DJ* 28.03.2005).[203]

A cobrança judicial do crédito tributário **não é sujeita** a concurso de credores ou habilitação em falência, recuperação judicial, concordata, inventário ou arrolamento (**CTN, art. 187**, com a redação dada pela LC nº 118/2005, para incluir recuperação judicial), e, assim, basta a simples comunicação da Fazenda Pública do seu crédito fiscal. Se a execução fiscal for ajuizada antes da decretação da falência do devedor empresário, o bem penhorado continua sob a administração do juízo fazendário, não sendo arrecadado. Assim, a sua expropriação dar-se-á fora do concurso falimentar, mas o produto da venda judicial deve ser colocado à disposição do juízo falimentar, porque podem existir outros créditos mais preferenciais, por exemplo, os créditos trabalhistas[204]. Se a decretação da falência anteceder à execução fiscal, esta deve ser ajuizada contra a massa falida, procedendo-se à penhora no rosto dos autos do processo da quebra, citando-se o administrador judicial[205].

---

[202]   Cf. Bernardo Ribeiro de Moraes, *op. cit.*, II, p. 424.

[203]   BRASIL. Superior Tribunal de Justiça, AgInt no REsp nº 1.436.772/PR, Rel. Min. Og Fernandes, Segunda Turma, j. 11.09.2018, *DJe* 18.09.2018.

[204]   BRASIL. Superior Tribunal de Justiça, Primeira Turma, REsp. 74.157/RGS, Rel. Min. Humberto Gomes de Barros, v.u. etc.

[205]   Súmula nº 44 do TFR, *RTJ* 72/578, STJ, REsp. 109.501, Rel. Min. Garcia Vieira, Primeira Turma, v.u., etc.

1.3.3. Concurso fiscal de preferências

O **parágrafo único do art. 187** estabelece as regras que devem ser observadas no caso de concurso de preferências entre pessoas de direito público, na seguinte ordem: a) União; b) Estados, Distrito Federal e Territórios, conjuntamente e *pro rata*; c) Municípios, conjuntamente e *pro rata*. O **parágrafo único do art. 29 da LEF** reproduz a regra do CTN, incluindo, no entanto, as autarquias federais, estaduais e municipais nos respectivos graus de preferência. Parece-nos correto o adendo feito pela LEF, porque as autarquias são pessoas jurídicas de direito público que exercem função pública típica outorgada pelo poder público.

> **Súmula 563 do STF**
>
> O concurso de preferências a que se refere o parágrafo único do art. 187 do Código Tributário Nacional é compatível com o art. 5º, inciso I, da Constituição Federal.

As regras pré-citadas do CTN e da LEF comportam as seguintes **observações**. **Primeira**, que o **STF** decidiu ser constitucional a norma do parágrafo único do art. 187 do CTN porque: **a)** o art. 9º, I, da EC nº 1/1969, que vedava à União, aos Estados, ao Distrito Federal e aos Municípios criar preferências em favor de uma dessas pessoas jurídicas de direito público visava a preservar a igualdade na Federação, e essa igualdade não é colocada em risco pelo parágrafo único do art. 187, ao estabelecer o concurso de preferências entre os entes políticos; **b)** o sistema político adotado admite a prevalência da União sobre os Estados, e destes sobre os Municípios. **Segunda**, que o concurso fiscal de preferências consagra uma exceção à regra geral de que se o devedor cai em insolvência, o princípio geral de direito é de que nenhum credor pode ser beneficiado em detrimento dos demais[206]. **Terceira**, que a referência feita pelos mencionados dispositivos legais aos Territórios, que não são pessoas jurídicas de direito público nem gozam de autonomia política e financeira, explica-se como sendo os créditos tributários da União nos Territórios, porque lhe compete instituir os impostos federais, estaduais e municipais (**CF, art. 147**). **Quarta**, que o art. 18 do Decreto-lei nº 195, de 24.02.1967 reza que a dívida fiscal oriunda da contribuição de melhoria terá preferência sobre outras dívidas fiscais quanto ao imóvel beneficiado. O referido decreto-lei tem categoria de lei complementar pela matéria porque fixa normas gerais sobre contribuição de melhoria[207]. **Quinta**, que o pagamento pro rata (rateio proporcional) referido nos parágrafos únicos do art. 187 do CTN e no art. 29 da LEF somente se verifica entre entes iguais na mesma escala preferencial. O rateio não é paritário entre desiguais[208]. Apesar de os referidos dispositivos legais não fazerem referência a rateio proporcional entre a União e as suas autarquias, o mesmo deve ser observado porque "a receita da autarquia constitui, em realidade, receita do respectivo ente político, apenas arrecadada e aplicada de forma descentralizada"[209]. **Sexta**, que a pluralidade de penhoras sobre o mesmo ou mesmos bens é pressuposto para que se instaure o concurso fiscal de preferências[210]. Entretanto, no concurso fiscal de preferências não

---

[206] Cf. Aliomar Baleeiro, *op. cit.*, p. 608.

[207] *RTJ* 93/1380.

[208] Cf. SILVA, Costa e. *Teoria e prática do processo executivo fiscal*. Rio de Janeiro: Aide, 1983, nº 209, p. 284.

[209] Cf. FLAKS, Milton, *op. cit.*, p. 279, e Carlos Henrique Abrão *et al.*, *op. cit.*, p. 202. Hugo de Brito Machado revela que, segundo entendimento do extinto TFR, primeiro devem ser pagos os créditos tributários da União, depois de suas autarquias, em seguida os dos Estados, DF e Territórios, e somente após os créditos tributários das autarquias dos Estados e DF etc. (*Op. cit.*, p. 161).

[210] AgInt no REsp 1.603.324/SC, relator Ministro Napoleão Nunes Maia Filho, Primeira Turma, julgado em 29.04.2019, *DJe* 10.05.2019. RTFR 135/69. Se a autarquia federal não ajuizou execução e não há, portanto,

Capítulo VIII · CRÉDITO TRIBUTÁRIO | 323

se deve levar em conta a ordem cronológica da efetivação das penhoras. Isso porque a pessoa jurídica de direito público que tem a preferência não é aquela que penhorou em primeiro lugar. A ordem deve observar exclusivamente as preferências estabelecidas nos parágrafos únicos dos arts. 187 do CTN e 29 da LEF[211]. Em interpretação ao art. 187 do CTN o STJ, no REsp 957836, Rel. Min. Luiz Fux, 1ª Seção, entendeu:

> Processual civil. Tributário. Recurso especial representativo de controvérsia. Art. 543-C, do CPC. Execução fiscal. Existência de penhoras sobre o mesmo bem. Direito de preferência. Crédito tributário estadual e crédito de autarquia federal. Arts. 187 do CTN e 29, I, da Lei 6.830/80. Preferência do crédito tributário federal. 1. O crédito tributário de autarquia federal goza do direito de preferência em relação àquele de que seja titular a Fazenda Estadual, desde que coexistentes execuções e penhoras (Precedentes: REsp 131.564/SP, Rel. Min. Castro Meira, Segunda Turma, j. 14.09.2004, *DJ* 25.10.2004; EREsp 167.381/SP, Rel. Min. Francisco Falcão, Primeira Seção, j. 09.05.2002, *DJ* 16.09.2002; EDcl no REsp 167.381/SP, Rel. Min. Garcia Vieira, Primeira Turma, j. 22.09.1998, DJ 26.10.1998; REsp 8.338/SP, Rel. Min. Peçanha Martins, Segunda Turma, j. 08.09.1993, *DJ* 08.11.1993) 2. A instauração do concurso de credores pressupõe pluralidade de penhoras sobre o mesmo bem, por isso que apenas se discute a preferência quando há execução fiscal e recaia a penhora sobre o bem excutido em outra demanda executiva (Precedentes: REsp 1175518/SP, Rel. Min. Humberto Martins, Segunda Turma, j. 18.02.2010, *DJe* 02.03.2010; REsp 1122484/PR, Rel. Min. Eliana Calmon, Segunda Turma, j. 15.12.2009, *DJe* 18.12.2009; REsp 1079275/SP, Rel. Min. Luiz Fux, Primeira Turma, j. 17.09.2009, *DJe* 08.10.2009; REsp 922.497/SC, Rel. Min. José Delgado, Primeira Turma, j. 11.09.2007, DJ 24.09.2007) 3. *In casu*, resta observada a referida condição à análise do concurso de preferência, porquanto incontroversa a existência de penhora sobre o mesmo bem tanto pela Fazenda Estadual como pela autarquia previdenciária. 4. O art. 187 do CTN dispõe que, *verbis*: "Art. 187. A cobrança judicial do crédito tributário não é sujeita a concurso de credores ou habilitação em falência, recuperação judicial, concordata, inventário ou arrolamento (Redação dada pela LCP nº 118, de 2005) Parágrafo único. O concurso de preferência somente se verifica entre pessoas jurídicas de direito público, na seguinte ordem: I – União; II – Estados, Distrito Federal e Territórios, conjuntamente e *pro rata*; III – Municípios, conjuntamente e *pro rata*." 5. O art. 29, da Lei nº 6.830/1980, a seu turno, estabelece que: "Art. 29 – A cobrança judicial da Dívida Ativa da Fazenda Pública não é sujeita a concurso de credores ou habilitação em falência, concordata, liquidação, inventário ou arrolamento Parágrafo Único – O concurso de preferência somente se verifica entre pessoas jurídicas de direito público, na seguinte ordem: I – União e suas autarquias; II – Estados, Distrito Federal e Territórios e suas autarquias, conjuntamente e pro rata; III – Municípios e suas autarquias, conjuntamente e pro rata." 6. Deveras, verificada a pluralidade de penhoras sobre o mesmo bem em executivos fiscais ajuizados por diferentes entidades garantidas com o privilégio do concurso de preferência, consagra-se a prelação ao pagamento dos créditos tributários da União e suas autarquias em detrimento dos créditos fiscais dos Estados, e destes em relação aos dos Municípios, consoante a dicção do art. 187, parágrafo único c/c art. 29, da Lei nº 6.830/1980.

---

penhora sobre bem já penhorado, não lhe é lícito simplesmente intervir em processo de execução a que é estranha para, sem mais, receber o que pretende lhe ser devido (*RSTJ* 82/116).

[211] *RJTJSP* 89/123, *JB* 99/159.

Sergio Campinho põe um facho de luz sobre a norma contida no parágrafo único do art. 187 do CTN ao doutrinar com a maestria de sempre:

> As pessoas jurídicas de direito público acima referidas poderão desfrutar de créditos de natureza não tributária, como, por exemplo, indenizações devidas em virtude de ilícito contratual ou extracontratual. Esses créditos, uma vez inscritos na dívida ativa, terão, a teor do § 4º do art. 4º da Lei nº 6.830/1980, o mesmo tratamento de preferência dos créditos tributários, aplicando-se-lhes o artigo 186 do Código Tributário Nacional. Todavia, não estando regularmente inscritos, concorrerão como quirografários.[212] (BRASIL. Superior Tribunal de Justiça, Jurisprudência sobre arts. 186 e 187 do CTN, Quarta Turma, j. 04.12.2018, Rel. Min. Luis Felipe Salomão, Quarta Turma).

> Recurso especial. Habilitação de crédito na falência. Crédito tributário considerado prescrito. 1. O crédito tributário prefere a qualquer outro, seja qual for sua natureza ou o tempo de sua constituição, ressalvados os créditos decorrentes da legislação do trabalho ou do acidente de trabalho e, no caso de devedor falido, os créditos extraconcursais, as importâncias passíveis de restituição e os créditos com garantia real, no limite do valor do bem gravado (artigo 186 do CTN). 2. Sob tal perspectiva, o artigo 187 do mesmo diploma – assim como a Lei de Execução Fiscal (Lei nº 6.830/1980, artigo 29) – dispõe que a cobrança judicial do crédito tributário não é sujeita a concurso de credores ou habilitação em falência, recuperação judicial, liquidação, inventário ou arrolamento. 3. Nesse contexto, os créditos tributários não se submetem ao concurso formal (ou processual) instaurado com a decretação da falência ou com o deferimento da recuperação judicial, vale dizer, não se subordinam à vis attractiva (força atrativa) do Juízo falimentar ou recuperacional, motivo pelo qual as execuções fiscais devem ter curso normal nos juízos competentes (artigo 76 da Lei nº 11.101/2005). 4. De outro vértice, os credores tributários sujeitam-se ao concurso material (ou obrigacional) decorrente da falência ou da recuperação judicial, pois deverão ser respeitadas as preferências, por exemplo, dos créditos trabalhistas e daqueles com garantia real, sem olvidar-se do pagamento prioritário dos créditos extraconcursais e das importâncias passíveis de restituição. 5. Malgrado a prerrogativa de cobrança do crédito tributário via execução fiscal, inexiste óbice para que o Fisco (no exercício de juízo de conveniência e oportunidade) venha a requerer a habilitação de seus créditos nos autos do procedimento falimentar, submetendo-se à ordem de pagamento prevista na Lei nº 11.101/2005, o que implicará renúncia a utilizar-se do rito previsto na Lei nº 6. 830/1980, ante o descabimento de garantia dúplice.

1.3.4. Outras preferências

O **art. 188 do CTN (com redação dada pela LC nº 118/2005)** prescreve que são **extraconcursais**[213] os créditos tributários decorrentes de fatos geradores ocorridos no curso do

---

[212] CAMPINHO, Sérgio. *Falência e recuperação de empresa.* 6. ed. Rio de Janeiro: Renovar, 2012, p. 425.

[213] "Os credores extraconcursais são aqueles que não se sujeitam ao concurso falimentar. São pagos após as restituições, anteriormente aos credores concorrentes. Qualificam-se como créditos extraconcursais, dentre outros, a remuneração devida ao administrador judicial, as despesas com arrecadação, administração e realização do ativo, as custas do processo de falência e os tributos relativos a fatos geradores ocorridos após a decretação da quebra (artigo 84). São créditos havidos contra a massa e não em face do falido." (Cf. Sergio Campinho, *op. cit.*, p. 349). O mesmo autor esclarece ainda que:"Diversamente é

processo de falência (LFRE, art. 84, V), enquanto, **na redação anterior**, o art. 188 dispunha que eram considerados encargos da massa. Entretanto, são **concursais** os créditos tributários oriundos de fatos geradores ocorridos antes da falência (LFRE, art. 83, III), e que são objeto da norma contida no art. 186 do CTN. Contestado o crédito tributário, o juiz remeterá as partes ao processo competente, mandando reservar bens suficientes à extinção total do crédito e seus acrescidos, se a massa não puder efetuar a garantia de instância por outra forma, ouvido, quanto à natureza e valor dos bens reservados, o representante da Fazenda Pública interessada (§ 1º do art. 188).

O **art. 189 do CTN** (com a redação dada pela LC nº 118/2005) assim prescreve:

> São pagos preferencialmente a quaisquer créditos habilitados em inventário ou arrolamento, ou a outros encargos do monte, os créditos tributários vencidos ou vincendos, a cargo do *de cujus* ou de seu espólio, exigíveis no decurso do processo de inventário ou arrolamento. Parágrafo único. Contestado o crédito tributário, proceder-se-á na forma do disposto no § 1º do art. 188.

O **art. 190 do CTN** estabelece também a preferência dos créditos tributários, vencidos ou vincendos, a cargo de pessoas jurídicas de direito privado em liquidação judicial ou voluntária, em relação a qualquer outro crédito, exigíveis no decurso da liquidação.

1.3.5. *Prova de quitações fiscais*

O art. 191 do CTN **dispunha** que não será concedida concordata nem declarada a extinção das obrigações do falido, sem que o requerente faça prova da quitação de todos os tributos relativos à sua atividade mercantil. Entretanto, a **jurisprudência dominante** era no sentido de que a apresentação da quitação fiscal não era pressuposto para o despacho do juiz que mandasse processar a concordata, mas sim para a sentença que a julgasse cumprida.

A **LC nº 118/2005 alterou a redação do art. 191 do CTN**, prescrevendo que a extinção das obrigações do falido requer prova de quitação de todos os tributos e não somente daqueles relativos à sua atividade mercantil, e suprimiu a referência à concordata porque foi substituída na nova LFRE pelo instituto da recuperação judicial. Daí ter sido acrescentado ao CTN o **art. 191-A,** que assim dispõe: "A concessão de recuperação judicial depende da apresentação da prova de quitação de todos os tributos, observado o disposto nos arts. 151, 205 e 206 desta Lei". Em outras palavras, a ocorrência de qualquer das causas de suspensão da exigibilidade do crédito tributário previstas no art. 151 do CTN não constitui óbice para a recuperação judicial, em razão da regularidade da situação fiscal do devedor. A remissão aos arts. 205 e 206 do CTN se justifica porque estabelecem os requisitos para obtenção de certidões negativas de débitos tributários.

Conforme entendimento do STJ, "Após a entrada em vigor da Lei nº 14.112/2020 e a implementação de um programa legal de parcelamento factível, é indispensável que as sociedades em recuperação judicial apresentem as certidões negativas de débito tributário (ou

---

o conceito de credor concursal. Os credores concursais são todos aqueles que têm o direito de participar do processo de falência. Serão concorrentes na medida em que de fato e de direito compareçam no processo. Não será concorrente, portanto, aquele credor que, não constando da listagem apresentada pelo devedor, queda-se inerte, deixando de promover a sua habilitação, na forma em que a lei o garante. Não perde, entretanto, a condição de credorconcursal" (*Idem*).

positivas com efeitos de negativas) sob pena de ser indeferida a recuperação judicial, diante da violação do artigo 57 da LREF. Precedente."[214]

Por sua vez, a **prova da quitação de todos os tributos referentes aos bens do espólio, ou às suas rendas**, é exigida para que seja proferida sentença de julgamento de partilha ou adjudicação (CTN, art. 192).

Finalmente, o **art. 193 do CTN** estatui: "Salvo quando expressamente autorizado por lei, nenhum departamento da administração pública da União, dos Estados, do Distrito Federal ou dos Municípios, ou sua autarquia, celebrará contrato ou aceitará proposta em concorrência pública sem que o contratante ou proponente faça prova de quitação de todos os tributos devidos à Fazenda Pública interessada, relativos à atividade em cujo exercício contrata ou concorre". Não se trata, assim, de exigência de prova de quitação geral de todos os tributos relativos ao licitante, mas apenas daqueles relativos à atividade em cujo exercício contrata ou concorre, por exemplo, ICMS, quando o licitante for contribuinte do referido imposto[215]. A Fazenda Pública não pode negar ao contribuinte o direito à certidão negativa de débito, se o crédito tributário não estiver constituído definitivamente porque ainda não é exigível.[216]

---

[214] BRASIL. Superior Tribunal de Justiça, REsp nº 2.093.519/SP, Rel. Min. Ricardo Villas Bôas Cueva, Terceira Turma, j. 28.11.2023, *DJe* 06.12.2023. No mesmo sentido: BRASIL. Superior Tribunal de Justiça, REsp nº 2.053.240/SP, Rel. Min. Marco Aurélio Bellizze, Terceira Turma, j. 17.10.2023, *DJe* 19.10.2023.

[215] O TRF-2ª R., decidiu, em relação ao art. 193, que o "Certificado de Regularidade Jurídico-Fiscal, instituído pelo Decreto nº 84.701/1980, substituiu toda a documentação anteriormente exigida das empresas que pretendiam habilitar-se nas licitações públicas, dispensando qualquer outro documento para comprovação da capacidade jurídica e da quitação com as Fazendas Federal, Estadual e Municipal..." (AMS 89.02.08886/RJ, Rel. Juiz Henry Barbosa, Primeira Turma).

[216] BRASIL. Superior Tribunal de Justiça, REsp nº 110.059, Primeira Turma, Rel. Min. Milton Luiz Pereira, v.u.

Capítulo IX

ADMINISTRAÇÃO TRIBUTÁRIA

I. NOÇÃO GERAL

1. Administração tributária

Administração tributária é a parte da administração pública referente à atividade financeira do Estado que trata da exigência, fiscalização, constituição do crédito tributário e arrecadação da receita tributária[1]. O conceito de administração tributária abrange também as tarefas de orientação ao contribuinte e de treinamento do próprio pessoal administrativo, porque a legislação tributária deve ser observada tanto pelo contribuinte quanto pelo Poder Público. O CTN disciplina a administração tributária no **Título IV do seu Livro Segundo, compreendendo os arts. 194 a 208,** regrando, em separado, as matérias pertinentes à fiscalização (Capítulo I, arts. 194 a 200), dívida ativa (Capítulo II, arts. 201 a 204) e às certidões negativas (Capítulo III, arts. 205 a 208).

II. FISCALIZAÇÃO

1. Noção geral

O **art. 194 do CTN** determina que a "legislação tributária, observando o disposto no CTN, regule, em caráter geral, ou especificamente, em função da natureza do tributo de que se tratar, a competência e os poderes das autoridades administrativas em matéria de fiscalização da sua aplicação." O dispositivo merece os seguintes **comentários: a)** trata-se de regra **endereçada aos agentes públicos,** conferindo-lhes determinados poderes; **b)** refere-se à **legislação tributária,** expressão genérica, que deve ser entendida nos termos do **art. 96 do CTN,** pelo que a matéria fiscalizadora pode ser veiculada por qualquer de suas normas. Entretanto, quando a norma não for regulada por lei, só poderá dispor sobre obrigação tributária acessória em razão do princípio da legalidade tributária; **c)** a legislação tributária deve regular a competência e os poderes das autoridades administrativas incumbidas de fiscalizar a aplicação dos preceitos básicos estatuídos no CTN[2].

O **parágrafo único do art. 194** prescreve: "A legislação tributária aplica-se às pessoas naturais ou jurídicas, contribuintes ou não, inclusive às que gozem de imunidade tributária ou de isenção de caráter pessoal". **Aliomar Baleeiro justifica** a necessidade dessa regra,

---

[1] Bernardo Ribeiro de Moraes explica que a administração tributária "é realizada pelos servidores públicos, na busca da aplicação da lei aos fatos nela previstos e no reconhecimento dos direitos emergentes, abrangendo, inclusive, tarefas diferentes da fiscalização tributária, da constituição do crédito tributário ou da arrecadação dos tributos" (MORAES, Bernardo Ribeiro de. *Compêndio de direito tributário*. Rio de Janeiro: Forense, 1984, p. 736).

[2] Cf. CARVALHO, Paulo de Barros. *Curso de direito tributário*. São Paulo: Saraiva, 1985, p. 335.

328 | MANUAL DE DIREITO TRIBUTÁRIO – *Luiz Emygdio Franco da Rosa Junior e Amanda Albano*

esclarecendo que os regulamentos de execução da lei têm caráter material semelhante ao da lei e obrigam a todos, o que não ocorre com as normas complementares. Isto porque "os regulamentos internos, portarias, circulares e ordens de serviço etc., são dirigidos aos funcionários na escala hierárquica. Na prática, atingem os sujeitos passivos, porque, por eles, os funcionários pautam sua atitude para com os contribuintes e responsáveis. Mas não são *diretamente* obrigatórios para os sujeitos passivos"[3].

O **art. 52, XV da CF** comete ao Senado Federal a função de "avaliar periodicamente "o desempenho das administrações tributárias da União, dos Estados e do Distrito Federal e dos Municípios" (dispositivo acrescido pela EC nº 42/2003).

1.1. Direito de exame pelo Fisco

Para os efeitos da legislação tributária é **absoluto** o direito do Fisco de examinar mercadorias, livros, arquivos, documentos, papéis e efeitos comerciais (títulos de crédito) ou fiscais dos comerciantes, industriais ou produtores, bem como é também absoluta a obrigação destes de exibi-los, não tendo aplicação quaisquer disposições legais excludentes ou limitativas deste direito ou desta obrigação **(CTN, art. 195)**.

Antes do CCB de 2002 já não vigoravam em relação ao fisco as restrições constantes das normas dos arts. 17 a 19 do Código Comercial, quanto ao exame e exibição de livros mercantis. O **CCB** dispõe, em seu **art. 1.193**, que as restrições estabelecidas no Capítulo IV do Título IV, no que concerne "ao exame da escrituração, em parte ou por inteiro, não se aplicam às autoridades fazendárias, no exercício da fiscalização do pagamento de impostos (*sic*), nos termos estritos das respectivas leis especiais". Observe-se que é imperdoável o legislador ter se referido no dispositivo a "impostos" quando deveria ter empregado o termo **tributos**, por ser o gênero. Entretanto, o dispositivo ressalva, corretamente, a **prevalência das normas constantes de leis especiais,** quanto ao exame e exibição dos livros comerciais, prevalecendo, assim, as normas do **art. 195 do CTN e do art. 33, § 1º, da Lei nº 8.212/1991,** que dispõe "sobre a organização da Seguridade Social, institui Plano de Custeio e dá outras providências". O **art. 1.190 do CBB de 2002** corresponde ao art. 17 do antigo Código Comercial e o **art. 1.191** *caput*, repete, praticamente, a redação do art. 18 do mesmo Código, mas ambos os dispositivos **cedem à prevalência do art. 195 do CTN.**

O **Supremo Tribunal Federal**, antes do advento do CTN, em sua **Súmula nº 439**, já enunciava que "estão sujeitos à Fiscalização tributária ou previdenciária quaisquer livros comerciais, limitado o exame aos pontos objeto da investigação"[4].

O **art. 195 do CTN** refere-se de **forma genérica** a livros, documentos, papéis etc., abrangendo, portanto, os livros obrigatórios e os não obrigatórios, que o contribuinte possua e escriture[5]. Todavia, **Hugo de Brito Machado** adverte que a obrigação de exibir prende-se

---

[3]   BALEEIRO, Aliomar. *Direito tributário brasileiro*. 8. ed. Rio de Janeiro: Forense, 1976, p. 561.

[4]   A Súmula 260 do STF reza: "O exame de livros, em ação judicial, fica limitado às transações entre os litigantes". Por meio da Súmula, o STF visa a compor dois direitos: o de se garantir o sigilo a que se referia o art. 17 do Código Comercial e o de se permitir o exame previsto no art. 19 do mesmo Código. Vide RTJ 68/118 sobre a interpretação da Súmula.

[5]   O único livro comercial obrigatório comum a todos os comerciantes é o "Diário" por força do art. 5º do Decreto-lei nº 486/1969, dispondo da mesma forma o art. 1.180 do CCB de 2002. Todavia, existem outros livros que são obrigatórios apenas para determinados comerciantes, sendo, por isso, denominados de livros obrigatórios especiais, por exemplo: a) livro de "Registro de Duplicatas", obrigatório apenas para os comerciantes que extraem duplicatas (Lei nº 5.474/1968, art. 19); b) livro de "Entrada e Saída de Mercadorias", que deve ser escriturado somente pelos comerciantes que exploram Armazém Geral

tão somente aos livros obrigatórios, no sentido de que se o contribuinte declara que não possui livros facultativos, não pode ficar sujeito a qualquer sanção[6]. A fiscalização dos livros e documentos do contribuinte "pode ser feita até mesmo para simples conferência de valores pagos pelo contribuinte relativamente a tributos sujeitos a lançamento por homologação", e não está sujeita "à existência e comprovação de qualquer suspeita de irregularidade"[7].

O STJ possui entendimento sobre os deveres instrumentais que viabilizam a relação jurídica tributária. Por ocasião do julgamento do REsp nº 1.116.792/PB restou consignado na ementa que:

> O ente federado legiferante pode instituir dever instrumental a ser observado pelas pessoas físicas ou jurídicas, a fim de viabilizar o exercício do poder-dever fiscalizador da Administração Tributária, ainda que o sujeito passivo da aludida "obrigação acessória" não seja contribuinte do tributo ou que inexistente, em tese, hipótese de incidência tributária, desde que observados os princípios da razoabilidade e da proporcionalidade ínsitos no ordenamento jurídico. 2. A relação jurídica tributária refere-se não só à obrigação tributária stricto sensu (obrigação tributária principal), como ao conjunto de deveres instrumentais (desprovidos do timbre da patrimonialidade), que a viabilizam.[8]

No caso, em referência ao Tema Repetitivo nº 367, fixou-se a tese jurídica de que:

> Ainda que, em tese, o deslocamento de bens do ativo imobilizado e de material de uso e consumo entre estabelecimentos de uma mesma instituição financeira não configure hipótese de incidência do ICMS, compete ao Fisco Estadual averiguar a veracidade da aludida operação, sobressaindo a razoabilidade e proporcionalidade da norma jurídica que tão somente exige que os bens da pessoa jurídica sejam acompanhados das respectivas notas fiscais.

Para garantir a eficácia da regra que permite **ampla fiscalização** sobre os documentos e demais papéis do contribuinte e do responsável tributário, o **parágrafo único do art. 195 do CTN estabelece uma obrigação tributária acessória positiva**, ao determinar que os livros obrigatórios de escrituração comercial e fiscal e os comprovantes dos lançamentos neles efetuados serão conservados até que ocorra a prescrição dos créditos tributários decorrentes das operações a que se refiram. Assim, os referidos livros e documentos devem ser conservados pelo **prazo de cinco anos**, a contar da data da constituição definitiva do crédito tributário

---

(Decreto nº 1.102, art. 7º); c) os livros enumerados no art. 100 da Lei nº 6.404/1976, que são exigidos para as sociedades por ações etc. Livros facultativos são os "Caixa", "Razão", "Conta-Corrente" e "Copiador de Cartas", sendo que este se tornou facultativo pelo art. 11 do Decreto-lei nº 486/1969 (Cf. COELHO, Fábio Ulhoa. *Manual de direito comercial*. São Paulo: Saraiva, 1988, p. 42-44).

[6] Hugo de Brito Machado averba: "Note-se a diferença. Se um agente fiscal encontra um livro caixa, por exemplo, no escritório de uma empresa, tem o direito de examiná-lo, mesmo se tratando, como se trata, de livro não obrigatório. Entretanto, se o contribuinte afirma não possuir livro caixa, ou razão, ou qualquer outro, não obrigatório, evidentemente não estará sujeito a sanção alguma. Não sendo legalmente obrigado a possuir determinado livro, ou documento, obviamente não pode ser obrigado a exibi-lo. Entretanto, se de fato o possui, tanto que o fiscal o viu, não pode impedir o seu exame" (MACHADO, Hugo de Brito. *Curso de direito tributário*. 8. ed. São Paulo: Malheiros, 1993, p. 167).

[7] Cf. PAULSEN, Leandro. *Direito tributário*. 7. ed. Porto Alegre: Livraria do Advogado, 2005, p. 1.288, nota ao art. 195.

[8] BRASIL. Superior Tribunal de Justiça, REsp 1.116.792/PB, Rel. Min. Luiz Fux, Primeira Seção, j. 24.11.2010, *DJe* 14.12.2010.

(CTN, art. 174). Esta **constituição** ocorre com o decurso do prazo da notificação feita ao contribuinte para ciência do lançamento, sem que haja impugnação, ou para ciência de decisão administrativa ou judicial definitiva, havendo impugnação **(CTN, art. 201)**. Observe-se que a obrigação de o contribuinte guardar os livros é até que se consume o prazo prescricional e não somente o decurso do prazo decadencial para constituir o crédito tributário **(CTN, art. 173)**[9]. Isto é importante, porque o marco temporal que diferencia no direito tributário o **prazo decadencial do prescricional é o lançamento**. Desse modo, **antes do lançamento só se pode falar em decadência (CTN, art. 173), e após só se pode fazer referência à prescrição**. Disso resulta que o prazo prescricional é posterior ao prazo decadencial, tendo o **art. 195, parágrafo único do CTN,** feito referência ao prazo prescricional no interesse exclusivo do Fisco[10].

As autoridades administrativas federais poderão **requisitar o auxílio de força pública federal, estadual ou municipal**, e reciprocamente, quando vítimas de embaraço ou desacato no exercício de suas funções, ou quando necessário à efetivação de medida prevista na legislação tributária, ainda que não se configure fato definido em lei como crime ou contravenção **(art. 200 do CTN)**. O pressuposto para a requisição de força pública é ter havido **embaraço** (qualquer forma de resistência à ação fiscal) ou **desacato** (crime previsto no art. 331 do CP), bem como que o termo **autoridade** abrange também seus agentes[11]. A medida referida no art. 200 do CTN **não exclui** a imposição de multa pela legislação tributária, no caso de recusa do contribuinte em exibir os livros e documentos solicitados pela autoridade fiscal.

1.1.1. Lavratura de termo

A autoridade administrativa que proceder ou presidir a quaisquer diligências de fiscalização tem a obrigação de lavrar os termos necessários para documentar o início do procedimento, na forma da legislação aplicável, que fixará prazo máximo para a sua conclusão **(CTN, art. 196)**. O **prazo máximo** para a conclusão da fiscalização devia ser fixado desde logo pelo CTN à falta de estipulação expressa na legislação específica, como fez no art. 160, em relação ao

---

[9]   Hugo de Brito Machado esclarece que terminado "o prazo de decadência do direito de a Fazenda Pública constituir o crédito tributário, já poderiam ser dispensados os livros e documentos, sem qualquer prejuízo para o fisco, em princípio, desde que na cobrança dispõe este da certidão de inscrição do crédito como dívida ativa, que lhe garante presunção de liquidez e certeza. Todavia, existem situações nas quais, mesmo dispondo do título executivo extrajudicial, necessita o fisco produzir contraprova. Assim, preferiu o CTN exigir a conservação dos livros e documentos pelo prazo que termina por último, vale dizer, o prazo de prescrição" (*Op. cit.*, p. 166). Por sua vez, Luciano Amaro entende que "a menção que o Código faz à prescrição há de ser entendida como abrangente da decadência" porque talvez "considerando que, no tempo, a prescrição costuma vir depois da decadência, o Código economizou tempo e falou diretamente na prescrição" (AMARO, Luciano. *Direito tributário brasileiro*. São Paulo: Saraiva, 1977, p. 449).

[10]   O art. 1.194 do CCB prescreve: "O empresário e a sociedade empresária são obrigados a conservar em boa guarda toda a escrituração, correspondência e mais papéis concernentes à sua atividade, enquanto não ocorrer prescrição ou decadência no tocante aos atos neles consignados". Da mesma forma dispunha o art. 10, n° 3, do antigo Código Comercial.

[11]   Cf. Hugo de Brito Machado, *op. cit.*, 11. ed., p. 170. O mesmo autor esclarece que algumas leis, por exemplo, a Lei n° 8.212/1991 (art. 33, §§ 2° e 3°) "atribuem ao sujeito passivo de contribuições sociais o dever de exibir todos os livros e documentos relacionados com aquelas contribuições, e autoriza os órgãos da Administração a "inscrever de ofício importância que reputarem devida, cabendo à empresa ou ao segurado o ônus da prova em contrário". O renomado jurista entende que tais normas, dando ao lançamento tributário o caráter de atividade discricionária, agridem o art. 3° do CTN, que, em sua parte final, reza que a prestação tributária corresponde a atividade administrativa vinculada. Por outro lado, considera também que as mesmas normas violam os princípios constitucionais da garantia do devido processo legal e da ampla defesa. E arremata: "Admitir o arbitramento e inverter o ônus da prova consubstancia evidente inutilização de tais princípios" (*Op. cit.*, 20. ed., p. 211-212).

tempo de pagamento do tributo[12]. A fiscalização **não pode persistir indefinidamente**, para que seus trabalhos não causem transtorno ao contribuinte, e eventual prorrogação do prazo inicialmente fixado deve ser fundamentada, sob pena de nulidade do auto de infração, por violar a parte final do art. 3º do CTN, quando prescreve que a prestação tributária corresponde a atividade administrativa vinculada[13].

Tais termos podem ser, também, de **interesse do sujeito passivo da obrigação tributária**, quando, por exemplo, através deles se constata que a fiscalização nada encontrou que caracterizasse infração à lei fiscal. Assim, no caso de fiscalização posterior que resulte em autuação, poderá o sujeito passivo se valer das conclusões da fiscalização anterior na fundamentação de sua defesa. Todavia, isso não significa que o tributo não deva mais ser pago, ou não deva o sujeito passivo responder pelas infrações não encontradas pela primitiva fiscalização.

O **termo de fiscalização deve ser datado** porque corresponde ao termo inicial do prazo de decadência do direito de o Fisco efetivar o lançamento, bem como para que o contribuinte possa provar que a denúncia espontânea ocorreu antes do início da fiscalização (**CTN, art. 138 e parágrafo único**). Tal ocorre porque corresponde à **medida preparatória do lançamento**, que, segundo o parágrafo único do art. 173 do CTN, também constitui o termo inicial do prazo decadencial para o fisco constituir o crédito tributário. A datação do termo de fiscalização é **também importante**, quando o sujeito passivo apõe seu "ciente", porque o prazo para a defesa começará a fluir da mencionada data. Esses termos devem ser lavrados, **sempre que possível**, em um dos livros fiscais exibidos, e, quando **lavrados em separado**, deles se entregará à pessoa sujeita à fiscalização cópia autenticada pela autoridade que proceder ou presidir a diligência (**CTN, art. 196, parágrafo único**). Acerca da ciência da fiscalização, o STJ já se manifestou no sentido de que não se faz necessária a notificação pessoal.[14]

1.2. Pessoas obrigadas a prestar informações

O **art. 197 do CTN** enumera as pessoas que, mediante intimação escrita, são obrigadas a prestar à autoridade administrativa todas as informações que disponham em relação aos bens, negócios ou atividades de terceiros: **a)** os tabeliães, escrivães e demais serventuários de ofício; **b)** os bancos, casas bancárias, Caixa Econômica e demais instituições financeiras[15]; **c)** as empresas de administração de bens; **d)** os corretores, leiloeiros e despachantes oficiais; **e)** os inventariantes; **f)** os administradores judiciais e liquidatários. Administrador judicial, nos

---

[12] Cf. FANUCCHI, Fábio. *Curso de direito tributário brasileiro*. São Paulo: Revista dos Tribunais, 1974, p. 412.

[13] Cf. Hugo de Brito Machado, *op. cit.*, p. 213.

[14] Agravo regimental. Agravo de instrumento. Aplicação de lei local. Óbice do enunciado nº 280 da Súmula do STF. Não impugnação de todos os fundamentos do acórdão recorrido. Verbete nº 283 da Súmula do STF. Início da fiscalização. Desnecessidade de notificação pessoal. Dever da empresa incorporadora para com as multas da incorporada. – Não cabe em recurso especial discutir a aplicação de lei local. Óbice do verbete nº 280 do STF: "Por ofensa a direito local não cabe recurso extraordinário." – A recorrente não impugnou o acórdão regional no ponto em que tratava da possibilidade de o estagiário realizar atos extrajudiciais, previsto no art. 29, § 3º, da Lei nº 8.906/1994. Incidência do enunciado nº 283 do STF: "É inadmissível o recurso extraordinário quando a decisão recorrida assenta em mais de um fundamento suficiente e o recurso não abrange todos eles." – O artigo 196 do CTN apenas exige que se dê ciência do início da fiscalização ao sujeito passivo, sem necessidade de notificação pessoal. – É dever da empresa incorporadora arcar com as dívidas e os tributos da empresa incorporada, inclusive por multas decorrentes da não apresentação dos livros fiscais. Precedentes. Agravo improvido (BRASIL. Superior Tribunal de Justiça, AgRg no Ag nº 1.360.823/RS, Rel. Min. Cesar Asfor Rocha, Segunda Turma, j. 17.05.2011, *DJe* 03.06.2011.

[15] Vide art. 17 da Lei nº 4.595/64 sobre a definição de instituição financeira.

termos da nova lei de falência, corresponde ao síndico e ao comissário referidos na antiga lei; **g)** quaisquer outras entidades ou pessoas que a lei designe, em razão de seu cargo, função, ministério, atividade ou profissão. Assim, além das pessoas expressamente referidas no art. 197, a lei poderá designar outras pessoas para a prestação das informações. A norma constante do art. 197 corresponde a uma obrigação tributária acessória, visando ao interesse do fisco, no que tange à fiscalização e arrecadação de tributos.

1.3. Dever de sigilo

Leandro Paulsen leciona que o "sigilo bancário, seja fundado na proteção à intimidade e à vida privada (art. 5º, X, da CF) ou no sigilo de dados – que, note-se diz respeito à comunicação de dados –, não é de modo algum absoluto[16]". Aduz ainda que o "art. 145, § 1º, da CF faculta à administração tributária, respeitados os direitos individuais e nos termos da lei, identificar o patrimônio, os rendimentos e as atividades econômicas do contribuinte, mas para conferir pessoalidade aos impostos". O mesmo autor cita também o **art. 5º da LC nº 105/2001**, que obriga as instituições financeiras a fornecerem à administração tributária as informações financeiras efetuadas pelos usuários de seus serviços, identificando os titulares e os montantes globais mensalmente movimentados. Por sua vez, o **art. 6º da mesma Lei** condiciona o exame de livros, documentos e registros de instituições financeiras à existência de processo administrativo instaurado ou procedimento fiscal em curso, e tais exames sejam considerados indispensáveis pela autoridade administrativa competente[17]. O pré-falado **art. 6º da LC nº 105/2001** tem a seguinte redação:

> **Art. 6º** As autoridades e os agentes fiscais tributários da União, dos Estados, do Distrito Federal e dos Municípios somente poderão examinar documentos, livros e registros de instituições financeiras, inclusive os referentes a contas de depósitos e aplicações financeiras, quando houver processo administrativo instaurado ou procedimento fiscal em curso e tais exames sejam considerados indispensáveis pela autoridade administrativa competente (Regulamento)
>
> **Parágrafo único**. O resultado dos exames, as informações e os documentos a que se refere este artigo serão conservados em sigilo, observada a legislação tributária.

O Plenário do STF "considerou constitucional o art. 6º da LC nº 105/2001, que permite ao Fisco, quando preenchidas certas condições, requisitar diretamente às instituições financeiras informações sobre movimentações bancárias" (BRASIL. Supremo Tribunal Federal, RE nº 601.341 AgR, Rel. Min. Dias Toffoli, Segunda Turma, j. 27.10.2017).

A decisão pré-citada teve como paradigma o acórdão proferido pelo plenário do STF no julgamento do RE nº 601;314, Rel. Min. Edson Fachin, j. 24.02.2016, que consolidou a seguinte tese:

> I – O art. 6º da Lei Complementar nº 105/2001 não ofende o direito ao sigilo bancário, pois realiza a igualdade em relação aos cidadãos, por meio do princípio da capacidade contributiva, bem como estabelece requisitos objetivos e o translado do dever de sigilo da esfera bancária para a fiscal. II – A Lei nº 10.174/2001 não atrai a aplicação do princípio da

---

[16]   BRASIL. Superior Tribunal de Justiça, HC 24.577, Rel. Min. Paulo Medina, Sexta Turma.

[17]   *Op. cit,* p. 1.290 e 1.291.

Capítulo IX · ADMINISTRAÇÃO TRIBUTÁRIA | **333**

irretroatividade das leis tributárias, tendo em vista o caráter instrumental da norma, nos termos do artigo 144, § 1º, do CTN.

O **STJ** também já decidiu que:

A quebra do sigilo bancário sem prévia autorização judicial, para fins de constituição de crédito tributário não extinto, é autorizada pela Lei nº 8.021/1990 e pela Lei Complementar nº 105/2001, normas procedimentais, cuja aplicação é imediata, à luz do disposto no art. 144, § 1º do CTN (BRASIL, Superior Tribunal de Justiça, Recurso Repetitivo REsp1134665/SP, Rel. Min. Luiz Fux, 1ª Seção, j. 25.11.2009).

O **parágrafo único do art. 197 do CTN** reza que estão **excluídos da obrigação referida no *caput*** os fatos sobre os quais o informante esteja legalmente obrigado a observar segredo em razão de cargo, ofício, função, ministério, atividades ou profissão. Isso porque o próprio **Código Penal, em seu art. 154,** pune a quebra de tal sigilo, considerando-a crime de violação de segredo profissional. Entretanto, a preservação do sigilo referido no art. 197 "prende-se apenas ao fato do qual o profissional tenha conhecimento em razão de sua profissão, mas não abrange fatos conhecidos pelo profissional no exercício de outra atividade, por exemplo, o advogado que exerce a função de inventariante"[18].

Sem prejuízo do disposto na legislação criminal, **é vedada a divulgação, por parte da Fazenda Pública ou de seus servidores**, de informação obtida em razão do ofício sobre a situação econômica ou financeira do sujeito passivo ou de terceiros e sobre a natureza ou o estado de seus negócios ou atividades (**CTN, art. 198, com a redação dada pela LC nº 104/2001**). Assim, a norma constante do art. 197 não se aplica às pessoas referidas no art. 198.

Os **§§ 1º e 3º do art. 198**, acrescentados pela LC nº 104/2001, estabelecem **exceções** ao dever de sigilo determinado pelo *caput* do dispositivo. Por sua vez, o **§ 2º** reza que o "intercâmbio de informações sigilosas no âmbito da Administração Pública, será realizado mediante processo regularmente instaurado, e a entrega será feita pessoalmente à autoridade administrativa solicitante, mediante recibo, que formalize a transferência e assegure a preservação do sigilo".

Excetuam-se também da vedação constante do art. 198 os casos de requisição regular da autoridade judiciária no interesse da justiça e de permuta de informações entre a Fazenda Pública da União e as Fazendas Públicas dos Estados, do Distrito Federal e dos Municípios (**CTN, art. 199**). Este dispositivo merece as seguintes **observações: a)** trata-se de norma de natureza eminentemente processual, e que não havia necessidade de ser veiculada através de lei complementar, por não consubstanciar norma geral de direito tributário, e poderia sê-lo mediante lei ordinária ou convênio que consubstanciasse a delegação das referidas atribuições; **b)** nada obsta que o ente político delegante reserve para si determinadas atribuições, limitando as atribuições do ente delegatário. As garantias e privilégios dos créditos tributários referidos pelo mencionado dispositivo legal estão disciplinados nos **arts. 183 a 193 do CTN.** Essa permuta de informações e a assistência recíproca entre as mencionadas entidades federadas para a fiscalização dos tributos respectivos deverão ser efetivadas na forma estabelecida, em caráter geral ou específico, por lei ou convênio, que será considerado norma complementar da legislação tributária (CTN, art. 100, IV).

---

[18] *Op. cit.*, 11. ed., p. 168. Consulte-se Leandro Paulsen, *op. cit.*, p. 1.290 a 1.300, sobre a jurisprudência relativa ao art. 197 do CTN.

Os **arts. 64 a 65-A da Lei nº 9.532/1997** dispõem sobre o arrolamento de bens e direitos do sujeito passivo, devendo a autoridade fiscal proceder ao arrolamento quando o valor dos créditos tributários sob sua responsabilidade for superior a trinta por cento do seu patrimônio conhecido. O STJ reconhece é possível a realização do arrolamento fiscal ainda que o crédito tributário encontre-se suspenso em razão de impugnação administrativa.[19] Outrossim, já se manifestou acerca da compatibilidade do arrolamento com o art. 198 do CTN, tendo em vista que: "o arrolamento em exame almeja, em último ratio, a execução do crédito fiscal, bem como a proteção de terceiros, inexistindo, portanto, suposta violação do direito de propriedade, do princípio da ampla defesa e do devido processo legal."[20]

1.4. Permuta de informações

O **art. 199 do CTN** prescreve: "A Fazenda Pública da União e a dos Estados, do Distrito Federal e dos Municípios prestar-se-ão mutuamente assistência para a fiscalização dos tributos respectivos e permuta de informações, na forma estabelecida, em caráter geral ou específico, por lei ou convênio". O **inciso XXII do art. 37 da CF**, com a redação dada pela EC nº 42/2003, estabelece a atuação integrada das administrações tributárias, "inclusive com o compartilhamento de cadastros e de informações fiscais, na forma da lei ou convênio". Antes mesmo do advento da EC nº 42/2003, o **STJ**, com base no art. 199 do CTN, já havia decidido

---

[19] Processual civil e tributário. Recurso especial. Ofensa ao art. 535 do CPC/1973. Inexistência. Arrolamento de bens. Lei nº 9.532/1997. Constituição do crédito tributário. Pendência de recurso administrativo. Irrelevância. Acórdão recorrido em sintonia com o entendimento do STJ. Recurso não provido. 1. Aos recursos interpostos com fundamento no CPC/1973 (relativos a decisões publicadas até 17 de março de 2016) devem ser exigidos os requisitos de admissibilidade na forma nele prevista, com as interpretações dadas, até então, pela jurisprudência do Superior Tribunal de Justiça. Inteligência do Enunciado Administrativo 2/STJ. 2. Não se presta o Recurso Especial ao exame de suposta afronta a dispositivos constitucionais, por se tratar de tarefa reservada à competência do Supremo Tribunal Federal, nos termos do art. 102, III, da Constituição Federal. 3. Constata-se que não se configura a ofensa ao art. 535 do CPC/1973, uma vez que o Tribunal de origem julgou integralmente a lide e solucionou a controvérsia, em conformidade com o que lhe foi apresentado. 4. O Superior Tribunal de Justiça possui o entendimento de que a existência de impugnações administrativas nos procedimentos fiscais, apesar de acarretar a suspensão da exigibilidade do crédito tributário, nos termos do art. 151, III, do CTN, não obsta a realização do arrolamento fiscal. 5. Dessume-se que o acórdão recorrido está em sintonia com o atual entendimento deste Tribunal Superior, razão pela qual não merece prosperar a irresignação. 6. Recurso Especial não provido (BRASIL. Superior Tribunal de Justiça, REsp nº 1.679.321/RJ, Rel. Min. Herman Benjamin, Segunda Turma, j. 21.09.2017, *DJe* 09.10.2017).

[20] Tributário. Processual civil. Arrolamento de bens. Lei nº 9.532/1997. Acórdão *a quo*. Harmonia com a jurisprudência do STJ. 1. Cinge-se a questão em verificar a legalidade de o Fisco proceder ao arrolamento de bens do sujeito passivo para garantia do crédito fiscal, antes de sua constituição definitiva; ou seja, antes do julgamento de todos os recursos administrativos interpostos em face do lançamento. 2. O arrolamento de bens disciplinado pelo art. 64 da Lei nº 9.532 de 1997 revela-se por meio de um procedimento administrativo, no qual o ente estatal efetua levantamento de bens dos contribuintes, arrolando-os sempre que o valor dos créditos tributários de sua responsabilidade for superior a trinta por cento do seu patrimônio conhecido e superar R$ 500.000,00 (quinhentos mil reais). Finalizado o arrolamento, providencia-se o registro nos órgãos próprios, para efeitos de dar publicidade. 3. Não viola o art. 198 do CTN, pois o arrolamento em exame almeja, em último ratio, a execução do crédito fiscal, bem como a proteção de terceiros, inexistindo, portanto, suposta violação do direito de propriedade, do princípio da ampla defesa e do devido processo legal. 4. A medida acautelatória, sob a ótica do interesse público, tem o intuito de evitar o despojamento patrimonial indevido, por parte de contribuintes. 5. Precedentes: (AgRg no Resp 726.339/SC, Rel. Min. Mauro Campbell Marques, Segunda Turma, j. 10.11.2009, *DJe* 19.11.2009, REsp 770.863/RS, Rel. Min. Teori Albino Zavascki, Primeira Turma, j. 01.03.2007, DJ 22.3.2007) Agravo regimental improvido (BRASIL. Superior Tribunal de Justiça, AgRg nos EDcl no REsp nº 1.190.872/RJ, Rel. Min. Humberto Martins, Segunda Turma, j. 12.04.2012, *DJe* de 19.04.2012).

que decreto não tem legitimidade para estabelecer a mencionada atuação integrada[21]. Cite-se como **exemplo da efetividade dessa atuação integrada** a doação em dinheiro feita pelo pai ao filho para que adquira bem imóvel, sem que a mesma conste da escritura de compra e venda e não tenha o filho pago o imposto causa doação. A Receita Federal, à falta de permuta de informações, não informa o fisco estadual para que esse apure se o imposto foi pago ou não, porque se contenta em verificar se o doador tinha recursos declarados para efetivar a doação.

A LC nº 104/2001 acrescentou o **parágrafo único ao art. 199 do CTN**, permitindo que a Fazenda Pública da União, na forma estabelecida em tratados, acordos ou convênios, possa permutar informações com Estados estrangeiros no interesse da arrecadação e fiscalização de tributos. Essa norma visa a dar mais condições à Fazenda Pública da União para combater a sonegação fiscal, principalmente quando se tratar de rendimentos decorrentes de atividades ilícitas transferidos para o exterior, bem como para que a Fazenda possa ter mais condições de combater a sonegação fiscal. Isso "especialmente a partir do momento em que, desde a Lei nº 9.249/1995, passou a ser tributada a renda das pessoas jurídicas auferidas no exterior, pois, para que tal tributação seja efetiva, é necessário que a União possa ter acesso às informações dos Estados em que tais rendas sejam produzidas"[22]. As comissões parlamentares poderão também requisitar informações ao fisco, nos termos da CF.[23] Registra-se que, com a EC nº 132/2023, a redação do artigo 50 foi alterada para incluir expressamente o Presidente do Comitê Gestor que poderá ser convocado para prestar informações.[24]

O STF, quando do julgamento do RE 1055941, fixou tese acerca do compartilhamento de dados entre a Receita Federal do Brasil e o Ministério Público, estabelecendo que: "É constitucional o compartilhamento dos relatórios de inteligência financeira da UIF e da íntegra do procedimento fiscalizatório da Receita Federal do Brasil, que define o lançamento do tributo, com os órgãos de persecução penal para fins criminais, sem a obrigatoriedade de prévia autorização judicial, devendo ser resguardado o sigilo das informações em procedimentos formalmente instaurados e sujeitos a posterior controle jurisdicional. 2. O compartilhamento pela UIF e pela RFB, referente ao item anterior, deve ser feito unicamente por meio de comunicações formais, com garantia de sigilo, certificação do destinatário e estabelecimento de instrumentos efetivos de apuração e correção de eventuais desvios". [25]

---

[21] BRASIL. Superior Tribunal de Justiça, REsp. 81.094, Rel. Min. Castro Meira, ago/2004.

[22] Cf. TROIANELLI, Gabriel Lacerda. *Comentários aos novos dispositivos do CTN*: a LC 104. São Paulo: Dialética, 2001, p. 86.

[23] " CPI – Ato de constrangimento – Fundamentação. A fundamentação exigida das Comissões Parlamentares de Inquérito quanto à quebra de sigilo bancário, fiscal, telefônico e telemático não ganha contornos exaustivos equiparáveis à dos atos dos órgãos investidos do ofício judicante. Requer-se que constem da deliberação as razões pelas quais veio a ser determinada a medida" (STF, MS 24749, Rel. Marco Aurélio, Tribunal Pleno, j. 29.09.2004, *DJ* 05.11.2004, pp-00019, RTJ vol-00196-01 pp-00186, LEXSTF v. 26, nº 312, 2005, p. 166-170).

[24] Art. 50. A Câmara dos Deputados e o Senado Federal, ou qualquer de suas Comissões, poderão convocar Ministro de Estado, quaisquer titulares de órgãos diretamente subordinados à Presidência da República ou o Presidente do Comitê Gestor do Imposto sobre Bens e Serviços para prestarem, pessoalmente, informações sobre assunto previamente determinado, importando crime de responsabilidade a ausência sem justificação adequada.

[25] No mesmo sentido o STJ: AgRg nos EDcl no RHC nº 119.297/SC, Rel. Min. Joel Ilan Paciornik, Quinta Turma, j. 16.11.2021, *DJe* de 19.11.2021. Em situação diversa, contornando os moldes do compartilhamento dos dados, entendeu o STJ que: "Assim, a requisição ou o requerimento, de forma direta, pelo órgão da acusação à Receita Federal, com o fim de coletar indícios para subsidiar investigação ou instrução criminal, além de não ter sido satisfatoriamente enfrentada no julgamento do Recurso Extraordinário nº 1.055.941/SP, não se encontra abarcada pela tese firmada no âmbito da repercussão geral em questão.

III. DÍVIDA ATIVA TRIBUTÁRIA

1. Definição

A **definição** de dívida ativa tributária é dada pelo **art. 201 do CTN**, que prescreve como tal a proveniente de crédito de natureza tributária, "regularmente inscrita na repartição administrativa competente, depois de esgotado o prazo fixado, para pagamento, pela lei ou por decisão final proferida em processo regular"[26].

A **Lei nº 6.830, de 22.09.1980**, que dispõe sobre a cobrança judicial da dívida ativa da Fazenda Pública, reza, em seu **art. 2º**, que constitui dívida ativa tributária aquela como tal definida na Lei nº 4.320/1964 em seu art. 39, § 2º. Houve equívoco cometido pelo legislador ao fazer referência à mencionada lei no que toca à definição de dívida ativa tributária, **porque a remissão deveria ter sido feita ao CTN (art. 201)**. Antes do advento do CTN, a Lei nº 4.320/1964, que fixa normas gerais de direito financeiro, continha disposições sobre a matéria tributária, que, no entanto, não mais prevalecem desde o surgimento do CTN. Todavia, continua a vigorar o seu art. 39 na parte em que se refere à **dívida ativa não tributária**.

1.1. Inscrição

A inscrição do crédito tributário é **pressuposto da dívida ativa tributária**. Em outras palavras, o crédito tributário transforma-se com a inscrição em dívida ativa tributária, ficando em condição de ser promovida a sua cobrança judicial sob as normas da Lei nº 6.830/1980 (Lei de Execução Fiscal, art. 1º). Assim, toda dívida ativa tributária é crédito tributário, mas nem todo crédito tributário é dívida ativa tributária.

A **inscrição** é o ato administrativo pelo qual se registram nos livros, fichários, computadores etc. do órgão administrativo competente os créditos tributários exigíveis, por não terem sido pagos no prazo legal. A inscrição, em âmbito federal, deve ser feita na Procuradoria da Fazenda Nacional (LEF, art. 2º, § 4º). A inscrição produz os seguintes **efeitos**: a) **transforma** o crédito tributário em dívida ativa tributária (**CTN, art. 201**); b) gera **presunção de liquidez e certeza** do crédito (CTN, art. 204 e LEF, art. 3º); c) permite a cobrança da dívida ativa tributária **sob as normas da Lei nº 6.830/1980 (LEF), art. 1º**; d) **presume-se fraudulenta** a alienação ou oneração de bens ou rendas, ou seu começo, por sujeito passivo em débito para com a Fazenda Pública, por crédito tributário regularmente inscrito, sem que tenham sido reservados, pelo devedor, suficientes ao total pagamento da dívida inscrita (**CTN, art. 185 e seu parágrafo único**).

A inscrição **não se confunde com o lançamento**, embora sejam atos conexos e consequentes porque **a inscrição é o espelho do lançamento**. A inscrição é ato inicial do procedimento executório, porque dela resulta o título que vai embasar a execução fiscal (**LEF, art. 6º, § 1º**).

O **art. 2º, § 3º da LEF** reza que a inscrição "suspenderá a prescrição, para todos os efeitos de direito, por 180 (cento e oitenta dias) ou até a distribuição da execução fiscal, se esta ocorrer antes de findo aquele prazo" (**LEF, art. 2º, § 3º**). **Esta regra não pode prevalecer sobre o CTN. Primeiro**, porque o art. 174 do CTN, com *status* de lei complementar, **não dispõe sobre**

Ainda, as poucas referências que o acórdão faz ao acesso direto pelo Ministério Público aos dados, sem intervenção judicial, é no sentido de sua ilegalidade." (BRASIL. Superior Tribunal de Justiça, RHC nº 83.447/SP, Rel. Min. Sebastião Reis Júnior, Terceira Seção, j. 09.02.2022, DJe 15.03.2022).

[26] Bernardo Ribeiro de Moraes, *op. cit.*, p. 781, esclarece que "a dívida ativa tributária é constituída por uma relação jurídica substantiva, que liga o sujeito ativo (Fazenda Pública) ao sujeito passivo (contribuinte ou responsável), em referência a determinado comportamento (pagamento de tributo ou penalidade)".

a suspensão do prazo prescricional, vez que apenas se refere à sua interrupção. **Segundo**, porque a **CF de 1988, em seu art. 146, III, "b"**, exige lei complementar para fixar normas gerais em matéria de legislação tributária, especialmente prescrição. **Terceiro**, sendo a LEF lei ordinária, por veicular normas de natureza processual, não pode se sobrepor ao CTN, que tem *status* de lei complementar pela matéria[27].

O **parágrafo único do art. 201 do CTN** estabelece que "a fluência de juros de mora não exclui, para os efeitos deste artigo, a liquidez do crédito" da Fazenda Pública, bem como quanto à correção monetária (**LEF, art. 2º, § 2º**). Todavia, as **penalidades** devem ser objeto também de inscrição para que possam ser cobradas, porque se submetem na expressão "crédito tributário".

A **presunção da liquidez e certeza da dívida tributária** decorre de sua inscrição regular, que constitui ainda **prova pré-constituída**. Por isso, a Fazenda Pública está dispensada na petição inicial da execução fiscal de protestar pela produção dos meios de prova (**LEF, art. 6º**) porque a certidão da dívida ativa basta a si mesma. A dívida ativa se diz **certa** quanto à sua existência (*an debeatur*) porque se sabe quem deve e por que deve, e **líquida** quanto à determinação de seu valor (*quantum debeatur*). Tal presunção de liquidez e certeza é, no entanto, **relativa** e não absoluta, eis que o parágrafo único do art. 204 do CTN e o art. 3º da LEF prescrevem que pode ser elidida por prova inequívoca, a cargo do sujeito passivo ou do terceiro a que aproveitar. Terceiro, no caso, é aquele que, não sendo parte na relação processual executória, teve seus bens penhorados ou arrestados (CPC, arts. 674 e 790).

Os **requisitos formais** da inscrição da dívida ativa estão estabelecidos no art. 202 do CTN e no art. 2º, § 5º, da LEF, pelos quais o termo pertinente, autenticado pela autoridade competente, indicará obrigatoriamente: **a)** o nome do devedor e, sendo caso, o dos corresponsáveis, bem como, sempre que possível, o domicílio ou residência de um e de outros; **b)** a quantia devida e a maneira de calcular os juros de mora[28]; **c)** a origem e a natureza do crédito, mencionada especificamente a disposição da lei em que seja fundado; **d)** a data em que foi inscrita; **e)** sendo o caso, o número do processo administrativo de que se originar o crédito. O art. 2º, § 5º, da LEF **reproduz**, praticamente, os requisitos enumerados no art. 202 do CTN, sendo, no entanto, mais detalhado porque abrange também a inscrição de dívida ativa não tributária. A certidão da dívida ativa tributária conterá, além dos requisitos antes referidos, a indicação do livro e da folha de inscrição (CTN, art. 202, parágrafo único, e LEF, art. 2º, § 6º).

O **art. 203 do CTN** dispõe que no caso de omissão de quaisquer dos requisitos acima enunciados, ou na hipótese de erro a eles relativo, será nula a inscrição e o processo de cobrança dela decorrente. Entretanto, tal nulidade poderá ser sanada até a decisão de primeira instância, mediante substituição da certidão nula, devolvendo-se ao sujeito passivo, acusado ou interessado, o prazo para defesa, que somente poderá versar sobre a parte modificada (CTN, art. 203, e LEF, art. 8º, § 2º)[29]. Sobre o tema, o STJ possui entendimento sumulado nos seguintes termos: "A Fazenda Pública pode substituir a certidão de dívida ativa (CDA) até a prolação da sentença de embargos, quando se tratar de correção de erro material ou formal, vedada a modificação do sujeito passivo da execução" (Súmula nº 392, STJ).

---

[27]   RJTJSP 88/204 e 110/354, RT 612/22 e 643/101 etc.

[28]   Certidão da dívida ativa. É perfeitamente legal a utilização da UFIR para indicar o valor do título executivo, que conserva a característica de liquidez da dívida (BRASIL. Superior Tribunal de Justiça, REsp 106.156, Rel. Min. Garcia Vieira, Primeira Turma, v.u., 13.11.1997, *DJU* 19.12.1997, p. 67.451).

[29]   Entretanto, Hugo de Brito Machado entende que: "Mesmo depois do julgamento de 1ª instância, dando pela nulidade da certidão, e do processo de cobrança, é possível corrigir os defeitos da certidão" (*Op. cit.*, 20. ed., p. 219).

1.2. Certidão da dívida ativa tributária pode ser objeto de protesto (STF-ADI 5135/DF, Rel. Min. Roberto Barroso, j. 09.11.2016, publicação 07.02.2018, Tribunal Pleno)

O STF, no julgamento da ADI nº 5.135, decidiu pela constitucionalidade do protesto da certidão da dívida ativa tributária já que não traduz efetiva restrição de direitos, tampouco se revela medida desproporcional. Conforme consignado no voto do relator, Ministro Luis Roberto Barroso:

> O protesto de Certidões de Dívida Ativa não configura uma "sanção política", já que não constitui medida coercitiva indireta que restrinja, de modo irrazoável ou desproporcional, direitos fundamentais dos contribuintes, com o objetivo de forçá-los a quitar seus débitos tributários. Tal instrumento de cobrança é, portanto, constitucional.

Assim, constitucional o parágrafo 1º do art. 1º da Lei nº 9.492/1997, incluído pela Lei nº 12.767/2012, que expressamente inclui a CDA dentre os títulos sujeitos a protesto: "Incluem-se entre os títulos sujeitos a protesto as certidões de dívida ativa da União, dos Estados, do Distrito Federal, dos Municípios e das respectivas autarquias e fundações públicas."

1.3. Indisponibilidade de bens de devedor tributário

A LC nº 118/2005 acrescentou ao CTN o **art. 185-A**, dispondo:

> Na hipótese de o devedor tributário, devidamente citado, não pagar nem apresentar bens à penhora no prazo legal e não forem encontrados bens penhoráveis, o juiz determinará a indisponibilidade de seus bens e direitos, comunicando a decisão, preferencialmente por meio eletrônico, aos órgãos e entidades que promovem registros de transferência de bens, especialmente ao registro público de imóveis e às autoridades supervisoras do mercado bancário e do mercado de capitais, a fim de que no âmbito de suas atribuições, façam cumprir a ordem judicial.
>
> § 1º. A indisponibilidade de que trata o *caput* deste artigo limitar-se-á ao valor total exigível, devendo o juiz determinar o imediato levantamento da indisponibilidade dos bens ou valores que excederem esse limite.
>
> § 2º Os órgãos e entidades aos quais se fizer a comunicação de que trata o *caput* deste artigo enviarão imediatamente ao juízo a relação discriminada dos bens e direitos cuja indisponibilidade houverem promovido.

O STJ, ao esclarecer que o bloqueio de bens e de direitos não se confunde com a penhora de dinheiro, estabelece requisitos para observância do art. 185-A do CTN, fixou a seguinte tese:

> **A indisponibilidade de bens e direitos autorizada pelo art. 185-A do CTN depende da observância dos seguintes requisitos: (i) citação do devedor tributário; (ii) inexistência de pagamento ou apresentação de bens à penhora no prazo legal; e (iii) a não localização de bens penhoráveis após esgotamento das diligências realizadas pela Fazenda, caracterizado quando houver nos autos (a) pedido de acionamento do Bacen Jud e consequente determinação pelo magistrado e (b) a expedição de ofícios aos registros públicos do domicílio do executado e ao Departamento Nacional ou Estadual de Trânsito – DENATRAN ou DETRAN" (Tema Repetitivo nº 714).[30]**

---

[30] BRASIL. Superior Tribunal de Justiça, REsp nº 1.377.507/SP, Rel. Min. Og Fernandes, Primeira Seção, j. 26.11.2014, *DJe* 02.12.2014.

IV. CERTIDÕES NEGATIVAS

1. Noção geral

O **art. 205 do CTN** prescreve que a lei poderá exigir para a prática de determinados atos específicos a prova que o interessado se encontra em dia com o pagamento dos tributos pertinentes. Tal prova deve ser feita por **certidão negativa**, expedida à vista de requerimento feito pelo interessado, que contenha todas as informações necessárias à identificação de sua pessoa, domicílio fiscal e ramo de negócio ou atividade e indique o período a que se refere o pedido.

A certidão deve ser **expedida nos termos em que tenha sido requerida** e ser fornecida dentro de dez dias da data da entrada do requerimento na repartição. No caso de a certidão não ser fornecida no mencionado prazo, o interessado poderá impetrar **mandado de segurança** contra o ato omissivo da autoridade, sem prejuízo das medidas administrativas cabíveis. A referida ação constitucional cabe porque a **Constituição Federal, em seu art. 5º, XXXIV, "b"**, assegura a todos os cidadãos a obtenção de certidões requeridas às repartições públicas, para defesa de direitos e esclarecimentos de situações de interesse pessoal[31].

O **art. 206 do CTN** reza que **tem os mesmos efeitos previstos no art. 205** a certidão de que conste a existência de créditos não vencidos, em curso de cobrança executiva em que tenha sido efetivada a penhora, ou cuja exigibilidade esteja suspensa. A referida regra não prima pela clareza e pode dar margem a dúvidas. Todavia, o legislador quis dizer que a ocorrência dos fatos mencionados no art. 206 do CTN e constantes da certidão não têm o condão de desmerecer a certidão ou prejudicar a sua eficácia[32]. **Não pode a eficácia da certidão negativa ser afetada pela menção a crédito ainda não vencido** porque ainda não tem o sujeito passivo a obrigação de pagá-lo. Ademais, a referência a crédito em curso de cobrança executiva em que **tenha sido efetivada a penhora** também não pode afetar a eficácia da certidão porque a Fazenda Pública está garantida pela penhora[33]. Finalmente, a menção a "crédito cuja exigibilidade esteja suspensa" **também não pode afetar a eficácia da certidão,** uma vez que se encontra também suspensa a obrigação de pagar o tributo. Assim deve-se entender a norma do art. 206 do CTN no sentido de que o legislador conferiu à certidão positiva de

---

[31] Nesse sentido, RSTJ 19/290 e 25/222. Não tem cabimento a recusa de expedir certidão negativa de débito tributário a uma sociedade, somente porque um de seus sócios é integrante de outra firma devedora do fisco (BRASIL. Superior Tribunal de Justiça, REsp. 73.760/ES, Rel. Min. Demócrito Reinaldo, Primeira Turma, v.u.). Entretanto, o contribuinte que, cumprindo obrigação acessória, declara ao Fisco a existência de obrigação principal, não tem direito à certidão negativa de tributos federais, se não cumpri-la no vencimento – DL nº 2.124/84, art. 5º, § 1º (ED em REsp 167.083/RS, Rel. Min. Ari Pargendler, Segunda Turma, v.u). Reconhecido o débito tributário pelo contribuinte, não pode a certidão negativa ser fornecida (BRASIL. Superior Tribunal de Justiça, REsp. 108.761/RS, Rel. Min. Hélio Mosimann, Segunda Turma, v.u.). Suspensa a exigibilidade do crédito pelo depósito do seu montante integral, fica obstada a inscrição do débito em dívida ativa, não podendo ser recusada a expedição de Certidão Negativa de Débito (BRASIL. Superior Tribunal de Justiça, REsp. 202.204/CE, Rel. Min. Garcia Vieira, Primeira Turma, v.u.). Parcelamento da dívida. Pagamento regular das prestações. Mora inexistente. Fato que dá ao contribuinte o direito à concessão de certidão negativa do débito ou positiva com efeitos de negativa. Inteligência do art. 206 do CTN (TRF-5ª R., RT 778/454).

[32] Cf. COSTA, Célio da Silva. *Teoria e prática do direito tributário.* Rio de Janeiro: Ed. Rio, 1976, p. 183.

[33] É impossível o contribuinte obter certidão negativa de débito fiscal quando há execução fiscal contra si movida e apenas garantida por penhora. Configurada essa situação, a certidão deve ser expedida com o registro discriminado da situação do processo fiscal e produzirá os efeitos assinalados no art. 206 do CTN (BRASIL. Superior Tribunal de Justiça, REsp 208.984/SP, Rel. Min. José Delgado, Primeira Turma, v.u.). Em outra decisão, o STJ admitiu a certidão positiva com efeitos de negativa quando já houve penhora, que garanta a execução, seguindo-se os embargos à execução, com efeito suspensivo (RSTJ 134/74).

débitos fiscais os mesmos efeitos da certidão negativa, porque nenhum dos fatos referidos no dispositivo legal e que venham a constar da certidão revela a existência de débito fiscal do interessado junto à Fazenda[34].

Hugo de Brito Machado esclarece que **a propositura de ação de consignação em pagamento não assegura direito à certidão negativa** quando o contribuinte oferece valor menor que aquele objeto de lançamento, e, assim, somente com o trânsito em julgado da decisão que julgar procedente a ação estará extinto o crédito tributário, e, em consequência, terá o contribuinte direito à certidão negativa.[35]

O **STJ** tem decidido que: **a)** sem crédito tributário definitivamente constituído, líquido, certo e exigível, o contribuinte tem direito à certidão negativa de débito[36]; **b)** nos tributos objeto de lançamento por homologação, o contribuinte só terá direito à certidão negativa depois de a Fazenda Pública homologar o pagamento antecipado[37]; **c)** a suspensão da exigibilidade do crédito tributário pela moratória não extingue a dívida do contribuinte, que, por isso, não pode obter a CND, mas, sim, a certidão prevista no art. 206 do CTN[38]; **d)** pela mesma razão, confessada pelo contribuinte a existência de saldo devedor referente a parcelas do PIS e da COFINS, poderá obter certidão de regularidade da sua situação, nos termos do art. 206 do CTN, e não a prevista no art. 205 do mesmo diploma legal[39]; **e)** não se tratando de diretores, gerentes ou representantes da empresa devedora, não se pode negar fornecimento de certidão negativa do débito[40]; f) concedido o parcelamento e estando com pagamentos regulares, faz jus o devedor à certidão negativa nos moldes do art. 206 do CTN[41]; g) "a Administração Tributária não deve emitir CND e/ou CPEND à filial na hipótese em que há pendência fiscal oriunda da matriz ou de outra filial."[42]

---

[34] RTJ 116/612. Idem 1º TACivSP, RT 786/319. Existindo ação anulatória de lançamento fiscal suspendendo a exigibilidade do crédito tributário em face do depósito efetuado do montante integral da dívida, é defeso ao Fisco recusar-se a emitir CND ao contribuinte, conforme interpretação do art. 206 do CTN (TRF-3ª R., RT 753/399).

[35] *Op. cit.*, p. 174-175.

[36] BRASIL. Superior Tribunal de Justiça, REsp 110.059, Rel. Min. Milton Luiz Pereira, Primeira Turma, v.u.

[37] "Em se tratando de tributo sujeito a lançamento por homologação, inexistindo este, não há que se falar em crédito constituído e vencido, o que torna legítima a recusa da autoridade coatora em expedir a CND. Dissídio jurisprudencial superado – Súmula 168/STJ" (EDiv. em REsp. 202.830/RS, Rel. Min. Francisco Peçanha Martins, 1ª Seção, v.u.). Em sentido contrário, em se tratando de lançamento por homologação, antes desta o crédito não é exigível, não se podendo negar ao contribuinte a Certidão Negativa de Débito (BRASIL. Superior Tribunal de Justiça, REsp. 202.632/SC, Rel. Min. Garcia Vieira, Primeira Turma, v.u.). Idem STJ, REsp 206.915/SC, Rel. Min. Demócrito Reinaldo, Primeira Turma, v.u.

[38] BRASIL. Superior Tribunal de Justiça, REsp 88.786/SP, Rel. Min. Peçanha Martins, Segunda Turma, v.u.

[39] BRASIL. Superior Tribunal de Justiça, REsp 167.367/RS, Rel. Min. Peçanha Martins, Segunda Turma, v.u.

[40] BRASIL. Superior Tribunal de Justiça, REsp 93.059/ES, Rel. Min. Garcia Vieira, Primeira Turma, v.u.

[41] BRASIL. Superior Tribunal de Justiça, REsp 83.177/SP, Rel. Min. Garcia Vieira, Primeira Turma, v.u.; REsp. 180.807/PE, Rel. Min. Garcia Vieira, Primeira Turma, v.u. Não se pode negar a expedição de Certidão Negativa de Débito ante a presença de débito referente ao não pagamento de exação declarada inconstitucional pelo STF (BRASIL. Superior Tribunal de Justiça, REsp 218.694/CE, Rel. Min. Garcia Vieira, Primeira Turma, v.u.).

[42] BRASIL. Superior Tribunal de Justiça, EAREsp nº 2.025.237/GO, Rel. Min. Regina Helena Costa, Primeira Seção, j. 02.03.2023, *DJe* 07.03.2023. O julgamento realizado pela Primeira Seção é diverso de decisão anterior pela Segunda Turma no AgInt no REsp 1.773.249/ES, relatoria do Ministro Mauro Campbell Marques, j. 26.02.2019, *DJe* 01.03.2019.

O **art. 207 do CTN** prescreve que será **dispensada a prova de quitação de tributos, ou o seu suprimento, independentemente de disposição legal permissiva**, quando o sujeito passivo necessitar praticar ato indispensável para evitar a caducidade do direito. Todavia, o mesmo dispositivo determina que, nesse caso, são responsáveis todos os participantes do ato pelo tributo porventura devido, inclusive por juros de mora e penalidades cabíveis, exceto as relativas a infrações cuja responsabilidade seja pessoal ao infrator. Deve-se entender bem quais são esses participantes do ato que têm a responsabilidade referida no dispositivo legal em tela. É lógico que são somente aquelas pessoas interessadas na prática do ato tendente a evitar a ocorrência de caducidade e das quais foi exigida a certidão negativa prévia.

O funcionário que expedir **certidão negativa com dolo ou fraude**, que contenha erro contra a Fazenda, fica pessoalmente responsável pelo crédito tributário e juros de mora acrescidos, sem prejuízo da responsabilidade criminal e funcional que no caso couber (**CTN, art. 208**). Entretanto, se a certidão for expedida em prejuízo da Fazenda Pública, mas sem dolo ou fraude, não ficará o funcionário que a expediu responsável pelo pagamento do crédito tributário, uma vez que o dispositivo legal exige, para que se caracterize tal responsabilidade, dois pressupostos cumulativos: a) certidão expedida em prejuízo da Fazenda Pública; b) tenha o funcionário agido dolosa ou fraudulentamente.

Capítulo X

ILÍCITO TRIBUTÁRIO

I. NOÇÃO GERAL

1. Conceito de ilícito tributário

A obrigação tributária principal tem por objeto o pagamento de tributo ou penalidade pecuniária (CTN, art. 113, § 1º). Por sua vez, a obrigação tributária acessória tem por objeto as prestações positivas ou negativas, previstas na legislação tributária no interesse da arrecadação ou da fiscalização dos tributos (CTN, art. 113, § 2º). Assim, o sujeito passivo da obrigação tributária, agindo de forma espontânea, deve efetuar o pagamento do tributo devido na forma, prazo e condições estabelecidos em lei, bem como se abster ou praticar voluntariamente o ato conforme determina a legislação tributária (conduta comissiva ou omissiva). No caso de o sujeito passivo deixar de cumprir qualquer obrigação, principal ou acessória, estará violando a legislação tributária, caracterizando-se, assim, o ilícito tributário, sujeitando o infrator às sanções estabelecidas em lei.[1]

Ricardo Lobo Torres ensina que o poder de tributar não se confunde com poder de punir, averbando:

> Inconfundíveis o poder de punir e o poder de tributar. Estremam-se pelo objetivo e pela natureza. O poder de punir atribuído ao estado no pacto constitucional, destina-se a garantir a validade da ordem jurídica. O poder de tributar, restringindo a propriedade privada, procura garantir ao Estado o dinheiro suficiente para atender às necessidades públicas. Aproximam-se, entretanto, por terem sede constitucional e por se constituírem no espaço aberto pela liberdade.[2]

O mesmo autor afirma que tributo e penalidade também não se confundem, porque o tributo visa carrear recursos para os cofres do Estado para o atendimento de suas despesas. Entretanto, a penalidade tem a finalidade de garantir a inteireza da ordem jurídica tributária contra a prática de ilícitos, sendo destituído de qualquer intenção de contribuir para as despesas do Estado.[3]

---

[1] Sacha Calmon escreve que "os ilícitos são as hipóteses de incidência das sanções jurídicas" (COÊLHO, Sacha Calmon Navarro. *Infrações tributárias e suas sanções*. São Paulo: Resenha Tributária, 1982, p. 26).

[2] TORRES, Ricardo Lobo. *Curso de direito financeiro e tributário*. 3. ed. Rio de Janeiro: Renovar, 1996, p. 277-278.

[3] RTJ 93/862.

2. Espécies de ilícito tributário

O ilícito tributário pode ser de três espécies: infração puramente tributária, infração tributária e penal e infração penal.

A infração puramente tributária é aquela configurada apenas na lei fiscal, cuja apreciação é feita pela autoridade administrativa mediante procedimento meramente administrativo, tendo por objetivo o pagamento de tributo, ou de penalidade, e a sanção tem natureza administrativa fiscal. Pode-se ilustrar a infração tributária com a hipótese de o contribuinte do IPI que classifica erroneamente seu produto numa posição da tabela, recolhendo o imposto no valor que ele parece devido. Todavia, a fiscalização pode apurar a ocorrência do erro instaurar o competente procedimento administrativo, para, havendo diferença de imposto, exigi-la com multa.

A infração tributária e penal ocorre quando o contribuinte pratica um ato que ao mesmo tempo infrinja a lei tributária e a lei penal, sujeitando-o a um procedimento administrativo pela autoridade administrativa, para cobrança do tributo e penalidade, e a um processo penal pela autoridade judicial para apurar o crime, devendo o infrator sofrer sanção meramente administrativa pela infração à legislação tributária e a sanção penal pela violação da lei penal. Pode-se exemplificar com a hipótese de um contribuinte do ICMS que falsifica uma guia de recolhimento do tributo. Descoberta falsificação, ficará sujeito a um procedimento administrativo, objetivando o pagamento do tributo da penalidade. Por outro lado, porque falsificou a guia, estará sujeito também às sanções estabelecidas na lei penal por ter ocorrido um ilícito penal (crime) a ser apurado e decidido através de processo judicial.

A infração exclusivamente penal ocorre quando o contribuinte pratica um ato que fere somente a lei penal, sujeitando o seu autor exclusivamente ao processo judicial para apuração do crime com imposição da pena prevista na lei penal. Esta ocorre quando, por exemplo, um funcionário, consciente de que um imposto é indevido, exige o seu pagamento, fato este que o Código Penal considera crime (art. 316, § 1º).

3. Natureza jurídica do ilícito tributário

A diversidade do ilícito tributário levou Ruy Barbosa Nogueira[4] a estabelecer uma distinção entre direito administrativo penal e direito penal tributário. Assim, o direito administrativo penal teria relação com a matéria pertinente às infrações fiscais, em razão do atendimento das obrigações tributárias principais ou acessórias, cabendo exclusivamente à lei fiscal estabelecer penalidades cabíveis, enquanto competiria às autoridades fiscal-administrativas a imposição e julgamento das mesmas infrações. Em contrapartida, o direito penal tributário regraria aquelas infrações que são consideradas crimes, só sendo, portanto, unidas pelo Código Penal através de processo judicial criminal.

Não existe unanimidade entre os doutrinadores a respeito da natureza jurídica do ilícito tributário, conforme demonstra G. Fonrouge[5] ao enunciar e comentar as diversas correntes doutrinárias a respeito do assunto. A resenha a seguir apresentada é um resumo da exposição feita pelo referido autor.

Na primeira corrente, figuram autores de tendência penalista, como Meyer, Wagner, Vocke e Von Bar, na Alemanha; Malinverni, Ginanneschi, Rocco e Massari, na Itália; Sainz

---

[4] NOGUEIRA, Ruy Barbosa. *Direito financeiro*: curso de direito tributário. São Paulo: José Bushatsky, 1971, p. 162-164.

[5] FONROUGE, Giuliani. *Conceitos de direito tributário*. São Paulo: Ed. Lais, 1973, p. 224-244.

Capítulo X · ILÍCITO TRIBUTÁRIO | 345

de Bujanda, Barrera de Irimo e González Navarro, na Espanha; Lomeli Cerezo e Hernandez Esparsa, no México. Essa corrente doutrinária considera a representação das infrações tributárias posicionada no direito penal comum e, segundo G. Fonrouge, apresenta os seguintes fundamentos: "a) o legislador fiscal e o legislador penal têm em mira o mesmo objeto, que é restringir a liberdade de ação do indivíduo em vista do bem comum e proteger interesses superiores de índole moral; b) A faculdade de arrecadar imposto constitui um direito pecuniário do Estado e os ingressos a tal título correspondem à fortuna da comunidade, de modo que as infrações às normas fiscais constituem verdadeiros delitos contra o patrimônio, de natureza análoga ao direito comum; c) mais que perturbar o funcionamento do organismo estatal, o infrator fiscal trata de fugir a uma diminuição de sua riqueza pessoal (capital ou renda), de modo que o impelem os mesmos móveis que justificam as penalidades ordinárias". Assim, a única diferença entre as infrações contidas no Código Penal e as outras leis é de tipo formal, "e a infração tributária é por seus elementos estruturais idêntica a qualquer outro tipo de infração que leve o bem jurídico da comunidade, e que a ordenação sanciona com uma pena." (Sainz de Bujanda).

Na segunda corrente, encontramos os autores de tendência administrativa, nascida na Alemanha, propondo um direito penal administrativo, posteriormente denominado de direito penal econômico. Podem-se citar, dentre outros, Spiegel, Binding e principalmente Goldschmit, na Alemanha; Raggi, Vacchelli, Longhi, Mazzini e Florian, na Itália; Alvazez-Gendin e Quintano Ripoolés, na Espanha.

As razões que fundamentam esta corrente são as seguintes: a) as penalidades fiscais têm a mesma natureza jurídica das sanções administrativas porque são essencialmente penais; b) a infração tributária deve ser considerada infração administrativa a ser julgada por tribunais administrativos; c) considera-se que há um contraste entre as vontades livres e o bom comportamento social, que encontrar analogia na diferença entre a ordem jurídica e administração, gerando dois tipos de ilícitos, aquele contrário a ordem jurídica e a violação às normas protetoras do bem comum ou estatal; "neste caso haveria desobediência às ordens da administração, consistindo elemento material do delito no prejuízo ao fim administrativo (bem comum), e não numa subversão de ordem jurídica ou uma ruptura dos bens jurídicos individuais"; e, ademais, "enquanto o direito penal tende a reprimir infrações consideradas violatórias de deveres morais, o direito penal administrativo só procura eliminar as travas da realização do bem público, sendo apenas uma reação da administração contra particular que não colabora adequadamente com o seus propósitos, de modo que aquela, apenas, nasce do poder punitivo autônomo da administração, segundo o Direito alemão (Goldschmidt)".

Posteriormente, a mencionada corrente doutrinária tendeu para o chamado direito econômico das transgressões ou direito penal econômico, sendo objeto de tutela penal "a ordenação estatal da economia do povo em cujo funcionamento sem fricções reside elevado interesse público". Consiste a "função desse direito transgressor, primeiramente, a proteção dos interesses econômicos materiais vitais que correspondem ao interesse do Estado na manutenção da capacidade de prestação necessária para o desenvolvimento de suas tarefas". Em segundo lugar, a função do referido direito reside "na espera dos interesses administrativos que surgem por ocasião das tarefas estatais vinculadas à economia das relações entre as autoridades administrativas e os particulares, contemplados como órgãos de ajuda".

A terceira corrente, de tendência autonomista, pugna por um direito penal financeiro ou direito penal tributário. É integrada, entre outros, por Giovanni Carono-Donvitto e Dematteis, na Itália, e baseia-se no seguinte: a) na matéria pertinente a violações fiscais, como em toda outra de índole penal, o fundamento da justiça punitiva consiste na "tutela da sociedade, triunfo do direito sobre as individualidades rebeldes a este e segurança do bem-estar social";

B) em decorrência a um conceito unitário de infração fiscal, "inspirado numa interpretação ampla da lei penal, sem referência limitada ao Código Penal e compreensiva de ato que torne impossível a aplicação de tributos (delito fiscal) ou violatório de disposições legais de controle (contravenção fiscal)". O direito penal tributário, como disciplina autônoma, separada do direito penal, direito financeiro e da ciência das finanças, surge na obra de Dematteis, consistindo no "ramo do direito público que estuda os delitos de caráter tributário, isto é, as infrações e preceitos especiais que obrigam os que residem no Reino a contribuir com certas prestações financeiras, diretas ou indiretas, às necessidades da coletividade".

A quarta corrente, de concepção dualista, fraciona o ilícito fiscal em categorias jurídicas distintas, ao contrário das doutrinas anteriores, que concedem o ilícito fiscal de forma unitária. Tal fracionamento é feito segundo a natureza das infrações, devendo ser incluídos nesta corrente doutrinária, de origem italiana, dentre outros, Giannini, Pugliese, Secchi, Carbone, Tomasicchio e Giorgetti, na Itália; Arregui de la Madrid, Yuske Crijalba é Lopes Berenger, na Espanha. Os fundamentos desta corrente são os seguintes: a) as sanções são distinguidas em penais e civis, ainda que estas últimas se pudessem qualificar, com maior propriedade, como sanções administrativas: as sanções penais correspondentes ao chamados delitos tributários, consistentes em subtrair-se, dolosamente ou não, ao cumprimento da obrigação principal – o pagamento do tributo; por outro lado, as sanções administrativas ou civis referem-se a infrações aos deveres formais destinados a tutelar e a tornar efetivo cumprimento das normas tributárias; b) a uma separação entre o "ilícito tributário administrativo" e o direito penal tributário, que faz parte do direito penal comum.

Dino Jarach inclui-se também entre os doutrinadores que adotam uma concepção dualista, embora a partir de premissas diferentes, afirmando que "a ideia penal não está limitada ao campo exclusivo do chamado direito penal, mas se encontra em todo o direito e também no ramo que se considera em geral como o mais distante do direito penal, que é o civil; ‹de modo que ao direito penal comum não lhe corresponde a paternidade de tudo que seja penal, mas, pelo contrário, é o filho emancipado do grande conjunto de normas penais que se encontram em todo direito';e as outras normas penais ainda não separadas da 'grande nebulosa do direito' tendem a agrupar-se em torno de núcleos bem definidos. Como o direito tributário é um centro de atração das normas relacionadas com as obrigações fiscais, e o direito administrativo exerce função equivalente com as vinculadas à atividade administrativa, resulta que as sanções referentes a infrações ligadas à obrigação substancial corresponderiam ao Direito Tributário Penal e as atinentes a deveres fiscais de ordem administrativa, que não revestem caráter substantivo, pertenceriam ao direito administrativo Penal".

G. Fonrouge, comentando as doutrinas antes expostas, diz que "as sanções fiscais oferecem acentuado particularismo, que justifica a sua consideração independente, porém essencialmente tem caráter sancionatório para prevenir e reprimir as transgressões e não para repassar qualquer dano". Por isso, "em sua essência, são de natureza penal-com a condição de ser entendida esta expressão em sentido genérico e não circunscrita à ilicitude contemplada pelo Código Penal, não se regem pelas normas deste, nem tampouco pertencem ao que já se chamou de 'direito penal administrativo' ou 'Direito Penal Econômico' cuja autonomia científica é para nós inadmissível". Por outro lado, o mesmo autor não concorda também que as infrações tributárias constituam desobediência as ordens da administração e que o elemento material do delito consista na quebra de uma finalidade administrativa, pois o direito fiscal não pertence ao direito administrativo. Não se pode falar a seu respeito de transgressões administrativas, "mas de infrações a normas que reconhecem seu fundamento no poder de império ou na soberania do Estado, num conceito de soberania financeira distinto da soberania política". Assim, infringir ou transgredir disposições fiscais não importa mera desobediência

Capítulo X · ILÍCITO TRIBUTÁRIO | **347**

às ordens da autoridade, mas à quebra de um verdadeiro dever social, que é o de subtrair-se ao pagamento dos tributos essenciais para a manutenção do Estado e o de alterar a ordem jurídica. Por isso, as sanções fiscais derivam do próprio poder tributário estatal, constituindo capítulo do direito tributário.

Os doutrinadores brasileiros também divergem a respeito da natureza jurídica do ilícito tributário. Assim, Bernardo Ribeiro de Moraes[6] entende que os autores jamais conseguiram estabelecer um critério universal sobre assunto, por não haver uma maneira segura de distinguir-se o ilícito civil do penal, tributário ou administrativo. Isso porque a antijuridicidade é uma só, disso resultando que existem ilícitos nas diversas disciplinas, com aplicação de sanções de natureza diversa. Desse modo, a natureza da pena seria único critério seguro para se diferenciar o ilícito tributário dos demais ilícitos.

Todavia, Ricardo Lobo Torres[7] entende que hoje prevalece a tese da existência de um direito penal tributário: "são normas de natureza penal que produzem consequências na esfera tributária. Desaparecem, portanto, as diferenças entre sanções penais e administrativas e entre mundos penais e moratórias."

II. INFRAÇÕES FISCAIS

1. Classificações

Segundo o *tipo de obrigação tributária* não satisfeita pelo sujeito passivo, as infrações fiscais podem ser *classificadas* em substanciais e formais.[8]

Infração substancial consiste no descumprimento da obrigação tributária principal, pagamento de tributo ou penalidade pecuniária (CTN, art. 136), e atinge diretamente o poder de tributar. De outro lado, as infrações formais consistem no descumprimento da obrigação tributária acessória (CTN, art. 113, § 2º), ou seja, do dever instrumental, da forma prescrita, dos requisitos de procedimento, e vão atingir diretamente o poder regulamentar.

Levando em conta o disposto no art. 136 do CTN, Ruy Barbosa Nogueira classifica as infrações fiscais, segundo o *grau de responsabilidade,* em objetivas, culposas e dolosas. Infrações objetivas são as cometidas pelo agente responsável, sem culpa ou intenção de praticar, mas que é responsabilizado formalmente pela lei. As infrações culposas ocorrem quando infrator, embora sem intenção, agiu ou se omitiu por negligência, imprudência ou imperícia, e, portanto com culpa; exemplificando, ocorre quando um comerciante, ao vender um produto sujeito ao ICMS, emite uma nota fiscal de modelo errado (introdução formal culposa) ou paga erradamente o imposto (infração substancial culposa).[9]Infrações dolosas são aquelas em que o sujeito passivo tem a intenção deliberada de agir contra lei, visando conseguir o evento, quando por exemplo, age com sonegação, fraude ou conluio, que explicaremos na parte referente aos crimes fiscais.

---

[6]   MORAES, Bernardo Ribeiro. *Compêndio de direito tributário*. Rio de Janeiro: Forense, 1984, p. 677.

[7]   *Op. cit.,* p. 278.

[8]   Cf. Ruy Barbosa Nogueira, *op. cit.,* p. 163.

[9]   *Idem*, p. 165-166. Ricardo Lobo Torres (*op. cit.,* p. 279) prefere classificar as infrações fiscais em dois grandes grupos: "as que constituem crime definido no Código Penal e as que são previstas na legislação tributária".

2. Sanções fiscais

A infração à legislação tributária gera uma sanção pela inobservância da norma jurídica visando manter a integridade da ordem jurídica. Na lição de Hugo de Brito Machado, sanção "é o meio de que se vale a ordem jurídica para desestimular o comportamento ilícito. Pode limitar-se a compelir o responsável pela inobservância da norma ao cumprimento de seu dever, e pode consistir num castigo, numa penalidade, a este cominada".[10]

Ações fiscais podem constituir em: a) penas pecuniárias, correspondentes a imposição de multas, que podem ser fixas, geralmente vinculadas à unidade fiscal do ente tributante, no casos de descumprimento da obrigação tributária acessória, ou proporcionais, consistentes em uma percentagem incidente sobre o valor do tributo não pago ou sobre sua base de cálculo, tendo um caráter meramente indenizatório do prejuízo sofrido pelo fisco, por não receber o pagamento do tributo no prazo.[11] b) *apreensões* de bens sobre os quais incide o imposto, visando a vender os bens apreendidos em leilão para aplicar o seu produto na liquidação total ou parcial do débito tributário do contribuinte; se o produto da venda do bem não bastar para o pagamento total do débito, o contribuinte continua como devedor pelo valor que sobejar, e se o valor obtido na venda do bem em leilão for superior ao montante do débito, o valor a maior deve ser devolvido ao contribuinte; c) *perdimento de bens*[12] (CF, art. 5º, XLVI, "b"), como previsto, por exemplo, na legislação aduaneira, em que a mercadoria objeto de contrabando é apreendida, apresentando um caráter punitivo, não se confundindo com a apreensão do bem porque no caso do perdimento o infrator não faz jus a um eventual saldo decorrente da venda em leilão do bem; a legislação estadual e a municipal não podem estabelecer a pena de perdimento porque corresponde à matéria penal, cuja competência para legislar é privativa da União (CF, art. 22); d) interdição de direitos, privando o contribuinte do exercício de determinados direitos por estar em débito com a Fazenda Pública, ficando impossibilitado de

---

[10] SANSÃO, Brito Machado. *Curso de direito tributário*. 11. ed. São Paulo: Malheiros, 1996, p. 363.

[11] Luciano Amaro, averba, com precisão, que "(…) a multa transformada instrumento de arrecadação; pelo contrário, deve se graduar a multa em função da gravidade da infração, vale dizer, da gravidade do dano ou da ameaça que a fração representa para arrecadação de tributos" (AMARO, Luciano. *Direito tributário brasileiro*. 2. ed. São Paulo: Saraiva, 1998, p. 414). Por sua vez, o STF teve a oportunidade, deferindo, com eficácia *ex nunc*, medida cautelar em ação direta, suspender, até decisão final da ação, "a execução e aplicabilidade do art. 3º parágrafo único, da Lei nº 8.846/1994, que prevê, na hipótese de o contribuinte não haver emitido a nota fiscal relativa a venda de mercadorias, prestação de serviços ou operação de alienação de bens móveis, a aplicação de multa pecuniária de 300% sobre o valor do bem objeto da operação ou do serviço prestado", por revelar a multa efeito confiscatório vedado pelo art. 150, IV, da CF (BRASIL. Supremo Tribunal Federal, ADInMC 1.075-DF, Rel. Min. Celso de Mello, 17.06.1998, *Informativo do STF nº* 115).

[12] A pena de perdimento não alcança quem adquiriu de boa-fé mercadoria estrangeira, no mercado interno, de comerciante estabelecido, mediante nota fiscal (BRASIL. Superior Tribunal de Justiça, REsp. 79.764-DF, Rel. Min. Demócrito Reinaldo, Primeira Turma, p.m., 20.05.1996, *DJU* 17.06.1996, p. 21.452; REsp 81.544/DF, Rel. Min. Peçanha Martins, Segunda Turma, v.u., 20.05.1996, *DJU* 20.05.1996, p. 24.035). Em se tratando de pena de perdimento de veículo transportador, quando as mercadorias são apreendidas (não regularidade fiscal das mesmas), torna-se necessário perquirir acerca da proporcionalidade de valores entre ambos. Havendo flagrante discrepância, a jurisprudência entende ser inviável a atitude fiscal de apreensão (BRASIL. Superior Tribunal de Justiça, REsp 121.810/RS, Rel. Min. José Delgado, *DJU* 18.08.97, p. 37.796; RSTJ 98/179). Por sua vez, a Súmula nº 547 do STF não considera lícito à autoridade proibir que o contribuinte em débito adquira estampilhas, despache mercadorias nas alfândegas e exerça suas atividades profissionais. Estabelecendo a lei o procedimento adequado à execução dos débitos tributários, deve o fisco eximir-se de aplicar medidas restritivas à atividade do contribuinte, em especial aquelas que possam prejudicar as suas atividades comerciais (BRASIL. Superior Tribunal de Justiça, REsp 152.928/SP, Rel. Min. Francisco Pessanha Martins, Segunda Turma, v.u., 07.12.2000, *DJU* 19.02.2001, p. 147).

transacionar com repartições públicas ou autárquicas (CTN, art. 193), sanção esta também de caráter punitivo. A Súmula nº 70 do STF considera "inadmissível a interdição de estabelecimento como meio coercitivo para cobrança de tributo".

Assim, as sanções fiscais podem ser divididas em sanções pecuniárias, como multa e juro de mora (CTN, art. 161), que implicam em mero ressarcimento, e sanções não pecuniárias, como apreensão de bens, seu perdimento e interdição de direitos, que têm um caráter punitivo. O STF, modificando entendimento anterior que distinguia penalidade de natureza moratória e penal (Súmulas nº 191 e 192), passou a entender que a multa moratória constitui pena administrativa (Súmula nº 565)[13]. A correção monetária não é considerada penalidade, mas mera atualização do valor monetário do tributo em razão de não ter sido pago no prazo.[14]

III. CRIMES TRIBUTÁRIOS

Vamos agora examinar o que se denomina de direito penal tributário, que consubstancia normas de natureza penal que irradiam efeitos na área tributária.

1. No Código Penal

Os crimes em matéria tributária tipificados no Código Penal podem ser divididos em dois grupos: a) crimes especificamente tributários: contrabando, descaminho e falsificação de papéis públicos; b) crimes que se relacionam indiretamente com a matéria tributária, que são os demais crimes: violação de segredo funcional, excesso de exação, prevaricação e falsidade.

1.1. *Crime de contrabando (CP, art. 334, primeira parte)*

O crime de contrabando encontra-se definido na primeira parte do *caput* do art. 334 do CP como sendo a importação ou exportação de mercadoria proibida, inexistindo incidência fiscal sobre tal tipo de mercadoria. O tipo subjetivo do crime corresponde a dolo genérico pela consciência livre de exportar ou importar mercadoria proibida.

1.2. *Crime de descaminho (CP, art. 334, parte final)*

O crime de descaminho é definido na parte final do art. 334 do CP como sendo a ação de evadir, no todo ou em parte, o pagamento de direito ou imposto devido pela entrada, pela saída ou pelo consumo de mercadorias. O crime de descaminho não se confunde com de contrabando, porque o primeiro refere-se à mercadoria não proibida, a infração é de natureza mista (penal e fiscal) e o tributo devido com as penalidades cabíveis, enquanto segundo refere-se à mercadoria proibida, com infração exclusivamente à lei penal e não há tributo a pagar.

---

[13] As multas fiscais, tendo natureza punitiva, não podiam ser reclamadas na falência (DL nº 7.661/1945, art. 23 parágrafo único, III). Entretanto, a lei de falências e de recuperação judicial e extrajudicial, em seu art. 83, VII, posiciona as multas tributárias como créditos concursais, antes dos créditos subordinados.

[14] Ricardo Lobo Torres ensina que "a norma sancionatória se apoia em princípios incluídos no que se convencionou chamar de Constituição Penal, pois: a) sujeita-se aos princípios constitucionais penais da tipicidade e da legalidade (art. 5º, XXXIX); b) aplica-se segundo o princípio da personalização, não podendo passar da pessoa que cometeu o ilícito (art. 5º, XLV); c) não se converte, quando tratar de multa, em pena privativa de liberdade (art. 5º, LXVIII); não retroage, salvo quando beneficiar a situação do réu (art. 5º, XL); e) não se subordina, para a aplicação de penas, como os princípios da boa-fé, do federalismo, da independência dos juízes, do Estado de direito etc." (*Op. cit.*, 3. ed., p. 278).

1.3. Falsificação de papéis públicos (CP, art. 293)

O art. 293 do CP define o crime de falsificação de papéis públicos como a ação de falsificar, fabricando ou alterando, selo postal, estampilha, papel selado ou qualquer papel de emissão legal, destinado à arrecadação de impostou taxa. Este crime praticamente inexiste desde a Emenda Constitucional nº 18, que eliminou do nosso sistema tributário o imposto de selo, mas seu tipo subjetivo consiste em dolo genérico porque resulta de vontade livre e consciente de usar papéis públicos, sabendo-os falsificados.

1.4. Crime de violação de segredo funcional (CP, art. 325)

O crime de violação de segredo funcional está previsto no art. 325 do CP, refere-se indiretamente a matéria tributária e consiste em revelar a situação de fortuna do contribuinte, fato que o funcionário público tem ciência em razão do cargo, e que por ser segredo de interesse público não pode revelá-lo. O tipo subjetivo do crime é o dolo genérico correspondente à vontade livre de revelar e facilitar a revelação, com consciência de que o fato devia ser mantido em segredo.

1.5. Crime de excesso de exação (CP, art. 316, § 1º)

O crime de excesso de exação é definido no art. 316 §1º, do CP, refere-se indiretamente à matéria tributária e consiste no ato de o funcionário público exigir imposto, taxa ou emolumento que sabe indevido, ou quando devido, empregando à cobrança meio vexatório ou gravoso, que a lei não autoriza. Trata-se de crime em que o tipo subjetivo consiste em dolo genérico resultante da vontade livre e consciente de exigir imposto, taxa ou emolumento que sabe indevido.

1.6. Crime de prevaricação (CP, art. 319)

O crime de prevaricação, que se refere também indiretamente à matéria tributária, é definido no art. 319 do CP e consiste em retardar ou deixar de praticar, indevidamente, ato de ofício, ou praticá-lo contra disposição expressa de lei, para satisfazer interesse ou sentimento pessoal.

Assim incide no crime o funcionário público que, tendo ciência da ocorrência de situação definida em lei como fato gerador do tributo, deixa de praticar o lançamento, que tem natureza vinculada e obrigatória (CTN, art. 142, parágrafo único), ou retarda a sua prática ou realiza o lançamento contra disposição expressa da lei fiscal para satisfazer interesse ou sentimento pessoal, exigindo a lei penal, portanto dolo específico.

1.7. Crimes de falsidade (CP, arts. 299, 301 e 305)

Os crimes de falsidade, que se referem indiretamente à matéria tributária, estão definidos nos arts. 299, 301 e 305 do CP. O art. 299 trata do crime de falsidade ideológica, que consiste em omitir, em documento público ou particular, declaração que dele devia constar, ou inserir ou fazer inserir declaração falsa ou diversa daquela que devia ser escrita, com fim de prejudicar direito, criar obrigação ou alterar a verdade sobre fato juridicamente relevante, passar certidão falsa, ou alterar a verdadeira, ou ainda ocultar ou subtrair documentos oficiais. Trata-se de crime em que se exige o dolo específico.

O art. 301 do CP define o crime de certidão ou atestado ideologicamente falso, que se prende, igualmente de forma indireta, à matéria tributária, em que consiste em atestar ou certificar falsamente, em razão de função pública, com objetivo de propiciar vantagem, sendo o seu tipo subjetivo o dolo específico.

O art. 305 do CP define o crime de supressão de documento, que consiste em destruir, suprimir ou ocultar, em benefício próprio ou de outrem, ou em prejuízo alheio, documento público ou particular verdadeiro, de que não podia dispor, sendo tipo subjetivo dolo específico. Tal crime refere-se de maneira indireta à matéria tributária.

2. Crimes contra a ordem tributária

2.1. Sonegação fiscal, fraude e conluio

Ricardo Lobo Torres[15]estabelece, com precisão, a distinção entre sonegação e fraude, que são condutas ilícitas que se dão após a ocorrência do fato gerador, consistindo a sonegação "na ocultação do fato gerador com objetivo de não pagar tributo devido de acordo com a lei, sem que tenha havido *per interpretationem* qualquer modificação na estrutura da obrigação responsabilidade do contribuinte. A fraude consiste na falsificação de documentos fiscais, na prestação de informações falsas ou na inserção de elementos inexatos nos livros fiscais, com objetivo de não pagar o tributo ou de pagar importância inferior à devida".[16]

Conluio é o ajuste doloso entre duas ou mais pessoas naturais ou jurídicas visando a obter os efeitos da sonegação ou da fraude. O conluio tem por fim a sonegação, quando, por exemplo, locador e locatário anuem em não declarar ao fisco a existência da locação, pelo que o locador não declara o recebimento do aluguel e o locatário não declara que o pagou. Neste caso o locador lucra com o não pagamento do imposto de renda e locatário com a redução do valor do aluguel, que é concedida pelo proprietário do imóvel. De outro lado, o conluio visa à fraude quando, por exemplo, uma pessoa, natural ou jurídica, fornece a outra recibo no qual declara que recebeu o preço pela prestação de um serviço que efetivamente não ocorreu. Desse modo, o contribuinte do imposto de renda deduz no seu lugar a despesa, pagando a menor o imposto, dando, em contrapartida, ao falso o prestador do serviço quantia em dinheiro correspondente ao percentual sobre o valor do recibo.

2.2. Crimes praticados por particulares

A sonegação fiscal foi definida pela Lei nº 4.729, de 14.07.1965, em seu art. 1º, abrangendo também no seu conceito a fraude fiscal, referindo-se a determinados comportamentos, descritos de forma casuística, relacionados com o dever tributário. [17]

A Lei nº 8.137/1990, utilizando a expressão sonegação fiscal, define, em seu artigo primeiro, os crimes contra a ordem tributária, praticados por particulares, suprimindo ou reduzindo tributo ou contribuição social e qualquer acessório, referindo-se praticamente aos mesmos fatos mencionados na antiga Lei nº 4.729/1965, e que são os seguintes: a) omitir

---

[15] *Op. cit.*, p. 280.

[16] O STF decidiu que o contribuinte do ICMS que, interpretando erroneamente a norma tributária, se credita da diferença das alíquotas praticadas no Estado de destino e no de origem, não caracteriza fraude nos termos do art. 1º, II, da Lei nº 8.137/1990, como ato penalmente glosado, em que sempre se presume o consentimento viciado e o objetivo de alcançar proveito sabidamente ilícito (BRASIL. Supremo Tribunal Federal, HC, 72.584-8, Rel. Min. Marco Aurélio, *Informativo STF* 29, 08.05.1996, p. 3).

[17] Cf. Hugo de Brito Machado, *op. cit.*, 11. ed., p. 364.

informação, ou prestar declaração falsa às autoridades fazendárias; b) fraudar a fiscalização tributária, inserindo elementos inexatos, ou omitindo operação de qualquer natureza, em documentos ou livro exigido pela lei fiscal; c) falsificar ou alterar nota fiscal, fatura, duplicata, nota de venda, ou qualquer documento relativo à operação tributável; d) elaborar, distribuir, fornecer, emitir ou utilizar documento que saiba ou deva saber falso ou inexato; e) negar ou deixar de fornecer, quando obrigatório, nota fiscal, ou documento equivalente, relativa a venda de mercadoria ou prestação de serviço, efetivamente realizada ou fornecê-la em desacordo com a legislação.[18]

Por sua vez, o art. 2º da Lei nº 8.137/1990 prescreve que constitui crime da mesma natureza: a) fazer declaração falsa ou emitir declaração sobre rendas, bens ou fatos, ou entregar outra fraude, para eximir-se, total ou parcialmente, de pagamento de tributo; b) deixar de recolher, no prazo legal, valor de tributo ou de contribuição social, descontado ou cobrado, na qualidade de sujeito passivo da obrigação e que deveria recolher aos cofres públicos; c) exigir, pagar ou receber, para si ou para contribuinte beneficiário, qualquer percentagem sobre a parcela dedutiva ou deduzida do imposto ou de contribuição como incentivo fiscal; d) deixar de aplicar, ou aplicar em desacordo com o estatuído, incentivo fiscal ou parcelas de imposto liberadas por órgão ou entidade de desenvolvimento; e) utilizar ou divulgar programa de processamento de dados que permite ao sujeito passivo da obrigação tributária possuir informação contábil diversa daquela que é, por lei, fornecida à Fazenda Pública.

Os crimes definidos no art. 2º da Lei nº 8.137/1990, na lição de Hugo de Brito Machado, são "formais, ou de mera conduta, vale dizer, restam consumados independentemente do resultado", mas "somente se configura com a presença de dolo específico", por ser elemento do tipo.[19]

Deve ser destacado o inciso II do art. 2º da Lei nº 8.137/1990, que considera crime contra a ordem tributária deixar de recolher, no prazo legal, valor de tributo cobrado ou descontado de terceiro, sendo redesenho da antiga figura da "apropriação indébita"[20].

O STF, por meio do RHC nº 163.334, fixou a tese segundo a qual: "O contribuinte que, de forma contumaz e com dolo de apropriação, deixa de recolher o ICMS cobrado do adquirente da mercadoria ou serviço incide no tipo penal do art. 2º, II, da Lei nº 8.137/1990."[21]

Como bem esclarece o Ministro Luis Roberto Barroso sobre o aspecto da repercussão econômica:

> Já na apropriação indébita tributária, a censurabilidade da conduta decorre da circunstância de que o agente toma para si um valor que não lhe pertence, ao qual teve acesso pelo único e específico motivo de lhe ter sido atribuído o dever de recolher o tributo. Diferentemente do delito do art. 1º, o tipo penal do art. 2º, II, da Lei nº 8.137/1990 não requer fraude. Considerando que, de acordo com a jurisprudência do STF, o valor do ICMS pago pelo consu-

---

[18] No caso de aparente conflito entre norma constante do CP, genérica para os crimes contra o patrimônio, e norma específica sobre delitos tributários praticados contra a Fazenda Pública, prevalece essa última norma por ser posterior e específica (BRASIL. Superior Tribunal de Justiça, RHC 1.506/SP, Rel. Min. Carlos Thibau, Sexta Turma, v.u., 10.12.1991 etc.). Hugo de Brito Machado doutrina que o "crime de supressão ou redução de tributo distingue-se do antigo crime de sonegação fiscal essencialmente por ser um crime material, ou de resultado. Só estará consumado se houver supressão ou a redução do tributo" (*Op.cit.*, p. 366).

[19] Idem, p. 366.

[20] Cf. AMARO, Luciano. *Direito tributário brasileiro.* São Paulo: Saraiva, 1997, p. 437.

[21] BRASIL. Supremo Tribunal Federal, HC nº 163334, Rel. Min. Roberto Barroso, Tribunal Pleno, j. 18.12.2019.

midor final jamais pertenceu ao contribuinte, tratando-se de um mero ingresso temporário em sua contabilidade, o não recolhimento do imposto caracteriza apropriação indébita.[22]

A Lei nº 8.866, de 11.04.1994, em seu art. 1º, considera depositário infiel a pessoa que não entrega à Fazenda Pública o valor do tributo retido ou cobrado de terceiro, cominada a pena de prisão civil por até 90 dias, caso o devedor, citado na execução, não pague nem deposite o valor cobrado (art. 4º, § 2º), cessando a prisão com o depósito do valor pelo devedor (art. 8º). No entanto, conforme entendimento sumulado do STF não é admissível a prisão por dívida, exceto em caso de devedor de alimentos. Nos termos da Súmula Vinculante nº 25: "É ilícita a prisão civil de depositário infiel, qualquer que seja a modalidade de depósito".

O art. 34 da Lei nº 9.249/1995 voltou a admitir o pagamento do débito tributário feito antes do recebimento da denúncia criminal como causa excludente da punibilidade dos crimes definidos na Lei nº 8.173/1990 e na Lei nº 4.729/1965. O art. 83 da Lei nº 9.430, de 27.12.1996, dispõe que a representação fiscal para fins penais relativa aos crimes contra a ordem tributária definidos nos arts. 1º e 2º da Lei nº 8.137/1990, será encaminhada ao Ministério Público, após proferida a decisão final na esfera administrativa, sobre a exigência fiscal do crédito tributário correspondente. O parágrafo único do mesmo art. 83 reza que as disposições contidas no *caput* do art. 34 da Lei nº 9.249, de 26.12.1995, aplicam-se aos processos administrativos e aos inquéritos e processos em curso, desde que não recebida a denúncia pelo juiz.

O art. 138 do CTN prescreve que a denúncia espontânea, acompanhada do pagamento do tributo, antes do início de qualquer procedimento fiscal ou medida de fiscalização relacionados com a infração, exclui a responsabilidade por infrações à legislação tributária, afastando qualquer possibilidade de punição, não apenas de natureza administrativa mais, igualmente, criminal.

Isso porque como doutrina Luciano Amaro, "seria inconcebível que o Estado estimulasse o infrator a regularizar sua situação fiscal, acenando-lhe com a dispensa sanções administrativas, e aproveitar essa denúncia espontânea para aprender o infrator. Isso traduziria inominável deslealdade, incompatível com a ideia de Estado de Direito".[23]

Entendemos ser inconstitucional qualquer lei que comina pena de prisão para o devedor inadimplente, ainda que a dívida se refira a tributo, por ferir o inciso LXVII do art. 5º da CF, que veda a prisão por dívida. Entretanto se houver fraude, justifica-se a prisão porque ali estará apenando conduta ilícita do agente e não o mero implemento de dívida.

2.3. *Crimes praticados por funcionários públicos*

O art. 3º da Lei nº 8.137/1990 reza que constitui crime funcional, além dos previstos no Código Penal (Título XI, Capítulo I): a) extraviar livro oficial, processo fiscal ou qualquer documento, de que tem a guarda em razão de função; sonegá-lo ou inutilizá-lo, total ou parcialmente, acarretando pagamento indevido ou inexato de tributo ou contribuição social; b) exigir, solicitar ou receber, para si ou para outrem, direta ou indiretamente, ainda que fora da função ou antes de iniciar seu exercício, mas em razão dela, vantagem indevida; ou aceitar promessa de tal vantagem, ou cobrá-la parcialmente; c) patrocinar, direta ou indiretamente, interesse privado perante a administração tributária, valendo-se da qualidade de funcionário público.

---

[22]   BRASIL. Supremo Tribunal Federal, HC nº 163334, Rel. Min. Roberto Barroso, Tribunal Pleno, j. 18.12.2019, p. 2.

[23]   *Op. cit.*, p. 438.

IV. JURISPRUDÊNCIA SOBRE CRIMES TRIBUTÁRIOS

Existe o seguinte entendimento jurisprudencial sobre os crimes tributários: a) no crime de sonegação fiscal, não está revogado pelo CPP o DL nº 3.240/1941, no ponto em que disciplina o sequestro de bens de pessoa indiciada por crime de que resulta prejuízo para a Fazenda Pública[24]; b) na pendência de apuração fiscal no âmbito administrativo, não há impedimento do oferecimento da denúncia (CF, art. 129, I, IV e VII), se na documentação remetida ao *parque* pelo órgão tributário competente existem notícias de crime a ser apurado, porque o art. 83 da Lei nº 9.430/1996 não estabelece o exaurimento da instância administrativa como condição de procedibilidade para dar início a ação penal, mas dirigindo-se ao Executivo, rege apenas atos da administração fazendária no tocante ao momento em que as autoridades dessa área devem encaminhar ao MP Federal os expedientes contendo *noticia criminis* acerca de delitos contra a ordem tributária;[25] c) antes da denúncia, correção da punibilidade de crime tributário com o parcelamento do débito tributário regularmente acordado e cumprido;[26] d) não obstante o art. 34 da Lei nº 9.249/1995 não prever expressamente a extinção da punibilidade com o pagamento do tributo antes da denúncia no caso do crime previsto no art. 95 da Lei nº 8.212/1991, deve-se adotar o mesmo procedimento porque as figuras penais são muito semelhantes e caracterizam-se pelo não recolhimento no prazo, sendo o caso tipo de aplicação da analogia *in bonam partem*[27]; e) a propositura da ação anulatória de débito fiscal, ainda que precedida de depósito, não constitui óbice a procedibilidade da ação penal por sonegação fiscal, se os fatos, tal qual descritos na denúncia, revestem-se, em tese, de ilicitude penal;[28] f) o mero deferimento de parcelamento não é causa de extinção da punibilidade, e sim mera suspensão;[29] g) segundo o STF, o lançamento caracteriza-se como condição objetiva de punibilidade[30] nos crimes tributários[31]; h) promover o pagamento, a qualquer tempo,

---

[24] RSTJ 109/348.

[25] RSTJ 109/325; REsp 161.218/RS, Rel. Min. Luiz Vicente Cernichiaro, Sexta Turma, v.u., 22.09.1998, *DJU* 19.10.1998, p..163; STF, ADIN 1571-1, Rel. Min. Néri da Silveira, Plenário, v.u., 20.03.1997, *DJU* 25.09.1998, p. 11 etc.

[26] BRASIL. Superior Tribunal de Justiça, HC 6.215/MA, Rel. Min. Cid Flaques Scartezzini, Quinta Turma, p.m., 16.12.1997, *DJU* 18.05.1998, p. 111. "Uma vez deferido o parcelamento, em momento anterior ao recebimento da denúncia, verifica-se a extinção da punibilidade prevista no art. 34 da Lei nº 9.249/1995, sendo desnecessário o pagamento integral do débito para tanto. O parcelamento cria uma nova obrigação, extinguindo a anterior, pois se verifica uma novação da dívida. O instituo envolve transação entre as partes credora e devedora, alterando a natureza da relação jurídica. O Estado credor dispõe de mecanismos próprios e rigorosos para satisfazer devidamente os sues créditos, pois a própria negociação realizada envolve previsões de sanção para a inadimplência. Eventual inadimplência ainda poderá ser resolvida no Juízo apropriado, pois na esfera criminal só restará a declaração da extinção da punibilidade. Ordem concedida para determinar o trancamento da ação penal movida contra o paciente" (BRASIL. HC 29421/RS, Quinta Turma, Rel. Min. Gilson Dipp, *DJU* 17.05.2004, p. 249).

[27] RSTJ 95/17.

[28] BRASIL. Superior Tribunal de Justiça, RESp 17.776-0-RS, Rel. Min. Flaquer Scartezzini, Quinta Turma, 09.11.1994, RT 716/520.

[29] BRASIL. Supremo Tribunal Federal, RHC nº 89618/RJ, Rel. Min. Marco Aurélio, Primeira Turma, j. 06.02.2007, DJ 09.03.2007. Disponível em: http://redir.stf.jus.br/paginadorpub/paginador.jsp?docTP=AC&docID=409326. Acesso em: 18 dez. 2020.

[30] Há decisões do STF que afirmam que o lançamento caraterizar-se-ia como elemento normativo do tipo (BRASIL. Supremo Tribunal Federal, HC nº 81.611, Rel. Min. Sepúlveda Pertence, j. 10.12.2003, *DJe* 13.05.2005. Disponível em:<http:// redir.stf.jus.br/paginadorpub/paginador.jsp?docTP=AC&docID=78807. Acesso em: 25 jun. 2020.

[31] BRASIL. Supremo Tribunal Federal, Habeas Corpus no 102.477. Rel. Min. Gilmar Mendes, Segunda Turma, j. 28.06.2011, *DJe* 153 de 10.08.2011.

Capítulo X · ILÍCITO TRIBUTÁRIO | **355**

como causa extintiva da punibilidade nos crimes tributários, com base no artigo 9º, § 2º da Lei nº 10.864/2003[32].

V. EVASÃO E ELISÃO FISCAL[33]

A evasão e a elisão fiscal não se confundem com a fraude e a sonegação porque, diversamente dessas últimas figuras, não implicam em conduta ilícita do contribuinte e configuram-se antes da ocorrência do fato gerador. A sonegação e a fraude verificam-se após a ocorrência do fato gerador e são sempre condutas ilícitas.[34]

A evasão fiscal consiste em uma conduta preventiva do indivíduo abstendo-se de praticar o fato jurídico definido em lei como hipótese incidência de tributos. Assim, a evasão corresponde a uma verdadeira abstenção de incidência, como se pode verificar nos seguintes exemplos: não importar mercadoria estrangeira para não pagar direitos aduaneiros; não comprar tabaco para não pagar ICMS; não ser proprietário de bem imóvel para não pagar IPTU etc.[35]

Elisão fiscal corresponde a economia de imposto mediante planejamento fiscal, quando o contribuinte desconhece seus negócios, "de modo a pagar menos tributos. Nada o impede, desde que não ocorra aquela manipulação do fato gerador, no que toca ao seu reinvestimento jurídico. A doutrina reconhece como válido e perfeitamente legítimo aquilo que se denomina de economia fiscal".

O dever moral, não mais que o dever cívico, não pode ter o efeito de obrigar o contribuinte a escolher o caminho mais proveitoso ao Tesouro[36]. Assim, a elisão só será lícita se o indivíduo não manipular a forma jurídica prevista na lei para a prática do ato. Todavia, se a pessoa abusa da forma jurídica, ou seja, adota uma forma jurídica atípica visando não pagar tributo ou pagar a menor, sua conduta será ilícita, quando, por exemplo, a pessoa pretende fazer a doação de um bem imóvel, mas considerando que o imposto será mais gravoso que alienação onerosa, adota a forma jurídica de compra e venda para revestir o ato, pagando menos imposto. Se o Fisco conseguir provar que a relação econômica ínsita no ato é de transferência gratuita de riquezas, pode tributar o ato como tal e cobrar o imposto sobre doação, não obstante a forma jurídica de compra e venda empregada pelas partes para revestir o ato. Assim agindo, o fisco estará entregando o que a doutrina denomina de interpretação econômica,

---

[32] Ação penal. Crime tributário. Tributo. Pagamento após o recebimento da denúncia. Extinção da punibilidade. Decretação. HC concedido de ofício para tal efeito. Aplicação retroativa do art. 9º da Lei federal nº 10.684/2003, cc. art. 5º, XL, da CF, e art. 61 do CPP. O pagamento do tributo, a qualquer tempo, ainda que após o recebimento da denúncia, extingue a punibilidade do crime tributário (BRASIL. Supremo Tribunal Federal, HC nº 81929/RJ, Primeira Turma, j. 16.12.2003, *DJ* 27.02.2004, pp-00032 Disponível em: http://redir.stf.jus.br/paginadorpub/paginador. jsp?docTP=AC&docID=78900. Acesso em: 15 dez. 2019.

[33] Sobre o assunto recomendamos a leitura da monografia clássica: DÓRIA, A. R. Sampaio. *Elisão e evasão fiscal*. 2. ed. São Paulo: José Bushatsky, 1977. Não obstante a contínua alteração da legislação, é fundamental o conhecimento de seu conteúdo doutrinário. Sobre a evolução jurisprudencial do tema, vide: ALBANO, Amanda. *Tributação, concorrência e crime*: potencial distorção tributária à luz das perspectivas concorrenciais e penais. Rio de Janeiro: Lumen Juris, 2023.

[34] Cf. Ricardo Lobo Torres, *op. cit.*, p. 208.

[35] Sampaio Dória denomina este tipo de evasão *imprópria*, que, com a abstenção de incidência, o contribuinte exclui o próprio pressuposto da tributação (fato gerador – situação econômica). O mesmo autor inclui também na categoria de evasão imprópria, espécie de evasão omissiva, a hipótese do fenômeno econômico da repercussão, ou seja, quando o contribuinte de direito transfere a carga tributária para o contribuinte de fato (*Op. cit.*, p. 32).

[36] Cf. FALCÃO, Amílcar de Araújo. *Fato gerador da obrigação tributária*. Rio de Janeiro: Financeiras, 1974, p. 73-74.

ou seja, na interpretação da lei tributária deve-se levar em conta a consistência econômica da situação definida como hipótese de incidência e a normalidade dos meios adotados para atingir seus fins.

Capítulo XI
CONTENCIOSO TRIBUTÁRIO

I. NOÇÃO GERAL

1. Importância do fato gerador

Como já foi visto anteriormente, a obrigação tributária existe abstratamente na lei (hipótese de incidência), concretiza-se qual a ocorrência da situação definida em lei como necessária e suficiente para determinar a incidência do tributo (fato gerador) e se formaliza através da atividade exercida pela autoridade administrativa de forma vinculada e obrigatória, que constitui o crédito tributário (lançamento). Dessas três fases, a obrigação tributária que apresenta maior importância correspondente ao fato gerador, por que consiste na concreção da situação definida em lei como hipótese de incidência do tributo.

A importância do fato gerador reside principalmente nos efeitos que geram na relação jurídica entre o Estado e o contribuinte, podendo, inclusive, suscitar controvérsias entre estas duas partes no que diz respeito a todos os aspectos do fato gerador, por exemplo, a sua ocorrência ou não, a lei que era vigente no momento em que aconteceu, o seu valor econômico, as suas características etc. O lançamento reporta-se à data da ocorrência do fato gerador e rege-se pela lei então vigente, ainda que posteriormente modificada ou revogada (CTN, art. 144). Isso porque o lançamento tem natureza declaratória quanto ao momento em que ocorre o fato gerador, embora tenha também natureza constitutiva quanto ao crédito tributário.

2. Direito do sujeito passivo impugnar o lançamento

O sujeito passivo da obrigação tributária pode não concordar com procedimento do lançamento e impugná-lo em qualquer de suas conclusões, com o que estará constituído o contraditório entre o fisco e o sujeito passivo. Tal se aplica não só quanto à obrigação tributária principal mas também quanto à obrigação tributária acessória (CTN, art. 113). A legislação tributária é complexa e abundante, compreendendo leis, decretos, ordens de serviço, portarias, circulares, instruções, resoluções etc. (CTN, art. 96), que geram interpretações distintas pelo Fisco e pelo contribuinte, que necessitam ser aclaradas e definidas.

O sujeito ativo da obrigação dispõe de meios conferidos pelo Código Tributário Nacional para fiscalizar o cumprimento da legislação tributária pelo sujeito passivo, permitindo-lhe examinar todos os seus documentos, livros, papéis e dados de computador, e o sujeito passivo tem a obrigação de exibi-los sob pena das sanções estabelecidas em lei (CTN, arts. 194 a 196). A autoridade administrativa poderá até recorrer à requisição de força pública federal, estadual ou municipal, quando, no cumprimento de suas funções de fiscalização, sofrer embaraço ou desacato por parte do sujeito passivo. Ademais, várias pessoas físicas ou jurídicas têm a obrigação de fornecer informações ao Fisco a respeito do bens, negócios ou atividades de terceiros, por exemplo, as instituições financeiras, os tabeliães, os corretores etc. (CTN, art. 197). Entretanto, se a legislação tributária, de um lado, confere direitos à administração pública para assegurar o cumprimento da legislação tributária, de outro, concede também ao sujeito passivo da obrigação tributária instrumentos e condições para que lhe seja assegurado o direito de cumprir exclusivamente as obrigações que estão previstas na legislação tributária, a fim de não ser constrangido pela arbitrariedade ou abuso de poder por parte do sujeito ativo. A fixação desses direitos e deveres recíprocos entre as partes resulta do *equilíbrio* que deve ocorrer na relação jurídica entre o Fisco e o sujeito passivo, porque o tributo corresponde a uma atividade administrativa vinculada à lei (CTN, art. 3º, *in fine)*.

3. Contencioso tributário: conceito e características

Contencioso tributário corresponde à controvérsia entre Fisco e sujeito passivo sobre a existência, as características ou o montante da obrigação tributária e nasce com a impugnação do lançamento (Decreto nº 70.235/1972, art. 14).

Rubens Gomes de Souza[1] aponta as seguintes *características* do contencioso tributário: a) constituir uma continuação, ou uma antecipação ou ainda uma reabertura do procedimento do lançamento, pois se o contribuinte contesta os resultados do lançamento, este fica em suspenso até a decisão do processo, quando, decorrido prazo legal a contar da notificação feita ao sujeito passivo, o lançamento se torna definitivo; da mesma forma, se o contribuinte pede restituição do tributo já pago, o que ocorre é uma revisão do processo de lançamento que deu origem ao pagamento; finalmente, quando o contribuinte alega algum direito seu antes mesmo de o fisco tomar qualquer iniciativa, pratica-se uma antecipação do processo de lançamento, que normalmente viria ocorrer mais tarde; b) o contencioso é sempre de iniciativa do sujeito passivo por que lhe compete alegar que entende ser seu direito, não invalidando esta afirmação a circunstância do contribuinte, depois de lançado, não pagar o tributo no vencimento, fazendo com que o fisco promova a execução do débito, porque o início de tal cobrança executiva ainda não é contencioso judicial, pois este só vai ocorrer pela apresentação de embargos do que o contribuinte opuser à cobrança executiva judicial (art. 16 da Lei nº 6.830/1980) ou contencioso administrativo, se o contribuinte reclamou contra o lançamento na esfera administrativa (art. 14 do Decreto nº 70.235/1972), bem como quando apresenta defesa no auto de infração.

4. Processo contencioso tributário

O processo contencioso tributário constitui o estabelecimento de regras que visam disciplinar as controvérsias que surgirem entre o sujeito ativo e sujeito passivo da obrigação tributária principal ou acessório, a respeito da imposição, arrecadação, fiscalização e cobrança de tributos, para que seja cumprido exatamente o que está previsto na lei fiscal. O processo contencioso tributário, como visto antes, é fundamentalmente com processo de discussão de lançamento, e por meio dele se vai fazer o "acerto" ou controle de legalidade da obrigação tributária, seja principal, seja acessória, ou ambas. Esta controvérsia pode ser submetida à autoridade administrativa ou à autoridade judicial, não estando o contribuinte obrigado a recorrer primeiro à via administrativa para adquirir condições de discutir o assunto em juízo, podendo postular diretamente ao Poder Judiciário. Isso porque se a lei estabelecer o exaurimento da via administrativa como condição para o sujeito passivo discutir a obrigação

---

[1] SOUZA, Rubens Gomes de. *Compendio de legislação tributária.* 3. ed. Rio de Janeiro: Financeiras, 1964, p. 114-115.

tributária em juízo, tal lei será inconstitucional, por constituir óbice indireto para o acesso ao Poder Judiciário (CF, art. 5º, inciso XXXV).

II. PROCESSO TRIBUTÁRIO ADMINISTRATIVO

1. Noção geral

Processo tributário administrativo é aquele que se desenvolve perante autoridade administrativa, objetivando obter-se uma decisão a respeito da controvérsia entre o fisco e o contribuinte a respeito da relação jurídico-tributária. Tal processo é regulado na área Federal pelo Decreto nº 70.235, de 06.03.1972, que tem natureza de lei ordinária por conter delegação legislativa conferida pelo art. 2º do Decreto-lei nº 822, de 05.09.1969[2], aplicando-se suas normas aos tributos federais. Entretanto, a Lei nº 9.784. de 29.01.1999 (Lei Geral do Processo Administrativo Federal – LGPAF), em seu art. 69, prescreve que "os processos administrativos específicos continuarão a reger-se por lei própria, aplicando-se-lhes apenas subsidiariamente os preceitos desta Lei", ou seja, suas normas serão aplicadas ao processo administrativo fiscal visando a preencher as lacunas do Decreto nº 70.235/1972.

O procedimento tributário administrativo divide-se em cinco fases distintas: instauração, instrução, defesa, relatório e julgamento. O início do processo tributário administrativo é sempre provocado pelo contribuinte mediante impugnação ao lançamento, que é procedimento praticado pela administração com base no seu poder de império, sem necessidade da audiência do Judiciário e sem que jamais inicie a discussão com o contribuinte em torno da legitimidade do seu ato.[3] O objetivo do referido processo é, portanto, o controle de legalidade do lançamento.

2. Auto de infração

O Fisco, em decorrência do exercício de sua atividade fiscalizadora, tomando conhecimento de uma infração a legislação fiscal cometida pelo sujeito passivo da obrigação tributária principal ou acessória, documenta a infração em auto de infração. Este necessariamente deverá conter todos os requisitos regulamentares, tais como local, data e hora da lavratura, a descrição do fato, a disposição legal infringida, a penalidade aplicável, a determinação da exigência e a intimação para cumpri-la ou impugná-la no prazo da lei, a assinatura do autuante com a indicação do seu cargo ou função e o número de matrícula (Decreto nº 70.235/1972, art. 10).

O auto de infração deve ser lavrado com clareza e ser o mais minucioso possível, a fim de que o autuado disponha de elementos para impugná-lo, ou, se for o caso, efetuar o pagamento devido, no caso de ter sido descumprida a obrigação tributária principal, ou praticar ou se omitir de praticar ato correspondente à obrigação tributária acessória. Ao efetivar a autuação, deverá o autuante, quando o auto não for lavrado em livro fiscal, entregar cópia do mesmo ao autuado para que este, no prazo de 30 dias, a contar de seu recebimento, cumpra a exigência feita ou a impugne, facultando-lhe vista do processo dentro do referido prazo no órgão competente. (Decreto nº 70.235/1972, art. 15).

---

[2] RSTJ 8/416.

[3] Cf. TORRES, Ricardo Lobo. *Curso de direito financeiro e tributário*. Rio de Janeiro: Renovar, 1993, p. 278. O art. 14 do Decreto nº 70.235/1972 reza: "A impugnação da exigência instaura a fase litigiosa do procedimento". Considerando que no processo administrativo não existe lide, deve-se entender que a impugnação inaugura a fase contenciosa do procedimento.

2.1. Impugnação ao auto de infração

Se o autuado, ao invés de cumprir a exigência, apresentar impugnação, terá início, em verdade, o contencioso tributário na esfera administrativa, como prescreve o art. 14 do Decreto nº 70.235/1972. Tal impugnação consiste em verdadeira defesa das acusações feitas no auto de infração, pelo que o impugnante deve refutar fundamentadamente toda a matéria contida no auto e comprovar o mais cumpridamente possível as suas razões. Deve ainda, se for o caso, requerer a efetivação de diligências que sejam necessárias à produção de provas a seu favor, a fim de que não paire qualquer dúvida a respeito da improcedência do auto.

Entretanto, mesmo que o autuado não cumpra nem impugne a exigência decorrente da autuação, poderá a mesma vir a ser retificada de ofício pela autoridade julgadora. Se, no entanto, tal não ocorrer, a não apresentação de defesa por parte do autuado importará na declaração de revelia, com o reconhecimento tácito das exigências feitas em decorrência do auto da infração, permanecendo o processo no órgão preparador, pelo prazo de trinta dias, para cobrança amigável (Decreto nº 70.235/1972, art. 21).

2.2. Julgamento

2.2.1. Primeira instância

O mandamento do processo tributário administrativo, na área federal, em primeira instância, quanto a tributos ou contribuições administrados pela Secretaria da Receita Federal, compete às Delegacias da Receita Federal de Julgamento, órgãos de deliberação interna e natureza colegiada da Secretaria da Receita Federal (Decreto nº 70.235/1972, art. 25). O grande mérito da criação das mencionadas Delegacias foi o de "separar a competência das autoridades para o exercício das atividades concernentes à fiscalização e lançamento tributários e a de julgamento das questões contenciosas. Esta separação de poder/dever, com efeito, busca potencializar o cumprimento do princípio da imparcialidade que melhor atende aos interesses das partes no processo.[4]

A autoridade julgadora de primeira instância poderá rejeitar a impugnação feita pelo autuado, julgando, em consequência, procedente a autuação. Neste caso, interessado, dentro do prazo de 30 dias, a contar da data em que tomar ciência da decisão, poderá interpor recurso voluntário, total ou parcial (Decreto nº 70.235/1972, art. 33), com efeito suspensivo, para a instância superior, não sendo mais cabível pedido de reconsideração da decisão, mas somente interposição de recurso (Decreto nº 70.235/1972, art. 36). O recurso administrativo não mais depende de depósito porque o Decreto-lei nº 822, de 05.09.1990, em seu art. 1º, eliminou a exigência de "garantia de instância". O pedido de reconsideração dirigido à mesma autoridade prolatora da decisão de primeira instância, e que foi extinto pelo Decreto nº 70.235 (art. 36), consistia, na realidade, em verdadeiro recurso dirigido àquela mesma autoridade, sendo, portanto, inócuo.

Entretanto, no caso de a autoridade julgadora acolher a impugnação feita pelo autuado e julgar improcedente o auto de infração, e, por consequência, declarar descabida a exigência fiscal dele decorrente, deverá a mesma recorrer de ofício para o órgão de segunda estância, sempre que a decisão: a) exonerar o sujeito passivo do pagamento de tributos e encargos de multa de valor total (lançamento principal e decorrentes) a ser fixada em ato do ministro de

---

[4] PAIVA, Ormezino Ribeiro de. *Delegacias da Receita Federal de julgamento e evolução das normas do processo administrativo fiscal. In:* ROCHA, Valdir de Oliveira (coord.). *Processo administrativo fiscal* São Paulo: Dialética, 1999, p. 135. v. 4.

Estado de fazenda; b) deixar de aplicar pena de perda de mercadorias ou outros bens cominada à infração denunciada na formalização da exigência (Decreto nº 70.235/1972, art. 34).

O § 2º do art. 33 do Decreto nº 70.235/1972 condicionava o seguimento do recurso voluntário ao arrolamento de bens e direitos de valor equivalente a 30% (trinta por cento) da exigência fiscal definida na decisão, limitado o arrolamento, sem prejuízo do seguimento do recurso, ao total do ativo permanente, se pessoa jurídica, ou ao patrimônio, se pessoa física (redação dada pela Lei nº 10.522/2002). No entanto, o STF, ao analisar a constitucionalidade do dispositivo entendeu que: "A exigência de **depósito** ou arrolamento **prévio** de bens e direitos pode converter-se, na prática, em determinadas situações, em supressão do direito de recorrer, constituindo-se, assim, em nítida violação ao princípio da proporcionalidade." [5]

2.2.2. *Segunda instância*

Tanto o recurso voluntário, oferecido pelo contribuinte, quanto o recurso de ofício, interposto pela própria autoridade administrativa, serão julgados, em segunda instância, na área federal, pelo Conselho Administrativo de Recursos Fiscais (CARF): "órgão colegiado, paritário, integrante da estrutura do Ministério da Fazenda, com atribuição de julgar recursos de ofício e voluntários de decisão de primeira instância, bem como recursos de natureza especial" (art. 25, II, Decreto nº 70.235/1972).[6]

2.3. *Decisão administrativa definitiva*

Entendemos que, com base nos arts. 42 e 45 do Decreto nº 70.235/1972, a decisão administrativa definitiva favorável ao contribuinte implica em preclusão para a Administração e em extinção do crédito tributário (CTN, art. 156, inciso IX), não podendo "a Fazenda Pública postular a anulação da decisão administrativa perante o Poder Judiciário"[7]. Entretanto, existe entendimento da Fazenda Pública, com base no art. 5º, XXXV, pelo qual "a lei não excluirá da apreciação do Poder Judiciário lesão ou ameaça a direito", bem como que o parágrafo único do art. 38 da Lei nº 6.830/1980 seria inconstitucional. Assim, a Fazenda poderia recorrer ao Poder Judiciário quando a decisão administrativa lhe for contrária.

3. Processo administrativo de iniciativa do sujeito passivo

O sujeito passivo não necessita esperar a autuação fiscal para atacar o lançamento. Pode fazê-lo diretamente através de reclamação, que consiste em uma petição por ele dirigida à autoridade administrativa que expediu o lançamento, visando a impugná-lo para que seja alterado (CTN, art. 145, I). A reclamação deve ser apresentada no prazo fixado na lei fiscal

---

[5]   BRASIL. Supremo Tribunal Federal, ADI 1976, Rel. Joaquim Barbosa, Tribunal Pleno, j. 28.03.2007, DJe-018 divulg. 17.05.2007, public. 18.05.2007, *DJ* 18.05.2007, LEXSTF v. 29, nº 343, 2007, p. 32-53 RDDT nº 142, 2007, p. 166-176.

[6]   Por meio da Lei nº 1.941/2009 houve a reestruturação do contencioso administrativo tributário, com a unificação no CARF. Conforme esclarece o seu art. 48: "O Primeiro, o Segundo e o Terceiro Conselhos de Contribuintes do Ministério da Fazenda, bem como a Câmara Superior de Recursos Fiscais, ficam unificados em um órgão, denominado Conselho Administrativo de Recursos Fiscais, colegiado, paritário, integrante da estrutura do Ministério da Fazenda, com competência para julgar recursos de ofício e voluntários de decisão de primeira instância, bem como recursos especiais, sobre a aplicação da legislação referente a tributos administrados pela Secretaria da Receita Federal do Brasil".

[7]   Cf. SILVA, Sérgio André R. G. da. *Controle administrativo do lançamento tributário*. O processo administrativo fiscal. Rio de Janeiro: Quem Editora, 2004, p. 254.

pertinente ao tributo, a contar da data em que tomar ciência do lançamento efetuado pela autoridade administrativa. A interposição da reclamação suspende a exigibilidade do crédito tributário, conforme prescreve o item III do art. 151 do CTN, assim, somente após a decisão final proferida na área administrativa é que o sujeito passivo será notificado para cumprir a prestação tributária. O procedimento que deverá ser observado, no que diz respeito a reclamação, varia de acordo com a lei específica de regência de cada tributo, eis que ainda não se procedeu à unificação do processo tributário, apesar de já existir excelente anteprojeto a respeito do assunto da lavra do saudoso jurista Gilberto Ulhoa Canto.

O Decreto nº 70.235, de 06.03.1972, dispondo sobre o processo administrativo fiscal, já apresentou, no entanto, um grande passo na evolução do processo administrativo tributário, mas, para sua completa solidificação, impõe-se a conversão em lei do referido anteprojeto, devidamente atualizado, que só virá trazer benefício às partes integrantes da relação jurídico tributária, o Estado e o contribuinte.

Relembre-se, ainda, que o sujeito passivo da obrigação tributária não é obrigado a recorrer primeiramente à via administrativa para ter acesso ao Poder Judiciário. Assim, poderá impugnar o lançamento diretamente perante o Poder Judiciário, eis que, nos termos do art. 5º, XXXV, da Constituição Federal, "a lei não excluirá da apreciação do Poder Judiciário lesão ou ameaça a direito".

Por outro lado, esclareça-se também que o sujeito passivo não está obrigado a proceder ao depósito do valor do tributo exigido pelo fisco para poder impugnar o lançamento mediante reclamação ou defesa apresentada em decorrência de autuação fiscal. O depósito tem apenas a finalidade de evitar a correção monetária ou liberar a mercadoria apreendida (Decreto nº 70.235, art. 43 § 1º), além de também suspender a exigibilidade do crédito tributário (art. 151, II, do CTN).

Finalmente, o sujeito passivo da obrigação tributária tem de optar entre discutir a relação jurídico-tributária na via administrativa ou judicial porque *eleita una via non est altera,* como dispõe o paragrafo único do art. 38 da Lei nº 6.830/1980: "a propositura, pelo contribuinte, de ação anulatória do débito, ação de repetição de em débito ou mandado de segurança importa em renúncia ao poder de recorrer na esfera administrativa e do recurso acaso interposto"[8].

3.1. *Consulta*

O Decreto nº 70.235/1972 estabelece as normas relativas à consulta, na área federal, quanto à sua instauração, procedimento, julgamento e recurso (arts. 46 a 58). A consulta consiste em uma petição apresentada pelo sujeito passivo à autoridade fiscal competente

---

[8]   Carlos Henrique Abrão *et al., op. cit.,* p. 241, esclarecem que as "normas que disciplinam o procedimento administração da constituição do credito, em geral, já estabelecem a proibição da simultaneidade dessa discussão" simultânea nas vias administrativa e judicial.

Ementa: Constitucional. Processual tributário. Recurso administrativo destinado à discussão da validade de dívida ativa da Fazenda Pública. Prejudicialidade em razão do ajuizamento de ação que também tenha por objetivo discutir a validade do mesmo crédito. Art. 38, par. ún., da Lei nº 6.830/1980. O direito constitucional de petição e o princípio da legalidade não implicam a necessidade de esgotamento da via administrativa para discussão judicial da validade de crédito inscrito em Dívida Ativa da Fazenda Pública. É constitucional o art. 38, par. ún., da Lei nº 6.830/1980 (Lei da Execução Fiscal – LEF), que dispõe que "a propositura, pelo contribuinte, da ação prevista neste artigo [ações destinadas à discussão judicial da validade de crédito inscrito em dívida ativa] importa em renúncia ao poder de recorrer na esfera administrativa e desistência do recurso acaso interposto". Recurso extraordinário conhecido, mas ao qual se nega provimento. (RE 233582, Rel. Marco Aurélio, Rel. p/acórdão: Joaquim Barbosa, Tribunal Pleno, j. 16.08.2007, DJe-088, divulg. 15.05.2008, public. 16.05.2008, ement, vol-02319-05 pp-01031).

visando obter esclarecimentos sobre dispositivos da legislação tributária aplicáveis a fatos determinados. A consulta pode também ser formulada por órgão da administração pública e por entidades representativas de categorias econômicas ou profissionais (art. 46, parágrafo único). O local da apresentação da consulta é o domicílio tributário do sujeito passivo, sendo competente para recebê-la o órgão local da entidade incumbida de administrar o tributo sobre que versa (art. 47).

A consulta pressupõe a boa-fé do sujeito passivo da obrigação tributária porque, tendo dúvida quanto à interpretação de determinado dispositivo legal da legislação tributária, procurar obter esclarecimentos quanto a maneira correta de cumprir sua obrigação. A consulta produzi seguintes efeitos: a) exclui os juros de mora, se apresentada dentro do prazo legal para pagamento do tributo, ainda que não respondidas dentro desse prazo, pelo que o juro só começará a fluir a partir do 30º dia subsequente a data da ciência da resposta do órgão fiscal competente (art. 161, § 2º, do CTN)[9]; b) susta a instauração de qualquer procedimento fiscal contra o sujeito passivo relativamente à espécie consultada a partir de sua apresentação até o 30º dia subsequente a data da ciência (Decreto nº 70.235/1972, art. 48). A consulta não suspende o prazo para recolhimento de tributos retido na fonte, ou autolançado antes ou depois de sua apresentação, nem o prazo para apresentação de declaração de rendimentos (Decreto nº 70.235/1972, art. 49), por que o sujeito passivo consulente é depositário de quantia que não lhe pertence, mas sim ao titular da competência para arrecadar os mencionados tributos[10].

O julgamento da consulta compete em primeira instância: a) aos Superintendentes Regionais da Receita Federal, quanto aos tributos administrados pela Secretaria da Receita Federal, atendida, no julgamento, a orientação emanada dos atos normativos da coordenação do sistema de tributação; b) às autoridades mencionadas na legislação de cada um dos demais tributos, ou na falta dessa indicação, ao chefe de projeção regional, ou local da entidade que administra o tributo, conforme for por ela estabelecido (Decreto nº 70.235/1972, art. 54, I, c/c art. 25, I, "b").

Se a consulta for contrária ao consulente, caberá recurso voluntário para a segunda instância, com efeito suspensivo, dentro de 30 dias a partir da data em que tomou ciência da decisão. Se a consulta for favorável ao sujeito passivo, autoridade de primeira instância recorrerá *de officio* para instância superior (Decreto nº 70.235/1971, arts. 56 e 57).

Em segunda instância, o julgamento do recurso compete ao coordenador de tributação da Secretaria da Receita Federal.

Por outro lado, o julgamento compete, em instância única, ao Coordenador do Sistema de Tributação quanto a consultas relativas aos tributos administrados pela Secretaria da Receita Federal e formuladas: a) sobre classificação fiscal de mercadorias; b) pelos órgãos centrais da administração; c) por entidades representativas de categorias econômicas ou profissionais, de âmbito nacional (Decreto nº 70.235/1972, art. 54, III).

Ademais, não cabe pedido de reconsideração de decisão proferida em processo administrativo de consulta no âmbito da Secretaria da Receita Federal.

A consulta não produzirá efeito nos seguintes casos (Decreto nº 70.235, art. 52): a) se apresentada em desacordo com as formalidades legais; b) se formulada por quem tiver sido

---

[9]   (...) 3. A exclusão da multa e dos juros de mora, em razão do não recolhimento tempestivo do tributo a que se refere o art. 161, § 2º do CTN, pressupõe consulta fiscal formulada pelo próprio devedor ou responsável antes de esgotado o prazo legal para pagamento do crédito. (...) (BRASIL. REsp 555.608/MG, Rel. Min. João Otávio de Noronha, Segunda Turma, j. 05.10.2004, *DJ* 16.11.2004, p. 237).

[10]   A consulta não é modo de interrupção da prescrição. CC, art. 172 (BRASIL. Superior Tribunal de Justiça, ED em REsp 87.840/BA, Rel. Min. Ari Pargendler, Segunda Turma, v.u., 19.05.98, *DJU* 08.06.98, p. 70).

intimado a cumprir obrigação relativa ao fato objeto da consulta; c) por quem estiver sobre procedimento fiscal iniciado para apurar fatos que se relacionem com a matéria consultada; d) quando o fato houver sido objeto de decisão anterior, ainda não modificada, proferida em consulta ou litígio em que tenha sido parte o consulente; e) quando o fato estiver disciplinado em ato normativo, publicado antes de sua apresentação, porque os atos normativos visam à orientação não só dos órgãos incumbidos da administração dos tributos, como também dos contribuintes em geral; f) quando o fato estiver definido ou declarado em disposição literal da lei; g) quando o fato for definido por crime ou contravenção penal; h) quando não descrever, completa ou exatamente, a hipótese a que se referir, ou não contiver os elementos necessários a solução, salvo se a inexatidão ou omissão for escusável, a critério da autoridade julgadora.

A decisão final proferida em processo administrativo não faz coisa julgada, porque "administração não pratica atos formalmente jurisdicionais"[11], tornando-se apenas definitiva, com eficácia preclusiva somente na esfera administrativa, podendo, portanto, ser impugnada pelo contribuinte na esfera judicial. Mas se a decisão administrativa definitiva for contrária ao fisco, este não poderá recorrer ao Poder Judiciário para rever sua própria decisão.

A Lei nº 9.430/1996, em seus arts. 48 a 50, regula o processo administrativo de consulta sobre os tributos no âmbito da Secretaria da Receita Federal. O § 12 do art. 48 da mencionada lei aclara a norma do parágrafo único do art. 100 do CTN, ao estatuir: "§ 12. Se, após a resposta à consulta, a administração alterar o entendimento nela expresso, a nova orientação atingirá, apenas, os fatos geradores que ocorram após dado ciência ao consulente ou após a sua publicação pela imprensa oficial." Assim, Se determinado contribuinte, em dúvida quanto a interpretação a ser dada à norma jurídica em caso concreto, procedeu a consulta e a resposta foi favorável, e, autoridade administrativa alterar seu entendimento, não poderá cobrar do primeiro consulente o tributo não pago por orientação dada pela primeira consulta, por ter ocorrido preclusão na esfera administrativa.

III. PROCESSO TRIBUTÁRIO JUDICIAL

1. Noção geral

O inciso II do art. 5º da Constituição federal prescreve que "ninguém será obrigado a fazer ou deixar de fazer alguma coisa senão em virtude de lei" e o inciso XXXV do mesmo artigo determina que a lei não poderá excluir de apreciação do Poder Judiciário lesão ou ameaça a direito. Tais regras constam no capítulo pertinente aos direitos e garantias individuais e são características do Estado de Direito, pelo qual o Estado subordina-se à lei e fica igualmente submetido ao controle do Poder Judiciário. Assim, nem a lei poderá excluir da apreciação pelo Poder Judiciário as relações jurídicas das quais o Estado faça parte. Daí existência de processo tributário judicial, que é disciplinado mediante legislação federal, por força do disposto no inciso I do art. 22 da Constituição, que confere à União competência exclusiva e excludente para legislar sobre direito processual.

A iniciativa do processo tributário judicial pode partir do sujeito ativo ou do sujeito passivo da obrigação tributária. Vamos examinar inicialmente os casos em que cabe ao fisco dar início ao processo tributário judicial.

Constitui dívida ativa tributária a proveniente de crédito desta natureza, regularmente inscrita na repartição administrativa competente, depois de esgotado prazo fixado, para pagamento, por lei ou decisão final proferida em processo regular (CTN, art. 201). Assim, se

---

[11] Cf. Ricardo Lobo Torres, *op. cit.*, p. 297, nº 11.

o sujeito passivo não efetuou pagamento do tributo devido no prazo fixado em lei, o sujeito ativo, o credor, poderá compeli-lo por via judicial a cumprir a prestação através de processo de execução. O art. 784, IX, do CPC prescreve que constitui titulo executivo extrajudicial: "a certidão de dívida ativa da Fazenda Pública da União, dos Estados, do Distrito Federal e dos Municípios, correspondente aos créditos inscritos na forma da lei."

Os títulos executivos extrajudiciais são os títulos ou documentos formais que materializam créditos líquidos, certos e exigíveis, aos quais a lei atribui eficácia executiva, compreendendo não só os enumerados no art. 784, como também quaisquer outros que, por lei, sejam dotados de força executiva. Já os títulos executivos judiciais correspondem aos atos judiciais referidos no art. 515 do CPC, por exemplo, a sentença condenatória proferida em processo civil.

2. Execução fiscal

2.1. Evolução histórica

A cobrança judicial do crédito tributário era regulada pelo Decreto-Lei nº 960, de 17.02. 1938, até o advento do Código de Processo Civil de 1973, que incluiu a execução fiscal na sistemática do processo de execução nele estruturada (artigos 566 a 795). A execução fiscal, no sistema do CPC, incluía-se na modalidade de execução por quantia certa (artigos 646 e seguintes), pois seu fundamento é ser título executivo que "materializa dívida ativa da Fazenda Pública e, correlativamente, a obrigação do devedor de pagar a quantia líquida e certa nele configurada"[12]. Entretanto, o procedimento executório do CPC não atende aos interesses da Fazenda Pública, que necessitava de um instrumental processual mais ágil para cobrança dos tributos e que lhe conferisse também determinados privilégios processuais.

Daí o Poder Executivo ter enviado ao Congresso Nacional a Mensagem nº 87/1980, originária da Lei nº 6.830, de 22.09.1980, que atendeu aos mencionados interesses da Fazenda Pública. O legislador, entre as alternativas propostas pela referida mensagem, optou por adotar uma lei autônoma, contendo apenas normas especiais destinadas a regrar a realização dos créditos públicos, mas, segundo Milton Flaks[13], "a opção não pode ser considerada das mais felizes. É que a Lei nº 6.830/1980, acompanhando o projeto, não se limitou a disposições de natureza processual: contém normas gerais de Direito Financeiro e de Direito Tributário, em alguns casos colidindo abertamente com o CTN, lei complementar de maior hierarquia".

A cobrança judicial da dívida ativa é disciplinada, portanto, pela Lei nº 6.830/1980, aplicando-se, no entanto, subsidiariamente as regras do Código de Processo Civil, conforme reza o seu art. 1º.

2.2. A LEF aplica-se na cobrança da dívida ativa tributária e não tributária

O artigo 2º da LEF escreve que constitui dívida ativa da Fazenda Pública aquela definida como tributária ou não tributária na Lei nº 4.320/1964. Entretanto, prevalece a definição de dívida ativa tributária constante do CTN (art. 201), em razão de sua natureza de lei complementar, nos seguintes termos: "Constitui dívida ativa tributária a proveniente de crédito dessa

---

[12]   Cf. SILVA, José Afonso da. *Execução fiscal*. São Paulo: RT, 1976, p. 22.

[13]   FLAKS, Milton. *Comentários à lei de execução fiscal*. Rio de Janeiro: Forense, 1981, p. 20. Recomendamos sobre a matéria a leitura da obra: ABRÃO, Carlos Henrique. *et al. Lei de execução fiscal*. São Paulo: RT, 1997, bem como de LOPES, Mauro Luís Rocha. *Execução fiscal e ações tributárias*. Rio de Janeiro: Lumen Juris, 2002.

natureza, regularmente inscrita na repartição administrativa competente, depois de esgotado o prazo fixado, para pagamento, pela lei ou por decisão final proferida em processo regular."

A expressão crédito fiscal, em sentido lato, compreende crédito tributário e crédito não tributário que, quando objeto de inscrição, transmudam-se em dívida ativa tributária e dívida ativa não tributária. A inscrição é, portanto, pressuposto da dívida ativa. Assim, a Lei nº 6.830/1980 regula a cobrança da dívida ativa tributária e não tributária (*v.g.*, multas criminais, multas por infrações ambientais, multas por infrações previstas no Código do Consumidor, reposição de vencimentos pagos indevidamente, multas impostas pela Sunab, pelo Inmetro, pela CVM, por Conselhos Profissionais, pela fiscalização do trabalho – CLT etc.) como se deduz dos arts. 1º e 2º da LEF, especialmente seu § 2º.

O § 3º do art. 2º da LEF prescreve que a inscrição em dívida ativa suspende a prescrição por 180 dias ou até a distribuição da execução fiscal. Esta norma só poderá ser aplicada a dívida ativa não tributária, porque a prescrição em matéria tributária, é reservada a Lei Complementar (CF, art.146, III, "b").

A dívida ativa da União é apurada inscrita na Procuradoria da Fazenda Nacional (LEF, art. 2º, § 4º), e, nas demais entidades fazendárias, depende da legislação tributária de cada uma delas.

2.3. *Certidão da dívida ativa tributária*

A execução fiscal deve ser necessariamente instruída com a certidão de dívida ativa (CTN, arts. 201 e 202, LEF, art. 2º). A dívida regularmente inscrita goza de presunção de certeza e liquidez e tem o efeito de prova pré constituída (CTN, art. 204, e LEF art. 3º). Isto é, basta por si mesma, sem necessidade de provar-se a sua causa. A mencionada presunção é relativa e pode ser elidida por prova inequívoca, a cargo do executado ou de terceiros, a quem aproveite (CTN, art. 204, parágrafo único, e LEF, art. 3º, parágrafo único).

Costa e Silva, referindo-se à certidão de dívida ativa, esclarece que, "sabendo-se que certidão em pausa é aferida em função do seu conteúdo, isto é, em razão do conteúdo mediato do documento", "ela forma um título plenamente exequível porque dela ressumbram os requisitos que se seguem: a) certeza da existência do credito; b) liquidez do crédito fazendário; c) exigibilidade, consequente a *mora debitoris*".

A certidão da divida ativa é titulo com eficácia processual abstrata porque a Fazenda pública, baseando-se exclusivamente na aparência de legitimidade formal que dele resulta (legitimidade extrínseca), pode requerer à autoridade judicial a prestação da tutela jurisdicional, e o órgão jurisdicional tem o dever de prestar tal tutela, fundando-se também na referida aparência formal, sem necessidade, portanto, de entrar no exame da relação ínsita no título (legitimidade intrínseca), e somente o fará se provocado pelo executado em embargos.

A certidão da dívida ativa tributária apresenta ainda as seguintes características: a) título público, porque expedido pela autoridade administrativa; b) título formal, porque deve conter elementos constantes do art. 202 e seu parágrafo único do CTN e art. 2º, §§ 5º e 6º da LEF; c) titulo autoconstituido pelo credor (Fazenda Pública), contra ou sem a vontade do devedor (sujeito passivo), enquanto o título extrajudicial é constituído pelo devedor; d) título executivo extrajudicial (CPC, art. 784, IX), consubstanciando obrigação líquida, certa e exigível.

A Fazenda Pública, até a decisão de primeira instância, poderá emendar ou substituir a certidão de dívida ativa, assegurada ao executado a devolução do prazo para embargos (LEF, art. 2º, § 8º, CTN, art. 204). Devem-se interpretar os mencionados dispositivos da seguinte maneira: a) opostos embargos, a faculdade da Fazenda Pública cessa com a sentença neles proferida; b) não apresentados embargos, a Fazenda Pública cessa com a sentença neles profe-

Capítulo XI · CONTENCIOSO TRIBUTÁRIO · 367

rida; b) não apresentados embargos, a Fazenda Pública poderá emendar ou substituir a CDA "até a lavratura do auto de arrematação ou adjudicação dos bens". Justifica-se a mencionada regra pelo princípio da economia processual e porque se a Fazenda Pública tivesse de desistir da execução e propor nova execução, correria o risco de incidir em prescrição, porque a esta não se interromperia com o despacho citatório proferido na primeira ação, além de ter de suportar os ônus sucumbenciais decorrentes da desistência(STJ, Súmula nº 153).

2.4. Competência na execução fiscal

A LEF silencia sobre o assunto porque o art. 5º somente reza que a competência para processar e julgar a execução da dívida ativa exclui a de qualquer outro juízo, inclusive o da falência, da liquidação, da insolvência ou do inventário. Vide Súmulas nº 40, 189 e 244 do extinto TFR.

Assim, deve-se aplicar o art. 46, § 5º, do CPC que dispõe que: "A execução fiscal será proposta no foro de domicílio do réu, no de sua residência ou no do lugar onde for encontrado." Sobre o dispositivo o STF, no julgamento da ADI 5.737, julgou parcialmente procedente o pedido para (i) "atribuir interpretação conforme à Constituição ao art. 46, § 5º, do CPC, para restringir sua aplicação aos limites do território de cada ente subnacional ou ao local de ocorrência do fato gerador".[14]

Proposta a execução fiscal, a posterior mudança de domicílio do executado não desloca a competência já fixada (STJ, Súmula nº 58) por aplicação do principio da *perpetuação juris-dictionis* (CPC, 43). "O Juiz de Direito da comarca da Justiça Estadual, onde não se localiza Vara Federal, é competente para processar e julgar execução fiscal movida contra devedor residente na respectiva área territorial", decisão que se baseia no art. 15, inciso I, da Lei nº 5.010/1966, que tem fulcro no art. 109, § 3º, da CF".[15]

2.4.1. Modificação de competência

A modificação de competência em execução fiscal pode ocorrer em razão de unidade de garantia, conexão e continência.

2.4.1.1. Unidade de garantia

A modificação de competência por unidade de garantia está regrada no art. 28 da LEF: "O Juiz, a requerimento das partes, poderá, por conveniência da unidade da garantia da execução, ordenar a reunião de processos contra o mesmo devedor." Que foi inspirado pelo art. 573 do CPC/1973 (correspondente ao atual art. 780 do CPC/2015). Os pressupostos para o art. 28 são os seguintes: a) requerimento de uma das partes; b) identidade de partes em execuções fiscais; c) cumulação de penhoras sobre o mesmo ou mesmos bens; d) fase processual compatível com a medida[16].

---

[14] BRASIL. Supremo Tribunal Federal, ADI 5737, Rel. Dias Toffoli, Rel. p/acórdão Min. Roberto Barroso, Tribunal Pleno, j. 25.04.2023, processo eletrônico, DJe-s/n, divulg. 26.06.2023, public. 27.06.2023.

[15] BRASIL. Superior Tribunal de Justiça, CC 19.523-PR, Rel. Min. Milton Luiz Pereira, 1ª Seção, *DJU* 03.11.1997, p. 56.204.

[16] Consulte-se sobre o assunto Costa e Silva (*op. cit.,* nº 205, p. 580). Milton Flaks (*op. cit.,* nº 282, p. 269) e Humberto Theodoro Jr. (*op.cit.,* p. 197, nº 28.2) esclarecem, com precisão, que as "execuções fiscais de valor superior e inferior ao valor de alçada (art. 34 da LEF) podem ser reunidas, desde que na mesma fase processual, hipótese em que a única sentença proferida será impugnável por recurso de apelação e não

A reunião dos processos não pode ser determinada de ofício pelo juiz, vez que depende de requerimento de qualquer das partes, mas, como doutrina Milton Flaks, o juiz pode recusá-la,"se convencido da inconveniência do pedido", quando, por exemplo, não são compatíveis as fases processuais em que se encontram as ações. Assim, se uma ação já está em fase de pagamento e a outra se encontra paralisada em razão de embargos de devedor, não cabe a unidade de garantia por não serem compatíveis as fases dos dois processos.

2.4.1.2. Conexão

A modificação de competência pode ocorrer também por *conexão* entre duas ou mais ações, qual lhe for comum o pedido ou a causa de pedir (art. 55, CPC). Ocorre em execução fiscal nos seguintes casos apontados por Milton Flaks[17]: "a) várias execuções contra o mesmo devedor, visando à cobrança de tributos periódicos (IPTU), todas embargadas pelos mesmos fundamentos de fato e de direito; b) entre execução fiscal e ação anulatória; c) entre Fazendas diferentes contra o mesmo devedor, porque o CPC não exige identidade de partes (exemplo: contrato oneroso de fiança, sobre o qual a União entenda devido o IOF e o Município o ISS; embargadas as execuções com base na mesma causa de pedir (inexigibilidade de qualquer tributo), os processos devem ser reunidos para evitar decisões diferentes".

Correndo em separado ações conexas perante juízes que têm a mesma competência territorial, "o registro ou a distribuição da petição inicial torna prevento o juízo" (art. 59, CPC).

2.4.1.3. Continência

A competência modifica-se também por continência, que ocorre "entre 2 (duas) ou mais ações quando houver identidade quanto às partes e à causa de pedir, mas o pedido de uma, por ser mais amplo, abrange o das demais" (art. 56, CPC). Em matéria tributária ocorre continência entre ação declaratória movida pelo contribuinte, que vise ao reconhecimento de que não são tributáveis determinados fatos jurídicos, e a execução promovida pela Fazenda, objetivando a cobrança de um desses fatos jurídicos.[18] Assim, ocorre quando, por exemplo, o contribuinte move ação declaratória em face do município visando a obter a sentença que declarar a inexistência de relação jurídica tributária entre ele e o fisco municipal no que toca ao IPTU relativo aos exercícios de 1995 a 1998, por gozar de imunidade tributária, e o município promove execução fiscal para cobrança do IPTU referente a 1997. Sendo mais amplo o objeto da ação declaratória, abrangerá o da execução fiscal, ocorrendo continência.

3. Legitimidade ativa

A legitimidade ativa para ajuizar execução fiscal está regulada no art. 1º da LEF que considera legitimado para tal a União, os Estados, o Distrito Federal, os municípios que respectivas autarquias. As fundações públicas, apesar de não serem referidas no art. 1º, também têm o direito de cobrar seus créditos sobre as normas da LEF porque: a) "na visão autorizada de Celso Antônio Bandeira de Melo, são, pura e simplesmente autarquias, as quais foi dada a designação correspondente a base territorial que têm, razão pela qual submetem-se

---

por embargos infringentes, sem prejuízo de se aplicar o princípio da fungibilidade dos recursos. Caberá ao Tribunal, órgão de competência mais ampla, apreciar o apelo, sem determinar o desapontamento dos processos que não atinjam o valor de alçada, evitando com isso a colidência de julgados".

17   *Op. cit.*, nº 160, p. 166.

18   Cf. Milton Flaks, *op. cit.*, nº 160, p. 166.

Capítulo XI · CONTENCIOSO TRIBUTÁRIO | **369**

integralmente ao regime jurídico concernente as entidades autárquicas"[19]; b) art. 53 da Lei 8.212/1991 confere expressamente às fundações públicas legitimidade para ajuízamento de execução fiscal. Os territórios não estão referidos no artigo primeiro por não serem pessoas de direito público interno, não gozarem de autonomia política e financeira e não terem Fazenda própria, integrando-se seus créditos e débitos à Fazenda Nacional (CF, arts. 18, § 2º, 33 e 147, e CTN, 18, I).

Justifica-se plenamente a legitimação ativa das autarquias para cobrança de seus créditos sob as normas da LEF porque são pessoas de direito público, exercendo função pública própria e típica, outorgada pelo Estado.[20] Entretanto, West F firmou entendimento no sentido de que as autarquias financeiras não podem se valer das normas da Lei de Execução Fiscal para cobrança de seus créditos oriundos de contrato de mútuo de dinheiro pelas seguintes razões: a) por ser o referido negócio jurídico disciplinado pelas normas de direito privado, não guardando qualquer vínculo com crédito público do qual é titular o tesouro, nem com atividade positiva do estado de natureza essencialmente pública; b) caso se admitisse tal privilégio às autarquias financeiras, estar-se-ia ferindo a norma do art. 173, § 1º, da CF; c) resulta do referido texto constitucional a possibilidade de as autarquias se regerem pelo direito público, ainda que voltadas a exploração de atividade econômica, mas não a impossibilidade de existência de autarquia de escopo econômico; d) a simples adoção do nome jurídico de autarquia não isenta o órgão estadual de se submeter às regras do direito comum, como ordenado na Lei Maior. Tal ocorre, por exemplo, com o Banco Regional de Desenvolvimento Econômico do Extremo Sul – BRDE.

As entidades paraestatais (empresa pública sociedade economia mista) também não são legitimadas para cobrar seus créditos sob o manto da Lei de Execução Fiscal porque são pessoas jurídicas de direito privado, aplicando-se-lhes o disposto no art. 173, § 1º, II, da CF. Acresce ainda que seria inconstitucional qualquer dispositivo de lei que estendesse às entidades paraestatais os privilégios fiscais constantes da LEF porque ofenderia o art. 173, § 2º, da CF.

O STJ sempre considerou legitimados para a execução fiscal os conselhos de fiscalização profissional, porque tinham natureza jurídica de autarquias federais, a cumprir o art. 21, XXIV, da CF, segundo o qual cabe à União "organizar, manter e executar a inspeção do trabalho", sendo da Justiça Federal a competência para processar e julgar a execução fiscal (STJ, Súmula nº 66). Entretanto, o art. 58 da Lei nº 9.649/1998 passou a considerar os referidos conselhos pessoas jurídicas de direito privado. O STF, por meio da ADI nº 1.717, declarou a inconstitucionalidade do *caput* e dos §§ 1º, 2º, 4º, 5º, 6º, 7º e 8º do mesmo art. 58. "Isso porque a interpretação conjugada dos artigos 5º, XIII, 22, XVI, 21, XXIV, 70, parágrafo único, 149 e 175 da Constituição Federal, leva à conclusão, no sentido da indelegabilidade, a uma entidade privada, de atividade típica de Estado, que abrange até poder de polícia, de tributar e de punir, no que concerne ao exercício de atividades profissionais regulamentadas, como ocorre com os dispositivos impugnados."[21]

O Ministério Público não tem legitimidade para intervir em processo de execução fiscal porque "interesse ou participação de pessoas jurídicas de direito público na lide, por si só,

---

[19] Cf. Mauro Luís Rocha Lopes, *op. cit.*, p. 3.

[20] Consulte-se MEIRELLES, Hely Lopes. *Direito administrativo brasileiro*. 14. ed. São Paulo: RT, 1989, p. 300-301, sobre o conceito de autarquia, bem como, o DL nº 200/1967, art. 4º, II, e seu § 1º, e art. 5º, I a III.

[21] BRASIL. Supremo Tribunal Federal, ADI 1717, Rel. Sydney Sanches, Tribunal Pleno, j. 07.11.2002, *DJ* 28.03.2003, pp-00063, ement. vol-02104-01, pp-00149.

não define o relevante interesse público"[22], sendo o interesse na execução fiscal de ordem patrimonial, e não se fazem presentes a previsão na Lei nº 6830/1980 e os pressupostos constitucionais para integração do Ministério Público na mencionada relação processual. Daí ser "desnecessária a intervenção do MP mas execuções fiscais" (STJ, Súmula nº189).

4. Legitimidade passiva

4.1. Noção geral

O art. 4º da LEF, inspirando-se no art. 568 do CPC/1974, disciplina a legitimação passiva na execução fiscal, prevendo que pode ser promovida contra: a) o devedor, que, na obrigação tributária é o respectivo sujeito passivo, vale dizer, o devedor originário, aquele que "contraiu, voluntariamente, a obrigação para com a Fazenda Pública de lidar uma quantia certa"[23]; b) o fiador, que deve ser entendido apenas como fiador judicial, referido no art. 779 CPC e no art. 9º da LEF, pois "não se concebe execução fiscal contra fiador convencional se não faz parte do título; e, se faz, é devedor"[24] c) o espólio, que responde pelos tributos devidos pelo contribuinte falecido até a data da abertura da sucessão (CTN, art. 131, III)[25]; d) a massa resultante da insolvência empresarial (falência) ou não empresarial (art. 748, CPC/1973, c/c art. 1.052, V, CPC/2015), sendo a massa falida representada pelo administrador judicial (CPC art. 75, V) e a massa do insolvente civil representada pelo seu administrador (CPC/1973, art. 761, I, c/c art. 1.052, V, CPC/2015); e) o responsável, nos termos da lei, por dívidas tributárias ou não, de pessoas físicas ou pessoas jurídicas de direito privado, cabendo à lei tributaria definir a figura do responsável tributário (CTN, art. 121, parágrafo único, II); f) os sucessores a qualquer título, por exemplo, os herdeiros e legatários por sucessão *causa mortis* de pessoa física, a título universal (CTN, art. 131, II), sucessão universal de pessoa jurídica por ato *inter vivos* (CTN, art. 132), e sucessão de estabelecimento empresarial (CTN, art. 133). Não se admite a sucessão por ato contratual visando a modificar a definição legal de sujeito passivo, por força do art. 123 do CTN, e, assim, mesmo que o contrato de locação atribua ao locatário o dever de pagar IPTU, a execução fiscal deverá ser promovida contra o locador (contribuinte de direito), que não poderá se fundar no contrato para se eximir de sua responsabilidade.

---

[22] RT 725//157. Nesse sentido: BRASIL. Superior Tribunal de Justiça, REsp 47.006-4/PR, Rel. Min. Demócrito Reinaldo, Primeira Turma, v.u., 18.03.1996, *DJU* 06.05.1996, p. 14.372.

[23] CF. Costa e Silva, *op. cit.,* p. 123.

[24] Cf. Milton Flaks, *op. cit.,* p. 132. Entretanto, Mauro Luís Rocha Lopes entende que o fiador referido no inciso II do art. 4º da LEF corresponde tanto ao fiador convencional quanto ao fiador judicial (*op. cit.*, p. 25). *Fiador judicial* é o terceiro que, no curso do processo e por termo, garante solidariamente o cumprimento da obrigação de uma das partes em favor do outro litigante, indenizando-lhe de algum prejuízo que o outro lhe causar. O fiador pode invocar benefício de ordem com base no art. 1.491 do CC, art. 595 CPC e § 3º do art. 4º da LED (cf. Silva Pacheco, *op.cit.*, p. 73) O STJ, decidiu, em matéria de fiança bancária, que não é possível uma mesma pessoa figurando como devedor-afiançado e fiador (BRASIL. Superior Tribunal de Justiça, REsp 63.198/SP, Rel. Min. Adhemar Maciel, Segunda Turma, v.u., 16.05.1997, *DJU* 09.06.1997, p. 25.947).

[25] Ricardo Lobo Torres, *op. cit.,* p. 209, leciona que embora "o CTN não os nomeie, os entes desprovidos de personalidade jurídica, como as heranças jacentes e os espólios, têm capacidade tributária e lhes pode ser imputada a obrigação tributária", por serem uma "unidade econômica", expressão que o próprio CTN emprega no art. 126, III. O referido autor esclarece mais que a *Ley General Tributaria da Espanha*, em seu art. 33, considera sujeitos passivos nas leis tributárias "as heranças jacentes, comunidades de bens e demais entidades que, carentes de personalidade jurídica, constituem uma unidade econômica ou um patrimônio separado, suscetíveis de imposição".

4.2. Execução fiscal contra responsável cujo nome não consta da CDA

Questão controversa prende-se à admissibilidade ou não da execução fiscal ser promovida ou contínua contra responsável cujo nome não figure na CDA. Milton Flaks[26] doutrina que os incisos II, III, IV e VI do art. 4º da LEF "facultam a propositura ou o prosseguimento da execução contra quem não integra o título executivo", pelas seguintes razões que apresentamos em abreviado: a) seria absolutamente inócuo o disposto no inciso V, do art. 4º, se prevalecesse a tese de que a execução só pode ser proposta ou prosseguir contra o responsável constante da certidão da dívida, pois não se deve presumir que a lei contenha disposições inúteis; b) outrossim, "como salta à evidência, todo os demais incisos do art. 4º, à exceção do primeiro, destinam-se precisamente a autorizar a execução contra sujeitos passivos estranhos ao título. É difícil conciliar uma interpretação sistemática com qualquer outro sentido que se pretenda dar ao inciso V do art. 4º, salvo o de que objetiva conceder idêntica autorização visando ao responsável". Ademais, o mesmo autor aduz ainda que: "igualmente não se devem considerar inúteis as disposições do art. 2º, § 5º, I, da LEF, e do art. 202, I, do CTN, quando exigem que o termo de inscrição contenha o nome do responsável, se for o caso. É preciso, por conseguinte, conciliá-las com o art. 4º, V, da LEF."

Daí Milton Flaks extrair a seguinte solução conciliatória: "a) o lançamento do crédito fiscal deverá ser feito contra o responsável, quando a responsabilidade for do conhecimento da Fazenda e contemporânea do nascimento da obrigação (*v.g.*, sonegação de tributos pela empresa). Neste caso, o nome do responsável figurará no título executivo, atendendo-se ao disposto no art. 2º, § 5º, I da LEF. Outro entendimento resultaria suprimir-lhe o direito defesa na órbita administrativa, uma vez que o lançamento de obrigações *ex lege* pressupõe, normalmente, um procedimento contencioso fiscal; b) dispensável que o nome do responsável figure no título quando a responsabilidade resulta de causa superveniente ao lançamento. Contra ele poderá a Fazenda propor ou prosseguir na execução, com fulcro no art. 4º, V, da LEF. Restará ao responsável o direito de defesa na esfera judicial. Contraria a lógica e os princípios que informam a execução fiscal, pudesse a satisfação de um credito público ser retardada ou prejudicada por fato não imputável à Fazenda; c) aplica-se, ainda, o art. 4º, V, da LEF, se a responsabilidade, embora contemporânea do nascimento da obrigação, era desconhecida da Fazenda à época do lançamento em virtude de omissão de um dever legal ou malícia do próprio responsável. É corolário do princípio segundo o qual não deve o infrator beneficiar-se da infração."

O *responsável,* para ter seus bens penhorados em executo fiscal, quando não conste da CDA, deverá ser citado previamente, sob pena de violação do devido processo legal, para, querendo, apresentar embargos. Se seus bens forem penhorados sem a sua citação, o responsável deverá manejar embargos de terceiro.

Por outro lado, o § 3º do art. 4º da LEF reza que os responsáveis tributários, inclusive as pessoas referidas no seu § 1º, poderão invocar *benefício de ordem,* nomeando à penhora bens livres e desembaraçados do devedor, estendendo-lhes o benefício que o CPC concede aos fiadores (art. 794) e aos sócios (art. 795, § 1º). Entretanto, tal regra não é absoluta porque o beneficio de ordem não pode ser invocado pelo responsável quando se trate de responsabilidade pessoal, no caso em que a lei o considera como o próprio devedor (CTN, arts. 131 a 133), ou quando se trate de responsabilidade principal, equiparando a lei o responsável ao devedor originário, estabelecendo um vínculo de solidariedade absoluta (art. 124, II, CTN). Assim, só caberá a arguição do benefício de ordem ao fiador e ao terceiro que tenha respon-

---

[26] *Op. cit.* p. 134-139.

sabilidade de natureza subsidiária (CTN, art. 133, II, e 134), ainda mais porque sendo a LEF lei ordinária, não poderá revogar o parágrafo único do art. 124 do CTN, que veda ao devedor solidário o benefício de ordem[27].

No caso de aplicação do art. 135 do CTN, o STJ considera que a responsabilidade do administrador da sociedade é de natureza subsidiária por ser responsável por substituição, e, por isso, a "penhora, de regra, alcança os bens da pessoa jurídica executada, e somente na falta destes albergando os pertences dos sócios administradores, responsáveis substitutivamente"[28]. A interrupção da prescrição contra o contribuinte opera também contra o responsável solidário ou por substituição (CTN, art. 125, III), mas o redirecionamento da execução fiscal contra o sócio responsável deve ocorrer no prazo de cinco anos (CTN, art. 174).[29]

Acerca do redirecionamento da execução fiscal, o STJ, no Tema Repetitivo nº 962, fixou a seguinte tese: "O redirecionamento da execução fiscal, quando fundado na dissolução irregular da pessoa jurídica executada ou na presunção de sua ocorrência, não pode ser autorizado contra o sócio ou o terceiro não sócio que, embora exercesse poderes de gerência ao tempo do fato gerador, sem incorrer em prática de atos com excesso de poderes ou infração à lei, ao contrato social ou aos estatutos, dela regularmente se retirou e não deu causa à sua posterior dissolução irregular, conforme art. 135, III, do CTN".[30]

4.3. *Execução contra ente público*

Não se pode deixar de examinar se é cabente ou não execução fiscal contra entes públicos, considerando que somente gozam de imunidade tributária no tocante a impostos, e mesmo assim sobre patrimônio, renda ou serviços, uns dos outros (CF, art. 150, VI, "a"), podendo, assim, ser contribuinte de quaisquer outros tributos.

O DL nº 960/1938 e o CPC de 1939 não admitiam ação executiva contra ente público porque o seu pressuposto era a penhora, e os bens públicos eram e são impenhoráveis. Entretanto, o atual CPC (arts. 535) admite a execução por quantia certa contra a Fazenda Pública, porque a mesma deve ser citada para, querendo, apresentar embargos, no prazo de 30 dias, não se exigindo portanto, a penhora como pressuposto dos embargos. Assim, não se aplicam na execução contra o ente público as normas da LEF, mas a do art. 535 do CPC, seja a execução baseada em título judicial, seja em título extrajudicial – por exemplo, a CDA.

O STF tem entendimento no sentido de que não cabe execução fiscal contra Estado estrangeiro, em razão de ser absoluta, no caso, a imunidade à jurisdição executória, ficando vencida a tese de que a mencionada imunidade relativa, permitindo-se à União o dever de demonstrar a inobservância na cláusula de reciprocidade e a existência de bens em território brasileiro, que, embora pertencentes ao Estado estrangeiro, estivessem funcionalmente

---

[27] Cf. Milton Flaks, *op. cit.*, p. 159, Mauricio Luís Rocha Lopes, *op. cit.*, p. 24 e outros.

[28] BRASIL. Superior Tribunal de Justiça, REsp. 79.5000/ES, Rel. Min. Milton Luiz Pereira, Primeira Turma, v.u., 29.09.1996, *DJU* 07.10.1996, p. 37.593. Emb. Div. em REsp 59.513/SP, Rel. Min. Ari Pargendler, 12.06.1996, *DJU* 19.08.1996, p. 28/419). Entretanto, Ricardo Lobo Torres (*op. cit.*, p. 217) e Hugo de Brito Machado (*op. cit.*, p. 116) entendem que a responsabilidade solidária referida no art. 135 do CTN existe *ab inicio* entre o terceiro e o contribuinte, que, assim, não fica encontrado da obrigação tributária podendo a execução fiscal ser dirigida contra os dois, ou um deles, não sendo, portanto, solidariedade de natureza subsidiária.

[29] BRASIL. Superior Tribunal de Justiça, REsp. 76.667/SP, Rel. Min. Milton Luiz Pereira, v.u., 02.09.1996, *DJU* 07.10.1996, p. 37.952.

[30] BRASIL. Superior Tribunal de Justiça, REsp nº 1.377.019/SP, Rel. Min. Assusete Magalhães, Primeira Seção, j. 24.11.2021, DJe de 29.11.2021.

desvinculados das atividades diplomáticas e consulares (BRASIL. Supremo Tribunal Federal, AGO, nº 543 AgR/SP, Rel. Min. Sepúlveda Pertence, 30.08.2006, Inormativo 438/06, p. 3).

5. Petição inicial

A petição inicial da execução fiscal é bastante simples, não precisando conter todos os elementos referidos no artigo 319 do CPC, sendo necessário apenas indicar (LEF, art. 6º): a) o juiz a quem é dirigida; b) o pedido; c) o requerimento para citação; d) valor da causa (§ 4º). Isso porque os demais elementos constam da certidão da dívida ativa, que pode instruir a petição inicial, ou dela ser parte integrante, constituindo, assim, documento único (LEF, art. 6º, §§ 1º e 2º). Por outro lado, a fazenda é dispensada de requerer na petição inicial a produção de provas porque a certidão de dívida ativa goza de presunção de certeza e liquidez, funciona como prova pré-constituída da dívida e tem eficácia processual abstrata, bastando por si mesma, sem necessidade de a Fazenda Pública provar a sua causa (CTN, art. 204, e LEF, art. 6º, § 3º).

O art. 53 da Lei nº 8.212, de 24.07.1991, faculta, na execução judicial da dívida ativa da União suas autarquias e fundações públicas, ao exequente indicar bem à penhora, a qual será efetivada concomitantemente com a citação inicial do devedor. Os bens penhorados ficarão desde logo indisponíveis e o prazo para pagamento do débito passa a ser de dois dias úteis, contados da situação, independentemente da juntada aos autos do respectivo mandado, mas a penhora deve ser levantadas e efetuado o pagamento integral do débito no referido prazo (art. 53, § 2º).

O valor da causa é o valor originário da dívida constante da certidão, com os acréscimos legais (LEF, art. 6º, § 4º), porque a inscrição da dívida ativa é feita sem os referidos acréscimos (LEF, art. 2º, § 5º, II).

O art. 34 da LEF estabelece que: "Das sentenças de primeira instância proferidas em execuções de valor igual ou inferior a 50 (cinquenta) Obrigações Reajustáveis do Tesouro Nacional – ORTN, só se admitirão embargos infringentes e de declaração". Esclareça-se que a sentença não é pra matar uma execução, mas sim nos embargos que forem oferecidos pelo executado, bem como referido valor em ORTN deve ser atualizado nos termos da legislação pertinente. Os embargos infringentes devem ser deduzidos perante o mesmo juízo prolator da sentença. Por outro lado, o § 1º do referido art. 34 reza que o valor nas causas de alçada é o valor da dívida época da distribuição, monetariamente atualizada e acrescido de multa, juros de mora e demais encargos legais. Daí a necessidade de serem elaboradas duas contas pelo contador do juízo: uma, para efeitos da citação ao executado (art. 6º, § 4º, LEF); outra, com base na distribuição para o fim de fixar alçada recursal nos termos do art. 34, § 1º.[31]

Deve-se pontuar que: a) conforme entendimento do STJ, "Não é cabível mandado de segurança contra decisão proferida em execução fiscal no contexto do art. 34 da Lei nº 6.830/1980" (Tema IAC 3)[32]; b) já decidiu o STF que: "É compatível com a Constituição o art. 34 da Lei nº 6.830/1980, que afirma incabível apelação em casos de execução fiscal cujo valor seja inferior a 50 ORTN"[33]; c) "É cabível recurso extraordinário contra decisão proferida por

---

[31] Cf. Milton Flaks, *op. cit.*, p. 173-174.

[32] BRASIL. Superior Tribunal de Justiça, IAC no RMS nº 54.712/SP, Rel. Min. Sérgio Kukina, Primeira Seção, j. 10.04.2019, *DJe* 20.05.2019.

[33] BRASIL. Supremo Tribunal Federal, ARE 637975 RG, Rel. Min. Presidente, Tribunal Pleno, j. 09.06.2011, repercussão geral – mérito *DJe*-168, divulg. 31.08.2011, public. 01.09.2011, ement. vol-02578-01, pp-00112 REVJMG v. 62, nº 198, 2011, p. 405-407.

374 MANUAL DE DIREITO TRIBUTÁRIO – *Luiz Emygdio Franco da Rosa Junior e Amanda Albano*

juiz de primeiro grau nas causas de alçada, ou por turma recursal de juizado especial cível e criminal." (Súmula nº 640, STF).

5.1. *Efeitos do deferimento da petição inicial*

O deferimento da petição inicial produz os seguintes efeitos, que visam acelerar o procedimento executório: a) importa em ordem para citação, penhora, arresto, registro da penhora e do arresto e avaliação dos bens penhorados ou arrestados (LEF, art. 7º); b) interrompe o prazo prescricional relativo a dívida ativa tributária e não tributário (CTN, art. 174, parágrafo único, e LEF, art. 8º, § 2º). O art. 174, parágrafo único, inciso I, do CTN, estabelecia como causa de interrupção do prazo prescricional a citação pessoal feita ao executado, e tendo CTN natureza de lei complementar não podia sua norma ser modificada pela LEF, lei ordinária. A CF de 1988, em seu art. 146, III, "b", só admite a fixação de normas gerais em matéria de prescrição por lei complementar, e, por isso, a doutrina e a jurisprudência entendiam, com acerto, que a mencionada norma do CTN devia prevalecer sobre a LEF. Entretanto, a LC nº 118/2005 deu nova redação ao dispositivo do CTN, harmonizando-o com o da LEF.

À mingua de previsão legal, o Poder Judiciário não pode indeferir de plano a petição inicial, nas execuções fiscais de valor irrisório, sob o argumento de ausência de interesse da Fazenda Pública Executiva, por ferir: 1) as normas constitucionais do art. 5º, *caput,* que consagra o principio da igualdadeç 2) do seu inciso XXXV, que adota o princípio da inadatabilidade do controle jurisdicional; 3) do art. 150, § 6º, que exige lei específica para renúncia de receita pelo Estado; bem como 4) a do art. 97, VI, do CTN, pela qual somente a lei pode estabelecer a extinção do crédito tributário[34]. No entanto, "O Supremo Tribunal Federal firmou orientação no sentido de que as decisões, que, em sede de execução fiscal, julgam extinto o respectivo processo, por ausência do interesse de agir, revelada pela insignificância ou pela pequena expressão econômica do valor da dívida ativa em cobrança, não transgridem os postulados da igualdade (CF, art. 5º, caput) e da inafastabilidade do controle jurisdicional (CF, art. 5º, XXXV)".[35]

6. Formas de citação

A LEF disciplina as formas de citação execução fiscal em seu art. 8º, adotando como regra a citação pelo correio, com aviso de recepção, se A Fazenda Pública não a requerer por outra forma. Nessa modalidade de citação, devem ser observadas as formalidades prescritas no art. 248 do CPC. "A citação pelo correio considera-se feita na data da entrega da carta no endereço do executado, ou, se a data for omitida, no aviso de recepção, 10 (dez) dias após a entrega da carta à agência postal" (art. 8º, II, LEF). Se, no entanto, o AR não retornar ao cartório no prazo de quinze dias da entrega da carta à agência postal, a citação será feita pelo oficial de justiça ou por edital, se for o caso. Observe-se que o inciso II do art. 8º não exige que a carta seja entregue em mão do executado, bastando que a entrega se dê no seu endereço. A citação pelo correio e também cabente quando o executado for domiciliado em comarca diferente daquela onde for ajuizada a execução.

A citação por edital tem cabimento na execução fiscal no seguintes casos: a) (art. 256, I CPC) – quando desconhecido ou incerto o citando; b) (art. 256, II, CPC) – quando ignorado,

---

[34]   Cf. Mauro Luís Rocha Lopes, *op. cit.,* p. 38.

[35]   BRASIL. Supremo Tribunal Federal, RE 252965, Rel. Marco Aurélio, Rel. p/acórdão: Celso de Mello, Segunda Turma, j. 21.03.2000, *DJ* 29.09.2000, pp-00098, ement. vol-02006-04, pp-00793.

incerto ou inacessível o lugar em que se encontre o citando; c) quando o executado estiver ausente do país, sem ter deixado procurador com poderes especiais para receber citação (LEF art. 8º, § 1º, e art. 242, § 1º, CPC); d) "se restarem frustradas, tanto a citação pelo correio, como a citação por oficial de justiça, faz-se oportuna, em executivo fiscal, a citação por edital"[36]. Observe-se que no caso de o executado estar ausente do país, caberá a citação por edital independentemente do fato de o país onde se encontrar recusar cumprimento de carta rogatória, não se aplicando, portanto a regra do art. 256, § 1º, do CPC. Isso porque a presunção da lei é que o executado, estando no exterior, ainda que temporariamente, está em lugar inacessível.[37] Os requisitos do edital estão referidos no art. 8º, IV, da LEF, que fixa também o prazo de 30 dias para que se presume citado o executado. Se, no entanto, o executado estiver no exterior, o prazo será de 60 (sessenta) dias, nos termos do art. 8º, § 1º da LEF. O art. 8º da LEF não prevê a citação por hora certa. A citação por edital na execução fiscal é cabível quando frustradas as demais modalidades (Súmula nº 414, STJ).

6.1. Efeitos da citação

O executado será citado para, no prazo de cinco dias, pagar a dívida com juros e multa de mora e encargos indicados na certidão de dívida ativa, ou garantir a execução, observando as normas constantes do mencionado dispositivo (LEF, art. 9º). Por sua vez, o art. 10 da LEF estatui que, não ocorrendo o pagamento nem as garantias de execução de que trata o art. 9º, a penhora poderá recair em qualquer bem executado, exceto os que a lei declare absolutamente impenhoráveis.

O art. 10 da LEF merece os seguintes comentários. Primeiro, que a livre indicação dela Fazenda Pública de bens do executado para serem penhorados só poderá ocorrer se não tiver pago ou garantido a execução, observada a ordem do art. 11. Segundo, que o oficial de justiça deverá penhorar tantos bens quantos bastem para garantir o valor da dívida, com os encargos legais, e acrescido dos honorários advocatícios fixados na petição inicial (art. 831, CPC). Terceiro, o oficial de justiça deverá também observar a ordem de preferência estabelecida no art. 11 da LEF, que prevalece sobre a norma do art. 835 do CPC. Carlos Henrique Abrão *et al.* advertem que a penhora deverá recair preferencialmente sobre "bens de fácil comercialização e desonerados. Inexistindo bem desembaraçados, a penhora poderá recair sobre bens já penhorados anteriormente ou gravados com a hipoteca, penhor cedular etc."[38] Este entendimento tem finca no art. 184 do CTN. Quarto, os bens declarados por lei absolutamente impenhoráveis são aqueles elencados no art.833 do CPC, menos os referidos no inciso I, por força do art. 184 do CTN, bem como bem de família, nos termos da Lei nº 8.009/1990, salvo no que se refere aos tributos relativos ao imóvel (IPTU, contribuição de melhoria). Quinto, que podem ser penhorados os bens alienados ou gravados pelo executado após a inscrição da dívida ativa, como permite o art. 185 do CTN.

7. A garantia da execução

O art. 9º da LEF determina as formas de garantia do juízo: a) depósito em dinheiro, à ordem do juízo, em estabelecimento oficial de crédito, que assegure atualização monetária;

---

[36] BRASIL. Superior Tribunal de Justiça, REsp 264.116/SP, Rel. Min. Humberto Gomes de Barros, Primeira Turma, v.u., 20.02.2001, *DJU* 09.04.2001, p. 333.

[37] Cf. Milton Flaks, nº 184, p. 186.

[38] *Op. cit.,* 4. ed. p. 196.

b) fiança bancária ou seguro garantia; c) nomeação de bens a penhora pelo executado, observada a ordem do art. 11; d) indicação a penhora de bens oferecidos por terceiros e aceitos pela Fazenda Pública. A forma de garantia do juízo fica a critério do executado e vai influir na contagem do tempo inicial do prazo de embargos (art. 16, LEF).

O primeiro modo de garantia do juízo referido no art. 9º da LEF é depósito judicial em dinheiro, que deve ser feito obrigatoriamente na Caixa Econômica Federal, quando relacionado com execução fiscal proposta pela União ou suas autarquias; na Caixa Econômica ou no banco oficial da unidade federativa ou, na sua falta, na Caixa Econômica Federal, quando relacionado com execução fiscal proposta pelo Estado, Distrito Federal, Municípios e suas autarquias (Lei, art. 32).

O depósito em tela tem natureza jurídica de um "ato preparatório da expropriação"[39], tornando indisponível o dinheiro depositado. Assim sendo, não corresponde a um verdadeiro depósito bancário porque a disponibilidade dos fundos depositados é um dos pressupostos, a teor do disposto no art. 4º da Lei nº 7.357, de 02.09.1985, que dispõe sobre o cheque. O depósito judicial está sujeito à correção monetária, segundo os índices estabelecidos para os débitos tributários federais (LEF, art. 32, § 1º).

Quanto ao momento de sua efetivação, o depósito em dinheiro, como garantia, pode ser feito originariamente (LEF, art. 9º, I), ou supervenientemente nos seguintes casos: a) substituição da penhora (LEF, art. 15); b) resultado do produto da alienação antecipada dos bens penhorados (LEF, art. 21); ou c) da necessidade de manter a disposição do juízo o produto do leilão, se houver protesto por preferências[40]. O depósito em dinheiro não é formalmente penhora, não estando sujeito portanto a auto ou termo de penhora, mas produz efeito de penhora porque o artigo 32, § 2º, da LEF, reza que no caso de rejeição dos embargos o dinheiro será utilizado para pagamento ao credor. O referido depósito produz também efeito de fazer cessar a responsabilidade pela atualização monetária e juros de mora (LEF, art. 9º, § 4º). O executado tem um prazo de cinco dias para juntar aos autos o comprovante de depósito (LEF, art. 9º, § 2º), fluindo o prazo para embargos da data da efetivação do deposito e não da sua comprovação (LEF, art. 16, I).

A fiança bancária deve obedecer às condições estabelecidas pelo Conselho Monetário Nacional (LEF, art. 9º, § 5º), que, no entanto, não poderão derrogar as normas do Código Civil sobre o instituto da fiança. Trata-se de fiança judicial, a fiança prestada por terceiro, no curso do processo, garantindo solidariamente o cumprimento da obrigação de uma das partes em favor de outro litigante. O executado, no prazo de cinco dias de sua situação, deve juntar aos autos a carta de fiança, fluindo da data da juntada o prazo para apresentação de embargos (LEF, art. 16, II). Não sendo embargada a execução, ou sendo rejeitados os embargos, no caso de garantia prestada por terceiro, será este intimado, sob pena de contra ele prosseguir na execução nos próprios autos, para, no prazo de 15 dias, remir o bem pelo valor da avaliação, se a garantia for real, ou pagar o valor da dívida ajuizada, juros e multa de mora e demais encargos, indicados na certidão da dívida ativa, pelos quais se obrigou, se a garantia for fidejussória (LEF, art. 19). Assim, a fiança será executável dentro dos próprios autos em que foi prestada, não havendo portanto, "necessidade de ser inscrito em dívida ativa e iniciar-se uma nova execução contra o fiador"[41]. O garante não tem legitimidade para embargos

---

[39] Cf. Costa e Silva, *op. cit.*, nº 102.1, p. 257-258.

[40] Cf. Milton Flaks, *op. cit.*, § 111, nº 309, p. 302-303.

[41] Cf. Humberto Theodoro Jr., *op. cit.*, nº 44, p. 77, e, no mesmo sentido, RSTJ 103/92.

Capítulo XI · CONTENCIOSO TRIBUTÁRIO | **377**

de execução, qualidade que não tem, mas pode ingressar como assistente, nos embargos à execução fiscal (art. 119, CPC).

O art. 9º, § 3º, da LEF reza que a garantia de execução, por meio de depósito em dinheiro, fiança bancária ou seguro garantia, produz os mesmos efeitos da penhora. Disso resulta a irrevogabilidade dessas formas de garantia do juízo, mas a fiança bancária pode ser substituída pelo depósito em dinheiro.

7.1. *Penhora*

Outra forma de garantia do juízo é a penhora, podendo o executado nomear bens próprios, observada a ordem do art. 11 (LEF, art. 9º, III). Se o executado for casado, deve juntar aos autos o consentimento do seu cônjuge, se o bem nomeado for imóvel (art. 9º, § 1º). Feita a nomeação do bem a penhora, a Fazenda Pública deve ser ouvida no prazo de cinco dias, se outro não for fixado pelo juiz (art. 218, § 3º, CPC), e, havendo concordância, a nomeação será reduzida a termo (CPC, arts. 848 e 849)[42]. Deve constar no termo de penhora avaliação dos bens penhorados, efetuada por quem lavrar (LEF, art. 7º, V), que, no caso de nomeação, é o próprio escrivão. O ato da avaliação decorre de um dos efeitos do despacho que deferir a petição inicial (LEF, art. 7º, V), independendo, portanto, de qualquer formalismo. O executado pode indicar ainda a penhora bens oferecidos por terceiros e aceitos pela Fazenda Pública (art. 9º, IV), devendo comprovar também a autorização expressa do cônjuge do terceiro (art. 9º, § 1º).

A Fazenda Pública pode, no entanto, impugnar a nomeação do bem à penhora oferecido pelo executado, deixa que eu faça fundamentada mente. Neste caso, se o juiz aceitar a impugnação, devolver-se-á o direito de nomeação ao credor, e a Fazenda Pública indicará, independentemente de qualquer gradação, os bens que serão objeto da constrição judicial.[43]

A Fazenda Pública poderá requerer, em qualquer fase do processo, a remoção dos bens penhorados para depósito judicial (LEF, art. 11, § 3º), mas o pedido deve ser justificado para ser deferido, não podendo, portanto, ficar exclusivamente a critério do credor.[44]

Feita a penhora, o executado dela deverá ser intimado, mediante publicação, no órgão oficial, do ato de juntada do termo ou do auto de penhora (LEF, art. 12). O melhor entendimento é que o executado deverá ser intimado pessoalmente da penhora, e, neste caso, dispensa-se a publicação referida no art. 12 da LEF.[45] Nas comarcas do interior, a intimação poderá ser feita pela remessa de cópia do termo ou do auto de penhora pelo correio na forma estabelecida no art. 8º, incisos I e II, para a citação (LEF, art. 12, § 1º). Esta sistemática de intimação da penhora só deve ser adotada se a comarca não dispuser de órgão de publicação dos atos oficiais (art. 273 CPC) porque, se tiver, a intimação deve ser feita por publicação no referido órgão. Se a penhora recair sobre imóvel, far-se-á a intimação ao cônjuge, observadas as normas previstas para citação (LEF, art. 12, § 2º). Registre-se ainda que nas comarcas da

---

[42]   "Termo de penhora" é redigido pelo escrivão nos próprios autos do processo se a nomeação foi aceita pelo credor. "Auto de penhora", quando lavrado fora do processo pelo oficial de justiça, em cumprimento do mandado executivo (cf. Humberto Theodoro Jr. *op. cit.*, nº 28, p. 59).

[43]   BRASIL. Superior Tribunal de Justiça, RESp. 43.647/SP, Rel. Min. Ari Pargendler, Segunda Turma, v.u., 14.11.1996, *DJU* 2.12.1996, p. 47.662. BRASIL. Superior Tribunal de Justiça, RESp 413246.REs, Min. Eliana Calmon, Segunda Turma, 18.05.2004, DJu, 20.09.2004, p. 227.

[44]   Nesse sentido, Humberto Theodoro Jr., *op. cit.*, nº 131, p. 61; Silva Pacheco, *op. cit.*, nº 133, p. 64, Milton Flaks, *op. cit.*, nº 207, p. 205; NEVES, Celso. *Comentários ao CPC* – volume VII. Rio de Janeiro: Forense, 1980.

[45]   BRASIL. Superior Tribunal de Justiça, REsp 70.249/RS, Rel. Min. César Asfor Rocha, Primeira Turma, v.u., 13.12.1995, *DJU* 11.03.1996, p. 6.577.

capital e no interior, a intimação da penhora deve ser feita pessoalmente ao executado, se, na citação feita pelo correio, o aviso de recepção não contiver assinatura do próprio executado, ou de seu representante legal (LEF, art. 12, § 3º).

Se o executado não for encontrado, o oficial de justiça deve, independentemente de despacho do juiz, proceder o arresto de seus bens (LEF, art. 7º, III, c/c CPC, art. 830). Feito o arresto, o oficial de justiça, nos 10 dias seguintes, deve procurar ao devedor três vezes em dias distintos, e não o encontrando, certificar o ocorrido. Neste caso, o credor, dentro de 10 dias, contados da data em que foi intimado do arresto, requererá a citação por edital do devedor. Findo o prazo do edital, se o executado não pagar ou não nomear bens a penhora do prazo do art. 8º da LEF, o arresto converter-se-á em penhora (CPC, art. 830).

Na sistemática adotada pela LEF não se procede, em regra, à avaliação do bem penhorado porque o art. 13 comete ao oficial de justiça, no caso de lavratura de auto de infração, ou ao escrivão, em sendo reduzido a termo a penhora, a incumbência de estimar o valor do bem penhorado. Essa estimativa deve constar do auto de penhora ou do termo de penhora (LEF art. 13). Trata-se da realidade de mera estimação, não obstante o referido artigo 13 empregar o termo avaliação, porque nem o oficial de justiça nem o escrivão são peritos em avaliação[46]. Todavia, o executado e a Fazenda Pública podem impugnar, antes da publicação do edital de leilão, a estimativa feita, caso em que o juiz, ouvida a outra parte, nomeará avaliador oficial para proceder a avaliação dos bens penhorados (LEF, art. 13, § 1º). O § 3º do art. 13 da LEF dispõe ainda que se não houver na comarca avaliador oficial ou este não puder apresentar o laudo de avaliação no prazo de 15 dias, será nomeada pessoa ou entidade habilitada, a critério do Juiz. Apresentado o laudo, o juiz decidirá de plano sobre a avaliação (LEF, art. 13, § 3º).

O oficial de justiça deverá entregar contrafé e cópia do termo ou do auto de penhora ou arresto, com a ordem de registro, emanada do despacho que deferiu a citação do executado, ao Oficial de Registro competente (LEF, art. 14), que será o Registro de Imóveis, Departamento de Trânsito, Junta Comercial etc.

Na execução fiscal, processada perante a justiça estadual, cumpre à Fazenda Pública antecipar o numerário destinado ao custeio das despesas com transporte dos oficiais de justiça (Súmula nº190 do STJ).

O art. 15 da LEF permite que a Fazenda Pública, em qualquer fase do processo, possa requerer a substituição dos bens penhorados por outros, independentemente da ordem enumerada no art. 11, bem como o reforço da penhora insuficiente. Essa faculdade é também concedida ao executado, que, no entanto, somente poderá substituir a penhora por depósito em dinheiro, fiança bancária ou seguro garantia.

Como se vê, a LEF trata desigualmente a Fazenda e o executado no que toca a substituição da penhora, concedendo à primeira um poder ampliado e ao o segundo um poder limitado. Entretanto Humberto Theodoro Jr.[47] leciona que esse poder da Fazenda não pode ser entendido como arbitrário, resultante de sua mera declaração de vontade, porque isso seria anular o direito conferido pela própria lei ao executado de nomear bens a penhora. Assim a substituição somente poderá ser concedida pelo juiz à Fazenda se houver razão suficiente e se for obedecida a ordem legal do art. 11. O mesmo jurista aponta, exemplificativamente, os seguintes motivos como sendo justos para substituição: "existência de ônus real; intercorrência de arrestos ou penhoras sobre o mesmo bem; bens excessivamente valiosos em relação ao valor da execução; bens situados fora da comarca da execução; bens danificados ou deteriorados;

---

[46]   Cf. Humberto Theodoro Jr., *op. cit.*, nº35, p. 66.

[47]   *Op. cit.*, nº 37, p. 69.

bens de custódia excessivamente onerosa; bens de escassa aceitação no mercado, e, por isso, de difícil alienação em leilão etc".

A União, suas autarquias e fundações públicas poderão optar pelo rito previsto na Lei nº 8.212/1991, desde que o exequente indique na petição inicial o bem à penhora, que será efetuada conjuntamente com a citação inicial do devedor (art. 53). Neste caso, o prazo para pagamento do débito fiscal é de dois dias úteis, contados da citação, independentemente da juntada aos autos do respectivo mandado.

O STJ firmou entendimento de que só "se admite a quebra do sigilo bancário quando o credor exequível já esgotou os meios possíveis para a localização dos bens do devedor executado", por se tratar de medida excepcional. [48]

O § 1º do art. 11 da LEF prescreve que, excepcionalmente, a penhora poderá recair sobre estabelecimento comercial, industrial ou agrícola, bem como em plantações ou edifícios em construção. Dessa forma, admite-se, com base no mencionado dispositivo, a penhora do faturamento da sociedade, desde que frustradas tentativas de penhora sobre outros bens enumerados no art. 11 da LEF e limitada a penhora a 30% do faturamento mensal, para não prejudicar a manutenção regular dos negócios da sociedade executada[49].

A LC nº 118/2005 acrescentou o art. 185-A ao CTN, do seguinte teor:

> **Art. 185**-A. Na hipótese de o devedor tributário, devidamente citado, não pagar nem apresentar bens à penhora no prazo legal e não forem encontrados bens penhoráveis, o juiz determinará a indisponibilidade de seus bens e direitos, comunicando a decisão, preferencialmente por meio eletrônico, aos órgãos e entidades que promovem registros de transferência de bens, especialmente ao registro público de imóveis e às autoridades supervisoras do mercado bancário e do mercado de capitais, a fim de que, no âmbito de suas atribuições, façam cumprir a ordem judicial. (Incluído pela LCP nº 118, de 2005)
>
> § 1º A indisponibilidade de que trata o caput deste artigo limitar-se-á ao valor total exigível, devendo o juiz determinar o imediato levantamento da indisponibilidade dos bens ou valores que excederem esse limite. (Incluído pela LCP nº 118, de 2005)
>
> § 2º Os órgãos e entidades aos quais se fizer a comunicação de que trata o caput deste artigo enviarão imediatamente ao juízo a relação discriminada dos bens e direitos cuja indisponibilidade houverem promovido. (Incluído pela LCP nº 118, de 2005)

A indisponibilidade universal a que se refere o dispositivo visa exclusivamente a resguardar os interesses da Fazenda Pública, impedindo que o devedor tributário, citado para execução fiscal, possa alienar ou onerar bens ou direitos, desde que não tenham outros penhoráveis. A medida pode ser decretada de ofício pelo juiz, mas devem ser observados os seguintes pressupostos: a) citação regular do executado; b) não pagamento, nem nomeação de bens a penhora no prazo legal; c) não localização de bens penhoráveis; d) decisão judicial. Tendo em vista a morosidade que caracteriza a máquina do Poder Judiciário, temos dúvidas

---

[48] BRASIL. Superior Tribunal de Justiça, AgREsp 341.365/SP, Rel. Min. Humberto Gomes de Barros, Primeira Turma, 04.11.2003, v.u., *DJU* 24.11.2003, p. 215, etc.

[49] ED REsp 24.030/SP, Rel. Min. Humberto Gomes de Barros, 1ª Seção, 23.04.1997, *DJU* 02.06.1997, p. 23.746). Encontra-se pendente de análise pelo STJ o Tema 769 que analisará a: "Definição a respeito: i) da necessidade de esgotamento das diligências como pré-requisito para a penhora do faturamento; ii) da equiparação da penhora de faturamento à constrição preferencial sobre dinheiro, constituindo ou não medida excepcional no âmbito dos processos regidos pela Lei nº 6.830/1980; e iii) da caracterização da penhora do faturamento como medida que implica violação do princípio da menor onerosidade".

quanto ao imediato levantamento da indisponibilidade dos bens ou valores que excederem o limite legal. A norma sob comento pode ser considerada inconstitucional por ferir o devido processo legal e direito a ampla defesa, vez que o dispositivo não exige audiência do executado para que o juiz possa determinar a indisponibilidade de seus bens e direitos. A indisponibilidade deve ser convolada em penhora, depois que os órgãos e entidades comunicarem ao juízo a sua efetivação, especificando os bens ou direitos sobre os quais a indisponibilidade recaiu. Em seguida, o executado deverá ser intimado, para, querendo, apresentar embargos no prazo legal. Convolada a "indisponibilidade" em penhora, deverá o Juízo providenciar o registro do gravame, na forma do art. 167, inciso I, nº 5, da Lei nº 6.015/1973, determinando ainda o cancelamento da averbação da indisponibilidade (art. 247).

8.   Exceção de pré-executividade

A exigência legal de prévia garantia do juízo decorre da responsabilidade patrimonial do executado (CPC, art. 789) e visa a evitar que a execução fique frustrada no caso de o executado ficar sem patrimônio. Todavia admite-se, a título excepcional, que o executado possa se defender por petição simples (exceção ou objeção de pré-executividade) sem a forma de embargos e sem a prévia garantia do juízo, nos seguintes casos[50]: a) para demonstrar tão somente o descabimento da execução por envolver questões que deveriam ter sido objeto de decisão de plano e não foram (CPC, 801), por exemplo, inépcia da inicial (CPC, art. 330, I), faltar qualquer dos requisitos do art. 6º da LEF, ou não preencher os requisitos do art. 2º, § 5º, devendo, nestes casos, o juiz conceder prazo de 15 dias para a Fazenda Pública para que regularize a petição inicial (CPC art. 801); b) comprovação do pagamento do tributo cobrado; c) ausência de uma das condições para o válido exercício da ação executiva (CPC, art. 803); d) nulidade do título executivo extrajudicial; e) arguição de circunstâncias prejudiciais (pressupostos processuais ou condições da ação) suscetíveis de conhecimento *ex officcio; f)* ilegitimidade ativa ou passiva da parte para a causa e para o processo (CPC, art. 330).

A doutrina denomina esta petição simples, sem prévia garantia do juízo, de exceção ou objeção de pré-executividade que visa, segundo Carlos Henrique Abrão *et al.*[51], "a infirmar o veículo jurídico e não apenas a certeza de liquidez da obrigação cautelar fiscal", impondo-se pelo *due process of law* "a análise do ponto controvertido, independente de qualquer garantia do juízo". Entendemos que, na execução fiscal, cabe a arguição de exceção de pré-executividade quanto às matérias que possam ser apreciadas de ofício pelo juiz, nas questões de ordem pública, sobre os pressupostos do processo ou as condições de ação, pagamento, unidade, isenção, remissão, anistia, parcelamento administrativo, tendência de decisão administrativa definitiva etc. A questão é controversa na doutrina e jurisprudência, no que toca à prescrição e à decadência, mas se deve admitir a sua arguição mediante exceção de pré-executividade, por serem causas de extinção do crédito tributário (CTN, art. 156, V).[52]

---

[50]   Cf. Milton Flaks, *op. cit.,* § 82, nº 232, p. 223-234 e Costa e Silva, *op. cit.,* nº 147, p. 388-389.

[51]   *Op. cit.,* p. 130.

[52]   A eminente Min. Eliana Calmon assim discorre sobre o tema: "A questão não é de somenos importância, visto que, se se distanciar o direito pretoriano da lei, dificilmente teremos disciplina para o processamento da execução extrajudicial, cuja diretriz é a celeridade. Dentro deste contexto, a regra doutrinária é no sentido de restringir-se a pré-executividade, ou seja, defesa sem embargos e sem penhora, às matérias de ordem pública, que podem e devem ser reconhecidas de ofício pelo julgador ou, em se tratando de nulidade do título, flagrante e evidente, cujo reconhecimento independe de contraditório ou dilação probatória.

9. Embargos de executado

9.1. *Noção geral*

Como visto antes, na execução fiscal o executado será citado para, no prazo de 5 (cinco) dias, pagar a dívida com multa e juros de mora e encargos indicados na certidão de dívida ativa, ou garantir a execução, observadas as normas do art. 6º da LEF.

Preferimos a denominação de embargos de executado (LEF, arts. 16 a 20), e não a expressão contida no CPC/1973 que se referia a "embargos do devedor" (art. 736, CPC/1973). Isso porque nem todo executado é devedor (LEF, art. 4º), sendo, portanto, mais abrangente a expressão "embargos de executado", que abrange inclusive a figura do responsável tributário. O CPC de 2015, com exatidão refere-se a "embargos à execução", terminologia adequada e com maior rigor técnico, pelas razões expostas.

Os pressupostos de admissibilidade dos embargos são a prévia garantia do juízo, nos termos dos arts. 9º e 10 da LEF, e oposição dentro do prazo legal (LEF, art. 16).

Na execução por carta, os embargos do executado serão oferecidos no juízo deprecado, que os remeterá ao juízo deprecante, para instrução e julgamento. Quando os embargos tiverem por objeto vícios ou irregularidades de atos do próprio juízo deprecado, caber-lhe-á unicamente o julgamento dessa matéria (LEF, art. 20). A referida norma visa a facilitar o oferecimento dos embargos do executado, e, por isso, entendemos que poderão ser apresentados tanto no juízo deprecante quanto no juízo deprecado (CPC, art. 914, § 2º).

9.2. *Prazo para embargos*

O art. 16 da LEF estabelece o prazo de 30 (trinta) dias para a apresentação da ação de embargos, variando o termo inicial segundo a modalidade de garantia do juízo efetuada pelo executado (LEF, art. 16), não se aplicando na execução fiscal a norma do art. 915 do CPC, porque a LEF corresponde à lei especial, cujas normas não se revogam por posterior lei geral. O legislador fixou prazo de 30 dias para os embargos, para que o executado pudesse, dentro desse prazo elástico, requerer todos os meios de prova, juntar documentos e apresentar o rol de testemunhas.

Sendo feito depósito em dinheiro, o prazo flui da data do depósito (LEF, art. 16, I) e não da juntada do comprovante nos autos, pois, caso contrário, o advogado poderia retardar a juntada do comprovante do depósito, para dialogar o início do prazo para embargos. Na fiança bancária ou seguro garantia, o termo inicial do prazo é o da data da juntada da prova de fiança ou seguro porque o juízo tem de examinar se a mesma atende aos requisitos legais (LEF, art. 9º, § 5º).

Tratando-se de penhora, termo ou auto de penhora, o termo inicial do prazo para embargos corre da data da sua intimação ao executado (LEF, art. 16, III, c/c art. 12). O CPC/2015 fixa como termo inicial do prazo para embargos: 1) quando houver mais de um executado, o prazo para cada um deles embargar conta-se a partir da juntada do respectivo comprovante

---

Os exemplos dados são todos referentes à prescrição, por serem os mais numerosos. Na espécie, entretanto, tem-se a questão da ilegitimidade passiva, matéria de ordem pública, uma das condições da ação que, se defeituosa ou inexistente leva à nulidade do processo. Se a questão da ilegitimidade for líquida e certa, sem necessidade de dilação probatória ou interpretação de artigos de lei, não tenho dúvida quanto à pertinência da pré-executividade. Contudo, necessitando-se de prova e de interpretação das normas pertinentes, entendo que só por embargos é possível fazer-se ampla discussão sobre o assunto". (REsp, 475.106/SP, Rel. Min. Eliana Calmon, DJU de 19.05.2023).

da citação, salvo no caso de cônjuges ou de companheiros, quando será contado a partir da juntada do último (art. 915, § 1º, CPC); 2) nas execuções por carta: 2.1) "da juntada, na carta, da certificação da citação, quando versarem unicamente sobre vícios ou defeitos da penhora, da avaliação ou da alienação dos bens" (art. 915, § 2º, I, CPC); 2.2) "da juntada, nos autos de origem, do comunicado de que trata o § 4º deste artigo ou, não havendo este, da juntada da carta devidamente cumprida, quando versarem sobre questões diversas da prevista no inciso I deste parágrafo." (art. 915, § 2º, II, CPC). No entanto, não se aplica à execução fiscal, porque é regrada por lei especial, cujas normas não podem ser derrogadas pela norma geral. Assim, em execução fiscal, o prazo para embargos flui da intimação pessoal do Oficial de Justiça.

Nas comarcas do interior, a forma de intimação é opcional, e assim poderá ser feita: a) pela remessa de cópia do termo ou do auto de penhora, pelo correio na forma estabelecida pelo art. 8º, incisos I e II, para citação, contando-se o prazo da data constante do AR, ou se for omitida, 10 (dez) dias após a entrega da carta à agência postal; se o AR não retornar no prazo de 15 (quinze) dias da entrega da carta à agência postal, a intimação deve ser feita por Oficial de Justiça, ou por edital, se cabível (LEF, art. 8º, III); b) intimação por publicação no órgão oficial, se houver; c) intimação pessoal por mandado, fluindo o prazo da data da intimação constante do mandado.

No caso de pluralidade de executados, o prazo flui após completar o ciclo de intimação da penhora, visando ao resguardo da unidade do prazo para defesa. Na execução contra ente público, o prazo dos embargos foi aumentado para 30 dias pela Lei nº 9.494/1997, quando, originariamente, o art. 730 do então CPC/1973 fixava o prazo de dez dias. Atualmente, o CPC/2015, em seus arts. 535 e 910, disciplina o prazo de 30 (trinta) dias. No caso de substituição ou emenda da certidão, fazendo-se nova penhora, o executado terá novo prazo para apresentar os embargos, nos termos do art. 204 do CTN e art. 2º, § 8º, da LEF.

9.3. *Matéria a ser versada nos embargos*

O art. 16, § 2º, da LEF reza que o executado poderá "alegar toda matéria útil à defesa", assegurando-lhe, portanto, amplitude de defesa. Assim, a LEF adota o mesmo sistema do CPC (art. 917), em razão de o devedor ter uma responsabilidade patrimonial executória.

Célio Silva Costa[53] ensina que, na execução fiscal, podem ainda ser deduzidos os seguintes argumentos: a) pode a cobrança não ser devida: não ter havido vulneração de norma legal tributária, como pretendido pela Fazenda; b) pode o fato imputado ao devedor não ser o descrito na norma tributária, a acarretar-lhe a carga fiscal pretendida; c) pode o devedor, não estar sujeito ao pagamento do *quantum* na extensão pretendida; d) pode ser o caso de o devedor encontrar-se isento da obrigação tributária; e) pode ser que o devedor estivesse já anistiado de obrigação que se lhe queira impor; f) pode ter ocorrido qualquer das hipóteses da extinção do crédito tributário, que consertem além do pagamento, como a compensação, a transação, a remissão e principalmente, a prescrição e decadência.

O executado poderá, em sua defesa, requerer, justificadamente, a obtenção de certidões ou cópias autenticadas, quando for o caso, de peças do processo administrativo que gerou a dívida ativa tributária (LEF, art. 41), inclusive para provar a decadência da constituição do crédito tributário (CTN, art. 173) ou a prescrição da pretensão jurisdicional da Fazenda Pública (CTN, art. 174). Por sua vez, o juiz, de ofício, ou a requerimento da parte, de terceiros interessados ou do MP, poderá requerer a autoridade competente a exibição em juízo do processo administrativo, em dia e hora previamente designados, para extração de cópias (LEF, art. 41,

---

[53]   COSTA, Célio Silva. *Teoria e prática do direito tributário*. Rio de Janeiro: Ed. Rio, 1976, p. 331.

parágrafo único). Estas são as razões pelas quais a Fazenda Pública deve conservar o processo administrativo na repartição competente, cuja inexistência implica na extinção do processo.

9.3.1. Compensação e reconvenção

O § 3º do art. 16 da LEF reza que não será admitida reconvenção, nem compensação. O legislador agindo certo não admitirá a reconvenção porque corresponde a meio de ataque e o art. 917 do CPC somente admite, em embargos, meio de defesa, porque os embargos têm forma de ação, mas essência de defesa (CPC, art. 917 e LEF, art. 16, § 2º). Aliás, a reconvenção não é, igualmente, admitida no processo de execução comum, não obstante inexistir regra vedatória expressa no CPC[54]. Da mesma forma, na ação de embargos movida pelo executado à Fazenda não pode apresentar reconvenção.

Apesar da vedação constante do § 3º do art. 16 da LEF, admite-se compensação em embargos desde que haja prévia autorização legal (CTN, art. 170), conforme, aliás, consta do item 67 da "Exposição de Motivos" da LEF. Assim, o legislador quis vedar, e fê-lo mal, a possibilidade de o devedor arguir a compensação, como matéria de defesa, com crédito não devidamente aparelhado para execução, visando a retardar a cobrança da dívida ativa da Fazenda Pública. Ademais, o CTN tem natureza de lei complementar, e, em consequência, o seu art. 170 não poderia ser derrogado pela LEF, lei ordinária, e o art. 146, III, "b", da CF, reserva à lei complementar estabelecer normas gerais em matéria de legislação tributária, inclusive sobre crédito tributário, e a compensação é causa de extinção do credito tributário (CTN, art. 156, II).

9.3.2. Exceções

O art. 16, § 3º, da LEF, reza que as exceções, "salvo as de suspeição, incompetência e impedimentos, serão arguidas como matéria preliminar e serão processadas e julgadas com os embargos." Em matéria de execução fiscal (LEF, art. 16, § 3º), as exceções devem observar as seguintes regras: a) as exceções de incompetência relativa, de suspeição e de impedimento devem ser suscitadas no prazo dos embargos, em peça apartada da petição de embargos (art. 146, CPC); b) as exceções peremptórias (litispendência, coisa julgada e perempção) e de incompetência absoluta devem ser arguidas como preliminares dos embargos e não suspendem o processo, podendo, no entanto, a exceção de incompetência absoluta ser suscitada a qualquer tempo, antes do trânsito em julgado da decisão (art. 64, § 10, CPC).

9.3.3. Litisconsórcio

O litisconsórcio ativo necessário não tem lugar na execução fiscal por que não se admite que dois entes públicos possam escrever, em conjunto, o mesmo crédito como dívida ativa tributária, descabendo, igualmente, o litisconsórcio ativo facultativo originário[55].

No polo passivo, litisconsórcio é, em regra, facultativo por que a Fazenda Pública pode escolher o devedor a ser demandado, seja na solidariedade de fato (entre contribuintes), seja na solidariedade de direito (contribuinte responsável), conforme artigo 124 do CTN. Entretanto,

---

[54] BRASIL. Superior Tribunal de Justiça, REsp nº 1.528.049/RS, Rel. Min. Mauro Campbell Marques, Segunda Turma, j. 18.08.2015, DJe de 28.08.2015.

[55] José Afonso da Silva (op. cit. nº7, p. 50) admite que possa ocorrer em execução fiscal litisconsórcio ativo necessário sucessivo, configurado após a penhora, no caso de concurso fiscal entre pessoas jurídicas de direito público (CTN, art. 187, e LEF art. 29, parágrafo único), nas hipóteses dos seus incisos II e III.

pode ocorrer em execução fiscal litisconsórcio passivo ulterior, quando a Fazenda executa originariamente o contribuinte, e, estando este impossibilitado de cumprir a obrigação tributária principal, requer o prosseguimento da execução contra o responsável tributário, nos termos, por exemplo, dos artigos 134 e 135 do CTN. Neste caso, não esta a Fazenda obrigada a retificar a certidão da dívida ativa para nela incluir o nome do responsável[56].

9.3.4. Valor da causa nos embargos

O valor da causa dos embargos à execução fiscal depende do seu objetivo. Quando o executado, em embargos, resiste integralmente a pretensão jurisdicional da Fazenda Pública, o valor da causa deve corresponder ao da dívida constante da CDA, devidamente atualizado, acrescido dos encargos legais, incluídos juros e correção monetária Entretanto, quando os embargos visam apenas impugnar parte da dívida constante da CDA, o valor da causa deve corresponder ao valor impugnado, com os acréscimos legais.

9.3.5. Efeitos da ação de embargos

Os embargos devem ser apensados aos autos da execução fiscal e não neles entranhados, como, equivocadamente, determinam alguns juízes, porque interposto recurso de apelação contra sentença, somente os embargos devem ser remetidos ao Tribunal, para que a execução possa prosseguir, quando o recurso for recebido apenas em seu efeito devolutivo. Apesar de a LEF não pra escrever expressamente, a oposição de embargos implica na suspensão da execução fiscal, tanto que o art. 19 prescreve que somente após o julgamento dos embargos será o terceiro garantidor da dívida intimado ao cumprimento de sua obrigação.

Recebidos os embargos, o juiz mandará intimar a Fazenda, para impugná-los no prazo de 30 dias, designando-se, em seguida, audiência de instrução e julgamento. Não se realizará a audiência, se os embargos versarem sobre matéria de direito ou, sendo de direito e de fato, a prova for exclusivamente documental, caso em que o juiz proferirá sentença no prazo de 30 dias (LEF, art. 17). O referido prazo flui da data da intimação pessoal do representante da Fazenda, por aplicação do art. 25 da LEF. A não impugnação dos embargos pela Fazenda Pública não implica em revelia, não se aplicando, portanto, o art. 344 do CPC, por que o crédito fiscal tem natureza indisponível, devendo-se aplicar a norma do art. 345, II, do CPC.[57]

A Fazenda Pública somente a ser manifestará sobre a garantia da execução caso não sejam apresentados embargos (LEF, art. 18), devendo o juiz fazê-lo no prazo de 5 (cinco) dias, caso outro prazo não seja fixado pelo juiz (art. 218, § 3º, CPC). A Fazenda Pública poderá requerer "a substituição dos bens penhorados, a ampliação ou a redução da penhora, a reavaliação dos bens penhorados, as reclamações sobre o assentamento em registros públicos do ato de constrição (registro imobiliário, de títulos e documentos, no registro de comércio, nos departamentos estaduais de trânsito, nas concessionárias de serviço público) e quaisquer

---

[56] Milton Flaks ensina que o litisconsórcio necessário passível pode ocorrer em execução fiscal, na hipótese em que for dativo o inventariante do espólio (CPC, art. 12, § 1º, c/c art. 960, V e VI) porque todos os herdeiros e sucessores do falecido serão autores ou réus nas ações em que o espólio for parte. O mesmo jurista chama a atenção para dois aspectos importantes no caso: a) os herdeiros e sucessores são considerados partes pelo §1º do art. 12 do CPC, e não simplesmente representantes legais porque a representação legal continua pertencendo ao inventariante (CPC, art. 12, VI); b) ademais, "o estado de indiviso do acervo hereditário não permite que se cobre de cada herdeiro a sua quota no débito". (Op. cit., § 46, nº 144, p. 146-147).

[57] CF. por todos, Mauro Luís Rocha Lopes, op. cit., p. 117-118.

outras que digam respeito à segurança da afetação dos bens patrimoniais do executado à satisfação do crédito exequendo, em que traduz a penhora".[58]

9.4. *Interpretação do art. 40 da LEF*

O art. 40 da LEF determinou que o juiz " suspenderá o curso da execução, enquanto não for localizado o devedor ou encontrados bens sobre os quais possa recair a penhora, e, nesses casos, não correrá o prazo de prescrição". É lógico que a mencionada suspensão do prazo prescricional diz respeito à prescrição intercorrente porque a execução fiscal já está em curso, e o prazo prescricional para o exercício do direito de ação já foi interrompido com o despacho que ordenou a citação do executado (CTN, art. 174, parágrafo único, I, e LEF, art. 80, § 2º). A suspensão do prazo prescricional se justifica quando o titular do direito encontra dificuldades em seu exercício, como na hipótese mencionada no art. 40 da LEF, em que a Fazenda Pública não pode prosseguir na execução principalmente pela ausência de bens sobre os quais possa recair a penhora. O simples fato de o devedor não ter sido localizado não constitui por si só razão para a suspensão do prazo prescricional porque não obsta o prosseguimento da execução, já que o devedor poderá ser citado por edital (LEF, art. 8º, III, e § 1º, e CPC, 256), e se o devedor possuir bens, a Fazenda poderá arrestá-los (LEF, art. 7º, III), convolando-se, posteriormente, o arresto em penhora (CPC, art. 830).

O art. 40 da LEF refere-se a mera suspensão da execução e não a sua extensão, tanto que o seu § 1º determina que, em seguida, será aberta vista dos autos aos representantes judiciais da Fazenda. O juiz poderá decretar de ofício a suspensão da execução, considerando que o *caput* do art. 40 contém regra interativa (o juiz suspenderá a execução), dependendo, portanto, de provocação de qualquer das partes.

O § 20 do art. 40 da LEF determina ainda que, decorrido o prazo máximo de 1 (um) ano, da data do despacho que determinou a suspensão da execução, sem que seja localizado o devedor ou encontrados bens a penhora, o juiz ordenará o arquivamento dos autos, sem baixa na distribuição. Trata-se de mero despacho, independendo, portanto, de sentença, não ocasionando a extinção do processo com base no art. 485, IV do CPC, tanto que, posteriormente, a execução poderá prosseguir.

O § 3º do art. 40 reza que encontrados que sejam, a qualquer tempo, o devedor ou os bens, serão desarquivados os autos para prosseguimento da execução. Este dispositivo merece as seguintes observações. Em primeiro lugar, justifica-se o pedido de desarquivamento se o devedor for encontrado, ainda que não possua bens penhoráveis, para que possa ser citado, se for o caso, com objetivo de ser interromper o prazo prescricional, dilatando-se, assim, o início da prescrição intercorrente[59]. Em segundo lugar, o dispositivo em tela estabelece que o pedido de desarquivamento pode ocorrer a qualquer tempo, cláusula essa que não pode ser entendida no sentido de que a lei consagra a favor da Fazenda Pública hipóteses de suspensão indefinida de prazo prescricional, o que colocaria em risco a estabilidade das relações jurídicas e a própria paz social, tornando eterno crédito tributário. O CTN, em seu art. 174, prescreve o prazo de cinco anos para cobrança do crédito tributário, contados da sua constituição definitiva, que se dá com o decurso do prazo a contar da notificação feita ao sujeito passivo para ciência do lançamento (CTN, arts. 145 e 201). Em terceiro lugar, o art. 40 e seus §§ da LEF não podem ser interpretados isoladamente, mas impõe-se a sua interpretação em harmonia com o art. 174 do CTN, que consubstancia princípio geral da prescrição tributária.

---

[58]   Cf. Odmir Fernandes, *Lei de Execução Fiscal comentada e anotada*. 4. ed. São Paulo: RT, 2002.

[59]   Cf. Milton Flaks, *op. cit.*, nº 365, p. 350.

Disso decorre que a Fazenda Pública somente poderá requerer o desarquivamento dos autos para prosseguir na execução, se ainda não decorrido prazo de cinco anos, contados da decisão que determinar o arquivamento. Em quarto lugar, a doutrina e a jurisprudência entendiam que o juiz não poderá decretar de ofício a prescrição intercorrente porque a execução fiscal envolve direito patrimonial. Entretanto, a Lei nº 11.051/2004 acrescentou o § 4º ao art. 40 da LEF, autorizando o juiz reconhecer a prescrição intercorrente e decretá-la de imediato, se da decisão que determinar o arquivamento tiver decorrido prazo prescricional.

O STF, ao julgar o Recurso Extraordinário nº 636.562/SP, fixou a tese de julgamento segundo a qual: "É constitucional o art. 40 da Lei no 6.830/1980 (Lei de Execuções Fiscais – LEF), tendo natureza processual o prazo de 1 (um) ano de suspensão da execução fiscal. Após o decurso desse prazo, inicia-se automaticamente a contagem do prazo prescricional tributário de 5 (cinco) anos" (Tema 390, STF).

10. Recursos

A sentença que julgar os embargos de executado desafia recurso de apelação, aplicando--se-lhe as normas do CPC quanto ao prazo e procedimento, por força da parte final do art. 1º da LEF, e, por isso, o recurso não tem efeito suspensivo. Entretanto, o art. 34 da LEF prescreve que das "sentenças de primeira instância proferidas em execuções de valor igual ou inferior a 50 (cinquenta) Obrigações Reajustáveis do Tesouro Nacional – ORTN, só se admitirão embargos infringentes e de declaração." Para os efeitos do referido artigo, considerar-se-á o valor da dívida monetariamente atualizado e acrescido de multa e juros de mora e demais encargos legais, na data da distribuição, e não da interposição do recurso. Os embargos infringentes, instruídos ou não com novos documentos, serão deduzidos no prazo de 10 dias, perante o mesmo juízo, em petição fundamentada. Ouvindo o embargado, no prazo de 10 dias, serão os autos conclusos ao juiz, que dentro de 20 dias os rejeitará ou reformará a sentença.

Assim, a partir da LEF, não existe mais o duplo grau de jurisdição nas execuções fiscais de valor igual ou inferior a 50 ORTN.[60] É lógico que, com a febre de mudanças de índices oficiais, o valor em ORTN deve ser atualizado, inicialmente, com a BTN, aplicando-se depois a TRD etc.

Dessa forma, nas execuções fiscais em que o valor seja igual ou inferior a 50 ORTN (art. 34, § 2º), a sentença de primeira instância só poderá ser atacada por embargos infringentes, sem efeito devolutivo, e de embargos de declaração no prazo do CPC, que devem ser deduzidos perante o mesmo juízo. Disso resulta que foi excluído "ipso facto o recurso ex officio de tais decisórios" porque, vencida ou não a Fazenda, o processo termina na primeira instância. Aplica-se a regra do art. 34 da LEF a qualquer sentença nas causas de alçada, por exemplo, de liquidação, que julgar os embargos à execução, e proferida embargo de terceiros, cabendo ainda embargos de alçada (embarguinho) para atuar sentenças extintas de execução, à arrematação e à adjudicação.

---

[60]   Tributário. Recurso especial. Execução de débito fiscal com valor igual ou inferior a R$ 1.000,00. Falta de interesse processual da fazenda exequente. Extinção do processo executório sem julgamento do mérito. Precedentes.

1. Não há ofensa ao art. 20, § 1º, da Medida Provisória nº 1.973-65/2000 (convertida na Lei nº 10.522/2002) quando, em vez de proceder-se ao arquivamento sem baixa na distribuição, é determinada a extinção da ação executória sem julgamento do mérito, tendo em vista a falta de interesse processual da Fazenda, exeqente relativamente às execuções de débito fiscal com valor igual ou inferior a R$ 1.000,00.

2. Recurso especial não provido. (BRASIL. Superior Tribunal de Justiça, REsp nº 289.024/RJ, Rel. Min. João Otávio de Noronha, Segunda Turma, j. 06.10.2005, DJ de 19.12.2005, p. 301).

O § 2º do art. 34 reza que os embargos infringentes devem ser deduzidos, no prazo de dez dias, perante o mesmo Juízo, em petição fundamentada. Tal prazo para a Fazenda deve ser contado em dobro (Súmula nº 507 do STF).

O *caput* do art. 34 merece ser aclarado quando reza que nas causas de alçada só caberão embargos infringentes de declaração. Não cabe nas causas de alçada recurso especial porque o artigo 105, III, da CF de 1988, ao fixar a competência do STJ, estabelece como pressuposto que a decisão tenha sido proferida por Tribunal. Entretanto, cabe interposição de recurso extraordinário, porque o art. 102, III, da CF de 1988 confere competência ao STF para "julgar, mediante recurso extraordinário, as causas decididas em única ou última instancia", não exigindo que seja contra decisão proferida por Tribunal. Conforme entendimento do STF: "É cabível recurso extraordinário contra decisão proferida por juiz de primeiro grau nas causas de alçada, ou por turma recursal de juizado especial cível e criminal." (Súmula nº 640, STF).

Finalmente, ressalte-se que não cabe agravo nas causas de alçada, salvo quando visa a discutir se é ou não de causa de alçada. Assim, quando a parte interpõe recurso de apelação que não é recebido porque o juiz entende que se trata de causa de alçada, caberá agravo para o Tribunal decidir, porque se não for causa de alçada, o Tribunal será competente para julgar o recurso de apelação[61].

11. Procedimento do leilão

Alienação de quaisquer bens penhorados será feita em leilão público, no lugar designado pelo juiz, e a Fazenda Pública e o executado poderão requerer que os bens sejam leiloados englobadamente ou em lotes que indicarem. Cabe ao arrematante o pagamento da comissão do leiloeiro e demais despesas indicadas no edital (LEF, art. 23).

O art. 22 da LEF reza que a arrematação será precedida de edital, afixado no local de costume, na sede do juízo, e publicado, em resumo, uma só vez, gratuitamente, como expediente Judiciário, no órgão oficial, devendo também constar no edital a indicação das despesas relativas a comissão do leiloeiro e outras, com expedição da carta de arrematação, cujo pagamento incube ao arrematante (LEF, art. 23, § 2º). O prazo entre as datas de publicação do edital do leilão não poderá ser superior a 30 (trinta) nem inferior a 10 (dez) dias (LEF, art. 22, § 1º), e o representante judicial da Fazenda deverá ser intimado, pessoalmente, da realização do leilão, com a antecedência prevista no § 1º (LEF, art. 22, § 2º), para, querendo, requerer sua sustação, "se ocorreu algum fato que recomende o sobrestar no andamento do feito ou impeça o prosseguimento da execução (como o acolhimento da defesa do contribuinte na instância administrativa, a existência de parcelamento, *v.g.*), examinar o interesse em eventual adjudicação (art. 24 da LEF) por razões de seu interesse, v.g., no caso de ter sido concedido parcelamento ao sujeito passivo executado, examinar se é caso de adjudicar o bem penhorado e requerer o afastamento de nulidade que possa redundar o desfazimento posterior da venda judicial"[62] etc.

Não obstante o art. 22 da LEF, o executado também deverá ser intimado pessoalmente da realização do leilão, nos termos do art. 889, I do CPC (Súmula nº 121, STJ), com a antecedência mínima de 5 dias.

Posteriormente à Constituição foram promulgados dois acordos internacionais: a) o Pacto Internacional dos Direitos Civis e Políticos, de 1966, pelo Decreto nº 592, de 06.07.1992, cujo

---

[61] Cf. Humberto Theodoro Jr., *op. cit.,* nº 67, p. 105. No mesmo sentido, Milton Flaks, *op. cit.,* nº 317, p. 312.

[62] Cf. Odmir Fernandes *et al., op. cit.,* 4. ed. p. 331.

art. 11 veda a prisão por descumprimento de obrigação contratual; b) a Convenção Americana sobre Direitos Humanos (Pacto San Jose da Costa Rica), pelo Decreto nº 678, de 06.11.1992, cujo art. 7º, § 7º, prescreve que ninguém deve ser detido por dívidas, salvo por inadimplemento de obrigação alimentar mediante mandado de autoridade judiciária competente. Odmir Fernandes entende que, posta de lado a questão relativa à constitucionalidade ou não dos mencionados diplomas legais, tais disposições não se aplicam ao depositário judicial de bens penhorados no processo de execução fiscal pelas seguintes razões: a) primeiro, porque não se trata de descumprimento de obrigação contratual ou de prisão por dívida, "mas de meio de coerção, constitucionalmente previsto, para compelir alguém (devedor ou não) a restaurar a garantia do processo de execução, defraudada pela prática de um ato atentatório à dignidade da justiça"; b) segundo, que "tanto não é prisão por dívida que esta subsiste, mesmo cumprido todo o prazo máximo da medida coercitiva", em razão do depositário responder pelo bem penhorado e não pela dívida[63]. Conforme entendimento do STF consolidado na Súmula Vinculante nº 25: "É ilícita a prisão civil de depositário infiel, qualquer que seja a modalidade de depósito."

A Fazenda Pública poderá adjudicar os bens penhorados antes do leilão, pelo preço da avaliação, se a execução não foi embargada ou se rejeitados os embargos (LEF, art. 24, I).

Na execução fiscal haverá segundo leilão se no primeiro não houver lance superior à avaliação, por aplicação do art. 891, parágrafo único, do CPC: "considera-se preço vil o preço inferior ao mínimo estipulado pelo juiz e constante do edital, e, não tendo sido fixado preço mínimo, considera-se vil o preço inferior a cinquenta por cento do valor da avaliação". Será suspensa a arrematação logo que o produto da alienação dos bens bastar para o pagamento do credor e para satisfação das despesas da execução (art. 899, CPC).

O art. 39 da LEF reza que a Fazenda Pública não está sujeita ao pagamento de custas e emolumentos e que a prática dos atos judiciais de seu interesse independerá de preparo ou de prévio depósito. O paragrafo único do art. 39 dispõe ainda que, se vencida, a Fazenda Pública ressarcirá o valor das despesas feitas pela parte contrária mediante expedição de precatório (CF, art. 100). Mas na execução fiscal processada perante a justiça estadual cumpre à Fazenda Pública antecipar o numerário destinado ao custeio das despesas com transporte dos oficiais de justiça (STJ, Súmula nº 190).

12. Procedimentos judiciais de iniciativa do sujeito passivo

12.1. Noção geral

Examinemos agora os procedimentos judiciais que o sujeito passivo tem contra Fazenda Pública: a) ação anulatória de débito fiscal; b) ação declaratória; c) mandado de segurança; d) ação de consignação em pagamento. O sujeito passivo da obrigação tributária não tem liberdade para em qualquer situação escolher um dos meios judiciais acima mencionados, porque cada um deles é cabente somente em determinadas situações, como será demonstrado a seguir.

12.2. Ação anulatória de débito fiscal

A Fazenda Pública, procedendo à inscrição regular da dívida ativa tributária, já está em condições de ajuizar a execução fiscal, objetivando o recebimento da receita tributária.

---

[63] *Op. cit.*, p. 160, nº 22.6.

Entretanto o sujeito passivo da obrigação tributária não está obrigado a esperar a execução, uma vez que pode se antecipar, propondo ação anulatória de débito fiscal visando a anular o lançamento para desconstituir o crédito tributário, tendo a sentença natureza constitutiva (negativa ou desconstitutiva).[64] O pressuposto da ação anulatória é a efetivação do lançamento porque antes dele cabente é ação declaratória, como será demonstrado no item seguinte, e ação anulatória pode ser proposta independentemente do sujeito passivo ter esgotado a via administrativa. A propositura da ação anulatória importa em renúncia ao poder de recorrer na esfera administrativa e desistência do recurso acaso interposto (LEF, art. 38, parágrafo único). No que concerne a tributo indireto, o contribuinte de direito tem legitimidade para ação anulatória de débito fiscal, independente da prova de não ter ocorrido com o fenômeno da repercussão, porque tal exigência só se aplica para ação de repetição de indébito, nos termos do art. 166 do CTN.

Tratando-se de tributo federal, a ação deverá ser intentada contra a União na sessão judiciária em que for domiciliado o autor, vale dizer, no foro da capital do estado, naquele onde houver ocorrido o ato ou fato que deu origem a demanda ou onde esteja situada a coisa, ou, ainda, Distrito Federal, sendo a Justiça Federal competente para o seu julgamento (CF, art. 109, § 2º). Não disciplinando a LEF a matéria, o rito da ação anulatória é o do procedimento comum (CPC, art. 318), mas, dependendo do valor da causa, pode observar o rito dos Juizados Especiais (Lei nº 10.259/2001).

Prescreve o art. 784, § 1º, do CPC que: "a propositura de qualquer ação relativa a débito constante de título executivo não inibe o credor de promover-lhe a execução." Esta ocorre porque o ajuizamento da mencionada ação não corresponde a qualquer das causas de suspensão de exigibilidade do crédito tributário elencadas no art. 151 do CTN.

O art. 38 da LEF dá a entender que a ação anulatória de débito fiscal deve ser necessariamente precedido do depósito do montante do tributo em discussão. Qualquer interpretação nesse sentido será equivocada pelas seguintes razões. Em primeiro lugar, o referido dispositivo não diz expressamente que o depósito prévio é pressuposto necessário para ação anulatória de débito fiscal, e se fosse, tal exigência deveria estar estabelecida de modo expresso. Em segundo lugar e a título de raciocínio, se ela fizesse tal exigência, ela seria inconstitucional por que agrediria o art. 5º, XXXV, da CF de 1988, por constituir meio indireto de vedar a apreciação pelo Poder Judiciário de qualquer lesão a direito individual, e violaria, igualmente, o princípio da igualdade porque só os afortunados poderiam ajuizar a ação. Em terceiro lugar, a não efetivação do depósito prévio pelo sujeito passivo da obrigação tributária não prejudica os interesses da Fazenda, que pode ajuizar execução fiscal. Assim a efetivação do depósito pelo autor da ação anulatória constitui mera faculdade do sujeito passivo para suspender a exigibilidade do crédito tributário, a teor do disposto no art. 151, II, do CTN, e o depósito pode ser feito em medida cautelar, ou, incidentalmente, no curso da ação anulatória. O depósito deve corresponder ao montante integral do tributo devido, como reza o inciso II, do art. 151 do CTN, e deve ser feito em dinheiro (Súmula nº 112, STJ).

A ação anulatória objetiva impugnar o lançamento feito pela autoridade administrativa, podendo se fundamentar, entre outras, as seguintes razões: a) não incidência do tributo por não ter ocorrido a situação caracterizadora do seu fato gerador; b) não está correto o montante do tributo lançado; c) gozar o sujeito passivo de imunidade tributária, ou seja, não incidência juridicamente qualificada; d) estar o sujeito passivo beneficiado por isenção conferida por lei ou, sendo a mesma condicional ou a prazo certo, ter sido revogada irregularmente (CTN, art.

---

[64] Cf., entre outros, Mauro Luís Rocha Lopes, *op. cit.*, p. 223, e Ricardo Lobo Torres, *op. cit.*, 12. ed., p. 349.

178); e) tem lançamento sido feito irregularmente, por exemplo, por ausência de notificação ao sujeito passivo; f) ter ocorrido irregularidade na inscrição da dívida ativa, por exemplo, ter sido feita em desacordo com lançamento; g) ter o sujeito passivo sido beneficiado por remissão (CTN, art. 172) ou anistia (CNT, art. 175, II) etc.

Ajuizada a ação anulatória sem depósito do montante do tributo devido e promovida a execução fiscal pelo sujeito ativo da obrigação tributária, as duas ações devem ser reunidas para julgamento conjunto dada a ocorrência de conexão (CPC, art. 55), caso a Fazenda já tenha ajuizado execução fiscal, "que o devedor não tem mais interesse na propositura da ação ordinária de anulação do crédito fiscal, porque qualquer que seja o resultado dos embargos do devedor, procedente ou improcedente, nada mais haverá para discutir em qualquer outra ação".

Em resumo: a) proposta a ação anulatória de débito, com depósito, a Fazenda fica inibida de ajuizar execução fiscal; b) na ação anulatória, sem depósito, a Fazenda tem interesse e pode ajuizar execução fiscal; c) quando a Fazenda já tiver ajuizado execução fiscal, o sujeito passivo não tem interesse jurídico para ação anulatória.

Julgada procedente ação anulatória de débito fiscal, com trânsito em julgado da decisão, o crédito tributário ficará extinto (CTN, art. 156, X) e se o autor da ação procedeu ao depósito judicial do montante do tributo devido, deverá proceder ao seu levantamento. Entretanto, no caso de ser julgado improcedente o pedido da ação anulatória, com decisão transitada em julgado, o depósito converter-se-á em renda para a Fazenda (CTN, art. 156, VI).

No silêncio da LEF, o prazo prescricional para propositura da ação anulatória de débito fiscal é de cinco anos nos termos do Decreto nº 20.910, de 06.01.1932.

12.3. *Ação declaratória*

A ação declaratória visa a "obter certeza conclusiva, definitiva, da existência ou inexistência, de uma obrigação tributária, seja principal, seja acessória, afastando assim qualquer dúvida fiscal"[65]. O pressuposto para ação declaratória no direito tributário é ausência de crédito tributário definitivamente constituído ou não dotado de eficácia preclusiva, "ou por que não decorreu o prazo para interposição de recurso hierárquico, ou por que este se encontra pendente de julgamento".[66]

Célio Silva Costa[67] estabelece as seguintes distinções entre ação declaratória e ação de anulação de débito fiscal: a) a "ação anulatória de débito fiscal" não é uma "ação declaratória" negativa, mas é uma ação constitutiva negativa; b) não se pode usar indistintamente da ação declaratória ou da ação anulatória; c) ação declaratória destina-se a obtenção de uma decoração jurisdicional da existência ou de inexistência de relação jurídica, que somente acontece no plano da existência dos atos jurídicos; d) ação anulatória objetiva a modificação de um estado, com a anulação do ato jurídico praticado com vulneração da lei. Na realidade, as duas ações são inconfundíveis porque ação anulatória de débito fiscal só é cabente se o lançamento foi efetuado, enquanto a ação declaratória tem como pressuposto ausência de lançamento. Não cabe igualmente ação declaratória se o tributo já foi pago.

O prévio depósito judicial não é pressuposto para o ajuizamento da ação declaratória porque corresponde a uma mera faculdade do sujeito passivo da obrigação tributária, visando suspender a exigibilidade do crédito tributário (CTN, art. 151, II).

---

[65] Cf. Ruy Barbosa Nogueira, *op. cit.*, p. 238.
[66] Cf. Milton Flaks, *op. cit.*, p. 336.
[67] *Op. cit.*, p. 356-357.

Não efetivado o depósito, a Fazenda Pública não está inibida de promover a execução fiscal. Proposta a ação declaratória sem depósito, e vindo a Fazenda Pública ajuizar execução fiscal, os dois processos devem ser reunidos para julgamento conjunto, dada a ocorrência de conexão. Entretanto, pode ocorrer continência entre ação declaratória e a execução fiscal, como explicar Milton Flaks[68]:

> A continência, igualmente, não é estranha à execução fiscal. Verifica-se, v.g., entre ação declaratória visando ao reconhecimento judicial que não são tributáveis determinados fatos jurídicos, de ocorrência constante e sucessiva, e a cobrança executiva de tributo lançado em razão de um desses fatos já ocorridos. Haveria identidade quanto as partes e a causa de pedir, na ação declaratória e nos embargos à execução, mas o objeto da primeira seria mais amplo do que o objeto dos últimos."

Exemplificando: se o sujeito passivo, entendendo gozar de imunidade tributária, ajuíza ação, sem depósito, visando a declaração de inexistência da relação jurídica tributária entre ele e a Fazenda Pública municipal no que toca ao IPTU de 2002 a 2005 e a fazenda promove execução fiscal para cobrança do IPTU relativo ao exercício de 2004, ocorrerá continência, sendo mais amplo o objeto da ação declaratória, impondo-se a reunião dos processos para julgamento conjunto pelo juízo onde foi ajuizada ação declaratória.

12.4. Mandado de segurança

O sujeito passivo da obrigação tributária pode impetrar mandado de segurança (CF, art. 5º, LXIX), objetivando "proteger direito líquido e certo, não amparado por *habeas corpus*, ou *habeas data*, quando o responsável pela ilegalidade ou abuso de poder for autoridade pública ou agente de pessoa jurídica no exercício de atribuições do poder público[69]. Assim, o "mandado de segurança é meio hábil para impugnar o ato de inscrição de débito fiscal em dívida ativa, tida como ilegal pelo contribuinte"[70].

Sobre o entendimento sumulado do STF, tem-se que: a) "Não cabe mandado de segurança contra lei em tese" (Súmula nº 266); b)"O mandado de segurança não é substitutivo de ação de cobrança" (Súmula nº 269); c) "Concessão de mandado de segurança não produz efeitos patrimoniais em relação a período pretérito, os quais devem ser reclamados administrativamente ou pela via judicial própria" (Súmula nº 271); d) "Denegado o mandado de segurança pela sentença, ou no julgamento do agravo, dela interposto, fica sem efeito a liminar concedida, retroagindo os efeitos da decisão contrária" (Súmula nº 405). Quanto ao STJ: "O mandado de segurança constitui ação adequada para a declaração do direito à compensação tributária" (Súmula nº 213).

O CTN, em seu art. 151, IV, prescreve que ficará suspensa a exigibilidade do crédito tributário em decorrência da "concessão de liminar em mandado de segurança", pelo que

---

[68] *Op. cit.*, nº 160, p. 166.

[69] Para um completo conhecimento sobre mandado de segurança, leia-se a preciosa monografia: DIREITO, Carlos Alberto Menezes. *Manual do mandado de segurança*. 2. ed. Rio de Janeiro: Renovar, 1994. O autor assim conceitua mandado de segurança: "O mandado de segurança é uma ação ação constitucional de rito próprio sumaríssimo, destinada a proteger direito líquido e certo, ameaçado ou violado por ato praticado ilegalmente ou com abuso de poder, concedendo-se a ordem para que o coator cesse imediatamente a ameaça ou a violação." (*op. cit.*, p. 23).

[70] Cf. MEIRELLES, Hely Lopes, *Mandado de segurança, ação popular, ação civil pública, mandado de injunção, habeas data*. São Paulo: Revista dos Tribunais, 1989.

a simples impetração não tem o condão de determinar a suspensão. O mandado de segurança está disciplinado pela Lei nº 12.016, de 7 de agosto de 2009, e nos termos do art. 23 deve ser impetrado no prazo de cento e vinte dias, contados da ciência pelo interessado, do ato impugnado. "Direito líquido e certo é o que apresenta manifesto na sua existência, delimitado na sua extensão e apto a ser exercitado no momento da impetração.[71] O art. 7º prescreve que o juiz, ao despachar a inicial, ordenará, dentre outras medidas, "que se suspenda o ato que deu motivo ao pedido, quando houver fundamento relevante e do ato impugnado puder resultar a ineficácia da medida, caso seja finalmente deferida, sendo facultado exigir do impetrante caução, fiança ou depósito, com o objetivo de assegurar o ressarcimento à pessoa jurídica".[72]

A atividade tributária tem natureza vinculada, ou seja, correndo fato gerador, autoridade administrativa não pode deixar de praticar os atos necessários visando à cobrança do tributo (CTN, art. 3º, parte final). O lançamento corresponde também a uma atividade de natureza vinculada e obrigatória (CTN, art. 142, parágrafo único). Assim, entrando em vigor lei inconstitucional instituindo ou majorando tributos, o sujeito passivo da obrigação tributária não necessita esperar que a autoridade administrativa exija o pagamento do tributo para que possa utilizar a via do mandado de segurança. Pode fazê-lo de imediato, a partir da edição da lei, e neste caso o mandado de segurança terá natureza preventiva, com finca no art. 1º da Lei 12.016/2009, por estar caracterizado o justo receio a que se refere o dispositivo legal. É lógico que o sujeito passivo só poderá se valer do mandado de segurança se ocorrer em relação a ele o fato gerador do tributo para provar a sua condição de contribuinte da exação.[73]

Admite-se no mandado de segurança a efetivação de depósito, apesar da concessão de medida liminar, visando evitar que, no caso de a mesma caducar, o fisco possa promover a execução fiscal. Entretanto, o juiz, se presentes o *fumos boni juris* e o *periculum in mora*, somente poderá condicionar a concessão da liminar à efetivação de depósito em casos excepcionais, quando, por exemplo, o contribuinte é domiciliado no exterior ou está em notória situação de crise econômica financeira, porque o depósito não é pressuposto para concessão de medida liminar, tanto que está referido no inciso II do art. 151 do CTN, e a liminar em mandado de segurança ano inciso IV.

12.5. *Ação de consignação em pagamento*

O sujeito passivo da obrigação tributária tem direito de se valer da ação de consignação em pagamento, que, no silêncio da LEF, deve observar as regras do Código de Processo Civil (539 e seguintes). Entretanto, como doutrina Mauro Luís Rocha Lopes, não se aplica à matéria tributária a Lei nº 8.951/1994, admitindo "depósito extrajudicial com notificação ao credor para recebimento, possuindo a não recusa por escrito o efeito de liberação da obrigação, por

---

[71] Cf. MEIRELLES, Hely Lopes, *Mandado de segurança, ação popular, ação civil pública, mandado de injunção, habeas data.* 12. ed. São Paulo: RT, 1989, p. 12.

[72] O STF, por meio da ADI nº 4296, reconheceu a constitucionalidade do art. 7º, III da Lei nº 12.016/2009. (BRASIL. Supremo Tribunal Federal, ADI 4296, Rel. Marco Aurélio, Rel. p/acórdão: Alexandre de Moraes, Tribunal Pleno, j. 09.06.2021, processo eletrônico, DJe-202, divulg. 08.10.2021, public. 11.10.2021.

[73] BRASIL. Superior Tribunal de Justiça, REsp 107.588/CE, Rel. Min. José Delgado, Primeira Turma, v.u., 13.12.1996, *DJU* 10.03.1997, p. 5920.

Capítulo XI · CONTENCIOSO TRIBUTÁRIO **393**

que a extinção do crédito tributário dependerá sempre de sentença transitada em julgado, dando pela procedência do pedido, na forma dos arts. 156, VIII, e 164, § 2º, do CTN"[74].

O artigo 164 do CTN reza que a importância do crédito tributário pode ser consignada judicialmente pelo sujeito passivo nos seguintes casos: a) recusa de recebimento, ou subordinação deste ao pagamento de outro tributo ou de penalidade, ou ao cumprimento de obrigação acessória; b) subordinação do recolhimento ao cumprimento de exigências administrativas sem fundamento legal; c) em exigência, por mais de uma pessoa jurídica de direito público, de tributo idêntico sobre o mesmo fato gerador. Tais casos já foram por nós examinados quando tratamos da consignação em pagamento como modalidade de extinção do crédito tributário. Deve-se atentar que "a consignação só pode versar sobre o crédito que o consignante se propõe pagar" (art. 164, § 1º, CTN)

O sujeito passivo, ao propor ação de consignação em pagamento, deverá especificar seu fundamento, bem como requerer a citação da Fazenda para levantar o depósito ou oferecer contestação. A Fazenda terá o prazo de 30 dias úteis para contestar a ação a partir da data da intimação pessoal (arts. 183 e 335 do CPC). Se procedente a ação, o pagamento se reputa efetuado e a importância consignada é convertida em renda. Se, no entanto, a ação for julgada improcedente, no todo ou em parte, a Fazenda poderá cobrar o crédito acrescido de juros de mora, sem prejuízo das penalidades cabíveis.

Não se admite a consignação em pagamento mediante títulos da dívida pública, porque o débito tributário relaciona-se à dívida em dinheiro e não há como se reconhecer a possibilidade de efeito liberatório à oferta dos mencionados títulos. Assim, a consignação qual efeito de pagamento somente ocorre com oferecimento da quantia devida, nos termos do art. 162 do CTN. Descabe ação de consignação em pagamento sob o fundamento de inconstitucionalidade da progressividade do IPTU e taxas, pois inexistem, no caso, exigências administrativas sem base legal impostas pela municipalidade (CTN, art. 164, II), mas aumento determinado por lei. Desse modo, dever ser proposta ação declaratória do ato declarativo da dívida, com o efetivo depósito preparatório do débito, nos termos do art. 38 da Lei 6.830/1980. Entendemos que cabe ação de consignação em pagamento quando o contribuinte entende que deve valor inferior de tributo ao cobrado pela Fazenda Pública, porque caracteriza recusa de recebimento desse valor pelo fisco.

12.6. *Ação civil pública*

A jurisprudência não tem admitido ação civil pública (CF, art. 129, III), classificada entre as ações coletivas, como meio adequado para evitar a cobrança de tributos, uma vez que as relações tributárias não podem ser qualificadas como de interesses difusos ou coletivos, não tendo o Ministério Público legitimidade *ad causam* para patrocinar direitos individuais privados e indisponíveis. Descabe ainda a mencionada ação por que o contribuinte não pode ser considerado consumidor (Lei nº 7.347/1985, art. 21), categorias afins, mas distintas, e a ação civil pública funcionaria como verdadeira ação indireta de constitucionalidade.

Sobre o tema, o STF fixou a tese no tema de repercussão geral nº 645: "O Ministério Público não possui legitimidade ativa *ad causam* para, em ação civil pública, deduzir em juízo pretensão de natureza tributária em defesa dos contribuintes, que vise questionar a constitu-

---

[74] *Op. cit.*, p. 237.

cionalidade/legalidade de tributo"[75]. E o STJ entendeu que: "(...) II – O parágrafo único do art. 1º da Lei nº 7.347/1985, que disciplina a ação civil pública, veda o ajuizamento da referida ação para veicular pretensões que envolvam tributos. A referida vedação direcionada ao tema impede a utilização da ação coletiva para tutelar direito individual homogêneo disponível, e que pode ser defendido individualmente em demandas autônomas. (...)".[76]

---

[75] BRASIL. Supremo Tribunal Federal, ARE 694294 RG, Rel. Luiz Fux, Tribunal Pleno, j. 25.04.2013, acórdão eletrônico, repercussão geral – mérito, DJe-093, divulg. 16.05.2013, public. 17.05.2013.

[76] BRASIL. Superior Tribunal de Justiça, EREsp nº 1.428.611/SE, Rel. Min. Francisco Falcão, Primeira Seção, j. 09.02.2022, DJe de 29.03.2022.

Capítulo XII

IMPOSTOS FEDERAIS, ESTADUAIS E MUNICIPAIS

I. IMPOSTOS FEDERAIS

1. Imposto de importação

1.1. *Competência e legislação*

O imposto sobre importação de produtos estrangeiros, ou simplesmente II, é de competência privativa da União (CF, art. 153, I) desde a CF de 1891, porque tem **fim extrafiscal**, ou seja, serve de instrumento para intervenção do Estado no domínio econômico, visando a atender aos objetivos da política cambial e do comércio exterior (CTN, art. 21). As **normas gerais do imposto de importação** estão contidas nos arts. 19 a 22 do CTN, sendo regulado, basicamente, pelo Decreto-lei nº 37, de 18.11.1966, por legislação posterior e regulamentado pelo Decreto nº 6.759/2009 (Regulamento Aduaneiro ou simplesmente RA). O imposto de importação é também denominado **imposto aduaneiro**, e o termo *alfândega* significa estabelecimento pertencente ao Estado, situado em certa parte do território nacional, por onde entram, passam ou saem mercadorias do estrangeiro, ou para o estrangeiro.

1.2. *Características*

O imposto de importação apresenta as seguintes **características**: a) **fim extrafiscal**, como explicado antes, mas isto não significa que desapareça o fim de arrecadação, que fica, no entanto, relegado a segundo plano. O imposto de importação presta-se, por exemplo, à adoção de uma política de protecionismo aos produtos nacionais quando se estabelecem alíquotas bastante elevadas para desestimular a entrada de determinados bens estrangeiros no território nacional. De outro lado, sempre que a conjuntura econômica exigir que se facilite a entrada de produtos estrangeiros, em razão de determinados produtos nacionais estarem com preços bastante elevados, o Poder Executivo pode reduzir a alíquota do imposto ou fixá-la em zero (CF, art. 153, § 1º). Assim, o imposto de importação constitui exceção **relativa ao princípio da legalidade tributária**, porque o Poder Executivo pode, nas condições e nos limites estabelecidos em lei, alterar suas alíquotas, mas não sua base de cálculo, **porque** o art. 21 do CTN não foi recepcionado nessa parte pela CF de 1988. O imposto de importação é também excepcionado do princípio da anterioridade ordinária e da anterioridade nonagesimal (CF, art. 150, § 1º); b) imposto posicionado na **categoria econômica de comércio exterior** (CTN, Livro I, Título III, Capítulo II, Seção I), e, desse modo, é importante a celebração de tratados e convenções internacionais sobre a matéria aduaneira (CTN, arts. 96 e 98). Atualmente, deve-se citar, por sua importância, o GATT (Acordo Geral sobre Tarifas e Comércio), firmado em 1947 na Suíça, do qual o Brasil é signatário, cuja finalidade é "estabelecer e administrar regras para o procedimento em comércio internacional, ajudar os governos a reduzir tarifas alfandegárias ou aduaneiras e abolir as barreiras comerciais entre as partes contratantes".

MANUAL DE DIREITO TRIBUTÁRIO – *Luiz Emygdio Franco da Rosa Junior e Amanda Albano*

Outro tratado importante é o Mercosul (Mercado Comum do Sul); c) **imposto real**, porque não leva em conta elementos pessoais do contribuinte, mormente sua capacidade contributiva; d) **imposto indireto**, por comportar o fenômeno econômico da repercussão, porque o valor do imposto pago agrega-se ao preço de venda, embora sem destaque formal; e) imposto de **incidência monofásica**, porque incide em um único momento, que é a entrada de produtos estrangeiros no território nacional, correspondendo, portanto, a **fato gerador instantâneo**, ou seja, verifica-se em um momento determinado de tempo, e a cada ocorrência provoca o nascimento de uma nova obrigação tributária principal; f) **imposto ordinário**, porque **constitui fonte permanente de recursos para a União**; g) apresenta **dois tipos de alíquotas**: específica e *ad valorem*; i) objeto de **lançamento por homologação** (CTN, art. 150).

1.3. *Hipótese de incidência*

A hipótese de incidência do imposto de importação é a **entrada de produtos estrangeiros no território nacional** (CTN, art. 19). O art. 1º do DL nº 37/1966 refere-se a **mercadoria estrangeira**, enquanto o art. 153, I, da CF e o art. 19 do CTN aludem a **produtos estrangeiros**, mas existe compatibilidade entre as duas expressões. O termo **produto** é mais amplo, pois "abrange tanto a mercadoria (aquele que é importado para integrar o processo industrial ou comercial, com destino ao consumo) quanto o bem (aquele que é destinado ao uso do próprio importador), não havendo, portanto, antinomia entre os mencionados dispositivos"[1]. O art. 19 do CTN não caracteriza o momento em que se considera ocorrida a entrada de produto estrangeiro no território nacional, e, por isso, o art. 23 do DL nº 37/1966 explicita esse momento considerando que, tratando-se de mercadoria despachada para consumo, o fato gerador ocorre na data do registro, na repartição aduaneira, da declaração para fins de desembaraço aduaneiro (SISCOMEX – Sistema de Comércio Exterior, criado pelo Decreto nº 660/1992). Considerando que o fato gerador fixa o regime jurídico da tributação, deve incidir a alíquota vigente no momento do mencionado registro. Nesse sentido, posiciona-se o **STF**, entendendo "irrelevante, para esse específico efeito, a data da celebração, no Brasil ou no exterior, do contrato de compra relativo ao produto importado, ou, então, o instante em que embarcadas as mercadorias adquiridas no estrangeiro, ou, ainda, o ingresso físico desses bens em território nacional"[2]. Em resumo, deve-se aplicar a alíquota vigente no momento do dia do registro alfandegário para o desembaraço e a entrada da mercadoria no território nacional.

Importação, na lição de **Leandro Paulsen**, "significa incorporação à economia nacional, não bastando o mero ingresso nas nossas fronteiras. Assim, o ingresso de mercadoria no território nacional, em trânsito para outro país ou para simples participação em feira e posterior

---

[1] Cf. SOUZA, Fátima Fernandes Rodrigues de. MARTINS, Ives Granda da Silva (org.). *Comentários ao código tributário nacional* – volume 1. São Paulo: Saraiva, 1998, p. 169. Súmula nº 4 do extinto Tribunal Federal de Recursos: "É compatível com o art. 19 do Código Tributário Nacional a disposição do art. 23 do Decreto-lei nº 37, de 18 de novembro de 1966".

[2] *RTJ* 91/704, 93/1269 etc. No mesmo sentido: BRASIL. Superior Tribunal de Justiça, REsp. 157162/SP, Rel. Min. Castro Meira, Segunda Turma, 03.05.2005, *DJU* 01.08.2005, p. 366 etc. Entretanto, Hugo de Brito Machado posiciona-se de forma diversa, ao averbar que: "Obtida a guia de importação, ou forma equivalente de autorização da importação, se necessária, ou efetuado o contrato de câmbio, e efetivada a aquisição do bem no exterior, o importador tem direito que a importação se complete no regime jurídico então vigente. Se ocorre redução da alíquota do imposto de importação antes do desembaraço aduaneiro, é razoável admitir-se que o imposto seja pago pela alíquota menor. Se ocorre aumento, devem ser respeitadas as situações jurídicas já constituídas. O art. 150, inciso III, alínea "a", combinado com o art. 5º, inciso XXXVI, da Constituição Federal o determinam" (MACHADO, Hugo de Brito. *Curso de direito tributário*. 20. ed. São Paulo: Malheiros, 2002, p. 260).

retorno à origem não configura o fato gerador do imposto de importação"[3]. O imposto incide, portanto, somente quando o produto estrangeiro ingressa no território nacional destinado a permanecer de forma definitiva[4]. O imposto não incide quando, comprovadamente, o produto nacional atinja outro ponto do território nacional via território estrangeiro porque não se incorpora à economia nacional. O DL nº 37/1966 presume a entrada da mercadoria no território nacional quando houver extravio ou avaria no transporte internacional, que supere os percentuais máximos de perda normal, salvo se o produto destinava-se a outro país (art. 1º, § § 2º e 3º). O II não incide (quota isencional) nas hipóteses referidas no art. 13 do DL nº 37/1966, inclusive referente a bagagem de passageiro que ingressa no país, abrangendo joias, roupas, livros etc., mas dentro de um valor limitado e sem caráter comercial (**STF, Súmula nº 64**).

O imposto só incide na importação de **mercadorias ou produtos estrangeiros** e não de produto meramente proveniente do exterior, e, por isso, a reintrodução de bens nacionais no país não fica sujeita à incidência do imposto de importação, sob pena de se afrontar a norma do art. 153, I, da CF, que se refere a importação de produtos estrangeiros. Por essa razão, o **STF** julgou inconstitucional o art. 93 do DL nº 37/1966, ao considerar estrangeira, para efeito de incidência do II, a mercadoria nacional reimportada após o período de um ano de sua exportação primitiva, criando ficção incompatível com o art. 21, I, da CF de 1969[5], tendo a eficácia do mencionado dispositivo sido suspensa pela Resolução nº 436/1987 do Senado Federal[6]. Considera-se **produto estrangeiro** o bem móvel destinado ao consumo, inclusive de energia elétrica, combustíveis líquidos e gasosos, lubrificantes e minerais do País, sobre os quais estão não incidirá nenhum imposto à exceção do II, IE, IBS e, no tocante às operações

---

[3] PAULSEN, Leandro. *Direito tributário*: constituição, código tributário e lei de execução fiscal à luz da doutrina e da jurisprudência. 4. ed. Porto Alegre: Livraria do Advogado, 2002, p. 487. O Projeto do CTN, em seu art. 25, vinculava o fato gerador do imposto de importação à destinação da mercadoria a consumo interno, para aclarar que o simples trânsito pelo território nacional não é fato gerador do imposto. Tal cláusula não consta do art. 19 do CTN, "o que em nada altera o conteúdo do dispositivo, pois a doutrina – e mesmo a jurisprudência – tem entendido que não ocorre o fato imponível se o produto não é destinado a consumo interno" (SOUZA, Hamilton Dias de. *Estrutura do imposto de importação no código tributário nacional*. São Paulo: Resenha Tributária, 1980, p. 32). Aliás, o art. 11 do DL nº 2.472/1988 concede isenção "do imposto de importação às mercadorias destinadas a consumo, no recinto de feiras e exposições internacionais, a título de promoção ou degustação, de montagem, decoração ou conservação de stands, ou de demonstração de equipamentos em exposição".

[4] TRF-3ª R., AC 95.00-6, Rel. Des. Federal Lúcia Figueiredo, Quarta Turma, 04.10.1995, *DJU* 28.05.1996, p. 35.177. Ricardo Lobo Torres doutrina que a "incidência do imposto de importação se faz concomitantemente com a do ICMS, de competência estadual (art. 155, § 2º, IX, "a") e a do IPI, também pertencente à União. Os três impostos devem incidir harmoniosamente: o imposto de importação tem a função precipuamente extrafiscal de atuar sobre a política econômica internacional; o ICMS e o IPI são impostos para a equalização do preço das mercadorias estrangeiras com as nacionais" (TORRES, Ricardo Lobo. *Curso de direito financeiro e tributário*. 9. ed. Rio de Janeiro: Renovar, 2002, p. 338).

[5] BRASIL. Supremo Tribunal Federal, RE 104.306-7/SP, Rel. Min. Octavio Gallotti, Plenário, 06.03. 1986, un. DJ, 18.04.1986, p. 5.993. Posteriormente, sob a égide da Constituição Federal de 1988, o Supremo Tribunal Federal por meio do Ag.Reg. no RE 606.102/SP rememorou o julgado tendo a Min. Rel. Carmen Lúcia averbado que: "O Decreto-Lei n. 37/1966 foi julgado inconstitucional antes da promulgação da Constituição da República de 1988. Conforme assentado por este Supremo Tribunal, a Constituição superveniente não tem o poder de constitucionalizar norma inconstitucional ao tempo de sua edição." Disponível em: https://redir.stf.jus.br/paginadorpub/paginador.jsp?docTP=TP&docID=3229034#:~:text=93. Acesso em: 31 dez. 2023.

[6] BRASIL. Supremo Tribunal Federal, RE 104.306-7/SP, Rel. Min. Octavio Gallotti, Pleno, 06.03.1986, v.u., *DJU* 18.04.1986, p. 5.993.

relativas a derivados de petróleo, combustíveis e minerais, o imposto do art. 153, VIII, da CF[7] (CF, art. 155, § 3º).

Posteriormente, o Decreto-lei nº 2.472/1988 acrescentou o § 1º ao art. 1º do DL nº 37/1966, que assim dispõe: "Para fins de incidência do imposto, considerar-se-á também estrangeira a mercadoria nacional ou nacionalizada exportada, que retornar ao País, salvo se: a) enviada em consignação e não vendida no prazo autorizado; b) devolvida por motivo de defeito técnico, para reparo ou substituição; c) por motivo de modificações na sistemática de importação por parte do país importador; d) por motivo de guerra ou calamidade pública; e) por outros fatores alheios à vontade do exportador" (DL nº 37/1966, art. 1º, § 1º). A recepção do art. 1º, § 1º, do DL nº 37/1966 foi questionada pelo Procurador Geral da República e encontra-se pendente de análise pelo Supremo Tribunal Federal na ADPF nº 400. Em síntese, o PGR requereu a declaração de ilegitimidade, por não recepção pela Constituição Federal de 1988, do artigo 1º, § 1º, do Decreto-lei nº 37, de 18.11.1966 (incluído pelo Decreto-lei nº 2.472, de 01.09.1988), e, a declaração de inconstitucionalidade, por arrastamento, contra o art. 70 do Decreto nº 6.759, de 05.02.2009, por contrariedade aos artigos 153, I e 146, III, "a", ambos da Constituição Federal. Após traçar o histórico legislativo sobre importação, argumenta o PGR que os dispositivos questionados teriam conteúdo similar ao já declarado inconstitucional artigo 93 do DL nº 37/1966 e esclarece que:

> Com o Decreto-lei nº 2.472/1988, a procedência da mercadoria voltou a ser o fator de prevalência, mitigado não só pelos regimes aduaneiros especiais, como também pelas hipóteses das alíneas do art. 1º, § 1º, do Decreto-lei nº 73/1966. Com base nele, se determinada mercadoria estava integrada no mercado estrangeiro e ingressa no mercado nacional, atrai incidência do imposto de importação, mesmo nas reimportações.
>
> Não obstante essas modificações, subsistem as razões de inconstitucionalidade declaradas no RE 140.306. O comando constitucional em foco pouco mudou, isto é, a incidência do imposto de importação continua prevista apenas para produtos estrangeiros. Contraditoriamente, o regime tributário atual permite incidência do tributo sobre mercadorias nacionais (de fabricação nacional), em franca oposição à norma constitucional.[8]

Deve-se ainda mencionar que a atribuição para classificação de produtos e serviços que envolvam a saúde pública pertence à autoridade sanitária (Anvisa). De acordo com o STJ, às autoridades fiscais e aduaneiras não é dado alterar a classificação posta pela Anvisa. Em julgamento do REsp 1.555.004/SC, entendeu a Primeira Turma do STJ que à Anvisa caberia a definição do que é medicamento e o que é cosmético, não podendo a Aduana servir de instância revisora.[9] Diga-se que o entendimento firmado pelo STJ não obsta a revisão da

---

[7] A Constituição ainda autoriza a incidência de ICMS monofásico sobre combustíveis e lubrificantes nos termos da lei complementar, conforme art. 155, § 2º, "h", da CF. A lei complementar em questão é a LC nº 192/2022.

[8] Petição Inicial. Arguição de Descumprimento de Preceito Fundamental. Disponível em: https://www.conjur.com.br/dl/im/imposto-importacao-mercadoria-nacional.pdf. Acesso em: 31 dez 2023.

[9] Tributário. Produto importado. Sabão antiacne. Classificação perante à anvisa como cosmético. Autoridade aduaneira que entende ser medicamento. Impossibilidade. Atribuição da autoridade sanitária (Anvisa) na classificação do produto. Recurso especial provido. 1. Incumbe à Anvisa regulamentar, controlar e fiscalizar os produtos e serviços que envolvam à saúde pública (art. 8º. da Lei nº 9.782/1999). 2. Não pertence às atribuições fiscais e aduaneiras, alterar a classificação de um produto, inclusive porque os seus agentes não dispõem do conhecimento técnico-científico exigido para esse mister. 3. Produto classificado pela Anvisa como cosmético. Atribuição privativa da Autoridade Sanitária, que refoge à competência da

Capítulo XII • IMPOSTOS FEDERAIS, ESTADUAIS E MUNICIPAIS | **399**

classificação de mercadoria em sede judicial. Por meio do AgInt no AREsp 1.310.045/SP, a Segunda Turma, ao reconhecer impossibilidade de análise em sede de Recurso Especial, por óbice ao reexame fático-probatório (Súmula nº 7 STJ), consignou que:

> Inaplicável ao presente caso o precedente invocado, REsp **1555004**/SC (Primeira Turma, Rel. Min. Napoleão Nunes Maia Filho, julgado em 16.02.2016), tendo em vista que tratou de situação diversa onde a classificação dada pela autoridade aduaneira divergiu da classificação dada pela ANVISA a determinado medicamento. Já o caso dos autos trata de nova classificação dada por autoridade judiciária no exercício da função jurisdicional que, à toda evidência, poderá fazê-lo consoante a apreciação das provas dos autos, desde que indique na decisão as razões da formação de seu convencimento, a teor do art. 371, do CPC/2015 como de fato ocorreu.[10]

1.4. *Alíquotas*

O art. 20 do CTN, ao determinar a base de cálculo do imposto de importação, refere-se a duas espécies de alíquota: específica e "*ad valorem*". **Alíquota específica** é expressa por quantia determinada, em função da unidade de medida constante da Tarifa Aduaneira do Brasil (TAB) indicada na tarifa relativa ao bem importado, levando em conta peso, volume, número, superfície, extensão etc. da mercadoria. Exemplificando: o imposto de importação pode ser cobrado, aplicando-se a alíquota específica de R$ 100,00 por tonelada do produto ou R$ 10,00 por litro. *Alíquota ad valorem* consiste em um percentual a ser aplicado sobre a base de cálculo, que é o preço normal do produto, ou seja, o valor aduaneiro da mercadoria importada. As alíquotas do imposto de importação, em razão de seu fim extrafiscal, devem ser fixadas levando em conta os interesses nacionais no comércio exterior e são elencadas em tabelas denominadas tarifas[11]. Vide art. 2º e alínea "a" do art. 22 da Lei nº 3.244/1957, na redação do DL nº 2.434/1988, que prevê também *alíquotas mistas*, resultantes da combinação de alíquota específica e *ad valorem*.

Considerando o fim extrafiscal do imposto de importação, o **Poder Executivo pode**, atendidas as condições e limites estabelecidos em lei, pode **alterar suas alíquotas** (CF, art. 153, § 1º), devendo-se entender que tal lei pode ser ordinária, vez que a Constituição não reclama expressamente lei complementar para a hipótese[12]. A Lei nº 3.244/1957, em seu art. 3º, estabelece as condições e os limites para alteração das alíquotas do imposto de importação. As alíquotas alteradas pelo Poder Executivo não se subordinam ao princípio da anterioridade fiscal clássica e nonagesimal (CF, art. 150, § 1º), **tendo em vista seu fim extrafiscal**. O ato do Poder Executivo que alterar as alíquotas do imposto de importação **deve ser motivado**, por ser exceção ao princípio da legalidade, e essa motivação pode dele constar ou estar referida no processo administrativo de sua formação ou na exposição presidencial que o gerou[13].

Autoridade Aduaneira. 4. Recurso Especial do contribuinte provido para restabelecer a sentença de fls. 974/975 (BRASIL. Superior Tribunal de Justiça, REsp n. 1.555.004/SC, Rel. Min. Napoleão Nunes Maia Filho, Primeira Turma, j. 16.02.2016, DJe de 25.02.2016.)

[10] BRASIL. Superior Tribunal de Justiça, AgInt no AREsp nº 1.310.045/SP, Rel. Min. Mauro Campbell Marques, Segunda Turma, j. 12.02.2019, DJe de 19.02.2019.

[11] Cf. Leandro Paulsen, *op. cit.*, p. 495.

[12] BRASIL. Supremo Tribunal Federal, RE 225.602/CE, Rel. Min. Carlos Velloso, Pleno, 25.11.1998, v.u., *DJU* 06.04.2001, p. 101.

[13] BRASIL. Supremo Tribunal Federal, RE n. 224.285/CE, Rel. Min. Maurício Corrêa, Pleno, *DJU* 28.05.1999, p. 1.795; BRASIL. Superior Tribunal de Justiça, REsp. 186.815/DF, Rel. Min. Humberto Gomes de Bar-

O **art. 5º do DL nº 2.434/1988** prescreve: "Os bens importados com alíquota 0 (zero) do Imposto sobre a Importação estão sujeitos aos demais tributos, nos termos das respectivas legislações". **Vide Súmula nº 576 do STF.**

1.5. Base de cálculo

A **base de cálculo** do imposto de importação é: "a) quando a alíquota seja específica, a unidade de medida adotada pela lei tributária; b) quando a alíquota seja *ad valorem*, o preço normal que o produto, ou seu similar, alcançaria, ao tempo da importação, em uma venda em condições de livre concorrência, para entrega no porto ou lugar de entrada do produto no País; c) quando se trate de produto apreendido ou abandonado, levado a leilão, o preço da arrematação" (CTN, art. 20). Anote-se que na hipótese do inciso II do art. 31 do DL nº 37/1966 **é irrelevante o preço constante da fatura relativa à importação para fim tributário.** Quando a alíquota for *ad valorem*, a base impositiva corresponderá ao valor aduaneiro apurado segundo normas do art. VII do Acordo Geral sobre Tarifas Aduaneiras e Comércio – GATT, também denominado Acordo de Valoração Aduaneira, conforme Decreto nº 1.355/1994 (art. 2º do DL nº 37/1966), ressalvada a possibilidade de discussão judicial. "A redução da alíquota do Imposto sobre Produtos Industrializados ou do Imposto de Importação não implica redução do ICMS" (**STJ, Súmula nº 95**).

Eliana Calmon averba que somente em duas hipóteses cabe o arbitramento da base de cálculo do imposto de importação: "quando a mercadoria não está acompanhada da documentação legal, ignorando-se o valor da aquisição, ou quando a documentação apresentar-se inidônea"[14].

No imposto de importação o valor do produto que serve de base de cálculo é o valor CIF (*cost, insurance and freight*), ou seja, o valor externo do produto estrangeiro, acrescido do frete e do seguro. **Súmula nº 97 do extinto TFR**: "As resoluções do Conselho de Política Aduaneira, destinadas à fixação de pauta de valor mínimo, devem conter motivação expressa".

Integra ainda a base de cálculo do imposto de importação os serviços de capatazia, por integrarem o conceito de **valor aduaneiro.** O Superior Tribunal de Justiça firmou a seguinte Tese no Tema Repetitivo nº 1014: "Os serviços de capatazia estão incluídos na composição do valor aduaneiro e integram a base de cálculo do imposto de importação."[15] Conforme a

---

ros, Primeira Turma, v.u., 03.12.1998, *DJU* 15.03.1999, p. 119. "As resoluções do Conselho de Política Aduaneira, destinadas à fixação de pauta de valor mínimo, devem conter motivação expressa" (Súmula 97 do extinto TFR).

[14] CALMON, Eliana.; PASSOS, Vladimir (coord.). *Código tributário nacional comentado*. São Paulo: RT, 1999, p. 50.

[15] Recurso especial repetitivo. Arts. 1.036 e seguintes do CPC/2015 (Art. 543-C, do CPC/1973). Processual civil. Tributário. Imposto de importação. Composição do valor aduaneiro. Inclusão das despesas com capatazia. I – O acordo Geral Sobre Tarifas e Comércio (GATT 1994), no art. VII, estabelece normas para determinação do "valor para fins alfandegários", ou seja, "valor aduaneiro" na nomenclatura do nosso sistema normativo e sobre o qual incide o imposto de importação. Para implementação do referido artigo e, de resto, dos objetivos do acordo GATT 1994, os respectivos membros estabeleceram acordo sobre a implementação do acima referido artigo VII, regulado pelo Decreto nº 2.498/1998, que no art. 17 prevê a inclusão no valor aduaneiro dos gastos relativos a carga, descarga e manuseio, associados ao transporte das mercadorias importadas até o porto ou local de importação. Esta disposição é reproduzida no parágrafo 2º do art. 8º do AVA (Acordo de Valoração Aduaneira). II – Os serviços de carga, descarga e manuseio, associados ao transporte das mercadorias importadas até o porto ou local de importação, representam a atividade de capatazia, conforme a previsão da Lei nº 12.815/2013, que, em seu art. 40, definiu essa atividade como de movimentação de mercadorias nas instalações dentro do porto, com-

definição legal constante do art. 40, § 1º, I da Lei nº 12.815: "I – capatazia: atividade de movimentação de mercadorias nas instalações dentro do porto, compreendendo o recebimento, conferência, transporte interno, abertura de volumes para a conferência aduaneira, manipulação, arrumação e entrega, bem como o carregamento e descarga de embarcações, quando efetuados por aparelhamento portuário".[16]

1.6. *Contribuinte*

"É contribuinte do imposto: I – o importador ou quem a lei a ele equiparar; II – o arrematante de produtos apreendidos ou abandonados" (CTN, art. 22). O DL nº 37/1966, em seu art. 31, considera como contribuinte: "I – o importador, assim considerada qualquer pessoa que promova a entrada de mercadoria estrangeira no território nacional; II – o destinatário de remessa postal internacional indicado pelo respectivo remetente; III – o adquirente de mercadoria entrepostada" (redação dada pelo DL nº 2.472/1988).

Assim, contribuinte não é só comerciante ou industrial, mas qualquer pessoa, física ou jurídica, que importe mercadoria, mesmo que seja para consumo ou uso próprio, porque **não se leva em conta a finalidade da importação**[17]. No caso de produtos aprendidos ou abandonados, contribuinte é o *arrematante*, mas o importador não fica exonerado de responsabilidade tributária, porque se o produto da venda do bem não bastar para cobrir, integralmente, o valor do imposto, o importador responde pelo valor que remanescer. Contribuinte do imposto é também o destinatário de remessa postal internacional indicado pelo respectivo remetente, sempre que a encomenda revele destinação comercial ou exceda o mínimo para efeito de desoneração fiscal.

O art. 32 do DL nº 37/1966 define como **responsáveis** do imposto: a) o transportador, quando transportar mercadoria procedente do exterior ou sob controle aduaneiro, inclusive em percurso interno; b) o depositário, assim considerada qualquer pessoa incumbida da custódia de mercadoria sob controle aduaneiro. A mencionada responsabilidade tributária tem fulcro no art. 121, parágrafo único, II, do CTN. O parágrafo único do mencionado art. 32, com esteio no art. 124, II, do CTN, considera **responsável solidário**: a) o adquirente ou cessionário

---

[16] preendendo o recebimento, conferência, transporte interno, abertura de volumes para a conferência aduaneira, manipulação, arrumação e entrega, bem como o carregamento e descarga de embarcações, quando efetuados por aparelho portuário. III – Com o objetivo de regulamentar o valor aduaneiro de mercadoria importada, a Secretaria da Receita Federal editou a Instrução Normativa SRF 327/2003, na qual ficou explicitado que a carga, descarga e manuseio das mercadorias importadas no território nacional estão incluídas na determinação do "valor aduaneiro" para o fim da incidência tributária da exação. Posteriormente foi editado o Decreto nº 6.759/2009, regulamentando as atividades aduaneiras, fiscalização, controle e tributação das importações, ocasião em que ratificou a regulamentação exarada pela SRF. IV – Ao interpretar as normas acima citadas, evidencia-se que os serviços de capatazia, conforme a definição acima referida, integram o conceito de valor aduaneiro, tendo em vista que tais atividades são realizadas dentro do porto ou ponto de fronteira alfandegado na entrada do território aduaneiro. Nesse panorama, verifica-se que a Instrução Normativa nº 327/2003 encontra-se nos estreitos limites do acordo internacional já analisado, inocorrendo a alegada inovação no ordenamento jurídico pátrio. V – Tese julgada para efeito dos arts. 1.036 e seguintes do CPC/2015 (art. 543-C, do CPC/1973): Os serviços de capatazia estão incluídos na composição do valor aduaneiro e integram a base de cálculo do imposto de importação. VI – Recurso provido. Acórdão submetido ao regime dos arts. 1.036 e seguintes do CPC/2015 (art. 543-C, do CPC/1973) (REsp n. 1.799.306/RS, Rel. Min. Gurgel de Faria, Rel. p/acórdão Min. Francisco Falcão, Primeira Seção, j. 11.03.2020, DJe de 19.05.2020.)

[16] BRASIL. Lei nº 12.815, de 5 de junho de 2012. Disponível em: https://www.planalto.gov.br/ccivil_03/_ato2011-2014/2013/lei/l12815.htm. Acesso em 14 jan. 2024.

[17] Cf. Fátima Fernandes Rodrigues de Souza, *op. cit.*, p. 179.

de mercadoria beneficiada com isenção ou redução do imposto; b) o representante, no País, do transportador estrangeiro; c) o adquirente de mercadoria de procedência estrangeira, no caso de importação realizada por sua conta e ordem, por intermédio de pessoa jurídica importadora; d) o encomendante predeterminado que adquire mercadoria de procedência estrangeira de pessoa jurídica importadora.

O **agente marítimo** é mero representante do armador e não do transportador, e, por isso, é pessoa estranha ao fato gerador do imposto de importação, não podendo, portanto, a lei lhe atribuir responsabilidade tributária na hipótese de ser verificada a falta da mercadoria procedente do exterior, por ferir a norma do art. 121, II, do CTN. Neste caso, a responsabilidade, de natureza objetiva, é atribuída ao transportador, presumindo o legislador que a mercadoria faltante foi internada no país. Entretanto, quando o agente marítimo assina termo de responsabilidade equiparando-se ao transportador marítimo, no caso de extravio da mercadoria, ele responde pelo pagamento do imposto[18].

Vide arts. 104 e 105 do RDA (Decreto nº 6759/2009) sobre contribuintes e responsáveis do imposto de importação.

1.7. Lançamento

O Imposto de Importação **estava** sujeito a **lançamento por declaração** (CTN, art. 147), porque o fisco só pode proceder ao lançamento com base nas informações prestadas pelo contribuinte quanto à descrição, quantidade e peso da mercadoria, bem como o valor da importação, para que possa ser classificada num dos artigos da tarifa, que corresponde a uma tabela contendo a relação de produtos estrangeiros, com as alíquotas correspondentes para fim de incidência do imposto. Daí o art. 22 do DL nº 37/1966 prescrever: "O imposto será calculado pela aplicação das alíquotas previstas na Tarifa Aduaneira sobre a base de cálculo definida no Capítulo II deste Título". Hodiernamente, em decorrência do Mercosul, as alíquotas do imposto de importação estão relacionadas na Tarifa Externa Comum (TEC), tabela que emprega nomenclatura comum a todos os países integrantes do tratado.

Atualmente, o imposto de importação está sujeito a **lançamento por homologação** (STJ, AgInt no REsp 1651816/RS)[19] por ser o pagamento antecipado por ocasião do registro da declaração de importação (RDA, arts. 107 e 108). Em ocasião diversa, a Corte registrou ainda que, por ocasião da **revisão aduaneira**, é dado ao Fisco proceder a reclassificação fiscal da mercadoria na NCM. Inclusive, a **conferência aduaneira** e o **desembaraço aduaneiro** não obstam "que o Fisco realize o procedimento de "Revisão Aduaneira", respeitado o prazo decadencial de cinco anos da sistemática de lançamento por homologação (art. 638 do Decreto nº 6.759/2009)." [20]

O pagamento do Imposto de Importação é **pressuposto** para o desembaraço aduaneiro da mercadoria, que não constitui, portanto, constrangimento que se possa entender como sanção política, não contrariando, a **Súmula nº 323 do STF**: "É inadmissível a apreensão de mercadorias como meio coercitivo para pagamento de tributos".[21]

---

[18] TRF 5ª R., AC 91.05.09618/PE, Rel. Juiz Castro Meira, Primeira Turma, *DJU* 20.09.1991, p. 22.999.

[19] BRASIL. Superior Tribunal de Justiça, AgInt no REsp n. 1.651.816/RS, Rel. Min. Mauro Campbell Marques, Segunda Turma, j. 30.08.2021, DJe de 03.09.2021.

[20] BRASIL. Superior Tribunal de Justiça, REsp n. 1.576.199/SC, Rel. Min. Mauro Campbell Marques, Segunda Turma, j. 13.04.2021, DJe de 19.04.2021.

[21] Importação – Tributo e Multa – Mercadoria – Despacho Aduaneiro – Arbitramento – Diferença – Constitucionalidade. Surge compatível com a Constituição Federal o condicionamento, do desembaraço adua-

A restituição do imposto de importação é prevista no art. 28 do DL nº 37/1966, que assim dispõe:

Art. 28 – "Conceder-se-á restituição do imposto, na forma do regulamento:

I – quando apurado excesso no pagamento, decorrente de erro de cálculo ou de aplicação de alíquota;

II – quando houver dano ou avaria, perda ou extravio.

§ 1º – A restituição de tributos independe da iniciativa do contribuinte, podendo processar--se de ofício, como estabelecer o regulamento, sempre que se apurar excesso de pagamento na conformidade deste artigo.

§ 2º – As reclamações do importador quanto a erro ou engano, nas declarações, sobre quantidade ou qualidade da mercadoria, ou no caso do inciso II deste artigo, deverão ser apresentadas antes de sua saída de recintos aduaneiros".

1.8. Penalidades

Os arts. 104 e 105 do DL nº 37/1966 e o DL nº 1455/1976 estabelecem a pena de **perdimento** para mercadorias cuja importação seja proibida, segundo os interesses nacionais, competindo ao Ministério da Fazenda controlar e fiscalizar o comércio exterior. A pena de perdimento de bens aplicada em processo administrativo fiscal tem base no art. 5º, LIV, da CF.

A jurisprudência sobre perdimento é a seguinte: a) cabe também o perdimento de mercadoria com falsa indicação de procedência (RA, art. 514, VIII)[22]; b) mas "se o importador retifica espontaneamente a guia de importação, para corrigir a indicação do país de origem, não é lícito aplicar-lhe multa, nem apreender-lhe a mercadoria", mediante interpretação do art. 169 do DL nº 37/1966[23]; c) não cabe a pena de perdimento quando não houver dolo por parte do importador ou lesão ao fisco, sendo possível a regularização, como, por exemplo, no caso de mera irregularidade formal, como errônea identificação ou classificação das mercadorias[24]; d) constitui infração legal o ingresso de mercadorias no território nacional

---

neiro de bem importado, ao pagamento de diferença tributária apurada por arbitramento da autoridade fiscal (BRASIL. Supremo Tribunal Federal, RE 1090591, Rel. Marco Aurélio, Tribunal Pleno, j. 16.09.2020, processo eletrônico repercussão geral – mérito, DJe-242, divulg. 02.10.2020, public. 05.10.2020.

[22] "Resta comprovada a importação de mercadoria com falsa indicação de procedência, característica essencial do produto, autorizando a aplicação da pena de perdimento dos bens importados. Os cadeados quando chegados ao país, além de terem impresso em seu corpo a palavra 'BRAZIL', não tinham, em suas embalagens, qualquer identificação do país onde foram fabricados, sendo que tal vício apenas foi sanado pelo importador a requerimento da autoridade alfandegária. Não há como negar que a inscrição 'BRAZIL' no corpo dos cadeados impede a identificação da sua verdadeira origem. Segundo o artigo 198 da Lei nº 9.279/1996 é possível a apreensão, pela autoridade alfandegária, de mercadoria com falsa indicação da procedência. O artigo 514, VIII, do Regulamento Aduaneiro complementa a norma suprarreferida estabelecendo que as mercadorias apreendidas, neste caso, serão submetidas à pena de perdimento, já que a procedência da mercadoria é uma das suas características essenciais" (TRF-4ª R., MAS 200171100010024/RS, Rel. Des. Federal Vilson Darós, Segunda Turma, 18.12.2001, v.u, *DJU* 30.01.2002, p. 395).

[23] BRASIL. Superior Tribunal de Justiça, REsp. 227.878-0-CE, Rel. Min. Humberto Gomes de Barros, Primeira Turma, 12.09.2000, v.u., *DJU* 16.10.2000, p. 289. *RSTJ* 141/111, etc.

[24] "Tributário. Liberação de mercadorias importadas. Pena de perdimento. Declaração errônea quanto à procedência das mercadorias. Erro suscetível de regularização. 1. Caso em que, por não constar das DIS a correta procedência das mercadorias, a autoridade competente entendeu ter ocorrido infração consistente na "falsificação de característica essencial de mercadoria importada, capaz de dificultar a

desacompanhadas da guia de importação, sujeitando o infrator à pena de multa, nos termos do art. 526 do RA[25]; e) o consumidor que, agindo com boa-fé, adquire, no mercado interno, em estabelecimento comercial, mediante nota fiscal, mercadoria importada irregularmente, não pode sofrer a pena de perdimento da mercadoria, porque, tratando-se de pena, não se pode abstrair o elemento subjetivo[26].

Quanto à apreensão e perdimento de **veículo transportador** de mercadoria internada irregularmente, prevista pela legislação aduaneira, a jurisprudência tem assentado o seguinte: a) cidadão paraguaio com domicílio no Paraguai e no Brasil, com visto permanente, como representante comercial, não pode ter apreendido veículo destinado a deslocamento para trabalho, admitido o bem sob regime especial aduaneiro de admissão temporária, por afrontar o Tratado de Assunção, diploma incorporado ao direito interno e superior às normas de categoria infralegal, que assegura o direito de livre circulação de bens, serviços e fatores produtivos entre os países-membros do Mercosul, havendo ademais desproporção entre a pena de perdimento e a irregularidade formal cometida pelo cidadão. A apreensão se deu com base na Portaria MF nº 16/1995, que somente permite o ingresso, sem qualquer formalidade, aos veículos comunitários do MERCOSUL, de uso particular de turistas[27]; b) o excesso do prazo de admissão temporária de veículo, de 90 (noventa) dias (Decreto nº 81.030/1985 – Regulamento Aduaneiro, art. 300), comprado parceladamente, nos Estados Unidos por pessoa, que lá reside e tem emprego fixo, e que viaja para o Brasil via terrestre, não enseja a aplicação de pena de perdimento, por se revelar excessiva, frente aos princípios da razoabilidade e da proporcionalidade, não havendo ainda que se falar em importação irregular nem em dano ao Erário, sendo legítima apenas a aplicação da pena de multa do art. 512, II, "b", do Regulamento Aduaneiro[28]; c) cabe a apreensão e pena de perdimento de ônibus carregado com mercadorias objeto de descaminho (CP, art. 334), pois restou provado que existia, em verdade, uma atividade econômica organizada para a prestação de serviços, sendo a proprietária do veículo uma espécie de sócio capitalista, por contribuir com recursos materiais (o veículo e o

---

sua identificação", insuscetível de regularização. 2. Não há confundir errônea declaração de procedência com mercadorias falsas. Havendo divergência a respeito da correta identificação ou classificação das mercadorias importadas, deve ser concedido ao importador a possibilidade de regularizar essa situação, não podendo a autoridade fiscal, desde logo, decretar a pena de perdimento, porquanto, implicando aqueles atos interpretação da legislação aduaneira, não se pode exigir do empresário que conheça a adotada pelo Fisco" (TRF-4ª R., AI 1999.04.01.063640-3/PR, Rel. Juíza Tania Escobar, Segunda Turma, 18.11.1999, v.u., *DJU* 02.02.2000, p. 24).

Administrativo. Desembaraço aduaneiro. Erro de classificação das mercadorias importadas. Ausência de má-fé. Pena de perdimento. Inadequação. 1. O erro culposo na classificação aduaneira de mercadorias importadas e devidamente declaradas ao fisco não se equipara à declaração falsa de conteúdo e, portanto, não legitima a imposição da pena de perdimento. 2. Hipótese em que se discute a possibilidade de aplicação da pena de perdimento no caso de haver erro na classificação aduaneira de produtos importados, sem a constatação de má-fé do importador. 3. Recurso especial não provido (BRASIL. Superior Tribunal de Justiça, REsp n. 1.316.269/SP, Rel. Min. Gurgel de Faria, Primeira Turma, j. 06.04.2017, Dje de 12.05.2017).

[25] BRASIL. Superior Tribunal de Justiça, REsp. 93.551/PE, Rel. Min. Francisco Peçanha Martins, Segunda Turma, v.u., 18.05.2000, *DJU* de 12.06.2000, p. 88. RSTJ 136/171).

[26] BRASIL. Superior Tribunal de Justiça, REsp n. 315.553/PR, Rel. Min. Humberto Gomes de Barros, Primeira Turma, j. 04.09.2001, DJ de 12.11.2001, p. 129; BRASIL. Superior Tribunal de Justiça, REsp 80.326, Rel. Min. João Otávio de Noronha, Segunda Turma, j. 16.03.2004.

[27] TRF-4ª R., 2000.72.08.002178-0/SC, Rel. Juiz Welligton M. de Almeida, Primeira Turma, 04.10.2001, *DJU* 16.01.2002, p. 392.

[28] TRF-4ª R., AC 2000.04.01.118353-6/PR, Rel. Juiz Alcides Vettorazzi, Segunda Turma, 18.12.2001, v.u, *DJU* 30.01.2001, p. 454.

Capítulo XII · IMPOSTOS FEDERAIS, ESTADUAIS E MUNICIPAIS | **405**

dinheiro para a sua manutenção) para a sociedade[29]; d) "é inadmissível a pena de perdimento do veículo transportador quando evidente a desproporção entre o seu valor e o da mercadoria aprendida"[30]; e) "a pena de perdimento do veículo, utilizado em contrabando ou descaminho, somente tem aplicação quando devidamente comprovada a responsabilidade do proprietário no ilícito praticado pelo motorista transportador das mercadoria apreendidas"[31]; f) "justifica-se a aplicação da pena de perdimento se o importador tenta ingressar no território nacional, sem declaração ao posto fiscal competente, com mercadorias que excedem, e muito, o conceito de bagagem, indicando nítida destinação comercial"; não se cobra, no entanto, o imposto de importação, "já que importar mercadorias" é elemento essencial do tipo tributário. Assim, a ilicitude da importação afeta a própria incidência da regra tributária no caso concreto". Entretanto, os "demais tributos que incidem sobre produtos importados (IPI, PIS e COFINS) não ensejam o mesmo tratamento, já que o fato de ser irregular a importação, em nada altera a incidência desses tributos, que têm por fato gerador o produto industrializado e o faturamento, respectivamente" (BRASIL. Superior Tribunal de Justiça, REsp 984607/PR, Rel. Min. Castro Meira, Segunda Turma, 07.10.2008, DJ de 05.11.2008).

Finalmente, no que toca à **competência** para conhecimento de quaisquer ações ou incidentes relativas à apreensão de mercadorias entradas ou saídas irregularmente do país, **Leandro Paulsen** anota que existe acórdão no sentido de que, com base no art. 61 da Lei nº 5.010/1966, que competentes são as Varas Criminais, quando o fato, em tese, possa também tipificar os crimes de contrabando ou de descaminho, mas o mesmo autor acrescenta: "Entretanto, há outros importantes precedentes, do Plenário do TRF 1 e do TRF 4, no sentido de que só deverão ser distribuídas às Varas Criminais as ações cujo objeto seja a anulação dos autos de infração e de apreensão, voltadas à liberação de mercadorias importadas apreendidas, quando já existia procedimento criminal acerca do fato, fazendo-se com que a distribuição da ação contra a apreensão se dê por prevenção ao Juízo Criminal que já esteja dando processamento a feito criminal, e não o contrário. Na hipótese de já ter sido arquivado inquérito criminal, remanescendo apenas, questões administrativas, a competência recai sobre o Juízo Cível"[32].

1.9. *Regimes aduaneiros especiais*

Os regimes aduaneiros especiais previstos na legislação tributária permitem, em certas situações, que se afaste ou se suspenda a incidência do imposto de importação, embora ocorra o fato gerador do tributo, como se mostrará a seguir. Tais regimes podem ter as seguintes **finalidades**: a) proteger a indústria nacional e incentivar a exportação (*drawback*); b) evitar que se frustrem acordos internacionais (cláusula da nação mais favorecida); c) simplificar o processo de importação (*collis postaux*); d) permitir a conquista de novos mercados (*dumping*); e) permitir o ingresso de bens no território nacional mediante prazo determinado e fim de reexportação (franquia temporária); f) permitir o transporte da mercadoria, não destinada

---

[29] TRF-4ª R., AC 1999.70.02.002907/PR, Rel. Juiz Vilson Darós, Segunda Turma, v.u., dez/2000.

[30] BRASIL. Superior Tribunal de Justiça, REsp. 85064/RS, Rel. Min. Francisco Peçanha Martins, Segunda Turma, 27.10.1998, v.u., *DJU* 01.03.1999, p. 282.

[31] BRASIL. Superior Tribunal de Justiça, REsp. 0015085/DF, Rel. Min. Humberto Gomes de Barros, Primeira Turma, *DJU* 31.08.1992, p. 13.632; BRASIL. Superior Tribunal de Justiça, REsp 1268210/PR, Rel. Min. Benedito Gonçalves, Primeira Turma, j. 21.02.2013, DJe 11.03.2013. BRASIL. Superior Tribunal de Justiça, REsp 1628038/SP, Rel. Min. Francisco Falcão, Segunda Turma, j. 05.11.2019, DJe 18.11.2019. BRASIL. Superior Tribunal de Justiça, REsp 1817179/RS, Rel. Min. Gurgel De Faria, Primeira Turma, j. 17.09.2019, DJe 02.10.2019.

[32] *Op. cit.*, p. 485.

a consumo no Brasil, de um para outro ponto do território nacional (trânsito aduaneiro); g) permitir o depósito de mercadoria em local determinado, para ser reexportada ou despachada com o pagamento dos tributos devidos (entreposto aduaneiro); h) formação de um bloco econômico único entre nações que tenham vínculos de qualquer natureza (uniões aduaneiras).

Drawback (arrastar de volta, em tradução literal) é o instituto aduaneiro de proteção da indústria nacional e de incentivo à exportação, e consiste na operação pela qual o contribuinte, ao importar mercadoria, compromete-se a exportá-la após beneficiamento, para gozar de uma das seguintes vantagens: "I – restituição, total ou parcial, dos tributos que haja incidido sobre a importação de mercadoria importada após beneficiamento, ou utilizada na fabricação, complementação ou acondicionamento de outra exportada; II – suspensão do pagamento dos tributos sobre a mercadoria a ser exportada após beneficiamento, ou destinada à fabricação, complementação ou acondicionamento de outra a ser exportada; III – isenção dos tributos que incidirem sobre importação de mercadoria, em quantidade e qualidade equivalentes à utilizada no beneficiamento, fabricação, complementação ou acondicionamento de produto exportado" (art. 78 do Decreto-Lei nº 37/1966). É lógico que se o contribuinte não honrar o compromisso de exportar a mercadoria beneficiada, perderá a vantagem fiscal que lhe foi concedida, porque o favor fiscal é condicionado à exportação da mercadoria na qual o produto importado foi efetivamente utilizado (**princípio da identidade física**)[33]. Todavia, existem decisões considerando suficiente o **princípio da equivalência**, ou seja, o contribuinte pode empregar no produto a ser exportado similar nacional, por exemplo, importou soda cáustica, mas a empregou em outras finalidades, tendo, no entanto, se utilizado de similar nacional no produto exportado, hipótese em que não deve perder a vantagem fiscal recebida porque o seu objetivo foi alcançado, qual seja, a exportação de mercadoria[34].

Dispõe a Súmula nº 569 do STJ que: "Na importação, é indevida a exigência de nova certidão negativa de débito no desembaraço aduaneiro, se já apresentada a comprovação da quitação de tributos federais quando da concessão do benefício relativo ao regime de *drawback*." A Corte ainda possui entendimento de que na concessão do drawback devem estar presentes dois requisitos, quais sejam: "a mercadoria importada seja destinada ao acondicionamento do produto exportado ou a exportar; e b) haja comprovadamente agregação de valor ao produto final."[35] O *drawback* é denominado no direito francês de *acquit à caution*[36].

A **cláusula da nação mais favorecida** é estabelecida em acordos internacionais, obrigando os seus signatários a concederem, de forma recíproca, a mesma vantagem não prevista que, no futuro, for dada a uma terceira nação estranha ao tratado, sendo um dos principais pontos do GATT. **Aliomar Baleeiro** assim explica a razão de ser dessa cláusula: "Se não figurasse essa condição, claro que as negociações hoje celebradas poderiam ser ludibriadas mediante melhores favores trocados amanhã com países diferentes e que assim se beneficiariam na concorrência"[37].

---

[33] TRF-4ª R., AC 98.04.01411-4/RS, Rel. Juiz Sérgio Tejada, Segunda Turma, 16.12.1999, v.u., *DJU* 01.03.2000, p. 452/453.

[34] TRF-4ª R., AC 97.04.55958-5/RS, Rel. Juíza Tania Escobar, Segunda Turma, 03.02.2000, v.u., *DJU* 29.03.2000, p. 63.

[35] BRASIL. Superior Tribunal de Justiça, REsp n. 1.404.148/PE, Rel. Min. Humberto Martins, Rel. p/acórdão Min. Herman Benjamin, Segunda Turma, j. 17.05.2016, DJe de 13.09.2016.

[36] Cf. BALEEIRO, Aliomar. *Uma introdução à ciência das finanças.* 14. ed. Rio de Janeiro: Forense, 1984, p. 295.

[37] *Idem*, p. 294.

Capítulo XII · IMPOSTOS FEDERAIS, ESTADUAIS E MUNICIPAIS | **407**

As **uniões aduaneiras** *(zollverein)* correspondem a acordos internacionais, pelos quais dois ou mais países, geralmente vizinhos ou com afinidades históricas ou de outra natureza, acordam em adotar tarifas mútuas ou idênticas, a fim de formarem um bloco econômico único, constituindo um território único do ponto de vista alfandegário, inclusive podendo estabelecer a não tributação nas exportações e importações que façam um para outro[38].

Collis postaux (encomenda postal) é um processo simplificado de importação porque dispensa o despachante aduaneiro, sendo feito via serviços de correio dos países de origem e destinatário da mercadoria importada. Recebendo a mercadoria, o correio do país de origem expede um aviso ao destinatário, que, comparecendo, preenche um formulário próprio para a liberação do produto.

Franquia temporária ou admissão temporária tem por objeto bens de procedência estrangeira, que ingressam no território nacional, por prazo e fins determinados, por exemplo, exposição, turismo etc., mas que se destinam a ser reexportados, e dentro do prazo de permanência não se cobra o imposto de importação, ocorrendo, portanto, suspensão de tributos durante o prazo de permanência do bem no território nacional (DL nº 37/1966, art. 75 e segs.).

Dumping é o procedimento adotado por exportadores de países onde geralmente a mão de obra é mais barata, que se unem em trustes[39] e cartéis para vender para o exterior mercadorias abaixo do custo de produção, ou abaixo do preço do lugar de origem, visando a destruir a concorrência e conquistar o mercado, para depois elevar o valor do preço, monopolisticamente[40].

Trânsito aduaneiro corresponde a mercadoria que percorre o território nacional com suspensão de tributos, cuja entrada não se destina a consumo, mas a reexportação (DL nº 37/1966, arts. 73 e 74), hipótese em que o fato gerador não se concretizará. Se o destino for a internação da mercadoria no território aduaneiro, concretizar-se-á o lançamento do tributo.

Entreposto aduaneiro significa o depósito de mercadoria em local determinado, sob controle aduaneiro, com suspensão de tributos, podendo ser reexportada ou despachada com o pagamento dos tributos devidos.

Regimes aduaneiros atípicos correspondem a regiões de livre comércio, onde os produtos estrangeiros são comercializados sem incidência tributária.

2. Imposto de exportação

2.1. *Competência e legislação*

O imposto sobre exportação era originariamente de competência da União, mas passou à competência dos Estados-membros na CF de 1891, onde permaneceu até a EC nº 18/1965 (art. 7º, III) à CF de 1946, quando voltou à **competência nacional**, estando atualmente previsto no **art. 153, II, da CF de 1988**, incidindo "sobre a exportação, para o exterior, de produtos nacionais ou nacionalizados". O imposto de exportação foi muito discutido no passado, em razão do seu caráter antieconômico, por gravar as exportações, que são de grande importância para o país porque implicam na entrada de divisas. Todavia, prevaleceu o entendimento de que o imposto devia subsistir como instrumento da política cambial e do comércio exterior

---

[38] Cf. Aliomar Baleeiro, *op. cit.*, p. 295.

[39] Em 13.12.2023, houve a publicação da Lei nº 14.754, que, dentre outra providências, dispõe sobre a tributação de aplicações de fundos de investimento no País e da renda auferida por pessoas físicas residentes no País em aplicações financeiras, entidades controladas e *trusts* no exterior.

[40] *Idem*, p. 295.

(CTN, arts. 26 e 28)[41], e, por isso, deve pertencer à competência nacional, como ocorre nos demais regimes federativos.

O CTN estabelece as **normas gerais** do imposto de exportação nos **arts. 23 a 28**, sendo o imposto regrado pelo **Decreto-lei nº 1.578, de 11.10.77**, alterado por legislação posterior, e seu **art. 8º** determina, no que couber, a aplicação subsidiária ao imposto de exportação da legislação relativa ao imposto de importação. Por sua vez, o art. 10 do mesmo diploma legal prescreve que a CAMEX – Câmara de Comércio Exterior expedirá normas complementares, respeitado o disposto no § 2º do art. 1º, *caput*, e § 2º do art. 2º, e arts. 3º e 9º. O imposto de exportação é regulamentado pelo Decreto nº 6.759/2009, especialmente seus arts. 212 a 217.

2.2. Características

O imposto de exportação apresenta as seguintes **características**. Primeira, que apresenta **fim predominantemente extrafiscal**, por ser empregado como instrumento da política cambial e do comércio exterior (CTN, art. 26), e a sua receita líquida destina-se à formação de reservas monetárias, na forma da lei (**CTN, art. 28**). O art. 9º do DL nº 1.578/1977 dispõe que o produto da arrecadação do imposto constituirá reserva monetária, a crédito do Banco Central, a qual só poderá ser aplicada na forma estabelecida pelo Conselho Monetário Nacional. A CF de 1969, em seu art. 21, § 4º, autorizava a mencionada destinação, mas sua norma não foi reproduzida na Constituição atual. Entretanto, **Hugo de Brito Machado** entende que isto não significa que o art. 9º do DL nº 1.578/1977 não continue em vigor[42]. Segunda, que, em consequência do seu fim extrafiscal, o Poder Executivo pode alterar as alíquotas do imposto, inclusive fixando-a em zero (**CF, art. 153, § 1º**), a título de **exceção relativa** ao princípio da legalidade tributária. Não foi recepcionada pela Constituição atual a parte do art. 26 do CTN que **permitia ao Poder Executivo alterar também a base de cálculo do imposto**, porque a CF de 1988 só permite, nas condições e nos limites estabelecidos em lei, a alteração das suas alíquotas. O **art. 97, incisos II e IV, do CTN**, ressalva também o imposto de exportação do princípio da legalidade estrita, ao se referir expressamente ao art. 26. Terceira, que o imposto de exportação, por força do seu fim extrafiscal, **é também excepcionado do princípio da anterioridade da lei fiscal, ordinário e nonagesimal** (CF, art. 150, § 1º). Quarta, que o imposto de exportação é posicionado na categoria econômica de **comércio exterior** (CTN, Livro I, Título III, Capítulo II, Seção I), e, desse modo, é importante a celebração de tratados e convenções internacionais sobre a matéria (CTN, arts. 96 e 98), por exemplo, o que normatiza a exportação no Mercado Comum do Sul – Mercosul[43]. Quinta, que o IE é de **incidência monofásica** porque a exação ocorre em um único momento, que é a exportação, para o exterior, de produtos nacionais ou nacionalizados, correspondendo, portanto, também a fato gerador simples, ou seja, cada vez que ocorre faz nascer nova obrigação tributária principal. Sexta, que se trata de **imposto ordinário**, por integrar de forma permanente o sistema tributário nacional. Sétima, que é objeto de **lançamento por declaração** (CTN, art. 147), como explicado no item 2.8 infra. Oitava, que se trata de **imposto real**, abstraindo, portanto, a capacidade econômica do contribuinte. Nona, que tem natureza de **imposto indireto**, porque comporta a transferência

---

[41]   Cf. Aliomar Baleeiro, *op. cit.*, p. 131.

[42]   Cf. Hugo de Brito Machado, *op. cit.*, p. 264. Em sentido contrário, Leandro Paulsen entende que o art. 9º do DL 1.538/1977 não foi recepcionado pela CF de 1988 e, além disso, o seu art. 167, IV, veda expressamente a vinculação de imposto a órgão, fundo ou despesa (*Op. cit.*, nota ao art. 28 do CTN, p. 508).

[43]   Consulte-se: FERNANDES, Edison Carlos. Tratamento do imposto sobre exportação nas normas tributárias do Mercosul. *Revista Dialética de Direito Tributário,* São Paulo, v. 70, p. 34-41, julho 2001.

Capítulo XII • IMPOSTOS FEDERAIS, ESTADUAIS E MUNICIPAIS | **409**

pelo contribuinte (exportador ou quem a lei a ele equiparar) do ônus do imposto pago para o adquirente no exterior.

2.3. Hipótese de incidência

A CF de 1988 desenha o perfil da hipótese de incidência do imposto de exportação, ao rezar que compete à União instituir imposto sobre a "exportação, para o exterior, de produtos nacionais ou nacionalizados" (art. 153, II). O art. 23 do CTN estabelece que o **fato gerador** do imposto em tela é a saída do território nacional, para o estrangeiro, de produtos nacionais ou nacionalizados, o que é repetido pelo art. 1º do DL nº 1.578/1977. A exação só incide sobre a saída, para o exterior, de **produto nacional**, ou seja, produto produzido no território brasileiro, e de **produto nacionalizado**, vale dizer, produto estrangeiro que passa a integrar a merca- doria nacional. Em outras palavras, **Fátima Fernandes Rodrigues de Souza** esclarece que se entende "por produto nacionalizado tanto aquele transformado, beneficiado ou subdividido e acondicionado em território nacional, como o introduzido no País e desembaraçado junto a autoridade aduaneira, mediante o pagamento dos tributos incidentes"[44].

Cabe ao Poder Executivo relacionar os produtos sujeitos ao imposto de exportação (DL nº 1.578/77, art. 1º, § 3º, acrescentado pela Lei nº 9.716/1998), e o fato gerador concretiza-se **no momento da expedição da Guia de Exportação ou documento equivalente** (DL nº 1.578/77, art. 1º, § 1º), que, por ficção legal, equivale à saída do produto do território nacional. A expe- dição da referida Guia decorre do registro da exportação junto ao SISCOMEX – Sistema de Comércio Exterior, cuja criação visou a agilizar as transações internacionais. Deve-se aplicar a lei vigente no momento da expedição da Guia de Exportação ou documento equivalente (CTN, art. 144). Caso não se consume a exportação do produto ou ocorrendo o seu retorno na forma do DL nº 491, de 05.03.1969, "a quantia paga, a título de imposto, será restituída a requerimento do interessado acompanhado da respectiva documentação comprobatória" (DL nº 1.578/77, art. 6º).

O imposto de exportação incide também sobre as **operações relativas a energia elétrica, serviços de telecomunicações, derivados de petróleo, combustíveis e minerais do país**, por força da ressalva constante do § 3º do art. 155 da CF. O imposto de exportação incide junto com o IPI e ICMS, mas enquanto aquele grava apenas o fato da exportação, o IPI e o ICMS tributam o processo de comercialização internacional de mercadorias[45]. Todavia, o IPI não incide sobre produtos industrializados destinados ao exterior (CF, art. 153, § 3º, III), e o ICMS também não incide sobre **operações que destinem ao exterior mercadorias** (CF, art. 155, § 2º, X, "a", com redação dada pela EC nº 42/2003), por se tratar de imunidade tributária, dispondo da mesma forma o art. 3º, II, da LC nº 87/1996.

2.4. Alíquotas

O **art. 24 do CTN** prescreve que a alíquota do imposto de exportação pode ser especí- fica ou *ad valorem*, cujos conceitos constam do nº 1.4. do item 1 anterior. Atualmente, a lei não prevê alíquota específica para o imposto de exportação, vigorando apenas a alíquota *ad valorem* de 30% (trinta por cento), facultado ao Poder Executivo reduzi-la ou aumentá-la, para atender aos objetivos da política cambial e do comércio exterior (DL nº 1.578/77, art. 3º, que tem suporte no art. 153, § 1º, da CF e no art. 26 do CTN). Cabe à **Câmara de Comércio**

---

44   *Op. cit.*, p. 183.
45   Cf. Ricardo Lobo Torres, *op. cit.*, p. 338.

Exterior – CAMEX alterar a alíquota do imposto (Decreto nº 6.759/2009, art. 215, § 1º). O parágrafo único do art. 3º do DL nº 1.578/1977 dispõe que, em caso de elevação, a alíquota do imposto não poderá ser superior a 5 (cinco) vezes o percentual fixado no *caput* do artigo, ou seja, a alíquota máxima do imposto é de 150% (cento e cinquenta por cento). O ato do Poder Executivo deve fundamentar a alteração da alíquota do imposto de exportação, embora se admita que tal motivação possa estar referida no processo administrativo de sua formação, não suprindo a exigência simples menção que a alteração se faz para atender aos objetivos da política cambial e do comércio exterior[46]. A necessidade de motivação da alteração da alíquota do imposto de exportação pelo Poder Executivo decorre da norma do **art. 153, § 1º, da CF**, quando subordina a alteração ao atendimento das "condições e limites estabelecidos em lei", para que se verifique se o ato está em consonância com a lei autorizadora. Por "motivação se entende a indicação não só do texto legal autorizativo da edição do ato administrativo, mas também a indicação do pressuposto de fato que permite a prática do ato"[47], sob pena de ineficácia do ato[48].

2.5. Base de cálculo

A **base de cálculo** do imposto de exportação varia em função da natureza da alíquota a ser aplicada (**CTN, art. 24**). Quando a alíquota for *específica*, a base de cálculo corresponderá à unidade de medida adotada pela lei tributária (art. 24, I), ou seja, deve ser expressa em uma determinada quantidade de dinheiro em função da quantidade, peso ou volume referente a cada produto. Sendo a alíquota *ad valorem*, a base de cálculo equivalerá ao "preço normal que o produto, ou seu similar, alcançaria, ao tempo da exportação, em uma venda em condições de livre concorrência" (**CTN, art. 24, II**) no mercado internacional, observadas as normas expedidas pelo Poder Executivo, mediante ato da CAMEX – Câmara de Comércio Exterior (DL nº 1.578/1977, art. 2º, e RDA, art. 214).

Os **§§ 1º a 3º do art. 2 º do DL 1578/1977** assim rezam:

> § 1º O preço à vista do produto, FOB ou posto na fronteira, é indicativo do preço normal.
>
> § 2º Quando o preço do produto for de difícil apuração ou for susceptível de oscilações bruscas no mercado internacional, o Poder Executivo, mediante ato da CAMEX, fixará critérios específicos ou estabelecerá pauta de valor mínimo, para apuração de base de cálculo. (Redação dada pela Medida Provisória nº 2.158-35, de 2001)
>
> § 3º Para efeito de determinação da base de cálculo do imposto, o preço de venda das mercadorias exportadas não poderá ser inferior ao seu custo de aquisição ou produção, acrescido dos impostos e das contribuições incidentes e de margem de lucro de quinze por cento sobre a soma dos custos, mais impostos e contribuições. (Incluído pela Lei nº 9.716, de 1998)

---

[46]   Cf. Hugo de Brito Machado, *op. cit.*, p. 268. "Exportação. Registro no sistema integrado de comércio exterior – SISCOMEX. Fato gerador. Ocorrência antes da edição das Resoluções nº 2.112/1994 e nº 2.136/1994, que majoraram a alíquota do tributo. Impossível a retroatividade desses diplomas normativos para alcançar as operações de exportação já registradas. Precedentes. Controvérsia acerca da existência de distinção entre Registro de Venda e Registro de Exportação" (BRASIL. Supremo Tribunal Federal, RE 234954 AgR-ED/AL, Rel. Min. Maurício Corrêa, Segunda Turma, 03.06.2003, *DJU* 24.10.2003, p. 26).

[47]   Cf. Fátima Fernandes Rodrigues de Souza, *op. cit.*, p. 174.

[48]   TRF-3ª R., REO 03034027/SP, Rel. Juiz Pérsio Lima, Segunda Turma, *DJU* 12.09.1997, p. 73.722.

O **parágrafo único do art. 24 do CTN** determina que, para apuração do preço normal (alíquota *ad valorem*), "considera-se a entrega como efetuada no porto ou lugar da saída do produto, deduzidos os tributos diretamente incidentes sobre a operação de exportação e, nas vendas efetuadas a prazo superior aos correntes no mercado internacional, o custo do financiamento". Por sua vez, o art. 25 do CTN permite que a lei possa adotar como base de cálculo a parcela do valor ou preço, referidos no art. 24, excedente do valor básico, fixado de acordo com os critérios e dentro dos limites por ela estabelecidos. Tal critério era adotado pelo art. 2º da Lei nº 5.072/1966, que foi revogado pelo DL nº 1.578/1977.

O preço à vista do produto, FOB ou posto na fronteira, é indicativo do preço referido no *caput* do art. 2º do DL nº1.578/1977, consoante dispõe seu § 1º. A sigla FOB significa *free on board* (livre a bordo), ou seja, deve-se levar em conta o preço do produto sem as despesas de frete e seguro relativas ao transporte até seu estabelecimento. Em outras palavras, o exportador ou vendedor do produto tem a obrigação de colocá-lo livre a bordo no ponto de partida, e, assim, correm por sua conta todos os custos e riscos até o embarque do produto naquele porto. A partir do momento do ingresso do produto no navio, o importador arcará com todos os custos e riscos até o ponto de destino. Por sua vez, a sigla CIF (*cost, insurance and freight*: custo, seguro e frete) significa que o exportador deve suportar todos os custos e riscos do produto até o embarque do produto, e o ônus do frete até o porto de destino. Entretanto, os riscos do transporte da mercadoria embarcada correrão por conta do importador ou comprador.

Quando o preço do produto for de difícil apuração ou for suscetível de oscilações bruscas no mercado internacional, o Poder Executivo, mediante ato da CAMEX, fixará critérios específicos ou estabelecerá pauta de valor mínimo para apuração de base de cálculo (**DL nº 1.578/1977, art. 2º, § 2º, com a redação dada pela MP nº 2.158-35, de 24.08.2001**). Entendemos que essa faculdade conferida à CAMEX para alterar a base de cálculo do imposto de exportação é de constitucionalidade duvidosa, porque o art. 153, § 1º, da CF, não mais permite que o Poder Executivo possa alterar a base de cálculo do imposto, pois o dispositivo constitucional refere-se apenas a alteração de alíquota. O § 2º do art. 2º do DL nº 1.578/1977 tinha respaldo no art. 26 do CTN que permitia ao Poder Executivo alterar a base de cálculo do imposto de exportação, que, como demonstrado, não tem mais sustentáculo constitucional.

Para efeito de determinação da base de cálculo do imposto, o preço de venda das mercadorias exportadas não poderá ser inferior ao seu custo de aquisição ou produção, acrescido dos impostos e das contribuições incidentes e de margem de lucro de 15% (quinze por cento) sobre a soma dos custos, mais impostos e contribuições (DL nº 1.578/1977, art. 2º, § 3º).

2.6. Contribuinte

Contribuinte do imposto de exportação é o exportador ou quem a lei a ele equiparar (CTN, art. 27), mas o legislador não tem liberdade plena para equiparar qualquer pessoa ao exportador, porque tem de ser pessoa que tenha vínculo, de natureza econômica, pessoal e direta com o fato gerador do tributo (CTN, art. 121, parágrafo único, I), com a saída de produto nacional ou nacionalizado do território nacional. **Exportador** é qualquer pessoa que promova a saída do produto do território nacional (DL nº 1.578/1977, art. 5º), pessoa física ou jurídica, empresário ou não, agindo com habitualidade ou não, que expede a mercadoria ou a leva consigo para fora do país (RDA, art. 217)[49].

Trading company é a empresa comercial, que preenche os requisitos do art. 2º do Decreto-Lei nº 1.248/1972, que adquire produto no território nacional com o fim de exportá-lo,

---

[49]   Cf. Fátima Fernandes Rodrigues de Souza, *op. cit.*, p. 186.

MANUAL DE DIREITO TRIBUTÁRIO – *Luiz Emygdio Franco da Rosa Junior e Amanda Albano*

tratando-se, portanto, de exportação indireta, gozando a operação dos mesmos benefícios fiscais concedidos às operações comerciais de exportação direta[50].

2.7. Falência de exportador

É de cediço saber que é da maior importância para o país que se incrementem as operações de exportação pelos seus reflexos na balança de pagamento, e, por isso, a legislação cria mecanismos para que tal incremento ocorra. Normalmente, o exportador só receberá o preço da exportação quando houver o pagamento pelo adquirente, devendo o exportador celebrar contrato de câmbio com um banco, para que esse proceda à conversão do valor da exportação em moeda nacional e o entregue ao exportador. Todavia, visando a beneficiar o exportador, o § 2º do art. 75 da Lei nº 4.728/1965 permite que as instituições financeiras adiantem ao exportador os valores da exportação, por conta de futuro contrato de câmbio, e, no caso de falência ou concordata do exportador, o credor poderá pedir a restituição das importâncias adiantadas, não estando, portanto, sujeito à habilitação de crédito (Lei nº 4.728/1965, art. 75, § 3º, e LFRE, art. 86, II). Vide Súmulas nº 36 e 133 do STJ.

2.8. Lançamento

O imposto de exportação é objeto de **lançamento por declaração** (CTN, art. 147) prestada pelo exportador, indicando todos os elementos relativos à operação de exportação, que corresponde a um verdadeiro procedimento[51]. Entretanto, tendo em vista que a lei não erige como base de cálculo do imposto o preço da venda constante da fatura comercial, que serve apenas de mera indicação para a sua composição, a autoridade fazendária pode recusar qualquer dos elementos constantes da declaração feita pelo exportador, com base no art. 148 do CTN. Por outro lado, estando presente qualquer dos fatos referidos no art. 149 do CTN, o fisco poderá proceder ao lançamento de ofício e, igualmente, rever o lançamento feito, desde, é lógico, que não tenha transcorrido o prazo decadencial para a constituição do crédito tributário (CTN, art. 173, I).

O **pagamento do imposto de exportação** será realizado na forma e no momento fixados pelo Ministro da Fazenda, que poderá determinar sua exigibilidade antes da efetiva saída do produto a ser exportado (DL nº 1.578/1977, art. 4º, e RDA, art. 216). Poderá ser dispensada a cobrança do imposto em função do destino da mercadoria exportada, observadas as normas editadas pelo Ministro da Fazenda (DL nº 1.578/1977, art. 4º, parágrafo único, e RDA, art. 216, § 2º).

---

[50] Consulte-se: GARCIA, Luiz Martins. *Exportar*. 3. ed. São Paulo: Aduaneiras, 1992, p. 125.

[51] Leandro Paulsen assim explica o procedimento da operação de exportação: "Uma operação de exportação inicia-se, normalmente, pela obtenção do Registro de Operação de Crédito (RC), com informações de caráter cambial e financeiro, a ser aprovado pelo Banco do Brasil ou pelo DECEX, conforme a fonte do financiamento. Obtido o Registro de Operação de Crédito, o exportador tem um prazo para o embarque da mercadoria, para o que é necessário que promova, previamente, o Registro de Exportação (RE) e as solicitações para o desembaraço. O Registro de Exportação pode ser comum ou simplificado, dependendo do valor da operação, compreendendo as informações comerciais, cambiais e fiscais da operação de exportação, devidamente identificada. O despacho aduaneiro é feito pela Secretaria da Receita Federal. Dá-se mediante a chamada Declaração para Despacho Aduaneiro – DDE, preenchida pelo exportador através da SISCOMEX, já estando as mercadorias à disposição da fiscalização aduaneira. A autoridade, então, feitas as necessárias verificações documentais, e, eventualmente, física, autoriza o trânsito, embarque ou transposição da fronteira, cuja realização é confirmada através de averbação, podendo, ainda, ser expedido o chamado Comprovante de Exportação" (*Op. cit.*, p. 504).

Capítulo XII · IMPOSTOS FEDERAIS, ESTADUAIS E MUNICIPAIS | **413**

O Decreto nº 2.412/1997 instituiu o **Regime Aduaneiro Especial de Entreposto Industrial sob Controle Informatizado (RECOF)**, que permitia importar, com suspensão do pagamento de tributos, mercadorias que fossem submetidas à industrialização e destinadas à exportação. O referido decreto foi revogado pelo Decreto nº 4.543, de 26.12.2002 que, por sua vez, foi revogado pelo Decreto nº 6.759, de 05.02.2009 que, atualmente, regulamenta a administração das atividades aduaneiras, e a fiscalização, o controle e a tributação de comércio exterior. O RECOF é disposto entre os artigos 420 a 430 do Decreto nº 6.759/2009.

Finalmente, o art. 28 do CTN prescreve que a "receita líquida do imposto destina-se à formação de reservas monetárias, na forma da lei", dispondo da mesma forma o art. 9º do DL nº 1.578/1977, normas que, segundo parte da doutrina, não foram recepcionadas pela CF de 1988, cujo art. 167, IV, veda a vinculação de receita de impostos a órgão, fundo ou despesa[52].

3. Imposto sobre renda e proventos de qualquer natureza

3.1. Competência e legislação

O imposto sobre a renda e proventos de qualquer natureza, doravante denominado imposto de renda, ou simplesmente IR, pertence à competência privativa da **União (CF, art. 153, III, e CTN, art. 43**), que se justifica em razão do seu fim extrafiscal, embora secundário, de promover a redistribuição da renda nacional. A CF de 1988 conferia aos Estados e ao Distrito Federal competência para instituir adicional de até cinco por cento do que fosse pago à União por pessoas físicas ou jurídicas domiciliadas nos respectivos territórios, a título do imposto de renda, incidente sobre lucros, ganhos e rendimentos de capital (art. 155, II, na numeração originária). Entretanto, a EC nº 3/1993 deu nova redação ao art. 155, **revogando o dispositivo relativo ao adicional de imposto de renda,** depois de o **STF** ter julgado inconstitucional lei estadual sobre o mencionado adicional, por considerar necessária a edição de lei complementar definindo a hipótese de incidência do tributo.

As **normas gerais do IR** estão contidas nos **arts. 43 a 45 do CTN**, o imposto é regrado pela **Lei nº 4.506/1964,** alterado profundamente pela legislação posterior e regulamentado pelo Decreto nº 9.580, de 22.11.2018.

3.2. Princípios constitucionais específicos

O **art. 153, § 2º, da CF**, submete o imposto de renda aos princípios da generalidade, da universalidade e da progressividade, "que são subprincípios da capacidade contributiva"[53].

O princípio da **igualdade tributária** comporta duas **vertentes**: a generalidade e a uniformidade dos tributos.

A **generalidade** significa que todos devem pagar o imposto de renda sem haver desigualdades fiscais, devendo, portanto, ser o mais amplo possível, desde que observadas as normas gerais do CTN e da legislação pertinente. A **uniformidade** significa que os tributos devem ser repartidos entre os cidadãos com critérios idênticos. O princípio da uniformidade veda, também, à União tributar a renda das obrigações da dívida pública estadual, do Distrito Federal e municipal, em níveis superiores aos que fixar para suas próprias obrigações e para seus próprios agentes (**CF, art. 151, II, parte inicial**). Tal princípio implica na consagração do

---

[52]   Cf. COÊLHO, Sacha Calmon Navarro. *Curso de direito tributário brasileiro*. Rio de Janeiro: Forense, 2004, p. 517.

[53]   Cf. Ricardo Lobo Torres, *op. cit.*, p. 340.

princípio da isonomia e visa a evitar que a União, na obtenção de empréstimos, possa oferecer condições e vantagens que não possam ser oferecidas à coletividade pelas demais entidades federadas, tornando mais atraente a aquisição de títulos federais. A **Constituição de 1988 (art. 151, II, parte final)** veda igualmente à União tributar a remuneração e os proventos dos agentes públicos dos Estados, do Distrito Federal e dos Municípios em níveis superiores aos que fixar para seus próprios agentes. Evita-se, assim, a concessão de privilégios odiosos em benefício dos agentes públicos federais, mantendo-se intacta a isonomia.

A **universalidade** da imposição tributária expressa o princípio da igualdade em sentido jurídico, isto é, consiste no direito de o Estado exigir de todos os membros da comunidade, nacionais ou estrangeiros, desde que estejam econômica ou socialmente a ele subordinados, contribuições à sua manutenção e consecução de seus fins, pelo que ninguém pode recusar a condição de contribuinte *in abstracto*. Entretanto, isso não significa que todos devem pagar tributos de maneira ampla, uma vez que a obrigação de contribuir para os cofres do Estado diz respeito somente àqueles que têm capacidade econômica para fazê-lo. Essa é a razão pela qual a lei estabelece isenções tributárias, especialmente para que o tributo não alcance aquele mínimo de renda necessária à sobrevivência digna do ser humano. O princípio da universalidade do imposto visa, portanto, a permitir que a carga tributária, diluindo-se pelo maior número possível dos que estão submetidos ao poder do Estado, seja mais suave, e, portanto, o imposto seja mais justo. Por outro lado, o tributo deve ser aplicado indistintamente a todas as categorias de pessoas e bens previstos em lei e não somente a uma parcela desta categoria, de modo que todos os que se encontrem dentro de uma mesma situação devem ser tributados da mesma maneira porque revelam a mesma manifestação de riqueza. Ademais, o fato de o imposto levar em conta a capacidade econômica do contribuinte não fere o princípio da igualdade tributária, porque o respeito à capacidade contributiva de cada um nada mais é que um tratamento genérico dado pela lei a todos os que se encontram dentro de uma mesma situação. Assim, a universalidade significa tratamento igual para indivíduos iguais e não para todos os indivíduos indistintamente.

O **princípio da progressividade** veio substituir o imposto proporcional, fazendo com que a incidência aumente na medida em que cresça a quantidade da matéria imponível detida pelo contribuinte, sendo tal sistema consequência da teoria econômica da utilidade marginal. Assim, se uma pessoa ganha R$ 24.000,00 de renda por ano, esta soma vai ser destinada à compra de bens de primeira necessidade; se ganha R$ 50.000,00, os R$ 26.000,00 excedentes serão destinados às despesas de necessidade secundária, como alimentação mais cuidadosa, roupas melhores etc.; se ganha R$ 100.000,00, o excedente vai se destinar às despesas úteis mas não necessárias, como teatro, livros etc.; se ganha R$ 500.000,00, o excedente se destinará às despesas supérfluas, como presentes, viagens etc. Dessa forma, cada fração suplementar das rendas auferidas por um cidadão representa para ele uma utilidade menor que a fração precedente. Em consequência, a capacidade contributiva do indivíduo aumenta mais que proporcionalmente, tendo em vista que a utilidade dos bens que ele proporciona decresce na medida em que aumenta o seu quantitativo. Assim, através da progressividade do imposto alcança-se a meta tão desejada pelos financistas, correspondente à igualdade de todos os cidadãos diante da carga tributária, de modo que haja um sacrifício igual para todos na medida de sua capacidade econômica. Entretanto, o imposto progressivo não pode importar em uma excessiva onerosidade, sob pena de se entender o imposto como confiscatório. Por isso, deve ter um limite máximo e razoável pelos efeitos sobre a poupança, os investimentos, o trabalho e sobre as iniciativas empresariais em geral.

A **CF de 1988 concedia imunidade tributária do imposto de renda**, nos termos e limites fixados em lei, sobre rendimentos provenientes de aposentadoria e pensão, pagos pela previdência social da União, dos Estados, do Distrito Federal e dos Municípios, a pessoa com idade superior a sessenta e cinco anos, cuja renda total fosse constituída, exclusivamente, de rendimentos do trabalho (art. 153, § 2º, II). O STF decidiu que se tratava de norma que não era autoaplicável porque lei complementar devia determinar seus limites e termos[54], e o dispositivo foi revogado, inconstitucionalmente, pela EC nº20/1998, porque, correspondendo a limitação ao poder de tributar, integrava os direitos e garantias individuais do direito fundamental do contribuinte, e, assim a matéria não podia ser objeto de emenda constitucional (Poder Constituinte Derivado).

3.3. Características

O imposto sobre renda e proventos de qualquer natureza tem as seguintes **características**: a) competência privativa da **União** (CF, art. 153, III); b) **imposto pessoal**, porque leva em conta condições personalíssimas do contribuinte, mormente sua capacidade contributiva; c) deve ser **presidido** pelos princípios da generalidade, da universalidade e da progressividade (CF, art. 153, § 2º, I); d) **imposto direto**, porque não comporta o fenômeno econômico da repercussão; e) imposto objeto de **lançamento por homologação** (CTN, art. 150); f) apresenta hoje **fim marcantemente fiscal**, embora continue a ter, em segundo plano, fim extrafiscal, em razão de ser excelente instrumento para a redistribuição de renda; g) **imposto ordinário,** por integrar de forma permanente o sistema tributário nacional; h) pertence à **categoria econômica** de imposto sobre a renda e proventos de qualquer natureza (CTN, Livro I, Título III, cap. III, seção IV); i) o **produto da arrecadação do IR** pertence aos Estados, Distrito Federal e Municípios, quando incidente, na fonte, sobre rendimentos pagos, a qualquer título, pelos mencionados entes políticos, suas autarquias e pelas fundações que instituírem e mantiverem (**CF, arts. 157, I, e 158, I**); j) do produto da sua arrecadação, excluídos os impostos retidos na fonte nos termos da alínea anterior, a **União entregará** vinte e um inteiros e cinco décimos por cento ao Fundo de Participação dos Estados e do Distrito Federal e vinte e dois inteiros e cinco décimos por cento ao Fundo de Participação dos Municípios, bem como três por cento, para aplicação em programas de financiamento ao setor produtivo das regiões Norte, Nordeste e Centro-Oeste, excluída a parcela da arrecadação do imposto pertencente aos aludidos entes políticos (**CF, art. 159**); k) alíquota proporcional para a **pessoa jurídica** e progressiva para a **pessoa física**.

3.4. Hipótese de incidência

No imposto de renda, a hipótese de incidência corresponde à **aquisição da disponibilidade econômica ou jurídica de renda**, ou seja, o produto do capital (juros, rendimentos de aplicações financeiras e os ganhos de capital), do trabalho (remuneração do prestador de serviço, com ou sem vínculo empregatício) ou da combinação de ambos (lucro), bem como de proventos de qualquer natureza, assim entendidos os acréscimos patrimoniais não compreendidos no conceito de renda **(CTN, art. 43)**, que têm, portanto, sentido amplo. A CF de 1988 não adota qualquer das teorias sobre o conceito de renda nem define o fato gerador do imposto, deixando tal tarefa para o legislador, ainda mais por não haver entendimento pacífico sobre tal conceito. Entretanto, é apenas relativa a liberdade do legislador para formular o conceito de renda, "podendo escolher entre os diversos conceitos fornecidos pela Economia,

---

54   BRASIL. Supremo Tribunal Federal, RE 225.082-MG, Rel. Min. Ilmar Galvão, Primeira Turma, *Informativo STF* nº 120, p. 3.

procurando alcançar a capacidade contributiva e tendo em vista considerações de ordem prática". "Não pode, todavia, formular arbitrariamente um conceito de rendas ou proventos", pois o art. 43 do CTN "adotou expressamente o conceito de renda como acréscimo", não sendo possível, "portanto, considerar-se renda uma cessão gratuita do uso do imóvel, por exemplo, como pretendeu" a legislação anterior sobre o imposto[55].

Assim sendo, a identificação do imposto de renda deve ser feita pela **existência de acréscimo patrimonial**, e, desse modo, não é a percepção de qualquer renda ou proventos que pode gerar a incidência do imposto, e, por isso, as **indenizações**, em geral, não caracterizam o fato gerador do imposto, por traduzir mera reposição patrimonial decorrente de uma perda. Assim, não está sujeita ao imposto de renda a indenização recebida por pessoa jurídica, em decorrência de desapropriação amigável ou judicial[56] (extinto TFR, Súmula nº 39), porque "os juros compensatórios e os de mora integram a justa indenização derivada da desapropriação. Logo, a incidência de imposto de renda sobre os mesmos desfalcaria a justa indenização determinada por preceito constitucional (art. 5º, XXIV, da CF de 1988)"[57]. Da mesma forma, o imposto de renda não incide sobre o pagamento de férias não gozadas por necessidade do serviço (**STJ, Súmula nº 125**), ou por iniciativa do servidor, e também não incide sobre o pagamento de licença-prêmio também não gozada por necessidade de serviço (**STJ, Súmula nº 136**), ou por iniciativa do servidor. Mas as ausências permitidas ao trabalho para trato de interesse particular não constituem indenização e estão sujeitas ao imposto de renda. O STJ também entende que: "A importância paga a servidor público como incentivo à demissão voluntária não está sujeita à incidência do imposto de renda porque não é renda e nem representa acréscimo patrimonial"[58] (**STJ, Súmula nº 215**). Da mesma forma, não incide

---

[55] Cf. Hugo de Brito Machado, *op. cit.*, p. 270.

[56] *RTJ* 133/116, *RJTJESP* 118/342 etc.

[57] Cf. SALLES, José Carlos de Moraes. *A desapropriação à luz da doutrina e da jurisprudência*. 3. ed. São Paulo: RT, 1995, p. 545.

[58] BRASIL. Superior Tribunal de Justiça, REsp. 156.327/SP, Rel. Min. Adhemar Maciel, Segunda Turma, *DJU* 20.04.1998, p. 70. No mesmo sentido, a Súmula nº 54 do TRF-4ª R. "...2. Deveras, os valores recebidos a título de 13º salário, ainda que em virtude da adesão a programa de demissão incentivada, têm natureza remuneratória, enquadrando-se no conceito de "renda"previsto no art. 43 do CTN, pelo que configuram fato gerador do imposto. Precedentes de ambas as Turmas de Direito Público do STJ ....3. Incide o Imposto de Renda, nos termos do art. 43 do Código Tributário Nacional, sobre os valores recebidos a título de complementação de aposentadoria, com o objetivo de manter a paridade com o salário da ativa, à semelhança do que ocorre com a gratificação de inatividade." (AgRg no AgRg no REsp. 674206/RS, Rel. Min. Luiz Fux,Primeira Turma, 21.06.2005, *DJU* 01.08.2005, p. 337). "1. O imposto sobre renda e proventos de qualquer natureza tem como fato gerador, nos termos do art. 43 e seus parágrafos do CTN, os 'acréscimos patrimoniais', assim entendidos os acréscimos ao patrimônio material do contribuinte. 2. Indenização é a prestação destinada a reparar ou recompensar o dano causado a um bem jurídico. Os bens jurídicos lesados podem ser (a) de natureza patrimonial (= integrantes do patrimônio material) ou (b) de natureza não patrimonial (= integrantes do patrimônio imaterial ou moral), e, em qualquer das hipóteses, quando não recompostos *in natura*, obrigam o causador do dano a uma prestação substitutiva em dinheiro. 3. O pagamento de indenização pode ou não acarretar acréscimo patrimonial, dependendo da natureza do bem jurídico a que se refere. Quando se indeniza dano efetivamente verificado no patrimônio material (= dano emergente), o pagamento em dinheiro simplesmente reconstitui a perda patrimonial ocorrida em virtude da lesão, e, portanto, não acarreta qualquer aumento no patrimônio. Todavia, ocorre acréscimo patrimonial quando a indenização (a) ultrapassar o valor do dano material verificado (= dano emergente), ou (b) se destinar a compensar o ganho que deixou de ser auferido (= lucro cessante), ou (c) se referir a dano causado a bem do patrimônio imaterial (= dano que não importou redução do patrimônio material). 4. A indenização que acarreta acréscimo patrimonial configura fato gerador do imposto de renda e, como tal, ficará sujeita a tributação, a não ser que o crédito tributário esteja excluído por isenção legal, como é o caso das hipóteses dos incisos XVI, XVII, XIX, XX e XXIII do

imposto de renda sobre a compensação recebida pela instituição de servidão administrativa, diante do seu caráter indenizatório[59]. Também não incide imposto de renda sobre cessão de precatório com deságio, visto inexistir ganho de capital.[60] No que tange aos valores percebidos a título de alimentos ou de pensão alimentícia, diante da ausência de acréscimo patrimonial, não há que se falar incidência do IR. O STF, na ADI nº 5.422/DF, julgou procedente o pedido, a fim de "julgar procedente o pedido formulado, de modo a dar ao art. 3º, § 1º, da Lei nº 7.713/1988, ao arts. 4º e 46 do Anexo do Decreto nº 9.580/2018 e aos arts. 3º, *caput* e § 1º; e 4º do Decreto-lei nº 1.301/73 interpretação conforme a Constituição Federal para se afastar a incidência do imposto de renda sobre valores decorrentes do direito de família percebidos pelos alimentados a título de alimentos ou de pensões alimentícias."[61] Em resumo, o pressuposto de renda, ou de proventos, é a existência de acréscimo patrimonial, sob pena de se tributar, a título de imposto de renda, o patrimônio ou o faturamento[62].

---

art. 39 do Regulamento do Imposto de Renda e Proventos de Qualquer Natureza, aprovado pelo Decreto 3.000, de 31.03.1999. 5. O pagamento, ajustado em dissídio coletivo, de *complementação de proventos de aposentadoria* (denominado "benefício" e "vantagem"), equiparando-os ao valor dos vencimentos devidos na ativa, gera acréscimo patrimonial ao aposentado. Não se tratando de indenização por dano material e nem estando contemplada por qualquer espécie de isenção, a complementação dos proventos está sujeita a tributação pelo mesmo regime fiscal aplicável à parcela complementada. 6. O *décimo terceiro* possui natureza tipicamente salarial, que não se altera pela só circunstância de ser pago por ocasião da rescisão do contrato. A incidência do imposto de renda sobre o seu pagamento está expressamente prevista nos arts. 26 da Lei nº 7.713/1988 e 16 da Lei nº 8.134/1990. Precedentes da Seção e das Turmas (BRASIL. Superior Tribunal de Justiça, AgRg no REsp 703.252/DF, Rel. Min. Luiz Fux, Primeira Turma, 14.06.2005, DJ 27.06.2005, p. 265). Idem BRASIL. Superior Tribunal de Justiça, AgrMs 10483/DF, 1ª Seção, Rel. Min. Teori Albino Zavascki, 08.06.2005, DJ 27.06.2005, p. 205). "...1. Não incide imposto de renda sobre a verba de gabinete recebida por parlamentar. Caráter indenizatório. Ausência de conteúdo remuneratório. 2. Incidência sobre a ajuda de custo recebida sem destinação específica, isto é, para cobrir despesas com deslocamentos etc. 3. A tributação independe da denominação do rendimento. Suficiente que o valor recebido caracterize verba destinada para o exercício do cargo, função ou emprego (art. 45 do Decreto nº 1.041/1994, que tem como bases legais as Leis nº 4.506, de 1964 (art. 16), nº 7.713/1988 (art. 3º, § 4º) e nº 8.383/1991 (art. 74) – BRASIL. Superior Tribunal de Justiça, REsp. 689052/AL, Rel. Min. José Delgado, Primeira Turma, 19.04.2005, *DJU* 06.06.2005, p. 207. O IR também não incide sobre a participação nos lucros, igualmente por não caracterizar riqueza nova no patrimônio do contribuinte (BRASIL. Superior Tribunal de Justiça, AgRg no REsp. 670.442/SE, Rel. Min. José Delgado, Primeira Turma, 03.02.2005, *DJU* 14.03.2005).

[59] BRASIL. Superior Tribunal de Justiça, REsp n. 1.992.514/CE, Rel. Min. Francisco Falcão, Segunda Turma, j. 21.03.2023, DJe de 23.03.2023.

[60] BRASIL. Superior Tribunal de Justiça, REsp n. 1.785.762/RJ, Rel. Min. Francisco Falcão, Segunda Turma, j. 27.09.2022, DJe de 29.09.2022.

[61] BRASIL. Supremo Tribunal Federal, ADI 5422, Rel. Dias Toffoli, Tribunal Pleno, j. 06.06.2022, processo eletrônico, DJe-166, divulg. 22.08.2022, public. 23.08.2022.

[62] A entrega aos cotistas do valor de cada quinhão, apurado na liquidação de fundo mútuo de previdência privada, não acarreta acréscimo patrimonial. Por isto não constitui fato gerador de IR" (BRASIL. Superior Tribunal de Justiça, ED em REsp. 76.499/CE, Rel. Min. Humberto Gomes de Barros, p.m., 1ª Seção, 14.05.1997, *DJU* 23.06.1997, p. 29.036. *RSTJ* 98/48). "As aplicações financeiras (atos não cooperativos), realizadas pelas cooperativas, por não constituírem negócios jurídicos vinculados à finalidade básica dos atos cooperativos, sujeitam-se à incidência do imposto de renda" (BRASIL. Superior Tribunal de Justiça, REsp. 133.889/SC, Rel. Min. Francisco Peçanha Martins, Segunda Turma, v.u., 03.02.2000, *DJU* 13.03.2000, p. 166). "Cooperativa. Se, entre duas interpretações, o regulamento do imposto de renda, baixado por decreto, adota aquela que favorece o contribuinte, o Fisco não pode desconsiderá-la, exigindo o tributo à base da outra; tudo porque a interpretação da lei, pelo Chefe do Poder Executivo, vincula os órgãos hierarquicamente subordinados, e, quando ela é manifestada por decreto, sobrepõe-se, também, formalmente às demais manifestações da Administração. Hipótese em que, muito embora a L. nº 5.764/1971, também autorize o entendimento de que o resultado das aplicações financeiras feitas por cooperativas

418 | MANUAL DE DIREITO TRIBUTÁRIO – *Luiz Emygdio Franco da Rosa Junior e Amanda Albano*

Quando o art. 146, III, "c", da CF prescreve que o legislador deve dar "adequado tratamento tributário ao ato cooperativo praticado pelas sociedades cooperativas", a norma constitucional **não está conferindo imunidade tributária ao ato cooperativo**, porque **a referida norma deve ser interpretada** junto com a norma constante do **art. 174, § 2º, da CF**, quando reza: "A lei apoiará e estimulará o cooperativismo e outras formas de associativismo". Assim, "será adequado o tratamento tributário do ato cooperativo quando implicar carga tributária inferior a das demais atividades produtivas, incentivando-o, ou, no mínimo, quando aplicar carga tributária que não seja mais gravosa que a incidente sobre outras atividades (do contrário, ao invés de estimular, estaria inviabilizando o cooperativismo" (**Leandro Paulsen,** *op. cit.*, p. 303-304)**.** Em outras palavras, **"adequado tratamento tributário ao ato cooperativo"** significa que as pessoas que se reunirem em cooperativa ou veicularem suas operações através dela, não devem ser tributadas duas vezes (sejam pessoas ou operações), pelo simples fato de terem personalidades jurídicas distintas (cooperativa e cooperados). A rigor não devem sofrer maior tributação, por estarem reunidas em cooperativa, do que sofreriam se agissem isoladamente" (Marco Aurélio Greco, em nota do tradutor à obra *Princípios Comuns de Direito Constitucional Tributário*, de Victor Uckmar, 2. ed., Malheiros, 1999, p. 139). Entretanto, dar adequado tratamento ao ato cooperativo, não significa poderem gozar, necessariamente, de tratamento privilegiado (STF, RE 141.800/SP, Primeira Turma, Rel. Min. Moreira Alves, abr./1997). Por outro lado, para que o legislador dê ao ato cooperativo tratamento tributário adequado, torna-se necessária a edição de lei complementar exigida pelo art. 146, III, "c", inclusive em relação ao IBS e à CBS.

Afastada a imunidade tributária de ato cooperativo, deve-se concluir que só está excluído do campo de incidência do imposto de renda (isenção), por constituir negócio jurídico vinculado às suas finalidades básicas, o ato cooperativo, ou seja, o ato praticado pela entidade em relação a seus associados, que seja, portanto, "de proveito comum, sem objetivo de lucro" (RIR, art. 193). Entretanto, o imposto deve incidir "sobre os resultados positivos das operações e atividades estranhas à sua finalidade" (RIR, art. 194), que é o caso de aplicações financeiras, por serem atos não cooperativos (BRASIL, Superior Tribunal de Justiça, REsp 133.889/SC, Segunda Turma, Rel. Min. Francisco Peçanha Martins, v.u., 03.02.2000, *DJU* 13.03.2000, p. 166). Este entendimento consolidou-se com a **Súmula 262 do STJ**: "Incide o imposto de renda sobre o resultado de aplicações financeiras realizadas pelas cooperativas". *Em resumo*: "1. A cooperativa, quando serve de mera intermediária entre seus associados (profissionais) e terceiros, que usam do serviço médico, está isenta de tributos, porque exerce atos cooperativos (art. 79 da Lei nº 5.764/1971) e goza de não incidência. 2. Diferentemente, quando a cooperativa, na atividade de intermediação, realiza ato negocial, foge à regra da isenção, devendo pagar os impostos e contribuições na qualidade de verdadeira empregadora" (BRASIL. Superior

---

está sujeito ao imposto de renda, o Decreto nº 8.5450/1980, que a regulamentou, e que tem caráter de norma complementar (CTN, art. 100, I), fez por excluí-lo do campo de incidência do tributo" (BRASIL. Superior Tribunal de Justiça, REsp. 881.79/PR, Rel. Min. Ari Pargendler, Segunda Turma, v.u., 21.05.1998, *DJU* 31.08.1998, p. 55. *RSTJ* 111/117). "Art. 8º da Lei nº 8541/1992. Não é despesa dedutível para fins de imposto de renda. Os depósitos judiciais, não obstante a sua vinculação ao litígio e à disposição do juiz, continuam a integrar o patrimônio do contribuinte, bem como os acréscimos de correção monetária e outros acessórios que tenham direito, até a solução do litígio. Com essa ocorrência o depósito voltará a se tornar livre no patrimônio do contribuinte ou será transformado em renda para o poder tributante. Nessa hipótese, a partir daí, ele deverá ser considerado como despesa dedutível da apuração do lucro real" (BRASIL. Superior Tribunal de Justiça, REsp. 129.249/RS, Rel. Min. José Delgado, Primeira Turma, v.u., 14.08.1997, *DJU* 22.09.1997, p. 46.347. No mesmo sentido: BRASIL. Superior Tribunal de Justiça, REsp. 163.863-0-RS, Rel. Min. Milton Luiz Pereira, Primeira Turma, p.m., *DJU* 19.02.2001, EJSTJ 29/73.

Tribunal de Justiça, REsp 727091/RJ, Rel. Min. Eliana Calmon, Segunda Turma, 13.09.2005, DJ 17.10.2005, p. 282).

O **art. 43 do CTN** alude a **disponibilidade econômica ou jurídica da renda e de proventos de qualquer natureza**. Ocorre **disponibilidade econômica** quando o contribuinte recebe efetivamente renda ou proventos, e a **disponibilidade jurídica** decorre de mero crédito a favor do contribuinte, do qual passa a dispor juridicamente, embora ainda não tenha recebido efetivamente a renda[63].

A lei não pode definir como hipótese de incidência do imposto de renda, ou de qualquer tributo, cujos rendimentos decorram de atividades ilícitas, imorais, criminosas etc., mas somente de atividades lícitas. Entretanto, o fisco deve cobrar o imposto sobre os mencionados rendimentos, porque a prestação tributária corresponde a uma atividade administrativa vinculada e não constitui sanção (ratificação ou legitimação) de ato ilícito (CTN, art. 3º), consagrando o princípio *pecunia non olet*. Assim, ocorrendo o fato gerador, o Estado não pode deixar de adotar o procedimento necessário para cobrança do tributo, ainda mais porque o art. 118, I, do CTN prescreve que a definição legal do fato gerador é interpretada abstraindo-se a natureza do seu objeto, lícito ou ilícito A tributação de rendimentos decorrentes de atividades lícitas e a não cobrança de rendimentos resultantes de atividades ilícitas, violaria os princípios da igualdade tributária e da capacidade contributiva (**CF, arts. 150, II, e 145, § 1º**).

---

[63] O Plenário do STF, no julgamento do RE 172.058, declarou inconstitucional o art. 35 da Lei nº 7.713/1988, no ponto em que obrigou acionista de sociedade anônima a recolher o IR na fonte sobre o lucro líquido apurado na data do encerramento do período-base, porque nas sociedades anônimas "a distribuição dos lucros depende principalmente da manifestação da AG, não se configurando ela, pura e simplesmente, com o encerramento do período-base", não caracterizando, portanto, disponibilidade jurídica da renda, e, por isso, o mencionado dispositivo afrontava o art. 43 do CTN. A Resolução nº 82, de 18.11.1996, do Senado Federal, suspendeu, em parte, a execução do art. 35 da Lei nº 7.713/1988, no que diz respeito à expressão "o acionista", contida no referido artigo. Entretanto, a Corte Constitucional ressalvou da inconstitucionalidade do art. 35 o sócio-quotista e o titular de empresa individual, uma vez que, nesse, o lucro líquido fica à disposição do titular e, naquele, pode haver a disponibilidade imediata dos lucros pelo sócio, se o contrato social assim determinar (BRASIL. Supremo Tribunal Federal, RE 173.490-6/PR, Rel. Min. Marco Aurélio, 01.09.1995, Segunda Turma, v.u., *DJU* 29.09.1995, p. 31.918; RE 193.915-0, Rel. Min. Carlos Velloso, Segunda Turma, v.u., 26.09.1995, *DJU* 07.12.1995, p. 42.635 etc.). Os rendimentos de operações de *hedge* através de *swap* são tributados pela Lei nº 9.779/1999 (art. 5º), que são assim explicadas por Marcelo Guerra Martins: "As operações de *hedge* (proteção) através de *swap* (troca), em breve síntese se constituem em negócios jurídicos firmados com a participação de uma instituição financeira pela qual uma das partes, que possui dívidas em moeda estrangeira, visa se proteger de eventual desvalorização desta moeda no futuro, quando a dívida terá de ser paga. Nessa linha de raciocínio, quando do encerramento do contrato (que provavelmente coincidirá com a época do pagamento da dívida), se a moeda nacional tiver se desvalorizado, a instituição bancária cobrirá a respectiva diferença, podendo, eventualmente, dependendo do caso, haver lucro para aquele que contratou a operação. Contudo, o objetivo principal não é a existência de tal lucro, mas simplesmente uma proteção contra eventual elevada desvalorização da moeda nacional" (MARTINS, Marcelo Guerra. *Impostos e contribuições federais*. Rio de Janeiro: Renovar, 2004, p. 241). Tal operação não deve ser tributada por não corresponder a acréscimo patrimonial, "pois a cobertura que o *hedging* concede tem caráter meramente indenizatório, a fim de que não se desfalque o patrimônio do *hedger*" (TRF-2ª R., Quarta Turma, autos 2000.02.01.051610-0, Rel. Des. Federal Fernando Marques, *DJU* 14.03.2001. 07.06.2001). A matéria é controversa, pois o TRF-4ª R., Segunda Turma, autos 1999.71.00.014767-9, Rel. Juiz Vicente Darós, *DJU* 04.07.2001, p. 703, entende que há acréscimo patrimonial.

3.5. Os §§ 1º e 2º do art. 43 do CTN acrescentados pela LC nº 104, de 2001

O § 1º do art. 43 do CTN estabelece que a incidência do imposto sobre a renda **independe** da denominação da receita ou do rendimento, da localização, condição jurídica ou nacionalidade da fonte, da origem e da forma de percepção. O mencionado dispositivo não representa uma "norma antielisão" particular e especial para o imposto de renda, com o objetivo de permitir à autoridade fiscal desconsiderar planejamento fiscal feito pelo contribuinte para evitar a ocorrência do fato gerador ou pagar menos o tributo devido[64]. Por outro lado, o parágrafo 1º do art. 43 não altera também a hipótese de incidência do imposto de renda, porque apenas reafirma que o referido imposto incide "sobre todo acréscimo patrimonial, independentemente de qualquer outro fator", o que já era previsto no art. 51 da Lei nº 7.450, de 23.11.1985, e no § 4º do art. 3º da Lei nº 7.713, de 27.12.1988[65].

O § 2º do art. 43 do CTN prescreve que: "Na hipótese de receita ou de rendimento oriundos do exterior, a lei estabelecerá as condições e o momento em que se dará sua disponibilidade, para fins de incidência do imposto referido neste artigo". Tal norma teve por objetivo tentar legitimar a incidência do imposto sobre a renda de pessoa jurídica auferida no exterior, porque o art. 25 da Lei nº 9.249, de 26.12.1995, determinava que os lucros das filiais, sucursais, controladas ou coligadas fossem adicionados ao lucro da matriz brasileira no momento da sua apuração. Essa norma conflitava com o art. 43 do CTN, que considera fato gerador do imposto de renda a aquisição de disponibilidade econômica ou jurídica de acréscimo patrimonial, e não a mera apuração do lucro. O mesmo autor entende que o § 2º do art. 43, na parte em que refere a receita ou rendimento, agride a constitucionalização do conceito de renda, qual seja, acréscimo patrimonial disponível e não meramente apurado.

Entendemos que os § § 1º e 2º do art. 43 do CTN são inconstitucionais, porque o art. 153, III, da CF, ao empregar a expressão "renda ou proventos de qualquer natureza", agasalhou, recepcionou, ou melhor, constitucionalizou tais conceitos fornecidos pelo art. 43 do CTN. Logo, a LC nº 104/2001 não podia alterar o art. 43 do CTN para, alargando o conceito de renda, considerar como tal "receita ou rendimento", para efeito da determinação da disponibilidade econômica ou jurídica[66], tendo em vista a vedação do art. 100 do CTN.

O Supremo Tribunal Federal, no julgamento RE nº 855.091, conferiu ao § 1º do art. 3º da Lei nº 7.713/1988 e ao art. 43, inciso II e § 1º do CTN interpretação conforme à Constituição para excluir de sua abrangência a incidência de imposto de renda sobre os juros de mora pelo atraso no pagamento de remuneração por exercício de emprego, cargo ou função.[67] Por meio do Tema 808 fixou-se a seguinte tese: "**Não incide imposto de renda sobre os juros de mora devidos pelo atraso no pagamento de remuneração por exercício de emprego, cargo ou função**".

---

[64] Cf. OLIVEIRA, Ricardo Mariz de. A elisão fiscal ante a lei complementar nº 104. *In*: OLIVEIRA, Valdir de (coord.). *O planejamento tributário e a lei complementar 104*. São Paulo: Dialética, 2001, p. 248 e 254.

[65] Cf. TROIANELLI, Gabriel Lacerda. *Comentários aos novos dispositivos do CTN*: a LC 104. São Paulo: Dialética, 2001, p. 19.

[66] Cf. MARTINS, Ives Gandra da Silva. Imposto de Renda e o art. 43 do CTN. *Revista Dialética de Direito Tributário*, São Paulo, n. 68, p. 77-79, maio/2001.

[67] BRASIL. Supremo Tribunal Federal, RE 855091, Rel. Min. Dias Toffoli, Tribunal Pleno, j. 15.03.2021, processo eletrônico repercussão geral – mérito, DJe-064, divulg. 07.04.2021, public. 08.04.2021.

Capítulo XII · IMPOSTOS FEDERAIS, ESTADUAIS E MUNICIPAIS | 421

3.6. Contribuinte

O **art. 45 do CTN** prescreve, em sua primeira parte, que **contribuinte** do imposto de renda é o titular da disponibilidade a que se refere o art. 43, isto é, a pessoa física ou jurídica, titular da disponibilidade econômica ou jurídica de renda ou de proventos tributáveis, que tenha como pressuposto acréscimo patrimonial. O contribuinte do IR pode ser pessoa física, jurídica ou firma individual, que é equiparada a pessoa jurídica pela legislação do imposto de renda. Em sua segunda parte, o art. 45 permite à lei conferir essa condição ao possuidor, a qualquer título, dos bens produtores de renda ou dos proventos tributáveis, possibilitando "a tributação de rendimentos em consideração à denominada teoria da fonte", desde que seja brasileira a fonte pagadora[68].

A lei, no entanto, pode atribuir à fonte pagadora da renda ou dos proventos tributáveis a condição de responsável pelo imposto cuja retenção e recolhimento lhe caibam (parágrafo único do art. 45). Nessa última hipótese, a fonte pagadora é responsável pelo desconto e recolhimento do imposto, afinando-se o dispositivo com os **arts. 121, parágrafo único, II, e 128 do CTN**, porque se trata de terceiro que tem vínculo com o fato gerador do imposto. Na hipótese de a fonte pagadora não proceder ao recolhimento do imposto, o **STJ** decidiu que o tributo deve ser exigido do responsável (substituto legal tributário) e não de quem percebe a renda ou os proventos tributáveis[69], e, assim, os comprovantes respectivos do pagamento do imposto de renda só podem ser exigidos do responsável, não do contribuinte[70]. Entretanto, posteriormente, o STJ decidiu que o parágrafo único do art. 45 do CTN "não excluiu a responsabilidade do contribuinte que aufere a renda ou provento, que tem relação direta e pessoal com a situação que configura o fato gerador do tributo, que é a aquisição da disponibilidade econômica ou jurídica da renda ou do provento e, portanto, guarda relação natural com o fato da tributação"[71]. Em outra decisão, o **STJ** entendeu, corretamente, que, sendo o imposto

---

[68]   Cf. Hugo de Brito Machado, *op. cit.*, p. 280.

[69]   "Tributário – Imposto de renda retido na fonte – Incidência sobre a distribuição de prêmios – Responsabilidade (substituição) tributária – Obrigação decorrente de lei – Inteligência dos arts. 63 da Lei nº 8.981/1995; 45, parágrafo único, e art. 121, inciso II, ambos do CTN. 1. O fenômeno da responsabilidade ("substituição") tributária encontra-se inserto no parágrafo único do art. 45 do CTN, o qual prevê a possibilidade de a lei atribuir a fonte pagadora da renda ou dos proventos tributáveis a condição de responder pelo imposto cuja retenção e recolhimento lhe caibam, em combinação com o disposto no inciso II do parágrafo único do art. 121, segundo o qual "responsável, é aquele que, sem revestir a condição de contribuinte, tenha obrigação decorrente de disposição expressa de lei". 2. No caso em apreço, o art. 63 da Lei nº 8.981/1995 (com redação dada pela Lei nº 9.065, de 20.06.1995) conferiu expressamente à pessoa jurídica que proceder a distribuição de prêmios a retenção do imposto de renda, fato que a transforma em responsável pelo seu pagamento. 3. "A obrigação tributária nasce por efeito da incidência da norma jurídica originária e diretamente contra o contribuinte ou contra o substituto legal tributário; a sujeição passiva é de um ou de outro, e, quando escolhido o substituto legal tributário, só ele, ninguém mais, está obrigado a pagar o tributo" (BRASIL. Superior Tribunal de Justiça, REsp. 86.465-RJ, Rel. Min. Ari Pargendler, *DJU* de 07.10.1996, *RSTJ* 124/151).

[70]   BRASIL. Superior Tribunal de Justiça, AR em AG 145.127, Rel. Min. Ari Pargendler, Segunda Turma, v.u., 04.08.1997, *DJU* 25.08.1997, p. 39.365.

[71]   BRASIL. Superior Tribunal de Justiça, REsp. 416858/SC, Rel. Min. Teori Albino Zavascki, Primeira Turma, 03.02.2004, *DJU* 15.03.2004, p. 154. Neste acórdão consta ainda o seguinte: "Assim, o contribuinte continua obrigado a declarar o valor por ocasião do ajuste anual, podendo, inclusive, receber restituição ou ser obrigado a suplementar o pagamento. A falta de cumprimento do dever de recolher na fonte, ainda que importe em responsabilidade do retentor omisso, não exclui a obrigação do contribuinte que auferiu a renda de oferecê-la à tributação, como, aliás, ocorreria, se tivesse havido o desconto na fonte".

de renda tributo federal, o sujeito ativo é unicamente a União, e não o Município que deixou de reter o imposto de renda na fonte[72].

Súmula nº 184 do STJ. "A microempresa de representação comercial é isenta de imposto de renda."[73] As **autarquias** gozam de imunidade tributária quanto ao imposto sobre a renda vinculada a sua finalidade essencial ou dela decorrente (**CF, art. 150, § 2º**). Entretanto, as **autarquias financeiras** não gozam da imunidade tributária relativa a imposto sobre renda prevista no art. 150, § 2º, da CF, porque não exercem função pública típica outorgada pelo Estado, mas desempenham atividade de operação de crédito, como qualquer instituição financeira de direito privado. Após a EC nº 132/2023, além das autarquias e fundações instituídas e mantidas pelo poder público, estendeu-se a imunidade tributária sobre patrimônio, renda e serviços vinculados a finalidades essenciais da empresa pública prestadora de serviço postal.

3.7. Alíquotas

A CF de 1988 e o CTN silenciam sobre as alíquotas do imposto de renda, e, assim, o legislador ordinário tem liberdade de fixá-las. Entretanto, **não se trata de liberdade absoluta**, porque deve atender aos princípios constitucionais da capacidade contributiva (**CF, art. 145, § 1º**) e da progressividade (**CF, art. 153, § 2º, I**), e o legislador não pode estabelecer alíquota excessiva que atinja parcela mínima necessária à sobrevivência da propriedade privada, extrapolando da razoabilidade, dando ao imposto efeito de confisco.

No caso de pessoa jurídica, a alíquota é **proporcional**, isto é, não varia em função da base de cálculo.

Quanto à **pessoa física**, a alíquota é **progressiva**, dependendo do valor da renda. Atualmente, as alíquotas variam de 0% a 27,5%, observando-se a seguinte progressão, nos termos da Lei nº 14.663/2023: (1) até R$ 2.112,00 – 0%; (2) de R$ 2.112,00 até R$ 2.826,65 – 7,5%; (3) de R$ 2.826,65 até R$3.751,05 – 15%; (4) de R$3.751,05 até R$ 4.664,68 – 22,5% e (5) acima de R$ 4.664,68 – 27,5%.

3.8. Base de cálculo

A **base de cálculo** do imposto de renda é o montante real, arbitrado ou presumido, da renda ou dos proventos tributáveis (**CTN, art. 44**), segundo o tipo de contribuinte. A base de cálculo para o contribuinte **pessoa jurídica** corresponde ao **lucro** que, segundo a legislação pertinente, pode ser real, arbitrado ou presumido.

Lucro real corresponde ao acréscimo efetivamente ocorrido no patrimônio da empresa, mediante resultado apurado através das demonstrações financeiras elaboradas de acordo

---

[72]   "A norma constitucional que reserva aos Municípios a receita do Imposto de Renda que eles retêm na fonte só incide depois de adimplida a regra de tributação; essa destinação resulta de norma de direito financeiro, que estabelece relação jurídica entre pessoas de direito público, nada significando para o contribuinte. O que o Município deixou de reter na fonte a título de IR só pode ser cobrado pela União" (REsp. 9417/SP, Rel. Min. Ari Pargendler, Segunda Turma, v.u., 04.12.1995, *DJU* 26.02.1996, p. 3.980), tendo, no entanto, direito de regresso contra o trabalhador (BRASIL. Superior Tribunal de Justiça, REsp. 153.664/ES, Segunda Turma, Rel. Min. Francisco Peçanha Martins, v.u., *DJU* 11.09.2000, p. 238).

[73]   "Representação comercial não se "assemelha" às atividades da corretagem, não sendo de feliz inspiração a interpretação da autoridade fiscal, sob a réstia do art. 51, Lei nº 7.713/1988, com elastério, sob o argumento da similitude, equiparar atividades de características profissionais diferentes. Ilegalidade na restituição das microempresas beneficiárias da isenção do Imposto de Renda (Lei nº 7.256/1984, art. 11, I). Aplicação da Súmula 184/STJ" (BRASIL. Superior Tribunal de Justiça, REsp. 118.973/RS, Rel. Min. Milton Luiz Pereira, Primeira Turma, v.u., 02.12.1999, *DJU* 28.02.2000, p. 41).

Capítulo XII · IMPOSTOS FEDERAIS, ESTADUAIS E MUNICIPAIS | **423**

com a lei comercial, e constitui-se na regra geral da base de cálculo das pessoas jurídicas. "O Lucro Real é o Resultado (Lucro ou Prejuízo) do período de apuração (antes de computar a provisão para o imposto de renda), ajustado pelas adições, exclusões e compensações prescritas ou autorizadas pela legislação do imposto sobre a renda"[74]. Em outras palavras, o lucro real corresponde à soma do lucro operacional mais os resultados não operacionais e as participações, obtendo-se o lucro líquido da pessoa jurídica, que será acrescido das adições e diminuído das exclusões e compensações permitidos em lei.

Lucro presumido é uma faculdade conferida pela legislação do imposto de renda às pessoas jurídicas que não estejam obrigadas à tributação com base no lucro real. O lucro presumido resulta da aplicação de coeficientes definidos pela lei sobre a receita bruta anual, segundo a natureza da atividade desempenhada pela empresa, apurado nos termos do art. 25 da Lei nº 9.430/1996, e a opção pelo lucro presumido será aplicada em relação a todo o período de atividade da empresa em cada ano calendário (art. 26)[75].

Lucro arbitrado equivale ao montante determinado pela soma das parcelas referidas no art. 27 da Lei nº 9.430/1996, sendo aplicável em determinadas situações previstas pela legislação do imposto de renda, quando, por exemplo, ocorrer omissão de receita, ausência de escrituração na forma das leis comerciais e fiscais (contribuinte sujeito à tributação com base no lucro real) ou quando há recusa de exibição de livros ou documentos de sua escrituração etc. (RIR, art. 603). O sistema de lucro arbitrado tem base no art. 148 do CTN, e não "deve ser encarado como modalidade optativa ou favorecida de tributação, pois representa coercitivamente a determinação do lucro e do imposto para contribuintes que descumprirem as disposições legais relativas ao Lucro Real e ao Lucro Presumido"[76]. Quando o contribuinte

---

[74] Cf. NEVES, Silvério das; VICECONTI, Paulo E. V. *Curso prático de imposto de renda pessoa jurídica.* São Paulo: Frase, 2001, p. 4, cuja leitura recomendamos para a completa compreensão do assunto. "...1. A disposição normativa que limita o valor da remuneração da despesa efetuada com os dirigentes da empresa não viola o fato gerador do imposto de renda, encerrando esforço normativo no sentido de evitar práticas evasivas. 2. Recurso que se limita a atacar a disposição legal que dispõe sobre o que pode ser considerado como despesa operacional da empresa. Legalidade. 3. A *ratio legis* é considerar que os valores que excedam o teto fixado, encerram distribuição disfarçada de lucros. Por se tratar de presunção relativa, pode ser elidida mediante apresentação de prova em contrário, o que no caso dos autos não ocorreu. *In casu*, impugna-se simplesmente a lei. 4. Neste sentido, afirmar a ilegalidade da disposição limitadora em face do art. 43 do CTN, significa, reflexamente, atacar o conceito de renda insculpido na Constituição Federal, sendo que o Superior Tribunal de Justiça é o guardião da legislação infraconstitucional enquanto declarada inconstitucional pelo Colendo Supremo Tribunal Federal" (BRASIL. Superior Tribunal de Justiça, Resp. 389.092-RS, Rel. Min. Luiz Fux, Primeira Turma, *DJU* de 30.09.2002, p. 185). "S. 264, TFR. As sociedades cooperativas estão afastadas, em decorrência dos seus resultados, do pagamento do IR, o que implica em não haver tributação por excesso de retirada de seus dirigentes" (BRASIL. Superior Tribunal de Justiça, REsp. 389.092-RS, Rel. Min. Luiz Fux, Primeira Turma, *DJU* de 30.09.2002, p. 18.527, etc.).

[75] "Imposto de Renda – Balanços periódicos – Lucros presumido e real – Lei nº 7.450/1985 (art. 26) – Lei nº 8.383/1991 (arts. 38 e § 1º, 40, 86, 87 e 94, parágrafo único) – Portaria MEFP nº 441/1992 – Lei nº 8.541/1992 – Instrução Normativa nº 11/1992. 1. Constituindo-se a tributação pelo lucro presumido favor fiscal ditado para o imposto de renda, modificadas as suas condições normativas básicas, e com efeitos retroativos beneficiando o contribuinte, é possível a reconsideração anterior à opção, considerada gravosa aos seus interesses. Afinal, o direito não pode ser desajustado ou injusto" (BRASIL. Superior Tribunal de Justiça, REsp. 172.519, Rel. Min. Milton Luiz Pereira, *RSTJ* 150/71).

[76] Cf. Silvério das Neves e Paulo E.V. Viceconti, *op. cit.*, p. 21. "É ilegítimo o lançamento do imposto de renda arbitrado com base apenas em extratos bancários (Súmula 82/TRF)" (BRASIL. Superior Tribunal de Justiça, REsp. 238.356/CE, Rel. Min. Humberto Gomes de Barros, Primeira Turma, v.u., 12.09.2000, *DJU* de 02.10.2000, p. 147).

do imposto for pessoa física, a incidência se dá praticamente sobre o rendimento bruto, por força das deduções ínfimas que a legislação permite que possam ser feitas.

A base de cálculo do imposto de renda devido por **pessoa física** no ano-calendário será a diferença entre as somas de todos os rendimentos percebidos no ano-calendário, exceto os isentos, os não tributáveis, os tributáveis exclusivamente na fonte e os sujeitos à tributação definitiva, e as deduções referidas no inciso II do art. 8º da Lei nº 9.250/1995, por exemplo, pagamentos efetuados a médicos, dentistas, psicólogos etc., despesas com a educação do contribuinte e de seus dependentes etc.[77]

A jurisprudência firmou-se no sentido de **não competir ao Poder Judiciário promover a atualização monetária das tabelas de imposto de renda na fonte e dos limites de deduções**, referentes à pessoa física, por ausência de previsão legal que impede o Poder Judiciário de cominar o indexador que lhe pareça mais apropriado, substituindo a atividade legislativa. O Poder Judiciário entende também que não há inconstitucionalidade na utilização da UFIR, para atualização do imposto de renda, por não representar majoração de tributo ou modificação da base de cálculo e do fato gerador[78].

3.9. *Lançamento*

No passado, o imposto de renda era objeto de lançamento por declaração (CTN, art. 147), ou seja, o contribuinte apresentava sua declaração de bens e rendas, e o fisco, com base nesses dados, lançava o tributo e notificava o contribuinte para ciência e pagamento, se fosse o caso. Hodiernamente, no entanto, o imposto de renda está sujeito a **lançamento por homologação (CTN, art. 150),** porque compete ao contribuinte, pessoa física ou jurídica, fazer a declaração de bens, calcular e recolher o imposto, cabendo ao fisco homologar ou não o pagamento antecipado. Por outro lado, trata-se de mera declaração de ajuste, porque a Lei nº 7.713, de 22.12.1988, em seu art. 2º, adota o sistema de bases correntes, isto é, o "Imposto

---

[77] "...A disposição acerca da não tributação dos salários recebidos no exterior, conferida às pessoas de nacionalidade brasileira que prestam serviços como assalariados em outro país, deve ter tido como ponto de partida para a análise do texto escrito, a fim de que o intérprete possa dar o verdadeiro sentido da norma, cuidando de conciliar com o sentido jurídico do diploma. O Decreto-Lei nº 1380/1974 tem em mira evitar a dupla tributação dos rendimentos do trabalho assalariado recebido no exterior pelos empregados que optarem pela condição de residência no Brasil, para efeitos de imposto de renda, embora residam no exterior. Assim, o exame da *quaestio* não se circunscreve tão só à análise da expressão "rendimentos recebidos no exterior", mas, como a própria recorrente reconhece, se deve verificar se o espírito da lei foi afrontado (fls. 88). A interpretação do verdadeiro espírito do diploma normativo nos conduz à impossibilidade de dupla incidência do tributo no Brasil e no exterior. Assim, a transferência para o Brasil dos rendimentos percebidos no exterior, na hipótese dos autos, poderia nos conduzir ao equívoco de que por ser oriundo de trabalho assalariado no exterior, a isenção do imposto de renda seria de rigor. Todavia, não há nos autos elementos no sentido de que esse tributo tenha sido recolhido no país alienígena, de maneira que não há evidência da hipótese de dupla tributação autorizadora da aplicação da regra do mencionado decreto-lei. Conforme os termos do r. parecer trazido à colação pelos recorrentes fica evidenciado que a par dos pressupostos específicos da isenção, deve ser incluída "a necessária imputação do rendimento ao estabelecimento permanente do exterior" (fls.103). Esta exigência se justifica para afastar a dupla tributação, a qual, na espécie, repita-se, não se verificou" (BRASIL. Superior Tribunal de Justiça, REsp. 134.115-MG. Rel. Min. Franciulli Netto, Segunda Turma, *DJU* de 25.02.2002, *RSTJ* 154/153).

[78] "Não há inconstitucionalidade na utilização da UFIR, prevista na Lei nº 8.383/1991, para atualização monetária do imposto de renda. A alteração operada foi somente quanto ao índice de conversão, pois persistia a indexação dos tributos conforme estabelecida em norma legal" (BRASIL. Supremo Tribunal Federal, RE 256.495-8/SP, Rel. Min. Ilmar Galvão, Primeira Turma, v.u., 08.02.2000, *DJU* de 28.04.2000, p. 99).

sobre a Renda de pessoas físicas será devido, mensalmente, à medida em que os rendimentos e ganhos de capital forem percebidos". Assim, na declaração de ajuste deve ser apurado se há diferença de imposto a pagar ou valor a ser restituído ao contribuinte. O "imposto de renda das pessoas jurídicas será determinado com base no lucro real, presumido ou arbitrado, por períodos de apuração trimestrais, encerrados nos dias 31 de março, 30 de junho, 30 de setembro e 31 de dezembro de cada ano-calendário" (Lei nº 9.430, de 27.12.1996, art. 1º), consolidando-se os resultados na declaração anual de ajuste[79]. Todavia, o art. 2º da mencionada lei faculta à pessoa jurídica sujeita à tributação com base no lucro real optar pelo pagamento do imposto, mensalmente, por estimativa, mediante a aplicação de percentuais sobre a receita bruta auferida mensalmente.

A intimação do lançamento fiscal do imposto de renda contra pessoa física deve ser feita no local onde esta mantém seu domicílio, mesmo que tenha havido mudança do endereço profissional não comunicada ao Fisco[80].

4. Imposto sobre produtos industrializados

4.1. *Competência e legislação*

O imposto sobre produtos industrializados, doravante denominado simplesmente IPI, foi introduzido no sistema tributário nacional pela EC nº 18/1965 à CF de 1946, em substituição ao antigo imposto sobre consumo, sendo atribuído à competência da **União**, o que foi mantido pelas Constituições posteriores, inclusive pela **CF de 1988 (art. 153, IV)**. As suas **normas gerais** constam dos **arts. 46 a 51 do CTN**. O IPI é disciplinado pela Lei nº 4.502, de 30.11.1964, alterada pela legislação posterior, sendo regulamentado pelo Decreto nº 7212/2010.

4.2. *Características*

O IPI apresenta as seguintes **características**: a) competência privativa da **União** (CF, art. 153, IV); b) **fim fiscal dominante**, mas apresenta, em segundo plano, fim extrafiscal, em razão da seletividade do imposto em função da essencialidade do produto **(CF, art. 153, § 3º, I)**; c) **imposto real**, vez que abstrai a capacidade contributiva; d) **imposto indireto**, por

---

[79] "O fato gerador do imposto de Renda ocorre mês a mês, completando o seu *iter* ao final de cada ano. Legalidade da legislação que instituiu o recolhimento trimestral dos ganhos efetivos no período, para acertamento posterior. Base de cálculo e alíquota amparadas no art. 3º, § 5º, do Decreto-Lei nº 2.396/1987, o qual se reporta aos valores fixados para o Imposto de Renda na Fonte" (BRASIL. Superior Tribunal de Justiça, REsp. 35.922/CE, Rel. Min. Eliana Calmon, Segunda Turma, v.u., 22.02.2000, *DJU* de 20.03.2000, p. 60). Hugo de Brito Machado leciona que "as declarações do contribuinte gozam de presunção de veracidade. A lei definiu como crime o fazer declaração falsa ou omitir declarações sobre rendas, bens ou fatos, ou empregar outra fraude, para eximir-se, total ou parcialmente, de pagamento de tributo (Lei nº 8.137, de 27.12.1990, art. 2º, inc. I). Não se pode presumir o cometimento de crime. Assim, não se pode presumir a falsidade das declarações. Tal falsidade, se for o caso, deve ser provada pela autoridade da administração tributária. Se não tem ela qualquer elemento de convicção a indicar a falsidade das declarações do contribuinte, há de tê-las como verdadeiras" (*Op. cit.*, p. 281-282).

[80] BRASIL. Superior Tribunal de Justiça, REsp. 186.815/DF, Rel. Min. Humberto Gomes de Barros, Primeira Turma, v.u., 03.12.1998, *DJU* 15.03.1999, p. 119. "A entrega intempestiva da declaração de imposto de renda, depois da data-limite fixada pela Receita Federal, amplamente divulgada pelos meios de divulgação, constitui-se em infração formal, que nada tem a ver com a infração substancial ou material de que trata o art. 138, do CTN. A par de existir expressa previsão legal para punir o contribuinte desidioso (art. 88 da Lei nº 8.981/1995), é de fácil inferência que a Fazenda não pode ficar à disposição do contribuinte, não fazendo sentido que a declaração possa ser entregue a qualquer tempo, segundo o arbítrio de cada um."

comportar o fenômeno econômico da repercussão; e) **não cumulativo**, compensando-se o que for devido em cada operação com o montante cobrado nas anteriores (**CF, art. 153, § 3º, II**); f) imposto com **incidência plurifásica**, porque grava cada etapa de produção e circulação da riqueza; g) **imunidade** em relação aos produtos industrializados destinados ao exterior (CF, art. 153, § 3º, III); h) **lançamento por homologação** (CTN, art. 150 e RIPI, art. 123); i) **imposto ordinário**, por integrar de forma permanente o sistema tributário; j) pertence à categoria econômica de **imposto sobre a produção e circulação** (CTN, Livro I, Título III, Capítulo IV, Seção I); k) do produto da arrecadação do imposto, a **União** entregará quarenta e nove por cento na seguinte forma: "I – do produto da arrecadação dos impostos sobre renda e proventos de qualquer natureza e sobre produtos industrializados e do imposto previsto no art. 153, VIII, 50% (cinquenta por cento), da seguinte forma: a) vinte e um inteiros e cinco décimos por cento ao Fundo de Participação dos Estados e do Distrito Federal; b) vinte e dois inteiros e cinco décimos por cento ao Fundo de Participação dos Municípios; c) três por cento, para aplicação em programas de financiamento ao setor produtivo das Regiões Norte, Nordeste e Centro-Oeste, através de suas instituições financeiras de caráter regional, de acordo com os planos regionais de desenvolvimento, ficando assegurada ao semiárido do Nordeste a metade dos recursos destinados à Região, na forma que a lei estabelecer; d) um por cento ao Fundo de Participação dos Municípios, que será entregue no primeiro decêndio do mês de dezembro de cada ano; e) 1% (um por cento) ao Fundo de Participação dos Municípios, que será entregue no primeiro decêndio do mês de julho de cada ano; f) 1% (um por cento) ao Fundo de Participação dos Municípios, que será entregue no primeiro decêndio do mês de setembro de cada ano; II – do produto da arrecadação do imposto sobre produtos industrializados e do imposto previsto no art. 153, VIII, 10% (dez por cento) aos Estados e ao Distrito Federal, proporcionalmente ao valor das respectivas exportações de produtos industrializados; III – do produto da arrecadação da contribuição de intervenção no domínio econômico prevista no art. 177, § 4º, 29% (vinte e nove por cento) para os Estados e o Distrito Federal, distribuídos na forma da lei, observadas as destinações a que se referem as alíneas "c " e "d" do inciso II do referido parágrafo (**CF, art. 159**, na redação dada pela Emenda Constitucional nº 132/2023). A Lei Complementar nº 61, de 26.12.1989, e a Lei nº 8.016, de 08.04.1990 estabeleceram normas para a participação dos Estados e do Distrito Federal no produto da arrecadação do IPI, relativamente às exportações, e disposto sobre a entrega das quotas da mencionada participação; l) as **alíquotas** do IPI são as mais variadas, por força da sua seletividade e podem ser alteradas pelo Poder Executivo (CF, art. 153, § 1º), e as alíquotas poderão ser reduzidas até zero ou majoradas até trinta unidades percentuais (Decreto-lei nº 1.199/1971, art. 4º). As novas alíquotas não se sujeitam ao princípio da anterioridade ordinária, mas se subordinam à anterioridade nonagesimal (CF, art. 150, § 1º, com a redação dada pela EC nº 42/2003).

4.3. *Princípios constitucionais específicos*

4.3.1. *Seletividade*

O IPI será seletivo, em função da essencialidade do produto (**CF, art. 153, § 3º, I, e CTN, art. 48**), ou seja, deve-se tributar mais gravosamente o produto menos essencial para a comunidade (tabaco, joia, arma etc.) e mais suavemente, ou reduzido a alíquota zero, o produto mais essencial, considerando que se trata de imposto indireto, que recai sobre o consumidor. Assim, a seletividade impõe o estabelecimento de alíquotas diferenciadas em relação a cada produto. A progressividade personaliza o imposto, enquanto a seletividade, sendo imposto real, visa exclusivamente o objeto da tributação. A seletividade confere ao IPI, **em segundo plano, fim extrafiscal**, servindo de instrumento para a intervenção do Estado no domínio

Capítulo XII · IMPOSTOS FEDERAIS, ESTADUAIS E MUNICIPAIS | **427**

econômico, e resulta da observância do princípio da capacidade contributiva. Isso porque quem consome produtos supérfluos tem capacidade contributiva superior de quem consome produtos mais essenciais.

4.3.2. Não cumulatividade

O **art. 153, § 3º, II, da CF** consagra o princípio da não cumulatividade do IPI, ao prescrever que se deve compensar o que for devido em cada operação com o montante cobrado nas anteriores. O **art. 49 do CTN** aclara o princípio da não cumulatividade, ao estatuir que a lei deve dispor "de forma que o montante devido resulte da diferença a maior, em determinado período, entre o imposto referente aos produtos saídos do estabelecimento e o pago relativamente aos produtos nele entrados", e o seu parágrafo único acrescenta que o "saldo verificado, em determinado período, em favor do contribuinte, transfere-se para o período ou períodos seguintes".

O princípio da não cumulatividade do IPI merece as seguintes observações. **Primeira**, que o art. 49 do CTN emprega técnica mais correta ao se referir a montante "devido" do imposto e não a montante "cobrado" nas operações anteriores, como consta do **art. 153, § 3º, II, da CF**, tendo em vista que o imposto é objeto de lançamento por homologação. **Segunda**, que a não cumulatividade significa que o imposto incide, em cada operação, somente sobre o valor agregado ao produto relativamente à operação anterior, não se tratando, portanto, de imposto em cascata. **Terceira**, que o mencionado princípio é aplicado ao IPI, *v.g.*, por se tratar de **imposto indireto**, e, desse modo, comporta o efeito do fenômeno econômico da repercussão, isto é, o transmitente do produto transfere para o adquirente o ônus do imposto. **Quarta**, que o contribuinte adquirente do produto, suportando, o ônus do imposto na entrada do produto no seu estabelecimento, credita o seu valor na escrita contábil, para deduzir do valor do imposto a pagar, quando da saída do produto do seu estabelecimento, recolhendo apenas a diferença entre os dois valores. Exemplificando: empresa industrial adquire folha de flandres (matéria-prima) para fabricar lata de refrigerante, arcando com o valor de R$ 100,00 (cem reais), a título do IPI, que é incorporado ao preço da compra e venda. Esse valor corresponde a crédito da empresa, e quando as latas saírem do seu estabelecimento, a empresa, que teria de pagar IPI sobre o valor, por exemplo, de R$ 500,00 (quinhentos reais), deduz o valor de R$ 100,00 (cem reais) e somente recolherá a diferença, ou seja, R$ 400,00 (quatrocentos reais). **Quinta**, que se o contribuinte não exaurir dentro do período legal todo o seu crédito, poderá transferi-lo para períodos seguintes. **Sexta**, que, diferentemente do que ocorre com o ICMS (CF, art. 155, § 2º, II), a Constituição Federal não abre oportunidade para que a legislação estabeleça exceções ao princípio da não cumulatividade, e, assim, o **STF** não tem admitido o creditamento nos casos de isenção, alíquota zero e não incidência, inclusive de insumos adquiridos[81], "considerada a circunstância de implicar ofensa ao alcance constitucional do princípio da não cumulatividade"[82]. Sobre o assunto, o STF, no Tema 844, firmou a seguinte

---

[81] BRASIL. Supremo Tribunal Federal, RE 353657, Rel. Min. Marco Aurélio, Tribunal Pleno, j. 25.06.2007, DJe-041, divulg. 06.03.2008, public. 07.03.2008, ement. vol-02310-03, pp-00502. rtj vol-00205-02 pp-00807. BRASIL. Supremo Tribunal Federal, RE 370682, Rel. Min. Ilmar Galvão, Rel. p/acórdão: Gilmar Mendes, Tribunal Pleno, j. 25.06.2007, DJe-165, divulg. 18.12.2007, public. 19.12.2007, DJ 19.12.2007. pp-00024, ement. vol-02304-03, pp-00392.

[82] BRASIL. Supremo Tribunal Federal, RE AgR 371825-RS, Rel. Min. Marco Aurélio, Primeira Turma, 21.10.2008, v.u., DJ 13.02.2009, com base nas decisões do Pleno (353.657-5/PR e 370.682-9/SC). *Idem*, RE 293511, AgR/RS, Rel. Min. Celso de Mello, Segunda Turma, 11.02.2003, *DJU* 31.03.2003, p. 63. Cid Heráclito de Queiroz adota o mesmo posicionamento, esclarecendo que se a CF de 1988 não reproduz as restrições vedantes de manutenção do crédito, no caso de operações que envolvam produtos imunes

tese: "O princípio da não cumulatividade não assegura direito de crédito presumido de IPI para o contribuinte adquirente de insumos não tributados, isentos ou sujeitos à alíquota zero". Posteriormente, veio a editar a Súmula Vinculante nº 58 com a seguinte redação: "Inexiste direito a crédito presumido de IPI relativamente à entrada de insumos isentos, sujeitos à alíquota zero ou não tributáveis, o que não contraria o princípio da não cumulatividade." **Sétima**, que Regulamento do IPI consagra a adoção do **sistema de crédito financeiro** e não meramente físico, ao permitir que o contribuinte possa se creditar, não só das matérias-primas e dos produtos intermediários integrados ao novo produto, como também dos produtos que forem consumidos no processo de industrialização, salvo se compreendidos entre os bens do ativo permanente. Desse modo, o direito ao crédito independe da integração do insumo ao produto (sistema de crédito físico)[83]. **Oitava**, que o STF decidiu que a não cumulatividade não corresponde a cláusula pétrea, por não constituir direito fundamental das pessoas enquanto contribuintes, quando admitiu a cumulatividade quanto ao IPMF[84]. **Nona,** que, como leciona **Leandro Paulsen**, com base no art. 146 do RIPI, a "utilização dos créditos não está condicionada à saída da mercadoria em que incorporado o insumo", sendo tal identidade irrelevante. "Trabalha-se, sim, por períodos decendiais em que se faz o creditamento do IPI relativo a todos os insumos, produtos intermediários e embalagens entrados no estabelecimento e a respectiva dedução do IPI devido pela saída de produtos finais no mesmo período"[85]. **Décima,** que o STF entende que, à míngua de previsão legal, o contribuinte não tem direito de corrigir monetariamente o valor dos créditos básicos decorrentes da entrada do produto em seu estabelecimento, por se tratar de crédito meramente escritural[86], entendimento com o qual não comungamos, porque a não correção dos valores correspondentes aos créditos impede a observância integral do princípio da não cumulatividade, vez que o contribuinte

---

ou isentos, constantes do art. 155, § 2º, II, quanto ao ICMS, prevalece, "pois, de maneira ampla, o direito ao crédito relativo ao valor do imposto incidente nas operações anteriores, (...), bem assim o direito de mantê-lo para efeito de compensação em qualquer operação posterior" (QUEIROZ, Cid Heráclito de. A nova substância constitucional do princípio da não-cumulatividade do IPI. *Revista Dialética de Direito Tributário*, São Paulo, n. 40, p. 13). Ricardo Lobo Torres posiciona-se em sentido contrário, ao lecionar que o crédito é "real porque apenas o montante cobrado (incidente) nas operações anteriores dá direito ao abatimento, não nascendo o direito ao crédito nas isenções ou não incidências" (*Op. cit.*, p. 341).

[83] No mesmo sentido, Hugo de Brito Machado, *op. cit.*, 20. ed. p. 293-294. Entretanto, Ricardo Lobo Torres entende que o "crédito é físico porque decorre do imposto incidente na operação anterior sobre a mercadoria efetivamente empregada no processo de industrialização" (*Op. cit.*, p. 341).

[84] BRASIL. Supremo Tribunal Federal, ADIN 939/DF, Rel. Min. Sidney Sanches, Pleno, p.m., 15.12.1993, *DJU* 18.03.1994, p. 5.165.

[85] *Op. cit.*, p. 263.

[86] BRASIL. Supremo Tribunal Federal, RE 205.453/SP, Rel. Min. Maurício Corrêa, Segunda Turma, 03.11.1997, *DJU* 27.02.1998, Ementário 1900-07. Trata-se de decisão relativa ao ICMS, mas aplicável também ao IPI por ser o mesmo o fundamento "A correção monetária do crédito do ICMS, por não estar prevista na legislação estadual, não pode ser deferida pelo Judiciário sob pena de substituir-se o legislador em matéria de sua estrita competência. Improcedência da alegação de ofensa ao princípio da isonomia e ao da não cumulatividade. Se a legislação estadual somente prevê a correção monetária do débito tributário e não a atualização do crédito, não há que se falar em tratamento desigual a situações equivalentes. A correção monetária incide sobre o débito tributário devidamente constituído ou quando recolhido em atraso. Diferencia-se do crédito escritural – técnica de contabilização para equação entre débito e crédito, a fim de fazer valer o princípio da não cumulatividade" (RE 188.855-5, Rel. Min. Maurício Corrêa, Segunda Turma, v.u., 23.03.1998, *DJU* 24.04.1998, p. 12). O STJ não discrepa deste entendimento: "Nega-se provimento ao agravo regimental em face das razões que sustentam a decisão agravada, sendo certo que não incide a correção monetária sobre os créditos escriturais do IPI, ante a ausência de previsão legal" (BRASIL. Superior Tribunal de Justiça, AAREsp. 380.164, Rel. Min. Francisco Falcão, Primeira Turma, 10.12.2002, v.u., *DJU* 03.02.2002, p. 269 etc.).

pagará mais que o valor do imposto devido. Entretanto, a 1ª Seção do STJ editou a **Súmula nº 411**, *verbis*: "É devida a correção monetária ao creditamento do IPI quando há oposição ao seu aproveitamento decorrente de resistência ilegítima do Fisco". No mesmo sentido, o STF, por meio do julgamento Edv-ED-AgR no RE nº 299.605, fixou a tese segundo a qual: "A mora injustificada ou irrazoável do fisco em restituir o valor devido ao contribuinte caracteriza a resistência ilegítima autorizadora da incidência da correção monetária."

4.3.3. Imunidade

O **art. 153, § 3º, III**, prescreve que o IPI não incide sobre produtos industrializados destinados ao exterior, consagrando norma do direito tributário internacional de não gravar as exportações, para que não se exportem produtos e tributos. Trata-se de **imunidade objetiva**, porque leva em conta a matéria tributável e não a pessoa do contribuinte (imunidade subjetiva), e autoexecutável porque independe de regulamentação. A mencionada norma **não constitui cláusula pétrea**, porque "não está a serviço de qualquer liberdade pública ou do resguardo da forma federativa de Estado, de modo que pode ser revogada, excepcionada ou de qualquer forma alterada, desde que por Emenda Constitucional", sendo ditada apenas por razão de ordem econômica[87].

4.3.4. Exceção relativa ao princípio da legalidade tributária

A Constituição da República, em seu art. 153, § 1º, excepcionava, entre outros impostos, o IPI do princípio da legalidade tributária, ao estatuir que seria facultado ao Poder Executivo, atendidas condições e limites estabelecidos em lei, alterar suas alíquotas "quando se torne necessário atingir os objetivos da política econômica governamental" (RIPI, art. 64). O inciso III do art. 4º do DL nº 1.199/1971 autorizava também o Poder Executivo "a alterar a base de cálculo em relação a determinados produtos, podendo, para esse fim, fixar-lhes valor tributável mínimo", mas o mencionado inciso não foi recepcionado pela CF de 1988 porque, como já explicado, o art. 153, § 1º, só permitia a alteração das alíquotas do imposto.

O CTN não consagra a exceção ao princípio da legalidade no que toca ao IPI porque foi editado sob a égide da EC nº18/1965, que não a contemplava, sendo originária da Constituição de 1967.

4.3.5. Exceção ao princípio da anterioridade da lei fiscal

A alteração das alíquotas do IPI pelo Poder Executivo seria inócua se as novas alíquotas não pudessem ser aplicadas no mesmo exercício financeiro da publicação do ato, e, por isso, o **art. 150, § 1º, da CF**, excepcionava o imposto do princípio da anterioridade da lei fiscal. No caso, a previsão traduzia o interesse nacional de intervenção do Estado no domínio econômico, para solução de problemas nele existentes, sobre o princípio da segurança jurídica que norteia a anterioridade da lei fiscal. Todavia, não excepcionou o IPI do princípio da anterioridade nonagesimal, o que não se justifica, porque se o Poder Executivo majorar as alíquotas do II e do IPI, poderá cobrar de imediato as novas alíquotas do imposto, mas não poderá fazê-lo no que toca ao IPI, o que pode frustrar a intervenção do Estado no mundo econômico para resolver determinado problema que exija atuação estatal imediata.

---

[87]   Cf. Leandro Paulsen, *op. cit.*, p. 271.

4.4. Hipótese de incidência

O **art. 46 do CTN** elenca as seguintes situações como fato gerador do IPI: a) o desembaraço aduaneiro de produto industrializado, quando de procedência estrangeira; b) a saída de produto industrializado do estabelecimento de importador, industrial, comerciante ou arrematante; c) a arrematação de produto industrializado, quando apreendido ou abandonado e levado a leilão. O art. 2º da Lei nº 4.502/1964 ampliou a definição de fato gerador do IPI, porque, na verdade, o imposto continua sendo o consumo de produto industrializado, "pois se o produto for produzido e se destruir, não saindo da fábrica, *e.g.*, não há fato gerador"[88]. Na definição do fato gerador do IPI, o art. 46 do CTN **não leva em conta** o destino e o processo econômico do qual se origina o produto industrializado.

O parágrafo único do art. 46 do CTN assim define **produto industrializado**: "Para os efeitos do IPI, considera-se *industrializado* o produto que tenha sido submetido a qualquer operação que lhe modifique a natureza ou a finalidade, ou o aperfeiçoe para o consumo" (RIPI, art. 4º). O parágrafo único do art. 3º da Lei nº 4.502/1964 prescreve que "considera-se industrialização qualquer operação de que resulte alteração da natureza, funcionamento, utilização, acabamento ou apresentação do produto, salvo: I – conserto de máquinas, aparelhos e objetos pertencentes a terceiros; II – acondicionamento destinado apenas ao transporte do produto; III – o preparo de medicamentos oficinais ou magistrais, manipulados em farmácias, para venda no varejo, diretamente a consumidor, assim como a montagem de óculos, mediante receita médica; IV – a mistura de tintas entre si, ou com concentrados de pigmentos, sob encomenda do consumidor usuário, realizada em estabelecimento varejista, efetuada por máquina automática ou manual, desde que fabricante e varejista não sejam empresas interdependentes, controladoras, controladas ou coligadas". Por sua vez, o **art. 4º do RIPI ampliou o conceito de industrialização** ao estatuir: "Caracteriza industrialização qualquer operação que modifique a natureza, o funcionamento, o acabamento, a apresentação ou a finalidade do produto, ou o aperfeiçoe para consumo, tal como (Lei nº 4.502, de 1964, art. 3º, parágrafo único, e Lei nº 5.172, de 25.10.1966, art. 46, parágrafo único): I – a que, exercida sobre matérias-primas ou produto intermediário, importe na obtenção de espécie nova (transformação); II – a que importe em modificar, aperfeiçoar ou, de qualquer forma, alterar o funcionamento, a utilização, o acabamento ou a aparência do produto (beneficiamento); III – a que consista na reunião de produtos, peças ou partes e de que resulte um novo produto ou unidade autônoma, ainda que sob a mesma classificação fiscal (montagem); IV – a que importe em alterar a apresentação do produto, pela colocação de embalagem, ainda que em substituição da original, salvo quando a embalagem colocada se destine apenas ao transporte da mercadoria (acondicionamento ou reacondicionamento); V – a que, exercida sobre produto usado ou parte remanescente de produto deteriorado ou inutilizado, renove ou restaure o produto para utilização (renovação ou recondicionamento)[89]. Parágrafo único. São irrelevantes, para caracterizar a operação como

---

[88] Cf. Tavares Paes, *Comentários ao Código Tributário Nacional*, 6. ed. São Paulo: Lejus, 1998, p. 132.

[89] "Tributário. IPI. Fato gerador. 1. O IPI incide sobre produtos industrializados. Estes, pela lei, são os que sejam submetidos a qualquer tipo de operação que lhes modifique a natureza ou a finalidade, aperfeiçoando-os para consumo.2. O equipamento usado que passa por recondicionamento deve ser considerado, para fins de tributação do IPI, como melhorado para fim de consumo, quando originário do estrangeiro. 3. O desembaraço aduaneiro de mercadoria importada é fato gerador do IPI, quando for o produto industrializado de procedência estrangeira. 4. Recurso improvido" (BRASIL. Superior Tribunal de Justiça, REsp. 273.205/RS, Rel. Min. José Delgado, Primeira Turma, v.u., 16.11.2000, *DJU* 05.03.2001, p. 129). Hugo de Brito Machado, baseando-se no § único do art. 46 do CTN, censura, com razão, a ampliação do conceito de produto industrializado pelo RIPI, nestes termos: "Registre-se que a legislação do IPI amplia o conceito de *produto industrializado*, nele incluindo operações como o simples

industrialização, o processo utilizado para obtenção do produto e a localização e condições das instalações ou equipamento empregados".

O **art. 46 do CTN** considera fato gerador do IPI o **desembaraço aduaneiro de produto industrializado**, quando de procedência estrangeira. O dispositivo, ao se referir a procedência estrangeira do produto industrializado, não quer significar, como leciona **Hugo de Brito Machado**, que o IPI não incida no desembaraço aduaneiro de importação de produtos brasileiros, salvo quando a importação decorra de fatores alheios à vontade do exportador brasileiro, hipótese em que a legislação concede isenção do imposto. Relembre-se que na hipótese não há incidência do imposto de importação porque se trata de produto brasileiro, e a exportação de produtos brasileiros ocorre sem a incidência de impostos, e, assim, o mesmo jurista esclarece que "poderia a exportação destes ser feita com o propósito de sua posterior importação, simplesmente como uma forma de fugir aos impostos", o que justifica a incidência do IPI[90]. Não importa, para a exação, a finalidade da importação do produto industrializado, seja para uso particular ou para fins comerciais[91]. Acerca da incidência do IPI no desembaraço aduaneiro e na saída do estabelecimento do importador para comercialização no mercado interno, o STF fixou a seguinte tese: "É constitucional a incidência do Imposto sobre Produtos Industrializados – IPI no desembaraço aduaneiro de bem industrializado e na saída do estabelecimento importador para comercialização no mercado interno."[92]

A segunda hipótese de incidência do IPI (CTN, art. 46, II) é a **saída do produto industrializado dos estabelecimentos a que se refere o parágrafo único do art. 51**. Não é boa a técnica de redação do dispositivo, porque remete ao parágrafo único do art. 51, que não se refere a estabelecimento e menciona o importador e o arrematante, figuras que não se enquadram no inciso II do art. 46[93]. Assim, este dispositivo só pode se referir a estabelecimento do contribuinte de direito, vale dizer, o industrial, ou quem a lei a ele equiparar, ou o comerciante (CTN, art. 51, II e III). O § 2º do art.2º da Lei nº 4.502/1964 estatui que o IPI "é devido sejam quais forem as finalidades a que se destine o produto ou o título jurídico a que se faça a importação ou de que decorra a saída do estabelecimento produtor". Quando "a industrialização se der no próprio local de consumo ou de utilização do produto, fora de

---

acondicionamento, ou embalagem, que na verdade não lhe modificam a natureza, nem a finalidade, nem o aperfeiçoamento para o consumo. Tal ampliação viola o art. 46, parágrafo único, do Código Tributário Nacional. Configura, outrossim, flagrante inconstitucionalidade, na medida em que o conceito de *produto industrializado*, utilizado pela Constituição para definir a competência tributária da União, não pode ser validamente ampliado pelo legislador ordinário. Admitir o contrário é negar a supremacia constitucional" (*Op. cit.*, p. 285). O insigne jurista tem razão porque o art. 153, IV, da CF, quando emprega a expressão "produto industrializado" para determinar a competência tributária da União quanto ao IPI, recepcionou, ou melhor, constitucionalizou o conceito de produto industrializado fornecido pela legislação tributária. Assim, se nem lei complementar podia alterar tal conceito, muito menos simples decreto poderia fazê-lo.

90 MACHADO, Hugo de Brito. O IPI e a importação de produtos industrializados. *Revista Dialética de Direito* Tributário, São Paulo, 69/77-85.

91 BRASIL. Superior Tribunal de Justiça, REsp 180.131/SP, Rel. Min. José Delgado, Primeira Turma, 22.09.2008, v.u., *DJU* 23.11.1998, p. 137. BRASIL. Superior Tribunal de Justiça, REsp 1396488/SC, Rel. Min. Francisco Falcão, Primeira Seção, j. 25.09.2019, DJe 30.09.2019. BRASIL. Supremo Tribunal Federal, RE 723651, Rel. Min. Marco Aurélio, Tribunal Pleno, j. 04.02.2016, processo eletrônico repercussão geral – mérito, DJe-164, divulg. 04.08.2016, public. 05.08.2016.

92 BRASIL. Supremo Tribunal Federal, RE 946648, Rel. Min. Marco Aurélio, Rel./acórdão: Alexandre de Moraes, Tribunal Pleno, j. 24.08.2020, processo eletrônico repercussão geral – mérito, DJe-27,2 divulg. 13.11.2020, public. 16.11.2020.

93 Cf. Aliomar Baleeiro, *op. cit.*, p. 185.

estabelecimento produtor, o fato gerador considerar-se-á ocorrido no momento em que ficar concluída a operação industrial..." (Lei nº 4.502/64, art. 2º, § 1º). Anote-se que a hipótese de incidência do IPI, no caso, não é a industrialização e sim o desembaraço aduaneiro ou a saída do produto do estabelecimento do contribuinte[94].

A simples saída de produto industrializado do estabelecimento do contribuinte **não caracteriza o fato gerador do IPI**, porque a saída deve decorrer de uma operação, de um negócio jurídico qualquer. Por isso, o § 2º do art. 2º da Lei nº 4.502/1964 reza que **não importa** o título jurídico de que decorra a saída do estabelecimento produtor, deixando claro que a saída de produto industrializado do estabelecimento do contribuinte só se caracteriza quando houver título jurídico, ou melhor, negócio jurídico que embase a saída. **Tal tese é reforçada pelo inciso II do art. 47 do CTN,** quando, ao disciplinar a base de cálculo do imposto, refere-se ao **valor da operação** de que resulta a saída do produto (inciso II, "a"), e na falta de valor, por exemplo, no caso de doação, o preço corrente da mercadoria, ou sua similar, no mercado atacadista da praça do remetente (inciso II, "b"). Esta operação, em regra, corresponde a compra e venda, mas pode equivaler a qualquer outro negócio jurídico, inclusive doação, em decorrência da interpretação da alínea "b" do inciso II do art. 47. **Em resumo**, se não há operação servindo de esteio para a saída do produto do estabelecimento, não existe base de cálculo e não se pode falar em incidência do imposto. Isto é: o mero deslocamento não conduz à incidência do IPI.[95] Diga-se ainda que o STJ já se posicionou sobre a hipótese de roubo ou furto antes da entrega da mercadoria ao adquirente. Nesta hipótese, entende o STJ que não há a incidência do IPI, tendo em vista que sem a efetiva entrega do bem a operação mercantil não se concretizou.[96]

O art. 46 do CTN considera também fato gerador do IPI a **arrematação de produto industrializado**, quando apreendido ou abandonado e levado a leilão, para reembolso dos direitos alfandegários.

---

[94] BRASIL. Superior Tribunal de Justiça, REsp. 216218/SP, Rel. Min. Garcia Vieira, Primeira Turma, 16.09.1999, v.u., *DJU* 25.10.1999, p. 61.

[95] BRASIL. Superior Tribunal de Justiça, REsp 1402138/RS, Rel. Min. Gurgel De Faria, Primeira Turma, j. 12.05.2020, DJe 22.05.2020.

[96] Tributário. Embargos de divergência em recurso especial. IPI. Fato gerador. Roubo da mercadoria após a saída do estabelecimento do fabricante. Embargos de divergência da contribuinte providos. 1. Discute-se nos presentes autos se a saída física do produto do estabelecimento industrial ou equiparado é suficiente para a configuração do fato gerador do IPI, sendo irrelevante a ausência de concretização do negócio jurídico subjacente em razão do furto e/ou roubo das mercadorias. 2. A controvérsia já se encontra superada em ambas as Turmas de Direito Público do Superior Tribunal de Justiça, restando consolidado o entendimento de que a operação passível de incidência da exação é aquela decorrente da saída do produto industrializado do estabelecimento do fabricante e que se aperfeiçoa com a transferência da propriedade do bem, porquanto somente quando há a efetiva entrega do produto ao adquirente a operação é dotada de relevância econômica capaz de ser oferecida à tributação. 3. Na hipótese em que ocorre o roubo/furto da mercadoria após a sua saída do estabelecimento do fabricante, a operação mercantil não se concretiza, inexistindo proveito econômico para o fabricante sobre o qual deve incidir o tributo. Ou seja, não se configura o evento ensejador de incidência do IPI, não gerando, por conseguinte, a obrigação tributária respectiva. Precedentes: AgInt no REsp. 1.552.257/RS, Rel. Min. Assusete Magalhães, DJe 22.11.2016; AgInt no REsp. 1.190.231/RJ, Rel. Min. Sérgio Kukina, DJe 17.08.2016; REsp. 1.203.236/RJ, Rel. Min. Herman Benjamin, DJe 30.08.2012. 4. Embargos de Divergência da Contribuinte providos, para julgar procedentes os Embargos à Execução, e, por conseguinte, desconstituir o crédito tributário (BRASIL. Superior Tribunal de Justiça, EREsp 734.403/RS, Rel. Min. Napoleão Nunes Maia Filho, Primeira Seção, j. 14.11.2018, DJe 21.11.2018)

4.5. Alíquotas

O **art. 153, § 3º, I, da CF, obriga a adoção do princípio da seletividad**e, em função da essencialidade dos produtos, impondo, assim, o estabelecimento de alíquotas diferenciadas em relação a cada produto. O **Poder Executivo** tem a faculdade de alterar, nas condições e nos limites estabelecidos em lei, as alíquotas do IPI, para adaptá-las a determinadas situações conjunturais da economia, em relação a certos produtos industrializados, podendo, inclusive, **reduzir a zero** a alíquota relativa a certos produtos. Lembramos, no entanto, que alíquota zero não corresponde a isenção, que só pode ser concedida por lei (CTN, art. 176). O CTN nada dispõe sobre as alíquotas do IPI, e, assim, o legislador, respeitadas as normas constitucionais antes referidas, goza de certa liberdade para a sua fixação. Não se trata, porém de liberdade absoluta, porque não poderá, por exemplo, fixar alíquota excessivamente onerosa que produza efeito de confisco.

O Decreto nº 11.158, de 29 de julho de 2022, dispõe sobre a **Tabela de Incidência do IPI (TIPI)**, fixando as alíquotas aplicáveis a cada produto, nos termos de seus anexos. O art. 2º do mencionado diploma legal prescreve que a TIPI "tem por base a Nomenclatura Comum do MERCOSUL (NCM)". Por sua vez, o art. 3º estatui que a "NCM constitui a Nomenclatura Brasileira de Mercadorias – NBM, baseada no Sistema Harmonizado – SH, para todos os efeitos previstos no art. 2º do Decreto-Lei nº 1.154, de 1º de março de 1971".

4.6. Base de cálculo

A CF de 1988 não contém norma a respeito da composição da base de cálculo do IPI. O **art. 155, § 2º, XI**, apenas estabelece critérios para que o montante do IPI integre ou não a base de cálculo do ICMS. O inciso III do art. 4º do DL nº 1.199/1971 autorizava o Poder Executivo, em matéria de IPI, "a alterar a base de cálculo em relação a determinados produtos, podendo, para esse fim, fixar-lhes valor tributável mínimo", mas o mencionado inciso **não foi recepcionado pela CF de 1988** porque, como já explicado antes, o art. 153, § 1º, só permite ao Poder Executivo a **alteração das alíquotas** do imposto.

O **art. 47 do CTN** estabelece normas sobre a **base de cálculo do IPI**, fixando critérios distintos, em função do fato gerador. Assim, no caso de **desembaraço aduaneiro da mercadoria**, quando de procedência estrangeira, a base de cálculo é o **preço normal** que o produto, ou seu similar, alcançaria, ao tempo da importação, em condições de livre concorrência, para entrega no porto ou lugar de entrada do produto no país (inciso I). Todavia, tal preço deve ser acrescido do montante do imposto sobre a importação, das taxas exigidas para a entrada do produto no país e dos encargos cambiais efetivamente pagos pelo importador ou dele exigíveis. Tratando-se de fato gerador correspondente a **saída do produto industrializado do estabelecimento** do **industrial ou comerciante**, o inciso II do pré-citado artigo dispõe que a base de cálculo corresponde ao **valor da operação** de que decorrer a saída da mercadoria (alínea "a"), e na falta desse valor, o preço corrente da mercadoria, ou sua similar, no mercado atacadista da praça do remetente (alínea "b"). Os juros e correção monetária decorrentes da **venda financiada** de produtos não podem ser incluídos na base de cálculo do IPI, pois não fazem parte do processo de industrialização e produção[97]. Neste ponto há que se apontar a

---

[97]   BRASIL. Superior Tribunal de Justiça, REsp. 207.814/RS, Rel. Min. Milton Luiz Pereira, Primeira Turma, 06.12.2001, v.u., *DJU* 13.05.2002, p. 155. "Adicionamento do ICM ao valor do frete pago ao transportador. Impossibilidade consoante dispõe a lei, no preço da operação sobre a qual incide o IPI serão incluídas as despesas acessórias debitadas ao comprador (ou destinatário), salvo os de transporte e seguro. A lei veda a inclusão do ICM ao valor do frete, para efeito de imposição do IPI, sob pena de redução na respectiva

diferença entre a "venda a prazo" e a "venda financiada". Conforme esclarece o STJ, na venda financiada "o comprador obtém recursos de instituição financeira para pagar a aquisição da mercadoria e o IPI incide apenas sobre o valor efetivamente pago ao vendedor da mercadoria, não englobando os juros pagos ao financiador, sobre o qual incidirá apenas o IOF. Na venda a prazo, porém, em que o vendedor recebe o preço em parcelas, o IPI incide sobre a soma de todas essas, ainda que o valor seja maior do que o cobrado em operações de venda à vista, pois esse total corresponde ao valor da operação."[98]

Finalmente, quando o fato gerador decorrer da arrematação, a base de cálculo consistirá no **preço da arrematação** (inciso III).

4.7. Contribuinte

O **art. 51 do CTN** dispõe que são **contribuintes** do IPI, *verbis*: "I – o importador ou quem a lei a ele equiparar; II – o industrial ou quem a lei o equiparar; III – o comerciante de produtos sujeitos ao imposto, que os forneça aos contribuintes definidos no inciso anterior; IV – o arrematante de produtos apreendidos ou abandonados levados a leilão. Parágrafo único. Para os efeitos deste imposto, considera-se contribuinte autônomo qualquer estabelecimento de importador, industrial, comerciante ou arrematante".

O dispositivo merece os seguintes esclarecimentos.

Primeiro, que o **importador** é contribuinte do IPI quando se tratar de produto industrializado importado do exterior, sendo, portanto, de procedência estrangeira, inclusive produto brasileiro que tenha sido exportado e que retorne ao território nacional, seja o importador pessoa física ou jurídica porque o dispositivo não estabelece qualquer distinção e não cabe ao intérprete distinguir[99].

Segundo, que o dispositivo permite que a lei possa equiparar terceiro ao importador para fim de incidência do IPI, mas tendo presente o **art. 128 do CTN,** não pode ser qualquer terceiro porque deve ter relação com o fato gerador. Por outro lado, essa equiparação deve ser sempre "expressa e inequivocamente porque se trata de disposição excepcional, que não comporta interpretação analógica"[100].

Terceiro, que o dispositivo também erige como contribuinte o industrial ou quem a lei o equiparar, desde que atenda às exigências do art. 128 do CTN. **Industrial** é quem executa os processos definidos pela legislação como industrialização.

Quarto, que é, igualmente, contribuinte do IPI o **comerciante de produtos industrializados que os forneça ao industrial ou a quem a lei a ele equiparar. Quinto**, que o **arrematante** de produtos apreendidos ou abandonados, levados a leilão, é também contribuinte do IPI.

---

base de cálculo, com evidente lesão ao fisco" (BRASIL. Superior Tribunal de Justiça, REsp. 26938/PE, Rel. Min. Demócrito Reinaldo, Primeira Turma, 04.04.1994, v.u., *DJU* 02.05.1994, p. 9967). "1. Doutrina e jurisprudência são uníssonas em proclamar a inclusão do ICMS na base de cálculo do IPI. 2. Trata-se de uma espécie tributária, cujo cálculo é feito com o ICMS embutido e não em destaque, o que só ocorre a partir da primeira operação, como claro está no art. 47 do CTN" (BRASIL. Superior Tribunal de Justiça, REsp. 610908/PR, Segunda Turma, Rel. Min. Eliana Calmon, 20.09.2005, DJU 10.10.2005, p. 295).

[98] BRASIL. Superior Tribunal de Justiça, REsp 1586158/SP, Rel. Min. HERMAN BENJAMIN, SEGUNDA TURMA, j. 03.05.2016, DJe 25.05.2016

[99] TRF-3ª R., Rel. Juíza Lúcia Figueiredo, Quarta Turma, AMS 3103734.

[100] Cf. Aliomar Baleeiro, *op. cit.*, p. 194.

Capítulo XII · IMPOSTOS FEDERAIS, ESTADUAIS E MUNICIPAIS | **435**

Sexto, que se deve aclarar a norma do parágrafo único do art. 51 quando prescreve que, para os efeitos do IPI, considera-se **contribuinte autônomo** qualquer estabelecimento de importador, industrial, comerciante ou arrematante, porque estabelecimento não é contribuinte, sendo apenas "todo complexo de bens organizado, para exercício da empresa, por empresário, ou por sociedade empresária" (CCB de 2002, art. 1.142), e é despido de personalidade jurídica. Assim, deve-se entender o dispositivo no sentido de que o contribuinte do IPI deve apurar o valor do imposto em relação a cada estabelecimento onde tenha ocorrido o fato gerador, para facilitar a fiscalização pela autoridade fiscal[101]. Não pode dar outra interpretação porque se o imposto não é pago, a execução fiscal é movida em face da pessoa jurídica (contribuinte) e não contra o estabelecimento.

4.8. Lançamento

O IPI, em razão das suas características, é objeto de **lançamento por homologação** (CTN, art. 150), ou seja, o contribuinte deve, nos prazos legais, registrar em seus livros as entradas e saídas de produtos industrializados, o valor dos créditos decorrentes das entradas de matérias-primas no estabelecimento, bem como o valor do imposto originário das saídas. Tendo em vista que o IPI é presidido pelo princípio da não cumulatividade, o contribuinte tem direito de deduzir da quantia a pagar o valor dos créditos, recolhendo a diferença. Se o contribuinte não exaurir dentro do período legal todo o seu crédito, poderá transferi-lo para períodos seguintes. O IPI pode ser também objeto de **lançamento de ofício (CTN, art. 149)**, quando o contribuinte descumpre as normas legais relativas à escrituração, ou não recolhe, ou paga a menor o valor do imposto devido.

O art. 50 do CTN consubstancia norma de obrigação tributária acessória, ao estatuir: "Os produtos sujeitos ao imposto, quando remetidos de um para outro Estado, ou para o Distrito Federal, serão acompanhados de nota fiscal de modelo especial, emitida em séries próprias e contendo, além dos elementos necessários ao controle fiscal, os dados indispensáveis à elaboração da estatística do comércio por cabotagem e demais vias internas". O produto remetido, sem nota fiscal, de um para outro Estado ou para o Distrito Federal, deverá ser apreendido e a autoridade fiscal deverá lavrar o auto de infração.

O STF, referindo-se ao IPI, já pacificou o entendimento de que "a fixação do prazo para o recolhimento do tributo não é matéria reservada à lei", tendo em vista que o art. 66 da Lei nº 7.450/1985 o deslegalizou, permitindo que sua fixação ou alteração possa ocorrer por meio de norma integrante da legislação tributária (CTN, art. 160)[102].

---

[101] Em sentido contrário, Hugo de Brito Machado averba: "Embora o *estabelecimento* seja na realidade apenas um *objeto* e não um *sujeito* de direitos, para os fins do IPI, como também do ICMS, assim não é. Por ficção legal, cada *estabelecimento* se considera um contribuinte autônomo. Trata-se de solução prática, pois em muitos casos a empresa possui mais de um estabelecimento, e algumas vezes até estabelecimentos destinados ao exercício de atividades diversas. Uma única empresa pode ter estabelecimentos industriais, outros comerciais, outros de prestação de serviços, e assim por diante. Assim, para os efeitos do IPI, considera-se cada estabelecimento como contribuinte autônomo". Entretanto, no final do seu comentário o renomado jurista é obrigado a reconhecer que essa "autonomia de estabelecimentos só prevalece para o fim de verificação da ocorrência do fato gerador do imposto. A responsabilidade pelo pagamento deste, todavia, é da empresa" (*Op. cit.*, p. 294).

[102] BRASIL. Supremo Tribunal Federal, RE 250232/SP, Rel. Min. Moreira Alves, Primeira Turma, 23.11.1999, *DJU* 24.02.2000, p. 12.

4.9. Transição pós-Emenda Constitucional nº 132/2023

Com o advento da Emenda Constitucional nº 132/2023 que consolidou a Reforma Tributária no que tange a tributação sobre o consumo, estabeleceu-se que o IPI "terá suas alíquotas reduzidas a zero, exceto em relação aos produtos que tenham industrialização incentivada na Zona Franca de Manaus, conforme critérios estabelecidos em lei complementar" (art. 126, III, "a", do ADCT) e "não incidirá de forma cumulativa com o imposto previsto no art. 153, VIII, da Constituição Federal" (art. 126, III, "b", do ADCT).

Anteriormente, na versão da PEC 45/2019, aprovada pelo Senado, previa-se a extinção condicional do IPI. Diz-se condicional, pois a extinção tem como condição a instituição da "contribuição de intervenção do domínio econômico sobre importação, produção ou comercialização de bens que tenham industrialização incentivada na Zona Franca de Manaus ou nas áreas de livre comércio" (art. 92-B, § 1º, do ADCT). Assim, enquanto não instituída a referida contribuição, continuariam as exações sob a rubrica do IPI. Nesses termos, surgiriam dois cenários possíveis. O **primeiro**, com a instituição da contribuição do art. 92-B, § 1º, do ADCT, hipótese na qual se teria a extinção do IPI, observando-se as regras de aproveitamento de créditos a serem estabelecidas em lei complementar. O **segundo**, supondo-se a não ocorrência da condição, o IPI continuaria em vigor. Neste cenário, previa a proposta para o artigo 126 do ADCT a redução a zero das alíquotas do IPI sobre produtos que tenham industrialização incentivada na Zona Franca de Manaus, nos termos a serem definidos na lei complementar (art. 126, III, "a", do ADCT), bem como, a não cumulatividade com o imposto sobre a produção, extração, comercialização ou importação de bens e serviços prejudiciais à saúde ou ao meio ambiente (art. 153, VIII, CF). No entanto, quando da promulgação da Emenda Constitucional preferiu o Constituinte Derivado suprimir a condição outrora debatida.

O IBS não integrará a base de cálculo do IPI (art. 156-A, IX, da CF), que por sua vez não integrará a base de cálculo do IBS, tampouco da CBS (art. 133 do ADCT).

Entre 2027 e 2033, a Resolução do Senado Federal que fixar as alíquotas do IBS e da CBS deverá assegurar que a receita da União, com a CBS e com o imposto sobre bens e serviços prejudiciais à saúde ou ao meio ambiente, seja equivalente à redução da receita das contribuições previstas no artigo 195, I, "b", e IV, do PIS, do IPI e do IOF no que tange às operações de seguros (art. 130, inciso I, do ADCT). Eventual perda de arrecadação deverá ainda ser compensada nos termos do artigo 7º da Emenda Constitucional nº 132/2023 que estabelece:

> **Art. 7º** A partir de 2027, a União compensará eventual redução no montante dos valores entregues nos termos do art. 159, I e II, em razão da substituição da arrecadação do imposto previsto no art. 153, IV, pela arrecadação do imposto previsto no art. 153, VIII, todos da Constituição Federal, nos termos de lei complementar.
>
> § 1º A compensação de que trata o *caput*:
>
> I – terá como referência a média de recursos transferidos do imposto previsto no art. 153, IV, de 2022 a 2026, atualizada:
>
> a) até 2027, na forma da lei complementar;
>
> b) a partir de 2028, pela variação do produto da arrecadação da contribuição
>
> prevista no art. 195, V, da Constituição Federal, apurada com base na alíquota de referência de que trata o art. 130 do Ato das Disposições Constitucionais Transitórias; e
>
> II – observará os mesmos critérios, prazos e garantias aplicáveis à entrega de recursos de que trata o art. 159, I e II, da Constituição Federal.

§ 2º Aplica-se à compensação de que trata o *caput* o disposto nos arts. 167, § 4º, 198, § 2º, 212, *caput* e § 1º, e 212-A, I, todos da Constituição Federal.

Por fim, havendo a extinção do IPI, a utilização dos créditos, inclusive presumidos, não apropriados ou não utilizados até a extinção serão disciplinados por lei complementar, conforme previsão do art. 135 do ADCT.[103]

5. Imposto sobre operações de crédito e câmbio ou relativas a títulos ou valores mobiliários

5.1. *Competência e legislação*

O imposto sobre operações de crédito e câmbio ou relativas a títulos ou valores mobiliários, ou simplesmente IOF ou ISOF, é da competência privativa da **União** (CF, art. 153, V, e CTN, art. 63), porque é o ente político que deve legislar sobre a matéria (**CF, art. 22, VII**), considerando que o imposto é empregado como **instrumento de intervenção no domínio econômico** para atender aos objetivos da política cambial (CTN, art. 65), tendo, portanto, fim extrafiscal. O IOF surgiu com a EC nº 18/1965 para substituir o imposto de selo, que pertencia à União como "imposto sobre negócios de sua economia, atos e instrumentos regulados por lei federal", de incidência meramente documental[104]. Originalmente, o imposto incidia sobre as operações de crédito, câmbio e seguro, ou relativas a títulos ou valores mobiliários, tendo sido suprimida a expressão seguro com a Emenda Constitucional nº 132/2023. A extinção do IOF sobre as operações de seguro e a consequente influência na Receita da União deve ser levada em consideração pelo Senado Federal, entre 2027 e 2033, ao fixar a Resolução com as alíquotas de referência do IBS e da CBS (art. 130 I, C, do ADCT).

O IOF tem as suas **normas gerais** fixadas nos **arts. 63 a 67 do CTN**, tendo sido instituído pela **Lei nº 5.143, de 20.10.1966**, e o seu regime jurídico foi complementado por legislação posterior, sendo o imposto regulamentado pelo Decreto nº 6.306/2007, doravante denominado RIOF.

5.2. *Características*

O IOF apresenta as seguintes **características**: a) competência privativa da **União** (CF, art. 153, V); b) **fim extrafiscal**, porque o Poder Executivo pode alterar suas alíquotas para ajustá-las aos objetivos da política monetária (CF, art. 153, § 1º, e CTN, art. 65), sendo, portanto, imposto flexível e não se subordina ao princípio da anterioridade da lei fiscal ordinária e nonagesimal (**CF, art. 150, § 1º**). O art. 67 do CTN preceitua que a receita líquida do IOF destina-se à formação de reservas monetárias, sendo a norma inconstitucional porque afronta o art. 167, IV, da CF, que não permite a vinculação de imposto a órgão, fundo ou

---

[103] "Art. 135. Lei complementar disciplinará a forma de utilização dos créditos, inclusive presumidos, do imposto de que trata o art. 153, IV, e das contribuições de que tratam o art. 195, I, "b", e IV, e a contribuição para o Programa de Integração Social a que se refere o art. 239, todos da Constituição Federal, não apropriados ou não utilizados até a extinção, mantendo-se, apenas para os créditos que cumpram os requisitos estabelecidos na legislação vigente na data da extinção de tais tributos, a permissão para compensação com outros tributos federais, inclusive com a contribuição prevista no inciso V do art. 195 da Constituição Federal, ou ressarcimento em dinheiro.".

[104] Cf. Ricardo Lobo Torres, *op. cit.*, p. 341.

438 | MANUAL DE DIREITO TRIBUTÁRIO – *Luiz Emygdio Franco da Rosa Junior e Amanda Albano*

despesa, salvo as exceções dele constantes e do § 4º do mesmo artigo[105]; c) **imposto real**, porque abstrai os elementos subjetivos relativos à capacidade contributiva, porque grava as operações financeiras independentemente de seu resultado; d) **imposto direto**, porque não comporta o fenômeno econômico da repercussão[106]; e) **lançamento por homologação** (CTN, art. 150); f) **imposto ordinário**, porque constitui uma fonte permanente de recursos para o erário federal; g) pertence à categoria econômica de **circulação de riquezas**, por incidir sobre operações de crédito, câmbio e seguro, e sobre operações relativas a títulos e valores mobiliários (CTN, Livro I, Título III, Capítulo IV, Seção IV); h) quando o **imposto incidir sobre o ouro definido em lei como ativo financeiro ou instrumento cambial**, a alíquota mínima será de um por cento.

5.3. *Princípios constitucionais específicos*

5.3.1. *Exceção relativa ao princípio da legalidade tributária*

O art. 153, § 1º, da CF, faculta ao Poder Executivo, atendidas as condições e os limites estabelecidos em lei, alterar as alíquotas do IOF. Essa faculdade é cometida ao Poder Executivo e não somente ao Presidente da República, e se justifica porque o IOF tem fim predominantemente extrafiscal, visando a ajustar as suas alíquotas aos objetivos da política monetária (**CTN, art. 65**). Assim sendo, não mais prevalece a norma do art. 65 do CTN quando autoriza o Poder Executivo **alterar a base de cálculo** do IOF.

5.3.2. *Exceção ao princípio da anterioridade da lei fiscal*

Considerando que o IOF deve ter as suas alíquotas ajustadas aos objetivos da política monetária, exigindo, portanto, intervenção expedita do Poder Executivo para resolver problemas existentes no mundo econômico, o § 1º do art. 150 da CF **excepciona o imposto do princípio da anterioridade da lei fiscal clássica e nonagesimal**. Assim, as novas alíquotas estabelecidas por ato do Poder Executivo podem ser aplicadas de imediato, porque neste caso o interesse nacional se sobrepõe ao princípio da segurança jurídica, que exige a observância do princípio da anterioridade da lei fiscal.

5.3.3. *Incidência exclusiva do IOF quando o ouro for definido em lei como ativo financeiro ou instrumento cambial*

O **art. 153, § 5º, da CF**, prescreve que o ouro, quando definido em lei como ativo financeiro ou instrumento cambial, sujeita-se exclusivamente à incidência do IOF devido na operação de origem, incidindo a alíquota mínima de 1%, assegurada a transferência do montante da arrecadação pela União de trinta por cento em favor do Estado, do Distrito Federal ou do Território, conforme o caso, e de setenta por cento para o Município de origem. A destinação é que identifica o ouro como ativo financeiro ou mercadoria, e nessa última hipótese não sofrerá a incidência do IOF, mas do ICMS e do IBS, por exemplo, quando destinado a servir como insumo industrial em joalheria.

A referida norma constitucional comporta as seguintes observações. **Primeira,** que se trata de norma de direito financeiro porque se refere à repartição de receita tributária, tendo

---

[105] Cf. Leandro Paulsen, *op. cit.*, p. 564, e HARADA, Kiyoshi. *Direito financeiro e tributário*. 9. ed. São Paulo: Atlas, 2002, p. 367.

[106] *RSTJ* 105/188; BRASIL. Superior Tribunal de Justiça, REsp. 122.888/SP, Rel. Min. Peçanha Martins, 27.11.1997, *DJU* 2.03.1998, p. 58.

Capítulo XII · IMPOSTOS FEDERAIS, ESTADUAIS E MUNICIPAIS | **439**

sido regulamentada pelo parágrafo único do art. 11 da Lei nº 7.766, de 11.05.1989. **Segunda**, que, tratando-se de ouro oriundo do exterior, considera-se Município e Estado de origem o de ingresso do ouro no país (Lei nº 7.766/1989, art. 6º). **Terceira**, que na operação de circulação de ouro definido em lei como ativo financeiro ou instrumento cambial o dispositivo consagra hipótese de imunidade tributária, salvo quanto ao IOF, e, assim, não haverá a incidência do ICMS (**CF, art. 155, § 2º, X, "c"** – *dispositivo que estará revogado em 2033, conforme art. 22 da EC nº* 132/2023) ou de qualquer outro tributo. Esta incidência exclusiva do IOF é reiterada pelo art. 4º da Lei nº 7.766, de 11.05.1989, que dispõe sobre o ouro, ativo financeiro e seu tratamento tributário. **Quarta**, que o art. 1º da mencionada lei prescreve: "O ouro em qualquer estado de pureza, em bruto ou refinado, quando destinado ao mercado financeiro ou à execução da política cambial do País, em operações realizadas com a intervenção de instituições integrantes do Sistema Financeiro Nacional, na forma e condições autorizadas pelo Banco Central do Brasil, será, desde a extração, inclusive, considerado ativo financeiro ou instrumento cambial". **Quinta**, que o inciso II do art. 1º da Lei nº 8.033, de 12.04.1990, alargou a incidência do IOF na operação de ouro definido em lei como ativo financeiro ou instrumento de política cambial, ao arrepio do art. 153, § 5º, da CF, porque, além da incidência do imposto na primeira aquisição de ouro feita por instituição financeira (operação de origem), previa nova incidência quando da sua transmissão, tendo o mencionado dispositivo sido considerado inconstitucional pelo STF[107].

O **art. 150, VI, "c", da CF** veda a instituição de impostos sobre patrimônio, renda e serviços dos entes políticos e das autarquias e fundações públicas, dos partidos políticos, inclusive suas fundações, das entidades sindicais dos trabalhadores, e das instituições de educação e de assistência social, sem fim lucrativo, observados os requisitos da lei, bem como, impostos sobre entidades religiosas, inclusive suas organizações assistenciais e beneficentes. Assim, consideramos inconstitucional a norma jurídica que determine a incidência do IOF sobre rendimentos decorrentes de aplicações financeiras feitas por entidade imune, porque o resultado de tais operações integra seu patrimônio, representado por ativos financeiros[108].

5.4. *Hipótese de incidência*

A CF prevê a incidência do imposto sobre as **operações de crédito e câmbio ou relativos a títulos ou valores mobiliários** (art. 153, V). O termo "operações" significa celebração de negócio jurídico. O **art. 63 do CTN** define como **fato gerador** do IOF: "I – quanto às operações de crédito, a sua efetivação pela entrega total ou parcial do montante ou do valor que constitua o objeto da obrigação, ou sua colocação à disposição do interessado: II – quanto às operações de câmbio, a sua efetivação pela entrega de moeda nacional ou estrangeira, ou de documento que a represente, ou sua colocação à disposição do interessado, em montante equivalente à moeda estrangeira ou nacional entregue ou posta à disposição por este; III – quanto às operações de seguro, a sua efetivação pela emissão da apólice ou do documento equivalente, ou recebimento do prêmio, na forma da lei aplicável; IV – quanto às operações relativas a títulos e valores mobiliários, a emissão, transmissão, pagamento ou resgate destes[109],

---

[107] BRASIL. Supremo Tribunal Federal, RE 190.363/RS, Rel. Min. Carlos Velloso, Pleno, 13.05.1998, *DJU* 12.06.1998, p. 00066 etc.

[108] Cf., entre outros, Marcelo Guerra Martins, *op. cit.*, p. 302-307; BRASIL. Supremo Tribunal Federal, RE 249980 AgR/RJ, Rel. Min. Ilmar Galvão, Primeira Turma, 23.04.2002. *DJU* 14.06.2002, p. 142 etc. Súmula 34 do TRF-4ª R.: "Os municípios são imunes ao pagamento do IOF sobre suas aplicações financeiras".

[109] "Concluído o julgamento de recurso extraordinário interposto pela União contra acórdão do TRF da 3ª Região que, em ação de repetição de indébito, dera pela inconstitucionalidade do inciso I do art. 1º da

na forma da lei aplicável. Parágrafo único. A incidência definida no inciso I exclui a definida no inciso IV, e reciprocamente, quanto à emissão, ao pagamento ou resgate do título representativo de uma mesma operação de crédito". Tendo a Emenda Constitucional nº 132/2023 suprimido a expressão "seguros", não há que se falar em tais operações como fato gerador do IOF. Assim, a legislação que faça menção a essas operações deve ser interpretada conforme a nova previsão constitucional.

A Lei nº 5.143/1966, instituidora do IOF, define como fato gerador nas **operações de crédito** a entrega do respectivo valor ou sua colocação à disposição do interessado, e nas operações de seguro o recebimento do prêmio (art. 1º), silenciando quanto às operações de câmbio e às operações relativas a títulos de valores mobiliários. Entretanto, o Decreto-lei nº 1.783/1980, em seu art. 1º, dispõe que o IOF incide, nos termos do art. 63 do CTN, sobre operações de crédito, câmbio e seguro, e sobre operações relativas a títulos e valores mobiliários, suprindo a lacuna do art. 1º da Lei nº 5.143/1966. No entanto, não mais aplicáveis as referências às operações de seguro, tendo em vista a alteração promovida pela Emenda Constitucional nº 132/2023 que extinguiu a tributação via IOF sobre as operações de seguro.

A expressão operação de crédito[110], **para fim de incidência do IOF, deve ser entendida em seu sentido amplo, compreendendo empréstimo sob qualquer modalidade, inclusive mútuo, abertura de crédito, desconto de títulos, alienação à empresa que exercer as atividades de** *factoring*, **de direitos creditórios resultantes de vendas a prazo (DL nº 1.783/1980, art. 1º, I, e RISOF, art. 3º, 3º).** O STF, ao diferenciar as instituições financeiras e as empresas de *factoring*, no julgamento da ADI 1.763 decidiu pela incidência do IOF sobre as operações de crédito concretizadas por empresas de *factoring*. Isso porque não há na Constituição ou no Código Tributário Nacional qualquer restrição de que o sujeito envolvido nas operações de crédito seja instituição vinculada ao Sistema Financeiro Nacional.[111]

Lei nº 8.033/1990 – que institui a incidência do imposto sobre operações de crédito, câmbio e seguros – IOF sobre transmissão ou resgate de títulos ou valores mobiliários –, por se tratar de um verdadeiro imposto sobre o patrimônio, o que ofenderia, portanto, o art. 154, I, da CF (competência residual da União para instituir impostos mediante lei complementar). v. Informativo 253. O Tribunal, por maioria, entendendo que a norma em questão não incide sobre os títulos em si, mas sobre as operações com eles praticadas (art. 2º, I, da Lei nº 8.033/1990), deu provimento ao recurso extraordinário para reformar o acórdão recorrido e declarar a constitucionalidade do referido inciso I, do art. 1º, da Lei nº 8.033/1990, já que esse dispositivo está em conformidade com a definição do fato gerador do IOF contida no art. 63, IV, do CTN, que disciplina o art. 146, III, "a", da CF (art. 63, IV, do CTN: "O imposto de competência da União, sobre operações de crédito, câmbio e seguro, e sobre operações relativas a títulos e valores mobiliários tem como fato gerador: ... IV – quanto às operações relativas a títulos e valores mobiliários, a emissão, transmissão, pagamento ou resgate destes, na forma da lei aplicável." O Tribunal afastou, também, a alegada ofensa ao princípio da irretroatividade da lei tributária, por entender que o IOF, tal como disciplinado pela Lei nº 8.033/1990, não incide sobre os ativos e aplicações financeiras existentes em 15.03.1990 (data da edição da MP 160, que originou a Lei nº 8.033), mas sim sobre as operações que seriam praticadas a partir de 16.03.1990 (art. 2º, II). Vencido o Min. Marco Aurélio, que mantinha o acórdão recorrido por entender que o inciso I, do art. 1º, da Lei nº 8.033/1990 consubstancia um verdadeiro imposto sobre o patrimônio existente em 16.03.1990" (BRASIL. Supremo Tribunal Federal, RE 223.144-SP, Rel. Min. Carlos Velloso, 17.06.2002. Informativo nº 273 do STF).

[110] Consulte-se de nossa autoria, *Títulos de crédito*, sobre o instituto do crédito (capítulo I) e a operação de desconto, capítulo III, item II (*Títulos de crédito*. 4. ed. São Paulo: Renovar, 2006).

[111] Ementa. Ação direta de inconstitucionalidade. Direito Tributário. Imposto sobre operações de crédito, câmbio e seguro, ou relativas a títulos ou valores mobiliários (IOF). Alienações de direitos creditórios resultantes de vendas a prazo às empresas de factoring. Artigo 58 da Lei nº 9.532/1997. Constitucionalidade. 1. As empresas de *factoring* são distintas das instituições financeiras, não integrando o Sistema Financeiro Nacional. Não há atividade bancária no *factoring* nem vinculação entre o contrato de *factoring* e as atividades desenvolvidas pelas instituições financeiras. 2. O fato de as empresas de *factoring* não

Capítulo XII · IMPOSTOS FEDERAIS, ESTADUAIS E MUNICIPAIS | **441**

Na operação de crédito o **fato gerador** do IOF é "a sua efetivação pela entrega total ou parcial do valor que constitua o objeto da obrigação, ou sua colocação à disposição do interessado" (CTN, art. 63, I, Lei nº 5.143/1966, art. 1º, e [Decreto nº 4.494/2002], art. 3º). Assim, os mencionados dispositivos não exigem documento comprobatório da operação de crédito emitido pelo devedor ou beneficiário do crédito, bastando que a efetivação do negócio seja inequívoca pelos fatos indicados nos dispositivos[112]. A incidência do IOF nas operações de crédito **só ocorre uma vez**, ainda que esteja representada pela emissão, transmissão, pagamento ou resgate de títulos ou valores mobiliários, devendo o legislador optar por tributar a emissão, transmissão, pagamento ou resgate de títulos e valores mobiliários ou a operação de crédito.

A Lei nº 8.033/1990 silenciou sobre a incidência do IOF sobre os **depósitos judiciais**, que veio a ocorrer com a IN nº 62/1990, em flagrante afronta ao princípio da legalidade tributária (CTN, art. 97, III). Daí a jurisprudência ter fulminado a mencionada Instrução Normativa, não admitindo a tributação pelo IOF sobre os levantamentos de depósitos judiciais em garantia de instância[113].

O **STF** já decidiu, em sessão plenária, que é inconstitucional o inciso V do art. 1º da Lei nº 8.033/1990, que prevê a cobrança do IOF sobre **saque em conta de poupança**, por não se compreender no conceito de operação de crédito nem de operação relativa a títulos e valores mobiliários, bem como porque corresponderia a imposto sobre patrimônio, que depende de lei complementar para sua veiculação (CF, art. 146, III, e art. 154, I)[114]. Por sua vez, declarando a constitucionalidade do art. 1º, inciso IV da Lei nº 8.033/1990, o STF fixou a seguinte tese: "É constitucional o art. 1º, IV, da Lei nº 8.033/1990, uma vez que a incidência de IOF sobre o negócio jurídico de transmissão de títulos e valores mobiliários, tais como ações de companhias abertas e respectivas bonificações, encontra respaldo no art. 153, V, da Constituição Federal,

---

necessitarem ser instituições financeiras não é razão suficiente para inquinar de inconstitucional a norma questionada. E isso porque nada há na Constituição Federal, ou no próprio Código Tributário Nacional, que restrinja a incidência do IOF sobre as operações de crédito realizadas por instituições financeiras. 3. A noção de operação de crédito descreve um tipo. Portanto, quando se fala que as operações de crédito devem envolver vários elementos (tempo, confiança, interesse e risco), a exclusão de um deles pode não descaracterizar por inteiro a qualidade creditícia de tais operações quando a presença dos demais elementos for suficiente para que se reconheça a elas essa qualidade. 4. No caso do *conventional factoring*, há, inegavelmente, uma antecipação de recursos financeiros, pois, ordinariamente, o empresário aguarda o vencimento dos créditos decorrentes da venda de mercadorias a seus clientes. Cedendo tais créditos ao *factor*, o empresário recebe no presente aquilo que ele somente perceberia no futuro, descontado, evidentemente, o fator de compra, que é a própria remuneração do *factor*. 5. Também é constitucional a incidência do IOF sobre o *maturity factoring*. Nessa modalidade de faturização (como na modalidade *conventional factoring*), as alienações de direito creditório podem ser enquadradas no art. 153, inciso V, da Constituição Federal, na parte referente a "operações relativas a títulos ou valores mobiliários". 6. A alienação de direitos creditórios a empresa de *factoring* envolve, sempre, uma operação de crédito ou uma operação relativa a títulos ou valores mobiliários. É, aliás, própria do IOF a possibilidade de ocorrência de superposição da tributação das operações de crédito e daquelas relativas a títulos e valores mobiliários, motivo pelo qual o Código Tributário Nacional, no parágrafo único do seu art. 63, traz uma regra de tributação alternativa, de sorte a evitar o *bis in idem*. 7. Ação direta de inconstitucionalidade julgada improcedente, declarando-se a constitucionalidade do art. 58 da Lei nº 9.532, de 10 de dezembro de 1997 (BRASIL. Supremo Tribunal Federal, ADI 1763, Rel. Dias Toffoli, Tribunal Pleno, j. 16.06.2020, processo eletrônico, DJe-189, divulg. 29.07.2020, public, 30.07.2020.

[112]   Cf. Aliomar Baleeiro, *op. cit.*, p. 247.

[113]   BRASIL. Superior Tribunal de Justiça, REsp. 87.022/SP, Rel. Min. José Delgado, Primeira Turma, v.u., 29.04.1996, *DJU* 03.06.1996, p. 19.223 etc.

[114]   Súmula nº 664 do STF, RE 232467/SP, Rel. Min. Ilmar Galvão, Pleno, 29.09.1999, *DJU* 12.05.2000, p. 444 etc.

sem ofender os princípios tributários da anterioridade e da irretroatividade, nem demandar a reserva de lei complementar".[115]

Operação de câmbio corresponde à troca de moeda de um país pela de outro, ambas com existência e valor atual. Nas operações de câmbio, o **fato gerador** do IOF consiste na "sua efetivação pela entrega de moeda nacional ou estrangeira, ou de documento que a represente, ou a sua colocação à disposição do interessado, em montante equivalente à moeda estrangeira ou nacional entregue ou posta à disposição por este" (CTN, art. 63, II, e RIOF art. 11). Assim, a exação ocorrerá na efetivação da operação de câmbio ou na entrega do documento que a represente (cheque, carta de crédito etc.). É vedada a incidência do imposto antes de liquidação do contrato de câmbio, porque o parágrafo único do art. 11 do Decreto nº 4.494/2002 prescreve que ocorre "o fato gerador e torna-se devido o IOF no ato da liquidação da operação de câmbio".

O DL nº 2.434/1988, em seu art. 6º, concedeu **isenção** a certas categorias de operações de câmbio, mormente as realizadas para pagamento de bens importados, ao abrigo das guias de importação emitidas a partir de 01.07.1988, o que foi confirmado pelo art. 1º, XIII, da Lei nº 8.402/1992 e pelo art. 16, I, do Decreto nº 4.494/2002. A norma isencional foi inquinada de inconstitucionalidade sob a tese de que feria o princípio da isonomia, e contribuintes que realizaram operações de câmbio substancialmente assimilável àquelas pretenderam a extensão do benefício a seu favor, inclusive por quem realizara operações de câmbio antes da data-limite estabelecida. Entretanto, o **STF e o STJ** julgaram constitucionais as referidas normas, porque o art. 111, II, do CTN não admite interpretação extensiva de norma que outorgue isenção[116].

Hugo de Brito Machado averba: "Operação relativa a *títulos e valores mobiliários* é aquela que implica transferência de propriedade desses títulos. Por *títulos ou valores mobiliários* se há de entender os *papéis representativos de bens ou direitos*. Podem representar direitos de propriedade de bens, como acontece com os títulos de participação societária que corporificam parcelas do direito de propriedade sobre o patrimônio social, ou direitos de crédito, como acontece com os papéis relativos a financiamentos"[117]. A **Lei nº 6.385/1976, em seu art. 2º,** relaciona os títulos que considera valores mobiliários, e nas operações correspondentes o fato gerador do IOF se dá com a emissão, transmissão, pagamento ou resgate destes (CTN, art. 63, IV).

---

[115] BRASIL. Supremo Tribunal Federal, RE 583712, Rel. Min. Edson Fachin, Tribunal Pleno, j. 04.02.2016, acórdão eletrônico repercussão geral – mérito, DJe-039, divulg. 01.03.2016, public. 02.03.2016

[116] BRASIL. Supremo Tribunal Federal, RE 213201/SP, Rel. Min. Sepúlveda Pertence, Primeira Turma, 17.06.1997, *DJU* 12.09.1997, p. 43.756 etc. e BRASIL. Superior Tribunal de Justiça, REsp. 23.380/RJ, Rel. Min. Francisco Peçanha Martins, Segunda Turma, v.u., 03.08.2000, *DJU* de 02.04.2001, p. 280, etc., por entenderem que: a) o art. 111, II, do CTN não admite interpretação extensiva à legislação tributária que disponha sobre outorga de isenção; b) ausência de norma legal que autorize a concessão de isenção a operações de câmbio não previstas no art. 6º do DL nº 2.438/1988; c) o termo inicial de vigência da isenção, concedida pelo referido decreto-lei, é ato discricionário do Poder Executivo, que não infringe o princípio da isonomia tributária e escapa ao controle do Poder Judiciário; d) o acolhimento da inconstitucionalidade arguida, poderia decorrer a nulidade da norma concessiva da isenção, mas não a extensão jurisdicional dela aos fatos arbitrariamente excluídos do benefício, dados que o controle da constitucionalidade das leis não confere ao Judiciário funções de legislação positiva; e) se o art. 6º do Decreto-lei nº 2.434/1988 fosse inconstitucional não poderia beneficiar, sequer, as operações relativas às guias de importação expedidas a partir de 01.07.1988, e não caberia ao Poder Judiciário, que não tem poder de legislar, estender a pretexto de isonomia, isenção, alegadamente inconstitucional, às operações anteriores a tal data.

[117] *Op. cit.*, p. 297.

Capítulo XII · IMPOSTOS FEDERAIS, ESTADUAIS E MUNICIPAIS | 443

5.5. Contribuinte

Contribuinte do IOF é qualquer das partes na operação tributada, como dispuser a lei (CTN, art. 66). O **art. 4º da Lei nº 5.143/1966, com a redação dada pelo Decreto-lei nº 914/1969**, considera que, nas operações de crédito e de seguros, contribuintes do imposto são os tomadores de crédito e os segurados. O art. 5º da mesma lei elege **responsáveis** pela cobrança do imposto e pelo seu recolhimento ao Banco Central, ou a quem este determinar, nos prazos fixados pelo Conselho Monetário Nacional: a) nas operações de crédito, as instituições financeiras a que se refere o art. 17 da Lei nº 4.595/1964; O DL nº 1.783/1980, sanando a omissão da Lei nº 5.143/1966, considera **contribuintes** do IOF nas operações de câmbio e relativas a títulos e valores mobiliários os compradores de moedas estrangeiras e os adquirentes de títulos e valores mobiliários (art. 2º). Por sua vez, o art. 3º, com redação dada pelo DL nº 2.471/1988, define **responsáveis** pela cobrança do imposto e seu recolhimento ao Tesouro Nacional, nos prazos e condições fixados pela Secretaria da Receita Federal: a) nas **operações de câmbio**, as instituições autorizadas a operar em câmbio; b) nas **operações relativas a títulos e valores mobiliários**, as instituições autorizadas a operar na compra e venda de títulos e valores mobiliários.

A empresa de mineração não é instituição financeira nem seguradora e, portanto, a cessão de crédito realizada com empresa comercial e industrial não sofre a incidência do IOF, porque não é qualquer operação de crédito que caracteriza fato gerador do tributo[118].

A **fiança onerosa** não traduz operação de crédito porque o fiador não põe crédito nas mãos ou à disposição do credor ou do devedor, partícipes da obrigação principal, e, assim, não há a incidência do IOF. Por outro lado, não é prestação de serviços porque não traduz obrigação de fazer, e, igualmente, não incidia o ISS[119].

A operação de *factoring* consiste na cessão de direitos creditórios decorrentes de vendas a prazo, em que o adquirente dos créditos corre o risco do não pagamento dos títulos pelo devedor. Trata-se de operação de crédito e, por isso, o art. 58 da Lei nº 9.532, de 10.12.1997, determina a incidência do IOF, sendo a empresa de *factoring* adquirente do direito creditório a responsável pela cobrança e recolhimento do IOF (art. 58, § 1º). O contribuinte de direito e de fato do imposto é a pessoa física ou jurídica alienante do direito creditório.

5.6. Alíquotas e base de cálculo

As alíquotas do IOF podem ser alteradas por ato do **Poder Executivo**, em razão de seu fim extrafiscal, e não se subordinam ao princípio da anterioridade clássica e nonagesimal (CF153, § 1º, e 150, § 1º), e variam segundo a operação tributada.

Nas operações de crédito, a **base de cálculo** do IOF é o montante da obrigação, compreendendo o principal e os juros (CTN, art. 64, I). Por sua vez, o art. 2º, I, da Lei nº 5.143/1966, prescreve que nas operações de crédito constituirá a base de cálculo do imposto o valor global dos saldos das operações de empréstimo de abertura de crédito, e de desconto de títulos, apurados mensalmente. "As penas pecuniárias, ônus, e multas em geral, não são computadas

---

[118] BRASIL. Superior Tribunal de Justiça, REsp. 366672/RJ, Rel. Min. Garcia Vieira, Primeira Turma, 07.05.2002, v.u., *DJU* 03.06.2002, p. 153.

[119] Cf. DERZI, Misabel de Abreu Machado; COÊLHO, Sacha Calmon Navarro. A fiança: o imposto sobre prestação de serviços de qualquer natureza, o imposto sobre operações de crédito e as contribuições sociais. *Revista Dialética de Direito Tributário*, São Paulo, n. 41, p. 116, 1999.

para efeitos fiscais"[120]. O art. 7º do Decreto nº 6.306/2007 relaciona as operações de crédito fixando a base de cálculo e respectiva alíquota reduzida do IOF.

A **base de cálculo** do IOF, quanto às **operações de câmbio**, corresponde ao respectivo montante em moeda nacional, recebido, entregue, ou posto à disposição (CTN, art. 64, II), ou, como preceitua o art. 1º, IV, do DL nº 1.783/1980, a base de cálculo corresponde ao valor da operação. O art. 14 do **RIOF** também estabelece **regra** sobre a base de cálculo do imposto nas operações de câmbio.

Nas **operações relativas a títulos e valores mobiliários** a base de cálculo do IOF é o valor: "I – de aquisição, resgate, cessão ou repactuação de títulos e valores mobiliários; II – da operação de financiamento realizada em bolsas de valores, de mercadorias, de futuros e assemelhadas; III – de aquisição ou resgate de cotas de fundos de investimento e de clubes de investimento; IV – do pagamento para a liquidação das operações referidas no inciso I, quando inferior a noventa e cinco por cento do valor inicial da operação" (art. 28 Decreto nº 6.306/2007).

As **alíquotas** do imposto relativas a títulos ou valores mobiliários estão reguladas nos arts. 29 a 33 do RIOF.

5.7. *Lançamento*

O lançamento do IOF é feito **por homologação** (CTN, art. 150), cabendo ao contribuinte ou responsável apurar e recolher o imposto nos prazos legais, independente de lançamento pelo fisco. Compete à Secretaria da Receita Federal a administração do IOF, incluídas as atividades de arrecadação, tributação e fiscalização, e, no exercício de suas atribuições, a mencionada Secretaria, por intermédio de seus agentes fiscais, poderá proceder ao exame de documentos, livros e registros dos contribuintes e dos responsáveis pela sua cobrança e recolhimento, independentemente de instauração de processo (Decreto-lei nº 2.471/1988, art. 3º, e RIOF, art. 59). Os arts. 7º e 8º da Lei nº 8.021/1990 estabelecem outras normas sobre o procedimento de fiscalização e cobrança do IOF.

5.8. *Legitimidade da parte para integrar o polo passivo*

O art. 3º do Decreto-lei nº 2.471/1988 e o art. 59 do RIOF estabelecem que compete à Secretaria da Receita Federal a administração do IOF, incluídas as atividades de arrecadação, tributação e fiscalização. Por isso, "o Banco Central não é parte legítima para figurar no polo passivo da ação em que o Município pretende se livrar da exigência do tributo"[121]. Todavia, a "Caixa Econômica Federal, como instituição financeira, em face da responsabilidade legal que lhe foi atribuída pelo art. 9º, parágrafo único, da Lei nº 8.033/1990, de recolher o IOF a quem de direito, bem como de identificar e reter o tributo, deve integrar a lide em que se discute a incidência do imposto sobre os valores depositados judicialmente"[122].

---

[120] Cf. Aliomar Baleeiro, *op. cit.*, p. 251.

[121] BRASIL. Superior Tribunal de Justiça, REsp. 683.62/MG, Rel. Min. Cesar Asfor Rocha, Primeira Turma, v.u., 13.12.1995, *DJU* 03.04.1996, p. 5.362 etc.

[122] BRASIL. Superior Tribunal de Justiça, REsp. 150.628/CE, Rel. Min. Francisco Peçanha Martins, Segunda Turma, 13.03.2001, *DJU* 23.04.2001, p. 125, REsp. 226.027/PE, Rel. Min. José Delgado, Primeira Turma, v.u., 23.11.1999, *DJU* 28.02.2000, p. 57 etc.

Capítulo XII · IMPOSTOS FEDERAIS, ESTADUAIS E MUNICIPAIS | 445

6. Imposto sobre a propriedade territorial rural

6.1. Competência e legislação

A **União Federal** é competente para instituir o imposto sobre propriedade territorial rural (**CF, art. 153, VI, e CTN, art. 29**), que se justifica porque se trata de imposto com fim marcantemente extrafiscal servindo de instrumento de intervenção do Estado no domínio social, "possuindo a missão precípua de induzir a reforma agrária e redistribuição de terras no País"[123]. A EC nº 42/2003 acrescentou o **inciso III ao § 4º do art. 153 da CF**, para facultar aos Municípios que assim optarem, na forma da lei, exercer a fiscalização e cobrança do ITR, desde que não implique redução do imposto ou qualquer outra forma de renúncia fiscal.

Por outro lado, a **mesma Emenda alterou também a redação do inciso II do art. 158**, estabelecendo que os Municípios que optarem por administrar o tributo farão jus à totalidade da arrecadação do imposto, mantido o percentual de 50% para os que não optarem.

O CTN fixa as **normas gerais** do ITR nos arts. 29 a 31. A Lei nº 4.504, de 30.11.1964, dispôs sobre o Estatuto da Terra. O Decreto nº 4.382, de 19.09.2002, regulamenta a tributação, fiscalização, arrecadação e administração do ITR.

6.2. Características

O ITR apresenta as seguintes características: a) competência privativa da **União** (CF, art. 153, VI); b) **fim extrafiscal** (CF, art. 153, § 4º); c) **imposto real**; d) sujeito a **lançamento por homologação** (Lei nº 9.393/1996, art. 10); e) **imposto direto**, por não comportar o fenômeno econômico da repercussão; f) **imposto ordinário**, porque constitui fonte permanente de recursos para a União; g) pertence à categoria econômica de **imposto sobre o patrimônio** (CTN, Livro I, Título III, Capítulo III, Seção I); h) **imposto contínuo**, por ser de apuração anual, devendo o fato gerador ser apurado em 1º de janeiro de cada ano (Lei nº 9.393/1996, art. 1º).

6.3. Princípios constitucionais específicos

6.3.1. Progressividade do ITR

O art. 153, § 4º, I, da CF, com a redação dada pela EC nº 42/2003, refletindo o fim extrafiscal do imposto, prescreve que "será progressivo e terá suas alíquotas fixadas de forma a desestimular a manutenção de propriedades improdutivas". Em outras palavras, a norma constitucional determina que o legislador fixe alíquota maior para terra improdutiva e alíquota menor para terra produtiva, o que foi feito pela Lei nº 9.393, de 19.12.1996, que estabelece alíquotas progressivas em função da área do imóvel e do grau de sua utilização. A norma do inciso I do § 4º do art. 153 da CF decorre de outras disposições constitucionais. Primeira, o art. 5º, XXII, assegura o direito à propriedade, desde que atenda sua função social (inciso XXIII). Segunda, o art. 184 da CF autoriza a União a "desapropriar, por interesse social, para fins de reforma agrária, o imóvel rural que não esteja cumprindo sua função social, mediante prévia e justa indenização em títulos da dívida agrária, com cláusula de preservação do valor real, resgatáveis no prazo de até vinte anos, a partir do segundo ano de sua emissão, e cuja utilização será definida em lei". Todavia, as "benfeitorias úteis e necessárias serão indenizadas em dinheiro" (art. 184, § 1º), e o decreto "que declarar o imóvel como de interesse social, para fins de reforma agrária, autoriza a União a propor a ação de desapropriação" (art. 184, § 2º). Fica

---

[123] Cf. Ricardo Lobo Torres, *op. cit.*, p. 342.

assegurado o procedimento contraditório especial, de rito sumário, para o processo judicial de desapropriação, estabelecido em lei complementar (art. 184, § 3º), que corresponde à Lei Complementar nº 76, de 06.07.1993, alterada pela Lei Complementar nº 88, de 23.12.1996. Anote-se a impropriedade técnica constante do § 5º do art. 184, quando se refere a "são isentos", ao pretender estabelecer imunidade de impostos federais, estaduais e municipais nas operações de transferência de imóveis desapropriados para fins de reforma agrária. Terceira, o art. 186 da CF estabelece critérios para definição da função social da propriedade, *verbis*: "A função social é cumprida quando a propriedade rural atende, simultaneamente, segundo critérios e graus de exigência estabelecidos em lei, aos seguintes requisitos: I – aproveitamento racional e adequado; II – utilização adequada dos recursos naturais disponíveis e preservação do meio ambiente; III – observância das disposições que regulam as relações de trabalho; IV – exploração que favoreça o bem-estar dos proprietários e dos trabalhadores". O **STF** considera constitucional a progressividade da alíquota do ITR em função da área do imóvel (BRASIL. Supremo Tribunal Federal, RE 1200455 Ag, Segunda Turma, j. 30.08.2019).

6.3.2. *Imunidade de pequenas glebas rurais*

O **inciso II do § 4º do art. 153 da CF**, acrescentado pela EC nº 42/2003, determina que o ITR **não incidirá** sobre pequenas glebas rurais, definidas em lei, quando as explore o proprietário que não possua outro imóvel. Cabem as seguintes **observações** sobre a mencionada norma constitucional: **Primeira**, que a imunidade está expressa na cláusula "não incidirá", traduzindo limitação constitucional ao poder de tributar. **Segunda**, que o dispositivo não se refere à extensão da gleba beneficiada pela imunidade, dispondo, portanto, diversamente da CF 67/1969, cujo art. 21, § 6º, referia-se a glebas de no máximo de 25 hectares. Assim, o dispositivo preferiu deixar para o legislador a tarefa de definir "pequenas glebas rurais", o que foi feito pela Lei nº 9.393/1996, em seu art. 2º, parágrafo único, que, ao fixar o número de hectares, levou em conta a localização da gleba. **Terceira**, que na redação originária do § 4º do art. 153 a mencionada imunidade só existiria se o proprietário explorasse a gleba só ou com sua família, não podendo, portanto, ter empregados, o que era absurdo. A EC nº 42 suprimiu a mencionada condição, e, assim, nada impede que o proprietário da terra se valha da colaboração de terceiros, inclusive empregados, para obter maior produtividade na exploração da terra. **Quarta**, que consubstanciando a parte final do art. 150, § 4º verdadeira imunidade, e, portanto, limitação constitucional ao poder de tributar, a definição de "pequenas glebas rurais" devia ser feita por lei complementar, a quem cabe regular as limitações ao poder de tributar (CF, art. 146, II). Todavia, como demonstrado, a matéria é regrada pela Lei nº 9.393/1996, que tem natureza de lei ordinária[124]. Roque Antônio Carraza, baseando-se no art. 191 da CF, doutrina que, enquanto a lei complementar não dispuser sobre a matéria, "pequena gleba rural, a nosso ver, é a de tamanho não superior a cinquenta hectares". Isso porque o art. 191 tem por objeto a pequena gleba rural e considera como tal a que não exceder a cinquenta hectares[125]. Além do mais, o art. 186 da CF, ao definir a função social da propriedade, considera-a cumprida "quando a propriedade rural atende, simultaneamente, segundo critérios e graus de exigência estabelecidos em lei", entre outros requisitos, a "observância das disposições que regulam as relações de trabalho" (inciso III), e a "exploração que favoreça o bem-estar dos proprietários e dos trabalhadores" (inciso IV). **Quinta**, que o dispositivo sob comento exige

---

[124]   Neste sentido, cite-se Mizabel Derzi, na nota 11 de atualização do *Curso de direito tributário*, de Aliomar Baleeiro, *op. cit.*, p. 239

[125]   Roque Antônio Carraza, *op. cit.*, p. 669-670.

Capítulo XII · IMPOSTOS FEDERAIS, ESTADUAIS E MUNICIPAIS | **447**

também o requisito da unititularidade de gleba rural, ao estatuir que o proprietário não pode possuir outro imóvel.

Os entes políticos, as autarquias e as fundações instituídas e mantidas pelo Poder Público gozam de imunidade tributária quanto aos impostos sobre patrimônio, e, assim esta imunidade alcança o ITR (**CF, art. 150, VI, "a", e § 2º**).

6.4. Hipótese de incidência

O **art. 153, VI, da CF**, desenha o perfil da hipótese de incidência do ITR, ao se referir a **propriedade territorial rural**, "o que já conduz ao entendimento de que só os terrenos devem ser tributados"[126].

O art. 29 do CTN erige como **fato gerador** do ITR "a propriedade, o domínio útil ou a posse de imóvel por natureza, como definido na lei civil, localizado fora da zona urbana do Município". O art. 1º da Lei nº 9.393/1996 repete a redação do artigo 29 do CTN, apenas acrescentando, no final, que o fato gerador deve ser apurado em 1º de janeiro de cada ano, tratando-se, portanto, de imposto contínuo. O art. 79 do CC de 2002 considera "bens imóveis" o solo e tudo quanto se lhe incorporar natural ou artificialmente", mas o ITR só incidirá quando se tratar de imóvel por natureza, diferenciando-se, portanto, do IPTU, que incide sobre imóvel por natureza ou por acessão física (CTN, art. 32).

Não existe inconstitucionalidade no dispositivo sob exame quando define como fato gerador do ITR a propriedade, o domínio útil ou a posse de imóvel rural, enquanto o art. 153, VI, da CF, refere-se apenas à propriedade, mas no sentido de domínio pleno reunido em uma única pessoa, e nessa hipótese ela é a contribuinte do imposto. Entretanto, o **art. 29 do CTN** alude também ao domínio útil ou a posse de bem imóvel, e isso porque o legislador prevê que a propriedade do imóvel possa estar fracionada, vez que o domínio útil e a posse são também elementos da propriedade. Nesse caso, o fato gerador do imposto será o domínio útil ou a posse de imóvel rural localizado fora da zona urbana do Município.

Todavia, **não é qualquer** "posse" que pode ser tributada pelo ITR, mas, como doutrina **Mizabel Derzi**, apenas "aquela *ad usucapionem*, ou que é exteriorização da propriedade. O imposto também não incide sobre a posse a qualquer título, precária, ou direta como aquela do arrendatário, locatário, ocupante, comodatário, usuário, habitador, detentor ou administrador de bens de terceiro. Tais pessoas nunca serão proprietárias"[127].

Considerando a norma do **art. 110 do CTN,** a lei tributária não poderá alterar o conceito de propriedade fornecido pelo Código Civil porque está empregado no art. 150, VI, da CF, para determinar a competência dos Municípios quanto ao ITR.

A parte final do art. 29 do CTN define como **imóvel rural** "aquele situado fora da zona urbana do Município". Os §§ 1º e 2º do art. 32 do CTN utilizam o critério da *localização do imóvel*, para a delimitação de zona urbana a ser feita por lei municipal, e não pelo critério da destinação. Assim, a distinção entre imóvel urbano e imóvel rural faz-se mediante a observância dos referidos dispositivos. Imóvel urbano, sujeito ao IPTU, é o localizado em zona urbana e imóvel rural, sujeito ao ITR, é aquele localizado fora da zona urbana do Município, não importando a destinação de um ou de outro. Esses critérios só podem ser alterados por lei complementar. Por essas razões, o **STF** julgou inconstitucional o art. 6º e seu parágrafo único da Lei Federal nº 5.868, de 12.12.1972, que considerou "imóvel rural aquele que se destinar à

---

[126]   Cf. Hugo de Brito Machado, *op. cit.*, p. 301.

[127]   Nota de atualização do art. 29 do CTN, *in Direito tributário brasileiro*, de Aliomar Baleeiro, *op. cit.*, p. 237.

exploração agrícola, pecuária, extrativa vegetal ou agroindustrial e que, independentemente de sua localização, tiver área superior a 1 (um) hectare", e os imóveis não compreendidos no mencionado conceito ficaram sujeitos ao IPTU[128]. Entretanto, o **art. 15 do DL nº 57/1966** já dispunha: "**Art. 15.** O disposto no art. 32 da Lei nº 5.172, de 25 de outubro de 1966, não abrange o imóvel de que, comprovadamente, seja utilizado em exploração extrativa vegetal, agrícola, pecuária ou agroindustrial, incidindo assim, sobre o mesmo, o ITR e demais tributos com o mesmo cobrados (Revogação suspensa pela RSF nº 9, de 2005, com base no Recurso Extraordinário nº 140.773-5/210 – SP, que julgou constitucional o art. 15 do DL 57/1966)."

6.5. Alíquota

O **art. 153, § 4º, I, da CF**, prescreve que o ITR "será progressivo e terá suas alíquotas fixadas de forma a desestimular a manutenção de propriedades improdutivas", tendo em vista a sua finalidade extrafiscal, devendo a lei estabelecer alíquotas progressivas. A Lei nº 9.393/1996, em seu art. 11, assim dispõe sobre o valor do ITR: "O valor do imposto será apurado aplicando-se sobre o Valor da Terra Nua Tributável – VTNt a alíquota correspondente, prevista no Anexo desta Lei, considerados a área total do imóvel e o Grau de Utilização – GU". Como se observa, a alíquota é fixada em função da área do imóvel e do grau de sua utilização, variando, segundo o Anexo, de 0,03% até 20%[129]. Existe divergência quanto à interpretação do mencionado dispositivo, quando alíquota excessiva implicar ou não em confisco". O **STF** julgou constitucional a progressividade das alíquotas do ITR, em função da área do imóvel e do grau de utilização e da área do imóvel (RE 1038357 AgR).[130]

---

[128] BRASIL. Supremo Tribunal Federal, RE 93.850-MG, Rel. Min. Moreira Alves, Pleno, *DJU* 27.08.1982, p. 8.180. O art. 6º da Lei nº 5.868/1972, teve a sua vigência suspensa pela Resolução nº 313, de 30.04.1983, do Senado Federal (DOU de 04.07.1983). Entretanto, o STJ tem decisões, com base no DL nº 57/1966, entendendo que "o critério da localização do imóvel é insuficiente para que se decida sobre a incidência do IPTU ou ITR, sendo necessário observar-se o critério da destinação econômica, conforme já decidiu a Egrégia 2ª Turma, com base em posicionamento do STF sobre a vigência do DL nº 57/1966" (BRASIL. Superior Tribunal de Justiça, AgRg no Ag 498512/RS, Segunda Turma, Rel. Min. Francisco Peçanha Martins, 22.03.2005, *DJU* 16.05.2005, p. 296).

[129] Em outras palavras, segundo a lição de Ricardo Lobo Torres: "A Lei nº 9.393, de 19.12.1996, majorou substancialmente as alíquotas, criando uma dupla progressividade em que o percentual aumenta na razão direta da grandeza da área total do imóvel e na razão inversa do grau de utilização, de tal forma que a menor incidência será de 0,03 (para os imóveis com área total até 50 hectares e grau de utilização maior que 80) e a maior, de 20,00 (área superior a 5.000 hectares e grau de utilização até 30%) (*Op. cit.*, p. 342). Hugo de Brito Machado adverte que "em cinco anos, se persistente a situação, estará confiscado" o imóvel. E acrescenta: "Com essa alíquota, assim tão elevada, o tributo tem inescondível efeito confiscatório, suscitando, pois, a questão de sua constitucionalidade em face do art. 150, inciso IV, da CF, que veda à União, aos Estados e aos Municípios utilizar tributo com efeito de confisco" (*Op. cit.*, p. 303).

[130] Ementa. Agravo regimental no recurso extraordinário. Tributário. Imposto sobre a Propriedade Territorial Rural (ITR). Lei nº 9.393/1996. Progressividade das alíquotas. Grau de utilização e área do imóvel. Constitucionalidade. 1. Mostra-se alinhada com a redação originária do § 4º do art. 153 da Constituição Federal a progressividade das alíquotas do ITR a qual se refere à Lei nº 9.393/1996, progressividade essa que leva em conta, de maneira conjugada, o grau de utilização (GU) e a área do imóvel. 2. Agravo regimental não provido, com imposição de multa de 2% (art. 1.021, § 4º, do CPC). 3. Não se aplica ao caso o art. 85, § 11, do CPC, haja vista tratar-se, na origem, de mandado de segurança (art. 25 da Lei nº 12.016/2009) (RE 1038357 AgR, Rel. Min. Dias Toffoli, Segunda Turma, j. 06.02.2018, processo eletrônico, DJe-036, divulg. 23.02.2018, public. 26.02.2018).

6.6. Base de cálculo

O art. 30 do CTN estabelece que a **base de cálculo** do ITR é o valor fundiário do imóvel rural, isto é, o valor da terra nua, segundo o preço de mercado de terras apurado em 1º de janeiro de cada ano (Lei nº 9.393/1996, art. 8º, § 2º), sem benfeitorias, sem ação humana. Em outras palavras, é o valor do solo nu porque o art. 153, VI, da CF refere-se a propriedade territorial rural e o art. 29 do CTN a imóvel por natureza[131]. O § 1º do art. 10 da Lei nº 9.393/1996 assim prescreve: "Para os efeitos de apuração do ITR, considerar-se-á: I – VTN, o valor do imóvel, excluídos os valores relativos a: a) construções, instalações e benfeitorias; b) culturas permanentes e temporárias; c) pastagens cultivadas e melhoradas; d) florestas plantadas". Por outro lado, o inciso III do mesmo artigo refere-se ao VTNt como sendo o valor da terra nua tributável, e o inciso IV, ao mencionar a área aproveitável, a que for passível de exploração agrícola, pecuária, granjeira, aquícola ou florestal, determina a exclusão das áreas ocupadas por benfeitorias úteis e necessárias etc. Na determinação do valor do imóvel rural deve-se levar em conta também o seu grau de utilização, que corresponde a relação percentual entre a área efetivamente utilizada e a área aproveitável.

Finalmente, o art. 184 da CF, ao permitir à União desapropriar, por interesse social, para fins de reforma agrária, o imóvel rural que não esteja cumprindo sua função social, determina que a indenização seja prévia e *justa* em títulos da dívida agrária. Daí os Tribunais admitirem que o valor fundiário declarado pelo contribuinte para fins de ITR não define ou limita o valor da indenização em caso de desapropriação.

Quando o contribuinte do ITR, por iniciativa sua, obtém retificação do valor da terra, em determinados exercícios, na esfera administrativa, fica tolhido de, por via judicial, pleitear nova revisão via prova pericial[132].

6.7. Contribuinte

O **art. 31 do CTN** estatui que o **contribuinte** do ITR é o proprietário do imóvel, o titular do seu domínio útil, ou o seu possuidor a qualquer título, regra esta reproduzida pelo art. 4º da Lei nº 9.393/1996, cujo parágrafo único dispõe que o domicílio tributário do contribuinte é o município de localização do imóvel, vedada a eleição de qualquer outro. Esta norma atrita com o art. 127 e seus §§ 1º e 2º do CTN, que conferem ao contribuinte liberdade para a eleição do domicílio tributário, e tal eleição só poderá ser recusada pelo fisco quando impossibilite ou dificulte a arrecadação ou a fiscalização do tributo (§ 2º do art. 127). Quando todos os elementos da propriedade estiverem reunidos em uma única pessoa, o contribuinte será o **proprietário** do imóvel rural, na qualidade de titular do seu domínio pleno. Entretanto, quando o imóvel for objeto de enfiteuse, o contribuinte será o **titular do domínio útil,** e "se

---

[131] Aliomar Baleeiro aclara a noção de valor fundiário, averbando: "O valor 'fundiário' corresponde à noção das leis francesas que regulam o *impôt foncier non bâti,* isto é, o solo nu, não utilizado, sem edificações ou outras acessões – como árvores etc. – o solo com suas aderências naturais, sem a ação humana" (*Direito tributário brasileiro, op. cit.*, p. 239). "...2. Sob a vigência da Lei nº 8.847/1994, a base de cálculo do ITR correspondia ao Valor da Terra Nua apurado até 31 de dezembro do exercício anterior. Essa Lei autorizou que o Valor da Terra Nua mínimo – VTNm por hectare fosse fixado pela Secretaria da Receita Federal (art. 3º, § 2º). 3. A Instrução Normativa nº 42/1996, da SRF, apenas deu cumprimento ao referido preceito legal, de modo que não houve afronta ao princípio da legalidade. Precedente" (BRASIL. Superior Tribunal de Justiça, REsp. 547609/AL, Rel. Min. Eliana Calmon, Segunda Turma, 18.08.2005, *DJU* 26.09.2005 p. 299).

[132] BRASIL. Superior Tribunal de Justiça, REsp. 366655/PR, Rel. Min. Eliana Calmon, Segunda Turma, v.u., 18.02.2003, *DJU* 31.03.2003, p.196.

a posse pertence a quem não tem nenhum dos dois domínios, contribuinte será o possei-ro[133]. Vide item 6.4 sobre a posse como fato gerador do ITR, principalmente quando não ser contribuinte o possuidor a título de comodatário ou locatário porque não exercem a posse com conteúdo econômico. *Possuidor* será contribuinte quando detiver a posse com *animus domini*, para fim de usucapião ou na qualidade de promitente-comprador. É **responsável** pelo crédito tributário o sucessor, a qualquer título, nos termos dos arts. 128 a 133 do CTN (Lei nº 9.393/1996, art. 5º)[134].

O STF reconheceu a impossibilidade de exigência de ITR quando reconhecida a inexistência de matrícula imobiliária por sentença transitada em julgado[135]. Isso porque, restaria ausente o "fato signo presuntivo de riqueza (propriedade territorial rural).

6.8. *Lançamento*

O ITR é objeto de **lançamento por homologação** (CTN, art. 150), e a "apuração e o pagamento do ITR serão efetuados pelo contribuinte, independentemente de prévio procedimento da administração tributária, nos prazos e condições estabelecidos pela Secretaria da Receita Federal, sujeitando-se a homologação posterior" (Lei nº 9.393/1996, art. 10). Assim, tendo o contribuinte efetuado pagamento a menor, a autoridade administrativa deve proceder ao **lançamento de ofício** para cobrar a diferença[136]. Todavia, a autoridade fazendária, com base no **art. 148 do CTN**, poderá recusar o valor declarado pelo contribuinte e arbitrar o valor fundiário, sem prejuízo da observância do princípio do contraditório estabelecido no mesmo dispositivo. Assim, o valor fundiário corresponde ao valor de mercado imobiliário e não simplesmente o valor declarado pelo contribuinte.

O contribuinte ou o seu sucessor comunicará ao órgão local da Secretaria da Receita Federal, por meio do Documento de Informação e Atualização Cadastral – DIAC, as informações cadastrais correspondentes a cada imóvel, bem como qualquer alteração ocorrida, na forma estabelecida pela Secretaria da Receita Federal (Lei nº 9.393/1996, art. 6º). O art. 7º da Lei nº 9.393/1996 estabelece a aplicação de multa de 1% (um por cento) ao mês ou fração sobre o imposto devido não inferior a R$ 50,00 (cinquenta reais), sem prejuízo da multa e dos juros de mora pela falta ou insuficiência de recolhimento do imposto ou quota, no caso

---

[133] Cf. Hugo de Brito Machado, *op. cit.*, p. 303-304.

[134] "Execução Fiscal – ITR – embargos do devedor – responsabilidade do adquirente do imóvel pelo pagamento do tributo. 1. Consoante estabelece o *caput* do art. 130, CTN, sem qualquer distinção, o adquirente do imóvel sub-roga-se nos créditos fiscais cujo fato gerador é a propriedade, o domínio útil ou a posse do bem, assim como as taxas e contribuição de melhoria, podendo o sucessor ressarcir-se desses ônus, conforme previsto no contrato de compra e venda ou mediante acordo com o sucedido" (BRASIL. Superior Tribunal de Justiça, REsp. 192.501-PR, Rel. Min. Francisco Peçanha Martins, Segunda Turma, *DJU* de 18.02.2002 – *RSTJ* 152/220).

[135] Ementa. Agravo regimental no recurso extraordinário. Tributário. Imposto sobre a Propriedade Territorial Rural (ITR). Lei nº 9.393/1996. Progressividade das alíquotas. Grau de utilização e área do imóvel. Constitucionalidade. 1. Mostra-se alinhada com a redação originária do § 4º do art. 153 da Constituição Federal a progressividade das alíquotas do ITR a qual se refere à Lei nº 9.393/1996, progressividade essa que leva em conta, de maneira conjugada, o grau de utilização (GU) e a área do imóvel. 2. Agravo regimental não provido, com imposição de multa de 2% (art. 1.021, § 4º, do CPC). 3. Não se aplica ao caso o art. 85, § 11, do CPC, haja vista tratar-se, na origem, de mandado de segurança (art. 25 da Lei nº 12.016/2009) (RE 1038357 AgR, Rel. Min. Dias Toffoli, Segunda Turma, j. 06.02.2018, processo eletrônico, Dje-036, divulg. 23.02.2018, public. 26.02.2018).

[136] TRF-4ª R., Ap. 1999.04.01.015412-3/SC, Rel. Juíza Maria Isabel Pezzi Klein, Primeira Turma, 21.11.2000, *DJU* 17.01.2001. *RT* 789/426 julho de 2001. Marcelo Guerra Martins, baseando-se no art. 6º da Lei nº 9.393/1996, entende que o ITR é objeto de lançamento por declaração (*Op. cit.*, p. 320).

Capítulo XII · IMPOSTOS FEDERAIS, ESTADUAIS E MUNICIPAIS | **451**

de apresentação espontânea do DIAC fora do prazo estabelecido pela Secretaria da Receita Federal. Trata-se de norma que agride flagrantemente o art. 138 do CTN, sendo remansoso o entendimento da doutrina e da jurisprudência no sentido de que a denúncia espontânea pelo contribuinte de infração à legislação tributária exclui a incidência de multa punitiva ou moratória, tendo em vista a boa-fé do contribuinte[137].

A Lei nº 8.022, de 12.04.1990, em seu art. 1º, transferiu para a Secretaria da Receita Federal a competência de administração das receitas arrecadadas pelo INCRA, e para a Procuradoria--Geral da Fazenda Nacional a competência para a apuração, inscrição e cobrança da respectiva dívida ativa. Daí a Súmula nº 139 do STJ rezar: "Cabe à Procuradoria da Fazenda Nacional propor execução fiscal para cobrança de crédito relativo ao ITR"[138].

7. Imposto sobre grandes fortunas

O **art. 153, VII, da CF** confere competência privativa à **União** para instituir imposto sobre grandes fortunas, nos termos de lei complementar, sendo novidade trazida pela Constituição atual. Considerando que a Constituição Federal não institui tributos, mas apenas autoriza a sua instituição, o referido imposto ainda não foi criado, por ausência de lei federal, nem existe lei complementar fixando as suas normas gerais. A omissão da União em instituir o mencionado imposto não permite, no entanto, que outro ente político possa 91ria-lo, em razão da vedação expressa do art. 8º do CTN.

Tal norma é consectária do art. 7º do CTN que veda a delegação tributária legislativa, porque, na doutrina de **Hugo de Brito Machado**: "Admitir a delegação de competência para instituir tributo é admitir seja a Constituição alterada por norma infraconstitucional. Tal delegação somente seria possível se norma da própria Constituição o autorizasse"[139]. O imposto sobre grandes fortunas foi inspirado "por sistemas fiscais estrangeiros, como os da Espanha e França, que conhecem os impostos sobre o luxo e sobre os grandes patrimônios"[140].

A não instituição do mencionado imposto decorre de razões exclusivamente políticas, porque o legislador, pressionado pelos detentores de grandes fortunas, possuidores de grande influência no Congresso Nacional, terá dificuldade em definir "fortuna" e mais ainda "grande fortuna". As declarações de imposto de renda podem servir de suporte para o dimensionamento e a identificação de grandes fortunas, mas o problema é que não pertencem aos membros da classe média, mas a uma classe mais abastada e privilegiada, o que dificulta a criação do imposto.

8. Impostos extraordinários

O **art. 154, II, da CF de 1988** permite à União instituir "na iminência ou no caso de guerra externa, **impostos extraordinários,** compreendidos ou não em sua competência tributária, os quais serão suprimidos, gradativamente, cessadas as causas de sua criação". Tais impostos poderão ser criados por medida provisória, desde que o Congresso Nacional esteja

---

[137] Neste sentido, dentre outros, Hugo de Brito Machado, *op. cit.*, p. 305.

[138] "ITR. Imposto de propriedade da União. Compete à Procuradoria Geral da Fazenda Nacional a sua apuração, inscrição e cobrança. Descabida a continuidade da Procuradoria do INCRA, no polo ativo, como representante da União, no polo ativo de execução fiscal" (*RT* 722/322; REsp. 85713-PE, Rel. Min. Demócrito Reinaldo, Primeira Turma, v.u., 20.05.1996, *DJU* 1.07.1996, p. 24.003 etc.).

[139] *Op. cit.*, p. 231.

[140] Cf. Ricardo Lobo Torres, *op. cit.*, p. 343.

em recesso, e não se sujeitarão ao princípio da anterioridade da lei fiscal, sendo cobrados no mesmo exercício da publicação do diploma legal que os instituir, independentemente de a medida provisória ter sido convertida em lei (CF, art. 62, § 2º). Não existem restrições para a criação dos impostos extraordinários, porque podem estar compreendidos ou não na competência da União e podem ter fato gerador e base de cálculo idênticos aos existentes, federais, estaduais ou municipais[141].

Os impostos extraordinários de guerra não integram de forma permanente o sistema tributário e devem ser suprimidos, gradativamente, cessadas as causas de sua criação. O art. 76 do CTN estabelece o **prazo máximo de 5 (cinco) anos,** contados da celebração da paz, para a devolução do imposto, quando restituível. Todavia, tal norma não foi recepcionada pela Constituição vigente, que não obriga a devolução do imposto e muito menos estabelece prazo para que tal ocorra, quando restituível, limitando-se a estatuir que os impostos extraordinários deverão ser suprimidos, gradativamente, cessadas as causas de sua criação. Aliás, o art. 148 da CF, permitindo a criação pela União, mediante lei complementar, de **empréstimos compulsórios,** para atender a despesas extraordinárias decorrentes de calamidade pública, bem como de guerra externa ou sua iminência, e sendo tributos restituíveis, dificilmente o imposto por motivo de guerra será, igualmente, restituível.

O contribuinte de tais impostos poderá, com base no art. 5º, XXXV, recorrer ao Poder Judiciário, "para que ele julgue da real existência deste estado de beligerância (máxime se a guerra ainda não tiver sido declarada)"[142].

Os impostos residuais não se confundem com os impostos extraordinários de guerra e sobre eles já discorremos no capítulo 3.

9. Imposto sobre produção, extração, comercialização ou importação de bens e serviços prejudiciais à saúde ou ao meio ambiente, nos termos da lei complementar

A Emenda Constitucional nº 132/2023 incluiu o inciso VIII ao artigo 153 da Constituição Federal, atribuindo à União competência para instituir imposto sobre a **produção, extração, comercialização ou importação de bens e serviços prejudiciais à saúde ou ao meio ambiente, nos termos da lei complementar.**

O referido imposto tem sido tratado por "imposto seletivo". No entanto, há que se distinguir os conceitos de seletividade e extrafiscalidade. Extrafiscal é o tributo que é utilizado como instrumento de intervenção estatal no domínio econômico e social. Enquanto seletivo é aquele tributo que leva em consideração o favorecimento de determinado bem ou serviço em razão de sua essencialidade à comunidade. Sergio André Rocha ao abordar o dito imposto seletivo conclui por se tratar de um imposto extrafiscal e pontua que:

> O imposto incluído no inciso VIII do artigo 153 não é seletivo nesse sentido, até porque a seletividade é um critério comparativo entre consumos em função de sua essencialidade, e o novo imposto tem como referência não a essencialidade, mas o caráter prejudicial à

---

[141] Roque Antônio Carraza esclarece que a criação do imposto extraordinário de guerra, "compreendido na competência tributária de outra pessoa política, esta última não estará impedida de continuar a exercitá-la", havendo, "aí, é certo, uma situação de *bitributação*; só que autorizada pela Carta Magna, e, portanto, válida" (*Op. cit.*, p. 494).

[142] Cf. Roque Antônio Carraza, *op. cit.*, p. 492.

saúde ou ao meio ambiente. É possível, inclusive, que se tenha um consumo essencial que seja, ao mesmo tempo, prejudicial ao meio ambiente, por exemplo. [143]

Na versão da PEC nº 45/2019 aprovada na Câmara dos Deputados, e encaminhada ao Senado, o parágrafo 6º do art. 153 limitava-se a: (i) afastar sua incidência das exportações; (ii) permitir que o imposto integrasse a base de cálculo do ICMS, do ISS, do IBS e da CBS; e (iii) admitir que tivesse o mesmo fato gerador e mesma base de cálculo de outros tributos. Acertadamente, o Senado Federal promoveu consideráveis modificações ao Projeto, dentre elas: (1) o apontamento já no § 6º do art. 153 de que o imposto em questão terá finalidade extrafiscal; (2) manteve a não incidência do imposto sobre as exportações e acrescentou o afastamento das operações com energia elétrica e com telecomunicações; (3) previu expressamente a sua incidência sobre armas e munições, estabelecendo no mesmo inciso imunidade a estes itens quando destinados à Administração Pública; (4) estabeleceu que o imposto não integrará sua própria base de cálculo, mas manteve a previsão de que integrará a base de cálculo do ICMS, do ISS, do IBS e da CBS; (5) manteve a autorização para que tenha o mesmo fato gerador e base de cálculo de outros tributos; (6) determina que suas alíquotas serão fixadas por lei ordinária, bem como, que poderão ser específicas ou *ad valorem*; por fim, que (7) "na extração, o imposto será cobrado independentemente da destinação, caso em que a alíquota máxima corresponderá a 1% (um por cento) do valor de mercado do produto (art. 153 § 1º, VIII, CF)".

O imposto incidirá sobre a produção, extração, comercialização ou importação de bens e serviços prejudiciais à saúde ou ao meio ambiente, nos termos da lei complementar. Sendo assim, além da edição da lei para a instituição do imposto, faz-se necessário que lei complementar detalhe quais os bens e serviços serão considerados prejudiciais à saúde ou ao meio ambiente.

Quanto a sua base de cálculo: o imposto do artigo 153, VIII, não integrará a própria base de cálculo (art. 153 § 6º, III) e tampouco a integrará: o IBS (art. 156-A, IX, da CF) e a CBS (art. 195, § 17, da CF).

A Constituição Federal ainda prevê que o imposto do art. 153, VIII configura exceção à imunidade conferida no art. 155, § 3º, às operações relativas a derivados de petróleo, combustíveis e minerais do País, podendo incidir sobre estas. Literalmente: "§ 3º À exceção dos impostos de que tratam o inciso II do *caput* deste artigo e os arts. 153, I e II, e 156-A, nenhum outro imposto poderá incidir sobre operações relativas a energia elétrica e serviços de telecomunicações e, à exceção destes e do previsto no art. 153, VIII, nenhum outro imposto poderá incidir sobre operações relativas a derivados de petróleo, combustíveis e minerais do País." Também estarão fora da incidência do imposto do art. 153, VIII, da CF os bens e serviços que tenham alíquota reduzida nos termos do § 1º do art. 9º da EC nº 132/2023, sendo eles: "I – serviços de educação; II – serviços de saúde; III – dispositivos médicos; IV – dispositivos de acessibilidade para pessoas com deficiência; V – medicamentos; VI – produtos de cuidados básicos à saúde menstrual; VII – serviços de transporte público coletivo de passageiros rodoviário e metroviário de caráter urbano, semiurbano e metropolitano; VIII – alimentos destinados ao consumo humano; IX – produtos de higiene pessoal e limpeza majoritariamente consumidos por famílias de baixa renda; X – produtos agropecuários, aquícolas, pesqueiros, florestais e extrativistas vegetais *in natura*; XI – insumos agropecuários e aquícolas; XII – produções artísticas, culturais, de eventos, jornalísticas e audiovisuais nacionais, atividades

---

[143] ROCHA, Sergio André. Reforma tributária e o imposto seletivo. *Consultor Jurídico,* São Paulo, 28 ago. 2023. Disponível em: https://www.conjur.com.br/2023-ago-28/sergio-andre-rocha-reforma-tributaria-chamado-imposto-seletivo. Acesso em: 15 set. 2023.

desportivas e comunicação institucional; XIII – bens e serviços relacionados a soberania e segurança nacional, segurança da informação e segurança cibernética."

O imposto do art. 153, VIII, será cobrado a partir de 2027, conforme artigo 126 do ADCT, desde que regularmente instituído.

A inovações promovidas pela Emenda Constitucional nº 132/2023 além de dispor sobre normas de direito tributário, alterou previsões no que toca ao direito financeiro, estabelecendo equilíbrio de receitas com a nova estrutura tributária e alterando a repartição entre os entes. Em síntese: (1) o Senado Federal, ao fixar, por meio de Resolução, as alíquotas de referência do IBS e da CBS deverá assegurar que, entre 2027 e 2033, a receita da União auferida com a CBS e com o imposto do art. 153, VIII, seja proporcional à redução de receita com a extinção (condicional) do IPI, das contribuições do art. 195, incisos I, IV, e do art. 239, todos da CF, bem como com a extinção do IOF sobre as operações de seguros (art. 130 do ADCT); (2) o produto da arrecadação a título do imposto do art. 153, VIII, da CF será da seguinte forma: I – do produto da arrecadação dos impostos sobre renda e proventos de qualquer natureza e sobre produtos industrializados e do imposto previsto no art. 153, VIII, 50% (cinquenta por cento), da seguinte forma: **a)** vinte e um inteiros e cinco décimos por cento ao Fundo de Participação dos Estados e do Distrito Federal; **b)** vinte e dois inteiros e cinco décimos por cento ao Fundo de Participação dos Municípios; **c)** três por cento, para aplicação em programas de financiamento ao setor produtivo das Regiões Norte, Nordeste e Centro-Oeste, através de suas instituições financeiras de caráter regional, de acordo com os planos regionais de desenvolvimento, ficando assegurada ao semiárido do Nordeste a metade dos recursos destinados à Região, na forma que a lei estabelecer; **d)** um por cento ao Fundo de Participação dos Municípios, que será entregue no primeiro decêndio do mês de dezembro de cada ano; **e)** 1% (um por cento) ao Fundo de Participação dos Municípios, que será entregue no primeiro decêndio do mês de julho de cada ano; **f)** 1% (um por cento) ao Fundo de Participação dos Municípios, que será entregue no primeiro decêndio do mês de setembro de cada ano;" e "II – do produto da arrecadação do imposto sobre produtos industrializados e do imposto previsto no art. 153, VIII, 10% (dez por cento) aos Estados e ao Distrito Federal, proporcionalmente ao valor das respectivas exportações de produtos industrializados" (art. 159, CF).

O art. 7º da EC nº 132/2023 ainda dispõe que: "A partir de 2027, União compensará eventual redução no montante dos valores entregues nos termos do art. 159, I e II, em razão da substituição da arrecadação do imposto previsto no art. 153, IV, pela arrecadação do imposto previsto no art. 153, VIII, todos da Constituição Federal, nos termos de lei complementar. § 1º – A compensação de que trata o caput: I – terá como referência a média de recursos transferidos do imposto previsto no art. 153, IV, de 2022 a 2026, atualizada: a) até 2027, na forma da lei complementar; b) a partir de 2028, pela variação do produto da arrecadação da contribuição prevista no art. 195, V, da Constituição Federal, apurada com base na alíquota de referência de que trata o art. 130 do Ato das Disposições Constitucionais Transitórias; e II – observará os mesmos critérios, prazos e garantias aplicáveis à entrega de recursos de que trata o art. 159, I e II, da Constituição Federal."

O imposto do artigo 153, VIII da CF ainda integra o conceito de Teto de Referência Total, assim entendida: "a média da receita no período de 2012 a 2021, apurada como proporção do PIB, dos impostos previstos nos arts. 153, IV, 155, II e 156, III, das contribuições previstas no art. 195, I, "b" e IV, da contribuição para o Programa de Integração Social de que trata o art. 239 e do imposto previsto no art. 153, V, sobre operações de seguro, todos da Constituição Federal" (art. 130, § 3º, I ADCT); bem como o conceito de *Receita Base da União,* sendo esta "a receita da União com a contribuição prevista no art. 195, V, e com o imposto previsto no

Capítulo XII · IMPOSTOS FEDERAIS, ESTADUAIS E MUNICIPAIS | **455**

art. 153, VIII, ambos da Constituição Federal, apurada como proporção do PIB" (art. 130, §
3º, III, do ADCT).

II. IMPOSTOS ESTADUAIS[144]

Os Estados-membros e o Distrito Federal somente têm competência tributária no que
tange aos impostos referidos nos **arts. 147 e 155 da CF**, ou seja, sobre: a) transmissão *causa
mortis* e doação, de quaisquer bens ou direitos; b) operações relativas a circulação de mercadorias e prestação de serviços de transporte interestadual e intermunicipal e de comunicação;
c) propriedade de veículos automotores. Originariamente, o art. 155 conferia também aos
Estados e ao Distrito Federal competência para instituir **adicional de imposto de renda**, que
correspondia ao inciso II, revogado pela **EC nº 3/1993**, que alterou também a redação do
caput e renumerou seus incisos. Os Estados-membros e o Distrito Federal não podem instituir outros impostos além dos previstos no art. 153, porque a CF só conferiu competência
residual à União Federal em matéria de impostos (art. 154, I) e de contribuições sociais (CF,
art. 195, § 4º). Vide art. 147 da CF sobre a competência do Distrito Federal em relação aos
impostos estaduais.

1. Imposto sobre transmissão *causa mortis* e doação

1.1. Noção geral

O imposto *causa mortis* e doação incide sobre a **transmissão de quaisquer bens ou
direitos.** No direito romano, o imposto *causa mortis* era cobrado sob a forma de vigésima
(5%) sobre heranças e legados. "No Brasil, havia a décima da herança ou legado (Alvará de
17.6.1809) e, a partir de 1891, coube aos Estados a cobrança do imposto *causa mortis*"[145]. A
Constituição de 1988, uniu o imposto sobre doação ao *causa mortis*, porque ambos consistem na transmissão gratuita de bens e direitos e para evitar evasão fiscal na doação de pais
para filhos, se o imposto *inter vivos* tivesse alíquota menor. O CTN disciplina o mencionado
imposto nos **arts. 35 a 42**. Todavia, o CTN foi **editado com base na Emenda nº 18/1965 à
Constituição de 1946**, quando os impostos *causa mortis*, causa doação e *inter vivos*, por ato
oneroso, pertenciam aos Estados e Distrito Federal, mas somente incidiam sobre a transmissão de bens imóveis. Assim, **suas normas devem ser interpretadas à luz da Constituição de
1988**, que atribuiu os impostos *causa mortis* e causa doação aos **Estados e Distrito Federal**,
alargando sua base impositiva, que passou a compreender a transmissão de quaisquer bens
ou direitos (**CF, art. 155, I**). De outro lado, conferiu competência aos **Municípios** quanto
ao imposto sobre transmissão *inter vivos,* por ato oneroso, de bens imóveis, por natureza ou
acessão física, e de direitos reais sobre imóveis, exceto os de garantia, bem como cessão de
direitos a sua aquisição (**CF, art. 156, II**).

O imposto sobre transmissão *causa mortis* e por doação, doravante denominado **ITCMD**,
foi instituído, no **estado do Rio de Janeiro**, inicialmente, pela Lei nº 1.427, de 13.02.1989
(doravante denominada LERJ), com eficácia a partir de 1º.01.1989, alterada por legislação
posterior. Hoje, a disciplina sobre o imposto de transmissão causa mortis e doação de quaisquer bens e direitos encontra-se na Lei Estadual do Rio de Janeiro nº 7.174, de 28.12.2015.

---

[144] Para os que pretendem conhecer a legislação do estado do Rio de Janeiro sobre os impostos estaduais,
recomendamos a leitura da obra: OLIVEIRA, José Jayme de Macêdo. *Tributos estaduais*. Rio de Janeiro:
Lumen Juris, 1999.

[145] Cf. Ricardo Lobo Torres, *op. cit.*, p. 343-344.

A Lei nº 1.876, de 31.10.1991, que disciplina a tramitação dos processos de inventário e de arrolamento relativos ao pagamento do ITCM. No **Estado de São Paulo**, o ITCMD é regrado pela Lei nº 10.705/2000.

1.2. Estado-membro e DF competentes

Tratando-se de **bens imóveis e respectivos direitos**, o Estado competente para exigir o ITCMD será o da situação do bem, ou o Distrito Federal (**CF, art. 155, § 1º, I**), ainda que a mutação patrimonial tenha lugar ou resulte de sucessão aberta em outro Estado ou no exterior (CTN, art. 41, LERJ nº7.174/2015, art. 5º e LESP, art. 3º, § 1º). Quanto a **bens móveis, títulos e créditos**, competente será o Estado onde era domiciliado o *de cujus,* ou tiver domicílio o doador, ou ao Distrito Federal (art. 155, § 1º, II, conforme redação dada pela EC nº 132/2023). O inciso III do § 1º do art. 155 da Constituição Federal reclama **lei complementar** para determinar o Estado competente para exigir os mencionados impostos, se o doador tiver domicílio ou residência no exterior ou se o *de cujus* possuía bens, era residente ou domiciliado ou teve o seu inventário processado no exterior. Entendemos que, não existindo lei federal sobre a matéria, os Estados poderiam exercer a competência legislativa plena, para atender a suas peculiaridades e regular as matérias a que alude o inciso III do § 1º do art. 156 da CF, com base no **art. 34, § 3º, da CF e nos §§ 2ºe 3º do art. 24 da CF**. No entanto, o STF consolidou entendimento diverso, entendendo que: "Embora a Constituição de 1988 atribua aos estados a competência para a instituição do ITCMD (art. 155, I), também a limita ao estabelecer que cabe a lei complementar – e não a leis estaduais – regular tal competência em relação aos casos em que o "de cujus possuía bens, era residente ou domiciliado ou teve seu inventário processado no exterior" (art. 155, § 1º, III, "b")". Assim, por ocasião do julgamento do RE 851.108, o STF fixou a seguinte tese de repercussão geral: "É vedado aos estados e ao Distrito Federal instituir o ITCMD nas hipóteses referidas no art. 155, § 1º, III, da Constituição Federal sem a edição da lei complementar exigida pelo referido dispositivo constitucional"."[146]

1.3. Características

O ITCMD apresenta as seguintes **características**. **Primeira**, que é de competência privativa dos **Estados e do Distrito Federal** (CF, art. 155, I). **Segunda**, que tem **fim fiscal**, porque visa exclusivamente carrear recursos para os Estados e o Distrito Federal. **Terceira**, que é **imposto direto**, porque não comporta o fenômeno econômico da repercussão. **Quarta**, que corresponde a **imposto real**, porque abstrai a capacidade econômica do contribuinte. **Quinta**, que é objeto de **lançamento por declaração** (CTN, art. 147), porque o Fisco somente tem condição de proceder ao lançamento com base nos elementos fornecidos pelo contribuinte. Todavia, tendo o Fisco ciência da ocorrência do fato gerador, sem que tenha havido pagamento, poderá proceder ao lançamento direto (CTN, art. 149, e LERJ, art.28),

---

[146] Os efeitos da decisão foram modulados "atribuindo a eles eficácia *ex nunc*, a contar da publicação do acórdão em questão, ressalvando as ações judiciais pendentes de conclusão até o mesmo momento, nas quais se discuta: (1) a qual estado o contribuinte deve efetuar o pagamento do ITCMD, considerando a ocorrência de bitributação; e (2) a validade da cobrança desse imposto, não tendo sido pago anteriormente" (BRASIL. Supremo Tribunal Federal, RE 851108, Rel. Dias Toffoli, Tribunal Pleno, j. 01.03.2021, processo eletrônico repercussão geral – mérito, DJe-074, divulg. 19.04.2021, public. 20.04.2021. O entendimento da Corte foi reafirmado quando do julgamento da ADI 6828. Vide: BRASIL. Supremo Tribunal Federal, ADI 6828, Rel. André Mendonça, Tribunal Pleno, j. 03.11.2022, processo eletrônico, DJe-236, divulg. 21.11.2022, public. 22.11.2022.

Capítulo XII • IMPOSTOS FEDERAIS, ESTADUAIS E MUNICIPAIS | **457**

ou se não concordar com os valores atribuídos pelo contribuinte aos bens e direitos, poderá arbitrar tais valores, sem prejuízo do processo do contraditório, procedendo ao lançamento de ofício.[147] **Sexta**, que é imposto de **fato gerador simples**, porque ocorre em momento determinado de tempo e não em determinado período de tempo (fato gerador complexivo). **Sétima**, que é **imposto ordinário**, porque integra o sistema tributário de forma permanente. **Oitava**, que o ITCMD se subsume na categoria econômica de **imposto sobre patrimônio**, porque regulado nos arts. 35 a 42 do CTN, que integram o Livro I, Título III, Seção III do CTN. **Nona**, que a **alíquota máxima** que os Estados e o Distrito Federal podem cobrar é 8% (oito por cento), por força do art. 2º da Resolução nº 9, de 05.05.1992 do Senado Federal, editada com base no art. 155, § 1º, IV da CF. **Décima**, que os Estados e o Distrito Federal, com apoio na mesma Resolução, estabelecerão a progressividade do imposto *causa mortis*, em razão do valor do quinhão, do legado ou da doação, observados os critérios da fixados na mesma Resolução, o que será comentado mais adiante.

1.4. Hipóteses de incidência

O art. 155, I, da CF não define a hipótese de incidência do ITCMD, **mas desenha o seu perfil,** ao estatuir que compete aos Estados e ao Distrito Federal instituir impostos sobre "transmissão *causa mortis* e doação de quaisquer bens ou direitos"[148], móveis e imóveis, direitos e dinheiro. O emprego do termo **transmissão** revela que a incidência do imposto depende de mudança de titularidade, *causa mortis* ou causa doação, de quaisquer bens ou direitos. O imposto não incide somente sobre a transmissão de bens imóveis como ocorria no passado, tendo, portanto, sido ampliado o campo de sua incidência, "a pretexto de que era necessário preservar a integridade do capital das empresas, representado por cotas ou ações"[149]. Os mencionados impostos incidem somente sobre **transmissão gratuita de bens ou direitos**, porque a **transmissão onerosa de bens imóveis e respectivos direitos** sujeita-se à incidência do **ITBI**, de competência dos **Municípios** (CF, art. 156, II).

O **art. 35 do CTN** define como fato gerador do imposto a transmissão apenas de bens imóveis porque foi editado sob a égide da EC nº 18/1965 à CF de 1946. Por isso, o mencionado dispositivo deve ser interpretado à luz do novo sistema adotado pela CF de 1988, isto é, os impostos *causa mortis* e causa doação incidem sobre a transmissão de quaisquer bens ou direitos, inclusive bens imóveis. O art. 2º da LERJ erige como fato gerador do ITCMD: "I – a transmissão *causa mortis* de quaisquer bens ou direitos", como definidos na lei civil; e II – a doação de quaisquer bens ou direitos." [150]. O art. 2º da LERJ

---

[147] BRASIL. Superior Tribunal de Justiça, REsp 1841798/MG, Rel. Min. Benedito Gonçalves, Primeira Seção, j. 28.04.2021, *DJe* 07.05.2021.

[148] Consulte-se: ABRÃO, Carlos Henrique. Imposto sobre doação de bens. *Revista Dialética de Direito Tributário*, São Paulo, n. 69, p. 43/46, jun./2001.

[149] Cf. Ricardo Lobo Torres, *op. cit.*, p. 344. Sacha Calmon averba que o fato jurígeno do ITCMD "é a transferência patrimonial apenas na aparência. Na verdade o que se tributa são os acréscimos patrimoniais obtidos pelos donatários, herdeiros (inclusive meeiros, sendo o caso) e legatários. Se inexistisse este imposto, a tributação desses acréscimos certamente se daria na área do imposto de renda (...) No entanto, contra a Constituição, o governo emitiu a Lei nº 9.532, de 10.12.1997, sujeitando ao imposto de renda, quando da morte, a diferença entre o valor histórico dos bens e direitos e o valor de mercado à hora da doação e do inventário, obrigando ao imposto os donatários, os herdeiros e legatários. A bitributação é evidente" (*Op. cit.*, p. 550).

[150] No Estado de São Paulo, a Lei nº 10.705, de 28.12.2000, em seu art. 2º, define o fato gerador do ITCMD como sendo a transmissão de qualquer bem ou direito havido, por sucessão legítima ou testamentária, inclusive a sucessão provisória e por doação, e seu art. 3º enumera os atos sujeitos ao imposto.

tem base no art. 35 do CTN e no art. 155, I, da CF, e determina a incidência do ITCMD sobre quaisquer bens ou direitos, inclusive bens móveis[151], títulos e créditos (**CF, art. 155, § 1º, II**). O ITCMD **não incide** sobre os bens considerados imóveis por ficção legal, nem sobre direitos reais de garantia a eles relativos (penhor, hipoteca e anticrese), nem sobre servidões, porque os direitos reais de garantia e as servidões não implicam na transmissão da titularidade de bens imóveis.

Os **conceitos** de propriedade, bem imóvel e respectivos direitos, bem móvel, títulos e créditos são os concebidos pelo **direito privado**, não podendo ser alterados pela legislação estadual, porque são empregados pela Constituição Federal para definir a competência tributária dos Estados e do Distrito Federal sobre o imposto *causa mortis* e causa doação (**CTN, art. 110**). Ilegítima, portanto, a lei que determina a incidência do imposto sobre a transmissão causa doação ou *causa mortis* de navio ou aeronave porque são bens móveis, embora lhes sejam aplicáveis certas normas peculiares a bens imóveis, *v.g.*, admissibilidade de hipoteca legal, venda por escritura pública, registro etc.[152] O CCB de 2002, em seu art. 79, considera "**bens imóveis** o solo e tudo quanto se lhe incorporar natural ou artificialmente". Quanto aos bens móveis de qualquer natureza, os impostos têm como hipóteses de incidência a transmissão de títulos, créditos, ações, valores, quotas, bem como os direitos a eles relativos.

O conceito de **doação** é fornecido pelo CCB, em seu art. 538, pelo qual se considera "doação o contrato em que uma pessoa, por liberalidade, transfere do seu patrimônio bens ou vantagens para o de outra".

O art. 4º, § 1º, da LERJ prescreve que para efeito da incidência do ITCMD, "doação se opera nos termos da lei civil quando uma pessoa, por liberalidade, transfere bens ou direitos do seu patrimônio para o de outra que os aceita expressa, tácita ou presumidamente, com ou sem encargo (…)". Daí, ser tributável, a título de doação, a partilha feita *inter vivos*, como adiantamento da legítima aos herdeiros. Se a doação pura não é aceita expressa ou tacitamente, nos termos do **art. 539 do CCB atual**, ou se é recusada, não haverá incidência do imposto[153]. As **doações modais** "que, sem perda do caráter de liberalidade inerente ao instituto, impõem encargos de valor pecuniário, devem ser tributadas com exclusão daquelas despesas inerentes ao cumprimento do dever, em atendimento ao princípio da capacidade econômica"[154]. O **adiantamento de legítima** de bem móvel ou imóvel, títulos, créditos e direitos reais sobre imóvel caracteriza fato gerador do ITCD.

A **renúncia à herança ou legado** não se considera transferência de bem ou direito, e, portanto, não incide o imposto de doação, desde que ocorra sob as seguintes circunstâncias: a) seja feita sem ressalva, em benefício do monte; b) não tenha o renunciante praticado qualquer ato que demonstre a intenção de aceitar a herança ou legado (LERJ, art. 7º, e vide art. 5º da LESP). No direito civil, os bens se transmitem aos herdeiros com o óbito do falecido. Todavia, para efeitos fiscais, a transmissão depende do incremento da capacidade contributiva dos beneficiários, que ocorre com a aceitação, expressa ou tácita, da herança ou legado. A mencionada renúncia tem natureza meramente abdicativa e não translativa

---

[151] "São móveis os bens suscetíveis de movimento próprio, ou de remoção por força alheia, sem alteração da substância ou da destinação econômico-social" (CCB de 2002, art. 82).

[152] Cf. Aliomar Baleeiro, *op. cit.*, p. 269. Vide *RTJ* 51/62.

[153] Mizabel Derzi leciona que "não desencadeia nenhum efeito jurídico, nem transmite o bem, razão pela qual sobre ela não pode incidir o imposto" (*Direito tributário brasileiro, op. cit.*, nota de atualização ao art. 35 do CTN, p. 260).

[154] *Idem.*

ou *ad favorem*, e, assim, não havendo transmissão, o ITD não incide. Entretanto, é tributável a renúncia translativa assim entendida aquela na qual o renunciante indica pessoa determinada ou determinável.[155]. A renúncia deve ser apresentada "logo após a abertura do inventário, com as primeiras declarações, para que não se confunda com o instituto da 'desistência', que se sujeita à tributação '*causa mortis*' pela aceitação prévia da herança e ao imposto '*inter vivos*' pela transmissão do direito de herança ao sucessor, beneficiado pela renúncia posterior"[156].

O fato gerador do imposto *causa mortis* ocorre no momento da **abertura da sucessão**, que corresponde à data do óbito (CCB de 2002, art. 1.784), daí ser aplicável a alíquota vigente nesse momento (**STF, Súmula nº 112**), porque a partilha tem natureza meramente declaratória e não atributiva da transmissão da propriedade. "É legítima a incidência do imposto de transmissão *causa mortis* no inventário por morte presumida" (**STF, Súmula nº 331**).

O **STJ** decidiu que imóvel "vendido por compromisso de compra e venda não registrado, com pagamento do preço fixado pelo *de cujus*, não gera imposto de transmissão *mortis causa*" porque no "direito brasileiro somente a transcrição transfere juridicamente a propriedade. A promessa particular de promessa de compra e venda não transfere o domínio senão quando devidamente registrada"[157]. A decisão esclarece ainda que a Súmula nº 590 do STF não se aplicava ao caso por não haver saldo devedor do preço.

O parágrafo único do art. 35 do CTN estatui que nas "transmissões causa mortis ocorrem tantos fatos geradores distintos quantos sejam os herdeiros ou legatários". Isso significa que não importa o número de bens deixados pelo de cujus ou objeto de doação para a caracterização do fato gerador, mas sim a quantidade de beneficiários, herdeiros, legatários ou donatários[158].

O art. 1º da Lei nº 1.876/1991, do estado do Rio de Janeiro, estabelece que, em matéria de arrolamento sumário, o juiz, antes de proferir a sentença homologatória de partilha ou de adjudicação, "dará vista dos autos ao representante da Fazenda Pública Estadual, e ocorrendo a hipótese de torna ou reposição, ou de cessão onerosa de direitos hereditários, também ao representante dos Municípios de situação dos imóveis". **Torna** ou **reposição** ocorre quando, nas partilhas, por inventário *causa mortis*, separação judicial ou divórcio, herdeiro ou cônjuge recebem bens ou direitos de valor excedente aos respectivos quinhões, sendo devido o imposto de doação se não houver compensação financeira e o ITBI caso haja compensação pecuniá-

---

[155] "O simples requerimento de inventário e a mera outorga de procuração para o processo não configuram a aceitação tácita da herança, por se tratar de obrigação legal inerente ao herdeiro" (TJSP, AI 70.554-4/0, 9ª CC, Rel. Des. Thyrso Silva, *RT* 750/265). "Se todos os filhos do autor da herança renunciam a seus respectivos quinhões, beneficiando a viúva, que era a herdeira subsequente, é incorreto dizer que a renúncia foi antecedida por aceitação tácita da herança. Não incidência do ITCD" (BRASIL. Superior Tribunal de Justiça, REsp. 20.183-8/RJ, Rel. Min. Humberto Gomes de Barros, *DJU* 07.02.1994).

[156] TJPR, Ag 23560-9, Rel. Des. Oto Luiz Sponholz, *DJPR* 14.04.1993.

[157] BRASIL. Superior Tribunal de Justiça, REsp. 177453, Rel. Min. Eliana Calmon, Segunda Turma, 03.04.2001, *DJU* 27.08.2001, p. 00300. "Avaliação sobre concessão de serviços de táxi. Descabe proceder a avaliação de bens que estão fora de comércio por disposição legal, pois isso implicaria inserção de bem, que é público, no patrimônio dos agravantes. Além de ensejar situação de desigualdade na partilha dos bens, reconhecendo como definitivo o que é precário, implica autorizar tributação sobre aquilo que a lei expressamente veda" (TJRS, AI 1.197.706-PA, Rel. Des. Sérgio Fernando de Vasconcellos Chaves, 9.08.2000, Bol. Juruá 294, p. 19).

[158] Cf. OLIVEIRA, José Jayme Macêdo. *Impostos estaduais ICMS – ITCD – IPVA*. São Paulo: Saraiva, 2009.

ria e se tiver imóvel como objeto, por caracterizar ato oneroso[159]. O STJ já se manifestou no sentido de que o seguro de vida VGBL não integra a base de cálculo do ITCMD, tendo em vista que não integra a herança.[160]

A Constituição prevê ainda a não incidência do ITCMD "sobre as doações destinadas, no âmbito do Poder Executivo da União, a projetos socioambientais ou destinados a mitigar os efeitos das mudanças climáticas e às instituições federais de ensino", conforme inciso V, § 1º, art. 155 da CF (acrescentado pela EC nº 126/2022).

1.5. Isenção

O art. 8º da LERJ confere **isenção** de ITCMD em diversas hipóteses, devendo se destacar as seguintes: a) a doação do domínio direto relativo à enfiteuse (I) ;b) a doação a Estado estrangeiro de imóvel destinado exclusivamente ao uso de sua missão diplomática ou consular (II); c) a transmissão dos bens ao cônjuge, em virtude da comunicação decorrente do regime de bens do casamento, assim como ao companheiro, em decorrência de união estável (III); d) a caducidade ou extinção do fideicomisso, com a consolidação da propriedade na pessoa do fiduciário ou do fideicomissário (IV); e) a transmissão *causa mortis* de valores não recebidos em vida pelo falecido, correspondentes a salário, remuneração, rendimentos de aposentadoria e pensão, honorários e saldos das contas individuais do Fundo de Garantia do Tempo de Serviço – FGTS e do Fundo de Participação PIS-PASEP, excluídos os casos de que trata o art. 23 (VI).

Exemplo do aspecto tributário de **fideicomisso** (CCB, arts. 1.951 a 1.960). *Primus*, em testamento, deixa determinado bem para *Secundum* (fiduciário), cujo falecimento implicará na transferência do bem para *Tertius* (fideicomissário). A isenção se dá quando a propriedade se consolidar na pessoa do fiduciário, ou seja, *Secundum*, por morte de *Tertius*. A não incidência se justifica porque já houve tributação na instituição do fideicomisso, e, assim, evita-se a bitributação[161].

No **Estado de São Paulo** os arts. 5º e 6º da Lei nº 10.705, de 28.12.2000, dispõem, respectivamente, sobre a não incidência e isenção do ITCMD.

A jurisprudência é tranquila no sentido de que o **juiz do inventário**, ao julgar o cálculo do imposto, **pode declarar isenção do ITCM**, porque a competência da autoridade administrativa fiscal, prevista no art. 179 do CTN, não exclui a competência do magistrado[162]. Por

---

[159] TJRJ, Un. Jurispr. 3/2002, Órgão Especial, Rel. Des. Jorge Uchoa de Mendonça, *DJRJ* 02.10.2003.

[160] BRASIL. Superior Tribunal de Justiça, RE 562045, Rel. Ricardo Lewandowski, Rel. p/acórdão Min. Cármen Lúcia, Tribunal Pleno, j. 06.02.2013, repercussão geral – mérito, DJe-233, divulg. 26.11.2013, public. 27.11.2013, ement. vol-02712-01, pp-00001, RTJ vol-00228-01, pp-00484.

[161] BRASIL. Superior Tribunal de Justiça, REsp 1004707/RJ, Rel. Min. José Delgado, Primeira Turma, 27.05.2008, DJ de 20.06.2008. José Jayme de Macedo Oliveira observa que as legislações estaduais "estabelecem a incidência do ITCD sobre ambas, ou seja, na instituição do fideicomisso e na transferência ao fideicomissário (em face da morte do fiduciário)" (GOMES, Marcus Lívio (coord.) *Curso de direito tributário brasileiro* – volume 2. São Paulo: Quartier Latin, 2005, p. 46). "Não é devido o imposto 'causa mortis' pelo fideicomissário ao receber em plena propriedade, por morte do fiduciário, o bem gravado. É que, ao tempo da constituição do fideicomisso 'inter vivos', já fora recolhido o imposto devido pela doação, e, a rigor, segundo a melhor doutrina, não há transmissão entre o fiduciário e o fideicomissário, pois recebe o bem fideicomitido não daquele, mas do fideicomitente" (TJRJ, AI 11.074/02, 13ª CC, Rel. Des. Nametala Jorge, *Revista de Direito TJRJ* n. 57, p. 226).

[162] BRASIL. Superior Tribunal de Justiça, REsp. 111.566/RJ, Rel. Min. Milton Luiz Pereira, Primeira Turma, v.m., 15.10.1998, *DJU* de 09.08.1999, p. 153 etc. BRASIL. Superior Tribunal de Justiça, REsp nº 1.150.356/SP. Primeira Seção. Min. Luiz Fux. DJe 25.08.2010.

outro lado, a declaração de isenção do imposto *causa mortis* pelo magistrado corresponde a providência "que independe de burocrático requerimento na esfera administrativa para o reconhecimento judicial"[163].

1.6. Sujeito passivo

A CF de 1988 não define o contribuinte do ITCMD, e o **art. 42 do CTN** prescreve que **contribuinte** do imposto é qualquer das partes na operação tributada, como dispuser a lei estadual. O art. 10 da LERJ assim dispõe: "contribuinte do imposto é o beneficiário, usufrutuário, cessionário, fiduciário, herdeiro, legatário ou donatário, assim entendida a pessoa em favor da qual se opera a transmissão do bem ou direito, por doação ou *causa mortis*." Vide art. 7º da LESP. Tratando-se de imposto de transmissão *causa mortis*, o contribuinte é o herdeiro ou o legatário, "salvo o caso de testador determinar que o pagamento de legado se faça livre de impostos, hipótese em que o espólio o suportará"[164]. Na doação, contribuinte é o **donatário**, porque herdeiro, legatário e donatário são as pessoas que se beneficiam economicamente das situações definidas em lei como hipóteses de incidência dos impostos. Todavia, embora não seja normal, não há empeço legal em que a lei defina o doador contribuinte do imposto, considerando que o art. 42 do CTN faculta à lei estadual eleger qualquer das partes envolvidas na operação. No **Estado de São Paulo**, o art. 7º da Lei nº 10.705, de 28.12.2000, define os contribuintes do ITCMD e os responsáveis no art. 8º.

A LERJ estabelece **responsabilidade solidária** pelo pagamento do ITCMD entre o contribuinte e o responsável nas situações referidas no art. 11, em observância aos arts. 121, parágrafo único, II, e art. 128 do CTN[165].

1.7. Alíquotas

O art. 155, § 1º, IV, da Constituição Federal prescreve que o Senado Federal fixará as **alíquotas máximas** do imposto *causa mortis* e doação, o que foi feito pela **Resolução nº 9, de 05.05.1992,** estabelecendo, em seu art. 1º, a alíquota máxima de 8% (oito por cento), a ser praticada pelos Estados e pelo Distrito Federal. O art. 2º da referida Resolução autorizou, no entanto, os Estados e o Distrito Federal a estabelecerem alíquotas progressivas no que toca ao imposto *causa mortis*, em função do quinhão que cada herdeiro efetivamente receber. O **STF entende ser constitucional** a progressividade de alíquotas do imposto de transmissão *causa mortis* e por doação, por ter base nos princípios da capacidade contributiva, conforme CF, art. 145, § 1º, e da igualdade material tributária (BRASIL. Supremo Tribunal Federal, RE 562045, Pleno, Rel. p/acordão, Min. Carmen Lucia, j. 06.02.2013). **Ricardo Lobo Torres**, no entanto, entende que esta progressividade é inconstitucional porque: a) o Senado somente tem competência para fixar alíquotas máximas, não para estabelecer progressividade, que é princípio que deve ter assento constitucional; b) fere o princípio da personalização do imposto, ao restringir a progressividade ao valor do quinhão, ignorando a posição pessoal do herdeiro na linha hereditária, como ocorria na EC nº 18/1965; c) discrimina entre herdeiros,

---

[163] BRASIL. Superior Tribunal de Justiça, REsp. 238161/SP, Rel. Min. Eliana Calmon, Segunda Turma, 12.09.2000, v.u., *DJU* 09.10.2000, p. 133.

[164] Cf. Aliomar Baleeiro, *Direito tributário brasileiro, op. cit.*, p. 278, n. 1.

[165] Hugo de Brito Machado considera válida "a atribuição, feita pelo legislador cearense, de responsabilidade tributária ao doador na hipótese de inadimplência do donatário (Lei nº 11.527/1988, art. 14, III)" (*Op. cit.*, p. 309).

legatários e donatários, ao restringir a progressividade aos herdeiros[166]. No Estado de São Paulo, a alíquota do imposto é progressiva, sendo de 2,5% até o montante de 12.000 Ufesps, e acima desse limite é de 4% (Lei nº 10.705/2000, art. 16). [167].

Com Emenda Constitucional nº 132/2023, acrescentou-se o inciso VI ao § 1º do art. 155, e determina a Constituição que o imposto *causa mortis* "será progressivo, em razão do valor do quinhão, do legado ou da doação." Dessa forma, tem-se o comando constitucional de observância da progressividade.

Os estados e o Distrito Federal só podem aumentar o ITCMD por lei estadual específica e não por lei que se atrele genericamente à alíquota máxima fixada pelo Senado", em razão do princípio da legalidade tributária (**STF, RE AgR 218086/PE**).

A **Súmula nº 112 do STF** prescreve que se aplica a alíquota vigente ao tempo da abertura da sucessão, porque neste momento caracteriza-se o fato gerador do imposto *causa mortis*, que fixa o regime jurídico da tributação[168].

Não obstante existir Resolução do Senado Federal fixando a alíquota máxima do ITCMD, a lei estadual é necessária para estabelecer a alíquota do imposto, em razão dos princípios da legalidade tributária e da anterioridade da lei fiscal, como decidiu o STF[169].

1.8. Base de cálculo

A Constituição Federal não regra a matéria e o art. 38 do CTN reza que **a base de cálculo é o valor venal** dos bens ou direitos transmitidos, que corresponde ao valor real do bem ou direito, ou melhor, o seu valor corrente de mercado, à data da abertura da sucessão. **Vide arts. 9 a 15** da LESP e art. 14 da LERJ. Entretanto, a **Súmula nº 113 do STF** enuncia que a avaliação poderá levar em conta o valor contemporâneo do bem à data do laudo. Mas como poderia haver deterioração de valor entre a data da avaliação e a do cálculo, o **STF** autorizou a renovação das avaliações envelhecidas[170]. Em qualquer hipótese, incide a correção monetária até a data do efetivo pagamento[171], a partir da data do óbito[172].

No Estado do Rio de Janeiro, a Lei nº 7.174/2015 estabelece nos arts. 14 a 25 regras sobre a base de cálculo do imposto. No Estado de São Paulo, a base de cálculo é o valor venal

---

[166] *Op. cit.*, 11. ed. p. 379-380. No mesmo sentido, José Jayme de Macêdo Oliveira, *op. cit.*, p. 59.

[167] RE 234.105/SP, Rel. Min. Carlos Velloso, *Informativo STF*, de 14.04.1999.

[168] Esta Súmula continua em vigor (*RTJ* 93/628).

[169] BRASIL. Supremo Tribunal Federal, RE 218086 AgR/PE, Rel. Min. Sydney Sanches, Primeira Turma, 08.02.2000, *DJU* 17.03.2000, p. 21 etc.

[170] *RTJ* 72/239 e 92/937. O STJ tem o seguinte posicionamento. "O imposto de transmissão "*causa mortis*" incide sobre o valor da primeira avaliação, até o dia de seu efetivo pagamento" (*RTSJ* 127/218). "Embora a Súmula nº 113 do STF estabeleça que o referido imposto é calculado sobre o valor dos bens na data da avaliação, a jurisprudência posterior daquela Corte assentou ser possível a fixação de tal montante na data da transmissão dos bens" (BRASIL. Superior Tribunal de Justiça, REsp. 15.071-0/RJ, Segunda Turma, Rel. Min. José de Jesus Filho, *DJU* 10.10.1994). No mesmo sentido, TJRJ, AI 981, 4ª CC, Rel. Des. Bandeira Steele, *RT* 517/198. Súmula nº 115 do STF: "Sobre os honorários do advogado contratado pelo inventariante, com a homologação do juiz, não incide o imposto de transmissão *causa mortis*". Da mesma forma, as despesas funerárias não integram a base de cálculo do imposto (BRASIL. Supremo Tribunal Federal, RE 109.416-8/MG, Primeira Turma, Rel. Min. Octavio Gallotti, *DJU* 07.08.1987).

[171] "O imposto de transmissão '*causa mortis*', calculado sobre o valor encontrado na avaliação, deve ser corrigido monetariamente" (BRASIL. Superior Tribunal de Justiça, REsp. 17.132-0-PR, Rel. Min. Américo Luz, Segunda Turma, 22.05.1995, *DJU* 20.03.1995, p. 6.104).

[172] BRASIL. Superior Tribunal de Justiça, REsp. 39.598-4/SP, Primeira Turma, Rel. Min. Garcia Vieira, *DJU* 21.02.1994.

do bem ou direito transmitido, expresso em moeda nacional ou em Ufesps, vigente na data da abertura da sucessão ou da realização do ato ou contrato de doação (Lei nº 10.705/2000, art. 9º), atualizado monetariamente, a partir do dia seguinte, segundo a variação da Ufesp, até a data do pagamento do imposto (art. 15). Os Tribunais têm admitido o estabelecimento de unidade fiscal (Ufesp) pelo Estado de São Paulo para correção do valor do imposto *causa mortis*, porque se situa dentro da competência estadual, bem como que a correção monetária do imposto de transmissão *causa mortis* pela Ufesp deve ser aplicada a partir da data do óbito[173]. Tal entendimento tem finca no **art. 24 da CF,** que restringe a competência da União, no âmbito da legislação concorrente, a estabelecer normas gerais, que, no entanto, não exclui a competência suplementar dos Estados. Tratando-se de bem imóvel, o valor da base de cálculo não poderá ser inferior ao fixado para o lançamento do IPTU, se urbano, nem inferior ao valor declarado pelo contribuinte do ITR, se rural (art. 24, § 3º, LERJ).

"Calcula-se o Imposto de Transmissão *causa mortis* sobre o saldo credor da promessa de compra e venda de imóvel, no momento da abertura da sucessão do promitente vendedor" (**STF, Súmula nº 590**).

1.9. Lançamento e pagamento

O ITCMD é objeto de **lançamento por declaração** (CTN, art. 147), porque o Fisco somente tem condição de proceder ao lançamento com base nos elementos fornecidos pelo contribuinte. Entretanto, tendo o Fisco ciência da ocorrência do fato gerador, sem pagamento, poderá proceder ao **lançamento direto** (CTN, art. 149, e LERJ, art. 28), ou se não concordar com os valores atribuídos pelo contribuinte aos bens e direitos, poderá arbitrar tais valores, sem prejuízo do processo do contraditório (CTN, art. 148).

No estado do Rio de Janeiro, no caso de **doação**, o art. 30 da LERJ reza que o "No caso de doação realizada com ou sem a lavratura de instrumento público ou particular, ainda que fora do Estado, o imposto deverá ser pago antes da ocorrência do fato gerador, dentro dos prazos estabelecidos no *caput* deste artigo." O referido dispositivo estabelece ainda os seguintes prazos: "I – integralmente, no prazo de 60 (sessenta) dias contados da ciência do lançamento; II – em quatro parcelas mensais, iguais e sucessivas, sem acréscimo, vencida a primeira no prazo de 30 (trinta) dias contados da ciência do lançamento, não se aplicando o disposto no § 5º do art. 173 do Decreto-Lei nº 5, de 15.03.1975." Vide art. 17 da LESP.

O termo inicial do prazo de **decadência** para o lançamento, quanto ao imposto *causa mortis*, é o primeiro dia do exercício seguinte da data em que a Fazenda Pública foi citada para o inventário (CTN, art. 173, I), porque sem a abertura do inventário a Fazenda não pode lançar, por desconhecer o óbito. No **arrolamento**, onde não ocorre citação da Fazenda e sendo o lançamento administrativo, o prazo flui da ciência pela Fazenda da abertura da sucessão[174]. Vide STJ, Edcl no Resp 1841771/MG, que considera irrelevante a ciência pelo fisco da data da ocorrência do fato gerador.

---

[173] *RSTJ* 90/123.

[174] O art. 662 do CPC/2015 tem a seguinte dicção: "Art. 662. No arrolamento, não serão conhecidas ou apreciadas questões relativas ao lançamento, ao pagamento ou à quitação de taxas judiciárias e de tributos incidentes sobre a transmissão da propriedade dos bens do espólio." O § 2º do referido dispositivo deixa claro que o "imposto de transmissão será objeto de lançamento administrativo, conforme dispuser a legislação tributária, não ficando as autoridades fazendárias adstritas aos valores dos bens do espólio atribuídos pelos herdeiros.".

No julgamento do AgInt no AREsp 1488490/RS, o **STJ** decidiu que: "Esta Corte superior consolidou o entendimento segundo o qual o prazo decadencial para o **lançamento** do ITCMD apenas se inicia com o trânsito em julgado da sentença homologatória da partilha. Precedentes."[175]

O **prazo prescricional** para a Fazenda Pública promover a execução fiscal é de cinco anos, a contar do trânsito em julgado da decisão judicial que homologar o cálculo do imposto.

1.10. Mora. Legitimidade de penalidades

As legislações estaduais normalmente estabelecem penalidades para as hipóteses de retardo na abertura do inventário ou arrolamento, bem como para o pagamento a destempo do imposto *causa mortis*. A **Súmula nº 542 do STF** considera constitucional a multa pelo retardamento do início ou da ultimação do inventário. No estado do Rio de Janeiro, a Lei nº 7.174/2015, em seu art. 37, estabelece as penalidades para o descumprimento das obrigações legais.

Súmula nº 114 do STF: "O imposto de transmissão *causa mortis* não é exigível antes da homologação do cálculo". Lei nova não pode interferir no prazo existente para pagamento do tributo à época da abertura da sucessão[176], porque nesse momento é que se caracteriza o fato gerador do ITCM e deve-se aplicar a lei então vigente.

2. Imposto sobre operações relativas à circulação de mercadorias e prestações de serviços (ICMS). *Vide* EC nº 197 sobre comércio eletrônico

2.1. Origem do ICMS

A **EC nº 18/1965 à CF de 1946**, em seu art. 12, conferiu competência aos Estados para instituir o imposto sobre operações relativas à circulação de mercadorias (ICM), realizada por comerciantes industriais e produtores, em substituição ao antigo imposto sobre vendas e consignações, atribuído aos Estados pelo art. 19, IV, da CF de 1946. As normas gerais do ICM foram, originariamente, fixadas nos arts. 52 a 58 do CTN, que foram revogadas pelo DL nº 406/1968 (arts. 1º a 7º), que foi julgado constitucional por fixar normas gerais e ter sido editado durante recesso do Congresso Nacional, passando a ter categoria de lei complementar. Os mencionados dispositivos foram **revogados pela LC nº 87/1996**, que fixa atualmente as normas gerais do ICMS.

O art. 13 da EC nº 18/1965 prescrevia que competia "aos Municípios cobrar o imposto referido no artigo anterior, com base na legislação estadual a ele relativa, e por alíquota não superior a 30% (trinta por cento) da instituída pelos Estados"[177]. As normas gerais do ICM municipal foram estabelecidas pelos arts. 59 a 62 do CTN, revogados pelo Ato Complementar nº 31, de 28.12.1966.

---

[175] BRASIL. Superior Tribunal de Justiça, AgInt no AREsp nº 1.488.490/RS, Rel. Min. Gurgel de Faria, Primeira Turma, j. 25.10.2021, DJe de 24.11.2021.

[176] *RDTJRJ* 22/190.

[177] Aliomar Baleeiro considerava que o ICM municipal seria "uma duplicata do tributo, com a inevitável duplicação de despesas de arrecadação, contabilidade, fiscalização etc.", (...), tendo a Constituição de 1967, em boa hora, suprimido esse fanado imposto municipal, "estatuindo a participação municipal no produto da arrecadação do imposto de circulação pelo Estado", no percentual de vinte por cento (*Direito tributário brasileiro, op. cit.*, p. 457).

2.2. ICMS na CF de 1988

A CF de 1988 **substituiu** o antigo ICM pelo **ICMS**, ampliando o campo de abrangência daquele imposto, que incidia somente sobre operações relativas à circulação de mercadorias. O novo imposto **passou a abranger também** operações sobre prestações de serviços de transporte interestadual e intermunicipal e de comunicação (art. 155, II, originariamente art. 155, I, "b"), operações relativas a energia elétrica, serviços de telecomunicações, derivados de petróleo, combustíveis e minerais do país (art. 155, § 3º), não admitindo este dispositivo outra espécie de tributo sobre as operações nele elencadas (**imunidade**). Em razão do aumento do seu campo de incidência, a sigla do imposto foi modificada para **ICMS**.

A CF de 1988 dedica o § 2º (com doze incisos e diversas alíneas) ao § 5º do art. 155 à disciplina do ICMS, que, assim, está engessado no texto constitucional e qualquer mudança na sua estrutura dependerá de emenda constitucional.

Tratando-se de imposto novo, embora baseado na estrutura do antigo ICM, o inciso XII do § 2º do art. 155 da CF **exige lei complementar** para fixar as normas gerais do ICMS, para evitar que os Estados-membros viessem travar verdadeira guerra fiscal, principalmente no que toca à concessão de isenções, incentivos e benefícios fiscais, para atrair novos contribuintes.[178] Isso porque, em regra, o fato gerador do imposto ocorre com a saída da mercadoria do estabelecimento do contribuinte, beneficiando, em consequência, os Estados produtores em detrimento dos Estados consumidores. Por meio da Emenda Constitucional nº 132/2023, a sistemática da tributação sobre o consumo deslocou-se para o destino. Dessa forma, no tocante ao imposto sobre bens e serviços, de competência compartilhada entre os Estados, DF e os Municípios, "será cobrado pelo somatório das alíquotas do Estado e do Município de destino da operação" (art. 156-A da CF).

Quando da promulgação, em outubro de 1988, da Constituição Federal, os constituintes estavam cientes de que até o início do exercício financeiro de 1989 não seria possível aprovar a lei complementar reclamada no art. 155, § 2º, XII, o que não permitiria aos Estados-membros e ao Distrito Federal instituírem e cobrarem, em seus territórios, o ICMS, em razão do princípio da anterioridade da lei fiscal. Por isso, o **art. 34, § 8º, do Ato das Disposições Constitucionais Transitórias (ADCT)** dispôs: "Se no prazo de sessenta dias contados da promulgação da Constituição, não for editada a lei necessária à instituição do imposto de que trata o art. 155, I, "b", os Estados e o Distrito Federal, mediante convênio celebrado nos termos da Lei Complementar nº 24, de 7.01.1975, fixarão normas para regular provisoriamente a matéria". Os Estados e o Distrito Federal, baseados no mencionado dispositivo constitucional, celebra-

---

[178] Como leciona Amanda Albano: "A guerra fiscal refere-se à disputa entre os entes federativos para atraírem aos seus territórios agentes econômicos, mediante a concessão de incentivos fiscais. Em matéria de ICMS esse tema possui mais fácil visualização. A Constituição Federal já ciente de tais disputas dispôs a necessidade de lei complementar que regulasse a forma pela qual isenções, incentivos e e benefícios fiscais deveriam, ser concedidos (art. 155, §2º, XII, "g", CF). No entanto, não adveio tal lei complementar de modo que, assim como previsto no artigo 34 § 8º dos Atos das Disposições Constitucionais Transitórias – ADCT, manteve-se a forma do convênio definida pela Lei Complementar nº 24, de 7 de janeiro de 1975. Através do convênio exige-se a decisão unanime dos Estados para concessão de benefícios atinentes ao ICMS, tal unanimidade pressupõe a ausência de disputa, e assim, que uma decisão estatal seja deliberada tomando a análise de todos os estados membros. Dessa forma, o que se espera é a inocorrência de grandes impactos ou desequilíbrios concorrenciais, até porque se lhe custou extremamente gravoso o estado prejudicado não aprovaria o convênio." ALBANO, Amanda. *Os efeitos da tributação na ordem econômica*: uma análise concorrencial. 2017. Trabalho de Conclusão de Curso (Bacharelado em Direito) – Pontifícia Universidade Católica do Rio de Janeiro, Rio de Janeiro, 2017. Disponível em: https://www.maxwell.vrac.puc-rio.br/34262/34262.PDF. Acesso em: 10 jan. 2020.

ram o Convênio nº 66/1988, fixando as normas gerais sobre o ICMS, que coexistiram com as normas constantes dos arts. 1º ao 7º do Decreto-lei nº 406/1968, ambos revogados pela LC nº 87/1996, que foi posteriormente alterada pelas Leis Complementares nº 102/2000, 114/2002, 115/2002 e pela LC nº 190/2022.

A Constituição Federal, o Código Tributário Nacional e a lei complementar que fixa normas gerais em matéria tributária não criam tributos, mas apenas autorizam os entes políticos titulares de competência tributária a instituí-los. Assim, observando o princípio da legalidade tributária, os Estados-membros e o Distrito Federal tiveram de editar as leis necessárias para instituírem, em seus territórios, o ICMS. No estado do Rio de Janeiro, o ICMS foi instituído pela Lei nº 2.657, de 26.12.1996, sendo regulamentada pelo Decreto nº 27.427, de 17.11.2000. No Estado de São Paulo, o ICMS foi instituído pela Lei nº 6374/1989 e o Decreto nº 65470/2021 atualizou o Regulamento sobre ICMS.

Com o advento da Emenda Constitucional nº 132/2023, ter-se-á a extinção do ICMS em 2033, com a revogação do artigo 155, II e §§ 2º a 5º, conforme art. 22 da EC nº 132/2023.

2.3. *Legislação*

A legislação tributária sobre o ICMS não é constituída somente pelo art. 155 e seus parágrafos da CF, pela LC nº 87/1996, pela LC nº 190/2022, que regulamenta o ICMS interestadual e pela legislação de cada Estado-membro e do Distrito Federal. A Lei Complementar nº 24/1975, que foi recepcionada pela Constituição de 1988 (ADCT, art. 34, § 8º), estabelece que as isenções, incentivos e benefícios fiscais serão concedidos ou revogados, nos termos de convênios celebrados e ratificados pelos Estados e pelo Distrito Federal, segundo as suas normas (art. 1º), e o art. 4º prevê que esses convênios devem ser objeto de decreto, ratificando-os ou não. Assim, os decretos expedidos pelos Governadores dos Estados e do Distrito Federal que ratificam os mencionados convênios integram também a legislação sobre ICMS. A LC nº 24/1975 foi alterada pela LC nº 160/2017. Além do mais, o art. 155, § 2º, IV, da CF determina que Resolução do Senado Federal "estabelecerá as alíquotas aplicáveis às operações e prestações, interestaduais e de exportação", o que foi feito pela Resolução nº 22/1989 do Senado Federal. O inciso V do mesmo § 2º faculta também ao Senado Federal, mediante Resolução, estabelecer alíquotas mínimas nas operações internas e fixar alíquotas máximas nas mesmas operações, para resolver conflito específico que envolva interesse de Estados, que ainda não foi editada. Disso decorre que as Resoluções do Senado Federal fazem parte, igualmente, da legislação sobre ICMS. Cite-se também, dentre outras leis estaduais. A Lei RJ nº 2.657/1996 e a Lei SP nº 6.374/1989, que instituíram o ICMS nos seus territórios.

Em resumo, em matéria de ICMS, a legislação tributária compreende: a) o art. 155, §§ 2º a 5º, da CF de 1988, tendo os §§ 4º e 5º e as alíneas "h" e "i" do inciso XII do § 2º sido acrescentados pela EC nº 33, de 11.12.2001 e a EC nº 87/2015 que alterou o inciso VII do § 2º do art. 155 da CF e inseriu o art. 99 no ADCT; b) a Lei Complementar nº 87/1996, que fixa as normas gerais do imposto; c) Resolução nº 22/1989 do Senado Federal, fixando as alíquotas do ICMS aplicáveis às operações e prestações, interestaduais e de exportação, alterada recentemente pela LC nº 190/2022; d) Resolução nº 95/1996 do Senado Federal, estabelecendo a alíquota de 4% (quatro por cento) na prestação de transporte aéreo interestadual de passageiro, carga e mala postal; e) decretos dos governadores dos Estados-membros e do Distrito Federal, ratificando os convênios sobre ICMS, principalmente no que toca à concessão e revogação de benefícios, incentivos fiscais e isenções; f) leis dos Estados e do Distrito Federal instituindo o imposto; g) normas complementares estaduais. A EC nº 42/2003 acrescentou alínea "d" ao inciso III do art. 146 da CF, cuja redação atual é dada pela EC nº 132/2023, prescrevendo que cabe à lei

Capítulo XII · IMPOSTOS FEDERAIS, ESTADUAIS E MUNICIPAIS | **467**

complementar: "definição de tratamento diferenciado e favorecido para as microempresas e para as empresas de pequeno porte, inclusive regimes especiais ou simplificados no caso dos impostos previstos nos arts. 155, II, e 156-A, das contribuições sociais previstas no art. 195, I e V, e § 12 e da contribuição a que se refere o art. 239"; h) LC nº 160/2017, que dispõe "sobre convênio que permite aos Estados e ao Distrito Federal deliberar sobre a remissão dos créditos tributários, constituídos ou não, decorrentes das isenções, dos incentivos e dos benefícios fiscais ou financeiro-fiscais instituídos em desacordo com o disposto na alínea "g" do inciso XII do § 2º do art. 155 da Constituição Federal e a reinstituição das respectivas isenções, incentivos e benefícios fiscais ou financeiro-fiscais; e altera a Lei nº 12.973, de 13.05.2014."

2.4. Características do ICMS

O ICMS tem **fim marcantemente fiscal**[179] porque visa a carrear recursos para os Estados--membros e o Distrito Federal, sendo, aliás, a sua principal fonte de receita tributária. Todavia, o **art. 155, § 2º, III, da CF** prescreve que o ICMS "poderá ser seletivo, em função da essencialidade das mercadorias e dos serviços", e quando a seletividade for adotada pela legislação estadual, o ICMS passará a ter também **fim extrafiscal**, porque será empregado como instrumento de intervenção estatal no domínio econômico e social. O imposto apresenta **incidência plurifásica** porque grava, economicamente, todas as etapas de circulação de riquezas, mas não é "tributo em cascata", vez que incide apenas sobre o valor acrescido, em razão do princípio da não cumu-latividade (**CF, art. 155, § 2º, I**), e não sobre o valor total da operação, como o antigo imposto sobre vendas e consignações. Trata-se, assim, de imposto **não cumulativo**, "compensando-se o que for devido em cada operação relativa à circulação de mercadoria ou prestação de serviços com o montante cobrado nas anteriores pelo mesmo ou outro Estado ou pelo Distrito Federal" (CF, art. 155, § 2º, I). Em consequência da não cumulatividade, o ICMS corresponde a **imposto neutro**, ou seja, não produz outros efeitos econômicos paralelos, não distorcendo a formação dos preços[180]. Trata-se de **imposto real**, porque não leva em conta elementos subjetivos da pessoa do contribuinte, principalmente sua capacidade contributiva. Assim, quando duas pessoas entram em uma loja de eletrodomésticos para comprar um aparelho de televisão da mesma marca e modelo, suportarão o mesmo valor do ICMS, embora uma aufira renda anual de R$ 50.000,00 e a outra perceba anualmente R$ 20.000,00. O ICMS é **imposto indireto** porque, gravando as diversas etapas de circulação da riqueza, comporta a transferência do ônus do imposto pago pelo contribuinte de direito para outro contribuinte de direito ou para contribuinte de fato (consumidor), que suporta em definitivo a carga do tributo, e essa transferência corresponde ao fenômeno econômico da repercussão. O ICMS é também **imposto proporcional**, porque a alíquota não varia em função do valor da base de cálculo, embora apresente pluralidade de alíquotas, principalmente por força da seletividade, quando adotada pela legislação estadual.

---

[179] Em sentido contrário, José Jayme de Macêdo Oliveira entende que o ICMS tem caráter de extrafiscalidade pelas seguintes razões. "Assim, o ICMS, cujos similares nos países europeus são impostos estritamente fiscais (neutros), assumiu aqui caráter de extrafiscalidade, de modo a induzir e ensejar políticas de-senvolvimentistas, setoriais e, até mesmo, arrecadatórias. Por isso, o ICMS encontra-se hoje repleto de isenções, reduções de base de cálculo, créditos fiscais presumidos, a denunciar a faceta extrafiscal que assumiu, tanto que se tornou possível até a utilização do método da seletividade de suas alíquotas" (*Op. cit.*, p. 4-5).

[180] Alcides Jorge Costa assim esclarece: "Significa, também, do ponto de vista do processo de circulação da riqueza, que não distorce a formação dos preços, pois independentemente do número de operações, o imposto será igual à multiplicação da alíquota pelo preço da última saída", ou seja, gera receita sem produzir outros efeitos econômicos paralelos (COSTA, Alcides Jorge. *ICM na constituição e na lei complementar*. São Paulo: Resenha Tributária, 1978, p. 34).

O ICMS é ainda imposto objeto de **lançamento por homologação** (CTN, art. 150), ou seja, o próprio contribuinte, periodicamente, segundo determinado pela legislação estadual, apura o valor do imposto a ser recolhido pela saída da mercadoria de seu estabelecimento, deduzindo, em razão da não cumulatividade, o valor suportado do imposto (crédito), em decorrência da entrada da mercadoria no estabelecimento, recolhendo ao Estado o saldo. Compete aos Municípios vinte e cinco por cento do produto da arrecadação do ICMS pelos Estados (CF, art. 158, IV). Finalmente, o § 4º do art. 167 da CF (acrescentado pela EC nº 3, de 17.03.1993) **excepciona o ICMS** da vedação de vinculação de receita de impostos (CF, art. 167, IV), permitindo a sua vinculação para a prestação de garantia ou contragarantia à União e para pagamento de débitos para com a mesma.

2.5. *Semelhanças e dessemelhanças com o IPI*

O ICMS apresenta algumas **semelhanças** com o IPI. **Primeira**, porque são impostos que incidem sobre categorias econômicas, circulação e produção. **Segunda**, porque gravam apenas o valor agregado, ou seja, valor que se acrescenta ao bem em cada fase do processo de produção e circulação, vez que são informados pelo princípio da **não cumulatividade** (CF, arts. 153, § 3º, II, e 155, § 2º, I). **Terceira**, porque **não incidem (imunidade)** na exportação de produtos industrializados (CF, art. 153, § 3º, III, e art. 155, § 2º, X, "a", com a redação dada pela EC nº 42/2003). **Quarta**, porque são **impostos reais**, **indiretos e objeto de lançamento por homologação** (CTN, art. 150).

Entretanto, IPI e ICMS apresentam algumas **dessemelhanças. Primeira**, quanto à **competência tributária**, porque o IPI é imposto de competência federal e o ICMS é de competência dos Estados e do Distrito Federal. **Segunda**[181], porque o IPI "incide sobre a **produção e circulação inicia**l, caracterizando-se (...), como imposto sobre a produção e a circulação. Tanto que industrializado o produto, aqui ou no estrangeiro, a sua circulação, seja pela saída econômico-jurídica do estabelecimento industrial, seja pela arrematação em leilão, seja pelo desembaraço aduaneiro, constitui fato gerador do IPI". O **ICMS incide sobre as demais etapas de circulação do produto industrializado**, sendo, portanto, mais ampla a abrangência do ICMS. **Terceira**, porque a **seletividade é obrigatória no IPI** (CF, art. 153, § 3º, I) mas é **facultativa no ICMS** (CF, art. 155, § 2º, III).

2.6. *Hipóteses de incidência*

O estudo das hipóteses de incidência do ICMS deve ser feito, em separado, no que toca às operações relativas à circulação de mercadorias, às prestações de serviços de transporte interestadual e intermunicipal, aos serviços de comunicação e de telecomunicações, operações relativas a energia elétrica, derivados de petróleo, combustíveis e minerais do país (**CF, art. 155, II, §§ 2º e 3º**). A CF e a LC nº 87/1996 **não definem os fatos geradores do ICMS**, sendo que esta última, em seu art. 2º, apenas elenca as operações que podem ser adotadas pelas leis estaduais na descrição das hipóteses de incidência. Entretanto, o **art., 12** do citado diploma legal elenca as situações em que se considera ocorrido o fato gerador.

2.6.1. *Operações relativas à circulação de mercadorias*

O art. 155, II, da CF, refere-se, inicialmente, a operações relativas à circulação de mercadorias, que envolve as etapas de circulação de riquezas do produtor ao consumidor. O **art.**

---

[181] Cf. Ricado Lobo Torres, *Curso de direito financeiro e tributário, op. cit.*, p. 340.

2º da LC nº 87/1996 determina as hipóteses de incidência do ICMS e o **art. 12** da citada lei fixa o momento em que se considera ocorrido o fato gerador, e essas normas devem ser respeitadas pelas leis estaduais e do Distrito Federal instituidoras do ICMS. Vide ADC 49 do STF.[182]Anote-se que o ICMS **não incide** sobre circulação de mercadorias, nem sobre mercadorias, mas sobre operações relativas à circulação de mercadorias.

Operação pressupõe negócio jurídico mercantil envolvendo circulação de mercadorias, como transmissão de um direito (posse e propriedade)[183]. A caracterização do fato gerador independe da natureza jurídica da operação que o constitua (LERJ, art. 2º, § 2º), podendo, portanto, corresponder a uma compra e venda, a uma dação em pagamento, a uma consignação, a uma permuta etc. Daí a **Súmula nº 573 do STF** enunciar: "Não constitui fato gerador do Imposto de Circulação de Mercadorias a saída física de máquinas, utensílios e implementos a título de comodato. Conforme entendimento do STJ sobre mercadorias vendidas à ZFM (Zona Franca de Manaus) não há a incidência de ICMS, por serem operações equiparadas às exportações (**CF, art., 155, inciso X, alínea "a"**). [184]

O vocábulo "**circulação**" apenas pode ser entendido como **circulação jurídica**, circulação com efeitos no mundo jurídico, vale dizer, pressupõe mudança de titularidade da mercadoria

---

[182] Ementa: direito constitucional e tributário. Ação declaratória de constitucionalidade. ICMS. Deslocamento físico de bens de um estabelecimento para outro de mesma titularidade. Inexistência de fato gerador. Precedentes da corte. Necessidade de operação jurídica com tramitação de posse e propriedade de bens. Ação julgada improcedente. 1. Enquanto o diploma em análise dispõe que incide o ICMS na saída de mercadoria para estabelecimento localizado em outro Estado, pertencente ao mesmo titular, o Judiciário possui entendimento no sentido de não incidência, situação esta que exemplifica, de pronto, evidente insegurança jurídica na seara tributária. Estão cumpridas, portanto, as exigências previstas pela Lei nº 9.868/1999 para processamento e julgamento da presente ADC. 2. O deslocamento de mercadorias entre estabelecimentos do mesmo titular não configura fato gerador da incidência de ICMS, ainda que se trate de circulação interestadual. Precedentes. 3. A hipótese de incidência do tributo é a operação jurídica praticada por comerciante que acarrete circulação de mercadoria e transmissão de sua titularidade ao consumidor final. 4. Ação declaratória julgada improcedente, declarando a inconstitucionalidade dos artigos 11, § 3º, II, 12, I, no trecho "ainda que para outro estabelecimento do mesmo titular", e 13, § 4º, da Lei Complementar Federal nº 87, de 13 de setembro de 1996 (BRASIL. Supremo Tribunal Federal, ADC 49, Rel. Edson Fachin, Tribunal Pleno, j. 19.04.2021, processo eletrônico, DJe-084, divulg. 03.05.2021, public. 04.05.2021).

[183] Paulo de Barros Carvalho assim explicita operações relativas a circulação de mercadorias: "Operações, no contexto, exprime o sentido de atos ou negócios hábeis para provocar a circulação de mercadorias. Adquire, nesse momento, a acepção de toda e qualquer atividade, regulada pelo Direito, e que tenha virtude de realizar aquele evento" (...) "soa estranho, por isso mesmo, que muitos continuem a negar ao vocábulo "operações" a larguoza semântica peculiar das "operações jurídicas" para entendê-lo como qualquer ato material que anime a circulação de mercadorias. Eis aqui o efeito jurídico sem correspondente causa jurídica, a eficácia do Direito desvinculada de algo investido de jurisdicidade" (*Regra matriz*. Tese apresentada para a obtenção de título de livre-docente da Faculdade de Direito da PUC-SP, 1981, p. 170, *apud* MELLO, Soares de. *ICMS – teoria e prática*. São Paulo: Dialética,1996, p. 14).

[184] Tributário. Agravo interno no recurso especial. Reintegra. Zona Franca de Manaus. Exportação. Equivalência. Precedentes. Mandado de segurança. Desnecessidade de dilação probatória. 1. A jurisprudência do Superior Tribunal de Justiça firmou-se no sentido de que a venda de mercadorias para empresas estabelecidas na Zona Franca de Manaus equivale à venda efetivada para empresas estabelecidas no exterior, para efeitos fiscais, razão pela qual a contribuinte faz jus ao benefício instituído no Reintegra. 2. Como, no caso dos autos, ficou reconhecido pelo Tribunal de origem que a recorrente efetivamente destinou mercadorias à Zona Franca de Manaus, afigura-se desnecessária a dilação probatória para aferir a finalidade da aquisição, pois as operações de venda à ZFM são objetivamente equiparadas às exportações, não devendo incidir a tributação do ICMS. 3. Agravo interno a que se nega provimento (BRASIL. Superior Tribunal de Justiça ,AgInt nos EDcl no REsp n. 1.367.654/SC, Rel. Min. Og Fernandes, Segunda Turma, j. 9.11.2021, DJe de 10.12.2021.)

de uma pessoa para outra, com ou sem movimentação física. Essa circulação pode ocorrer com a transmissão da propriedade *stricto sensu* ou mediante mera transferência da posse a título negocial, ou melhor, "quando implique transferir poderes jurídicos atípicos de domínio, conferindo ao transmitido disponibilidade jurídica sobre a mercadoria"[185]. Assim, a expressão **operações relativas à circulação de mercadorias** deve ser entendida em todo o seu contexto e não se isolando cada termo.

Deve-se também se **precisar o sentido jurídico do termo "mercadoria"**, para que se possa entender bem a hipótese de incidência do ICMS. **Mercadoria** é bem móvel adquirido para revenda com fim de lucro[186], tendo o conceito sido recepcionado pela CF para determinar a competência dos Estados e do Distrito Federal quanto ao ICMS, e, por isso, a lei tributária não pode alterá-lo (**CTN, art. 110**). Toda a mercadoria é bem móvel, mas **nem todo bem móvel é mercadoria**. Assim, a televisão que existe na casa de uma pessoa é bem móvel, mas não é mercadoria porque não há intenção de venda para auferir lucro, e quando vendido a terceiro, não gera a incidência do ICMS. Mas uma televisão exposta em uma loja de eletrodomésticos é mercadoria e a sua venda enseja ICMS. Da mesma forma, os bens adquiridos para integrar o ativo fixo do estabelecimento ou para consumo ou uso próprio não são mercadorias (prateleiras, caminhões, máquinas etc.), e, por isso, a sua venda não pode gerar a incidência do ICMS, por se tratar de bens que se encontram fora do objeto da vida mercantil da empresa, salvo a hipótese do art. 155, § 2º, inciso IX, "a", da CF.

A **circulação física da mercadoria** pode ser **efetiva ou simbólica**, ocorrendo esta quando há transmissão a terceiro de mercadoria depositada em armazém-geral ou em depósito fechado, no Estado do transmitente (**LC nº 87/1996, art. 12, III**), por envolver transmissão de propriedade e corresponder à **saída simbólica** da mercadoria do estabelecimento do transmitente. Dá-se também o fato gerador do ICMS quando houver "transmissão de propriedade de mercadoria, ou de título que a represente, quando a mercadoria não houver transitado pelo estabelecimento transmitente" (**LC nº 87/1996, art. 12, IV**), o que ocorre nas "chamadas vendas casadas, em que os produtos são remetidos diretamente para o comprador, sem sequer passarem na loja vendedora"[187]. Ocorre também o fato gerador do ICMS na "aquisição em licitação pública, de mercadorias ou bens importados do exterior e apreendidos ou abandonados" (**LC nº 87/1996, art. 12, XI, com redação dada pela LC nº 114/2002**). Em 2022, por meio da LC nº 190/2022, incluíram os incisos XIV ao XVI ao mesmo art. 12, estabelecendo como

---

[185] Cf. ATALIBA, Geraldo; GIARDINO, Cleber. Núcleo da definição constitucional do ICM. *Revista de Direito Tributário*, São Paulo, vol. 25-26, p. 112.

[186] Cf. BORGES, José Souto Maior. *Questões tributárias*. São Paulo: Resenha Tributária, 1975, p. 85. O TJRJ decidiu que a água tratada fornecida à população é mercadoria, correspondente à prestação de serviço público essencial de fornecimento de produto, e não de prestação de serviços propriamente dita, assim como a energia elétrica e o gás canalizado, mas diante da facultatividade da sua utilização tem natureza de preço público ou tarifa (AC 17536/99, Rel. Des. Leila Mariano, 2ª CC, *DORJ* 03.08.2000). "CEDAE. O fornecimento de serviços engendra preço público ou tarifa e não taxa, pois visa lucro, não podendo ser cobrado se não utilizado o serviço (cf. ROSA JR. Luiz Emygdio Franco. da. *Manual de direito financeiro e tributário*. Local: Editora, 1984, p. 234/235). Disso resulta inaplicável a tarifa mínima, a benefício do consumo efetivo pelo hidrômetro. Embora prevista em lei, pode a tarifa mínima ser excluída pelo magistrado" (TJRJ, AC 2002.01.12091, Rel. Des. Severiano Aragão, v.u., 17ª CC, *DORJ* 16.08.2002). "Mostra-se coerente com a jurisprudência do STF o despacho agravado, ao apontar que o ajuste de carga de natureza sazonal, aplicável aos fornecimentos de água pela CAESB, criado para fim de redução de consumo, tem caráter de contraprestação de serviço e não de tributo" (BRASIL. Supremo Tribunal Federal, AgRg RE 201.630-6/DF, Rel. Min. Ellen Gracie, Primeira Turma, v.u., 11.06.2002, *DJU* 02.08.2002 – ementário nº 2076-5).

[187] Cf. José Jayme de Macedo Oliveira, *Direito tributário brasileiro*, p. 86.

fato gerador do ICMS os seguintes momentos : "XIV – do início da prestação de serviço de transporte interestadual, nas prestações não vinculadas a operação ou prestação subsequente, cujo tomador não seja contribuinte do imposto domiciliado ou estabelecido no Estado de destino; XV – da entrada no território do Estado de bem ou mercadoria oriundos de outro Estado adquiridos por contribuinte do imposto e destinados ao seu uso ou consumo ou à integração ao seu ativo imobilizado; XVI – da saída, de estabelecimento de contribuinte, de bem ou mercadoria destinados a consumidor final não contribuinte do imposto domiciliado ou estabelecido em outro Estado."[188]

2.6.2. *Transferência de mercadorias entre estabelecimentos do mesmo titular*

O art. 3º da Lei nº 2.657/1996/RJ e o art. 2 º, I, da Lei nº 3674/1989 do Estado de São Paulo prescrevem que o fato gerador do ICMS ocorre no momento da saída da mercadoria do estabelecimento do contribuinte, ainda que para outro estabelecimento do mesmo titular. O art. 12, I, da LC nº 87/1996, em sua redação original, continha previsão idêntica. Entretanto, a mera saída física da mercadoria do estabelecimento do contribuinte, sem causa jurídica, não pode caracterizar hipótese de incidência do ICMS. Caso contrário, se uma pessoa entra no estabelecimento do contribuinte, furta mercadorias, que, em consequência, saem do estabelecimento, caracterizaria hipótese de incidência do imposto. Da mesma forma, se uma inundação faz com as águas provoquem a saída da mercadoria do estabelecimento, seria também devido o imposto. Assim, a circulação física da mercadoria por si só não caracteriza o fato gerador do ICMS porque **desprovida de "operação"**, vale dizer, negócio jurídico que embase essa saída, devendo se adotar o mesmo entendimento quando se tratar de bem de uso/consumo e de bem do ativo fixo do estabelecimento. Assim, o STF declarou a inconstitucionalidade dos artigos 11, § 3º, II e 12, I no trecho "ainda que para outro estabelecimento do mesmo titular" e 13, § 4º, todos da Lei Complementar Federal nº 87/1996.[189]

A jurisprudência não discrepa do mencionado entendimento, tanto que a Súmula nº 166 do STJ enuncia: "Não constitui fato gerador do ICMS o simples deslocamento de mercadoria de um para outro estabelecimento do mesmo contribuinte". Isso porque inexiste circulação econômica, porque ocorre transferência de produto acabado da matriz para a loja e a mera saída da mercadoria não decorre de negócio jurídico mercantil, que pressupõe a existência de duas pessoas. O STF adota o mesmo posicionamento[190].

---

[188] Quanto à produção de efeitos, o artigo 24-A do diploma alterador (LC nº 190/2022) estabeleceu em seu § 4º que: "Para a adaptação tecnológica do contribuinte, o inciso II do § 2º do art. 4º, a alínea "b" do inciso V do *caput* do art. 11 e o inciso XVI do *caput* do art. 12 desta Lei Complementar somente produzirão efeito no primeiro dia útil do terceiro mês subsequente ao da disponibilização do portal de que trata o *caput* deste artigo".

[189] BRASIL. Supremo Tribunal Federal, ADC 49, Rel. Edson Fachin, Tribunal Pleno, j. 19.04.2021, processo eletrônico, Dje-084, divulg. 03.05.2021, public. 04.05.2021.

[190] BRASIL. Supremo Tribunal Federal, AI 131.941-1, Rel. Min. Marco Aurélio, v.u., *DJU* 19.04.1991, p. 45.83. Entretanto, Ricardo Lobo Torres entende que para a incidência do ICMS é indiferente que haja, ou não, a transferência do domínio da mercadoria, ao averbar: "Todo ato jurídico que implique circulação econômica de mercadoria, independentemente de sua categoria ou de sua natureza gratuita ou onerosa, será fato gerador do ICMS; da mesma forma as situações jurídicas que legitimem a circulação econômica, como, por exemplo, a situação do industrial e do comerciante que promovem as remessas de mercadorias de um para outro de seus estabelecimentos, bem como o autoconsumo da mercadoria sem a sua circulação física para fora do estabelecimento, posto que para o ICMS é indiferente que haja, ou não, a transferência de domínio" (*Curso de direito financeiro e tributário, op. cit.*, p. 346).

Inclusive, ainda que o deslocamento de mercadoria entre estabelecimentos do mesmo contribuinte seja interestadual, não haverá a incidência do ICMS. Isso porque não houve a transferência de titularidade. [191]

Em razão de tais observações, a Lei Complementar nº 204, de 28 de dezembro de 2023, alterou a LC nº 87/96 para suprimir a expressão "ainda que para outro estabelecimento do mesmo titular" do art. 12, I. Assim, a atual redação dispõe simplesmente que é fato gerador do ICMS a "saída de mercadoria de estabelecimento de contribuinte". Da mesma forma, incluiu-se o § 4º ao art. 12 da LC 87/96 para constar que: "§ 4º Não se considera ocorrido o fato gerador do imposto na saída de mercadoria de estabelecimento para outro de mesma titularidade, mantendo-se o crédito relativo às operações e prestações anteriores em favor do contribuinte, inclusive nas hipóteses de transferências interestaduais em que os créditos serão assegurados: I – pela unidade federada de destino, por meio de transferência de crédito, limitados aos percentuais estabelecidos nos termos do inciso IV do § 2º do art. 155 da Constituição Federal, aplicados sobre o valor atribuído à operação de transferência realizada; II – pela unidade federada de origem, em caso de diferença positiva entre os créditos pertinentes às operações e prestações anteriores e o transferido na forma do inciso I deste parágrafo".

2.6.3. *Importação de bem ou mercadoria*

O art. 155, § 2º, IX, "a", da CF dispunha que o ICMS incidia também "sobre a entrada de mercadoria importada do exterior, ainda quando se tratar de bem destinado a consumo ou ativo fixo do estabelecimento". O STJ interpretava a norma constitucional no sentido de que, na importação de bem do exterior para uso próprio de pessoa física, o imposto era devido porque contribuinte do ICMS é qualquer pessoa, natural ou jurídica, que realize situação caracterizada pela lei como fato gerador, como prescrito no art. 4º, parágrafo único, I, da LC nº 87/1996, que repetiu a norma do Convênio nº 66/1988[192]. Entretanto, o **STF decidiu diversamente,** entendendo que: a) os termos "mercadoria" e "estabelecimento", constantes do art. 155, § 2º, IX, "a", eram conceitos que deviam ser entendidos mediante interpretação dos princípios gerais do direito privado (CTN, arts. 109 e 110). Assim, "operação" significa ato mercantil; "circulação" compreende circulação jurídica, mudança de titularidade e não simples movimentação física do bem; "mercadoria" é coisa móvel que pode ser objeto de comércio por quem o exerce com habitualidade e frequência; b) o termo "consumo" dizia respeito a estabelecimento comercial e pessoa física que importa a mercadoria para uso próprio não tem estabelecimento comercial; c) a incidência do imposto feriria o princípio da não cumu-

---

[191] Recurso extraordinário com agravo. Direito Tributário. Imposto Sobre Circulação de Mercadorias e Serviços (ICMS). Deslocamento de mercadorias. Estabelecimentos de mesma titularidade localizados em unidades federadas distintas. Ausência de transferência de propriedade ou ato mercantil. Circulação jurídica de mercadoria. Existência de matéria constitucional e de repercussão geral. Reafirmação da jurisprudência da Corte sobre o tema. Agravo provido para conhecer em parte do recurso extraordinário e, na parte conhecida, dar-lhe provimento de modo a conceder a segurança. Firmada a seguinte tese de repercussão geral: Não incide ICMS no deslocamento de bens de um estabelecimento para outro do mesmo contribuinte localizados em estados distintos, visto não haver a transferência da titularidade ou a realização de ato de mercancia (BRASIL. Supremo Tribunal Federal, ARE 1255885 RG, Rel. Min. Presidente, Tribunal Pleno, j. 14.08.2020, processo eletrônico repercussão geral – mérito, DJe-228, divulg. 14.09.2020, public. 15.09.2020).

[192] Neste sentido, as seguintes Súmulas **do STJ:** 155. O ICMS incide na importação de aeronave, por pessoa física, para uso próprio. 198. Na importação de veículo por pessoa física, destinado a uso próprio, incide ICMS.

Capítulo XII · IMPOSTOS FEDERAIS, ESTADUAIS E MUNICIPAIS | 473

latividade, pela impossibilidade de a pessoa física proceder à compensação do imposto, por não ser comerciante; d) a pessoa física não sendo comerciante e não tendo estabelecimento, não pratica atos que envolvam circulação de mercadorias; e) o imposto seria devido ao Estado onde estivesse situado o estabelecimento destinatário da mercadoria, que não é o caso de pessoa física, que não tem estabelecimento[193].

A **EC nº 33/2001**, visando contornar o mencionado entendimento do STF, **alterou a redação da alínea "a" do inciso IX do § 2º do art. 155 da CF**, para deixar expresso que o ICMS incidirá também "sobre a entrada de bem ou mercadoria importados do exterior por pessoa física ou jurídica, ainda que não seja contribuinte habitual do imposto, qualquer que seja a sua finalidade, assim como o serviço prestado no exterior, cabendo o imposto ao Estado onde estiver situado o domicílio ou o estabelecimento do destinatário da mercadoria, bem ou serviço". A nova redação do dispositivo comporta as seguintes observações. **Primeira**, que se refere a importação de bem ou mercadoria, pretendendo alargar o campo de incidência do imposto, quando na redação originária aludia apenas a mercadoria. **Segunda**, que prevê expressamente a incidência do imposto na importação por pessoa física ou jurídica, ainda que não seja contribuinte habitual do imposto. **Terceira**, que deixa claro que não importa a finalidade da importação, quando na redação anterior apenas explicitava que o imposto era devido, ainda que se tratasse de bem destinado a consumo ou ativo fixo do estabelecimento, cláusula que não consta mais da nova redação do dispositivo. Desconsiderando a finalidade da importação, o dispositivo procurou expressar que, para fim de incidência do imposto, não interessa se a mercadoria ou bem importado está sujeito a ser ou não objeto de uma posterior operação relativa à circulação desse bem ou mercadoria. O STF, em 2015, fixou a tese de repercussão geral, definida no RE 43.9.796 no sentido de que: **"Após a Emenda Constitucional nº 33/2001, é constitucional a incidência de ICMS sobre operações de importação efetuadas por pessoa, física ou jurídica, que não se dedica habitualmente ao comércio ou à prestação de serviços." Assim, o entendimento da Súmula nº 660 do STF**[194] **aplica-se até a vigência da EC nº 33/2001.**

Quando o destinatário da mercadoria não for o importador, e ambos tiverem estabelecimentos em Estados diferentes, o imposto será devido ao Estado onde se situar o estabelecimento ou domicílio do destinatário da mercadoria. Assim, no caso de mercadoria importada por empresa, situada em São Paulo, onde ocorreu o desembaraço aduaneiro, mas destinada a adquirente com estabelecimento no Rio de Janeiro, o imposto caberá ao estado de São Paulo, onde se situa o estabelecimento do importador[195], "pois ele é que celebra o negócio jurídico, paga o preço, assume direitos e obrigações e promove o desembaraçado aduaneiro da mercadoria"[196]. **Quarta**, que a parte final do mencionado dispositivo alude também a "ser-

---

[193] "Não incide ICMS na importação de bens por pessoa física ou jurídica que não seja contribuinte do imposto" (STF, Súmula nº 660).

[194] "Não incide ICMS na importação de bens por pessoa física ou jurídica que não seja contribuinte do imposto."

[195] Hugo de Brito Machado é peremptório ao averbar: "Em se tratando de mercadoria importada, a competência para cobrar o imposto é do Estado onde está situado o estabelecimento importador. Não aquele no qual a mercadoria ingressa no território nacional" (*Op. cit.*, p. 310). "Na importação de mercadorias do exterior, o fato gerador do imposto de circulação de mercadorias ocorre no momento de sua entrada no estabelecimento do importador" (STF, Súmula nº 577). "Na entrada de mercadoria importada do exterior é legítima a cobrança do ICMS por ocasião do desembaraço aduaneiro" (STF, Súmula nº 661).

[196] Cf. OLIVEIRA, Júlio M. de; GOMES, Victor. ICMS devido na importação/Fundap/competência ativa. *Revista Dialética de Direito Tributário*, São Paulo, n. 35, agosto de 1998, *apud* Leandro Paulsen, *op. cit.*, p. 301.

474 | MANUAL DE DIREITO TRIBUTÁRIO – *Luiz Emygdio Franco da Rosa Junior e Amanda Albano*

viço prestado no exterior", que se deve interpretar como sendo serviço iniciado no exterior e concluído no território brasileiro, "visto que é fora de dúvida que, em se tratando de serviço prestado exclusivamente fora do país (exemplo: transporte de mercadorias, embora por empresa brasileira, de Buenos Aires/ARG a Santiago/CHI), não há que se falar em sujeição ao ICMS[197]. A **LC nº 114/2002 alterou a redação do inciso I do § 1º do art. 2º da LC nº 87/1996**, para adaptá-lo à nova redação do art. 155, § 2º, IX, "a", da CF.

Sobre o tema, o STF sumulou o entendimento de que: "É lícita a cobrança do Imposto de Circulação de Mercadorias sobre produtos importados sob o regime da alíquota "zero" (STF, Súmula nº 576).

Outrossim, o STF já declarou constitucionalidade da cobrança do ICMS quando do desembaraço aduaneiro, restando sumulado da seguinte forma: "Na entrada de mercadoria importada do exterior, é legítima a cobrança do ICMS por ocasião do desembaraço aduaneiro" (Súmula Vinculante nº 48 do STF).

2.6.4. Inconstitucionalidade da EC nº 33/2001

A norma constante da nova redação da alínea "a" do inciso IX do § 2º do art. 155 da CF não pode ser interpretada de forma isolada de toda a estrutura constitucional a respeito do ICMS, e disso resulta a sua inconstitucionalidade pelas seguintes razões. **Primeira**, que o perfil da hipótese de incidência do ICMS está delineado no inciso II do art. 155 da CF, quando deixa claro que o tributo incide sobre "operações relativas à circulação de mercadorias". "Mercadoria", como explicado antes, é coisa móvel adquirida para revenda com fim de lucro, porque este é o sentido dado pelo Direito Comercial. **Segunda**, que a nova redação do dispositivo sob comento não podia equiparar mercadoria a bem importado por pessoa física ou jurídica, porque implicou em alterar o perfil constitucional do ICMS, o que só poderia ser feito pelo Poder Constituinte originário, criando um novo imposto sobre "operações relativas à circulação de mercadorias e bens", e, assim, a nova sigla seria ICMBS. **Terceira**, que a EC nº 33/2001 chega ao absurdo jurídico de determinar que uma pessoa física ou jurídica está obrigada ao pagamento do imposto, na importação de bem ou mercadoria, para uso próprio, sem ser contribuinte. Em outras palavras, criou-se uma hipótese de incidência do imposto sem existir a figura de sujeito passivo (contribuinte ou responsável), ferindo, despudoradamente, o art. 146, III, "a", quando exige lei complementar para definição de contribuintes, bem como o art. 155, § 2º, XII, "a", que também a reclama para definir o contribuinte do ICMS. Procurando ser mais claro: se a CF exige lei complementar para definir contribuintes, não pode prever hipótese de incidência tributária sem que exista a mencionada figura agredindo o princípio da segurança jurídica. Na hipótese de não pagamento do imposto, contra quem a Fazenda Estadual moverá a execução fiscal se não existem, no caso, contribuinte ou responsável? Isso significa que o art. 4º da LEF passou a ser dispositivo inócuo quando prevê as pessoas que podem figurar no polo passivo da ação de execução fiscal? **Quarta**, que a mesma EC malbarata o princípio nuclear do ICMS, que é o princípio da não cumulatividade (CF, art. 155, § 2º, I), porque pessoa física ou jurídica que importe mercadoria ou bem do exterior, para seu uso próprio, ou para qualquer fim que não vise a atividade mercantil, não poderá se valer do exercício do mencionado princípio, que só é excepcionado pela CF nas hipóteses de isenção

---

[197] Cf. OLIVEIRA, José Jayme de Macêdo; GOMES, Marcus Lívio; ANTONELLI, Leonardo Pietro (coords.). *Curso de direito tributário brasileiro* – volume 2. São Paulo: Quartier Latin, 2005, p. 75.

Capítulo XII · IMPOSTOS FEDERAIS, ESTADUAIS E MUNICIPAIS | **475**

e não incidência (CF, art. 155, § 2º, II)[198]. O princípio da não cumulatividade corresponde a "cláusula pétrea", e, como tal, não poderia ter sido amesquinhado pela EC nº 33/2001 (cf. art. 60, § 4º, da CF)". **Quinta**, que a EC nº 33/2001, ao determinar que o imposto incide na importação de bem ou mercadoria por pessoa física, qualquer que seja a sua finalidade, agride também a própria sistemática do ICMS, que é imposto sobre operações relativas à circulação de mercadorias (CF, art. 155, II). Assim, a expressão "qualquer que seja a sua finalidade" deve ser entendida dentro da mencionada sistemática, ou seja, o imposto somente poderá incidir se o importador (pessoa física ou jurídica) realizar, com o bem importado, qualquer operação relativa à circulação de mercadoria, ou seja, qualquer negócio jurídico, com intuito comercial, que faça circular juridicamente a mercadoria, isto é, que implique na mudança de sua titularidade. O "imposto não é sobre a entrada de bem ou mercadoria importada, senão sobre essas entradas desde que elas sejam atinentes a operações relativas à circulação desses mesmos bens ou mercadorias **(STF, RE 461.968, Pleno, Rel. Min. Eros Grau)**. A importação de bem ou mercadoria sem destiná-la a fim comercial de revenda, importará em fazer recair a totalidade do gravame fiscal sobre o adquirente, como consumidor, violando mais uma vez o princípio da não cumulatividade. Por isso, a não incidência do ICMS sobre "a entrada de bens ou mercadorias importadas, independentemente da natureza do contrato internacional do qual decorra a importação, senão sobre os ingressos que sejam servis às operações relativas à circulação dos referidos bens" (....). "Daí porque o tributo não incide sobre a importação de aeronaves, equipamentos e peças mediante contrato de arrendamento mercantil (*leasing*)" **(BRASIL. Superior Tribunal de Justiça, EREsp 822.868/SP, AgRg na MC 14444/RJ etc.; no mesmo sentido STF, AgRg 194255/SP, 24.06.2006).** [199]

2.6.5. *Fornecimento de mercadoria com prestação de serviços*

Quando ocorrer fornecimento de mercadoria com prestação de serviços, devem ser observadas as seguintes regras para se saber qual imposto incidirá: ICMS ou ISS. Primeira, quando o serviço constar da lista da LC nº 116/2003, somente haverá a incidência do ISS sobre o valor do serviço (CF, art. 156, III, e LC nº 116/2003, art. 1º)[200]. Segunda, quando o serviço não constar da mencionada lista, ocorrerá exclusivamente a incidência do ICMS, e nessa hipótese a base de cálculo compreenderá o valor total da operação

---

[198] Paulo Nelson Lemos Bastos Nascimento demonstra tal aberração ao averbar: "Deveras, é notório que a própria Constituição Federal já cuidou de prever, expressa e taxativamente, a única exceção possível ao princípio da não cumulatividade, residente nas hipóteses de isenção ou não incidência. E mesmo nessas hipóteses excepcionalíssimas poderá prevalecer o princípio constitucional da não cumulatividade, se assim determinar a legislação estadual. Outrossim, não custa lembrar do postulado hermenêutico segundo o qual as exceções devem ser interpretadas restritivamente (*exceptio est strictissimae interpretationis*), não sendo admitidas ao constituinte derivado, ao legislador e/ou ao julgador ampliá-las" (BASTOS, Paulo Nelson Lemos. ICMS – importação de bens para uso próprio e a emenda constitucional nº 33/2001. *Revista Dialética de Direito Tributário*, São Paulo, v. 86, p. 108, nov./2002. No mesmo sentido, Hugo de Brito Machado, *op. cit.*, p. 317.

[199] Vide a tese firmada no Tema Repetitivo 274: " O arrendamento mercantil, contratado pela indústria aeronáutica de grande porte para viabilizar o uso, pelas companhias de navegação aérea, de aeronaves por ela construídas, não constitui operação relativa à circulação de mercadoria sujeita à incidência do ICMS" (BRASIL. Superior Tribunal de Justiça, REsp n. 1.131.718/SP, Rel. Min. Luiz Fux, Primeira Seção, j. 24.03.2010, DJe de 09.04.2010.)

[200] "O ICMS não incide na gravação e distribuição de filmes e videoteipes" (STJ, Súmula nº 135). "A prestação de serviço de composição gráfica, personalizada e sob encomenda, ainda que envolva fornecimento de mercadorias, está sujeita, apenas, ao ISS" (STJ, Súmula nº 156).

(CF, art. 155, § 2°, IX, *b*, e LERJ, art. 2°, IV)[201]. Terceira, quando o serviço constar da lista, mas houver ressalva estabelecendo a incidência do ICMS sobre o fornecimento da mercadoria, o ICMS incidirá apenas sobre o valor do fornecimento da mercadoria e o ISS incidirá sobre o preço do serviço (LERJ, art. 2°, V). Não se trata de bitributação por serem distintos os fatos geradores. Assim, o fato gerador do ISS corresponderá à prestação de serviço, enquanto o fato gerador do ICMS será a operação relativa ao fornecimento de mercadoria. Exemplificando: o item 14.03 da lista anexa à LC n° 116/2003 refere-se ao serviço de recondicionamento de motores, mas ressalva a incidência do ICMS sobre o fornecimento de peças e partes empregadas.

O STF (RE 507076) decidiu pela não incidência do ICMS sobre o fornecimento de água potável por concessionária ou permissionária de serviço público, nestes termos:

> Previdência Social. Benefício previdenciário. Pensão por morte. Aposentadoria por invalidez. Aposentadoria especial. Renda mensal. Valor. Majoração. Aplicação dos arts. 44, 57, § 1°, e 75 da Lei n° 8.213/1991, com as alterações da Lei n° 9.032/1995, a benefício concedido ou cujos requisitos foram implementados anteriormente ao início de sua vigência. Inadmissibilidade. Violação aos arts. 5°, XXXVI, e 195, § 5°, da CF. Recurso extraordinário provido. Precedentes do Plenário. Os arts. 44, 57, § 1°, e 75 da Lei federal n° 8.213/1991, com a redação dada pela Lei n° 9.032/1995, não se aplicam aos benefícios cujos requisitos de concessão se tenham aperfeiçoado antes do início de sua vigência.[202]

2.6.6. Incidência do ICMS sobre venda de programas de computador em prateleira e fitas de vídeo

Até 2021, a jurisprudência do STF pautava-se a distinção entre o software sob encomenda (personalizado) e o de prateleira (padronizado). A venda de programas de computador estaria então sujeita à incidência do ICMS quando se tratasse de "programas *standard*", produzidos em série para revenda, à disposição do público para compra, comercializados no varejo (de prateleira), por caracterizar circulação de mercadorias. Entretanto, caso o licenciamento ou cessão do direito de uso de software, programa não objeto de comercialização, fosse elaborado sob encomenda, seria onerado pelo ISS[203]. No entanto, o referido entendimento restou superado quando do julgamento da ADI n° 1945 pelo Pleno do STF. Entendeu o Tribunal que a distinção entre padronizado x personalizado não era mais suficiente para definição da competência tributária. Concluiu-se pela predominância da obrigação de fazer, tendo em vista que o esforço humano seria imprescindível para a elaboração do *software*.[204] Dessa forma, trata-se de situação sujeita

---

[201] *RSTJ* 65/422. "O fornecimento de mercadorias com a simultânea prestação de serviços em bares, restaurantes e estabelecimentos similares constitui fato gerador do ICMS a incidir sobre o valor total da operação" (STJ, Súmula n° 163).

[202] BRASIL. Supremo Tribunal Federal, RE 470432, Rel. Cezar Peluso, Tribunal Pleno, j. 09.02.2007, DJ 23.03.2007, pp-00050, ement. vol-02269-09, pp-01737). No mesmo sentido: RE 607056, Rel. Min. Dias Toffoli, Tribunal Pleno, j. 10.04.2013, acórdão eletrônico repercussão geral – mérito, DJe-091, divulg. 15.05.2013, public. 16.05.2013.

[203] BRASIL. Supremo Tribunal Federal, RE 191454-SP, RE 199.464-9/SP, Rel. Min. Ilmar Galvão, Primeira Turma, v.u., 02.03.1999, *DJU* 30.04.1999, p. 23 etc.

[204] Ementa. Ação direta de inconstitucionalidade. Direito Tributário. Lei n° 7.098, de 30 de dezembro de 1998, do Estado de Mato Grosso. ICMS-comunicação. Atividades-meio. Não incidência. Critério para definição de margem de valor agregado. Necessidade de lei. Operações com programa de

à incidência apenas do ISS, não havendo que se falar em ICMS. Fixou-se a seguinte tese: "É constitucional a incidência do ISS no licenciamento ou na cessão de direito de uso de programas de computação desenvolvidos para clientes de forma personalizada, nos termos do subitem 1.05 da lista anexa à LC nº 116/2003".

O ICMS incide na **circulação de fitas de vídeo**, comercializadas no varejo, à disposição do público em geral, caracterizando-se como mercadoria[205]. O ISS incide quando a fita de vídeo corresponde a um produto final de serviço realizado sob encomenda[206].

---

computador (software). Critério objetivo. Subitem 1.05 da lista anexa à LC nº 116/2003. Incidência do ISS. Aquisição por meio físico ou por meio eletrônico (download, streaming etc). Distinção entre software sob encomenda e padronizado. Irrelevância. Contrato de licenciamento de uso de programas de computador. Relevância do trabalho humano desenvolvido. Contrato complexo ou híbrido. Dicotomia entre obrigação de dar e obrigação de fazer. Insuficiência. Modulação dos efeitos da decisão. 1. Consoante a jurisprudência da Corte, o ICMS-comunicação "apenas pode incidir sobre a atividade-fim, que é o serviço de comunicação, e não sobre a atividade-meio ou intermediária como são aquelas constantes na Cláusula Primeira do Convênio ICMS nº 69/1998" (RE nº 570.020/ DF, Tribunal Pleno, Rel. Min. Luiz Fux). 2. Os critérios para a fixação da margem de valor agregado para efeito de cálculo do ICMS em regime de substituição tributária progressiva devem ser disciplinados por lei estadual, em sentido formal e material, não sendo possível a delegação em branco dessa matéria a ato normativo infralegal, sob pena de ofensa ao princípio da legalidade tributária. 3. A tradicional distinção entre software de prateleira (padronizado) e por encomenda (personalizado) não é mais suficiente para a definição da competência para tributação dos negócios jurídicos que envolvam programas de computador em suas diversas modalidades. Diversos precedentes da Corte têm superado a velha dicotomia entre obrigação de fazer e obrigação de dar, notadamente nos contratos tidos por complexos. 4. O legislador complementar, amparado especialmente nos arts. 146, I, e 156, III, da Constituição Federal, buscou dirimir conflitos de competência em matéria tributária envolvendo softwares elencando, no subitem 1.05 da lista de serviços tributáveis pelo ISS anexa à LC nº 116/2003, o licenciamento e a cessão de direito de uso de programas de computação. É certo, ademais, que, conforme a Lei nº 9.609/1998, o uso de programa de computador no País é objeto de contrato de licença. 5. Associa-se a uma noção de que software é produto do engenho humano, é criação intelectual. Ou seja, é imprescindível a existência de esforço humano direcionado para a construção de um programa de computador (obrigação de fazer), não podendo isso ser desconsiderado quando se trata de qualquer tipo de software. A obrigação de fazer também se encontra presente nos demais serviços prestados ao usuário, como, v.g., o help desk e a disponibilização de manuais, atualizações e outras funcionalidades previstas no contrato de licenciamento. 6. Igualmente há prestação de serviço no modelo denominado software-as-a-service (SaaS), o qual se caracteriza pelo acesso do consumidor a aplicativos disponibilizados pelo fornecedor na rede mundial de computadores, ou seja, o aplicativo utilizado pelo consumidor não é armazenado no disco rígido do computador do usuário, permanecendo online em tempo integral, daí por que se diz que o aplicativo está localizado na nuvem, circunstância atrativa da incidência do ISS. 7. Ação direta não conhecida no tocante aos arts. 2º, § 3º; 16, § 2º; e 22, parágrafo único, da Lei nº 7.098/1998 do Estado de Mato Grosso; julgada prejudicada em relação ao art. 3º, § 3º, da mesma lei; e, no mérito, julgada parcialmente procedente, declarando-se a inconstitucionalidade (i) das expressões "adesão, acesso, disponibilização, ativação, habilitação, assinatura" e "ainda que preparatórios", constantes do art. 2º, § 2º, I, da Lei nº 7.098/1998, com a redação dada pela Lei nº 9.226/2009; (ii) da expressão "observados os demais critérios determinados pelo regulamento", presente no art. 13, § 4º, da Lei nº 7.098/1998; (iii) dos arts. 2º, § 1º, VI; e 6º, § 6º, da mesma lei. 8. Modulam-se os efeitos da decisão nos termos da ata do julgamento (ADI 1945, Rel. Cármen Lúcia, Rel. p/acórdão Min. Dias Toffoli, Tribunal Pleno, j. 24.02.2021, processo eletrônico, DJe-096, divulg. 19.05.2021, public. 20.05.2021).

[205] "É legítima a incidência do ICMS na comercialização de exemplares de obras cinematográficas, gravados em fitas de videocassete" (STF, Súmula nº 662).

[206] BRASIL. Supremo Tribunal Federal, RE 191.732-6, Rel. Min. Sepúlveda Pertence, Primeira Turma, v.u., 04.05.1999, *DJU* de 18.06.1999, p. 24 etc.

2.7. Não incidência constitucional

2.7.1. Operações que destinem mercadorias para o exterior

Na redação originária do art. 155, § 2º, X, "a", o ICMS somente não incidia sobre operações que destinassem ao exterior produtos industrializados, excluídos os semielaborados definidos em lei complementar. Entretanto, a alínea "e" do inciso XII do § 2º do art. 155 da CF autoriza a lei complementar "excluir da incidência do imposto, nas exportações para o exterior, serviços e outros produtos, além dos mencionados no inciso X, 'a'". Daí o art. 3º, II, da LC nº 87/1996 ter estabelecido a não incidência do ICMS sobre operações que destinem ao exterior mercadorias, inclusive produtos primários e produtos industrializados semielaborados.

A **EC nº 42/2003** alterou a redação da alínea "a" do inciso X do § 2º do art. 155, para estabelecer que o ICMS não incidirá "sobre operações que destinem mercadorias para o exterior, nem sobre serviços prestados a destinatários no exterior, assegurado o aproveitamento ou a manutenção do montante do imposto cobrado nas operações e prestações anteriores". A nova redação **amplia a imunidade** porque passa a abranger não só operações que destinem ao exterior produtos industrializados, mas também mercadorias, constitucionalizando, assim, a não incidência legal constante do art. 3º, II, da LC nº 87/1996. Quando o automóvel, por exemplo, está sendo produzido e ocorrem entradas de matérias-primas, não se sabe, nesse momento, se vai ser exportado ou não, porque a determinação da finalidade só ocorrerá em etapa posterior, e, assim, haverá incidências nessas etapas. Todavia, como essas incidências são identificáveis, o exportador vai receber em devolução o imposto pago internamente.

O STF entende que a norma constitucional, em sua redação originária, silenciava sobre prestações de serviços de transporte interestadual no território nacional de produtos industrializados destinados ao exterior, e, assim, decidiu pela incidência do ICMS sobre a mencionada prestação de serviço, incidindo a alíquota estabelecida por resolução do Senado Federal (CF, art. 155, § 2º, IV)[207]. A mesma lacuna continua a existir na redação dada ao art. 155, § 2º, X, "a", pela EC nº 42/2003, continuando vigente o entendimento do STF sobre o assunto[208]. Entretanto, o **STJ** entende que não há incidência, conforme dispõe a LC nº 87/1996, art. 3º, porque se o preço pago pelo exportador integra o preço do bem exportado, tributar o transporte do bem exportado equivale a tributar a própria exportação, o que contraria o espírito da LC nº 87/1996 e da própria CF, para tornar mais competitivo no mercado internacional o produto nacional (BRASIL. Superior Tribunal de Justiça, EREsp 710.260-RO, 1ª Seção, Rel. Min. Eliane Calmon, 27.02.2008). Conforme Súmula nº 649 do STJ: "Não incide ICMS sobre o serviço de transporte interestadual de mercadorias destinadas ao exterior."

---

[207] BRASIL. Supremo Tribunal Federal, RE nº 212.637-3/MG, Rel. Min. Carlos Velloso, Segunda Turma, v.u., 25.05.1999, *DJU* de 17.09.1999, p. 59 etc.

[208] "É pacífico o entendimento de ambas as Turmas desta Corte no sentido de que a imunidade tributária prevista no artigo 155, § 2º, X, "a" da Constituição Federal, excludente da incidência do ICMS às operações que destinem ao exterior produtos industrializados, não é aplicável às prestações de serviço de transporte interestadual de produtos industrializados destinados à exportação. Agravo regimental desprovido (BRASIL. Supremo Tribunal Federal, RE 340855 AgR, Rel. Ellen Gracie, Primeira Turma, j. 03.09.2002, DJ 04.10.2002, pp-00115, ement vol-02085-05, pp-00943. Destaca-se que sobre as operações ou prestações anteriores à comercialização de mercadoria para o exterior incide o ICMS. Conforme tese fixada pelo STF no julgamento do RE nº 754.917: "A imunidade a que se refere o artigo 155, parágrafo 2º, inciso X, alínea 'a', da Constituição Federal não alcança operações ou prestações anteriores à operação de exportação."

Capítulo XII · IMPOSTOS FEDERAIS, ESTADUAIS E MUNICIPAIS | **479**

2.7.2. Operações que destinem a outros Estados petróleo, inclusive lubrificantes, combustíveis líquidos e gasosos dele derivados, e energia elétrica (CF, art. 155, § 2º, X, "b")

Justifica-se a não incidência quanto às operações interestaduais de petróleo e derivados, porque se fossem tributadas, os poucos Estados produtores sairiam beneficiados, em razão de ser a saída da mercadoria do estabelecimento do contribuinte o fato gerador-regra do ICMS, e a norma constitucional tem como objetivo o equilíbrio da forma federativa de Estado. A não incidência ocorre somente nas operações entre Estados, sendo, portanto, tributáveis as operações internas no território do Estado. A não incidência somente abrange as mencionadas operações quando os lubrificantes, combustíveis líquidos e gasosos, bem como a energia elétrica, forem destinados à industrialização ou à comercialização (LC nº 87/1996, art. 3º, III). Quando a entrada da mercadoria no Estado não tiver o mencionado fim, ou seja, for destinada a consumo do adquirente, o tributo caberá ao Estado onde estiver localizado o adquirente (LC nº 87/1996, art. 2º, § 1º, III), sendo contribuinte a pessoa física ou jurídica, que, mesmo sem habitualidade ou intuito comercial, adquirir as referidas mercadorias e a energia elétrica (LC nº 87/1996, art. 4º, parágrafo único, IV).

O **STF** decidiu, por maioria, que é constitucional a incidência do imposto sobre operação de compra e venda de combustível, em outro Estado, por empresa, para uso próprio, porque a norma constitucional não beneficia o consumidor, vez que não caracteriza imunidade, mas verdadeira não incidência do tributo. Assim, a norma constitucional visa a proteger o Estado destinatário, ao qual cabe todo o ICMS incidente sobre o produto[209].

A não incidência prevista no art. 155, § 2º, X, "b", não se estende a outros derivados e subprodutos de petróleo, porque o dispositivo constitucional a eles não se refere, como o faz o § 3º do art. 155, e, assim, a exportação de nafta, mera matéria-prima utilizada na fabricação de outros produtos, não goza de imunidade[210].

2.7.3. Operações relativas a ouro, quando definido em lei como ativo financeiro ou instrumento cambial

O art. 155, § 2º, X, c, estabelece a **não incidência do ICMS sobre o ouro,** nas hipóteses referidas no **art. 153, § 5º,** ou seja, quando definido em lei como ativo financeiro ou instrumento cambial, por não ser utilizado como mercadoria, mas como moeda. O mencionado dispositivo constitucional reza que o ouro, **quando definido em lei como ativo financeiro ou instrumento cambial, sujeita-se exclusivamente à incidência do IOF,** devido na operação de origem, e a alíquota mínima será de um por cento, tendo o Estado, o Distrito Federal, e o Município participação no produto da arrecadação do imposto nos termos do mencionado dispositivo. A Lei nº 7.766, de 11.05.1989 dispõe sobre o ouro, ativo financeiro e seu tratamento tributário, mas alguns autores entendem que, por corresponder a limitação constitucional ao poder de tributar,

---

[209] BRASIL. Supremo Tribunal Federal, RE 198.088-SP, Rel. Ilmar Galvão, 17.05.2000, Informativo nº 189, de 15-19 de maio de 2000.

[210] BRASIL. Supremo Tribunal Federal, RE 193.074, Rel. Min. Ilmar Galvão, Primeira Turma, v.u., 14.12.1998, *DJU* de 28.05.1999, p. 21. "Tributário. ICMS. Fato gerador. Energia elétrica. Contrato de demanda reservada. Legitimidade passiva da concessionária e da Fazenda Estadual. A compra de energia para reserva somente se aperfeiçoa com o efetivo fornecimento. O fato gerador ocorre quando da tradição, ou seja, a saída da eletricidade da usina e seu ingresso no estabelecimento do usuário. Interpretação dos artigos 155, § 3º, da Constituição, 116, inciso II, do CTN, 1.267, *caput*, do NCC e artigo 19 do Convênio nº 66/1988. Rejeição da preliminar de ilegitimidade passiva" (TJRJ, AC2005.001.09097, 10ª CC, Rel. Des. Bernardo Moreira Garcez Neto, 12.07.2005).

a matéria deveria ter sido disciplinada por meio de lei complementar, a teor do art. 146, II, da CF[211]. O ICMS incide, portanto, sobre operações de circulação de ouro, considerado mercadoria, por ter tratamento mercantil, quando, por exemplo, o ouro for empregado na fabricação de joias, cabendo o imposto ao Estado onde tenha sido extraído (LC nº 87/1996, art. 11, I, "h").

Além das imunidades específicas relativas ao ICMS, devem também ser observadas as **imunidades genéricas** previstas no art. 150, VI, da CF, bem como as **hipóteses legais de não incidência** referidas no art. 3º da LC nº 87/1996.

> ICMS. Imunidade (art. 150, VI, C, da CF. Aquisição de mercadorias e serviços no mercado interno. Entidade beneficente. 1. A imunidade prevista no art. 150, VI, "c", da Constituição, compreende as aquisições de produtos no mercado interno, desde que os bens adquiridos integrem o patrimônio dessas entidades beneficentes[212].

O ICMS não incide sobre a venda de bens integrantes do ativo fixo da empresa porque não podem ser considerados mercadorias, levando-se em conta o conceito do direito comercial, porque não são coisas móveis adquiridas para revenda com intenção de lucro, tal venda não caracteriza ato mercantil por não ser exercida com habitualidade e inexiste circulação no sentido jurídico-tributário[213].

2.7.4. Operações de serviços de transporte interestadual, intermunicipais e de comunicação

O art. 155, II da CF de 1988 determina também a **incidência do ICMS sobre prestações de serviços de transporte interestadual e intermunicipal e de comunicação**, ainda que as prestações se iniciem no exterior. Por sua vez, o **§ 3º do art. 155 da CF** amplia a incidência do ICMS para abranger também, de forma exclusiva, as **operações relativas a energia elétrica, serviços de telecomunicações, derivados de petróleo, combustíveis e minerais do país**[214].

O ICMS somente incidia sobre **os serviços de transporte interestadual e intermunicipal de pessoas, bens, mercadorias ou valores**, e, assim, o imposto não alcançava o serviço de transporte realizado exclusivamente no território do Município, vez que incidia o ISS. Com a EC nº 132/2023, e após o regime de transição, observar-se-á o fim da dicotomia entre ICMS e ISS de tal forma que unificação ficará a cargo do IBS. Os serviços de transporte coletivo, inclusive, nos termos do art. 156-A, § 6º, VI, estarão submetidos a regime específico de tributação sobre regime específico, nos moldes de lei complementar, os "serviços de transporte coletivo de passageiros rodoviário intermunicipal e interestadual, ferroviário e hidroviário, podendo prever hipóteses de alterações nas alíquotas e nas regras de creditamento, admitida a não aplicação do disposto no § 1º, V a VIII".

A operação de transporte de mercadorias industrializadas feita entre países cuja saída do produto se inicia em território brasileiro e se finda no exterior não se encontra no âmbito de incidência do ICMS, por ausência de previsão legal. O art. 155, II, da CF, em sua parte final, deixa

---

[211] Cf. Roque Antônio Carraza, *ICMS, op. cit.*, p. 248.

[212] BRASIL, SUPREMO TRIBUNAL FEDERAL, AI – AgR 535922/RS, Ag Reg no Agravo de Instrumento, Rel. Min. Ellen Gracie, Segunda Turma, 30.09.2008.

[213] BRASIL. Supremo Tribunal Federal, RE 194.300-9/SP, Rel. Min. Ilmar Galvão, Primeira Turma, v.u., 29.04.1997, *DJU* 12.09.1997, p. 43.737.

[214] No sistema constitucional anterior competia à União instituir imposto único sobre "produção, importação, circulação, distribuição ou consumo de lubrificantes e combustíveis líquidos ou gasosos e de energia elétrica, imposto que incidirá uma só vez sobre qualquer dessas operações, excluída a incidência de outro tributo sobre elas", sendo tal imposto denominado de imposto único.

Capítulo XII · IMPOSTOS FEDERAIS, ESTADUAIS E MUNICIPAIS | **481**

claro que o ICMS incide mesmo que a **prestação de serviço de transporte tenha se iniciado no exterior, desde que se finde no território nacional** (LC nº 87/1996, art. 12, X). Nesse caso ocorre o fenômeno do **diferimento**, ou seja, adiamento da ocorrência do fato gerador, porque o imposto incide em relação ao estabelecimento encomendante do serviço, no ato final do transporte, sendo devido ao Estado destinatário, porque a lei brasileira não tem competência para tributar o início da prestação do serviço no exterior. Todavia, nessa hipótese, "o ICMS só é possível quando, tendo o serviço de transporte se iniciado no exterior, ele, antes de alcançar seu destinatário, atravessa pelo menos um Município, no território nacional".[215] Isso porque se **iniciado e completado no exterior**, falece competência ao Estado brasileiro para tributar fato ocorrido fora do seu território.

O imposto não incide quando o transporte é feito pelo próprio contribuinte, ou seja, **transporte de carga própria**, porque ninguém presta serviço a si mesmo, e o contrato de prestação de serviços exige duas pessoas[216]. Da mesma forma, não incide o imposto, quando o serviço é prestado por empregado, com vínculo de subordinação, ao seu empregador, por exemplo, motorista de empresa de ônibus ou da empresa transportadora, estando, portanto, fora de comércio[217]. O serviço de transporte interestadual e intermunicipal só poderá ser tributado se tiver **caráter oneroso**, pois, sendo gratuito, não poderá incidir o imposto por ausência de base de cálculo, que é o preço do serviço, apesar do inciso II do art. 1º silenciar sobre a onerosidade do mencionado serviço, em razão de não ser usual a realização de transporte gratuito.

Na prestação de serviço de transporte interestadual e intermunicipal, o **imposto deve ser pago ao Estado onde tenha início a prestação** (LC nº 87/1996, art. 11, II, "a"), e onde se encontre o transportador, quando em situação irregular pela falta de documentação fiscal ou quando acompanhada de documentação inidônea, como dispuser a legislação tributária (alínea "b").

Roque Antônio Carraza chama a atenção para uma hipótese interessante que pode ocorrer quando o transporte internacional de passageiro ou de carga "concluir-se num Município de fronteira ('v.g.', no Município de Foz de Iguaçu). Caberá, aí, o ICMS, ao Estado de destino? Inclinamo-nos pela resposta negativa, porque, no caso, não houve transporte interestadual ou intermunicipal (não, pelo menos, no território nacional, onde as leis brasileiras têm voga). Assim, salvo engano, o ICMS só é possível quando, tendo o serviço de transporte se iniciado

---

[215]   Cf. Roque Antônio Carraza, *ICMS, op. cit.*, p. 112. "Diferimento não se confunde com isenção ou imunidade, já que nele a obrigação tributária surge desde logo, ao realizar-se a operação de circulação da mercadoria; o que não se perfaz, desde logo, é a sua exigibilidade, transferida para outra ocasião. Pela própria natureza do instituto do diferimento, o fornecedor de matéria-prima não recolhe o ICMS, à sua saída; o adquirente é que passa a ser responsável pelo tributo, mas não o paga neste momento, fazendo-o posteriormente, por ocasião da saída do produto final. Ora, se ele, por ocasião da aquisição da mercadoria, nada paga, não pode se creditar por uma quantia que não pagou e o Estado não recebeu" (*RSTJ* 96/141).

[216]   Hugo de Brito Machado esclarece que "seria absurda a exigência de ICMS em razão do transporte da carga própria, posto que o valor desse transporte estará necessariamente incluído no valor das mercadorias transportadas, e assim automaticamente alcançado pelo tributo" (*Curso de direito tributário, op. cit.*, p. 319). Conforme entendimento do STF: "Ementa. Recurso extraordinário com agravo. Direito Tributário. Imposto Sobre Circulação de Mercadorias e Serviços (ICMS). Deslocamento de mercadorias. Estabelecimentos de mesma titularidade localizados em unidades federadas distintas. Ausência de transferência de propriedade ou ato mercantil. Circulação jurídica de mercadoria. Existência de matéria constitucional e de repercussão geral. Reafirmação da jurisprudência da Corte sobre o tema. Agravo provido para conhecer em parte do recurso extraordinário e, na parte conhecida, dar-lhe provimento de modo a conceder a segurança. Firmada a seguinte tese de repercussão geral: Não incide ICMS no deslocamento de bens de um estabelecimento para outro do mesmo contribuinte localizados em estados distintos, visto não haver a transferência da titularidade ou a realização de ato de mercancia." (BRASIL. Supremo Tribunal Federal, ARE 1255885 RG, Rel. Min. Presidente, Tribunal Pleno, j. 14.08.2020, processo eletrônico repercussão geral – mérito, DJe-228, divulg. 14.09.2020, public. 15.09.2020).

[217]   Cf. Roque Antônio Carraza, *ICMS, op. cit.*, p. 66.

no exterior, ele, antes de alcançar seu destinatário, atravessa pelo menos um Município, no território nacional"[218].

A CF não define a **natureza do transporte**, mas deve-se entender que é por via rodoviária, ferroviária e aérea, porque o **art. 2º, II, da LC nº 87/1996**, refere-se a **qualquer via de transporte**[219]. Assim, tributa-se serviço de transporte, por qualquer via, entre dois Estados, entre dois Municípios e os iniciados no exterior e terminados no Brasil. Entretanto, antes da LC nº 87/1996, o STF concedeu liminar (ADIn 1089-DF) suspendendo a tributação sobre transporte realizado por empresa de navegação aérea, porque a competência para legislar sobre a atividade é da União, exigindo lei complementar (CF, art. 21, XII, e art. 22, X)[220].

A **LC nº 190/2022** regulamenta o ICMS nas transações entre empresas e consumidores situados em Estados diferentes e não contribuintes de ICMS.

2.7.5. *Serviços de comunicação*

O art. 2º, III, da LC nº 87/1996 prescreve que o ICMS incide sobre "prestações onerosas de serviços de comunicação, por qualquer meio, inclusive a geração, a emissão, a recepção, a transmissão, a retransmissão, a repetição e a ampliação de comunicação de qualquer natureza". Da mesma forma, prescreve o inciso III do art. 2º da LERJ. Os serviços de comunicação são tributados não pela comunicação em si, mas pela prestação de seu serviço, e, por isso, não incide sobre a atividade de serviço postal. Não há incidência do imposto relativo a serviço prestado gratuitamente, porque o art. 2º, III, refere-se a "prestações onerosas de serviços de comunicação", embora seja supérfluo o vocábulo "onerosas", porque o fato gerador do ICMS "há de ser invariavelmente um fato econômico revelador da riqueza"[221].

Os **serviços de radiodifusão** não se enquadram no campo de abrangência do ICMS porque não correspondem a serviços de comunicação. Assim, a empresa de televisão não presta serviço de comunicação ao anunciante, mas sim de veiculação de propaganda, tributável pelo ISS[222].

---

[218] *ICMS, op. cit.*, p. 112.

[219] Neste sentido, entre outros, Sacha Calmon, *Curso de direito tributário brasileiro, op. cit.*, p. 332, e Roque Antônio Carraza, que acrescenta: "Quando dizemos qualquer tipo de veículo, não estamos nos olvidando mesmo dos oleodutos, dos vários tipos de encanamentos ("pipelines"), das esteiras rolantes, dos "containers", dos veículos movidos a tração animal etc (*op. cit.*, p. 107-108). No mesmo sentido: MATTOS, Aroldo Gomes de. *ICMS* – Comentários à LC 87/1996. São Paulo: Dialética, 1997, p. 39.

[220] BRASIL. Supremo Tribunal Federal, ADIN 1089/DF Rel. Min. Francisco Rezek, Pleno, 29.05.1996, *DJU* 27.06.1997, p. 30.224, com a seguinte ementa: "Transporte aéreo. ICMS. Dada a gênese do novo ICMS na Constituição de 1988, tem-se que sua exigência nos casos dos transportes aéreos configura nova hipótese de incidência tributária, dependente de norma complementar à própria carta, e insuscetível, à luz de princípios e garantias essenciais daquela, de ser inventada, mediante convênio, por um colegiado de demissíveis *ad nutum*. Procedência da ação direta com que o Procurador-Geral da República atacou o regramento convenial da exigência do ICMS no caso dos transportes aéreos." Posteriormente, já editada a LC nº 87/1996, o STF julgou procedente em parte Ação Direta de Inconstitucionalidade para declarar, sem redução de texto, a instituição do ICMS sobre a prestação de serviços de transporte aéreo de passageiros, intermunicipal, interestadual e internacional e de transporte internacional de cargas, por entender que a formatação da LC nº 87/1996 seria inconsistente para o transporte de passageiros pois impossibilitaria a repartição do ICMS entre os Estados, não havendo como aplicar as alíquotas internas e interestaduais (ADIn. nº 1.600/DF, Rel. originário Min. Sydnei Sanches, Rel. p/acórdão Min. Nelson Jobim, 26.11.2001, *Informativo 252*); "Locação de navio. A locação de navio, embora armado e equipado, não se confunde com o contrato de transporte de carga, estando a salvo da incidência do ICMS" (BRASIL. Superior Tribunal de Justiça, REsp. 79.445/ES, Rel. Min. Ari Pargendler, Segunda Turma, v.u., 24.03.1998, *DJU* 13.04.1998, p. 95).

[221] Cf. Aroldo Gomes de Mattos, *op. cit.*, p. 39.

[222] Cf. Roque Antônio Carraza, *ICMS, op. cit.*, p. 172.

Daí a EC nº 42/2003 ter consagrado a **não incidência do ICMS** nas prestações de serviço de comunicação nas modalidades de radiodifusão sonora e de sons e imagens de recepção livre e gratuita (alínea "d" acrescentada ao inciso X do § 2º do art. 155). O ICMS também não incide sobre a **habilitação de telefone móvel celular**, porque a LC nº 87/1996 só prevê no campo de abrangência do ICMS os serviços de comunicação propriamente ditos, e, assim, o "Convênio ICMS nº 69/1998, dilargou o campo de incidência do ICMS quando incluiu em sua cláusula primeira o serviço de habilitação, sendo certo que só poderia tê-lo feito por meio de Lei Complementar", e "não há lei que determine a incidência do ICMS sobre a habilitação telefônica"[223].

Lavra dissenso sobre a incidência do ICMS ou do ISS nas prestações de serviços por **provedores** que viabilizam acesso à internet. O **STJ** decidiu inicialmente, com base no art. 2º, III, da LC nº 87/1996, que os provedores são contribuintes do ICMS e não do ISS, porque, ao oferecerem endereço na internet para seus usuários, ou, até mesmo, disponibilizar sites para o acesso, estão prestando serviços de comunicação, espécie dos serviços de telecomunicações. A decisão rejeitou a tese de que os mencionados serviços não seriam de comunicação porque o art. 61 da Lei n. 9.472/1997 os definiria como serviço de valor adicionado, e o provedor apenas aproveita o serviço de telecomunicações, para acrescentar uma utilidade (transmissão de informações). O art. 155, II, da CF determina a incidência do ICMS nas operações de comunicação, e o seu § 3º sobre serviços de telecomunicações. Por outro lado, a "relação entre o prestador de serviço (provedor) e o usuário é de natureza negocial visando a possibilitar a comunicação desejada. É suficiente para constituir fato gerador do ICMS"[224]. Posteriormente, a Segunda Turma do STJ decidiu que a prestação de serviço de provedor é serviço de valor adicionado (art. 61 da Lei nº 9.472/1997) e, como tal, não dá ensejo ao ICMS[225], entendimento consolidado na Súmula nº 334 do STJ.

2.8. Princípio da não cumulatividade

Este princípio está estabelecido no art. 155, § 2º, I, da CF, quando prescreve: "Compensando-se o que for devido em cada operação relativa à circulação de mercadoria ou prestação de serviços com o montante cobrado nas anteriores pelo mesmo ou outro Estado ou pelo Distrito Federal". A LC nº 87/1996 regula a matéria nos arts. 19 a 26 e a LERJ dispõe nos arts. 32 a 38. Preliminarmente, tratando-se de imposto objeto de lançamento por homologação, não devia o dispositivo constitucional referir-se a compensação do "montante cobrado nas operações anteriores" porque, quando o contribuinte adquire mercadoria de outro contribuinte,

---

[223] BRASIL. Superior Tribunal de Justiça, REsp. 703695/PR, Primeira Turma, Rel. Min. Luiz Fux, 20.09.2005, *DJU* 10.10.2005, p. 243.

[224] BRASIL. Superior Tribunal de Justiça, REsp. 323.358, Rel. Min. José Delgado, Primeira Turma, 21.06.2001, v.u., *DJU* 03.09.2001, p. 158. *RSTJ* 151/120. A matéria é controversa, tanto que José Soares Eduardo de Mello entende que o provedor da Internet não é contribuinte do ICMS porque: a) seus serviços "qualificam-se como serviços de valor adicionado, que se definem exatamente pela adição de uma série de facilidades a infraestrutura de telecomunicações preexistentes. Não se confundem com os serviços de telecomunicações; ao revés, trata-se de espécie do gênero serviços de informática"; b) "Os provedores de serviços não possuem e nunca precisaram obter concessão ou qualquer outra espécie de autorização ou permissão governamental, o que seria imperativo, caso tais serviços efetivamente se caracterizassem como de telecomunicações (art. 21, XI, da CF, com a redação da EC nº 8/1995)"; c) "Esses profissionais não realizam ou participam de qualquer serviço de comunicação ou telecomunicação, senão como meros usuários, e, portanto, de modo insofismável, não estão sujeitos ao recolhimento do ICMS" (ICMS/ISS TV *por Assinatura e a Cabo, Courrier e Internet*, RDT 71). No mesmo sentido: CARVALHO, Paulo de Barros. Não incidência do ICMS na atividade dos provedores de acesso à Internet. *RDDT*, São Paulo, n. 73, p. 97/104.

[225] BRASIL. Superior Tribunal de Justiça, RMS 16.767/MG, Rel. Min. Eliana Calmon, Segunda Turma, 5.10.2004, Informativo nº 224, período de 4 a 15 de outubro de 2004.

este é quem paga e transfere o peso do imposto para o adquirente, não havendo, portanto, cobrança de imposto.

Não se trata de compensação jurídica porque não implica na extinção do crédito tributário, que somente ocorrerá quando o Fisco homologar, expressa ou tacitamente, o pagamento antecipado feito pelo contribuinte, isto é, sem lançamento. Trata-se de compensação financeira, mera operação matemática, através de um sistema escritural de crédito e débito, pelo qual o valor do ICMS suportado na entrada da mercadoria no estabelecimento do contribuinte deve ser deduzido do valor a ser pago, quando da saída da mercadoria, para que não haja incidência em cascata. Exemplificando: José aliena mercadoria para João pelo preço de R$ 1.000,00, acrescentando o valor de R$ 130,00 a título do ICMS que pagou. João deve escriturar contabilmente como crédito esse valor de R$ 130,00 que suportou pela entrada da mercadoria em seu estabelecimento, e, ao vender a mercadoria para Pedro, devia recolher ICMS no valor R$ 200,00, mas, em razão do princípio da não cumulatividade, pode deduzir desse valor o crédito de R$ 130,00, e, somente vai pagar R$ 70,00 de imposto.

Não se tratando de "**imposto em cascata**", o consumidor final, ao adquirir a mercadoria, somente pagará a alíquota a ela pertinente, não suportando o peso das incidências do ICMS nas operações anteriores. O exemplo dado anteriormente referiu-se a cotejo entre créditos e débitos feito por mercadoria (LC nº 87/1996, art. 26, I), mas pode ser feito também por mercadoria ou serviço em cada operação (LC nº 87/1996, art. 26, II), ou seja, levando-se em conta todas as operações de crédito e débito dentro do período de apuração, cabendo à lei estadual estabelecer o critério a ser adotado pelo contribuinte. O período de apuração pode ser fixado por norma integrante da legislação estadual (LC nº 87/1996, art. 24), devendo a apuração entre créditos e débitos ser feita em cada estabelecimento, compensando-se os saldos credores e devedores entre os estabelecimentos do mesmo sujeito passivo, localizados no Estado (LC nº 87/1996, art. 25, com a redação dada pela LC nº 102/2000)[226].

2.9. Correção monetária do crédito

A **doutrina** entende que o contribuinte do ICMS tem direito à atualização monetária do crédito independentemente da existência de lei que autorize pelos seguintes fundamentos: a) a correção monetária não se constitui em um *plus*, sendo mera atualização da moeda aviltada pela inflação, impondo-se como um imperativo de ordem jurídica, econômica e ética; b) a correção visa a evitar enriquecimento sem causa pelo Estado, em detrimento do contribuinte,

---

[226] "1. Pacificou-se nesta Corte entendimento no sentido de reconhecer o direito ao crédito de ICMS relativo à aquisição de bens destinados ao ativo imobilizado, material de uso e consumo, bem como ao recebimento de serviço de transporte, a partir da edição da LC nº 87/1996 (Lei Kandir)..." (BRASIL. Superior Tribunal de Justiça, REsp. 621557/RS, Segunda Turma, Rel. Min. Eliana Calmon, 01.09.2005, *DJU* 19.09.2005, p. 271). "1. Segundo a jurisprudência do STJ, o ICMS incidente sobre as contas de energia elétrica e serviços de telecomunicações não podia ser creditado como espécie de insumo, quando utilizado em empresa com atividade de mero comércio segundo o DL nº 406/1968 e o Convênio nº 66/1988. 2. Com o advento da LC nº 87/1996, a proibição se estendeu às hipóteses em que esses serviços (energia elétrica e telecomunicações) não são utilizados na atividade precípua do estabelecimento. 3. A LC nº 102/2000 não alterou substancialmente a restrição, explicitando apenas que o creditamento somente se daria quando a energia elétrica fosse consumida no processo de industrialização ou quando fosse o objeto da operação. 4. No que diz respeito ao aproveitamento de crédito do ICMS em relação à aquisição de bens destinados ao ativo fixo, inovou a LC nº 102/2000, ao permiti-lo escalonadamente, em 48 meses. Inexiste óbice em escalonar o legislador ordinário a outorga de um crédito concedido sob a rubrica da isenção" (BRASIL. Superior Tribunal de Justiça, RMS 19176/SC, Rel. Min. Eliana Calmon, Segunda Turma, 14.06.2005, *DJU* 12.09.2005, p. 259).

Capítulo XII • IMPOSTOS FEDERAIS, ESTADUAIS E MUNICIPAIS | **485**

e consequente pagamento a maior do tributo, com violação ao princípio da não cumulatividade[227] e para que o Estado não se beneficie da inflação por ele não controlada; c) o STF, a partir da distinção entre dívida em dinheiro e dívida de valor, abandonou a tese da necessidade de lei para a incidência da correção monetária, como nos casos de responsabilidade civil no pensionamento da vítima e no ressarcimento da desapropriação indireta, entendimento que só tinha cabimento nas dívidas em dinheiro (Súmula nº 562); d) a não necessidade de lei para a correção ser reconhecida decorre de a mesma ser fenômeno financeiro, e não a impede o fato de o crédito do ICMS ser meramente escritural, para evitar as distorções criadas pela inflação; e) ocorre violação aos princípios da não cumulatividade e da isonomia, se somente o valor do débito tributário é corrigido, em prejuízo do contribuinte, podendo se chegar a uma situação em que, por diminuição das vendas, tenha de estocar mercadorias, provocando a deterioração do valor do crédito corroído pela inflação. A não correção do crédito viola o princípio da isonomia, "já que contribuinte obrigado, pelo tipo de comércio que realiza, a manter grandes estoques (demorando, assim, para utilizar seus créditos de ICMS) acaba levando flagrante desvantagem em relação ao contribuinte que revende rapidamente as mercadorias que adquire"[228].

O STF, no entanto, tem decidido que o **contribuinte não tem direito de corrigir monetariamente o valor do crédito sem lei estadual que permita** por se tratar de crédito simplesmente escritural, mero cálculo matemático, contabilização na conta gráfica, pela entrada da mercadoria no estabelecimento, do crédito embutido no preço pago pelo contribuinte, não tendo, portanto, expressão monetária. Assim, na fase de apuração do tributo nem débito nem crédito recebem atualização monetária. Ademais, inexistindo lei estadual permitindo tal correção do crédito contábil, esta não pode ser deferida pelo Poder Judiciário, sob pena de se substituir ao legislador, dispondo sobre matéria que não é da sua competência. Por outro lado, a técnica do creditamento escritural, em atendimento ao princípio da não cumulatividade, pode ser expressa através de uma equação matemática, de modo que, adotando-se uma alíquota constante, a soma das importâncias pagas pelos contribuintes, nas diversas fases do ciclo econômico, corresponda exatamente à aplicação desta alíquota sobre o valor da última operação. Portanto, por ser uma operação matemática pura, devem estar estanques quaisquer fatores econômicos ou financeiros, justamente em observância ao princípio da não cumulatividade[229].

2.10. STF admite atualização de créditos fiscais pelas unidades federadas

O STF tem admitido como legítimas legislações estaduais que determinam a atualização de seus créditos fiscais, desde que não excedam os percentuais fixados pela União para correção dos débitos tributários federais, por não estarem impedidas de conceder incentivos fiscais, que a tanto vale a renúncia à correção monetária plena[230]. A decisão não é correta

---

[227] Neste sentido é o lúcido entendimento do Min. Marco Aurélio: "O lançamento de crédito de ICMS há de ser feito prestando-se homenagem ao princípio da não cumulatividade. Daí a incidência da correção monetária, obstaculizando-se, com isso, quer a carga tributária indevida, quer o enriquecimento sem causa por parte do Estado" (BRASIL. Supremo Tribunal Federal, AR em AI 191537-7/SP, Rel. Min. Marco Aurélio, Segunda Turma, v.u., *DJU* 17.10.1997, p. 52.495).

[228] Cf. Roque Antônio Carraza, ICMS, *op. cit.*, p. 212.

[229] BRASIL. Supremo Tribunal Federal, **AgR 318277/RS,** RE 188.855-5, Rel. Min. Maurício Correa, Segunda Turma, v.u., 23.03.1998, DJ 24.04.1998, p. 12.

[230] BRASIL. Supremo Tribunal Federal, RE 263.585-5/SP, Rel. Min. Moreira Alves, Primeira Turma, v.u., 10.04.01, *DJU* de 01.06.01, p. 90. Ementa. Recurso extraordinário com agravo. Direito Financeiro. Legislação de entes estaduais e distrital. Índices de correção monetária e taxas de juros de mora. Créditos

quando afirma que a renúncia à correção monetária plena equivale a incentivo fiscal cuja concessão pode ser concedida pelas unidades federais. Isso porque, nos termos da alínea "g" do inciso XII do § 2º do art. 155 da CF, isenções, incentivos e benefícios fiscais só podem ser concedidos mediante convênios celebrados entre os Estados e o Distrito Federal, nos termos da LC nº 24/1975. Assim, o fundamento correto consiste na competência supletiva que o art. 24 da CF concede aos Estados na ausência de lei federal sobre a matéria.

Por sua vez, o **STF e o STJ** têm admitido também o direito de creditamento pelo contribuinte referente ao ICMS incidente na importação do bem, salvo se ocorrer isenção na importação, para ser compensado em operações internas posteriores segundo o regime da apuração periódica[231].

2.10.1. Pressupostos para a utilização do direito de crédito (LC nº 87/1996, art. 23, parágrafo único)

O contribuinte tem o **prazo decadencial de cinco anos, contados da data da emissão do documento que comprova a idoneidade da escrituração**, apurada segundo a legislação estadual, para aproveitamento de créditos do ICMS[232]. Além disso, o contribuinte deve ainda atender aos seguintes pressupostos para se valer do direito de crédito: Primeiro, deve ocorrer a entrada da mercadoria, **real ou simbolicamente**, no estabelecimento do contribuinte, ou para o qual tenham sido prestados os serviços. A entrada simbólica ocorre, por exemplo, com a aquisição de mercadoria depositada em armazém geral ou depósito fechado (LC nº 87/1996, art. 12, IV). Segundo, o contribuinte deve ter suportado o ônus do imposto, porque, caso contrário, não há repercussão e, em consequência, não gera direito ao crédito. Terceiro, que

---

tributários. Percentual superior àquele incidente nos tributos federais. Incompatibilidade. Existência de repercussão geral. Reafirmação da jurisprudência da Corte sobre o tema. 1. Tem repercussão geral a matéria constitucional relativa à possibilidade de os estados-membros e o Distrito Federal fixarem índices de correção monetária e taxas de juros incidentes sobre seus créditos tributários. 2. Ratifica-se a pacífica jurisprudência do Tribunal sobre o tema, no sentido de que o exercício dessa competência, ainda que legítimo, deve se limitar aos percentuais estabelecidos pela União para os mesmos fins. Em consequência disso, nega-se provimento ao recurso extraordinário. 3. Fixada a seguinte tese: os estados--membros e o Distrito Federal podem legislar sobre índices de correção monetária e taxas de juros de mora incidentes sobre seus créditos fiscais, limitando-se, porém, aos percentuais estabelecidos pela União para os mesmos fins (ARE 1216078 RG, Rel. Min. Presidente, Tribunal Pleno, j. 29.08.2019, processo eletrônico, repercussão geral – mérito, DJe-210, divulg. 25.09.2019, public. 26.09.2019).

[231] ED em REsp. 122.795/SP, Rel. Min. Ari Pargendler, Segunda Turma, v.u., 04.08.1997, *DJU* 25.08.1997, p. 39.346). "Não possibilidade de abatimento do valor cobrado nas operações anteriores em se tratando de importação de mercadoria isenta. Com a isenção não houve a incidência da regra jurídica da tributação. Só é possível abater o que foi recolhido" (BRASIL. Superior Tribunal de Justiça, REsp. 63.655-8/BA, Rel. Min. Milton Luiz Pereira, Primeira Turma, v.u., 13.12.1995, *DJU* 18.03.1996, p. 7.525). *Idem*, STF, *RT* 729/124.

[232] Gomes de Mattos entende que o mencionado prazo é para o contribuinte registrar o crédito na escrita contábil, sendo imprescritível o direito de utilizá-lo, ou seja, aproveitá-lo, porque o estabelecimento de prazo violaria o princípio da não cumulatividade, que não está sujeito pela norma constitucional a qualquer restrição temporal, sendo regra de eficácia plena. Assim, tal restrição temporal viola o art. 146, II, da CF, porque a norma relativa ao princípio da não cumulatividade consubstancia limitação ao poder de tributar, que não pode ser restringida pela lei complementar. "Eficácia normativa plena significa aptidão incondicional para produzir imediatos efeitos jurídicos, quando cabível a incidência do preceito. De nenhuma lei depende a eficácia do sistema de abatimentos" (ATALIBA, Geraldo; GIARDINO, Clebre. ICM e IPI – Direito de Crédito – Produção de Mercadorias Isentas ou Sujeitas à Alíquota Zero. *Revista de Direito Tributário*, n. 46, ano 12, out.-dez. 1988. p. 79). Tal direito nasce com a realização da operação tributável em benefício do contribuinte, porque o princípio da não cumulatividade não se dirige exclusivamente ao consumidor, evitando a incidência em cascata, sendo dirigido também ao contribuinte, para a diminuição do imposto a recolher (*Op. cit.*, p. 166).

deve ser idônea a documentação que embasa os registros contábeis geradores do direito ao crédito. Considera-se inidôneo, fazendo prova apenas a favor do Fisco, o documento que: a) omitir indicações; b) não seja o legalmente exigido para a respectiva operação; c) não guarde as exigências ou requisitos estabelecidos pela legislação; d) contenha declarações inexatas, esteja preenchido de forma ilegível ou apresente emendas ou rasuras que lhe prejudiquem a clareza. O contribuinte que aproveitou crédito decorrente de nota fiscal emitida por quem estava em situação irregular, ainda que só declarada posteriormente, deve comprovar, pelos registros contábeis, que a operação de compra e venda efetivamente ocorreu.

Não tendo o contribuinte ciência da situação irregular do transmitente, pela não publicação do ato que declarou inidôneo o fornecedor de bens e serviços, é contribuinte de boa-fé, ainda mais porque não tem o dever de fiscalizar os livros e registros do transmitente, atribuição que cabe ao Estado, prevalecendo, portanto, a teoria da aparência. O direito ao crédito não desaparece nem quando não há emissão de nota fiscal, ou nota fria, desde que comprovada a operação mercantil[233]. **Súmula nº 571 do STF**: "O comprador de café, ao IBC, ainda que sem expedição de nota fiscal, habilita-se, quando da comercialização do produto, ao crédito do ICM que incidiu sobre a operação anterior".

A **escrituração extemporânea do crédito**, desde que respeitado o prazo decadencial, não impede o direito da sua utilização para a compensação do ICMS devido em operações ou prestações posteriores, com correção monetária. Isso porque "não há qualquer aumento do valor corrigido, mas sua simples preservação"[234].

Cabe à legislação tributária estadual dispor sobre o período de apuração do ICMS. As obrigações consideram-se vencidas na data em que termina o período de apuração e são liquidadas por compensação ou mediante pagamento em dinheiro, observadas as seguintes regras: a) as obrigações consideram-se liquidadas por compensação até o montante dos créditos escriturados no mesmo período mais o saldo credor de período ou períodos anteriores, se for o caso; b) se o montante dos débitos do período superar o dos créditos, a diferença será liquidada dentro do prazo fixado pelo Estado; c) se o montante dos créditos superar o dos débitos, a diferença será transportada para o período seguinte (LC nº 87/1996, art. 24).

A doutrina considera inconstitucionais as normas estaduais que restringem o exercício do direito constitucional à utilização genérica do crédito apurado em cada estabelecimento, não podendo a lei estadual exigir que sejam os mesmos os produtos ou mercadorias saídos do estabelecimento. Em outras palavras, "a relação que a Constituição estabelece é *entre duas simples operações* sucessivas e não entre operações sucessivas respeitantes *à mesma* mercadoria ou ao *mesmo* produto industrializado[235].

---

[233] Cf. MELLO, Bandeira de. Ilícito tributário (notas frias). *RDT*, São Paulo, 62/26. "Verificado que o contribuinte aproveitou crédito decorrente de nota fiscal emitida por quem estava em situação irregular (ainda que só declarada posteriormente), o respectivo montante só é oponível ao fisco se demonstrado, pelos registros contábeis, que a operação de compra e venda realmente aconteceu. O comerciante que, de boa-fé, acreditou na aparência da nota fiscal não fica prejudicado por isso. Hipótese, todavia, em que o lançamento fiscal foi efeito imediato da declaração, superveniente, da inidoneidade do emitente da nota fiscal sem que a efetividade da operação de compra e venda tenha sido contestada" (BRASIL. Superior Tribunal de Justiça, REsp. 89.706/SP, Rel. Min. Ari Pargendler, Segunda Turma, v.u., 24.03.1998, *DJU* 6.04.1998, p. 77. *RSTJ* 105/174).

[234] BRASIL. Superior Tribunal de Justiça, REsp. 68.033-6/SP, Primeira Turma, v.u., Rel. Min. Cesar Asfor Rocha, 02.10.1995, *DJU* 20.11.1995, p. 39.562 etc.

[235] Cf. ATALIBA, Geraldo; GIARDINO, Cleber. Núcleo da definição constitucional do ICM. *RDT*, São Paulo, vol. 25-26, p. 112, 1983. No mesmo sentido, CANTO, Gilberto de Ulhôa. *RDT*, São Paulo, 29/30, p. 205). O STF já decidiu que a legislação estadual não pode reduzir a utilização do crédito pelo contribuinte,

A LC nº 87/1996, em seu art. 20, § 1º, reza que **não dão direito a crédito** as operações de mercadorias ou serviços isentas ou não tributadas e alheias à atividade do estabelecimento, por resultar de mero ato de conveniência da empresa, que não pode gerar qualquer efeito contra o fisco[236]. O § 2º do mesmo artigo prescreve que, salvo prova em contrário, **presumem-se alheios à atividade do estabelecimento** os veículos de transporte pessoal. A aquisição de veículos de transporte pessoal, para uso dos administradores e funcionários que exercem atividade externa, só dão direito a crédito quando o contribuinte comprovar que são necessários à sua atividade. Isso porque, ainda que legítimos os negócios, "seria uma forma de burlar o imposto devido. **Exemplo**: se o titular da empresa adquire móveis para uso doméstico ou particular em nome da empresa, é inadmissível o crédito do ICMS[237]. Parece-nos legítima a exigência do mencionado dispositivo legal porque a legislação do ICMS adota a mesma sistemática do imposto de renda, em que impera a necessidade de as despesas serem normais, usuais e concernentes às atividades da empresa[238].

O sujeito passivo deverá efetuar o **estorno do ICMS** do que se tiver creditado sempre que o serviço tomado ou a mercadoria entrada no estabelecimento (art. 21 da LC nº87/1996): "a) for objeto de saída ou prestação de serviço não tributada ou isenta, sendo esta circunstância imprevisível, na data da entrada da mercadoria ou da utilização do serviço; b) for integrada ou consumida em processo de industrialização, quando o produto resultante não for tributado ou estiver isento de tributação; c) vier a ser utilizada em fim alheio à atividade do estabelecimento; d) vier a perecer, deteriorar-se ou extraviar-se" (...) Entretanto, § 2º do art. 21 prescreve que **não se estornam créditos** referentes a mercadorias e serviços que venham a ser objeto de operações ou prestações destinadas ao exterior. Literalmente: "Não se estornam créditos referentes a mercadorias e serviços que venham a ser objeto de operações ou prestações destinadas ao exterior ou de operações com o papel destinado à impressão de livros, jornais e periódicos. Não se estornam créditos referentes a mercadorias e serviços que venham a ser objeto de operações ou prestações destinadas ao exterior ou de operações com o papel destinado à impressão de livros, jornais e periódicos."

Por sua vez, o § 3º do mesmo artigo 21 reza que o "não creditamento ou o estorno a que se referem o § 3º do art. 20 e o *caput* deste artigo não impedem a utilização dos mesmos créditos em operações posteriores, sujeitas ao imposto com a mesma mercadoria". A matéria é disciplinada no art. 37 da LERJ.

Deve-se destacar ainda recente decisão do STF que entendeu que o diferimento da compensação de créditos referentes a ativo permanente da empresa, nos moldes da LC nº 102/2000, não viola o princípio da não cumulatividade.[239]

---

sob pena de afrontar o princípio da não cumulatividade. A hipótese versava sobre decreto estadual que, quanto a determinadas operações, só permitia a utilização do crédito na base de 5% (cinco por cento) sobre os valores das operações (*RTJ* 76/847).

[236] Cf. Gomes de Mattos, *op. cit.*, p. 151.

[237] *Idem*, p. 152.

[238] Em sentido contrário, Soares de Melo entende "que, se o contribuinte adquiriu bens e serviços em negócios legítimos e com regular amparo documental, não há jamais de ser negada a escrituração dos créditos, muito menos no que tange à específica restrição de 'veículos de transporte pessoal'" (*Op. cit.*, p. 87).

[239] A decisão originou-se do julgamento conjunto das ADIs nº 2325, 2383 e 2571 que, até o fechamento desta edição não possuía ementa publicada. O julgamento ocorreu em 21.11.2023.

2.10.2. Vedações constitucionais ao exercício do direito de crédito

O art. 155, § 2º, II, da CF, prescreve que, salvo determinação em contrário da legislação, a **isenção ou não incidência** não implicará crédito para compensação com o montante devido nas operações ou prestações seguintes e acarretará a anulação (estorno) do crédito relativo às operações anteriores, quando essa circunstância for imprevisível na data da entrada da mercadoria ou da prestação do serviço. Exemplificando: o contribuinte A vende mercadoria para o contribuinte B, sem ter recolhido o imposto por gozar de isenção, não podendo o contribuinte B creditar-se de valor presumido, porque não suportou o ônus do ICMS na entrada da mercadoria em seu estabelecimento. O STF entende que o **crédito deve ser anulado**, quando não houver incidência na saída da mercadoria do estabelecimento do contribuinte, tendo em vista a norma do art. 155, § 2º, II, "b" (AI-ED 468900/RS).

Outro exemplo: o contribuinte A repassou ao contribuinte B o ICMS por ele pago, mas o contribuinte B goza de isenção do imposto na saída da mercadoria do seu estabelecimento, e, assim, terá de anular o crédito contabilizado. Entretanto, qualquer norma integrante da legislação tributária (CTN, art. 96) poderá dispor em sentido contrário. Deve-se compreender no âmbito da norma do art. 155, § 2º, II, não só a isenção ou não incidência legal, bem como a imunidade e as "desonerações indiretas (benefícios, incentivos fiscais, créditos-prêmios, ressarcimentos em espécies etc.), e as parciais (reduções de base de cálculos)"[240]. Entretanto, o art. 155, § 2º, XII, "f", da CF, permite à lei complementar "prever casos de manutenção de crédito, relativamente à remessa para outro Estado e exportação para o exterior, de serviços e de mercadorias". O § 2º do art. 21 da LC nº 87/1996 manteve o não estorno de créditos referentes a serviços e mercadorias que venham a ser objeto de operações ou prestações destinados ao exterior, como já dispunha o art. 3º, § 3º, do DL nº 406/1968. Vide art. 21 da LC nº 87/1996 e art. 37 da LERJ sobre as hipóteses em que o sujeito passivo deverá efetuar o estorno do imposto de que se tiver creditado.

2.10.3. Bens destinados ao uso, ou consumo, ou ativo permanente do estabelecimento

Antes da LC nº 87/1996, por ausência de previsão legal e pelo fato de não se tratar de matérias-primas ou de materiais que se consomem, pela perda de sua qualidade, no processo de industrialização, não existia autorização legal para que o contribuinte do ICMS tivesse direito de creditar-se de bens destinados ao uso ou consumo ou ao ativo fixo do estabelecimento[241]. O art. 20 da LC nº 87/1996 veio a permitir o direito de crédito, ainda que a mercadoria tenha entrado no estabelecimento para ser destinada ao seu uso ou consumo ou ao ativo permanente. Entretanto, o **art. 33, I, da LC nº 87/1996**, só admite o direito de crédito, quanto às

---

[240] Cf. Soares de Mello, *op. cit.*, p. 167. Em sentido contrário, Alcides Jorge Costa entende que o inciso II do § 2º do art. 155 da CF não alberga a imunidade porque o "legislador não tem competência para legislar sobre matéria que a Constituição já imunizou. Nestas condições, o dispositivo em causa só pode ter como destinatário o legislador ordinário ou complementar, não aplicando à imunidade do papel destinado à impressão de livros, jornais e periódicos. Se se aplicasse, o legislador ordinário ou complementar estaria usando a competência que não tem. Não lhe cabe decidir se, na imunidade, o crédito deve ou não ser estornado, uma vez que, repita-se, isto já implica o uso de um poder de legislar que não existe e que, se exercido, não produziria ato válido" (COSTA, Alcides Jorge. ICMS – Imunidade – Direito ao Crédito – Insumos. *RET*, São Paulo, n. 13, p. 28).

[241] "Tributário – ICMS – Crédito – Aproveitamento – Produção de laticínios – Produtos de limpeza. Somente os produtos que integram fisicamente a mercadoria, como elemento indispensável à sua composição, geram direito ao crédito do ICMS" (BRASIL. Superior Tribunal de Justiça, REsp. 197.121/MG, Rel. Min. Garcia Vieira, Primeira Turma, v.u., 18.03.1999, *DJU* de 10.05.1999, p. 119, *RSTJ* 117/223).

mercadorias destinadas ao uso ou consumo do estabelecimento, nele entradas a partir de 1º de janeiro de 1998, prazo este que sofreu diversas prorrogações, sendo a última feita pela LC nº **171/2019**, pela qual o direito de crédito só poderá ser exercitado quanto às mercadorias entradas no estabelecimento a partir de 1º de janeiro de 2033.

Quanto aos **bens destinados ao ativo imobilizado do estabelecimento**, o art. 33, III, da LC nº 87/1996, permite o direito de crédito para as mercadorias nele ingressadas, a partir da sua vigência, ou seja, 16.11.1996[242]. Entretanto, o § 5º do art. 20 da mencionada lei (com a redação dada pela EC nº 102/2000) estabelece diversas restrições para o exercício do direito de crédito e parcelou em 48 avos por mês o crédito do imposto a ser aproveitado.

2.10.4. *Crédito quanto à energia elétrica entrada no estabelecimento*

Antes do advento da LC nº 87/1996 a jurisprudência não reconhecia o direito do contribuinte ao direito de crédito relativo à energia elétrica consumida em estabelecimento comercial, não havendo, portanto, saída do bem[243]. A doutrina entendia que o mencionado direito estava condicionado à existência de medidor no estabelecimento, para que o contribuinte identificasse e quantificasse o valor total da energia elétrica utilizada no setor produtivo[244].

A LC nº 87/1996, em seu art. 33, II, cuja redação foi alterada pela LC nº 102/2000, LC nº 114/2000, LC nº 122/2006 e LC nº 171/2019 reconhece ao sujeito passivo o direito de crédito do valor da energia elétrica usada ou consumida no estabelecimento, observados os seguintes pressupostos: a) quando for objeto de operação de saída de energia elétrica; b) quando consumida no processo de industrialização; c) quando seu consumo resultar em operação de saída ou prestação para o exterior, na proporção destas sobre as saídas e prestações totais; d) a partir de 1º de janeiro de 2033, nas demais hipóteses[245].

2.10.5. *Crédito quanto aos serviços de comunicação*

O inciso IV do art. 33 da LC nº 87/1996 (acrescentado pela LC nº 102/2000 e nova redação dada pela LC nº 114/2002) prescreve que "somente dará direito a crédito o recebimento de serviços de comunicação utilizados pelo estabelecimento: a) ao qual tenham sido prestados na execução de serviços da mesma natureza; b) quando sua utilização resultar em operação de saída ou prestação para o exterior, na proporção desta sobre as saídas ou prestações totais; c) a partir de 1º de janeiro de 2033, nas demais hipóteses". Assim, estabeleceram-se restrições **drásticas** ao direito de crédito do ICMS, v.g., no que toca ao serviço de comunicação.

2.11. *Interpretação do § 3º do art. 155 da CF (redação dada pela EC nº 33/2001)*

O mencionado dispositivo constitucional comporta as seguintes observações: **Primeira**, que alarga a incidência do ICMS em relação à CF de 1969 porque passa a abranger as operações

---

[242] O STF concedeu liminar suspendendo a eficácia do art. 7º da LC nº 102/2000, que determinava a entrada em vigor das alterações feitas na LC nº 87/1996, no primeiro dia subsequente ao de sua publicação, por ofender o princípio da anterioridade da lei fiscal (ADIN-DF 2325-0-DF).

[243] BRASIL. Supremo Tribunal Federal, RE 200.168-RJ, Rel. Min. Ilmar Galvão, 08.10.1996, *Inf. STF 48*. No mesmo sentido, Gomes de Mattos, *op. cit.*, p. 147.

[244] Cf. Soares de Mello, *op. cit.*, p. 173.

[245] Soares de Mello entende que, sendo o direito de crédito "público subjetivo constitucional", as normas da lei complementar têm natureza meramente interpretativa, com efeitos declaratórios e retroativos à data da CF interpretada, sendo, portanto, inconstitucionais as normas da LC que estabelecem restrições temporais, por ofenderem ao princípio da não cumulatividade (*Op. cit.*, p. 183-184).

Capítulo XII · IMPOSTOS FEDERAIS, ESTADUAIS E MUNICIPAIS | **491**

relativas a energia elétrica, serviços de telecomunicações, derivados de petróleo, combustíveis e minerais do País. Segunda, que, salvo o ICMS e os impostos de importação e de exportação, nenhum outro *imposto* poderá incidir sobre as mencionadas operações (imunidade objetiva). Na redação originária do dispositivo a referência era feita a "nenhum outro tributo", tendo a EC nº 3/1993 substituído a expressão por "imposto", excluindo, portanto, da imunidade a incidência de contribuições sobre o faturamento: COFINS e PIS[246]. Entretanto, sendo imunidade objetiva, "não exclui o IR, o IPTU, o imposto sobre transmissões de bens imóveis e de direitos a ele relativos, que nascem de outros fatos econômicos e mais que isso são pessoais"[247].

A **EC nº 33/2001 acrescentou os §§ 4º e 5º ao art. 155 da CF**, regulando as operações com gás natural e seus derivados e lubrificantes e combustíveis derivados do petróleo, restringido a norma imunizante do § 3º do art. 155, o que entendemos inconstitucional porque a imunidade corresponde a cláusula pétrea, insusceptível, portanto, de ser suprimida ou reduzida pelo Poder Constituinte Derivado[248].

2.12. Sujeito passivo

2.12.1. Contribuinte

A Constituição Federal não define o contribuinte do ICMS, o que é feito pela Lei Complementar nº 87/1996, em seu art. 4º, com base no art. 155, § 2º, XII, "a", da CF, nestes termos: "Contribuinte é qualquer pessoa, física ou jurídica, que realize, com habitualidade ou em volume que caracterize intuito comercial, operações de circulação de mercadorias ou prestações de serviços de transporte interestadual e intermunicipal e de comunicação, ainda que as operações e prestações se iniciem no exterior. § 1º É também contribuinte a pessoa física ou jurídica que, mesmo sem habitualidade ou intuito comercial: I – importe mercadorias ou bens do exterior, qualquer que seja a sua finalidade; II – seja destinatária de serviço prestado no exterior ou cuja prestação se tenha iniciado no exterior; II – adquira em licitação mercadorias ou bens apreendidos ou abandonados; IV – adquira lubrificantes e combustíveis líquidos e gasosos derivados de petróleo e energia elétrica oriundos de outro Estado, quando não destinados à comercialização ou à industrialização. § 2º É ainda contribuinte do imposto nas operações ou prestações que destinem mercadorias, bens e serviços a consumidor final domiciliado ou estabelecido em outro Estado, em relação à diferença entre a alíquota interna do Estado de destino e a alíquota interestadual: I – o destinatário da mercadoria, bem ou serviço, na hipótese de contribuinte do imposto; II – o remetente da mercadoria ou bem ou o prestador de serviço, na hipótese de o destinatário não ser contribuinte do imposto." (Conforme alterações promovidas pela LC nº 190/2022). Os arts. 15 e 16 da LERJ disciplinam a figura do contribuinte do ICMS.

A lei estadual, ao definir contribuinte, não pode criar outras figuras além das previstas na LC nº 87/1996, em razão de ser matéria constitucional (CF, art. 155, § 2º, XII, "a"). Entendemos que, em razão da natureza mercantil do ICMS, incidindo sobre operações relativas a circulação de mercadorias, vale dizer, operações mercantis, só poderá ser contribuinte do imposto empresário comercial, industrial ou produtor, mas o § 1º do art. 15 da LERJ considera também outras pessoas contribuintes do ICMS.

---

[246] Cf. Leandro Paulsen, *op. cit.*, p. 321. O STF consolidou entendimento nesse sentido na Súmula nº 659, segundo a qual; "É legítima a cobrança da Cofins, do PIS e do Finsocial sobre as operações relativas a energia elétrica, serviços de telecomunicações, derivados de petróleo, combustíveis e minerais do País."

[247] Cf. Roque Antônio Carraza, RDT n. 71, Malheiros, *apud* Leandro Paulsen, *op. cit.*, p. 321.

[248] Neste sentido, Kiyoshi Harada, *op. cit.*, p. 406.

O art. 16 da LERJ considera **contribuinte autônomo cada estabelecimento** "produtor, extrator, gerador, inclusive de energia, industrial, comercial, importador ou prestador de serviço de transporte e de comunicação do mesmo contribuinte, ainda que as atividades sejam integradas e desenvolvidas no mesmo local". O parágrafo único do dispositivo acrescenta: "Equipara-se a estabelecimento autônomo o veículo utilizado no comércio ambulante e na captura de pescado". Trata-se de regra esdrúxula porque *estabelecimento* é apenas o local que reúne o conjunto de bens corpóreos e incorpóreos empregados pelo empresário para o desempenho de sua atividade empresarial, estando disciplinado nos arts. 1.142 a 1.149 do CCB de 2002. O art. 16 da LERJ não pode ser interpretado literalmente, porque **estabelecimento** é ente abstrato, **não goza de personalidade jurídica,** não é sujeito de direitos, mas apenas objeto, e, consequentemente, não poderá ser entendido como contribuinte nem por ficção legal, e muito menos integrar o polo passivo da relação processual executória. Contribuinte, portanto, é o empresário individual ou coletivo e o art. 16 da LERJ deve ser interpretado no sentido de que cada estabelecimento é considerado autônomo apenas para fim da ocorrência do fato gerador, contabilização de débitos e créditos e apuração do valor do imposto a pagar, bem como ter livros e escrituração próprios.

O ICMS, sendo imposto indireto, comporta o fenômeno econômico da **repercussão**, e por isso a empresa (contribuinte de direito), repassando ao contribuinte de fato (consumidor) o imposto devido, é parte ilegítima, segundo o STJ, "em ver restituída a majoração de tributo que não a onerou, por não haver comprovação de que o contribuinte assumiu o encargo sem repasse no preço da mercadoria, como exigido no artigo 166 do Código Tributário Nacional"[249]. Divergimos dessa decisão porque entendemos que o art. 166 do CTN pode ser interpretado no sentido de que o contribuinte de fato tem legitimidade para pleitear a repetição de indébito tributário. A Primeira Seção do Superior Tribunal de Justiça irá decidir, sobe a sistemática dos recursos repetitivos, sob o Tema nº 1.191 as regras aplicáveis na restituição de diferenças de ICMS-ST, especificamente, avaliará a: "Necessidade de observância, ou não, do que dispõe o artigo 166 do CTN nas situações em que se pleiteia a restituição/compensação de valores pagos a maior a título de ICMS no regime de substituição tributária para frente quando a base de cálculo efetiva da operação for inferior à presumida.". No âmbito do Supremo Tribunal Federal, noticia-se o entendimento proferido por ocasião do julgamento do RE nº 593.849, no qual considerou o Pleno, com base no art. 150. § 7º da CF, que: "É devida a restituição da diferença do Imposto sobre Circulação de Mercadorias e Serviços – ICMS pago a mais no regime de substituição tributária para frente se a base de cálculo efetiva da operação for inferior à presumida (Tema 201)".

Cooperativa é contribuinte do ICMS porque, quando o art. 146, III, "c", da CF, determina que seja dado "adequado tratamento tributário ao ato cooperativo praticado pelas sociedades cooperativas", não lhes está conferindo imunidade tributária nem tratamento privilegiado[250].

Entretanto, **Roque Antônio Carraza** entende que não incide o ICMS na transferência de coisas das cooperativas de consumo para seus associados porque não há operação relativa à circulação de mercadorias, não há transferência da propriedade para os cooperados, que delas já são proprietários desde a sua aquisição, e têm natureza civil (Lei nº 5.764/71, art. 4º). Ademais, o art. 79 da mencionada lei reza que "o ato cooperativo não implica operação de

---

[249] BRASIL. Superior Tribunal de Justiça, AgREsp. 440300/SP, Primeira Turma, Rel. Min. Luiz Fux, 21.11.2002, *DJU* 09.12.2002, p. 302.

[250] STF, *RT* 748/154.

mercado, nem contrato de compra e venda de produto ou mercadoria"[251]. Quando a cooperativa, no entanto, aliena mercadorias a terceiros com finalidade de lucro, será contribuinte do ICMS.

Empresa de construção civil não é contribuinte do ICMS quando adquire mercadorias e as utiliza como insumos em suas obras, porque a construção civil é qualificada como atividade de prestação de serviços, sujeita apenas ao ISS. Todavia, quando produza bens e com eles pratique atos de mercancia diferentes da sua real atividade, como a pura venda desses bens a terceiros, será contribuinte do ICMS[252].

A **sociedade anônima** é contribuinte do ICMS, qualquer que seja o seu objeto, quando, na condição de consumidor final, adquira bens ou serviços em operações e prestações interestaduais. O art. 2º, § 1º, da LSA, prescreve: "Qualquer que seja o objeto, a companhia é mercantil e se rege pelas leis, e usos do comércio".

2.12.2. Responsável tributário

O art. 5º da LC nº 87/1996, baseando-se no art. 128 do CTN, prescreve que a lei poderá atribuir a qualidade de responsável tributário pelo pagamento do ICMS a terceiros, quando concorrerem, por atos ou omissões, para o não recolhimento do imposto. Assim, o legislador estadual poderá ou definir terceiro como responsável, mas somente quando ocorrer o disposto na parte final do dispositivo. Os arts. 17 a 20 da LERJ disciplinam a responsabilidade tributária de terceiros pelo pagamento do ICMS, observando a norma do art. 5º da LC nº 87/1996.

2.12.3. Substituição tributária

O **art. 128 do CTN**, ao disciplinar a responsabilidade tributária, prevê a responsabilidade por substituição, pela qual o substituto legal passa a ocupar o lugar do contribuinte na relação jurídico-tributária como contribuinte do tributo, podendo a lei excluir o contribuinte da responsabilidade do pagamento do imposto.

Em matéria de ICMS, os arts. 6 a 10 da LC nº 87/1996, alterados pela LC nº 102/2000, LC nº 114/2002 e LC nº 190/22, a responsabilidade tributária por substituição deve ser regulada por lei complementar (**CF, art. 155, § 2º, XII, "b"**), o que é feito pela LC nº 87/1996, em seus arts. 6º a 10. Entretanto, a atribuição da responsabilidade tributária ao substituto legal tributário depende de lei estadual, não bastando a norma do art. 6º da LC nº 87/1996. Assim, os arts. 21 a 29 da LERJ disciplinam a substituição tributária, que ocorre, a título exemplificativo, nas operações de circulação de petróleo, veículos automotores, lubrificantes e combustíveis líquidos ou gasosos, derivados de petróleo, aditivos, álcool combustível, tabaco, bebidas etc. (LERJ, arts. 27 e 28). A substituição tributária é fenômeno de interesse exclusivo do Fisco porque tem mais segurança quanto ao pagamento do imposto, quando, por exemplo, a lei elege a montadora de veículos automotores como substituto legal no lugar da concessionária de automóveis, "levando em consideração a quantidade de contribuintes que operam no setor com dificuldade considerável para a fiscalização pela administração fazendária"[253].

---

[251] *ICMS, op. cit.*, p. 66-70.

[252] BRASIL. Superior Tribunal de Justiça, Recurso em Mandado de Segurança nº 9.630/MG, Rel. Min. José Delgado, Primeira Turma, v.u., 13.06.2000, *DJU* de 07.08.2000, p. 98.

[253] Cf. excerto de voto do Des. Sidney Mora no julgamento da AC-RN 74.936-2, 2ª CC, abril de 1969, *apud* Leandro Paulsen, *op. cit.*, p. 652.

2.12.4. Substituição para a frente, ou subsequente ou progressiva

A **substituição para a frente** ocorre quando a lei impõe ao substituto tributário o dever de antecipar o pagamento do ICMS por fato gerador futuro que se presume será efetivado pelo substituído, por exemplo, quando um terceiro, geralmente industrial, é responsável, como substituto, pelo tributo devido pelo comerciante atacadista ou varejista, que revende a mercadoria por ele produzida, ocorrendo em matéria de bebida, fumo, automóvel, combustível etc. A EC nº 3/1993 acrescentou o § 7º ao art. 150 da Constituição Federal legitimando a substituição para a frente, principalmente porque assegura ao substituído a imediata e preferencial restituição do tributo, quando não se efetive o fato gerador presumido[254]. O mencionado dispositivo refere-se a lei, e, assim, devem-se entender ilegítimos decreto ou instrução normativa que exijam a substituição tributária.

O substituto, ao receber do substituído o valor do imposto para posterior recolhimento aos cofres públicos, obtém nesse lapso de tempo um capital de giro a custo zero, porque efetua o pagamento com recursos fornecidos pelo substituído. Exemplificando: a montadora de automóveis, quando o veículo automotor sai com destino à concessionária, tem, na qualidade de substituta legal tributária, o dever de pagar o imposto, no prazo estabelecido na legislação estadual, porque a lei presume que a concessionária comercializará o veículo. O imposto é pago com base na "Tabela de preços sugeridos" pelo fabricante, mas o substituído (concessionária) pode vender o veículo por preço menor ou maior que o constante da mencionada Tabela.

A parte final do § 7º do art. 150 prescreve que é "assegurada a imediata e preferencial restituição da quantia paga, caso não se realize o fato gerador presumido". O art. 10 da LC nº 87/1996 assegura ao substituído "o direito à restituição do valor do imposto pago por força da substituição tributária, correspondente ao fato gerador presumido, que não se realize". Entretanto, seu § 1º exige a formulação de pedido à autoridade administrativa, "e não havendo deliberação no prazo de noventa dias, o contribuinte substituído poderá se creditar, em sua escrita fiscal, do valor objeto do pedido, devidamente atualizado segundo os mesmos critérios aplicáveis ao tributo". Por sua vez, sobrevindo decisão contrária irrecorrível, o contribuinte substituído, no prazo de quinze dias da respectiva notificação, procederá ao estorno dos créditos lançados, também devidamente atualizados, com o pagamento dos acréscimos legais cabíveis.

Existe flagrante antinomia entre a norma do § 7º do art. 150 da CF e a do art. 10 da LC nº 87/1996. Em primeiro lugar, porque o sistema preconizado no art. 10 da LC nº 87/1996 não assegura "a imediata e preferencial restituição da quantia paga", como consta da norma

---

[254] Roque Antônio Carraza entende que a mencionada Emenda é inconstitucional "porque atropela o princípio da segurança jurídica, em sua dupla manifestação: certeza e segurança do direito e proibição do arbítrio. Este princípio, aplicado ao Direito Tributário, exige que o tributo só nasça após a ocorrência real (efetiva) do fato imponível, "e diz de perto com os direitos individuais e suas garantias. É assim, "cláusula pétrea", e, nessa medida, não poderia ter sido mesquinhado por emenda constitucional (cf. art. 60, § 4º, da CF)". Trata-se daquilo que Otto Bachof chamou de "inconstitucionalidade de norma constitucional", o que, a nosso ver, tratando-se de normas constitucionais originárias, isto é, votadas ao mesmo tempo, por uma Assembléia Nacional Constituinte, não é possível" (ICMS, *op. cit.*, p. 155). Os Tribunais, no entanto, têm rejeitado a tese da inconstitucionalidade da EC nº 3/1993 (BRASIL. Supremo Tribunal Federal, RE 224.604-7/RJ, Rel. Min. Marco Aurélio, Segunda Turma, v.u., 29.02.2000, *DJU* de 28.04.2000, p. 96, e BRASIL. Superior Tribunal de Justiça, REsp. 151.966/AM, Rel. Min. Franciulli Netto, Segunda Turma, v.u., 22.08.2000, *DJU* de 02.10.2000, p. 156). Sobre o tema a restituição do ICMS-ST o STF consolidou a tese segundo a qual: "É devida a restituição da diferença do Imposto sobre Circulação de Mercadorias e Serviços – ICMS pago a mais no regime de substituição tributária para frente se a base de cálculo efetiva da operação for inferior à presumida (Tema 201)".

Capítulo XII · IMPOSTOS FEDERAIS, ESTADUAIS E MUNICIPAIS | **495**

constitucional[255]. Em segundo lugar, o art. 10 da LC nº 87/1996 não podia, legitimamente, condicionar a restituição apenas à hipótese de não se realizar o fato gerador presumido, porque devia também prever a restituição parcial quando o fato gerador ocorrer, mas o preço de revenda for inferior ao valor que serviu de base de cálculo para pagamento do ICMS, que é também presumido. Caso contrário, o contribuinte substituído vai arcar com o pagamento de tributo indevido, com o enriquecimento sem causa da Fazenda, embora parcial. O próprio CTN, em seu art. 165, veda o enriquecimento sem causa, total ou parcial, do fisco[256-257].

Não se admite na substituição tributária "para frente" compensação de ICMS, "que só é permitida se existir lei estadual que a autorize. Não se aplica o art. 66 da Lei nº 8.383/1991, cuja área de atuação é restrita aos tributos federais. Conforme expressamente exige o art. 170, do CTN, só se admite compensação quando existir lei ordinária a regulamentá-la, em cada esfera dos entes federativos"[258].

O contribuinte substituído, embora não figure como responsável pelo pagamento do tributo, tem legitimidade ativa *ad causam* para discutir a sistemática do recolhimento antecipado, pois é ele quem efetivamente sofre o ônus da imposição fiscal[259]. Por outro lado, descabe antecipação de tutela para que o contribuinte se credite de valor relativo a ICMS retido

---

[255] Aroldo Gomes de Mattos averba: "Imediata" (que não tem nada de permeio, próximo) e "preferencial" (que tem preferência) significam restituição do indébito na mesma ocasião do evento, independentemente de quaisquer obstáculos e delongas administrativas ou judiciais, como acontece ordinariamente nos intermináveis processos de repetição de indébito. Se assim não fosse entendido, cairia no vazio e ficaria completamente sem sentido a inovação introduzida pela EC nº 3/1993. E o que deveria ser imediato e preferencial, se transformaria, contraditoriamente, em "distante, mediato e ambíguo", retirando, com isso, o alicerce constitucional do regime de substituição tributária para frente" (*Op. cit.*, p. 91).

[256] BRASIL. Superior Tribunal de Justiça, RMS nº 10.425-0/GO, Rel. Min. Franciulli Netto, Segunda Turma, v.u., *DJU* de 02.10.2000, *RSTJ* 139/143 (EJSTJ 29/115-116) etc.

[257] O STF adotava entendimento diverso, no sentido de que na substituição progressiva "a base de cálculo é definitiva, embora presumida, salvo se não ocorrer o fato gerador presumido, e, em consequência, não há falar em tributo pago a maior, ou a menor, em face do preço pago pelo consumidor final do produto ou do serviço, para fim de compensação ou ressarcimento, quer da parte do fisco, quer da parte do contribuinte substituído. Se a base de cálculo é previamente definida em lei, não resta nenhum interesse jurídico em apurar se correspondeu ele à realidade", levando o STJ a modificar o seu entendimento. Ação Direta de Inconstitucionalidade nº 1.851 em 08.05.2002, Tribunal Pleno, em que se decidiu pela constitucionalidade da Cláusula Segunda do Convênio ICMS nº 13/1997, em virtude do disposto no § 7º do art. 150 da CF, considerando ainda a finalidade do instituto da substituição tributária, que, mediante a presunção dos valores, torna viável o sistema de arrecadação do ICMS. Em consequência, ficou estabelecido, no âmbito daquela Egrégia Corte, que somente nos casos de não realização do fato imponível presumido é que se permite a repetição dos valores recolhidos, sem relevância o fato de ter sido o tributo pago a maior ou a menor por parte do contribuinte substituído (BRASIL. Superior Tribunal de Justiça, REsp. 442788/MG, Rel. Min. Luiz Fux, 06.03.2003, Primeira Turma, *DJU* 24.03.2003, p. 144). Este entendimento foi parcialmente modificado no julgamento do RE nº 593.849, fixando-se a tese de que: "É devida a restituição da diferença do Imposto sobre Circulação de Mercadorias e Serviços – ICMS pago a mais no regime de substituição tributária para a frente se a base de cálculo efetiva da operação for inferior à presumida." (Tema 201).

[258] BRASIL. Superior Tribunal de Justiça, AGRESP 331323/RJ, Rel. p/ acórdão Min. José Delgado, Primeira Turma, 26.11.2002, *DJU* 10.03.2003, p. 92.

[259] BRASIL. Superior Tribunal de Justiça, AGRESP 235362/RS, Rel. Min. Francisco Falcão, Primeira Turma, 01.10.2002, *DJU* 02.12.2002, p. 223, REsp. 472841/RS, Segunda Turma, Rel. Min. João Otávio de Noronha, 13.09.2005, DJU10.10.2005, p. 280 etc. "O Sindicato, por representar os "contribuintes de fato (substituídos), seus associados, carece de legitimidade para propor ação em que se discute a legalidade do regime de substituição tributária, com antecipação do recolhimento de ICMS, por isso que aqueles não participam da relação jurídico-tributária. Ilegitimidade ativa "ad causam" do Sindicato impetrante, ora recorrido, reconhecida "de ofício", extinguindo-se o processo sem julgamento do mérito (CPC, art.

a maior por força de substituição tributária, por aplicação dos princípios que nortearam a Súmula nº 212/STJ[260].

No que tange a correção monetária dos créditos, o STJ fixou entendimento por meio do Tema Repetitivo nº 1.003 segundo o qual: "O termo inicial da correção monetária de ressarcimento de crédito escritural excedente de tributo sujeito ao regime não cumulativo ocorre somente após escoado o prazo de 360 dias para a análise do pedido administrativo pelo Fisco (art. 24 da Lei nº 11.457/2007)". E, quanto ao seu cabimento, a jurisprudência da Corte pronunciou-se da seguinte forma:

> (…) No pertinente à atualização monetária dos créditos, a Primeira Seção do STJ, no julgamento do REsp. 1.035.847/RS, da relatoria do eminente Ministro Luiz Fux, sob o rito do art. 543-C do CPC/1973, firmou o entendimento de que o aproveitamento de créditos escriturais, em regra, não dá ensejo à correção monetária, exceto quando obstaculizado injustamente o creditamento pelo Fisco. 5. Logo, no caso dos autos, é devida a correção monetária, considerando que os créditos em discussão não foram oportunamente aproveitados em razão da oposição do Fisco Estadual, sendo necessário que o contribuinte postulasse judicialmente o reconhecimento do seu direito de se creditar dos valores pagos a maior por força do regime de substituição tributária. Aplica-se, por analogia, a Súmula 411/STJ: É devida a correção monetária ao creditamento do IPI quando há oposição ao seu aproveitamento decorrente de resistência ilegítima do Fisco.[261]

2.12.5. Substituição regressiva, ou para trás, ou antecedente

Substituição regressiva implica no adiamento da ocorrência do fato gerador, que deixa de ser a saída da mercadoria do estabelecimento do contribuinte, ocorrendo, portanto, **diferimento** do momento da incidência do tributo. Essa substituição ocorre quando o substituto legal, que é contribuinte de direito (produtor, comerciante ou industrial), adquire mercadoria de outro contribuinte, em geral produtor de pequeno porte ou comerciante individual, sem estrutura organizacional, responsabilizando-se pelo pagamento do imposto devido pelo substituído e pelo cumprimento das obrigações tributárias. Trata-se de **diferimento** porque o fato gerador se efetivará no momento da entrada da mercadoria **ou bem** no estabelecimento do adquirente ou em outro por ele indicado (**LC nº 87/1996, art. 7º**), e não na saída da mercadoria do estabelecimento do transmitente. A Lei nº 2.657/1996/RJ, em seu art. 21, § 2º, autoriza que a responsabilidade pelo recolhimento do imposto possa ser atribuída também ao adquirente da mercadoria, em substituição ao alienante. Exemplo: a indústria de laticínios, mais bem estruturada organizacionalmente, adquire leite "*in natura*" do produtor rural menos organizado e que não tem condição de manter escrituração fiscal e emitir nota fiscal. O industrial mais bem organizado empresarialmente (indústria de laticínios) torna-se substituto legal do produtor rural.

O **diferimento** ocorre também na entrada de bem ou mercadoria importada do exterior (CF, art. 155, § 2º, IX, "a") porque a lei brasileira não pode tributar a saída de bem ou mer-

---

267, VI)." (BRASIL. Superior Tribunal de Justiça, REsp. 167.515/SP, Rel. Min. Francisco Peçanha Martins, Segunda Turma, v.u., 27.06.2000, *DJU* de 04.09.2000, p. 136).

[260] BRASIL. Superior Tribunal de Justiça, ADREsp 421971/MA, Rel. Min. Eliana Calmon, Segunda Turma, 17.09.2002, *DJU* 07.10.2002, p. 242. A referida súmula foi cancelada em 2022, em decorrência do julgamento da ADI 4.296 pelo STF.

[261] BRASIL. Superior Tribunal de Justiça, AgInt nos EREsp 440370 / MG, j. 19.10.21.

Capítulo XII · IMPOSTOS FEDERAIS, ESTADUAIS E MUNICIPAIS | **497**

cadoria do estabelecimento do exportador no exterior. Assim, considera-se ocorrido o fato gerador no momento do desembaraço aduaneiro das mercadorias ou bens importados do exterior (LC nº 87/1996, art. 12, IX, com a redação dada pela LC nº 112/2002).

O § 1º do art. 6º da LC nº 87/1996 faculta à lei estadual atribuir a responsabilidade em relação ao ICMS incidente sobre uma ou mais operações ou prestações, sejam antecedentes, concomitantes ou subsequentes, sem esclarecer o que se deve entender por operações ou prestações concomitantes.

Aroldo Gomes de Mattos assim esclarece as mencionadas operações:

> Concomitantes – e isso é uma inovação da LC nº 87/1996 – só podem ser aquelas operações ou prestações realizadas simultaneamente entre o contribuinte-vendedor e o contribuinte-comprador e deste para um terceiro-contribuinte; nessa hipótese, um tanto incomum na prática comercial, poderá a lei estadual atribuir a qualquer um deles a responsabilidade pelo pagamento do ICMS devido pelos demais"[262].

2.13. Alíquotas

2.13.1. Seletividade

A CF, em seu **art. 155, § 2º, III**, faculta ao legislador estadual estabelecer alíquotas distintas, em função da essencialidade das mercadorias e dos serviços[263]. Tal seletividade só existia na CF de 1969 no que toca ao IPI, sendo, uniforme a alíquota do ICM para todas as operações relativas à circulação de mercadorias. A seletividade importa em conferir ao ICMS, **em segundo plano, fim extrafiscal** e decorre da observância do princípio da capacidade contributiva. A palavra essencialidade "refere-se à adequação do produto à vida do maior número de habitantes do País"[264], e visa a favorecer os consumidores finais, que, por força da repercussão, suportam o peso da carga tributária. A seletividade **não pode levar em conta** a destinação ou origem da mercadoria ou do serviço, porque isso feriria a norma do art. 152 da CF. Tratando-se de faculdade, cabe aos legisladores estaduais adotarem ou não a seletividade, e quando adotarem devem levar em conta o maior ou menor interesse nacional das mercadorias e dos serviços. Desse modo, mercadorias mais essenciais para a comunidade (p. e., alimentos), devem ser gravadas mediante alíquota mais suave, e mercadorias menos essenciais para a comunidade (p. e., armas de fogo), devem ser tributadas mediante alíquota mais onerosa. No estado do Rio de Janeiro é observado o princípio da seletividade, e, assim, por exemplo, em operações com arroz, feijão, pão e sal a alíquota é mais suave (Lei nº 2.657/1996, art. 14, X), que na operação com cerveja, chope, aguardente de cana e de melaço.

A **seletividade não se confunde com a proporcionalidade** "na medida em que nesta a fixação das alíquotas abstrai a consideração acerca de as mercadorias serem ou não essenciais,

---

[262] *Op. cit.*, p. 73.

[263] Roque Antônio Carraza, interpretando o art. 155, § 2º, III, entende que a seletividade é obrigatória por traduzir poder-dever, *verbis*: "Convém salientarmos, desde logo, que, a nosso ver, este singelo "poderá" equivaler, na verdade a um peremptório "deverá". Não se está, aí, diante de uma mera faculdade do legislador, mas de uma norma cogente, de observância obrigatória. Ademais, quando a Constituição confere a uma pessoa política um, 'poder' ela, 'ipso facto' lhe impõe um "dever". É por isso que se costuma falar que as pessoas políticas têm *poderes deveres* (Celso Antônio Bandeira de Mello, ICMS, *op. cit.*, p. 222-223). No mesmo sentido, Mizabel Derzi, *Direito tributário brasileiro*, de Aliomar Baleeiro, nota de atualização, *op. cit.*, p. 438.

[264] Cf. Aliomar Baleeiro, *Direito tributário brasileiro*, *op. cit.*, p. 347.

498 | MANUAL DE DIREITO TRIBUTÁRIO – *Luiz Emygdio Franco da Rosa Junior e Amanda Albano*

como ocorre naquela, e menos ainda se o montante da base de cálculo é maior ou menor, como se dá na progressividade, que a legislação do Imposto de Renda tem de adotar (CF, art. 153, § 2º, inc. I)"[265].

2.13.2. *Limitações constitucionais à fixação de alíquotas pelos Estados e Distrito Federal*

O sistema da CF de 1988 não confere liberdade plena para que os Estados-membros e o Distrito Federal possam, mediante lei, fixar as alíquotas do ICMS porque a matéria apresenta as seguintes características e limitações: a) os Estados e o Distrito Federal podem aplicar o princípio da seletividade de alíquotas, em função da essencialidade das mercadorias e dos serviços (art. 155, § 2º, III); b) as alíquotas deixaram de ser uniformes porque variam segundo a natureza da operação (interna, interestadual ou de exportação); c) resolução do Senado Federal, de iniciativa do Presidente da República ou de um terço dos senadores, aprovada pela maioria absoluta de seus membros, estabelecerá as alíquotas aplicáveis às operações e prestações, interestaduais e de exportação (art. 155, § 2º, IV), sendo vedado, nesse caso, ao Senado fixar alíquotas mínimas ou alíquotas máximas; d) faculta também ao Senado Federal: a) estabelecer alíquotas mínimas nas operações internas, mediante resolução de iniciativa de um terço e aprovada pela maioria absoluta de seus membros; b) fixar alíquotas máximas nas mesmas operações para resolver conflito específico que envolva interesse de Estados, mediante resolução de iniciativa da maioria absoluta e aprovada por dois terços dos seus membros (art. 155, § 2º, V); e) fixou critérios para a determinação do valor das alíquotas internas (art. 155, § 2º, VI); f) nas operações e prestações que destinem bens e serviços a consumidor final localizado em outro Estado, fixou normas sobre a aplicação da alíquota interna ou da interestadual, dependendo do adquirente ser ou não contribuinte do imposto (art. 155, § 2º, VII e VIII).

2.13.3. *Operações e prestações de exportação de mercadorias e de serviços*

A Resolução do Senado Federal nº 22/1990, com base no art. 155, § 2º, IV, da CF, fixou em 13% (treze por cento) a alíquota do ICMS nas operações de exportação para o exterior (art. 2º). Entretanto, relembre-se que a EC nº 42/2003 deu nova redação ao art. 155, § 2º, X, "a", estabelecendo a não incidência do ICMS sobre operações que destinem mercadorias para o exterior, bem como sobre serviços prestados a destinatários no exterior. Assim, a mencionada norma da Resolução perdeu a sua eficácia em razão da nova redação dada ao dispositivo constitucional antes referido.

2.13.4. *Operações e prestações interestaduais*

A CF de 1988 dilatou a competência do Senado Federal, porque lhe cabe, mediante resolução, fixar as alíquotas (e não somente as máximas) nas operações e prestações interestaduais, e permitiu que a iniciativa da resolução possa partir do Presidente da República ou de um terço dos senadores (CF, art. 155, § 2º, IV), aprovada pela maioria absoluta de seus membros. A Resolução nº 22/1989 do Senado Federal, em seu art. 1º, estabelece a alíquota de 12% nas operações de circulação de mercadorias e prestações de serviços interestaduais, salvo nas operações e prestações realizadas nas regiões Sul e Sudeste, destinadas às regiões Norte, Nordeste, Centro-Oeste e ao estado do Espírito Santo, onde a alíquota é atualmente de 7% (sete por cento). Entretanto, não basta a existência da referida Resolução para que os Estados e o Distrito Federal possam cobrar as alíquotas nela previstas, porque as mesmas

---

[265] Cf. José Jayme de Macêdo Oliveira, *Curso de direito tributário brasileiro*, op. cit., p. 69-70.

Capítulo XII · IMPOSTOS FEDERAIS, ESTADUAIS E MUNICIPAIS | 499

devem ser estabelecidas mediante lei estadual ou do Distrito Federal, observadas as normas constitucionais (CTN, art. 97, IV).

O inciso VII do § 2º do art. 155 da CF, com a redação dada pela EC nº 87/2015, prescreve que "nas operações e prestações que destinem bens e serviços a consumidor final, contribuinte ou não do imposto, localizado em outro Estado, adotar-se-á a alíquota interestadual e caberá ao Estado de localização do destinatário o imposto correspondente à diferença entre a alíquota interna do Estado destinatário e a alíquota interestadual". O inciso VIII do § 2º do art. 155 da CF define que "a responsabilidade pelo recolhimento do imposto correspondente à diferença entre a alíquota interna e a interestadual de que trata o inciso VII será atribuída: a) ao destinatário, quando este for contribuinte do imposto; b) ao remetente, quando o destinatário não for contribuinte do imposto".

2.13.5. Operações internas

No sistema da CF de 1969 competia ao Senado Federal fixar as alíquotas máximas do ICMS nas operações interestaduais e internas, mas a CF de 1988 apenas **facultou ao Senado Federal, nas operações internas,** fixar: a) as alíquotas mínimas, mediante resolução de iniciativa de um terço e aprovada pela maioria absoluta dos seus membros (art. 155, § 2º, V, "a"); b) alíquotas máximas, para resolver conflito específico que envolva interesse de Estados, mediante resolução de iniciativa da maioria absoluta e aprovada por dois terços dos seus membros.

Essa faculdade conferida ao Senado Federal **visa a evitar guerra fiscal** entre os Estados ou entre eles e o Distrito Federal, cada um fixando alíquotas as mais reduzidas possíveis para atrair contribuintes do ICMS para seu território, considerando que, em regra, o fato gerador do imposto corresponde à saída da mercadoria do estabelecimento do contribuinte. Quando o mencionado dispositivo constitucional faculta ao Senado Federal fixar alíquotas máximas do ICMS, deixa claro que é apenas para **resolver conflito específico** que envolva interesse de Estados e do Distrito Federal, embora este tenha sido omitido pelo mencionado dispositivo constitucional. Entenda-se por conflito específico entre os Estados ou entre estes e o Distrito Federal abusos que estejam ocorrendo entre eles, fixando alíquotas bastante elevadas que acabam por desabar na pessoa do consumidor, tendo em vista que o ICMS é imposto indireto e comporta o fenômeno da repercussão. Quando editada a resolução pelo Senado Federal, fixando as alíquotas máximas, **perderão eficácia** as leis locais "que a ultrapassarem, havendo a necessidade da edição de novas, ajustadas aos novos percentuais[266]. O art. 155, § 2º, V, da CF refere-se apenas a "operações", denotando que apenas as operações internas de circulação de mercadorias podem ser objeto de resolução do Senado Federal, **e não as prestações de serviços,** por não terem sido referidas no dispositivo constitucional sob comento. Finalmente, o Senado Federal, ao editar as resoluções, fixando as alíquotas mínima e máxima, nas operações internas, "terá que ser bastante criterioso", "de modo a não anular a autonomia das pessoas que tributam por meio de ICMS. Eventuais excessos poderão, por óbvio, ser submetidos ao prudente crivo do Supremo Tribunal Federal (cf. art. 102, I, "f", da CF)"[267].

Não tendo sido editadas as resoluções do Senado Federal referidas no art. 155, § 2º, V, e não dispondo a LC nº 87/1996 sobre a matéria, não se pense que as leis estaduais têm liberdade plena para fixar as alíquotas nas operações internas. Não têm porque o art. 155, § 2º, VI, prescreve que, **salvo deliberação em contrário dos Estados e do Distrito Federal,** nos termos do disposto no inciso XII, "g", ou seja, mediante convênio, as alíquotas internas, nas operações

---

[266] Cf. Roque Antônio Carraza, ICMS, *op. cit.*, p. 62.

[267] *Idem*, p. 63.

relativas à circulação de mercadorias e nas prestações de serviços, não poderão ser inferiores aos percentuais previstos para as operações interestaduais[268]. Justifica-se essa limitação para evitar guerra fiscal entre os entes tributantes, que, se não existisse a norma vedatória, procurariam estabelecer percentuais bastante inferiores às previstas para as operações interestaduais, para atrair contribuintes para o seu território, e, assim, desestimulariam os contribuintes a realizarem operações e prestações interestaduais[269]. Assim, nem as leis estaduais nem a resolução do Senado Federal poderão estabelecer alíquotas de ICMS inferiores às alíquotas incidentes sobre as operações interestaduais, salvo se houver autorização mediante convênio celebrado entre os Estados e o Distrito Federal.

Aplicar-se-á a alíquota interna no Estado de onde saiu a mercadoria para o consumidor final, após a sua fatura, ainda que tenha sido negociada a venda em outro local, através de empresa filial.

A EC nº 33/2001 acrescentou o § 4º ao art. 155 da CF, para determinar, em seu inciso IV, que, nas operações relativas a combustíveis e lubrificantes (alínea "h" do inciso XII do § 2º do mesmo artigo, também acrescentada pela mesma EC), que "as alíquotas do imposto serão definidas mediante deliberação dos Estados e Distrito Federal, nos termos do § 2º, XII, "g", observando-se o seguinte: a) serão uniformes em todo território nacional, podendo ser diferenciadas por produto; b) poderão ser específicas, por unidade de medida adotada, ou *ad valorem*, incidindo sobre o valor da operação ou sobre o preço que o produto ou seu similar alcançaria em uma venda em condições de livre concorrência; c) poderão ser reduzidas ou restabelecidas, não se lhes aplicando o disposto no art. 150, III, "b".

Por sua vez, o **§ 5º do mesmo art. 155 da CF** (acrescentado também pela EC nº 33/2001) dispõe que as "regras necessárias à aplicação do disposto no § 4º, inclusive as relativas à apuração e à destinação do imposto, serão estabelecidas mediante deliberação dos Estados e do Distrito Federal, nos termos do § 2º, XII, "g".

2.14. Base de cálculo

2.14.1. Noção geral

A base de cálculo corresponde à **expressão econômica do fato gerador,** que é um fato econômico com relevo no mundo jurídico. A CF de 1988 não exigia lei complementar para determinar a base de cálculo do ICMS, mas a EC nº 33/2001 acrescentou a alínea "i" ao inciso XII do § 2º do art. 155, determinando que lei complementar deve "fixar a base de cálculo, de modo que o montante do imposto a integre também na importação do exterior de bem, mercadoria ou serviço". Assim, ficou constitucionalizado o denominado "ICMS por dentro", que é também previsto no art. 13, § 1º, da LC nº 87/1996, com a redação dada pela LC nº 114/2002 e pela LC nº 190/2022, do seguinte teor:

> § 1º Integra a base de cálculo do imposto, inclusive nas hipóteses dos incisos V, IX e X do *caput* deste artigo: I – o montante do próprio imposto, constituindo o respectivo destaque mera indicação para fins de controle; II – o valor correspondente a: a) seguros, juros e demais importâncias pagas, recebidas ou debitadas, bem como descontos concedidos sob condição; b) frete, caso o transporte seja efetuado pelo próprio remetente ou por sua conta e ordem e seja cobrado em separado.

---

[268]   Vide ADInMC 2021-SP, Rel. Min. Maurício Corrêa, 25.08.1989, *Informativo* nº 159 do STF.

[269]   Cf. Roque Antônio Carraza, *op. cit.*, p. 64.

Capítulo XII · IMPOSTOS FEDERAIS, ESTADUAIS E MUNICIPAIS | 501

A LC nº 104/2002 alterou a redação da alínea "e" do inciso V do art. 13 da LC nº 87/1996, no que toca à base de cálculo de **mercadorias ou bens importados do exterior**, para que fosse integrada também por "quaisquer outros impostos, taxas, contribuições e despesas aduaneiras", além do valor da mercadoria ou bem constante dos documentos de importação, observado o disposto no art. 14, e do valor relativo ao imposto de importação, imposto sobre produtos industrializados e imposto sobre operações de câmbio. O STF já considerava constitucional a mencionada norma, por "corresponder ao valor da operação ou prestação somado ao próprio tributo"[270].

O art. 13, § 1º, II, da LC nº 87/1996, determina ainda que a base de cálculo do ICMS seja também integrada pelo: a) valor correspondente a seguros, juros e demais importâncias pagas, recebidas ou debitadas, bem como descontos concedidos sob condição. Assim, o ICMS não incide "sobre os descontos concedidos a título de desconto crediário, pelo qual se abate certo valor da mercadoria sem qualquer contraprestação do consumidor para com o comerciante" **(BRASIL. Superior Tribunal de Justiça, REsp 996096/SP, 15.12.2008)**; b) pelo frete, caso o transporte seja efetuado pelo próprio remetente ou por sua conta e ordem e seja cobrado em separado[271].

A base de cálculo do ICMS só pode ser estabelecida **mediante lei** e não por mera portaria (CTN art. 97, IV)[272] e corresponde ao valor da operação no momento da saída da mercadoria do estabelecimento do contribuinte, pouco importando que esse valor tenha se deflacionado[273].

A modificação da base de cálculo do ICMS que importe em majoração indireta do tributo só pode decorrer de lei, por corresponder à majoração indireta do tributo **(CTN, art. 97, § 1º)**, e deve observar o princípio da anterioridade da lei fiscal[274].

O STJ decidiu que o "ICMS deve incidir sobre o valor da energia elétrica efetivamente consumida, isto é, a que for entregue ao consumidor, a que tenha saído da linha de transmis-

---

[270] BRASIL. Supremo Tribunal Federal, RE 209.393-9/SP, Rel. Min. Moreira Alves, Primeira Turma, v.u., 04.04.2000, *DJU* de 09.06.2000, p. 32.

[271] Edvaldo Brito, depois de esclarecer que, nos termos da Constituição, "a *base de cálculo* é o elemento inconfundível pelo qual se discerne sobre o tributo", bem como tem de ter a mesma natureza econômica do fato gerador, averba: "Assim, somente podem integrar a *base de cálculo do ICMS* os elementos tipificadores dessa *operação mercantil*, excluídos, por via de consequência todos aqueles que participem de fatos alcançados por outros impostos, *v.g.*, o valor do *frete* ou dos *juros*, sobre os quais incidem as regras definidoras, respectivamente, do imposto sobre serviços de transporte (ISS) e do imposto sobre operações de crédito, câmbio e seguros, ou relativas a títulos ou valores mobiliários (IOF), porque o *frete* somente é admissível na hipótese, constitucionalmente esboçada, de a prestação do serviço de transporte ser de âmbito interestadual ou intermunicipal e, ainda assim, se integrar a operação mercantil, então alcançada pelo ICMS. Ou seja: não é possível tributar com o ICMS uma prestação autônoma de serviço de transporte interestadual ou intermunicipal." (BRITO, Edvaldo. Problemas jurídicos atuais do ICMS. *In*: ROCHA, Valdir de Oliveira (coord. /org.). *O ICMS, a LC 87/96 e questões jurídicas atuais*. São Paulo: Dialética, 1997, p. 103-104).

[272] BRASIL. Superior Tribunal de Justiça, REsp. 87749-SP, Rel. Min. Humberto Gomes de Barros, Primeira Turma, v.u., 10.06.1996, *DJU* 1.07.1996, p. 24.006 etc.

[273] "DL nº 2.284/86. O ICM é calculado à base do valor da mercadoria na data da respectiva saída do estabelecimento do contribuinte, nada importando que esse valor tenha sido mais tarde deflacionado" (BRASIL. Superior Tribunal de Justiça, Resp. 18474/SP, Rel. Min. Ari Pargendler, Segunda Turma, v.u., 4.12.1995, *DJU* 26.02.1996, p. 3.982) etc.

[274] RMS 10.937-RO, *RSTJ* 151/179. Ano de 2002. "1. O Decreto Estadual nº 4.676/2001, que regulamenta a Lei Estadual nº 5.530/1989, não ofende a Constituição Federal ou a Lei Complementar nº 87/1996, ao adotar a sistemática da fixação da base de cálculo do ICMS por estimativa, definindo o percentual do valor agregado" (RMS 20147/PA, Segunda Turma, Rel. Min. Eliana Calmon, 15.09.2005, *DJU* 03.10.2005, p. 158).

MANUAL DE DIREITO TRIBUTÁRIO – *Luiz Emygdio Franco da Rosa Junior e Amanda Albano*

são e entrado no estabelecimento da empresa. Não há hipótese de incidência do ICMS sobre o valor do contrato referente a garantir demanda reservada de potência. A só formalização desse tipo de contrato de compra ou fornecimento futuro de energia elétrica não caracteriza circulação de mercadoria"[275]. Entendimento este que restou sumulado da seguinte forma: "O ICMS incide sobre o valor da tarifa de energia elétrica correspondente à demanda de potência efetivamente utilizada." (Sumula nº 391 do STJ).

2.14.2. *Efeitos da não indicação do valor da operação relativa à circulação de mercadorias ou à prestação de serviços*

O art. 13 da LC nº 87/1996 estabelece as normas gerais sobre a base de cálculo do ICMS, sendo, no entanto, a regra geral o valor da operação relativa à circulação da mercadoria, ou o preço do serviço (inciso I). Na hipótese de **não ser indicado o valor da operação** na saída de mercadoria do estabelecimento de contribuinte, no caso, por exemplo, de doação, ou o preço do serviço, a base de cálculo será: a) "o preço corrente da mercadoria, ou de seu similar, no mercado atacadista do local da operação, ou, na sua falta, no mercado atacadista regional, caso o remetente seja produtor, extrator ou gerador, inclusive de energia" (LC nº 87/1996, art. 15, I, e LERJ, art. 7º, I); "b) o valor corrente do serviço, no local da prestação" (art. 16).

O art. 15 da LC nº 87/1996, em seus incisos II e III, e §§ 1º e 2º (art. 7º da LERJ), estabelece regras especiais sobre outras hipóteses em que não é feita a indicação do valor nas operações relativas a circulação de lubrificantes e combustíveis líquidos gasosos derivados de petróleo e energia elétrica oriundos de outro Estado, quando não destinados à comercialização ou à industrialização.

2.14.3. *Fornecimento de mercadorias com prestação de serviços*

A Constituição Federal, em seu art. 155, § 2º, IX, "b", prescreve que o ICMS deve incidir "sobre o valor total da operação, quando mercadorias forem fornecidas com serviços não compreendidos na competência tributária dos Municípios", ou seja, quando os serviços não forem previstos na lista constante da LC nº 116/2003. Quando previstos, incide o ISS sobre o valor da prestação de serviços (**LC nº 116/2003, art. 1º**).

2.14.4. *Quando o valor do IPI integra a base de cálculo do ICMS*

O art. 155, § 2º, XI, da CF, e o art. 13, § 2º, da LC nº 87/1996, prescrevem que o ICMS não compreenderá, em sua base de cálculo, o montante do IPI, quando a operação, realizada entre contribuintes dos dois impostos, e relativa a produto destinado à industrialização ou à comercialização, configure fato gerador dos dois impostos (LERJ, art. 6º). Assim, o valor do IPI não integrará a base de cálculo do ICMS quando ocorrerem, cumulativamente, os requisitos neles previstos, e a falta de qualquer um deles ensejará a inclusão do IPI na base de cálculo do ICMS.

Por outro lado, o dispositivo constitucional não distingue entre estabelecimento industrial e equiparado, para que o montante do IPI integre a base de cálculo do ICMS, pelo que o STF tem julgado inconstitucional lei estadual que disponha desse modo, pois o "que importa

---

[275] REsp. 222.810/MG, Primeira Turma, Rel. Min. José Delgado, *Rep. IOB Juripr/* 2000, nº 13, p. 311. Em sentido contrário, TJRJ AC 2004.001.02804, 14ª CC, Rel. Des. Marlan Marinho, 19.07.2005, entendendo que a base de cálculo deve compreender o valor do contrato referente a garantir demanda reservada de potência.

Capítulo XII · IMPOSTOS FEDERAIS, ESTADUAIS E MUNICIPAIS | **503**

verificar é a ocorrência da situação fática inscrita no inciso XI do § 2º do art. 155 da CF, certo que os contribuintes do IPI estão definidos no CTN, art. 51"[276].

2.14.5. Redução de base de cálculo e incentivos fiscais

O art. 155, § 2º, XII, "g", da CF, prescreve que cabe à lei complementar "regular a forma como, mediante deliberação dos Estados e do Distrito Federal, isenções, incentivos e benefícios fiscais serão concedidos e revogados". Anote-se que o dispositivo não diz que cabe à lei complementar conceder ou revogar as mencionadas vantagens fiscais, mas que deve *regular a forma jurídica* que vai instrumentalizar a matéria[277]. A LC nº 24/1975, recepcionada expressamente pelo art. 34 do ADCT, dispõe, em seu art. 1º, que isenções, incentivos e benefícios fiscais, em matéria de ICMS, serão concedidos ou revogados nos termos de convênios celebrados e ratificados pelos Estados e pelo Distrito Federal, segundo as suas normas.

A redução da base de cálculo e a concessão de créditos presumidos enquadram-se entre os benefícios fiscais referidos no dispositivo constitucional e implicam em renúncias à receita. A concessão de incentivos fiscais (expressão genérica) e de suas espécies (isenções e benefícios fiscais) "dependerá sempre de decisão unânime dos Estados representados; a sua revogação total ou parcial dependerá de aprovação de 4/5 (quatro quintos), pelo menos, dos representantes presentes" (LC nº 24/1975, art. 2º, § 2º), às reuniões do Conselho de Política Fazendária – Confaz, que é formado pelos secretários da Fazenda dos Estados e do Distrito Federal, sob a presidência do Ministro da Fazenda. Os convênios celebrados devem ser levados à publicação no Diário Oficial da União dentro do prazo de 10 (dez) dias, a contar da data da reunião final (LC nº 24/1975, art. 2º, § 3º).

Os convênios poderão ser ratificados ou não mediante decreto dos governadores, que introduzirá as suas normas no território de cada Estado e do Distrito Federal, podendo a ratificação ser expressa ou tácita, considerando-se ratificação tácita a falta de manifestação no prazo de 15 (quinze) dias contados da publicação no Diário Oficial da União (LC nº 24/1975, art. 4º). Os convênios entrarão em vigor no trigésimo dia após a publicação a que se refere o art. 5º da LC, ou seja, até dez dias depois de findo o prazo da ratificação nacional, que obriga

---

[276] BRASIL. Supremo Tribunal Federal, RE 208.953-2, Rel. Min. Carlos Velloso, Segunda Turma, v.u., 25.11.1997, *DJU* 20.02.1998, p. 26 etc. "O Plenário desta Corte, ao julgar o RE 191648, declarou a inconstitucionalidade do art. 24, § 1º, n. 4, da Lei nº 6374/1989 do Estado de São Paulo, o qual dispôs a respeito da inclusão do IPI na base de cálculo do ICMS devido nas operações de venda de produtos importados, para industrialização ou comercialização, que seja realizada entre contribuintes, ou seja, que não se trate de venda a consumidor final" (RE 179083-1/SP, Rel. Min. Moreira Alves, Primeira Turma, v.u., 13.10.1998, *DJU* 19.03.1999, p. 18).
Ementa: agravo regimental no recurso extraordinário. Inclusão do IPI na base de cálculo do ICMS. Substituição tributária. Situação fática que não se amolda à exclusão prevista no art. 155, § 2º, xi, da constituição federal. Agravo improvido. I – Não se inclui o IPI na base de cálculo do ICMS apenas na hipótese em que a operação relativa a produto destinado à industrialização ou à comercialização for realizada entre contribuintes e configure fato gerador dos dois impostos, nos termos do art. 155, § 2º, XI, da CF. Precedentes. II – Esta Corte firmou entendimento no sentido da constitucionalidade do regime de substituição tributária. Precedentes. III – Agravo regimental improvido (RE 630504 AgR, Rel. Ricardo Lewandowski, Segunda Turma, j. 05.06.2012, acórdão eletrônico, DJe-119 divulg. 18.06.2012 public. 19.06.2012).

[277] Roque Antônio Carraza averba: "Este é um dos poucos casos em que nosso ordenamento jurídico admite *isenções heterônomas*, isto é, isenções concedidas por pessoa diversa daquela que tem competência constitucional para instituir o tributo" (*ICMS, op. cit.*, p. 252).

todas as unidades da Federação (LC nº 24/1975, art. 6º)[278]. A LC nº 24/1975 contém uma esdruxularia jurídica porque o Poder Executivo, através dos Secretários de Fazenda, ou das Finanças, ou do Planejamento, que firma os convênios, é quem deve ratificá-los mediante decreto dos governadores (LC nº 24/1975, art. 4º). Entendemos que esse sistema é inconstitucional porque viola o princípio constitucional da separação dos Poderes porque a ratificação deve caber à Assembleia Legislativa de cada Estado[279].

A LC nº 160/2017 prevê que os Estados e o Distrito Federal poderão celebrar convênio, nos termos da LC nº 24/1975, para deliberar sobre: " I – a remissão dos créditos tributários, constituídos ou não, decorrentes das isenções, dos incentivos e dos benefícios fiscais ou financeiro-fiscais instituídos em desacordo com o disposto na alínea "g" do inciso XII do § 2º do art. 155 da Constituição Federal por legislação estadual publicada até a data de início de produção de efeitos desta Lei Complementar; II – a reinstituição das isenções, dos incentivos e dos benefícios fiscais ou financeiro-fiscais referidos no inciso I deste artigo que ainda se encontrem em vigor." Para aprovação e ratificação deste convênio exige-se o mínimo de 2/3 das unidades federadas e 1/3 das unidades federadas integrantes de cada uma das cinco regiões do país, conforme art. 2º da LC nº 160/2017.

A norma do art. 155, § 2º, XII, "g", da CF visa a evitar guerra fiscal entre os Estados, que, na ânsia de atrair o maior número possível de contribuintes para seus territórios, poderiam exagerar na concessão unilateral de vantagens fiscais quanto ao ICMS, prejudicando as suas finanças. Assim, a norma constitucional impõe disciplina nacional ao ICMS e não afronta a autonomia dos Estados-membros e do Distrito Federal, como já decidiu o Pleno do STF[280].

O STF julgou inconstitucionais dispositivos da Constituição do Estado de Minas Gerais porque "visavam excluir do campo de tributação do ICMS a parcela de encargos financeiros e juros, cobrados diretamente pelo vendedor ao consumidor na saída de leite *in natura* para consumo, nas operações internas; e as operações e prestações de serviços realizados por microempresa para destinatário localizado neste ou em outro Estado, benefício este último que se estenderia ao pequeno e microprodutor rural (Manual do Crédito Rural). A exoneração total ou parcial é dependente de deliberação colegiada dos Estados e DF regulada esta por LC, nos termos do art. 155, § 2º, XII, "g", da CF"[281].

2.14.6. *Vendas a prazo ou mediante cartão de crédito*

Os encargos financeiros decorrentes de venda a prazo ou mediante cartão de crédito devem ser desconsiderados da base de cálculo, que deve corresponder ao valor da operação, constante da nota fiscal, porque a base de cálculo do ICMS é o valor da operação de que decorre a saída da mercadoria do estabelecimento do contribuinte, sendo distintos os negócios jurídicos da compra e venda e do financiamento[282].

---

[278] Sobre o procedimento para a vigência dos convênios, consulte-se: GASPAR, Walter. *ICMS comentado*, 6. ed. Rio de Janeiro: Lumen Juris, 1998, p. 230-231.

[279] Neste sentido, averba Roque Antônio Carraza: "O instrumento idôneo da ratificação, longe de ser o decreto do Governador (como a maioria apregoa, em função do inconstitucional art. 4º, da Lei Complementar nº 24/1975), é o *decreto legislativo* (estadual ou distrital, conforme o caso) (*ICMS, op. cit.* p. 253).

[280] BRASIL. Supremo Tribunal Federal, ADIn 2.352-7-ES, Rel. Min. Sepúlveda Pertence, Sessão Plenária, 19.12.2000, *DJU* 09.03.2001. *RT* 789/150, julho de 2001.

[281] *RT* 730/123.

[282] BRASIL. Superior Tribunal de Justiça, REsp. 87.914/ES, Rel. Min. Francisco Peçanha Martins, Segunda Turma, v.u., 06.05.1999, *DJU* de 23.08.1999, p. 90, e REsp. 130017/SP, Primeira Turma, Rel. Min. Milton Luiz Pereira, v.u., 17.09.1998, *DJU* 30.11.1998, p. 53 etc.

2.14.7. Base de cálculo na substituição tributária

O art. 8º da LC nº 87/1996 disciplina a base de cálculo na *substituição tributária* nos seguintes termos: "I – em relação às operações ou prestações antecedentes ou concomitantes, o valor da operação ou prestação praticado pelo contribuinte substituto; II – em relação às operações ou prestações subsequentes, obtida pelo somatório das parcelas seguintes: a) o valor da operação ou prestação própria realizada pelo substituto tributário ou pelo substituto intermediário; b) o montante dos valores de seguro, de frete e de outros encargos cobrados ou transferíveis aos adquirentes ou tomadores do serviço; c) a margem de valor agregado, inclusive lucro, relativa às operações ou prestações subsequentes"[283]. A Lei nº 2.657/1996, do Estado do Rio de Janeiro, disciplina a base de cálculo na substituição tributária nos arts. 22 e 25.

2.14.8. Pauta fiscal

As leis estaduais costumam estabelecer, na substituição tributária, para determinadas operações o sistema de pauta fiscal, que presume o valor da operação para fim de incidência do ICMS. A base de cálculo é a expressão econômica do fato gerador. Por isso, é **ilegítima a pauta fiscal**, de preços ou valores, para fixar base de cálculo do ICMS porque se trata de mera presunção, e a base de cálculo deve corresponder ao valor real da operação, somente sendo admitida nos casos do art. 148 do CTN, se inidôneos os documentos e declarações prestadas pelo contribuinte e o valor ou preço de bens, direitos, serviços ou atos jurídicos registrados pelo contribuinte não mereçam fé, ficando a Fazenda Pública autorizada a arbitrar o preço, dentro de processo regular.

Por outro lado, a pauta fiscal ofende o sistema do ICMS, que deve incidir sobre o valor real da operação, só podendo ser aplicada na falta de fixação desse valor real, e se fosse legítima a pauta fiscal (e não o é), só poderia ser estabelecida mediante lei e não por ato do Poder Executivo (CTN, art. 97, III)[284]. O art. 18 da LC nº 87/1996 confirma a norma do art. 148 do CTN e o entendimento antes exposto, repelindo, sem qualquer dúvida, o uso da pauta fiscal, e a lei estadual que a estabeleça deverá ser considerada ilegítima.

O art. 12 da Lei nº 2.657/1996, do estado do Rio de Janeiro, reza que, quando o preço declarado pelo contribuinte for inferior ao de mercado, é facultado ao Secretário de Estado da Fazenda determinar, em ato normativo, que a base de cálculo do imposto seja o preço corrente da mercadoria ou, na sua falta, o preço de produção ou de aquisição mais recente, acrescida de percentual de margem de comercialização, podendo, no entanto, o contribuinte, no caso de discordância em relação ao valor fixado, comprovar a exatidão do valor por ele declarado, que prevalecerá como base de cálculo (§ 1º do art. 12). Na operação interestadual, a aplicação da norma constante do art. 12 depende de celebração de acordo com o Estado envolvido na operação, para estabelecer os critérios para a fixação da base de cálculo (§ 2º). Entendemos

---

[283] Aroldo Gomes de Mattos doutrina, com propriedade, que, em princípio, deveria a base de cálculo, "tanto quanto possível, ser a mais aproximada da verdade, evitando eventuais excessos na cobrança do ICMS e transtornos para o contribuinte substituído. Entretanto, isso não vem ocorrendo, mas sim a exacerbação proposital do valor presumido, o que implica invariavelmente o pagamento do imposto antecipado maior que o devido. Ora, apenas o valor mencionado na letra "a" (o da operação e prestações próprias) e os mencionados na letra "b" (seguro, frete e outros encargos) do inc. II acima, são concretos e não precisam ser estimados. Todavia, o da letra "c" (margem de lucro agregado, inclusive lucro) por ser subjetivo e aleatório, é normalmente superestimado pelo contribuinte substituído, gerando a cobrança de imposto indevido" (*ICMS – Comentários à LC 87/96, op. cit.*, p. 79).

[284] BRASIL. REsp 23.313-0, Primeira Turma, Rel. Min. Demócrito Reinaldo, 18.12.1992, *RSTJ* 114/440, AGA 477831/MG, Rel. Min. José Delgado, Primeira Turma, 06.03.2003, *DJU* 31.03.2003, p. 174 etc.

que o art. 12 da mencionada lei é flagrantemente ilegítimo porque nem sempre o contribuinte tem liberdade e condições de vender a mercadoria segundo o preço de mercado, por exemplo, quando necessita de recursos, e, assim, a mencionada norma fere a liberdade do desempenho da atividade econômica (CF, art. 173), e, de outro lado, a base de cálculo deve corresponder ao valor real da operação, que pode ser superior ou inferior ao do mercado. Mais ilegítimo ainda é o dispositivo sob comento quando autoriza o Poder Executivo determinar a base de cálculo do ICMS nas condições dele constantes, porque fere o art. 97, III, do CTN, por ser matéria privativa de lei.

2.14.9. Operações relativas a petróleo, inclusive lubrificantes, combustíveis líquidos e gasosos e energia elétrica

Registramos anteriormente que o ICMS incide sobre as mencionadas operações interestaduais quando não destinadas à industrialização ou à comercialização de petróleo, lubrificantes, combustíveis líquidos e gasosos, e energia elétrica (LC nº 87/1996, art. 3º, III, e Lei nº 2.657, do estado do Rio de Janeiro, art. 3º, XV). A *base de cálculo* do ICMS nessas hipóteses é o valor da operação de que decorrer a entrada no território do Estado de lubrificantes e combustíveis líquidos e gasosos derivados de petróleo, e de energia elétrica (LC nº 87/1996, art. 13, VIII, e Lei nº 2.657/1996, art. 4º, XI).

2.15. Lançamento

O ICMS está sujeito a **lançamento por homologação** (CTN, art. 150), que, na realidade, por determinação legal, corresponde ao pagamento antecipado do tributo independentemente de lançamento. No caso do ICMS, o contribuinte, observando o período estabelecido pela legislação, calcula e recolhe o imposto, levando em consideração o princípio da não cumulatividade. Por isso, o art. 33 da Lei/RJ nº 2.657/1996, prescreve que o "imposto devido resulta da diferença a maior entre os débitos e os créditos escriturais referentes ao período de apuração fixado pelo Poder Executivo". Os débitos escriturais referem-se aos valores do ICMS devido pela saída das mercadorias do seu estabelecimento, enquanto créditos escriturais são os valores relativos ao imposto suportado pela entrada da mercadoria no estabelecimento.

As **obrigações acessórias** do contribuinte do ICMS (CTN, art. 113, § 2º) são estabelecidas pela legislação de cada Estado e do Distrito Federal (arts. 43 a 56 da Lei/RJ nº 2.657/1996.

O **prazo para o recolhimento do imposto** pode ser estabelecido por ato do Poder Executivo, não dependendo, portanto, de lei formal, porque o art. 160 do CTN permite que qualquer norma integrante da legislação tributária possa determinar o prazo de pagamento do tributo, por exemplo, lei, decreto, portaria etc.[285]. Tal entendimento é reforçado pelo art. 97 do CTN, que não se refere ao prazo de pagamento do tributo quando elenca as matérias que só podem ser estabelecidas mediante lei. A antecipação do prazo para pagamento do ICMS não se subordina ao princípio da anterioridade da lei fiscal porque não corresponde à majoração

---

[285] "Preservado o regime de compensação entre créditos escriturais e débitos, a exigência do pagamento do ICMS coetâneo ao fato gerador não viola o princípio constitucional da não cumulatividade. Hipótese em que o imposto pago por ocasião de ocorrência do fato gerador constitui crédito fiscal que pode ser utilizado no mesmo período de apuração em que tiver sido efetuado o respectivo pagamento. O prazo de pagamento do tributo – que não se confunde com o fato gerador – pode ser fixado por regulamento por não se tratar de matéria inserida na chamada reserva legal" (TJ-RS – Ac. unân. da 2ª Câm. Cív., de 23.06.1999 – Ap. 598.571.925 – Rel. Des. Maria Isabel, *COAD/boletim* nº 39/99, p. 609).

de tributo. É ilegítima a obrigação de recolhimento diário do ICMS por ofender a liberdade de comércio, a livre concorrência e o princípio da não cumulatividade.[286]

Sendo o ICMS tributo sujeito a lançamento por homologação, o "prazo de que dispõe o Fisco para rever o autolançamento e exigir qualquer suplementação do tributo recolhido ou, ainda, aplicar penalidades, decai em cinco anos, período após o qual se opera a homologação tácita do lançamento e extingue-se o crédito tributário, excetuadas as hipóteses em que houver fraude, dolo ou simulação"[287].

Outrossim, posiciona-se o STJ no sentido de que: "4. No caso de creditamento indevido de ICMS, que, de consequência, resulta em recolhimento a menor do tributo, o prazo decadencial é disciplinado no art. 150, § 4º, do CTN. Porém, nas hipóteses em que o contribuinte credita, indevidamente, o ICMS, com intenção de fraude ou com dolo, este Tribunal Superior reconhece a incidência da regra do art. 173, I, do CTN. Precedentes." (BRASIL. Superior Tribunal de Justiça, AgInt no REsp n. 1.851.317/MG, Rel. Min. Benedito Gonçalves, Primeira Turma, j. 29.11.2021, DJe 01.12.2021.)

2.16. Sanções e coisa julgada

Quanto às *sanções* pelo não pagamento do ICMS, é ilegítima a apreensão de mercadorias com o objetivo de compelir o contribuinte a pagar o tributo, porque o Fisco dispõe de meios legais para fazê-lo através de execução fiscal (STF, Súmula nº 323). No estado do Rio de Janeiro, as sanções, em sede de ICMS, estão fixadas nos arts. 57 a 71 da Lei nº 2.657/1996.

O STJ decidiu que a legislação estadual não tem competência para, mediante Regulamento de ICMS, estabelecer que "o simples andamento administrativo paralisa o Estado--Administração quanto à possibilidade de investigar a possível existência de crime e suas circunstâncias; as esferas penal e administrativa são totalmente independentes, não podendo prevalecer o argumento de que a norma criou uma condição de procedibilidade, haja vista a incompetência da legislatura estadual para dispor de tema de processo penal. Somente à União caberia tal desiderato, após discussão pelo Congresso Nacional"[288].

O **mero** não recolhimento do ICMS pelo contribuinte não caracteriza o crime contra a ordem tributária previsto no art. 2º, II, da Lei nº 8.137/1990, *verbis*: "Constitui crime da mesma natureza: II – deixar de recolher, no prazo legal, valor de tributo ou de contribuição social, descontado ou cobrado, na qualidade de sujeito passivo e que deveria recolher aos cofres públicos".

O mencionado dispositivo merece as seguintes observações: Primeira, que distingue tributo de contribuição social, como se esta não fosse tributo na espécie de contribuição parafiscal (CF, art. 149), tanto que o art. 195, § 6º, da CF, excetua a contribuição social do princípio da anterioridade da lei fiscal, exigindo apenas que só poderá ser cobrada 90 (noventa) dias da data da publicação da lei que a houver instituído ou modificado, não se lhe aplicando o disposto no art. 150, III, "b". Segunda, que, conforme leciona **Mizabel Derzi**,

---

[286]   BRASIL. Supremo Tribunal Federal, RE 195.621-6-GO, 2.

[287]   BRASIL. Superior Tribunal de Justiça, REsp. 178.433/SP, Rel. Min. Francisco Peçanha Martins, *DJU* 21.08.2000, p. 108.

[288]   BRASIL. Superior Tribunal de Justiça, HC 21130/SP, Rel. Min. José Arnaldo da Fonseca, Quinta Turma, 17.12.2002, *DJU* 17.02.2002, p. 312. A mesma decisão entendeu que "o trancamento de ação penal ou de inquérito policial, mediante o *writ*, é hipótese excepcional que somente se justifica quando demonstrado inequivocamente que o fato apontado não constitua crime ou inexistiu, ou quando ausente qualquer elemento indiciário da participação do indiciado ou denunciado nos fatos apurados ou, ainda, quando se acha extinta a punibilidade".

"os delitos de fundo tributário exigem, para sua configuração, a prática dolosa de ações ou omissões descritas na lei penal específica, e não somente o não recolhimento dos tributos devidos"[289]. Terceira, que o dispositivo legal sob comento erige como pressuposto para o ilícito penal deixar o sujeito passivo de recolher aos cofres públicos valor de tributo descontado ou cobrado de terceiro. No caso do ICMS, o contribuinte não desconta o tributo do consumidor, mas apenas, presente o fenômeno econômico da repercussão, lhe transfere a carga tributária, sem que isso caracterize também cobrança de tributo, porque o "montante do ICMS a pagar é mero *custo*, que o comerciante calcula previamente e integra ao preço final da mercadoria. Ele não cobra o tributo do consumidor final, e nem poderia fazê-lo, já que este não é o sujeito passivo da exação", não existindo, "ainda que em tese, crime, por inocorrência *do tipo do delito* em discussão"[290]. Entretanto, o **STJ** tem decisões no sentido de que é "pacífico o entendimento de que para se caracterizar a conduta prevista nos arts. 1º, IV, e 2º, II, da Lei nº 8.137/1990, exige-se apenas o dolo genérico, não sendo necessário demonstrar o *animus* de se obter benefício indevido"[291]. O STF no julgamento do RHC nº 163334 fixou a tese segundo a qual: "O contribuinte que deixa de recolher, de forma contumaz e com dolo de apropriação, o ICMS cobrado do adquirente da mercadoria ou serviço incide no tipo penal do art. 2º, II, da Lei nº 8.137/1990."[292]

A *coisa julgada* em matéria de ICMS "tem por delimitação a relação jurídico-tributária emergente da operação que foi controvertida e julgada no caso concreto. Aplicação da S. 239, STF"[293]. Por outro lado, "inexiste coisa julgada quando, a despeito da identidade de tese jurídica e igualdade das partes, diversos são os fatos geradores"[294].

As disposições transitórias no que toca ao ICMS e o ISS e sua consequente substituição pelo IBS pós EC nº 132/2023 serão abordadas no tópico relativo ao IBS.

3. Imposto sobre propriedade de veículos automotores

3.1. *Competência e legislação*

A Constituição Federal atribui competência privativa aos *Estados e ao Distrito Federal* para instituírem imposto sobre propriedade de veículos automotores (art. 155, III, com a redação dada pela EC nº 3/1993), doravante denominado simplesmente IPVA. A EC nº 27/1985 à CF

---

[289] DERZI, Misabel de Abreu Machado. Da unidade do injusto no direito penal tributário. *Revista de Direito Público*, São Paulo, 63/221. Hugo de Brito Machado não discrepa desse entendimento, ao interpretar o art. 2º da Lei nº 8.137/1990: "Os crimes definidos nesse art. 2º são *formais*, ou de *mera conduta*, vale dizer, restam consumados independentemente do resultado. Isto, porém, não quer dizer que o elemento subjetivo seja irrelevante. Os crimes de que se cuida somente se configuram com a presença do dolo específico. Em outras palavras, o dolo específico é elemento do tipo" (*Curso de direito tributário, op. cit.*, p. 420).

[290] Cf. Roque Antônio Carraza, *ICMS, op. cit.*, 321.

[291] BRASIL. Superior Tribunal de Justiça, REsp. 480.395/SC, Rel. Min. José Arnaldo da Fonseca, Quinta Turma, 11.03.2003, v.u., *DJU* 07.04.2003, p. 332.

[292] BRASIL. Supremo Tribunal Federal, RHC 163334, Rel. Min. Roberto Barroso, Tribunal Pleno, j. 18.12.2019, processo eletrônico, DJe-271, divulg. 12.11.2020, public. 13.11.2020). Sobre a evolução jurisprudencial no âmbito do STJ e do STF sobre a caracterização de crime contra ordem tributária vide: ALBANO, Amanda. *Tributação, concorrência e crime*: potencial distorção tributária à luz das perspectivas concorrenciais e penais. Rio de Janeiro: Lumen Juris, 2023.

[293] BRASIL. Superior Tribunal de Justiça, REsp. 47972-0/SP, Rel. Min. Antônio de Pádua Ribeiro, Segunda Turma, v.u., 12.09.1996, *DJU* 7.10.1996, p. 37.625.

[294] *RSTJ* 137/189, jan. 2001.

Capítulo XII · IMPOSTOS FEDERAIS, ESTADUAIS E MUNICIPAIS | **509**

de 1967 estabelecia a mesma competência, mas vedava expressamente a cobrança de impostos ou taxas incidentes sobre a utilização de veículos"[295], não tendo a cláusula final sido repetida na CF atual, por ser dispensável.[296] O IPVA resultou da transformação da Taxa Rodoviária Única, que incidia sobre a propriedade de veículos automotores pelos seus valores e sua procedência, sendo mais gravosa em relação aos veículos importados e favorecia os veículos a álcool carburante, tendo, portanto, em segundo plano, fim extrafiscal[297].

O CTN não disciplina o IPVA porque é anterior à sua previsão constitucional.

Embora não exista lei complementar fixando as normas gerais do imposto (CF, art. 146, III), o STF decidiu que a lei estadual pode instituir o imposto com base no art. 34, § 3º, do ADCT, que autorizou a edição, pelos Estados, das leis necessárias à aplicação do sistema tributário nacional nela previsto, e art. 24, § 3º, da CF, que permite aos Estados o exercício de competência concorrente quanto a normas gerais, na ausência de lei federal[298]. No estado do Rio de Janeiro é disciplinado atualmente pela Lei nº 2.877, de 22.12.1997.

3.2. Características

O IPVA apresenta as seguintes **características**: a) **fim predominantemente fiscal,** porque visa carrear recursos para os Estados e o Distrito Federal, mas apresenta **extrafiscalidade** quando a legislação estadual discrimina em função do combustível ou da origem do veículo, nacional ou importado, não sendo esta última hipótese admitida na jurisprudência (vide item 4.5 infra). Entretanto, a EC nº 132/2023 alterou a redação do inciso II do § 6º do art. 155 da CF (acrescido pela EC nº 42/03), permitindo alíquotas diferenciadas do imposto, em função do tipo, do valor, da utilização e do impacto ambiental; b) **imposto real**, mas quando a legislação estadual estabelece alíquota mais gravosa para veículo automotor importado, leva em conta a capacidade contributiva do seu proprietário, tendo essa hipótese sido julgada inconstitucional pelo STJ, conforme exposto no item 4.5.1 infra; c) **imposto direto**, porque não comporta o fenômeno econômico da repercussão; d) **imposto sobre patrimônio**, porque incide sobre a propriedade de veículo automotor; e) **imposto periódico**, porque sua incidência ocorre a cada ano; f) **imposto permanente**, porque constitui uma fonte permanente de recursos para os Estados e o Distrito Federal; f) 50% (cinquenta por cento) do produto da arrecadação do IPVA pertencem aos Municípios no que toca aos veículos automotores licenciados em seus territórios "ou, em relação a veículos aquáticos e aéreos, cujos proprietários sejam domiciliados em seus territórios (CF, art. 158, III, com redação dada pela EC nº 132/2023). O não repasse imediato pelos Estados em favor dos Municípios enseja a incidência de correção monetária

---

[295] Hugo de Brito Machado esclarece que a vedação de taxas era dispensável, "posto que o fato gerador está sempre ligado à atuação estatal, não se compreendendo mesmo uma taxa sobre o uso de um veículo particular" (*Curso de direito tributário, op. cit.*, p. 330).

[296] Na doutrina destaca-se que "o IPVA afasta a incidência de qualquer taxa pela prestação de serviço ou exercício do poder de polícia relacionados com a propriedade do veículo (vistoria, licenciamento, placa e plaquetas etc.)". Ricardo Lobo Torres, *Curso de Direito Financeiro e Tributário, op. cit.*, p. 358. No mesmo sentido Hugo de Brito Machado, *Curso de Direito Tributário, op. cit.*, p. 330. *Em sentido contrário*, posiciona-se Adilson Rodrigues Pires, entendendo que, não tendo a CF de 1988, vedado, expressamente, a incidência de taxas sobre o licenciamento de veículos, existe "a possibilidade de instituição de qualquer outro tributo com base naquele fato, em que pese não poder coincidir sua base de cálculo, por força do disposto no § 2º do art. 145 da Constituição Federal (PIRES, Adilson Rodrigues. *Manual de Direito Tributário*. 10. ed. Rio de Janeiro: Forense, 2002, p. 98).

[297] Cf. Sacha Calmon, *Curso de Direito Tributário Brasileiro*, op cit., p. 475.

[298] BRASIL. Supremo Tribunal Federal, RE 236.931-8/SP, Rel. Min. Ilmar Galvão, Primeira Turma, v.u., 10.08.1999, *DJU* 29.10.1999, p. 22-23 etc.

e juros de mora, por aplicação dos arts. 2º e 10, parágrafo único, da LC nº 63/1990[299]; g) o imposto é objeto de **lançamento de ofício**, porque o fisco fornece ao contribuinte os avisos de cobrança com a base de cálculo calculada e o valor do imposto a pagar.

3.3. *Fato gerador*

A **hipótese de incidência** do IPVA é a propriedade de veículo automotor de qualquer espécie, por proprietário domiciliado ou residente no Estado ou no Distrito Federal, ou que esteja sujeito à inscrição no Cadastro Geral de Contribuintes do Estado do Rio de Janeiro (Lei/RJ nº 2.877/1996, art. 1º), sendo irrelevante o fato de o veículo trafegar ou não no território do Estado tributante.[300] Assim, o fato gerador do imposto não é a sujeição ao poder de polícia, como ocorria com a Taxa Rodoviária Única, nem o uso do veículo[301].

A incidência do IPVA **não impede a exigência do pedágio**, porque seu fato gerador é a propriedade de veículo automotor, enquanto o pedágio é cobrado, a título de taxa, pela utilização de vias conservadas pelo Poder Público (CF, art. 150, V), sendo distinto, portanto, seu fato gerador.

O art. 155, III, da CF refere-se à propriedade de **veículo automotor,** mas o art. 1º, § 1º, da Lei nº 2.877/1997 do Estado do Rio de Janeiro, em sua redação original, prescrevia que, para os efeitos do IPVA, "veículo automotor é qualquer veículo aéreo, terrestre, aquático ou anfíbio, dotado de força motriz própria, ainda que complementar ou alternativa de fonte de energia natural". Entretanto, o STF, por decisão plenária, decidiu que seu "campo de incidência não inclui embarcações e aeronaves"[302]. Tratava-se de decisão correta porque veículo automotor e aeronave têm conceitos próprios. Assim, o art. 106 do Código Brasileiro de Trânsito (Lei nº 7.565/1986) considera "aeronave todo aparelho manobrável em voo, que possa sustentar-se e circular no espaço aéreo, mediante reações aerodinâmicas, apto a transportar pessoas ou coisas". Atualmente, a redação da lei estadual faz menção expressa a veículo automotor terrestre. Por sua vez, conforme consta do anexo I do Código Brasileiro de Trânsito, veículo automotor é "todo veículo a motor de propulsão que circula por seus próprios meios, e que

---

[299] BRASIL. Superior Tribunal de Justiça, REsp. 201.183/SP, Rel. Min. Garcia Vieira, Primeira Turma, v.u., 20.04.1999, *DJU* de 07.06.1999, p. 65.

[300] Conforme decidido pelo STF, no RE 1.016.605, o sujeito ativo do IPVA é o Estado em que o contribuinte possui sua sede ou domicílio tributário (BRASIL. Supremo Tribunal Federal, RE 1016605, Rel. Marco Aurélio, Rel. p/acórdão Min. Alexandre de Moraes, Tribunal Pleno, j. 16.09.2020, processo eletrônico, repercussão geral – mérito, DJe-293, divulg. 15.12.2020, public. 16.12.2020). Discussão a ainda pendente é a cobrança de IPVA no caso do sujeito passivo ser locadora de veículos. No Tema 1198 o STF analisará a constitucionalidade da cobrança por Estado diverso da sede da locadora, quando houve filial em outro Estado. Vide: BRASIL. Supremo Tribunal Federal, ARE 1357421 RG, Rel. Min. Presidente, Tribunal Pleno, j. 17.02.2022, processo eletrônico, DJe-043, divulg. 07.03.2022, public. 08.03.2022.

[301] Cf. Hugo de Brito Machado, que acrescenta independer o fato gerador do licenciamento pelo órgão competente, embora não se tenha entendido assim, e arremata: "A não ser assim as fábricas e os revendores de automóveis teriam de pagar o IPVA desde o momento em que se completasse a respectiva industrialização ou importação" (*Curso de direito tributário, op. cit.*, p. 331). Sacha Calmon aclara o fato gerador do IPVA ao averbar: "É o direito de propriedade o objeto da tributação, e não a coisa, pois o sujeito passivo é sempre uma pessoa física ou jurídica" (*Curso de direito tributário, op. cit.*, 7. ed. p. 549).

[302] BRASIL. Supremo Tribunal Federal, RE 255111/SP, Rel. p/acórdão Min. Sepúlveda Pertence, Pleno, 29.05.2002, *DJU* 13.12.2002, p. 60. Ricardo Alvarenga assim doutrina sobre a matéria: "A aeronave não existe para trafegar no Estado ou no Município, mas para voar no espaço aéreo, que é de competência da União Federal. Quando em terra, apenas faz manobras em áreas aeroportuárias, que não pertencem ao Estado nem ao Município, mas à União, por força do art. 38 do CBA" (ALVARENGA, Ricardo. O IPVA na propriedade de aeronaves. *RDDT*, São Paulo, n. 29, p. 65 – 70, fev./1998).

Capítulo XII · IMPOSTOS FEDERAIS, ESTADUAIS E MUNICIPAIS 511

serve normalmente para o transporte viário de pessoas e coisas, ou para a tração viária de veículos utilizados para transporte de pessoas e coisas. O termo compreende os veículos conectados a uma linha elétrica e que não circulam sobre trilhos (ônibus elétrico)".

No entanto, com a Emenda Constitucional, o Poder Constituinte Derivado promoveu a inclusão do inciso III ao § 6º do art. 155 da CF, **deixando expresso que o IPVA incide sobre a propriedade de veículos automotores terrestres, aquáticos e aéreos.** Dessa forma, resta superado o entendimento do STF sobre a matéria. A emenda ainda dispôs sobre hipóteses de **imunidades**, excepcionando a incidência do IPVA: "a) a aeronaves agrícolas e de operador certificado para prestar serviços aéreos a terceiros; b) embarcações de pessoa jurídica que detenha outorga para prestar serviços de transporte aquaviário ou de pessoa física ou jurídica que pratique pesca industrial, artesanal, científica ou de subsistência; c) plataformas suscetíveis de se locomoverem na água por meios próprios, inclusive aquelas cuja finalidade principal seja a exploração de atividades econômicas em águas territoriais e na zona econômica exclusiva e embarcações que tenham essa mesma finalidade principal; d) tratores e máquinas agrícolas" (art. 155, § 6º, III, CF).

A Lei/RJ nº 2.877/1997 assim precisa o momento da ocorrência do fato gerador: "I – em 1º de janeiro de cada exercício ou quando o veículo for encontrado no território do Estado do Rio de Janeiro sem o comprovante do pagamento do imposto objeto desta Lei; II – na data de sua primeira aquisição por consumidor final, no caso de veículo novo; III – na data do desembaraço aduaneiro, em se tratando de veículo novo ou usado importado do exterior pelo consumidor final; IV – no primeiro dia do exercício subsequente ao registro da transferência no órgão executivo de trânsito deste Estado, em se tratando de veículo transferido de outra unidade da federação, desde que preenchidas as seguintes condições: **a)** o registro da transferência no órgão executivo de trânsito deste Estado ocorra no prazo de 90 (noventa) dias da aquisição; **b)** seja comprovada a quitação do IPVA no exercício em que se deu a transferência para a unidade da federação de origem do veículo (NR)" (art. 1º, parágrafo único).

O art. 5º da Lei/RJ nº 2.877/1997, *isenta* do pagamento do IPVA, entre outros, veículos automotores terrestres com mais de 15 (quinze) anos de fabricação e os táxis de propriedade de profissionais autônomos[303]. O direito à isenção deve ser requerido à autoridade fazendária competente, para seu reconhecimento (Decreto/RJ nº 9.146/1986, art. 30).

O STF declarou inconstitucional dispositivo que concedia isenção condicionada à filiação do motorista profissional proprietário do veículo a sindicato ou cooperativa, por violar a liberdade de associação e a liberdade sindical.[304]

O STF, pelo seu Tribunal Pleno, deferiu medida liminar para sustar a eficácia de dispositivo de lei que concedia isenção do IPVA "aos proprietários de veículos destinados à exploração

---

[303] O STF reconheceu a legitimidade de isenção estendida por lei estadual aos taxistas que adquirem veículos pelo sistema de *leasing*, por entender razoável a finalidade social da norma impugnada, bem como porque a isenção visa a assegurar que o taxista, ao adquirir um novo veículo por *leasing*, possa gozar da isenção geral concedida aos taxistas proprietários de veículo, enquanto vigente o arrendamento, uma vez que o arrendador transfere ao arrendatário o ônus de tal imposto. O Ministro Celso de Mello, relator, discordou do referido entendimento porque a condição de simples possuidor, e não proprietário do veículo, não configura aspecto passível de tributação, nos termos do art. 155, III, da CF, e, consequentemente, não pode ser alcançada por norma de isenção (*Informativo nº 210 do STF*, novembro de 2000). O entendimento do Ministro Celso de Mello parece-me mais correto, porque o contrato de *leasing* não transfere, desde logo, a propriedade do bem, o que só vai ocorrer com o exercício da opção de compra, e o art. 155, III, da CF, refere-se a propriedade de veículo automotor, que o arrendatário não tem.

[304] BRASIL. Supremo Tribunal Federal, ADI 5268, Rel. Dias Toffoli, Tribunal Pleno, j. 08.08.2022, processo eletrônico DJe-162 divulg. 16.08.2022 public. 17.08.2022.

dos serviços de transporte escolar no Estado do Amapá, devidamente regularizados junto à Cooperativa de Transportes Escolares do Município de Macapá – COOTEM", por implicar em tratamento desigual entre contribuintes que se encontram em situação equivalente, violando os princípios da igualdade e da isonomia tributária (CF, art. 150, II).[305]

3.4. *Contribuinte*

Contribuintes do IPVA são as pessoas físicas ou jurídicas proprietárias de veículos automotores, presumindo-se como tal aquele em cujo nome o veículo está licenciado na repartição competente. Entretanto, o adquirente responde solidariamente com o contribuinte pelo imposto anteriormente devido e não pago, não comportando, portanto, benefício de ordem (Lei nº 2.877/RJ/1997, art. 3º).

O STJ fixou tese repetitiva segundo a qual: "Somente mediante lei estadual/distrital específica poderá ser atribuída ao alienante responsabilidade solidária pelo pagamento do Imposto sobre a Propriedade de Veículos Automotores – IPVA do veículo alienado, na hipótese de ausência de comunicação da venda do bem ao órgão de trânsito competente."[306]

3.5. *Alíquota*

A Constituição Federal silencia sobre a alíquota do IPVA, que pode, portanto, ser fixada com liberdade pelas leis estaduais, mas se trata de liberdade relativa porque o tributo não pode ter efeito de confisco (CF, art. 150, IV). Em alguns estados, a alíquota é fixa, valor determinado, levando em conta o ano de fabricação, a marca e o modelo do veículo, e não indicada em porcentagem[307]. Em outros Estados a alíquota é expressa em um percentual sobre o valor do veículo automotor, como no estado do Rio de Janeiro, nos termos do art. 10 da Lei nº 2.877/1997.

A EC nº 42/2003 acrescentou o § 6º ao art. 155 da CF, para estabelecer que o IPVA terá alíquotas mínimas fixadas pelo Senado Federal, para evitar guerra fiscal entre os estados, fixando alíquotas insignificantes, e poderá ter alíquotas diferenciadas em função do tipo, do valor, da utilização e do impacto ambiental (art. 155, § 6º, II, CF, com redação dada pela EC nº 132/2023).

3.5.1. *Alíquotas diferenciadas segundo a procedência nacional ou estrangeira de veículo automotor*

O art. 152 da CF veda aos Estados, ao Distrito Federal e aos Municípios estabelecerem diferença tributária entre bens e serviços, de qualquer natureza, em razão de sua procedência ou destino. A doutrina e a jurisprudência eram controversas quanto à constitucionalidade ou não de leis estaduais que estabeleciam alíquota maior para veículos automotores importados do exterior. Alguns autores e julgados do STF e do STJ, baseando-se no mencionado dispositivo constitucional, entendem que a lei estadual não pode estabelecer alíquotas diferenciadas para veículos de procedência nacional ou estrangeira, não sendo válido o argumento de que tais alíquotas diferenciadas atendiam ao princípio da capacidade contributiva porque o IPVA é

---

[305] BRASIL. Supremo Tribunal Federal, ADI 1655 MC/AP – Amapá, Rel. Min. Maurício Corrêa, Pleno, 10.09.1997, p.m., *DJU* 24.10.1997, p. 54156.

[306] BRASIL. Superior Tribunal de Justiça, REsp n. 1.881.788/SP, Rel. Min. Regina Helena Costa, Primeira Seção, j. 23.11.2022, DJe de 1.12.2022.

[307] Cf. Hugo de Brito, *Curso de direito tributário, op. cit.*, p. 131.

Capítulo XII · IMPOSTOS FEDERAIS, ESTADUAIS E MUNICIPAIS | **513**

imposto real, não podendo levar em conta, portanto, a capacidade contributiva[308]. Em sentido contrário, entende-se que a proveniência e destino referidos no art. 152 da CF são relativos apenas ao território nacional, para reforçar os vínculos federativos que unem as pessoas de direito público que compõem o Estado nacional brasileiro, não tendo aplicação alguma a produtos e mercadorias provenientes de outros países. Entendimento diverso tornaria desnecessários acordos internacionais para pleitear tratamentos isonômicos para produtos nacionais e estrangeiros[309]. O **STJ** firmou entendimento no sentido de que o "Estado-membro não tem competência para fixar alíquotas diferenciadas para o cálculo do IPVA incidente na operação regularizadora de licenciamento de veículo automotor de procedência estrangeira"[310].

3.6. *Base de cálculo*

A base de cálculo do IPVA corresponde ao valor venal do veículo automotor, como estabelece, por exemplo, o art. 6º da Lei/RJ nº 2.877/1997, que assim dispõe sobre a base de cálculo do imposto: a) "No caso de veículo novo, o valor venal será o preço comercial tabelado pelo órgão competente ou, na sua falta, o preço à vista constante do documento fiscal emitido pelo revendedor" (art. 8º); b) quando se tratar de veículo usado, o valor venal do imposto constará de tabela baixada, anualmente, pelo Secretário de Estado de Fazenda (art. 7º); c) veículos novos ou usados, importados diretamente do exterior pelo consumidor final, terão como base de cálculo o valor constante do documento de importação, acrescido dos valores dos tributos e quaisquer despesas aduaneiras devidos pela importação, ainda que não recolhidos pelo importador (art. 9º).

O **STF** decidiu que, em matéria de IPVA, a simples correção da tabela de valores no ano da cobrança do tributo não implica violência aos princípios insculpidos na Constituição Federal. Prevalecem o fato gerador, a base de cálculo e as alíquotas previstas na legislação estadual editada com observância daqueles princípios. A simples correção da tabela não modifica quer o fato gerador, quer a base de cálculo, no que se revelam como sendo a propriedade do veículo e o seu valor[311].

3.7. *Lançamento*

O IPVA é objeto de **lançamento direto**, porque o fisco fornece ao contribuinte os avisos de cobrança com a base de cálculo calculada e o valor do imposto a pagar[312].

---

[308] BRASIL. Supremo Tribunal Federal, AI 203.845-5/RJ, Primeira Turma, Rel. Min. Néri da Silveira, *DJU* 26.09.1997, BRASIL. Superior Tribunal de Justiça, RMS 10.906/RJ, Primeira Turma, Rel. Min. Garcia Vieira, j. 02.05.2000, *RDTJRJ* 41/213 etc.

[309] *RDTJRJ* 35/206, 2º2º GCC do TJRJ. Neste sentido, Hugo de Brito Machado, com a ressalva de que "embora se admita a utilização desse imposto com fins extrafiscais, tributando-se mais pesadamente veículos mais sotisficados, em se tratando de comércio exterior os instrumentos adequados são os impostos federais sobre importação e exportação, em virtude da competência da União nessa matéria (*Curso de Direito Tributário, op. cit.*, p. 331).

[310] BRASIL. Superior Tribunal de Justiça, ROMS 9867/RJ, Rel. Min. Milton Luiz Pereira, Primeira Turma, v.u., *DJU* 22.04.2002, p. 162 etc.

[311] BRASIL. Supremo Tribunal Federal, AgRg no AI 169370/SP, Rel. Min. Marco Aurélio, Segunda Turma, v.u., 27.10.1995, *DJU* 02.02.1996, p. 675.

[312] Cf. Hugo de Brito Machado (*Curso de Direito Tributário, op. cit.*, p. 332), e Sacha Calmon (*Curso de Direito Tributário Brasileiro, op. cit.*, p. 475). "O crédito tributário do IPVA constitui-se de ofício, sujeitando-se às prescrições legais dessa modalidade de lançamento" (BRASIL. Superior Tribunal de Justiça, ROMS 12970/RS, Rel. Min. Francisco Peçanha Martins, 21.08.2003, v.u., *DJU* 22.09.2003, p. 277) etc. *Em sentido*

O **STF** decidiu que é constitucional lei estadual que concede parcelamento do pagamento do IPVA, por não haver ofensa aos art. 61, § 1º, II, "b", da CF, que confere ao Presidente da República a iniciativa privativa das leis que disponham sobre "organização administrativa e judiciária, matéria tributária e orçamentária, serviços públicos e pessoal da administração dos Territórios", dado que tal dispositivo refere-se exclusivamente aos Territórios. A decisão entendeu também não haver ofensa aos princípios da igualdade, da isonomia e da competência dos Estados para instituir o IPVA[313]. O STF admite também ser possível a lei estadual prever descontos para os contribuintes que não incorreram em infrações de trânsito, "tendo em vista que o Estado-membro pode implementar incentivo fiscal de tributo de sua competência com a finalidade de estimular a observância das leis de trânsito"[314].

O **STJ** decidiu que a "expedição de certificado de registro de licenciamento de veículo, embora condicionada à quitação de tributos incidentes sobre a propriedade de veículo automotor, não serve como comprovação de quitação do IPVA e tão pouco a sua emissão relativa a exercícios posteriores gera presunção de pagamento de valores anteriores, conforme diz o art. 158, II, do CTN. Apenas a apresentação da GA (Guia de Arrecadação), RPV (Recibo de Pagamento do Veículo) ou recibo de alguma modalidade de autoatendimento está apta a demonstrar a quitação do IPVA"[315]. É inconstitucional lei estadual que pune com a apreensão do veículo o IPVA não pago porque o não licenciamento já corresponde a sanção administrativa.

O STJ firmou ainda tese repetitiva acerca da constituição definitiva do crédito com a notificação do contribuinte: "A notificação do contribuinte para o recolhimento do IPVA perfectibiliza a constituição definitiva do crédito tributário, iniciando-se o prazo prescricional para a execução fiscal no dia seguinte à data estipulada para o vencimento da exação." [316]

III. IMPOSTOS MUNICIPAIS

A CF de 1988, em seu art. 156, confere aos **Municípios** competência privativa para instituir impostos sobre: I – propriedade predial e territorial urbana; II – transmissão, *inter vivos*, a qualquer título, por ato oneroso, de bens imóveis, por natureza ou acessão física, e de direitos reais sobre imóveis, exceto os de garantia, bem como cessão de direitos a sua aquisição; III – serviços de qualquer natureza, não compreendidos no art. 155, II, definidos em lei complementar (inciso III com a redação dada pela EC nº 3, de 17.03.1993). Os Municípios não têm competência concorrente supletiva para legislar sobre normas gerais de direito tributário por falta de previsão no art. 24 da CF, que a confere somente aos Estados e Distrito Federal.

---

contrário, entendendo que se trata de lançamento por homologação, porque os contribuintes do IPVA promoverão o recolhimento do tributo diretamente na rede autorizada, citem-se. Adilson Rodrigues Pires, *op. cit.*, p. 98, e ROMS 12384/RJ, Rel. Humberto Gomes de Barros, Primeira Turma, 04.06.2002, *DJU* 12.08.2002, p. 113.

[313] BRASIL. Supremo Tribunal Federal, ADI (MC) 2.474-SC, Rel. Ministra Ellen Gracie, 19.06.2002(ADI-2474) – *Informativo nº 273* do STF de junho de 2002.

[314] *Informativo 204 do STF*. Em sentido contrário, Leandro Paulsen, ao averbar: "A definição do montante a pagar a título de IPVA, ainda que através de desconto, tendo como variável o cometimento ou não de infração implica violação ao próprio conceito de tributo (art. 3º do CTN), pois este jamais pode funcionar como sanção de ato ilícito. A invocação da utilização extrafiscal de tributo não pode levar a tais consequências" (*Op. cit.*, p. 283).

[315] BRASIL. Superior Tribunal de Justiça, REsp. 526535/RS, Rel. Min. José Delgado, Primeira Turma, 07.10.2003, v.u., *DJU* 17.11.2003, p. 217.8

[316] BRASIL. Superior Tribunal de Justiça, REsp 1320825/RJ, Rel. Min. Gurgel De Faria, Primeira Seção, j. 10.08.2016, *DJe* 17.08.2016.

Capítulo XII · IMPOSTOS FEDERAIS, ESTADUAIS E MUNICIPAIS | 515

1. Imposto sobre propriedade predial e territorial urbana

1.1. *Competência e legislação*

O IPTU é de competência privativa dos Municípios e do Distrito Federal (CF, arts. 156, I, e 147). O CTN fixa as normas gerais sobre o IPTU nos arts. 32 a 34, integrantes da Seção II, do Capítulo III, do Livro I, e o Código Tributário do Município do Rio de Janeiro (Lei nº 691, de 24.12.1984), doravante denominado simplesmente CTMRJ, disciplina o mencionado imposto nos arts. 52 a 86. Apesar do art. 156, I, da CF de 1988, referir-se a imposto sobre "a propriedade predial e territorial urbana", não quer significar que faça a previsão da instituição de dois impostos: um sobre propriedade predial e outro sobre propriedade urbana, porque o mencionado dispositivo constitucional contempla um único imposto[317].

1.2. *Características*

O IPTU apresenta as seguintes características. Primeira, que se trata de tributo com **fim marcadamente fiscal**, ou seja, visando a carrear recursos para os cofres do Município, mesmo que a lei municipal estabeleça sua progressividade em razão do valor do imóvel, ou fixe alíquotas diferenciadas de acordo com a localização e o uso do imóvel (CF, art. 156, § 1º, com a redação dada pela EC nº 29/2001). Todavia, quando a lei municipal estabelecer a progressividade no tempo de suas alíquotas, o IPTU (CF, art. 182, § 4º), passará a ter também **fim extrafiscal**, como instrumento de intervenção do Poder Público para, assegurando a função social da propriedade, resolver problema de domínio social (vide item 1.5.2). Segunda, que o IPTU sempre foi considerado imposto com **natureza real**, isto é, sua incidência abstrai a capacidade econômica do contribuinte. Por isso, o STF considerou inconstitucional lei municipal que fixe adicional progressivo do IPTU, em função do número de imóveis do contribuinte (Súmula nº 589), por não poder levar em conta elementos subjetivos do contribuinte. O STF, no entanto, decidiu ser constitucional a lei do Município que reduz o IPTU sobre imóvel ocupado pela residência do proprietário, que não possui outro (Súmula nº 539). O Pretório Excelso, considerando também a natureza real do IPTU, não admitiu que lei municipal estabelecesse progressividade em função do valor do imóvel (Súmula nº 668), o que ensejou a EC nº 29/2001, alterando a redação do § 1º do art. 156 da CF, para permitir a mencionada progressividade. Terceira, que o IPTU é **imposto direto**, porque, tendo como fato gerador a propriedade, o domínio útil ou a posse com *animus domini* (CTN, art. 32), a sua natureza não comporta a transferência do seu ônus por parte do contribuinte de direito para contribuinte de fato. Entretanto, a Lei nº 8.245/ 1991, em seus arts. 22, VIII, e 25, admitem que o locador possa transferir a carga do imposto para o locatário na condição de contribuinte de fato. Mas não pago o imposto, o Município só poderá cobrá-lo do proprietário (contribuinte de direito), sendo o locatário (contribuinte de fato), segundo a jurisprudência, parte ilegítima para impugnar o lançamento[318], e o locador se sofrer execução fiscal não poderá se defender

---

[317]   Cf. Hugo de Brito Machado, *op. cit.,* p. 335.

[318]   BRASIL. Superior Tribunal de Justiça, REsp. 119.515/SP, Primeira Turma, Rel. Min. Garcia Vieira, v.u., 07.11.1997, *DJU* 15.12.1997, p. 66.230. Embora esse seja o entendimento jurisprudencial dominante, existe decisão do STJ admitindo que o contribuinte de fato seja parte legítima para a ação de repetição de indébito (REsp. 276.469/SP, Rel. Min. Humberto Gomes de Barros, Primeira Turma, v.u., 14.08.2001, *DJU* 01.10.2001, p. 165). "1 – O sujeito passivo da obrigação tributária é a propriedade nos termos do art. 34 do CTN e inúmeros precedentes desta Eg. Casa. Dessa forma, torna-se o locador/propriedade parte legítima para propor a ação de restituição de tributo, independentemente de quem tenha pago o

arguindo ser a responsabilidade do locatário (CTN, art. 123). No entanto, há que se destacar a previsão contida no § 1º-A do artigo 156 da CF, incluído pela EC nº 116/2022. O Poder Constituinte Derivado conferiu imunidade no que toca ao IPTU sobre os templos de qualquer culto, quando as entidades abrangidas pela imunidade forem apenas locatárias. Quarta, que o IPTU subsume-se na categoria econômica de **imposto sobre o patrimônio,** porque está disciplinado no Livro I, Título III, Capítulo III, Seção II, do CTN, e, por isso, está alcançado pela imunidade tributária prevista no art. 150, VI, alíneas "a" e "c", e § 2º, da CF. Quinta, que se trata de **imposto de incidência monofásica,** porque o seu fato gerador corresponde a uma situação estável, permanente, que é a propriedade, o domínio útil ou a posse de bem imóvel situado em região urbana. Sexta, que correspondendo a **tributo periódico,** cabe à lei municipal fixar o momento da ocorrência do fato gerador (CTN, art. 144, § 2º), e o art. 52, parágrafo único, do CTMRJ, assim como as demais leis municipais, consideram ocorrido o fato gerador no primeiro dia do exercício a que corresponder o imposto. Desse modo, a lei que majore o IPTU deve ser publicada no exercício anterior ao da cobrança, em obediência ao princípio da anterioridade da lei fiscal (CF, art. 150, III, "b"), observada também a anterioridade nonagesimal (CF, art. 150, III, "c"). Sétima, que é objeto de **lançamento direto,** de ofício, porque independe de informações prestadas pelo contribuinte à autoridade administrativa, em razão do Município dispor de cadastro dos imóveis situados em seu território[319].

1.3. *Hipótese de incidência*

A CF de 1988 não define a hipótese de incidência do imposto sobre a propriedade predial e territorial urbana. O art. 32 do CTN prescreve que seu fato gerador (entenda-se **hipótese de incidência**) é "a propriedade, o domínio útil ou a posse de bem imóvel por natureza ou por acessão física, como definido na lei civil, localizado na zona urbana do Município" (CTMRJ, art. 52).

O art. 32 do CTN merece as seguintes considerações. Primeira, que a norma não está em desarmonia com a do art. 156, I, da CF de 1988, que se refere a **imposto sobre propriedade de imóvel predial e territorial urbano,** enquanto o art. 32 do CTN define como hipótese de incidência a propriedade, o domínio útil ou a posse de bem imóvel, não aludindo somente à propriedade. A CF refere-se apenas à **propriedade,** no sentido de domínio pleno reunido em uma única pessoa, e nessa hipótese ela é a contribuinte do imposto. Não existe antinomia entre a norma constitucional e a do CTN, porque o legislador prevê que a propriedade do imóvel possa estar fracionada, vez que o domínio útil e a posse são também elementos da

---

referido tributo" (BRASIL. Superior Tribunal de Justiça, AGA 568195/RJ, AgRg no AI 2003/0212115-3, Segunda Turma, Rel. Min. Francisco Peçanha Martins, 03.05.2005, *DJU* 13.06.2005, p. 241).

[319] "A certificação do Sr. Oficial de Justiça, em diligência citatória, asseverando inexistir edificação no lote objeto da incidência do IPTU, afasta a presunção *iuris tantum* de recebimento da notificação do lançamento respectivo pelo Contribuinte através da entrega do carnê correspondente. Inocorrendo a regular notificação em apreço, prevista no art. 145 do CTN, não se constitui regularmente o crédito tributário antes do advento do lapso decadencial, nos termos do art. 173, I, do mesmo Código (TJRJ, AC 2004.001.30760, 18ª CC, Rel. Des. Nascimento Povoa Vaz, 19.04.2005, *DJRJ* 20.04.2005, p. 64). "...3. Tratando-se de IPTU, o encaminhamento do carnê de recolhimento ao contribuinte é suficiente para se considerar o sujeito passivo como notificado" (BRASIL. Superior Tribunal de Justiça, REsp. 657404/PR, Primeira Turma, Rel. Min. Luiz Fux, 15.05.2005, *DJU* 20.06.2005, p. 149). "2. Aplica-se o prazo decadencial de 120 (cento e vinte) dias previsto no art. 18 da Lei nº 1.533/1951, contados da notificação para pagamento, ao mandado de segurança questionando a inconstitucionalidade e ilegalidade da cobrança do IPTU" (BRASIL. Superior Tribunal de Justiça, REsp. 557284 / RJ, Segunda Turma, Rel. Castro Meira, 15.03.2005, *DJU* 23.05.2005, p. 197).

Capítulo XII · IMPOSTOS FEDERAIS, ESTADUAIS E MUNICIPAIS | **517**

propriedade. Quando o fato gerador do IPTU for o **domínio útil de imóvel**, cabe ao seu detentor, o enfiteuta, o pagamento do IPTU, e a imunidade que possa ter o senhorio, detentor do domínio indireto, não se transmite ao enfiteuta[320]. Segunda, que o art. 156, I, da CF de 1988, quando se refere ao instituto da propriedade e a bem imóvel, está agasalhando, ou melhor, constitucionalizando, os conceitos dados pelo Código Civil, para definir a competência tributária dos Municípios no que tange à instituição do IPTU. Assim sendo, a lei tributária não poderá alterar os conceitos de propriedade e de bem imóvel para estender a incidência do imposto, tendo em vista a vedação do art. 110 do CTN. Por isso, a lei municipal não pode, por exemplo, a título de mero raciocínio, prever que determinado bem móvel (*v.g.*, navio e aeronave) seja considerado bem imóvel para fim de incidência do IPTU, porque bens imóveis, para o direito privado, são aqueles que não se podem transpor, sem destruição, de um lugar para outro. Terceira, que o dispositivo legal sob comento alude a bem imóvel **por natureza ou acessão física**, como definido na lei civil, não se referindo a bem imóvel por acessão intelectual (CCB, art. 79)[321]. Quarta, que o art. 32 do CTN considera também fato gerador do IPTU a **posse de bem imóvel urbano**, estando a posse definida no art. 1.196 do CCB de 2002 e mero detentor no seu art. 1.198. A mencionada posse como fato gerador do IPTU, deve ser entendida restritivamente, para abranger somente a posse com *animus domini*, ânimo definitivo, com conteúdo econômico, faltando-lhe apenas o título, como no caso do possuidor *ad usucapionem*, não abrangendo, portanto, aquela que gera mero direito pessoal, *v.g.*, a posse de locatário ou de comodatário[322]. Quinta, que a incidência do IPTU só poderá ocorrer em relação a **bem imóvel localizado na zona urbana do Município**, porque, se situado fora da referida zona, sofrerá a incidência do ITR (CTN, art. 29). Os §§ 1º e 2º do art. 32 do CTN estabelecem os critérios para a caracterização de zona urbana, sobrelevando o critério geográfico sobre a destinação do imóvel. A caracterização da região como urbana exige a satisfação de, no mínimo, dois dos melhoramentos referidos no § 1º do art. 32 do CT, e esses critérios só podem ser alterados mediante lei complementar[323]. Conforme a Súmula nº 626

---

[320] BRASIL. Superior Tribunal de Justiça, REsp. 267.099/BA, Rel. Min. Eliana Calmon, Segunda Turma, *DJU* 27.05.2002, p. 152.

[321] Consulte-se, sobre o assunto: ROSA, Pedro Henrique de Miranda. *Direito civil, parte geral e teoria das obrigações*. Rio de Janeiro: Renovar, 2002, p. 75-77.

[322] "...2. O comodatário é possuidor por relação de direito pessoal e, como tal, não é contribuinte do IPTU do imóvel que ocupa. 3. Não sendo contribuinte, não se pode atribuir os benefícios da imunidade do comodatário ao proprietário e comodante, este o verdadeiro contribuinte do IPTU" (BRASIL. Superior Tribunal de Justiça, REsp. 254.471/SP, Rel. Min. Eliana Calmon, Segunda Turma, v.u., *DJU* 29.04.2002, 213). Na questão acima submetida ao STJ, como se extrai do voto da Rel., o Município de São Paulo executou o Colégio Batista Brasileiro, cobrando-lhe IPTU sobre o imóvel que o colégio utiliza em regime de comodato. A decisão entendeu, corretamente, que o colégio, sendo instituição de educação, goza de imunidade tributária (CF, art. 150, VI, "c"), por não ser contribuinte do imposto, não podendo, portanto, integrar o polo passivo da ação de execução. Por outro lado, decidiu também, de forma acertada, que "não se pode atribuir ao proprietário os benefícios da imunidade do comodatário, razão pela qual nada impede que o Fisco cobre a exação diretamente do proprietário e comodante". No caso de promessa de venda "averbada nos livros da Municipalidade (que confessa esse fato indicando um a um os endereços dos promitentes compradores)", esses podem ser definidos como contribuintes, porque aí o Município já averbou em seus assentamentos os nomes dos detentores da posse e tem como cobrar diretamente deles o tributo" (AC 2004.001.27617, 16ª CC, Rel. Des. Miguel Angelo Barros, 29.03.2005, *DJRJ* 05.04.2005, p. 57).

[323] BRASIL. Supremo Tribunal Federal, RE 93.858-8-MG, *DJU* 28.08.82. Daí ter sido aprovada a Resolução 313, do Senado Federal, de 30.06.1983, *DJU* de 4.07.1983, suspendendo a eficácia do art. 6º e seu § único da Lei Federal nº 5.868, de 12.12.1972 (*RTJ* 105/194). "2. O STJ, ao interpretar o art. 32, § 2º2º, do CTN, firmou o entendimento de que é legítima a cobrança do IPTU sobre sítios de recreio considerados por

MANUAL DE DIREITO TRIBUTÁRIO – *Luiz Emygdio Franco da Rosa Junior e Amanda Albano*

do STJ: "A incidência do IPTU sobre imóvel situado em área considerada pela lei local como urbanizável ou de expansão urbana não está condicionada à existência dos melhoramentos elencados no art. 32, § 1º, do CTN.".

O art. 53 do Código Tributário do Município do Rio de Janeiro, para fim de definição de região urbana, transcreve os §§ 1º e 2º do art. 32 do CTN. Caso a União entenda que determinado imóvel situa-se fora da região urbana, incidindo, portanto, o ITR, e o Município considere que se trata de imóvel situado dentro da região urbana, exigindo, assim, o IPTU do proprietário, este deverá ajuizar ação de consignação em pagamento do valor do tributo que entenda devido (CTN, art. 164, III), requerendo também a citação do outro ente político que está exigindo o pagamento do outro imposto.

1.4. *Contribuinte*

Contribuinte do IPTU "é o proprietário do imóvel, o titular do seu domínio útil, ou o seu possuidor a qualquer título" (CTN, art. 34, e CTMRJ, art. 62). Como explicado no item anterior, o legislador prevê que a propriedade do imóvel pode estar consolidada em mão de uma única pessoa ou possa estar fracionada. Na primeira hipótese, o contribuinte do imposto será o proprietário do imóvel. Na segunda hipótese o contribuinte será o titular do domínio útil[324], e, finalmente, na terceira hipótese, contribuinte será o seu possuidor com *animus domini*, embora o dispositivo dê a entender que seria qualquer possuidor, em razão da expressão "a

---

lei municipal como situados em área de expansão urbana, ainda que não dotada dos melhoramentos previstos no art. 32, § 1º, do CTN", por inexistir, no mesmo, qualquer produção agrícola com fins comerciais (BRASIL. Superior Tribunal de Justiça, REsp. 185234/SP, Segunda Turma, Rel. Min. João Otávio de Noronha, 08.03.2005, *DJU* 16.05.2005, p. 274). "1. O artigo 15 do Decreto-Lei nº 57/1966 exclui da incidência do IPTU os imóveis cuja destinação seja, comprovadamente, a de exploração agrícola, pecuária ou industrial, sobre os quais incide o Imposto Territorial Rural – ITR, de competência da União. 2. Tratando-se de imóvel cuja finalidade é a exploração extrativa vegetal, ilegítima é a cobrança, pelo Município, do IPTU, cujo fato gerador se dá em razão da localização do imóvel e não da destinação econômica" (BRASIL. Superior Tribunal de Justiça, REsp. 738628/SP, Segunda Turma, Rel. Min. Castro Meira, 12.05.2005, *DJU* 20.06/2005, p. 259). No mesmo sentido, AgRg no AG 498512/RS, Segunda Turma, Rel. Min. Francisco Peçanha Martins, 22.03.2005, *DJU* 16.05.2005, p. 296). "1. O critério da localização do imóvel é insuficiente para que se decida sobre a incidência do IPTU ou ITR, sendo necessário observar-se o critério da destinação econômica, conforme já decidiu a Egrégia Segunda Turma, com base em posicionamento do STF sobre a vigência do DL nº 57/1966", com "status" de lei complementar. 2. Ao disciplinar o fato gerador do imposto sobre a propriedade imóvel e definir competências, optou o legislador federal, num primeiro momento, pelo estabelecimento de critério topográfico, de sorte que, localizado o imóvel na área urbana do município, incidiria o IPTU, imposto de competência municipal; estando fora dela, seria o caso do ITR, de competência da União. 3. O Decreto-Lei nº 57/1966, recebido pela Constituição de 1967 como lei complementar, por versar normas gerais de direito tributário, particularmente sobre o ITR, abrandou o princípio da localização do imóvel, consolidando a prevalência do critério da destinação econômica. O referido diploma legal permanece em vigor, sobretudo porque, alçado à condição de lei complementar, não poderia ser atingido pela revogação prescrita na forma do art. 12 da Lei nº 5.868/1972. 4. O ITR não incide somente sobre os imóveis localizados na zona rural do município, mas também sobre aqueles que, situados na área urbana, são comprovadamente utilizados em exploração extrativa, vegetal, pecuária ou agroindustrial".

[324] "Imóvel pertencente à União. Ocupação por enfiteuta – sujeito passivo do IPTU. Impossibilidade de gozar do benefício constitucional da imunidade tributária. Também, não se pode falar em isenção, tendo em vista que esta não pode ser concedida por lei federal, mas apenas pelo próprio município" (TASP, *RT* 732/255).

Capítulo XII • IMPOSTOS FEDERAIS, ESTADUAIS E MUNICIPAIS | 519

qualquer título". Em qualquer das hipóteses, no entanto, há um só contribuinte, o proprietário, o titular do domínio útil ou o possuidor com *animus domini*[325].

Quando o imóvel for de propriedade da União, dos Estados, dos Municípios, ou de quaisquer outras pessoas isentas do imposto ou a ele imune, são também contribuintes os promitentes compradores imitidos na posse, os posseiros, ocupantes ou comodatários dos mencionados imóveis (CTMRJ, art. 62, parágrafo único). Se o contribuinte do IPTU é mero *possuidor* que seja esbulhado da posse pelo próprio Município, ocorrerá o fenômeno da confusão (CCB de 2002, art. 381), e, em consequência, extinguir-se-á o crédito tributário, por se reunirem numa mesma pessoa as figuras de sujeito ativo e passivo do imposto[326]. Entendo que o usufrutuário possa ser sujeito passivo da obrigação tributária relativa ao IPTU por ser possuidor com *animus domini* (CTN, art. 34), sendo, no entanto, controversa a matéria[327].

O STJ firmou entendimento de que os contribuintes do IPTU *não são considerados consumidores*, bem como que a legitimidade do **Ministério Público** é para cuidar de interesses sociais difusos ou coletivos, homogêneos e indisponíveis, e não para patrocinar direitos individuais, privados e disponíveis no interesse de algum proprietário de imóveis[328].

O STJ reconheceu que o artigo 130 não afasta a responsabilidade do arrematante, razão pela qual pode-se atribuir a este a responsabilidade por débitos posteriores à formalização da arrematação. Isto é: não se faz necessária a imissão na posse. [329]

---

[325] "...2. A existência de possuidor apto a ser considerado contribuinte do IPTU não implica a exclusão automática, do polo passivo da obrigação tributária, do titular do domínio (assim entendido aquele que tem a propriedade registrada no Registro de Imóveis). Ao legislador municipal cabe eleger o sujeito passivo do tributo, contemplando qualquer das situações previstas no CTN. Definindo a lei como contribuinte o proprietário, o titular do domínio útil, ou o possuidor a qualquer título, pode a autoridade administrativa optar por um visando a facilitar o procedimento da arrecadação" (BRASIL. Superior Tribunal de Justiça, REsp. 475.078/SP, Primeira Turma, Rel. Min. Teori Albino Zavaski, *DJU* 27.09.2004, p. 213).

[326] BRASIL. Superior Tribunal de Justiça, AR em AG 117.895/MG, Rel. Min. Ari Pargendler, Segunda Turma, v.u., 10.10.1996, *DJU* 29.10.1996, p. 41.639.

[327] Cf. BARRETO, Aires F.; MARTINS, Ives Gandra da Silva (coord.). *Curso de direito tributário*. 7. ed. São Paulo: Saraiva, 2000, p. 702. Em sentido contrário, posiciona-se Andréa Veloso Correia, entendendo que o usufrutuário "não se enquadra em qualquer das hipóteses mencionadas no art. 34 do CTN, pois ele não é proprietário – possuindo direito real sobre coisa alheia – e não é possuidor, para os fins deste artigo, pois não tem ânimo de proprietário. Além disso, ele não é titular do domínio útil, já que o usufruto não se confunde com a enfiteuse" (CORREIA, Andréa Veloso. *Curso de direito tributário brasileiro* – v. 2. São Paulo: Almedina, 2016. p. 151).

[328] BRASIL. Superior Tribunal de Justiça, REsp. 202.643/SP, Rel. Min. Garcia Vieira, Primeira Turma, *DJU* 21.06.1999. COAD/Boletim nº 41/99, p. 641.

[329] Processual Civil. Agravo Interno No Recurso Especial. Tributário. Iptu. Responsabilidade Do Arrematante Por Débitos Posteriores À Arrematação. 1. Constou expressamente do acórdão recorrido que: "Assim, se depois de formalizada a arrematação ela é considerada perfeita, ainda que haja morosidade dos mecanismos judiciais na expedição da carta de arrematação, para a devida averbação no RGI, o entendimento é no sentido de que os débitos fiscais deverão ser suportados pelo arrematante". Esse entendimento não merece reparo. Isso porque a regra contida no art. 130, parágrafo único, do CTN não afasta a responsabilidade do arrematante no que concerne aos débitos de IPTU posteriores à arrematação, ainda que postergada a respectiva imissão na posse. 2. Ressalte-se que a pendência de julgamento do Tema Repetitivo 1.134 (Primeira Seção, Rel. Min. Assusete Magalhães) não impede o julgamento do presente recurso, porquanto a questão submetida ao julgamento pelo regime dos recursos repetitivos abrange a responsabilidade do arrematante pelos débitos tributários anteriores à arrematação, incidentes sobre o imóvel, em virtude de previsão em edital de leilão. 3. Agravo interno não provido (BRASIL. Superior Tribunal de Justiça, AgInt no Resp n. 1.921.489/RJ, Rel. Min. Mauro Campbell Marques, Segunda Turma, j. 28.02.2023, Dje de 7.03.2023).

1.5. Alíquotas

Os Municípios têm liberdade na fixação das alíquotas do IPTU porque a Constituição Federal e o CTN não estabelecem qualquer restrição. Entretanto, trata-se de liberdade relativa porque o estabelecimento de alíquota escorchante pode dar ao tributo efeito de confisco (CF, art. 150, IV). As alíquotas relativas a qualquer tributo somente podem ser estabelecidas em lei (CTN, art. 97, IV), e o CTMRJ as regula em seu art. 67.

1.5.1. Progressividade do art. 156, § 1º, da CF

A CF de 1988 dispunha, na redação originária do seu art. 156, § 1º, que o IPTU podia ser progressivo, nos termos de lei municipal, para assegurar a função social da propriedade. A doutrina e a jurisprudência divergiam quanto à legitimidade de lei municipal estabelecer a progressividade do IPTU com base no valor do imóvel[330]. O STF, no entanto, firmou entendimento, não admitindo a progressividade do IPTU com base no valor do imóvel pelas seguintes razões: a) por ser imposto real, não podendo levar em conta a capacidade econômica do contribuinte, e a progressividade é inerente a impostos pessoais; b) a única progressividade do IPTU admitida na Constituição era no tempo, tendo presente a função social da propriedade (art. 182, § 4º); c) em consequência, devia-se interpretar a norma do art. 156, § 1º, da CF, através da norma do art. 182, § 4º, ou seja, quando o art. 156, § 1º, rezava que o IPTU podia ser progressivo levando em conta a função social da propriedade, tal progressividade devia ser entendida nos termos do art. 182, § 4º[331].

Pondo fim à controvérsia e visando a contornar o mencionado entendimento do STF, a EC nº 29/2001 alterou a redação do § 1º do art. 156, da CF, que passou a ter a seguinte dicção: "§ 1º – Sem prejuízo da progressividade no tempo a que se refere o art. 182, § 4º, inciso II, o imposto previsto no inciso I poderá: I – ser progressivo em razão do valor do imóvel; II – ter alíquotas diferentes de acordo com a localização e o uso do imóvel".

A norma do art. 156, § 1º, da CF, com a redação atual, merece os seguintes comentários. Primeiro, que está **facultando** à lei municipal estabelecer a progressividade do imposto, em razão do valor do imóvel e de fixar alíquotas diferentes de acordo com a localização e o uso do imóvel, embora exista doutrina no sentido de que a mencionada norma constitucional obriga a progressividade pela lei municipal[332]. Não nos parece ser esse o melhor entendimento, porque, quando a Constituição Federal quer impor o princípio da progressividade, ela enuncia norma que deixa clara tal intenção, por exemplo, no caso do imposto de renda (CF, art. 153,

---

[330] Essa progressividade era admitida por parte da doutrina, por tratar-se de progressividade fiscal baseada no princípio da capacidade contributiva (CF, art. 145, § 1º), e porque não se podia admitir que a Constituição contivesse dispositivo inútil. Citem-se, entre outros, Hugo de Brito Machado (*Curso de direito tributário*, 20. ed. *op. cit.*, p 336-337) e Roque Antônio Carraza (*Curso de direito constitucional tributário*, *op. cit.*, p. 91-92). Ricardo Lobo Torres, no entanto, não admitia progressividade do IPTU,com base no valor do imóvel, vez que só podia levar em conta a função social da propriedade, como previsto no art. 182, § 4º, da CF (progressividade no tempo), e também pela natureza real do IPTU, que não admite que se funde em elementos subjetivos da pessoa do contribuinte (*Curso de direito financeiro e tributário*, 3. ed. *op. cit.*, p. 341).

[331] BRASIL. Supremo Tribunal Federal, RE 194.183-9/SP, Rel. Min. Moreira Alves, Plenário, 05.06.1997, p.m., *DJU* 05.09.1997, p. 41.897 etc.

[332] Roque Antônio Carraza, baseando-se na lição de Rui Barbosa, pela qual "todo poder encerra um dever" entende que "o § 1º do art. 156 da CF, juridicamente interpretado, estabelece que o IPTU, além de dever obedecer ao *princípio da capacidade contributiva* ("ser progressivo em função do valor do imóvel"), terá `alíquotas diferentes de acordo com a localização e o uso do imóvel" (inc. II), *Curso de direito constitucional tributário*, p. 93, e Souto Maior Borges, *IPTU: progressividade*, RDT 59/73.

Capítulo XII · IMPOSTOS FEDERAIS, ESTADUAIS E MUNICIPAIS | 521

§ 2º, I) e do ITR (CF, art. 153, § 4º, I) Por outro lado, em outros dispositivos, a CF de 1988 apenas confere uma faculdade ao ente político, que poderá ser exercida ou não. Segundo, que a progressividade referida no inciso I do art. 156 tem fim meramente fiscal e não extrafiscal porque visa apenas carrear mais recursos para os cofres municipais, e tal finalidade não se compadece com os fundamentos ético-jurídicos do princípio da progressividade[333]. A finalidade fiscal da progressividade do dispositivo sob exame não é afetada pelo fato de levar em conta a capacidade econômica do contribuinte, vale dizer, alíquota maior para imóvel que tenha valor maior e alíquota menor para imóvel de valor menor[334]. Assim, a mera propriedade de imóvel suntuoso por si só presume, de forma absoluta, que o contribuinte tem capacidade contributiva elevada e deve pagar IPTU mais oneroso. Em contrapartida, a simples existência de imóvel modesto presume, também *iuris et de iure,* pouca capacidade contributiva, devendo pagar menos imposto ou até mesmo ser bafejado por isenção. Terceiro, que a progressividade em razão do valor do imóvel, tendo fim fiscal, independe da existência de plano diretor da cidade, que é exigido somente para o IPTU progressivo no tempo (CF, art. 182, § 4º), em razão da função social da propriedade. Quarto, que o inciso II do § 1º do art. 156 da CF, ao permitir que a lei municipal possa fixar alíquotas diferentes de acordo com a localização e o uso do imóvel, está facultando a **seletividade** do imposto, que não se confunde com a progressividade. Isso porque a seletividade implica na diferenciação de alíquotas em razão da diversidade do objeto tributado, enquanto a *progressividade* prende-se à diversidade de alíquotas em função do crescimento da base de cálculo[335]. Assim, a lei municipal poderá, por exemplo, estabelecer alíquotas maiores para imóveis situados em bairros mais luxuosos do Município e alíquotas menores para imóveis localizados em bairros mais modestos, ou alíquota mais elevada para imóvel destinado a uso comercial e alíquota mais suave para imóvel com fim residencial. Quinto, que a autorização constitucional para que a lei municipal estabeleça progressividade do IPTU em função do valor do imóvel se justifica porque o valor venal do imóvel corresponde à base de cálculo do imposto (CTN, art. 33, e CTMRJ, art. 63).

1.5.2. Progressividade no tempo (CF, art. 182, § 4º)

A CF de 1988 regula a política urbana no Capítulo II do Título VII, compreendendo os arts. 182 e 183, e o § 4º do art. 182 reza que é "facultado ao Poder Executivo municipal, mediante lei específica para área incluída no plano diretor, exigir, nos termos da lei federal, do proprietário do solo urbano não edificado, subutilizado ou não utilizado, que promova seu adequado aproveitamento, sob pena, sucessivamente, de parcelamento ou edificação compulsórios, imposto sobre a propriedade predial e territorial urbana progressivo no tempo

---

[333] Cf. Ricardo Lobo Torres, *op. cit.,* 9. ed. p. 358.

[334] Roque Antônio Carraza adverte, no entanto, com precisão, que a capacidade contributiva, para fim da progressividade fiscal do IPTU, "é aferida em função do próprio imóvel (sua localização, dimensões, luxo, características etc.), e não da fortuna em dinheiro de seu proprietário. Não fosse assim, além de incerteza e insegurança, proliferariam situações deste tipo: pessoa hoje pobre, mas que adquiriu caríssimo imóvel em período economicamente faustoso de sua vida profissional, estaria a salvo do IPTU. Ou deste: num prédio de alto luxo, com um apartamento por andar, cada proprietário pagaria um IPTU diferente (assim, *v.g.,* o banqueiro bem-sucedido pagaria o imposto no grau máximo e o aposentado, que recebe pensão previdenciária do INSS, nada pagaria. Não nos parece seja este o espírito do dispositivo constitucional" (*Curso de direito constitucional tributário, op. cit.,* 8ª. ed., p. 91-92).

[335] Daí a lição de Hugo de Brito Machado: "Assim, o IPTU será seletivo se suas alíquotas forem diferentes para imóveis diferentes, seja essa diferença em razão da utilização, ou da localização, ou de um outro critério qualquer, mas sempre diferença de um imóvel para outro imóvel" (*Curso de direito tributário, op. cit.,* p. 338).

e desapropriação. A Lei nº 10.257, de 10.07.2001, que regulamenta os arts. 182 e 183 da CF, estabelece diretrizes gerais da política urbana. Assim, seu art. 5º, § 1º, I, considera *subutilizado* o imóvel "cujo aproveitamento seja inferior ao mínimo definido no plano diretor ou em legislação dele decorrente".

O § 4º do art. 182 da CF comporta os seguintes esclarecimentos. Primeiro, que as medidas nele referidas visam assegurar o pleno desenvolvimento das funções sociais da cidade e garantir o bem-estar de seus habitantes. O instrumento básico da política de desenvolvimento e de expansão urbana corresponde ao *plano diretor*, aprovado pela Câmara Municipal, obrigatório para cidades com mais de vinte mil habitantes (§ 1º do art. 182). O plano diretor estabelece normas decidindo sobre as áreas críticas e necessidades reais da cidade, e não havendo plano diretor, não existe política urbana e não está definida a função social da propriedade (CF, art. 182, § 2º). Segundo, que o Poder Público municipal deve seguir a ordem das medidas a tomar constantes do § 4º do art. 182 e do art. 5º da Lei nº 10.257/2001, bem como adotar o procedimento previsto neste último dispositivo legal. A lei municipal específica só poderá aplicar a progressividade do IPTU no tempo, no caso de descumprimento das condições e dos prazos previstos na forma do *caput* do art. 5º da Lei nº 10.257/2001, ou não sendo cumpridas as etapas previstas no mesmo artigo (art. 7º). Terceiro, que, não obstante a expressão "sob pena, sucessivamente, de", constante do § 4º do art. 182, o IPTU progressivo no tempo não consiste em sanção, mas tem **fim extrafiscal**, porque serve de instrumento de intervenção estatal no domínio social, para assegurar o cumprimento da função social da propriedade. O IPTU não pode ser empregado a título de sanção, não podendo, portanto, ser utilizado como meio de apenar proprietário de imóvel que não forneceu dados necessários para o lançamento, ou seja, não procedeu à inscrição imobiliária, mediante multa de 100% sobre o valor do imposto porque: a) a falta de inscrição imobiliária caracteriza ilícito administrativo que não pode ser apenado por tributo (CTN, art. 3º); b) somente as multas assecuratórias da arrecadação de tributos se convertem em obrigação tributária principal; c) a multa de 100% não incide sobre o imóvel que é tributado pelo seu valor, mas sobre o ato de omissão do proprietário em fazer a inscrição, não sendo multa fiscal, mas administrativa; d) tal multa não tem natureza extrafiscal[336]. Quarto, que, nos termos do art. 7º e seus parágrafos da Lei nº 10.257/2001, a aplicação da progressividade do IPTU no tempo ocorrerá mediante a majoração da alíquota pelo prazo de cinco anos consecutivos, devendo o seu valor ser fixado na lei específica e não excederá duas vezes o valor referente ao ano anterior, respeitada a alíquota máxima de quinze por cento. Caso a obrigação de parcelar, edificar ou utilizar não esteja atendida em cinco anos, o Município manterá a cobrança pela alíquota máxima, até que se cumpra a referida obrigação. É vedada a concessão de isenção ou de anistia relativas ao IPTU progressivo no tempo (Lei nº 10.257/2001, art. 7º, § 3º), tendo em vista a sua finalidade extrafiscal.

1.6. Base de cálculo

A *base de cálculo* do IPTU é o valor venal do imóvel (CTN, art. 33), ou seja, o seu valor real, efetivo, assim entendido o valor que a unidade imobiliária "alcançaria para compra e venda à vista, segundo as condições do mercado" (CTMRJ, art. 63, que regula a base de cálculo nos arts. 63 a 66). Na verdade, o Município, para fixar tal valor devia proceder a uma avaliação, direta em cada imóvel, o que, no entanto, é impossível de ser efetuada nos grandes centros urbanos. Daí ter-se adotado o sistema da lei municipal aprovar uma "Planta Genérica de Valores" para fim da incidência do IPTU, presumindo o valor dos imóveis, por metro

---

[336] *RTJ* 104/1219, *RTJ* 114/875, *RSTJ* 9/352 etc.

quadrado, segundo determinados fatores, tais como localização, acabamento, antiguidade etc. Tratando-se, no entanto, de mera presunção, a mencionada "Pauta de Valores" *só pode ser estabelecida mediante lei* (CTN, art. 97, IV)[337]. Não se admite também que a lei autorize o Poder Executivo a editar a Planta Genérica, contendo valores que alterem a base de cálculo do IPTU (Súmula nº 13 do TASP).

O Poder Executivo municipal pode, mediante decreto, atualizar anualmente o valor venal do imóvel, para fim de incidência do IPTU, com base no § 2º do art. 97 do CTN, por não constituir majoração do tributo. Entretanto, é ilegítimo o decreto municipal que, à guisa de atualizar o valor venal dos imóveis, aplica percentual superior ao índice oficial de correção monetária, porque corresponde à majoração indireta de tributo, que é privativa de lei (CTN, art. 97, II, e § 1º). Vide Súmula nº 160 do STJ. Com a Emenda Constitucional nº 132/2023 incluiu-se o inciso III ao § 1º do art. 156 da CF passando a constar no texto constitucional que a base de cálculo poderá "ser atualizada pelo Poder Executivo, conforme critérios estabelecidos em lei municipal."

O parágrafo único do art. 33 do CTN estabelece que, na "determinação da base de cálculo, não se considera o valor dos bens móveis mantidos, em caráter permanente ou temporário, no imóvel, para efeito de sua utilização, exploração, aformoseamento ou comodidade", por corresponder a acessões intelectuais, não incluídas na definição de fato gerador do imposto, contida no art. 32 do CTN, que só se refere a imóvel por natureza ou acessão física.

1.7. Imunidade

A CF de 1988 estabelece imunidade do IPTU quando veda a incidência de *imposto sobre patrimônio* dos entes políticos (art. 150, VI, "a"), de autarquias e fundações instituídas e mantidas pelo poder público, mas restritas aos serviços vinculados a suas finalidades ou delas decorrentes (art. 150, § 2º), de templos de qualquer culto (art. 150, VI, "b"), dos partidos políticos, inclusive suas fundações, das entidades sindicais dos trabalhadores, e das instituições de educação e de assistência social sem fins lucrativos, atendidos os requisitos da lei (art. 150, VI, "c").

As vedações expressas no inciso VI, alíneas "b" e "c", compreendem somente o *patrimônio, a renda e os serviços*, relacionados com as finalidades essenciais das entidades nelas mencionadas. Entretanto, os tribunais têm admitido que as entidades não perdem a imunidade do IPTU quando obtêm receita decorrente da exploração do imóvel, inclusive auferindo aluguéis, e a aplicam na consecução de suas finalidades essenciais[338]. O entendimento foi sumulado pelo STF: "Ainda quando alugado a terceiros, permanece imune ao IPTU o imóvel pertencente a qualquer das entidades referidas pelo art. 150, VI, "c", da Constituição Federal, desde que o valor dos aluguéis seja aplicado nas atividades para as quais tais entidades foram constituídas." (Súmula Vinculante nº 52). Conforme outrora mencionado, com a EC nº 116/2022, a Constituição passou a conferir imunidade no que toca ao IPTU sobre os templos, ainda que a entidade seja locatária do bem imóvel (art. 156 § 1º-A da CF).

O promitente comprador de imóvel adquirido de autarquia não fica exonerado da obrigação de pagar imposto relativamente a bem imóvel (CF, art. 150, § 3º, parte final). A **Súmula nº 583 do STF** assim prescreve: "Promitente comprador de imóvel residencial transcrito em nome de autarquia é contribuinte do Imposto Predial e Territorial Urbano".

---

[337] *RTJ* 96/880, RE 87.763-1, Rel. Min. Moreira Alves, Pleno, *DJU* 23.11.1979.

[338] BRASIL. Supremo Tribunal Federal, RE 220.201-5/MG, Rel. Min. Moreira Alves, Primeira Turma, v.u., 22.02.2000, *DJU* de 31.03.2000, p. 60 etc (STF, Súmula nº 724).

2. Imposto de transmissão *inter vivos*

2.1. *Competência e legislação*

A CF de 1988, em seu art. 156, II, atribui aos Municípios competência exclusiva para instituir o imposto "sobre transmissão *inter vivos*, a qualquer título, por ato oneroso, de bens imóveis, por natureza ou acessão física, e de direitos reais sobre imóveis, exceto os de garantia, bem como cessão de direitos a sua aquisição", doravante denominado meramente ITBI. Nas Constituições anteriores, o ITBI pertencia à competência dos Estados e do Distrito Federal. Justifica-se a atribuição pela CF de 1988 da competência aos Municípios porque são os entes políticos que possuem cadastro imobiliário para fim de IPTU, e assim, deviam ser competentes também sobre as transmissões de imóveis decorrentes de doações e heranças[339]. O Distrito Federal também tem competência para instituir impostos municipais (CF, art. 147, e CTN, art. 18, II).

O CTN fixa as normas gerais dos impostos sobre transmissão, a qualquer título, de bens imóveis, nos arts. 35 a 42, como sendo de competência dos estados, porque foi editado sob a égide da EC nº 18/1965 à CF de 1946. Por isso, suas normas devem ser interpretadas levando--se em conta a separação de competências estabelecida pela CF de 1988. No Município do Rio de Janeiro, o ITBI foi instituído pela Lei nº 1.364, de 19.12.1988, doravante denominada simplesmente LMRJ.

O **município competente** para exigir o ITBI é o da situação do bem imóvel (CF, art. 156, § 2º, II), "ainda que a mutação patrimonial tenha ocorrido em outro município ou no estrangeiro" (LMRJ, art. 12). No caso de o imóvel ocupar **área pertencente a mais de um município**, a tributação deve ser proporcional à área e às benfeitorias situadas em cada um deles (LMRJ, art. 13, parágrafo único). Exemplificando: se 60% da área e benfeitorias do imóvel estão situadas no município de Teresópolis e 40% no município de Magé, ambos no estado do Rio de Janeiro, no caso de transmissão da sua propriedade, o primeiro terá direito de exigir 60% do valor do imposto e o segundo só poderá cobrar 40% do seu valor.

2.2. *Características*

O ITBI apresenta as seguintes **características**: a) **fim fiscal**, porque visa exclusivamente, carrear recursos para os cofres municipais; b) **natureza real**, por não levar em conta o princípio da capacidade contributiva, e, por isso, não pode ser progressivo; c) **imposto direto**, porque não comporta, por sua natureza, transferência da carga tributária do contribuinte de direito para o contribuinte de fato; d) enquadra-se entre os **impostos sobre patrimônio** (Capítulo III do Livro I do CTN), estando disciplinado na sua Seção IV, compreendendo os arts. 35 a 42, e, por isso, é alcançado pela imunidade tributária prevista no art. 150, VI, da CF; e) **imposto de incidência monofásica**, porque o seu fato gerador corresponde a uma situação que ocorre em um momento determinado do tempo, a transmissão da propriedade de bem imóvel; f) **alíquota proporcional,** porque não varia em função do valor da base de cálculo; g) **lançamento por declaração**, porque o fisco municipal depende de informações prestadas pelo contribuinte, embora, como todo tributo, possa ser objeto de lançamento de ofício, nas hipóteses do art. 149 do CTN.

---

[339] Cf. Hugo de Brito Machado, *Curso de direito tributário, op. cit.*, p. 340.

Capítulo XII · IMPOSTOS FEDERAIS, ESTADUAIS E MUNICIPAIS | 525

2.3. Hipótese de incidência

As *hipóteses de incidência* do ITBI são: a) transmissão *inter vivos*, a qualquer título, por ato oneroso, de bens imóveis, por natureza ou acessão física; b) transmissão de direitos reais sobre imóveis, exceto os de garantia; c) cessão de direitos a sua aquisição (CF, art. 156, II).

O mencionado dispositivo constitucional comporta as seguintes observações: Primeira, que contém uma **impropriedade** quando se refere a transmissão *inter vivos* "a qualquer título", expressão que só tinha razão de ser nas Constituições anteriores, que conferiam competência aos Estados e ao Distrito Federal sobre a transmissão de bens imóveis, a título oneroso ou gratuito. Na CF de 1988, o ITBI só grava a transmissão *inter vivos*, por **ato oneroso**, de bens imóveis, por exemplo, compra e venda, dação em pagamento e permuta (LMRJ, art. 5º, I, II e III), porque a transmissão gratuita (*causa mortis* e causa doação) é objeto da competência tributária dos Estados e do Distrito Federal (CF, art. 155, I). Segunda, que, ao se referir à transmissão de bens imóveis, quer expressar **transmissão da propriedade ou do domínio útil**, como explicitado no art. 35 do CTN ao definir o fato gerador do imposto, justificando-se a referência à transmissão de domínio útil por ser um dos elementos da propriedade (Súmula nº 326 do STF[340]). Terceira, que o art. 156, II, da CF, ao empregar os termos **propriedade, bem imóvel e direitos reais sobre imóveis**, está agasalhando, ou melhor, constitucionalizando os conceitos fornecidos pelo Código Civil, para definir a competência tributária dos Municípios para instituir ITBI (CCB, arts. 79, 1.255 e 1.228). Por isso, a lei tributária não poderá alterar os mencionados conceitos, para estender a incidência do imposto, tendo em vista a vedação do art. 110 do CTN. Assim, será inconstitucional lei municipal que determine a incidência do ITBI sobre a transmissão, por exemplo, de navios, que não são bens imóveis para o Código Civil brasileiro[341]. Quarta, que o dispositivo sob comento alude a **bem imóvel por natureza ou acessão física**, como definido na lei civil (CCB, art. 79), excluindo a incidência do imposto na transmissão de bem imóvel por acessão intelectual. Quinta, que o imposto incide também sobre transmissão de **direitos reais sobre imóveis**: enfiteuse, servidão, superfície, habitação e uso (CCB de 2002, art. 1.225, II a VII). Sexta, que o dispositivo constitucional **excetua do imposto os direitos reais de garantia**: penhor, hipoteca e anticrese (CCB de 2002, art. 1.225, VIII a X), porque não implicam na transmissão da propriedade. Sétima, que o imposto incide também na *cessão de direitos relativos a imóveis*, ou seja, sobre cessão de direitos pessoais, isto é, cessão de promessa de compra e venda e sobre a cessão de promessa de cessão[342], mas o dispositivo constitucional alberga também as cessões onerosas de direitos hereditários e as cessões onerosas de direitos de posse[343]. Oitava, que o STJ entende que o fato gerador do ITBI só pode ser o registro imobiliário, pelo qual se adquire a propriedade (CCB, art. 1.245), sendo, portanto, ilegítima a cobrança da exação antes do mencionado registro[344]. Entretanto,

---

[340] "É legítima a incidência do imposto de transmissão *inter vivos* sobre a transferência do domínio útil".

[341] *RTJ* 51/62.

[342] Cf. Ricardo Lobo Torres, *Curso de direito financeiro e tributário*, *op. cit.*, p. 360.

[343] Cf. Andréa Veloso Correia, *op. cit.*, p. 164.

[344] BRASIL. Superior Tribunal de Justiça, REsp. 253.364-0/DF, Rel. Min. Humberto Gomes de Barros, Primeira Turma, v.u., *DJU* 16.04.2001, *RSTJ* mai/ago/2001, p. 69, RMS 10.650-0-DF, Rel. Min. Francisco Peçanha Martins, Segunda Turma, v.u., *DJU* 04.09.2000. E28/113 etc. Hugo de Brito Machado, no entanto, ensina que "no Direito Civil a transmissão da propriedade imóvel no caso da compra e venda, por exemplo, somente se verifica pela inscrição, no competente Registro de Imóveis, do título respectivo. Entretanto, desde o momento em que comprador e vendedor convencionaram a compra e venda já se admite que produza efeitos, mesmo antes de convenientemente formalizada. Aliás, mesmo no âmbito do Direito Civil não se pode considerar a transcrição do título no Registro Imobiliário como ato isolado. Essa transcrição não é mais do que um ato final de uma série, que se iniciou e se desenvolveu, como

na prática, os tabeliães de notas não lavram escritura de compra e venda sem a prova do pagamento do ITBI.

A aquisição da propriedade por *usucapião e retrocessão na desapropriação* são formas de aquisição originária da propriedade, e, por isso, o ITBI não incide[345]. Quando o objeto de **arrendamento mercantil** for bem imóvel, o ITBI só será devido no momento do exercício da opção de compra pela arrendatária, porque implica na transmissão da propriedade em seu favor. O *lease-back* consiste no negócio jurídico pelo qual uma empresa é a proprietária de um bem e o aliena em favor de empresa de *leasing*, que, no mesmo ato, dá o mesmo bem em arrendamento mercantil em favor da empresa que era proprietária do bem. Exercendo esta, no final do contrato, a opção de compra (ou recompra) do bem, a propriedade retornará para as suas mãos. Quando o objeto do negócio jurídico for bem imóvel, haverá a incidência do ITBI no momento em que a empresa de *leasing* adquire a sua propriedade. Se a arrendatária exercitar a opção de compra do bem imóvel, ocorrerá novo fato gerador, e o imposto incidirá novamente. Observe-se que são dois fatos geradores distintos ensejadores da incidência do imposto em momentos diversos[346].

A LMRJ disciplina a hipótese de incidência do ITBI nos arts. 4º e 5º.

2.3.1. Promessa de compra e venda de bem imóvel

As leis municipais, em regra, estabelecem que a celebração de promessa de compra e venda de bem imóvel constitui fato gerador do ITBI, embora não gere a transmissão da propriedade. A LMRJ, por exemplo, em seu art. 20, inciso VII, prescreve que na promessa de compra e venda e na promessa de cessão, o imposto será pago no prazo de trinta dias contados da data prevista no instrumento para a quitação total do preço, e a apresentação do instrumento ao Registro de Imóveis será sempre precedida do pagamento do imposto (parágrafo único do art. 20). O STJ entende que a promessa de compra e venda não se enquadra no desenho constitucional do fato gerador do ITBI, ainda que irretratável e com quitação de preço, porque é contrato preliminar e o contrato definitivo poderá existir ou não, bem como por não transmitir a propriedade do imóvel, e, assim, o fato gerador só ocorrerá com o registro do contrato definitivo[347].

2.3.2. Renúncia à herança ou legado

A renúncia à herança ou legado, por ato *inter vivos*, feita em favor do monte e sem que o desistente ou renunciante tenha praticado qualquer ato demonstrando a intenção de aceitar a

---

acontece com os contratos em geral, consumando-se, a final, com o registro" (*Op. cit.*, p. 344). AgInt no AREsp n. 1.760.009/SP, Rel. Min. Herman Benjamin, Segunda Turma, j. 19.04.2022, *DJe* de 27.06.2022.

[345] STF, *RDA* 73/160, *RTJ* 117/652, *RT* 599/232, *RT* 607/251 etc.

[346] TASP, *RT* 728/251.

[347] *RSTJ* 139/124. Março de 2001, AGA 44.8245/DF, Rel. Min. Luiz Fux, Primeira Turma, v.u., *DJU* 09.12.2002, p. 00309 etc. Hugo de Brito Machado, depois de asseverar que a promessa de compra e venda está fora do âmbito constitucional do imposto e que alguns Municípios a definem como fato gerador, afirma que disso decorre importante implicação: "Feita a promessa, consumado está o fato gerador, de sorte que acessões físicas que venham a ocorrer no imóvel, realizadas pelo promitente comprador, serão irrelevantes para a definição do imposto devido, ainda que este não tenha sido pago na época própria. Assim, se alguém faz promessa de venda de um terreno, e o promitente comprador realiza uma edificação, não pode o Município cobrar o imposto sobre o valor desta, a pretexto de que somente com o registro imobiliário da venda é que se deu a transmissão do imóvel. Para fins tributários, por opção do legislador municipal, a transmissão deu-se com a promessa. A edificação foi feita, então, em terreno próprio do construtor, e, assim, não pode ser tida como objeto da transmissão" (*Op. cit.*, p. 340-341).

herança ou o legado, não gera a incidência do ITBI (LMRJ, art. 5º, § 2º), por não haver transmissão de direitos, sendo mera renúncia abdicativa[348]. Fazendo-se interpretação *a contrario sensu*, se a renúncia é feita em favor de pessoa determinada ou se o beneficiário já tenha praticado ato de aceitação da herança ou do legado, a renúncia implicará em transmissão de direitos, gerando a incidência do imposto.

2.3.3. Torna ou reposição

O art. 5º da LMRJ relaciona as mutações patrimoniais que estão compreendidas na definição de fato gerador do ITBI, entre outras, as *tornas* ou *reposições* (inciso X) que ocorram: "a) nas partilhas efetuadas em virtude de falecimento, separação judicial ou divórcio, quando o cônjuge receber, dos imóveis situados no Município, quota-parte cujo valor seja maior do que o valor de sua meação, na totalidade desses imóveis; b) nas partilhas efetuadas em virtude de falecimento, quando o herdeiro receber, dos imóveis situados no Município, quota-parte, cujo valor seja maior que o valor de seu quinhão, na totalidade desses imóveis; c) nas divisões, para extinção de condomínio de imóveis, quando qualquer condômino receber quota-parte material cujo valor seja maior do que o de sua quota-parte ideal". A torna ou reposição em favor do Município somente incidirá quando o valor de bens imóveis, situados no Município, recebidos por cônjuge, herdeiro ou condômino, for superior ao valor de sua meação, de seu quinhão ou de sua quota-parte ideal e houver compensação financeira para equilibrar os quinhões. Não existindo a mencionada compensação, deverá incidir o imposto estadual causa doação[349].

2.4. Não incidência constitucional

O art. 156, § 2º, da CF, prescreve a não incidência do ITBI "sobre a transmissão de bens ou direitos incorporados ao patrimônio de pessoa jurídica em realização de capital, nem sobre a transmissão de bens ou direitos decorrentes de fusão, incorporação, cisão, ou extinção de pessoa jurídica, salvo se, nesses casos, a atividade preponderante do adquirente for a compra e venda desses bens ou direitos, locação de bens imóveis ou arrendamento mercantil". Este dispositivo constitucional merece os seguintes esclarecimentos: Primeiro, que consubstancia hipótese de **imunidade tributária objetiva,** por se tratar de não incidência constitucional que visa promover a capitalização e o desenvolvimento econômico das empresas, realizando o capital sem o recolhimento do imposto. Segundo, que, na parte inicial do dispositivo, a imunidade se refere à **realização do capital de pessoa jurídica,** por parte de sócio, quando se tratar

---

[348] "A renúncia de todos os herdeiros da mesma classe, em favor do monte, não impede seus filhos de sucederem por direito próprio ou por cabeça. Homologada a renúncia, a herança não passa à viúva, e sim aos herdeiros remanescentes. Esta renúncia não configura doação ou alienação à viúva, não caracterizando o fato gerador do ITBI, que é a transmissão da propriedade ou do domínio útil de bens imóveis" (BRASIL. Superior Tribunal de Justiça, REsp. 36.076/MG, Rel. Min. Garcia Vieira, Primeira Turma, p.m., 03.12.1998, *DJU* 29.03.1999. RT 767/186). "A conduta da viúva contemplada com o acréscimo patrimonial, deixando de discutir a natureza da renúncia dos herdeiros, no processo de sucessão, configura atitude incompatível com o pedido de repetição do indébito. A repulsa à legítima que objetiva beneficiar a viúva-meeira é equiparada à doação, estando sujeita, portanto, ao pagamento do imposto *inter vivos* devido ao Estado" (TJSP, Ap. Cív. 100.717-5/0-00, Rel. Des. Demóstenes Braga, 1ª CC, 12.06.2001, *RT* 792/248, 2001).

[349] TJRJ, Uniformização de jurisprudência nº 2002.018.00003, j. 18.11.2002. Entretanto, Andréa Veloso Correia entende que deve incidir o ITBI por se tratar de ato oneroso, mesmo que não haja expressa compensação financeira, porque: "a) os atos gratuitos não se presumem, devendo ser expressos, por envolverem liberalidade; b) não há que se falar em doação, porque o bem já pertence ao casal" (*Op. cit.*, p. 165).

de sociedade, mediante versão de bem imóvel para o patrimônio da sociedade, ocorrendo, portanto, transmissão da propriedade do imóvel do sócio para a sociedade. Terceiro, que, na segunda parte do dispositivo em tela, a imunidade abrange também as **operações societárias de fusão, incorporação ou cisão,** que geram também a transmissão da propriedade de bem imóvel das sociedades fusionadas para a sociedade nova resultante da fusão, da sociedade incorporada para a sociedade incorporadora, ou ainda da sociedade cindida para a sociedade beneficiária. O dispositivo não menciona a operação de *transformação* porque corresponde à operação em que a sociedade apenas muda o seu tipo societário, não se podendo falar, assim, em sucessão, e muito menos em transmissão de propriedade, por se tratar da mesma sociedade. A Lei nº 6.404, de 15.12.1976, que regula as sociedades por ações, define a incorporação no art. 227, a fusão no art. 228 e a cisão no art. 229. O CCB de 2002 veio a estabelecer normas sobre as operações de transformação, incorporação e fusão de sociedades (arts. 1.113 a 1.122), que, no entanto, não se aplicam às sociedades por ações, por força do seu art. 1.089. Quarto, que o imposto não incide, igualmente, no caso de *extinção de pessoa jurídica*, que provoca a partilha entre os sócios, de bens imóveis, quando existentes[350]. Quinto, que a parte final do dispositivo *ressalva da imunidade* relativa às mencionadas operações societárias, quando a atividade preponderante do adquirente for a compra e venda desses bens ou direitos, locação de bens imóveis ou arrendamento mercantil. A ressalva se justifica porque, nessas hipóteses, o fim da imunidade perde a sua razão de ser, e a sua mantença poderia gerar concorrência desleal entre as empresas, porque algumas que tivessem, por exemplo, como atividade preponderante a atividade de arrendamento mercantil, adquiririam a propriedade de bens imóveis sem pagar imposto, e, assim, poderiam dar esses bens em *leasing* por valor menor[351]. Os arts. 36 e 37 do CTN definem **atividade preponderante**, tendo sido recepcionados pelo novo texto constitucional. A LMRJ dispõe sobre a matéria no seu art. 6º.

Outra hipótese de imunidade tributária do ITBI está prevista no § 5 do art. 184 da CF, quando prescreve: "São isentas de impostos federais, estaduais e municipais as operações de transferências de imóveis desapropriados para fins de reforma agrária". Na verdade, o dispositivo consagra hipótese de imunidade porque estabelece não incidência constitucional, e a isenção corresponde a não incidência determinada por lei.

2.5. Alíquota

A CF de 1988 não determina que o Senado Federal fixe a alíquota máxima do ITBI, como estabelecia o art. 23, § 2º, da EC nº 1/1969, porque na Constituição atual tal exigência só existe para os impostos de transmissão *causa mortis* e causa doação, que são de competência dos Estados e do Distrito Federal (art. 155, § 1º, IV). Neste sentido, deve ser interpretado o art. 39 do CTN, que foi editado com base na EC nº 18/1965 à CF de 1946, e, portanto, prevê

---

[350] Roque Antônio Carraza entende que se o dispositivo prevê imunidade do imposto na hipótese de extinção total da sociedade, deve abranger também "a redução do capital (*desincorporação*) de uma empresa, isto é, a restituição aos sócios (pessoas físicas ou jurídicas) de parte do valor das suas ações", por corresponder a hipótese de extinção parcial da sociedade (*Curso de Direito Constitucional Tributário, op. cit.*, p. 682).

[351] "ITBI – Não incidência – Incorporação de imóvel ao patrimônio de empresa domiciliada no exterior para aumento de seu capital – Inaplicabilidade do art. 156, § 2º, I, da CF, se a atividade da empresa situa-se, preponderantemente, no ramo imobiliário, situação que somente poderá ser verificada após o término do biênio previsto no art. 37 do CTN" (1º TASP, *RT* 774/265). "Tributário – ITBI: isenção – Art. 37, § 1º, do CTN – Interpretação. 1. O dispositivo indicado, ao exigir que, durante dois anos antes ou depois da aquisição, não haja atividade com venda de imóveis, não ordenou que fosse examinada a situação fática concomitante: dois anos antes e também dois anos depois. 2. Interpretação errônea da Lei (art. 37, § 1º, do CTN)". *RSTJ* 123/150.

Resolução do Senado Federal para todos os impostos sobre transmissão. Assim, os Municípios têm liberdade para fixar as alíquotas do ITBI, sendo, em regra, de 2% (dois por cento), como ocorre no Município do Rio de Janeiro (LMRJ, art. 19). A alíquota do ITBI é *proporcional* porque o percentual não varia em função do valor da base de cálculo.

A doutrina e a jurisprudência não têm admitido leis municipais que estabeleçam a progressividade do imposto, em razão de sua base de cálculo, ou seja, do valor venal do imóvel, vale dizer, valor de mercado, levando-se em conta a lei da oferta e da procura. Parece-nos correto o mencionado entendimento pelas seguintes razões: primeira, que a CF de 1988 não prevê a progressividade do ITBI e esse princípio só pode ter assento expresso na Constituição, como ocorre com o IR (art. 153, § 2º, I), o ITR (art. 153, § 4º) e o IPTU (arts. 156, § 1º, e 182, § 4º). Segunda, que o ITBI tem natureza real e a progressividade só diz respeito aos impostos de caráter pessoal porque levam em conta a capacidade econômica do contribuinte, e, assim, não se aplica ao ITBI a norma do art. 145, § 1º, da CF. Terceira, que a mera fixação do valor venal do bem imóvel como base de cálculo por influência de determinados critérios, como localização, área etc., já constitui uma progressividade genérica, realizando-se o princípio da capacidade contributiva proporcionalmente ao preço da venda"[352].

2.6. *Base de cálculo*

O art. 38 do CTN reza que a base de cálculo do ITBI é o *valor venal* dos bens ou direitos transmitidos. O valor venal não é o preço da transmissão da propriedade constante da escritura, mas sim o valor de mercado segundo a lei da oferta e da procura, não se computando na base de cálculo o valor dos imóveis por *acessão intelectual* porque não previstos no campo de incidência do tributo (CTN, art. 29, LMRJ, art. 16)[353]. O município, para fim de cálculo do ITBI, não fica vinculado ao valor venal utilizado como base de cálculo do IPTU, porque este corresponde a um valor de mercado presumido, enquanto o ITBI incide sobre o valor venal mais próximo da realidade[354]. O valor venal do imóvel deve ser apurado à **data da transmissão da propriedade** do bem imóvel ou direitos relativos ao imóvel (LMRJ, art. 14), que corresponde ao fato gerador do tributo e a sua ocorrência fixa o regime jurídico da tributação (CTN, art. 144). Por isso, o STF entende que o ITBI "não incide sobre a construção ou parte dela, realizada, inequivocamente, pelo promitente comprador, mas sobre o valor que tiver sido construído antes da promessa de venda" (Súmula nº 470). Os arts. 15, 17 e 18 da LMRJ também estabelecem regras sobre a base de cálculo do ITBI. Os municípios possuem o cadastro dos imóveis situados em seus territórios, e, assim, podem, com base no art. 148 do CTN, não concordar com o preço estipulado pelas partes para a transação. Nessa hipótese, a autoridade fazendária poderá lançar o imposto mediante arbitramento da base de cálculo,

---

[352] Súmula nº 656 do STF, RE 227.033-1/SP, Rel. Min. Moreira Alves, Primeira Turma, v.u., 10.08.1999, *DJU* 17.09.1999, p. 59 etc., e Súmula nº 45 do 1º TACivSP.

[353] Por ocasião do julgamento do Recurso Especial nº 1.937.821/SP, representativo de controvérsia, o STJ fixou as seguintes teses: "a) a base de cálculo do ITBI é o valor do imóvel transmitido em condições normais de mercado, não estando vinculada à base de cálculo do IPTU, que nem sequer pode ser utilizada como piso de tributação; b) o valor da transação declarado pelo contribuinte goza da presunção de que é condizente com o valor de mercado, que somente pode ser afastada pelo fisco mediante a regular instauração de processo administrativo próprio (art. 148 do CTN); c) o Município não pode arbitrar previamente a base de cálculo do ITBI com respaldo em valor de referência por ele estabelecido unilateralmente." (BRASIL. Superior Tribunal de Justiça, REsp n. 1.937.821/SP, Rel. Min. Gurgel de Faria, Primeira Seção, j. 24.02.2022, DJe de 3.03.2022).

[354] Cf. Andréa Veloso Correia, *op. cit.*, p. 169, e TJRJ, AC 2002.001.17975, 14ª CC, j. 08.04.03 etc.

devendo, no entanto, o contribuinte ser intimado do lançamento, para, no prazo legal, recolher o imposto ou impugnar o débito (LMRJ, art. 18)[355].

O montante do ITBI é dedutível do devido à União, a título de imposto de renda, sobre o provento decorrente da mesma transmissão (CTN, art. 40).

Havendo alienação onerosa de parcela de bem em copropriedade, incide o ITBI, sendo a base de cálculo a fração adquirida.[356]

2.7. Sujeito passivo

Contribuinte do ITBI "é qualquer das partes na operação tributada, como dispuser a lei" (CTN, art. 42). Assim, o legislador municipal competente para instituir o imposto tem liberdade para eleger o contribuinte, podendo escolher entre o adquirente ou o transmitente do bem ou do direito sobre imóvel. Todavia, em regra, as leis municipais definem como contribuinte o adquirente do bem ou do direito sobre imóvel, assim entendida a pessoa em favor da qual se opera a transmissão *inter vivos* (art. 9º da LMRJ). Entretanto, o art. 10 da LMRJ estabelece uma **responsabilidade solidária** entre o adquirente e o transmitente, o cessionário e o cedente, conforme o caso, pelo pagamento do imposto devido, nas transmissões que se efetuarem sem esse pagamento. Essa responsabilidade solidária tem supedâneo no art. 124, II, do CTN. Por outro lado, o art. 11 da LMRJ prescreve: "Nas cessões de direitos relativos a bens imóveis, quer por instrumento público, particular ou mandato em causa própria, a pessoa em favor de quem for outorgada a escritura definitiva ou pronunciada a sentença de adjudicação é responsável pelo pagamento do imposto devido sobre anteriores atos de cessão ou de substabelecimento, com os acréscimos moratórios e a atualização monetária incidentes". Parece-nos que essa norma fere o art. 128 do CTN, quando permite que a lei atribua responsabilidade tributária a terceiro, porque este, para ser eleito como responsável tributário, deve ter vínculo de qualquer natureza com a situação descrita em lei como fato gerador do tributo. Tal não ocorre na hipótese prevista no mencionado dispositivo, porque se **A** cedeu os direitos à aquisição de bem imóvel em favor de **B**, sem pagamento do ITBI, e **B** cede os mesmos direitos para **C**, este não tem vínculo algum com o fato gerador decorrente da transmissão do bem de **A** para **B**.

Finalmente, existe tendência de os municípios aplicarem a norma do § 7º do art. 150 da CF, que autoriza o fato gerador presumido em matéria de impostos e contribuições, ao ITBI, o que não admitimos porque, segundo o entendimento do STJ, a transmissão da propriedade só se dá com o registro do título aquisitivo no RGI[357], e a lei municipal não pode alterar o conceito da transmissão de propriedade dado pelo CCB, e agasalhado pela Constituição Federal para determinar a competência dos Municípios e do Distrito Federal quanto ao ITBI, em razão da vedação do art. 110, parte final, do CTN.

---

[355] BRASIL. Superior Tribunal de Justiça, REsp. 261.166-0/SP, Rel. Min. José Delgado, Primeira Turma, v.u., 12.09.2000, *DJU* 06.11.2000 – *RSTJ* 141/126.

[356] BRASIL. Superior Tribunal de Justiça, REsp n. 722.752/RJ, Rel. Min. Herman Benjamin, Segunda Turma, j. 5.03.2009, DJe de 11.11.2009.

[357] Entretanto, Rogério Leite Lobo entende ser possível a aplicação do § 7º do art. 150 da CF ao ITBI, "para que o legislador ordinário municipal formule a exigência 'antecipada' do fato gerador do ITBI – *inter vivos* desde a conclusão dos atos negociais de alienação de bens imóveis (seja a escritura definitiva pública ou privada, sejam as promessas, cessões, etc., *desde que quitadas*), visto que tais atos negociais consubstanciam seguros indícios de que a alienação se consumará mediante o registro do título aquisitivo", servindo às "autoridades fazendárias na prevenção da recorrente evasão causada pelo não registro do título..." (*apud* Andréa Veloso Correia, *Curso de direito tributário brasileiro*, p. 171-172).

2.8. Lançamento

O ITBI é objeto de **lançamento por declaração** (CTN, art. 147, e LMRJ, art. 21), porque o fisco só pode realizá-lo com base nos elementos fornecidos pelo contribuinte, por exemplo, situação e descrição do bem imóvel, preço, nomes do transmitente e do adquirente, e quaisquer outros dados relevantes para o cálculo do imposto. Entretanto, tendo o Fisco ciência da ocorrência do fato gerador, sem pagamento do imposto, poderá proceder ao lançamento de ofício com respaldo no art. 149 do CTN, desde que não tenha ainda decaído do direito de constituir o crédito tributário (CTN, art. 173).

O pagamento do ITBI, segundo as leis municipais, deve ser feito, em regra, antes da realização do ato ou da lavratura do instrumento, público ou particular, que envolva a transmissão (LMRJ, art. 20), porque não se confundem os momentos da ocorrência do fato gerador e do pagamento do tributo, ressalvado o entendimento do STJ exposto anteriormente. Entretanto, os incisos I a VII do art. 20 ressalvam da norma do *caput* as situações neles referidas. A **restituição do imposto recolhido** deverá ser feita pela autoridade fazendária, entre outras hipóteses, quando declarada, por decisão judicial passada em julgado, a nulidade do ato ou contrato respectivo, ou quando reconhecido o benefício da suspensão do pagamento do imposto (LMRJ, art. 22)[358].

Deve-se registrar ainda o entendimento do STJ segundo o qual a nulidade do negócio jurídico de compra e venda de imóvel enseja a restituição do valor recolhido a título de ITBI.[359]

3. Imposto sobre serviços de qualquer natureza

3.1. Origem e legislação

O imposto sobre serviços de qualquer natureza, ou simplesmente ISS, foi introduzido no sistema tributário nacional pela EC nº 18, de 1965 à CF de 1946, substituindo o antigo imposto de indústrias e profissões. O ISS é imposto de competência dos Municípios e do Distrito Federal (CF, arts. 147 e 156, III, e LC nº 116/2003, art. 1º) e suas normas gerais estavam contidas nos arts. 8º a 12 do Decreto-lei nº 406/1968, que, por isso, tinha *status* de lei complementar (CF, art. 146, III), e que revogaram os arts. 59 a 62 do CTN. Entretanto, a LC nº 116/2003, com base no art. 146, III, da CF, revogou as normas do DL nº 406/1968 e passou a traçar as normas gerais do ISS. No município do Rio de Janeiro, o imposto é disciplinado pelos arts. 8º a 51 do CTMRJ (Lei nº 691/1984), com a redação dada pelas Leis nº 3.691/2003 e nº 3.720/2004.

Com a Emenda Constitucional nº 132/2023 ter-se-á a extinção do ISS em 2033, com a revogação do artigo 156, III, da CF, conforme dispõe o art. 22 da referida emenda. O regime de transição será abordado no tópico atinente ao IBS.

---

[358] "1. O sujeito passivo do ITBI é o comprador, de quem pode ser exigida a obrigação. 2. Se o vendedor, em nome do comprador, paga o ITBI e por ele está autorizado a receber, em repetição de indébito, o que pagou, não pode se opor a isso o credor, que recebeu indevidamente. 3. A hipótese não é de substituição tributária, e sim de sub-rogação no direito de crédito. Precedente desta Corte, Primeira Turma, REsp. 99.463/SP (BRASIL. Superior Tribunal de Justiça, REsp. 362375/ SP, Rel. Min. Eliana Calmon, Primeira Turma, v.u., *DJU* 02.12.2002, p. 275).

[359] BRASIL. Superior Tribunal de Justiça, EREsp 1493162/DF, Rel. Min. Napoleão Nunes Maia Filho, Primeira Seção, j. 14.10.2020, DJe 21.10.2020.

3.2. Características

O ISS tem as seguintes **características**: a) tributo com **fim exclusivamente fiscal**, ou seja, visa a carrear recursos para os cofres dos Municípios e do Distrito Federal; b) **natureza real**, isto é, a sua incidência abstrai a capacidade econômica do contribuinte; c) **imposto indireto**, porque, gravando a circulação econômica de serviços, comporta a transferência do seu ônus pelo contribuinte de direito para o contribuinte de fato, que suporta, em definitivo, a carga tributária; d) **imposto residual**, porque não compreende os serviços que sejam objeto de outros impostos, ou seja, serviços que não sejam essencialmente ligados aos transportes interestadual e intermunicipal, de comunicação e de telecomunicação (ICMS), à produção industrial (IPI), à circulação de créditos, moeda estrangeira e títulos mobiliários (IOF), e à venda a varejo de combustíveis líquidos e gasosos (ICMS), **pois em todos esses fatos econômicos há parcela de trabalho humano**[360]. O art. 2º, III, da LC nº 116/2003, confirma esse entendimento, deixando claro que o ISS não incide sobre "o valor intermediado no mercado de títulos e valores mobiliários, o valor dos depósitos bancários, o principal, juros e acréscimos moratórios relativos a operações de crédito realizadas por instituições financeiras"; e) subsume-se na categoria econômica de **imposto sobre a circulação de serviços**, porque está disciplinado no Livro I, Título III, Capítulo IV, Seção V, do CTN; f) está alcançado pela **imunidade tributária** prevista no art. 150, VI, alíneas "a" e "c", e § 2º da CF; g) trata-se de imposto de **incidência monofásica** porque o seu fato gerador ocorre em um momento determinado de tempo, diferente do ICMS, que é de incidência plurifásica porque grava todas as etapas de circulação de riqueza; h) sujeito a **lançamento por homologação** (CTN, art. 150, e CTMRJ, arts. 44 a 47), mas pode ser objeto de lançamento de ofício nas hipóteses do art. 149 do CTN; i) corresponde a imposto que a CF de 1988 exige **lei complementar** para: 1) definir os serviços tributáveis (art. 156, III); 2) fixar suas alíquotas máximas e mínimas (art. 156, § 3º, I), visando a coibir abusos por parte dos Municípios ou evitar perda de receita com a fixação de alíquotas mínimas ridículas; 3) excluir da sua incidência exportações de serviços para o exterior (art. 156, § 3º, II), dentro da política fiscal de não exportar impostos; e 4) regular a forma e as condições como isenções, incentivos e benefícios fiscais serão concedidos e revogados (CF, art. 156, § 3º, III), para evitar que os Municípios concedam, de forma irresponsável, tais vantagens fiscais, que correspondem a hipóteses de renúncias de receita, em prejuízo de suas finanças. O § 3º do art. 156 da CF teve a sua redação alterada pela EC nº 37/2002.

3.3. Hipóteses de incidência

O art. 156, III, da CF, concede competência tributária aos Municípios para instituir imposto "sobre serviços de qualquer natureza, não compreendidos no art. 155, II, definidos em lei complementar". Resultam do mencionado dispositivo as seguintes observações: primeira, que exclui da incidência do ISS os serviços de prestação de serviços de transporte interestadual e intermunicipal, de comunicação e de telecomunicações, que pertencem ao campo de incidência do ICMS[361]. Segunda, que o dispositivo recepciona o conceito de serviço dado pelo direito privado, traduzindo obrigação de fazer (vide item 3.3.1). Terceira, que não define as hipóteses de incidência do ISS, o que é feito pelo art. 1º da LC nº 116/2003, ao prescrever que

---

[360] Cf. Ricardo Lobo Torres, *op. cit.*, 9. ed. p. 361.

[361] Ricardo Lobo Torres esclarece que o art. 156, III, da CF, de 1988, *ressalva apenas o ICMS* pela confusão que poderia ocorrer entre os dois impostos quando há prestação de serviços com fornecimento de mercadorias, mas isso não significa que o ISS possa incidir sobre os serviços embutidos nas outras etapas econômicas de produção e circulação, como, *v.g.*, IPI e IOF (*Op. cit.*, p. 346).

o ISS "tem como fato gerador a prestação de serviços constantes da lista anexa, ainda que esses não se constituam como atividade preponderante do prestador". A parte final do mencionado dispositivo termina com a discussão sobre qual o imposto que deve incidir (ICMS ou ISS) quando a sociedade tenha como objeto a prestação de serviços e a venda de mercadorias, por exemplo, a instalação e a venda de cortinas, sendo essa a atividade preponderante, e, por isso, entendia-se que incidia o ICMS. A LC nº 116/2003, no entanto, determina apenas a incidência do ISS, mesmo que a prestação de serviços não constitua atividade preponderante do contribuinte, mas o serviço deve estar previsto na lista dos serviços tributáveis anexa à LC nº 116/2003 e em lei municipal, conforme exige o art. 156, III, da CF. Entretanto, a incidência do ISS sobre serviços que não constituam a atividade preponderante do prestador depende de serem prestados profissionalmente, ou seja, com habitualidade. O art. 8º do CTMRJ discrimina os serviços tributáveis com base na lista anexa à LC nº 116/2003. Quarta, que o Município só pode tributar serviços constantes da lista anexa à LC nº 116/2003, em razão da parte final do art. 156, III, da CF. O STF decidiu que a mencionada norma não contém vício e não fere a autonomia dos Municípios, porque na verdade "a competência que a Constituição Federal atribui aos Municípios tem, desde logo, o seu desenho a depender de lei complementar"[362]. Existe, no entanto, doutrina entendendo que a exigência de lei complementar para que os Municípios possam tributar serviços fere a sua autonomia política e tributária (CF, art. 30, III)[363]. A LC nº 116/2003 define, em lista anexa, os serviços que podem ser tributados pelos municípios, contendo 40 itens e 200 subitens, ampliando o campo de incidência do ISS em relação ao DL nº 406/1968. Quinta, que o ISS "incide também sobre o serviço proveniente do exterior do País ou cuja prestação se tenha iniciado no exterior do País" (LC nº 116/2003, art. 1º, § 1º). A primeira parte desse dispositivo deixa claro que o município terá competência para cobrar o ISS quando a execução do serviço ocorrer em seu território, embora tenha sido realizado no exterior do País, por exemplo, *software* desenvolvido no exterior sob encomenda de empresa brasileira, mas instalado no País. Quanto à segunda parte do dispositivo, podemos exemplificar com o serviço de construção de uma estrada iniciada no exterior do País e concluída no território nacional, incidindo o ISS sobre o serviço executado no País, tendo como base de cálculo apenas o valor desse serviço. Assim, os municípios não têm competência para tributar serviço prestado no exterior, ou seja, onde ocorrer o fato gerador. Por outro lado, baseando-se no art. 156, § 3º, II, da CF, o art. 2º I, da LC nº 116/2003 prescreve que o imposto não incide sobre as exportações de serviços para o exterior do País (CTMRJ, art. 11, I). Todavia, não estão abrangidos pela não incidência os serviços desenvolvidos no Brasil, cujo resultado aqui se verifique, ainda que o pagamento seja feito por residente no exterior (LC nº 116/2003, art. 2º, parágrafo único, e CTMRJ, art. 11, parágrafo único). As demais hipóteses de não incidência estão previstas nos incisos II e III do art. 2º da LC nº 116/2003. Sexta, que a incidência do ISS não depende da denominação dada ao serviço (LC nº 116/2003, art. 1º, § 4º), porque o que importa é a essência econômica da situação descrita em lei como fato gerador do serviço. Tal norma afasta o comportamento de alguns contribuintes, que, visando escapar da incidência do ISS sobre serviço tributável, simplesmente mudavam a sua denominação, embora persistisse a situação econômica prevista em lei. Sétima, que o imposto incide tam-

---

[362] Cf. Hugo de Brito Machado, *op. cit.*, p. 346, e *RTJ* 89/281.

[363] Roque Antônio Carraza entende, no entanto, que a lei complementar "não pode definir os serviços a serem tributados pelos Municípios porque estes gozam de autonomia (CF, art. 30, III). Assim, a referida lei só poderia dispor sobre conflitos de competência entre o ISS e outros tributos, bem como regular as limitações ao poder de tributar (CF, art. 146), independendo, portanto, de lei complementar a competência municipal para tributar serviços" (*Curso de direito constitucional tributário*, *op. cit.*, p. 435-436). Neste sentido, em decisão isolada, TJRJ (*RDTJRJ* 47/281).

534 | MANUAL DE DIREITO TRIBUTÁRIO – *Luiz Emygdio Franco da Rosa Junior e Amanda Albano*

bém sobre os serviços prestados mediante a utilização de bens e serviços públicos explorados economicamente mediante autorização, permissão ou concessão, com o pagamento de tarifa, preço ou pedágio pelo usuário final do serviço (LC nº 116/2003, art. 1º, § 3º).

O STJ entendia que os "serviços de rebocagem marítima não se confundem com os serviços de atracação e desatracação dos navios, não incidindo ISS, por falta de previsão legal"[364]. Entretanto, o item 20.1 da lista anexa à LC nº 116/2003 refere-se a serviços de reboque de embarcações, suprindo assim a lacuna legal.

3.3.1. *Prestação de serviço traduz obrigação de fazer*

O art. 156, III, da CF de 1988, quando se refere a prestação de serviço, para fim da incidência do ISS, está recepcionando o conceito de serviço fornecido pelo direito privado, ou seja, correspondendo a *obrigação de fazer*, isto é, prática de determinado ato ou fato jurídico, como trabalhos materiais ou intelectuais[365]. O CCB de 2002, ao se referir à obrigação de fazer, nos arts. 247 a 249, deixa claro que traduz prestação de fato, que não se confunde, portanto, com obrigação de dar, que "consiste na entrega de uma coisa móvel ou imóvel, para a constituição de um direito real (venda, doação etc.), a concessão de uso (empréstimo, locação), ou a restituição ao dono"[366].

O item 79 da lista anexa ao DL nº 406/1968 previa a incidência do ISS sobre locação de bens móveis, inclusive arrendamento mercantil. O STF decidiu, no entanto, que o **ISS não incide sobre locação de bens móveis** (locação de guindastes no porto de Santos) porque não caracteriza obrigação de fazer (prestação de serviço), mas obrigação de dar, julgando, portanto, inconstitucional a primeira parte do item 79 da mencionada lista[367]. Assim, o STF aplicou a norma do art. 110 do CTN, pela qual a lei tributária não pode alterar a definição, o conteúdo e o alcance de institutos, conceitos e formas de direito privado, utilizados, expressa ou implicitamente, pela Constituição Federal, pelas Constituições dos Estados, ou pelas Leis Orgânicas do Distrito Federal, ou dos Municípios, para definir ou limitar competências tributárias. Isso porque, nessa hipótese, o dispositivo constitucional (art. 156, III) está agasalhando o conceito de "serviços" consoante o direito privado, para definir a competência dos

---

[364] BRASIL. Superior Tribunal de Justiça, REsp. 528222/CE, Rel. Min. Franciulli Netto, Segunda Turma, 19.08.2003, *DJU* 28.10.2003, p. 279.

[365] Cf. BEVILACQUA, Clóvis. *Código civil comentado* – v.1l. Rio de Janeiro: Ed. Rio, 1977, p. 20.

[366] *Idem*, p. 9. José Eduardo Soares de Melo leciona que a "distinção entre 'produto industrializado', 'mercadoria', e 'serviço' para o fim de serem estabelecidas as respectivas materialidades tributárias (IPI, ICMS e ISS), tem que decorrer da aplicação secular das categorias das obrigações, apreendida há quase trinta anos em congresso brasileiro de direito tributário, realizado em São Paulo, onde foram firmadas as conclusões seguintes: 'a) a prestação de serviços consiste numa obrigação tendo por objeto um fazer, a obrigação mercantil se consubstancia um dar; b) o fato de a prestação de serviços requerer emprego de materiais, e/ou equipamentos, não descaracteriza a obrigação de fazer; esta obrigação é unidade incindível, não decomponível em serviço (puro) e materiais ou aparelhos; c) as obrigações de fazer cujo conteúdo é a prestação de serviços, portanto, são tributáveis exclusivamente pelo ISS, e não podem ser pelo ICMS'" (*op. cit.*, p. 35-36).

[367] "Tributo. Figurino Constitucional. A supremacia da Carta Federal é conducente a glosar-se a cobrança de tributo discrepante daqueles nela previstos. Imposto sobre serviços. Contrato de locação. A terminologia constitucional do Imposto sobre Serviços revela o objeto da tributação. Conflita com a Lei Maior dispositivo que imponha o tributo considerado contrato de locação de bem móvel. Em Direito, os institutos, as expressões e os vocábulos têm sentido próprio, descabendo confundir a locação de serviços com a de móveis, práticas diversas regidas pelo Código Civil, cujas definições são de observância inafastável – artigo 110 do Código Tributário Nacional" (BRASIL. Supremo Tribunal Federal, RE 116121/SP, Rel. Min. Octavio Gallotti, Pleno, 11.10.2000, p.m., *DJU* 25.05.2001, p. 17).

Municípios e do Distrito Federal no que toca ao ISS, e a lei tributária não poderá alterá-lo, sob pena de ferir a norma constitucional.

A mencionada decisão do STF só se referiu à primeira parte do item 79 (locação de bens móveis), que era objeto do recurso, não tendo, assim, decidido sobre a parte final do mesmo item, que se referia a arrendamento mercantil, que foi incluído na lista pela Lei Complementar nº 57/1987. Após o mencionado acréscimo, o STJ firmou entendimento de que o ISS incide na operação de arrendamento mercantil de coisas móveis (Súmula nº 138)[368]. Entendemos, no entanto, que o contrato de arrendamento mercantil (*leasing*) corresponde a contrato complexo, misto de locação e de promessa de compra e venda, não caracterizando prestação de serviços, e, em consequência, é igualmente inconstitucional a incidência do ISS.

A LC nº 116/2003 referia-se à locação de bem móvel como serviço tributável, mas o item pertinente (3.01) foi vetado pelo Presidente da República em razão do posicionamento do STF. Entretanto, o subitem 15.09 prevê a incidência do ISS sobre arrendamento mercantil, quando se refere a serviços relacionados ao setor bancário ou financeiro (item 15). Mantemos nosso entendimento anterior quando examinamos o assunto com base no DL nº 406/1968.

3.3.1.1. Natureza da lista anexa à LC nº 116/2003

A lista anexa ao Decreto-lei nº 406/1968 era entendida pelo STF como **taxativa em sua globalidade**, em razão da residualidade do imposto, mas comportando **interpretação extensiva** em relação a cada item da lista, tanto que alguns deles continham a expressão "e congêneres"[369]. O entendimento foi mantido quanto a lista anexa da LC nº 116/2003. [370]Assim, a lei complementar indica o gênero dos serviços tributáveis, dos quais o intérprete extrai as suas espécies[371].

Não concordamos com esse entendimento do STF pelas seguintes razões: primeira, que o direito tributário é presidido pelo princípio da mais estrita legalidade, tanto que o art. 150, I, da CF de 1988, exige lei formal para instituição e majoração de tributos. Segunda, que tal exigência não era suficiente para a total garantia do contribuinte, e, por isso, surgiu na Alemanha o princípio da *tipicidade na tributação*, exigindo existência de lei, igualmente formal, para definir, tipo cerrado, fechado, todos os elementos da obrigação tributária, para evitar que a autoridade administrativa pudesse preencher as lacunas porventura existentes. Tal princípio está presente no art. 97, III, do CTN, ao prescrever que somente a lei pode estabelecer a

---

[368] BRASIL. Superior Tribunal de Justiça, Emb. Div. REsp. 5438-0-DF, Primeira Turma, Rel. Min. Peçanha Martins, 25.04.1995, *DJU* 14.08.1995, p. 23.791 etc.

[369] *RTJ* 89/281. "... Pacífico o entendimento nesta Corte Superior e no Colendo STF o sentido de que a 'lista de serviços' prevista no DL nº 406/1968 é taxativa, exaustiva e não exemplificativa, não se admitindo, em relação a ela, o recurso da analogia, visando alcançar hipóteses de incidência distantes das ali elencadas, devendo a lista subordinar-se à lei municipal. Vastidão de precedentes" (BRASIL. Superior Tribunal de Justiça, REsp. 656918/PR, Rel. Min. José Delgado, Primeira Turma, 05.10.2004, v.u., *DJJU* 16.11.2004, p. 211).

[370] BRASIL. Supremo Tribunal Federal, RE 784439, Rel. Min. Rosa Weber, Tribunal Pleno, j. 29.06.2020, processo eletrônico, repercussão geral – mérito, DJe-228, divulg. 14.09.2020, public. 15.09.2020.

[371] Cf. BASTOS, Celso. *Curso de direito financeiro e de direito tributário*. São Paulo: Saraiva, 1991, p. 272. Andréa Veloso Correia dá exemplo da distinção entre analogia e interpretação extensiva: "se a lista não contivesse a categoria de serviços médicos, a tributação desses serviços caracterizaria analogia gravosa. No entanto, haveria mera interpretação extensiva da lista se fosse incluído o oncologista ao lado do ginecologista; já que são dois ramos da medicina; duas espécies do gênero "serviços médicos" (CORREIA, Andréa Veloso. Imposto sobre serviços de qualquer natureza (ISSQN) – Lista de serviços. *Curso de direito tributário brasileiro*. São Paulo: Quartier Latin, 2005, p. 178. v. 2).

definição do fato gerador da obrigação tributária principal. Terceira, que não se pode admitir que as situações que correspondem às hipóteses de incidência do ISS possam ser elásticas, permitindo que a administração tributária tribute serviço não constante da lista, porque tal comportamento significaria interpretação extensiva, vedada pelos princípios da legalidade e da tipicidade na tributação. Quarta, que o § 1º do art. 108 do CTN também veda o emprego da analogia para exigência de tributo não previsto em lei. Quinta, que o mencionado entendimento fere, igualmente, o princípio da segurança jurídica, principal esteio do contribuinte no Estado do Direito, porque o "princípio da *segurança jurídica* impede que o aplicador e o intérprete acabem indo além do conteúdo das leis tributárias"[372], sendo o princípio da tipicidade na tributação corolário do princípio da segurança jurídica. A LC nº 116/2003 mantém o sistema da lista conter itens com cláusulas gerais, como, p.e., "e congêneres", incidindo no mesmo erro do DL nº 406/1968 e merecendo as mesmas críticas feitas antes.

3.3.1.2. O ISS não incide sobre a prestação de serviços gratuitos e independe do objetivo de lucro

O ISS "incide sobre o serviço enquanto objeto de circulação econômica, que só se caracteriza com a habitualidade da prestação, assim entendida a intenção de obter vantagens econômicas com a atividade, ainda que o lucro seja invisível ou esteja embutido no rendimento de serviço paralelo"[373]. Assim, não são tributáveis os serviços prestados casualmente ou de forma gratuita, tanto que a base de cálculo do tributo é o preço do serviço (LC nº 116/2003, art. 7º). Entretanto, o STJ entende que a intenção de lucro não é pressuposto para a incidência do ISS, desde que o serviço conste da lista e seja prestado de forma onerosa, porque a tributação independe do resultado da atividade[374].

O ISS incide e o contribuinte deve pagá-lo, "ainda que o tomador dos serviços lhe tenha concedido prazo para o pagamento do preço"[375].

3.3.1.3. ISS não incide sobre contrato de franquia

A LC nº 116/2003 prevê a incidência do ISS sobre o **contrato de franquia** (subitem 17.08), mas entendemos tal incidência ilegítima, em razão da sua natureza de negócio jurídico misto, que não pode ser caracterizado como pura prestação de serviços, como averba **Adal-**

---

[372] Cf. Roque Antônio Carraza, *Curso de direito constitucional tributário*, 8ª. ed., p. 374. No mesmo sentido, cite-se, entre outros, Hugo de Brito Machado, *Curso de direito tributário*, X. ed., p. 346, e OLIVEIRA, Yonne Dolácio de.; MARTINS, Ives Gandra da Silva (coord.). *Comentários ao código tributário nacional* – v. 2. São Paulo: Saraiva, 1998, p. 10/11.

[373] Cf. Ricardo Lobo Torres, *op. cit.*, p. 360. "ISS. Incidência. Veiculação de propaganda e publicidade – Intermediação – Serviço gratuito – Não configuração – Arbitramento. 1. O ISS só não incide nos serviços prestados gratuitamente pelas empresas sem qualquer vinculação com a formação de um contrato bilateral. 2. Serviços de intermediação de propaganda, objetivo principal da empresa, devem ser tributados pelo ISS" (REsp. 234.498-0-RJ, Rel. Min. José Delgado, Primeira Turma, v.u., *DJU* 19.06.2000, E 28/68).

[374] "ISS. Incidência. Sociedade que mantém banco de dados e que, à base dele, presta informações a associados, mediante remuneração. Pouco importa o propósito de lucro. Tributação independe do resultado da atividade, interessando-lhe apenas o fato econômico da circulação de bens imateriais (preço pago a cada consulta) (BRASIL. Superior Tribunal de Justiça, REsp. 41.630/SP, Rel. Min. Ari Pargendler, Segunda Turma, v.u., 18.03.1997, *DJU* 14.04.1997, p. 12.705. *RSTJ* 95/151).

[375] "A exigibilidade do ISS, uma vez ocorrido o fato gerador – que é a prestação do serviço, não está condicionada ao adimplemento da obrigação de pagar-lhe o preço, assumida pelo tomador dele: a conformidade da legislação tributária com os princípios constitucionais da isonomia e da capacidade contributiva não pode depender do prazo de pagamento concedido pelo contribuinte a sua clientela" (STF, *RT* 777/205).

berto Simão Filho: "O referido contrato é formado pelos seguintes elementos: distribuição, colaboração recíproca, preço, concessão de autorizações e licenças, independência, métodos e assistência técnica permanente, exclusividade e contrato mercantil"[376]. O STJ adota o mesmo entendimento, sublinhando que é inviável divisar na franquia a conjugação de uma pluralidade de contratos autônomos, ou seja, cumulação de contrato de cessão de marca com contrato de transferência de tecnologia e outros contratos, cada um com individualidade própria. Há um plexo de deveres impostos a ambas as partes, onde a transferência de tecnologia é indissociável da cessão do uso de marca e dos demais pactos. Esses deveres não são unilaterais, e incumbe a ambas as partes a execução de inúmeras obrigações de fazer. Isso torna inviável a dissociação de obrigações de fazer, para fins de identificação de "prestação de serviço"[377]. Entretanto, o imposto incide na prática de serviços de agenciamento, corretagem ou intermediação de contratos de arrendamento mercantil, de franquia (*franchising*) e faturização (*factoring*), como previsto legitimamente no item 10.04 da Lista de Serviços anexa à LC nº 116/2003.

Sobre a constitucionalidade da cobrança do ISS sobre o contrato de franquia postal, manifestou-se o STF no julgamento da ADI nº 4.784, fixando-se a tese: "É constitucional a cobrança de Imposto sobre Serviços de Qualquer Natureza (ISS) sobre a franquia postal." [378]

3.3.1.4. Prestação de serviços com fornecimento de mercadorias

Quando ocorrer fornecimento de mercadoria com prestação de serviços, devem ser observadas as seguintes regras para se saber qual o imposto que deve incidir: ICMS ou ISS. Primeira, quando o serviço constar da lista da LC nº 116/2003 somente haverá a incidência do ISS e apenas sobre o valor do serviço (LC nº 116/2003, art. 1º, § 2º)[379]. Segunda, quando o serviço não constar da mencionada lista, ocorrerá exclusivamente a incidência do ICMS

---

[376] SIMÃO FILHO, Adalberto. *Franchising*. 3. Ed. São Paulo.: Atlas, 1988, p. 33/55. No mesmo sentido cite-se, entre outros, BARRETO, Aires F. ISS – Não incidência sobre franquia. *Rev. Direito Tributário*, São Paulo, v. 64, p. 216/221, e JUSTEN FILHO, Marçal. ISS e as atividades de Franchising. *Revista de Direito Tributário*, São Paulo, v. 64, p. 242/256. Em sentido contrário posiciona-se a Procuradora do Município do Rio de Janeiro e Professora de Direito Tributário da EMERJ e da FGV, Andréa Veloso Corrêa: "A meu ver, apesar de complexo, a característica primordial do contrato de franquia é encerrar uma relação em que prepondera jurídica e economicamente a prestação de serviços (treinamento para os franqueados e empregados – inclusive quanto aos métodos de marketing e merchandising; fiscalização – controle dos padrões associados à marca; suporte técnico operacional; assistência técnica permanente, entre outros" (*op. cit.*, p. 183).

[377] BRASIL. Superior Tribunal de Justiça, REsp. 222.246/MG, Rel. Min. José Delgado, Primeira Turma, v.m., 13.06.2000, *DJU* de 04.09.2000, p. 123, REsp. 705243/RJ, Segunda Turma, Rel. Min. Castro Meira, 18.08.2005, *DJU* 12.09.2005, p. 295 etc.

[378] BRASIL. Supremo Tribunal Federal, ADI 4784, Rel. Luís Roberto Barroso, Tribunal Pleno, j. 12.09.2023, processo eletrônico, DJe-s/n, divulg. 03.11.2023, public. 06.11.2023.

[379] Daí os seguintes entendimentos jurisprudenciais: Súmula nº 143 do extinto TFR: "Os serviços de impressão e composição gráfica, personalizados, previstos no art. 8º, § 1º, do Decreto-lei nº 406, de 1968, com as alterações introduzidas pelo Decreto-lei nº 838, de 1969, estão sujeitos apenas ao ISS, não incidindo o IPI"; Súmula 135 do STJ: "O ICMS não incide na gravação e distribuição de filmes e videotapes"; Súmula 156 do STJ: "A prestação de serviço de composição gráfica, personalizada e sob encomenda, ainda que envolva fornecimento de mercadorias, está sujeita, apenas, ao ISS". "1. É iterativa a orientação desta Corte no sentido de que os impressos encomendados e personalizados, como rótulos, embalagens e etiquetas, consistindo em serviços de composição gráfica, estão sujeitos ao ISS, e não ao ICMS (BRASIL. Superior Tribunal de Justiça, AGA 454156/SP, Segunda Turma, Rel. Min. João Otávio de Noronha, 06.04.2004, *DJU* 03.05.2004, p. 128). Súmula nº 167 do STJ: "O fornecimento de concreto por empreitada para construção civil, preparado no trajeto até a obra em betoneiras acopladas a caminhões é prestação de serviço, sujeitando-se apenas à incidência do ISS".

sobre o fornecimento da mercadoria, e nessa hipótese a base de cálculo compreenderá o valor total da operação (CF, art. 155, § 2º, IX, "b", e Súmula nº 163 do STJ). Terceira, quando o serviço constar da lista, mas o item pertinente determinar também a incidência do ICMS sobre o fornecimento de mercadoria, ocorrerá dupla incidência: a) o ICMS incidirá apenas sobre o valor de fornecimento da mercadoria e; b) haverá imposição do ISS sobre o preço do serviço. Não se trata de bitributação por serem distintos os fatos geradores, vez que o fato gerador do ISS corresponderá à prestação de serviço, enquanto o fato gerador do ICMS será a operação de fornecimento de mercadoria. Essa última hipótese pode ser exemplificada com o subitem 17.11 da lista anexa à LC nº 116/2003: "organização de festas e recepções; bufê (exceto o fornecimento de alimentação e bebidas, que fica sujeito ao ICMS)". Assim, o ISS incidirá sobre o valor da prestação do serviço da recepção, enquanto o ICMS recairá sobre o valor do fornecimento de alimentação e bebidas.

Nas **operações mistas**, vale dizer, aquelas que englobam tanto o fornecimento de mercadorias quanto a prestação de serviços, o STJ tem decidido que a incidência do ICMS ou do ISS dependerá da atividade preponderante. Assim, se a atividade tiver natureza mercantil, estará sujeita ao ICMS, e se for predominante a prestação de serviços, incidirá o ISS[380]. Entretanto, a LC nº 116/2003, em seu art. 1º, como dito antes, prescreve que o ISS incide sobre a prestação de serviços constantes da lista anexa, ainda que esses não se constituam como atividade preponderante do prestador (vide item 3.3).

A incidência do ISS ou do ICMS sobre a **gravação de filmes e videotapes** dependerá da sua razão de ser. Assim, quando a gravação é feita sob encomenda, ocorrerá a incidência do ISS, mas quando houver oferta do vídeo ao público consumidor (vídeo de prateleira), estará sujeita ao ICMS[381].

Quanto à questão relativa à incidência do ICMS ou do ISS sobre **programas de computador**, a jurisprudência diferencia entre **programas standard**, produzidos em série para revenda, à disposição do público para compra, comercializados no varejo (denominados programas de prateleira) e o **licenciamento ou cessão do direito de uso do software**, programa não objeto de comercialização. O ICMS somente incidirá na primeira hipótese por caracterizar operação de circulação de mercadorias[382].

---

[380] "Empresa que tem como atividade principal o exercício de comércio, representação, importação e exportação de materiais de construção, móveis e objetos de decoração, inclusive artesanatos, e secundária a prestação de serviços de construção civil. Transação da empresa que envolveu a venda de piso de madeira a um cliente, e contratou os serviços de sua aplicação. Emitiu duas faturas separadas, fazendo constar na primeira a venda da mercadoria e na segunda o preço do serviço. É, portanto, preponderante a atividade comercial da recorrida. Ocorrência das chamadas operações mistas, aquelas que englobam tanto o fornecimento de mercadorias como a prestação de serviços. Em uma atividade mista, em que ocorre tanto o fornecimento de mercadorias como a prestação de serviços, incidirá o ICMS ou o ISS conforme prepondere o fornecimento da mercadoria (ICMS) ou a prestação de serviço (ISS). Incidência do ICMS sobre o valor total da circulação da mercadoria a título de compra e venda, por ser essa a atividade preponderante da empresa" (BRASIL. Superior Tribunal de Justiça, REsp. 139.921/PR, Rel. Min. Francisco Falcão, Primeira Turma, v.m., 15.08.2000, *DJU* de 02.10.2000, p. 142) etc.

[381] BRASIL. Supremo Tribunal Federal, RE 183190/SP, Rel. Min. Moreira Alves, Primeira Turma, v.u., *DJU* 24.05.2002, p. 66 etc.

[382] "No julgamento do RE 176.626, Min. Sepúlveda Pertence, assentou a Primeira Turma do STF a distinção, para efeitos tributários, entre um exemplar standard de programa de computador, também chamado de "prateleira", e o licenciamento ou cessão do direito de uso de *software*. A produção em massa para comercialização e a revenda de exemplares do *corpus mechanicum* da obra intelectual que nele se materializa não caracterizam licenciamento ou cessão de direitos de uso da obra, mas genuínas operações de circulação de mercadorias sujeitas ao ICMS. Recurso conhecido e provido" (BRASIL. Supremo Tribunal

3.3.1.5. Questões controversas

Predomina na jurisprudência o entendimento de que as **cooperativas organizadas para prestação de serviços médicos em benefício de seus associados,** caracterizando, portanto, *atos cooperados*, internos, não estão sujeitos à incidência do ISS. Entretanto, os atos não cooperados, externos, de serviços de administração a terceiros que adquiram seus planos de saúde, sendo simplesmente serviços remunerados prestados a terceiros, sujeitam-se ao pagamento do ISS, conforme determinação do art. 87 da Lei nº 5.764/1971[383]. O art. 146, III, "c", da CF, quando reclama lei complementar para dar adequado tratamento tributário ao ato cooperativo praticado por sociedade cooperativa (isenção, incentivo etc.) não corresponde a imunidade tributária, e a lei complementar ainda não foi editada.

Quanto aos **serviços bancários**, devem-se distinguir dois tipos de atividades desempenhadas pelas instituições financeiras: as principais e as secundárias. As **atividades principais** dizem respeito a sua atividade-fim, tais como operações de crédito, de câmbio, de seguros, relativas a títulos e valores mobiliários etc., que sofrem a incidência do IOF (CF, art. 153, V). As **atividades secundárias**, que não se prendem à atividade-fim, correspondentes a prestações de serviços, e, portanto, estranhas ao âmbito financeiro, sofrem a incidência do ISS, desde que previstas na lista de serviços. A lista anexa à LC nº 116/2003 ampliou sobremaneira os serviços bancários que podem ser tributados pelo ISS (item 15, com 18 subitens)[384]. Entretanto, existem determinados subitens que não correspondem a serviços tributáveis, sendo, portanto, inconstitucionais, por exemplo, administração de fundos etc. (subitem 15.01), abertura de contas em geral etc. (subitem 15.02), devolução de títulos em geral, protestos de títulos etc. (subitem 15.11), serviços relacionados a operações de câmbio em geral etc. (subitem 15.13) etc., que traduzem operações financeiras e sujeitas ao IOF. Súmula nº 588 do STF: "O imposto sobre serviços não incide sobre os depósitos, as comissões e taxas de desconto, cobrados pelos estabelecimentos bancários".

Os **serviços de radiodifusão** não se enquadram no campo de abrangência do ICMS porque não correspondem a serviços de comunicação. Assim, a empresa de televisão não presta serviço de comunicação ao anunciante, mas sim de veiculação de propaganda, tributável pelo ISS[385].

Outra questão bastante polêmica prende-se ao serviço **de acesso à internet feito pelos provedores**. **Andréa Veloso Correia**[386] faz excelente resenha das três correntes sobre o assunto e que pedimos licença para assim resumir: a) a primeira corrente, defendida pelos Estados, entende que os provedores são contribuintes do ICMS e não do ISS, porque, ao oferecer endereço na internet para seus usuários, ou, até mesmo, disponibilizar sites para o acesso, estão prestando serviços de comunicação, espécie dos serviços de telecomunicações (CF, art. 155, II, e § 3º, e LC nº 87/1996, art. 1º)[387]; b) a segunda corrente, defendida pelos Municípios, opta pela incidência do ISS, "porque não podem ser considerados serviços de comunicação, face

---

Federal, RE 199.464-9/SP, Rel. Min. Ilmar Galvão, Primeira Turma, v.u., 02.03.1999, *DJU* de 30.04.1999, p. 23).

[383] BRASIL. Superior Tribunal de Justiça, ED no REsp. 41383/RJ, Rel. Min. José Delgado, 1ª Seção, v.u., 16.12.1997, *DJU* 06.04.1998, p. 6, etc.

[384] BRASIL. Superior Tribunal de Justiça, REsp. 49.405/MG, Rel. Min. Ari Pargendler, Segunda Turma, v.u., 13.03.1997, *DJU* 7.04.1997, p. 11.089 etc.

[385] Cf. Roque Antônio Carraza, *ICMS, op. cit*, p. 116.

[386] *Op. cit.*, v. 2, p. 186-188.

[387] BRASIL. Superior Tribunal de Justiça, Primeira Turma, REsp. 323.358, Rel. Min. José Delgado, Primeira Turma, 21.06.2001, p.m., *DJU* 03.09.2001, p. 158.

ao que consta do art. 61 da Lei nº 9.472/9197, que o define como serviço de valor adicionado (Portaria nº 20148/1995 do Ministério das Comunicações)", estando o mencionado serviço no item 1 e subitens 1.01 a 1.08 da lista anexa à LC nº 116/03, quando se referem a atividades de informática e congêneres; c) a terceira corrente pugna pela não incidência do ICMS e do ISS, porque a primeira dependeria de emenda constitucional e a segunda por não haver previsão legal expressa na lista de serviços. Recentemente, o STJ, no REsp. 456.650/PR, relatora a Ministra Eliana Calmon, entendeu que o ICMS não incide sobre os serviços de provedores de acesso à internet, porque "apenas viabilizam os caminhos dos usuários a informação da grande rede, não constituindo tal atividade como serviço de comunicação ou telecomunicação a ensejar a incidência do imposto estadual", no caso, o ICMS. Entretanto, como sublinha **Andréa Veloso Correia**, a decisão não enfrentou a questão da incidência ou não do ISS, o que deve ser feito no julgamento dos Embargos de Divergência relativos ao mencionado Recurso Especial. A LC nº 116/2003, em seu item I, não se refere expressamente aos serviços prestados pelos provedores, mantendo a discussão a respeito da matéria, apesar de se poder entender que se incluem entre "as atividades congêneres", sofrendo, portanto, a incidência do ISS.

Questão também controversa refere-se aos **serviços cartorários, notariais e de registro público** (item 21 da lista), tendo o STJ, com base em precedentes do STF, decidido que os "serviços cartorários, notariais e de registro público não sofrem a incidência do ISS, porquanto são essencialmente serviços públicos, prestados sob delegação de poder, a teor do art. 236 da CF/1988, sendo que a referida tributação fere o princípio da imunidade recíproca, estampada no art. 150, inciso VI, da Carta Magna. Ademais, incabível a cobrança do aludido tributo, sob pena de ocorrência de bitributação, eis que os emolumentos exigidos pelos cartórios servem como contraprestação dos serviços públicos prestados, caracterizando-se como taxa"[388]. Entretanto, existe entendimento contrário, no sentido de que os serviços são exercidos em caráter privado (CF, art. 236), não se podendo falar, portanto, em imunidade tributária. Entendemos, no entanto, posta de lado a questão da imunidade tributária, que admitir-se a incidência do ISS sobre os mencionados serviços, implicaria em aceitar a bitributação, porque o STF já pacificou o entendimento de que os emolumentos judiciais e extrajudiciais têm natureza tributária de taxas.

3.4. Sujeito ativo

Quanto ao ISS, existem controvérsias em relação ao município que tem competência tributária para exigir o pagamento do tributo. O art. 12 do DL nº 406/1968 considerava local da prestação de serviços: "a) o do estabelecimento prestador ou, na falta de estabelecimento, o do domicílio do prestador; b) no caso de construção civil, o local onde se efetuar a prestação; c) no caso do serviço a que se refere o item 101 da Lista Anexa, o Município em cujo território haja parcela da estrada explorada" (alínea acrescentada pela LC nº 100/1999). O STJ, sob a égide do Decreto-lei nº 406/1968, considerava competente para exigir o ISS o Município da ocorrência do fato gerador, ou seja, o local da prestação dos serviços, visando a evitar práticas fraudulentas por alguns contribuintes, se aplicada literalmente a regra da alínea "a" do art. 12 do DL nº 406/1968, pela qual o Município competente para exigir o pagamento do ISS era o do local do estabelecimento prestador dos serviços, porque, caso contrário, levaria inúmeras empresas a terem sede em um município onde a alíquota do imposto fosse baixa, embora nele

---

[388] BRASIL. Superior Tribunal de Justiça, REsp. 612780/RO, Primeira Turma, Rel. Min. Francisco Falcão, 19.08.2005, *DJU* 17.10.2005, p. 180.

Capítulo XII • IMPOSTOS FEDERAIS, ESTADUAIS E MUNICIPAIS | **541**

não executassem serviços[389]. O STJ baseava-se também no princípio constitucional implícito que atribui ao município da ocorrência do fato gerador, ou seja, da prestação de serviços, o poder de tributar os serviços ocorridos em seu território, e não o município onde se situa a matriz da empresa[390].

A norma contida no art. 12 do Decreto-lei nº 406/1968 não resistia a confronto com o texto constitucional vigente, que adotou, entre outros, um critério de natureza territorial para disciplinar a repartição das competências tributárias, qual seja, aplicam-se as leis tributárias dos entes políticos onde ocorrer o fato gerador, que, no caso do ISS, é o local da prestação dos serviços, e esse princípio da territorialidade está também previsto no art. 102 do CTN. Assim, o art. 156, III, da CF, deve ser interpretado no sentido de que os Municípios têm competência para instituir e exigir o ISS no que concerne aos serviços prestados em seus territórios, por corresponder a princípio implícito na mencionada norma constitucional. Entendimento contrário, além de restringir o exercício da competência dos Municípios (CF, art. 30, I e II), levaria ao absurdo de se aplicar a lei do Município do Rio de Janeiro, lugar da sede da empresa, no território do Município de Teresópolis, local da prestação dos serviços[391]. Vide art. 42 do CTMRJ.

A LC nº 116/2003, em seu art. 3º, prescreve que o serviço considera-se prestado e o imposto devido no local do estabelecimento prestador ou, na falta do estabelecimento, no local do domicílio do prestador, exceto nas hipóteses previstas nos incisos I a XXII (incisos X e XI vetados), em que o imposto será devido no lugar da execução do serviço, tendo a mencionada lei, em comparação com o DL nº 406/1968, ampliado o campo da aplicação do princípio da territorialidade. Justificam-se as mencionadas exceções porque dizem respeito a serviços que não podem ser prestados a distância. Por sua vez, o art. 4º da LC nº 116 considera "estabelecimento prestador o local onde o contribuinte desempenha sua atividade de prestar serviços, de modo permanente ou temporário, e que configure unidade econômica ou profissional, sendo irrelevantes para se considerar caracterizá-lo as denominações de sede, filial, agência, posto de atendimento, sucursal, escritório de representação ou quaisquer outras que venham a ser utilizadas". Desse modo, entendemos que: a) a regra é que o ISS é devido ao município onde o serviço for executado e a empresa tenha a sua sede, salvo nas hipóteses dos incisos I a XXII do art. 3º, em que competente será o município do lugar da execução do serviço; b) quando o serviço for prestado em território de outro município, distinto do lugar da sede onde o contribuinte tenha estabelecimento, competente para exigir o ISS será o município onde o serviço tenha sido executado; c) quando o serviço for prestado em município distinto do lugar da sede, mas nele o contribuinte não tem estabelecimento, o imposto deve ser pago ao município da situação da sede, salvo se ocorrerem as hipóteses previstas no art. 3º da LC nº 116/2003, que, aliás, se afiguram dispensáveis. Entendimento contrário tornará inócua a norma do art. 4º da LC nº 116/2003, antes transcrito, quando define estabelecimento prestador[392].

---

[389]   Cf. Hugo de Brito Machado, *op. cit.*, p. 345, e José Eduardo Soares de Melo, *op. cit.*, p. 115.

[390]   EdivREsp. 130.792-CE, 1ª Seção, Rel. p/acórdão Min. Nancy Andrighi, *DJU* 12.06.2000, p. 66.

[391]   Cf., entre outros, Roque Antônio Carraza, *Curso de direito constitucional tributário*, p. 804, e BARRETO, Aires F. ISS – Conflitos de competência. Tributação de serviços e as decisões do STJ. *Revista Dialética de Direito Tributário*, São Paulo, n. 60, p. 7, julho de 2000.

[392]   TJRJ, AC 2005.001.08399, 14ª CC, Rel. Des. Rudi Loewenkron, 21.06.2005, *DORJ* 07.07.2005, p. 62. Marcelo Guerra Martins averba: "Após o art. 4º da LC nº 116/2003, a questão fica realmente fora de dúvida, ou seja, o sujeito ativo do ISS é o Município onde o serviço for prestado. Seria até dispensável o longo elenco de hipóteses específicas constantes dos 22 (vinte e dois) incisos do art. 3º" (*Op. cit.*, p. 403).

3.5. Sujeito passivo

O art. 8º do DL nº 406/1968, ao definir o fato gerador do ISS, deixava claro que *contribuinte* era "empresa ou profissional autônomo, com ou sem estabelecimento fixo". Tal norma complementava o art. 10 do mesmo diploma legal, quando prescrevia que contribuinte é o prestador do serviço, profissional autônomo e empresa. A LC nº 116/2003 limita-se a enunciar que contribuinte é o prestador do serviço, que, no entanto, só pode ser empresário, sociedade empresária (CCB, art. 966) ou profissional autônomo que exerce profissionalmente a atividade empresarial[393].

Cabem as seguintes observações sobre a matéria: primeira, que quem presta serviços eventualmente não é contribuinte do ISS. Segunda, que a condição de contribuinte independe de estar o prestador de serviços devidamente regularizado no órgão competente, e, por isso, a sociedade em comum (CCB de 2002, arts. 986 a 990) não pode se eximir da obrigação de pagar o ISS sob o argumento de ausência de regularização, por força do art. 126, III, do CTN. Terceira, a lei não se exige que o prestador de serviços tributáveis tenha estabelecimento fixo para ser contribuinte do ISS. Quarta, que o condomínio só pode ser contribuinte quando prestar serviços a terceiros, vale dizer, não condôminos, e, por isso, os serviços prestados pelo condomínio aos seus condôminos, ainda que remunerados, não sofrem a incidência do ISS, ainda mais porque para se revestir da condição de contribuinte é necessário que os serviços sejam prestados profissionalmente. Quinta, que a pessoa não perde a condição de contribuinte quando não obtenha lucro na execução do serviço. Sexta, que não "são contribuintes os que prestem serviços em relação de emprego, os trabalhadores avulsos, os diretores e membros de conselhos consultivos ou fiscais de sociedades" (LC nº 116/2003, art. 2º, II, CTMRJ, art. 11, II). Trata-se de norma meramente didática ou explicitante, porque as pessoas que prestam serviços nas mencionadas condições não podem ser caracterizadas como empresas ou profissionais autônomos[394]. Sétima, que não há incidência do ISS na prestação de serviços para si mesmo, ou seja, quando, por exemplo, um estabelecimento presta serviços para outro estabelecimento da mesma sociedade.

Quanto à figura do **responsável tributário** (LC nº 116/2003, art. 6º), sujeito passivo indireto, em matéria de ISS, as leis municipais que a estabelecem devem se afinar com as normas do CTN, principalmente do art. 128. O CTMRJ refere-se ao responsável em seu art. 14, harmonizando-se com a norma do art. 6º da LC nº 116/03, que autoriza os Municípios e o Distrito Federal, mediante lei, a atribuírem a responsabilidade tributária a terceira pessoa, vinculada ao fato gerador da respectiva obrigação, excluindo a responsabilidade do contribuinte ou atribuindo-a a este em caráter supletivo do cumprimento total ou parcial da referida obrigação, inclusive no que se refere à multa e aos acréscimos legais. O § 1º do art. 6º da LC nº 116/2003 determina que os responsáveis estão obrigados ao recolhimento integral

---

[393] Neste sentido, Andréa Veloso Correia, *op. cit.*, v. 2, p. 204.

[394] Hugo de Brito Machado adverte que "é de grande importância a distinção entre o trabalhador autônomo, que é contribuinte, e o trabalhador avulso, que não é contribuinte do ISS, e ainda a identificação do trabalhador eventual, e sua consequente posição relativamente a esse imposto". Daí o renomado jurista averbar: "Trabalhador autônomo é o que presta serviços por sua própria conta, tem condições para o desempenho de sua atividade sem subordinar-se àquele para quem trabalha. Sua prestação de serviços é, para ele prestador, permanente, mas em relação a determinada pessoa para o qual o serviço é prestado, a prestação pode ser permanente ou eventual". Trabalhador avulso é o que presta serviços com a intermediação do sindicato de sua categoria, regido por legislação específica. Ou, então, presta serviços na dependência daquele para quem trabalha, sem caracterizar-se como empregado, apenas em razão da natureza eventual do serviço prestado" (*Op. cit.*, p. 356).

Capítulo XII · IMPOSTOS FEDERAIS, ESTADUAIS E MUNICIPAIS | 543

do imposto devido, multa e acréscimos legais, independentemente de ter sido efetuada sua retenção na fonte. Trata-se, portanto, de responsabilidade por substituição tributária, quando os serviços são prestados no Município onde os tomadores se localizam, como se deduz dos serviços elencados no inciso II do § 2º do art. 6º, visando a substituição simplificar a cobrança do imposto. Assim, as leis municipais só poderão definir como responsáveis tributários do ISS pessoas, física ou jurídica, que tenham relação de qualquer natureza com a situação definida em lei como hipótese de incidência, menos econômica, porque esta quem tem é o contribuinte, que se relaciona pessoal e diretamente com a referida situação (CTN, art. 121, parágrafo único)[395].

3.6. *Imunidade*

Quanto ao imposto sobre serviços, a CF de 1988 estabelece **imunidade** no art. 150, VI, "a", quando prescreve que o imposto não incide sobre o patrimônio, a renda e os *serviços* prestados pelos entes políticos uns aos outros (imunidade recíproca). Esta imunidade é estendida às autarquias e fundações instituídas e mantidas pelo poder público e à empresa pública prestadora de serviço postal, mas restringe-se aos serviços vinculados a suas finalidades ou delas decorrentes (CF, art. 150, § 2º). O art. 150, VI, "b", referindo-se a "entidades religiosas e templos de qualquer culto", confere igualmente imunidade do ISS. A imunidade prevista no art. 150, VI, "c", da CF, refere-se também ao ISS, ao vedar a incidência de impostos sobre patrimônio, renda *ou serviços* dos partidos políticos, inclusive suas fundações, das entidades sindicais dos trabalhadores, e das instituições de educação e de assistência social sem fins lucrativos, atendidos os requisitos da lei. Todavia, as vedações expressas no inciso VI, alíneas "b" e "c", compreendem somente o patrimônio, a renda e os *serviços*, relacionados com as finalidades essenciais das entidades nelas mencionadas. Finalmente, existe também imunidade do ISS relativa aos livros, jornais, periódicos e o papel destinado a sua impressão (CF, art. 150, VI, "d")[396].

Os entes políticos, as autarquias e as fundações públicas estão sujeitos ao ISS quando agem como particulares, ou seja, prestam serviços que não sejam de sua exclusiva competência, sob regime de direito privado, vale dizer, relacionando-se em pé de igualdade com os particulares, como reza o § 3º do art. 150 da CF. A imunidade de que gozam as autarquias e fundações públicas prende-se exclusivamente aos serviços relacionados com as suas finalidades essenciais ou delas decorrentes. Entretanto, o STF, interpretando o art. 150, VI, "c", e seu § 4º da CF, entende que o ISS não incide sobre a prestação de serviços, mesmo quando não relacionados

---

[395] O STJ considera que a administradora de cartão de crédito não pode ter responsabilidade "pelo ISS decorrente de serviços prestados pelos filiados a seus usuários", por ausência de "vinculação ao fato gerador da respectiva obrigação" (BRASIL. Superior Tribunal de Justiça, REsp. 55.346-RJ, Rel. Min. Milton Luis Pereira, Primeira Turma, p.m., 25.10.1995, *DJU* 12.02.1996, p. 2412. *RT* 728/201). "...Imposto sobre serviço. Empresa de transporte aéreo. Constitui fato gerador de ISS o serviço de intermediação de agências de viagens e operadores de turismo, porque configura prestação de serviços. Art. 14 do Código Tributário Municipal. São as empresas de aviação responsáveis, porque substitutas legais, pelo pagamento do imposto. Referido valor deve ser retido quando do pagamento das comissões pelo responsável tributário. Se, por razões de conveniência, o responsável tributário não retém o imposto, e não logra comprovar que o sujeito passivo devidamente o pagou, assume a responsabilidade por seu pagamento..." (TJRJ, AC 2004.001.18902, 17ª CC, rela. Des. Luisa Bottrel Souza, 13.04.2005, *DJRJ* 04.08.2005, p. 73).

[396] Soares Melo doutrina que o ISS "somente pode incidir sobre as relações de natureza privada, compreendendo os negócios jurídicos (prestações), vinculando prestador e tomador, mediante uma remuneração (preço), de conformidade com o princípio da autonomia da vontade" (MELLO, Soares. *Aspectos teóricos e práticos do ISS*. São Paulo: Dialética, 2000, p. 131).

com as finalidades essenciais das instituições de educação e de assistência social, desde que a renda seja destinada a essas finalidades[397], o que devem comprovar de forma robusta[398].

A imunidade referida no art. 150, VI, "d", é abrangente, e, portanto, diz respeito também ao ISS, quanto aos serviços de publicidade inserida em jornais, periódicos etc., como entende o STF, que, interpretando extensivamente a norma imunizante, reconhece a imunidade das listas telefônicas porque caracterizam serviço de utilidade pública[399]. Inclusive, segundo o STF: "constitucional o subitem 17.25 da lista anexa à LC nº 116/2003, incluído pela LC nº 157/2016, no que propicia a incidência do ISS, afastando a do ICMS, sobre a prestação de serviço de 'inserção de textos, desenhos e outros materiais de propaganda e publicidade, em qualquer meio (exceto em livros, jornais, periódicos e nas modalidades de serviços de radiodifusão sonora e de sons e imagens de recepção livre e gratuita)'."[400]

3.7. Não incidência

O art. 2º, I, da LC nº 116/2003, baseando-se no art. 156, § 3º, II, da CF, exclui da incidência do ISS (isenção) as exportações de serviços para o exterior. Todavia não gozam de isenção os serviços desenvolvidos no Brasil, cujo resultado aqui se verifique, ainda que o pagamento seja feito por residente no exterior, porque não se trata de exportação de serviços, sendo, portanto, irrelevante o lugar da residência de quem deve pagar os serviços. O CTMRJ (art. 11, I, e parágrafo único) dispõe da mesma forma que a LC nº 116/2003, e o art. 12 elenca as isenções em matéria de ISS.

3.8. Alíquota

A CF de 1988, em seu art. 156, § 3º, I, visando evitar abuso por parte do legislador municipal, exigia lei complementar apenas para fixar as alíquotas máximas do ISS, tendo a LC nº 100, de 22.12.1999, em seu art. 4º, estabelecido o teto de 5%, que, no entanto, aplicava-se somente ao item 101 da lista de serviços do DL nº 406/1968, acrescentado pela mencionada Lei Complementar ("exploração de rodovia mediante cobrança de preço dos usuários, envolvendo execução de serviços de conservação, manutenção, melhoramentos para adequação de capacidade e segurança de trânsito, operação, monitoração, assistência aos usuários e outros definidos em contratos, atos de concessão ou de permissão ou em normas oficiais"). A LC nº 116/2003, em seu art. 8º, II, estabelece a alíquota máxima do ISS em 5%, tendo sido vetado o inciso I, que fixava em 10% a alíquota no que tange aos serviços de jogos e diversões públicas, exceto cinema, baseando-se o veto no argumento de que os empreendimentos turísticos poderiam ser afetados, juntamente com os segmentos de diversões públicas, feiras, exposições etc. Por outro lado, alguns municípios, visando a atrair contribuintes do ISS para seus territórios, estabelecem alíquotas ínfimas, ridículas, para que algumas empresas neles fixem, embora apenas formalmente, os seus estabelecimentos prestadores de serviços para poderem gozar dessa vantagem fiscal. A EC nº 37/2002, objetivando pôr fim a essa situação,

---

[397] BRASIL. Supremo Tribunal Federal, RE 144.900-4/SP, Rel. Min. Ilmar Galvão, Primeira Turma, v.u., 22.04.1997, *DJU* 26.09.1997, p. 47494.

[398] BRASIL. Supremo Tribunal Federal, AgRg em RE 206.169-7, Rel. min. Marco Aurélio, Segunda Turma, 27.04.1998, *DJU* 05.06.1998, p. 10.

[399] BRASIL. Supremo Tribunal Federal, RE 225.725-2-RO, Rel. Min. Ilmar Galvão, Primeira Turma, 23.05.2000, *DJU* 01.09.2000. RT 787/177, maio de 2001.

[400] BRASIL. Supremo Tribunal Federal, ADI 6034, Rel. Dias Toffoli, Tribunal Pleno, j. 09.03.2022, processo eletrônico, DJe-053 divulg. 18.03.2022, public. 21.03.2022.

Capítulo XII · IMPOSTOS FEDERAIS, ESTADUAIS E MUNICIPAIS | 545

alterou a redação do inciso I do § 3º do art. 156 da CF, exigindo também lei complementar para fixar as alíquotas mínimas do ISS, o que não ocorreu até este momento. Enquanto tal lei não for editada, o ISS terá alíquota mínima de 2%, exceto para os serviços a que se referem os itens 32, 33 e 34 da Lista de Serviços anexa ao DL nº 406/1968, correspondentes ao item 7 da lista anexa à LC nº 116/2003 (ADCT, art. 88, I, acrescentado pela EC nº 37/2003). O inciso II do art. 88 do ADCT, visando evitar burla à norma contida no inciso I, dispõe que "não será objeto de concessão de isenções, incentivos e benefícios fiscais, que resulte, direta ou indiretamente, na redução da alíquota mínima estabelecida no inciso I".

O art. 9º e seus §§ 1º e 3º do DL nº 406/1968 estabelecem normas gerais para a fixação de alíquotas do ISS pelas leis municipais, no que concerne aos autônomos, sociedades civis e sociedades uniprofissionais[401]. Trata-se de regra geral que permite à lei municipal estabelecer um percentual sobre o preço do serviço (base de cálculo), e que pode variar em função da natureza dos serviços. Interpretando-se os mencionados parágrafos do art. 9º, resultam as seguintes conclusões: primeira, que o termo "alíquota" é empregado no § 1º do art. 9º no seu *sentido amplo,* ou seja, de medida da carga tributária, não sendo, portanto, sinônimo de percentagem. Segunda, que *alíquota fixa* corresponde a uma determinada quantidade de riquezas (*v.g.,* R$ 10,00), que pode, no entanto, ser expressa em um certo número de determinada unidade fiscal, por exemplo, 10 Ufirs. Terceira, que, quando o dispositivo sob comento permite que a alíquota seja *variável*, em razão da natureza do serviço ou de outros fatores pertinentes, não quer dizer que a alíquota deixa de ser fixa. O dispositivo apenas permite que a lei municipal possa estabelecer que a alíquota fixa varie, ou melhor, seja diversa em função de determinados fatores. Assim, por exemplo, o profissional autônomo pagará 15 Ufirs, enquanto a pessoa física equiparada a empresa pagará 20 Ufirs. Quarta, que o § 1º do art. 9º deixa claro que as alíquotas variáveis não podem levar em conta a remuneração do trabalho, vale dizer, o preço do serviço porque este só deve ser considerado na hipótese do *caput* do dispositivo. Quinta, que a norma do § 3º do art. 9º estabelece tributação diferenciada para as *sociedades uniprofissionais*, que, para gozarem dessa tributação, devem prestar os serviços referidos nos itens nele mencionados, bem como que todos os sócios tenham a mesma habilitação profissional, ou seja, a mesma profissão"[402]. Assim, se a sociedade tiver dois sócios médicos e dois sócios dentistas, ela será tributada como qualquer sociedade de prestação de serviços, incidindo o ISS sobre a receita bruta mensal. As sociedades uniprofissionais são tributadas de forma menos onerosa que as demais sociedades civis porque não se levam em conta as receitas por elas auferidas, devendo as leis municipais fixar alíquotas fixas em relação a cada profissional habilitado, sócio, empregado ou não, que preste serviços em nome da sociedade, embora assumindo responsabilidade pessoal, nos termos da lei aplicável. Em outras palavras, o "propósito do legislador, como se vê, foi tributar cada um dos profissionais tomados individualmente, fazendo-se abstração da pessoa jurídica para fim de determinação do imposto"[403].

---

[401] O § 1º do art. 9º prescreve: "Quando se tratar de prestação de serviços sob a forma de trabalho pessoal do próprio contribuinte, o imposto será calculado, por meio de alíquotas fixas ou variáveis, em função da natureza do serviço ou de outros fatores pertinentes, nestes não compreendida a importância paga a título de remuneração do próprio trabalho". Por sua vez, o § 3º estatui: "Quando os serviços a que se referem os itens 2, 4, 6, 25, 52, 88, 89, 90, 91 e 92 da lista anexa, forem prestados por sociedades, estas ficarão sujeitas ao imposto na forma do § 1º, calculado em relação a cada profissional habilitado, sócio, empregado ou não, que preste serviços em nome da sociedade, embora assumindo responsabilidade pessoal, nos termos da lei aplicável".(Redação dada pela LC nº 56/1987, e os advogados estão referidos no item 88 da lista).

[402] *RTJ* 90/140.

[403] Cf. Hugo de Brito Machado, *op. cit.,* p. 355.

Essa tributação diferenciada das sociedades uniprofissionais se justifica porque, diferentemente do que ocorre nas demais sociedades de prestação de serviços: a) o que sobressai é a pessoa de cada profissional e não o capital; b) o serviço é prestado pelo profissional e não pela sociedade; c) a responsabilidade pela prestação de serviços é pessoal do profissional e não da sociedade. O STF julgou constitucional essa tributação diferenciada da sociedade uniprofissional de prestação de serviços sob a égide do DL nº 406/1968[404].

Em resumo, a tributação do ISS ocorre da seguinte forma: a) os profissionais autônomos sofrem a incidência de alíquotas fixas, que podem variar segundo determinados fatores, menos o correspondente ao preço do serviço; b) as sociedades de prestação de serviços subordinam-se à aplicação de uma alíquota percentual sobre o preço dos serviços, no máximo até 5%; c) as sociedades uniprofissionais que prestem os serviços referidos nos itens elencados pelo § 3º do art. 9º merecem tributação diferenciada. Entendemos que o art. 9º, § 3º, do DL nº 406 não foi revogado expressa ou tacitamente pela LC nº 116[405], tanto que o art. 10 a ele não se refere. O referido parágrafo teria sido revogado se tivesse sido acrescentado pela LC nº 56/1987, revogada expressamente pelo art. 10 da LC nº 116/2003, mas a mencionada lei complementar apenas deu nova redação ao dispositivo. A revogação de lei que dá nova redação a um dispositivo legal não implica na sua consequente revogação, porque, aplicando-se as regras da LINDB, a lei nova só revoga a lei anterior quando expressamente o declare, quando seja com ela incompatível ou disciplina inteiramente a matéria versada na lei anterior, e nenhuma das hipóteses ocorre no caso sob exame, e, assim, subsiste o § 3º do art. 9º. Os incisos referidos no art. 9º, § 3º, do DL nº 406/1968 devem ser entendidos como os correspondentes na lista da LC nº 116/2003. Entretanto, existe também entendimento de que: a) o art. 9º teria sido revogado tacitamente pela revogação da LC nº 56/1987 (LINDB, art. 2º, § 1º), pois a LC nº 116/0203 disciplinou inteiramente a base de cálculo do ISS no art. 7º; b) somente o § 3º do art. 9º (sociedades uniprofissionais) teria sido revogado, por ser a sua redação atual decorrente da LC nº 56/1987, revogada expressamente pelo art. 10 da LC nº 116/2003, subsistindo, portanto, o § 1º do art. 9º do DL nº 406/1968, que se aplica aos profissionais autônomos. Ainda que se admita, a título de mero raciocínio, que o § 3º do art. 9º tenha sido revogado implicitamente pela LC nº 116/2003, entendemos que as sociedades profissionais continuam a gozar de tratamento tributário diferenciado, por envolverem trabalho pessoal do sócio (advogado, engenheiro etc.), sujeitas, portanto, à norma do § 1º do art. 9º, não podendo sofrer a incidência do ISS sobre o faturamento. No Município do Rio de Janeiro a Lei nº 3.720/2004, em seu art. 5º, manteve a tributação da sociedade uniprofissional estabelecida pelo § 3º do art.9º do DL nº 406/1968. O art. 33 da LMRJ fixa as alíquotas do ISS.

---

[404] "Base de cálculo para as sociedades prestadoras de serviços profissionais. Se o § 3º combinado com o § 1º do art. 9º do DL nº 406/1968, como salientado pelo Plenário desta Corte no julgamento do RE 236.604, limitou-se, no âmbito de sua competência como Lei Complementar de normas gerais em matéria tributária, a definir a base de cálculo do ISS para as sociedades de profissionais liberais, não determinou ele redução de base de cálculo desse tributo, o que pressupõe – e esse não é o caso – a preexistência de uma base de cálculo maior, não entrando, assim, em choque com o disposto no § 6º do art. 150 da Carta Magna, na redação dada pela Emenda Constitucional nº 3/1993" (BRASIL. Supremo Tribunal Federal, RE nº 228.052-9/MG, Rel. Min. Moreira Alves, Primeira Turma, v.u., 24.08.1999, *DJU* de 01.10.1999, p. 51). "Os §§ 1º e 3º do art. 9º do DL nº 406/1968 foram recebidos pela Constituição" (STF, Súmula nº 663).

[405] Cf., dentre outros, Marcelo Guerra Martins, *op. cit.*, p. 405, e Sacha Calmon, *Curso de direito tributário brasileiro*, p. 622-626.

3.9. Base de cálculo

A **base de cálculo** do tributo corresponde à expressão econômica do fato gerador, e, sendo um dos elementos da obrigação tributária, só pode ser determinada mediante lei (CTN, art. 97, III). O art. 7º da LC nº 116/2003 prescreve que a base de cálculo do ISS é o *preço do serviço*, e, assim, a prestação de serviços gratuitos não sofre a incidência do imposto. O STJ tem admitido que o montante do ISS possa integrar a sua base de cálculo (cálculo por dentro), sob o fundamento de que não ofende a legislação federal[406]. Por outro lado, o § 1º do art. 7º reza que "quando os serviços descritos pelo subitem 3.04 da lista anexa forem prestados no território de mais de um município, a base de cálculo será proporcional, conforme o caso, à extensão da ferrovia, rodovia, dutos e condutos de qualquer natureza, cabos de qualquer natureza, ou ao número de postes, existentes em cada município". Por sua vez, o § 2º do mesmo art. 7º não admite a inclusão na base de cálculo do imposto do valor dos materiais fornecidos pelo prestador de serviços e previstos nos itens 7.02 e 7.05 da lista, desde que produzidos pelo prestador fora do local da prestação de serviços porque sujeito ao ICMS (STJ, Súmula nº 167). A base de cálculo de qualquer tributo deve ter relação com o fato gerador, e sendo este um fato econômico, a base de cálculo só pode ser a expressão econômica do fato gerador (prestação de serviços), não podendo nela ser computada qualquer outra entrada de recursos, como, p.e., reembolso de despesas, por não expressarem revelação de capacidade contributiva. Destoando do § 2º do art. 9º do DL nº 406/1968, o § 2º do art. 7º da LC nº 116/2003 não admite expressamente a dedução na base de cálculo do valor das subempreitadas, mas entendemos que o contribuinte poderá deduzir esse valor porque não corresponde a prestação de serviços e se destina à remuneração pela subempreitada, que já sofre a incidência do imposto. Aliás, tal dedução era permitida expressamente pelo inciso II do § 2º do art. 7º da LC nº 116/2003, que foi, no entanto, objeto de veto, em razão de interesse público. Conforme entendimento mais recente do STJ, a base de cálculo do ISS no serviço de construção civil é o preço deste, "não sendo possível deduzir os materiais empregados, salvo se produzidos pelo prestador fora do local da obra e por ele destacadamente comercializados com a incidência do ICMS".[407]

Quando houver concessão de **descontos ou abatimentos** no preço do serviço por liberalidade do contribuinte, existe decisão do STJ no sentido de que a base de cálculo deve corresponder ao preço bruto, sem levar em conta o desconto[408]. Não concordamos com tal entendimento porque se houve concessão de desconto, ocorreu redução do preço do serviço, base de cálculo do tributo, que deve traduzir o valor líquido pago pelo beneficiário do serviço, salvo se os descontos ou abatimentos forem concedidos sob condição suspensiva (CTMTJ, art. 16, § 3º). Quando o serviço for pago mediante utilização de **cartão de crédito**, os acréscimos financeiros não integram a base de cálculo do ISS por traduzir operação financeira sujeita ao IOF.

O fisco não está atrelado ao valor ou preço dos serviços cobrado pelo contribuinte, podendo não o aceitar nos termos do art. 148 do CTN. Tal regra se aplica a todas as modalidades de lançamento do tributo e não somente ao lançamento por declaração, e tratando-se

---

[406] BRASIL. Superior Tribunal de Justiça, REsp. 668/SP, *DJU* 26.09.1994.

[407] BRASIL. Superior Tribunal de Justiça, REsp n. 1.916.376/RS, Rel. Min. Gurgel de Faria, Primeira Turma, j. 14.03.2023, DJe de 18.04.2023.

[408] BRASIL. Superior Tribunal de Justiça, Resp. 12.468-0-SP, *DJU* 08.08.1994.

de ISS o arbitramento deve levar em conta o valor ou preço dos serviços e não as despesas efetuadas pela empresa[409].

Nas *operações mistas*, ou seja, aquelas que envolvem prestação de serviços com fornecimento de mercadorias, a base de cálculo deve observar as seguintes regras: a) quando o serviço é previsto na lista anexa à LC nº 116/2003, a base de cálculo do ISS corresponderá apenas ao preço do serviço; b) na hipótese de o serviço não estar elencado na lista, só haverá incidência do ICMS sobre o valor total da operação (CF, art. 155, § 2º, IX, "b", e Súmula nº 163 do STJ)[410]; c) estando o serviço previsto na lista, mas prevendo o item pertinente a incidência também do ICMS sobre o fornecimento da mercadoria, o seu preço determinará a base de cálculo do imposto e a base de cálculo do ISS deverá ser composta pelo preço total da operação menos o valor da mercadoria. Não é devido o ICMS sobre o valor das refeições e medicamentos servidos por hospitais, porque incide o ISS sobre a prestação de serviço, com a inclusão do preço da alimentação e dos medicamentos (STJ, Súmula nº 274)[411].

"O distribuidor de filmes e videogames coloca-se como intermediário, aproximando produtor e exibidor. Por isso, a base de cálculo do ISS relativa a sua atividade é a remuneração efetivamente percebida, ou seja, o saldo entre a quantia recebida do exibidor e aquela entregue ao produtor"[412]. A empresa que agencia mão de obra temporária age como intermediária entre o contratante da mão de obra e o terceiro que é colocado no mercado de trabalho. A intermediação implica o preço do serviço que é a comissão, base de cálculo do fato gerador consistente nessas "intermediações[413]. Na locação de automóveis entregues ao locatário com tanque de combustível cheio, e assim deve ser devolvido à locadora; quando isto não ocorre na devolução do veículo, a locadora providencia a reposição do combustível gasto e realiza a cobrança do locatário, à parte, destacando na Nota Fiscal que referida receita não é tributada pelo ISS, pois não integra o preço do serviço, que é a base de cálculo do imposto[414].

---

[409] BRASIL. Superior Tribunal de Justiça, REsp. 200.249/SP, Rel. Min. Francisco Peçanha Martins, Segunda Turma, v.u., 13.02.2001, *DJU* 19.03.2001, p. 96.

[410] Súmula nº 163 do STJ – "O fornecimento de mercadorias com a simultânea prestação de serviços em bares, restaurantes e estabelecimentos similares constitui fato gerador do ICMS a incidir sobre o valor total da operação".

[411] BRASIL. Superior Tribunal de Justiça, Súmula nº 274: "O ISS incide sobre o valor dos serviços de assistência médica, incluindo-se neles as refeições, os medicamentos e as diárias hospitalares" (BRASIL. Superior Tribunal de Justiça, REsp. 254.863/SP, Segunda Turma, rela. Min. Eliana Calmon, v.u., *DJU* 18.02.2002, p. 300). "A quantificação da base de cálculo para incidir o ISS a ser pago pelas empresas que exercem atividades de plano de saúde (prestando serviços de assistência médica, hospitar e laboratorial) é medida pela totalidade do preço mensal pago pelos seus associados, isto é, pela receita bruta sem qualquer desconto" (BRASIL. Superior Tribunal de Justiça, REsp. 226.747/SP, Rel. Min. José Delgado, Primeira Turma, v.m., 13.04.2000, *DJU* de 22.05.2000, p. 78).

[412] BRASIL. Superior Tribunal de Justiça, REsp. 259.339/SP, Rel. Min. Humberto Gomes de Barros, Primeira Turma, v.u., 12.09.2000, *DJU* de 02.10.2000, p. 150 etc.

[413] BRASIL. Superior Tribunal de Justiça, REsp. 411.580/SP, Rel. Min. Luiz Fux, *DJU* 16.12.2002, p. 25.

[414] BRASIL. Superior Tribunal de Justiça, REsp. 224.813/SP, Rel. Min. José Delgado, Primeira Turma, v.u., 07.12.1999, *DJU* 28.02.2000, p. 57. Nesse acórdão, o STJ decidiu também que deve ser adotado o mesmo procedimento com relação a despesas com franquias de seguros. Quando o veículo locado sofre qualquer tipo de abalroamento, a empresa seguradora da locadora cobre as despesas e emite cobrança de uma franquia, a qual posteriormente é cobrada do locatário responsável, como reembolso de despesas, conforme previsto no contrato de locação. Da mesma forma que ocorre com relação às demais despesas, a Autora não recolhe o ISS sobre esta quantia, visto que não integra o preço do serviço.

3.10. Lançamento

O ISS está sujeito a **lançamento por homologação** (CTN, art. 150), ou seja, a legislação municipal exige que o sujeito passivo, nos prazos legais, calcule e recolha o imposto, mas o crédito tributário só ficará extinto com a homologação expressa ou tácita pela autoridade administrativa, nos termos do § 4º do art. 150 do CTN. Entendendo o fisco que o ISS não foi pago ou houve recolhimento a menor, deve lavrar auto de infração (lançamento direto), desde que não tenha ocorrido decadência para a constituição do crédito tributário (CTN, art. 149, par. único), notificando o sujeito passivo para pagar ou impugnar. Nessa hipótese podem ocorrer situações distintas, dependendo do comportamento do sujeito passivo: a) pagando o imposto, ficará extinto o crédito tributário (CTN, art. 156, I); b) apresentando defesa, ficará suspensa a exigibilidade do crédito tributário (CTN, art. 151, III), que só se constituirá definitivamente com o decurso do prazo legal, a contar da data da notificação do sujeito passivo para ciência da decisão administrativa definitiva favorável ao fisco; c) não pagando nem apresentando defesa, a constituição definitiva do crédito tributário se dará após o decurso legal do prazo, a contar da notificação para ciência do lançamento. Todavia, na hipótese de suspensão da exigibilidade do crédito tributário, vale dizer, ficando o fisco impedido de promover a execução fiscal, a correção monetária, os juros e a multa continuarão a fluir, salvo se o sujeito passivo efetuar o depósito do montante integral do tributo, previsto no inciso I do art. 151. Os mencionados encargos fluem a partir da data em que venceu o prazo legal para pagamento do tributo (CTN, art. 161). Constituído definitivamente o crédito tributário, o fisco deverá promover a sua inscrição, para que se transmude em dívida ativa tributária e nasça a Certidão da Dívida Ativa, que é o título executivo extrajudicial da Fazenda Pública (CPC, art.784, IX).

IV. IMPOSTO DE COMPETÊNCIA COMPARTILHADA

1. Imposto sobre bens e serviços

1.1. Considerações gerais

Reformar o Sistema Tributário Nacional não é uma pauta nova. Alterar, simplificar, aglutinar, são verbos que ecoam nos discursos do poder reformador, não propriamente nos moldes e contornos da PEC nº 45/2019. A Reforma Tributária já era debatida, praticamente, no nascedouro da Constituição Federal de 1988. Em 1992, ou seja, com 4 anos da edição da Constituição de 1988, formulou-se a Proposta de Emenda nº 110/1992 que pretendia, com o discurso de simplificação do sistema tributário, reduzir de 15 para 8 impostos. Nos anos seguintes, a mesma diretriz se mantinha, em 1995, por exemplo, tentou-se extinguir o IPI e uniformizar aspectos regulamentares do ICMS através da PEC nº 175/1995.

Com a aprovação da PEC nº 45/2019 e a introdução da Emenda Constitucional nº 132/2023, alterou-se a tributação sobre o consumo, substituindo-se, paulatinamente, o ICMS e o ISSQN pelo imposto sobre bens e serviços de competência compartilhada entre Estados, Distrito Federal e Municípios (IBS), incluindo-se a Seção V-A e, dentre outros, o artigo 156-A na Constituição Federal. A consolidação da tributação sobre o consumo tem por objetivo eliminar problemas inerentes à sistemática anterior, por exemplo, a guerra fiscal, a multiplicidade legislativa, a insegurança jurídica e os conflitos de incidência. No entanto, as alterações promovidas também nos permitem questionar se o novo cenário não irá reduzir, sobremaneira, a autonomia dos entes federativos, sob diferentes aspectos. Explica-se. Do ponto de vista legislativo, os Estados, o Distrito Federal e os Municípios não mais instituirão seus tributos sobre o consumo, tendo em vista que a instituição do IBS ocorrerá via lei complementar editada pela União. O exercício legislativo estará limitado à fixação de alíquota específica, em cada Estado, Município e no Distrito Federal, dentro da referência posta no Senado. Em análise à autonomia financeira, os entes federativos não irão arrecadar e gerir o IBS, tais atribuições ficarão a cargo do Comitê Gestor.

1.2. *Imposto sobre bens e serviços*

O IBS deverá ser instituído por lei complementar, incidindo sobre: (1) as "operações com bens materiais ou imateriais, inclusive direitos, ou com serviços;" e "a importação de bens materiais ou imateriais, inclusive direitos, ou de serviços realizada por pessoa física ou jurídica, ainda que não seja sujeito passivo habitual do imposto, qualquer que seja a sua finalidade" (art. 156-A, incisos I e II da CF). O conceito de operações com serviços poderá ser estabelecido na lei complementar que delimitará o seu conteúdo e alcance, desde que: "essa definição para qualquer operação que não seja classificada como operação com bens materiais ou imateriais, inclusive direitos" (art. 156-A, § 8º, CF).

A Constituição prevê ainda imunidade quanto às exportações, mantendo o direito de crédito ao exportador sobre as operações em que for adquirente de bem material ou imaterial, inclusive direitos, ou serviço (art. 156-A, III, CF). O prazo e a forma do ressarcimento do crédito serão disciplinados via lei complementar (art. 156-A, § 5º, III). Também não poderá incidir "nas prestações de serviço de comunicação nas modalidades de radiodifusão sonora e de sons e imagens de recepção livre e gratuita" (art. 156-A, § 1º, XI, CF). O § 7º do artigo 156-A estabelece que a isenção e a imunidade: "I – não implicarão crédito para compensação com o montante devido nas operações seguintes; II – acarretarão a anulação do crédito relativo às operações anteriores, salvo, na hipótese da imunidade, inclusive em relação ao inciso XI do § 1º, quando determinado em contrário em lei complementar."

O IBS será não cumulativo (art. 156-A, § 1º, VIII) e sua compensação ocorrerá em "todas as operações nas quais seja adquirente de bem material ou imaterial, inclusive direito, ou de serviço, excetuadas exclusivamente as consideradas de uso ou consumo pessoal especificadas na lei complementar e nas hipóteses previstas" na Constituição. Não integrará a própria base de cálculo, tampouco integrará a base do IPI, do imposto do art. 153, VIII, do ICMS, do ISS, das contribuições do art. 195, I, "b", IV e V, e do PIS (art. 239, CF). A CBS também não integrará a base de cálculo do IBS, conforme art. 195, § 17, CF. No entanto, o imposto do artigo 153, VIII, CF, integrará a base de cálculo do IBS e da CBS (art. 153, § 6º, V).

Tendo em vista que o IBS pauta-se pelo princípio da neutralidade (art. 156-A, § 1º, CF), pela uniformidade, sua regulação deverá ser uniforme em todo o território nacional. Dessa forma, caberá ao ente federativo que compartilha a sua competência definir apenas a alíquota específica que adotará em seu território (art. 156-A, § 1º, IV, CF). A alíquota de referência do IBS será fixada pelo Senado Federal para cada esfera federativa e será aplicada caso não tenha sido estabelecida pelo próprio ente federativo (art. 156-A, § 1º, XII, CF). Os entes federativos poderão vincular suas alíquotas a alíquota de referência, conforme permissivo constante do § 10º do art. 156-A. A cobrança do IBS será apurada mediante o "somatório das alíquotas do Estado e do Município de destino da operação" (art. 156-A, VII). Entenda-se que o Distrito Federal, em razão de sua competência cumulativa (art. 32, § 1º, CF) exercerá as competências estadual e municipal quando da fixação de suas alíquotas (art. 156-A, § 2º, CF). Os critérios para verificação do destino da operação serão dispostos via lei complementar, permitindo a Constituição que possam ser: "o local da entrega, da disponibilização ou da localização do bem, o da prestação ou da disponibilização do serviço ou o do domicílio ou da localização do adquirente ou destinatário do bem ou serviço, admitidas diferenciações em razão das características da operação" (art. 156-A, § 5º, IV, CF).

Em decorrência da uniformização que pretende o IBS, os entes federativos não poderão estabelecer distinção de alíquotas em razão da natureza da operação, que deverá ser a mesma para todas (art. 156-A, § 1º, VI, CF). As exceções cabíveis somente serão estabelecidas pela Constituição (art. 156-A, § 1º, X CF). Em atenção ao princípio da transparência (art. 145, § 3º, CF) o inciso XIII do § 1º do art. 156-A prevê que o IBS, "sempre que possível, terá seu valor informado, de forma específica, no respectivo documento fiscal."

A tributação sobre o consumo, após o período de transição, será concentrada no IBS e na CBS – Contribuição sobre Bens e Serviços de competência da União. A fim de garantir uniformidade legislativa à tributação sobre o consumo, a lei que instituir o IBS e a CBS deverá ser a mesma, em razão do comando do parágrafo único do art.124 do ADCT.[415] A Constituição ainda prevê referência expressa ao regramento comum entre os tributos, estabelecendo que: "aplica-se à contribuição prevista no inciso V do *caput* o disposto no art. 156-A, § 1º, I a VI, VIII, X a XIII, § 3º, § 5º, I a VI, VIII e IX, e § 6º, 1 e 13" (art. 195, § 16, CF), bem como que ambos observarão regras comuns quanto a: I – fatos geradores, bases de cálculo, hipóteses de não incidência e sujeitos passivos; II – imunidades; III – regimes específicos, diferenciados ou favorecidos de tributação; IV – regras de não cumulatividade e de creditamento (art. 149-B, CF). A imunidade prevista no art. 195, § 7º, não se revela aplicável ao IBS e à CBS (art. 149-B, parágrafo único). O IBS poderá incidir sobre as operações relativas a energia elétrica e serviços de telecomunicações, bem como poderá incidir sobre operações relativas a derivados de petróleo, combustíveis e minerais do País.(art. 155, § 3º, CF).

1.3. O papel da lei complementar na estruturação do IBS

Os contornos do IBS serão dispostos via lei complementar com as seguintes observações: **quanto ao sujeito passivo**, a lei complementar poderá defini-lo como "a pessoa que concorrer para a realização, a execução ou o pagamento da operação, ainda que residente ou domiciliada no exterior" (art. 156-A, § 3º). Outrossim, a lei complementar terá relevante **papel conceitual**, na medida em que definirá o conceito de operações com serviços (art. 156-A, § 8º, CF) e os critérios de definição do destino da operação (Art. 156-A, § 5º, IV). Disporá ainda, dentre outros tópicos, sobre as regras atinentes a distribuição do produto da arrecadação (art. 156-A, § 5º, I), regime de compensação (art. 156-A, § 5º, II), "forma e prazo de ressarcimento de créditos acumulados pelo contribuinte" (art. 156-A, § 5º, III), formas de desoneração da aquisição de bens de capital pelos contribuintes (art. 156-A, § 5º, V), hipóteses de devolução do imposto a pessoas físicas, objetivando a redução de desigualdade de renda (art. 156-A, § 5º, VIII), regimes específicos de tributação (art. 156-A, § 6º).

1.4. Regimes diferenciados

As exceções à alíquota padrão do IBS serão dispostas via lei complementar, conforme exige o § 6º do art. 156-A da CF. Os setores que comportarão regimes específicos são os seguintes: **1) combustíveis e lubrificantes**, nos quais o IBS incidirá uma única vez. O setor terá ainda suas alíquotas estabelecidas pelo Senado Federal, nacionalmente uniformes, "específicas por unidade de medida e diferenciadas por produto", admitindo-se a não aplicação de alíquota especifica de cada ente; no que toca aos créditos, admitir-se-á a concessão de crédito na aquisição dos produtos pelo sujeito passivo do IBS, observando-se a não cumulatividade sendo

---

[415] ADCT. Art. 124, Parágrafo único. A contribuição prevista no art. 195, V, será instituída pela mesma lei complementar de que trata o art. 156-A, ambos da Constituição Federal."

vedada "a apropriação de créditos em relação às aquisições dos produtos de que trata este inciso destinados a distribuição, comercialização ou revenda" (art. 156-A, § 6º, I); **2) serviços financeiros, operações com bens imóveis, planos de assistência à saúde e concursos de prognósticos**, que poderão ter alíquotas, regras de creditamento, base de cálculo específicos para o setor, permitindo-se ainda a não aplicação da não cumulatividade; a lei complementar ainda poderá dispor sobre as hipóteses de incidência sobre a receita, o faturamento, ou o valor total agregado do sujeito passivo e alíquota nacionalmente uniforme (art. 156-A, § 6º, II); **3) sociedades cooperativas** – o regime diferenciado será optativo e terá como objetivo assegurar a sua competitividade, tendo por diretriz ainda a livre concorrência e a isonomia tributária; prevê-se inclusive a não incidência sobre as operações entre a sociedade cooperativa e seus associados (e vice-versa) e entre sociedades cooperativas quando objetivarem a consecução dos seus objetivos sociais; a LC ainda poderá dispor de regime de aproveitamento de crédito (art. 156-A, § 6º, III); **4) serviços de hotelaria, parques de diversão e parques temáticos, agências de viagens e de turismo, bares e restaurantes, atividade esportiva desenvolvida por Sociedade Anônima do Futebol – SAF e aviação regional** – poderão ter alíquotas, bases de cálculo e regras de creditamento específicos, e não observar a não cumulatividade (art. 156-A, § 6º, IV); **5) operações alcançadas por tratado ou convenção internacional, inclusive referentes a missões diplomáticas, repartições consulares, representações de organismos internacionais e respectivos funcionários acreditados** – a lei complementar poderá dispor sobre regime específico destas operações, sem a Constituição ter feito observações próprias (art. 156-A, § 6º, V); **6) serviços de transporte coletivo de passageiros rodoviário intermunicipal e interestadual, ferroviário e hidroviário** – que poderão ter alíquotas e regras de creditamento próprias e poderão não estar sujeitos a não cumulatividade (art. 156-A, § 6º, VII).

Os regimes diferenciados deverão ser uniformes em todo o território nacional (art. 9º da Emenda Constitucional nº 132/2023).

Lei complementar ainda "definirá as operações beneficiadas com redução de 60% (sessenta por cento) das alíquotas dos tributos de que trata o *caput* entre as relativas aos seguintes bens e serviços: I – serviços de educação; II – serviços de saúde; III – dispositivos médicos; IV – dispositivos de acessibilidade para pessoas com deficiência; V – medicamentos; VI – produtos de cuidados básicos à saúde menstrual; VII – serviços de transporte público coletivo de passageiros rodoviário e metroviário de caráter urbano, semiurbano e metropolitano; VIII – alimentos destinados ao consumo humano; IX – produtos de higiene pessoal e limpeza majoritariamente consumidos por famílias de baixa renda; X – produtos agropecuários, aquícolas, pesqueiros, florestais e extrativistas vegetais *in natura*; XI – insumos agropecuários e aquícolas; XII – produções artísticas, culturais, de eventos, jornalísticas e audiovisuais nacionais, atividades desportivas e comunicação institucional; XIII – bens e serviços relacionados a soberania e segurança nacional, segurança da informação e segurança cibernética" (art. 9ª da EC nº 132/2023). O percentual de 60% não poderá ser reduzido, conforme assegura o § 2º do art. 9º da EC nº 132/2023.

Além do benefício atinente a redução de 60%, lei complementar estabelecerá: **1)** as hipóteses de isenção quanto aos serviços de transporte público coletivo de passageiros rodoviário e metroviário de caráter urbano, semiurbano e metropolitano, bem como, **2)** as situações sujeitas a redução em 100% das alíquotas do IBS e da CBS para os bens relativos a: dispositivos médicos; dispositivos de acessibilidade para pessoas com deficiência, medicamentos; produtos de cuidados básicos à saúde menstrual; produtos hortícolas, frutas e ovos; "aquisição de medicamentos e dispositivos médicos pela administração direta, autarquias e fundações públicas da União, dos Estados, do Distrito Federal e dos Municípios, bem como pelas entidades de assistência social de que trata o art. 150, VI, "c", da Constituição Federal, utilizados em suas finalidades essenciais"(art. 9º, § 3º, II, "c", da EC nº 132/2023); "os serviços prestados por Instituição Científica, Tecnológica e de Inovação (ICT) sem fins lucrativos; (art. 9º, § 3º, II, "d", da EC nº 132/2023"); "automóveis de passageiros, conforme critérios e requisitos estabelecidos em lei complementar, quando adquiridos por pessoas com deficiência e pessoas com transtorno do espectro autista, diretamente ou por intermédio de seu representante legal ou por motoristas profissionais, nos termos de lei complementar, que destinem o automóvel à utilização na categoria de aluguel (táxi)" (art. 9º, § 3º, II, "e", da EC nº 132/2023); **3)** "redução em 100% (cem por cento) da alíquota da contribuição de que trata o art. 195, V, da Constituição Federal, para serviços de educação de ensino superior nos termos do Programa Universidade para Todos (Prouni), instituído pela Lei nº 11.096, de 13.01.2005" (art. 9º, § 3º, III, da EC nº 132/2023) **4)** "isenção ou redução em até 100% (cem por cento) das alíquotas dos tributos referidos no *caput* para atividades de reabilitação urbana de zonas históricas e de áreas críticas de recuperação e reconversão urbanística" (art. 9º, § 3º, IV, da EC nº 132/2023). O § 1º, VIII, do art. 225 da CF prevê ainda regime fiscal favorecido para "biocombustíveis e para o hidrogênio verde, na forma de lei complementar, a fim de assegurar-lhes tributação inferior à incidente sobre os combustíveis fósseis, capaz de garantir diferencial competitivo em relação a estes, especialmente em relação às contribuições de que tratam o art. 195, I, "b", IV e V, e o art. 239 e aos impostos a que se referem os arts. 155, II, e 156-A".

Deve-se atentar ainda que os regimes diferenciados de tributação deverão ser uniformes em todo território nacional e a fixação das alíquotas deverá levar em consideração o equilíbrio da arrecadação da esfera federativa, nos termos do art. 9º da Emenda Constitucional nº 132/2023.

1.5. *Regime único simplificado*

O art. 146 da CF passa a autorizar que o contribuinte escolha apurar e recolher o IBS e a CBS por meio do regime próprio, de forma separada do regime único simplificado (art. 146, § 2º, da CF). E caso o contribuinte opte pelo recolhimento do IBS e da CBS por meio do regime único: "I – não será permitida a apropriação de créditos dos tributos previstos nos arts. 156-A e 195, V, pelo contribuinte optante pelo regime único; e II – será permitida a apropriação de créditos dos tributos previstos nos arts. 156-A e 195, V, pelo adquirente não optante pelo regime único de que trata o § 1º de bens materiais ou imateriais, inclusive direitos, e de serviços do optante, em montante equivalente ao cobrado por meio do regime único" (art. 146, § 3º, da CF).

A operacionalização do creditamento e da segregação da apuração do IBS e da CBS do optante pelo regime único deverá ser disciplinada por lei complementar, conforme determina o art. 146, III, alínea "d", com redação dada pela EC nº 132/2023.

1.6. *Comitê gestor*

O Comitê Gestor do Imposto sobre Bens e Serviços é a entidade pública sob o regime especial, dotado de competência administrativa relativa ao IBS para: "I – editar regulamento único e uniformizar a interpretação e a aplicação da legislação do imposto; II – arrecadar o imposto, efetuar as compensações e distribuir o produto da arrecadação entre Estados, Distrito Federal e Municípios; III – decidir o contencioso administrativo" (art. 156-B da CF). A entidade será dotada de independência técnica, administrativa, orçamentária e financeira.

A participação no âmbito do Comitê Gestor observará a composição em dois blocos, quais sejam: a) 27 membros representando os Estados e o Distrito Federal e b) 27 membros representantes dos Municípios e do Distrito Federal, sendo: "14 representantes, com base nos votos de cada Município, com igual valor para todos;" e "13 (treze) representantes, com base nos votos de cada Município ponderados pelas respectivas populações" (art. 156-B, § 3º, inciso II, alíneas "a" e "b". Para fins de deliberação, obter-se-á a aprovação com o seguinte quórum: "I – em relação ao conjunto dos Estados e do Distrito Federal: a) da maioria absoluta de seus representantes; e b) de representantes dos Estados e do Distrito Federal que correspondam a mais de 50% (cinquenta por cento) da população do País; e I – em relação ao conjunto dos Municípios e do Distrito Federal, da maioria absoluta de seus representantes" (art. 156-B, § 4º, CF).

Novamente, a lei complementar destaca-se na estruturação do IBS. Caberá à lei complementar definir os contornos da atuação do Comitê Gestor do IBS disciplinando a representação, garantindo a alternância na presidência, estabelecendo a sua estrutura, seu financiamento, o exercício do controle externo, a fiscalização, lançamento, cobrança, e a representação administrativa ou judicial do IBS.

Ao Comitê Gestor, nos moldes postos pela CF, aliado à administração tributária da União, incumbirá a implementação de soluções visando a uniformidade entre o IBS e a CBS (art. 156-B, § 7º), inclusive, operacionalizando a sua integração do contencioso administrativo (art. 156-B, § 8º). Poderão compartilhar "informações fiscais relacionadas aos tributos previstos nos arts. 156-A e 195, V, e atuarão com vistas a harmonizar normas, interpretações, obrigações acessórias e procedimentos a eles relativos" (art. 156-B, § 6º). A presidência do Comitê será ocupada por detentor de notórios conhecimentos de administração tributária que "será nomeado após aprovada a indicação pela maioria absoluta do Senado Federal" (art. 156-B, § 5º). Garante-se que haja a alternância na presidência entre os conjuntos dos Estados/DF e Municípios/DF.

O controle externo será exercido por meio de órgão colegiado composto pelos tribunais de contas dos Estados e do Distrito Federal e dos tribunais e conselhos de contas dos Municípios (art. 156-B, § 2º, IV). O Comitê Gestor poderá revisar, anualmente, de acordo com critérios estabelecidos em lei complementar, o valor do crédito presumido concedido ao contribuinte adquirente de bens e serviços de produtor rural pessoa física ou jurídica que não opte por ser contribuinte, não se aplicando o disposto no art. 150, I, da Constituição Federal (art. 9º, § 5º, EC nº 132/2023).

O custeio da instalação do Comitê Gestor "será financiado por percentual do produto da arrecadação do imposto destinado a cada ente federativo" (art. 156-B, § 2º, III). Inicialmente, até sua operacionalização, o custeio será realizado pela União, com posterior ressarcimento, nos termos do art. 14 da EC nº 132/2023.

Serão instituídos pelos Estados, pelo Distrito Federal e pelos Municípios, Fundos de Combate à Pobreza que serão "geridos por entidades que contem com a participação da sociedade civil" (art. 82 do ADCT). O financiamento destes fundos poderá ocorrer com percentual do IBS e recursos distribuídos nos termos dos artigos 131 e 132 do ADCT, cujos limites deverão ser definidos em lei complementar, não se vinculando ao percentual definido no art. 158, IV, da Constituição Federal.

1.7. Desenvolvimento regional

A Constituição Federal, em seu artigo 3º estabelece como um de seus objetivos fundamentais: "reduzir as desigualdades sociais e regionais". A reforma tributária, consolidada na Emenda Constitucional nº 132/2023 atenta a tal diretriz, estabelece que deverão ser criados fundos específicos destinados a favorecer determinadas áreas, dentre elas, o Estado do Amazonas, a Amazônia Ocidental e o Estado do Amapá.

Quando da instituição do IBS e da CBS deverá a lei complementar estabelecer mecanismos para garantir a manutenção do diferencial competitivo à Zona Franca de Manaus (art. 92-B do ADCT). Para tanto, "serão utilizados, isolada ou cumulativamente, instrumentos fiscais, econômicos ou financeiros."

Dentre os Fundos criados com a Emenda Constitucional nº 132/2023, tem-se: 1) Fundo de Sustentabilidade e Diversificação Econômica do Estado do Amazonas; 2) Fundo de Desenvolvimento Sustentável dos Estados da Amazônia Ocidental e do Amapá (art. 92-B, § 6º, do ADCT). Ambos serão geridos pela União e constituídos com recursos desta, e contarão com a participação dos estados que lhe conferem o nome, tendo por fim "fomentar o desenvolvimento e a diversificação de suas atividades econômicas"; e 3) Fundo de Compensação de Benefícios Fiscais ou Financeiro-Fiscais do ICMS (art. 12 EC nº 132/2023).

1.8. *Regime de transição*

A transição, no que toca ao IBS e à CBS, encontra-se regulada entre os artigos 124 e 133 do ADCT, com redação dada pela Emenda Constitucional nº 132/2023. As disposições fixam alíquotas de calibragem que testarão o potencial arrecadatório dos novos tributos, para isso estabeleceu o constituinte derivado um escalonamento que observará a seguinte proporção:

1. Em 2026, o IBS será cobrado à alíquota estadual de 0,1% (um décimo por cento) e a CBS à alíquota de 0,9% (nove décimos por cento). Neste primeiro ano, a arrecadação será compensada com os valores devidos a título das contribuições previstas no art. 195, I, "b" e IV e do PIS (art. 239) ou, subsidiariamente, poderá o sujeito passivo compensá-lo com qualquer outro tributo federal ou pleitear o ressarcimento em até 60 dias. A arrecadação será destinada integral e sucessivamente para: "I – o financiamento do Comitê Gestor, nos termos do art. 156-B, § 2º, III, da Constituição Federal; II – compor o Fundo de Compensação de Benefícios Fiscais ou Financeiro Fiscais do imposto de que trata o art. 155, II, da Constituição Federal" (art. 125, § 3º, ADCT). Poderá o sujeito passivo que cumprir as obrigações acessórias atinentes ao IBS e à CBS ser dispensado do seu recolhimento, cujos contornos serão definidos via lei complementar.

2. A partir de 2027, a CBS será cobrada já na alíquota própria, e entre 2027 e 2028 observará a redução de 0,1% (um décimo por cento) (art. 127, parágrafo único); o IBS será cobrado à alíquota estadual de 0,05% (cinco centésimos por cento) e à alíquota municipal de 0,05% (cinco centésimos por cento).

3. Entre 2029 e 2032, o ICMS e o ISS serão cobrados nas seguintes proporções sobre as alíquotas fixadas em cada legislação: 1. Em 2029 – 9/10; 2. Em 2030 – 8/10; 3. Em 2031 – 7/10; e 4. Em 2032 – 6/10. A redução inclui os benefícios ou os incentivos fiscais ou financeiros relativos ao ICMS e ao ISS e não será aplicável o § 2º-A do art. 3º da LC nº 160/2017. Os benefícios ou incentivos fiscais ou financeiros já reduzidos por força da redução das alíquotas ficarão mantidos até 31.12.2032. [416] Em 2030, "a alíquota de referência da contribuição a que se refere o art. 195, V, da Constituição Federal será reduzida em 2030 caso a média da Receita-Base da União em 2027 e 2028 exceda o Teto de Referência da União" (art. 130, § 4º, ADCT).

4. Em 2033 ter-se-á a extinção dos ICMS e do ISS.

---

[416] Art. 128 do ADCT, § 3º – Ficam mantidos em sua integralidade, até 31 de dezembro de 2032, os percentuais utilizados para calcular os benefícios ou incentivos fiscais ou financeiros já reduzidos por força da redução das alíquotas, em decorrência do disposto no *caput*.

5. Em 2035, poderá ocorrer a redução das alíquotas de referência da CBS e do IBS caso a Receita Base Total[417] entre 2029 e 2033 exceda o Teto de Referência Total[418].

Tendo em vista que o ICMS será extinto em 2033, o ADCT, em seu artigo 134, prevê regras de transição referentes aos créditos porventura não compensados até o final de 2032. As regras transitórias não serão aplicáveis "aos saldos credores cujo aproveitamento ou ressarcimento sejam admitidos pela legislação em vigor em 31 de dezembro de 2032 e que tenham sido homologados pelos respectivos entes federativos, observadas as seguintes diretrizes: I – apresentado o pedido de homologação, o ente federativo deverá se pronunciar no prazo estabelecido na lei complementar a que se refere no *caput*; I – na ausência de resposta ao pedido de homologação no prazo a que se refere o inciso I, os respectivos saldos credores serão considerados homologados" (art. 134, § 1º, ADCT). Estas previsões são aplicáveis aos créditos reconhecidos após o dia 31.12.2032 (art. 134, § 2º, ADCT). "§ 3º O saldo dos créditos homologados será informado pelos Estados e pelo Distrito Federal ao Comitê Gestor do Imposto sobre Bens e Serviços para que seja compensado com o imposto de que trata o art. 156-A da Constituição Federal: I – pelo prazo remanescente, apurado nos termos do art. 20, § 5º, da Lei Complementar nº 87, de 13.09.1996, para os créditos relativos à entrada de mercadorias destinadas ao ativo permanente; II – em 240 (duzentos e quarenta) parcelas mensais, iguais e sucessivas, nos demais casos"(art. 134, § 3º).

A atualização monetária dos créditos será efetuada apensa a partir de 2033, pelo IPCA – Índice Nacional de Preços ao Consumidor Amplo ou seu substituto.

As demais disposições específicas deverão ser veiculadas por lei complementar que disciplinará: "I – as regras gerais de implementação do parcelamento previsto no § 3º; II – a forma pela qual os titulares dos créditos de que trata este artigo poderão transferi-los a terceiros; III – a forma pela qual o crédito de que trata este artigo poderá ser ressarcido ao contribuinte pelo Comitê Gestor do Imposto sobre Bens e Serviços, caso não seja possível compensar o valor da parcela nos termos do § 3º" (§ 6º do art. 134 do ADCT). A lei complementar ainda definirá a forma de utilização de créditos referente ao IPI e à CBS (art. 135 do ADCT).

Do ponto de vista transitório, registra-se ainda que a Emenda Constitucional estabelece que o Poder Executivo deve encaminhar ao Congresso Nacional os projetos de lei destinados a conferir operacionalidade, nos termos do art. 18 da Emenda Constitucional nº 132/2023: (i) em até 90 dias, projeto de lei que se destine a reforma sobre a tributação da renda (com as estimativas e estudos de impactos orçamentários e financeiros) e projeto de lei que se destine a reforma da tributação da folha de salários; (ii) em até 180 dias, os demais projetos referidos na Emenda.

Por fim, a Emenda Constitucional nº 132/2023, em seu artigo 8º cria a Cesta Básica Nacional de Alimentos, a fim de garantir alimentação saudável e nutricionalmente adequada, considerando a diversidade regional e cultural brasileira e atendendo ao direito social garantido pela Constituição Federal em seu artigo 6º. Os produtos que comporão a Cesta serão definidos via lei complementar.

---

[417] Conforme conceito previsto no art. 130, § 3º, III do ADCT: "Receita Base da União: a receita da União com a contribuição prevista no art. 195, V, e com o imposto previsto no art. 153, VIII, ambos da Constituição Federal, apurada como proporção do PIB".

[418] Conforme conceito previsto no art. 130, § 3º, III do ADCT: "Teto de Referência Total: a média da receita no período de 2012 a 2021, apurada como proporção do PIB, dos impostos previstos nos arts. 153, IV, 155, II e 156, III, das contribuições previstas no art. 195, I,"b" e IV, da contribuição para o Programa de Integração Social de que trata o art. 239 e do imposto previsto no art. 153, V, sobre operações de seguro, todos da Constituição Federal".

Do ponto de vista financeiro, destaca-se que o artigo 167, em seu parágrafo 4º, excepciona o *IBS* da vedação de vinculação de receita de impostos (CF, art. 167, IV), permitindo a sua vinculação para a prestação de garantia ou contragarantia à União e para pagamento de débitos para com a mesma. Acerca da destinação do produto da arrecadação, entre 2029 e 2077 o produto da arrecadação do IBS observará regra de distribuição diferenciada, prevista no art. 131 do ADCT.

1.9. *Competência*

A competência para processar e julgar os conflitos entre os entes federativos ou entre estes e o Comitê Gestor relacionados ao IBS e à CBS será do Superior Tribunal de Justiça, conforme alínea "j", incluída pela EC nº 132/2023 ao inciso I do art. 105 da CF.

BIBLIOGRAFIA

ABRAHAM, Marcus. *Curso de direito financeiro brasileiro*. 2. ed. Rio de Janeiro: Elsevier, 2013.

ABRAHAM, Marcus. *Lei de responsabilidade fiscal comentada*. Rio de Janeiro: Forense, 2016.

ABRÃO, Carlos Henrique. Imposto sobre doação de bens. *Revista Dialética de Direito Tributário*, São Paulo, n. 69, p. 43/46, jun./2001.

ABRÃO, Carlos Henrique. *et al. Lei de execução fiscal*. São Paulo: RT, 1997.

ALBANO, Amanda. *Os efeitos da tributação na ordem econômica*: uma análise concorrencial. 2017. Trabalho de Conclusão de Curso (Bacharelado em Direito) – Pontifícia Universidade Católica do Rio de Janeiro, Rio de Janeiro, 2017. Disponível em: https://www.maxwell.vrac.puc-rio.br/34262/34262.PDF. Acesso em: 10 jan. 2020.

ALBANO, Amanda. *Tributação, concorrência e crime*: potencial distorção tributária à luz das perspectivas concorrenciais e penais. Rio de Janeiro: Lumen Juris, 2023.

ALVARENGA, Ricardo. O IPVA na propriedade de aeronaves. *RDDT*, n. 29, p. 65-70, fev./1998.

ALVES, Benedito; GOMES, Sebastião Edilson. *Direito financeiro esquematizado*. Rio de Janeiro: Lumen Juris, 2012.

ALVIM, Arruda. *Mandado de segurança no direito tributário*. São Paulo: RT, 1998.

AMARO, Luciano. *Direito tributário brasileiro*. São Paulo: Saraiva, 1977.

AMARO, Luciano. *Direito tributário brasileiro*. São Paulo: Saraiva, 1997.

AMARO, Luciano. *Direito tributário brasileiro*. 2. ed. São Paulo: Saraiva, 1998.

AMARO, Luciano. *Direito tributário brasileiro*. 14. ed. São Paulo: Saraiva, 2008.

ARAGÃO, Alexandre Santos de. *Curso de direito administrativo*. 2. ed. São Paulo: Forense, 2013.

ARDANT, Gabriel. *Histoire de l'impôt*. Paris: Fayard, I.

ASCENSÃO, Oliveira. *O direito*: introdução e teoria geral. Rio de Janeiro: Renovar, 1994.

ATALIBA, Geraldo. *Hipótese de incidência tributária*. São Paulo: RT, 1963.

ATALIBA, Geraldo. *Hipótese de incidência tributária*. São Paulo: RT, 1973.

ATALIBA, Geraldo. *Interpretação no direito tributário*. São Paulo: Saraiva, 1975.

ATALIBA, Geraldo. *Natureza jurídica da contribuição de melhoria*. São Paulo: RT, 1964.

ATALIBA, Geraldo; GIARDINO, Cleber. Núcleo da definição constitucional do ICM. *RDT.*

ATALIBA, Geraldo; GIARDINO, Cleber. Núcleo da definição constitucional do ICM. *RDT,* vol. 25-26, p. 112.

BALEEIRO, Aliomar. *Direito tributário brasileiro.* 8. ed. Rio de Janeiro: Forense.

BALEEIRO, Aliomar. *Direito tributário brasileiro.* 10. ed. Rio de Janeiro: Forense, 1986.

BALEEIRO, Aliomar. *Direito tributário brasileiro.* 11. ed. Rio de Janeiro: Forense, 2003.

BALEEIRO, Aliomar. *Direito Tributário Brasileiro.* 13. ed. atual. por Misabel Abreu Machado Derzi. Rio de Janeiro: Forense, 2015.

BALEEIRO, Aliomar. *Limitações constitucionais ao poder de tributar.* 4. ed. Rio de Janeiro: Forense, 1974.

BALEEIRO, Aliomar. *Limitações constitucionais ao poder de tributar.* 7. ed. Rio de Janeiro/ São Paulo: Forense.

BALEEIRO, Aliomar. *Uma introdução à ciência das finanças.* 14. ed. Rio de Janeiro: Forense, 1984.

BALEEIRO, Aliomar. *Uma introdução à ciência das finanças.* 19. ed. atual. por Misabel Abreu Machado Derzi. Rio de Janeiro: Forense, 2015.

BARBOSA, Ruy. Oração aos moços. *Ruy Barbosa: escritos e discursos seletivos.* s.l.: José Aguillar, 1960.

BARRAT, Welber; PRAZERES, Tatiana Lacerda. Isenção de tributos estaduais por tratados internacionais. *Revista Dialética de Direito Tributário,* São Paulo, n. 70, p. 140-149, jul./2001.

BARREIRINHAS, Robinson Sakyama. *Manual de direito tributário.* 2. ed. São Paulo: Método, 2009.

BARRETO, Aires. ISS – Conflitos de competência. Tributação de serviços e as decisões do STJ. *Revista Dialética de Direito Tributário,* São Paulo, n. 60, p. 7, julho de 2000.

BARRETO, Aires. ISS – Não incidência sobre franquia. *Rev. Direito Tributário,* n. 64, p. 216/221.

BARRETO, Aires; MARTINS, Ives Gandra da Silva (coord.). *Curso de direito tributário.* 7. ed. São Paulo: Saraiva, 2000.

BARROSO, Luís Roberto. *Temas de Direito Constitucional* – tomo II. 2. ed. Rio de Janeiro: Renovar, 2009.

BARROS FILHO, Theotônio de. *Curso de direito financeiro.* Rio de Janeiro: IBDF, n. 6, 1958.

BASTOS, Celso. *Curso de direito financeiro e de direito tributário.* São Paulo: Saraiva, 1991.

BASTOS, Celso; MARTINS, Ives Grandra da Silva. *Comentários à Constituição do Brasil* - v. 6, tomo II. São Paulo: Saraiva.

BASTOS, Celso Ribeiro; MARTINS, Ives Granda da Silva (org.). *Comentários ao código tributário nacional* – vol. 2. São Paulo: Saraiva, 1998.

BASTOS, Paulo Nelson Lemos. ICMS – importação de bens para uso próprio e a emenda constitucional nº 33/2001. *Revista Dialética de Direito Tributário,* v. 86, p. 108, nov./2002.

BECKER, Alfredo Augusto. *Teoria geral do direito tributário.* São Paulo: Saraiva, 1963.

BERLIRI, Antônio. *Principi di diritto tributario.* Milão: Giuffré, 1952.

BEVILACQUA, Clóvis. *Código civil anotado* – vol. 2. Rio de Janeiro: Ed. Rio.

BEVILACQUA, Clóvis. *Código civil comentado* – vol. 1, l. Rio de Janeiro: Ed. Rio, 1977.

BOBBIO, Noberto. *Teoria do ordenamento jurídico*. Tradução de Ari Marcelo Solon. São Paulo: EDIPRO, 2011.

BORBA, Tavares. *Direito societário*. 11. ed. Rio de Janeiro: Renovar, 2008.

BORGES, Arnaldo. *O sujeito passivo na obrigação tributária*. São Paulo: RT, 1981.

BORGES, José Souto Maior. *Isenções tributárias*. São Paulo: Atlas, 1969.

BORGES, José Souto Maior. *Isenções tributárias*. 2. ed. São Paulo: Sugestões Literárias.

BORGES, José Souto Maior. *Lançamento tributário*. 2. ed. São Paulo: Malheiros.

BORGES, José Souto Maior. *Questões tributárias*. São Paulo: Resenha Tributária, 1975.

BOUCHER, Hércules. *Estudo da mais-valia no direito tributário brasileiro*. Rio de Janeiro: Freitas Bastos, 1964, t. 1.

BRITO, Edvaldo. Problemas jurídicos atuais do ICMS. *In*: (coord. /org.). *O ICMS, a LC 87/96 e questões jurídicas atuais*. São Paulo: Dialética, 1997.

BRYCE, James. *Constituicones flexibles y constituciones rígidas*. Madri: Uns. de Estudios Políticos, 1952.

BUJANDA, Sainz de. *Hacienda y derecho*. Madri: IEP, 1962.

CALMON, Eliana.; PASSOS, Vladimir (coord.). *Código tributário nacional comentado*. São Paulo: RT, 1999.

CAMPINHO, Amaury. *Manual de falência e concordata* - doutrina e legislação. 8. ed. Rio de Janeiro: Lumen Juris, 2002

CAMPINHO, Sérgio. *Falência e recuperação de empresa*. 6. ed. Rio de Janeiro: Renovar, 2012.

CAMPINHO, Sérgio. *O direito de empresa à luz do novo Código Civil*. Rio de Janeiro: Renovar, 2002.

CAMPOS, Dejalma de. *Direito financeiro e orçamentário*. São Paulo: Atlas, 1995.

CANTO, Gilberto Ulhôa. Legislação tributária, sua vigência, sua eficácia, sua aplicação, interpretação e integração, *Revista Forense*, 267/25.

CARDOSO, José Manuel M. *Curso de direito fiscal*. Coimbra: Livraria Almedina, 1972.

CARRAZA, Roque Antônio. *Curso de direito constitucional tributário*, 8. ed. São Paulo: Malheiros, 1996.

CARRAZA, Roque Antônio. *Curso de direito constitucional tributário*. 16. ed. São Paulo: Malheiros, 2001.

CARVALHO, Paulo de Barros. *Teoria da norma tributária*. São Paulo: Lael, 1974.

CARVALHO, Paulo de Barros. *Curso de direito tributário*. São Paulo: Saraiva, 1985.

CARVALHO, Paulo de Barros. *Curso de direito tributário*. São Paulo: Saraiva, 1991.

CARVALHO, Paulo de Barros. *Curso de direito tributário*. 4. ed. São Paulo: Saraiva.

CARVALHO, Paulo de Barros. *Curso de Direito Tributário*. 10. ed. São Paulo: Saraiva, 2007.

CARVALHO, Paulo de Barros. *Curso de direito tributário.* 17. ed. São Paulo: Saraiva, 2005.

CASSONI, Vittorio. *Direito tributário.* 16. ed. São Paulo: Atlas, 2004.

COELHO, Fábio Ulhoa. *Manual de direito comercial.* São Paulo: Saraiva, 1988.

COÊLHO, Sacha Calmon Navarro. As contribuições para a seguridade e os tratados internacionais. *Revista Dialética de Direito Tributário,* São Paulo, n. 26, p. 73, 1997.

COÊLHO, Sacha Calmon Navarro. *Comentários à constituição de 1988:* sistema tributário. Rio de Janeiro: Forense, 1990.

COÊLHO, Sacha Calmon Navarro. *Curso de direito tributário brasileiro.* Rio de Janeiro: Forense, 2004.

COÊLHO, Sacha Calmon Navarro. *Curso de direito tributário brasileiro.* 7. ed. Rio de Janeiro: Forense, 2004.

COÊLHO, Sacha Calmon Navarro. *Curso de direito tributário brasileiro.* 10. ed. Rio de Janeiro: Forense, 2009.

COÊLHO, Sacha Calmon Navarro. *Infrações tributárias e suas sanções.* São Paulo: Resenha Tributária, 1982.

COOLEY, *A treatise on the law of taxation.* 2. ed. Chicago, 1896.

CORDEIRO, Eros Belin de Moura; FONTANELA, Noemia Paula de. Dignidade jurídica dos contratos de gaveta: em busca da concretização do acesso à moradia. *In:* TEPEDINO, Gustavo; FACHIN, Luiz Edson (orgs.). *Diálogos sobre direito civil* – vol. II. Rio de Janeiro: Renovar, 2008.

CORREIA, Andréa Veloso. Imposto sobre serviços de qualquer natureza (ISSQN) – Lista de serviços. *Curso de direito tributário brasileiro* - vol. 2. São Paulo: Quartier Latin, 2005.

COSTA, Alcides Jorge. ICMS – Imunidade – Direito ao Crédito – Insumos. *RET,* n. 13, p. 28.

COSTA, Alcides Jorge. *ICM na constituição e na lei complementar.* São Paulo: Resenha Tributária.

COSTA, Alcides Jorge. Natureza jurídica dos empréstimos compulsórios. *Revista de Direito Administrativo* - FGV, Rio de Janeiro, v. 70, p.1.

COSTA, Célio Silva. Teoria e prática do direito tributário. Rio de Janeiro: Ed. Rio, 1976.

COSTA, R. Valdes. *Curso de derecho tributario.* Montevidéu, t. I.

COSTA, José Manuel M. Cardoso da. *Curso de direito fiscal.* Coimbra: Livraria Almedina, 1972.

CRETELLA JR, J. *Comentários à Constituição de 1988.* Rio de Janeiro: Forense, 1991.

DALTON, Hugh. *Princípios de finanças públicas.* 2. ed. Rio de Janeiro: FGV, 1970.

DALTON, Hugh. *Le droit public de l'empire allemand.* Paris: Giard et Brière, 1904.

DANTAS, San Tiago. *Problemas de direito positivo.* Rio de Janeiro: Forense, 1953.

DI PIETRO, Maria Sylvia Zanella. *Direito administrativo.* 28. ed. São Paulo: Atlas, 2015.

DERZI, Misabel de Abreu Machado. Da unidade do injusto no direito penal tributário. *Revista de Direito Público,* 63/221.

DERZI, Misabel de Abreu Machado. *Direito Tributário Brasileiro*. 13. ed. Rio de Janeiro: Forense, 2015.

DERZI, Misabel de Abreu Machado. Repartição das receitas tributárias – finanças públicas – normas gerais e orçamentos. *Rev. Fac. Direito UFMG*, Belo Horizonte, v. 33, p. 351-402, 1991.

DERZI, Misabel de Abreu Machado; COÊLHO, Sacha Calmon Navarro. A fiança: o imposto sobre prestação de serviços de qualquer natureza, o imposto sobre operações de crédito e as contribuições sociais. *Revista Dialética de Direito Tributário*, n. 41, p. 116, 1999.

DEODATO, Alberto. *Manual de ciências das finanças*. São Paulo: Saraiva, 1974.

DENARI, Zelmo. *Curso de direito tributário*. Rio de Janeiro: Forense, 1990.

DESLANDES, Rosenice; CARVALHO, Alexandre Barros. *Tributos x medidas provisórias no direito brasileiro*. São Paulo: Cartago & Forte Editoras, 1992.

DIREITO, Carlos Alberto Menezes. *Manual do mandado de segurança*. 2. ed. Rio de Janeiro: Renovar, 1994.

DÓRIA, A. R. Sampaio. *Da lei tributária no tempo*. São Paulo: Obelisco, 1968.

DÓRIA, A. R. Sampaio. *Direito constitucional tributário e due process of law*. Rio de Janeiro: Forense, 1986.

DÓRIA, A. R. Sampaio. *Elisão e evasão fiscal*. 2. ed. São Paulo: José Bushatsky, 1977.

DUGUIT, Léon. *Le droit public de l'empire allemande*. Paris: Giard et Brière, 1904.

DUVERGER, Maurice. *Finances publiques*. Paris: PUF, 1971.

DUVERGER, Maurice. *Institutions financières*. Paris, 1960.

DUVERGER, Maurice. *Institutions financières*, 3. ed. Paris: PUF.

EINAUDI, Luigi. Princípios de hacienda pública, Madrid: Aguillar.

FALCÃO, Amílcar de Araújo. *Fato gerador da obrigação tributária*. São Paulo: Revista dos Tribunais, 1974.

FALCÃO, Amílcar. *Introdução ao direito tributário*. Rio de Janeiro: Ed. Rio, 1976.

FALCÃO, Amílcar de Araújo. *Sistema tributário brasileiro*. Rio de Janeiro: Financeiras, 1965.

FALCÃO, Amílcar de Araújo. *Sistema tributário brasileiro*. Rio de Janeiro: Forense.

FANCHIN, Reginaldo. O que é lei especial? *Gazeta do Povo*, Curitiba, ago./2015. Disponível em: https://www.gazetadopovo.com.br/vida-publica/justica-e-direito/o-que-e-lei--especial-0jyuqgu6wmh09gpnj8bkpx80k/. Acesso em: 28 dez. 2023.

FANUCCHI, Fábio. *Curso de direito tributário brasileiro*. São Paulo: Revista dos Tribunais, 1974.

FANUCCHI, Fábio. *Curso de direito tributário brasileiro*. 2. ed. São Paulo: Resenha Tributária, 1974, I n. 45.

FERNANDES, Edison Carlos. Tratamento do imposto sobre exportação nas normas tributárias do Mercosul. *Revista Dialética de Direito Tributário*, n. 70, p. 34/41, julho 2001.

FIGUEIREDO, Leonardo Vizeu. *Lições de direito econômico*. 9. ed. Rio de Janeiro: Forense, 2016.

FLAKS, Milton. *Comentários à lei de execução fiscal*. Rio de Janeiro: Forense, 1981.

FLEINER, Fritz. *Les principes généraux du droit admnistratif allemand.* Paris: Lid. Delgrave, 1933.

FLORA, Frederico. *Le finanze degli stati composti.* Turim: F. Bocca.

FONROUGE, Giuliani. *Conceitos de direito tributário.* São Paulo: Ed. Lais, 1973.

FONROUGE, Giuliano, Direito financeiro: uma nova disciplina jurídica. *Rev. Forense,* 88/381.

FONROUGE, Giuliani. Obrigação tributária. *Revista de Direito Público.* Rio de Janeiro, n. 15, p. 348.

FREUND, Ernst. *Police power.* Chicago, 1904.

GAIO, Daniel. *A interpretação do direito de propriedade em face da proteção constituciional do meio ambiente urbano.* Rio de Janeiro: Renovar, 2015.

GANGEMI, Leilo. *Elementi di scienza delle finanze.* Napoli: Liguori, 1948, I.

GARCIA, Luiz Martins. *Exportar.* 3. ed. São Paulo: Aduaneiras.

GASPAR, Walter. *ICMS comentado.* 6. ed. Rio de Janeiro: Lumen Juris.

GENY, François. O particularismo do direito fiscal. *Rev. de Direito Administrativo,* Rio de Janeiro, FGV, v. 20, p. 6, s. D.

GIANNINI, Achille Donato. *Elementi di diritto finanziario,* Milão: Giuffré.

GIANNINI, Achille Donato. *Il rapporto giuridico d'imposta,* Milano: Giuffré, 1937.

GIANNINI, Achille Donato. *I concetti fondamentali del diritto tributario.* Itália: Turim, 1956.

GODOI, Marciano Seabra de. A figura da "fraude à lei tributária" prevista no art. 116, parágrafo único, do CTN. *Revista Dialética de Direito Tributário,* n. 68, p. 101/123, maio/2001.

GOMES, Marcus Lívio. (coord.) *Curso de direito tributário brasileiro* – vol. 2. São Paulo: Quartier Latin, 2005.

GRIZIOTTI, Benvenuto. *Principios de politica, derecho y ciencia de la hacienda,* 1935.

GRIZIOTTI, Benvenuto. *Principios de ciencia de las finanzas.* Buenos Aires: Depalma, 1959.

HARADA, Kiyoshi. *Direito financeiro e tributário.* 9. ed. São Paulo: Atlas.

HARADA, Kyoshi. *Direito financeiro e tributário.* 14. ed. São Paulo: Atlas, 2005.

HARADA, Kyoshi. *Direito financeiro e tributário.* 24. ed. São Paulo: Atlas, 2014.

HOLANDA, Aurélio Buarque de. *Novo Dicionário Aurélio da Língua Portuguesa,* 2. ed. 36ª imp. Rio de Janeiro: Nova Fronteira, 1986.

JARACH, Dino. Relação jurídica tributária. *Revista de Direito Público,* Rio de Janeiro, n. 15, p. 342.

JÈZE, Gaston. *Cours de science des finances et de législation financière française.* Paris: Giard, 1922.

JÈZE, Gaston. *Cours de science des finances et de législation financière française.* Paris: Giard, 1929.

JÈZE, Gaston. *Cours de finances publiques.* Paris: Lib. Gen. Droit & Jurisprudencia, 1937.

LABAN, Paul. *Le droit public de l'empire allemand.* Paris: Giard et Brière, 1904, t. VI.

LAFERRIÈRE, *Traité élémentaire de science des finances et de législation financière*. Paris: Lib. Genérale de Droit et Jurisprudence, 1952.

LAUFENBUGER, H. *Précis d'économie et de législation financière*. Paris, 1945, t. 2.

LEÃES, L. G. Paes de Barros. *Obrigação tributária*. São Paulo: José Bushatsky Editor, 1971.

LOPES, Mauro Luís Rocha. *Direito tributário brasileiro*. 2. ed. Niterói: Impetus, 2010.

LOPES, Mauro Luís Rocha. *Execução fiscal e ações tributárias*. Rio de Janeiro: Lumen Juris, 2002.

MACHADO, Celso Cordeiro. Garantias, preferências e privilégios do crédito tributário. *Tratado de direito tributário brasileiro*. Rio de Janeiro: Forense, 1984.

MACHADO Hugo de Brito. *Aspectos da coisa julgada em questões tributárias, constante de temas de direito tributário - II*. São Paulo: RT, 1994.

MACHADO, Hugo de Brito. *Curso de direito tributário*. 8. ed. São Paulo: Malheiros, 1993.

MACHADO, Hugo de Brito. *Curso de direito tributário*. 20. ed. São Paulo: Malheiros, 2002.

MACHADO, Hugo de Brito. *Comentários ao código tributário nacional - vol. I*. 2. ed. São Paulo: Atlas, 2007.

MACHADO, Hugo de Brito. *Comentários ao código tributário nacional – vol. III*. 2. ed. São Paulo: Atlas, 2009.

MACHADO, Hugo de Brito. *Direito tributário brasileiro*. São Paulo: Saraiva, 1977.

MACHADO, Hugo de Brito. Tratados e convenções internacionais em matéria tributária. *RDDT* 93, jun./2003.

MACHADO, Hugo de Brito. O IPI e a importação de produtos industrializados. *Revista Dialética de Direito* Tributário, 69/77-85.

MACHADO SEGUNDO, Hugo de Brito. *Código tributário nacional*. 4. ed. São Paulo: Atlas, 2014.

MACHADO SEGUNDO, Hugo de Brito. *Código tributário nacional interpretado*. 4. ed. São Paulo: Atlas, 2014.

MACHADO SEGUNDO, Hugo de Brito. *Manual de direito* tributário. 9. ed. São Paulo: Atlas, 2017.

MADEIRA, Anderson Soares. *Manual de direito tributário*. Rio de Janeiro: Lumen Juris, 2016.

MARQUES, Claudia Lima. *Contratos no código de defesa do consumidor*: o novo regime das relações contratuais. 4 ed. São Paulo: Revista dos Tribunais, 2002.

MARTINS, Cláudio. *Introdução ao estudo das finanças públicas*. Fortaleza: IUC, 1970.

MARTINS, Ives Gandra. *Impostos*: comentários ao CTN. São Paulo: Revista dos Tribunais, 1979.

MARTINS, Ives Gandra da Silva. Imposto de Renda e o art. 43 do CTN. *Revista Dialética de Direito Tributário*, n. 68, p. 77-79, maio/2001

MARTINS, Ives Gandra. *Sistema tributário na constituição de 1988*. São Paulo: Saraiva, 1988.

MARTINS, Ives Gandra. *Sistema tributário na constituição de 1988*. São Paulo: Saraiva, 1989.

MARTINS, Marcelo Guerra. *Impostos e contribuições federais*. Rio de Janeiro: Renovar, 2004.

MATTOS, Aroldo Gomes de. *ICMS* – Comentários à LC 87/1996. São Paulo: Dialética, 1997.

MAXIMILIANO, Carlos. *Hermenêutica e aplicação do direito*. 9. ed. Rio de Janeiro: Forense, 1984.

MEIRELLES, Rose Melo Venceslau. O negócio jurídico e suas modalidades. *In*: TEPEDINO, Gustavo (coord.). *O código civil na perpesctiva civil-constitucional* – parte geral. Rio de Janeiro: Renovar, 2013.

MEIRELLES, Hely Lopes. *Direito administrativo brasileiro*. 14. ed. São Paulo: RT.

MEIRELES, Hely Lopes. *Direito municipal brasileiro*. São Paulo: Revista dos Tribunais.

MEIRELLES, Hely Lopes, *Mandado de segurança, ação popular, ação civil pública, mandado de injunção, habeas data*. 12. ed. São Paulo: RT, 1989.

MELLO, Celso de Albuquerque. *Curso de direito internacional público*. 10. ed. Rio de Janeiro: Renovar.

MELLO, Elisabete Rosa de. *Direito fundamental a uma tributação justa*. São Paulo: Atlas, 2013.

MELLO, Bandeira de. Ilícito tributário (notas frias). *RDT*, 62/26.

MELLO, Soares. *Aspectos teóricos e práticos do ISS*. São Paulo: Dialética, 2000.

MELLO, Soares. *ICMS* - teoria e prática. São Paulo: Dialética, 1996.

MÉRIGOT, Elementos de uma teoria da parafiscalidade, *Revista de Direito Administrativo*, Rio de Janeiro, v. 33, p. 54.

MÉRIGOT, Elementos de uma teoria da parafiscalidade, *Revista de Direito Administrativo*, Rio de Janeiro, v. 34, p. 49.

MIRANDA, Francisco Cavalcanti Pontes de. *Comentários à constituição de 1967 com a emenda nº 1, de 1969*. Rio de Janeiro: Forense, 1987, t. I.

MIRANDA, Francisco Cavalcanti Pontes de. *Comentários à constituição de 1967 com a emenda nº 1 de 1969*. São Paulo: RT, 1970, t. II.

MIRANDA, Francisco Cavalcanti Pontes de. *Comentários à constituição de 1967 com a emenda nº 1, de 1969*. 2. ed. São Paulo: Revista dos Tribunais, t. III.

MONTEIRO, Washington de Barros. *Curso de direito civil*: direito das sucessões. 14. ed. São Paulo: Saraiva, 1977.

MORAES, Bernardo Ribeiro. *Compêndio de direito tributário*. Rio de Janeiro: Forense, 1984.

MORAES, Bernardo Ribeiro. *Compêndio de direito tributário*. Rio de Janeiro: Forense, 1994, v. 1.

MORAES, Bernardo Ribeiro de. *Compêndio de direito tributário*. 2. ed. Rio de Janeiro: Forense, 1994, v. 1.

MORAES, Bernardo Ribeiro de. *Compêndio de direito tributário*. 2. ed. Rio de Janeiro: Forense, v. 2.

MOREIRA, Alves. Conferência inaugural. *In*: SIMPÓSIO NACIONAL DE DIREITO TRIBUTÁRIO, 10, 1985, São Paulo. São Paulo: Centro de Estudos de Extensão Inaugural, *IOB*, 12/1985, p. 1.540-1.543.

MORSELLI, E. *Compendio di scienza delle finanze*. Padova: Milani.

MORSELLI, E. *Le finanze degli enti publici non territoriali*. Padova: Cedam, 1943.

NASCIMENTO, A. Theodoro. *Preços, taxas e parafiscalidade*. Rio de Janeiro: Forense, 1977.

NEVES, Celso. *Comentários ao CPC* – vol. VII. Rio de Janeiro: Forense.

NEVES, Silvério das; VICECONTI, Paulo E. V. *Curso prático de imposto de renda pessoa jurídica*. São Paulo: Frase, 2001.

NITTI, Francesco. *Principes de scienze des finanzes*. Tradução francesa de S. Freud. Paris: Giard.

NOGUEIRA, Alberto. *O devido processo legal tributário*. Rio de Janeiro: Renovar, 1995.

NOGUEIRA, Alberto. *Os limites da legalidade tributária no estado democrático de direito*: fisco x contribuinte na arena jurídica - ataque e defesa. Rio de Janeiro: Renovar, 1996.

NOGUEIRA, Ruy Barbosa. *Curso de direito tributário*. Rio de Janeiro: Forense.

NOGUEIRA, Ruy Barbosa. *Curso de direito tributário*. 9. ed. São Paulo: Saraiva, 1989.

NOGUEIRA, Ruy Barbosa. *Direito financeiro*: curso de direito tributário. São Paulo: José Bushatsky, 1971.

NOVELLI, Flávio Bauer. Anualidade e anterioridade na Constituição de 1988. *Revista de Direito Administrativo*, Rio de Janeiro, 179/80, p. 22 e sgts, 1990.

NOVELLI, Flávio Bauer. Anualidade e anterioridade na Constituição de 1988. *Revista de Direito Administrativo*, Rio de Janeiro, 51, p. 70 e 82-83, nota de rodapé n. 33.

NOVELLI, Flávio Bauer. O princípio da anualidade tributária. *Revista de Direito Administrativo*, Rio de Janeiro, v. 137, p. 1-41, jan./2015. Disponível:http://bibliotecadigital.fgv.br/ojs/index.php/rda/article/view/43017/41691. Acesso em: 11 mar. 2017.

NOVELLI, Flávio Bauer. O princípio da anualidade tributária. *Revista Forense*, Rio de Janeiro, n. 267, p. 75.

NUNES, Pedro. *Dicionário de tecnologia jurídica*. 13. ed. Rio de Janeiro: Renovar, 1999.

OLIVEIRA, José Jayme de Macêdo. *Tributos estaduais*. Rio de Janeiro: Lumen Juris, 1999.

OLIVEIRA, José Jayme de Macêdo; GOMES, Marcus Lívio; ANTONELLI, Leonardo Pietro. (coords.). *Curso de direito tributário brasileiro* – vol. 2. São Paulo: Quartier Latin, 2005.

OLIVEIRA, José Marcos Domingues de. *Capacidade contributiva*: conceito e eficácia do princípio. Rio de Janeiro: Renovar.

OLIVEIRA, José Marcos Domingues de; PIRES, Adilson Pires; TÔRRES, Heleno Taveira (orgs.). *Direitos fundamentais, federalismo fiscal e emendas constitucionais tributárias, princípios de direito financeiro e tributário* - estudos em homenagem ao professor Ricardo Lobo Torres. Rio de Janeiro: Renovar, 2006.

OLIVEIRA, Regis Fernandes de. *Curso de direito financeiro*. 2. ed. São Paulo: Revista dos Tribunais, 2008.

OLIVEIRA, Regis Fernandes. *Curso de direito financeiro*. 7. ed. São Paulo: Revista dos Tribunais, 2015.

OLIVEIRA, Ricardo Mariz de. A elisão fiscal ante a lei complementar nº 104. *In*: OLIVEIRA, Valdir de. (coord.). *O planejamento tributário e a lei complementar 104*. São Paulo: Dialética, 2001.

OLIVEIRA, Ricardo Mariz de. Reintepretando a norma de antievasão do parágrafo único do art. 116 do Código Tributário Nacional. *Revista Dialética de Direito Tributário*, n. 76, p. 100, jan./2002.

OLIVEIRA, Yonne Dolácio de.; MARTINS, Ives Gandra da Silva (coord.). *Comentários ao código tributário nacional* - vol. 2. São Paulo: Saraiva, 1998.

PAES, Tavares. *Comentários ao código tributário nacional.* 5. ed. São Paulo: RT, 1996.

PAIVA, Ormezino Ribeiro de. Delegacias da Receita Federal de julgamento e evolução das normas do processo administrativo fiscal. *In:* ROCHA, Valdir de Oliveira. (coord.). *Processo administrativo fiscal* - 4º vol. São Paulo: Dialética, 1999.

PAULSEN, Leandro. *Direito tributário.* 7. ed. Porto Alegre: Livraria do Advogado, 2005.

PAULSEN, Leandro. *Direito tributário* - constituição, código tributário e lei de execução fiscal à luz da doutrina e da jurisprudência. 4. ed. Porto Alegre: Livraria do Advogado, 2002.

PAULSEN, Leandro. *Direito tributário* - constituição e código tributário à luz da doutrina e da jurisprudência. 7. ed. segunda tiragem. Porto Alegre: Livraria do Advogado, 2005.

PIERDONÁ, Zélia Luiza. Contribuições sociais: gerais e de seguridade social. *Tributos em espécie, fundamentos e elementos.* Rio de Janeiro: Elsevier, 2010.

PINTO, Bilac. Parecer. *Revista de Direito Administrativo,* Rio de Janeiro, nº 21, p. 357.

PINTO, Carvalho. *Discriminação de renda.* São Paulo: Prefeitura do Município, 1941.

PIRES, Adilson Rodrigues. *Manual de Direito Tributário.* 10. ed. Rio de Janeiro: Forense, 2002.

ROCHA, Sergio André. Reforma tributária e o imposto seletivo. *Consultor Jurídico,* São Paulo, 28 ago. 2023. Disponível em: https://www.conjur.com.br/2023-ago-28/sergio-andre--rocha-reforma-tributaria-chamado-imposto-seletivo. Acesso em: 15 set. 2023.

ROSA JR. Luiz Emygdio Franco da. *Manual de direito financeiro e tributário.* 1984.

ROSA JR, Luiz Emgydio Franco da; ALBANO, Amanda. *Títulos de crédito.* 4. ed. São Paulo: Renovar, 2006.

ROSA, Pedro Henrique de Miranda. *Direito civil, parte geral e teoria das obrigações.* Rio de Janeiro: Renovar, 2002.

ROTHMANN, Gerd. O princípio da legalidade tributária. *Revista de Direito Público,* v. 19, p. 370.

SABBAG, Eduardo. *Manual de direito tributário.* São Paulo: Saraiva, 2009.

SALLES, José Carlos de Moraes. *A desapropriação à luz da doutrina e da jurisprudência.* 3. ed. São Paulo: RT, 1995.

SANSÃO, Brito Machado. *Curso de direito tributário.* 11. ed. São Paulo: Malheiros, 1996.

SANTI, Eurico Marques Diniz de. *Curso de direito tributário e finanças públicas* – do fato à norma, da realidade ao conceito jurídico. SãoPaulo: Saraiva, 2008.

SANTOS, Carvalho. *Código civil brasileiro interpretado.* Rio de Janeiro: Freitas Bastos, v. 11

SARAIVA FILHO, Oswaldo Othon. Afinal tratado internacional pode ou não isentar tributos estaduais e municipais? *Repertório IOB de Jurisprudência,* verbete 1/12673, 1998.

SEIXAS FILHO, Aurélio Pitanga. *Teoria e prática das isenções tributárias.* Rio de Janeiro: Forense.

SELIGMAN, Edwin. *Essays in taxation.* New York: Macmillan and Co., 1931.

SELIGMAN, Edwin. *Essais sur l'impôt.* Tradução francesa de Giard & Brière. Paris.

SELIGMAN, Edwin. *Théorie de la répercussion te de l'incidence de l'impôt*. Tradução de Suret. Paris: Giard & Brière, 1910.

SIDOU, Othon. *A natureza social do tributo*. Rio de Janeiro: Forense, 1978.

SILVA, José Afonso da. *Execução fiscal*. São Paulo: RT, 1976.

SILVA, Moacir Marques. *Lei de responsabilidade fiscal* - enfoque jurídico e contábil para os municípios. São Paulo: Atlas, 2014.

SILVA, Costa. *Teoria e prática do processo executivo fiscal*. Rio de Janeiro: Aide.

SILVA, De Plácido e. *Vocabulário Jurídico*. Rio de Janeiro: Forense, 1990.

SILVA, Sérgio André R. G. da. *Controle administrativo do lançamento tributário - o* processo administrativo fiscal. Rio de Janeiro: Quem Editora, 2004.

SIMÃO FILHO, Adalberto. *Franchising*. 3. ed. São Paulo.: Atlas, 1988.

SIQUEIRA, Vanessa. *Direito financeiro para concursos*. Niterói: Impetus, 2016.

SOUZA, Fátima Fernandes Rodrigues de. MARTINS, Ives Granda da Silva. (org.). *Comentários ao código tributário nacional* – vol. 1. São Paulo: Saraiva, 1998.

SOUZA, Hamilton Dias de. *Estrutura do imposto de importação no código tributário nacional*. São Paulo: Resenha Tributária, 1980.

SOUZA, Rubens Gomes de. Ainda a distinção entre taxa e imposto. *Revista de Direito Público*, Rio de Janeiro, 21/304.

SOUZA, Rubens Gomes de. *Cômpendio de legislação tributária*. 3. ed. Rio de Janeiro: Financeiras.

SOUZA, Rubens Gomes de. *Proposições tributárias*. São Paulo: Revista dos Tribunais, 1975.

TEMER, Michel. *Elementos de direito constitucional*. 7. ed. São Paulo: Revista dos Tribunais.

TIBURCIO, Carmen; BARROSO, Luis Roberto. *Direito internacional constitucional*. Rio de Janeiro: Renovar, 2013.

THEODORO JR, Humberto. *Lei de execução fiscal*. 3. ed. São Paulo: Saraiva, 1993.

TORRES, Ricardo Lobo. *Curso de direito tributário*. 8. ed. São Paulo: Malheiros.

TORRES, Ricardo Lobo. *Curso de direito financeiro e tributário*. Rio de Janeiro: Renovar, 1993.

TORRES, Ricardo Lobo. *Curso de direito financeiro e tributário*. 3. ed. Rio de Janeiro: Renovar, 1996.

TORRES, Ricardo Lobo. *Curso de direito financeiro e tributário*. 9. ed. Rio de Janeiro: Renovar, 2002.

TORRES, Ricardo Lobo. *Curso de direito financeiro e tributário*. 11. ed. Rio de Janeiro: Renovar, 2004.

TORRES, Ricardo Lobo. *Curso de direito financeiro e tributário*. 19. ed. Rio de Janeiro: Renovar, 2013.

TORRES, Ricardo Lobo. *Normas de interpretação e integração do direito tributário*. Rio de Janeiro: Forense, 1991.

TORRES, Ricardo Lobo. *O orçamento na constituição*. Rio de Janeiro: Renovar, 1995.

TORRES, Ricardo Lobo. *Restituição dos tributos*. Rio de Janeiro: Forense, 1983.

TORRES, Ricardo Lobo. *Tratado de direito financeiro e tributário:* vol. V. 2. ed. Rio de Janeiro: Renovar, 2000.

TORRES, Ricardo Lobo. *Tratado de direito constitucional financeiro e tributário:* vol. II – valores e princípios constitucionais tributários. 2. ed. Rio de Janeiro: Renovar, 2014.

TORRES, Ricardo Lobo. *Tratado de direito tributário:* sistemas constitucionais tributários. Rio de Janeiro: Forense, 1986.

TROIANELLI, Gabriel Lacerda. *Comentários aos novos dispositivos do CTN:* a LC 104. São Paulo: Dialética, 2001.

TROTABAS, Louis. Ensaio sobre o direito fiscal. *Rev. de Direito Administrativo FGV*, Rio de Janeiro, v. 26, p. 34.

VILLEGAS, Hector B. *Curso de derecho tributário*. Tradução de Roque Carraza. São Paulo: RT, 1980.

VILLEGAS, Hector B. *Curso de finanzas, derecho financiero y tributario*. Buenos Aires: Depalma, 1972.

VILLEGAS, Hector B. *Curso de finanzas, derecho financiero y tributario*. Buenos Aires: Depalma, 1979.

XAVIER, Alberto. *Manual de direito fiscal*. Lisboa: Tipografia Guerra, 1974, I.

XAVIER, Alberto. *Os princípios da legalidade e da tipicidade da tributação*. São Paulo: Revista dos Tribunais, 1978.

XAVIER, Alberto. *Tipicidade da tributação, simulação e norma antielisiva*. São Paulo: Dialética, 2001.